ENNO EIMERS

Preußen und die USA
1850 bis 1867

Quellen und Forschungen zur
Brandenburgischen und Preußischen Geschichte

Herausgegeben im Auftrag der
Preußischen Historischen Kommission, Berlin
von Prof. Dr. Johannes Kunisch
und Prof. Dr. Wolfgang Neugebauer

Band 28

Preußen und die USA 1850 bis 1867

Transatlantische Wechselwirkungen

Von

Enno Eimers

Duncker & Humblot · Berlin

Bibliografische Information Der Deutschen Bibliothek

Die Deutsche Bibliothek verzeichnet diese Publikation in
der Deutschen Nationalbibliografie; detaillierte bibliografische
Daten sind im Internet über <http://dnb.ddb.de> abrufbar.

Alle Rechte vorbehalten
© 2004 Duncker & Humblot GmbH, Berlin
Fremddatenübernahme: L101 Mediengestaltung, Berlin
Druck: Berliner Buchdruckerei Union GmbH, Berlin
Printed in Germany

ISSN 0943-8629
ISBN 3-428-11577-5

Gedruckt auf alterungsbeständigem (säurefreiem) Papier
entsprechend ISO 9706 ♾

Internet: http://www.duncker-humblot.de

Vorwort

Diese Untersuchung ist Teil eines Projektes der Preußischen Historischen Kommission zu den Beziehungen Preußen – USA von 1775 bis 1867. Initiator war in den achtziger Jahren Dr. Benninghoven, der damalige Leiter des Geheimen Staatsarchivs Preußischer Kulturbesitz. Ausschnittweise publiziert sind die Beschäftigung Giesebrechts mit dem Verhältnis des friderizianischen Preußen zu den USA in ihrer Gründungsphase und Arbeitsergebnisse von Rüdiger Schütz zur Ära Rönne. Im Mittelpunkt des dritten Projektteiles steht mit dem Zeitrahmen 1850 bis 1867 Höhepunkt und Ende der eigenständigen Außenpolitik Preußens. Es geht also um das transatlantische Beziehungsgeflecht zwischen dem Preußen in der Schlussphase des Deutschen Bundes nach der achtundvierziger Revolution, während der Einigungskriege und seinem Aufgehen im Norddeutschen Bund 1867 auf der einen Seite und den USA vor und während des Sezessionskrieges auf der anderen Seite. Welche Möglichkeiten eine aus der beiderseitigen Überlieferung geschöpfte Analyse der deutschamerikanischen Beziehungen vor der Reichsgründung bietet, zeigte vor allem Günter Moltmann eindrucksvoll in seinem Werk „Atlantische Blockpolitik im 19. Jahrhundert. Die Vereinigten Staaten und der deutsche Liberalismus während der Revolution 1848/49" (Düsseldorf 1973).

In dieser Arbeit ist diesseits des Atlantiks nicht Deutschland insgesamt, sondern nur Preußen der Hauptbezugspunkt. Aber die preußische Politik Manteuffels ebenso wie die Bismarcks hatte immer auch die deutschen Nachbarn und die außerdeutschen europäischen Großmächte im Blick, so dass die Auseinandersetzung mit der preußischen Außenpolitik gegenüber den USA nicht ohne diesen europäischen politischen Kontext auskommt. Wie die preußische Außenpolitik gegenüber den USA neben den preußischen deutsche und europäische Interessen einbezog, wird zu untersuchen sein.

Die USA richteten ihr Hauptinteresse traditionell auf die westeuropäischen Seemächte; aber mit der Intensivierung der transatlantischen Beziehungen wuchs auch das US-Interesse an Mitteleuropa, so wie die USA Russland als Gegengewicht zu Westeuropa schätzen lernten. Wie weit sich die US-Politik gegenüber Preußen im Zusammenhang mit den Konflikten mit Westeuropa wandelte, ist zu zeigen.

Ein nicht zu übersehender Nebenaspekt der Beziehungen der USA zu Preußen ist die Frage, welche Rolle neben Preußen die übrigen deutschen

Staaten in den Beziehungen spielten. Die US-Administration wurde schon durch die in den fünfziger Jahren zunehmenden konsularischen und diplomatischen Kontakte in die verwirrenden Besonderheiten des deutschen Partikularismus hineingezogen. Dass andererseits die US-Bürger in der Alltagswirklichkeit die eingewanderten Bayern, Franken, Hessen, Württemberger, Badenser, Sachsen, Thüringer, Mecklenburger, Oldenburger, Ostfriesen, Preußen oder besser Westfalen, Rheinländer, Schlesier usw. schon von deren Kultur her gemeinsam als Deutsche identifizierten, war den deutschen diplomatischen und konsularischen Vertretern sehr bald bewusst. Besonders der für die preußisch-amerikanischen Beziehungen 1850 bis 1867 so wichtige Freiherr von Gerolt verband immer wieder preußische mit gesamtdeutschen Interessen.

So vielfältig die Überlieferung zu den preußisch-amerikanischen Beziehungen 1850 bis 1867 ist, so allgemein ist die fachwissenschaftliche Auseinandersetzung mit dem Thema geblieben. Die Überblicke von Otto Graf zu Stolberg-Wernigerode „Die Beziehungen zwischen Deutschland und den Vereinigten Staaten" (Berlin 1933) und Henry M. Adams „Die Beziehungen zwischen Preußen und den Vereinigten Staaten 1775–1870" (Würzburg 1960) vermögen das Interesse an einer genaueren Auseinandersetzung mit dem Thema zu wecken, aber nicht zu befriedigen. Frank Lambach hat in „Der Draht nach Washington" (Köln 1976) Kurzbiographien der preußischen und gesamtdeutschen Missionschefs in Washington vorgestellt. Von den US-Diplomaten in Berlin in dem hier interessierenden Zeitraum haben nur der von 1850 bis 1853 die USA vertretende Daniel Dewey Barnard in Sherry Penney[1] und dann George Bancroft Biographen gefunden. Der Historiker und Gesandte George Bancroft, der in den USA von allen US-Gesandten in Berlin historiografisch am meisten gewürdigt wurde[2], begann seine Tätigkeit in Berlin erst kurz vor der Gründung des Norddeutschen Bundes und betrifft den Untersuchungszeitraum nur am Rande. Von den zum Teil jahrzehntelang in den USA tätigen preußischen Konsuln ist bisher nur Angelrodt, 1845 bis 1864 in St. Louis, wegen seiner gleichzeitigen Vertretung Oldenburgs berücksichtigt[3]. Von den US-Konsuln in Deutschland ist nur William Walton Murphy, Generalkonsul in Frankfurt während des Sezessionskrieges, bisher gewürdigt[4]. Das in der zweiten Hälfte für die USA einträglichste Konsulat in Aachen ist nirgendwo auch nur erwähnt.

---

[1] Patrician in Politics. Daniel Dewey Barnard of New York. Port Washington N.Y., London 1974.

[2] Siehe vor allem: *Howe,* M. A. de Wolfe: The Life and Letters of George Bancroft, Port Washington, N. Y./London 1908.

[3] *Hartmann,* Stefan: Die USA im Spiegel der Oldenburgischen Konsulatsberichte 1830–1867. S. 121–142 in: Zwischen London und Byzanz. Veröffentlichungen der Niedersächsischen Archivverwaltung. Beiheft 23, Göttingen 1979.

Vorwort

Die von Reiner Pommerin und Michael Fröhlich herausgegebenen „Quellen zu den deutsch-amerikanischen Beziehungen 1776–1917" (Darmstadt 1996) vermitteln einen repräsentativen Querschnitt des zu den deutsch-amerikanischen Beziehungen bisher publizierten Materials. Die beiden Dissertationen von Baldur Eduard Pfeiffer „Deutschland und der amerikanische Bürgerkrieg 1861–1865" (Würzburg 1971) und von Michael Löffler „Preußens und Sachsens Beziehungen zu den USA während des Sezessionskrieges 1860–1865" (Münster 1999) werten vor allem bisher nicht genutzte Quellen der deutschen Überlieferung zu den deutsch-amerikanischen Beziehungen in den sechziger Jahren aus und veröffentlichen Quellen-Auszüge. Das Presseecho des Sezessionskrieges in deutschen Zeitungen ist in mehreren Dissertationen inzwischen breit vorgestellt.

Eine archivarisch gestützte angemessene Untersuchung der Beziehungen zwischen Preußen und den USA in dem Zeitraum insgesamt, in dem sich die transatlantischen Beziehungen zwischen beiden Staaten im Vergleich zu den vorangegangenen Jahrzehnten am intensivsten entwickelten, gibt es bis heute nicht. Erstaunlicherweise sind die Beziehungen zwischen Bremen und den USA und zwischen Österreich und den USA genauer erforscht als die zwischen Preußen und den USA. Wenn die unbezweifelbar verdienstvolle Arbeit von Schleiden für die Hansestädte gelegentlich gegenüber der Arbeit von Gerolt besonders herausgestellt wurde, etwa in Stolberg-Wernigerodes Werk zum deutsch-amerikanischen Verhältnis, dann liegt das unter anderem daran, dass zu wenig von den preußisch-amerikanischen Beziehungen bekannt war.

Es geht schließlich darum, endlich die preußisch-amerikanische Überlieferung intensiv auszuwerten, um den Stellenwert der auf die Dauer entscheidenden deutschen Großmacht in der Außenpolitik der USA zu bestimmen und genauso die Rolle der über die Krise der fünfziger Jahre und den Sezessionskrieg hinweg stabilisierten Union in der preußischen Politik auszuloten. Waren die von Adams und Graf zu Stolberg-Wernigerode als so einheitlich freundschaftlich beschriebenen Beziehungen Berlin – Washington deshalb so unkompliziert, weil die Mächte für einander bedeutungslos waren? Welches Gewicht hatten die USA neben dem Konzert der europäischen Großmächte im preußischen Kalkül? Wie arrangierte sich Berlin angesichts der Konflikte von Paris und London mit Washington und angesichts des freundschaftlichen Kurses von St. Petersburg gegenüber Washington? Wie weit vermochten die USA angesichts der Konfrontation mit

---

[4] *Sterne*, Margarete: Ein Amateur wird Diplomat. Die politische Karriere von William Walton Murphy, amerikanischer Generalkonsul in Frankfurt am Main, S. 119–132 in: Archiv für Frankfurts Geschichte und Kunst, Heft 48, Frankfurt/M. 1962.

Großbritannien und Frankreich während des Krimkrieges und besonders angesichts des Gegensatzes zu den Seemächten im Sezessionskrieg noch die traditionelle Distanz gegenüber Europa aufrechterhalten? Das sind einige der Fragen, die aus dem vorliegenden, fast unerschöpflich wirkenden Material zu beantworten versucht werden sollen.

Die eine wesentliche archivarische Grundlage der Untersuchung sind Akten der Preußischen Regierung, der preußischen Mission in Washington und der preußischen Konsulate in den USA aus dem Preußischen Geheimen Staatsarchiv Preußischer Kulturbesitz. Die Arbeit begann vor der Wiedervereinigung auf der Grundlage von Filmen preußischer Akten, die in den zwanziger Jahren von den National Archives Washington angefertigt worden waren. Zusätzlich vor und nach der Wende war es dann möglich, die Originalakten des DDR-Staatsarchivs Merseburg einzusehen, seit den neunziger Jahren der Bestand Westhafen des Geheimen Staatsarchivs. Ich bin den Archivaren aus Merseburg, insbesondere dem Ehepaar Lehmann, und den übrigen Archivaren des Geheimen Staatsarchivs zu außerordentlichem Dank verpflichtet. Das Geheime Staatsarchiv kaufte zusätzlich zu den Filmen preußischer Akten eine Reihe Filme der US-Gegenüberlieferung aus den National Archives Washington an. Sie und die vom Kennedy-Institut Berlin erworbenen Filme des politischen Schriftwechsels aus dem Nachlass von William Henry Seward bildeten die Hauptgrundlage für die Analyse der US-Politik gegenüber Preußen. Für vielfältige Anregungen dabei wie bei der Auseinandersetzung mit der preußischen Überlieferung danke ich neben den erwähnten Archivaren besonders der Preußischen Historischen Kommission, der Arbeitsgemeinschaft zur Preußischen Geschichte und den Historikern der Deutschen Gesellschaft für Amerikastudien.

Enno Eimers

Inhaltsverzeichnis

A. **Die preußisch-amerikanischen Beziehungen und der diplomatisch-konsularische Dienst** 11
   I. Das Verhältnis Preußen – USA im Schatten des antirevolutionären Pendelschlages und der Isolationstendenzen 11
   II. Die zwischenstaatlichen Netzwerke 1850 bis 1867 15
      1. Die Königlich Preußische Mission in Washington und das preußische Konsulatswesen in den USA vom „System Manteuffel" bis zu Bismarck 15
      2. Die Gesandtschaft der USA in Berlin und die US-amerikanischen Konsulate in Preußen 74

B. **Von der Revolution zum Krimkrieg** 126
   I. Die preußische Auswanderungspolitik und die USA – Neue Impulse für die preußisch-amerikanischen Beziehungen 126
   II. Trotz aller Restaurationspolitik: Weiterentwicklung der Beziehungen zwischen Preußen und den USA 146
      1. Die Politik der Washingtoner Königlichen Mission gegenüber Taylor- und Fillmore-Administration und die Nachwirkungen der gescheiterten deutschen Revolution in den USA 146
      2. Der US-Gesandte Barnard in Berlin 1850 bis 1853 als Verteidiger der Interessen von Deutschamerikanern und als Beobachter der Restauration 177
      3. Der Ausbau der vertraglichen Beziehungen zwischen Preußen und den USA 204
   III. Die neuen Konstellationen während der Präsidentschaft von Pierce – Die weitere Annäherung von USA und Preußen 226
      1. Von Fillmore zu Pierce – Die Beziehungen Preußens und der USA unter dem Einfluss von Manifest Destiny und Nativismus 226
      2. Vroom als US-Gesandter in Berlin (1853–1857) – Die Leitung der US-Mission in der von Barnard vorgezeichneten Richtung und neue Akzente 245
      3. Der Aufschwung der deutsch-amerikanischen Wirtschaftsbeziehungen 259
      4. Die USA und Preußen als Neutrale während eines globalen Konfliktes 286
         a) Die preußisch-amerikanischen Beziehungen angesichts von US-Expansion und Krim-Krieg 286
         b) Die USA und Preußen für den freien Handel in Seekriegen, aber dennoch Scheitern der Seerechtsverhandlungen 304

        c) Die USA und Preußen gegen die Sundzölle 1854 bis 1857 – Von der Abgrenzung gegenüber der europäischen Politik zur Mitsprache in Europa? 325
        d) Die Vermittlung der USA im Neuenburger Konflikt 1856 346

C. **Preußen und die USA im Zeichen tiefgreifender innerpolitischer Veränderungen (1857–1861)** 350
   I. Die Stagnation der Beziehungen zwischen beiden Staaten 350
   II. Die preußisch-amerikanischen Wirtschaftsbeziehungen unter dem Einfluss der „Weltwirtschaftskrise" 1857–1859 373
   III. Der Rückgang der deutschen Einwanderung in die USA trotz des wachsenden staatlichen Schutzes 387
   IV. US-Gesandter Wright und die Deutschamerikaner im Zeichen der Neuen Ära 397
   V. Die Krise des politischen Systems der USA vor dem Sezessionskrieg im Spiegel deutscher Kommentare, insbesondere preußischer 415

D. **Transatlantische Wechselwirkungen der Kriege in Amerika und Europa und die preußisch-amerikanischen Beziehungen (1861–1867)** 437
   I. Preußen und Washington im Zeichen der Sezession der Südstaaten ... 437
   II. Die Wirtschaftsbeziehungen zwischen den USA und Deutschland, insbesondere Preußen, in der Ära des Sezessionskrieges 458
   III. Der Streit um Intervention und Völkerrecht während des Sezessionskrieges – Das diplomatische Schlachtfeld. 483
   IV. „Deutsch-amerikanische Waffengemeinschaft" während des Sezessionskrieges? 516
   V. Von der Entspannung im Disput über den Militärdienst von Deutschamerikanern zur Lösung des Problems............................... 545
   VI. Konflikte der USA und Preußens auf dem Weg zur Einheit........... 563
      1. „Unity! Centralization! One strong Government!" – Die preußische Politik der sechziger Jahre aus der Sicht von US-Diplomaten . 563
      2. Die Wiedervereinigung des Südens mit dem Norden – Der Streit um die Reconstruction aus preußischer Perspektive............... 588
   VII. Preußen und die Konflikte der USA mit Großbritannien, Frankreich und Österreich nach dem Sezessionskrieg......................... 604

Fazit: Distanz und „glückliche Zusammenarbeit" 637

Quellen- und Literaturverzeichnis 642

Personenregister 662

A. Die preußisch-amerikanischen Beziehungen und der diplomatisch-konsularische Dienst

I. Das Verhältnis Preußen – USA im Schatten des antirevolutionären Pendelschlages und der Isolationstendenzen

Die deutsche Revolution, die Frankfurter Nationalversammlung und die Provisorische Zentralgewalt erfreuten sich in den USA leidenschaftlicher Anteilnahme der Öffentlichkeit und zeitweiliger Unterstützung der US-Administration[1]. Wie die Amerikaner hatte das Deutsche Reich von 1848/49 versucht, „den revolutionären Impetus in staatliche Macht, ja Großmacht zu transformieren"[2]. Jedoch gab es statt der „atlantischen Blockpolitik" (Moltmann) der Reichsregierung sehr bald wieder den nicht zur Außenpolitik fähigen Deutschen Bund und die völlig in ihrer Macht restaurierten deutschen Einzelstaaten. Als das wichtigste Gegenüber der USA in Mitteleuropa trat wieder Preußen in Erscheinung. So war es schon vor der Revolution seit der Entstehung der USA gewesen; aber die Frage stellte sich 1849/50, ob die US-Administration und die preußische Regierung wieder zur alten Tagesordnung Mitteleuropas zurückzufinden vermochten.

Mit dem Abschluss „der deutsch-amerikanischen Revolutionsepoche"[3] und besonders seit dem betonten Bruch mit der Revolution durch das Ministerium Manteuffel schien ein Einfrieren der preußisch-amerikanischen Beziehungen zu drohen. Der amerikanische Gesandtschaftsposten in Berlin blieb nach der Abberufung Hannegans im November 1849[4] – parallel zu der Donelsons aus Frankfurt am Main – fast ein Jahr lang unbesetzt, und die amerikanische Vertretung in Berlin wurde wie die in Wien nur durch

---

[1] *Günter Moltmann*: Atlantische Blockpolitik im 19. Jahrhundert. Die Vereinigten Staaten und der deutsche Liberalismus während der Revolution von 1848/49, Düsseldorf 1973.

[2] *Michael Salewski*: Die Deutschen und die See, Stuttgart 1998, S. 42.

[3] *Heinrich Börnstein*: Fünfundsiebzig Jahre in der Alten und Neuen Welt, 2. Bd., Leipzig 1881, S. 146.

[4] Präsident Taylors Abberufungsschreiben für Hannegan ist auf den 13.11.1849 datiert. Hannegan wurde am 13.1.1850 in einer Privat-Audienz im Schloss Charlottenburg verabschiedet. Präsident Fillmore ernannte Barnard am 10.9.1850, und dieser konnte seine Amtsgeschäfte mit der Überreichung seiner Ernennung am 10.12.1850 aufnehmen. Siehe dazu GStAM, 2.4.1.I. Nr. 7873.

einen Geschäftsträger geleitet. Passte das Abwarten der US-Administration, das viele Gründe hatte, nicht zu den Bestrebungen im Kongress, die diplomatischen Beziehungen zu den gegenrevolutionären Regierungen überhaupt abzubrechen?

König Friedrich Wilhelm IV. und sein Staatsministerium unter von Manteuffel zeigten ebenfalls wenig Interesse an den Beziehungen zur Republik der Vereinigten Staaten nach deren proliberaler Parteinahme. Während der Repräsentant des Reiches in Washington Rönne, der zeitweilig gleichfalls Preußen vertreten sollte, den Status eines Gesandten hatte, nahm der schließlich seit Dezember 1849 wieder in Washington amtierende von Gerolt nur die Stellung eines Ministerresidenten ein.

Im Zeichen der europäischen Restauration 1849 war die Distanz zwischen Preußen und den USA größer denn je. Bestätigt waren aus der Perspektive der Taylor-Administration die Isolationstendenzen, mochte in der US-Öffentlichkeit unter dem Einfluss der Emigranten noch so viel von Intervention die Rede sein. Da in Preußen die die USA berücksichtigenden Liberalen aus der Regierungsverantwortung verdrängt waren, beschränkten sich die politischen Überlegungen Berlins wieder auf die Beziehungen zu den europäischen Großmächten, vor allem zu Russland und Österreich. Neben der am preußischen Hof übermächtigen russischen Kamarilla gebot die Westorientierung nur noch über geringen Einfluss. Alexander von Humboldt, der als Bewunderer der USA das Interesse noch dazu über den europäischen Rahmen hinaus auf Amerika zu lenken strebte, war zwar täglicher Tischgenosse des Königs, wie seine ultrakonservativen Gegner missgünstig vermerkten, aber in politischer Hinsicht blieb er doch isoliert.

Die deutschen Mächte gaben die zeitweilig von den USA unterstützte Reichsflotte auf, wie es Russland als Hauptvertreter der Restauration verlangte. Prinz Adalbert von Preußen, der sich als Vorsitzender der Technischen Marinekommission zusammen mit Reichshandelsminister Duckwitz aus Bremen 1848/49 so sehr für die Nationalunternehmung zum Schutz des deutschen Handels engagiert hatte, hieß jetzt „in den höheren Gesellschaftskreisen" abschätzig „Oberkahnführer"[5]. Das Preußische Staatsministerium reduzierte den ohnehin geringen preußischen Marineetat 1850 für 1851 noch einmal um Zweidrittel. Handelsminister August Freiherr von der Heydt setzte sich im Staatsministerium 1850/51 vergeblich für eine starke preußische Marine ein, die in der Lage sein würde, den preußischen Handel nach Übersee zu schützen[6].

---

[5] *Batsch,* Viceadmiral: Admiral Prinz Adalbert von Preußen, Berlin 1890, S. 187.

[6] *Thomas Brysch*: Marinepolitik im preußischen Abgeordnetenhaus und Deutschen Reichstag 1850–1888. Hamburg etc. 1996, S. 75.

I. Das Verhältnis im Schatten des antirevolutionären Pendelschlages

Vizeadmiral Batsch, später ein enger Mitarbeiter des Prinzen Adalbert beim Aufbau einer preußischen Flotte, hatte seine Ausbildung als Seekadett 1848/49 zusammen mit drei anderen sorgfältig ausgewählten preußischen Seeleuten auf der 1848 bis 1850 in Nord- und Ostsee kreuzenden US-Kriegsfregatte „St. Lawrence" unter Captain Paulding erhalten[7]. Demgegenüber wurde es in den fünfziger Jahren für den Aufstieg in der preußischen Marine unerlässlich, in der britischen Marine gedient zu haben. Während sich die Vertreter der Reichsflotte in Frankfurt, zum Beispiel der Abgeordnete Tellkampf, vor allem an den USA orientierten[8], wurde die sich stattdessen entwickelnde preußische Marine der Junior-Partner der Royal Navy, wie Duppler zeigte[9].

In der Staatsregierung konnte das preußische Handelsministerium, das bisher die deutsch-amerikanischen Kontakte besonders gefördert hatte und aus dem ja Rönne hervorgegangen war, den Handel kaum mehr ins Feld führen; schließlich sackte der deutsch-amerikanische Warenaustausch 1849 wieder ab. Nur der Postverkehr nahm zu. Der Konsul der USA in Preußen Schillow, zuständig für die mehrfach durch dänische Blockaden betroffenen preußischen Ostsee-Provinzen, schrieb 1850 aus Stettin[10]: „Trade is in an uncommon depressed state, partly owing to the uncertain political state of Germany." Ähnlich beklagte der preußische Konsul Angelrodt aus St. Louis die Auswirkungen der „unglücklichen politischen Wirren" auf die direkte europäische Einfuhr, namentlich die deutsche[11]. Angesichts des ungünstigen Zustandes des Verhältnisses Preußens zu den USA 1849 stellte sich die Frage, ob die preußisch-amerikanischen Beziehungen auf die Dauer ähnlich bedeutungslos würden wie die österreichisch-amerikanischen.

Stärker als die traditionellen wirtschaftlichen Kontakte zwischen Preußen und den USA wirkte der gegenseitigen Distanzierung des preußischen Staates und der USA zunächst die Massenauswanderung aus Deutschland in die USA entgegen. Sie spannte ein stetig wachsendes Netzwerk persönlicher Beziehungen über den Atlantik, steigerte den Informationsfluss, regte die transatlantischen Wirtschaftsbeziehungen neu an und zwang die Politiker in Mitteleuropa und in den USA, sich mit den politischen Implikationen der Auswanderung in die USA in immer neuen Zusammenhängen auseinander zu setzen.

---

[7] s. dazu den Schriftwechsel im Bestand RM 1, Nr. 730, Militärarchiv Freiburg.
[8] *Moltmann*: Atlantische Blockpolitik, S. 137.
[9] *Jörg Duppler*: Der Junior-Partner. England und die Entwicklung der Deutschen Marine 1848–1890, Herausgegeben vom Deutschen Marine-Institut, Schriftenreihe Bd. 7, Herford 1985.
[10] Schillow an Clayton am 10.8.1850 in Nr. 53, NA Wash., Mf T-59/3.
[11] Jahresbericht Angelrodts für 1849, GStAM, 2.4.1.II. Nr. 5291.

14 A. Preußisch-amerikanische Beziehungen, diplomatisch-konsularischer Dienst

Die Massenauswanderung in die USA erreichte in den Jahren nach der Revolution den Höhepunkt des 19. Jahrhunderts. Von den etwa eine Million Deutschen, die zwischen 1850 und 1860 in die USA auswanderten, etwa 90% der Gesamtauswanderung aus Deutschland, wanderten 1850 bis 1855 etwa 70% aus[12]. Der Anteil der Einwanderer in die USA aus Preußen lässt sich nicht ermitteln; aber es ist zu erkennen, dass der Anteil der Preußen wuchs – schon allein dadurch, dass jetzt neben Bewohnern aus westlichen Provinzen Preußens verstärkt die der östlichen in die USA auswanderten[13]. Traditionell hatte die Einwanderung nach Preußen die Auswanderung bisher überstiegen. Es war eine große Überraschung, dass die seit 1844 genau geführte preußische Ein- und Auswanderungsstatistik enthüllte, dass die Zahl derjenigen, die Preußen verließen, in wachsendem Umfange die Zahl derer überstieg, die nach Preußen übersiedelten. 1851 bis 1857 war die Zahl der Auswanderer sechsmal höher als die der Einwanderer[14].

Angesichts des Zieles der preußischen Regierung, „Es soll entschieden mit der Revolution gebrochen werden"[15], interessierten bei den durch die Auswanderung über den Atlantik gespannten Beziehungen besonders die politischen Verbindungen der Flüchtlinge Die hamburgische Polizei, die nach dem bitteren Urteil des aus Ostpreußen stammenden Achtundvierzigers Otto von Corvin „von allen deutschen Polizeien in Deutschland die allerdeutscheste und eine Art Kommandite des Berliner Hauses Hinckeldey und Comp. zu sein schien"[16], nahm sich nach der Revolution speziell der politischen Flüchtlinge in den USA an, auch im Auftrage des Berliner Polizeipräsidiums. Die Hansestädte unterhielten Anfang der fünfziger Jahre keinen diplomatischen Vertreter in den USA, aber Hamburg 1851/52 einen

---

[12] *Peter Marschalck*: Deutsche Überseewanderung im 19. Jahrhundert, Stuttgart 1973.

[13] In den Jahren 1844 bis 1860 stellten Rheinland und Westfalen etwa 44% der preußischen Auswanderer, und aus Preußen, Posen, Brandenburg und Schlesien kamen etwa 39%. Dies Zahlenverhältnis von Auswanderern aus dem Westen und dem Osten des preußischen Staates kehrte sich seit 1861 um. Siehe *T. Bödiker*: Die preußische Auswanderung und Einwanderung seit dem Jahre 1844, S. 33–39 in: Gewerbliche Zeitschrift, Düsseldorf, Mai 1879. – Das Zahlenmaterial zur Auswanderung aus den einzelnen deutschen Staaten ist mit noch größerer Vorsicht zu benutzen als die Zahlen der Gesamtauswanderung aus Deutschland 1850 bis 1865. Nach dem Handelsarchiv 1856, Teil II, S. 501, zum Beispiel wanderten von 1850 bis 1855 nur rund 20 000 Preußen in die USA ein gegenüber 705 960 Einwanderern, die als ihr Geburtsland Deutschland angaben.

[14] Siehe *T. Bödiker*.

[15] *Heinrich von Poschinger* (Hrsg.): Unter Friedrich Wilhelm IV. Denkwürdigkeiten des Ministerpräsidenten Otto Freiherrn von Manteuffel, Berlin 1901, Bd. 1, S. 384

[16] *Otto von Corvin:* Ein Leben voller Abenteuer. Hrsg. Hermann Wendel, Frankfurt/M. 1924, Bd. 2, S. 723.

Polizei-Agenten. Die preußische Regierung nutzte diesen Agenten ebenfalls, schloss aber entgegen etwa ihrem Vorgehen in Paris den eigenen diplomatischen Vertreter in Washington Gerolt von den Agenten-Informationen aus. Immerhin hatte sich der nationalkonservative Gerolt zeitweilig um das Amt des Gesandten des Frankfurter Reichsministeriums in Washington beworben.

Der hamburgische Agent Osann in New York sah nach der Niederwerfung der Revolution, des „leichtesten Teils der Arbeit"[17], auf die für „die großen Aus- und Eingangspunkte Deutschlands" zuständigen Hamburger, Berliner und Wiener Polizeien „die größte und schwierigste Aufgabe" zukommen, nämlich die der „Überwachung und Entfernung der den Staat zersetzenden Elemente, und somit auch die Verbindungsfäden mit dem Auslande zu verfolgen und unschädlich zu machen." Mit Blick auf New York setzte er hinzu: „Nie habe ich klarer und sicherer das revolutionäre Getriebe erkannt als von hier aus, wo ich den unermüdlichen Triebfedern der Revolution nahe gestanden bin."

II. Die zwischenstaatlichen Netzwerke 1850 bis 1867

1. Die Königlich Preußische Mission in Washington und das preußische Konsulatswesen in den USA vom „System Manteuffel" bis zu Bismarck

In offensichtlichem Gegensatz zu der Verbindung, die auf unterer Ebene zwischen Preußen und den USA mit dem Anschwellen des Auswandererstromes erwuchs, standen zunächst die offiziellen Beziehungen zwischen Preußen und den USA. Die allgemeine Bedeutungslosigkeit der beiderseitigen diplomatischen Vertretungen, der Mission in Washington ebenso wie der nur von einem Legationssekretär geleiteten Mission in Berlin, zeigte den Tiefstand der preußisch-amerikanischen Beziehungen Anfang 1850. Zu einer positiven Entwicklung dieser Beziehungen musste die Ausgestaltung der Vertretungen gehören. Die politischen Konstellationen 1850 auf der amerikanischen Seite sprachen nicht für entscheidende Veränderungen, und im Preußischen Ministerium der auswärtigen Angelegenheiten standen die Chancen entsprechend ungünstig.

Wenn der König im September 1849 mit Friedrich von Gerolt wieder einen preußischen Vertreter für Washington bestellte, so signalisierte das kein besonderes Interesse Preußens an den Beziehungen zu den USA, son-

---

[17] Osann, New York, am 2.4.1851 an Krohn, Polizeibehörde Hamburg, VI Lit. X Nr. 1367 Band 2 Nr. 24, StA Hamburg.

dern nur das Ziel, das im Zuge der Revolution durch die Frankfurter Nationalversammlung beeinträchtigte Vertretungsrecht des Königs von Preußen in Washington wieder voll wahrzunehmen. Der König ernannte Gerolt auch nicht zum Gesandten, wie er es bei Friedrich von Rönne während des Hochs der deutsch-amerikanischen Beziehungen 1848 getan hatte, sondern beließ ihn in dem alten Rang eines Ministerresidenten. In der Sicht des Ministeriums der auswärtigen Angelegenheiten galt die Washingtoner Königliche Mission im Vergleich zu den preußischen Vertretungen in Europa als zweitrangig. Für Otto Freiherr von Manteuffel, Ministerpräsident und seit Dezember 1850 anstelle des Freiherrn von Schleinitz für die Außenpolitik Preußens zuständig, verfügte die Ministerresidentur in den USA nur über einen vergleichsweise beschränkten Aufgabenbereich, wenn er gegenüber Handelsminister von der Heydt ausdrücklich hervorhob, „daß die Tätigkeit des K. Minister-Residenten in Washington ihrer Natur nach fast ausschließlich auf die Beachtung und Pflege der commerciellen Interessen hingewiesen ist."[18] Politische Anliegen gab es in den Augen Manteuffels in den Beziehungen zu den USA wie in der Ära des preußischen Vertreters Rönne 1834 bis 1843[19] nach wie vor kaum. Gegenüber dieser die Mission herabsetzenden Aufgabenbeschränkung konnte Ministerresident Gerolt auf seine alte Instruktion verweisen, in der zuerst die Wahrnehmung der politischen und dann der kommerziellen Beziehungen erwähnt wurde[20]. Der Widerspruch Gerolts änderte nichts an der Tatsache, dass in den Augen der preußischen Regierung die Mission in den USA kein spezifisches politisches Interesse zu vertreten hatte und hinter der diplomatischen Tätigkeit Gerolts erst recht kein außenpolitisches Konzept in Berlin stand.

Aber gerade weil es im Ministerium der auswärtigen Angelegenheiten kaum eine zu identifizierende Außenpolitik gegenüber den USA gab, hing besonders viel von dem Leiter der preußischen Vertretung in Washington ab. Wenn Gerolt also wollte, dass die Beziehungen zu den USA die politische Qualität zurückerhielten, die sie besonders 1848/49 angenommen hatten, dann musste er selbst initiativ werden. Weder Schleinitz noch Manteuffel definierten in irgendeiner Weise seine Aufgaben näher. Den daraus für Gerolt erwachsenden Spielraum grenzte erst Bismarck im Sinne seiner aktiven preußischen Außenpolitik ein. Gerolt selbst skizzierte im September 1849 vor seiner erneuten Berufung nach Washington dem Ministerium der

---

[18] Entwurf des Schreibens Manteuffels vom 16.6.1851 an von der Heydt, GStAM, 2.4.1, II. Nr. 604 Bd. 1.

[19] *Rüdiger Schütz*: Die preußisch-amerikanischen Beziehungen in der Ära Rönne 1834 bis 1843/50. S. 31–73 in: Forschungen zur Brandenburgischen und Preußischen Geschichte, 4. Bd., 1994, Heft 1.

[20] Die Instruktion lag mir nicht vor. Gerolt zitiert aus der Instruktion im Schreiben von 17.11.1851 an Manteuffel. GStAM, 2.4.1.I. Nr. 7871.

auswärtigen Angelegenheiten seine aktuellen Arbeitsbereiche[21]. Er bewegte sich dabei weitgehend im traditionellen Rahmen seiner ersten Amtszeit 1844 bis 1848 und ließ den politischen Aspekt auch nicht aus. Unerwähnt blieben hier noch die nach der Revolution so wichtige Öffentlichkeitsarbeit und die in den fünfziger Jahren besonders bedeutsam werdenden Auswanderungsangelegenheiten. Er führte als Arbeitsbereiche vor allem an: 1. die Verhandlungen mit der US-Regierung und den Kongressmitgliedern über den Handels- und Schifffahrtsvertrag, den Vertrag über die Auslieferung flüchtiger Verbrecher, die Schifffahrtsverbindung New York – Bremen und die Handelspolitik insgesamt, 2. die Reklamationen wegen des Vorgehens der Zollbehörden, wegen Nachlassangelegenheiten und wegen der Entschädigung preußischer Untertanen, die Ansprüche aus dem Krieg der USA gegen Mexiko hatten, und 3. die Beziehungen zwischen Preußen und den Vereinigten Staaten in kulturellen und anderen Bereichen.

Natürlich vergaß er auch nicht, die Korrespondenz mit Behörden und Konsuln und besondere Berichte an das Königliche Ministerium und die regelmäßige Berichterstattung über politische und Handelsverhältnisse zu erwähnen.

Diese Aufstellung zeigt, dass Gerolt abgesehen von den Routineangelegenheiten in der Tat vorrangig die Themen in den Blick nahm, die die wirtschaftlichen Beziehungen betrafen, allerdings nur auf den ersten Blick. Dass die Vertragsverhandlungen, die sich aus den wirtschaftlichen Kontakten ableiteten, zugleich politisch relevant waren, sollte mit dem Krimkrieg besonders deutlich werden. Gerolt begriff sein Amt von Anfang an als einen mit den internationalen wirtschaftlichen Beziehungen eng verknüpften politischen Auftrag. Die preußische Regierung schien die unabhängig von den revolutionären Vorgängen vorhandene Verquickung von europäischer und amerikanischer Politik nur langsam in der Folgezeit zur Kenntnis zu nehmen. In den Augen der führenden Beamten des Preußischen Ministeriums der auswärtigen Angelegenheiten leitete Gerolt eine Mission, die von den wesentlichen politischen Angelegenheiten, die sich in Europa abspielten, ausgeschlossen blieb, und er bekleidete selbst im Vergleich zu den diplomatischen Posten bei europäischen Mittel- und Kleinstaaten ein Amt minderer Qualität.

Gerolts Chancen, seine Mission aufzuwerten, waren um so ungünstiger, als er persönlich nicht über die üblichen Voraussetzungen für die diplomatische Laufbahn verfügte. Er war nicht über das Studium aufgestiegen, sondern kam aus der Wirtschaft[22]. Friedrich Joseph Karl Freiherr von Gerolt zur Leyen war zwar adlig, aber nicht protestantisch. Der aus Bonn gebür-

---

[21] Anlage zum Bericht Gerolts vom 18.9.1849 aus Berlin an Schleinitz. Abschrift. GStAM, 2.4.1.I. Nr. 7871.

18 A. Preußisch-amerikanische Beziehungen, diplomatisch-konsularischer Dienst

Abb. 1: Friedrich von Gerolt, preußischer Diplomat in Washington
1844–1848 und 1849–1871.
(Repro des Stadtarchivs Bonn)

II. Die zwischenstaatlichen Netzwerke 1850 bis 1867

tige und auf dem Familiengut in Leyen bei Linz am Rhein aufgewachsene Gerolt hatte nach seiner Tätigkeit in der preußischen Bergverwaltung als technischer Agent beim Deutsch-Amerikanischen Bergwerksverein in Elberfeld und dann in Mexiko gearbeitet. Dort hatte er selbst Gruben erworben, war in der Londoner Direktion der Real del Monte tätig gewesen und erweckte in seiner späteren Verwaltungslaufbahn den Eindruck, dass er sich nur allmählich von den Gepflogenheiten der Wirtschaft löste. Er verfügte also über Verwaltungs- und vor allem Wirtschaftskenntnisse, beherrschte die französische und englische Sprache, aber hatte weder Jura noch Kameralistik studiert. Vor allem hatte er nicht die im Regulativ von 1827 „wegen Prüfung und der Annahme der für die diplomatische Laufbahn sich meldenden Individuen" vorgeschriebenen Schritte absolviert. Wenn der König den neben dem Regulativ immer verbliebenen politischen Spielraum zugunsten Gerolts nutzte und dieser über konsularische Funktionen in Mexiko in den diplomatischen Dienst hinüberzuwachsen vermochte, so war das sicherlich nicht ohne die Fürsprache seines lebenslangen Förderers Alexander von Humboldt möglich[23]. Von 1829 bis 1834 fungierte Gerolt als preußischer Generalkonsulatssekretär in Mexiko, 1834 bis 1844 als preußischer Generalkonsul in Mexiko mit zusätzlich diplomatischen Aufgaben und übernahm dann am 18.9.1844 als „Königlich Preußischer Ministerresident bei den Vereinigten Staaten von Nordamerika" die preußische Mission in Washington[24]. Mit Washington erreichte seine diplomatische Karriere ihre Endstation; von 1844 bis zu seiner Versetzung in den Ruhestand mit 74 Jahren zum 31.12.1871 blieb er in Washington tätig – abgesehen von der kurzen Unterbrechung vom September 1848 bis 22. Dezember 1849. Kein deutscher Diplomat amtierte länger in den USA als er.

Alexander von Humboldt beklagte die dem Außenseiter von Anfang an aus dem Außenministerium erwachsenden Schwierigkeiten; aber von König Friedrich Wilhelm IV. berichtete er selbst im Jahr 1846, als sich Gerolt besonders gegen Kritik aus dem Außenministerium zu wehren hatte[25]: „... mit Gerolt, der nach der leidigen hiesigen Sitte nie zu einer Conferenz zugezogen worden ist, sehr zufrieden ...". Dass der König Gerolt gewogen

---

[22] Zum Lebenslauf Gerolts und zu seinem familiären Hintergrund s. *Heinrich Joseph Langen*: Burg zur Leyen bei Linz am Rhein, Köln 1927. – Nur einige Angaben dort zu seiner Dienstlaufbahn sind nicht ganz korrekt.

[23] Nach der Aussage des Forschungsreisenden und republikanischen Politikers Fremont, der mit Gerolt wie mit Humboldt in Kontakt stand, verdankte Gerolt selbst den Beginn seiner konsularisch-diplomatischen Laufbahn in Mexiko vor allem Humboldt. – *John Charles Fremont*: Gold Hunters of California. The Conquest of California, S. 919 in: The Century, Vol. 41, Issue 6, April 1891, New York.

[24] Die Ernennung erfolgte zum 18.8.1844, die Akkreditierung am 18.9.1844.

[25] Brief Humboldts vom 16.12.1846 an Bunsen, S. 87 f. in: Briefe von Alexander von Humboldt an Carl Josias Freiherr von Bunsen, 1816–1856, Leipzig 1861.

blieb, erfuhr er in persönlichen Angelegenheiten und in der öffentlichen Anerkennung durch den König mit der Verleihung des Preußischen Roten Adlerordens 3. Klasse 1852 und der Erhebung in den Freiherrenstand 1858. Die Gegenaktion aus dem Ministerium der auswärtigen Angelegenheiten fiel ebenfalls in das Jahr 1858, nämlich eine recht ungünstige Beurteilung für die Personalakte. König Wilhelm I. zeichnete ihn genauso aus wie sein Bruder und verlieh ihm 1871 die Charakterisierung als Wirklicher Geheimer Rat mit dem Prädikat Exzellenz[26], obgleich die Regierung seinen geheimen Rat jetzt nicht mehr nutzte.

Parteipolitisch engagierte sich Gerolt nie in dem Maß wie sein Vorgänger Rönne; aber von seinen Äußerungen her lässt er sich am ehesten der Linie des gemäßigt konservativen von Radowitz zuordnen. Er stand jedenfalls seinem rechtsliberalen Protektor Alexander von Humboldt politisch nahe, mochte er auch einzelne Vorgänge in den USA abweichend beurteilen. Wenn Gerolt Anerkennung durch König Friedrich Wilhelm IV. zuteil wurde, dann geschah das nicht ohne das Zutun Alexander von Humboldts, der sich trotz seiner persönlichen Ablehnung von Orden selbst für eine Ordensverleihung „für meinen vieljährigen Freund" einsetzte[27]. Auf die Intervention Humboldts 1852 äußerte Manteuffel gegenüber dem König über Gerolt, „dass er überaus tätig und namentlich eifrig bemüht ist, die diesseitigen Handelsinteressen in Nordamerika wahrzunehmen und zu befördern ..."[28]. Genauso bestätigte Manteuffel 1858, dass Gerolt „mit vielem Eifer bemüht ist, die diesseitigen Interessen in den Vereinigten Staaten zu vertreten."[29] Kritik an Gerolts politischer Einstellung gab es nicht, da er sich bei seinen Äußerungen genau an den im diplomatischen Dienst üblichen Rahmen hielt.

Die Freundschaft Humboldts, die gelegentliche Anerkennung Manteuffels und das Wohlwollen des Königs schienen in den Augen Gerolts günstige Voraussetzungen für sein Vorhaben, nach einigen Jahren Tätigkeit in Washington eine diplomatische Aufgabe in Europa zu übernehmen. In dieser Zeit wird unter den nach Übersee versetzten europäischen Diplomaten wohl kaum jemand zu finden gewesen sein, der nicht den für die Karriere erfolgreicheren Posten in Europa erstrebte. Schlözer, ab 1871 Nachfolger Gerolts in Washington, arbeitete zwar unter günstigeren institutionellen Bedingun-

---

[26] Die Ehrungen Gerolts teilte mir freundlicherweise Dr. Sareyko vom Politischen Archiv des Auswärtigen Amtes, Bonn, mit.

[27] Alexander von Humboldt in einem Brief vom 20.4.1852 an Manteuffel. Personalakte Gerolts, Polit. Archiv des AA.

[28] Manteuffel am 2.5.1852 an den König, Entwurf, Personalakte Gerolts, Polit Archiv des AA.

[29] Manteuffel am 7.1.1858 an das Heroldsamt, Entwurf, a.a.O.

II. Die zwischenstaatlichen Netzwerke 1850 bis 1867

gen als Gerolt und unter einer Leitung, die den Beziehungen zu Washington ein größeres Gewicht einräumte[30]; aber auch er äußerte bald nach seiner Übersiedlung von Mexiko City nach Washington die Hoffnung, eines schönen Tages nach Europa versetzt zu werden[31]. Er war froh, als er dann 1882 Vertreter beim Vatikan wurde. Dagegen blieben alle Bemühungen Gerolts 1858/59 erfolglos, den schon wegen des Arbeitsanspruches und wegen der Lebensbedingungen nicht besonders begehrten Washingtoner Posten mit einem für ihn angenehmeren Amt in der Nähe seiner Familie zu vertauschen, etwa in Stuttgart oder München. Das Umbesetzungskarussell unter dem Prinzregenten 1858/59 bezog zwar die süddeutschen Hauptstädte mit ein und auch Hamburg, Bern und Petersburg, aber nicht Washington. Dorthin wollte offensichtlich keiner.

Gerolt konnte darauf pochen, dass bei allen übrigen Regierungen „der diplomatische Dienst in den Vereinigten Staaten als eine Berechtigung zur Beförderung auf wünschenswerthern Posten stets angerechnet wird."[32] Er mochte erklären, „daß wohl keiner der gegenwärtigen Vertreter Sr. Majestät des Königs einen gerechteren Anspruch darauf hat als ich, nachdem ich bereits 22 Jahre unter den schwierigsten Verhältnissen in den bedeutendsten transatlantischen Ländern dem königlichen Dienst vorgestanden habe ... und mir während dieser Zeit stets die Gnade Sr. Majestät des Königs und die Zufriedenheit meiner Vorgesetzten zu erwerben das Glück hatte." Aber Berlin bezog Gerolt nicht mit ein in das diplomatische Revirement.

Dazu dass alle seine Bemühungen nicht reichten, trug wahrscheinlich auch eine ihn herabsetzende Stellungnahme innerhalb des Preußischen Ministeriums der auswärtigen Angelegenheiten bei[33]. Das vermutlich Ende 1858 formulierte Pro Memoria fiel um so negativer aus, als jetzt jede Protektion der Beziehungen Preußens zu den USA durch Friedrich Wilhelm IV. fehlte. Abgesehen von dieser angesichts der Wende 1858/59 für Gerolt ungünstigen Situation kamen in dem innerministeriellen Pro Memoria Sichtweisen zum Ausdruck, die sich auch schon vorher bemerkbar gemacht hatten. Die Beamten, die die Beziehungen Preußens zu den USA gering schätzten, konnten in der Übergangsphase ab 1858 ohne die bisherigen Behinderungen durch König Friedrich Wilhelm IV., durch Humboldt und Manteuffel ihren Einfluss durchsetzen, und das bekam als erster Gerolt zu spüren. Der Verfasser vermochte das nicht persönlich unterzeichnete Memorial gegen Gerolt sogar in dessen Personalakte niederzulegen. Der Verfasser, vermutlich Hellwig, durfte, ohne dass sich der Betroffene zur Wehr set-

---

[30] Vgl. *Bismarck*, GW, XIV, S. 840.
[31] *P. Curtius*: Kurd von Schlözer, 1912, S. 91.
[32] Gerolt an Manteuffel am 18.10.1858, GStAM 2.4.I.1. Nr. 7871.
[33] Undatiertes Pro Memoria in der Personalakte Gerolts, Polit. Archiv des AA.

zen konnte, gegen dessen Versetzung nach Stuttgart oder München einwenden: „Sein Bildungsgang als Bergeleve ist nicht der, wie er für die diplomatische Laufbahn vorgeschrieben ist; die Bedingungen für letztere hat er nie erfüllt, es ist nur als eine große Ausnahme zu betrachten, dass er überhaupt Gesandter geworden ... Wo anders als in Amerika wäre seine Ernennung zum Gesandten schwerlich erfolgt. Hier stehen bei allen Posten die commerciellen Beziehungen im Vordergrund. Für eine höhere politische Tätigkeit in Europa fehlt es aber Herrn v. Gerolt an aller Schule und ebenso an Befähigung ...". Es ist nicht zu bezweifeln, dass Gerolt nicht über die im Außenministerium entwickelten Voraussetzungen für die diplomatische Laufbahn verfügte, wie sie etwa der ihm seit 1852 unterstellte von Grabow aufzuweisen hatte. Aber es ist dennoch erstaunlich, dass der Verfasser dieses „Gutachtens" die bisherige Tätigkeit Gerolts und dabei insbesondere die erfolgreichen Vertragsverhandlungen nicht als Befähigungsnachweis zur Kenntnis nahm. Noch erstaunlicher wirkt, dass Gerolt in den Augen des „Gutachters" zwar als Gesandter in Washington fungieren konnte, aber seine Qualifikation für die Vertretung preußischer Interessen selbst in einem deutschen Mittelstaat nicht ausreichte. Sicherlich darf man diesen beschränkten Horizont nicht allen leitenden Beamten des Preußischen Ministeriums der auswärtigen Angelegenheiten unterstellen, da sie ja an den Überlegungen und dem Schriftverkehr zur Rolle der USA etwa während des Krimkrieges beteiligt gewesen waren. Andererseits muss jedoch die Geringschätzung der diplomatischen Repräsentanz in den USA einigen Rückhalt im Außenministerium gefunden haben.

Nur bei dieser Einschätzung Gerolts im Außenministerium ist es zum Beispiel erklärbar, dass von Grabow, bis 1858 Legationssekretär und dann Legationsrat, hinter dem Rücken seines Vorgesetzten, diesen im Ministerium mit Schreiben herabzusetzen vermochte[34]. Dem von Grabow unter anderem vorgetragenen Anliegen, die finanzielle Abhängigkeit von seinem Vorgesetzten abzuschütteln, konnte schon auf Verständnis stoßen; aber die Tatsache, dass die Umgehung des Dienstweges keine nachteiligen Folgen für Grabow hatte, belegt, wie die Einstellung der vorgesetzten Behörde zu Gerolt war. Dazu, dass Grabow eine Stütze fand im Außenministerium, mag beigetragen haben, dass er wesentlich konservativer eingestellt war als Gerolt.

Gerolt merkte sehr bald, dass mit der Erkrankung des Königs und dem Tode Humboldts alle bisherigen Möglichkeiten geschwunden waren, die Widerstände im Ministerium zu überwinden. Er musste sich mit Washington abfinden und blieb dort noch bis 1871. Seine Frau und Kinder, die seit

---

[34] Schreiben von Grabows vom 12.3.1856 und ähnlich 1859, sine dato, aus Washington an das Ministerium der auswärtigen Angelegenheiten, GStAM, 2.4.1.I. Nr. 7871.

II. Die zwischenstaatlichen Netzwerke 1850 bis 1867

1855 in Deutschland wohnten, holte er im Oktober 1861 nach dem Scheitern seiner erneuten Versetzungsanträge wieder nach Washington zurück[35].

Washington, das sich noch um die Mitte des Jahrhunderts kaum mit europäischen Zentren vergleichen ließ, wurde von allen europäischen Diplomaten bei längerem Aufenthalt immer weniger geschätzt. Zwar standen die imposanten Regierungsgebäude schon damals denen einer europäischen Großmacht in nichts nach, aber der übrigen Stadtentwicklung nach zu urteilen, war es eher ländlichen Charakters. Die Diplomaten beklagten den Mangel an Urbanität, die Straßenbedingungen der „city of the long distances" und die vielfältige Groß- und Kleintierhaltung[36]. Genau wie Rönne 1842 charakterisierte es der britische Gesandte Lord Lyons auch 1859 noch als großes Dorf, und, wenn der Kongress nicht tage, sei es ein verlassenes Dorf[37]. Während der Kongresssitzungen trafen sich Politiker, Diplomaten und „die elegante und spekulierende Welt", wie Gerolt erzählte[38]; aber er kritisierte „die Entbehrung fast aller Lebensgenüsse, welche Künste und Wissenschaften sowie eine höhere gesellige Bildung in anderen großen Städten darbieten"[39]. Hinzu kamen die von vielen Diplomaten aus Mitteleuropa beklagten schlechten klimatischen Bedingungen im Sommer, denen die kärglich bezahlten Mitglieder der preußischen Mission nur selten entfliehen konnten.

Das Verbleiben in Washington mochte für Gerolt persönlich auch mit Nachteilen verbunden sein – besonders in den Jahren 1855 bis 1861, als seine Familie im Interesse der Ausbildung der Kinder in Deutschland weilte; die personelle Kontinuität hatte sicherlich ihre Vorteile für die Mission, wenn man bedenkt, dass ihr Leiter seine diplomatischen Aufgaben mit einem in den vielen Jahren stetig wachsenden Schatz von USA-Erfahrungen wahrnahm. Vor allem vermochte er im Laufe der Zeit ein Netz von politischen und wirtschaftlichen Beziehungen in Washington und New York zu knüpfen, wie es seine Vorgänger und seine Nachfolger wohl kaum erreichten. Den Mangel an ihn interessierenden kulturellen Anregungen suchte er

---

[35] Gerolt am 22.10.1861 an Schleinitz, GStA Berlin, Mf 81 AA CB IC Nr. 36 Vol. II.
[36] Vgl. die anschauliche Schilderung bei *Hermann Wätjen*: Dr. Rudolf Schleiden als Diplomat in bremischen Diensten 1853–1866, Bremisches Jahrbuch 1933, S. 270.
[37] Lord Lyons am 24.5.1859 an das Foreign Office, S. 14 in: *Lord Newton*: Lord Lyons, A Record of British Diplomacy, 2. Bd., London 1913.
[38] Gerolt am 4.2.1857 an Manteuffel, GStAM, 2.4.1.I. Nr. 7871. – Hieran dachte der britische Diplomat *Sir Edward Malet*, wenn er in „Diplomatenleben. Bunte Bilder aus meiner Tätigkeit in vier Weltteilen", Frankfurt/M. 1901, S. 12 schrieb: „... wenn ein Gesandtschaftssekretär irgendeine Gelegenheit hat, nach Washington zu kommen, so segne er seine Sterne."
[39] Gerolt an Manteuffel am 22.7.1851, GStAM, 2.4.1.I. Nr. 7871.

durch seine Besuche in New York und seine brieflichen Kontakte auszugleichen. Nach dem glaubwürdigen Zeugnis des Attorney General Bates war er der einzige ausländische Diplomat, der enge Beziehungen zu US-Wissenschaftlern unterhielt[40]. Dem kritischen Beobachter dieses Hineinwachsens in die USA musste sich eigentlich die Frage aufdrängen, ob denn ein so sehr in die USA integrierter und so lange von Preußen entfernt wohnender Diplomat noch geeignet war, preußische Interessen angemessen zu vertreten. Solche Bedenken gab es jedoch nicht im Ministerium der auswärtigen Angelegenheiten.

Gerolt selbst schien sich der Gefahr der zu großen Distanz zum politischen Leben Preußens bewusst zu sein und suchte sich durch regelmäßige Besuche über die innerpreußischen Veränderungen direkt auf dem laufenden zu halten. Solche Besuche setzte er in den fünfziger Jahren gegenüber der hartleibigen Bürokratie des Außenministeriums immer wieder mit dem Hinweis auf die Angelegenheiten von Familie und Gut und häufig mit der Hilfe Humboldts durch. Erst in den sechziger Jahren angesichts der sich verändernden Zusammensetzung des Ministeriums traf er auf mehr Verständnis. Zu seinen Aufenthalten in Preußen gehörte immer ein Besuch in Berlin.

Von Washington aus bemühte er sich um mehr Mitteilungen über die Beziehungen Preußens zu den europäischen Mächten direkt aus dem Ministerium der auswärtigen Angelegenheiten – zusätzlich zu den Informationen aus der Presse und der persönlichen Korrespondenz. Diese Bemühungen, den Anschluss an Berlin nicht zu verlieren, waren nicht immer von Erfolg gekrönt. In den sechziger Jahren, als Bismarck die Leitung der preußischen Außenpolitik übernahm, profitierte auch er von der erheblichen Zunahme der außenpolitischen Aktivität Preußens und dem sich vervielfachenden Ausstoß von Schrifttum aus dem Ministerium.

Es mochten Zweifel aufkommen, ob es für den Staat von Nutzen war, dass Gerolt sein Amt in Washington über eine Generation hinaus bekleidete. Unbezweifelbar war, dass ihm seine außerordentliche Sachkenntnis vor Ort und gegenüber Berlin nutzte und er systematisch und mit langem Atem auf die Ausgestaltung und Aufwertung der preußischen Vertretung hinzuarbeiten vermochte. Zur Untermauerung dieses seines so wichtigen Zieles suchte er zunächst einmal beharrlich das Augenmerk auf die zunehmende Bedeutung der USA zu lenken. In seinen Augen waren die Beziehungen zu den USA schon 1851 „durch die riesenhafte Entwicklung aller Verhältnisse der Vereinigten Staaten und durch die große Zunahme der

---

[40] The Diary of *Edward Bates,* 1859–1866, Ed. H. K. Beale, Vol. VI of the Annual Report of the American Historical Association for the Year 1930, Washington 1933, S. 206.

II. Die zwischenstaatlichen Netzwerke 1850 bis 1867

deutschen Bevölkerung in dem Gebiete derselben für unser Vaterland von weit größerem Interesse geworden und zu höherer Bedeutung gelangt ... als unsere Beziehungen zu manchen der Europäischen Großmächte."[41] Die neben dem unübersehbaren Anwachsen der Deutschamerikaner von ihm ins Feld geführte „riesenhafte Entwicklung aller Verhältnisse der Vereinigten Staaten" äußerte sich in vielfacher Weise. Gerolt hob an anderer Stelle gegenüber Manteuffel hervor[42], dass „die Vereinigten Staaten seit den letzten Jahren bei einer Zunahme an Bevölkerung bis beinahe 24 Millionen, größtenteils germanischer Abkunft, einen Umfang von Landesgebiet zwischen beiden Meeren erlangt haben, welches nur 1/6 kleiner ist als der Flächeninhalt von ganz Europa und daß in diesem ungeheuren Reiche, mit unerschöpflichen Naturschätzen aller Art ausgestattet, unter dem Einflusse der günstigsten Bedingungen für Produktion und Handelsverkehr, unter denselben Institutionen und Gesetzen, derselben Sprache, Sitten und Bedürfnissen (mit geringen Ausnahmen), die materiellen, socialen und religiösen Verhältnisse und neben ihnen der allgemeine Wohlstand und politische Einfluß sich auf eine in der Culturgeschichte der Völker ganz beispiellose Weise entwickelt haben und für die Europäischen Interessen und Gesittung, namentlich für Deutschland, von der größten Wichtigkeit sind."
Von der „colossalen Entwicklung" in den USA berichteten wie Gerolt zur gleichen Zeit Presse-Artikel, die Briefe der Konsuln wie der einfachen Auswanderer nach Preußen. Wie der Aufschwung in der Alten Welt registriert wurde, zeigte das weitere Ansteigen der Auswandererzahlen und das verstärkte Interesse der preußischen Wirtschaft am US-Markt. Die wirtschaftlichen Beziehungen zwischen den USA und Preußen sowie allgemein zum Zollverein gaben Gerolt im Laufe der Jahre immer mehr Gelegenheit, sie zugunsten der diplomatischen Vertretung ins Feld zu führen. Im Jahr der New Yorker Weltausstellung 1853 konnte Gerolt an den König berichten[43]: „Die Ausfuhren der Industrie-Erzeugnisse Preußens und der übrigen Zoll-Vereins-Staaten nach den Vereinigten Staaten sind wahrscheinlich so groß oder größer als die nach allen anderen überseeischen Ländern zusammengenommen." Daran lässt sich nicht zweifeln; jedoch ist seine weitere Behauptung, wonach Deutschland auch Frankreich im Export in die USA schon überholt hat, nur aus den vorliegenden Statistiken zu belegen, wenn man vom Deutschen Bund ausgeht, also einen Teil Österreichs mit einbezieht. Dabei ist zu bedenken, dass die Statistiken den damaligen Export Deutschlands in die USA nur recht fehlerhaft angeben. Gerolt schrieb weiter: „Nach England hat Deutschland die bedeutendsten Handels-Verbindungen und Interessen in den Vereinigten Staaten, und der Wohlstand, selbst

---

[41] Gerolt am 17.11.1851 an Manteuffel, GStAM, 2.4.1.I. Nr. 7871.
[42] Gerolt am 25.2.1852 an Manteuffel, GStAM, 2.4.1.I. Nr. 7871.
[43] Gerolt an den König am 10.9.1853, a.a.O.

die öffentliche Ruhe unserer Manufaktur-Bevölkerung hängt jetzt hauptsächlich von dem Absatze unserer Fabrikate auf den Märkten der Vereinigten Staaten ab, wo die Engländer, Franzosen, Schweizer und Belgier unsere mächtigen Concurrenten sind."

Die Zunahme der deutsch-amerikanischen Kontakte musste die Königliche Mission nicht nur in Berlin aufwerten, sondern ebenfalls im Weißen Haus in Washington. Unter diesem Blickwinkel bemühte sich Gerolt immer erneut um genaueres statistisches Material über die deutsch-amerikanischen Wirtschaftsbeziehungen, „um der Regierung der Vereinigten Staaten die Wichtigkeit ihrer Beziehungen zu Preußen und den übrigen Zollvereins-Staaten einsichtig zu machen"[44]. Die fortdauernden Bemühungen Gerolts, der US-Regierung das Anwachsen des deutsch-amerikanischen Handels überzeugend nahe zu bringen, wurden besonders bei den Auseinandersetzungen im Kongress über die Tarifreform relevant.

Neben der Aufgabe, der preußischen Regierung das wachsende Gewicht der USA zu Bewusstsein zu bringen, sah Gerolt sein Anliegen als dringlich an, die Washingtoner Mission ihren Aufgaben gemäß auszubauen. Gerolt musste sich dabei auf das „System Manteuffel" einstellen, das auch hieß, das alles nur sehr langsam zu bewegen war. Bei diesem endlosen Bemühen um den allmählichen Ausbau der preußischen Vertretung war Gerolts vordringliches Ziel, das er in zahllosen Anträgen vorbrachte, seine Vertretung mit mehr Arbeitskräften auszustatten[45]. Während dem britischen Missionschef sechs Attachés zur Seite standen, bestand die ganze Königliche Mission im Jahre 1850 aus zwei Beamten, dem Ministerresidenten und einem Legationskanzlisten. So klang es überzeugend, wenn Gerolt klagte, dass seine „ganze Zeit durch schriftliche Dienstgeschäfte und Visumkorrespondenz in den Vereinigten Staaten in Anspruch genommen wird."[46] Die preußische Vertretung konnte kaum den anwachsenden Aufgaben gerecht werden, die sich nach Gerolt vor allem aus der deutschen Auswanderung ergaben. Gerolt legte Manteuffel dar[47], „dass die massenhafte Einwanderung von Deutschland nach den Vereinigten Staaten notwendig eine verhältnismäßige Vermehrung der internationalen Beziehungen und Privatinteressen zwischen beiden Ländern mit sich bringt und auch einen steigenden Einfluß auf den Wirkungskreis der Königlichen Mission hierselbst hat, deren Arbeitskräfte keineswegs hinreichen, um neben den täglich zunehmenden amtlichen

---

[44] Gerolt am 27.9.1850 an Schleinitz, GStAM, 2.4.1.II. Nr. 5281.
[45] Berichte Gerolts an das Preußische Ministerium der auswärtigen Angelegenheiten vom 18.9.1849, 11.10.1850, 22.7.1851, 22.1.1852, 25.2.1852 und öfter, GStAM, 2.4.1.I. Nr. 7870, 7871.
[46] Gerolt an Manteuffel am 25.2.1852, GStAM, 2.4.1.I. Nr. 7871.
[47] Gerolt am 10.4.1854 an Manteuffel, GStAM, 2.4.1.I. Nr. 7871.

II. Die zwischenstaatlichen Netzwerke 1850 bis 1867

Geschäften zwischen Preußen und den Vereinigten Staaten den Anforderungen aller Art von Eingewanderten sowohl als von den Angehörigen und Verwandten in der Heimat irgendwie zu genügen, selbst nicht in den Fällen, wo meine offizielle Intervention von Eurer Excellenz befohlen wird oder sonst notwendig und wünschenswert erscheint." Einmal waren also die Anfragen der Einwanderer und deren Angehörigen kaum noch zu bewältigen. Ebenso beklagte Gerolt, dass „die so nötige Wirksamkeit der Mission mittelst der persönlichen Bekanntschaft und des Verkehrs mit hiesigen Staatsmännern und anderen Personen durch Wahrnehmung mehrerer Dinge an Ort und Stelle sehr beeinträchtigt und größtenteils unmöglich wird."[48] Dass Gerolt den wachsenden Arbeitsanfall nicht aus der Luft griff, konnte die Regierung schon an der Zunahme von Berichten zu konsularischen, politischen und wirtschaftlichen Angelegenheiten ablesen. Die dem Ministerium der auswärtigen Angelegenheiten vorgelegten Verzeichnisse führten für das Dreivierteljahr vom 1.4.1850 bis Ende Dezember 131 Berichte auf und für das Jahr 1851 268[49]. Nachdem Gerolt so den Arbeitsumfang bewusst gemacht hatte, erreichte er es 1852 und 1854 immerhin, dass Berlin der Mission statt zwei vier Beamte genehmigte, und ebenso günstig war sie wieder ab 1863 ausgestattet. In der übrigen Zeit umfasste sie jetzt drei Beamte. Ende 1852 unterstützten den Missionschef neben einem Kanzlisten ein diplomatisch noch unerfahrener Attaché und vor allem von Grabow, der erste Erfahrungen als Attaché und interimistischer Legationssekretär 1850 bis 1852 in Stockholm gesammelt hatte. Einer weiteren Vermehrung der Arbeitskräfte in der Mission stand allein schon der Mangel an Räumlichkeiten im Wege, „„eines geeigneten Lokals für die dringenden Geschäfte und für die Repräsentation Preußens ..."".[50] Räumlichkeiten offiziell anzumieten, erschien Berlin jedoch bei einer zweitrangigen Vertretung wie der in Washington als nicht so dringlich angesichts der prekären Finanzlage Preußens.

Ab 1852 verfügte Gerolt zwar über die Arbeitskräfte, um den Aufgaben seiner Behörde besser nachzukommen als noch 1850, aber die finanzielle Ausstattung blieb nach wie vor kärglich. Gerolt klagte, dass das Mieten des Hauses in Washington, die 1849 erforderlich gewordene Neueinrichtung, nachdem er 1848 gerade erst das Mobiliar verkauft hatte, und das Halten einer Equipage nur unter Einsatz des in Mexiko erworbenen Vermögens möglich waren[51]. Für die auch in Washington politisch so wichtigen gesellschaftlichen und Presse-Kontakte, die der russische, der französische und

---

[48] Gerolt an Manteuffel am 25.2.1852, GStAM, 2.4.1.I. Nr. 7871.
[49] Verzeichnisse der Berichte von 1850 und 1851 in 2.4.1.II. Nr. 575, GStAM.
[50] Gerolt am 10.4.1854 an Manteuffel, GStAM, 2.4.1.I. Nr. 7871.
[51] Gerolt am 7.7.1848 aus Berlin an Brandenburg, GStAM, 2.4.1.I. Nr. 7870; Gerolt am 22.7.1851 aus Washington an Manteuffel, 2.4.1.I. Nr. 7871.

der britische Vertreter intensiv pflegten, reichte das Gehalt kaum. Erst recht blieben Gerolt keine Mittel für Reisen ins Landesinnere übrig, wie sie gerade aus dem so abgeschiedenen Washington geboten waren, wo kein Politiker seinen dauernden Wohnsitz unterhielt und kein bedeutendes Unternehmen ansässig war. Endlich neue Staaten des Westens kennen zu lernen, ermöglichte ihm erst die Gehaltserhöhung 1856; in der anschließenden fünfwöchigen Reise besuchte er Michigan, Illinois, Wisconsin, Minnesota, Iowa, Missouri, Indiana und Ohio[52].

An sich erwarteten die europäischen Regierungen im 19. Jahrhundert allgemein, dass ein Diplomat einen Großteil seiner Privatmittel einsetzte[53]; aber der so sparsame preußische Staat entlastete seinen Haushalt mehr als die meisten übrigen europäischen Regierungen auf Kosten seiner Vertreter, so dass selbst außereuropäische Vertreter in Washington häufig besser gestellt waren als Gerolt. Während der preußische Ministerresident 1853 mit 7000 Dollar (10 000 Taler) auskommen musste, verfügte der britische Gesandte über 22 500 Dollar, der französische über 18 000, der russische über 16 000, der spanische über 14 000 und die Vertreter von Mexiko, Chile, Peru und Argentinien über 12 000 Dollar[54]. Alle US-Gesandten erhielten damals 9000 Dollar. Nur der im Juni 1853 als Bremer Ministerresident in Washington beginnende Dr. Rudolf Schleiden war finanziell noch bescheidener ausgestattet als Gerolt, nämlich mit 3000 Dollar im Jahr. Noch ungünstiger lebten nur die Gerolt nachgeordneten Beamten, vor allem der unbezahlte Attaché, der also unmittelbar auf Kosten des Missionsleiters existierte und die Preissteigerungen der fünfziger Jahre besonders zu spüren bekam[55]. Die Ansprüche Gerolts und seiner Attachés für Washington erschienen den preußischen Ministerialbeamten vermessen, da sie von den Lebenshaltungskosten in den entwickelten westeuropäischen Städten ausgingen. Gerolt wies vergeblich darauf hin, dass „der Maßstab für die Bedürfnisse des Lebensunterhalts, der Wohnung und der Repräsentations-Kosten in den meisten Europäischen Staaten für die amtliche Stellung der fremden hiesigen Gesandten, besonders für die des Vertreters Preußens, unter den hiesigen ganz verschiedenen Verhältnissen nicht anwendbar ist."[56]

---

[52] Gerolt am 30.10.1856 an Manteuffel, GStAM, 2.4.1.I. Nr. 7871.

[53] *Lamar Cecil*: The German Diplomatic Service, 1871–1914, Princeton, New Jersey 1976, S. 39.

[54] Nach einer Gehaltsaufstellung, die Gerolt dem Ministerium der auswärtigen Angelegenheiten am 10.2.1853 zuschickte. GStAM, 2.4.1.I. Nr. 7871.

[55] Grabow am 12.3.1856 über den „durch das Verhältnis der freien Station bedingten Zustand pecuniärer Abhängigkeit von dem unmittelbaren Chef" an das Ministerium der auswärtigen Angelegenheiten, GStAM, 2.4.1.I. Nr. 7871. Das war ein Zustand, der ihn bis zu seiner Ernennung zum Legationsrat 1858 immer wieder zu bewegten Klagen in Berlin veranlasste.

Die preußische Mission war nicht nur wegen ihrer mangelhaften finanziellen Ausstattung anderen Vertretungen unterlegen, sondern zunächst auch wegen ihres niedrigen diplomatischen Status als Ministerresidentur. Noch dazu ließen sich die USA schon seit 1837 in Preußen durch einen Gesandten vertreten. Auf Gerolts Vorstellung 1849, dass es notwendig sei, die Washingtoner Mission zur Gesandtschaft zu erheben und sie damit zugleich finanziell besser auszustatten, wurde er mit dem Hinweis auf die ungeklärten deutschen Verhältnisse vertröstet[57]. Als Österreich die Erneuerung des Deutschen Bundes durchgesetzt hatte, das Fortbestehen der diplomatischen Vertretung Preußens in Washington gesichert war und sich inzwischen deutlich gezeigt hatte, dass die preußisch-amerikanischen Beziehungen ungeachtet der Belastungen durch die Revolution noch an Bedeutung zugenommen hatten, trug Gerolt sein Anliegen mehrfach vor[58]. Aber nun stand die Finanzlage des Staates einer Aufwertung der Washingtoner Mission im Wege[59]. Von Gerolt gab nicht auf und machte in seinem erneuten Antrag vom November 1851 richtig darauf aufmerksam[60], „dass, seitdem die ausgedehnten Dienst-Geschäfte und Dienst-Pflichten der Königlichen Mission die stete Residenz des Chefs derselben am Sitze der Föderal-Regierung unumgänglich nötig gemacht haben, die Stellung desselben als bloßer Minister-Resident und wegen Mangels an den nötigen Repräsentationsmitteln für die hiesigen Verhältnisse eine höchst schwierige und für unseren Staat unzureichende geworden ist, um so mehr als ein außerordentlicher Gesandter und bevollmächtigter Minister der Vereinigten Staaten bei des Königs Majestät accreditiert ist." Gerolt führte mit Recht zusätzlich ins Feld, dass England, Frankreich, Spanien, Russland, die Niederlande, Mexiko, Brasilien, Argentinien, Chile, Peru und andere Staaten Gesandte in Washington unterhielten. Schließlich hätte er auf die Möglichkeit verweisen können, dass der US-Präsident – ähnlich wie schon 1845 in Wien geschehen – die Vertretung der USA in Berlin herabstuft und anstelle eines Gesandten nur noch einen Geschäftsträger beruft.

Die amerikanische Regierung sprach mehrfach den Wunsch aus, dass Preußen in Washington durch einen Gesandten vertreten würde[61], und

---

[56] Gerolt am 20.8.1853 an das Ministerium der auswärtigen Angelegenheiten, GStAM, 2.4.1.I. Nr. 7871.
[57] Gerolt am 18.9.1849 an Schleinitz, Abschrift, GStAM, 2.4.1.I. Nr. 7871.
[58] Gerolt an den König am 14.3.1851, GStA Berlin, Mf 77, AA CB IC Nr. 15. Gerolt an Manteuffel am 22.7.1851, Abschrift, GStAM, 2.4.1.I. Nr. 7871.
[59] Manteuffel am 13.9.1851 an Gerolt, Abschrift, GStAM, 2.4.1.I. Nr. 7871.
[60] Gerolt am 17.11.1851 an Manteuffel, GStAM, 2.4.1.I. Nr. 7871.
[61] *Henry W. Adams*: Die Beziehungen zwischen Preußen und den Vereinigten Staaten 1775–1870, Würzburg 1960, S. 61. – Gerolt am 7.8.1854 an Manteuffel, GStAM, 2.4.1.I. Nr. 7871.

setzte sich insbesondere für die Beförderung Gerolts ein. Präsident Fillmore, der Präsident, mit dem sich Gerolt am besten verstand, verlangte von Barnard, er solle Manteuffel persönlich „in strong terms" deutlich machen, wie Gerolt seine Pflichten gegenüber seiner Regierung mit Sorgfalt und Eifer erfülle und der US-Regierung wegen seiner Höflichkeit und Konzilianz besonders willkommen sei; so sei in den Augen des Präsidenten die Beförderung die gerechte Belohnung für treue Dienste[62]. Gerolt erfuhr von dieser Intervention Fillmores zu seinen Gunsten erst nachträglich.

Gerolts weiteres Ziel war, wie die Gesandten Englands, Russlands, Frankreichs und Spaniens ein eigenes Gesandtschaftsgebäude in Washington „für die Geschäftsführung und die Repräsentation der hiesigen Mission" zu erhalten[63]. Gegenüber dem König wies er darauf hin, dass „die Mission Eurer Königlichen Majestät in den Vereinigten Staaten in den letzten Jahren durch die Anhäufung von Dienstgeschäften aller Art und durch die Wichtigkeit der zu vertretenden Interessen eine der bedeutendsten hier geworden ist und meinen steten Aufenthalt am Sitz der Regierung notwendig gemacht hat." Abgesehen von den Zweifeln im Preußischen Ministerium der auswärtigen Angelegenheiten an der Wichtigkeit der in Washington zu vertretenden Anliegen war 1853 schon angesichts der Finanzlage des Staates genauso wenig an die Erwerbung eines Gebäudes für die Mission zu denken wie an die Ernennung Gerolts zum Gesandten.

Da sich alle Bemühungen Gerolts um die statusmäßige und finanzielle Aufwertung der Mission als vergeblich erwiesen, gab er das von ihm selbst angemietete teure Haus in Washington auf und zog mit seiner Familie am 1.9.1853 von Washington nach dem etwa 60 km, also damals zwei Zugstunden entfernten Baltimore, wo er billiger leben konnte. Die untergeordneten Beamten blieben in Washington. Er stieg, wenn er dort zu tun hatte, „in einem recht bescheidenen boarding house" ab, „wo auch einige südamerikanische Diplomaten wohnten", wie der Vertreter der preußischen Regierung bei der New Yorker Weltausstellung Delbrück nach seinem Besuch in Berlin berichtete[64]. Sich in Boarding Houses oder Hotels in Washington zur Kontaktnahme mit Administration und Kongress aufzuhalten und im Übrigen außerhalb zu wohnen, war bis in die dreißiger Jahre üblich gewesen, wenn man von den permanent in Washington residierenden französischen

---

[62] Everett an Barnard am 16.2.1853, NA Wash. Mf 77/65/14. – Von dem von Fillmore gewünschten Gespräch mit Manteuffel berichtete Barnard Everett in Nr. 113 vom 7.3.1853, NA Wash., Mf 44/8.

[63] So im Politischen Bericht an den König vom 14.3.1851. GStA Berlin, Mf 77 AA CB IC Nr. 15.

[64] *Rudolph von Delbrück*: Lebenserinnerungen 1817–1867, Leipzig 1905, Bd. 2, S. 18.

II. Die zwischenstaatlichen Netzwerke 1850 bis 1867

und britischen Diplomaten absah. Das Department of State hatte also mit seinen Ersuchen 1816 und 1833, dass sich die ausländischen Vertreter dauernd am Sitz der Regierung aufhalten sollten, wenig Erfolg gehabt. Preußen war zwar seit Rönnes Berufung 1834 dauernd in den USA vertreten; aber Rönne hatte es angesichts des damaligen Übergewichtes der Wirtschaftsinteressen bei seinen diplomatischen Aufgaben vorgezogen, zwischen den Handelszentren und Washington hin- und herzupendeln, bevor er sich 1840 zur intensiveren Kontaktnahme mit den Bundesorganen dauerhaft in einem Boarding House in Washington einquartierte. Eine russische Residenz gab es seit 1842 am Sitz des Federal Government. Das Circular des Secretary of State Daniel Webster vom 27.8.1842[65], das den ausländischen Missionen geradezu eine Residenzpflicht in Washington aufzuerlegen suchte, erregte zwar die Empörung des Diplomatischen Corps, aber hatte im Laufe der Zeit dank der Unterstützung aus dem Kongress den Erfolg, dass sich mehr ausländische Vertreter dauerhaft in Washington niederließen. Auch Gerolt residierte von 1844 an in Washington und dann wieder ab 1849 – bis er 1853 wegzog. Gerolts Akt wirkte ungewöhnlich, und das hatte er wohl auch erwartet. Er konnte sehr bald aus Baltimore nach Berlin berichten[66], dass die „Foederalregierung ebenso wie die Mitglieder des Congresses fortwährend ihr Mißfallen über die Verlegung der Königlichen Mission hierher zu erkennen gegeben und meine officielle Stellung immer schwieriger machen." Schleiden fiel auf, wie er nach Bremen schrieb[67], dass zu dem „diplomatischen Diner beim Präsidenten, das einmal jährlich gehalten wird,... keiner von denjenigen hier accreditierten Gesandten gebeten ward, die nicht in Washington wohnen, selbst H. v. Gerolt nicht, obwohl derselbe seit 2 Tagen in der Stadt war. Sein hier wohnender Legationssekretär war dagegen eingeladen. Die Regierung legt Wert darauf, dass alle fremden Repräsentanten in Washington residieren ...".

Die preußische Regierung musste also handeln. Von Gerolt durfte während seines Deutschland-Aufenthaltes im August 1854 Friedrich Wilhelm IV. und Manteuffel sein Anliegen noch einmal in Gesprächen direkt vortragen, „den Verhältnissen der Mission" in den USA „eine der Wichtigkeit derselben und dem Umfange der Beziehungen Preußens zu Nordamerika" entsprechende Gestaltung zu geben[68]. Daraufhin entschied sich der König und die preußische Regierung, wie Manteuffel Gerolt am 19.9.1854 mit-

---

[65] Anlage zum Bericht Rönnes vom 31.8.1842 an den Königlichen Wirklichen Geheimen Staats- und Cabinetsminister. GStAM, 2.4.1.I. Nr. 7869.
[66] Gerolt am 10.4.1854 an Manteuffel, GStAM, 2.4.1.I. Nr. 7871.
[67] Schleiden am 23.12.1853 an Bürgermeister Smidt, StA Bremen, B.13.b.1.a.2.a.I. 1853.
[68] Manteuffel am 21.8.1854 an den König, Konzept, GStAM, 2.4.1.I. Nr. 7871.

teilte[69], für die Erhebung der Washingtoner Ministerresidentur zur Gesandtschaft und seine Ernennung zum außerordentlichen Gesandten und bevollmächtigten Minister, um ihn in den Stand zu setzen, „ebenso wie die Gesandten Englands, Frankreichs, Rußlands, Spaniens und Brasiliens in Washington selbst zu residieren und zu repräsentieren."[70] Gerolt sagte mündlich und schriftlich zu, seinen Wohnsitz wieder in Washington zu nehmen[71]. Das geschah, und zugleich übergab Gerolt am 8.11.1854 sein Beglaubigungsschreiben als „Envoy extraordinaire and Minister plenipotentiary of the United States"[72]. Zuvor war ihm im Vorgriff auf die Etatberatungen der Kammern die Erhöhung der Dotation zugesichert[73], so dass Gerolt ab 1856 statt 10000 Taler 18000 erhielt. Das waren zwar nur 600 Dollar mehr, als der Gesandte von Argentinien jährlich verdiente und immer noch wesentlich weniger als die Gesandten der übrigen europäischen Großmächte erhielten; aber er erfuhr im Vergleich zu vorher eine erhebliche finanzielle Besserstellung. Die preußische Regierung wollte sogar der Erwerbung eines „Hotels für die Königliche Mission" nähertreten[74]. Ein Gesandtschaftshotel in Washington erreichte jedoch erst die Reichsgesandtschaft 1871, Gerolt nicht mehr. Aber in anderer Hinsicht wurde deutlich, dass die preußische Regierung die Beziehungen zu den USA allmählich höher einzuschätzen begann. Dieser Meinungswandel war einerseits sicher eine Frucht der Arbeit Gerolts, zum anderen dürfte vor allem die veränderte Lage während des Krimkrieges die preußische Regierung veranlasst haben, mehr über Europa hinauszublicken. Manteuffel selbst mag die transatlantischen Beziehungen Preußens ursprünglich als drittrangig eingestuft haben; unter anderem aus der Aufwertung der preußischen Vertretung in Washington ist zu schließen, dass er zumindest in Bezug auf die preußischen Bezie-

---

[69] Manteuffel am 19.9.1854 an Gerolt, Konzept, GStAM, 2.4.1.I. Nr. 7871. – US-Gesandter Vroom, Berlin, in Nr. 41 vom 29.8.1854 an Staatssekretär Marcy, NA Wash., Mf 44/9.

[70] Manteuffel am 21.8.1854 an den König, GStAM, 2.4.1.I. Nr. 7871.

[71] Gerolt bestätigte Manteuffel mit Schreiben vom 24.9.1854 seine schon vorher mündlich erklärte Bereitschaft, „wieder am Sitze der Regierung in Washington zu residieren, unter der Voraussetzung, daß Excellenz für das laufende Jahr die beabsichtigte außerordentliche Zulage von 1500 Th. für die Königliche Gesandtschaft bewilligen und daß die in den Etat p. 1855 beantragte Gehaltserhöhung von 2000 Th. von den Kammern bewilligt werde." GStAM, 2.4.1.I. Nr. 7871. – Auf die Gehaltserhöhung musste Gerolt bis 1856 warten, aber er erwirkte, dass er vor seiner Abreise aus Berlin sofort und nicht erst 1856 zum Gesandten ernannt wurde. Manteuffel am 4.10.1854 an Gerolt, Konzept, GStAM, 2.4.1.I. Nr. 7871.

[72] Gerolt am 9.11.1854 an den König, GStA Berlin, Mf 79 AA CB IC Nr. 17.

[73] Manteuffel am 4.10.1854 an Gerolt, Berlin; Konzept, GStAM, 2.4.1.I. Nr. 7871.

[74] Rescript Manteuffels vom 21.9.1854 an Gerolt, Berlin; Konzept, GStAM, 2.4.1.I. Nr. 7871.

hungen zu den USA so pragmatisch in seiner Politik orientiert war, dass er seine Anschauungen geringfügig revidierte.

Die dem König von Manteuffel gegebene Begründung für die entscheidende Veränderung im Vertretungswesen der USA zeigt, dass der preußische Regierungschef die preußisch-amerikanischen Beziehungen nicht mehr wie 1850 unterschätzte[75]: „Die preußischen und allgemeinen deutschen Interessen, welche einer wirksamen Vertretung in den Vereinigten Staaten bedürfen, sind so großartiger Natur und ihre Bedeutung so in fortwährender Zunahme begriffen, dass darin meines allerunterthänigsten Dafürhaltens ein hinreichendes Motiv liegen würde, um dem Antrage des pp. Gerolt stattzugeben." Im Übrigen lagen die Argumente Manteuffels für die zunehmende Bedeutung der USA für Preußen auf der traditionellen Linie. Als erstes betonte er die Entwicklung des Warenaustausches mit den USA: „Die Erhaltung und Erweiterung desselben ist für die vaterländische Industrie sowie unsere Zoll-Einnahmen von der größten Bedeutung, und sie erfordert bei der mächtigen und eifersüchtigen Concurrenz anderer Staaten, namentlich Englands, Frankreichs und Belgiens, eine ununterbrochene Überwachung und Vertretung bei der respectiven Regierung und Legislatur des Landes." Den Tarifauseinandersetzungen in den USA widmete sich Gerolt gerade in diesen Jahren. Das zweite Argument spiegelte die wachsende Beschäftigung der preußischen Regierung mit der Auswanderung in die USA wider: „Eine nicht geringere Bedeutung haben für Preußen und fast alle deutschen Staaten die Verhältnisse der deutschen Auswanderung nach den Vereinigten Staaten gewonnen, indem die mannigfachen Beziehungen zwischen den deutschen Bevölkerungen in jenem Lande und dem Mutterlande zahlreiche und wichtige Privat-Interessen ins Leben gerufen haben, welche die stete Fürsorge und Vertretung seitens der Mission E.K.M. in Washington in Anspruch nehmen." Es fehlte bei den Überlegungen Manteuffels, dass er die wachsende Bedeutung der preußischen Mission in Washington angesichts der allgemein während des Krimkrieges intensivierten Beziehungen der USA zu den europäischen Großmächten einkalkulierte. Für Manteuffel war in den Beziehungen zu den USA das Wirtschaftliche weiterhin entscheidend. Das von den USA inzwischen erreichte wirtschaftliche Gewicht unterschätzte er genauso wenig wie Handelsminister von der Heydt, der bei allen Fragen, die das Verhältnis zu den USA berührten, im Kabinett neben Manteuffel die wichtigste Rolle spielte.

Bei den von Gerolt kurze Zeit später auf der Grundlage der Gespräche mit dem König und Manteuffel zusammengestellten Anliegen der Washingtoner Gesandtschaft[76] nannte er die verschiedenen „Maßregeln", die für

---

[75] Manteuffel an den König am 21.8.1854, a.a.O.
[76] Gerolt am 24.9.1854 an Manteuffel, GStAM, 2.4.1.I. Nr. 7871.

Preußen „von der äußersten Wichtigkeit erscheinen" und die primär den von Manteuffel gewünschten besseren Handelsbeziehungen dienten. An erster Stelle erwähnte er: „Die Fortsetzung der im Auftrage Eurer Excellenz von mir eingeleiteten vertraulichen Schritte und Verhandlungen zur Beseitigung der Sundzölle mit Hilfe der Vereinigten Staaten." Das Zusammenwirken Preußens und der USA während des Krieges der Beschützer Dänemarks 1853 bis 1856 trug in der Tat dazu bei, dass Dänemark 1856/57 die Sundzölle aufgab.

Das zweite Anliegen entsprach seinem immer wieder betonten Interesse, den Handels- und Schifffahrtsvertrag weiterzuentwickeln, und kam dem Wunsch der USA entgegen, das Seerecht zu verbessern. Er erwähnte die „Abschließung des von der amerikanischen Regierung vorgeschlagenen Neutralitäts-Vertrages im Interesse unserer Schiffahrt, wodurch bezweckt wird, diejenigen Concessionen, welche von England und Frankreich für die Dauer des gegenwärtigen Krieges mit Rußland zugunsten des neutralen Handels gemacht worden sind, auch für die Folge bei Seekriegen den neutralen Nationen zu sichern ...". Ein über die Regelungen des Handels- und Schifffahrtsvertrages von 1828 hinausgehender Seerechts-Vertrag kam trotz langer Verhandlungen und mehrfacher Anläufe der USA vor allem wegen der Rücksichtnahme Preußens auf Großbritannien nicht zustande.

Bei dem dritten Anliegen suchte er die Ausdehnung des US-Einflusses über den Pazifik zu nutzen. Er strebte Verhandlungen mit der US-Regierung an, „um der preußischen Industrie und Schiffahrt die Vorteile des zwischen den Vereinigten Staaten und dem Kaiser von Japan abgeschlossenen Handelsvertrages zu verstatten." In den sechziger Jahren gelangte Preußen über die USA zu politischen und wirtschaftlichen Kontakten nach Japan.

Die von Gerolt viertens angeführte „Aufrechterhaltung und weitere Ausführung der durch den direkten Postverkehr zwischen Preußen und den Vereinigten Staaten für ganz Deutschland erlangten Vorteile in den Beziehungen zwischen beiden Ländern" stand in engem Zusammenhang mit den allgemein intensivierten menschlichen und wirtschaftlichen Beziehungen zwischen Preußen und den USA.

Wie immer in diesen Jahren der starken Auswanderung setzte er sich für den Auswandererschutz durch die deutschen Staaten und die USA ein. Er wünschte also fünftens: „Die Mitwirkung der Ver. Staaten durch geeignete Gesetzesmaßregeln zum Schutze der deutschen Auswanderung gegen die Drangsale und Mißbräuche, welchen die Auswanderer durch die indirekte Beförderung über fremde (nicht deutsche) Häfen stets ausgesetzt sind." Wenn sich die Union in der Folgezeit in den Auswandererschutz, eine Angelegenheit der US-Bundesstaaten, einschaltete, dann geschah das allerdings wohl aus eigenem Antrieb.

II. Die zwischenstaatlichen Netzwerke 1850 bis 1867

Sechstens verwandte er sich für die „weitere Ausdehnung der direkten Dampfschiffahrt zwischen den deutschen Nordsee-Häfen und den Vereinigten Staaten zur Abwehr der drohenden Concurrenz der englischen Dampfschiffahrtsgesellschaften gegen unseren direkten Handel mit Nordamerika über die Hansestädte." Die von Gerolt so sehr unterstützte deutsch-amerikanische Ocean Steam Navigation Company scheiterte, aber die dann von den deutschen Hansestädten ausgehende Dampfschifffahrt dehnte sich auch ohne wesentliche preußische Hilfe aus.

Ganz entscheidend für die Zunahme der wirtschaftlichen Kontakte mit den USA war die Rechtssicherheit des Kapitals in Amerika, so dass auch die Bedeutung seines letzten Anliegens nicht zu unterschätzen war. An siebter Stelle nannte er die „Wahrnehmung der schwebenden Geldreklamationen, die preußischer Seits bestehen gegen die Regierung der Vereinigten Staaten aus dem mexikanischen Krieg."

Es ging bei diesen Anliegen in erster Linie um wirtschaftliche Interessen; aber deren politische Tragweite war unübersehbar. Es handelte sich auch deshalb nicht allein um den preußisch-amerikanischen Warenaustausch, weil das mehrfach zum Ausdruck kommende Ziel, im Zusammenwirken mit den USA die preußisch-amerikanischen Verbindungen zu entwickeln und optimal zu sichern, viel zu sehr die Interessen weiterer Staaten berührte, von den deutschen ganz zu schweigen. Gerade die Auseinandersetzungen um den Neutralitätsvertrag im Staatsministerium unterstrichen die politische Relevanz der Tätigkeit Gerolts in Washington.

Die verstärkte preußische Präsenz in den USA zeigte sich nicht nur in der „Erhöhung der Königlichen Mission" in Washington, sondern zugleich in einem Ausbau des Konsulatswesens. Hierfür gab vor allem der wachsende Warenaustausch Preußens und des Zollvereins insgesamt mit den USA den Ausschlag und dann der Auswandererboom. Auf die Anträge Gerolts hin sorgte in der handelspolitischen Abteilung des Ministeriums der auswärtigen Angelegenheiten vor allem der Geheime Legationsrat Philipsborn dafür, vorher Generalkonsul in Antwerpen, dass sich die preußischen Konsulate in den USA zwischen 1850 und 1867 von acht auf fünfzehn vermehrten. Nur Großbritannien verfügte über noch mehr Konsulate. Preußen folgte mit seinem Netz von Konsulaten der Ausdehnung der USA und der Ansiedlung deutscher Auswanderer. 1850 gab es neben dem Generalkonsulat in New York und zwei unbedeutenden Vizekonsulaten in Massachusetts (Boston und New Bedford) die Konsulate in Philadelphia, Baltimore, Charleston, New Orleans und im mittleren Westen allein ein Konsulat in St. Louis, Missouri. Im Jahr 1851 berief die preußische Regierung entsprechend den Anträgen Gerolts deutsche Kaufleute in Galveston, Texas (Jockusch, ein ehemaliger Hüttenbeamter in Ungarn), Cincinnati, Ohio

(Stanislaus) und San Francisco, Kalifornien (zunächst Alfred Godeffroy, ab 1853 Kirchhoff) zu Konsuln, und 1852 kam der Kaufmann von Borries in Louisville, Kentucky hinzu[77]. Nach der Reise Gerolts in den Westen 1856 folgten konsularische Vertretungen in Milwaukee, Wisconsin (Rechtsanwalt Spangenberg) und Chicago, Illinois (Bankkaufmann Claussenius). Damit berücksichtigte Preußen jetzt neben den alten Seestädten auch die Hauptstädte des Westens, St. Louis, Cincinnati, Louisville, Chicago und Milwaukee.

Die preußische Regierung hatte also ihren allgemeinen Grundsatz aufgegeben, „auf Binnenplätzen keine Konsularbeamte anzustellen"[78]. Es half Gerolt, dass er bei der Berufung von Konsuln in St. Louis, Louisville, Cincinnati, Chicago und Milwaukee darauf verweisen konnte, dass es sich in jedem Fall um bedeutende Binnenhäfen handelte. Chicago übertrumpfte 1854 immerhin Odessa als Getreidehafen. Noch stärker als die Rolle der Städte als Häfen fiel bei der Frage der Errichtung von Konsulaten ins Gewicht, wie groß insgesamt das Ausmaß an geschäftlichen und persönlichen Beziehungen in der für den Aufbau einer konsularischen Vertretung in Aussicht genommenen Gegend gegenüber Preußen war, und schließlich war entscheidend, ob ein qualifizierter Anwärter zur Verfügung stand.

Was traditionsgemäß der Hauptinhalt der konsularischen Aufgaben zu sein hatte, sagte die königliche Bestallungsurkunde, ein Formular, das schon Anfang des Jahrhunderts galt und auch noch in den fünfziger und sechziger Jahren jedem Konsul auftrug, „dass er die Ausbreitung des Handels Unserer Staaten nach Möglichkeit befördern; alles was Wir ihm aufzutragen nötig finden, oder weshalb Unsere Untertanen selbst an ihn sich wenden möchten, mit Fleiß, Redlichkeit und Bereitwilligkeit ausrichten; besonders sich der preußischen Untertanen, die Handel und Schiffahrt treiben und seinen Beistand verlangen, eifrigst annehmen."[79] Aus dem unmittelbaren Interesse am direkten preußischen und Zollvereinshandel und der Schifffahrt ließ sich die Errichtung von Konsulaten in den Hafenstädten rechtfertigen. Die Errichtung des Konsulates in Galveston 1851 ergab sich nur noch teilweise aus diesem traditionellen Begründungszusammenhang. Wie in den mexikanischen Häfen kamen in denen von Texas nur wenige preußische Schiffe an, aber aus Gerolts Sicht „nichtsdestoweniger die

---

[77] Die preußische Regierung richtete die Konsulate ein, die Gerolt in seinem Schreiben vom 14.4.1851, das die Anträge von 1850 erneuerte, als vordringlich bezeichnet hatte. GStAM, 2.4.1.II. Nr. 5281. – In einer Denkschrift vom 15.12.1850 setzte sich Gerolt speziell mit der Errichtung von Konsulaten in Galveston, Milwaukee und Cincinnati auseinander. GStAM, 2.4.1.II. Nr. 624.

[78] Gerolt zu dieser Frage am 15.12.1850 an Manteuffel, Auszug. GStA Berlin, Mf 135 AA II Rep. VI Nr. 42 Vol. I.

[79] s. Mf 135 AA II Rep. VI Nr. 42 Vol. I, GStA Berlin.

II. Die zwischenstaatlichen Netzwerke 1850 bis 1867

königlichen Unterthanen sowie die Industrie-Erzeugnisse Preußens, welche auf hanseatischen oder hiesigen Schiffen dorthin gebracht werden, im Interesse der Preußischen Fabrikanten oder Versender, oft weit mehr der konsularischen Vertretung Preußens bedürfen, als in Ländern, wo die Preußische Schiffahrt häufiger ist"[80]. 1850 hob Gerolt das Wirtschaftsinteresse Deutschlands insgesamt hervor: „Die zunehmende deutsche Bevölkerung in Texas, an viele heimische Fabrikate gewöhnt, verlangt nach denselben; und die in Fülle gewonnene Baumwolle würde den deutschen Schiffen eine willkommene Rückfracht bieten"[81].

Bei den Konsulaten im Innern der USA musste die Begründung naturgemäß eine andere sein als bei den Hafenstädten, „indem fast aller Handelsverkehr mit fremden Manufakturen nach den westlichen Staaten der Union durch Vermittlung der atlantischen Hafenplätze stattfindet", also über die amerikanischen Handelshäuser und nicht direkt mit Preußen und dem übrigen Zollverein und den Hansestädten, wie Gerolt 1856 äußerte, als er etwas weniger optimistisch urteilte als noch Anfang der fünfziger Jahre[82]. Die direkten Handelsverbindungen zwischen dem Binnenland der USA und dem Zollverein blieben unbedeutend, und die preußischen Konsuln dort konnten die Interessen des Zollvereins nur fördern, indem sie den Absatz deutscher Produkte unterstützten. Zugleich nahm immer mehr Raum in der konsularischen Tätigkeit die Unterstützung der Einwanderer ein, die Hilfe bei deren rechtlichen und wirtschaftlichen Beziehungen zum Mutterland. Gerolt sah zwar schon 1850 die „des Schutzes dringend bedürftigen deutschen Colonisations-Verhältnisse"[83], verneinte aber noch 1851, „dass die Zunahme der deutschen Bevölkerung im Westen der Vereinigten Staaten, welche dort die Hauptbestandteile vieler der größten Städte bilden, ein hinreichender Grund sei, um an jenen Plätzen Konsulate zu errichten"[84]. So sah sich der Konsul in St. Louis Angelrodt 1852 nach wie vor als „Handelsagent"[85]; aber in der Praxis dieses ersten im Landesinnern errichteten Konsulats (1845) ging es schon damals primär um die Interessenvertretung der Eingewanderten, und entsprechend entwickelte sich die Tätigkeit in den übrigen preußischen

---

[80] Gerolt am 25.11.1847 an das Ministerium der auswärtigen Angelegenheiten, Berlin. GSTAM, 2.4.1.II. Nr. 610.
[81] Gerolt am 15.12.1850 an Manteuffel, GStAM, 2.4.1.II. Nr. 624.
[82] Gerolt am 16.11.1856 an Manteuffel, GStA Berlin, Mf 135 AA II Rep. VI Nr. 42 Vol. 1.
[83] Gerolt am 15.12.1850 bezogen auf Texas an Manteuffel, GStAM, 2.4.1.II. Nr. 624.
[84] Gerolt am 10.4.1851 an Manteuffel, GStA Berlin, Mf 135 AA II Rep. VI Nr. 42 Vol. 1.
[85] Angelrodt 1852 an Börnstein. – *Heinrich Börnstein*: Fünfundsiebzig Jahre in der Alten und Neuen Welt, Bd. 2, Leipzig 1881, S. 132 f.

Konsulaten des Westens. Es entsprach nicht den Tatsachen, wenn der US-Generalkonsul Ricker in Frankfurt am Main noch 1859 gegenüber dem State Department allgemein über die deutschen Einwanderer in die USA äußerte, dass sie sich, sobald sie an der US-Küste gelandet wären, nicht mehr um Rat und Unterstützung der Vertreter ihrer alten Heimat kümmerten, die sie nach seiner Ansicht aus reinem Abscheu über die sie belastende despotische Unterdrückung verlassen hätten[86]. Das hatte höchstens in den ersten Jahren nach der Revolution gegolten und damals auch nur an einzelnen Orten und für einen Teil der Deutschen. So lehnte in St. Louis der unmittelbar nach 1849 radikale Republikaner und „Grüne" Börnstein den Kontakt zum „Grauen" Konsul Angelrodt ab. Er warf Angelrodt vor, dass er die „in Preußen üppig alles überwuchernde Reaktion auf sich und sein Verhalten Einfluß gewinnen" ließ, und er selbst wollte nicht als „serviler Fürstenknecht" verschrien werden[87].

Gerolt befürwortete 1851 die Errichtung eines preußischen Konsulats in Milwaukee[88], weil das Zentrum Wisconsins ein wichtiger Absatzmarkt deutscher Produkte geworden war, „welche aus den Hafenplätzen New York, Boston, zum Teil auch von St. Louis, nach Milwaukee und dem ganzen Wisconsin bezogen werden", und er erwartete die Entwicklung der direkten Handelsverbindungen Wisconsins zum Zollverein. Milwaukee ließ sich mit St. Louis vergleichen: „Wie dort sind auch in Wisconsin direkte kommerzielle und persönliche Verbindungen mit einzelnen preußischen Fabrikdistrikten bereits vorhanden, deren Zunahme und Erweiterung bei der nach heimischen Fabrikaten verlangenden deutschen Bevölkerung, die jährlich durch bedeutende Nachzüge aus dem Vaterlande verstärkt wird, nicht ausbleiben kann." – Da diese Kontakte mit den preußischen Fabrikdistrikten wider Erwarten gering blieben, spielte auch später, als die preußische Regierung in Milwaukee ein Konsulat errichtete, nicht mehr der traditionelle Auftrag der Förderung der direkten Wirtschaftsverbindung die Hauptrolle, sondern eine sich aus der deutschen Einwanderung ergebende neue Aufgabenstellung.

Da Gerolt 1851 keinen geeigneten Bewerber zu nennen vermochte, verzichtete die preußische Regierung damals auf die Errichtung eines Konsulats in Milwaukee. Insgesamt schälte sich bei der Einrichtung der neuen Konsulate bald als Hauptproblem heraus, „zuverlässige und qualifizierte Individuen zu finden ...".[89] Gerade mit Rücksicht auf diese Schwierigkeit be-

---

[86] Ricker in Nr. 6 vom 7.1.1859 an Cass, NA Wash. Mf 161/7.

[87] *Heinrich Börnstein*: Fünfundsiebzig Jahre in der Alten und der Neuen Welt, Leipzig 1881, Bd. 2, S. 132 ff.

[88] Gerolt am 10.4.1851 an Manteuffel, GStA Berlin, Mf 135 AA II Rep. VI Nr. 42 Vol. 1.

trieb Gerolt, unterstützt von Generalkonsul Schmidt, die weitere Ausdehnung des preußischen Konsulatsnetzes in den USA im Laufe der fünfziger Jahre zusehends zurückhaltender, obgleich die Nachfrage nach Konsulaten gerade in den neuen Staaten unüberhörbar wuchs.

Manteuffel und von der Heydt hielten „die Errichtung diesseitiger Konsulate auf den großen Verkehrsplätzen im Innern von Nordamerika an sich für wünschenswert", waren „aber der Ansicht, dass mit der Herstellung solcher Posten nur in dem Maße vorzuschreiten sei, als sich zur Besetzung derselben vollkommen geeignete Persönlichkeiten darbieten"[90], und ihre Nachfolger schlossen sich ihnen in diesem Punkt an. Wegen des Fehlens „vollkommen geeigneter Persönlichkeiten" verzichtete die preußische Regierung 1858 auf die Errichtung der Konsulate in Detroit und Pittsburgh; denn die beiden sich bewerbenden Kaufleute wurden als wirtschaftlich nicht genügend gesichert betrachtet.

Nachdem die preußische Regierung noch die Konsulate von Milwaukee und Chicago eingerichtet hatte, schienen aus Gerolts Sicht ohnehin die vorhandenen Konsulate den Bedürfnissen weitgehend zu entsprechen. 1860 fehlte in seinen Augen für den Augenblick höchstens noch ein Konsulat in San Paul, Minnesota, „für die am weitesten gelegenen nordwestlichen Ansiedelungen der Deutschen."[91] Bei all den Diskussionen um die Ausdehnung des Konsulatsnetzes kam der Süden der USA trotz der Bedeutung von Baumwolle und Tabak kaum zur Sprache, da im Norden der Hauptabsatzmarkt deutscher Produkte und die Hauptsiedlungsgebiete deutscher Einwanderer lagen. In Key West berief Preußen 1855 nach langen Überlegungen wegen der häufigen Schiffbrüche vor der Küste Floridas und für den Fall der Havarie eines preußischen Schiffes einen Vertreter. Entsprechend dem geringen preußischen Schiffsverkehr bestellte sie den Spanischen Konsul Don José de Salas y Quiroga zum Vertreter und auch diesen nur als Konsularagenten Preußens. Er starb 1858, und, nachdem die preußische Regierung nach mehreren Jahren sein Verschwinden bemerkt hatte und der Krieg vorbei war, ernannte sie 1867 den britischen Konsularagenten R. Welch, der 1865 bei der Bergung des preußischen Dampfers „Margot" aus Memel geholfen hatte, zum preußischen Vizekonsul. Im Jahr 1859 erhielt der Südstaat Georgia in Savannah noch einen Konsul (Kaufmann Hudtwalker), und damit befanden sich von den fünfzehn Konsulaten vier in den Südstaaten,

---

[89] Gerolt am 20.7.1860 an Schleinitz, GStA Berlin, Mf 135, AA II Rep. VI Nr. 73.
[90] Manteuffel am 5.5.1858 an von der Heydt, eine Äußerung, der von der Heydt beipflichtete. Entwurf. GStA Berlin, Mf 135, AA II Rep. VI Nr. 55.
[91] Gerolt am 20.7.1860 an Schleinitz, GStA Berlin, Mf 135, AA II Rep. VI Nr. 73.

nämlich in New Orleans, Galveston, Charleston und Savannah. In Richmond, der späteren Hauptstadt der Konföderierten, gab es nach wie vor keinen Konsul. Das ersparte Preußen eine Menge Schwierigkeiten während des Sezessionskrieges.

Der sorgfältige Ausbau des preußischen Konsulatswesens in den USA hatte nicht nur Bedeutung für Preußen, sondern auch für die übrigen deutschen Staaten. Die Konsuln wirkten zwar speziell im Auftrage des preußischen Staates und unterstanden der Aufsicht des preußischen Gesandten; aber die konsularische Tätigkeit beschränkte sich nicht auf die Vertretung der Interessen preußischer Staatsangehöriger und des preußischen Handels, vor allem nicht wenn der preußische Konsul der einzige deutsche Konsul vor Ort war. So registrierten die außerpreußischen deutschen Staaten sehr genau die Entwicklung der preußischen Konsulate, insbesondere die den deutschen Amerikahandel beherrschenden Hansestädte. Der Bremer Bürgermeister Smidt lobte 1853 besonders die Entwicklung des preußischen konsularischen Dienstes[92]: „Es ist mit Vergnügen zu bemerken, dass Preußen in dieser ihm direct oder indirect obliegenden Vertretung der deutschen Interessen in jenen Gegenden jetzt umsichtiger, systematischer u. consequenter zu Werke geht, als es früher der Fall war, und dass es dabei ... auch mehr auf eine gehörige Schulung u. längere Vorbildung der zu solchen Posten Designierten Bedacht nimmt."

Die positive personelle Entwicklung war vor allem Gerolt und dem Generalkonsul Schmidt zuzuschreiben. Vor den das Konsularwesen betreffenden gutachterlichen Äußerungen gegenüber dem Ministerium der auswärtigen Angelegenheiten ließ Gerolt Schmidt und die anderen schon bewährten Konsuln, die geschäftliche Beziehungen zu dem für ein neues Konsulat und einen neuen Konsul vorgesehenen Bundesstaat unterhielten, Erkundigungen über die persönliche und geschäftliche Qualifikation der Bewerber einziehen. Viele Entscheidungen bereiteten Gerolt oder Grabow auch durch direkte Gespräche mit den Kandidaten vor, um zu den wichtigen Kriterien Respektabilität und Zahlungsfähigkeit zuverlässig Stellung nehmen zu können gegenüber der preußischen Regierung. Preußen konnte es sich leisten, sorgfältig auszuwählen; denn mit der gewaltigen Zunahme der deutschen Auswanderung in die USA wuchs auch das Reservoir an Bewerbern. Wie viele Fehlbesetzungen es im konsularischen Dienst der deutschen Staaten gab, zeigte die konsularische Praxis regelmäßig. Glücklicherweise wurde die Gesandtschaft von den bewährten Konsuln wie Schmidt (New York), Angelrodt (St. Louis) und Brauns (Baltimore) wirksam unterstützt bei der Aufdeckung der illegalen Aktivitäten von einzelnen Konsuln, die die ohne-

---

[92] Bürgermeister Smidt an den Bremer Ministerresidenten Schleiden in Washington am 1.11.1853. StA Bremen, B.13.b.1.a.2.a.I. 1853.

II. Die zwischenstaatlichen Netzwerke 1850 bis 1867

hin nicht üppigen Gebührenerträge der legal arbeitenden Konsuln weiter schmälerten, und der Entlarvung von Möchtegern-Konsuln, die das konsularische Amt in der Öffentlichkeit weiter abwerteten.

Die preußische Regierung stützte sich allem Anschein nach am liebsten auf bewährte kaufmännische „Dynastien". Als der Konsul in Philadelphia G. Johann Mecke 1853 starb, nach Gerolt „Associé des ersten Importations-Hauses deutscher und namentlich Preußischer Manufaktur-Waren unter der Firma Mecke, Plate & Comp"[93], übernahm 1854 der zwischenzeitlich in das Importgeschäft als Teilhaber eingestiegene Leppien das Konsulat. Er wies schon konsularische Erfahrung auf, da er als hannoverscher Konsul arbeitete und, da er „während der häufigen Abwesenheit des Königlichen Konsuls Mecke das Königliche Konsulat stets mit großer Thätigkeit, Intelligenz und Sachkenntnis zu meiner besonderen Zufriedenheit verwaltet hat ...".[94] Ihm folgte 1857 Carl Schöttler, Leppiens Associé und gleichfalls sein interimistischer Stellvertreter, während der nicht mehr als Kaufmann arbeitende Hagedorn, Konsul von Hessen-Darmstadt, Baden und Oldenburg, von Handelsminister von der Heydt und Gerolt abgelehnt wurde, obgleich sich die Konsuln Schmidt (New York), Angelrodt (St. Louis) und Adae (Cincinnati) für ihn verwandten. Über die gleiche Leiter wie Schöttler stieg nach dessen Tod 1866 J. H. Plate in das Konsulat auf; Plate war vorher in Schöttlers Importfirma Associé geworden und hatte dann als konsularischer Vertreter gewirkt. Als Teilhaber eines Importgeschäftes für Elberfelder und Barmer Fabrikate und Agent des Norddeutschen Lloyd zog Gerolt ihn dem aus Preußen stammenden Franssen vor, der lange Jahre als Assistant Editor of the North American and United States Gazette in Philadelphia gearbeitet hatte und jetzt Chef einer Versicherungsfirma war[95]. Für Franssen setzten sich der Bürgermeister von Philadelphia ein, der Commodore der US-Navy F. Turner, ein Teil der deutschen Kaufleute in Philadelphia, die Kaufmannschaft Stettins und die Elberfelder Handelskammer[96].

Als sich in New Orleans 1858 während der Wirtschaftskrise der angesehene Kaufmann Wilhelm Vogel, der Preußen zwölf Jahre als Konsul gedient hatte und mit dem Roten Adlerorden vierter Klasse ausgezeichnet war, das Leben nahm, ernannte die Regierung seinen Associé August Reichard zum Nachfolger. Er fungierte zugleich als hannoverscher Konsul. 1861 während des Sezessionskrieges übernahm der Rechtsanwalt Krutt-

---

[93] Gerolt am 25.11.1847 an das Preußische Ministerium der auswärtigen Angelegenheiten. GStAM, 2.4.1.II. Nr. 610.
[94] Gerolt, Baltimore, 20.12.1853 an Manteuffel, a. a. O.
[95] Gerolt am 14.6.1866 an Bismarck, GStAM, a. a. O.
[96] s. die kontroversen Stellungnahmen von 1866 in 2.4.1.II. Nr. 610, GStAM.

schnitt die Geschäfte des preußischen Konsuls auf Empfehlung von Reichard, dessen Firma auch von Kruttschnitt liquidiert wurde.

Der Kaufmann Ludwig Trapmann führte das Konsulat in Charleston von 1818 bis zu seinem Tode 1855. Im April 1856 übernahm sein Sohn Wilhelm H. Trapmann das Amt, nachdem Generalkonsul Schmidt seine „Respektabilität und Befähigung" bestätigt hatte[97] und von der Heydt „die Vertreter der Kaufmannschaften in den Seestädten und der Handelskammern in der Rheinprovinz" mit seiner Ernennung einverstanden erklärt hatte[98]. Während seiner Abwesenheit in Europa 1860 bis 1867 ließ Trapmann die Konsulatsgeschäfte durch „Chancelier Meyer" aus seinem Handlungshaus erledigen, wie das schon bei der Abwesenheit seines Vaters Ludwig Trapmann geschehen war.

Der die konsularischen Aufgaben in New York seit 1815 erledigende Johann W. Schmidt, der seit 1810 ein New Yorker Handelshaus führte, wollte sein Generalkonsulat wie seine Firma zunächst an seinen ältesten Sohn übertragen. Aber Johann W. Schmidt überlebte seinen ältesten Sohn, und so stellte die preußische Regierung dem betagten Generalkonsul 1855 seinen Associé und Schwiegersohn Eduard von der Heydt als Vizekonsul zur Seite. Eduard von der Heydt, Sohn des Handelsministers, bestellte die preußische Regierung 1858 zum Konsul in New York. Der zweite Sohn Johann W. Schmidts Leopold Schmidt, der als Königlich Sächsischer und Großherzoglich Badischer Vizekonsul fungierte, erhielt nach dem Tode seines Vaters 1865 nicht das Generalkonsulat, da Preußen in New York das erste Berufskonsulat einrichtete.

Alt bewährte konsularische „Dynastien" wie in den älteren Hafenstädten der USA konnte Gerolt im Westen selbstverständlich nicht finden. Bei der Suche nach den geeigneten Bewerbern für die Konsulate in den neuen Staaten des Westens kam erschwerend hinzu, dass sich in einem ungewohnten Umfange politische und wirtschaftliche Interessen geltend machten. Die politische Einflussnahme kam dadurch zum Ausdruck, dass sich Gouverneure, Legislaturen westlicher US-Bundesstaaten und einzelne Unionspolitiker für weitere preußische Konsulate im Landesinnern einsetzten. Der Privatsekretär von Staatssekretär Cass, der aus Michigan stammte, und der Senator von Michigan Mc Clelland verwandten sich 1858 bei Gerolt für ein Konsulat in Detroit, wofür sie auch gleich ein Mitglied der Legislatur von Michigan präsentierten[99]. Das Kongressmitglied Schuyler Colfax wünschte 1858 ein Konsulat in La Porte, Indiana[100], und der US-Gesandte Wright in Berlin

---

[97] Gerolt am 11.9.1855 aus Berlin an Manteuffel, GStAM, 2.4.1.II. Nr. 581.
[98] Von der Heydt am 7.4.1856 an Manteuffel, a.a.O.
[99] Gerolt am 8.4.1858 an Manteuffel, GStA Berlin, Mf 135, AA II Rep. VI Nr. 55.

II. Die zwischenstaatlichen Netzwerke 1850 bis 1867

befürwortete im Bundesstaat Indiana ein Konsulat in New Albany[101], wobei er wie die übrigen einen bestimmten Amtsanwärter vorschlug. Die Vermutung, dass es nicht um die bessere Vertretung preußischer Interessen ging, sondern um parteipolitische Interessen in den Bundesstaaten, insbesondere um die Stimmen der deutsch-amerikanischen Wähler dort, lag nahe. Keinen der vorgeschlagenen Kandidaten betrachtete Gerolt als geeignet für das Amt, und die preußische Regierung ernannte auch keinen von ihnen.

Das Problem bei der Auswahl der für ein Konsulat geeigneten Persönlichkeit war nicht die politische Orientierung, ein Achtundvierziger bewarb sich ohnehin nicht, sondern die Schwierigkeit, denjenigen zu finden, der sein Amt korrekt führte. Bei der Amtsführung der Konsuln gab es auch keine Schwierigkeiten wegen ihrer Bedeutung als politische Repräsentanten für die deutschen Auswanderer, sondern wegen ihrer notariellen und Berater-Funktionen. Viele Konsuln, die ja im Hauptberuf Geschäftsleute waren, musste das Missverhältnis stören zwischen dem Zeitaufwand für ihr Amt und den legal nur geringen Einnahmen aus der Beglaubigung von Urkunden und der besitzrechtlichen Beratung der Deutschamerikaner, die zum Teil nicht unvermögend waren. So ließ sich die Gefahr der Bereicherung auf Kosten der Klienten nicht übersehen. Die Gebühren für die Beglaubigung von Unterschriften in Erbschaftsangelegenheiten, auf Totenscheinen und Zertifikaten von US-Behörden waren nach Gerolts korrekter Situationsbeschreibung für Manteuffel[102] „fast die einzige Entschädigung der Königlichen Konsuln für ihre unentgeltliche Amtsführung und für die vielfachen Anforderungen welche von den Königlichen Behörden direkt oder durch die Königliche Gesandtschaft im Auftrage Eurer Excellenz an die selben gemacht werden und wofür sie nichts für sich berechnen. In vielen Rechtsfällen müssen sie sich dabei des Rates und der Mitwirkung von Advokaten bedienen ...".

Um den Konkurrenzstreit zwischen den preußischen Konsuln um die geringen Gebühren zu verhindern, schlugen die preußischen Konsuln von St. Louis, Louisville und Cincinnati 1855 vor, allen preußischen Konsuln feste Bezirke zuzuweisen in den USA. Aber Gerolt lehnte das ab, um Unbequemlichkeiten für preußische Untertanen durch eine feste Bindung an einen Konsul zu vermeiden[103], das heißt, er wollte im Interesse der Unterta-

---

[100] Gerolt am 24.11.1858 an Schleinitz, GStA Berlin, Mf 135, AA II Rep. VI Nr. 68.
[101] Wright am 19.6.1860 an Schleinitz, a.a.O.
[102] Gerolt am 10.11.1856 an Manteuffel, GStA Berlin, Mf 135 AA II Rep. VI Nr. 42 Vol. 1.
[103] Gerolt, Berlin, am 10.9.1855 an Manteuffel, GStA Berlin, Mf 135 AA II Rep. VI Nr. 42 Vol. 1.

nen gerade Konkurrenz erhalten. Ohnehin hatte sich so gut wie jeder preußische Konsul seinen Bezirk organisiert. Um von fast überall erreichbar zu sein, verfügte jeder Konsul außerhalb seiner Residenz über Korrespondenten, unter anderem Notare, an die er Aufträge erteilte und von denen er Aufträge entgegennahm. Nach Gerolt ließen sich die preußischen Konsuln „jährlich von den respektiven Staatsbehörden die Namen der berechtigten öffentlichen Notare und ihre Wohnorte geben und beglaubigten die Unterschriften derselben auf den Dokumenten, welche ihnen auch von entfernten Punkten zugesandt werden."[104] Den Preußen oder ehemaligen Preußen, die nicht in der Nähe von preußischen Konsuln wohnten, riet Gerolt ohnehin, sich statt an eventuell unzuverlässige Konsuln zu wenden, zunächst Landesbehörden (Notare etc.) anzusprechen, „welche nach den Gesetzen mehr oder weniger verantwortlich sind; und die Unterschriften können größtenteils mittelbar von einem der preußischen Konsuln beglaubigt werden."[105] Diese könnten die Urkunden weiter nach Preußen senden, wo sie grundsätzlich anerkannt würden. Da damit für die juristische Hilfe Suchenden zumutbare Bedingungen bestanden, die vorhandenen preußischen Konsuln kein Interesse hatten, an neue Amtsinhaber Gebühren abzutreten, und es sehr schwierig war, im Westen geeignete neue preußische Konsuln zu finden, riet Gerolt sogar davon ab, weitere Konsuln zu ernennen[106].

Die Versuchung für den Konsul, das geringe reguläre Entgelt irregulär aufzubessern, ja sich zu bereichern, schien Gerolt in den USA besonders groß. Er erkannte richtig, dass die Handlungen der Konsuln „besonders in Geldgeschäften mit den Eingewanderten oder ihren Verwandten in Deutschland keiner persönlichen Verantwortlichkeit unterworfen sind, indem nach hiesigen Gesetzen und Rechtspflege ein Regreß für Zahlungsunfähigkeit oder selbst für Veruntreuungen gegen den Schuldner so gut als unmöglich ist; so bietet die konsularische Stellung keinerlei Bürgschaft, wenn nicht eine allgemein anerkannte Respektabilität und Zahlungsfähigkeit damit verknüpft ist."[107] Nicht zu Unrecht beklagte er, dass manche deutschen Konsuln die in New York gegenüber Auswanderern üblichen Betrügereien in ihrer offiziellen Funktion mit anderen Mitteln fortsetzten: „Das deutsche Consulatswesen in den Vereinigten Staaten wird daher von manchen als eine Fortsetzung des ‚Runner'-Wesens in New York angesehen, welche es sich bekanntlich zum Geschäft machen, die Emigranten auf alle mögliche Weise zu hintergehen und zu übervorteilen."[108] Gerolt war zwar bei den

---

[104] Gerolt am 10.11.1856 an Manteuffel, GStA Berlin, Mf 135 AA II Rep. VI Nr. 42 Vol. 1.
[105] Gerolt am 17.3.1855 an Manteuffel, a.a.O.
[106] Gerolt am 10.11.1856 an Manteuffel, a.a.O.
[107] Gerolt am 10.11.1856 an Manteuffel, a.a.O.

II. Die zwischenstaatlichen Netzwerke 1850 bis 1867

preußischen Konsuln der Ansicht, dass diese „in der Regel durch ihre Stellung und Respektabilität eine moralische Bürgschaft gewähren"[109]; aber „die Erfahrung lehrt, dass viele der in allen größeren Städten der Vereinigten Staaten angestellten deutschen Consuln nur zu oft das an ihre offizielle Stellung geknüpfte öffentliche Vertrauen zum Nachteil ihrer Landsleute hier und im Mutterlande mißbrauchen."[110]

Vielen Bewerbern stand Gerolt mit Recht skeptisch gegenüber, und Generalkonsul Schmidt pflichtete ihm bei, wenn er sich beklagte, dass sich inzwischen „kreti und pleti" um ein Konsulat bewerbe[111]. Alle Schwierigkeiten, im Westen einen geeigneten Bewerber zu finden, trafen in Milwaukee zusammen. Die preußische Regierung überlegte schon 1850, ob sie ein Konsulat in Milwaukee einrichten solle, verzichtete aber schließlich auf beide Bewerber, obgleich der eine sowohl vom preußischen Konsul in Bremen als auch vom dortigen britischen Konsul als geeignet empfohlen war. Aber nach den Erkenntnissen Schmidts und Brauns, des preußischen Konsuls in Baltimore, war der eine als geschäftlich gescheitert ungeeignet, und bei dem anderen standen vor allem Zweifel an seiner persönlichen Zuverlässigkeit im Wege. Gerolt vermerkte schon 1854 kritisch[112], dass die preußischen Konsulate „in der Regel von Individuen beansprucht werden, die solche Stellen nur als Mittel betrachten, um sich eine Stellung und Geschäftsführung bei den deutschen Einwanderern zu sichern, welche der Sprache wegen sich lieber an die deutschen Konsul als an die öffentlichen Notare wenden. Diese Geschäfte müssen nicht wenig einträglich sein; denn man sieht in allen hiesigen deutschen Blättern fortwährend Anzeigen von deutschen Konsuln, welche sich von den kleinen deutschen Staaten Konsulats-Stellen verschafft haben und die sich gegenseitig überbieten, um die Geschäfte der deutschen Bevölkerung an allen Orten an sich zu bringen." Alle Zweifel sah Gerolt bei den Bemühungen, für das neu zu errichtende Konsulat in Milwaukee einen geeigneten Kandidaten zu finden, bestätigt. Um ein Vizekonsulat und später um ein Konsulat bewarb sich zum Beispiel Hermann Haertel, Landagent und Bankier in Milwaukee und führend in der dortigen Deutschen Gesellschaft[113]. Als dort 1855 die Germania Bank in

---

[108] Gerolt am 20.7.1860 an Schleinitz, GStA Berlin, Mf 135 AA II Rep. VI Nr. 73.

[109] A.a.O.

[110] Gerolt am 17.3.1855 an Manteuffel, GStA Berlin, Mf 135 AA II Rep. VI Nr. 42 Vol. 1.

[111] Schmidt am 5.2.1855 an Gerolt, Abschrift, Anlage zum Bericht Gerolts vom 17.3.1855, a.a.O.

[112] Gerolt an Manteuffel am 10.4.1854, a.a.O.

[113] *Hartmut Bickelmann*: Deutsche Gesellschaften in den Vereinigten Staaten, S. 151 f., 159 f.

Schwierigkeiten geriet, weil ihr Direktor, der hannoversche Konsul Papendieck für sein zweites Unternehmen Konkurs anmeldete, sah die nach den Informationen des Generalkonsuls Schmidt[114] ähnlich unterfinanzierte Konkurrenzbank People's Bank of Haertel, Greenleaf & Co eine Chance, ihre Geschäfte mit den Einwanderern auszudehnen. Ihr Direktor Haertel wandte sich an Schmidt mit dem Ersuchen, ihm das preußische Vizekonsulat in Milwaukee zu übertragen. Ohnehin seien schon ein Teil der europäischen Wechselgeschäfte von der Germania Bank auf seine Bank übergegangen, und er erhoffte sich weitere Vorteile durch die konsularischen Funktionen. Als Entgelt bot er Schmidt an: „Im Gewährungsfalle würde ich bereit sein, Ihnen nach zu machender Stipulation einen Anteil von dem Einkommen dieser Stellung zu überweisen, auch von meiner Seite in jeder Beziehung auf unbedingte Diskretion rechnen können."[115] Ebenso ablehnend wie in diesem Fall begegnete Schmidt den Wünschen, Beglaubigungsurkunden blanco zu verkaufen[116].

Als ähnlich bedenkenloser Geschäftemacher wie Haertel erwies sich der hannoversche, oldenburgische und mecklenburg-schwerinsche Konsul Papendieck in Milwaukee. Er behauptete in Anzeigen, um seine prekäre Finanzlage aufzubessern, er übe in den Staaten Wisconsin, Michigan, Illinois, Iowa, Indiana und im Minnesota-Territorium die konsularischen Funktionen für die Staaten des Zollvereins und Österreichs aus, und es könnten „alle solche Funktionen erfordernden Geschäfte sowie die Legalisierung von Documenten für jene Staaten von dem Unterzeichneten besorgt werden"[117], ein Anspruch, zu dem er durch nichts legitimiert war. Noch dreister war, dass Papendieck ähnlich wie Haertel denen die Hälfte seiner Konsulatsgebühren anbot, die ihm regelmäßig die Legalisation von Dokumenten zukommen ließen[118]. Am dreistesten gab sich der später als republikanischer Politiker zum Lieutenant-Governor von Illinois aufgestiegene Francis Hoffmann, Konsul von Braunschweig-Lüneburg in Chicago, indem er als „Konsul für Preußen" im Teutschen Anzeiger in Freeport, Illinois, inserierte[119]. Mit dem preußischen Staat verband ihn nur seine Herkunft.

---

[114] Schmidt am 5.2.1855 an Gerolt, Auszug, Anlage zum Bericht Gerolts an Manteuffel vom 17.3.1855, GStA Berlin, Mf 135 AA II Rep. VI Nr. 42 Vol. 1.

[115] Haertel am 27.1.1855 an Schmidt, Abschrift als Anlage zum Schreiben Schmidts vom 5.2.1855 an Gerolt, a.a.O.

[116] Gerolt am 20.7.1860 an Schleinitz, GStA Berlin, Mf 135 AA II Rep. VI Nr. 73.

[117] So in „Friedrich Gerhards Unentgeldl. Wegweiser" in New York, Anlage zum Bericht Angelrodts, St. Louis, vom 5.4.1855 an Gerolt, Anlage zum Bericht Gerolts vom 13.4.1855 an Manteuffel, GStA Berlin, Mf 135 AA II Rep. VI Nr. 42 Vol. 1.

[118] Der zuverlässige Angelrodt, St. Louis, behauptete, dafür Belege zu besitzen. A.a.O.

[119] Nach dem Bericht Angelrodts, a.a.O.

II. Die zwischenstaatlichen Netzwerke 1850 bis 1867

Papendieck, Hoffmann und andere gingen weit über den Artikel 19 des Zollvereinsvertrages von 1833 hinaus, wonach der Konsul eines Zollvereinsstaates für den Fall gegenüber dem Angehörigen eines Zollvereinsstaates in einem nicht genau definierten Umfang konsularische Funktionen übernehmen durfte, wenn diesem Untertanen kein Konsul seines eigenen Staates zur Verfügung stand. Dass dies zumindest auf preußischer Seite nicht mehr vorkam, dafür hatten die preußischen Konsuln mit ihrem Netz von Korrespondenten weitgehend vorgesorgt.

Die Frage der Einrichtung neuer Konsulate blieb trotz der allmählich ablehnenden Haltung Gerolts weiter auf der Tagesordnung. Angesichts des Drucks von deutschamerikanischer Seite zugunsten weiterer preußischer Konsulate, den sogar das State Department und die US-Gesandtschaft in Berlin an die preußische Regierung weitergaben, und der zugleich andauernden Schwierigkeiten, unter den Deutschamerikanern zuverlässige Kandidaten zu finden, trug der um Ideen nie verlegene Gerolt einen vor allem an der amerikanischen Praxis orientierten interessanten Kompromissvorschlag vor[120]. Er regte an, „dass die hiesige Königliche Gesandtschaft ermächtigt werden möge, einstweilen Konsular-Agenten an denjenigen Punkten zu ernennen, wo die Bedürfnisse der deutschen Einwanderung und die dabei beteiligten Interessen königlicher Untertanen im Mutterlande es wünschenswert erscheinen lassen. Durch eine solche Maßregel dürfte dem Spekulationsgeiste der zahlreichen Kandidaten, welche als Preußische Konsuln eine soziale Stellung zu erlangen und dieselbe auszubeuten suchen, einigermaßen Einhalt getan und die Verantwortlichkeit der Königlichen Regierung, welche mehr oder weniger mit der Ernennung von wirklichen Konsuln verknüpft ist, verringert werden.

Wenn die Unterschriften und Beglaubigungen solcher Konsular-Agenten von den Königlichen Gerichten in Preußen anerkannt werden, so wäre dem Bedürfnisse von Königlichen Konsulaten, was für die hier eingewanderten Preußen und andere deutsche Einwanderer stets geltend gemacht wird, einstweilen abgeholfen, und die Königliche Gesandtschaft würde Gelegenheit haben, durch ihre Geschäfts-Correspondenz mit den respektiven Agenten die Qualifikation und Respektabilität derselben sowie den Umfang ihrer Dienstgeschäfte näher kennen zu lernen."

Der Regierung Manteuffel missfiel zuerst der mit der Umsetzung des Geroltschen Vorschlages verbundene Machtzuwachs der Gesandtschaft, und Manteuffel erinnerte nach Rücksprache mit von der Heydt Gerolt daran, dass „nach den für solche Anstellungen sonst angenommenen Grundsätzen nicht die K. Gesandtschaft, sondern der K. Generalkonsul Schmidt in New

---

[120] Gerolt am 5.4.1858 an Manteuffel, GStA Berlin, Mf 135 AA II Rep. VI Nr. 5.

York zu beauftragen sein würde …".[121] Dann wies Manteuffel Gerolt darauf hin, dass der Gesandtschaft oder dem Generalkonsulat mit dem Vorschlag eine Verantwortung zugemutet würde, der sie bei den weiten Entfernungen in den USA kaum durch die nötigen Kontrollen nachkommen könnten, als wenn dieses Problem von Gerolt und Schmidt nicht auch gegenüber den Konsulaten zu bewältigen war. Überzeugender klang ein weiteres Argument: „Wenn die zum Agenten zu wählende Persönlichkeit eine solche Qualifikation besitzt, dass die Übernahme jener Verantwortung nicht gescheut zu werden brauchte, so könnte auch unmittelbar die Ernennung zum K. Konsul erfolgen." Manteuffels abschließendes Urteil über den Vorschlag lautete: „Es fehlen bei den in Nordamerika bestehenden Verhältnissen die Bedingungen, unter welchen in anderen Konsulatsdistrikten das Institut des consularischen Privatbevollmächtigten für angemessen erachtet werden kann." Aber einen Lösungsvorschlag für die Schwierigkeiten mit dem konsularischen Institut insgesamt in den Vereinigten Staaten angesichts der dortigen besonderen Verhältnisse nannte Manteuffel nicht, und es blieb bei dem bisherigen Verfahren.

Manteuffel drängte auf die Einrichtung eines Konsulates in Milwaukee ohne die von Gerolt vorgeschlagene Übergangslösung. Die Überlegungen, die schon 1850/51 eine Rolle gespielt hatten, kamen 1855 wieder in Gang, weil nach Manteuffel „der Mangel eines königlichen Konsuls daselbst bei Ausstellung öffentlicher Urkunden fühlbar bemerkt wurde."[122] Weil in Wisconsin ein preußischer Konsul als direkter Ansprechpartner für die deutschen Auswanderer aus Preußen fehlte, übernahmen andere Zollvereins-Konsuln dessen Aufgaben, unter anderem der zwar bemühte, aber umstrittene hannoversche Konsul Papendieck. Schwierigkeiten entstanden dann dadurch, dass preußische Gerichtsbehörden von nichtpreußischen Konsul in Wisconsin beglaubigte Urkunden anzweifelten, „weil … vereinsländische Konsuln zur Beglaubigung von Notariats-Urkunden für Preußische Untertanen … nicht ohne weiteres befugt sind."[123] Gerolt suchte diese Schwierigkeit im Sinne der bestehenden preußischen Konsulate auszuschalten, indem er beantragte, die Konsuln zu der Erklärung zu autorisieren, „dass die für Preußen bestimmten Atteste, Certifikate und Beglaubigungen von Dokumenten von preußischen Konsuln ausgefertigt und unterzeichnet sein müssen."[124] Eine solche Autorisation der preußischen Konsuln war jedoch mit Rücksicht auf die übrigen Zollvereinsstaaten schlecht durchzusetzen. Unab-

---

[121] Manteuffel am 26.5.1858 an Gerolt, Entwurf, GStA Berlin, Mf 135 AA II Rep. VI Nr. 42 Vol. 1.
[122] Manteuffel am 20.4.1855 an Gerolt, Entwurf, GStA Berlin, Mf 135 AA II Rep. VI Nr. 42 Vol. 1.
[123] Manteuffel am 7.1.1855 an Gerolt, Entwurf, GStA Berlin, Mf 135 AA II Rep. VI Nr. 42 Vol. 1.

hängig von dieser Frage entschied die preußische Regierung schließlich, dass ein Konsulat in Milwaukee nötig sei. Die Überlegung zugunsten der deutschen Wirtschaft, dass die wachsende Zahl deutscher Einwanderer in Wisconsin einen wachsenden Markt für deutsche Industrie-Erzeugnisse eröffne, war dabei zweitrangig neben dem Argument, dass ein neuer Konsul erforderlich sei als Vermittler für die rechtlichen Beziehungen der USA-Einwanderer zum preußischen Mutterland[125].

Bei den Überlegungen über die Besetzung sah sich Gerolt 1855/56 nicht mehr nur Bewerbern aus der Wirtschaft gegenüber, sondern auch Politikern. Diese Tatsache verriet, dass die ursprünglichen Tendenzen gegen die Monarchien nach der Revolution 1848/49 in den Hintergrund getreten waren. Inzwischen setzten sich Gouverneure und Legislaturen verschiedener Staaten des Westens für Bewerber um preußische Konsulate ein[126]. Nach der Meinung Gerolts verdienten jedoch Politikerempfehlungen „wenig Vertrauen, weil die einheimischen Staatsmänner der verschiedenen Parteien sich dadurch die Deutschen in den großen Städten verpflichten wollen, um sich des Einflusses und der Stimmen derselben bei den Wahlen für Kongress-Mitglieder, für Gouverneurs-Wahlen und Richter-Ämter sowie für die Kommunal-Stellen zu sichern." In der Besetzungsfrage entschied Gerolt schließlich, sich auf einer Reise durch den mittleren Westen gemeinsam mit Angelrodt, der sich dort am besten auskannte, nach geeigneten Persönlichkeiten für die in dieser Region insgesamt projektierten Konsulate in Milwaukee, Chicago, Buffalo und Detroit umzusehen. Die Erkundigungen, die Gerolt auf dieser Reise im Herbst 1856 über die vielen Kandidaten einzog, die sich in den letzten Jahren beworben hatten, erwiesen sich jedoch als unbefriedigend. Nach den Erkenntnissen des interimistischen Konsuls Dresel (Baltimore) fiel es im Westen schwer, „unter den dort ansässigen Deutschen die rechte Persönlichkeit zu finden, eben weil unsere gebildeten und dadurch zur Übernahme konsularischer Funktionen befähigten Landsleute, namentlich aus dem Kaufmannsstande, erst in kleiner Anzahl sich nach jenen Gegenden gewandt haben."[127] Dresel unterstützte Gerolts abwartende Haltung, indem er darauf hinwies, dass die Chancen, einen geeigneten Bewer-

---

[124] Gerolt am 13.4.1855 an Manteuffel. Ähnlich schon am 17.3.1855 an Manteuffel und dann noch einmal am 20.7.1860 an Schleinitz. GStA Berlin, GStA Berlin, Mf 135 AA II Rep. VI Nr. 42 Vol. 1.

[125] Manteuffel am 20.4.1855 an Gerolt, Entwurf, GStA Berlin, Mf 135 AA II Rep. VI Nr. 42 Vol. 1.

[126] Gerolt am 13.12.1855 an Manteuffel, GStA Berlin, Mf 135 AA II Rep. VI Nr. 42 Vol. 1.

[127] Dresel, Baltimore, an Gerolt, ohne Datum, abschriftlich als Anlage zum Bericht Gerolts vom 2.2.1856 an Manteuffel, GSTA Berlin, Mf 135 AA II Rep. VI Nr. 55.

ber zu finden, in einigen Jahren günstiger seien. Gerolt wurde nur in Milwaukee fündig. Seine Wahl fiel auch nicht auf einen Kaufmann; sondern wegen der für das Amt in Milwaukee besonders geforderten juristischen Kenntnisse schlug er der Regierung den Rechtsanwalt und Notar Emil Spangenberg vor, bei dem er sich auch auf die Empfehlung von Angelrodt, St. Louis, und Stanislaus, Cincinnati, stützen konnte[128]. Obgleich ein Promemoria im Ministerium der auswärtigen Angelegenheiten missbilligend feststellte, dass die „früheren Verhältnisse des p. Spangenberg in Deutschland" von Gerolt nicht zur Sprache gebracht wären[129], ernannte der König Spangenberg postwendend noch im Januar 1857, und er erhielt zugleich die Konsulate von Baden, Hessen-Darmstadt und Oldenburg, das sich von Papendieck getrennt hatte. Trotz aller Vertrauenswürdigkeit machte Spangenberg zeitweilig von ihm amtlich anvertrautem Geld pflichtwidrig Gebrauch, so dass 1860 seine Suspendierung zur Debatte stand. Da sich Legationsrat von Grabow, der die Angelegenheit in Milwaukee untersucht hatte, und bedeutende Rechtsanwälte in Milwaukee für Spangenberg verbürgten, sah die preußische Regierung großzügig von seiner Entlassung ab[130]. Nachdem Spangenberg dann 1862 tatsächlich Nachlassgelder veruntreut hatte, wie aus den Protesten von Betroffenen hervorging, und die konsularische Arbeit angesichts „der Zerrüttung des Gemütes" durcheinander geraten war[131], verstarb er unter mysteriösen Umständen. An seine Stelle setzte Gerolt wieder einen Rechtsanwalt und Notar, nämlich den früheren Berliner Auskultator Rosenthal, der bis zur endgültigen Entscheidung der Regierung interimistisch amtierte. Er brachte zunächst einmal wieder Ordnung in das Chaos des Konsulatsarchivs, die durcheinander geratenen Nachlassregulierungen und Geldauszahlungen und nahm sich insgesamt recht rührig der Angelegenheiten der vielen Deutschen in und um Milwaukee an.

Der Zunahme der Geldgeschäfte im konsularischen Dienst in den USA, einer Entwicklung, die besonders negativ bei Spangenberg aufgefallen war, suchte Gerolt nun bei der Neubesetzung der Stelle dadurch zu begegnen, dass er – orientiert an amerikanischen Gepflogenheiten – Rosenthal eine Kaution stellen ließ und zusätzlich in Berlin beantragte, die Verleihung des Konsulates in den USA grundsätzlich von einer Kaution abhängig zu machen; überhaupt würde die Auszahlung von Geldern am besten beim Gene-

---

[128] Gerolt am 10.11.1856 an Manteuffel, GStA Berlin, Mf 135 AA II Rep. VI Nr. 42 Vol. 1.

[129] Promemoria ohne Datum und Unterschrift, wahrscheinlich vom Januar 1857, GStA Berlin, Mf 135 AA II Rep. VI Nr. 42 Vol. 1.

[130] Schriftwechsel zu den Schwierigkeiten um Spangenberg 1860 in Mf 135 AA II Rep. VI Nr. 42 Vol. 1 GStA Berlin.

[131] Gerolt am 16.7.1862 an Bernstorff, GStA Berlin, Mf 135 AA II Rep. VI Nr. 42 Vol. 1.

II. Die zwischenstaatlichen Netzwerke 1850 bis 1867

ralkonsul Schmidt zu konzentrieren sein[132]. Außenminister Graf Bernstorff sah es jedoch als Irrweg an, diesen Vorschlägen stattzugeben, vor allem eine Kaution als „Regulativ für die Dienstführung" vorzuschreiben[133]. Er hielt es für unmöglich, das besondere Gewicht stärker zu berücksichtigen, das das Finanzielle in der Dienstpraxis der inneramerikanischen preußischen Konsuln wegen der wirtschaftlichen Leistungsfähigkeit der Deutsch-Amerikaner gewonnen hatte, und entsprechend das dortige preußische Konsulatswesen zu verändern. Es gehöre nach den Grundsätzen der preußischen konsularischen Verwaltung „überhaupt nicht zu den konsularischen Dienstbefugnissen ..., sich mit der Besorgung von Geldgeschäften zu befassen ... Es geschieht nur ausnahmsweise, dass dergleichen Geschäftsbesorgungen in die diesseitigen Consulatsfunktionen mit aufgenommen werden, um den beteiligten Untertanen durch Gewährung einer zuverlässigen Hilfe Erleichterungen zuzuwenden." Aber Konsequenzen daraus im Sinne einer zuverlässigeren Hilfe zu ziehen, lehnte er ab. Mit den aus den nicht wegzuleugnenden Geldgeschäften erwachsenden Schwierigkeiten müssten Gesandtschaft und Konsuln in dem gewohnten Rahmen fertig werden. Als Alternative sah er „auf den Binnenplätzen der westlichen und nordwestlichen Gebiete der Vereinigten Staaten, wo die bewegten Geschäfte den Hauptgegenstand der konsularischen Funktionen bilden" nur die Möglichkeit, „von der Bestallung diesseitiger Consuln in diesen Gegenden lieber ganz Abstand zu nehmen ..., anstatt durch Einführung neuer Bedingungen der consularischen Zuständigkeiten die eigentliche Bedeutung des Consular-Wesens zu verändern." Abgesehen von der grundsätzlich Ablehnung einer Konsular-Kaution, hielt er sie schon wegen der Schwierigkeiten, den Kautionsbetrag angemessen zu bestimmen, zu verwalten und eventuell zu verwerten „vollends nicht für ernstlich ausführbar."

Der allen Veränderungen und Konflikten abgeneigte Bernstorff dachte nun keineswegs ernsthaft daran, die preußischen Konsulate im Innern der USA aufzugeben, sondern wollte nur Gerolts Initiative zurückweisen. Gerolt kam nach Bernstorffs Bescheid nicht auf seine Vorschläge zurück, aber verfolgte seine Vorstellungen zur Besetzung des Konsulates in Milwaukee um so hartnäckiger. Bei dieser Personalentscheidung spielte nicht die politische Einflussnahme aus den USA eine Rolle, sondern aus Deutschland.

Grabow hatte sich schon 1860 über mögliche Nachfolger von Spangenberg in Milwaukee informiert und als am geeignetsten den Rechtsanwalt Rosenthal befunden, einen Vorschlag, den dann Gerolt 1862 sofort nutzte.

---

[132] Gerolt am 19.4.1862 an Bernstorff, GStA Berlin, Mf 135 AA II Rep. VI Nr. 42 Vol. 1.
[133] Bernstorff am 2.6.1862 an Gerolt, Entwurf, GStA Berlin, Mf 135 AA II Rep. VI Nr. 42 Vol. 1.

Die erste Weichenstellung zugunsten seines Kandidaten Rosenthal war durch dessen interimistische Betrauung mit dem Konsulat erfolgt. Ein ernsthafter Konkurrent unter den zahlreichen Bewerbern um das Amt war der kurhessische Oberstleutnant Freiherr von Baumbach, der schon das Konsulat von Württemberg, Bayern, Mecklenburg-Schwerin und Nassau in Milwaukee übernommen hatte und sich einen Namen als Verfasser des in Kassel 1856 erschienenen Buches „Neue Briefe aus den Vereinigten Staaten von Nordamerika in die Heimath mit besonderer Rücksicht auf deutsche Auswanderer" gemacht hatte, aber von dessen konsularischer Tätigkeit Grabow nur „Mittelmäßiges" zu berichten wusste[134]. Für die Berufung Baumbachs setzte sich die bayerische Regierung mit einem Lob der konservativen Gesinnungen des früheren Präsidenten der kurhessischen Ständeversammlung ein[135], und noch unqualifizierter äußerte sich der Fürst zu Hohenzollern-Sigmaringen[136], da er als einziges Argument zugunsten des Konsulatsbewerbers darauf hinwies, er sei der „Bruder des früheren kurhessischen Justizministers von Baumbach". Auch Bernstorff bevorzugte Baumbach, aber Gerolt ließ sich nicht durch den politisch-gesellschaftlichen Hintergrund dieses Bewerbers in Deutschland beeindrucken und verwies auf die Vorzüge von Rosenthals konsularischer Tätigkeit. Schließlich kam Rosenthal zu Hilfe, dass Baumbach nach der Verehelichung seiner Tochter mit Rosenthal zugunsten des zum Schwiegersohn gewordenen Konkurrenten verzichtete. Noch im September 1862 ernannte der König Rosenthal zum Konsul in Milwaukee, und parallel dazu erhielt Baumbach zu seinen drei Konsulaten noch das von Oldenburg.

Von Gerolt hielt neben einem sorgfältigen Vorgehen bei der Berufung von Konsuln seine Dienstaufsicht für wesentlich für das angemessene Funktionieren des konsularischen Dienstes. Ein wichtiges Zeichen für das Engagement der einzelnen Konsuln waren für ihn deren Berichte, insbesondere die Jahresberichte, die die Zentrale und ihn rechtzeitig über die wirtschaftliche Entwicklung seines Bereiches und die Auswandererangelegenheiten zu informieren hatten. Verständlicherweise boten die Berichte dieser Honorarkonsuln nicht den Informationsumfang etwa der von den britischen Berufskonsuln verfassten Jahresberichte; aber zur Handels- und Verkehrsentwicklung stellten sie eine unerlässliche Informationsquelle für die Washingtoner Mission und das Staatsministerium dar[137], vor allem die Berichte des Generalkonsuls Schmidt aus New York, des Konsuls Vogel aus New

---

[134] Gerolt am 16.7.1862 an Bernstorff, GStA Berlin, Mf 135 AA II Rep. VI Nr. 42 Vol. 1.

[135] Der bayerische Gesandte Graf Montgelas am 31.5.1862 an Graf Bernstorff, GStA Berlin, Mf 135 AA II Rep. VI Nr. 42 Vol. 1.

[136] Fürst zu Hohenzollern-Sigmaringen, Düsseldorf, am 17.5.1862 an Bernstorff, GStA Berlin, Mf 135 AA II Rep. VI Nr. 42 Vol. 1.

Orleans und der Konsuln des mittleren Westens, Angelrodt in St. Louis[138], von Borries in Louisville und Stanislaus in Cincinnati.

Als Gerolts Position 1850 allgemein umstritten war, musste er auch seine Kontrollbefugnis gegenüber dem Generalkonsul und den Konsuln verteidigen. In scharfem Kontrast zu seinem Einfluss an der Spitze eines ausgebauten Konsulatsnetzes Anfang der sechziger Jahre stand seine Schwäche 1850. Generalkonsul Schmidt schickte ihm keinen Bericht mehr, da er es vorzog, direkt an das Ministerium zu schreiben. Ebenfalls von den Schmidt unterstellten Vizekonsuln in Boston und New Bedford erhielt Gerolt keine Informationen. Ohnehin betrachtete es Schmidt als normal, wenn die Berichte der Konsuln entsprechend den Gepflogenheiten im preußischen Vertretungswesen in Großbritannien an ihn und nicht an die Mission gingen, wie er Gerolt mitteilte[139].

Gerolt beschwerte sich bei dem Minister der auswärtigen Angelegenheiten Schleinitz über die von Schmidt verschiedentlich vertretene Ansicht, „dass die Stellung des General-Konsuls zu New York von der Königlichen Mission ganz unabhängig und keinerlei Kontrolle der letzteren unterworfen sei."[140] Alle anderen Konsuln sandten ihre Berichte nach wie vor an die Königliche Mission, die sie anschließend an das Ministerium der auswärtigen Angelegenheiten weiterreichte und selbst eine Abschrift zu den Akten nahm; aber Gerolt musste befürchten, dass auch einzelne dieser Konsuln sich seiner Kontrolle entziehen würden. Gerolt betonte in seiner Beschwerde mit Recht die Notwendigkeit einer möglichst vollständigen Übersicht über die Handelsverhältnisse in den USA und lehnte eine Abschwächung der Berichtspflicht der Konsuln ab. Aus seiner Erfahrung fügte er hinzu, „dass die wenigsten der Königlichen Konsuln ihre instruktionsmäßigen Jahresberichte erstattet haben würden, wenn sie nicht durch die Mission wiederholt daran erinnert worden wären." Gerolt hatte Glück, dass es bei der von Schmidt aufgeworfenen Frage um die Stellung aller preußischen diplomatischen Vertreter gegenüber den Konsuln ging, und die preußische Regierung kam in dem anschließenden Circular vom 18.12.1850[141] auf der Grundlage des

---

[137] Das Preußische Handelsarchiv publizierte einen Teil der Jahresberichte in Auszügen.
[138] Zu Angelrodt s. Berühmte Vorkämpfer für Fortschritt, Freiheit und Friede in Nordamerika, Cleveland 1904, S. 194–198, und *Hartmann*: Die USA im Spiegel der oldenburgischen Konsulatsberichte 1830–1967, S. 121–142 in: Zwischen London und Byzanz, Veröffentlichungen der Nds. Archivverwaltung, Beiheft 23, Göttingen 1979, und *Audrey Louise Olson*: St. Louis Germans, 1850–1920, Diss., University of Kansas, 1970, S. 33 f.
[139] Auszug aus dem Schreiben Schmidts an Gerolt vom 21.3.1850, Anlage zum Bericht Gerolts vom 13.4.1850 an Schleinitz, GStAM, 2.4.1.II. Nr. 5291.
[140] A.a.O.

Dienstreglements der Konsuln den diplomatischen Vertretern und damit auch Gerolt entgegen. Sie hob allerdings nicht die besondere Regelung in Großbritannien auf, die durch eine Absprache zwischen preußischen Konsuln und preußischem Botschafter zustande gekommen war. Berlin verfügte, dass Jahresberichte grundsätzlich über die Königliche Mission dem Ministerium der auswärtigen Angelegenheiten zugeschickt werden sollten, „insoweit dies bisher schon üblich gewesen ...".[141] Da es bisher in den USA gleichfalls überwiegend üblich gewesen war, die konsularischen Berichte über die Königliche Mission einzureichen, musste sich Schmidt fügen, und den Jahresbericht für 1850 sandte er zusammen mit dem Bericht des Vizekonsuls von Boston an Gerolt, der damit Abschriften zu seinen Akten nahm. Zugleich tolerierte das Ministerium weiterhin, dass der Vizekonsul von New Bedford keinen Bericht lieferte. Der Vizekonsul von Boston Hirsch wurde 1858 vom König zum Konsul ernannt und sandte dann seine Berichte direkt über die vorgesetzte Gesandtschaft.

Der Vizekonsul von New Bedford George Hussey, das extreme Beispiel eines mangelhaft qualifizierten preußischen Honorarkonsuls, konnte kein Deutsch und lieferte schon aus diesem Grunde nicht einen Jahresbericht an die Zentrale, blieb aber von 1846 bis 1865 im Amt. Der preußische Staat errichtete das Vizekonsulat in New Bedford 1846, um preußische Reeder bei der Teilnahme am Walfischfang in den amerikanischen Gewässern zu unterstützen. Diese Erwartungen erfüllten sich nicht; aber da das Vizekonsulat nichts kostete, blieb es erhalten.

Die Einrichtung weiterer Vizekonsulate unterstützte Gerolt zumeist nicht. Er meinte, dass „schwerlich jemand unter den ... angesehenen deutschen Kaufleuten dies Amt annehmen würde, weil überhaupt nur die Ehre der äußeren Stellung als Preußischer Konsul, gegenüber den Konsuln anderer Nationen und anderer deutscher Staaten, ihnen als eine Entschädigung für die mit diesem Amte übernommenen Verpflichtungen erscheint."[143] Gegen vom Generalkonsul abhängige Vizekonsuln argumentierte Gerolt schon vor dem Konflikt mit Schmidt über die konsularische Berichterstattung: „Meiner Erfahrung nach kommen die königlichen Konsuln ihren Amtsobliegenheiten auch am besten nach, wenn sie mit der Königlichen Mission direkt korrespondieren und unter der Kontrolle derselben stehen; ich glaube nicht, dass die Einrichtung von Vize-Konsulaten, wie sie in Großbritannien

---

[141] Circulare des Ministeriums der auswärtigen Angelegenheiten an die Königlichen Consular-Beamten, betreffend die Erstattung der Jahresberichte, S. 57 f., in: Handelsarchiv 1851, I. Hälfte.

[142] A.a.O., S. 58.

[143] Gerolt am 25.11.1847 an das Ministerium der auswärtigen Angelegenheiten, GStAM, 2.4.1.II. Nr. 610.

besteht, für den Königlichen Dienst in den Vereinigten Staaten zu empfehlen wäre."[144]

Der bekannteste deutsche Konsul in den USA in den fünfziger Jahren war der preußische Generalkonsul Johann Wilhelm Schmidt[145], der zugleich ein New Yorker Handelshaus führte. Während Bankier August Belmont, der österreichische Generalkonsul aus Alzey und beruflich USA-Vertreter der Frankfurter Rothschilds, 1850 unter anderem wegen seiner Unzufriedenheit mit der österreichischen Ungarn-Politik und seiner Ambitionen in der US-Politik sein kaiserlich österreichisches Amt in New York niederlegte[146], führte Schmidt sein Amt trotz aller Unpopularität seiner preußischen Monarchie 1849/50 weiter. Er stand von 1846 bis zu seinem Tod 1865 in preußischen Diensten und übernahm neben dem Königlich Preußischen Generalkonsulat das Königlich Sächsische Generalkonsulat, das Großherzoglich Badische Generalkonsulat und das Großherzoglich Oldenburgische Generalkonsulat. Schmidt fungierte sogar 1848/49 und 1850 während der Abwesenheit Gerolts zu dessen Vertretung als Chargé d'Affaires ad interim, eine angesichts der damals vorherrschenden Anschauung des Staatsministeriums, dass das Wirtschaftliche in den preußisch-amerikanischen Beziehungen die entscheidende Rolle spiele, nicht ungewöhnliche Regelung. Erst mit dem personellen Ausbau der Mission konnte diese 1854 die sonst gebräuchliche Form übernehmen und einem dem Missionschef nachgeordneten Beamten die Vertretung übertragen werden.

Schmidt nahm sich der ihm neben seinen kaufmännischen Pflichten in wachsendem Maße übertragenen ehrenamtlichen Aufgaben gewissenhaft und mit viel Eifer an. Dazu gehörte auch, wie Gerolt Manteuffel berichtete[147], dass der Generalkonsul „aus eigenen Mitteln den bedeutenden Posten eines besoldeten Amtsgehülfen und eine besondere Amtsstube" unterhielt, „wo er während des Tages von hülfsbedürftigen Emigranten belagert u. durch die Anliegen und Geschäfte preußischer und anderer deutscher Untertanen fast ohne Unterbrechung in Anspruch genommen wird. Die Gebühren seines Consulates werden durch Unterstützungen von Hülfsbedürftigen großenteils absorbiert, und die Zeit-Opfer, welche er seinen Handelsgeschäften bringen muss, sind in einer Stadt wie New York mit großen pecu-

---

[144] A.a.O.
[145] Johann W. Schmidt wurde 1781 in Wunsiedel, Fürstentum Bayreuth, geboren und starb 1865 auf seinem Landsitz Locust Island nahe New Rochelle. Er behielt die preußische Staatsangehörigkeit auch über die Angliederung Ansbach-Bayreuths an Bayern hinaus.
[146] *Irving Katz*: August Belmont, A Political Biography, New York & London 1968, S. 7 f.
[147] Auszug aus dem Bericht Gerolts vom 23.3.1853 an Manteuffel, GStAM, 2.4.1.II. Nr. 604, Bd. 1.

niären Opfern verknüpft." Mochte Gerolt auch gelegentlich mit einzelnen Maßnahmen des einflussreichen Generalkonsuls nicht einverstanden sein, so erkannte er doch dessen außerordentlichen Einsatz für die ehrenamtlichen Aufgaben an, und ebenso geschah das durch das Staatsministerium von Manteuffel bis Bismarck. Manteuffel lobte gegenüber Handelsminister von der Heydt die Fülle von Aufgaben, die Schmidt vorbildlich erledigte[148], dass sich Schmidt „der Besorgung der in New York vorkommenden lokalen Konsulatsgeschäfte, sowie der Erledigung der mannigfachen mehr oder weniger noch damit zusammenhängenden Angelegenheiten mit vorzüglichem Eifer unterzieht; seine Tätigkeit bei Intercessionen und Verwendungen aller Art, bei Nachlaßregulierungen, bei Auswanderungs-Angelegenheiten, bei Reklamationen gegen die Zollbehörden, bei Besorgung mannigfacher Geschäfte im Interesse diesseitiger Staatsangehöriger haben seit einer langen Reihe von Jahren zu befriedigenden Resultaten geführt, wobei ihm ganz besonders seine Spezialkenntnis der dortigen Verhältnisse zustatten kommt." 1851 gewährte Preußen auf Antrag Gerolts eine geringe Vergütung der Bürokosten, verlieh ihm Orden und den Titel des Geheimen Kommerzienrats. Die übrigen Regierungen beschränkten sich bei der Anerkennung seines Eifers auf Orden.

Ein ähnliches Ansehen wie Schmidt erwarb nur Ernst Karl Angelrodt aus Theidgen bei Mühlhausen in der Provinz Sachsen, der 1845 bis 1864 als preußischer Konsul in St. Louis amtierte. Er war wie viele seiner deutschen Amtskollegen „Auswanderer auf Zeit" und von Berufs wegen Kaufmann. Seinem außerordentlich florierenden Geschäft in St. Louis, der Firma Angelrodt und Barth, wurde nachgesagt, „ein Mittelpunkt für alle Geschäfts-Verhandlungen und Geldsendungen der Deutschen zu sein"[149]. Angelrodt hatte es jedoch nicht nur mit der vermögenden Klientel zu tun. Der Oberflügeladjutant und Kommandeur des 2. Garderegiments zu Fuß von Schlegel beschrieb nach einem USA-Besuch in einem Brief an Manteuffel die Hilfe, die er in Not geratenen Deutschen zuteil werden ließ und konnte als Beispiel die Adoption dreier Kinder einer gescheiterten Familie anführen[150]. Gerolt lobte bei ihm „die Hingebung und Bereitwilligkeit, mit welcher derselbe in seinem Wirkungskreis mich bei der Vertretung der Interessen diesseitiger Untertanen in diesem Lande unterstützt, sowie ... die gewissenhafte Pünktlichkeit und Ausführlichkeit bei der Erledigung der ihm übertragenen Dienstgeschäfte ..."[151] Die preußische Regierung unterstützte seine Arbeit unter anderem, indem sie seinen Associé und Schwiegersohn

---

[148] Manteuffel am 16.6.1851 an von der Heydt, Auszug, GStAM, 2.4.1.II. Nr. 604 Bd. 1.

[149] Berühmte deutsche Vorkämpfer, S. 196.

[150] Von Schlegel, Berlin, am 14.12.1857 an Manteuffel, GStA Berlin, Mf 134 AA II Rep. VI Nr. 19 Vol. I.

II. Die zwischenstaatlichen Netzwerke 1850 bis 1867

Robert Barth, der das Konsulat auch schon interimistisch verwaltet hatte, zum Vizekonsul ernannte. Wie die preußische Regierung wussten die außerpreußischen Regierungen Angelrodts konsularische Tätigkeit zu schätzen. Er erhielt zusätzlich zum preußischen Konsulat das von Oldenburg, Mecklenburg-Schwerin, Hessen, Sachsen, Baden, Württemberg und Bayern. Auf Anregung Gerolts verlieh Friedrich Wilhelm IV. 1852 den Roten Adlerorden vierter Klasse[152] und 1856 den dritter Klasse[153]. Kultusminister Kurt von Raumer unterstützte die Ordensverleihung mit dem Hinweis auf die Verdienste Angelrodts um die Berliner naturwissenschaftlichen Sammlungen und den Zoo, der ihm „Sendungen vieler seltener und wertvoller Tiere" verdankte, unter anderem einen Grizzly aus den Rocky Mountains[154]. Alexander von Humboldt rühmte seine Liberalität und seinen patriotischen Sinn[155], und er sprach sich für die Verleihung des Adlerordens zweiter Klasse aus, was Manteuffel jedoch ablehnte. Aber von den Königen von Bayern, Württemberg und Sachsen, den Großherzögen von Hessen, Baden und Oldenburg erhielt er weitere Orden verliehen, so dass er sich geehrt sah, wie sonst nur einzelne Gesandte.

Neben Angelrodt schätzte Gerolt besonders die Konsuln Brauns (Baltimore), Vogel (New Orleans) und Mecke (Philadelphia) wegen der „Wahrnehmung von zahlreichen und oft verwickelten Privat-Angelegenheiten Preußischer und anderer Deutscher Untertanen" neben den eigentlichen konsularischen Obliegenheiten[156]. In den Deutschen Gesellschaften ihrer Städte spielten sie als „Wortführer der Deutschamerikaner"[157] und als erfolgreiche Kaufleute und Bankiers eine entscheidende Rolle. Gerolt bemühte sich nach eigenem Bekunden, diesen einsatzfreudigen Konsuln oder

---

[151] Gerolt am 13.6.1856 an Manteuffel, Auszug, GStA Berlin, Mf 134 AA II Rep. VI Nr. 19 Vol. 1.

[152] Friedrich Wilhelm IV. am 29.4.1852 an Manteuffel, Abschrift, GStA Berlin, Mf 134 AA II Rep. VI Nr. 19 Vol. 1.

[153] Der König am 29.3.1856 an Manteuffel, Abschrift, GStA Berlin, Mf 134 AA II Rep. VI Nr. 19 Vol. 1.

[154] Raumer an Manteuffel am 13.4.1852, GStA Berlin, Mf 134 AA II Rep. VI Nr. 19 Vol. 1. – Angelrodt unterhielt nach Olson in St. Louis auf seinem Grundstück einen eigenen Zoo, den er sonntags der Öffentlichkeit öffnete. *Olson*: St. Louis Germans, S. 34.

[155] Alexander von Humboldt am 15.12.1857 an Manteuffel, GStA Berlin, Mf 134 AA II Rep. VI Nr. 19 Vol. 1. – Auch der Amerikareisende Herzog Paul Wilhelm von Württemberg lobte seine persönlichen Qualitäten. Er sei „ein sehr ehrenhafter, kultivierter und liebenswürdiger Mann". *Paul Wilhelm von Württemberg*, Reisen und Streifzüge in Mexiko und Nordamerika 1849–1856, Hrsg. Siegfried Augustin, Stuttgart und Wien 1986, S. 201.

[156] Gerolt am 14.4.1851 an Manteuffel, GStAM, 2.4.1.II. Nr. 5281.

[157] *Hartmut Bickelmann*: Deutsche Gesellschaften in den Vereinigten Staaten, S. 150.

den von ihnen empfohlenen Geschäftsfreunden „am Sitze der Regierung in manchen ihrer Geschäfts-Angelegenheiten und Reclamationen bei dem Finanz-Ministerium gefällig behülflich zu sein …".[158] Diese freimütige Mitteilung Gerolts beleuchtet nicht nur die engen Beziehungen der Königlichen Mission in Washington zu einzelnen deutschen Geschäftsleuten, sondern auch das enge Verhältnis von Staat und Wirtschaft im konsularischen Bereich, das sich schon aus dem System der Wahlkonsulate ergab. Nicht zuletzt wegen der Verquickung von amtlichem und Geschäftsinteresse war dieses System in vielen Staaten umstritten, in Preußen ebenso wie in den USA.

Die insgesamt positive Entwicklung des preußischen konsularischen Dienstes in den USA trug dazu bei, dass dieser von den institutionellen Reformmaßnahmen im preußischen Konsulatswesen in den fünfziger Jahren kaum berührt wurde, obgleich das Staatsministerium bei der Reformdiskussion des vorausgegangenen Jahrzehnts besonders Amerika im Blick gehabt hatte und damit auch die USA als das außereuropäische Land mit den meisten preußischen Konsuln. Der Minister der auswärtigen Angelegenheiten von Canitz widmete sich 1846 gerade dem Konsularwesen in Amerika angesichts des „Aufschwunges der Handels- und Schiffahrtsverhältnisse" und des Anstieges der Auswanderung[159]. Finanzminister von Flottwell bemängelte damals an den vorhandenen Honorarkonsuln insgesamt, ohne speziell die preußischen Konsulate in Amerika ins Visier zu nehmen, dass diese „für die allgemeinen Handelsgewerbe Preußens fast ohne Ausnahme zu wenig" leisteten, die Preußische Regierung nur mangelhaft unterrichteten und in einzelnen Fällen ihr Amt missbrauchten, um sich geschäftliche Vorteile zu verschaffen[160].

Der wichtigste und jahrzehntelang in Preußen diskutierte Verbesserungsvorschlag war nun, die Honorarkonsuln nach dem Vorbild von Frankreich, England und Russland langsam durch Berufskonsuln zu ersetzen, und zwar zunächst in Amerika und im Orient. Die dafür nötigen Geldmittel wollte Preußen allerdings nicht allein aufbringen, und so griff der Außenminister 1846 auf den schon bei der Einrichtung des Zollvereins erwogenen Vorschlag zurück, gemeinschaftliche Konsularbeamte anzustellen[161]. Als Aufgabenbereich der gemeinsamen konsularischen Wirksamkeit des Zollvereins in Amerika und speziell den USA sah er „außer den eigentlichen Handels- und Schiffahrtsverhältnissen auch die Frage der Auswanderung … aus dem

---

[158] Gerolt am 14.4.1851 an Manteuffel, GStAM, 2.4.1.II. Nr. 5281.
[159] Canitz in der Denkschrift vom 15.2.1846 an die übrigen Ressorts, GStAM, Rep. 120 CXIII.1. Nr. 35 Bd. 1.
[160] Flottwell an den Präsidenten von Rochow am 29.12.1845, a.a.O.
[161] Canitz in seiner Denkschrift vom 15.2.1846, a.a.O.

Wunsche, dass die Vereinsregierungen sich einer gemeinschaftlichen Beaufsichtigung und Leitung der Auswanderung zu dem Zwecke unterziehen möchten, um auf die Unterstützung und die Verbreitung des germanischen Elementes in Amerika Bedacht zu nehmen, indem davon zugleich eine Beförderung der heimatlichen Industrie und vermehrter politischer Einfluß erwartet wird." Die Schlussformulierung zeigt, dass bei der „Verbreitung des germanischen Elementes" an den deutschen Einfluss gedacht wurde.

Im Sinne des vermehrten politischen Einflusses würden es nach Canitz „nur deutsche Untertanen und besoldete Staatsdiener sein können, welchen der Zollverein die consularische Wahrnehmung und Vertretung seines Gesamtinteresses anzuvertrauen haben würde. Dies schließt indessen nicht aus, dass dem gemeinschaftlichen Consularbeamten überlassen bliebe, sich unter den Kaufleuten des Ortes, es sei an seiner eigenen Residenz oder auch außerhalb derselben, Gehilfen zu erwählen, für deren Geschäftsführung er persönlich verantwortlich wäre." Es ging also um die Einführung eines gemischten Systems, wie es Großbritannien entwickelt hatte und wie es in den fünfziger Jahren von den USA auch in Deutschland praktiziert wurde. Typisch für die Gedanken zur Verwaltungsreform in Preußen und den USA in diesen Jahren war, dass Preußen wie die USA, wenn ein anderes Land als Vorbild eine Rolle spielte, am ehesten auf Großbritannien blickten, aber sich beide kaum aufeinander bezogen.

Bei den von Canitz angestrebten Zollvereinskonsulaten verstand es sich von selbst, dass Preußen den Haupteinfluss auszuüben hatte; es würde „der Preußischen Regierung eine gewisse Leitung einzuräumen sein". Dies „bringt die Stellung, die es jetzt schon innerhalb des Vereins einnimmt, wonach es stets die auswärtige Politik derselben vertreten" muss, „um so mehr mit sich, als es allein unter den Vereinsstaaten ein umfassendes Consular-System bereits besitzt, es auch der einzige Schiffahrt treibende Vereinsstaat ist." Die sich also ergebende Leitung wäre durch einen „Central-Punkt" beim Preußischen Ministerium der auswärtigen Angelegenheiten auszuüben, einem weiteren gemeinsamen Vereinsorgan neben der jährlichen Zollkonferenz, um gemeinsame Grundsätze für die Finanzierung, die Gebühren, das Passwesen und die Frage der Auswanderung aufzustellen. Aber die bei der Berufung neuer Konsuln erforderliche „Nachsuchung des Exequaturs müßte unter allen Umständen ... als ein ausschließliches Geschäft der Krone Preußens betrachtet werden, zumal die meisten anderen Vereinsstaaten nicht die erforderlichen diplomatischen Verbindungen besitzen dürften."

Dieses von der preußischen Regierung übernommene Programm, das die Reform des Konsulatswesens zugunsten einer Stärkung der preußischen Hegemonie im Zollverein auszunutzen suchte, schrumpfte im Laufe der Zeit an der Realität, wenngleich das Programm auch nach der Revolution weiter eine Rolle spielte. Die Initiative Preußens 1846 bei den Zollvereinsstaaten verlief im Sande, dann der erneute Reformversuch Preußens im Februar 1848, der sich auf die Konsulate in den Donaufürstentümern bezog, und ebenso der Anlauf des Reichsministers Duckwitz, 1848 Reichskonsulate ohne direkte Anbindung der Konsuln an Preußen durchzusetzen. Schließlich scheiterte auch der Reformversuch Preußens 1852, aus Anlass der Erneuerung des Zollvereins zu einem begrenzten Einsatz von consules missi des Vereins zu gelangen[162]. Durchsetzbar war nicht einmal eine von Preußen gewünschte Ergänzung des Artikels 19 des Zollvereinsvertrages von 1833, der bisher nur besagte, dass die Untertanen eines Staates, der in einem Bezirk keinen eigenen Konsul besitzt, dort die Hilfe eines fremden Konsuln in Anspruch nehmen können. Preußen dachte im Übrigen daran, dass in Artikel 19 direkt die Übertragung mehrerer vereinsländischer Konsulate an eine Person verankert werden sollte.

Die preußische auswärtige Verwaltung und darin der Washingtoner Gesandte und die ihm unterstellten Konsulate in den USA gewannen nach 1833 nicht wegen irgendwelcher vertraglicher Vereinbarungen ein außerordentliches Gewicht, sondern dank ihrer tatsächlichen Bedeutung. Es kam Preußen zugute, dass immer wieder mehrere vereinsländische Konsulate einer Person übertragen wurden. 1861 vor dem Sezessionskrieg standen von dreizehn preußischen Konsuln in den USA sieben ebenfalls in außerpreußischen Diensten. Vor allem die Königlich Sächsische Regierung und die Großherzoglich Hessische Regierung nahmen die Dienste der preußischen Konsuln in Anspruch. Das war eine Anerkennung für qualifizierte preußische Konsuln und insgesamt eine Anerkennung für die preußische Personalpolitik im Konsularwesen. Bedeutsamer als die viel diskutierte institutionelle Verbesserung des Konsularwesens erwies sich also die verbesserte preußische Personalpolitik. Dass der Konsul mehrerer Mitgliedsstaaten des Zollvereins bei einer Beteiligung Preußens vor allem an Preußen angebunden wurde, ergab sich schon aus dem natürlichen Übergewicht Preußens auch ohne institutionelle Vorkehrungen, wie im Falle Schmidts und Angelrodts sichtbar wurde. Zusätzlich gewährte das preußische Amt in den USA Rechte, über die die meisten anderen Konsuln deutscher Staaten nicht verfügten, nämlich richterliche und schiedsamtsähnliche Funktionen bei Streitigkeiten zwischen Kapitänen und Mannschaften ihres Landes, nicht unwichtig bei den zahlreichen Desertionen von den Schiffen. Als erstes hatten die Konsuln der Hansestädte 1827 in den USA das Recht erhalten, sich in einem solchen Fall einzuschalten, und die Konsuln Preußens unmittelbar darauf mit dem Handelsvertrag von 1828. Demgegenüber

---

[162] Zu den verschiedenen Reformversuchen s. im GStAM Rep. 120 CXIII.1. Nr. 35 Bd. 1.

erreichte der österreichische Vertreter die Gleichstellung mit den begünstigten Staaten erst 1850 mit der Ratifikation des 1848 ausgehandelten Zusatzvertrages zum Schifffahrtsvertrag von 1829[163]. Das Übergewicht Preußens kam auch dadurch zum Ausdruck, dass die außerpreußischen deutschen Staaten mit Ausnahme Bremens und Österreichs über keinen Diplomaten in Washington als Vermittler zwischen Konsuln und US-Administration verfügten. So kümmerte sich Gerolt 1854 um den verhafteten Braunschweiger Konsul Samson[164]. So ersuchte Gerolt auch ohne besondere Rechtsgrundlage gelegentlich um das Exequatur für den Konsul eines außerpreußischen Staates[165].

Nach der Umbildung der preußischen Regierung im November 1858 unternahm Gerolt einen Vorstoß zugunsten einer Neuordnung der Konsulate in den USA beim neuen Minister der auswärtigen Angelegenheiten von Schleinitz, von dem zu erwarten war, dass er die älteren Reformvorstellungen wieder aufgreifen würde. Gerolts Anliegen, auf die USA beschränkt, die „Verhältnisse unseres Consular-Wesens ..., sowie der Consulate der übrigen deutschen Regierungen und der damit verknüpften Interessen preußischer Untertanen" angesichts „der außerordentlichen Zunahme und der politischen Bedeutung der deutschen Bevölkerung in den Vereinigten Staaten, zumal in den nordwestlichen Staaten", zwischen Preußen und den übrigen Zollvereins-Regierungen grundsätzlich neu zu regeln[166], hätten in irgendeiner Weise gemeinsame Berufskonsuln in den USA entsprochen; aber die Initiative verlief im Sande, wie die gesamte USA-Politik der preußischen Regierung in der Übergangszeit 1858 bis 1862 stagnierte. Der von Gerolt beklagten wachsenden Arbeitslast, die daraus erwuchs, dass sich immer mehr Deutsch-Amerikaner und ihre deutschen Verwandten an die preußischen Konsulate und die Washingtoner Gesandtschaft wandten, trug die preußische Regierung dadurch Rechnung, dass sie erneut neue Wahlkonsulate in den USA einrichtete. Aber auch bei den besten Wahlkonsuln waren dem uneigennützigen Wirken zugunsten von Landsleuten dadurch Grenzen gesetzt, dass sie ihre konsularischen Pflichten nebenbei erledigen mussten. Gerolt urteilte: „... es fehlt denselben ... die Zeit, oder sie sind selbst auf Geschäfte mit den Ankömmlingen angewiesen."[167]

---

[163] *Ingeborg Schweikert*: Dr. Johann Ritter von Hülsemann, Diss. phil., Ms., Wien 1956, S. 56–60.
[164] Gerolt an Marcy am 30.6.1854, NA Wash, Mf 58 T2/2½.
[165] Beispiele in den NA Wash. in Mf 58 T2/2 1/2: 23.6.1854 Bitte Gerolts um das Exequatur für Henry Müller als Konsul von Hannover und Oldenburg, 24.7.1854 Ersuchen Gerolts wegen des Exequaturs für A. Ed. Koels als Konsul für Braunschweig in St. Louis, 5.11.1856 Gerolt an das State Department wegen des Exequaturs für Henry Haußmann als Konsul für Oldenburg.
[166] Gerolt, Berlin, am 3.12.1858 an Schleinitz, GStAM, 2.4.1.I. Nr. 7871.

Neben dem umfassenden Reform-Anliegen vertrat Gerolt seit langem die Entsendung eines consul missus nach New York, da der Arbeitszuwachs durch die deutsche Einwanderung, der zunehmende deutsche Handel und die wachsende Bedeutung gerade New Yorks einen hauptamtlichen Konsul empfahlen. Ein Berufskonsulat bot Gerolt zugleich die Möglichkeit, wie er unter anderem 1863 gegenüber Bismarck vertrat[168], bei der Washingtoner Mission noch verbliebene konsularische Geschäfte abzutreten zugunsten „von den wichtigeren Obliegenheiten des Königlichen Gesandten zur Vertretung der politischen und Handelsinteressen Preußens und des Zollvereins am Sitze der Foederal-Regierung". Mit der Umwandlung des Wahlkonsulats in New York in ein Berufskonsulat bot sich also zugleich die Möglichkeit, die Mission in Washington aufzuwerten. Zugunsten dieser mit Kosten verbundenen Veränderung in New York konnte er immer wieder ins Feld führen, dass hier in New York selbst Russland, Österreich und Belgien besoldete Generalkonsuln unterhielten, obgleich diese weniger bedeutende Handels- und Schifffahrtsinteressen zu vertreten hatten[169]. Wenn in den USA überhaupt ein besoldetes Konsulat einzurichten war, dann in New York. Aber da gerade an diesem Ort der angesehenste preußische Honorarkonsul wirkte, lehnte Manteuffel 1851 und 1853 eine Änderung ab[170], und genauso entschied Bismarck 1863, dass mit Rücksicht auf den derzeitigen Amtsinhaber und aus Etatgründen einstweilen kein besoldetes Generalkonsulat einzurichten sei[171]. Dagegen erklärte sich die preußische Regierung bereit, Schmidt zu entlasten, und bestellte auf Vorschlag Gerolts 1855 Eduard von der Heydt, Schwiegersohn Schmidts und Associé des Handelshauses Schmidt und Co., zum Vizekonsul in New York und 1858 zum Konsul. Eduard von der Heydt kümmerte sich als Mitglied der Deutschen Gesellschaft in New York besonders um Auswanderer. Er war von 1857 bis 1865 Mitglied des Verwaltungsrates der Gesellschaft und arbeitete zusammen mit dem Achtundvierziger Friedrich Kapp in ihrem Wohltätigkeits-Ausschuss mit[172]. 1865 starb Generalkonsul Schmidt, und danach zögerte die preußische Regierung nicht mehr, das wichtigste Konsulat in den USA umzugestalten, mochten auch die Haushaltmittel vorläufig noch fehlen. Jedenfalls ernannte sie keinen ortsansässigen Kaufmann mehr zum Honorarkonsul, sondern betraute entsprechend dem Antrag Gerolts den Legationsrat

---

[167] Gerolt am 17.3.1855 an Manteuffel, GStA Berlin, Mf 135 AA II Rep. VI Nr. 42 Vol. 1.
[168] Gerolt am 31.1.1863 an Bismarck, GStAM, 2.4.1.II. Nr. 606.
[169] So auch Gerolt am 22.6.1853 an Manteuffel, GStAM, 2.4.1.II. Nr. 604 Bd. 1.
[170] Der Schriftverkehr zwischen Manteuffel und Gerolt a.a.O.
[171] Bismarck am 7.5.1863 an Gerolt, GStAM, 2.4.1.II. Nr. 606.
[172] s. die Jahresberichte der Deutschen Gesellschaft New York, GStA Berlin, Mf 108 III. HA Rep. 1 Nr. 19 Teile 1–3.

II. Die zwischenstaatlichen Netzwerke 1850 bis 1867 63

von Grabow aus der Washingtoner Mission im November 1865 mit den Aufgaben des Generalkonsuls. Mit der Einsetzung eines Beamten zum Verwalter des Generalkonsulates war der erste Schritt zu einem Berufskonsulat getan. De iure wandelte Preußen sein Wahlgeneralkonsulat mit dem Etat für 1867 um und ernannte dann Grabow zum 1.1.1867 zum Generalkonsul[173]. Damit hatte Gerolt ein erheblich verbessertes Vertretungssystem erreicht.

Sicher war das Geschehen ab 1867 noch eine weitere Steigerung für den Patrioten Gerolt, der als Siebzehnjähriger an dem Befreiungskrieg teilgenommen hatte und 1850 der Königlichen Regierung einen Teil seines Gehaltes für die Kriegführung gegen Österreich angeboten hatte[174]. Die Königliche Mission wurde zur Vertretung des Norddeutschen Bundes und dann des Reiches. Zugleich konnte das Preußische Ministerium der auswärtigen Angelegenheiten nun für den Norddeutschen Bund über Preußen hinaus verantwortliche Konsulate organisieren. Unmittelbar vorausgegangen war, dass die preußischen Konsulate die Funktionen der Konsulate der annektierten Gebiete Hannover, Hessen-Kassel, Hessen-Nassau und Frankfurt übernommen hatten. Die im Auftrag des Norddeutschen Bundes und dann des Reiches wirkenden Konsuln waren vorwiegend die bisherigen preußischen und hansestädtischen Amtsinhaber. Deren vorrangige Berücksichtigung ergab sich von selbst aus dem schon vorher sichtbar gewordenen Überschreiten der einzelstaatlichen Grenzen durch das preußische und auch das hansestädtische Konsulatsnetz in den USA.

Das preußische diplomatische Vertretungswesen hatte noch stärker als das konsularische de facto schon vor der Gründung des Norddeutschen Bundes in vielerlei Hinsicht deutsche Aufgaben wahrgenommen und war Ansprechpartner von deutschen Untertanen und Deutschamerikanern insgesamt geworden. Auf diesem Hintergrund fühlte sich Gerolt 1848 auch berechtigt, sich in Konkurrenz zu dem anderen Preußen Rönne und zum Bremer Gevekoht um die Reichsgesandtschaft in Washington zu bewerben. Um so stärker trafen ihn die von deutschen liberalen Zeitungen mit der Verteidigung der Reichsgesandtschaft (Rönne) in Washington verbundenen Angriffe auf die preußische Vertretung in den USA 1848/49. Besonders

---

[173] Von Grabow blieb nur bis 1868 in New York. Preußen ernannte ihn zum 14.8.1868 zum Generalkonsul des Norddeutschen Bundes und Geschäftsträger für Venezuela und Kolumbien mit Sitz in Caracas.
[174] Angesichts des zwischen Österreich und Preußen drohenden Krieges bot Gerolt in seinem Schreiben vom 16.12.1850 aus Washington dem Ministerium der auswärtigen Angelegenheiten an, „für die Dauer des Krieges 3000 Mark von meinem jährlichen Gehalte, in vierteljährlichen Raten, abziehen zu lassen und der Königlichen Regierung als einen kleinen Beitrag zu den Kriegskosten zur Verfügung zu stellen." – GStAM, 2.4.1.I. Nr. 7871.

verteidigte er sich gegen die mit gesamtdeutschem Vorzeichen geäußerten Angriffe der angesehenen Augsburger Allgemeinen, die nicht nur nach Karl Marx im Ausland als das einzige deutsche Organ von mehr als lokaler Bedeutung galt. Zu deren Kritik am 16.1.1850 hob er gegenüber Schleinitz richtig hervor[175], „dass während meiner Anwesenheit in Washington seit dem Jahre 1844, sowie früher in Mexiko[176] nicht nur die Interessen Preußens, sondern aller deutscher Staaten, selbst derer, welche nicht zum deutschen Zollverein gehörten (mit Ausnahme von Österreich, was nur geringe Interessen hier zu vertreten hat) stets durch die Königliche Mission ihre Vertretung gefunden haben, und diese Vertretung hat sich nicht bloß auf allgemein gemeinschaftliche Handels-Interessen beschränkt, sondern auch die tägliche Wahrnehmung zahlloser Privat-Reclamationen von Untertanen aller deutschen Staaten umfasst ...". Auch nach Olmütz legte er immer wieder Wert darauf, dass er „die Interessen nicht nur Preußischer Untertanen, sondern aller Deutschen, die sich an mich gewandt, meine Dienste und meinen Schutz stets und bereitwillig habe zugute kommen lassen, wie aus den unzähligen Reclamations- und Nachlaß-Angelegenheiten sowie anderen Rechtsfällen hervorgeht, welche ich zu Gunsten von Deutschen Untertanen ohne Unterschied großenteils mit Erfolg durchgeführt habe ...".[177]

Gelegentlich vertrat er zusätzlich zu den außerpreußischen deutschen Untertanen auch die diplomatischen Interessen kleinerer norddeutscher Staaten. Die zu den kleinsten deutschen Staaten zählenden Waldeck und Sachsen Coburg-Gotha verzichteten in den fünfziger Jahren vertraglich auf Vertretungsorgane zugunsten Preußens[178]. Die übrigen deutschen Kleinstaaten wie etwa die Hansestädte und die deutschen Mittelstaaten dachten nicht entfernt daran, Preußen mit ihrer direkten Vertretung auch nur in den USA zu betrauen, obgleich sie in der Praxis nicht ohne die preußische Vertretung auskamen.

Nun war Gerolt allerdings nicht der einzige deutsche Diplomat aus dem Deutschen Bund, von dem nur Dezember 1848 bis Februar 1850 in Wa-

---

[175] PS. Gerolts vom 18.2.1850 zu seinem Bericht vom 16.2.1850 an Schleinitz, GStAM, 2.4.1.I. Nr. 7870.

[176] Nach *Felix Becker*: Die Hansestädte und Mexiko, Wiesbaden 1984, S. 73 ff., war es in der Tat Gerolts Praxis als Generalkonsul in Mexiko gewesen, die Interessen deutscher Kaufleute aus dem Zollverein und aus deutschen Staaten außerhalb zu vertreten, vor allem aus den Hansestädten.

[177] Gerolt am 7.12.1852 an Manteuffel, GStAM, 2.4.1.I. Nr. 7870.

[178] Der Fürst von Waldeck erklärte sich 1852 zu einem Vertrag bereit, wonach die Interessen der Bewohner seines Landes von den preußischen Vertretungen wahrgenommen wurden, wie Gerolt dem Präsidenten Pierce am 25.4.1853 mitteilte. NA Wash., Mf 58/T-2. – 1855 folgte eine gleiche Abmachung zwischen Preußen und Sachsen Coburg-Gotha. Grabow am 26.6.1855 an Pierce. NA Wash., Mf 58 T-2, 2 ½.

II. Die zwischenstaatlichen Netzwerke 1850 bis 1867

shington anwesenden Reichsgesandten Rönne ganz abgesehen. Als Vertreter Österreichs wirkte in Washington der aus Stade stammende Dr. Johann Georg Ritter von Hülsemann[179]. Fürst Metternich hatte den Göttinger Gelehrten, der sich als Verfasser einer „Geschichte der Democratie in den Vereinigten Staaten von Nord-America"[180] aus konservativer Perspektive einen Namen gemacht hatte, 1838 als Legationssekretär nach Washington entsandt. Dort hatte er zunächst unter dem ersten österreichischen Gesandten in Washington Baron von Mareschal[181] gewirkt und dann 1841 die Leitung der österreichischen Vertretung übernommen. Er bekleidete anfangs nur den Rang eines Chargé d'Affaires und ab 1855 den des Ministerresidenten, blieb aber immer rangniedriger als der preußische Missionschef. Hülsemann versuchte vergeblich, den gleichen Rang wie Gerolt zu gewinnen. Mit Recht wies er daraufhin, Washington sei „die einzige Residenz, wo dies Mißverhältniß" der Nachrangigkeit der kaiserlichen Vertretung gegenüber der königlich preußischen „bleibend Statt findet, und da ganz Deutschland dort von uns zweyen, gelegentlich offiziell, immer aber gesellschaftlich repräsentiert wird, was namentlich auch hinsichtlich der dort in neuerer Zeit öfter erscheinenden deutschen Reisenden der Fall ist, so bedarf es keiner weiteren Ausführung, um die Nachtheile eines permanenten Vortheiles der königlich preußischen Gesandtschaft deutlich zu machen."[182] Noch dazu erreichte Hülsemann genauso wenig wie Gerolt seine Versetzung aus Washington, und er arbeitete dort, bis er 1863 in den Ruhestand trat. Immerhin relativierte die fünfunddreißigjährige Tätigkeit sein konservatives Amerika-Urteil von vor Dienstantritt.

Die Beziehungen zwischen Österreich und den USA hatten nur während und unmittelbar nach der Revolution von 1848/49 einen besonderen Stellenwert in den deutsch-amerikanischen Beziehungen. Bei den gemeinsamen Kontakten Hülsemanns und Gerolts mit der US-Administration 1850 durfte sich Hülsemann ausnahmsweise als begrenzt vorrangig gegenüber Gerolt betrachten. Der preußische Minister der auswärtigen Angelegenheiten Schleinitz bestätigte 1850 ausdrücklich das begrenzte Zurücktreten hinter Hülsemann bei einer gemeinschaftlichen Stellungnahme gegenüber dem

---

[179] *Ingeborg Schweikert*: Dr. Johann Georg Ritter von Hülsemann, Diss. phil., Ms., Wien 1956. – Auszüge aus den Berichten Hülsemanns und der übrigen k. k. Missionschefs in den USA finden sich bei *Erwin Matsch*: Wien – Washington. Ein Journal diplomatischer Beziehungen 1838–1917. Wien, Köln 1990.
[180] Zu dieser 1823 in Göttingen erschienenen Geschichte s. *Hans-Jürgen Grabbe*: Die Amerikamüden und die Deutschlandmüden: Deutsche Amerikaperzeptionen im 19. Jahrhundert, S. 185–214 in: Franz Lieber und die deutsch-amerikanischen Beziehungen im 19. Jahrhundert, Hrsg. Karl Schmitt, Weimar etc. 1993.
[181] *Eva Schmidt*: Wenzel Philipp Baron von Mareschal, Wien 1975.
[182] Hülsemann am 10.1.1853 in Wien an das k.k. Ministerium des Äußern. *Matsch*: Wien – Washington, S. 139.

State Department. Er wies Gerolt am 29.3.1850 an[183], dass „in allen denjenigen Fällen, wo Sie veranlaßt sind, gemeinschaftlich mit dem Kaiserlich Österreichischen Geschäftsträger Noten oder Schreiben zu erlassen, in Beziehung auf die Unterschrift diesem den Vorrang einräumen." Das hatte es in ähnlicher Weise schon 1848 gegeben und war 1850 nur noch kurzfristig von Belang. Es hinderte Preußen nicht daran, dass es in der politischen Praxis der deutsch-amerikanischen Beziehungen auf die Dauer das Hauptgewicht gewann. Schon mit dem Konflikt zwischen Österreich und Preußen Ende 1850 fand die anfängliche Form der Zusammenarbeit zwischen Hülsemann und Gerolt ihr Ende. Zugleich registrierte Gerolt erfreut, dass sich die USA nach zeitweiliger Abkühlung der preußisch-amerikanischen Beziehungen nun wieder Preußen annäherten. Er meldete die „freundschaftlichen Gesinnungen" des Staatssekretärs Webster für Preußen nach Berlin[184] und dass es ihm gelang, bei Webster die Stellungnahmen des österreichischen und des russischen Vertreters zurechtzurücken, denen „die unklare und böswillige Auffassung unserer Politik in manchen Englischen und Französischen Zeitungen häufig zustatten kommt."

Nach Olmütz arbeiteten Gerolt und Hülsemann erneut eng zusammen, aber es gab keine gemeinsamen Schritte mehr bei der US-Administration wie 1850. Irgendwelche über Österreich hinausgehende, andere Staaten des Deutschen Bundes betreffende Anliegen vertrat Hülsemann nach der Koszta-Affäre kaum noch; auf jeden Fall lassen sich keine Interessenkollisionen, etwa wegen der preußischen Zollvereinspolitik, zwischen beiden ausmachen. In dem von Hülsemann angesichts seiner tiefen persönlichen Betroffenheit von dem Konflikt mit der US-Administration im Januar 1853 verfassten Testament bedachte Hülsemann ausdrücklich auch seinen „verehrten Collegen und Freund" Gerolt[185], und er sorgte dafür, dass Kaiser Franz Joseph Gerolt 1853 wegen seines Beistands das Kommandeurkreuz des K. K. Österreichischen Leopoldsordens verlieh.

Nach 1853 spielten die Beziehungen Österreichs zu den USA wieder eine so unbedeutende Rolle wie schon in den Vierzigern, auch wenn der Kaiser Hülsemann 1855 zum Ministerresidenten beförderte und er damit denselben Rang einnahm wie der Bremer Vertreter. Erst mit dem Sezessionskrieg und der Mexiko-Intervention der Seemächte bekamen die Beziehungen Österreichs zu den USA wieder etwas mehr Gewicht, so dass Österreich seine Ministerresidentur 1865 zur Gesandtschaft erhob. Insgesamt blieb die Bedeutung der USA für das Kaiserreich gering. Der US-Gesandte in Wien John Lothrop Motley schätzte den Stellenwert der USA in den Be-

---

[183] Schleinitz am 29.3.1850 an Gerolt, Konzept, GStAM, 2.4.1.I. Nr. 7870.
[184] Gerolt am 3.12.1850 Radowitz, GStA Berlin, Mf 77 AA CB IC Nr. 16.
[185] *Schweikert*, S. 86.

II. Die zwischenstaatlichen Netzwerke 1850 bis 1867

ziehungen Österreichs zum Ausland sehr realistisch ein, ohne sich darüber zu beklagen: „Towards us in Austria there has always been a benevolent indifference which is perhaps the best international sentiment."[186] Die unmittelbaren Nachfolger Hülsemanns, Ministerresident Graf Giorgi (1863–1864) und der Gesandte Baron Freiherr von Wydenbruck (1865–1867), leiteten die wenig attraktive Vertretung jedoch nur so kurze Zeit, dass sie sich kaum in ihre neue Umgebung sachgemäß einzuarbeiten vermochten. Wydenbruck schockierte schon die erste Kontroverse mit Seward 1866 wegen der österreichischen Freiwilligen für Kaiser Maximilian und vor allem die zunächst für europäische Diplomaten ungewohnt kräftige Ausdrucksweise von Seiten der USA, so dass er abreisen und sein gerade erst erworbenes aufwendiges Haus im Stadtteil Georgetown wieder veräußern wollte. Die kompetentere Instanz für die österreichisch-amerikanischen Beziehungen im Verlauf des Sezessions- und mexikanischen Krieges wurde Motley, der von 1861 bis 1868 als US-Vertreter in Wien amtierte. Seward belohnte ihn für seine Tätigkeit in Wien 1868 mit der Berufung nach London, der für die USA wichtigsten diplomatischen Vertretung.

Neben dem österreichischen und dem preußischen Vertreter gab es in Washington als dritten deutschen Diplomaten seit 1853 den Bremer Ministerresidenten Dr. Rudolf Schleiden[187]. Mit ihm gestaltete sich die Zusammenarbeit Gerolts im Rahmen der deutsch-amerikanischen Beziehungen zeitweilig wichtiger als die mit dem österreichischen Vertreter. Schleiden hatte während der Revolution als Bevollmächtigter der provisorischen Regierung Schleswig-Holsteins in Frankfurt am Main fungiert und war nach seiner Verbannung durch die dänische Regierung in die Dienste Bremens getreten. Wie Gerolt setzte sich Justizrath a. D. Dr. Schleiden nicht nur für partikularstaatliche Interessen ein. Die umfassende Aufgabe ergab sich schon aus der ihm von Bürgermeister Johann Smidt erteilten Instruktion vom 18.5.1853[188]. Danach sollte er „stets von dem Gesichtspunkte auszugehen haben, dass von allen größeren Europäischen Staaten vor anderen Deutschland und die Vereinigten Staaten zur Ergänzung gegenseitiger Bedürfnisse schon deshalb aufeinander angewiesen seien, weil ihnen alle Colonialpolitik fremd sei, dass die Hansestädte als reine Handelsstaaten durch die freie Beweglichkeit, welche ihre republikanische Verfassung und die Abwesenheit aller beengenden Beschränkung ihres Verkehrs ihnen gestatten, zu den natürlichen Vermittlern Deutschlands mit den Vereinigten Staaten erwachsen seien, und dass es im wohlverstandenen Interesse des Deut-

---

[186] Motley am 5.11.1865 an W. H. Seward. Mf 91 Seward Papers, Kennedy-Institut.

[187] *Hermann Wätjen*: Dr. Rudolf Schleiden als Diplomat in bremischen Diensten 1853–1866, S. 262–276 in: Bremisches Jahrbuch 1933.

[188] StA Bremen, 2-B.13.b.1.a.1.

schen Bundes wie der Vereinigten Staaten liege, sie in dieser Stellung unverkümmert erhalten zu sehen." Der Schlusssatz lenkte den Blick auf den Hauptzweck der Ernennung Schleidens zum „diplomatischen Agenten entsprechend einem erneuten dringenden Wunsche der Handelskammer"[189], nämlich die „Handels-, Schiffahrts- und Verkehrsinteressen Bremens" zu fördern[190]. Vorrangig bedeutete dies, den direkten Verkehr zwischen Bremen und den USA zu entwickeln gegenüber einem immer wieder befürchteten Zusammenspiel von preußisch-rheinischen und belgischen Interessen beim Transatlantik-Verkehr. So wie 1845 ein Anlass für die Entsendung Gevekohts von Bremen nach Washington die Fertigstellung der Bahn Köln-Aachen-Antwerpen gewesen war, so war es 1853 der durch die preußisch-amerikanische Postkonvention verursachte Rückgang des Postverkehrs über Bremen in die USA.

Die Bezeichnung der Hansestädte als „natürliche Vermittler Deutschlands mit den Vereinigten Staaten" deutet an, dass Smidt Schleiden die Rolle des wichtigsten Vertreters unter den drei deutschen Diplomaten in Washington zuwies. Allerdings sollte Schleiden bei seiner Tätigkeit in Washington möglichst mit Gerolt zusammenarbeiten, hatte doch bei der Ernennung der „zufällige Vorteil" eine Rolle gespielt, dass Schleiden „mit dem Preußischen Minister-Residenten in Washington, H. v. Gerolt, der bekanntlich unserer Interessen, soweit sie mit den preußischen vereinbar erschienen, sich lebhaft und erfolgreich angenommen, in persönlicher Bekanntschaft und gutem Benehmen steht ...".[191]

Bevor Schleiden nach Washington kam, war Gerolt der Vermittler für den hanseatischen Generalkonsul in New York und den Vorsitzenden der Deutschen Gesellschaft in Baltimore Albert Schumacher gegenüber der US-Administration. Schleiden erfuhr von Schumacher, dass er Gerolt „sehr hoch stellt"[192]. Entsprechend dem Wunsche Schumachers vermittelte Gerolt 1852 einen Vertrag zwischen den USA und den Hansestädten, der den hansestädtischen Konsuln zusätzliche Rechte sicherte[193]. Als sich der Kongress mit einem Gesetz zum Schutz von Passagieren an Bord von Dampfschiffen beschäftigte und Schumacher 1852 auf die Beratungen Einfluss zu nehmen suchte, gab Gerolt den von Schumacher ausgearbeiteten Gesetzentwurf an

---

[189] Auszug aus dem Senatsprotokoll vom 4.4.1853, StA Bremen, 2-B.13.b.1.a.1.
[190] Aus der Instruktion vom 18.5.1853, a. a. O.
[191] Auszug aus dem Senatsprotokoll, a. a. O.
[192] Tagebucheintragung Schleidens vom 29.6.1853, Tagebuch für 1853, LaBi Kiel.
[193] Gerolt an Manteuffel am 1.9.1852, GStA Berlin, Mf 111 AA III Rep. 10 Nr. 3 Vol. III. – Der Text, der von Webster für die USA und Schumacher für die Hansestädte am 30.4.1852 unterzeichneten Consular Convention: Treaties, Conventions, S. 906 f.

II. Die zwischenstaatlichen Netzwerke 1850 bis 1867

Senator Davis von Massachusetts weiter[194], der die Interessen von US-Reedern vertrat. Diese Vermittlungsfunktion zwischen dem Bremer Generalkonsulat, das neben dem preußischen das bedeutendste deutsche in den USA war, und der US-Administration übernahm jetzt Schleiden. Allerdings vermochte Schleiden in dem speziellen Fall der Beratungen zu dem 1855 in Kraft gesetzten Passagier-Gesetz genauso wenig die Interessen der Bremer Reeder zur Geltung zu bringen wie vorher Gerolt bei den US-Gesetzen von 1847 und 1848 zugunsten der Passagiere auf den Einwandererschiffen.

Als Schleiden Anfang Juli 1853 gleich nach seiner Ankunft in Washington zum ersten Mal mit Gerolt zusammentraf, bemerkte er, „daß es H. v. Gerolt in dem Augenblick unangenehm zu berühren schien, daß ich durch ein Beglaubigungsschreiben an den Präsidenten mit diplomatischem Charakter versehen wurde, während er sich bisher gern als alleiniger Vertreter Norddeutschlands und des Zollvereins betrachtet hat. Ich muß jedoch hinzufügen, daß diese Mißstimmung rasch verschwand und daß ich der Versicherung des H. v. Gerolt, ich dürfe in jeder Beziehung auf seine wirksame Unterstützung rechnen u. er hoffe, bald sämtliche Hansestädte durch eine permanente Mission in Washington vertreten zu sehen, weil er davon auch für die Förderung der allgemeinen deutschen Interessen Vorteil erwarte, vollen Glauben schenke."[195] Diese allgemeinen deutschen Interessen spielten besonders zu Anfang in den Berichten Schleidens eine herausragende Rolle. Zudem bemerkte er, dass viele Amerikaner die ihnen begegnenden Deutschen ungeachtet all ihrer regionalen Unterschiede von ihrer Kultur her eher einheitlich als Deutsche identifizierten, als dass sie sie irgendwelchen mitteleuropäischen Staaten zuordneten. So schrieb er am 4.7.1853: „Unverkennbar fühlen sich die Amerikaner zu keiner Nation so hingezogen, wie zu den stammesverwandten Deutschen, u. sie verstehen den Begriff „Deutsch" besser als den „Preußisch", „Sächsisch", „Bayerisch", verstehen ihn besser als die meisten deutschen Volks." „Bremisch" hätte er gleichfalls erwähnen können. Die Bremer Interessen gewannen schon angesichts seines ungeheuren Arbeitseinsatzes zugunsten der Hansestadt Bremen und der bald auf der Grundlage guter Englischkenntnisse geknüpften vielfältigen Beziehungen das Gewicht, das sich der Bremer Senat wünschte. Aber dass nun, wie Hülsemann 1853 befürchtete[196], „die deutsche Solidarität" eher durch den Bremer Diplomaten als durch die übrigen deutschen Vertreter in Frage gestellt wurde, lässt sich wohl kaum belegen.

---

[194] Gerolt am 12.8.1852 an Manteuffel, Mf 104 AA III.HA Rep. 1 Nr. 11 Vol. 9, Gerolt am 5.10.1852 an Manteuffel, GStA Berlin, Mf 108 AA III.HA Rep. 1 Nr. 19 Vol. 1,.

[195] Schleiden am 4.7.1853 an den Bremer Senat, StA Bremen, B.13.b.1.a.2.

[196] Hülsemann aus Washington am 29.9.1853 an Buol-Schauenstein. Erwin Matsch: Wien – Washington. S. 145.

Davon dass sich der Jurist Schleiden besonders gut in das internationale Seerecht einarbeitete, profitierte die Vertretung deutscher Handelsinteressen insgesamt, auch wenn sich Hülsemann nie so zu engagieren hatte wie Schleiden und Gerolt. Obgleich sich auch gelegentlich Interessenkollisionen von preußischer und Bremer Vertretung ergaben, arbeitete Gerolt insgesamt gesehen mit keinem Diplomaten in Washington intensiver und länger zusammen als mit Schleiden. Sie trafen sich regelmäßig dienstlich und privat, auch wenn Gerolt Schleiden nicht zum Baden in den Potomac folgte.

Hülsemann und die ihm folgenden glücklosen österreichischen Diplomaten während des Sezessionskrieges erlebten Schleiden und dessen so blassen Nachfolger kaum als Konkurrenz, aber hatten naturgemäß auch wenig gemeinsame Anliegen. Schleiden gewann bei Gerolt wie bei Hülsemann das Ansehen, sein Amt zu verwalten als „deutsch-patriotischer, sehr einsichtsvoller, thätiger und mit den dortigen Personen und Dingen vollständig bekannter Mann, so wie sehr wohl gelitten von dem Präsidenten und allen einflußreichen Personen."[197]

„Der rastlose Amerikaner Schleiden"[198] arbeitete bis 1862 als Ministerresident speziell Bremens in Washington und dann ab 1862 als Vertreter aller drei freien Hansestädte. 1865 versetzten ihn die Hansestädte nach London. Der während des Krieges als Attaché Dr. Schleidens berufene Dr. Johannes Rösing trat 1865 zunächst als Chargé d'Affaires und dann als Ministerresident der Hansestädte an seine Stelle. Im Gegensatz zu Gerolt bedauerte Schleiden nicht seinen langen Aufenthalt in Washington[199] – erst recht nicht, als er den Hof von St. James kennen gelernt hatte.

Schleiden sah seine Position als Vertreter eines republikanischen Handelsstaates in Washington als günstiger an als die der Diplomaten der führenden deutschen Monarchien und empfand sich schon von daher besser geeignet, die deutschen Interessen zu vertreten. Die über das Partikulare hinausgehende Bedeutung der Bremer Ministerresidentur wurde noch betont durch die Übertragung der Vertretung der Hamburger und Lübecker Interessen an Schleiden. Dieses Anliegen hatte Schleiden von Anfang an verfolgt und dann im Dezember 1862 verwirklicht. In der Erwartung dieser umfassenden hansestädtischen Vertretung steigerte sich die Bedeutung seiner Ministerresidentur in seiner Vorstellung gelegentlich in einer von der Realität abgehobenen Weise, und heimatverbundene Bremer sind ihm da

---

[197] Hülsemann am 29.5.1859 aus Aachen an Rechberg, a.a.O., S. 185.

[198] So bezeichnete der Koblenzer Regierungspräsident Francke in einem Brief vom 7.12.1856 an Droysen Schleiden. – Johann Gustav Droysen, Briefwechsel, Hrsg. *Rudolf Hübner*, 2. Bd., Leipzig 1929.

[199] Schleiden, Bremen, am 13.1.1865 an W. H. Seward, Mf 87 Seward Papers, Kennedy-Institut.

II. Die zwischenstaatlichen Netzwerke 1850 bis 1867

gern gefolgt: „Ich glaube, ohne Eitelkeit sagen zu können, dass unsere Bremer Gesandtschaft in Washington schon bisher und auch jetzt während Rösings interimistischer Geschäftsführung im Grund die einzige deutsche Gesandtschaft drüben ist, denn meine guten Freunde und Collegen, die Gesandten Österreichs und Preußens und deren Gesandtschaftspersonal sind teils ihrer Persönlichkeit nach, teils wegen des Ungeschicks oder der Versäumnisse ihrer Regierungen nicht in gleichem Maße wie wir geeignet, die deutschen Interessen dort gehörig zu vertreten, wobei der Umstand, daß sie Großmächte ohne Marine und Handel vertreten, naturgemäß nicht ohne großen Einfluß ist, während wir als Vertreter eines kleinen Handelsstaats von republicanischer Regierungsform, und künftig hoffentlich dreier solcher Staaten, zwar viel geringere Prätensionen machen, aber wegen der gleichen materiellen Interessen und der notorischen Sympathien unserer Vollmachtgeber uns in einer viel günstigeren Lage befinden."[200] Schleiden bestätigte hier also die schon aus der Instruktion von 1853 bekannte Vorstellung von Bremen als dem Vermittler zwischen Deutschland und den USA. Der von Schleiden als deutscher Vertreter hervorgehobene Rösing erhielt 1868 insofern auch rechtlich über die Hansestädte hinausreichende Aufgaben, als er anstelle von Grabow zum Generalkonsul des Norddeutschen Bundes in New York avancierte. Diese Entwicklung entsprach dem starken Interesse Bremens an der Handelspolitik der deutschen Staaten. Die Vertretung deutscher Interessen durch Bremen in Washington bedeutete nie, dass Bremen sich gegenüber dem State Department zu den Konzepten Preußens oder Österreichs zur Lösung der deutschen Frage geäußert hätte, geschweige denn im Sinne der Bundesreformvorstellungen aus dem dritten Deutschland. Schließlich unterstützten ja die hansestädtischen Senate in dieser Frage Preußen, auch wenn es Schleiden nicht immer passte. Über die Antworten auf die deutsche Frage informierten in den sechziger Jahren genauso wie Anfang der fünfziger Jahre nur der preußische und der österreichische Vertreter.

Sachsen, der mit den USA wirtschaftlich am stärksten verbundene Staat des dritten Deutschland, und die übrigen Mittelstaaten hatten keine Außenpolitik gegenüber den USA, und sie hielten konsularische Kontakte, also wirtschaftliche, für hinreichend. Dass die Mittelstaaten mit der Vertretung ihrer wirtschaftlichen Interessen durch Preußen auf der Ebene der Washingtoner Regierung unzufrieden gewesen wären, ist nicht festzustellen. Die wirtschaftlichen Beziehungen, einschließlich der Handels- und Zollpolitik, sind wegen ihrer zentralen Bedeutung für das preußisch-amerikanische Verhältnis in dieser Darstellung auf jeden Fall näher zu untersuchen.

---

[200] Schleiden am 1.8.1862 aus Freiburg an den Senat, StA Bremen, 2-B.13.b.1.a.1.

Die Kritik Schleidens an der Politik der preußischen und der österreichischen Regierung gegenüber den USA ist nicht näher begründet. Sie rührte sicher nicht daher, dass er etwa an der Zuverlässigkeit der Unterstützung der Union durch Berlin oder Wien zweifelte. Schleiden sah die deutschen Interessen 1861 besser von Bremen vertreten als von Österreich und Preußen, weil Bremen bei den Seerechtsverhandlungen die USA voll unterstützte, während sich Preußen und Österreich angesichts der entscheidenden Bedeutung von England und Frankreich für den Erfolg der Verhandlungen zurückhielten und Schleiden sich daraufhin von den übrigen deutschen Diplomaten im Stich gelassen wähnte. Den Auseinandersetzungen der USA um Seerecht und vor allem der Rolle Preußens dabei gelten besondere Kapitel.

Zuzugeben ist, dass es manchmal Umstände gab, die die Position Schleidens und Rösings günstiger erscheinen ließen als die der übrigen deutschen Diplomaten. Spezielles „Ungeschick" der österreichischen Vollmachtgeber lässt sich nicht ausmachen. Nur während sich Schleiden gleich zu Anfang der Amtsperiode Lincolns besonders herausgehoben sah durch Seward, den Außenminister Lincolns, belasteten Auseinandersetzungen um die Besetzung des US-Gesandtenpostens am Kaiserlichen Hof die diplomatischen Beziehungen zwischen Wien und Washington. Es bedurfte der Verhandlungen vom März bis August 1861, bis Lincoln statt des wegen seines Eintretens für anti-österreichische Aktivitäten in Ungarn und Sardinien am Kaiserlichen Hof berüchtigten Anson Burlingame den nicht vorbelasteten John Lothrop Motley berief[201]. Vor allem Motley vermochte dann die österreichisch-amerikanischen Beziehungen allmählich zu entspannen, zumindest bis zum Mexiko-Abenteuer Maximilians.

Zu dem „Ungeschick" oder den „Versäumnissen" der preußischen Vollmachtgeber gehörte gerade 1862, dass sie die Königliche Mission in Washington im Vergleich zu den preußischen Gesandtschaften in Europa nur unzureichend informierten, so dass Gerolt sich darauf beschränkt sah, „die Hauptargumente der Preußischen und der deutschen Politik im allgemeinen durch den Bremer Minister-Residenten hierselbst zu erfahren."[202] Ein Informationsdefizit im Vergleich zu den preußischen Vertretungen in den westeuropäischen Zentren war Anfang der sechziger Jahre zweifellos zeitweilig vorhanden. Aber in der Folgezeit bezog Bismarck entsprechend der wachsenden Bedeutung der USA für die Außenpolitik der europäischen Groß-

---

[201] *Alfred Loidolt*: Die Beziehungen Österreichs zu den Vereinigten Staaten zur Zeit des amerikanischen Bürgerkrieges 1861–1865, Diss. phil. Masch., Wien 1949, S. 15; *Carl Richter Marshall*. Der amerikanische Bürgerkrieg, von Österreich aus gesehen, Diss. phil. Masch., Wien 1956, II. Kap. S. 11–28.

[202] Gerolt am 5.3.1862 an Bernstorff, GStA Berlin, Mf 55 AA CB IC Nr. 38 Vol. 1.

mächte einerseits die Preußische Gesandtschaft in Washington mehr in den Informationsfluss zwischen dem Preußischen Ministerium der auswärtigen Angelegenheiten und seinen wichtigsten Vertretungen in Europa mit ein und versorgte andererseits auch die Gesandtschaften Preußens in den europäischen Zentren mehr mit Stellungnahmen Gerolts. Im Übrigen wusste sich Gerolt über die Frage der Bundesreform zumeist auf dem laufenden zu halten und die Bedeutung des preußischen Weges gegenüber Secretary of State Seward ins Bewusstsein zu heben.

Ungeachtet der erwähnten Umstände lässt sich nicht daran zweifeln, dass die USA auch die beiden schwächsten der europäischen Großmächte immer noch höher einstuften als Bremen oder die Hansestädte insgesamt, wenngleich diese den Zwischenhandel zwischen Mitteleuropa und den USA im Wesentlichen besorgten. Gerade die Krisenjahre 1853 bis 1856 und dann 1861 bis 1867 zeigten, welches Gewicht die USA vor allem Preußen beimaßen. Das nach Schleiden in der US-Administration so hoch geschätzte Bremen erhielt niemals mehr als einen Konsul aus den USA, nicht einmal einen Generalkonsul wie Frankfurt am Main, geschweige denn einen Diplomaten, wie ihn die Hansestadt nach Washington schicken zu müssen meinte.

Wenn Schleiden mit einem kräftigen Eigenlob urteilte, dass „die Gesandten Österreichs und Preußens und deren Gesandtschaftspersonal ... teils ihrer Persönlichkeit nach" die deutschen Interessen nicht so effektiv wie Bremen vertreten würden, so konnte er dabei nicht Gerolt meinen. Dieser stellte in den fünfziger und sechziger Jahren bis zum Dienstantritt Bancrofts die zentrale Figur der deutsch-amerikanischen Beziehungen dar. Seine Bedeutung beeinträchtigte auch nicht sein so konservativer Legationsrat von Grabow, an dessen Opposition – unter anderem wegen seiner Sympathien für die Konföderierten – Schleiden wahrscheinlich dachte, wenn er das Gesandtschaftspersonal erwähnte.

Als der „stets auf der Jagd nach Informationen" begriffene Schleiden[203] im Dezember 1862 wegen seiner Kontakte zu den Südstaaten-Emissären in Paris und London, Slidell und Mason, in Erklärungs-Nöte geriet, half ihm die Intervention Gerolts, wie Hülsemann nach Wien berichtete[204]. Während des Sezessionskrieges setzte sich Gerolt ganz erheblich für Deutsche ein, ganz gleich, woher sie kamen. An ihn wandten sich vor allem die zum Kriegsdienst Gezwungenen, die Kriegsgefangenen, die Einwanderer und die Angehörigen der zahllosen deutschen Vermissten und Gefallenen. Die Preußische Gesandtschaft war niemals so sehr Ansprechpartner der Deutschen

---

[203] *Johann Gustav Droysen*, Briefwechsel, a. a. O.
[204] Hülsemann am 26.12.1862 an Rechberg. *Erwin Matsch*: Wien – Washington. S. 214.

wie während des Sezessionskrieges und damit auch deren Interessenvertretung gegenüber dem State Department. Der radikale Republikaner Otto von Corvin wird nach seinem sechsjährigen Zuchthausaufenthalt wegen seiner Teilnahme am badischen Aufstand 1849 wohl kaum als voreingenommen zugunsten der Vertreter der preußischen Monarchie gelten können, auch wenn er aus Ostpreußen stammte; aber er hat in seinen Erinnerungen an Gerolt gerühmt, „dass er sich jedes Deutschen, so weit es in seiner Befugnis lag, annahm, wenn sie auch keine preußischen Untertanen, ja selbst Österreicher waren ...".[205] Corvin, während des Sezessionskrieges als Spezialkorrespondent der Augsburger Allgemeinen Zeitung in den USA tätig, lernte ihn durch Seward kennen. Für den zeitweilig im State Department beschäftigten und beim Secretary of State verkehrenden Corvin war „Herr von Gerolt ... zu jener Zeit der einflußreichste Gesandte."[206] Weiter erinnerte er sich: „Er hatte ... bereits mehrere Präsidentenwechsel erlebt, kannte alle leitenden Staatsmänner und deren Familien und genoß allgemeines, wohlverdientes Vertrauen. Ob er eine große diplomatische Kapazität war, wird Fürst Bismarck besser wissen als ich, allein so viel ist gewiß, dass er ganz außerordentlich viel dazu beitrug, nicht allein die regelmäßigen Dampfschiffahrtsverbindungen zwischen Amerika und Deutschland herzustellen, sondern überhaupt ein freundliches Verhältnis zwischen beiden Ländern herbeizuführen."[207]

2. Die Gesandtschaft der USA in Berlin und die US-amerikanischen Konsulate in Preußen

Hülsemann und Schleiden mochten ihre Bedeutung für die Vertretung deutscher Interessen in den USA zeitweilig persönlich recht hoch einschätzen, für die US-Administration stand im Deutschen Bund an erster Stelle Preußen. Selbst die Vertrauensstellung, die Schleiden gegenüber Lincoln 1861 erreichte, konnte nicht darüber hinwegtäuschen, dass die Beziehungen zu Bremen nicht das Gewicht der Beziehungen zur Führungsmacht des Deutschen Zollvereins hatten. Das einzige Bremen betreffende Schreiben in der vom Secretary of State Seward redigierten Diplomatic Correspondence während des Sezessionskrieges, nämlich ein Brief des US-Konsuls in Bremen Börnstein von 1865 ist bei den preußischen Schriftstücken aufgeführt[208]. Bremen bedeutete pragmatisch gesehen in erster Linie der Aus-

---

[205] *Otto von Corvin*: Ein Leben voller Abenteuer, Bd. 2, S. 799 f. – Bei manchen anderen Angaben sind Zweifel an seinem Erinnerungsvermögen angebracht.
[206] *Corvin*, S. 799.
[207] *Corvin*, S. 799.
[208] Diplomatic Correspondence 1865, Part III, Washington 1866, S. 61.

fuhrhafen des preußisch dominierten Zollvereins. Die Aufwertung der konsularischen Vertretung in Bremen zu einer diplomatischen stand auch in den sechziger Jahren nicht zur Debatte. Börnstein, US-Konsul in Bremen 1861 bis 1866, erreichte nicht einmal, dass sein Amt zu einem Generalkonsulat avancierte[209]. Die österreichische Vertretung in Washington war zunächst nur mit einem Geschäftsträger besetzt und ab 1855 mit einem Ministerresidenten; ebenso blieb die US-Mission in Wien bis 1859 niedriger eingestuft als die amerikanisch-preußischen Beziehungen. Die amerikanische Vertretung in Berlin behielt kontinuierlich den Rang einer Gesandtschaft seit 1837, auch wenn vom November 1849 bis Dezember 1850 kein US-Gesandter in Berlin anwesend war.

Der US-Etat stattete den ab 10.12.1850 in Berlin amtierenden Gesandten Daniel Dewey Barnard mit 9000 Dollar aus, also mit einem doppelt so hohen Gehalt wie den Geschäftsträger in Wien. Auch im Vergleich zu Gerolt stand er verhältnismäßig günstig da; aber Barnard verglich seine Gesandtschaft mit der Großbritanniens und seine Mietwohnung mit dem Palast des Zaren-Vertreters und beklagte sich ähnlich wie Gerolt[210]. Der Act to regulate the Diplomatic and Consular systems of the United States vom 18.8.1856[211] erhöhte das Gehalt des US-Gesandten entsprechend dem der US-Gesandten in St. Petersburg und Madrid auf 12000 Dollar, eine Ausstattung, die nur durch die der US-Gesandten in London und Paris mit 17500 Dollar übertroffen wurde. Zu dem jährlichen Grundgehalt von 12000 kamen dann in den sechziger Jahren noch jährlich 800 Dollar für besondere Aufgaben wie Öffentlichkeitsarbeit hinzu. Die bessere finanzielle Ausstattung der Gesandtschaft in Berlin deutet an, dass der Kontakt mit Preußen und auch Deutschland neben dem mit den Seemächten und Russland wichtiger wurde, auch wenn die Qualität der diplomatischen Beziehungen nicht an der Gehaltshöhe abzulesen war.

Der US-Gesandte war in der Praxis nicht nur zuständig für Preußen, sondern zugleich für den gesamten nicht-österreichischen Deutschen Bund und die dort amtierenden Konsuln der Vereinigten Staaten. Der amerikanische Gesandte arbeitete überwiegend mit der preußischen Regierung zusammen und gelegentlich mit den außerpreußischen deutschen Staaten. Akkreditiert war der US-Gesandte nur am preußischen Hof. Barnard und seine Nachfolger schlugen vor, sie auch bei anderen deutschen Staaten zu beglaubigen,

---

[209] Antrag Börnsteins in Nr. 3 vom 26.9.1861 an W. H. Seward, Mf T-184, NA Wash.
[210] Barnard an Webster in Nr. 46 vom 9.12.1851, NA Wash., Mf 44/7. – Danach überstiegen seine Ausgaben vom 3.12.1850 bis 3.12.1851 sein Gehalt um 2500 Dollar.
[211] The Congressional Globe, First and Second Session of the Thirty Fourth Congress, Part III, Appendix, S. 27–31.

hatten aber lange Zeit keinen Erfolg im State Department. Erst der US-Gesandte Bancroft erreichte 1868 angesichts der zunehmenden Einheit Deutschlands zusätzlich seine Akkreditierung bei den süddeutschen Staaten.

Die Kontaktnahme des US-Gesandten mit außerpreußischen deutschen Staaten gestaltete sich, wenn sie den völkerrechtlichen Regeln gemäß erfolgte, umständlich und langwierig. Wenn etwa ein US-Bürger Klage führte über sächsische Polizisten und der US-Gesandte Barnard sich auf dem korrekten Weg um eine Erklärung bemühte, so musste am Anfang und am Ende der sächsische Gesandte in Berlin tätig werden und dazwischen das Sächsische Außenministerium und erst dann das für den Fall unmittelbar verantwortliche Sächsische Innenministerium. So bürgerte es sich ein, dass sich die US-Konsuln, auch ohne über den diplomatischen Status zu verfügen, in Angelegenheiten, die normalerweise von einem Gesandten bearbeitet wurden, direkt an die Regierung des deutschen Staates wandten, von dem sie das Exequatur erhalten hatten. Also schrieb der US-Konsul in Dresden oder der in Leipzig – wenn es Ihnen dringend erschien – die Sächsische Regierung unmittelbar an. Mit dem kurzen Dienstweg fand sich sogar die bayerische Regierung ab, genauso wie die hannoversche. Hannover gegenüber wurde in wichtigen Fällen der US-Konsul in Bremen aktiv – auch nach der Einrichtung eines US-Vizekonsulates in Hannover, so dass sich der US-Gesandte dann nur noch im Ausnahmefall über den Berliner hannoverschen Gesandten an die hannoversche Regierung wandte. US-Gesandter Joseph A. Wright (1857–1861 und 1865–1867), dem zeitweilig kein bayerischer Gesandter zur Verfügung stand, fuhr 1860 selbst nach München und nahm dort, begleitet vom US-Konsul ten Brook, das Gespräch auf mit dem dortigen Außenministerium. Aber später war es die Regel, dass der US-Konsul in München die strittigen Angelegenheiten der US-Bürger direkt mit dem bayerischen Außenministerium besprach. Meistens wandten sich die US-Bürger in den außerpreußischen deutschen Staaten mit ihren Anliegen ohnehin an die US-Konsuln vor Ort, die in der Regel selbst entschieden und nur in schwierigeren Fällen, wenn es etwa um einen flüchtigen Militärdienstpflichtigen ging, den Gesandten einschalteten[212]. Üblich war die Einschaltung des US-Gesandten in Berlin dann, wenn die US-Konsuln oder die übrigen US-Bürger ein Anliegen gegenüber der preußischen Regierung hatten.

Den Konsuln des außerösterreichischen Bundesgebietes stand der US-Gesandte in Berlin nur gewohnheitsrechtlich vor[213]. Dass die US-Konsuln rechtlich unabhängiger vom Gesandten ihres Bezirkes waren als etwa die

---

[212] Grundsätzliches zur Rolle der Gesandten und der Konsuln: Barnard am 4.8.1853 an William Hildebrand, Konsul in Bremen. Abschrift als Anlage zu Barnards Bericht Nr. 135 vom 9.8.1853 an Marcy, NA Wash., Mf 44/8.

preußischen Konsuln von ihrem Gesandten, erhellt auch daraus, dass sie grundsätzlich befugt waren, ohne Zwischenschaltung der Gesandtschaft mit ihrer Regierung zu korrespondieren. Seine Berichte erstattete der US-Konsul dem State Department direkt, und bei der übrigen konsularischen Korrespondenz hing es von der Einschätzung des Konsuls und den jeweiligen Beziehungen zum Gesandtem ab, ob der Konsul den Diplomaten informierte oder ob er nichts erfuhr. Der Kontakt zwischen der Berliner Gesandtschaft und den Konsulaten in Aachen, Bremen und Hamburg war in der Regel sehr eng, während sich die US-Konsulate in Stettin, Frankfurt, Sachsen und den süddeutschen Staaten nur selten mit ihrem Gesandten austauschten. Nur die Konsuln in den Hansestädten und Aachen sprachen ihr Vorgehen häufig mit dem Gesandten in Berlin ab und holten zu politischen Fragen seine Ratschläge ein. Das mag mit der größeren Bedeutung dieser drei Konsulate zusammenhängen.

Ein Generalkonsulat für den gesamten Deutschen Bund gab es nicht, nicht einmal eines für den Zollverein. Der US-Konsul Bates in Aachen, für das wichtigste Konsulat in Preußen zuständig, setzte sich 1852 vergeblich beim State Department für die Einrichtung eines für den Zollverein zuständigen Generalkonsulates ein[214]. Das State Department vermied sorgfältig jede Gelegenheit, mit dem Partikularismus der Staaten des Deutschen Bundes zusammenzustoßen. Selbstverständlich war der US-Konsul in Hamburg nicht für das holsteinische Altona zuständig, mochte das Gebührenaufkommen im Altonaer Hafen für den dortigen Konsul auch noch so niedrig ausfallen. Entsprechend gab es neben dem Konsularagenten des Konsuls in Hamburg noch den des Konsuls in Altona im holsteinischen Glückstadt, und der Konsularagent von Bremerhaven durfte nicht die Aufgaben des wenige Meter entfernten hannoverschen Geestemünde übernehmen. Eher riskierte das State Department gelegentliche Kompetenzstreitigkeiten zwischen dem nach Beschäftigung suchenden Konsul in Altona und dem in Hamburg und zwischen dem Konsul in Hannover und dem in Bremen, wenn sich etwa ein US-Schiff aus Bremerhaven in den Hafen von Geestemünde bewegte. Mit Rücksicht auf die preußisch-österreichische Zuständigkeit für Schleswig-Holstein seit 1864 erhielt der US-Konsul in Altona die Möglichkeit, sich entweder an den US-Gesandten in Berlin oder an den

---

[213] Der 1851 in Aachen eingesetzte US-Konsul Bates beschrieb sein Verhältnis zum Berliner Gesandten so: „By the laws of the United States there is, I know, Sir, no immediate dependence between persons holding diplomatic and consular appointments, but by usage such a subordination is considered as of course, and I shall feel very happy to do as you may please to direct." – Bates am 16.12.1853 an Vroom. Abschriftlich als Anlage zum Bericht Vrooms Nr. 8 vom 27.12.1853 an Marcy. NA Wash., Mf 44/9.

[214] Bates in Nr. 12 vom 1.1.1852 an Webster, NA Wash., Mf T-356/1.

US-Diplomaten in Wien zu wenden[215], damit ja die territorialen Veränderungen berücksichtigt wurden.

Das diffizile Spiel um die Kompetenzen der US-Konsuln entsprach teilweise dem Ringen der deutschen Diplomaten in Washington um die Repräsentanz Deutschlands. Das 1857 in Frankfurt eingerichtete Generalkonsulat bezog in seine Berichterstattung den gesamten Deutschen Bund mit ein und beanspruchte zeitweilig, zumindest für das gesamte dritte Deutschland zuständig zu sein. Diller, US-Konsul in Bremen 1857 bis 1861, unterstützte Generalkonsul Ricker besonders in seinem Bemühen, die Beziehungen der USA zum dritten Deutschland zu stärken. Er argumentierte, dass der Güteraustausch der USA mit den deutschen Klein- und Mittelstaaten höher sei als mit Preußen und Österreich und dass von dort mehr Auswanderer kämen als aus den beiden großen deutschen Staaten[216]. Der von Diller behauptete Anteil des dritten Deutschland an der Auswanderung war eine zahlenmäßig nicht abgesicherte Behauptung. Die Handelsentwicklung konnte Diller immerhin noch statistisch belegen, wenn er auch verschwieg, dass der Güteraustausch zwischen den deutschen Klein- und Mittelstaaten und den USA deshalb so groß war, weil Preußen und Österreich ihren Export in die USA größtenteils über fremde Häfen abwickelten, vor allem über die der Hansestädte. Falls Außenminister Cass die Gedanken aus Bremen und Frankfurt überhaupt ernst genommen hat, so werden Gerolt und Hülsemann schon die geeigneten Gegenargumente zur Hand gehabt haben. Jedenfalls beschränkten sich die USA darauf, mehr Konsulate im dritten Deutschland einzurichten.

Ricker gewann entsprechend seinem Titel „Consul General for the Hanseatic and Free Cities of the German Confederation" zusätzlich zu den konsularischen Befugnissen in Frankfurt nur die Oberaufsicht über die Konsuln in Hamburg und Bremen und den Vizekonsul in Lübeck. Die Zuständigkeit für weitere Konsulatsbezirke erhielt der 1854 in Frankfurt eingesetzte Ricker in der für den deutschen Partikularismus unverfänglichen Form, dass ihn der Präsident zusätzlich zu seinem Amt in Frankfurt zum Konsul für Hessen-Darmstadt, zum Konsul für Hessen-Kassel, zum Konsul für Nassau, für Homburg und für die Bayerische Pfalz berief und ihm das Amt eines Vizekonsuls für Hannover und Braunschweig übertrug; bis 1861 bekleidete er auch das Amt eines Konsuls für Hannover und Braunschweig und bis 1862 das Amt eines Vizekonsuls für Baden. So stieg der Berufskonsul Ricker dank der Mehrfachbestallungen, wie sie auch bei deutschen Konsuln in den USA üblich waren, 1857 zum höchstdotierten Konsul im Deutschen Bund auf; allein sein festes Gehalt belief sich auf 3000 Dollar. Aber allen Bemühungen zum Trotz gewann er keinen Diplomatenstatus, etwa als

---

[215] W. H. Seward in Nr. 84 vom 23.1.1865 an Judd, Berlin, Mf 77/65, NA Wash.
[216] Diller, Bremen, in Nr. 15 vom 12.3.1859 an Cass, Mf T-184/9 NA Wash.

II. Die zwischenstaatlichen Netzwerke 1850 bis 1867

United States Diplomatic Agent to the Diet of the German Confederation. Immerhin wurde das Generalkonsulat auch nicht verlegt, weder in den für den US-Handel wichtigsten Bezirk im Deutschen Bund, nämlich nach Aachen, noch in eine der Hansestädte Bremen oder Hamburg, wie es der US-Gesandte Wright 1858 vertrat[217] und es die dortigen US-Konsuln zeitweilig gern gesehen hätten.

Der entscheidende Unterschied zwischen dem auswärtigen Dienst der USA und dem der deutschen Staaten war der immer häufigere Wechsel der Amtsinhaber aus den USA, die sich immer mehr durchsetzende rotation in office entsprechend der Einbeziehung aller diplomatischen und konsularischen Ämter in das spoils system. Seit 1846 wechselten zunächst nur die US-Gesandten in Berlin nach jeder Präsidentenwahl, ab 1853 auch die Legationssekretäre, und schließlich bezog das State Department selbst die Konsulate bei den regelmäßigen Neubesetzungen mit ein. Die Tätigkeit der US-Diplomaten war Teil der politischen Karriere, während die diplomatische Tätigkeit in Preußen seit den zwanziger Jahren mehr und mehr an eine spezielle Verwaltungslaufbahn gebunden wurde. Die US-Vertreter in Berlin zwischen 1850 und 1867 hatten zwar gemeinsam mit den meisten ihrer deutschen Kollegen, dass sie Juristen waren; aber Barnard, Vroom, Wright und Judd hatten sich als Voraussetzung für die Leitung der Mission zusätzlich im Partei- und im parlamentarischen Leben profiliert. Sie waren Mitglieder des Kongresses gewesen, mit Ausnahme von Judd, der nur im State Senate von Illinois mitgearbeitet hatte, und machten sich bei den jeweiligen Präsidentschaftswahlen verdient. Über Verwaltungserfahrungen verfügten Vroom und Wright, die schon an der Spitze von US-Bundesstaaten gewirkt hatten, Wright 1849 bis 1857 als Governor in Indiana und Vroom 1829 bis 1832 und 1833 bis 1836 als Governor und Chancellor in New Jersey.

Eine Folge des häufigen Wechsels war, dass sich die nach Berlin versetzten Amerikaner nur unzureichend auf ihre neue Umgebung einstellen konnten. Kein einziger amerikanischer Gesandter bis zur Berufung Bancrofts 1867 schrieb Deutsch und sprach es hinreichend oder versuchte zumindest, sich die europäische Diplomatensprache angemessen anzueignen und auf dauernde Übersetzerhilfe zu verzichten. Verständlicherweise wirkte für Barnard, 1850 bis 1853 Gesandter in Berlin, das übersetzte Deutsch häufig dunkel[218] und zunächst dementsprechend die politischen Bedingungen gleichfalls. Der Deutschamerikaner Gustav Körner hob die Deutsch-Kenntnisse von Judd hervor, die dieser sich während seiner Tätigkeit in Berlin 1861 bis 1865 immerhin erwarb[219].

---

[217] Wright, Berlin, am 24.4.1858 an Cass, Mf 44/11, NA Wash.
[218] *Sherrey Penney*: Patrician in Politics, Daniel Dewey Barnard of New York, Port Washington, NY, 1974, S. 118.

Die unzureichenden Sprachkenntnisse von US-Vertretern waren für alle europäischen Regierungen das ganze neunzehnte Jahrhundert ein Stein des Anstoßes. Gelegentlich kam der Missstand im State Department zur Sprache, aber nur selten wurde Abhilfe geschaffen, da die Voraussetzungen fehlten. Nach dem Tod des US-Gesandten in Paris Dayton im Dezember 1864 wies eine Amerikanerin in einem Privatschreiben Außenminister Seward auf die Diskrepanz hin[220], dass viele US-Vertreter zwar hervorragende Berichte an das State Department schrieben, aber den um sie herum wirkenden Menschen nicht einmal in der Landessprache einen guten Morgen wünschen könnten, geschweige denn mit ihnen in der Landessprache über andere Dinge sprechen. Es entsprach dieser anonymen Intervention, dass der Präsident 1865 mit John Bigelow eine Persönlichkeit an die Spitze der Pariser Mission berief, die hervorragend Französisch sprach. Eine ebensolche Ausnahme war John Lothrop Motley, den Lincoln 1861 nach Wien entsandte, da er im Gegensatz zu dem US-Gesandten in Berlin Judd von vornherein das Deutsche beherrschte. Erst der 1867 mit der Gründung des Norddeutschen Bundes berufene George Bancroft, der seine Vorgänger sowohl an politischer Erfahrung als auch an Vertrautheit mit Deutschland übertraf, beherrschte Deutsch und Französisch.

Die im konsularischen Dienst der USA tätigen Honorarkonsuln und Konsularagenten sprachen in der Regel Deutsch; aber die immer häufiger berufenen Berufskonsuln, die die US-Staatsangehörigkeit zu besitzen hatten, beherrschten die Sprache ihres Gastlandes genauso wenig wie die Diplomaten. Motley vertrat 1862, als das State Department die Neubesetzung des Wiener Konsulates erörterte, die Ansicht, dass es für einen US-Konsul, der nicht deutsch spreche, unmöglich sei, seine Aufgaben angemessen zu erfüllen[221]. Ricker, Generalkonsul in Frankfurt, verfügte genau wie sein für Frankfurt zuständiger Vorgänger Schwendler über genügend Deutschkenntnisse, aber die Mehrzahl der Berufskonsuln in Aachen, Stettin und den anderen deutschen Städten kamen genauso wenig wie die US-Diplomaten in Berlin ohne Übersetzer aus.

Als Stein des Anstoßes empfand die preußische Regierung, dass Gesandter Barnard das Französische im amtlichen Schriftverkehr vernachlässigte, da er seine Noten auf Englisch formulierte und nur manchmal eine französische Übersetzung beifügte, die er als zweitrangig ausdrücklich nicht unter-

---

[219] Memoirs of *Gustave Koerner* 1809–1896, Ed. Thomas J. Mc Cormack, Cedar Rapids, Iowa, 1909, Vol. II., S. 224.

[220] Anonymer Brief einer Amerikanerin aus Paris am 17.1.1865 an W. H. Seward, Mf 87 Seward Papers, Kennedy-Institut.

[221] Motley, Wien, am 25.11.1862 an W. H. Seward, Mf 73 Seward Papers, Kennedy-Institut.

II. Die zwischenstaatlichen Netzwerke 1850 bis 1867 81

zeichnete. Der elf Jahre in Berlin amtierende Wheaton, von 1835 bis 1837 als Geschäftsträger und dann bis 1846 als Gesandter, hatte sich noch ganz an die traditionellen europäischen Gepflogenheiten angepasst, nachdem ihm das Preußische Ministerium der auswärtigen Angelegenheiten mitgeteilt hatte, „dass bei diplomatischen Verhandlungen nicht die englische, sondern die französische Sprache gebraucht werde, und dass, wenn er englisch schreibe, er eine officielle französische Übersetzung beilegen möge, wie es auch der englische Gesandte mache."[222] Wheaton hatte seine Noten dann in der Regel nur noch auf Französisch an das Ministerium der auswärtigen Angelegenheiten gerichtet, während sich der kurz in der Revolutionszeit amtierende Hannegan an dem britischen Vorbild orientiert hatte. Die britische Gesandtschaft hatte nach einer früheren Auseinandersetzung mit dem Preußischen Ministerium der auswärtigen Angelegenheiten den Kompromiss geschlossen, der englischen Fassung eine französische beizufügen, „certifiée conforme à l'original"[223]. Da sich Barnard selbst daran nicht hielt, teilte ihm das Preußische Ministerium der auswärtigen Angelegenheiten genauso wie seiner Zeit der britischen Gesandtschaft mit[224], „que l'usage établi ne lui permet pas de recevoir des offices, conçus dans la langue Anglaise." Für den Fall, dass er sich weiterhin der englischen Sprache bedienen wolle, empfehle es sich, der in dieser Sprache abgefassten Note eine französische Übersetzung beizugeben, die als dem Original entsprechend beglaubigt sei. Der über die Ablehnung englisch abgefasster offizieller Mitteilungen empörte Barnard zeigte sich nicht bereit, wie der britische Gesandte nachzugeben und sich vorschreiben zu lassen, in welchem Umfange er die englische Sprache benutzen dürfe. Er bezeichnete die Angelegenheit gegenüber Webster zwar als zweitrangig[225], aber gegenüber Manteuffel erklärte er das Recht, die eigene Sprache zu benutzen, zum nationalen Anliegen[226], „a right of just and necessary equality". Gegenüber Webster berief sich der historisch gebildete Barnard sofort auf die Weisung an Monroe zum Antritt seiner Gesandtschaft in Paris 1794, bei allen wichtigen Angelegenheiten die englische Sprache zu benutzen, da dies sowohl rechtens als auch nützlich sei[227]. Gegenüber Manteuffel konstruierte er großzügig aus der Tradition der USA ihren dauernden Anspruch, die eigene Sprache zu benutzen, einen

---

[222] Aktennotiz vom 29.1.1839, 2.4.1.I. Nr. 7875, GStAM.
[223] Manteuffel am 8.2.1851 an Barnard. Kopie als Anlage zum Bericht Barnards Nr. 12 vom 25.2.1851 an Webster, NA Wash. Mf 44/7.
[224] Manteuffel am 8.2.1851 an Barnard, a.a.O.
[225] Barnard in Nr. 12 vom 25.2.1851, a.a.O.
[226] Barnard an Manteuffel am 22.2.1851, Kopie als Anlage zum Bericht Barnards Nr. 12 vom 25.2.1851, a.a.O. – Die französische Fassung findet sich nur in 2.4.1.I. Nr. 7875, GStAM.
[227] A.a.O.

Anspruch, den er besonders durch die Verbreitung der englischen Sprache gestützt sah: „The right to speak to the nations of the earth in its own tongue has been steadily maintained by the United States, in the practice of the Government at home, and of its diplomatic Agents abroad, selected commonly for no accomplishments or skills in the use of foreign tongues, from the earliest period of its national existence; and they can hardly be expected to yield that right at this day, after their numbers speaking the English language have swollen to a figure so great as it now is, and after their territorial possessions, over which this language predominates, have been expanded to their present dimensions."[228] Neben dem national begründeten Recht, die eigene Sprache zu benutzen, erkannte er allerdings die Notwendigkeit an, eine Verständigung durch gegenseitige Übersetzungen oder durch eine dritte Sprache wie das Französische zu erreichen. Er konzedierte die Möglichkeit im normalen Verkehr, Mitteilungen auf Französisch zu verfassen, ohne allerdings auf die Verwendung der Muttersprache bei wichtigen Anlässen verzichten zu wollen. Französische Übersetzungen mit der verlangten Beglaubigung zu schicken, lehnte er nach wie vor ab, garantierte aber die größtmögliche Übereinstimmung von französisch- und englischsprachiger Fassung. Seine Note vom 22.2.1851 an Manteuffel fasste er dementsprechend auf Englisch ab und legte nur eine französische Übersetzung bei, die nicht unterschrieben war und erst recht nicht, wie von Manteuffel gefordert, von ihm beglaubigt war. Barnard legte sich so entschieden auf seinen Standpunkt fest, dass Manteuffel wie erwartet nicht mehr antwortete und das Thema auch später nicht mehr auf den Tisch brachte. Die Nachfolger Barnards Vroom, Wright und Judd verhielten sich genauso wie er, ohne dass die preußische Regierung ihr Verfahren beanstandete.

Ebenso konsequent wie Barnard die eigene Sprache benutzte, gebrauchte in Washington Gerolt die traditionelle Diplomatensprache in seinen Noten an die US-Administration; jeder Note fügte er dann eine gleichwertige englische Version bei, die er ebenfalls unterzeichnete. Während einzelne europäische Gesandte auch bei den sogenannten Privatbriefen an die US-Außenminister die französische Sprache verwandten, verzichtete Gerolt in inoffiziellen Schreiben an das State Department auf das Französische, wie er sich auch in den persönlichen Unterhandlungen des Englischen bediente.

Der in dem Verhalten Barnards zum Ausdruck kommenden Tendenz, sich als Amerikaner von den traditionellen europäischen Gepflogenheiten abzuheben, verlieh Secretary of State Marcy besonderen Ausdruck durch sein berühmtes Dress Circular vom 1.6.1853[229]. Er forderte von jedem US-Diplomaten und -Konsul „as far as practicable ... his appearance at court in the simple dress of an American citizen ...". Vollständig verwirklichen ließ

---

[228] A.a.O.

II. Die zwischenstaatlichen Netzwerke 1850 bis 1867 83

sich dieser Runderlass nur bei den europäischen Kleinstaaten von den Niederlanden bis Sardinien-Piemont, während die US-Gesandten in London und Paris zu Uniform-Kompromissen Zuflucht nahmen und Berlin zumindest in den fünfziger Jahren einfach keine Abweichung vom europäischen Protokoll zuließ. Manteuffel teilte dem neuen US-Gesandten Vroom mit, dass Diplomaten bei Anlässen wie dem Empfang beim König immer in Uniform erschienen[230]. Vroom traf zwar schon am 26.9.1853 in Berlin ein, aber konnte sein Beglaubigungsschreiben erst am 4.11.1853 dem König überreichen, nachdem er sich eine Diplomatenuniform hatte anfertigen lassen[231] und das Königliche Marschallamt auf das Drängen Manteuffels die Einladung nicht länger hinausgezögert hatte[232]. Demgegenüber war Barnard, der sich 1850 zunächst wie selbstverständlich den europäischen Gepflogenheiten gefügt hatte, schon nach einer Woche vom König empfangen. Zwischenfälle wegen der Hofkleidung gab es nach Vroom nicht mehr, da alle Mitglieder der US-Gesandtschaft in den folgenden Jahren ohne besondere Umstände in Uniform erschienen.

Vrooms hemdsärmeliger Nachfolger Wright nutzte die Tatsache, dass der Audienz-Termin zunächst so kurzfristig anberaumt war, um Manteuffel zu informieren, er könne den Termin nur wahrnehmen „in the plain dress of an American citizen, in which I will be most happy to appear."[233] Aber er erschien dann am 3.9.1857, einem späteren Termin, in Sanssouci in Uniform. Auch die übrigen US-Bürger, die dem König vorgestellt wurden, müssen sich wohl irgendeine Form von Hofkleidung beschafft haben. Wenn Fillmore 1856 in Sanssouci in der einfachen Kleidung eines Bürgers erscheinen durfte, so war das eine nur diesem ehemaligen Präsidenten konzedierte Ausnahme. Auf jeden Fall gab es nicht einen Zwischenfall wie am Hof in London, wo nach dem Bericht des britischen Gesandten in Berlin Bloomfield der US-Gesandte den Palast verließ, weil ein US-Bürger nicht in einfacher Kleidung vorgestellt werden durfte[234].

---

[229] *Samuel Flagg Bemis*: The American Secretaries of State and their Diplomacy, Vol. VI, New York 1928, S. 263–268; *Irving Katz*: August Belmont, New York, London 1968, S. 36.

[230] Note Manteuffels vom 11.10.1853 an Vroom, Entwurf, GStAM, 2.4.1.I. Nr. 7873. – Abschrift der Note Anlage zum Bericht Vrooms vom 31.10.1853 Nr. 2 an Marcy, NA Wash., Mf 44/9.

[231] Vroom in Nr. 2 vom 31.10.1853 und Nr. 3 vom 8.11.1853 an Marcy, NA Wash., Mf 44/9. – *Irving Katz* übertreibt in seiner Biographie über August Belmont, wenn er S. 36 davon schreibt, dass Vroom zwei Monate gewartet habe und sich dann eine Uniform anfertigen ließ.

[232] Siehe GStAM, 2.4.1.I. Nr. 7873.

[233] Wright am 23.8.1857 an Manteuffel. GStAM, 2.4.1.I. Nr. 7873.

[234] Bloomfield am 27.6.1856 in Nr. 269 an Lord Clarendon, PRO London, FO 64/415.

Gerolt, der ein besonderes Interesse empfand, sein Amt als den Vertretungen in Europa gleichwertig zu zeigen, bekundete dieses auch im Äußeren; und so, wie er sich bei Noten ebenfalls der französischen Sprache bediente, so bei feierlichen Anlässen einer Amtstracht, etwa als er am 8. November 1854 Präsident Pierce im Beisein von Marcy sein Beglaubigungsschreiben als Gesandter überreichte[235].

Die US-Konsuln in Preußen hatten keine Probleme mit dem Dress Circular, da sie nicht in Berlin amtierten, aber die US-Konsuln außerhalb Preußens in den Residenzstädten um so mehr. Generalkonsul Ricker, Frankfurt am Main, befolgte das Dress Circular genau, und so wurde er, wenn etwa der Großherzog von Hessen-Darmstadt das gesamte diplomatische und konsularische Korps zu Hofe lud, zu seinem großen Bedauern als einziger nicht eingeladen, weil ihm nicht erlaubt war, in Uniform zu repräsentieren. Noch mehr bedauerte er, dass ihn der mit der Zarenfamilie verschwägerte Herzog von Hessen-Nassau aus eben diesem Grund nicht zu einer Hochzeit einlud[236]. Wenn er aber bei einem festlichen Anlass zugegen sei, falle er mit seiner einfachen bürgerlichen Kleidung nur unangenehm auf, da nicht einer der Anwesenden das Kleidungs-Zirkular gelesen habe, bemerkte er ironisch zu Cass. Selbst die so zurückhaltenden Professoren der berühmten deutschen Universitäten erschienen bei offiziellen Anlässen in Uniformen, um ihre Position zu markieren. Es sei seit frühesten Zeiten bei allen Menschen Brauch, sich durch Kleidung herauszuheben, bis im Jahre 1853 A.D. entdeckt sei, dass es völlig falsch sei[237]. Für die Instruktion gäbe es keine vernünftige Begründung, und falls man zur Erklärung die in der Instruktion angeführten Gründe Sparsamkeit und Einfachheit irgendeinem nenne, mache man die Angelegenheit nur noch schlimmer. Die Zeitungen und die Reden der Kongressmitglieder bezeugten die amerikanische Extravaganz, und jeder im Ausland wisse, dass Amerikaner nicht einfach seien. Ricker wünschte im Interesse des Ansehens der USA für die Berufskonsuln eine Uniform. In der Tat wurde das Dress Circular schließlich geändert. Die Diplomaten Lincolns passten sich nicht nur durch eine eigene Diplomaten-Uniform ihren Kollegen an, sondern auch dadurch, dass sie, wenn sie gedient hatten wie zum Beispiel der US-Gesandte Körner in Madrid, zu Empfängen ihre Armee-Uniform anlegten[238].

Eine Abweichung von dem von den europäischen Staaten Gewohnten, die die preußische Regierung gelegentlich nicht nur als negativ empfinden

---

[235] Gerolt am 9.11.1854 an Manteuffel, GStA Berlin, Mf 79 AA CB IC Nr. 17 II. Teil.

[236] Ricker, Frankfurt am Main, in nr.15 vom 27.1.1858 an Cass, Mf 161/5, NA Wash.

[237] A.a.O.

[238] Vgl. *Gustave Koerner*, Vol. 2, S. 236.

mochte, war der häufigere Wechsel in der Leitung der US-Gesandtschaft und der Konsulate. Aus diesem Wechsel im Sinne des spoils system ergab sich, dass die preußische Regierung verstärkt auf die Stellenbesetzung Einfluss zu nehmen suchte. Die Einwirkung von preußischer Seite, etwa über ihren Vertreter in Washington, war allerdings meistens vergeblich. Wenn der im März 1849 zum Gesandten in Berlin berufene demokratische Hannegan schon im November 1849 vom Whig-Präsidenten Taylor wieder abberufen wurde, dann nicht wegen der Kritik aus Berlin und Frankfurt am Main, sondern wegen der Kritik aus Washington an diesem ungewöhnlichen Fall von Ämterpatronage[239]. Der Gesandtschaftsposten in Berlin blieb wegen des erneuten Präsidentenwechsels und der ungeklärten innerdeutschen Verhältnisse von November 1849 bis Dezember 1850 unbesetzt, und der gewandte, deutsch-sprechende Legationssekretär Theodore S. Fay besorgte mit einem weiteren Sekretär die Geschäfte der amerikanischen Mission. Die US-Administration hatte jedoch sehr schnell verstanden, dass zu politischen Beziehungen zu Mitteleuropa auch in Zukunft eine angemessene Berücksichtigung der preußischen Regierung gehörte. Weder Außenminister Clayton noch der stärker auf die revolutionsfreundlichen Strömungen in der amerikanischen Öffentlichkeit eingehende Webster dachten an den Abbruch der diplomatischen Beziehungen zu Preußen. Clayton erklärte im März 1850, das Ringen hinter den Kulissen um die Besetzung des Berliner Gesandtschaftspostens und das Warten Präsident Taylors entschuldigend, „der Präsident wolle diesen Posten nur einem ausgezeichneten Staatsmann verleihen."[240] Dieser Äußerung fügte dann Gerolt zur Vermeidung falscher Hoffnungen einen kritischen Hinweis auf die übliche Ämterpatronage hinzu: „Die Lage der Regierung ist jedoch keineswegs der Art, dass sie bei der Besetzung dergleichen Posten individuelle Brauchbarkeit, Talente oder allgemeine Verdienste berücksichtigen könnte; die einzigen Rücksichten dabei sind immer die, ihren Parteifreunden politischen Einfluss zuzuwenden." Dennoch brauchte die preußische Regierung bei dem im Oktober 1850 von Präsident Fillmore berufenen Daniel Dewey Barnard nicht nur von seiner Zugehörigkeit zu den Whigs und seinen nach Manteuffel „besonders freundschaftlichen Beziehungen zu dem Präsidenten Fillmore"[241] auszugehen. Nicht ganz falsch war ebenfalls, wenn Manteuffel dem König mitteilte: „Zu seiner Wahl soll vornehmlich seine hohe wissenschaftliche Bildung Anlass gegeben haben."[242] Barnard hatte keine besonderen wissenschaftlichen Verdienste, aber er war historisch gebildet wie Bancroft, er war ein bekannter Publizist und Redner und arbeitete in vielen Bildungseinrich-

---

[239] *Moltmann*, S. 120 f.
[240] Gerolt am 14.3.1850 an Schleinitz, GStAM, 2.4.1.I. Nr. 7873.
[241] Manteuffel an den König am 10.10.1850, a. a. O.
[242] A. a. O.

tungen in Albany im Staate New York mit[243]. Nicht zuletzt mit dem Argument, dass Barnard sich zu wenig parteiorientiert flexibel verhalte, hatten die Whig-Parteimanager des Staates New York Weed und Seward zunächst unter Präsident Taylor die Berufung des unbequemen Intellektuellen auf einen herausgehobenen diplomatischen Posten in Europa verhindert. Aber andererseits musste auch erst der konservative Parteiflügel der Whigs mit dem Amtsantritt Fillmores im Juli 1850 bei der Ämterpatronage zum Zuge kommen, damit die Bewerbung des „Patrician in Politics" erfolgreich war[244].

Barnard hatte mit den übrigen US-Vertretern in Berlin gemein, dass er Jurist war und sich im Parteileben und in parlamentarischen Gremien profiliert hatte. Vor allem arbeitete er als Whig-Parlamentarier 1827 bis 1829 für Rochester, New York, und 1839 bis 1845 für Albany, New York, im Repräsentantenhaus mit. Er verfügte über keine spezielle Verwaltungserfahrung und unterschied sich auch damit von den übrigen Mitgliedern des Berliner Diplomatischen Corps erheblich. Dennoch war gerade die Berufung des konservativen Barnard unter den Bedingungen des Jahres 1850 eine günstige Voraussetzung für die Entwicklung der preußisch-amerikanischen Beziehungen. Die schnelle Reaktivierung der Beziehungen zwischen den USA und Preußen unter Präsident Fillmore ist nicht denkbar ohne seinen Beitrag.

Der demokratische Präsident Pierce, der 1853 den konservativen Fillmore ablöste, erregte mit seiner Personalpolitik im In- und Ausland besondere Kritik, nicht zuletzt deshalb, weil er der Bewegung Young America einen bedeutenden Anteil an den Spoils gewährte. Gerolt konnte jedoch befriedigt feststellen, dass keiner dieser militant nationalistischen und progressiven Gruppe, die besonders laut für die Intervention in Europa, für die Annexion von Kuba und Kanada und die Ausbreitung des amerikanischen Systems eintrat, nach Deutschland kam. In der Leitung der Gesandtschaft folgte auf den Whig Barnard 1853 der gemäßigte Demokrat Peter D. Vroom.

Die preußische Regierung schaltete sich fast regelmäßig ein, wenn es galt, die Berliner Gesandtschaft und die beiden Konsulate in Preußen neu zu besetzen. Besonders engagierte sich Manteuffel 1857 bei den Überlegungen, wer US-Vertreter am preußischen Hof werden sollte, und er bat Gerolt, sich für die Berufung Theodore S. Fays zu verwenden. Pierce hatte ihn 1853 zum ersten diplomatischen Vertreter der USA in der Schweiz bestellt, und er wirkte seitdem als Ministerresident in Bern[245]. Fays Tätigkeit als Gesandtschaftssekretär in Berlin 1837 bis 1853 war offensichtlich in guter

---

[243] Siehe die Biographie von *Penney*: Patrician in Politics.
[244] Die Auseinandersetzungen um die Personalpolitik bei den Whigs sind ausführlich dargestellt bei *Penney*: Patrician in Politics, S. 100–109.
[245] Manteuffel am 28.3.1857 an Gerolt, GStAM, 2.4.1.I. Nr. 7873.

Erinnerung geblieben[246], und dieser Eindruck noch verstärkt durch seine Amtsführung in Bern, insbesondere seine gegenüber dem König und Preußen so verständnisvolle Haltung im Neuenburg-Konflikt. Der preußische Diplomat in Bern von Sydow lobte besonders Fays eigenständige Vertretung der US-Interessen. 1856, als die Schweiz wegen der finanziellen Lasten und wohl auch mit Rücksicht auf ihre mächtigen Nachbarn wiederum politische Flüchtlinge auswies, hatte er in den USA um Verständnis für die Entscheidung der Schweiz geworben und nicht etwa den gelegentlich in der US-Öffentlichkeit geforderten unbehinderten Aufenthalt von politischen Flüchtlingen vertreten. Sydow rechnete ihm das hoch an: „Die schroffe Vertretung solcher Prätensionen würde nur zu sehr im Geiste der rücksichtslosen Diplomatie der Vereinigten Staaten gewesen sein."[247] Die preußischen Sympathien konnten jedoch nicht Fays Mangel an Verbindungen zur Partei des Präsidenten Buchanan ersetzen. Gerolt formulierte die ablehnende Haltung der Buchanan-Administration diplomatisch positiv gegenüber Manteuffel unter Hinweis auf den Stellenwert, den Berlin im Weißen Haus inzwischen erreicht habe, indem er hervorhob[248], dass der Berliner Gesandtschaftsposten, „welcher nach denen von London und Paris von den amerikanischen Staatsmännern am meisten nachgesucht wird, nur einem der einflußreichsten Politiker und Freunde der herrschenden Partei von dem Präsidenten verliehen und vom Senate genehmigt werden kann." Bei seinem an Staatssekretär Cass vorbei organisierten Besuch bei Buchanan, den er seit vielen Jahren kannte, bedeutete ihm dieser, dass Fay sein Amt in der Schweiz wahrscheinlich verlieren werde, aber auf keinen Fall für den Berliner Posten in Frage käme. Er akzeptierte nur Gerolts Hinweis, „wie wünschenswert es sei, daß ein amerikanischer Gesandter in Berlin, wenn nicht deutsch doch wenigstens französisch sprechen könne ...". Fay, einer der wenigen US-Diplomaten, die deutsch und französisch sprachen, behielt sein Amt in Bern wider Erwarten bis 1861. In den folgenden Jahren pendelte er mehrfach zwischen den USA und Europa. Schließlich ließ er sich dauerhaft in der Hauptstadt Preußens nieder, dessen Aufstieg er mit wachsender Sympathie verfolgte. In Berlin verstarb er 1898.

Nach dem Scheitern der Bemühungen um die Ernennung Fays suchte Gerolt zu verhindern, dass Buchanan nun statt Fay einen politischen Emigranten auf den Gesandtschaftsposten berief, und er erhielt die beruhigende Zusage, dass er nicht etwa „den (hier sehr bekannten Zeitungs-Correspondenten und den deutschen Regierungen feindlichen) Francis Grund, einen

---

[246] Zu Fays literarischen Aktivitäten s. *Waldemar Zacharasiewicz*: Das Deutschlandbild in der amerikanischen Literatur, Darmstadt 1998, S. 50–52.
[247] Sydow, Sigmaringen, am 17.5.1856 an Manteuffel, 2.4.1.I. Nr. 8067, GStAM.
[248] Gerolt am 27.4.1857 an Manteuffel, GStAM, 2.4.1.I. Nr. 7873.

Österreicher von Geburt, dazu ernennen werde, der bei der letzten Präsidenten-Wahl durch öffentliche Reden unter den deutschen Bewohnern in den westlichen Staaten gewirkt hatte ...".[249] Dagegen, dass Buchanan Grund zum Konsul in Le Havre ernannte, konnte Gerolt nichts einwenden. Die Wahl 1857 war das letzte Mal, dass Gerolt vor dem Journalisten Grund bangte; danach spielten andere Deutschamerikaner politisch eine Rolle.

Der neue amerikanische Gesandte in Berlin Joseph A. Wright war des Deutschen und des Französischen genauso wenig mächtig wie seine Vorgänger; aber er war, wie Legationssekretär Grabow zu seinen Gunsten ins Feld führte[250], „ein großer Freund der Deutschen, auf deren Stimmen bei den Wahlen er immer zählen konnte." Weniger angenehm klang sicher der Hinweis, dass Wright Demokrat sei, „auch im europäischen Sinn des Wortes." Rudolph von Delbrück, ab 1867 Präsident des Bundeskanzleramts, hatte Wright schon als Geheimer Regierungsrat im Handelsministerium 1853 bei seinem Besuch in Indianapolis kennen gelernt und von daher besonders seine hemdsärmelige Art der Amtsführung als Gouverneur im Gedächtnis behalten[251]. Selbst Alexander von Humboldt stellte ihm bei allem Wohlwollen kein besonderes Zeugnis aus, wenn er Ende 1857 äußerte[252]: „Der amerikanische Gesandte ist ein guter Mann, der sich auf Kirchenbesuch und Ackerbau versteht, die hiesigen Verhältnisse aber nicht kennt ...". Seine Entwicklung als Gesandter beurteilte Delbrück ebenfalls negativ: „... zu einem geeigneten Vertreter seines Landes hatte er sich nicht herausgebildet."[253] Die beiden Urteile vereinigten sich in der Tagebuchnotiz des Kronprinzen Friedrich nach einem Besuch Wrights zu Beginn seiner zweiten Amtsperiode: „... echt amerikanisch dreist und taktlos, aber brav und gut."[254] Wright begegnete der Königlichen Familie – nicht nur dem Kronprinzen, sondern auch dem konservativeren Prinzen Karl – völlig unvoreingenommen im Gegensatz zu Judd, der von Anfang an recht kritisch auf die preußische Spitze blickte. Wright empfand die Atmosphäre bei seinem ersten Besuch bei der königlichen Familie am 8.12.1865 als „cordial and friendly"[255]. Er schätzte besonders den König, der eine amerikanische Kirche in Berlin in Aussicht stellte und dafür das Grundstück schenken wollte. Wright ging über kritische Sichtweisen in dieser „era of good feelings" der

---

[249] A.a.O.

[250] Grabow am 23.6.1857 an Manteuffel, GStAM, 2.4.1.I. Nr. 7873.

[251] *Rudolph von Delbrück*: Lebenserinnerungen 1817–1867, Leipzig 1905, Bd. 2, S. 11.

[252] *Julius Fröbel*: Ein Lebenslauf, Bd. 2, Stuttgart 1891, S. 19.

[253] A.a.O.

[254] Zum 8.12.1865. – Kaiser Friedrich III. Tagebuch von 1848–1866. Hrsg. von *Heinrich Otto Meisner*, Leipzig 1929, S. 404.

[255] Wright in Nr. 11 am 13.12.1865 an W. H. Seward. NA Wash., Mf 44/13.

deutsch-amerikanischen Beziehungen seit Anfang der sechziger Jahre hinweg. Genauso einseitig positiv gab sich auch die Deutsche Allgemeine Zeitung, die Wright schon am Ende seiner ersten Amtsperiode 1861 apostrophierte als „der beliebte und geistreiche Vertreter Amerikas am Hofe zu Berlin."[256]

Mit Sicherheit ließ sich Wright nicht mit den intellektuell und gesellschaftlich gleich gewandten Barnard und Bancroft vergleichen, an denen Delbrück wohl Wright maß, wenn man von den nichtamerikanischen Gesandten absieht, mit denen es Delbrück zu tun hatte. Wright lebte sich nicht wie Barnard und Vroom und Bancroft in Preußen ein. Ihn zeichnete jedoch als Diplomat aus, dass er sich entschieden, gelegentlich rücksichtslos und schließlich auch erfolgreich für seine in Deutschland gebürtigen amerikanischen Mitbürger einsetzte. Das trug sicher dazu bei, dass Präsident Johnson Wright, der seit 1862 im Senat in Washington saß, 1865 noch einmal zum Gesandten in Berlin ernannte.

Wright arbeitete in seiner ersten Amtsperiode unter wesentlich ungünstigeren Bedingungen als Barnard, weil ihm statt des fähigen Fay Butler als Legationssekretär zur Seite stand. Dieser schaffte in der Gesandtschaft von 1857 bis 1860 nach dem sicher nicht unberechtigten Urteil Wrights nur einen Monat kontinuierliches Arbeiten und war nach den Worten Wrights „schlimmer als nutzlos"[257]. Butlers Schwerpunkt lag wohl im Gesellschaftlichen, was Wright nicht zu schätzen wusste. Er bemühte sich immer erneut beim State Department, Butler loszuwerden, aber dieser wurde in seiner Passivität durch den entsprechend sein Amt führenden Cass geschützt bis zu dessen Rücktritt. Unterstützung in der täglichen Büroarbeit erfuhr Wright nur von seinem sprachgewandten Sekretär Eduard Maco Hudson, der allerdings 1861 zu den Sezessionisten überging. Für Hudson wie für tüchtige US-Konsuln forderte er eine Gehaltserhöhung, aber nicht für sich. Joseph A. Wright wählte sich in seiner zweiten Amtsperiode als Legationssekretär seinen Sohn John C. Wright aus, der durch seine Kenntnisse des Deutschen und Französischen die Defizite des Vaters ausgleichen und der ihm vor allem die früheren Enttäuschungen mit Butler und Hudson ersparen sollte[258]. Aus ähnlichen Überlegungen ließ Bancroft 1867 seinen Schwiegersohn zum Legationssekretär berufen.

---

[256] Deutsche Allgemeine Zeitung, Leipzig, Nr. 238 vom 4.12.1861.
[257] Wright in Nr. 166 am 4.3.1861 an Black, NA Wash., Mf 44/11. – Das Ausscheiden Butlers aus dem Dienst in Berlin erfolgte 1860 *vor* der Sezession.
[258] Der von Gerolt als Legationssekretär favorisierte Bewerber scheint ein Mr. Pomeroy gewesen zu sein. So Henry Whitney Bellows, US-Sanitary Commission, in seinem Schreiben vom 21.3.1865 an W. H. Seward. Mf 88 der Seward Papers, Kennedy-Institut. – Bellows verwandte sich für einen Mr. Eugene Schuyler.

Großes Kopfzerbrechen bereitete die Frage, wer 1861 nach dem Wahlsieg der so sehr von Deutschamerikanern unterstützten Republikaner Gesandter in Berlin werden würde. Gerolt berichtete nach Berlin[259]: „Nachdem die Partheiführer der deutschen Bevölkerung, namentlich im Westen der Vereinigten Staaten, zu der Wahl des Präsidenten Lincoln wesentlich beigetragen haben, so war es natürlich, dass dieselben bei der Vertheilung der Foederal-Ämter ihren gebührenden Antheil erlangten, und es scheint, dass die meisten derselben, welche durch Schriften und Reden dem Präsidenten die deutschen Wahlstimmen zugeführt haben, als Diplomaten und Consuln nach ihrem Geburtslande zurückzukehren wünschen. Der neue Präsident soll auch schon vor seiner Hierherkunft mehreren Deutschen, welche als politische Flüchtlinge nach den Vereinigten Staaten gekommen waren und die hier für die republikanische Parthei gewirkt haben, dergleichen Stellen zugesagt haben." Unabhängig von der Antwort auf die immer wieder gestellte Frage, wie weit die deutsche Stimme tatsächlich für die Wahl Lincolns entscheidend war, ist unbestreitbar, dass die Zeitgenossen, wie zum Beispiel Gerolt und vor allem amerikanische Politiker 1860/61, deren Stellenwert für Lincolns Sieg sehr hoch einschätzten. Selbstverständlich musste Lincoln, der nach Carl Sandburg „der Schlagkraft der deutschen Redakteure und politischen Führer"[260] so viel verdankte, die Deutschamerikaner bei der Stellenbesetzung berücksichtigen, auch die Achtundvierziger. Vagts errechnete, dass die Lincoln-Administration 1861 von 283 Gesandtschaften und Konsulaten 21 mit Deutsch-Amerikanern besetzte[261].

Preußen erließ 1861/62 für die Achtundvierziger eine begrenzte Amnestie nach langwierigen Diskussionen, die deutlich machten, wie schwierig ein Schlussstrich war. Noch Anfang 1861 veranlasste Schleinitz Gerolt[262], Seward zu erklären, „daß die Königliche Regierung keinen der früheren politischen Verbrecher aus Preußen oder aus einem anderen deutschen Staate, ungeachtet des Amnestie-Gesetzes Sr. Majestät des Königs, als Repräsentanten der Vereinigten Staaten empfangen könne und dass es überhaupt der Regierung Sr. Majestät des Königs unangenehm sein müsse, ihre früheren Unterthanen, welche nach den Vereinigten Staaten ausgewandert seien, als diplomatische Agenten oder als Consuln der Vereinigten Staaten zu empfangen." Gerolt meinte auch, dass der Alt-Whig Seward „das Unangemessene davon" einsah, und dieser habe ihm versichert, „seinen ganzen Einfluß anzuwenden, um dergleichen Ernennungen des Präsidenten zu verhindern."

---

[259] Gerolt an Schleinitz am 18.3.1861, GStAM, 2.4.1.I. Nr. 7873.
[260] *Carl Sandburg*: Abraham Lincoln, München 1984, S. 184.
[261] *Alfred Vagts*: Deutsch-Amerikanische Rückwanderung, S. 208.
[262] Gerolt an Schleinitz am 18.3.1861, GStAM, 2.4.1.I. Nr. 7873.

II. Die zwischenstaatlichen Netzwerke 1850 bis 1867 91

Von den ehemaligen politischen Flüchtlingen hatte das Berliner Polizeipräsidium vor allem Friedrich Kapp, Julius Fröbel, Carl Heinzen, Carl Schurz, Gustav Struve und Gustav Körner im Visier und forstete nach ihnen regelmäßig die aus den USA bezogenen deutschsprachigen Zeitungen durch. Dass von ihnen keine Revolution mehr ausgehen würde, wusste die preußische Regierung; aber sie fürchtete ihre Verbindung mit deutschen Demokraten und ihrer Presse. Wenn selbst Ricker, bis 1861 Generalkonsul in Frankfurt, im Zusammenhang mit seinem Eintreten für Fröbel 1857 äußerte, er wünsche nicht, dass sein Bezirk ein Treffpunkt der berühmten Achtundvierziger würde[263], dann galt die darin zum Ausdruck kommende Distanzierung erst recht für die preußische Regierung. Schließlich fürchtete sie eine Zunahme der Schwierigkeiten mit den US-Vertretungen wegen des erzwungenen Wehrdienstes von Deutschamerikanern.

Zwei Aspiranten für den diplomatischen Dienst der USA aus dem Kreis der besonders gefürchteten deutschamerikanischen Politiker der republikanischen Partei wurden sehr bald bekannt: der aus Liblar bei Köln stammende Carl Schurz, seit 1859 in Milwaukee als Rechtsanwalt, und der Jurist Gustav Körner, der schon 1833 aus Frankfurt in die USA emigriert war und nun in Illinois wirkte. Gerolt gab an, Körner sei ihm „als ein politischer Flüchtling aus Preußen bezeichnet"[264]. Körners Bereitschaft, die Leitung der US-Vertretung in Berlin zu übernehmen, sickerte sogar in die Presse durch. Zusätzlich informierte Gerolt Schleinitz, „daß der berüchtigte Schurz, welcher bekanntlich die Flucht Kinkels bewerkstelligt und seitdem in den hiesigen westlichen Staaten durch sein Rednertalent dem Präsidenten Lincoln die meisten Wahlstimmen der Deutschen zugeführt hatte, von dem letzteren zur Belohnung seiner Dienste den Gesandtschaftsposten in Turin erlangt hat."[265] Er äußerte gegenüber Seward und Senatoren „ernstliche Bedenken"[266] und sah sich darin bestätigt durch einen ihm aus Milwaukee zugesandten deutschsprachigen Zeitungsartikel[267], „welcher für die deutsche Presse im Westen charakteristisch ist."[268] Der Artikel bezeichnete es als „eine Art Backenstreich, den Amerika Preußen versetzt, wenn es einen Mann wie Schurz zu seinem Gesandten in Turin macht." Auf die mehrfachen Interventionen Gerolts und Hülsemanns[269] bei Seward und bei Senato-

---

[263] Ricker in Nr. 186 vom 26.11.1857 an Cass, NA Wash., Mf 161/4.
[264] Gerolt am 18.3.1861 an Schleinitz, GStAM, 2.4.1.I. Nr. 7873.
[265] A.a.O.
[266] A.a.O.
[267] In der von Hoffmann und Höflinger herausgegebenen Zeitung „Der Phönix", Central Wisconsin, Wausan, vom 9.3.1861, Anlage zum Bericht vom 18.3.1861, a.a.O.
[268] So Gerolt a.a.O.
[269] Marshall, II, S. 10.

ren kam Lincoln der preußischen und der österreichischen Regierung sowohl bei Körner als auch bei Schurz entgegen, so dass sie kein Amt in Mitteleuropa erlangten. Körner scheint nichts von den Interventionen Gerolts gegen sich erfahren zu haben. Dass er nicht Gesandter in Berlin wurde, erklärte er damit, dass Lincoln den einflussreichen Judd mit diesem Amt abfinden musste, weil er ihn nicht als Minister durchzusetzen vermochte[270]. Körner versuchte nach seinen Angaben, 1862 nach seiner Berufung zum US-Gesandten in Madrid mit einem der Leiter der US-Vertretungen in Deutschland zu tauschen; dieser Wechsel sei nicht an Seward gescheitert, sondern Judd und Motley wären nicht dazu bereit gewesen[271].

Zum US-Gesandten in Turin berief Lincoln 1861 Marsh aus Vermont, der US-Vertreter in Konstantinopel gewesen war, und Schurz ernannte er zunächst zum Gesandten in Madrid. Dies Amt legte Schurz noch 1861 unter anderem wegen einer Meinungsverschiedenheit mit Seward wieder nieder. Danach übernahm Körner die Gesandtschaft in Madrid und leitete sie bis 1864. Als Gustav Körner im Juli 1863 die US-Gesandtschaft in Berlin besuchte[272], wurde er von der preußischen Regierung nicht beachtet. Erstaunlicherweise erlebte Schurz den preußischen Gesandten in Madrid, Graf Galen, als denjenigen, „mit dem meine Beziehungen sich am angenehmsten gestalteten ...".[273] Nach der Niederlegung seines Amtes in Madrid konnte Schurz auf dem Rückweg nach New York unbehindert durch die preußische Polizei durch Preußen reisen[274], und 1868 bei einem erneuten Deutschlandbesuch wurde er sogar von Bismarck empfangen[275]. Bismarck begründete das auf seinen Wunsch zustande gekommene Gespräch gegenüber dem US-Gesandten Bancroft damit: „Ich wünschte ihn bei mir zu sehen als eine Persönlichkeit, der die amerikanische Regierung ein wichtiges Amt übertragen hat und als angesehenen Privatmann."[276] Das entspannte Gespräch 1868 stand in direktem Gegensatz zu den sieben Jahre vorher von Gerolt im Auftrage von Schleinitz gegenüber der US-Regierung abgegebenen Erklärungen. Gerolt selbst war schon Jahre vorher mit „früheren politischen Verbrechern" zusammengekommen, da viele von ihnen, insbesondere die in der republikanischen Partei aufgestiegenen, genauso zur Gesellschaft

---

[270] Memoirs of *Gustave Koerner*. Vol. 2, S. 115, 118.
[271] A.a.O., S. 224.
[272] Kreismann in Nr. VIII am 25.7.1863 an W. H. Seward, NA Wash., Mf 44/12.
[273] *Carl Schurz*: Lebenserinnerungen, Bd. II, Berlin 1907, S. 205.
[274] US-Konsul Börnstein, Bremen, am 11.1.1862 in Nr. 6 an W. H. Seward, Mf 184/12, NA Wash. – Dass Innenminister Schwerin die Anweisung an nachgeordnete Behörden in preußischen und außerpreußischen Zeitungen publizieren ließ ohne Höflichkeitsformeln, erregte nach Börnstein den Ärger vieler Amerikaner.
[275] *Bismarck*: Gesammelte Werke, Bd. 7, S. 231–242.
[276] Gespräch vom 30.1.1868, a.a.O.

II. Die zwischenstaatlichen Netzwerke 1850 bis 1867

New Yorks und Washingtons dazugehörten wie die offiziellen deutschen Vertreter dort. Dass Außenminister Seward seinen mehrfachen Gast Otto von Corvin, 1850 bis 1856 wegen seiner Teilnahme am badischen Aufstand im Zuchthaus Bruchsal, dem Königlich Preußischen Gesandten vorstellte, ließ sich gar nicht umgehen; aber dass Gerolt Corvin, als Spezialkorrespondent der Augsburger Allgemeinen und der Times ein nicht zu unterschätzender Journalist, schon 1861 in seinem Washingtoner Hotel aufsuchte, erstaunte diesen doch[277]. Genauso lernte Gerolt mit Friedrich Kapp einen weiteren Teilnehmer am badischen Aufstand kennen. Obwohl Gerolt spätestens seit der Bestellung Buchers zum Legationsrat in der Politischen Abteilung des Ministeriums der auswärtigen Angelegenheiten 1865 wusste, dass für Bismarck nicht die Vorakten das Entscheidende waren, erwähnte er solche Begegnungen in seinen Berichten nicht. Auch über seine Kontakte mit den politischen Emigranten berichtete er der Regierung nicht, wohl um sich damit bei den altgedienten Beamten nicht noch mehr ins Abseits zu manövrieren. Dass auf der anderen Seite die Distanz einzelner führender Deutschamerikaner aus Politik und Presse gegenüber dem preußischen Staat allmählich in den sechziger Jahren zurückging, verriet die Anerkennung, die Bismarcks Einigungspolitik bei Schurz, Kapp, Lieber, Corvin, Börnstein und Körner fand. Viele der Deutschamerikaner, die zum Beispiel 1870 in Belleville Illinois unter der Leitung Gustav Körners eine Resolution zur Unterstützung der preußischen Politik beschlossen, hatten 1851 begeistert den aus Spandau befreiten Kinkel empfangen[278].

Angesichts der strikten Ablehnung selbst durch die Regierung der Neuen Ära hatten 1861 Deutschamerikaner als Vertreter der USA in Preußen kaum Chancen. Zum Gesandten in Berlin ernannte Lincoln den Rechtsanwalt Norman Buel Judd aus Illinois, nach Gerolts zutreffender Information „ein persönlicher Freund des Präsidenten"[279]. Er war 1848 bis 1860 führend in Eisenbahngesellschaften tätig gewesen, gehörte zu den Gründungsmitgliedern der Republikaner in Illinois und hatte als Wahlmanager im Hauptquartier der Präsidentschaftskampagne in Chicago Anspruch auf ein hervorragendes Amt in der neuen Administration erworben. Der gebildete, elegante Senator Sumner, der mit seinen radikalen Anschauungen den führenden Deutschen unter den Republikanern besonders nahe stand und dank Francis Grunds Unterricht deutsch sprach, stellte Judd Gerolt vor. Der königliche Missionschef urteilte über Judd ähnlich, wie er zunächst wahrscheinlich den in Illinois ebenfalls beheimateten Lincoln betrachtet haben mag: „... der

---

[277] *Otto von Corvin*, S. 799 f.
[278] Memoirs of *Gustave Koerner*, Vol. 1, S. 580, Vol. 2, S. 510 f.
[279] Gerolt am 10.3.1861 an den König, GStA Berlin, Mf 81 AA CB IC Nr. 36 Vol. 1.

Eindruck, den seine Persönlichkeit auf mich gemacht hat, ist so günstig gewesen, als überhaupt von einem gentleman aus dem Westen dieses erwartet werden kann ...".[280] Das war ein immer noch positiveres Urteil, als es die „New Yorker Staatszeitung" fällte, die „die Ernennung eines obscuren Landadvokaten zum Gesandten am preußischen Hofe" als Zeichen von Lincolns „Sucht, seine Anhänger für geleistete Dienste zu belohnen", geißelte und ihm vorwarf, dabei „die Interessen und die Würde und Ehre der Ver. St. außer Acht gelassen zu haben."[281] Andererseits schätzte Gustav Körner, 1853 bis 1856 Lieutenant Governor von Illinois, den im mittleren Westen erfolgreichen Politiker für sehr qualifiziert ein, lobte sein Urteilsvermögen, seine Geistesgegenwart und seine Redegewandtheit[282] und hielt ihn auch für ein Ministeramt geeignet[283].

Auf wenig Verständnis stieß bei Gerolt, dass sich Judd einen deutschen Einwanderer aus Schwarzburg-Rudolstadt, derzeit Advokat in Chicago, als Legationssekretär ausgebeten hatte. Staatssekretär Seward und Senator Sumner, der ihn seit mehreren Jahren kannte, verbürgten sich für Charakter und Qualitäten. Ohnehin konnte Gerolt seine Ernennung nicht mehr verhindern, da der Senat seine Anstellung inzwischen bereits bestätigt hatte. Legationssekretär Hermann Kreismann wirkte bei seinem Besuch bei Gerolt als „ein bescheidener und anspruchsloser Mann von etwa 26 Jahren und von ehrenhaften Gesinnungen"[284]; aber entscheidend war seine Vergangenheit. Die sofort von der preußischen Regierung angestellten Nachforschungen wegen Kreismanns deutscher Vergangenheit ergaben nur, dass er im Mai 1848 in Frankenhausen wegen Majestätsbeleidigung verfolgt werden sollte und das Gymnasium aus nicht bekannten Gründen verlassen hatte[285]. Kreismann lebte sich trotz aller Vorbehalte ihm gegenüber gut in Berlin ein. Er war Judd, der nicht französisch sprach und zunächst auch nicht deutsch, eine wichtige Unterstützung. Johnson bestätigte seine Leistungen dadurch, dass er ihn Ende 1865 zum US-Konsul in Berlin bestellte.

---

[280] A.a.O.

[281] Aus einem Artikel der New Yorker Staatszeitung vom 12.6.1861 unter der Überschrift „Unsere diplomatischen Agenten".

[282] Memoirs of *Gustave Koerner*, Vol. 1, S. 603.

[283] A.a.O., Vol. 2, S. 105.

[284] A.a.O.

[285] Der Dresdener Gesandte von Savigny, Berlin, am 24.5.1861 an das Ministerium der auswärtigen Angelegenheiten, GStAM, 2.4.1.I. Nr. 7873. – Wenn Löffler Kreismann als „ehemaligen Revolutionär" bezeichnet (Preußens und Sachsens Beziehungen zu den USA während des Sezessionskrieges 1860–1865, Münster 1999, S. 70), dann ist das ein Urteil, zu dem sich nicht einmal Beamte des Ministeriums der auswärtigen Angelegenheiten verstiegen. Und „deutscher Legationssekretär" war er auch nicht, nur deutscher Herkunft. Seine amerikanische Staatsbürgerschaft war für seine berufliche Laufbahn entscheidend.

Judd schätzte König Wilhelm; aber es ist auffallend, wie distanziert sich das persönliche Verhältnis Judds und Kreismanns zu Bismarck gestaltete, obgleich die amerikanische Seite alle Auseinandersetzungen über aus Preußen stammende US-Bürger vermied und die preußische Seite sich konsequent wie die russische zugunsten der Union ausrichtete. Judd und Kreismann starrten auf den Verfassungskonflikt, und das Staatsministerium unter Bismarck war für sie von Anfang an eine Regierung auf Abruf. So lange sie im Amt waren, revidierten sie ihre Fehleinschätzung nicht. Die Bedeutung der US-Mission in Berlin reduzierte sich Anfang der sechziger Jahre nicht nur durch die Distanz zur preußischen Regierung, sondern auch durch den Mangel an Kontakten zu den übrigen ausländischen Vertretungen am preußischen Hof. Der in Brüssel amtierende US-Vertreter Sanford traf den französischen Gesandten in Preußen Talleyrand in Berlin wie in Ostende und berichtete Seward davon. Wenn Judd die Gesprächspartner vor Ort allem Anschein nach nicht für die US-Interessen zu nutzen versuchte, dann kann das nicht immer an der Sprachbarriere gelegen haben, sondern eher an seinem engen Horizont. In Sanfords Berichten ist zu lesen, wie er mit dem britischen Gesandten in Berlin konferierte. Judds Hinweise auf die britische und französische Politik gingen nicht über den Tenor der Londoner Times hinaus. Sanford, Sewards Chefdiplomat für West- und Mitteleuropa, schätzte Bismarcks Politik zunächst nicht anders ein als Judd; aber er war offen für die politischen Möglichkeiten jenseits des Verfassungskonfliktes und nahm das ehrgeizige Projekt Bismarcks einer föderativen Einigung Deutschlands ernster.

Nach dem Sezessionskrieg sahen sowohl Seward als auch Bismarck Möglichkeiten, die beiderseitigen Beziehungen zu intensivieren. Eine gute Voraussetzung dafür bot, dass Johnson nach dem Tod Lincolns Judd durch den pragmatisch denkenden Joseph A. Wright ersetzte[286] und Kreismann die Gesandtschaft verließ. Die undifferenziert abschätzigen Floskeln über europäische Monarchien und speziell Preußen verschwanden jetzt aus den politischen Berichten. Es ist auffallend, wie sehr sich die Beziehungen zwischen US-Gesandtschaft und Preußischem Ministerium der auswärtigen Angelegenheiten mit dem Amtsantritt Wrights vertieften, der ja auch schon in seiner ersten Amtsperiode enge Beziehungen zur preußischen Spitze unterhalten hatte.

---

[286] Wright war der Wunschkandidat Andrew Johnsons. Johnson hatte sich schon als Vizepräsident am 30.11.1864 bei Lincoln für die Berufung Wrights auf einen herausgehobenen Posten eingesetzt (Abraham Lincoln Papers at the Library of Congress). Noch während Sewards Rekonvaleszenz am 19.5.1865 teilte Hunter, Acting Secretary of the State Department, Judd seine Abberufung mit. Am 3.9.1865 in Baden-Baden überreichte Judd dem König sein Abberufungsschreiben und anschließend Wright sein Akkreditiv.

Wright und Bismarck wandten sich beide dem Abschluss eines Vertrages zu, der das mit dem Besuch der Auswanderer in ihrer früheren Heimat verbundene Konfliktpotential beschränken sollte. Aber um in dieser und in anderen Fragen voranzukommen, die die USA und Preußen seit Jahrzehnten beschäftigten, war Wrights Amtsausübung vom September 1865 bis Weihnachten 1866 zu kurz, mochte er sich auch noch so gut mit Bismarck verstehen. Joseph A. Wright war seit Weihnachten 1866 durch einen Schlaganfall an das Bett gefesselt, und sein Sohn übte die Dienstgeschäfte bis nach dem Tod seines Vaters am 11.5.1867 und seiner Ablösung durch Bancroft am 28.8.67 kommissarisch aus. Die Würdigung Wrights bei der Trauerfeier sprach Fay, der Mittelpunkt der inzwischen in Berlin auf etwa 300 Personen angewachsenen amerikanischen Gemeinde. Die damaligen Würdigungen Wrights gerieten leider um so mehr in Vergessenheit, als der US-Gesandte nie einen Biographen fand. Später hatte es den Anschein, als wenn erst Bancroft das gute Verhältnis der Berliner US-Vertretung zur preußischen Regierung begründet hätte, obgleich doch die Bancroft-Verträge aus der Vorarbeit Wrights hervorgingen.

Damit soll nicht bezweifelt werden, dass es ab 1867 mit George Bancroft die besten Bedingungen in Berlin für die Pflege der Beziehungen zwischen der US-Administration und der Berliner Regierung gab. Er amtierte von 1867 bis 1874 als US-Vertreter. Abweichend von der bisherigen Praxis berief der Johnson 1869 ersetzende Präsident Grant nicht einen neuen Gesandten, sondern Berlin erreichte, dass Bancroft auf seinem Posten blieb. Er war als Secretary of the Navy 1845/46 in der Polk-Administration tätig gewesen, hatte sich schon 1846 bis 1849 als Diplomat in London bewährt, verfügte wie Wright über ausreichende parteipolitische Kontakte und hatte sich während des Sezessionskrieges als unionstreu erwiesen. Er war der erste US-Gesandte, der Deutsch und Französisch sprach, und seine mehrbändige US-Geschichte akzentuierte zusätzlich seinen intellektuellen Rang. 1845 hatte die Preußische Akademie der Wissenschaften ihn zum korrespondierenden Mitglied berufen[287], und im gleichen Jahr hatte er gegenüber Präsident Polk sein Interesse an der Gesandtschaft in Preußen bekundet[288]. Er interessierte sich wie Motley, der zeitweilig sein Schüler in Northampton in Massachusetts gewesen war, besonders für Mitteleuropa. Er kannte Deutschland vor allem von seinem Studium in Göttingen und Berlin her. Seward gegenüber äußerte er zu seinem neuen Amt[289]: „... the great interest which now attaches to Prussia, my acquaintance with Prussian History & my familiarity with German which I speak almost as fluently as I do

---

[287] Die gleiche Ehre ließ ihm 1868 die Kaiserliche Akademie in St. Petersburg zuteil werden.

[288] *M. A. de Wolfe Howe*: The life and letters of George Bancroft, Port Washington, N. Y./London 1908, Bd. 1, S. 262.

English, make the place one which I may toll to the satisfaction of the Department & the public."

Bancroft hatte der Regierung sein diplomatisches Geschick zuletzt bei der Abfassung von Johnsons Botschaft an den Kongress vom 4.12.1865 gezeigt, und Seward nutzte seine Erfahrung und Fähigkeiten von Anfang an nicht nur für die Beziehungen zu Berlin, sondern zugleich für schwierige Sonderaufgaben. So führte Bancroft 1867 Sondierungsgespräche mit Madrid wegen des Verkaufs der westindischen Inseln Culebria und Culebrita an die USA und mit Kopenhagen wegen des Erwerbs der westindischen Inseln St. Thomas und St. John. Der diskret vorgebrachte US-Anspruch auf das koloniale Erbe in den Hintergrund getretener europäischer Seemächte blieb vorerst erfolglos, und entscheidend wurde die Interessenvertretung in dem aufsteigenden Preußen.

Bancrofts Berufung trug der zunehmenden Bedeutung Berlins Rechnung nach den Erfolgen 1866 und der Gründung des Norddeutschen Bundes. Genauso hatten die USA die Gründung des Zollvereins 1835 zum Anlass genommen, um mit der Entsendung des bedeutenden Juristen Wheaton an den preußischen Hof eine Phase dauerhafter diplomatischer Beziehungen zu Berlin einzuleiten. Bei Bancrofts Berufung zeigte sich, wie sehr neben den gemeinsamen politischen und wirtschaftlichen Interessen die Entwicklung der Kommunikationstechnik die USA und Mitteleuropa seit 1835 näher gebracht hatte. Dank der telegraphischen Verbindung erfuhr die Johnson-Administration noch am 11.5.67 vom Tod Wrights. So ernannte sie Bancroft am 15.5.67, und am 15. Juni trat er von New York aus gemeinsam mit seinem Legationssekretär Colonel Bliss auf der Alemannia der Hapag die Überseereise an und kam am 6. August nach einer Bahnfahrt durch Westeuropa in Berlin an. In der Zwischenzeit hatte der Senat der Berufung Bancrofts zum Gesandten zugestimmt, wie telegraphisch übermittelt war. Die Schnelligkeit, mit der die Johnson-Administration und der Senat reagierten, verriet ebenfalls, welches Gewicht sie inzwischen den Beziehungen zwischen Washington und Berlin beimaßen – insbesondere in einer Krisensituation wie der wegen Luxemburg 1867.

Der König und die preußische Regierung begrüßten die Anerkennung aus Washington und zeigten beim Empfang Bancrofts, wie sehr auch sie gute Beziehungen zwischen Berlin und Washington schätzten. Vom Antrittsbesuch bei Bismarck am 13. August schrieb Bancroft W. H. Seward[290]: „He received me with the utmost cordiality, and without the lead on my part, of

---

[289] Bancroft am 17.5.1867 an W. H. Seward. NA Wash., Mf 44/14. Ähnlich äußerte er sich am folgenden Tag gegenüber dem Präsidenten. *Howe*: The life and letters of George Bancroft, Bd. 2, S. 165.

[290] Bancroft an W. H. Seward in Nr. 1 vom 13.8.1867. NA Wash., Mf 44/14.

himself dwelt with the warmest expressions of pleasure upon the fact that the relations between Prussia and the United States have always been those of cordial friendship ...". Besonders angetan war Bancroft von seinem etwa dreistündigen Empfang beim König[291]. Bismarck holte ihn ab, stellte ihn dem König vor, und mit dem König fuhr er vom Schloss Babelsberg, „the King's country residence", im Zug nach Berlin zurück. Die Überreichung des Akkreditivs in dieser Privataudienz habe sich in der einfachsten Weise vollzogen. Bancroft trug hier wie auch sonst bei Hof keine Uniform[292]. Die Atmosphäre bei dem an die Akkreditierung anschließenden Essen mit einem Dutzend Personen sei zwar von dem Respekt gegenüber dem Souverän geprägt gewesen; aber die Unterhaltung charakterisierte er zugleich „as easy and unrestrained as at the house of a country gentleman." Er resümierte: „This reception, while it was very agreeable to me personally, pleased me more as evidence of the ever increasing consideration for the Government of the United States. It is seen that in the event of a war in Europe the assertion of the rights of neutrals would devolve very much in the United States." Das Interesse Preußens an der Neutralitätspolitik der USA gerade angesichts der konfliktträchtigen Politik Napoleons III. war deutlich. Bancroft erkannte hinter dem angenehmen preußisch-amerikanischen Klima von Anfang an das beiderseitige Interesse und pflegte es mit mehr Erfolg als viele seiner Vorgänger.

Dass die Bedeutung der US-Gesandtschaft in Berlin zugenommen hatte, registrierte Bancroft schon sehr bald. Er meinte sogar, dass die Arbeit in der hiesigen US-Vertretung mehr Zeit in Anspruch nehme als die in London 20 Jahre früher, als er dort als US-Gesandter tätig war[293]. Mehr als bei seinen Vorgängern, die nicht Gesandte in London gewesen waren, gewann Mitteleuropa ein Eigengewicht für ihn. Rein äußerlich brachte er es schon dadurch zum Ausdruck, dass er die seit Jahrzehnten von der US-Gesandtschaft abonnierte Londoner Times durch mehrere deutsche Zeitungen ersetzte. Vor allem verfolgte derjenige, der noch so sehr unter dem Eindruck des Kampfes der Union um die Einheit stand, die Fortschritte in der deutschen Einheit mit besonderer Sympathie.

Johnson entsandte Bancroft zwar als Gesandten in die Hauptstadt Preußens, und in den ersten Gesandtschaftsberichten war nur von Preußen die Rede; aber schon, als Bancroft in Berlin eintraf, war es das Zentrum des

---

[291] Bancroft an W. H. Seward in Nr. 2 vom 29.8.1867. NA Wash., Mf 44/14. – Der König konnte Bancroft erst nach seiner Rückkehr aus dem Urlaub am 28.8.67 in Berlin zur Entgegennahme des Akkreditivs empfangen.

[292] Das State Department hatte es den Gesandten freigestellt, ob sie mit oder ohne Uniform beim Staatsoberhaupt erschienen. S. dazu *Howe*: The life and letters of George Bancroft, Bd. 2, S. 174.

[293] Bancroft an W. H. Seward in Nr. 19 vom 7.11.1867. NA Wash., Mf 44/14.

beginnenden deutschen Nationalstaates Norddeutscher Bund, der zentrale Funktionen Preußens und der übrigen norddeutschen Staaten übernahm. Bancrofts historisch geschulter Blick erkannte sehr bald, dass Berlin dabei war, zum Zentrum Deutschlands zu werden, und der am 1.7.1867 ins Leben getretene Norddeutsche Bund mehr als nur ein Großpreußen war. Gerolt fungierte seit Januar 1868 als Vertreter des Norddeutschen Bundes in Washington, und auch Bancroft wurde im Folgemonat neu akkreditiert als „Envoy Extraordinary and Minister Plenipotentiary of the United States to the North German Union". Über die „United States of North Germany", die nach Bancrofts Meinung den United States of America so ähnlich waren, informierte er Seward in einem Memorandum. Seward gab es anschließend auf Initiative Gerolts an den Senat weiter, und es erschien dann auch in den überregionalen deutschen Zeitungen in Übersetzung. Im Mai 1868 bestellten die USA Bancroft entsprechend den Bindungen zwischen dem Norddeutschen Bund und den süddeutschen Staaten ebenfalls zum Gesandten bei den Königen von Bayern und Württemberg und bei den Großherzögen von Baden und Hessen. Bei dem Verhältnis Berlin – Washington handelte es sich in Zukunft mehr und mehr um die deutsch-amerikanischen Beziehungen statt um die preußisch-amerikanischen. Bancrofts Amtsbeginn markierte einen neuen Abschnitt, auf den in dieser Monographie also nicht mehr weiter eingegangen werden kann.

Die von der Preußenkritik des 20. Jahrhundert geprägten Historiker wie Handlin warfen ihm „kritiklose Bewunderung" Preußens vor[294]. Dem genaueren Betrachter wird deutlich, dass sich Bancroft im Gegensatz zu Judd in der Tat nicht mehr auf die Übernahme der linksliberalen Kritik konzentrierte, so sehr er auch etwa Virchow schätzte; sondern er pflegte im Interesse der USA ausgiebig den Gedankenaustausch mit den für die deutschamerikanischen Beziehungen entscheidenden Repräsentanten der preußischdeutschen Zentrale und erkannte sie an, ja selbst einen Preußischen Kriegsminister Roon, seit 1867 praktisch Reichskriegsminister. Die Erfolge für die amerikanischen Bürger, die ihm die Anerkennung Washingtons eintrugen, hatten dies besondere Verhältnis Bancrofts zur Wilhelmstraße zur Voraussetzung.

Schneller noch als die Bedeutung der politischen Beziehungen zwischen den USA und Mitteleuropa nahm das Gewicht des Güteraustausches zwischen den Partnern zu. Während die diplomatischen Vertretungen der USA in Deutschland in Berlin wie in Wien von Taylor bis Johnson organisatorisch keine Veränderungen erfuhren, entwickelte die US-Administration das dünne Netz von US-Konsulaten im Zollverein mit Blick auf die wachsen-

---

[294] *Lilian Handlin*: George Bancroft, The Intellectual as Democrat. New York 1984, S. 294.

den wirtschaftlichen Kontakte beständig weiter. Das geschah vor allem, indem sie Berufskonsulate einrichtete und die Anzahl der Konsulate erhöhte. Neue Konsulate gab es vorwiegend außerhalb Preußens, da das State Department offensichtlich die traditionelle preußische Abneigung gegen zu viele ausländische Konsulate nicht aus den Augen verlor. Welche Rolle die Furcht vor Wirtschaftsspionage in Preußen spielte, zeigte sich noch einmal, als die USA 1849 endlich daran gingen, auch in die für den Export in die USA führenden westlichen Provinzen einen amerikanischen Konsul zu entsenden. 1849 war in ganz Preußen nur ein US-Konsul ansässig und zwar der Wahlkonsul Fr. Schillow in Stettin, der zusammen mit den Konsularagenten E. A. Krause in Swinemünde, P. Collas in Danzig, B. Lorck in Königsberg und Fr. Beyme in Memel für die östlichen Provinzen zuständig war. Der Einsetzung eines Konsuls für die rheinischen Provinzen hatte Preußen zunächst widersprochen[295], so dass die USA den Kompromiss gewählt hatten, einen außerhalb der westlichen Provinzen ansässigen Kaufmann zum US-Konsul zu bestellen. In den westlichen Provinzen selbst gab es 1849 nur Konsularagenten, die dem in Frankfurt am Main ansässigen Kaufmann C. Graebe unterstanden, dem Wahlkonsul für Rheinland und Westfalen und zugleich für Hessen-Kassel, Hessen-Darmstadt, Hannover und Braunschweig. Die konsularischen Geschäfte in Preußen erledigten seit langem hier tätige Kaufleute, der Konsularagent Bürgermeister C. E. Dahmen in Aachen und die beiden auf besonderen Wunsch der preußischen Regierung und der Handelskammern berufenen Konsularagenten J. H. Albers in Barmen-Elberfeld und P. v. Winkelmann in Krefeld[296].

1849 nahm die Taylor-Administration die Ablösung Graebes als Wahlkonsul für Rheinland und Westfalen zum Anlass, um die konsularische Betreuung dieser für den Export in die USA wichtigsten Gebiete endlich zu verbessern und zugleich die US-Zollbestimmungen besser durchzusetzen. In den Augen der US-Zollbehörden waren wieder einmal falsche Werterklärungen für rheinische Waren abgegeben, also die Grundlage für die Verzollung gefälscht, und das US-Schatzamt machte dafür seine konsularischen Kontrollbehörden verantwortlich. US-Außenminister Clayton teilte Gerolt mit, dass Graebe und sein Konsularagent in Aachen an der „Defraudation der Zölle durch Beglaubigung falscher Fakturen teilgenommen hätten"[297], und er entzog Graebe die Zuständigkeit für die preußischen Gebiete. Die preußische Regierung, die dem Auswanderer Graebe 1846 nur widerwillig das Exequatur erteilt hatte, konnte sich bestätigt fühlen. Anstelle eines

---

[295] Protokoll der Besprechung von Secretary of State Buchanan und Ministerresident Gerolt vom 23.2.1847, The Works of *James Buchanan*, Vol. VII, S. 224 ff.
[296] Siehe dazu Manteuffel am 15.7.1851 an Barnard, abschriftlich als Anlage zum Bericht Barnards Nr. 31 vom 29.7.1851, NA Wash., Mf 44/7.
[297] Gerolt an Schleinitz am 5.1.1850, GStAM, 2.4.1.II. Nr. 959.

Wahlkonsuls in Frankfurt bestellte US-Präsident Taylor jetzt einen Berufskonsul in Aachen, also einen Konsul, der in unmittelbarer Abhängigkeit von State Department und Treasury die für die US-Zölle wichtigen Warenwerterklärungen (Fakturen) in der Nähe der Produktionsstätten zu prüfen und den Handel dieser Gebiete mit den USA weiter zu fördern hatte. Die Ernennung Osbornes am 10.8.1849 zum Konsul in Aachen, nachdem er vorher in einer Handelsfirma in New York tätig gewesen war, stieß jedoch auf den Widerstand der Aachener und anderer Tuchfabrikanten. Gerolt begründete den Widerstand in der rheinischen Exportwirtschaft mit der Befürchtung, dass Osborne „seine amtliche Einsicht in die Fakturen von Waren rheinischer Fabrikanten, welche nach den Vereinigten Staaten bestimmt" wären, „ihm eine genauere Kenntnis von den überseeischen Geschäften jener Fabrikanten" verschafften „und er dieselbe zum Vorteil seines Geschäftshauses" nutze[298]. Diese Möglichkeit lässt sich nicht von der Hand weisen, aber entsprechend zu handeln, blieb Osborne kaum Zeit. Rheinische Unternehmer nutzten das Argument erfolgreich, um den Konsul, der sich anschickte, die für den amerikanischen Zoll bestimmten Warenwerterklärungen vor Ort genauer zu prüfen als der entfernt residierende Graebe, schnell wieder loszuwerden. Die preußische Regierung ging auf die rheinischen Proteste ein und erteilte Osborne nicht das Exequatur. Zugleich erreichte Gerolt bei seinen Interventionen im State Department, dass es Osborne an einen anderen Ort versetzte und stattdessen Ende 1850 Isaac Bates aus Boston nach Aachen entsandte, einen gebürtigen Amerikaner wie Osborne und nicht wie Graebe Bindestrich-Amerikaner[299].

Bates hatte genau wie Osborne mit dem Misstrauen der Aachener Exporteure gegenüber dem Konsuln zu kämpfen, der berufen war, die Fakturierung korrekt durchzuführen, denn das hieß für sie ungünstiger. Es gelang ihm jedoch, Misstrauen und Spannungen allmählich etwas abzubauen durch enge Zusammenarbeit mit der Wirtschaft, insbesondere mit den Handelskammern in den den Export in die USA betreffenden Angelegenheiten, wie der Handhabung neuer Verordnungen zur Fakturierung und der Ernennung von Konsularagenten. Die Berufung der drei Konsularagenten im Rheinland durch Bates verlief genauso unproblematisch wie der vier übrigen im östlichen Preußen, da sich Bates genau wie Graebe und Schillow (Stettin) ortsansässige Kaufleute auswählte[300]. In Köln berief Bates 1852 Joseph Leiden, der 1849 aus Preußen emigriert war, aber nachdem er in New York 1851 seine Absicht erklärt hatte, Amerikaner zu werden, nach Köln gekommen

---

[298] Gerolt am 23.6.1860 an Schleinitz, GStAM, 2.4.1.II. Nr. 959.

[299] Isaac Bates stammte aus Northampton, Massachusetts. Bates trat seinen Dienst in Aachen im Januar 1851 an.

[300] Rein rechtlich ernannte der Präsident auch die Konsularagenten und Vizekonsuln, aber dieser hielt sich in der Regel an die vom Konsul gemachten Vorschläge.

war. In Barmen übernahm Bates von Graebe John Henry Albers als Konsularagenten, einen gebürtigen Holsteiner und seit 1837 Amerikaner. Er war, wie seine Kollegen von ihm häufig zu hören bekamen, unter ihnen der einzige Amerikaner und verwaltete die Agentur mit dem höchsten Aufkommen an konsularischen Gebühren über Jahrzehnte[301]. In Krefeld bestimmte Bates den von Graebe berufenen Winkelmann zum Konsularagenten, einen preußischen Staatsangehörigen, auf Empfehlung der dortigen Handelskammer[302]. Schließlich ernannte Bates 1851 für die Zeit seiner Abwesenheit in New York den ebenfalls schon bei Graebe eingesetzten Bürgermeister C. E. Dahmen zum Konsularagenten in Aachen. Er ließ ihn trotz seiner nicht gerade rühmlichen Vergangenheit im US-Dienst ebenfalls interimistisch das Konsulat in Aachen verwalten, als er im Juli 1854 von Präsident Pierce von seinem Amt abberufen wurde und der designierte Nachfolger Hebbe diesen Posten nicht antreten konnte. Hermann Dahmen, den Sohn C. E. Dahmens, stellte Bates als Sekretär ein, und unter seinem Nachfolger Abel French fungierte Hermann Dahmen als Vizekonsul.

Schwierigkeiten erwuchsen 1854 wie auch später gelegentlich aus dem in der damaligen preußischen Verwaltung verbreiteten Misstrauen gegenüber US-Repräsentanten mit deutschem Namen. Der bekannten US-Praxis, deutsch-stämmige Politiker mit einem mitteleuropäischen Konsulat zu betrauen[303], standen die meisten Staaten des Deutschen Bundes besonders nach 1849 sehr ablehnend gegenüber; aber eine besondere Affäre war die wegen Hebbe 1854 in Preußen und den USA dennoch. Als die Pierce-Administration Konsul Bates durch Dr. Hebbe ersetzen wollte, also durch jemand mit einem scheinbar deutschen Namen, vermutete die rheinische Verwaltung sofort einen Achtundvierziger. Hebbe war jedoch gebürtiger Schwede. Er wurde am 13.4.1854 vom Präsidenten zum Konsul in Aachen ernannt. Manteuffel hatte dem Gesandten Vroom auch schon das Exequatur für Hebbe mitgeteilt[304], als die rheinische Verwaltung ihre Einwände vortrug. Möglich ist, dass sie von deutsch-amerikanischer Seite verspätet irgendwelche Hinweise erhalten hatte, hatte doch ein Freund Hebbes diesen bei Pierce nicht nur als treuen Anhänger der demokratischen Partei einge-

---

[301] Bates am 3.11.1855 an Marcy: „Albers being an American citizen thinks (very properly) more of himself and his services and charges accordingly." Abel French äußerte sich in einem Privatbrief an R. S. Chew im State Department am 10.7.1858 über den Nationalstolz von Albers: „... he is not a little proud for he constantly flirts it into the face of his less fortunate countrymen." – NA Wash., Mf T-356/3.

[302] Bates am 17.11.1853 an Marcy, NA Wash., Mf T-356/1.

[303] *Alfred Vagts*: Deutsch-Amerikanische Rückwanderung, Beihefte zum Jahrbuch für Amerikastudien, 6. Heft, Heidelberg 1960, S. 205–211.

[304] Manteuffel am 2.6.1854 an Vroom, Abschrift als Anlage zum Bericht Vrooms Nr. 31 vom 13.6.1854 an Marcy, NA Wash., Mf 44/9.

II. Die zwischenstaatlichen Netzwerke 1850 bis 1867   103

führt, sondern auch als jemand, der wegen seiner Ausbildung in Deutschland Beziehungen zu deutschen Einwanderern unterhielt und sogar auf vertrautem Fuß mit Kossuth stehen sollte[305]. Jedenfalls wandten sich der Aachener Bürgermeister, der Aachener Regierungspräsident und der Oberpräsident der Rheinprovinz, der konservative von Kleist-Retzow, gegen den vom demokratischen Präsidenten Pierce berufenen Hebbe aus Columbia, weil sie bei ihm eine „demokratische" Gesinnung vermuten zu müssen glaubten und ihn als Deutschen einordneten. Der Oberpräsident unterstrich wie der Regierungspräsident gegenüber dem Innenminister, „daß der Hebbe als ausgewanderter Deutscher bei den Tendenzen der jetzt anerkannten Regierung überhaupt nicht unverdächtig sei …".[306] Über die sich daraus ergebende Schwierigkeit, dass man einerseits Deutsch-Amerikaner der herrschenden Partei gleich verdächtigte, aber andererseits bei Vertretern der USA Deutschkenntnisse wünschte, machten sich die Herren keine Gedanken. Konkrete Vorwürfe vermochte die rheinische Verwaltung gegen Hebbe nicht vorzubringen. Polizeipräsident Hinckeldey ließ eifrig Nachforschungen in Dresden und anderswo anstellen; aber über Aktivitäten 1848/49 war nichts zu erfahren. Als Hebbe im Juli 1854 in Deutschland eintraf, fand Hinckeldey bei seiner Schnüffelei heraus, dass Hebbe in den letzten Jahren überhaupt nicht aus Amerika herausgekommen war und nicht aus Deutschland stammte. Diese sorgfältigsten Recherchen hatten ergeben, „daß Hebbe in Stockholm, woselbst seine Mutter und 5 Brüder noch leben, geboren und erzogen, später nach Amerika übergesiedelt ist, sich dort angekauft und nach und nach einen Einfluss genommen hat, den er jetzt dahin geltend zu machen sucht, dem Wunsch seiner Familie gemäß, eine Consulat-Stelle in Europa, möglichst in der Nähe Schwedens zu erlangen."[307] Zur gleichen Zeit, als sich das Gespenst des deutschen Achtundvierzigers verflüchtigte, das in typischer Weise aus einem mit Deutschland in Verbindung getretenen Auswanderer geschaffen war, entstanden jedoch auf amerikanischer Seite Zweifel an der Qualifikation Hebbes, die ganz unpolitischer Natur waren. Er mochte zwar nach Parteizugehörigkeit und Ausbildung für das Konsulat befähigt sein, aber lebte, wie seine Gläubiger bei seiner Abreise aus den USA an das State Department herantrugen, in chaotischen persönlichen Verhältnissen. Hebbe vermochte nicht, die dem State Department bekannt gewordenen Vorwürfe wegen seiner Art, Schulden zu regeln, zu entkräften; er bestätigte sie noch dadurch, dass er sich, als Vroom ihm das Exequatur der preußischen Regierung weisungsgemäß vorenthielt, in den Besitz der Einkünfte des Konsulats zu setzen versuchte, um so seinen Lebensunterhalt

---

[305] Ed. Burke am 14.6.1852 an Pierce, Library of Congress, Pierce Papers, Mf 1.
[306] Kleist-Retzow am 18.8.1854, GStAM, 2.4.1.II. Nr. 959.
[307] Der Generaldirektor der Polizei Lüdemann an den Innenminister am 28.8.1854, GStAM, 2.4.1.II. Nr. 959.

zu finanzieren[308]. Irgendeine Verbindung zwischen den Vorgängen auf preußischer und auf amerikanischer Seite gab es nicht, nicht einmal die Kenntnis auf der einen Seite von den Schwierigkeiten auf der anderen Seite. Entscheidend ist jedoch, dass Hebbes Berufung zum Konsul in Aachen im State Department scheiterte, während die Aufregung in der rheinischen Verwaltung grund- und wirkungslos war.

Da Hebbe sein Amt nicht antrat, musste der von Bates im Juli 1854 zum Konsularagenten ernannte Dahmen zeitweilig auch die konsularischen Aufgaben erledigen, und im Sommer 1855 bestellte Präsident Pierce dann Abel French aus New York zum Konsul in Aachen. Er war kein Bindestrich-Amerikaner, durch seine Tätigkeit im State Department genau bekannt und nach Gerolt ein „sehr achtbarer und gebildeter Mann aus der ersten Gesellschaft in Washington", der „das ganze Vertrauen des Herrn Marcy" besaß[309]. Die preußische Regierung erteilte ihm das Exequatur sofort im Juli 1855, und auch in der Folgezeit gab es keine Schwierigkeiten mehr bei der Berufung der Aachener Konsuln.

Kein Deutschamerikaner erhielt das finanziell einträglichste Konsulat in Deutschland. Bedenken gegen die Verleihung von diplomatischen und konsularischen Ämtern an Deutschamerikaner gab es nicht nur bei den deutschen Regierungen, sondern auch in den USA, besonders bei den den politischen Einfluss der Bindestrich-Amerikaner bekämpfenden Knownothings; aber selbst ein scharfer Gegner der Nativisten wie der US-Generalkonsul Ricker, der aus Louisiana gebürtig war, wandte sich bei den Außenministern Marcy und Cass gegen die Entsendung von Deutschamerikanern als Konsuln nach Deutschland[310]. Abgesehen davon, dass die deutschen Regierungen „native-born Americans" vorziehen würden, meinte er, dass die sich um die wenig einträglichen deutschen Konsulate bewerbenden naturalisierten Amerikaner aus Deutschland nur in ihr Geburtsland zurückwollten, um dort dauernd zu leben und weniger amerikanisch seien als die, die niemals den Ozean in Richtung USA überquert hätten[311]. Wenngleich Ricker hier den deutschen Regierungen Schützenhilfe leistete gegenüber ihren ehemaligen Untertanen, verteidigte er sie doch nicht weniger als Wright gegenüber diesen Regierungen, wenn sie als amerikanische Staatsbürger den Schutz der USA beanspruchten und es galt, sie vor erzwungenem Wehrdienst zu bewahren, oder vor willkürlicher Ausweisung, wie zum Beispiel Julius Fröbel.

---

[308] Siehe den Briefwechsel zu Hebbe 1854 im NA Wash., Mf T-356/1.
[309] Gerolt an Manteuffel am 14.7.1855, GStAM, 2.4.1.II. Nr. 959.
[310] Ricker in Nr. 17 vom 5.12.1854 an Marcy, Mf 161/2 NA Wash., und ähnlich in Nr. 59 am 29.3.1858 an Cass, Mf 161/5, NA Wash.
[311] So in Nr. 59, a.a.O.

II. Die zwischenstaatlichen Netzwerke 1850 bis 1867　　　　　　105

Bei der Einsetzung eines Berufskonsuls in Stettin 1857/58 kamen von preußischer Seite wieder die gleichen Bedenken gegenüber deutschamerikanischen Konsuln zur Geltung wie gegenüber Hebbe. Gerolt berichtete nach Berlin[312]: „Da ich in Erfahrung gebracht, daß viele geborene Deutsche, welche Bürger der Vereinigten Staaten sind, sich um Consulatsstellen für Deutschland bemühen, wo sie in der Regel den deutschen Regierungen wegen ihrer früheren Stellung und Antezedentien unangenehm sind, und da auch ein solcher für das Consulat zu Stettin sich gemeldet hat, wo der jetzige amerikanische Consul Herr Schillow nach dem letzten Consular-Gesetze nicht länger als Consul bleiben kann, weil er kein Bürger der Vereinigten Staaten ist, so habe ich auf den Wunsch des Schillow dessen Sohn dem Präsidenten für jenen Posten empfohlen, womit ein Gehalt von 1000 Dollars verbunden ist, was Herr Buchanan berücksichtigen zu wollen schien." Präsident Buchanan entsprach dennoch nicht dem Wunsch des betagten Vorstehers der Stettiner Kaufmannschaft Fr. Schillow, obgleich dieser 28 Jahre für die USA gearbeitet hatte, sondern setzte im parteipolitischen Interesse im Oktober 1857 Charles Glantz als Berufskonsul ein. Dieser war in Braunschweig geboren, hatte 1837 bis 1842 in Brandenburg gewohnt und dann in den USA, wo er sich in Pennsylvanien parteipolitisch profilierte und erst 1857 das Bürgerrecht erlangte. Die preußische Regierung akzeptierte den Deutschamerikaner, weil sich nichts Unangenehmes in seinen Antezedentien entdecken ließ.

Glantz merkte sehr bald, wie wenige Gebühren in Stettin für ihn anfielen und dass er von 1000 Dollar Gehalt nicht zu leben vermochte[313]. Glantz war wie manche seiner ausgewanderten Landsleute, die sich um ein Konsulat in Deutschland bemühten, von dem städtischen Lebensstandard und Kostenniveau ausgegangen, das er aus den vierziger Jahren aus Deutschland kannte, und berücksichtigte nicht die Veränderungen in den städtischen Ballungsräumen im Zusammenhang mit dem Industrialisierungsschub der fünfziger Jahre, vor allem nicht das veränderte Lohnniveau. Schon im Mai 1858 reichte Glantz seinen Rücktritt bei Buchanan und Cass ein[314]. Er empfahl, solange der Kongress das Gehalt nicht auf 2000 Dollar erhöhte, nur jemand mit ausreichenden Eigenmitteln zu ernennen[315]. Gegen den sich damit vor allem als Nachfolger anbietenden jungen Rudolf F. Schillow, der gerade US-Bürger geworden war und sich nun wieder in Stettin aufhielt, wandte sich Glantz ausdrücklich, da von ihm nicht der erforderliche Einsatz

---

[312] Gerolt an Manteuffel am 27.4.1857, GSTAM, 2.4.1.I. Nr. 7873.
[313] Siehe die Gebührenangaben in den konsularischen Berichten aus Stettin, NA Wash., Mf T-59/3.
[314] 15.5.1858 Glantz an Buchanan, 15.5.1858 Glantz an Cass. NA Wash., Mf T-59/4.
[315] Glantz an Buchanan, a.a.O.

zu erwarten sei, wenn es gelte, den häufigen Angriffen der deutschen Presse auf die US-Republik entgegenzutreten[316]. Gerolt erreichte es dennoch bei Buchanan, dass auf Glantz im September 1858 Rudolf F. Schillow folgte. Gelegentlich schien der preußischen Regierung ein Deutschamerikaner sogar wünschenswert. Den Pass-Amerikaner Schillow löste im September 1861 Charles J. Sundell ab, für den sich die Illinois-Republikaner besonders eingesetzt hatten[317]. Er war in Stockholm geboren, in den USA in Chicago ansässig und kannte Berlin und Stettin von Reisen her. Abgesehen vom Gewicht der Parteien-Patronage war es für Washington während des Sezessionskrieges entscheidend, dass es in Stettin über einen unbedingt unionstreuen Vertreter verfügte, der im Kontakt mit den US-Konsuln anderer Hafenstädte Aktivitäten der Sezessionsstaaten beobachtete und – wenn möglich – überhaupt verhinderte. Gegen Sundell erhob die preußische Regierung keine Einwände und erteilte ihm das Exequatur umgehend.

An die Spitze des bedeutendsten preußischen Konsulates in Aachen stellte Lincoln 1861 den in den USA geborenen William H. Vesey, der nicht einmal besuchsweise in Preußen gewesen war wie Sundell. Aber Vesey war unionstreu, er verfügte über konsularische Erfahrung, unter anderem in Le Havre, und war korrekt, das Wichtigste bei seiner Aufgabe, als verlängerter Arm der US-Zollbehörde die Wertangaben der in die USA zu exportierenden Waren zu kontrollieren. Thurlow Weed lobte allgemein seine Loyalität[318]: „Mr. Vesey is one of our oldest and best consuls – best now, because he is earnestly loyal, giving a reason to all for the faith that is in him." Solches Lob von einem der führenden Republikaner in New York war vor den anstehenden Präsidenten-Wahlen besonders wichtig für Vesey, da er die angenehme Stellung in Aachen nicht zu verlieren wünschte und auf keinen Fall in eine Hafenstadt mit ihrem „Ärger mit lärmenden Kapitänen und betrunkenen Seeleuten" zurückwollte[319].

Lincoln ernannte in Preußen also nicht einmal einen Deutschamerikaner wie Glantz, der überhaupt gar keine deutsche politische Vergangenheit besaß. Deutschamerikanische Politiker hatten bei der Wahl von 1860 eine so bedeutende Rolle gespielt wie niemals vorher; aber soweit die Lincoln-Administration überhaupt Deutschamerikaner in die Staaten des Deutschen Bundes entsandte, waren es kaum bedeutende Vertreter. Der Journalist

---

[316] A. a. O.
[317] Die Illinois Republicans im Kongress in einem Schreiben vom 12.3.1861 an Lincoln zugunsten der Berufung Sundells zum Konsul in Stettin. – The Abraham Lincoln Papers, Library of Congress.
[318] Thurlow Weed am 22.10.1863 an Seward, NA Wash., Mf T-356/4.
[319] Vesey privat am 22.6.1863, Aachen, an Frederick William Seward, Mf 78 Sew. Pap.

Heinrich Börnstein war wirklich der einzige herausragende deutschamerikanische Konsul, da er sich große Verdienste um den Aufbau der republikanischen Partei in Missouri erworben hatte und um die Gewinnung der Deutschen für die Republikaner. Der gemäßigte Friedrich Kapp, der für den Wahlerfolg in New York so wichtig gewesen war, bewarb sich 1861 vergebens um das Frankfurter Generalkonsulat[320] und 1863 um ein Vizekonsulat[321]. Angesichts des Sezessionskrieges nahmen die USA Rücksicht wie selten auf das Einvernehmen mit den deutschen Großen Mächten und überhaupt auf die gute Stimmung in den Regierungen des Deutschen Bundes gegenüber den USA.

Entgegen den ursprünglichen Befürchtungen in Berlin und Wien erhielt nicht ein Achtundvierziger eine US-Vertretung. Der aus Hamburg stammende Heinrich Börnstein, US-Konsul in Bremen 1861 bis 1866, hatte zwar mit Marx, Engels und Heine 1844/45 den ersten „Vorwärts" in Paris redigiert, aber sich nicht an den revolutionären Aktivitäten seiner Landsleute aus Paris in Deutschland 1848/49 beteiligt. Der Bremer Generalkonsul in Baltimore soll dennoch Einwendungen dagegen erhoben haben, „einen gefährlichen Agitator" wie Börnstein zu berufen[322]; aber Seward, der dem Repräsentanten der Deutschen in Missouri verpflichtet war, zerstreute die Bedenken Schumachers im Gespräch mit dem liberal gesonnenen Schleiden. Dementsprechend fand Börnstein, wie er schrieb, „von Seite der Bremer Regierung das freundlichste Entgegenkommen und die wohlwollendste Aufnahme."[323] Carl Ludwig Bernays, Börnsteins Freund und Mitredakteur des „Anzeigers des Westens", hatte sich zwar mit Gustav Körner und Carl Schurz im republikanischen Programmkomité beim Wahlkampf 1860 verdient gemacht; aber er wurde als US-Konsul in das wenig beliebte Helsingör entsandt[324]. Immerhin hatte er sich 1848 als Attaché der französischen Gesandtschaft in Wien für die Revolutionäre engagiert.

Neben der beim jeweiligen Wechsel der Administration gestellten Frage, welche Deutschamerikaner Konsulate übernehmen würden, fand auf preußischer Seite die Weiterentwicklung des konsularischen Systems der USA im Deutschen Bund kaum Beachtung. Im Jahr 1857 waren beide US-Konsulate in Preußen in Berufskonsulate umgewandelt und mit US-Bürgern besetzt entsprechend dem Gesetz von 1855 „To Remodel the Diplomatic and Con-

---

[320] *Wolfgang Hinners*,: Exil und Rückkehr, Friedrich Kapp in Amerika und Deutschland 1824–1884. German-American Studies, Vol. 4, Stuttgart 1987, S. 155.
[321] *Hinners*, S. 157.
[322] So *Börnstein*, Bd. 2, S. 343.
[323] *Börnstein*, Bd. 2, S. 348.
[324] Nach Berlin kam er nur zeitweilig 1862 zu einer Augenoperation, und er erstellte zeitweilig Konsularberichte für Börnstein, als dieser 1862 in den USA weilte.

sular Systems of the United States" und dem Gesetz von 1856 „To Regulate the Diplomatic and Consular Systems of the United States"[325]. Ebenso wie nach Stettin und Aachen entsandten die USA Berufskonsuln nach Frankfurt (seit 1854), Bremen, Hamburg, Dresden, München und Stuttgart. Weitere deutsche Residenzstädte und Wirtschaftszentren erhielten später US-Konsulate, so dass schließlich Anfang der sechziger Jahre jeder Staat des Deutschen Bundes, der in den USA ein oder mehrere Konsulate unterhielt auch eine konsularische Vertretung empfing, zumindest einen Vizekonsul wie zum Beispiel Lübeck. Mit dieser Weiterentwicklung des konsularischen Dienstes trugen die USA der Ausdehnung des transatlantischen Handels und Verkehrs zwischen Mitteleuropa und den USA Rechnung; denn die US-Konsuln fungierten in erster Linie als commercial agents.

Dass dieses Netz größtenteils aus Berufskonsulaten bestand, bedeutete eine stärkere Anbindung der Amtsträger an den Staat. Die staatlichen Aufgaben, wie die Einschätzung des Warenwertes für die Verzollung durch die US-Zollbehörden und die Beobachtung und Förderung des Handels zwischen den USA und Deutschland sollte unabhängig vom individuellen wirtschaftlichen Interesse erfolgen; denn ein Gewerbe auszuüben, war den Berufskonsuln untersagt. Diese Änderungen gingen grundsätzlich in die gleiche Richtung wie die etwa zur gleichen Zeit erfolgenden konsularischen Reformen Englands, Belgiens, Österreichs und Preußens. Prinzipiell war diese Reform in den USA genauso wenig umstritten wie in den anderen Staaten, nur einzelne Charakteristika des amerikanischen Weges stießen bei unmittelbar betroffenen Konsuln auf Kritik.

Mit der konsularischen Reform verschwand weitgehend das System der Honorarkonsulate, die oft jahrzehntelang von denselben Persönlichkeiten verwaltet waren. Dass jemand wie der Vorsteher der Stettiner Kaufmannschaft Kaufmann Schillow sein Amt 28 Jahre innehatte oder wie der Frankfurter Kaufmann Schwendler 24 Jahre amtierte, gab es nicht mehr. Die Einrichtung der Berufskonsulate bedeutete in den europäischen Staaten, die diese Ämter an ihr Verwaltungssystem angliederten und sie mit einem in der auswärtigen Verwaltung herangebildeten Beamtenkader besetzten, dass die Kontinuität blieb und sich das fachbezogene Arbeiten steigerte. In den USA bedeuteten die Berufskonsulate im neunzehnten Jahrhundert angesichts ihrer Einbeziehung in die spoils mehr Wechsel und wohl auch kaum qualifiziertere Arbeit. Börnstein, US-Konsul in Bremen 1861 bis 1866, urteilte sogar: „Unsere ganze diplomatische Vertretung im Auslande ist erbärmliches Flickwerk; – die Gesandten wie die Consuln kommen als Neulinge, ohne alle Erfahrungen und Geschäftsroutine, auf ihre Posten ..., und

---

[325] s. dazu *Morgan Barnes*: The Foreign Service of the United States, Washington DC 1961, S. 106 ff.

II. Die zwischenstaatlichen Netzwerke 1850 bis 1867

wenn sie endlich durch die Erfahrungen der ersten Jahre gewitzigt, sich zurecht gefunden haben und ziemlich Bescheid wissen, ist auch ihre Zeit bereits am Ablaufen und sie werden abberufen, um wieder einem anderen unerfahrenen Neulinge Platz zu machen."[326] Die einzige Vorbereitung, die die US-Konsuln damals in der Regel erfuhren, war, dass sie abgesehen von den Vorschriften Berichte der Amtsvorgänger lasen. Börnstein kritisierte die „rotation in office" nach seiner Amtszeit als „diesen Unsinn, der in keinem anderen Lande der Welt vorkommt ...".[327] Ricker, der konsularische Ämter 1854 bis 1861 innehatte, setzte sich in den fünfziger Jahren beim State Department entschieden für mehr Kontinuität in der konsularischen Tätigkeit ein. Er stellte dem sechsmaligen Wechsel in vier Jahren in Hamburg die Üblichkeit in Großbritannien gegenüber, das 1858 in Frankfurt seit mehr als 30 Jahren den gleichen Konsul unterhielt, in Bremen seit etwa 25 Jahren und in Amsterdam seit 33 Jahren[328]. Diese Konsuln seien Persönlichkeiten, die die Wirtschaft ihres Ortes perfekt kannten und die sich nicht auf das Hörensagen verließen, sondern selbst Autoritäten darstellten, die Respekt und Vertrauen einflößten. Er hätte auch Schillow anführen können, aber erwähnte jedenfalls seinen Frankfurter Vorgänger Ernst Schwendler, der sich besonderer Anerkennung durch das State Department erfreut hatte. Als das State Department im Januar 1853 nach dem Sieg von Pierce hinter den in New Yorker Zeitungen erschienenen Leserbriefen, die den neunundsiebzigjährigen Schwendler als senil und gierig nach Gebühren denunzierten[329], den auf das Frankfurter Konsulat versessenen Democrat Graebe entdeckte, war für lange Zeit für Graebe jedes US-Staatsamt verschlossen. Nach dem Tode Schwendlers erhielt er nicht nur nicht das Frankfurter Konsulat, sondern musste 1854 auch noch das Konsulat von Hessen-Kassel abtreten, das er seit 1835 innegehabt hatte, und die Konsulate von Hessen-Darmstadt und Hannover, die er seit 1845 betreute. Als dann Generalkonsul Ricker in Unkenntnis der Vorwürfe und mit Rücksicht auf Graebes langjährige Erfahrung 1857 diesen zum Vizekonsul bestellen wollte, veranlasste ihn Cass, auf diese Ernennung zu verzichten[330].

Ricker selbst war wie sein Vorgänger Schwendler ein angesehener Konsul. Alexander von Humboldt zog ihn dem US-Gesandten Wright vor. Er blieb immerhin sieben Jahre in Frankfurt und sein Nachfolger Murphy von

---

[326] Börnstein, II, S. 395.
[327] A.a.O., S. 394.
[328] Ricker in Nr. 91 vom 15.5.1858 an Cass, Mf 161/6 NA Wash.
[329] Ein undatierter Ausschnitt aus der New Yorker Abendzeitung zu Schwendler mit einem Leserbrief, der von „Lewis Smith" unterzeichnet war, war einem Brief von Alfred Schücking aus Washington vom 12.1.1853 an Außenminister Everett beigefügt. Mf 161/2 NA Wash.
[330] Ricker in Nr. 59 vom 29.3.1858 an Cass, Mf 161/5 NA Wash.

110 A. Preußisch-amerikanische Beziehungen, diplomatisch-konsularischer Dienst

1861 bis 1869. Ein Grund, warum es sich unabhängig von der systembedingten Rotation für die Lincoln-Administration empfahl, Ricker 1861 abzuberufen, war seine südstaatenfreundliche Einstellung. In der Kriegssituation gewannen alle Konsulate eine mehr oder minder große politische Bedeutung. So war es für die Union wichtig, dass ihr das Institut der konsularischen Beamten auf Zeit die Möglichkeit bot, schnell überall unionstreue Konsuln einzusetzen. Eine solche Ausnahmesituation wie der Sezessionskrieg schränkte die Kritik an der Ämterrotation ein, wird aber auch in den Augen des unionstreuen Börnstein noch lange nicht ihre dauernde Gültigkeit gerechtfertigt haben.

Einen extremen Wechsel wie in Hamburg gab es bei den beiden preußischen US-Konsulaten nicht. In Stettin folgten dem Honorarkonsul Schillow ab 1857 drei Berufskonsuln, wobei der junge Schillow 1858 bis 1861 die Tradition seines Vaters fortzusetzen vermochte. In dem im Gegensatz zu Stettin und Hamburg sehr umworbenen Aachen waren zwischen 1851 und 1865 vier US-Konsuln tätig, wenn man Hebbe nicht berücksichtigt. Während des Sezessionskrieges blieben die beiden Konsuln in Preußen wie auch die meisten außerhalb sogar mehr als vier Jahre im Amt. Präsident Johnson verteilte die Spoils neu unter seinen Anhängern, und dann gab es wieder den Vierjahresrhythmus, den Börnstein und Ricker ebenfalls als zu kurz ansahen.

Für die traditionelle Kontinuität sorgten nur noch die Deputy Consuls (Vizekonsuln) und die Konsularagenten, die in der Regel der einheimischen Kaufmannschaft entstammten und auch weiterhin ihr Gewerbe ausüben durften. James R. McDonald, schon um in Hamburg geschäftlich tätig sein zu können Hamburger Bürger, blieb über alle Wechsel im Hamburger Konsulat hinweg zwischen 1850 und 1865 Vizekonsul. Selbst bei den so wenige Gebühren einbringenden Konsularagenturen des Stettiner Konsulats gab es zwischen 1850 und 1865 nur Ende der fünfziger Jahre und im Sezessionskrieg eine begrenzte Fluktuation. In Königsberg trat an die Stelle des Preußen Lorck, der schon vor 1850 amtierte, 1858 der US-Bürger Schönenberg und 1863 wieder ein Preuße, nämlich J. H. Brockmann, nach dem sich Schönenberg zu wenig um sein Amt gekümmert hatte. Memel, das die geringsten Gebühren abwarf, war nach dem Rücktritt von Beyme 1859 bis 1861 vakant und ging 1861 an den Hanse-Konsul Henry Fowler. Swinemünde wurde 1862 nach dem Rücktritt Krauses durch August Radmann besetzt. Collas, der schon vor 1850 Danzig übernommen hatte, blieb über 1865 hinaus als Konsularagent im Amt.

Unter den Konsularagenten des ertragreichen Aachener Konsulates in Köln, Krefeld und Elberfeld-Barmen gab es nur in einem Fall personelle Veränderungen. 1861 sollte der in Köln für den Konsul French tätige Kon-

II. Die zwischenstaatlichen Netzwerke 1850 bis 1867

sularagent Leiden erst durch den Honorarkonsul Baylor und dann durch den Konsul Precht, einen aus Bremen stammenden Mediziner, ersetzt werden. Aber Baylor verzichtete auf sein Amt ohne Gehalt, und Precht verließ sein Amt nach wenigen Monaten wieder. Leiden führte seine Aufgaben als Konsularagent weiter, bis er 1862 aus Gesundheitsrücksichten seine Agentur an den Kaufmann Hölscher abtrat. Hölscher, Preuße, lieferte nicht nur unbeanstandet seine vierteljährlichen Übersichten der Werterklärungen (Fakturen) zu den in die USA exportierten Waren ab, sondern beobachtete auch aufmerksam die mit den Südstaaten betriebenen Geschäfte von Kaufleuten. Von den in Preußen tätigen Konsularagenten waren nur zwei, nämlich Albers in Elberfeld-Barmen und Schönenberg in Königsberg US-Bürger; aber ihre nichtamerikanischen Konsularagenten erwiesen sich während des Sezessionskrieges, wenn es erforderlich war, nicht weniger loyal als die US-Bürger. Der Kaufmann Brockmann gab als Hauptgrund für die Amtsübernahme die Bewunderung für die USA an: „... the admiration of your great country, the ardent desire to be of any service to the United States Government, for which I have the profoundest respect and doubt not to see soon in glorious triumph over all its adversaries."[331] Nur gegen Vizekonsul McDonald gab es Vorwürfe, er habe Kontakte zu Südstaatlern wie Dudley Mann unterhalten und mit den Südstaaten genauso wie mit der Union Geschäfte betrieben[332].

Börnstein und Ricker kritisierten neben dem häufigen Wechsel in den Konsulaten die Verleihung der Ämter nicht nach Qualifikation sondern als Parteipfründen, ein System, das sich in den fünfziger Jahren immer mehr durchsetzte. Börnstein führte das geringe Ansehen vieler US-Konsul, besonders in den Residenzstädten wie in dem so sehr von Hofkreisen und Bürokratie geprägten Hannover, auf die Stellung der US-Konsuln als „rasch vorübergehende Partei-Söldlinge" zurück[333]. Die Konsuln würden als das betrachtet, „was sie leider auch in Wirklichkeit sind, für Parteiklepper und Wahlagitatoren ..."[334].

Mitverantwortlich für das geringe Ansehen vieler Berufskonsuln war jedoch nicht nur deren Einbindung in das spoils system, sondern auch die geringe finanzielle Ausstattung, vor allem der Berufskonsuln in den Städten, in die unter dem alten konsularischen System nie ein Konsul kam. Vorher entschieden sich die USA eher für die Bestallung eines Konsuls mit

---

[331] Zit. von Sundell in seinem Bericht vom 26.6.1863 an Seward, NA Wash., Mf T-59/4.
[332] Marsh, Altona, in Nr. 192 vom 5.4.1865 an W. H. Seward, Mf T-358/3 NA Wash.
[333] *Börnstein*, Bd. II, S. 376.
[334] A.a.O., S. 376.

mehreren Bezirken, während sie jetzt auch Konsuln nach Stuttgart, Karlsruhe, Nürnberg, Augsburg, Hannover-Braunschweig, Oldenburg und Sonneberg entsandten, die nicht einmal 1000 Dollar im Jahr einbrachten. Die Schulden, die etwa der erste Konsul in Karlsruhe de Puy zurückließ[335], und Konsul Backhouse in Hannover, der sein Konsulatsgehalt ohnehin nur genutzt hatte, um in Göttingen Medizin zu studieren[336], waren noch zu beziffern, aber nicht der Ansehensverlust der USA. Nachdem US-Konsul Nast Stuttgart überschuldet verlassen hatte, konnte der nächste Stuttgart besuchende US-Konsul ein Hotelzimmer nur noch gegen Vorauskasse erhalten[337]. Dass auch Nast nicht das Ansehen eines US-Konsulates steigerte, versteht sich von selbst.

Ricker hatte sich sofort bei Beginn der Diskussion im Kongress über die konsularische Reform gegen die vorgesehene Einrichtung von schlecht besoldeten Berufskonsulaten gewandt, noch dazu an Orten, deren Handel mit den USA gering war und die dementsprechend geringe Gebühren abwerfen würden[338]. Statt viele schlecht besoldete Konsuln im Deutschen Bund einzusetzen, also mit Gehältern von 1000 Dollar und weniger, wie das dann ab 1855 geschah, trat er dafür ein, an Orten mit wenigen US-Handelskontakten höchstens Konsularagenten oder Vizekonsuln zu berufen, also Kaufleute, die nicht hauptberuflich konsularische Funktionen versahen und die für diesen geringen zusätzlichen Aufwand durch die konsularischen Gebühren angemessen entschädigt wurden. Die US-Konsuln, die in den für die Handelskontakte zu den USA wichtigen Wirtschaftszentren arbeiteten, wären dafür besser zu bezahlen[339]. Ricker gelang es in der Tat, Bedeutung und Besoldung seines Frankfurter Konsulates zu steigern; sein Eintreten für die Besserstellung der Konsulate in Hamburg und Bremen wirkte sich erst 1861 aus. Daneben blieben schlecht ausgestattete unbedeutende deutsche Konsulate. Immerhin erreichte es Ricker, dass Buchanan 1857 nach Hannover nach dem Vorfall mit Backhouse nur noch einen Vizekonsul schickte, der ihm als neubestalltem Generalkonsul unterstand. Dass die Buchanan-Administration damit nicht ihren Kurs grundsätzlich im Sinne Rickers änderte,

---

[335] Ricker, Frankfurt am Main, am 9.3.1859 in Nr. 61 an Cass, Mf 161/7 NA Wash.

[336] Ricker am 2.5.1857 in Nr. 51, Mf 161/4 NA Wash. – Backhouse ist nicht im Verzeichnis der in Göttingen 1856/57 immatrikulierten Studenten zu finden; das mag daran liegen, dass er sich nicht immatrikulierte und also zu den informellen Hörern gehörte.

[337] So Generalkonsul Murphy, der Nachfolger Rickers ab 1861, in Nr. 396 vom 4.11.1864 an W. H. Seward, Mf 161/14 NA Wash.

[338] Ricker in Nr. 17 vom 5.12.1854 an Marcy, Mf 161/2 NA Wash.

[339] Ricker am 5.12.1854 in Nr. 17 an Marcy, Mf 161/2, am 23.9.1856 an Marcy, Mf 161/3, am 13.10.1856 in Nr. 73 an Marcy, Mf 161/3 NA Wash.

II. Die zwischenstaatlichen Netzwerke 1850 bis 1867

zeigte schon die erneute Berufung eines Konsuls in Hannover 1860. Genauso entsandte Lincoln dürftig besoldete US-Konsuln an deutsche Orte mit wenigen Handelskontakten zu den USA.

In Bayern waren während des Sezessionskrieges zeitweilig US-Konsuln in München, Augsburg und Nürnberg tätig, also mehr als in Preußen. Das Konsulat in Nürnberg war nur 1862 acht Monate besetzt, da Max Einstein, der in seinen Briefen nach Washington nicht einen Satz ohne einen Verstoß gegen die sprachliche Richtigkeit zu schreiben vermochte, nicht vom Senat bestätigt wurde – trotz aller Weinflaschen für W. H. Seward. Wie schwach die Nürnberger Kontakte zu den USA waren, zeigt die Tatsache, dass Max Einstein in einem Vierteljahr 28 Dollar an Gebühren einnahm[340].

Ausgesprochen vorsichtig verhielten sich die USA in der Frage der Neueinrichtung von Konsulaten in Preußen. Die entscheidende Vermehrung der US-Konsulate in Preußen fand nur dadurch statt, dass sich Preußen 1866 um Gebiete mit drei Konsulaten vergrößerte. Die US-Konsulate in Frankfurt am Main und Altona blieben, und das Konsulat in Hannover verlegten die USA nach Geestemünde. Nicht einmal im Aachener Bezirk versuchten die USA ernsthaft eine Konsulatsneugründung nach dem Scheitern des Projektes in Köln 1861. Als der preußische Staat in der Hauptstadt der Rheinprovinz Koblenz wegen ihres Festungscharakters 1867 ein US-Konsulat ablehnte[341], zeigten die USA auch kein Interesse an einer Ersatzlösung. Auf das Angebot, in einer anderen Stadt des Rheinlandes ein weiteres Konsulat zu gründen, ging Washington nicht mehr ein. Die Frage der Erweiterung konsularischer US-Vertretungen im Osten Preußens kam nicht über das Stadium der Vorüberlegungen hinaus. Der Antrag des Konsularagenten in Königsberg Otto Schönenberg vom 14.1.1861 an Außenminister Black, in Königsberg ein Konsulat einzurichten[342], fand genauso wenig Anklang in Washington wie die Anträge des US-Gesandten Wright, nach Breslau wegen der zunehmenden Metalllieferungen aus Schlesien einen Konsul zu entsenden[343]. Die Umwandlung der Konsularagentur Königsberg in ein Konsulat wurde angesichts des geringen Gebührenaufkommens vom State Department nicht weiterverfolgt. Da ganz Schlesien ohne konsularische Vertretung

---

[340] Max Einstein am 4.4.1862 an Fr. W. Seward, Mf 69 Sew. Pap., am 5.8.1862 an W. H. Seward, Mf 71 Sew. Pap. – Max Einstein war kein Einzelfall, wie auch aus den „Prussian Memories 1864–1914" (New York und London 1916, S. 160 ff.) von *Poultney Bigelow*, dem Sohn des US-Konsuls in Paris und dortigen US-Gesandten seit 1865 John Bigelow, hervorgeht.
[341] Bericht Nr. 29 vom 3.7.1867 von John Wright, Chargé d'Affaires ad interim der US-Gesandtschaft Berlin, an W. H. Seward. NA Wash., Mf 44/13.
[342] Otto Schönenberg am 14.1.1861 an Black, Mf T-59/4 NA Wash.
[343] Joseph A. Wright in Nr. 136 vom 14.7.1860 und in Nr. 146 vom 3.10.1860 an Cass, Mf 44/11 NA Wash.

war, wäre auf den Antrag Wrights zumindest mit der Berufung eines Konsularagenten zu antworten gewesen. Dagegen sprach allerdings, dass auch diese konsularische Vertretung nur die Gebührenerträge der schon bestehenden Vertretungen weiter geschmälert hätte, und zusätzlich wiederum, dass die preußische Regierung traditionell wenig Interesse an mehr ausländischen konsularischen Einrichtungen zeigte. Vermutlich nicht zuletzt deshalb unterstützte das State Department 1865 bei der Gründung des Konsulates in Berlin erstaunlicherweise die Kandidatur Eduard von der Heydts für das neue Amt. Die Hauptschwierigkeiten bei der Berufung des neuen Konsuls erwuchsen dem State Department allerdings nicht von preußischer Seite, sondern im eigenen Lager.

In Berlin gab es entsprechend einer Kabinettsorder Friedrichs des Großen bis 1863 keine ausländischen Konsulate. Dies Privileg garantierte den Gesandtschaften die Erledigung der finanziell gelegentlich recht einträglichen konsularischen Geschäfte, dem US-Legationssekretär Kreismann Mitte der sechziger Jahre nach der viel zu niedrig angesetzten Einschätzung des US-Gesandten Wright etwa 2000 Dollar jährlich[344]. 1863 gestattete König Wilhelm dem österreichischen Kaiser, ein Honorarkonsulat zu errichten; und schließlich entschied die preußische Regierung 1865, jedem Staat die Einrichtung eines Konsulates freizustellen. Daraufhin bemühte sich der Bankier Eduard von der Heydt, früherer preußischer Konsul in New York und Sohn des 1862 zurückgetretenen Handelsministers und Finanzministers August von der Heydt, um das Amt eines US-Konsuls in Berlin. Gerolt hatte sich gleich im Zusammenhang mit den Überlegungen in Washington, in Berlin ein US-Konsulat zu schaffen, beim State Department dafür eingesetzt, dass Eduard von der Heydt „aus dem sehr respektablen Handelshaus J. W. Schmidt u. Co in New York" das Amt übernahm[345]. Im August 1865 erhielt Eduard von der Heydt, damals schon in Berlin, seine Ernennung aus Washington und über den US-Gesandten Judd das Exequatur der preußischen Regierung[346]. Die Ernennung Eduard von Heydts, der nicht die US-Staatsbürgerschaft besaß, war rechtlich möglich, weil die USA das neue Berliner Konsulat zunächst als Honorarkonsulat einrichteten. Er wurde aus den eingenommenen Gebühren bezahlt, und für den Staat brachte das neue Amt keine Kosten. Berlin gehörte zu den wenigen noch von der Lincoln- bzw. Johnson-Administration eingerichteten Ho-

---

[344] Joseph A. Wright am 20.9.1865 in Nr. 2 an W. H. Seward, Mf 44/13 NA Wash.
[345] Stellungnahme der preußischen Regierung durch Gerolt am 12.6.1865 an Hunter, Acting Secretary of State, Mf 58-T5 NA Wash.
[346] Eduard von der Heydt am 31.8.1865 an das State Department, Mf T-163/1, NA Wash.; Dank Gerolts am 20.6.1865 an W. H. Seward wegen der beabsichtigten Ernennung Eduard von der Heydts, Mf 58 T5 NA Wash.

II. Die zwischenstaatlichen Netzwerke 1850 bis 1867

norarkonsulaten, die ja nicht wie die normalen Berufskonsulate im Haushalt ausgewiesen werden mussten.

So wie die Betrauung eines Emigranten mit einem US-Amt in Preußen immer noch konservative Vorbehalte weckte, so erregte die Bewerbung des Sohnes des Ex-Ministers, der als gemäßigt konservativ einzustufen war, einzelne Deutschamerikaner und ihnen Nahestehende. US-Gesandter Judd schrieb Ende August 1865 aus Berlin, dass die Ernennung Eduard von der Heydts von „all unseren Freunden, Amerikanern und Deutschen" mit Überraschung und Bedauern quittiert sei[347]. Judd und Kreismann setzten monatelang viele Hebel in Bewegung, um die Ernennung von der Heydts zu verhindern und später, um sie rückgängig zu machen. Die Pressekritik kam aus Illinois, von der Illinois-Staatszeitung (Chicago) und anderen dortigen Presseorganen, also aus dem Heimatstaat von Judd und Kreismann, der sich schließlich selbst um das Konsulat bewarb und dabei von Judd unterstützt wurde[348].

Judd, der vor dem Tod Lincolns noch glaubte, er würde weiter Gesandter bleiben, argumentierte zunächst noch gegenüber Seward, dass überhaupt gar kein US-Konsulat in Berlin erforderlich sei, und dass, wenn überhaupt ein Konsulat eingerichtet würde, „the Baron" nicht dafür geeignet sei[349]. Weder Baron von der Heydt noch irgend jemand sonst, der vielleicht ernannt werde, könne die konsularischen Aufgaben besser, sorgfältiger und aufrichtiger fördern und die Interessen der USA besser schützen, als es nun in dieser Gesandtschaft durch Legationssekretär Kreismann geschehe. Er kümmere sich als US-Bürger deutscher Herkunft dank seiner Vertrautheit sowohl mit der englischen als auch der deutschen Sprache schnell und zufriedenstellend um Touristen, Geschäftsleute wie Auswanderer. – Offensichtlich wollten Judd und Kreismann die 1863 von der preußischen Regierung erfolgte Abkehr von der Besitzstandswahrung der Berliner Gesandtschaften zumindest in bezug auf die US-Gesandtschaft nicht akzeptieren.

Als Judd und Kreismann wussten, dass Johnson sie in der Gesandtschaft ablösen würde, konzentrierte Judd seine Angriffe auf die Familie von der

---

[347] Judd am 24.8.1865 in Nr. 116 1/2 an W. H. Seward, Mf 44/13 NA Wash. – Judd hatte sich in einem vertraulichen Schreiben am 5.10.1864 an Lincoln (Lincoln Papers, Library of Congress) schon dafür eingesetzt, dass von der Heydt nicht ernannt werde und Kreismann im Rahmen der US-Gesandtschaft sein Zubrot erhalten bleibe, aber nicht ein politisches Argument gegen von der Heydt angeführt.

[348] Eduard von der Heydt zur Verbindung von Pressekritik und Judd und Kreismann an das State Department, Mf T-163/1 NA Wash. – Eduard von der Heydt berief sich auf Wright. – Zu berücksichtigen ist ebenfalls, dass Chefredakteur und Mitbesitzer der Illinois Staatszeitung 1862–1867 der badische Achtundvierziger Lorenz Brentano war.

[349] Judd in Nr. 88 vom 18.3.1865 an W. H. Seward, 44/13 NA Wash.

Heydt, um das Amt des Konsuls für Kreismann zu sichern. Die Familie des Generalkonsuls Schmidt in New York, in die Eduard von der Heydt eingeheiratet hatte, erwähnte er nicht. Judd attackierte in seiner umfangreichen zweiten Stellungnahme gegenüber Seward[350], nachdem er die Ernennung durch den Präsidenten nicht hatte verhindern können, Eduard von der Heydt als den Angehörigen einer preußischen Adelsfamilie, vor allem als den Sohn des in seinen Augen opportunistisch und reaktionär gewordenen Politikers August von der Heydt mit seinen südstaatlichen Sympathien und sprach ihm jegliche Kompetenz ab, die USA angemessen zu vertreten. Er gab selbst zu, dass er Eduard von der Heydt nur oberflächlich kannte; aber um so mehr prangerte er dessen Vater an: „... no one is more odious and justly so to all liberals in Prussia and Germany, to those liberals who were, and are the only friends the United States have or ever will have here." – Wenn Judd überzeugend zu argumentieren glaubte, wenn er gute Beziehungen Preußens zu den USA von den Liberalen abhängig machte, dann setzte er voraus, dass Seward von der Zusammensetzung der bisherigen preußischen Regierungen nichts wusste.

Judd kritisierte nur die politische Einstellung August von der Heydts, nicht die seines Sohnes, der seit 1854 in New York gelebt hatte und um den es ging. Eduard von der Heydt, dem die Argumentationsrichtung von Judd und Kreismann sicher nicht verborgen blieb, konnte in seiner Stellungnahme gegenüber Seward vor allem auf seine Mitarbeit im „German Volunteers Recruiting Committee" während des Sezessionskrieges hinweisen, wobei er sich an der Aufstellung der vielen deutschen Regimenter in New York beteiligt hatte[351].

Der auf Eduard von der Heydt direkt bezogene Vorwurf Judds, er werde die für die USA so wesentliche Auswanderung nicht fördern, wirkte kaum überzeugend angesichts seines bisherigen Verhaltens: „... he cannot and will not, because of his associations and surroundings devote himself to a legitimate and proper encouragement of emigration from Germany to our shores. The party with whom his interests and family connections here all lie is utterly opposed to all emigration to the United States because they fear the development of our resources and riches, and the growth of our strength and power as a nation without a church and without a King."[352] Er berücksichtigte überhaupt nicht, dass Eduard von der Heydt während der ganzen Zeit der Anwesenheit in New York, dem Haupteinwandererhafen, in der von Auswanderern für Auswanderer gebildeten und deshalb

---

[350] Judd an W. H. Seward am 24.8.1865, Mf 44/13 NA Wash.
[351] Eduard von der Heydt am 6.7.1865 an das State Department, Mf T-163/1 NA Wash.
[352] Judd am 24.8.1865 an W. H. Seward, Mf T-163/1 NA Wash.

II. Die zwischenstaatlichen Netzwerke 1850 bis 1867   117

auswandererfreundlichen Deutschen Gesellschaft mitgearbeitet und von daher zeitweilig als Commissioner of Emigration des Staates New York amtiert hatte.

Judd deutete im Sinne der bisherigen Argumentation gegen Honorarkonsulate an, dass Eduard von der Heydt als Bankier in einem wirtschaftlichen Zentrum wie Berlin leicht Amts- und Privatgeschäfte zu Ungunsten der USA vermischen könnte. Überhaupt streute er nach jeder Richtung hin Zweifel an seiner Loyalität. Judd wollte ein mit einem Amerikaner besetztes Berufskonsulat: „... at a post so important as this capital the American Consul should not be a German baron but an American citizen. Nor should he be permitted to engage in business ...". Judd war bei Seward wohl kaum erfolgreich, aber im Kongress.

Eduard von der Heydt konnte das wichtigste Gegenargument, dass er kein Amerikaner war, nicht entkräften, auch wenn er Seward schrieb, durch seine Heirat mit einer in den USA geborenen Frau fühle er sich den USA ebenso verbunden, als wenn er ihr Bürger wäre[353]. Ein mit einem Deutschen besetztes amerikanisches Honorarkonsulat, wie es Anfang der fünfziger Jahre noch möglich war, ließ sich jetzt nicht mehr durchsetzen im Senat, auch nicht von Seward. Der Senat lehnte die Ernennung ab, und er erfuhr inoffiziell, dass die fehlende US-Staatsbürgerschaft der entscheidende Grund war[354]. So amtierte er nur vom August 1865 bis Januar 1866 und hatte das Amt dem US-Bürger Kreismann zu überlassen.

Dass das US-Konsulat in Berlin sehr schnell wirtschaftliche Bedeutung gewann im Gegensatz etwa zu dem so kläglich gescheiterten Honorarkonsulat für beide Mecklenburg in Schwerin[355], verriet die Tatsache, dass von der Heydt zwischen dem 17.11. und 31.12.65 Waren im Werte von 898 347 Talern fakturierte und 581 Dollar an Gebühren einnahm. Mit einer solchen wirtschaftlichen Grundlage konnte Kreismann bei seiner Bewerbung erklären, dass er auf das konsularische Gehalt verzichten würde. Schließlich hatte Seward an seiner Amtsführung nichts auszusetzen, und so führte an seiner Berufung kein Weg vorbei[356].

---

[353] Eduard von der Heydt am 6.7.1865 an das State Department, Mf T-163/1 NA Wash.

[354] Eduard von der Heydt, Berlin, am 22.1.1866 an das State Department, a.a.O.

[355] August Bicker, Honorarkonsul 1862/63, erzielte kaum Gebühren, arbeitete deshalb wieder als Schuster und wurde nirgendwo als Konsul ernst genommen. – Zu Bicker s. US-Konsul Anderson, Hamburg, in Nr. 180 vom 17.3.1863 an W. H. Seward, Mf T-211/16, NA Wash.

[356] Seward am 21.12.1865 gegenüber Gerolt (inofficial) zu den Überlegungen, die zur Ernennung Kreismanns führten. Dabei wies Seward auch auf Kreismanns einflussreiche Freunde hin. Mf 99/28 NA Wash.

Kreismann erhielt seine Ernennung zum US-Konsul im Dezember 1865 und gewann genau wie von der Heydt sehr schnell das Exequatur der preußischen Regierung. Gerolt vertrat angesichts der veränderten Lage die Meinung, dass die preußische Regierung mit der Ernennung Kreismanns auch ganz zufrieden sein könnte. Vermutlich hatte er dank seiner guten Beziehungen zu Seward einen Eindruck von der Berichterstattung Judds und Kreismanns gewonnen und hielt für die extrem kritischen Stellungnahmen vor allem Judd und seine Bekannten bei den deutschen Linksliberalen und den Deutschen in Illinois verantwortlich. Er meinte zu Kreismann, dass „er in seiner unabhängigen Stellung als Consul sich nicht zum Werkzeug ... zu Gunsten der Reclamationen ... für Preußische Militairpflichtige und für die Wühlereien der demokratischen Presse in dieser und anderen Angelegenheiten gebrauchen lassen würde."[357] Kreismann konzentrierte sich in der Tat auf die Warenfakturierung, die Handelsförderung und andere konsularische Aufgaben. Um eine solche Ausgrenzung der konsularischen Arbeiten aus der preußischen Gesandtschaft in Washington bemühte sich Gerolt vergeblich.

Die bei dem neuen Berliner US-Konsulat genau wie bei der Gründung des Aachener Konsulates aufgetretenen besonderen Differenzen über den neuen Amtsinhaber wirkten nicht auf Dauer belastend. Vor allem waren beide Institutionen ausreichend finanziell ausgestattet und erwiesen sich schon daher als unumstritten. Das konsularische System der USA in Preußen bewahrte seine relativ günstige Struktur und erlebte weder die von Ricker in vielen Konsulaten der Mittel- und Kleinstaaten beklagte personelle Fluktuation noch deren finanzielle Bedrängnis.

Das finanziell am schlechtesten ausgestattete US-Konsulat in Preußen blieb immer Stettin, das älteste dort. Die finanziellen Schwierigkeiten, die es in Stettin gab, erlebten allerdings auch die beiden anderen US-Konsuln in deutschen Hafenstädten, zu deren Gunsten Ricker die unbedeutenden deutschen Konsulate aufgehoben wünschte. Ricker dachte nach seiner Beförderung zum Generalkonsul 1857 vor allem an die US-Konsuln in den deutschen Häfen, als er gegen den untätigen Cass US-Konsuln auf dem Kontinent und in England für eine gehaltliche Besserstellung der „distressed class" aktivierte und für die Übernahme der Kosten der Sekretäre durch Washington eintrat[358]. Selbst die US-Konsuln in Hamburg und Bremen, die mit 2000 Dollar das Doppelte des Konsuls in Stettin verdienten, waren finanziell bald am Ende, wenn sie noch einen Übersetzer zu bezahlen hatten und das Schatzamt nicht die vollen Bürokosten trug. Der US-Konsul in Bremen von 1853 bis 1857 Dr. Wilhelm Hildebrand verließ sein Konsulat

---

[357] Gerolt an Bismarck am 21.12.1865, GSTAM, 2.4.1.II. Nr. 959.
[358] Ricker am 24.12.1858 an Cass, Mf 161/6 NA Wash.

II. Die zwischenstaatlichen Netzwerke 1850 bis 1867

mit Schulden, weil er, wie er dem State Department mitteilte, als sich die Presse des Gläubigers angenommen hatte[359], ohne Darlehen nicht die Rückreise von Bremen in die USA hätte finanzieren können[360]. Nicht umsonst setzte sich auch Wright besonders dafür ein, das Gehalt der US-Konsuln in Hamburg und Bremen zu erhöhen[361]. Das Ausmaß der Pflichten in den für den Handel mit den USA wichtigsten deutschen Häfen habe so zugenommen, dass der Gehaltsunterschied gegenüber dem US-Konsul in Havre nicht mehr zu vertreten sei[362]. Die Arbeit des US-Konsuls in Havre wurde mit 6000 Dollar honoriert. Wenn die Anträge Wrights und Rickers keine Unterstützung in Washington fanden, so lag das sicher nicht an der Argumentation, sondern daran, dass Buchanan jeder finanzielle Spielraum fehlte. Erst der 37. Kongress erhöhte nach der Intervention Sewards zumindest das Gehalt des US-Konsuls in Bremen von 2000 auf 3000 Dollar jährlich. Zusätzlich erhielt Heinrich Börnstein, von 1861 bis 1866 Konsul, neben den Büro-Unkosten die Hälfte der Gebühren seines Konsularagenten in Bremerhaven. Wenn nun drei deutsche Konsulate, Bremen, Frankfurt und Aachen, hinreichend ausgestattet waren, so übertrieb doch die in Bremen erscheinende Deutsche Auswanderer-Zeitung erheblich, die 1863 allgemein kommentierte[363], die US-Konsul „benutzten ihre Stellung dazu, sich während ihrer Amtsdauer auf Kosten Uncle Sams bequeme Tage und, wenn möglich, viel Geld zu machen". Börnstein, auf den die Zeitung wahrscheinlich zielte, und auch andere US-Konsul mussten während des Sezessionskrieges besonders den Neid von US-Beamten innerhalb der Union erregen, die nicht in Gold, sondern in Papierdollar mit einem wesentlich geringeren Marktwert bezahlt wurden. Im Übrigen musste Börnstein wie die anderen damit rechnen, dass seine Amtszeit bald endete. Ricker kommentierte nach seiner Gehaltserhöhung das Treiben neidischer Bewerber im Rahmen des Spoils System sarkastisch mit dem Hinweis[364]: Wenn das Gehalt eines erfahrenen Amtsinhabers angemessen erhöht sei, so würde sich in den Vereinigten Staaten sicher ein Bewerber finden, der nicht eher ruhen würde, bis er den Konkurrenten vertrieben hätte, damit Platz wäre für den Unerfahrenen. – Immerhin musste Börnstein sein Konsulat erst 1866 räumen und trat dann in die von seinem Sohn begonnene Auswandereragentur und Reederei

---

[359] Zeitung für Norddeutschland, Hannover, 6.9.1858.
[360] Hildebrand am 19.10.1858 aus Mineral Point, California, an Assistant Secretary of State Appleton, Mf T-184/9, Ricker in Nr. 61 vom 9.3.1859 an Cass, Mf 161/7 NA Wash.
[361] Wright am 28.9.1858 in Nr. 38 an Cass und am 12.1.1859 in Nr. 55 an Cass, NA Wash., Mf 44/11.
[362] Wright am 28.9.1858 in Nr. 38 an Cass, NA Wash., Mf 44/11. Ähnlich Ricker am 12.10.1858 an Cass, Mf 161/6 und öfter.
[363] Deutsche Auswanderer-Zeitung, 20.4.1863.
[364] Ricker in Nr. 91 vom 15.5.1858 an Cass, Mf 161/6 NA Wash.

ein, so dass der Verlust seiner Unternehmen in St. Louis während seiner konsularischen Tätigkeit nicht so schwer wog.

Der US-Konsul in Hamburg Anderson (1861–1865) blieb im Gegensatz zu seinem Kollegen in Bremen bei einem Gehalt von 2000 Dollar, einem entsprechend niedrigeren Büro-Unkostenbeitrag aus Washington und einem geringen Anteil an den beim Konsularagenten in Cuxhaven angefallenen Gebühren. Amis, US-Konsul 1856/57, suchte die Kosten dadurch an die niedrigen Erträge anzupassen, dass er sein Hotelzimmer zugleich als Büro nutzte und sein Kindermädchen als Übersetzerin[365], aber hielt dennoch nicht einmal ein Jahr aus. Wenn Anderson vier Jahre blieb, so lag das sicher an dem zumindest zeitweilig recht guten Handel mit Nordamerika und vielleicht auch an den abschreckenden Bedingungen in den USA.

Schlechter noch als der Hamburger Konsul sah sich der Stettiner ausgestattet, da ihm nur ein Gehalt von 1000 Dollar zur Verfügung stand. Seine Konsularagenten in Memel, Königsberg, Danzig und Swinemünde ernteten nur so wenige Gebühren, dass sie von dieser Entschädigung für ihre Aufwendungen nicht auch noch einen Teil an den Konsul in Stettin abführen konnten. Die konsularischen Einrichtungen in den preußischen Ostsee-Städten erhielten alle vier zusammen etwa so viele Gebühren im Jahr, wie die entsprechenden US-Institute in Aachen, Köln, Barmen und Krefeld im Vierteljahr allein. Im Jahr 1865, als nur bei den drei Konsularagenten der Rheinprovinz rund 12000 Dollar an Gebühren zusammenkamen, verzeichnete der US-Konsul Sundell in Stettin voller Stolz für seine und die Dienste seiner Konsularagenten rund 400 Dollar. In Stettin fielen 320 Dollar an, in Danzig 40, in Königsberg 37 und in Memel 6 Dollar, nachdem der Konsularagent in Memel Fowler 1861 die letzten Erträge von 11,41 Dollar verzeichnet hatte. Der Konsularagent in Swinemünde Radmann hatte seit seiner Ernennung 1862 keine Gebühren eingenommen. Die Konsularagenten waren jedoch sämtlich Kaufleute und nicht so stark auf die Gebühren angewiesen wie die Berufskonsuln, für die die Gebühren eine notwendige Ergänzung zu dem schmalen Konsulgehalt darstellten.

Aus der Feder des von Lincoln 1861 zum Konsul berufenen Sundell flossen wie bei Glantz die bewegtesten Klagen über das niedrige konsularische Einkommen, das in der Tat weit unter dem der Konsuln von Russland, Großbritannien und Frankreich in Stettin lag und die Kaufleute Stettins nach Sundell zu mokanten Bemerkungen veranlasste[366]. Dennoch zog sich

---

[365] Miller, US-Konsul 1858–1861 in Hamburg, am 20.11.1859 an Ricker, Kopie als Anlage zu Rickers Bericht Nr. 300 vom 27.11.1859 an Cass, Mf 161/8. Vize-Konsul Mc Donald, Hamburg, am 12.1.1859 an Ricker, Kopie als Anlage zum Bericht Rickers Nr. 14 vom 15.1.1859 an Cass, Mf 161/7 NA Wash.

Sundell nicht wie Glantz schon nach einem Jahr zurück, sondern hielt bis 1867 aus. Die Schwierigkeiten in Stettin zu ertragen, trotz des geringen Gehaltes die USA zu vertreten und seine Frau und drei Kinder zu unterhalten, schien ihm wohl immer noch geringer, als in Kriegs- und Nachkriegszeit in den USA neu anzufangen. Seine Abberufung nach dem Tode Lincolns zögerte er so lange wie möglich hinaus. Obgleich er schon 1865 durch den Deutschamerikaner Roeder ersetzt werden sollte, erreichte er mit seinen bewegenden Klagen und seinen Berichten über die Stettiner Cholera, dass ihn Roeder erst 1867 ablöste.

Wie weit der von Börnstein behauptete Ansehensschwund der US-Vertretungen, Konsulate wie Gesandtschaften, auf Preußen in den fünfziger und sechziger Jahren zutraf, ist schwer zu bestimmen. Solange sich Angehörige der wirtschaftlich führenden Schicht in Preußen, wie Fr. Schillow und Eduard von der Heydt, um ein US-Konsulat bewarben, konnte das mit dem Amt verbundene Ansehen nicht so stark abgenommen haben. Ein anderer Gradmesser für das Prestige war sicher die Einbeziehung der US-Vertreter in das gesellschaftliche Leben der preußischen Städte. Aus den Berichten der Gesandten und Konsuln geht hervor, dass sie bei wichtigen Empfängen mit Mitgliedern der königlichen Familie und der Regierung zugegen waren. Aber um etwa wie Schillow am gesellschaftliche Leben teilzunehmen, fehlten Sundell die Mittel. Von Barnard, der wie bei den Gesandten im 19. Jahrhundert üblich, seine eigenen Mittel neben dem Gehalt heranzog, ist bekannt, dass er sich zu den verschiedensten Festen einfand und zu den Empfängen der königlichen Familie, die gerade zur Zeit Friedrich Wilhelms IV. ein starkes Interesse an den USA zeigte, und er sich häufig mit den übrigen Mitgliedern des diplomatischen Corps traf. Barnard und Bancroft verfügten über den finanziellen Hintergrund, um ihre Kontakte zur Berliner Gesellschaft auch durch eigene Empfänge zu pflegen. Daneben fanden sich immer die Angehörigen der „amerikanischen Gemeinde" in Berlin, vor allem die etwa 70 bis 80 sich dort länger aufhaltenden US-Bürger, amerikanische Besucher in Berlin, und an den USA Interessierte – wie die Liberalen Rönne und Tellkampf – informell in der US-Gesandtschaft ein.

Wenn man von Judds Ausfällen gegen die Familie von der Heydt ausgeht und den dabei zum Ausdruck gekommenen Vorurteilen gegen Adlige, so scheint er ein ähnliches Verhältnis zur adligen Berliner Gesellschaft entwickelt zu haben wie der Journalist und Historiker Henry Adams, der 1859 Berlin besuchte, also nach dem Rückzug des Königs aus der Gesellschaft wegen seiner Krankheit und nach der Erkrankung Alexander von Humboldts. Henry Adams ärgerte sich besonders über den Adel und den adels-

---

[366] Sundell am 18.5.1862 an Seward, NA Wash., Mf T-59/4.

stolzen preußischen Hof[367]: „They 're as proud as damnation and as mean as the vile climate. ... The aristocracy all belong to the Court and hate everything that smells of America. They seem to have no hospitality, as we do ...". Ganz anders muss der mit Humboldt befreundete und Friedrich Wilhelm IV. besonders schätzende Fay die Berliner Gesellschaft beurteilt haben, da er in Berlin sogar seinen Lebensabend verbrachte.

Deutsche, zu denen viele Amerikaner Kontakte unterhielten, waren vor allem Alexander von Humboldt, der immer interessierte Beobachter der USA am Hofe Friedrich Wilhelms IV., die Familie Gerolt und Varnhagen von Ense, den die preußische Regierung 1819 als Ministerresident nach Washington abschieben wollte[368]. So kritisch und verbittert der Ministerresident a. D. Varnhagen die restaurative Politik nach der gescheiterten Revolution betrachtete, so sehr bewunderte er die amerikanische Entwicklung unter dem Sternenbanner, „an welchem alle redlichen Menschen und Freiheitsfreunde ihre herzliche Freude hatten ...".[369] Den Aufstieg der Freistaaten in den vierziger und fünfziger Jahren wertete er als das entscheidende Ereignis nach der Großen Französischen Revolution.

Amerikanische Besucher scheinen für Alexander von Humboldt, der sich ähnlich wie Varnhagen von der Entwicklung der USA beeindruckt zeigte, ebenso wichtige Gesprächspartner wie der König und seine Umgebung gewesen zu sein; ja, für die Amerikaner in Berlin war er die wichtigste deutsche Anlaufstelle, wie Hanno Beck und Peter Schoenwaldt herausarbeiteten[370]. Nach dem König und dem Ministerpräsidenten und Minister der auswärtigen Angelegenheiten lernte Barnard als erstes Humboldt kennen, und entsprechend hielten es die übrigen US-Gesandten, so lange Humboldt lebte. Humboldt kannte alle amerikanischen Diplomaten, die am preußischen Hof akkreditiert waren, von John Quincy Adams bis Bancroft, mit Ausnahme von Judd, und war häufig in der US-Gesandtschaft in Berlin zu Gast. Bezeichnend für das Ansehen, das Humboldt bei der US-Mission genoss, war ihre Bereitwilligkeit, ihm zu Diensten zu sein. Als Humboldt 1851 von Fay den Namen des amerikanischen Arztes wissen wollte, der als erster Äther bei der Operation verwendete, da scheute sich der Chargé d'Affaires ad interim der US-Gesandtschaft nicht, dieses Problem in einem

---

[367] Henry Adams an Charles Francis Adams jr. aus Berlin am 6.4.1859. – *Worthington Chauncey Ford* ed.: Letters of Henry Adams, 1858–1891, Boston und New York 1930, Vol. 1.
[368] *Werner Greiling*: Varnhagen von Ense, Köln 1993, S. 60 f.
[369] Tagebücher von *K. A. Varnhagen von Ense*, Bd. 13, Hamburg 1870, S. 372, Aufzeichnungen aus dem Jahr 1857.
[370] *Hanno Beck*: Gespräche Alexander von Humboldts, Berlin 1959. – Peter Schoenwaldt: Alexander von Humboldt und die USA, S. 273–282 in: Alexander von Humboldt, Leben und Werk, Hrsg. W. H. Hein, Ingelheim 1985.

II. Die zwischenstaatlichen Netzwerke 1850 bis 1867

offiziellen Schreiben Webster vorzustellen[371]: „... the high character of this venerable and illustrious man, gives to his wishes an importance scarcely belonging to those of any other living individual." Webster, der sonst kaum Zeit erübrigte für die Betreuung der Berliner Gesandtschaft, antwortete selbst und legte Stellungnahmen der sich um die Ehre der Erstanwendung des Äthers zur Narkose streitenden Bostoner Ärzte Jackson und Morton bei[372]. Wenn Humboldt irgendwelche landeskundliche Literatur brauchte, etwa Bände der Reports der Pacific Railroad, dann wandte sich die Berliner US-Gesandtschaft gern an das State Department, und diese vermittelte sie ihm auf offiziellem Wege.

Humboldt gehörte am Hof zu der kleinen Gruppe, die für die Westorientierung eintrat[373], aber im Unterschied zu anderen Gegnern der russischen Kamarilla nicht nur an England und Frankreich dachte. Jedoch gibt es keine Hinweise darauf, dass Humboldts Einfluss auf die Beziehungen zwischen dem preußischen Staat und den Vereinigten Staaten von Amerika über die Förderung von Kontakten und das Atmosphärische hinausging. Humboldt half Diplomaten und Wissenschaftlern, etwa, wenn sie dem König ein Anliegen vortragen wollten; aber er scheint es nach 1848 zumeist vermieden zu haben, sich selbst zum Anwalt bestimmter politischer Anliegen zu machen.

US-Amerikaner, ob sie nun zur Gesandtschaft gehörten oder nicht, hatten immer Zugang zu Alexander von Humboldt[374]. Bis zu seinem Tode am 6.5.1859 nahm er lebhaften Anteil an der gesamten Entwicklung der USA und blieb hervorragend informiert dank seiner zahllosen nordamerikanischen und an Nordamerika interessierten deutschen Gesprächs- und Briefpartner, zu denen auch Gerolt gehörte[375]. Einer der letzten Besucher Humboldts aus den USA war der vehemente Sklavereikritiker Senator Charles Sumner, der 1859 zur Erholung in Europa weilte. Bei Humboldt traf er mit Gerolt zusammen[376]. Nach dem Tod Humboldts scheint ein Besuch in Ber-

---

[371] Fay am 6.9.1851 an Webster, NA Wash., Mf 44/7.

[372] Webster an Barnard am 11.12.1851, NA Wash., Mf 77/65/14. – Humboldt entschied, dass Dr. Jackson die Ehre der Erstanwendung zukomme und erwirkte beim König 1852 die Verleihung des Roten Adlerordens an diesen. – Siehe dazu The Atlantic Monthly, Vol. 21, Issue 128, Boston, June 1868, p. 721.

[373] *Hanno Beck*: Alexander von Humboldt, 2. Bd., Wiesbaden 1961, S. 202 ff., S. 206.

[374] *Peter Schoenwaldt*: Alexander von Humboldt und die Vereinigten Staaten von Nordamerika, S. 431–482 in: Werk und Weltgeltung, Hrsg. Heinrich Pfeiffer, München 1969.

[375] Siehe den Brief Gerolts vom 29.8.1856 an Humboldt, S. 316 f. in: Briefe Alexander von Humboldts an Varnhagen von Ense aus den Jahren 1827 bis 1858, Hrsg. Ludmilla Asing, Leipzig 1860.

lin für manchen Amerikaner weniger interessant gewesen zu sein. Senator Seward, ab 1861 Secretary of State, erhielt zwar Anfang 1859 von Gerolt Empfehlungsschreiben für Berlin; aber er besuchte nur mehr London, Paris und Wien.

Für alle sichtbar wurde die Bedeutung Alexander von Humboldts für die preußisch-amerikanischen Beziehungen noch einmal am 10.5.1859. Mit dem nordamerikanischen Gesandten Wright an der Spitze gaben „all good Americans", wie die mit einem Preußen verheiratete Amerikanerin Julia von Coeppen schrieb, „our good, old, inimitable Humboldt" das letzte Geleit[377]. Wright hob gegenüber Secretary of State Cass hervor: „The kindness of Baron von Humboldt to the numerous American citizens who have called upon him, and to the undersigned, has been unbounded; which I have ever regarded as a tribute to our country."[378]

Die politische Dimension von Humboldts Wirken neben der naturwissenschaftlichen brachte auch der nordamerikanische Naturwissenschaftler Louis Agassiz in seiner Würdigung des verstorbenen ausländischen Mitglieds der American Academy of Arts and Sciences am 24.5.1859 in Boston zum Ausdruck. Mit dem Eingehen auf den diplomatischen Auftrag Humboldts in Paris 1830 bis 1848 verband Agassiz ein Lob der auswärtigen Personalpolitik Preußens: „It is a circumstance worth noticing, that above all great powers, Prussia has more distinguished, scientific, and literary men among her diplomatists than any other State."[379] – Dass bei aller Würdigung der preußischen Vertreter auch die USA im 19. Jahrhundert unter ihren Diplomaten kulturell bedeutende Persönlichkeiten aufzuweisen hatte, ist in dieser Darstellung nur anzudeuten durch die kurzen Hinweise auf Wheaton, Barnard, Fay, Motley und Bancroft, seit 1845 Mitglied der Preußischen Akademie der Wissenschaften.

Wenn es auch nach 1859 in Berlin zeitweilig keinen Gelehrten mehr von der Anziehungskraft Alexander von Humboldts gab, so strahlte doch das kulturelle Leben Berlins als des „Athens of the North"[380] weiterhin auf die

---

[376] The Selected Letters of *Charles Sumner*, Ed. by Beverly Wilson Palmer, Bd. 2, Boston 1990, S. 512 ff.

[377] Julia von Coeppen an Wright am 12.5.1859, Indiana State Library, Indianapolis, Nachlass Wright.

[378] Wright am 7.5.1859 in Nr. 72 an Cass, NA Wash., Mf 44/11. – Die Bibliothek Alexander von Humboldts erwarb allerdings der Britische Gesandte Lord Bloomfield.

[379] Agassiz's Eulogy on Humboldt, S. 648 f. in: The Living Age, 11.6.1859, Vol. 61, Issue 785.

[380] Die New Englander and Yale Review führte 1860 (Humboldt, Ritter and the New Geography, Vol. 18, Issue 70, May 1860, S. 278) speziell den Aufstieg Berlins zum „Athens of the North" auf die Förderung durch Friedrich Wilhelm IV. zurück.

USA aus, wie sich unter anderem an den Beziehungen von Wissenschaftlern der USA zu der Berliner Universität ablesen ließ. Politik und Wirtschaft in den USA registrierten zugleich die wachsende politische und wirtschaftliche Bedeutung Berlins, sichtbar in der Einrichtung eines US-Konsulates und der Entsendung Bancrofts als Gesandten.

B. Von der Revolution zum Krimkrieg

I. Die preußische Auswanderungspolitik und die USA – Neue Impulse für die preußisch-amerikanischen Beziehungen

Bis 1850 war die preußische Regierung noch der Ansicht, dass die Zahl preußischer Auswanderer hinter der anderer deutscher Staaten „verhältnismäßig wohl erheblich zurückstand", wie es das Handelsministerium formulierte[1]; aber nun sah sich auch der preußische Staat mit steigendem „Auswanderungsfieber" konfrontiert, der sich Jahrhunderte lang vor anderen deutschen Staaten durch Einwanderung ausgezeichnet fühlte. Die oktroyierte Preußische Verfassung von 1848 trug in Artikel 10 der veränderten Lage Rechnung, indem sie ausdrücklich die Auswanderungsfreiheit festschrieb und Abzugsgelder verbot. Ähnlich legte die revidierte Preußische Verfassung von 1850 in Artikel 10 die „Freiheit der Auswanderung" fest. Andererseits galt entsprechend der Tradition eines Landes, das sich eher als Einwanderungs-, denn als Auswanderungsland verstand, nach wie vor die Verordnung vom 20.1.1820, die diejenigen mit Gefängnis von einem Monat bis zu zwei Jahren bedrohte, die es sich zum Geschäft machten, preußische Untertanen zum Auswandern zu verleiten. Eine Auswanderung auf Staatskosten, wie sie etwa Hannover betrieb, kam schon von seiner Vergangenheit her nicht in Frage. Nach Handelsminister von der Heydt ging man in Preußen bei seiner früheren Ablehnung der Auswanderung davon aus, dass es hier „fleißigen Händen nicht an Gelegenheit zu nützlicher Beschäftigung und hinreichendem Erwerbe fehle, wie denn in den östlichen Provinzen des Preußischen Staates insbesondere durch den Landbau noch eine große Zahl von Menschen ihren Unterhalt gewinnen, Capitalien mit Vorteil angelegt werden könnten."[2] Die Massenauswanderung entsprach nicht der preußischen Tradition und schon gar nicht dem wirtschaftlichen Interesse, da „erfahrungsgemäß keineswegs der entkräftete und ärmste Teil der Bevölkerung auszuwandern pflegte"[3]. Nur allmählich trat an die Stelle einer Politik der Auswanderungsverhinderung die des Auswandererschutzes.

---

[1] Aus der Begründung des Handelsministeriums zu dem am 12.3.1850 dem Ministerium der auswärtigen Angelegenheiten vorgelegten Entwurf eines Gesetzes betr. den Schutz und die Fürsorge für preußische Auswanderer, GStA Berlin, Mf 103 AA III.HA Rep. 1 Nr. 11 Vol. 6.

[2] Handelsminister von der Heydt am 12.3.1850, s. Anm. 1.

I. Die preußische Auswanderungspolitik und die USA

Die traditionellen politischen Vorstellungen spiegelte teilweise noch der 1849 gegründete Berliner Verein zur Centralisation Deutscher Auswanderung und Kolonisation wider[4]. Zu dieser Honoratiorenvereinigung gehörten zeitweilig die Regierungsmitglieder Otto von Manteuffel, August von der Heydt, Otto Graf von Westphalen, Beamte wie Dr. Gaebler, zunächst Ober-Gerichts-Assessor im Berliner Polizeipräsidium und dann im Innenministerium, weiter Bankiers und Unternehmer wie der in engem Kontakt mit dem Handelsministerium stehende Diergardt, Liberale wie Harkort und Berliner Stadtverordnete, die sich um die Auswanderung von arbeitslosen Handwerkern bemühten. Dieser Kolonisations-Verein, der mit den übrigen fünf Berliner Auswanderungsvereinen und vor allem mit dem Preußischen Ministerium des Innern eng zusammenarbeitete, sah als seine erste Aufgabe an, „die Kolonisation im Inlande" zu fördern, damit „auf diesem Wege dem Vaterlande Kapital und Arbeitskräfte erhalten werden"[5]. Da jedoch die Binnenkolonisation unter den damaligen Bedingungen auf zu wenig Interesse stieß, rückte in der Praxis des Vereins das zweite Ziel in den Mittelpunkt, nämlich bei der überseeischen Kolonisation beratend zu helfen.

Die Behauptung Bickelmanns, dass der Zentralverein in der Auswandererwerbung „eine der Hauptursachen für die steigenden Auswanderungszahlen sah"[6], läßt sich kaum bestätigen. Der führende Vertreter des Zentralvereins Gaebler stellte in seinem ersten Rechenschaftsbericht[7] ganz realistisch den „Druck der äußeren Lebensverhältnisse, namentlich Mangel an hinlänglichem Auskommen als das treibende Motiv heraus." Zugleich wies er auf „politische oder religiöse Missstände" als Ursachen hin. Neben die Auswandererwerbung der Auswanderungs-Agenturen, die naturgemäß ihr Geschäftsinteresse im Auge hatten, sollte eine bessere Beratung der Auswanderer treten, insbesondere der nach Übersee strebenden. Das Ziel, in Übersee eine „geregelte, gemeindeweise Ansiedelung Deutscher in Ländern," zu erreichen, „wo ihre nationale Entwickelung und Selbständigkeit, wenn gleich unter fremder Oberhoheit, ausführbar und gesichert ist"[8], war noch

---

[3] A.a.O.

[4] Deutsche Auswanderung und Kolonisation. Erster Rechenschaftsbericht des Berliner Vereins zur Centralisation Deutscher Auswanderung und Kolonisation, erstattet im Auftrage des Verwaltungsraths von *Dr. Gaebler,* Berlin 1850. – Siehe auch *Josef Mergen*: Die Auswanderung aus den ehemals preußischen Teilen des Saarlandes im 19. Jahrhundert, Bd. 1, Saarbrücken 1973, S. 359 ff., Anlage 35. – *Hartmut Bickelmann*: Der Berliner Verein zur Centralisation Deutscher Auswanderung und Colonisation, S. 157–168 in: *Agnes Bretting* und *Hartmut Bickelmann*: Auswanderungsagenturen und Auswanderungsvereine im 19. und 20. Jahrhundert, Bd. 4, Stuttgart 1991.

[5] *Gaebler,* a.a.O., S. 11.

[6] *Bickelmann,* a.a.O., S. 160.

[7] *Gaebler:* Deutsche Auswanderung und Kolonisation, S. 5.

weniger umzusetzen als die Binnenkolonisation, aber zeigt, dass der Verein bei aller Anbindung an die preußische Regierung mehr Interessen Raum gab als den rein konservativen.

Wenn der US-Konsul in Frankfurt am Main Ricker 1855/56 mehrfach den reaktionären deutschen Regierungen vorwarf, sie suchten den Auswandererstrom von den USA weg auf Australien und Südamerika umzulenken[9], so finden sich dafür in Preußen nur in der Öffentlichkeitsarbeit des Zentralvereins Anfang der fünfziger Jahre Anhaltspunkte. Die konservativen Mitglieder trafen sich bei ihrer Ablehnung der USA als Auswanderer-Zielland mit den Interessen derer, die, wie der geschäftsführende Direktor des Berliner Beratungsbüros von Bülow, die Auswanderung nach Mittel- und Südamerika bevorzugten. Der Zentralverein überbetonte zunächst in seinen Presse-Erklärungen und wohl auch bei der Auswandererberatung in seinem Berliner Büro die Schwierigkeiten und Gefahren einer Auswanderung in die Vereinigten Staaten[10]. US-Konsul Ricker berichtete 1854 nach Washington, ohne allerdings auch nur ein Beispiel als Beleg anzuführen: „German Governments are doing all they can to discourage emigration to the United States."[11] Ricker und auch die US-Konsuln in Preußen erwähnten den Zentralverein nicht, der 1850 bis 1854 recht ausgiebig Gebrauch machte von dem ihm von der Regierung zur Verfügung gestellten kritischen Informationen der deutschen Gesellschaften in den USA und der dortigen deutschen Konsuln, aber nur gelegentlich vor der Ausbeutung deutscher Auswanderer durch südamerikanische Plantagenbesitzer warnte. Dass diese Informationspolitik die Auswanderer nicht abschreckte, konnte Ricker am besten aus dem nochmaligen Ansteigen der Auswanderung in die USA 1854 ersehen, und der Zentralverein hatte schon früher erkannt, dass für die Masse der Auswanderer nur die USA in Frage kamen.

Die auf die Vereinigten Staaten bezogene Öffentlichkeitsarbeit erfolgte jedoch nicht nur über den vom Innenministerium zeitweilig subventionierten Zentralverein, sondern zugleich vom Handelsministerium aus über seine Zeitschrift „Das Handelsarchiv" und die diese Informationen aufnehmende Presse. In den im Handelsarchiv publizierten Handelskammerberichten und den Auszügen aus den konsularischen Berichten aus den USA konnte sich der Leser über deren eindrucksvollen wirtschaftlichen Aufstieg informieren. Schließlich stellte der Zentralverein 1854 aus Geldmangel seine Öffentlichkeitsarbeit ein. Ein Beratungsbüro Unter den Linden zu unterhalten, das

---

[8] A.a.O., S. 11.
[9] So mehrfach in seinen Berichten aus Frankfurt nach Washington 1855/56, unter anderem am 30.3.1856 an Marcy, NA Wash., Mf 161/3.
[10] *Bickelmann,* a.a.O., S. 159 f.
[11] Ricker, Frankfurt, am 5.12.1854 an Marcy, NA Wash., Mf 161/2.

I. Die preußische Auswanderungspolitik und die USA

täglich geöffnet war, einschließlich Sonntags, erwies sich als zu aufwendig. Der Zentralverein spielte später nur insofern noch eine Rolle, als sein Gutachten 1859 mit dazu beitrug, dass ein Rescript des Handelsministers von der Heydt die Werbung und den Auswanderertransport preußischer Staatsangehöriger nach Brasilien untersagte[12]. Eine ähnliche Einflussnahme gab es von preußischer Seite auf die Auswanderung in das Hauptzielgebiet deutscher Auswanderung nie. Für eine allgemeine Erschwerung der Auswanderung durch deutsche Regierungen außerhalb Preußens führte Ricker 1857, jetzt US-Generalkonsul in Frankfurt am Main, zwei Beispiele an. Im Jahr 1857 legten Mecklenburg-Schwerin und Kurhessen ein neues Genehmigungsverfahren für die Auswanderung fest, um der eigenen Landwirtschaft die Arbeitskräfte zu sichern[13].

Unmittelbar nach der Revolution interessierten sich eine Reihe europäischer Regierungen nicht so sehr für die Frage, wie Auswanderung zu verhindern sei, sondern vielmehr dafür, wie politisches und soziales Unruhepotential zur Auswanderung in die USA abzudrängen war[14]. Diese Überlegung spielte speziell im Kalkül der preußischen Regierung ungeachtet aller Revolutionsfurcht allem Anschein nach nur eine untergeordnete Rolle. Die Unterstützung, die der preußische Staat 1851 aus Angst vor revolutionären Umtrieben 45 Preußen in Hamburg gewährte, die in Schleswig-Holstein gegen Dänemark gekämpft hatten, damit sie in die USA auswanderten[15], war genauso eine Ausnahme wie in den vierziger Jahren der Druck auf Wilhelm Weitling, nach Amerika auszuwandern. Grundsätzlich förderte die preußische Regierung die Auswanderung nicht, und sie behinderte sie auch nicht, wenngleich sie die immer mehr zunehmende Auswanderung im Interesse Preußens zu beeinflussen versuchte, wie unter anderem der Zentralverein zeigte.

Die Massenauswanderung wirkte als elementare Volksbewegung, so dass der preußischen Regierung nach 1849 nur eine beschränkte staatliche Lenkung möglich erschien, aber wirksame Gegenmaßnahmen schon von der Situation her ausgeschlossen waren. Als der preußische Geschäftsträger in Hamburg Kamptz angesichts des Scheiterns vieler preußischer Auswanderer

---

[12] *Bickelmann*, a.a.O., S. 167.
[13] Ricker in Nr. 62 vom 30.5.1857 an Cass, NA Wash., Mf 161/4.
[14] Siehe zu dem Problem der Auswanderung als Sicherheitsventil *Günter Moltmann*: Nordamerikanische „Frontier" und deutsche Auswanderung – soziale Sicherheitsventile im 19. Jahrhundert?, S. 229–296 in: *Dirk Stegmann* u.a.: Industrielle Gesellschaft und politische Systeme. Beiträge zur politischen Sozialgeschichte. Bonn 1978.
[15] Siehe dazu *Herbert Reiter*: Politisches Asyl im 19. Jahrhundert. Die deutschen politischen Flüchtlinge des Vormärz und der Revolution von 1848/49 in Europa und den USA. S. 197.

wegen unzureichender Vorbereitung im Sinne einer „väterlichen Staatsverwaltung" für eine stärkere staatliche Kontrolle plädierte[16], da wiesen Handelsminister von der Heydt und Innenminister von Westphalen gemeinsam daraufhin, dass dies schon unvereinbar sei „mit der in der Verfassung und im Gesetze beruhenden Auswanderungsfreiheit"[17]. Andererseits fasste die preußische Regierung die Auswanderungsfreiheit Anfang der fünfziger Jahre nicht so auf, dass der Auswandererstrom weitgehend sich selbst zu überlassen sei, wie es zum Beispiel die württembergische Regierung vertrat. Diese betonte gegenüber der preußischen Regierung, dass „man nach gemachten Erfahrungen verzichten müsse, den Gang der Auswanderung durch Eingreifen der Regierung zu regeln, man vielmehr sich darauf zu beschränken haben werde, die Auswanderung auf der von ihr selbst eingeschlagenen Bahn zu verfolgen und Schaden ... zu beseitigen ...".[18]

Die preußische Regierung setzte sich seit 1849 verstärkt mit der anwachsenden Auswanderung auseinander – nicht mit den Ursachen des Stromes vor allem in die US-Republik, aber mit dem Verlauf und den Folgen und den Möglichkeiten staatlicher Einflussnahme. Smolka hat gezeigt, wie Manteuffels Gesetzentwurf „zum Schutze und zur Fürsorge für deutsche Auswanderung und Kolonisation" von 1850 zur Unionspolitik gehörte und das gleiche Schicksal erlebte[19]. So kam der auf die begrenzten preußischen Möglichkeiten bezogene Entwurf von der Heydts zum Zuge. In den interministeriellen Gesprächen über ein Auswanderungsgesetz entwickelte sich unter maßgeblichem Einfluss des Handelsministeriums eine neue Auswanderungspolitik, der sich dann in einzelnen Punkten die übrigen deutschen Staaten anschlossen. Diese Auswanderungspolitik lässt sich am ehesten als Teil der antirevolutionären Sozialpolitik begreifen, will man sie in die allgemeine Politik der Manteuffel-Regierung einordnen. Auf jeden Fall beziehen sich die preußischen Regelungen der folgenden Jahre auf wesentlich mehr, als Smolkas Einordnung als gewerbepolizeilich vermuten lässt.

Der deutschen wie der amerikanischen Öffentlichkeit gemeinsam war die Anteilnahme am Schicksal der Auswanderer, in Deutschland über die Auswanderungsvereine und die Auswandererzeitungen hinaus und in den USA über die Deutschen Gesellschaften und die deutschsprachige Presse hinaus. Die preußische wie die US-Regierung wussten um die die Öffentlichkeit

---

[16] Kamptz am 16.6.1854 an Manteuffel, GStA Berlin, Mf 105 AA III.HA Rep. 1 Nr. 11 Vol. 10.

[17] Westphalen und von der Heydt am 22.9.1854 an Manteuffel, a.a.O.

[18] Der Württembergische Gesandte in Berlin von Linden am 12.6.1855 an Manteuffel, GStA Berlin, Mf 106 AA III.HA Rep. 1 Nr. 11 Vol. 12.

[19] *Georg Smolka*: Die Auswanderung als politisches Problem in der Ära des Deutschen Bundes (1815–1866), Speyer 1993, S. 228–251.

I. Die preußische Auswanderungspolitik und die USA 131

bewegenden bei der Auswanderung auftretenden Übelstände, „wodurch Tausende von deutschen Auswanderern nach den Vereinigten Staaten, teils bei der Überfahrt, teils nach der Ankunft in den dortigen Häfen in Elend und Untergang geraten"[20]. Obgleich sich beide Regierungen mit dem Schutz derselben Auswanderer beschäftigten, ging dies Thema nur selten und nur am Rande in die Verhandlungen beider Regierungen ein. Die USA und Preußen erließen Gesetze, um die Auswanderung zu regulieren. Sie nahmen bei Gesetzgebung und Ausführung der Gesetze von einander Notiz, aber beeinflussten ihre gegenseitige Auswanderer-Politik nicht unmittelbar.

Sicher unterschieden sich die Interessen beider Staaten bei der Auswanderung aus Mitteleuropa und ihre Möglichkeiten, auf den Auswanderungsprozess Einfluss zu nehmen. Die US-Administration begünstigte die Auswanderung in Richtung USA und hatte zuletzt 1847 und 1848 Gesetze zugunsten der Verbesserung der Transportbedingungen auf Auswandererschiffen erlassen. Rechtlich fühlte sich die Union zunächst nur zuständig für die auswärtigen Aspekte der Einwanderung und überließ die übrigen Probleme den US-Einzelstaaten, vor allem New York. Die preußische Regierung besaß demgegenüber gar keine Möglichkeit, den Seetransport entscheidend zu beeinflussen, da von preußischen Ostseehäfen zu wenige Auswanderer abfuhren; und bei den möglichen Maßnahmen zum Schutz der Auswanderung lehnte sie jedes Vorgehen ab, das die Auswanderung fördern könnte. Gerade aus diesen Bedenken heraus beschäftigte sich die preußische Regierung erst verhältnismäßig spät mit der Regulierung der Auswanderung. Erst nachdem schon von Bremen und Hamburg Regelungen zur besseren Einrichtung der Auswandererschiffe und der Verproviantierung ergangen waren und Württemberg, Baden, Nassau und Hessen-Darmstadt Vorschriften für Agenten zur Vermittlung von Auswanderungsverträgen aufgestellt hatten und das Reichsgesetz „den Schutz und die Fürsorge für deutsche Auswanderung betr." vom 15.3.1849 unausgeführt blieb, arbeitete die preußische Regierung 1849 bis 1853 einen Gesetzentwurf zum Auswanderungswesen aus.

Federführend bei den interministeriellen Verhandlungen war Handelsminister von der Heydt. Daneben beteiligten sich intensiv Ministerpräsident und Minister der auswärtigen Angelegenheiten von Manteuffel und Innenminister von Westphalen. Bei diesen Gesprächen wurde das Innenministerium in der Regel von Dr.Gaebler vertreten, der seine Erfahrungen aus dem Verwaltungsrat des „Vereins zur Centralisation deutscher Auswanderung und Colonisation" einzubringen vermochte. Der Jurist Dr. Gaebler

---

[20] Gerolt in seinem Promemoria vom 19.9.1855 als Anlage zu seinem Schreiben vom 20.9.1855 an Manteuffel, GStA Berlin, Mf 106 AA III.HA Rep. 1 Nr. 11 Vol. 12.

war zwar im Polizeipräsidium auch für politische Flüchtlinge zuständig, engagierte sich aber in den interministeriellen Gesprächen für diesen Aspekt der Auswanderung, der in dem Gesetzentwurf ohnehin keine Rolle spielte, überhaupt nicht. Überdies wechselte er 1854 als Regierungsrat in die Admiralität.

Das Kriegsministerium schaltete sich schon bei den Gesprächen über den ersten Entwurf 1851 ein, um neben dem Gedanken des Schutzes und der Fürsorge für preußische Auswanderer stärker Maßnahmen berücksichtigt zu sehen, die der zunehmenden heimlichen Auswanderung zur Umgehung der Militärpflicht entgegenwirkten. Es sah sich von der Verfassung ausdrücklich dazu ermächtigt. Während die oktroyierte Preußische Verfassung 1848 kurz und klar in Artikel 10 bestimmte „Die Freiheit der Auswanderung ist von Staats wegen nicht beschränkt", verfügte die revidierte Preußische Verfassung 1850 in Artikel 11 „Die Freiheit der Auswanderung kann von Staatswegen nur in Bezug auf die Wehrpflicht beschränkt werden." Kriegsminister Stockhausen verlangte 1851 im Interesse der Wehrpflicht sogar, dass die preußischen Konsuln in Bremen und Hamburg die Auswandererschiffe vor der Abfahrt durchsuchten[21]. In einem von der 13. Landwehr-Brigade vorgelegten „Bericht über das Ersatz-Aushebungsgeschäft pro 1850" hieß es[22]: „Einzelne Leute noch auf den Auswandererschiffen zu arretieren, ist zwar geglückt, jedoch gehen viele unangefochten durch. ... Die Polizei gibt jeder Requisition von hier aus bereitwillig Folge, es liegt also nicht an ihr, sondern daran, dass die Auswanderungsschiffe nicht vorher durch die betreffenden Consuln untersucht werden." Die entsprechende Forderung wehrte Manteuffel ab, indem er sie als mit den Aufgaben und Möglichkeiten der preußischen Honorarkonsuln für unvereinbar erklärte[23].

Das Kriegsministerium stieß mit seinem Interesse an einer stärkeren Auswanderungskontrolle nicht einmal bei Innenminister Westphalen auf Unterstützung. Westphalen und Pommer-Esche als Vertreter des Handelsministers sahen kein besonders dringendes Bedürfnis[24], „der Auswanderung militärpflichtiger Personen durch beschränkende Maßregeln entgegenzutreten." Das Kriegsministerium nahm bald nicht mehr an den interministeriellen Beratungen zum Auswanderungsgesetz teil, weil kein Interesse bei den übrigen Ministerien bestand, die Auswanderungskontrolle im militärischen Interesse im Auswanderungsgesetz zu verankern. Die tatsächlich in den fünfziger Jahren andauernd relativ geringe Anzahl geflohener preußischer Militär-

---

[21] Stockhausen am 19.11.1851 an Manteuffel, GStA Berlin, Mf 104 AA III.HA Rep. 1 Nr. 11 Vol. 8.
[22] Zit. von Stockhausen, a.a.O.
[23] Manteuffel am 1.12.1852 an Stockhausen, a.a.O.
[24] Westphalen und Pommer-Esche am 5.7.1852 an Manteuffel, a.a.O.

I. Die preußische Auswanderungspolitik und die USA 133

pflichtiger ließ dies Anliegen ohnehin als sekundär erscheinen. Die Flucht vor der preußischen Wehrpflicht scheint erst in den sechziger Jahren erheblich angestiegen zu sein. 1862 verließen 23,6% der Auswanderer Preußen ohne Entlassungsurkunde, und 1865 wanderten 31,7% heimlich aus[25].

Andererseits geriet das Verhältnis der in die USA geflohenen Militärpflichtigen zum preußischen Staat, wenn sie nach Preußen zurückkehrten, zum Dauerthema der preußisch-amerikanischen Beziehungen. Besonders widmeten sich ihm die US-Gesandten Barnard (1850–1853) und Wright (1857–1861 und 1865–1867), und im Zusammenhang mit den Kapiteln über deren Tätigkeit wird das Problem der geflohenen Militärpflichtigen besonders vorzustellen sein. Das Justizministerium nahm gelegentlich Anteil an den Gesetzes-Beratungen, da es sich für die Flucht von Verbrechern im Zuge der zunehmenden heimlichen Auswanderung interessierte. Dieses Problem wurde jedoch aus dem Auswanderungsgesetz-Entwurf herausgelassen und beschäftigte die Regierungen Preußens und der USA in den speziellen Verhandlungen über den Auslieferungsvertrag. Dem Auslieferungsanliegen widmet sich der Abschnitt über die preußisch-amerikanischen Verträge Anfang der fünfziger Jahre.

Der Entwurf des preußischen Auswanderungsgesetzes konzentrierte sich also schließlich auf den Auswanderungsschutz. Um schon vor der Fertigstellung des Auswanderungsgesetzes die Auswanderer besser zu schützen, wies Manteuffel 1850 auf Anregung von der Heydts die preußischen Konsuln in den Auswandererhäfen von Hamburg bis New York an, „solche Fälle, in denen preußische Auswanderer durch Unternehmer oder Agenten übervorteilt, oder in denen sie von diesen unbillig und rücksichtslos behandelt werden, möglichst genau festzustellen und hierher zur Anzeige zu bringen."[26] Nach einer solchen Anzeige erwirkte das Handelsministerium etwa, dass ein Koblenzer Auswanderungsunternehmen, das rund 120 Auswanderern in Preußen ungültige Weiterbeförderungskarten von New Orleans nach Texas verkauft hatte, den Auswanderern die Weiterbeförderungskosten zu erstatten hatte[27].

---

[25] *T. Bödiker*: Die preußische Auswanderung und Einwanderung seit dem Jahre 1844, Düsseldorf Mai 1879, S. 50.

[26] Circular-Erlaß Manteuffels an die Generalkonsuln von Antwerpen, London, Rotterdam, Hamburg und New York und den Konsul von Bremen und den Konsulats-Verweser von Le Havre vom 30.4.1850, GStA Berlin, Mf 103 AA III.HA Rep. 1 Nr. 11 Vol. 6.

[27] Erklärung von 22 Auswanderern in New Orleans vom 16.12.1851, beglaubigt vom Friedensrichter und dem Präsidenten der Deutschen Gesellschaft, Anlage zum Bericht von Pommer-Esche, Handelsministerium, vom 28.6.1852 an Manteuffel über die Einzahlung des Betrages durch die Firma Geilhausen, Koblenz. GStA Berlin, Mf 104 AA III.HA Rep. 1 Nr. 11 Vol. 8.

Auch wenn der preußische Staat bei den Weiterbeförderungsbetrügereien einzelner in Deutschland arbeitender Transportunternehmen und ähnlichen Fällen schon jetzt zu helfen vermochte, so wurde doch mit den Erfahrungsberichten der Konsuln besonders sichtbar, wie dringend das regulierende Eingreifen des Staates war, um die Auswanderer noch besser zu schützen und unseriös arbeitende Transportunternehmen stärker abzuschrecken. Dass es bei dem Vorgehen gegen einzelne Transportunternehmer oder Transportagenten zugleich um das Ansehen des preußischen Staates ging, machte ein Beschwerdeschreiben eines Detroiter Deutschamerikaners deutlich, der seinen Klagen über einen Kölner Agenten hinzufügte, da „man auch hier geneigt ist, böse von Preußen zu urteilen, so glaubt man, so etwas geschehe mit Wissen der Regierung ...".[28] Vor dem Inkrafttreten des geplanten Gesetzes konnte der Staat zunächst nur begrenzt auf die Auswanderungsunternehmer und deren Agenten Einfluss nehmen: auf alle durch eine strengere Aufsicht und auf die ausländischen auch schon bei der Konzessionsvergabe in Preußen, da diese im Unterschied zu den inländischen nach der Gewerbeordnung von 1845 einer Konzession der Regierungen bedurften. Bei den ausländischen Transportunternehmern schlug sich die neue preußische Auswanderungspolitik also dadurch nieder, dass das Handelsministerium auf der Grundlage der Erfahrungen der Konsuln die Konzessionsanträge wesentlich kritischer prüfen ließ, nur noch befristete Konzessionen erteilte und diese möglichst nur noch gegen Kaution.

Bei der Entwicklung der neuen Auswanderungspolitik und des Auswanderungsrechtes hatten die Erfahrungen der Regierung mit den Konsulaten in den Hauptzielgebieten der Auswanderer zentrales Gewicht, etwa die Erfahrungen der Konsulate bei der Aufgabe, im Falle von Klagen von Auswanderern zu ermitteln. Das Ministerium der auswärtigen Angelegenheiten erkannte die wachsende Bedeutung der Konsulate für die Auswanderer im Ausbau des konsularischen Systems in den USA an, wie im vorangehenden Kapitel zum preußischen Vertretungswesen in den USA gezeigt ist.

Die preußischen Vertretungen in den USA übten mit ihrem Erfahrungspotential indirekt Einfluss auf die Formulierung der preußischen Auswanderungspolitik aus; aber auch die vom preußischen Ministerresidenten Gerolt und aus der Deutschen Gesellschaft in New York der preußischen Regierung vorgebrachten weitreichenden Anträge zur Auswanderung verfehlten ihre Wirkung nicht, wenn sie auch nur das Problembewusstsein wachhielten. Diese Anträge zielten vor allem darauf, das Los der Auswanderer nach ihrer Ankunft in New York grundlegend zu verbessern. Gerolt richtete bei

---

[28] Thelen, Detroit, am 29.8.1849 an die Regierung in Köln, abschriftlich als Anlage zum Schreiben des Handelsministeriums vom 16.4.1850 an Manteuffel, GStA Berlin, Mf 103 AA III.HA Rep. 1 Nr. 11 Vol. 6.

I. Die preußische Auswanderungspolitik und die USA

seiner Denkschrift von 1851[29] die Aufmerksamkeit einmal nicht auf die erfolgreichen deutschen Auswanderer, die für die Deutschland Verlassenden im Mittelpunkt standen, sondern auf die Schattenseiten der Auswanderung, unter denen viele Auswanderer bei ihrer Ankunft in den USA litten. Manteuffel fasste Gerolts Darstellung zur Situation der Auswanderer 1851 prägnant zusammen, wenn er formulierte, dass „die deutschen Auswanderer in New York noch immer einem weit ausgedehnten Systeme von Betrügereien seitens dortiger Speculanten" unterlagen, „denen, bei der völligen Teilnahmslosigkeit der dortigen Behörden, die daselbst bestehende Deutsche Gesellschaft nicht in ausreichender Weise entgegenzutreten vermag."[30] Gerolt setzte sich in seiner Stellungnahme, die an den Berliner Auswanderungsverein weitergereicht wurde, dafür ein, dass dieser Verein die Deutsche Gesellschaft New York bei ihrer Tätigkeit als Auswandererhilfsorganisation so unterstützte, dass sie mit besserer personeller, räumlicher und finanzieller Ausstattung den deutschen Auswanderern noch wirksamer zu helfen vermöchte. Manteuffel hielt diesen Vorschlag für sinnvoll[31]; da aber der rein privat finanzierte Auswanderungsverein nicht über die nötigen Geldmittel verfügte und Manteuffel angesichts der finanziellen Lage der preußischen Regierung verständlicherweise staatliche Zuschüsse ablehnte, verpuffte der Vorschlag, wenn er auch den Verantwortlichen die Schwierigkeiten der Auswanderer einmal mehr ins Bewusstsein rückte.

Noch schärfer als Gerolt in seinem allgemein gehaltenen Bericht kritisierte der New Yorker praktische Arzt Dr. Tellkampf im November 1851 in seiner detaillierten Darstellung die Lebensbedingungen der deutschen Einwanderer in New York. Dr. Theodor Tellkampf, seit 1839 in den USA, stand mit Alexander von Humboldt wegen seines Kampfes gegen die Einzelhaft in Kontakt. Er trat noch einmal im Sezessionskrieg hervor, als ihn General Fremont zum Oberstabsarzt der Westlichen Armee berief. Mit der Lage der deutschen Auswanderer in New York machte er sich durch seine jahrelange Tätigkeit in der Deutschen Gesellschaft vertraut, unter anderem in deren Verwaltungsrat 1851 bis 1853, und vor allem durch seine Leitung des Emigrant Hospital auf Wards Island bei New York 1849/50. Er hatte Anfang 1851 dem US-Geschäftsträger in Berlin Fay wegen der Lage der Auswanderer auf den Auswandererschiffen aus englischen Häfen berichtet, und nun nutzte auch Gerolt die Erfahrungen von Dr. Tellkampf und dazu seinen eigenen Erfahrungsschatz, um sich erneut in das interministerielle Gespräch über die preußische Auswanderungspolitik zugunsten der USA-Auswanderer einzuschalten.[32]

---

[29] Gerolt am 19.9.1851 an Manteuffel, GStA Berlin, Mf 104 AA III.HA Rep. 1 Nr. 11 Vol. 8.
[30] Manteuffel an Westphalen am 17.11.1851, Entwurf, a.a.O.
[31] A.a.O.

Parallel zur Kritik in der Rudolstädter Auswanderer-Zeitung an dem Auswanderungswesen in New York meldete sich Gerolt im Dezember 1851 mit der Denkschrift von Dr. Tellkampf in Berlin erneut zu Wort. Tellkampf beschrieb die Betrügereien, denen unkundige Einwanderer in New York von der Ankunft bis zur Arbeitssuche in den Intelligence Offices (Arbeitsvermittlungsbüros) und in anderen Emigrant forwarding houses begegneten, und stellte das Schicksal derer dar, die sich durch Arbeitsverträge von Projekten wie dem Erie-Kanal und der Panama-Eisenbahn anziehen ließen. Er beschrieb die Situation der Kinder, der Arbeitsunfähigen, der Obdachlosen, die auf die Hütten des Emigrant Refuge auf Wards Island angewiesen waren, und der Kranken, die sofort bei ihrer Ankunft – etwa wegen Schiffsfieber (Typhus) – in das überfüllte Marine-Hospital für Quarantäne-Fälle auf Wards Island eingeliefert wurden oder die später erkrankt waren und als minderbemittelt mit dem Emigrant Hospital auf Wards Island vorlieb nehmen mussten. Tellkampf setzte sich im Interesse der kranken deutschen Auswanderer, die sich nicht privat behandeln lassen konnten, für „die Gründung eines Hospitals für Deutsche" und im Interesse der Arbeitsfähigen für eine bessere Arbeitsvermittlung ein. Er anerkannte die vielfältige Informationstätigkeit der privat organisierten Deutschen Gesellschaft und des vom Staat New York 1847 eingesetzten Board of Commissioners of Emigration, in dem auch der Vorsitzende der Deutschen Gesellschaft automatisch Mitglied war. Aber er schätzte diese Hilfe nach seinen Erfahrungen als zu gering ein, um unseriös arbeitenden Intelligence Offices das Wasser abzugraben. Dem Board of Emigration, der auch für die Einwanderer-Einrichtungen auf Wards Island im East River verantwortlich zeichnete, warf Tellkampf noch dazu vor, dass die Mehrzahl seiner Commissioners unter dem Einfluss von „Privat- und Partei-Rücksichten" ständen und notwendige Verbesserungen zugunsten der Auswanderer unterließen.

Der zu gleicher Zeit wie Tellkampf aus New York berichtende Hesse, der neu ernannte Generalkonsul für Mittelamerika[33], erkannte immerhin an, die Commissioners „bieten alles auf, um den heillosen Betrügereien und systematischen Ausbeutungen ein Ende zu machen, unter welchen alle hiesigen Einwanderer leiden." Den bisherigen Erfolg des Auswanderer-Rates schätzte er wie Tellkampf als unbefriedigend ein.

Tellkampf beklagte wie die preußischen Konsuln und Gerolt, dass die zum Schutze der Auswanderer in den USA bestehenden Gesetze „jetzt täg-

---

[32] Bericht von Dr. Tellkampf vom 24.11.1851, Anlage zum Schreiben Gerolts vom 1.12.1851 an Manteuffel, GStA Berlin, Mf 104 AA III.HA Rep. 1 Nr. 11 Vol. 8.

[33] Bericht Hesses aus New York vom 8.11.1851 an Manteuffel, GStA Berlin, Mf 104 AA III.HA Rep. 1 Nr. 11 Vol. 8. Generalkonsul Hesse war zwar nicht für New York zuständig, aber hielt sich auf seiner Reise in seinen Amtsbezirk Mittelamerika in New York auf und gab dann eine Stellungnahme ab.

lich umgangen und übertreten werden". Wie hilflos die Emigranten im Klagefall gegenüber Reedern, Maklern, Eignern von Intelligence Offices und „einzelnen höheren und niederen Beamten hiesiger Behörden" waren, wusste Tellkampf vor allem von Dr. Ludewig, dem Sekretär der Deutschen Gesellschaft und „Rechtskonsulenten" des Preußischen Generalkonsuls Schmidt. Um eine wirksamere und von amerikanischen Parteiinteressen unabhängige Vertretung von Auswanderern zu erreichen, griff Tellkampf den Anfang der fünfziger Jahre vielfach in der deutschen Öffentlichkeit diskutierten Vorschlag auf, in wichtigen Aus- und Einwanderungshäfen Regierungskommissare der Auswandererländer zu bestellen. Er verfolgte nicht den von Gerolt in seinem Bericht vom September vertretenen Gedanken eines von der Deutschen Gesellschaft und dem Berliner Auswanderungs-Verein gemeinsam für die deutschen Einwanderer in New York bestellten Emigrations-Agenten weiter, eines privaten Vertreters, sondern wünschte, dass „von den bei der Auswanderung besonders beteiligten Regierungen Commissioners ernannt würden, um allgemeine Maaßregeln zum besten der Emigranten durchzusetzen." So sollte auch „die Königlich Preußische Regierung einen Kommissar nebst dem nötigen Hilfspersonal" in New York einsetzen, „um die bestehenden Mißbräuche und Uebel, worunter die Emigranten zu leiden haben, ... zu beseitigen." Andere Regierungen würden folgen.

Im Februar 1852 variierte Tellkampf seinen Vorschlag geringfügig – entsprechend dem Diskussionsstand in der Deutschen Gesellschaft, indem er sich bei der preußischen Regierung für die „Ernennung eines Consular-Agenten oder eines Regierungs-Commissars ... für eine günstige Gestaltung der Auswanderungs-Verhältnisse" verwandte[34]. Ähnliche Vorschläge wiederholten sich, so 1855 erneut durch einen New Yorker Deutschamerikaner, der seine Vorschläge über die sächsische Regierung an Manteuffel herantrug.[35]

Das Hilfeersuchen aus der Deutschen Gesellschaft New York bei der preußischen Monarchie ist besonders erstaunlich angesichts der in der deutschsprachigen Presse der USA und in den deutschen Gesellschaften von New York bis Cincinnati nach der gescheiterten Revolution so vielfach geäußerten Kritik an den gegenrevolutionären Regierungen Mitteleuropas. Das aus dem Antrag sprechende Vertrauen in die Effektivität der preußischen Verwaltung muss jedenfalls stärker gewesen sein als das Bewusstsein der finanziellen und außenpolitischen Möglichkeiten Preußens.

---

[34] Auszug aus dem Schreiben von Dr. Tellkampf vom 25.2.1852 als Anlage zum Bericht Gerolts vom 8.3.1852 an Manteuffel, GStA Berlin, Mf 104 AA III.HA Rep. 1 Nr. 11 Vol. 8.
[35] Schreiben des sächsischen Gesandten in Berlin vom 19.10.1855 an Manteuffel, GStA Berlin, Mf 106 AA III.HA Rep. 1 Nr. 11 Vol. 12.

Ganz realistisch wandte sich Generalkonsul Hesse gegen die in der Deutschen Gesellschaft diskutierte Bestellung eines preußischen Beamten für Einwanderer in New York: „Ein solcher Beamter würde völlig ausweglos sein und seine Committenten nur kompromittieren können."[36] Ganz abgesehen von diesen praktischen Erwägungen stand die Rechtslage dem Einsatz von Auswanderungskommissaren in einem fremden Staat im Wege, da zum Beispiel in den USA die Überwachung der Ein- und Auswanderung Sache der inneren Verwaltung des einzelnen US-Staates war. Die preußische Regierung strebte zwar an, durch die Umwandlung von Honorarkonsulaten in den USA in Berufskonsulate im Zuge der Reform des Konsulatswesens den Konsul mehr Möglichkeiten zur Unterstützung der Auswanderer zu geben, und unternahm 1852 einen Anlauf zugunsten von Zollvereinskonsulaten, und es übertrug den Konsuln später zusätzliche Aufgaben bei der Ausführung des Auswanderungsgesetzes; aber es achtete auch hierbei darauf, alles zu vermeiden, was als Einmischung in die inneren Angelegenheiten eines anderen Staates zu werten gewesen wäre. Manteuffel lehnte die beantragten „ungewöhnlichen Befugnisse" ab; denn selbst wenn fremde Regierungen den preußischen Konsul in ihren Seestädten „eine amtliche Mitwirkung bei der Beaufsichtigung des Auswanderungs-Wesens einräumten, so steht doch nicht zu erwarten, dass diese Mitwirkung die preußischen Consul mehr, als ihre jetzige Stellung befähigen würde, einer mangelhaften Ausführung der bestehenden Anordnungen abzuhelfen. Auch gegenwärtig wird es der Kenntnis der Preußischen Consul nicht entgehen, wenn und inwieweit sich solche Mängel zeigen. Die Consul werden namens ihrer Regierung auf deren Abhilfe antragen können oder dem a.(uswärtigen) M.(inisterium) Anzeige machen, damit auf diplomatischem Wege die Abhülfe herbeigeführt werde. Als Mitglieder der ausführenden Behörde würden die Consul eine größere Wirksamkeit nicht ausüben können, im Gegenteil leicht mit den übrigen Mitgliedern in Mißhelligkeiten geraten."[37]

Die Anträge Gerolts und der Deutschen Gesellschaft hatten insofern Erfolg, als sie den Ausbau des Konsularwesens förderten und die Erweiterung der konsularischen Aufgaben zugunsten der Auswanderer im Rahmen des Konsular-Reglements, wie es Handelsminister August von der Heydt vertrat. Eine Verbindung zwischen preußischem Staat und Auswandererbetreuung in New York kam dann dadurch doch noch zustande, dass der preußische Vizekonsul in New York Eduard von der Heydt 1854 bis 1864 in der Deutschen Gesellschaft in New York mitarbeitete, unter anderem im Verwaltungsrat, im Wohlfahrtsausschuss und als Präsident der Gesellschaft

---

[36] Hesse an Manteuffel am 8.11.1851, a.a.O.
[37] Manteuffel an von der Heydt am 22.7.1852, GStA Berlin, Mf 104 AA III.HA Rep. 1 Nr. 11 Vol. 9.

1863/64. Als Präsident der Deutschen Gesellschaft war er automatisch Commissioner im Board of Emigration des Staates New York. Die Deutsche Gesellschaft übte ihren Einfluss auf die Auswanderer-Verwaltung des Staates New York jedoch nicht nur durch ihren Präsidenten aus, sondern auch dadurch, dass der Staat seit den fünfziger Jahren in den Büros der Emigrations-Kommission deutsche Unterbeamte anstellte und die von ihr beschäftigen deutschen Ärzte vermehrte.

Die Anträge provozierten zugleich die Frage, wie weit sich denn der Auswandererschutz Preußens erstrecken sollte. Die Auswanderer, die preußische Untertanen blieben, hatten ohnehin Anspruch auf dauernden Schutz des preußischen Staates. Viele Auswanderer scheuten sich, wie Manteuffel betonte[38], „sofort auf ihr bisheriges Untertanen-Verhältnis zu verzichten und ziehen es vielmehr vor, zunächst mit gewöhnlichen Reisepässen sich nach überseeischen Ländern zu begeben, um, wenn sich ihre Hoffnungen dort nicht erfüllen, ungehindert nach ihrer Heimat zurückkehren zu können." Zahlen darüber, wie das Verhältnis von Auswanderern, die Preußen blieben, und denen, die ihr Untertanen-Verhältnis aufgaben, liegen nicht vor. Schwieriger als bei denen, die Preußen blieben, war jedenfalls die Frage zu entscheiden, wie weit sich der Staat gegenüber den Auswanderern rechtlich binden sollte, die aus dem preußischen Untertanen-Verband ausgeschieden waren. Das zum 1.1.1854 in Kraft gesetzte Auswanderungsrecht entzog sich dieser Schwierigkeit, indem es sich einfach darauf beschränkte, den in Preußen erfolgenden Abschluss des Transportvertrages zwischen dem Auswanderer und dem Transportunternehmer oder dem Transportagenten und die Einhaltung der in Preußen eingegangenen Verbindlichkeiten im Interesse der Auswanderer stärker zu überwachen. Es zählte also nicht, ob der Beschwerdeführer noch die preußische Staatsangehörigkeit besaß oder sie überhaupt jemals besessen hatte, sondern nur, ob der Auswanderer seinen Vertrag in Preußen abgeschlossen hatte. Der Auswandererschutz begann damit, dass die jeweilige Bezirksregierung die Vertragsformulare der in Preußen tätigen Transportunternehmen überprüfte, die Angleichung der Vertragsbestimmungen an die Regelungen des Handelsministeriums sicherstellte und die preußischen Instanzen sich insgesamt um die Einhaltung kümmerten, ganz gleich wer der Vertragsnehmer war.

Der grundlegende Teil des Auswanderungsrechtes war das Gesetz über die Beförderung von Auswanderern vom 7.5.1853[39], das überall in Deutschland positiv kommentiert wurde. Es konzentrierte sich abweichend von dem ersten ausführlichen Gesetzentwurf darauf, die Konzessionspflicht auf alle

---

[38] Manteuffel an von der Heydt und Westphalen am 14.2.1852, GStA Berlin, Mf 104 AA III.HA Nr. 11 Vol. 8.

[39] Gesetz-Sammlung für die Königlichen Preußischen. Staaten, 1853, S. 729 f.

Transportunternehmer und ihre Agenten auszudehnen und die Auferlegung einer Kaution möglich zu machen. Wie weit sich auf dieser Grundlage die Einwirkungsmöglichkeiten des preußischen Staates erstreckten, machten erst die gleichzeitig mit dem Gesetz zum 1.1.1854 in Kraft getretene Ausführungsverordnung deutlich, das Reglement vom 6.9.1853, und die Nachträge zum Reglement. Das Reglement steckte den Rahmen für die Geschäftsführung der Transportunternehmer und Agenten ab. Es machte zugunsten der Militärpflicht und der Verbrechens-Bekämpfung den Transport-Vertrag der Auswanderer abhängig vom Auswanderungs-Konsens der Behörden. Es klärte im Interesse der Auswanderer die Haftung. Es übertrug den Konsuln die Ermittlung der Entschädigungs-Forderungen. Schließlich beschränkte es die Konzessions-Erteilung zum Ärger britischer, niederländischer und französischer Transport-Unternehmer zunächst auf deutsche und belgische Häfen, da erfahrungsgemäß nur auf den von dort auslaufenden Schiffen der Auswanderer-Schutz garantiert war.

Genauso wichtig wie die Haftung des den Beförderungs-Vertrag abschließenden Unternehmens für die Erfüllung aller Vertragsbedingungen, auch durch den Reeder und den Kapitän, war die Einschaltung der Konsulate als vorläufige Ermittlungsbehörden bei Klagen von Auswanderern im Rahmen des Konsular-Reglements vom 17.9.1796[40]; denn nur so war eine unmittelbare Verfolgung der sich aus der Haftung ergebenden Auswanderer-Ansprüche gesichert. Diese von Handelsminister von der Heydt durchgesetzte Auswanderer-Schutzregelung bedeutete angesichts der Richtung des Auswandererstromes vor allem eine zusätzliche Arbeitsbelastung für Generalkonsul Schmidt in New York. Er nahm seine Aufgabe so ernst, dass er sich selbst dann mehrfach an Berlin wandte, wenn es darum ging, dass ein Kapitän dem Auswanderer nicht den zweitägigen Aufenthalt auf dem Schiff nach Ankunft im Hafen zugestanden hatte. Ein solcher Aufenthalt war den Auswanderern im Sinne des Gutachtens von Tellkampf zum Schutz gegen die berüchtigten Auswandererunterkünfte zuerkannt worden. Angesichts der wachsenden Beanspruchung des Generalkonsulates zugunsten des Auswanderer-Schutzes war es wichtig, dass Manteuffel Schmidt 1855 einen Vizekonsul zur Seite stellte, nämlich Eduard von der Heydt, den Sohn des Handelsministers August von der Heydt.

Mit der Regelung, Konzessionen praktisch auf Auswandererfahrten ab Bremen, Hamburg und Antwerpen zu beschränken, sind die Verkehrsverhältnisse zwischen Preußen und den USA berührt, die im Zusammenhang mit den wirtschaftlichen Beziehungen näher betrachtet werden. Hier ist nur

---

[40] Das Konsular-Reglement ist zuletzt abgedruckt bei Wolfgang Penkwitt: Preußen und Brasilien. Zum Aufbau des preußischen Konsularwesens im unabhängigen Kaiserreich (1822–1850), Stuttgart 1984.

I. Die preußische Auswanderungspolitik und die USA 141

anzumerken, dass die preußische Auswanderungs-Politik schon um des Auswanderungs-Schutzes willen den ohnehin bei den Auswanderern festzustellenden Trend begünstigte, sich mehr über deutsche Häfen einzuschiffen als über ausländische, obwohl die Reise in die USA über Le Havre oder Liverpool als die billigere reizte[41]. Preußische Konzessionen für von Rotterdam aus operierende Unternehmen oder für eine indirekte Beförderung – etwa von Hamburg über Liverpool nach New York – gab es auch in den nächsten Jahren nicht. Die dennoch von Hamburg aus besorgte indirekte Beförderung ging von selbst zurück und zwar wesentlich stärker als die Gesamtauswanderung, vermutlich weil sich die Zustände auf den von Liverpool auslaufenden Auswandererschiffen herumgesprochen hatten[42]. Frankreich unternahm auf die durch Preußen und dann entsprechend durch Bayern und Nassau erfolgte Diskriminierung Le Havres hin erhebliche Anstrengungen zugunsten des Auswanderer-Schutzes, beginnend mit dem Kaiserlichen Dekret vom 15.1.1855, und machte die deutschen Bedenken im Wesentlichen gegenstandslos; aber kein französisches Unternehmen bewarb sich zunächst um die mit strengen Auflagen verbundene preußische Konzession.

Angesichts der lange Zeit fortdauernden Klagen deutscher Auswanderer, welche sich über nicht-deutsche Häfen einschifften, beantragte Gerolt 1855, die indirekte Beförderung in die USA über Liverpool und allgemein die Einschiffung über nichtdeutsche Häfen zu verbieten[43]. Manteuffel ging darauf nicht ein angesichts der während des Krimkrieges selbstverständlichen außenpolitischen Rücksichten, sondern lehnte den Antrag unter Hinweis auf die zunehmenden Auswandererschutzbestrebungen im Ausland ab[44]. Von der Heydt ergänzte, dass bei wesentlich stärkerer Konzentration der Aus-

---

[41] Nach Dr. *Hübners* Jahrbuch für Volkswirtschaft und Statistik, 1854, S. 6, stieg der Anteil der deutschen Auswanderer, die ihren Weg über deutsche Häfen nahmen, zwischen 1849 und 1853 von 40,4% auf 59,5%.

[42] Die Hamburger „Börsenhalle" vom 21.1.1856 berichtete, dass, obwohl die direkte Beförderung von Hamburg aus von 1853 bis 1856 von 18585 auf 23822 Personen anstieg, die indirekte im gleichen Zeitraum von 10511 auf 1917 zurückging und drei von fünf Firmen, die die indirekte Beförderung über Hull und Liverpool besorgten, 1855 ihr Expeditionsgeschäft in Hamburg aufgaben. Diese Entwicklung vollzog sich, obwohl seriöse Hamburger Unternehmen ihr Möglichstes zum Schutz der Auswanderer auf der Route über Liverpool taten. Das Haus Valentin Lorenz Meyer schickte bei über Liverpool reisenden deutschen Auswanderergruppen manchmal Agenten zu ihrer Betreuung mit. Siehe dazu das Schreiben Schmidts aus New York vom 4.8.1854 an Manteuffel, GStA Berlin, Mf 105 AA III.HA Rep. 1 Nr. 11 Vol. 10.

[43] Denkschrift Gerolts vom 7.7.1855 an Manteuffel, GStA Berlin, Mf 106 AA III.HA Rep. 1 Nr. 11 Vol. 12.

[44] Manteuffel am 20.7.1855 und 9.6.1856 an Gerolt, a.a.O.

wanderung auf deutsche Häfen „die Reederei der deutschen Seehäfen nicht im Stand sein würde, den obwaltenden Bedürfnissen zu genügen."[45]

Mit außerpreußischen Staaten des Zollvereins und mit Bremen und Hamburg versuchte Preußen mehrfach vertraglich zu einheitlichen Maßnahmen zu kommen, im Norden durch Dr. Gaebler und im Süden durch von Gerolt. Sie scheiterten jedoch. Es setzte sich daraufhin die Tendenz von der Heydts durch, das Auswanderungswesen im Alleingang preußischerseits zu regeln und es den anderen Staaten selbst zu überlassen, wie weit sie Preußen folgten[46]. 1858 widmete sich der Bundestag entsprechend einem Beschluss von 1856 der Aufgabe, die Politik der deutschen Staaten gegenüber der Auswanderung anzugleichen, kam aber über die Feststellung des Ist-Zustandes in einem Ausschuß nicht hinaus[47]. Der bayerische Gesetzesvorschlag, die Auswanderung stärker zu kontrollieren, scheiterte vor allem an Bremen und Hamburg.

Die starke Orientierung der Nachbarstaaten an Preußen bei der Regulierung des Geschäftsbetriebes der Transport-Unternehmen und bei der Erteilung und Entziehung von Konzessionen bestätigte von der Heydts Kurs. Für die außerpreußischen Staaten war Auswanderungspolitik in Richtung auf die USA kaum möglich ohne Rücksprache mit Preußen. Schon angesichts des preußischen Vertretungswesens in den USA verfügte Preußen über einen Hintergrund an Informationen, mit dem außer Bremen kein Staat des Deutschen Bundes zu konkurrieren vermochte. Bremen konnte sich besonders dann erfolgreich einschalten, wenn es um Schifffahrtsinteressen ging.

Die ergänzend zu dem Reglement vom Handelsministerium erlassenen Bestimmungen gingen auf die Anregungen der Konsuln in den USA und Gerolts zurück. So verfügte das Handelsministerium nach jahrelangen Klagen von Auswanderern am 18.7.1854 ein Verbot des Verkaufs von Fahrkarten in Preußen für die Weiterbeförderung von den amerikanischen Häfen in das Landesinnere[48] und verbot im Nachtrag zum Reglement vom 19.1.1855 Transportverträge mit Selbstbeköstigung der Auswanderer auf den Schiffen. Diese letzte Bestimmung des Nachtrages entsprach genau der Rechtslage in Bremen; aber die zusätzlich in § 2 getroffene war eine Auf-

---

[45] Von der Heydt an Manteuffel am 28.4.1856, a.a.O.

[46] 1851 und 1854 fanden zwischen Preußen und Hannover, Oldenburg und den Hansestädten Verhandlungen über einen Vertrag zum Auswanderungswesen statt – Dazu der Bericht Dr. Gaeblers vom 17.12.1854 an Manteuffel, GStA Berlin, Mf 105 AA III.HA Rep. 1 Nr. 11 Vol. 11. – 1855 nach dem Tod Gaeblers sondierte Gerolt in Süddeutschland. Dazu der Bericht Gerolts vom 3.9.1855 an Manteuffel, GStA Berlin, Mf 106 AA III.HA Rep. 1 Nr. 11 Vol. 12.

[47] s. den Bericht Rickers Nr. 125 vom 14.7.1858, NA Wash., Mf 161/6.

[48] s. dazu den Jahresbericht des Generalkonsuls Schmidt für 1853, GStA Berlin, Mf 105 AA III.HA Rep. 1 Nr. 11 Vol. 10.

I. Die preußische Auswanderungspolitik und die USA 143

sehen erregende Neuerung. Sie erregte mehr Proteste bei Bremer Transport-Unternehmen als alle früheren Eingriffe des preußischen Staates in den Schiffstransport, und auch der preußische Generalkonsul in Bremen Delius erhob in einem Privatbrief an von der Heydt Bedenken gegen die Ausführbarkeit[49]; denn das Handelsministerium hatte entsprechend einer Anregung des Generalkonsuls Schmidt bei von der Heydt den Transportunternehmer angewiesen, von den dem Kapitän zustehenden Reisekosten die eine Hälfte bis nach der Reise zurückzubehalten und erst dann auszuzahlen, „wenn von den Passagieren keine begründeten Ansprüche oder Beschwerden geltend gemacht werden."[50]

Die angesichts dieser Bestimmung vielleicht erwartete Unterstützung aus den Hansestädten aus dem Geist der viel gerühmten Humanität der Organisation der hansestädtischen Auswanderung blieb aus, da sich die in diesen Handelskleinstaaten so entscheidenden Reeder zu betroffen zeigten. Schließlich kritisierte der belgische Gesandte in Berlin im Interesse der Antwerpener Transportunternehmen in einer Note an Manteuffel[51] den § 2 als unüblich und nicht durchzusetzen bei den Kapitänen, und er empfahl stattdessen das US-Gesetz zur Regulierung der Transporte von Passagieren in Dampfschiffen und anderen Fahrzeugen vom 3.3.1855. Manteuffel hatte der Belgischen Gesandtschaft – wohl im Sinne eines erneuten Einvernehmens – dies Gesetz zugestellt. Es bot im Gegensatz zur preußischen Regelung, die nur für einen beschränkten Bereich Gültigkeit beanspruchen konnte, den Vorteil, dass es den transatlantischen Verkehr praktisch einheitlich ordnete. Es regelte unter Androhung strenger Strafen die Verpflegung der Passagiere, verfügte ihre Schiffsbeköstigung als obligatorisch und machte Auflagen für die Unterbringung der Passagiere. Auch das amerikanische Gesetz stieß bei seiner Anwendung in der Folgezeit nicht auf ungeteilte Zustimmung hanseatischer Reeder, unter anderem dann, wenn US-Behörden entsprechend dem Gesetz gegen zu niedrige Zwischendecks auf hanseatischen Schiffen einschritten. Bis in die sechziger Jahre prangerten es hanseatische Zeitungen als Produkt der Fremdenfeindlichkeit an[52]. Aber von preußischer Seite kam keine Kritik.

Angesichts eines negativen Echos wie nie zuvor auf die neuen preußischen Auswandererschutz-Bestimmungen war von der Heydt wahrscheinlich froh, dass ihm das neue US-Gesetz die Möglichkeit bot, den umstritte-

---

[49] So von der Heydt in der Mitteilung vom 2.4.1855 an Manteuffel, GStA Berlin Mf 105 AA III.HA Rep. 1 Nr. 11 Vol. 11 Teil II.
[50] Nachtrag zum Reglement vom 19.1.1855, GStA Berlin, Mf 105 AA III.HA Rep. 1 Nr. 11 Vol. 11.
[51] Der belgische Gesandte am 20.4.1855 an Manteuffel, a.a.O.
[52] So noch durch die Bremer „Deutsche Auswanderer-Zeitung" vom 20.4.1863.

nen § 2 ohne Gesichtsverlust außer Kraft setzen zu können. Der Act to Regulate the Carriage of Passengers in Steamships and Other Vessels enthielt nach Meinung von der Heydts Bestimmungen, „welche geeignet erscheinen, einer humanen Behandlung der Auswanderer seitens der Kapitäne und der Schiffsmannschaft, sowie eine zureichende Verpflegung derselben während der Seereise sicherzustellen ..."[53] Die „bis auf weiteres" gültige Zurücknahme des § 2 schloss etwas unrühmlich vorläufig die Ausbildung des preußischen Auswanderungsschutzes ab, mit dem die Regierung Manteuffel die soziale Tradition des preußischen Staates insgesamt gesehen erfolgreich fortgesetzt hatte.

So unkoordiniert die USA und die westeuropäischen Auswandererländer ihre Auswandererpolitik betrieben, so ließ sich doch nicht verkennen, dass sie zusammen die Transportbedingungen für Auswanderer 1850 bis 1855 erheblich verbesserten und die Klagen deutscher Auswanderer abnahmen. Gerolt drängte weiterhin in Gesprächen und in Denkschriften auf eine bessere Organisation des Auswandererwesens[54], aber muss auch den Fortschritt gesehen haben. In den Augen des Bürgermeisters von New York Fernando Wood geschah in seiner Stadt inzwischen schon fast zu viel des Guten für die europäischen Einwanderer in die USA. Er verwies 1855 gegenüber der preußischen Gesandtschaft darauf, dass den eigenen Bürgern, die aus entfernten Gegenden der Union nach New York kämen, nicht „die freundliche Hilfe" zuteil würde, „die beständig und eifrig für die fremde Emigration aufgewendet" würde[55]. Dieses einseitige Aufrechnen entsprach der Sicht der seit 1855 im Staat New York herrschenden einwandererfeindlichen Knownothings und verwies auf den Umschwung in der öffentlichen Meinung zuungunsten der Emigranten.

Wenn der New Yorker Bürgermeister gegenüber Gerolt den in den USA erreichten Standard des Auswandererschutzes bedauerte, so sprach er damit zwar denjenigen an, der praktisch die Staaten vertrat, aus denen in der ersten Hälfte der fünfziger Jahre die größte nationale Gruppe kam; aber dieser hatte bei der Abfassung der US-Regelungen auf Bundes- wie auf einzelstaatlicher Ebene genau wie Schleiden nur eine Randrolle gespielt. Gerolt bezeichnete es in seinem Bericht vom 24.9.1854 an Manteuffel als eines

---

[53] Von der Heydt an Manteuffel am 23.4.1855, GStA Berlin, Mf 106 AA III.HA Rep. 1 Nr. 11 Vol. 12.

[54] Denkschrift mit „Ideen über die deutsche Auswanderung" vom 7.7.1855 als Anlage zum Schreiben an Manteuffel und der Bericht Gerolts vom 20.9.1855 an Manteuffel über eine Konferenz zur Auswandererfrage unter Vorsitz Westphalens, GStA Berlin, Mf 106 AA III.HA Rep. 1 Nr. 11 Vol. 12.

[55] Fernando Wood am 21.7.1855 an Grabow, Washington, ein Schreiben, das schon vorher an den US-Ministerresidenten Fay in Bern gegangen war, GStA Berlin, Mf 108 AA III.HA Rep. 1 Nr. 19 Vol. 1.

I. Die preußische Auswanderungspolitik und die USA

seiner vordringlichen Anliegen, in Washington Einfluss zu nehmen „zum Schutze der deutschen Auswanderung gegen die Drangsale und Missbräuche, welche die Auswanderer durch die indirekte Beförderung über fremde (nicht deutsche) Häfen stets ausgesetzt sind"[56], aber bei der Umsetzung dieses Anliegens erwiesen sich seine Einwirkungsmöglichkeiten neben den übrigen Interessenvertretern bei Kongress und Administration als recht begrenzt, wenngleich sich Preußen mit dem vom Kongress 1855 verabschiedeten oben erwähnten Gesetz zufrieden zeigte. Noch geringer als der Einfluss des preußischen Gesandten war der des US-Gesandten in Berlin, da sich die preußische Auswanderungspolitik im Wesentlichen interministeriell entwickelte und ein US-Vertreter sich erst dann zu informieren vermochte, wenn die Ergebnisse vorlagen. Überdies aktivierte erst die Pierce-Administration ihren Gesandten in Berlin und ihre Konsuln, sich um die Auswanderer aus Deutschland zu kümmern. Vroom wandte sich im Februar 1857 auf eine Zirkular-Note des Secretary of State Marcy hin wegen des Auswandererschutzes an Manteuffel[57]. Dieser informierte Vroom in seiner Antwort über die schon von der preußischen Regierung getroffenen Maßnahmen und vergaß dabei nicht, seiner Überzeugung Ausdruck zu verleihen, dass das Zielland der Auswanderer am meisten bewirken könnte. Die Initiative des New Yorker Politikers Marcy war für die Situation der Auswanderer aus dem Deutschen Bund bedeutungslos; aber sie drückte immerhin aus, dass die Pierce-Administration trotz aller Knownothings den Einwanderern gegenüber aufgeschlossen geblieben war.

Während der Rechtsrahmen für die Auswanderung in den USA und in Preußen von beiden Zentralen noch weitgehend eigenständig entwickelt wurde, ergab sich aus dem Alltag der Auswanderer immer wieder eine Vermittlung durch die beiderseitigen Vertretungssysteme. Die US-Vertretung in Berlin und die US-Konsulate beschäftigten sich kontinuierlich mit den Ansprüchen deutscher Staaten an Auswanderer aus der Zeit vor deren Auswanderung. Für die preußische Mission in Washington bedeutete die Zunahme der Preußen und übrigen Deutschen in den USA, dass sich ein Umfang an Kontakten ins Landesinnere entwickelte, wie ihn kaum eine andere preußische diplomatische Vertretung im Ausland aufzuweisen hatte. Der Erfahrungsschatz, der zum Beispiel dem preußischen Auswandererschutz zu Grunde lag, war vor allem aus solchen Kontakten mit den Deutschen Gesellschaften, anderen Vereinigungen der Deutschamerikaner und den amerikanischen Einwandererbehörden in den Hafenstädten gespeist.

---

[56] Gerolt in seinem Bericht vom 24.9.1854 an Manteuffel. GStAM, 2.4.1.I. Nr. 7871.
[57] Vrooms Schreiben vom 21.2.1857 als Anlage zu seinem Bericht Nr. 153 vom 23.2.1857 an Marcy. Antwort Manteuffels vom 16.3.1857 in einer Kopie als Anlage zum Bericht Vrooms Nr. 155 vom 24.3.1857. NA Wash., Mf 44/10.

Diejenigen, die auswanderten, wirkten also zunächst einmal auf die zwischenstaatlichen Vermittlungssysteme und regten dadurch auch die Zentralinstanzen in Berlin und Washington an, sich stärker mit dem Partnerstaat zu beschäftigen. Wenn der heutige Betrachter auf das Aktenaufkommen in der preußischen Zentrale in den fünfziger Jahren blickt, dann fällt ihm auf, dass es kein Ressort mehr gab, das sich nicht mit den USA beschäftigte. Auf der US-Seite widmeten sich jetzt neben dem State Department verstärkt das Treasury und der Postmaster General dem Verhältnis zu Preußen. Dies zunehmende Interesse beider Staaten füreinander ist nicht erklärbar ohne die Massenauswanderung. Unabhängig davon, wie die wachsende Aufmerksamkeit beider Staaten füreinander zustande gekommen ist, erstaunlich wirkt diese Entwicklung schon, wenn man berücksichtigt, wie umstritten und geschwächt sich die Beziehungen zwischen Berlin und Washington unmittelbar nach der gescheiterten Revolution darstellten.

II. Trotz aller Restaurationspolitik: Weiterentwicklung der Beziehungen zwischen Preußen und den USA

1. Die Politik der Washingtoner Königlichen Mission gegenüber Taylor- und Fillmore-Administration und die Nachwirkungen der gescheiterten deutschen Revolution in den USA

Der vom preußischen Ministerresidenten Gerolt angestrebten Verbesserung der preußisch-amerikanischen Beziehungen kam schon entgegen, dass sich der seit 1849 amtierende Whig-Präsident Zachary Taylor vorwiegend nach Mittelamerika hin orientierte und er sich in seiner Deutschland-Politik nur darum kümmerte, die Beziehungen zur gescheiterten Frankfurter Zentralgewalt abzubauen. Auf der anderen Seite in der preußischen Zentrale erregte die Amtsführung des Generals Zachary Taylor besonderes Interesse, nachdem seine Kriegführung im amerikanisch-mexikanischen Krieg so genau vom König, von seinem Hof, von Alexander von Humboldt und vom Generalstab verfolgt war[58]. Den Erwartungen, mit denen Gerolt bei seinem Antrittsbesuch am 22.12.1849 General Taylor als „Sieger von Monterey und von Buena Vista gegen eine viermal größere Macht des mexikanischen Heeres unter dem Befehl des Generals Santa Anna"[59] begegnete, entsprach

---

[58] Siehe den Bericht des Direktors der Ocean Steam Navigation Company Stephens bei *Richard Henry Stoddard*: The Life, Travels and Books of Alexander von Humboldt, New York 1859, S. 443 ff.

[59] So Gerolt in seinem Bericht an Schleinitz vom 24.12.1849, GStA Berlin, Mf 77 AA CB IC Nr. 15.

II. Trotz Restaurationspolitik: Weiterentwicklung der Beziehungen 147

die Amtsführung des Politikers Taylor nur zum Teil. Gerolt wurde sehr bald deutlich, dass der redliche und biedere Pflanzer aus dem Süden politisch schwach war und Secretary of State Clayton „die Seele des Cabinetts" bildete[60]. Dennoch konnte sich die Königliche Mission über ihr Verhältnis zur Whig-Regierung nicht beklagen. Gerolt hatte 1848/49, als sein Verbleiben im Amt unsicher erschien, viel Rückendeckung von der demokratischen Polk-Administration erfahren, und er gewann auch zu der neuen Administration sehr bald gute Beziehungen, vor allem zu Clayton. Mochte er auch bei Clayton „die nötigen Talente und Festigkeit" vermissen, „um der mächtigen Opposition der Demokratischen Partei die Spitze bieten zu können"[61], so hatte er die gegenüber Preußen vertretene pragmatisch orientierte Politik unbedingt zu begrüßen. Zur Abberufung des demokratischen Gesandten Donelson aus Frankfurt berichtete Gerolt die Äußerung Claytons nach Berlin, „dass er Herrn Donelson deshalb von Frankfurt abberufen habe, weil es ihm nicht aufgegangen sei, dass nach der Auflösung der Nationalversammlung die Centralgewalt eine feindliche Stellung gegen Preußen eingenommen habe, was Herr Donelson in seinen Berichten auszusprechen sorgfältig vermieden habe, und weil die Vereinigten Staaten vor allem das gute Einverständnis mit Preußen, zu welcher Macht sie stets Vertrauen und Freundschaft gehegt, aufrecht erhalten wollten."[62]

Während sich Gerolt geschickt aus den parteipolitischen Kontroversen in den USA heraushielt, geriet der Reichsgesandte Rönne, der über die Auflösung der Zentralregierung hinaus bis zum Februar 1850 in Washington weilte, mitten hinein. Hinter dem Antrag des demokratischen Senators Foote vom Januar 1850, wieder einen Gesandten zur „deutschen Bundesregierung" zu entsenden, sah Clayton, wie Gerolt nach Berlin berichtete, Rönne[63]. Auch beschuldigte danach Clayton Rönne, „dass er seit seinem Auftreten in den Vereinigten Staaten als Reichs-Gesandter sich der Oppositions-Presse bedient habe, um die Maßregeln der Regierung sowohl in der Angelegenheit des Kriegs-Dampfschiffes „United States" als über die Abberufung des amerikanischen Gesandten von der Central-Gewalt in Frankfurt anzufeinden und zu verdächtigen...; unter den jetzt obwaltenden Umständen könne er hier nicht länger als Reichs-Gesandter anerkannt werden."[64] Die Kritik Claytons wirkt angesichts der tatsächlich engen Kontakte Rönnes zur Opposition[65] nicht unbegründet, und vor allem kam sie Gerolt sehr gelegen.

---

[60] A.a.O.
[61] Gerolt a.a.O.
[62] Gerolts Bericht an Schleinitz vom 1.2.1850, GStA Berlin, Mf 77 AA CB IC Nr. 15.
[63] A.a.O.
[64] A.a.O.

Bei der Beschäftigung von Senat und Repräsentantenhaus mit den Beziehungen zu den gegenrevolutionären Regierungen in Europa von Dezember 1849 bis April 1850 aus Anlass der Abberufung Donelsons konnten Preußen und Russland befriedigt feststellen, dass sich alle Anträge auf Abbruch der diplomatischen Beziehungen nur gegen den österreichischen Kaiser richteten, während Russland und Preußen nur gelegentlich kritisch erwähnt wurden, was Gerolt in seinen Berichten beruhigt auslassen durfte[66]. Aber auch jeder gegen Österreich gerichtete Antrag im Kongress wurde niedergestimmt; dementsprechend war die Abberufung des amerikanischen Vertreters aus Frankfurt endgültig, ebenso wie im Februar 1850 die Reichsgesandtschaft in Washington aufhören musste zu bestehen – zur Zufriedenheit der übrigen europäischen Missionen am Sitz der US-Regierung.

Rönne bemühte sich Anfang 1850 noch einmal beim König, wieder als Preußischer Gesandter eingesetzt zu werden, und berief sich dabei auf die Anerkennung seiner Amtsführung als Ministerresident in Washington 1834 bis 1843 und als Präsident des Handelsamtes in Berlin 1844 bis 1848[67]. Aber angesichts seines Engagements in der Nationalversammlung und für sie in Washington hatte er keine Chance mehr im nachrevolutionären Berlin.

Die Liquidation der Revolution in Mitteleuropa gestaltete sich schon in den Augen Gerolts und Hülsemanns denkbar unübersichtlich, aber erst recht aus der Perspektive der Taylor-Administration, des Kongresses und der amerikanischen Presse. In dem Bericht vom 6.1.1850 an Schleinitz bedauerte Gerolt[68], „daß von den hiesigen Staatsmännern sowohl als von der Presse die politische Stellung Preußens zu den übrigen deutschen Staaten und Österreich meistens ganz falsch beurteilt wird ….". Clayton hatte zwar registriert, dass der von Frankfurt ausgegangene Versuch, die deutschen Staaten zu einem Bundesstaat zusammenzufassen, gescheitert war[69]; aber wie sich 1849/50 die Stellung der deutschen Staaten gestaltete und über welche Befugnisse die zunächst am 20.12.1849 an die Stelle der revolutionären Zentralgewalt getretene Preußisch-Österreichische Interimskommission verfügte, war ihm völlig unklar. Von dem Umfang der außenpolitischen Kompetenzen der deutschen Einzelstaaten musste sich unter anderem das zukünftige Verhalten der USA gegenüber den Diplomaten Österreichs und Preußens ablei-

---

[65] *Moltmann*: Atlantische Blockpolitik, S. 24.

[66] Zu den Auseinandersetzungen im Kongress über die diplomatischen Beziehungen zu Österreich, Preußen und Russland siehe *Moltmann*: Atlantische Blockpolitik, S. 131 f.

[67] Rönne am 16.2.1850 an den König. GStA Berlin, Rep. 103 2.2.1. Nr. 12962.

[68] Bericht Gerolts an Schleinitz vom 6.1.1850, GStA Berlin, Mf 77 AA CB IC Nr. 15.

[69] Kopie des Schreibens von Clayton an Gerolt vom 31.1.1850 als Anlage zum Bericht Gerolts vom 1.2.1850, a.a.O.

II. Trotz Restaurationspolitik: Weiterentwicklung der Beziehungen 149

ten. Vor allem wegen der Debatten im Senat wünschte er genaue Informationen über die Stellung von Preußen und Österreich gegenüber der neuen „Central power of the German Empire" und über die Funktion des „Envoy of the late German Empire". Dazu wandte er sich nicht an Rönne, sondern er ließ sich am 30.1.1850 von Gerolt und Hülsemann über die veränderten staatsrechtlichen Verhältnisse in Deutschland mündlich informieren und anschließend noch einmal schriftlich[70]. Gerolt konnte darauf verweisen, dass die sich an der alten Bundesakte orientierende Bundeskommission keine eigenen diplomatischen Vertreter entsenden würde und die Reichsgesandtschaft ihre Existenzberechtigung verlor mit dem Ende der Gewalt, die diese Gesandtschaft bestellt hatte. Aber erst als Rönne schließlich am 19.2.1850 der US-Regierung seine Abberufung mitteilte[71], war für die amerikanische Seite eindeutig entschieden, dass kein gesamtdeutscher Verhandlungspartner mehr zur Verfügung stehen würde und die USA alle Deutschland betreffenden Fragen mit den deutschen Einzelstaaten zu regeln hatten, also mit Gerolt und Hülsemann, da diesen der volle Handlungsspielraum zurückgegeben war. Erst jetzt war auch die Frage Claytons geklärt, „ob Preußen dem deutschen Reich und der deutschen Central-Gewalt gegenüber noch Verträge für sich mit fremden Nationen abschließen könne."[72]

Gerolt und Hülsemann nahmen sich sofort der während der Tätigkeit der Frankfurter Zentralgewalt auf Eis gelegten Vertragsvorhaben an. Gerolt setzte entsprechend dem Auftrag des Handelsministers von der Heydt zunächst die Verhandlungen über eine Postkonvention fort und kurze Zeit später über den Abschluss eines Vertrages über die Auslieferung flüchtiger Verbrecher. Zum Ende kamen die Verhandlungen erst unter der Fillmore-Administration. Anfänglich zeigte sich nur Hülsemann erfolgreich, obgleich die Beziehungen Österreichs zu den USA durch deren Einmischung in Ungarn so sehr belastet waren, dass Hülsemann schon im März 1850 daran dachte, Washington demonstrativ zu verlassen[73]. Trotz aller Differenzen wegen der Mann-Mission gelang es Hülsemann, nun endlich den 1848 abgeschlossenen Handelsvertrag Österreichs mit den USA ratifizieren zu lassen[74].

Das bei vielen US-Politikern vorhandene Interesse an Mitteleuropa nutzte Gerolt, um auf die preußische Unionspolitik zu verweisen und damit die preußische Regierung aufzuwerten. Zu den Preußen gegenüber besonders

---

[70] Note Gerolts an Clayton vom 1.2.1850, NA Wash. Mf 58/2.
[71] Schreiben Rönnes an Clayton vom 19.2.1850, NA Wash. Mf 58/2.
[72] Gerolts Bericht an Schleinitz vom 6.1.1850, GStA Berlin, Mf 77 AA CB IC Nr. 15.
[73] Bericht Gerolts an Schleinitz am 18.3.1850, GStA Berlin, Mf 77 AA CB IC Nr. 15.
[74] Gerolt am 3.3.1850 an Schleinitz, GStA Berlin, Mf 77 AA CB IC Nr. 15.

aufgeschlossenen Ansprechpartnern aus den Südstaaten gehörte der Senator von Süd-Carolina Calhoun, der am 31.3.1850 in Washington starb. Gerolt besuchte ihn noch während seiner Krankheit, und nach den Worten Gerolts freute sich Calhoun, „daß unter Preußens Schutz ein Bundesstaat zustande kommen würde ...". Die Frankfurter Nationalversammlung habe er zunächst mit viel Sympathie betrachtet[75], aber die dort beabsichtigte Zentralisierung des Reiches für undurchführbar gehalten. Positive Reaktionen auf die preußische Politik wie die von Calhoun erlebte Gerolt unmittelbar nach der Revolution nur selten. Gerolt berichtete zwar im Januar 1851 dem König von der „ungünstigen Stimmung in den Vereinigten Staaten gegen die Politik, welche Österreich gegen die Regierung Eurer Majestät in den deutschen Angelegenheiten befolgt hat ..."[76]; aber bei diesem Hinweis auf die zunehmende Kritik an Österreich blendete Gerolt wieder einmal die öffentliche Kritik an den übrigen reaktionären europäischen Regierungen aus.

Entspannt gestaltete sich Gerolts Verhältnis nur zu den führenden Vertretern der Administration und zu einigen Kongress-Politikern. Dem Interesse Gerolts, dass sich vor allem die seit März 1849 regierenden Whigs nicht zugunsten der Achtundvierziger engagierten, kam entgegen, dass sich die deutschen Einwanderer, so weit sie politisch aktiv wurden, in der Regel nicht den konservativen Whigs anschlossen, sondern die oppositionellen Demokraten unterstützten. Dass sich Fröbel und Kapp zu den Whigs hin orientierten, war eine Ausnahme[77]. Der Bremer Ministerresident Schleiden notierte nach einer USA-Reise, dass die Deutschen „mit wenigen Ausnahmen eifrige Democraten sind."[78] Aber bei allem Einfluss von Einwanderern auf die Demokraten, die 1849 die Mehrheit im Kongress gewannen, gab es auch von dieser Partei keine wesentlichen Initiativen gegen die Nicht-Interventionspolitik der US-Administration.

Im Gegensatz zum Kongress blieben für einen Teil der US-Presse bis 1853 Revolution und gegenrevolutionäre Regierungen dennoch ein wichtiges Thema, ob es um das Frankreich Napoleons III., um Österreich mit

---

[75] Gerolt zitierte in seinem Bericht an Schleinitz vom 14.4.1850 aus dem Brief Calhouns an ihn vom 28.5.1848, GStA Berlin, Mf 77 AA CB IC Nr. 15. – Vgl. *Otto Graf zu Stolberg-Wernigerode*: Die Beziehungen zwischen Deutschland und den Vereinigten Staaten, Berlin 1933, S. 31 f., und *Schütz*: Die preußisch-amerikanischen Beziehungen, S. 72 Anm.71. – Calhoun stand wie mit Gerolt im Briefwechsel mit Andrew Donelson, dem US-Gesandten in Berlin und Frankfurt. S. The Papers of *John C. Calhoun*, Vol. XXVI, 1848–1849. Ed. Cl. N. Wilson, Sh. Br. Cook, Columbia S. C. 2001.

[76] Gerolt am 4.1.1851 an den König, GStA Berlin, Mf 77 AA CB IC Nr. 17.

[77] *Wolfgang Hinners*: Exil und Rückkehr, Friedrich Kapp in Amerika und Deutschland 1824–1884. German-American Studies, Vol. 4. Stuttgart 1987, S. 75.

[78] Schleiden an Bürgermeister Smid am 30.10.1853, StA Bremen, 2-B.13.b.1.a.2.a.I.

II. Trotz Restaurationspolitik: Weiterentwicklung der Beziehungen 151

seiner ungarischen Hypothek oder um Preußen ging. Zu einem besonderen Ärgernis entwickelte sich die deutsche Themen aufspießende Presse für Hülsemann und Gerolt. Schon 1844 hatte die in der deutschsprachigen Presse geäußerte Kritik die preußische Regierung veranlasst, die Einfuhr deutschsprachiger Zeitungen und Zeitschriften aus den USA nach Preußen zu verbieten, ein Verbot, das der Bundestag 1845 auf das gesamte Bundesgebiet ausgedehnt hatte[79]. Gerolt beklagte sich am 6.1.1850[80]: „Die amerikanischen deutschen Zeitungen ... treiben ihr altes Wesen fort, durch gehässige Ausfälle gegen Preußen, Österreich ihren Einfluss auf die deutsche Bevölkerung für hiesige Wahlzwecke zu erlangen." Für einen Teil der deutschsprachigen Presse wird die Restauration in Deutschland sicher nur ein willkommener Aufhänger für die parteipolitische Agitation gewesen sein, und in soweit mag Gerolt recht gehabt haben. Aber da sich nicht bestreiten lässt, dass für den Großteil der deutschen Presse bald die neuen deutschen Emigranten tätig waren, muss wohl auch konzediert werden, dass in der Kritik an der gegenrevolutionären Entwicklung häufig die verständlichen Gefühle und Interessen dieser Emigranten zum Ausdruck kamen.

Neue Maßnahmen gegen die Einfuhr deutschsprachiger Zeitungen und Zeitschriften gab es im Deutschen Bund oder in Preußen bis gegen Ende der fünfziger Jahren nicht mehr, als nach dem Attentat gegen Kaiser Napoleon am 13.1.1858 zeitweilig einige deutschamerikanische Zeitungen verboten wurden. Die ohnehin nach der Revolution eingeführten Einschränkungen der Pressefreiheit und der Möglichkeit, auswärtige Druckerzeugnisse nach Preußen zu bringen, reichten aus. So teilte im Dezember 1852 ein Mr. Reinheimer aus den USA dem US-Gesandten in Berlin Barnard mit, dass ihm bei der Einreise nach Preußen vier Hefte der in Baltimore erschienenen Vierteljahresschrift „Didaskalia" als Aufreizung zur Empörung entzogen seien[81]. Barnard versprach sich keinen Erfolg davon, in diesem Fall bei der preußischen Regierung vorstellig zu werden; aber er beobachtete die Entwicklung der Pressefreiheit genau. So berichtete er 1853 befriedigt nach Washington[82], dass die zweite Kammer den Gesetzesvorschlag des Innenministeriums verworfen habe, wonach der Innenminister das Recht erhalten hätte, die Verbreitung ausländischer Schriften oder Zeitungen ohne Gerichtsurteil zu verbieten.

Für die Vertreter der preußischen und der österreichischen Regierungen in Washington waren schon im Vormärz ein besonderer Stein des Anstoßes die Zeitungsattacken von Franz Joseph Grund, der aus Klosterneuburg bei

---

[79] *Moltmann*: Atlantische Blockpolitik, S. 46.
[80] Gerolt an Schleinitz, GStA Berlin, Mf 77 AA CB IC Nr. 15.
[81] Barnard in Nr. 97 vom 4.1.1853 an Everett, NA Wash., Mf 44/8.
[82] Barnard in Nr. 124 vom 26.4.1853 an Marcy, NA Wash., Mf 44/8.

Wien stammte und 1827 in die USA eingewandert war. Er hatte zunächst als Professor für Mathematik an der Universität Harvard gewirkt und war dann zur Presse gegangen. Der wortgewandte, wohlinformierte politische Journalist[83] schrieb nicht nur in deutschsprachigen Zeitungen, sondern auch in englischsprachigen, was ihn wegen der dort garantierten größeren Resonanz besonders lästig machte für seine Gegner. Gerolt äußerte verärgert über ihn: „Ein gewisser ‚Grund‘, dessen Charakter in dieser Hinsicht, hier sowohl als in Deutschland, wohl bekannt ist und der für Geld allen Parteien und Privat-Interessen dient, ist gegenwärtig der hiesige Correspondent der weitverbreiteten amerikanischen Zeitung ‚New York Herald' und Zweigesblätter in Philadelphia und Baltimore, des ‚Philadelphia Ledger' und der ‚Baltimore Sun'. Derselbe hat es sich seit meiner Rückkehr hierher zum Geschäft gemacht, in seinen Correspondenz-Artikeln in jenen Blättern sowohl die Mitglieder der hiesigen Administration als auch den Österreichischen Geschäftsträger hierselbst, vorzüglich aber mich, auf eine gemeine Weise anzugreifen, obgleich ich ihm persönlich unbekannt bin ...".[84] Gerolt schien nicht sehen zu wollen, dass es gar nicht um seine Person, sondern um den von ihm vertretenen Staat ging.

Grund gehörte zu den Deutschamerikanern, die glaubten, die deutsche Entwicklung von Amerika aus entscheidend beeinflussen zu können. So wirkte er Ende 1849 und Anfang 1850 für die Erhaltung der Reichsgesandtschaft unter Rönne[85] und für die Aufhebung der preußischen und österreichischen Vertretungen. Für seine Aktivitäten standen ihm neben den Spalten einer Reihe von Zeitungen ein beträchtliches Ansehen bei den Emigranten aus Deutschland zur Verfügung. Bei Wahlen spielte er eine wichtige Rolle als Wahlkämpfer für die Demokraten.

Gerolt wies gegenüber Schleinitz nicht zu Unrecht auf die geschäftlichen Interessen Grunds hin, die eng mit seinen politischen verknüpft waren. Während ihm bei der Annexion von Texas die Texas Bonds am Herzen lagen, waren es in den fünfziger Jahren besonders die Interessen von Dampfschifffahrtslinien[86], so dass Gerolt nicht der einzige war, der seine Käuflichkeit anprangerte. Grund mag mit Dobert[87] in Deutschland als Buchhändler und Journalist der „tapfere Kämpfer für soziale Gerechtigkeit

---

[83] Zu Grund s. neben dem Dictionary of American Biography *Carl Schurz*: Lebenserinnerungen, Bd. II, Berlin 1907, S. 16–19, und *Merle Eugene Curti*: Austria and the United States 1848–1852, Smith College Studies in History, Northampton, Mass., Vol. XI Nr. 3 April 1926, S. 156.

[84] Gerolt am 6.1.1850 an Schleinitz, GStA Berlin, Mf 77 AA CB IC Nr. 15.

[85] Gerolt am 1.2.1850 an Schleinitz zu den Kontakten Rönnes zu Grund, GStA Berlin, Mf 77 AA CB IC Nr. 15.

[86] *Mark W. Summers*: The Plundering Generation, New York etc. 1987, S. 48, 90, 105, 180.

II. Trotz Restaurationspolitik: Weiterentwicklung der Beziehungen 153

gewesen sein"; aber in den USA scheint es im Laufe der Zeit bei seiner publizistischen Tätigkeit zunehmend um seinen Lebensunterhalt gegangen zu sein.

Bei allen Anfeindungen in der Presse blieb tröstlich für Gerolt, er konnte sich darauf verlassen, dass die von den Whigs geführte US-Administration nicht wegen demokratischer Forderungen zugunsten von Emigranten ihre Politik der Nichteinmischung aufgeben würde. Zusätzlich halfen Gerolt die guten Kontakte zu Persönlichkeiten der verschiedenen Gruppen, dem politischen Einfluss deutscher Emigranten entgegenzuwirken. So hatte es Gerolt 1845 erreicht, als Grund den König von Preußen in der den Demokraten nahestehenden Washingtoner Zeitung „Union" angegriffen hatte, dass der demokratische Secretary of State Buchanan einen Gegenartikel in dieser Zeitung erwirkte[88], und nach den neuerlichen Angriffen 1850 gelang es Gerolt, wie er stolz vermerkte, dass der mit ihm befreundete New Yorker Oberrichter Daly[89] sich in seinem Sinn bei dem Herausgeber des New York Herald verwandte, so dass Grunds Artikel zunächst nicht mehr im New York Herald erschienen und dieser sich auf Artikel für die Zeitungen in Philadelphia und Baltimore konzentrierte[90].

Gerolt verzeichnete gelegentlich Erfolge gegenüber der englischsprachigen Presse, aber der Einfluss auf die deutschsprachigen Zeitungen blieb ihm versperrt. Noch 1853 beklagte er die „allen deutschen Staaten feindliche deutsche Presse" in New York[91]. Die mehrfachen Versuche Gerolts, Manteuffel zu bewegen, mit finanzieller Unterstützung der preußischen Regierung „eine vernünftige deutsche Zeitung in New York zu gründen"[92], und die entsprechenden Anregungen von Deutschamerikanern[93] zeitigten in Berlin keine Erfolge. Für die preußische Regierung war selbst der Weg der französischen Regierung zu aufwendig. Sie übte ihren Einfluss aus, indem

---

[87] *Eitel Wolf Dobert*: Deutsche Demokraten in Amerika, Die Achtundvierziger und ihre Schriften, Göttingen 1958, S. 159–166.

[88] Gerolt am 6.1.1850 an Schleinitz, GStA Berlin, Mf 77 AA CB IC Nr. 15.

[89] Daly, der auch Präsident der „American Geographical and Statistical Society" war, besuchte 1851 Gerolts Freund Humboldt. – *Schoenwaldt*: Alexander von Humboldt und die Vereinigten Staaten von Amerika, S. 436.

[90] Gerolt am 16.2.1850 an Schleinitz, GStAM, 2.4.1.I. Nr. 7870.

[91] Gerolt an Manteuffel am 22.6.1853, GStAM, 2.4.1.II. Nr. 604.

[92] So Gerolt am 29.9.1851 an Manteuffel, GStA Berlin, Mf 104 AA III Rep. 1 Nr. 11 Vol. 8.

[93] Ein Beispiel ist das Schreiben von Dr. Tellkampf, New York, vom 24.11.1851, der Anlage zum Bericht Gerolts vom 1.12.1851 an Manteuffel, a.a.O. – Siehe auch das Schreiben des sächsischen Gesandten in Berlin vom 19.10.1855 an Manteuffel mit dem Antrag des New Yorkers Gerhard an die preußische Regierung, ihn bei der Gründung einer Auswandererzeitung zu unterstützen. GStA Berlin, Mf 106 AA III Rep. 1 Nr. 11 Vol. 12.

sie beim „Courier des Etats Unis", einer der zwei französischsprachigen Zeitungen in den USA, über tausend Abonnements bezahlte.

Bei aller Unzufriedenheit mit der Art und Weise, in der viele amerikanische Zeitungen und besonders die deutschsprachigen die mitteleuropäischen Verhältnisse darstellten, wusste Gerolt aber auch sehr bald, dass die politische Bedeutung dieser Äußerungen gering war. Die Administration Taylor hatte trotz der Entsendung Manns 1849 nach Ungarn nicht die Absicht, in Europa zu intervenieren, und Fillmore, der das Amt des Präsidenten nach dem plötzlichen Tod Taylors am 9. Juli 1850 übernahm, suchte diese Außenpolitik fortzusetzen. In seiner Antrittsrede vom 31. Juli 1850 vor dem diplomatischen Corps versicherte Fillmore ausdrücklich, allen Nationen gegenüber strenge Neutralität wahren zu wollen, wie Gerolt zufrieden nach Berlin berichten konnte[94]. Dem österreichischen Geschäftsträger bot diese Erklärung des neuen Präsidenten Gelegenheit, über die Mann-Affäre ohne Gesichtsverlust hinwegzugehen. Die Nichtinterventions-Erklärung beruhigte Preußen, Österreich, Russland und natürlich auch Spanien; da sich die Fillmore-Administration in ihrer Außenpolitik wie ihre Vorgängerin auf Mittelamerika zu konzentrieren gedachte, war der Verzicht auf militärische Intervention in Cuba besonders bedeutsam. Präsident Fillmore und sein Secretary of State Webster suchten im Sinne ihrer Handelsförderungspolitik die drei großen Projekte zur besseren Verbindung von Atlantik und Pazifik in Mexiko, Nicaragua und Panama voranzubringen[95] und zeigten sich damit außenpolitisch höchstens an den kolonialen Ambitionen einzelner europäischer Mächte besonders interessiert. Preußen und Österreich waren deshalb politisch genauso wenig bedeutsam für die USA wie für die mitteleuropäischen Mächte Nordamerika.

Noch dazu spielte die Außenpolitik für Fillmore genau wie für Taylor ohnehin nur eine geringe Rolle. Gerolt erklärte die außenpolitische Zurückhaltung der Whig-Ära auf einleuchtende Weise[96]: „Als im Jahre 1848 bei der damaligen Präsidenten-Wahl die democratische Partei durch die conservativen Whigs verdrängt ward, bedurfte das Land der Ruhe und des Friedens, um das durch den Vertrag mit England erlangte Oregon-Gebiet und die durch den Friedens-Tractat mit Mexico von dieser Republik abgetretenen Landes-Gebiete, wodurch das Areal der Vereinigten Staaten unter der Herrschaft der Democraten fast um das Doppelte vergrößert ward, zu organisieren und die vorhandenen Elemente des Handels und der Industrie zu entwickeln. Zu dem Ende wurden bei der damaligen Präsidenten-Wahl die Whigs unter dem General Taylor zur Regierung berufen." Auch für die Fill-

---

[94] Gerolt am 9.8.1850 an den König, GStA Berlin, Mf 77 AA CB IC Nr. 16.
[95] *Robert Rayback*: Millard Fillmore, New York 1959, S. 301–309.
[96] Gerolt am 13.12.1852 an den König, GStA Berlin, Mf 77 AA CB IC Nr. 17.

II. Trotz Restaurationspolitik: Weiterentwicklung der Beziehungen 155

more-Administration und den Kongress dieser Jahre war die Frage entscheidend, wie die neuen Gebiete in die Union zu integrieren seien: Speziell ging es um die Eingliederung von Kalifornien, Utah, Neu-Mexiko und Texas und um die Entschärfung der gleichzeitig angewachsenen Sezessionsbestrebungen in Georgia und vor allem in Süd-Carolina. Die Frage, wie der Kongress den Streit um den Status der neu erworbenen Gebiete entscheiden würde und ob die Staaten mit Sklaverei oder die freien Staaten das Übergewicht erhalten würden, stufte Gerolt – wohl unter dem Einfluss seiner südstaatlichen Gesprächspartner – als „Lebensfrage für die Union" ein[97].

Fillmores Einsatz für Kompromisslösungen im Sinne der Union erkannte Gerolt immer an und zunächst ebenfalls Websters mäßigenden Einfluss auf die Senatoren[98]. Insgesamt musste die preußische Vertretung von Fillmore wie zu Anfang auch von dessen Secretary of State einen positiven Eindruck gewinnen. Gerolts Attaché Magnus beschrieb Webster als einen „der ausgezeichneten Staatsmänner der Vereinigten Staaten, der seinen Sitz im Senate und eine sehr bedeutende und einträgliche Praxis als Advokat verlässt, um in diesem schwierigen Zeitpunkte an das Steuer der öffentlichen Geschäfte treten."[99] Zugleich schien auch Webster Gerolt zu schätzen. Bei den Auseinandersetzungen um die Zulassung der Sklaverei in Neu-Mexiko ersuchte Senator Webster Gerolt um seine fachmännische Bestätigung der These, dass in Neu-Mexiko die Sklaverei erst gar nicht verboten zu werden brauchte, weil sie sich dort ohnehin nicht rentiere[100]. Gerolt bestätigte auf der Grundlage seiner Erfahrungen in Mexiko Websters Argument; aber das geschah nur mündlich, da er klug genug war, keine schriftliche Stellungnahme abzugeben, um sich nicht in den innenpolitischen Streit um die Sklaverei hineinziehen zu lassen[101]. Der Verdacht lag nicht fern, dass hier Senator Webster das Renommee des preußischen Diplomaten als eines Mexiko-Sachverständigen zu nutzen suchte, so wie Staatssekretär Webster später den schlechten Ruf des österreichischen Diplomaten Hülsemann für seine innenpolitischen Zwecke einsetzte.

Bald nach dem Ende der nachrevolutionären Kampagnen gegen die Missionen kontinentaleuropäischer Monarchien 1849/50, gerade als Gerolt eine positive Entwicklung in der öffentlichen Meinung registriert hatte, spielten im Zeichen der verschärften innenpolitischen Auseinandersetzungen in den USA erneut Angriffe auf die mitteleuropäischen Monarchien, vor allem

---
[97] Gerolt am 19.1.1850 an Schleinitz, GStA Berlin, Mf 77 AA CB IC Nr. 15.
[98] Gerolt am 18.3.1850 an Schleinitz. GStA Berlin, Mf 77 AA CB IC Nr. 15.
[99] Magnus am 22.7.1850 an Schleinitz, GStA Berlin, Mf 77 AA CB IC Nr. 15.
[100] Kopie des Schreibens von Webster an Gerolt vom 1.3.1850 als Anlage zum Bericht Gerolts an Schleinitz vom 18.3.1850. GStA Berlin, Mf 77 AA CB IC Nr. 15.
[101] Gerolt am 18.3.1850 an Schleinitz, a.a.O.

Österreich, eine besondere Rolle. Damit traten neben den ungarischen Achtundvierzigern auch die Deutschen noch einmal hervor, vor allem Kinkel und Struve.

Die USA waren nach der gescheiterten Revolution zum Zentrum der deutschen politischen Emigration geworden. Die geflohenen und aus Westeuropa verdrängten deutschen Demokraten durften sich hier unbeschränkt betätigen[102]. Sie gewannen vor allem durch gemeinsam mit deutschamerikanischen Einwanderern organisierte Demonstrationen und ihr Engagement als Journalisten zeitweilig einen nicht unbeträchtlichen Einfluss auf die Deutschamerikaner. Dementsprechend war es kaum zu erwarten, dass die Vertreter der Regierungen, denen die Flüchtlinge ihr Los verdankten, schnell zur „normalen" diplomatischen Tätigkeit in den USA – unbeeinträchtigt von den Flüchtlingen – übergehen konnten. Das Berliner Polizeipräsidium, das sich im Vormärz nur selten mit den politischen Flüchtlingen in den USA beschäftigte – höchstens dann einmal, wenn ihre Publikationen in den deutschen Staaten auftauchten, bemühte sich jetzt um deren intensivere Beobachtung. Bisher hatte sich das Berliner Polizeipräsidium auf Westeuropa konzentriert und höchstens in London und Paris Agenten unterhalten. Angesichts der Aktivitäten der deutschen „Umsturzpartei" in den verkehrsmäßig immer näher rückenden USA beschäftigte es sich auch mit der Frage, ob ein Agent in New York einzusetzen sei. Gerolt interessierten die deutschen Flüchtlinge unter den Auswanderern in der Regel nur in soweit, als sie in der amerikanischen Öffentlichkeit eine Rolle spielten. Er suchte in Washington die preußisch-amerikanischen Beziehungen zu verbessern und nicht als Knüppel des Berliner Polizeipräsidiums Konflikte mit den eigenen Landsleuten heraufzubeschwören. Zu der in der preußischen inneren Verwaltung gewünschten Übertragung der in Westeuropa gebräuchlichen Methoden, die deutschen politischen Flüchtlinge zu überwachen, auf die USA, äußerte sich Gerolt skeptisch, wie auch Generalkonsul Schmidt etwa den Einsatz von preußischen Agenten als wenig sinnvoll beurteilte[103].

Im Zuge der verstärkten Zusammenarbeit des Berliner Polizeipräsidiums mit den anderen deutschen Polizeien erhielt es 1851/52 über die Freie und Hansestadt Hamburg Agentenberichte aus den USA über die „Complotte der Umsturzpartei". Aus New York berichtete 1850 bis 1852 ein Agent Osann an den Polizeibeamten Heinrich Eduard Krohn von der Hamburger Polizei-Behörde, der die Berichte von 1851 auch abschriftlich über den preußischen Geschäftsträger Kamptz in Hamburg an Polizeipräsident Hin-

---
[102] Zu den Unterschieden zwischen der Asylpolitik in Westeuropa und in den USA nach 1848 siehe *Herbert Reiter* „Das politische Asyl im 19. Jahrhundert", Berlin 1992.
[103] Gerolt am 18.2.1851 an Manteuffel, Kopie, Br LHP, Rep. 30 Tit. 94 Nr. 8560.

II. Trotz Restaurationspolitik: Weiterentwicklung der Beziehungen 157

ckeldey weiterreichte[104]. Osann verschaffte sich Ende 1850 Zutritt zu den Flüchtlingskreisen in New York und damit Informationen über die demokratischen Vereinigungen und deren Verbindungen zu Demokraten in Paris, London, Berlin und Wien. Er berichtete von den „Lärm schlagenden Freiheitshelden" in New York in der „Bierhalle zur rothen Republik", im „Speisehaus zum Fürstengalgen", in dem von Eugen Lievre geführten „Shakespeare Hotel", in dem Bierlokal des aus Berlin stammenden Lindenmüller[105]: „Hier sitzen beim Bierkrug und Beefsteak aus allen Gegenden Deutschlands Leute, welche ihre demokratische Gesinnung nicht anders an den Tag legen können, als daß sie sich einen ungeheuren Bart wachsen lassen und sicher vor Pulver und Blei nach dem Blut der deutschen Fürsten eben so laut schreien als wie nach einem frischen Seidel Bier." Dass sie auch im Sinne ihrer revolutionären Vorstellungen handeln würden, bezweifelte er: „Wie gesagt, an ein actives Handeln dieser Leute als Demokraten ist nicht zu denken."[106] Nach Deutschland wirkten sie nur durch die Übersendung von Zeitungen und revolutionären Schriften, so weit sie angesichts des täglichen Kampfes um den Lebensunterhalt Zeit und Geld zu erübrigen vermochten. Ob die Informationen Osanns der preußischen Polizei dazu verhalfen, nicht nur mehr deutsches Schriftgut abzufangen, sondern auch deutsche Demokraten vor Gericht zu bringen, war nicht auszumachen. Osanns Hinweis auf einen Berliner Conrad Schmidt konnte der Berliner Polizei wohl kaum weiterhelfen. Er erwähnte zwar mehrfach die Berliner Demokraten, aber an für die Berliner Polizei hilfreiche Adressen heranzukommen, schaffte er allem Anschein nicht. Sein Eindringen in die New Yorker Flüchtlingskreise war offensichtlich recht begrenzt. Er lernte zwar viele Persönlichkeiten kennen, unter anderem Kinkel; aber bis in die deutschen Clubs stieß er nicht vor. Schließlich musste er auch noch Zeit erübrigen für sein Tabakgeschäft, um seinen Lebensunterhalt zu sichern, da die Bezahlung durch Krohn zu dürftig war.

Die US-Polizeibehörden verfügten über keine speziellen rechtlichen Möglichkeiten gegenüber den politischen Flüchtlingen, da sie das US-Recht in jeder Hinsicht den übrigen nicht naturalisierten Einwanderern gleichstellte. Die heimische Polizei störte nicht einmal die europäischen Agenten, die nach der Einwandererpresse die Immigranten regelmäßig observierten. Auch interessierte sich die New Yorker Polizei kaum für die transatlantischen Verbindungen der Flüchtlinge. Dagegen nahm sie von den in den USA angeregten Aktivitäten nach Osann sehr wohl Notiz. Speziell obser-

---

[104] Br LHP, Rep. 30 Tit. 94 Nr. 8560.
[105] Osann, New York, 27.1.1851 an „Mr. H. E. Krohn, Officier of Police, Hamburgh", Staatsarchiv Hamburg, Serie VI Lit. X Nr. 1367 Bd. 2 Nr. 24, als Abschrift im Br LHP a. a. O.
[106] A. a. O.

vierte sie argwöhnisch den sozialistischen Schneidergesellen Wilhelm Weitling mit der Zeitschrift „Die Republik der Arbeiter" und dessen Gesinnungsgenossen, wie Weydemeier und Hermann Meyer. Osann berichtete: „Die Behörde, so wenig ihr ein Recht zur Einmischung zusteht, hat nichtsdestoweniger ein wachsames Auge auf diese unermüdeten (sic!) Aufhetzereien; denn zumal der Schneideraufstand im vorigen Jahre hat zur Genüge gezeigt, daß dergleichen ein blutiges Ende nehmen kann, und sind viele von den Theilnehmern wegen grober Thätlichkeiten verurtheilt. Man täuscht sich überhaupt, wenn man annimmt, daß die amerikanischen Behörden gleichgültig gegen die Umtriebe der deutschen Demokraten überhaupt wären."[107]

Gerolt musste sich 1851 mit den „Complotten der Umsturzpartei" beschäftigen, als sich die Gerüchte wegen der gegen die Fürsten gerichteten Attentatspläne verdichteten, Osann darüber berichtete und zusätzlich Kinkel so öffentlichkeitswirksam in den USA auftrat. Die preußische Regierung erhielt Anfang 1851 von verschiedenen Seiten Informationen über das gegen das Leben Friedrich Wilhelms IV. gerichtete Vorhaben[108]. Unter anderem wandte sich ein aus Merseburg stammender Lehrer Hermann Frisch in New York an die Regierung. Aber die Befragung von Frisch beim preußischen Generalkonsul durch den preußischen Legationssekretär Magnus[109] führte genauso wenig zu näheren Erkenntnissen über die Rädelsführer wie das von Osann aus den deutschen Lokalen berichtete Bramarbasieren. Der New Yorker Polizeidirektor Matsell ließ die Zusammenkünfte deutscher Flüchtlinge, die sich mit Attentaten gegen deutsche Fürsten befassten, durch zwei eingeschleuste Agenten seit Anfang 1850 beobachten, aber konnte der Königlichen Mission auch nicht weiterhelfen[110]. Da Matsell „gesehen, daß täglich die prahlerischten Reden ausgestoßen wurden, aber niemand zu finden gewesen, der diese Reden zur That hätte werden lassen, sei er (Matsell, E.E.) zu der Überzeugung gelangt, dass diese Verschwörungen von Deutschen in den Vereinigten Staaten durchaus ungefährlich seien, und sie nicht mehr seiner Aufmerksamkeit gewürdigt, um so mehr als die Mitglieder dieser Conspirationen zu den Ärmsten und Erbärmlichsten der hiesigen deutschen Bevölkerung gehörten. Er wisse wohl, dass diese Deutschen jetzt mit dem Plane umgingen, Seine Majestät den König von Preußen zu ermorden; allein er hielte dies ebenfalls für leere Reden, denen die That nie folgen werde."[111] Nach Matsell fehle „vermuthlich den Deutschen Energie und

---

[107] Bericht Osanns vom 27.1.1851 an Krohn, a.a.O.
[108] Gerolt am 27.1.1851 an Manteuffel, Kopie, Br LHP, Rep. 30 Tit. 94 Nr. 8560.
[109] Magnus am 8.2.1851, New York, an Gerolt, Washington, Kopie, Br LHP, Rep. 30 Tit. 94 Nr. 8560.
[110] A.a.O.
[111] A.a.O.

II. Trotz Restaurationspolitik: Weiterentwicklung der Beziehungen 159

Thatkraft." Matsell versprach, alles zu tun, um ein Verbrechen gegen den König zu verhindern und riet im Übrigen, ohne Wissen von US-Behörden einen preußischen Agenten in New York einzusetzen, wie Magnus aus New York berichtete.

Magnus wandte sich schließlich noch an den Gerolt besonders vertrauten Oberrichter Daly vom New Yorker „Court of Common Pleas". Sein wichtigster Hinweis war, in der Attentatsangelegenheit nicht den formell korrekten Weg zu beschreiten und also das State Department nicht zu informieren: „... eine Communication mit dem Staatssekretär würde bei den hiesigen Verhältnissen früher oder später Öffentlichkeit erlangen."[112] Gerolt befolgte den Rat Dalys, und er teilte die Einschätzung der Attentatspläne durch Matsell. Er schrieb Manteuffel, dass wenn auch manche „von Königsmord sprechen und schreiben, so finden sich doch wenige, welche sich der damit verknüpften Gefahr zu unterziehen bereit sind ...".[113] Falschen Vorstellungen zu den Bedingungen in den USA suchte er durch den Hinweis zu begegnen: „Im Allgemeinen sind die Vereinigten Staaten als Besserungs-Anstalt in sittlicher und religiöser Hinsicht für die meisten der verwahrlosten und irre geleiteten Auswanderer der Flüchtlinge aus Deutschland zu betrachten, weil sie hier keinen Boden für die Verwirklichung ihrer bisherigen Ansichten und verderblichen Pläne finden und ihren Lebensunterhalt nur durch Strenge und unbedingte Unterwerfung unter die Sitten und Institutionen des Landes, bei allen ihren Beschäftigungen und Unternehmen, erlangen können." Das war nicht unrealistisch gesehen, wenn man etwa die Erfahrungen Struves betrachtet, der von seinen Gesinnungsgenossen in New York schrieb, es hätten „dieselben dermaßen mit den Sorgen des täglichen Lebens zu kämpfen, daß ein ruhiges Zusammensein nicht für einen einzigen Abend möglich war."[114]

Der Hamburger Informant berichtete am 2.4.1851, am 7.7.1851, am 17.9.1851, am 10.11. und am 23.11.1851 über die Treffen von Flüchtlingen; aber die Hinweise auf Attentatspläne konkretisierten sich nur insofern, dass er als Zentrum der revolutionären Bestrebungen ein Londoner Comité auskundschaftete und informierte, dass das Attentat von dort ausgehe[115]. Der Hof nahm die Gerüchte immerhin so ernst, dass die Umgebung des Königs und die Polizeibehörde besondere Vorsichtsmaßregeln trafen[116]. Aber es

---

[112] Magnus am 16.2.1851 an Gerolt, Kopie, Br LHP, Rep. 30 Tit. 94 Nr. 8560.
[113] Gerolt am 18.2.1851 aus Washington an Manteuffel, Kopie, Br LHP, Rep. 30 Tit. 94 Nr. 8560.
[114] *Gustav Struve*: Diesseits und jenseits des Oceans, Coburg 1863, S. 6.
[115] Osann am 10.11.1851 an Krohn, Kopie, Br LHP, Rep. 30 Tit. 94 Nr. 8560.
[116] Niebuhr, Potsdam, am 30.11.1851 an Westphalen, GStAM, Rep. 77 Tit. 343a Nr. 93.

kam nicht zu der von Innenminister Westphalen vorgeschlagenen Einstellung eines Agenten bei der Königlichen Mission in Washington, der „von den Umtrieben jener Flüchtlinge und deren Verbindungen mit Europa regelmäßige und möglichst zuverlässige Kenntnis" vermitteln sollte[117]. Bevor Preußen in irgendeiner Weise Osann direkt in seine Dienste nehmen konnte, brach die Hamburger Polizeibehörde die Verbindung zu ihm ab. Osann sprach in seinem Bericht vom 10.11.1851 von der Absicht, wegen Geldmittel an Karck, den Hamburger Honorarkonsul und Präsidenten der Deutschen Gesellschaft in New York, heranzutreten[118]. Der Aristokrat Ferdinand Karck lehnte jedoch jeden Kontakt mit ihm ab, informierte den Hamburger Senator Goßler, und Krohn ging daraufhin auf weitere Schreiben Osanns nicht mehr ein[119]. Krohn sorgte nur noch 1852 dafür, dass Frau und Kind Osanns ebenfalls die Überfahrt nach New York finanziert erhielten. Mit deren Übersiedlung hatte sich für Osann allem Anschein nach der Zweck seiner Agententätigkeit erfüllt. Die preußische Regierung konnte sich nicht entschließen, einen eigenen Agenten nach Washington zu entsenden[120].

Angesichts von Osanns offensichtlichem Mangel an Diskretion zeigte sich das Berliner Polizeipräsidium genauso wenig an seinem Wirken interessiert wie die Hamburger Polizei-Verwaltung. Die Berichterstattung durch die Mission in Washington, durch die Konsuln und die Auswertung der deutschamerikanischen Presse reichten der Polizeizentrale als Informations-Fundus über die politischen Flüchtlinge in den USA. Auf die Dauer sah sich Gerolt bestätigt in seiner Einschätzung, dass die Gefährlichkeit der deutschen politischen Flüchtlinge im Berliner Innenministerium überbewertet wurde. Die Attentatspläne, die 1854, also zehn Jahre nach dem ersten Attentat auf den König, ein anonymes Schreiben an den Preußischen Generalkonsul Schmidt in New York erwähnte, erwiesen sich sofort als „Schwindeleien", wie Polizeipräsident Lüdemann zufrieden an Westphalen meldete[121].

---

[117] Westphalen am 17.5.1851 an Manteuffel, Kopie, GStAM, Rep. 77 Tit. 343a Nr. 81.
[118] Osann, New York, am 10.11.1851 an Krohn, StA Hamburg, Polizeibehörde I 393 Bd. 1.
[119] Osann am 23.11.1851, 20.2.1852, 1.7.1852, 7.11.1852, 22.11.1852 an Krohn, StA Hamburg, Polizeibehörde I 393 Bd. 1.
[120] *Alfred Georg Frei*: Der gute General von Manhattan (Die Zeit Nr. 34 vom 15.8.2002) formulierte zu Sigel nach seinem Ausscheiden aus der Unions-Armee 1865: „... Sigel bleibt in Amerika, von den Auslandsagenten der preußischen Stasi weiterhin scharf überwacht." Wenn Frei (Merseburg!) nur einmal in das Preußische Geheime Staatsarchiv oder das Brandenburgische Landeshauptarchiv geschaut hätte, wüsste er, dass dieser Satz ohne sachliche Grundlage ist.
[121] Lüdemann am 16.5.1854 an Westphalen, GStAM, Rep. 77 Tit. 343a Nr. 100.

II. Trotz Restaurationspolitik: Weiterentwicklung der Beziehungen

Mehr als die im Sande verlaufenen Attentatspläne einzelner Revolutionäre beschäftigten Gerolt die Öffentlichkeitsaktionen von Schurz, Struve, Heinzen und vor allem die von Kinkel. Gottfried Kinkel war Professor für Kunstgeschichte an der Universität Bonn gewesen, wegen seiner Teilnahme am badischen Aufstand zu lebenslänglichem Zuchthaus verurteilt, aber von Schurz im November 1850 aus dem Spandauer Gefängnis befreit. Andere deutsche Flüchtlinge bewogen ihn 1851 angesichts seines Ansehens und seiner Rednergabe, in den USA eine Nationalanleihe von mehreren Millionen Talern zur Revolutionierung Deutschlands einzuwerben.

Mit der Vortragsreise Kinkels durch die USA vom September 1851 bis zum März 1852 gingen die Wogen der politischen Erregung unter den deutschen Flüchtlingen noch einmal besonders hoch[122]. Hierbei spielte der Journalist Grund wiederum eine Rolle. Auch er gehörte dem im September 1851 auf einer Massenversammlung gegründeten Finanzkomitee an, das die Nationalanleihe zur Revolutionierung Deutschlands unterstützte. Die Unzahl von Versammlungen während mehrerer Monate zugunsten einer Nationalanleihe brachten nur wenig Geld, wie Gerolt befriedigt vermerkte[123]; aber sie verstärkte erneut das Misstrauen der preußischen Regierung gegenüber den USA, auch wenn die US-Regierung sich überhaupt nicht offiziell äußerte. Der Agent Osann bat, die öffentliche Anerkennung Kinkels in den USA nicht zu überschätzen: „Kinkel ist kein Führer in der That, er herrscht nur durch die Rede. Er ist durch die Ereignisse gehoben und verdankt seinen Ruhm dem König von Preußen, der ihm den Gefallen tat, ihn einzusperren."[124]

Wenngleich Fillmore die außenpolitischen Beziehungen der USA zu Mitteleuropa nicht noch weiter zu belasten gedachte, als es ohnehin schon in der nachrevolutionären Ära geschehen war, so konnte er mit Rücksicht auf die Deutschamerikaner Kinkel bald nicht mehr weiter übersehen. Am 3. November 1851 empfing Fillmore Kinkel zu einem vierzigminütigen Gespräch. Detailliert informierte Osann die preußische Regierung in seinem Bericht vom 23.11.1851, dem letzten, den die Hamburger Polizeibehörde der preußischen Regierung zugehen ließ[125]. Osann stützte sich auf den Bericht Kinkels, in dessen Vertrauen er sich inzwischen eingeschlichen hatte.

---

[122] Zum Verhältnis von Kinkel zu den übrigen Revolutionären s. *Eberhard Kessel*: Carl Schurz und Gottfried Kinkel, S. 109–134 in: Europa und Übersee, Festschrift für Egmont Zechlin, Hrsg. Otto Brunner, Dietrich Gerhard, Hamburg 1961.
[123] Gerolt am 14.2.1852 an den König, GStA Berlin, Mf 77 AA CB IC Nr. 17.
[124] Osann, New York, am 17.9.1851 an Krohn, Kopie, Br LHP, Rep. 30 Tit. 94 Nr. 8560.
[125] Abschrift des Berichtes von Osann vom 23.11.1851 an Krohn, Br LHP, Rep. 30 Tit. 94 Nr. 8560.

Danach wurde Kinkel vor dem Weißen Haus vom Attorney General Crittenden anstelle von Webster empfangen und dann zu Fillmore geleitet. Osann schrieb: „In ziemlich sarkastischen Worten (nach Ks eigener Aussage) wünschte er ihm Glück zu seiner wunderbaren Befreiung aus dem Prison, wie Herr Fillmore sich ausdrückte, worauf Kinkel die Sympathie des amerikanischen Volkes für das unterdrückte Deutschland hervorhob. Herr Fillmore wusste jedoch geschickt auszuweichen, indem er Kinkel erwiderte: ‚Sie sind ein Dichter und wie ich gehört habe, gibt es unter den Deutschen große Dichter,' worauf sich Kinkel verbeugte und Herr Fillmore fortfuhr: ‚Die Deutschen haben den schönen Beruf, die Dichtkunst in den Ver. St. zu verbreiten.'" – Das Ablenken des Gespräches auf ein unpolitisches Gleis machte Kinkel deutlich, dass der Präsident nicht geneigt war, die politischen Ambitionen der Achtundvierziger zu unterstützen – ungeachtet der Erfolge Kinkels in der amerikanischen Öffentlichkeit. Osann berichtete dementsprechend: „Kinkel war nach diesem Empfang etwas betreten, worauf H. Crittenden das Wort ergriff und K. sehr artig zu charmieren wusste, dass er gegen H. Fillmore den feierlichen Empfang K. bei den Deutschen erwähnte, worauf H. Fillmore dann nicht umhin konnte zu erklären, dass das Volk, und namentlich das civilisierte deutsche Volk, dankbar sich zeigen müßte für die Männer, die für seine Freiheit gekämpft ... H. Fillmore frug dann noch, ob der Rheinstrom ein so schöner Fluß wäre, wie er gelesen, was K. bejahte mit der Bemerkung, dass die Rheinländer sehr gute Republikaner seien, worauf der Präsident erwiderte, sie wohnten ja auch dem Westen näher ..." Nach diesem letzten Versuch Kinkels, in ein Gespräch mit Fillmore über seinen politischen Kurs einzutreten, war der wenig spektakuläre Empfang zu Ende. Osann kommentierte: „Sehen Sie, dieser Whig-Präsident, der Erfinder der Neutralitätspolitik mit geheimen Wühlereien, cokettiert mit den flüchtigen Democraten, er weiß mit K. fertig zu werden, wird er es auch mit Kossuth können? Schwerlich; denn man wird ihn offiziell empfangen müssen, trotz des Protestierens Hülsemanns."

Die Erkundungen, die Gerolt unmittelbar nach den Zeitungsberichten über den Besuch Kinkels bei Fillmore einzog, vermittelten einen ähnlichen Eindruck wie der ihm unbekannte Agentenbericht. Crittenden suchte gegenüber Gerolt den Empfang Kinkels weiter abzuwerten[126], indem er erklärte, dass er nicht gewusst habe, dass Kinkel Preuße sei, und er ihm einfach als German Patriot vorgestellt sei. Im Übrigen bestätigte Crittenden den Agentenbericht insofern, als er Gerolt mitteilte, dass Fillmore Kinkel nur mit allgemeinen Wendungen begegnet sei. Wenn Kinkel diesen Empfang vom 3.11.1851 in einem Brief an seine Frau als „wundervoll und sehr ehrenhaft

---

[126] Gerolt an Manteuffel am 16.11.1851, Abschrift, Br LHP, Rep. 30 Tit. 94 Nr. 8560.

II. Trotz Restaurationspolitik: Weiterentwicklung der Beziehungen 163

in der Form und der einfachen Wärme der Unterhaltung" charakterisierte und dies in Deutschland verbreitet sehen wollte[127], so suchte er den Eindruck zu erwecken, er habe die Anerkennung Fillmores für seine Politik gefunden, was vollständig an der Wirklichkeit vorbeiging.

Gerolt erklärte den ihm trotz allem peinlichen Empfang Kinkels damit, dass jede Partei im Zeichen des Wahlkampfes bemüht sein müsse, die Stimmen der deutschen Bevölkerung zu gewinnen. Auch wenn die preußische Regierung diese besonderen Erfordernisse des Präsidentschafts-Wahlkampfes nicht akzeptieren mochte, so glaubte sie doch nicht, dass die Fillmore-Administration eine Politik der Einmischung betreiben wollte, und der Empfang Kinkels belastete die Beziehungen der USA zu Preußen nicht weiter, wie der neue US-Gesandte am preußischen Hof Barnard feststellen konnte. In den USA dachte nach Börnsteins Erinnerung schon drei Monate nach Kinkels Rundreise niemand mehr an die Nationalanleihe[128].

Die preußische Regierung davor zu bewahren, die Achtundvierziger in den USA zu ernst zu nehmen, diente auch die aus der Deutschen Gesellschaft in New York stammende ironische Schilderung der Aktivitäten der linksradikalen Greens, die Gerolt dem König im Dezember 1851 zusandte[129]. Ihr Verfasser war der 1842 aus Dresden nach New York gekommene Rechtsanwalt Dr. W. E. Ludewig, der 1. Sekretär der Deutschen Gesellschaft von 1849 bis 1855[130]. Er distanzierte sich wie viele moderate Grays in wachsendem Maße von den Radikalen unter den Greens. Ludewig hob besonders die Streitereien unter den deutschen Revolutionären Professor Gottfried Kinkel aus Bonn, Roesler von Oels (Schlesien), Karl Heinzen, Professor Dr. Fröbel aus Hirschberg (Reuß), dem Juristen Dr. Zitz aus Mainz und Gustav Struve hervor und deren Unfähigkeit zu politischer Aktion: „Unsere blutroten Republikaner sind in gewohntem guten Humor, zanken … sich und beneiden Kinkel, der wenigstens einiges Geld macht." Kinkel würde von den meisten deutschen Zeitungen unterstützt, unter anderem von der „Volkshalle" in Milwaukee von Roesler von Oels, „der hier

---

[127] Zit. nach *Hinners*: Exil und Rückkehr, S. 54. – Bei der Datierung des Briefes auf den 12.10.1851 ist Hinners ein Fehler unterlaufen.

[128] *Heinrich Börnstein*: Fünfundsiebzig Jahre in der Alten und Neuen Welt, Bd. 2, S. 136.

[129] Schreiben von Dr. Ludewig an Gerolt vom 28.11.1851, Abschrift als Anlage zum Bericht Gerolts an den König vom 11.12.1851. GStA Berlin, Mf 77 AA CB IC Nr. 17.

[130] Zu Ludewig s. *Anton Eickhoff*: In der Neuen Heimat, S. 140 f. – Im Gegensatz dazu schildert ihn der Achtundvierziger *Dr. Hermann J. A. Körner* aus Elberfeld in seinen Erinnerungen „Lebenskämpfe in der Alten und Neuen Welt", Leipzig 1866, Bd. 2, S. 442 ff. als arrogant und ungeschickt, wenn auch um Hilfe für Einwanderer bemüht.

Schullehrer war, früher der Reichscanarienvogel, hier aus Mittellosigkeit aufgehört" hatte. Für den früheren Spott Karl Heinzens in seinem Blatt „Pionier" gegen „die Bedienten der teutschen Fürsten"[131] revanchierte er sich: „Heinzen, als Anti-Kinkelianer, denn er möchte lieber alles Geld für sich haben, wird von der deutschen Presse hier unausgesetzt beschimpft, schimpft aber tüchtig wieder. Froebel sitzt auf der Farm des Herrn Zitz in Rockland County und schreibt über Nicaragua, was er verließ, als es zum Schlagen kommen sollte. Struve schwankt zwischen Christentum und Romantik und seine Frau emancipiert. Gewichtigen Einfluss hat keiner dieser Herren, es ist also auch keiner derselben auch nur im geringsten fürchterlich." Er schloss mit einem ironischen Hinweis auf den von den politischen Flüchtlingen geplanten Kongress, dessen Ziel es sei, „die Europäische Umwälzung nun ganz sicher zu machen."

Der Kongress vom 29.1.1852 bis zum 1.2. in Philadelphia von 15 Vereinen aus Pennsylvania, Maryland, New York, New Jersey und London gründete zwar den „Amerikanischen Revolutionsbund für Europa"; aber der so angesehene Kinkel nahm nicht teil und organisierte eine Woche später einen Gegenkongress in Cincinnati[132]. Schon die Zersplitterung nahm den deutschen Flüchtlingen, die die Revolution in Europa zu fördern gedachten, einen Gutteil ihres Einflusses. Nach dem zweiten Kongress in Wheeling vom 19. bis 22.9.1852, der die Weltmission der USA noch stärker betonte und forderte, die USA sollten Europa annektieren, wurden sie selbst in den USA kaum noch ernst genommen – trotz aller Sympathien der radikalen Demokraten des Young America Movement für die Intervention in Europa.

Zu Gerolts Zufriedenheit stießen Kinkel und andere deutsche Demokraten nicht nur bei deutschen Alteinwanderern allmählich auf Kritik, sondern auch bei manchen konservativen Amerikanern. Schon die Anschauung „Hier haben wir die Probe auf unsere revolutionäre Tätigkeit in Europa zu machen"[133] musste auf Bürger der US-Republik provozierend wirken, und erst recht die sozialistischen Aktivitäten einzelner Flüchtlinge. Osann berichtete aus New York[134]: „Es sind in New York vorzugsweise Deutsche, welche die Preise der Arbeiten und Produkte verderben und wiederum nur Deutsche, welche die Arbeiter irre leiten und Massenversammlungen von

---

[131] *Karl Heinzen*: Erlebtes, Boston 1874, Bd. 2, S. 182. – *Herbert Reiter*: Politisches Asyl im 19. Jahrhundert, S. 139 f.

[132] Zu den Kongressen siehe *Heinz Kloß*: Um die Einigung des Deutschamerikanertums, Berlin 1937, S. 223 f. – *Reiter*: Politisches Asyl, S. 318–326.

[133] So Christian Essellen in seiner Zeitschrift „Atlantis". Zit. nach *Wilhelm Schulte*: Fritz Anneke, ein Leben für Freiheit in Deutschland und in den Vereinigten Staaten. S. 52 in: Beiträge zur Geschichte Dortmunds, Bd. 57, 1960.

[134] Osann am 27.1.1851 an Krohn, StA Hamburg, Polizeibehörde I 393 Bd. 1.

II. Trotz Restaurationspolitik: Weiterentwicklung der Beziehungen 165

Arbeitern anstiften, wo höherer Lohn oder höhere Arbeitszeit verlangt wird." Gerolt schrieb dem König am 4.12.1851[135]: „Über den gefährlichen Einfluß, welchen viele fremde Abenteurer und namentlich die deutschen Flüchtlinge auf die Institutionen und die Sitten der Vereinigten Staaten durch Schrift und Rede ausüben, fangen manche conservative Blätter an, ihre Bedenken auszusprechen." Die kritischen Artikel über Kinkel im National Intelligencer, dem Regierungsblatt, wurden nach Angaben Gerolts „nach verschiedenen Unterhaltungen mit mir über diesen Gegenstand aufgenommen."[136] Ein Artikel des National Intelligencer vom 25.11.1851 mit dem Titel „Foreign Influence", der aus dem Boston Courier entnommen war[137], galt einer deutschen Vereinigung in Richmond (New York City), die in ihrem Programm den Achtstundentag und die Umgestaltung der USA zu einem Einheitsstaat forderte. Eine Zusammenfassung der früheren Zeitungskritik war der Beitrag im National Intelligencer vom 10.12.1851 gegen die „republic of Dr. Kinkel"[138]. Hier spießte die Zeitung die in den Versammlungen in Richmond und Cleveland, Ohio, geäußerten Wünsche auf Verbesserung der amerikanischen Verfassung als Ausgeburten eines „German Red Radicalism" „of the brains of certain long haired, wild looking gentlemen in spectacles" auf und stellte dieser Haltung die der Iren gegenüber, die in Politik und Religion der anerkannten Autorität gehorsam seien. Dass solche Artikel gegen „imported political philosophers" zu dem Nährboden für die einwandererfeindliche Nativisten-Bewegung gehörte, machte sich Gerolt nicht bewusst. Ihm ging es um die Eindämmung der politischen Aktivitäten deutscher Einwanderer.

Es gab die Aktivitäten der bekannten politischen Flüchtlinge, wie Struve, Heinzen und Anneke, die auch in den USA bald Außenseiter wurden, dann die in den ersten Jahren nach der Revolution betont politische deutsche Presse, die revolutionären deutschen Vereine wie die anti-religiösen „Freimänner-Vereine", die erst auf die Revolution in Deutschland hofften und dann die USA zu reformieren trachteten, und das weniger spektakuläre politische Engagement deutscher Einwanderer in den älteren deutschen Gesellschaften. Selbst in den von der älteren Einwanderergruppe geprägten Einwanderer-Hilfsorganisationen, den Deutschen Gesellschaften, ließen sich politisch aktive Greens zunächst nicht zurückhalten, auch wenn die übrigen Vereinsmitglieder und gelegentlich die Satzung im Wege standen. Um politische Auseinandersetzungen zu verhindern, hatte zum Beispiel der

---

[135] Gerolt am 4.12.1851 an den König, GStA Berlin Mf 77 AA CB IC Nr. 17.
[136] A.a.O.
[137] Als Anlage zu Gerolts Bericht vom 4.12.1951, a.a.O.
[138] Anlage zum Bericht Gerolts an den König vom 11.12.1851, GStA Berlin, Mf 77 AA CB IC Nr. 17.

Deutsch-Texanische Freundschaftsbund in Galveston in seiner „Verfassung" von 1848 ausdrücklich festgelegt: „Discussionen rein politischer Fragen dürfen in den Versammlungen nicht Statt haben."[139] Aber selbst die Deutsche Gesellschaft New York, wozu nach Gerolt „alle respectablen Kaufleute daselbst gehören"[140], konnte sich nicht der Politisierung durch die Achtundvierziger verschließen. Gute Kontakte unterhielt Gerolt bald nur noch zur Leitung der dortigen Deutschen Gesellschaft, dem Verwaltungsrat, der nach dem Eindruck des Generalkonsuls für Mittelamerika Hesse 1851 „aus den angesehensten und achtbarsten Deutschen" bestand, „die aber allerdings einer etwas aristocratischen Richtung huldigen und dadurch besonders den Haß der deutschen Presse erregen."[141] Gerolt wagte dennoch 1851 keine Einladung der Deutschen Gesellschaft New York mehr anzunehmen und genauso wenig die der Deutschen Gesellschaften von Philadelphia und Baltimore, da nach seinen Worten[142] „bei dergleichen Gelegenheiten die eingeladenen diplomatischen Agenten durch unpassende Reden, Anspielungen und Toaste ihrer Landsleute und anderer Personen in Verlegenheit versetzt werden können und Repräsentanten deutscher Mächte in dieser Beziehung besonders vorsichtig sein müssen."

1852 bekam Gerolt diese bei den deutschen Neueinwanderern nicht selten vorhandene politische Opposition dennoch direkt zu spüren. Entrüstet erlebte er, dass er am 17.6.1852, 21.6. und 23.6.1852 in seinem Hause „von einem Refugié aus dem badischen Revolutions-Kriege, der sich für einen Preußen ausgab, insultiert und bedroht ward."[143] „... um die Arrestation jenes Individuums zu bewirken", wandte er sich vergeblich an Polizei und Gerichte. Er zeigte sich empört über den mangelhaften Schutz der diplomatischen Immunität und dass Webster abreiste, „ohne mir irgendeine Entschuldigung zu machen oder eine Beruhigung zu geben, ob Maßregeln getroffen worden seien, um mich und meine Familie gegen die Wiederholung solcher Auftritte zu schützen." Entsprechenden Demonstrationen der Ablehnung unter den politisch aktiven Bindestrich-Amerikanern sahen sich auch der Vertreter der spanischen Monarchie[144], der französischen[145] und der

---

[139] Verfassung und Nebengesetze des Deutsch-Texanischen Freundschaftsbundes zu Galveston, Texas 1848, Anlage zum Bericht des preußischen Konsuls Jockusch, Galveston, vom 3.9.1852 an Manteuffel, GStA Berlin, Mf 108 III Rep. 1 Nr. 19 Vol. 1.

[140] Gerolt am 29.9.1851 an Manteuffel, GStA Berlin, Mf 104 AA Rep. 1 Nr. 11 Vol. 8.

[141] Hesse am 8.11.1851 aus New York an Manteuffel, GStA Berlin, Mf 104 AA III Rep. 1 Nr. 11 Vol. 8.

[142] Gerolt am 2.5.1851 an den König, GStA Berlin, Mf 77 AA CB IC Nr. 17.

[143] Gerolt am 10.7.1852 an den König, GStA Berlin, Mf 77 AA CB IC Nr. 17. – Der Kommentar von *Curti* in seinem Aufsatz „Austria and the United States" S. 200 Anm. 98 zu dem Bericht Gerolts ist falsch.

II. Trotz Restaurationspolitik: Weiterentwicklung der Beziehungen 167

österreichischen[146] 1852 ausgesetzt. Die Diplomaten konnten froh sein, wenn Webster diese innenpolitisch populären Angriffe auf die europäischen Monarchien nicht auf seine Wahlkampfmühlen umleitete.

Ungeachtet einzelner spektakulärer Vorstöße entfalteten die deutschen Einwanderer niemals politische Aktivität im Sinne einer Pressure Group, so dass sie die amerikanische Politik auch nur zeitweilig in ihrem Sinn gegen die reaktionären deutschen Regierungen auffallend beeinflusst hätten. Das war um so erstaunlicher, als sie zwischen 1849 und 1854 in einer Welle von über einer halben Million in die USA strömten und gerade in diesen Jahren auf die größten Sympathien in der amerikanischen Öffentlichkeit stießen. Aber führende deutsche Achtundvierziger verzettelten sich in den Auseinandersetzungen um den Weg zur Revolutionierung Europas und leisteten wenig zur Verbesserung der konkreten Lage der deutschen Flüchtlinge und der regulären Einwanderer. Es gibt zum Beispiel keinen Hinweis darauf, dass die deutschamerikanischen Politiker einmal einhellig Druck ausübten auf den Präsidenten, um ihn zu einem Vorstoß bei den Staaten des Deutschen Bundes gegen deren Anspruch auf Militärdienst ihrer ehemaligen Untertanen zu veranlassen. Die Zurückhaltung der durch die Stimmen der deutschamerikanischen Neubürger gewählten US-Politiker in dieser Angelegenheit im Kongress ist ebenso auffallend wie das geringe Engagement der herausragenden deutschen Einwanderer und Flüchtlinge angesichts dieser und der sie Anfang der fünfziger Jahre unmittelbar vor Ort bedrängenden Schwierigkeiten.

Mehr politischer Einflussnahme stand nicht zuletzt die mangelhafte Repräsentanz der Deutschamerikaner in den Selbstverwaltungsorganen, den Institutionen der Bundesstaaten und der Union im Wege. Es war nicht nur Börnsteins republikanische Perspektive und die ihm eigene Übertreibung, die ihn über die inneramerikanische Rolle der Deutschen Anfang der fünfziger Jahre schreiben ließ: „Es war empörend zu sehen, wie die Deutschen in der demokratischen Partei von den anglo-amerikanischen Führern wie eine willenlose Herde behandelt und zu den Stimmkästen commandiert wurden, ohne sie um ihre Meinung zu befragen."[147] Börnstein dachte vor allem daran, wie wenig sie auf den Kandidatenlisten und nach den Wahlen bei der Ämterverteilung berücksichtigt wurden. Er führte ihren mangelnden Einfluss vor allem auf ihre Uneinigkeit zurück und hielt sich mit Recht viel darauf zugute, dass er die Deutschen in Missouri Ende der fünfziger Jahre über die republikanische Partei für eine Zeit lang einigte. Trotz aller Kla-

---

[144] Gerolt am 10.7.1852 an den König, a.a.O.
[145] A.a.O.
[146] Gerolt am 14.2.1852 an den König, GStA Berlin, Mf 77 AA CB IC Nr. 17.
[147] *Börnstein*: Fünfundsiebzig Jahre, Bd. 2, S. 114.

gen von Journalisten und Politikern über den Mangel an Einheit unter den deutschen Einwanderern nahm diese in den fünfziger Jahren lange Zeit nicht zu, auch wenn sich angesichts der gemeinsamen kulturellen Tradition gelegentlich auf lokaler Ebene – etwa bei der Stimmabgabe – die von Conzen beschworene „common defense" einstellte.[148]

Mitte der fünfziger Jahre verloren speziell die Flüchtlingsgruppen im Zuge der Veränderungen in der amerikanischen Innenpolitik weiter an Bedeutung. Die deutschen Achtundvierziger gingen größtenteils in den Deutschamerikanern auf, und insgesamt orientierten sich die politisch engagierten deutschen Einwanderer neu. Zum Beispiel büßte bei den Deutschamerikanern ein Journalist und demokratischer Politiker wie Grund, der die europäischen Verhältnisse radikal verdammte, aber sich zur Sklaverei nur zurückhaltend äußerte, zusehends an Anhang ein. Jüngere Persönlichkeiten wie die Republikaner Carl Schurz in Wisconsin, Franz A. Hoffmann in Chicago mit der von Dr. Canisius herausgegebenen Illinois Staatszeitung, Friedrich Hassaurek, der Herausgeber des Volksblattes in Cincinnati, Ohio, und Heinrich Börnstein mit seinem Anzeiger des Westens in St. Louis, Missouri, repräsentierten jetzt einen Großteil der deutschen Einwanderer. Für diese deutlich integrierten Emigranten rückten die inneramerikanischen Bedingungen stärker in den Vordergrund, unter anderem die Sklaverei.

Ein erstes Zeichen dafür, dass die deutschen Regierungen nicht mehr in früherer Art und Weise die Einmischung der deutschsprachigen Presse in die Verhältnisse des Deutschen Bundes fürchteten und jetzt das Interesse überwog, das Informationsvermittlungs-Monopol der britischen Presse einzuschränken, war die Vereinbarung der Preußischen Postverwaltung und der Firma B. Westermann & Co. in New York zum „Zwecke der Erleichterung des Bezuges und Absatzes deutscher Zeitungen in Amerika und Amerikanischer Zeitungen in Deutschland" von 1855[149]. Nach dieser Übereinkunft hatte die New Yorker Firma, wie von der Heydt Manteuffel mitteilte, „den Debit der von dem Publikum in Amerika bei ihm bestellten Zeitungen, welche die diesseitige Postverwaltung liefert, so wie die Besorgung der von der Preußischen Post bei ihm bestellten, in Amerika erscheinenden Zeitungen gegen eine mäßige Provision übernommen ...". In die gleiche Richtung ging der von der Washingtoner Königlichen Mission beim Postmaster General unternommene Versuch, eine Ermäßigung des Portos für Zeitungen zu erreichen.

---

[148] *Kathleen Neils Conzen*: Patterns of German-American History. S. 14 bis 36 in: Germans in America. Ed. Randall M. Miller, 1984 Ephrata, Pennsylvania.
[149] Handelsminister von der Heydt am 21.6.1855 an Manteuffel, GStAM, 2.4.1.II. Nr. 8095.

II. Trotz Restaurationspolitik: Weiterentwicklung der Beziehungen 169

Zu den Abonnenten deutschamerikanischer Zeitungen gehörte jedoch weiterhin das Berliner Polizeipräsidium, das die deutschen Flüchtlinge wie bisher beobachtete, wenn es auch keine Agenten unterhielt, und die führenden Deutschamerikaner regelmäßig in seinen Wochenberichten berücksichtigte. So zeigte sich die preußische Regierung 1857, als zum Beispiel Julius Fröbel Preußen besuchen wollte, genau informiert über seine mit den US-Erfahrungen veränderten politischen Ansichten, die ihm „so ziemlich allen Halt und Einfluß bei der democratischen Partei geraubt" hätten[150]. Wenngleich damit seine intellektuelle Bedeutung für die Linksliberalen in Deutschland in den fünfziger Jahren erheblich unterschätzt ist[151], so ist unbestreitbar, dass er sich nicht mehr den revolutionären Bewegungen widmete. Als Emigrant trat er für die Beteiligung am amerikanischen Leben ein[152] und als Rückkehrer in Deutschland für eine friedliche Liberalisierung, so dass er in den sechziger Jahren sogar in österreichische Dienste treten konnte. Dass ihn Frankfurt mit Ausweisung bedrohte[153], ging offensichtlich nicht von Preußen aus, sondern von übereifrigen Frankfurter Behörden. Im Mittelpunkt des für den Schutz des Staates zuständigen Berliner Polizeipräsidiums standen längst nicht mehr die deutschen Flüchtlinge in den USA, sondern wieder wie vor 1848 die Emigranten in Paris, London, Belgien und der Schweiz, und am Ende der fünfziger Jahre wurden die Aktivitäten der Ungarn und vor allem die der Polen immer bedeutsamer.

Bei aller Eingliederung von Deutschen in die USA in den fünfziger Jahren blieb die ablehnende Haltung eines Teiles von ihnen dem preußischen Staat gegenüber bis in die sechziger Jahre erhalten. Bezeichnend ist der Versuch, noch 1859 aus dieser Einstellung politisches Kapital zu schlagen. Schurz, der einflussreichste deutschamerikanische Politiker, berichtete aus dem Wahlkampf[154], dass man ihn verdächtigte, „im Solde der preußischen Regierung zu stehen, um das Treiben der deutschen Flüchtlinge auszuspionieren."

Das mit der gegen Schurz gerichteten Wahlkampfunterstellung zum Ausdruck kommende Misstrauen gegenüber dem preußischen Staat war Ende der sechziger Jahre nur noch eine Randerscheinung. Längst hatte sich die öffentlichen Meinung der USA gegenüber Mitteleuropa gewandelt, und

---

[150] Westphalen an Manteuffel am 2.12.1857, als Anlage der kopierte Bericht des Polizeipräsidenten Freiherrn von Zedlitz vom 26.11.1857 an Westphalen, GStAM, 2.4.1.I. Nr. 8067.
[151] Zur tatsächlichen Bedeutung Fröbels siehe Christian Jansen: Einheit Macht und Freiheit. Die Paulskirchenlinke und die deutsche Politik in der nachrevolutionären Epoche 1849–1867, Düsseldorf 2000, passim.
[152] *Julius Fröbel*: Ein Lebenslauf, Bd. 1, Stuttgart 1890, S. 283.
[153] *Julius Fröbel*: Ein Lebenslauf, Bd. 2, Stuttgart 1891, S. 18 ff.
[154] *Schurz*: Lebenserinnerungen, Bd. 2, S. 102.

auch die veränderte Einstellung von Deutschamerikanern gegenüber den Staaten des Deutschen Bundes war schon Mitte der fünfziger Jahre unübersehbar. Die Vertreter der deutschen Staaten konnten wieder Flagge zeigen, wie es etwa der preußische Konsul Stanislaus in Cincinnati, Ohio, empfand. Er fand 1855 nichts dabei, eine preußische Fahne anzufordern beim Gesandten in Washington, um wie zum Beispiel auch jedes US-Konsulat im Ausland über eine Fahne zu verfügen. Das war das erste Mal in den USA, und der noch unter dem Eindruck der radikalen Aktivitäten von Deutschen in Cincinnati Anfang der fünfziger Jahre stehende Gerolt widersprach ganz entschieden, von der Üblichkeit bei den preußischen Konsulaten in den USA abzuweichen. Er antwortete Stanislaus in Cincinnati, Ohio: „... ich fürchte, dass der öffentliche Gebrauch der königlichen Flagge, welcher im Orient und in den Spanisch-Amerikanischen Republiken notwendig ist, hier zu Lande ohne wirklichen Nutzen und in manchen Fällen sogar bedenklich erscheint, indem bei Volksaufläufen und Unruhen, woran deutsche Einwanderer so häufig teilnehmen, der Königliche Konsul außerstande sein würde, seine Flagge vor möglichen Beschimpfungen zu schützen."[155] An diese Möglichkeit dachte Stanislaus Mitte der fünfziger Jahre offensichtlich nicht mehr. Kritik an der preußischen Monarchie war zu einem Randthema für die Deutschamerikaner geworden. Die noch vorhandene kritische Einstellung äußerte sich bei weitem nicht mehr so radikal wie vor Jahren, wenn man einmal von Heinzens nicht sehr verbreitetem radikal-republikanisch atheistischen „Pionier" absieht.

Mit dieser Entwicklung verschwanden die spezifischen Aktivitäten von Deutschamerikanern allmählich aus der Berichterstattung Gerolts. Wesentlich wichtiger erschien ihm Mitte der fünfziger Jahre die Kritik an den einwandererfeindlichen Knownothings. Zugleich berücksichtigte er stärker den Beitrag der Deutschen zum Ausbau der USA, ihre wirtschaftliche Integration. Er hob den „wesentlichen Anteil" der eingewanderten Deutschen an „diesem großen Cultur-Prozesse" hervor[156]: „Nachdem der Amerikaner als Pionier, wie sie sich selbst nennen, das neue Land in Besitz genommen, das Gemeindewesen organisiert und seinen Gesetzen und Sitten Geltung verschafft hat, folgt ihm der Deutsche auf dem Fuße in die neuen Ansiedelungen nach und fügt sich in die bestehende Ordnung, sobald er die Einsicht und die praktische Fähigkeit dazu erworben hat; er kauft von dem Amerikaner das Land, was erst in seinen Händen durch Fleiß, Ausdauer und Sparsamkeit einen höheren Wert erhält; während jener durch seinen Speculations- und Unternehmungsgeist weitergetrieben wird und rastlos

---

[155] Gerolt am 16.1.1855 an Stanislaus, Abschrift als Anlage zum Bericht Gerolts vom 17.3.1855 an Manteuffel, GStA Berlin, Mf 135 AA II Rep. VI Nr. 42 Vol. 1.
[156] Gerolt am 13.1.1855 an den König, GStA Berlin, Mf 79 AA CB IC Nr. 25.

II. Trotz Restaurationspolitik: Weiterentwicklung der Beziehungen 171

seine ‚manifest destiny' verfolgt. Von der irländischen, catholischen Bevölkerung widmen sich verhältnismäßig nur wenige dem Landbau; sie bleiben meistens in den großen Städten und bilden größtenteils die arbeitenden Klassen." Die Frage, warum die Masse der deutschen Siedler keinen herausragenden Beitrag zur politischen Kultur des Landes leistete, untersuchte Gerolt nicht.

Der Eindruck von der bedeutenden Rolle von Deutschen bei der wirtschaftlichen Entwicklung verstärkte sich bei seiner Reise in die neuen Staaten des Westens 1856, nach Michigan, Illinois, Wisconsin, Minnesota, Iowa, Missouri, Indiana und Ohio. Er stellte fest, dass die deutschen Siedler, „die in allen neuen Städten und Ansiedlungen ein Viertel bis zur Hälfte der Bevölkerung" ausmachten, „überall im Westen, selbst an den entferntesten Grenzen, den Wert des Landes erhöhen und den Grund zu neuen Eisenbahnen und zu großen Land-Speculationen legen."[157] In diesen Berichten kam die einzelstaatliche Herkunft der Einwanderer überhaupt nicht zur Sprache. Es war auch nicht von Preußen die Rede entsprechend Gerolts Auffassung von seiner Funktion als Ansprechpartner aller Deutschen.

Der wirtschaftliche Erfolg von Deutschamerikanern, nach Preußen mitgeteilt durch die diplomatische Vertretung, durch die Konsuln, durch Journalisten und andere Kanäle, gehörte zur Konjunktur in den USA und trug bei zum Interesse Preußens am Handel mit den USA. Weniger Vertrauen als die wirtschaftlichen Aktivitäten der Deutschamerikaner flößte naturgemäß das politische Engagement deutscher Flüchtlinge auf offizieller preußischer Seite unmittelbar nach der Revolution ein. Aber die Beziehungen zwischen den Regierungen Preußens und den USA waren nie deshalb beeinträchtigt. Selbst unmittelbar nach der Revolution lieferten die deutschen Flüchtlinge niemals einen Anlass dafür, dass Gerolt zu Websters Politik auf Distanz ging. Anlass dagegen war die kleine Gruppe ungarischer Flüchtlinge nach dem Kossuth-Aufstand 1849. Hauptkritikpunkt Gerolts an der Amtsführung Websters 1851/52 wurde dessen Instrumentalisierung außenpolitischer Probleme für die Innenpolitik, seine „politics of foreign policy" mit den Worten Shewmakers[158].

Mit den Folgen der Ungarn-Instruktion des Secretary of State Clayton für Dudley Mann im Juni 1849 hatte sich Gerolt kaum beschäftigt; aber das spektakuläre Auftreten der ungarischen „Insurgenten-Häuptlinge" (Gerolt) in den USA 1851/52 betraf ihn mehr angesichts der Reaktionen der amerikanischen Öffentlichkeit, des Secretary of State Webster und des Kongres-

---

[157] Gerolt am 30.10.1856 an Manteuffel, GStAM, 2.4.1.I. Nr. 7871.
[158] *Kenneth E. Shewmaker*: Daniel Webster and the Politics of Foreign Policy, 1850–1852, S. 303–315 in: The Journal of American History, Vol. LXIII, No. 2, Sept. 1976.

ses. „Das bedeutendste Ereignis in der inneren und auswärtigen Politik der Vereinigten Staaten seit der Eröffnung des General-Congresses ist die Erscheinung und die Agitation Kossuths zu Gunsten der Unabhängigkeit Ungarns ...", schrieb er im Februar 1852 an den König[159]. Im Kongress fand Kossuth, obgleich er in Ungarn als Diktator gewirkt hatte, eine Resonanz als Freiheitsheld, wie sie der Demokrat Kinkel nie erreichte. Als ein besonderer Glücksumstand erwies sich, dass sein Auftreten in den Präsidentschaftswahlkampf fiel und die Parteien, in dem Bestreben, seine Popularität für sich zu nutzen, auch seine Anliegen stützten. So musste Gerolt 1852 von der wachsenden Opposition gegen die Politik der Nichtintervention im Kongress berichten: „So sehr die Amerikaner bis jetzt die weisen Ratschläge Washingtons verehrt haben, welcher in seiner Farewell-Adresse an seine Mitbürger vom 17. September 1796 ihnen anempfohlen hat, sich niemals in die politischen Angelegenheiten fremder Staaten zu mischen, so sind doch schon viele mit Kossuth der Meinung, dass die Vereinigten Staaten zu einer solchen Mission berufen und die Zeit gekommen sei, einen ihrer gegenwärtigen Macht und Stellung gebührenden Einfluss auf die Weltbegebenheiten im Interesse der Freiheit und Gesittung auszuüben. Diese Meinung hat auch bereits in den Legislaturen mehrerer Staaten und im hiesigen Congresse der Vereinigten Staaten ihren Anklang gefunden."[160] Das Eintreten von Demokraten wie selbst des gemäßigten Senators Cass für den „Washington der Ungarn" und für das Interventions-Prinzip musste umso mehr Gewicht erhalten, als diese Partei seit den Wahlen von 1851 in beiden Häusern des Kongresses über die Mehrheit verfügte.

Die Fillmore-Administration nahm nicht immer eine eindeutige Position gegenüber Kossuth ein. Fillmore selbst scherzte mit Gerolt beim Levee über Kossuths überzogene Erwartungen[161]. Überhaupt bekannte sich der Präsident konsequent zur Nichtintervention, und entsprechend kritisch äußerte sich das Washingtoner Organ des Präsidenten „The Republic" zum Manifest Kossuths bei seiner Ankunft in New York[162]. So durfte Gerolt schlussfolgern: „Unter solchen Umständen scheint von Kossuths Umtrieben zu Gunsten der Revolutionierung Europas nicht soviel zu fürchten sein, als man anfangs glaubte, und er wird bald sich selbst davon überzeugen, dass er die Begeisterung, womit er hier empfangen worden ist, falsch gedeutet hat und dass die Amerikaner sich nicht leicht für Dinge begeistern, welche ihnen keinen materiellen Vorteil versprechen und wofür sie Opfer bringen

---

[159] Gerolt am 14.2.1852 an den König, GStA Berlin, Mf 77 AA CB IC Nr. 17.
[160] Gerolt am 14.2.1852 an den König, a.a.O.
[161] Gerolt am 11.12.1851 an den König, GStA Berlin, Mf 77 AA CB IC Nr. 17. – Das Levee war der Empfang, den Fillmore jeden Freitagabend gab.
[162] Gerolt am 11.12.1851 an den König, a.a.O.

II. Trotz Restaurationspolitik: Weiterentwicklung der Beziehungen 173

sollen!"[163] Über das abschätzige Schlussurteil, das viele Europäer teilten, mag man streiten, aber sicher sah Gerolt richtig Kossuths Ernüchterung über den tatsächlichen Kurs der US-Politik voraus[164]. Zweifel an der Position der Fillmore- Administration mussten bei europäischen Politikern dadurch entstehen, dass Webster in der Öffentlichkeit mit seinen Erklärungen zugunsten der ungarischen Freiheit den Anschein erweckte, die US-Regierung unterstütze die Interventionsforderungen Kossuths. Gerolt war froh, nach Berlin berichten zu können, dass Fillmore das rhetorische Engagement Websters zugunsten Ungarns missbilligte[165]. Unbeirrt von Fillmores Einstellung glaubte Webster, dem gestiegenen öffentlichen Interesse an Kontinentaleuropa auf Kosten Österreichs stärker entgegenkommen zu müssen. Die im Zuge dieser „domestic foreign policy" von Webster abgegebenen öffentlichen Erklärungen zugunsten der Unabhängigkeit Ungarns führten erst zu mehreren Protesten Hülsemanns und dann zu dessen demonstrativer Abreise aus Washington im Januar 1852 in die Südstaaten. Da die Vermittlung Gerolts und des russischen Gesandten von Bodisco erfolglos blieb, nahm er seine Dienstgeschäfte in Washington nicht wieder auf und verließ die USA im Mai 1852. Erst im Februar 1853 nach dem Tode Websters am 24.10.1852 kehrte Hülsemann von Europa nach Washington zurück[166].

Wenn Webster sich in seinen Reden für das revolutionäre Ungarn begeisterte, so sah Gerolt als kritischer Betrachter des amerikanischen Parteilebens den Parteipolitiker, der sich im Interesse seiner politischen Karriere stärker an der öffentlichen Meinung als an den Pflichten seines Amtes orientierte. Um so befriedigter registrierte Gerolt, als „godlike Daniel" bei der Whig-Convention 1852 seinem Mitbewerber General Scott um die Präsidentschaftskandidatur dennoch unterlag[167].

Abgesehen von der extremen innenpolitischen Nutzung außenpolitischer Beziehungen, wodurch Webster das Verhältnis zu Mitteleuropa belastete, kritisierte Gerolt vor allem, wie wenig sich Webster überhaupt um die Pflege der außenpolitischen Beziehungen kümmerte. Ähnlich hatte sich schon Ministerresident Rönne während Websters erster Amtsperiode als Secretary of State 1841 bis 1843 geäußert. Nach Websters Tod betonte Gerolt

---

[163] A.a.O.
[164] Vgl. *Schurz*: Lebenserinnerungen, Bd. 1, S. 413.
[165] Gerolt am 12.1.1852 an Manteuffel, GStA Berlin, Mf 77 AA CB IC Nr. 17.
[166] Zum Konflikt Hülsemann – Webster s. *Ingeborg Schweikert*: Dr. Johann Georg Ritter von Hülsemann, Diss. phil. Ms., Wien 1956, und Merle Eugene Curti: Austria and the United States 1848–1852. – *Curti* hat die Berichte Gerolts nicht genau genug gelesen, und der Aufsatz ist mit Vorsicht zu benutzen. Sehr abgewogen im Urteil äußert sich *Grayson*: The Unknown President, S. 124–134.
[167] Gerolt am 10.7.1852 an den König, GStA Berlin, Mf 77 AA CB IC Nr. 17.

nur ironisch, dass dieser zwar „den Ruf des größten Rechtsgelehrten, Redners und Staatsmannes" hinterlasse, aber es hätten die „Repräsentanten der fremden Mächte hierselbst ... seinen Verlust weniger zu beklagen, da er den Geschäften seines Amtes nur geringe Aufmerksamkeit schenkte und mit der auswärtigen Politik, vielleicht mit Ausnahme der Englischen, wenig vertraut war."[168] Dass Gerolts Kritik speziell an der Vernachlässigung Mitteleuropas nicht unbegründet war, sieht man deutlich, wenn man die kärglichen Instruktionen Websters an den US-Gesandten in Berlin mit den Schriftsätzen der übrigen Leiter des Department of State vergleicht. Es gab zu Anfang der fünfziger Jahre im Department of State genauso wenig eine Außenpolitik gegenüber Preußen wie im Ministerium der auswärtigen Angelegenheiten eine gegenüber den USA.

Gerolt unterstützte Hülsemann gegenüber dem „perfiden Benehmen" Websters[169], wie Kaiser Franz Joseph I. durch seine Ordensverleihung an Gerolt anerkannte. Verständlicherweise sah Gerolt mit den „Manifestationen Kossuths" die der „deutschen Gesinnungsgenossen derselben" verbunden[170]. Aber er hielt sich bei seiner Unterstützung sehr zurück, da er noch weniger als der russische Vertreter Bodisco, mit dessen Abberufung durch den Zaren Hülsemann vergeblich drohte[171], zusätzlich Öl ins Feuer schütten wollte. Gerolt plante aus finanziellen Sorgen schon 1852 – also parallel zur Abreise Hülsemanns aus Washington – von Washington wegzuziehen; aber er wartete bis 1853, als aus der Verlegung seines Wohnsitzes keine falschen Schlüsse mehr gezogen werden konnten. Vor allem suchte er das Geschehen in seinen Berichten nach Berlin zu relativieren, neben der Kritik an Webster das „individuelle würdige Verhalten Fillmores"[172] und dessen mäßigenden Einfluss deutlich zu machen, Verständnis zu wecken für Fillmores schwierige Position im Wahlkampf und damit eine sinnlose Überreaktion wie auf österreichischer Seite zu verhindern. Sicherlich konnte Gerolt über den Besuch Kossuths in Washington auf Einladung des Kongresses, den Empfang Kossuths beim Senat am 5.1.1852, den Empfang im Repräsentantenhaus und das Treffen mit Mitgliedern des Kongresses und des Kabinetts unter dem Vorsitz Websters am 7.1.1852 nicht wie über Kinkels Vortragsreise hinweggehen; aber Gerolt erwähnte neben dem Zusammentreffen Kossuths mit führenden Politikern des Landes und der Zustimmung zu den Aufrufen Kossuths zur Intervention in Europa zugleich die starke Opposi-

---

[168] Gerolt am 3.11.1852 an den König, GSTA Berlin, Mf 77 AA CB IC Nr. 17.
[169] So Gerolt in seinem Bericht vom 12.1.1852 an den König, a.a.O.
[170] Gerolt am 10.7.1852 an den König, a.a.O.
[171] Gerolt am 12.1.1852 an den König, a.a.O., und *Curti:* Austria and the United States 1848–1852, S. 187.
[172] So Gerolt am 10.5.1852 an den König, a.a.O.

II. Trotz Restaurationspolitik: Weiterentwicklung der Beziehungen 175

tion gegen ein Engagement für die Revolutionäre, insbesondere die Haltung des Präsidenten.

In gleichem Sinne wie Gerolt informierte der US-Gesandte Barnard in Berlin, und dementsprechend äußerte sich die Regierung Manteuffel nicht in der Kossuth-Angelegenheit. Überdies konnte Gerolt bald vom Nachfolger Websters im Amt des Secretary of State, dem Deutschland-Kenner Edward Everett, berichten, dass er die Neutralitätspolitik genauso konsequent wie Fillmore vertrat und bessere Kontakte zu den Diplomaten unterhielt. Everett gelang es, trotz seiner kurzen Amtszeit (6.11.1852–3.3.1853) die Beziehungen zu Österreich wieder zu normalisieren, und gab selbst den wesentlich bedeutsameren Differenzen mit den westeuropäischen Kolonialmächten wegen des Verhältnisses der USA zu Kanada, Mittelamerika und Cuba „eine versöhnliche Wendung"[173].

Gerolts Zurückhaltung bei den Konflikten Hülsemanns mit Webster entsprach der Linie des russischen Gesandten von Bodisco, nicht um „der Kossuthschen Aufregung" willen die Beziehungen zu den USA zu belasten. „Der gönnerhafte Whig Bodisco"[174], wie ihn der Demokrat Buchanan charakterisierte, muss eine der einflussreichsten Persönlichkeiten in Washington Anfang der fünfziger Jahre gewesen sein. Es wirkt schon erstaunlich, wie wenig der Vertreter der Macht, die den Aufstand in Ungarn im Wesentlichen niederschlug, trotz aller Begeisterung für Ungarn in der Öffentlichkeit angegriffen wurde. Die im Kongress am russischen Vorgehen in Ungarn geäußerte Kritik, die der Senat 1852 in einer Resolution zusammenfasste[175], störte nicht die Beziehungen der USA zu Russland und ebenso wenig das Ansehen des Leiters der russischen Mission. Aktionen, wie sie 1852 die Vertreter der österreichischen, preußischen, französischen und spanischen Monarchie erlebten, gab es ausgerechnet gegen den Gesandten der reaktionärsten Monarchie nicht. Gerolt schrieb die im Vergleich zu Hülsemann besonders schonende Behandlung des Doyens des Diplomatischen Corps entsprechend seinem eigenen Interesse an einer besseren finanziellen und personellen Ausstattung der preußischen Mission den besonderen Möglichkeiten Bodiscos zu, Öffentlichkeitsarbeit zu betreiben: „Dem Russischen Gesandten, Herrn von Bodisco, welcher in den Stand gesetzt ist, eine den hiesigen geselligen Anforderungen angemessene Repräsentation zu bestreiten, und dadurch im geselligen Verkehr mit den amerikanischen Staatsmännern und Politikern einen entsprechenden Einfluß auszuüben, ist es gelungen, dergleichen direkte Angriffe und feindliche Demonstrationen gegen

---

[173] Gerolt am 13.12.1852 an den König, GStA Berlin, Mf 77 AA CB IC Nr. 17.
[174] The Works of *James Buchanan*, New York 1960, Vol. VIII, S. 359.
[175] Resolution in the Senate, March 31, 1852. Congressional Globe, Vol. XXIV, Part I, S. 1852 f.

seine Regierung von Seiten der Mitglieder der Regierung oder der Kammern während der Kossuthschen Aufregung in Washington abzuwenden."[176] Ebenso neidvoll betrachteten die britischen Vertreter später während des Krimkrieges den russischen Einfluss[177]. Bodisco wurde so heimisch in den USA, dass er schließlich 1854 in Washington auch seine letzte Ruhestätte fand[178]. Bodiscos Sohn pflegte die Beziehungen zu Washington während des Sezessionskrieges als Militärattaché.

Ähnlich wie dem älterem Bodisco gelang es seinem Nachfolger Stöckl, der seit 1841 als Legationsrat in Washington tätig war und wie Bodisco eine Amerikanerin geheiratet hatte, sich in die Washingtoner Gesellschaft zu integrieren. Nach Hülsemann unterhielt er „die besten Beziehungen zu den Politikern des Südens und Südwestens" und spielte „mit einigen sogar Karten"[179]. Die besonders guten Beziehungen des russischen Gesandten zu den Südstaatenpolitikern wurden erst 1861 zum Problem, aber nur kurzzeitig, als sich dieser neu zu orientieren hatte. Seine Bedeutung für Washington liegt in der maßgeblichen Beteiligung an der Vermittlung des Kaufes von Alaska 1867.

Für die guten Beziehungen zwischen der russischen Monarchie und der US-Republik war sicher nicht nur die geschickte Klimapflege durch Bodisco und Stöckl verantwortlich, sondern auch das wachsende Interesse der US-Administration an dem Gegner ihres britischen Konkurrenten auf dem amerikanischen Kontinent und zur See. Die USA waren offensichtlich nicht daran interessiert, das Verhältnis zu Russland unter den Folgen der europäischen Revolutionen leiden zu lassen, und genauso wünschten sie gute Beziehungen zu dem wichtigsten Partner Russlands, zu Preußen. Die günstigen Voraussetzungen für die Zusammenarbeit mit den USA nutzte unter der Fillmore-Administration die preußische Vertretung – betrachtet man ihre erfolgreichen Vertragsabschlüsse – noch mehr als die russische.

---

[176] Gerolt am 10.7.1852 an den König, GStA Berlin, Mf 77 AA CB IC Nr. 17.
[177] *Laura A. White*: The United States in the 1850's as seen by British Consuls, MVHR XIX, S. 528 f.
[178] Schleiden am 26.1.1854 an Smidt, StA Bremen, 2.-B.13.b.1.a.2.a.I 1854. – Gerolt am 4.2.1854 an den König, GStA Berlin, Mf 79 AA CB IC Nr. 17 Vol. II.
[179] Hülsemann am 11.3.1855 an Buol-Schauenstein. *Erwin Matsch*: Wien-Washington. Ein Journal diplomatischer Beziehungen 1838–1917. Wien, Köln 1990. S. 157.

2. Der US-Gesandte Barnard in Berlin 1850 bis 1853 als Verteidiger der Interessen von Deutschamerikanern und als Beobachter der Restauration

Dass sich nicht nur die Washingtoner preußische Mission mit extremen Vorbehalten in ihrem Gastland auseinanderzusetzen hatte, sondern auch die Berliner US-Mission in Preußen, erlebte der US-Gesandte Barnard spätestens im Zusammenhang mit dem Besuch Kinkels in den USA, der Kossuth-Affäre und den Gerüchten über Attentatspläne der „Umsturz-Parthei" in London und Nord-Amerika gegen das Leben Sr. Majestät des Königs. Die von Ernst Ludwig von Gerlach, dem Führer der Konservativen Fraktion im Preußischen Landtag und Vertrauten des Königs, maßgeblich beeinflusste Kreuzzeitung charakterisierte in einem Artikel vom 12.12.1851 unter der Überschrift „Deutschland und die Vereinigten Staaten" die USA als einen Staat entsprechend dem revolutionären Frankreich. Während England den „gefährlichen Rebellen" „nur einen Tribut von fast lächerlichem Unwerth, ‚Declamationen und ein Asyl'" biete, widmeten die Vereinigten Staaten von Nordamerika, diese „gigantische und fortwährend von brennendem Vergrößerungs-Eifer getriebene Republik", „ihre materiellen Hilfsquellen dem Anstiften einer republicanischen und democratischen Propaganda gegen die gesamte ‚alte Welt'", so dass man wahrlich sagen könne, „das monarchische und das quasi- oder halbmonarchische Europa liegt im Krieg mit den Vereinigten Staaten." Nach dem „Gutachten einer bedeutenden Zahl von Conservativen des Landes" forderte der Artikel vor allem die Zusammenarbeit der deutschen Höfe mit dem Ziel: „Eine strenge Überwachung aller direct oder indirect aus Amerika einpassierenden Reisenden …; die Entziehung des ‚Exequatur' in Bezug auf alle Consular-Agenten, welche ihre Würde missbrauchen …; sogar die Ausweisung der Amerikanischen Bevollmächtigten …". Wer die hinter dem Artikel steckenden konservativen „Gutachter" waren, ließ sich nicht herausfinden. Auch Barnard, der ohnehin nur sehr selten Namen nannte, erwähnte keinen von ihnen, nicht einmal den Verfasser des Artikels. Wenn die Kreuzzeitung hier die Asylgewährung durch England als „Tribut von fast lächerlichem Unwerth" für die politischen Flüchtlinge bezeichnet, so ist erstaunlich, dass im selben Monat Preußen, Österreich, der Deutsche Bund, italienische Staaten und Russland wie vorher schon Frankreich gegen die den Emigranten entgegenkommende britische Asylpolitik in London protestierten[180]. Die Regierung Manteuffel verfolgte die Angelegenheit nach der Ablehnung Londons, das liberale Verhalten gegenüber den Emigranten zu ändern, nicht weiter; aber zu der ähnlich gearteten Asylpolitik der USA gab es nicht einmal eine Protestnote. In

---

[180] *Herbert Reiter*: Politisches Asyl im 19. Jahrhundert, S. 262.

jedem Fall kam der Regierung wohl die Nutzlosigkeit solcher Proteste zu Bewusstsein und der Vorteil, die Flüchtlinge nicht mehr auf dem Kontinent zu haben.

Die Forderung nach einer neuen Art Heiliger Allianz gegen die als Herd der Revolution verstandene USA nahm Barnard verständlicherweise nicht ernst; aber die Kritik an den USA, der Barnard zwar nicht in der Ministerialbürokratie begegnete, aber in der Gesellschaft[181], und das Misstrauen, das die Reaktion von US-Politikern auf die Interventionsforderungen Kossuths besonders nährte. Dass Secretary of State Webster mit seinen öffentlichen Erklärungen selbst zu Zweifeln an der Richtung der US-Politik Anlass gab, konnte Barnard nicht schreiben; aber er verwies gegenüber Webster im Januar auf die genauso zweifelhafte Anerkennung, die Kossuth bei Senatoren fand: „... es ist ohne Zweifel schwierig für diese Regierungen zu verstehen, was der Senat meinen könnte, wenn er seinen Forderungen nicht entsprechen will."[182]

Bei Treffen mit den übrigen am preußischen Hof akkreditierten Diplomaten, mit Spitzen der Behörden, Angehörigen der königlichen Familie und mit anderen Adligen ging ein Teil der Besucher auf Distanz. Der mit Barnard besonders gut bekannte Graf Prokesch von Osten[183], österreichischer Gesandter in Berlin vom März 1849 bis Dezember 1852, schnitt ihn plötzlich völlig, wie Österreich den Kontakt zu US-Diplomaten überall während der Kossuth-Affäre abbrach. Im Gegensatz zu Prokesch, nach der Schilderung der Zeitgenossen ohnehin eine steifleinene Kopie des Fürsten Schwarzenberg, begegnete Friedrich Wilhelm IV. Barnard freundlich wie gewohnt[184], sicher nicht zuletzt ein Ergebnis der differenzierenden Informationen Gerolts aus Washington. Offensichtlich wollte sich der König von den ideologisch fixierten konservativen Scharfmachern der Hofpartei bei dieser Gelegenheit genauso wenig in Verwicklungen mit den USA bringen lassen wie bei anderen Gelegenheiten mit dem Frankreich Napoleons, auch wenn die USA weit weniger bedeutsam waren für Preußen als Frankreich. Die

---

[181] Barnard in Nr. 63 am 1.3.1852 an Webster. NA Wash., Mf 44/7.

[182] Barnard in Nr. 52 vom 6.1.1852 an Webster, a.a.O.: „After the speeches and avowals of that remarkable man in and about New York, it is no doubt difficult for these governments to understand what the Senate should mean unless it means to respond to his appeals."

[183] Gewöhnlich scheint es in den fünfziger Jahren keine besonderen Kontakte zwischen den US-Gesandten und den europäischen Vertretern gegeben zu haben. Für das übliche Desinteresse an dem Berliner US-Gesandten legt auch dessen Nichterwähnung in den veröffentlichten Briefen des Grafen Prokesch von Osten, des Grafen Meyendorff und in den Aufzeichnungen von Lord Loftus ein beredtes Zeugnis ab.

[184] Barnard in einem Privatbrief an Webster vom 10.2.1852, unnummeriert, NA Wash., Mf 44/7.

II. Trotz Restaurationspolitik: Weiterentwicklung der Beziehungen 179

Furcht vor der Revolution scheint auf die Dauer für das Verhältnis des Königs zu den USA eine genauso geringe Rolle gespielt zu haben wie für Bismarcks Einschätzung dieses Staates. Trotz des immer erneuten Eintretens Leopold von Gerlachs für das Prinzip der Heiligen Allianz gegen das der Revolution wollte Bismarck es dabei bewenden lassen, dass Preußen „den Vereinigten Staaten von Nordamerika ... schon in dem Haager Vertrage von 1785 ihren revolutionären Ursprung verziehn" habe[185].

Barnard gewöhnte sich sehr schnell daran, den König differenziert zu beurteilen. So pauschal wie etwa US-Konsul Samuel Ricker in Frankfurt die deutschen Fürsten ablehnte, äußerte sich Barnard nie. Ricker wähnte noch 1854 die Herrscher in Deutschland aus Selbstverteidigung gegen die USA eingestellt und behauptete von den deutschen Zeitungen insgesamt, sie verbreiteten eifrig skurrile Artikel über die USA[186]. Dass die preußische Regierung genauso wenig wie der König mit der Kreuzzeitungspartei in eins zu setzen war, wurde Barnard bald klar. Er nahm auch nicht an, die preußische oder irgendeine andere europäische Regierung glaube, die USA würden auf die Anregung eines Fremden hin in Europa Krieg beginnen; aber er ergriff doch die erste beste Gelegenheit, um Ministerpräsident Manteuffel zu versichern, dass die USA gegenüber Europa konsequent wie in der Zeit Washingtons und der Französischen Revolution eine Politik der Neutralität und Nichtintervention verfolgten[187].

Die Neutralitätspolitik gegenüber Europa trotz aller Ablehnung der Monarchie entsprach der persönlichen Position Barnards, und sie vertrat er auch nach seiner Rückkehr in die USA. Ungeachtet seines Stolzes auf die USA[188], „this blessed republic", sah er es als seine Aufgabe an, die Monarchien im diplomatischen Verkehr als gleichrangig zu respektieren[189] und sich nicht in die inneren Angelegenheiten seines Gastlandes einzumischen. Dass das von der Kreuzzeitung gegenüber dem „Amerikanischen Bevollmächtigten" geäußerte Misstrauen bei Barnard unberechtigt war, war dem König und seiner Regierung bewusst, wie in ihrem Verhalten zum Ausdruck kam. So wie Manteuffel davon ausging, dass jeder Staat seinen eigenen Entwicklungsgang habe[190], respektierte Barnard die eigenständige Entwicklung der europäischen Staaten.

---
[185] Bismarck am 30.5.1857 an Leopold von Gerlach, GW 14, Nr. 649, S. 470.
[186] Ricker in Nr. 17 vom 5.12.1854 an Marcy, NA Wash., Mf 161/2.
[187] Barnard in Nr. 63 vom 1.3.1852 an Webster, NA Wash. Mf 44/7.
[188] *Daniel Dewey Barnard*: Political Aspects and Prospects in Europe, Albany 1854, S. 46.
[189] A.a.O., S. 6.
[190] *Karl Enax*: Otto von Manteuffel und die Reaktion in Preußen, Diss.phil. Dresden 1907, S. 41.

Abb. 2: Daniel Dewey Barnard.
American Whig Review, May 1848.

II. Trotz Restaurationspolitik: Weiterentwicklung der Beziehungen

Die positive Einstellung des Königs dem US-Gesandten gegenüber trotz aller Irritationen der Kossuth-Affäre bestätigte den Eindruck, den Barnard vom Anfang seiner Amtstätigkeit in Berlin an von Friedrich Wilhelm IV. gewonnen hatte. In seinem Bericht vom Antrittsbesuch im Schloss Bellevue am 10.12.1850 hob er den freundlichen Empfang durch den König und dessen differenziertes Bild von den USA, seinen Institutionen und seiner Geschichte hervor[191]. Die Sympathie für Friedrich Wilhelm IV. blieb auch später erhalten – bei aller kritischen Distanz zum preußischen Staat. Im Jahr 1854, also nach der Rückkehr in die USA, lobte er in seiner Zusammenfassung der politischen Erfahrungen seiner Gesandtentätigkeit, Barnards letzte große Rede, die Klugheit, das Talent und die Aufrichtigkeit des Königs, wenngleich er seine Unbeständigkeit nicht übersah[192]. Den Bürgern von Albany beschrieb er ihn als einen der gebildetsten Männer seines Königreiches und den „angemessenen Freund des hervorragendsten Geistes des Zeitalters, des ehrwürdigen Alexander Humboldt ...". Zugleich hatte er Friedrich Wilhelm IV. als Mann mit festem Glauben[193] und starkem Pflichtbewusstsein[194] kennen gelernt. Im Zusammenhang mit seiner Intervention zugunsten der Baptisten lobte er, der überzeugte Protestant, dass sich der König mit den Maßnahmen zugunsten der Baptisten auf seinen Brief hin als verantwortungsbewusster christlicher und protestantischer Monarch erwiesen habe[195]. Eine kritische Erwähnung dessen, was Winfried Baumgart „seine religiöse Schwarmgeisterei" nennt[196], findet sich bei Barnard nicht.

Fast gleichzeitig mit dem Amtsantritt Otto von Manteuffels als Ministerpräsident und Minister der auswärtigen Angelegenheiten (4.12.1850) traf Barnard in Berlin ein, um die Leitung der US-Mission zu übernehmen. Keiner der US-Gesandten nach der Revolution stand dem preußischen Monarchen so positiv gegenüber wie Barnard, aber zugleich gab es selten so viel Kritik am preußischen Ministerpräsidenten wie von Barnard. Der neue US-Gesandte hatte zwar keinen speziellen politischen Auftrag mitbekommen, was angesichts seiner kurzen Amtszeit und des Desinteresses von Webster

---

[191] Barnard in Nr. 2 vom 14.12.1850 an Webster, NA Wash. Mf 44/7.
[192] Die Rede hielt er am 31.1.1854 in Albany. Er veröffentlichte sie unter dem Titel „Political Aspects and Prospects in Europe", Albany 1854.
[193] A.a.O., S. 42.
[194] A.a.O., S. 42 f.
[195] Barnard in Nr. 102 vom 25.1.1853 an Everett, NA Wash., Mf 44/8. – Er habe reagiert „with awakened and earnest disposition truly becoming a Christian and Protestant Monarch."
[196] *Winfried Baumgart*: Zur Außenpolitik Friedrich Wilhelms IV. 1840–1858, S. 132–156 in: Friedrich Wilhelm IV. in seiner Zeit, Hrsg. Otto Büsch, Berliner Historische Kommission, Bd. 62, Berlin 1987.

an Preußen auch nicht anders zu erwarten war, aber Barnard machte es sich zur besonderen Aufgabe, die Interessen von US-Amerikanern intensiv zu vertreten.

Zufrieden konnte Barnard sein, wie die preußische Regierung mit der US-Regierung über Gespräche mit ihm in Berlin und Verhandlungen zwischen Gerolt und dem Department of State den Fall des US-Bürgers Rose bereinigte und damit weder der Kreuzzeitung noch Interventionssüchtigen in den USA einen Anlass lieferte. Der preußische Generalkonsul Pentz in Alexandria hatte den amerikanischen Seemann Edward S. Rose nach einem anfechtbaren Verfahren wegen Meuterei auf einem preußischen Schiff im Generalkonsulat inhaftieren lassen, und der US-Vizekonsul hatte ihn am 10.4.1852 mit drei Bewaffneten auf Anweisung des US-Generalkonsuls von Alexandria McCanley aus dem preußischen Generalkonsulat befreit[197]. Das State Department konnte nicht umhin, gegenüber Gerolt das Fehlverhalten seines Generalkonsuls McCanley einzugestehen. Der Antwort auf die Frage, wie nun gegenüber McCanley zu verfahren sei, wurde der neue Secretary of State Everett dadurch enthoben, dass McCanley verstarb. So wies Everett Barnard an[198], die Angelegenheit mit dem Tode McCanleys auf sich beruhen zu lassen. Dem widersprach der preußische Generalkonsul Pentz in einem Gespräch mit Barnard; er verlangte eine öffentliche Entschuldigung des US-Generalkonsuls in Alexandria bei sich als dem dortigen preußischen Generalkonsul und zusätzlich die Auslieferung Roses. Auf die Argumente Barnards, dass auch die preußische Seite nicht ganz korrekt gehandelt hätte, weitere Untersuchungen nichts brächten und für eine Auslieferung keine Rechtsgrundlage bestände, ging er nicht ein[199]. Demgegenüber zeigte Manteuffel soviel Realismus, dass er sich mit dem ebenfalls ausgedrückten Bedauern der US-Seite zufrieden gab, dem Vorschlag Everetts folgte und Generalkonsul Pentz anwies, zum Generalkonsulat der USA in Alexandria wieder normale Beziehungen aufzunehmen[200]. Die Angelegenheit blieb bis zum Schluß vertraulich und wuchs sich nicht zu einer der Krisen aus, wie sie das Verhältnis Österreich – USA belasteten.

Den eigentlichen Konfliktstoff für die Beziehungen Barnards zu Manteuffel boten die Deutschamerikaner, die als Geschäftsleute oder Heimweh-Urlauber ihre frühere Heimat Preußen besuchten. Die preußische Verwaltung wie die der anderen Staaten des Deutschen Bundes unterwarf Besucher aus den USA, besonders Deutschamerikaner, aus Angst vor revolutionärer Infil-

---

[197] Die Details dieser Vorgänge finden sich in den Anlagen zur Note Gerolts vom 18.8.1852 an das State Department, NA Wash., Mf 58/2.
[198] Everett in Nr. 21 vom 6.12.1852 an Barnard, NA Wash., Mf 77/65/14.
[199] Barnard in Nr. 100 vom 18.1.1853 an Everett, NA Wash., Mf 44/8.
[200] Barnard in Nr. 104 vom 1.2.1854 an Everett, NA Wash., Mf 44/8.

II. Trotz Restaurationspolitik: Weiterentwicklung der Beziehungen

tration verstärkten Kontrollen. Da Anfang der fünfziger Jahre die Zahl von Besuchern aus den USA erheblich zunahm, musste sich Barnard dann in wachsendem Maße mit Beschwerden von Amerikanern befassen. Sie setzten sich recht selbstbewusst zur Wehr gegenüber einer Bürokratie, die ihnen im Sinne des oben erwähnten Kreuzzeitungsartikels häufig misstrauisch und gelegentlich übereifrig begegnete. Sicher galten die Klagen des verbitterten Varnhagen von Ense über die „Schikanen, Quälereien, Verdrehungen und Gehässigkeiten, welche unsere Behörden immerfort gegen missliebige Personen ausüben"[201], auch dem Schicksal einzelner Deutschamerikaner.

Barnard informierte sich sehr genau bei beiden Seiten und machte sich nicht jede Beschwerde zu eigen. Er verlangte das geduldige Ertragen der ungewohnten, aber gültigen preußischen Regelungen, so weit ihre Anwendung auf einen US-Bürger nicht gegen einen Vertrag oder internationales Recht verstieß. Um so entschiedener konnte er sich bei der preußischen Seite beschweren, wenn sich preußische Beamte unüblich verhielten, sie etwa unnötig oder ungewöhnlich streng oder grob vorgingen oder fälschlicherweise die Reisedokumente beanstandeten[202].

Mit dieser Strategie hatte Barnard gelegentlich Erfolge zu verzeichnen. Bei seiner Intervention zugunsten eines amerikanischen Bibelverkäufers erreichte er über den König sofort dessen Freilassung[203]. Schwierig gestaltete sich dagegen die Bewältigung der Unzahl anderer Beschwerden amerikanischer Staatsbürger in den Verhandlungen mit der preußischen Regierung und den außerpreußischen Regierungen. Als Hauptverantwortlichen für die Schwierigkeiten betrachtete Barnard zwar die einzelstaatlichen Verwaltungen, aber zugleich erwähnte er immer wieder das Verhalten besonders deutschamerikanischer Besucher kritisch. Seine Erfahrungen gegenüber dem State Department zusammenfassend, wies er zunächst daraufhin[204], dass die „Preußische Regierung und ihre Beamten ... immer auf der Hut vor deutscher demokratischer Propaganda und deren Agenten" sei. „Schon Kleinigkeiten genügen, um die Aufmerksamkeit zu erregen. Und leider geschieht es, dass viele unserer deutschen naturalisierten Bürger, die ihre Heimat besuchen und dabei keineswegs politische Agenten sind und mit keinem irgendwie gearteten politischen Auftrag kommen, nichtsdestoweniger aber mit ausgeprägten Vorstellungen von persönlicher Freiheit und persönlicher

---
[201] Tagebucheintragung Varnhagen von Enses vom 4.5.1852, in: Karl A. Varnhagen von Ense: Tagebücher, Bd. 9, Hamburg 1868.
[202] Es geschah mehrfach, dass von US-Bürgern fälschlich ein Visum verlangt wurde. – Das Verhalten bei Beschwerden von US-Bürgern stellte Barnard 1851 auf Presseangriffe in den USA hin eingehend in seinem Bericht vom 10.6.1851 Nr. 24 Webster dar. NA Wash., Mf 44/7).
[203] Barnard in Nr. 120 vom 29.3.1853 an Everett, NA Wash., Mf 44/8.
[204] Barnard an Webster in Nr. 75 vom 3.8.1852, NA Wash. Mf 44/8. – Übers. E.

Unabhängigkeit kommen ..., und sie sind geneigt zu vergessen, dass Preußen nicht gerade die geeignetste Gegend ist, um diese Qualitäten zu entfalten. Allgemein unterwerfen sie sich den Polizeivorschriften der europäischen Staaten mit viel weniger Ruhe und Geduld als unsere in Amerika gebürtigen Bürger." Warum gerade die Deutschamerikaner so empfindlich auf den Obrigkeitsstaat reagierten, erwähnte er nicht, sondern fuhr kritisch fort: „Mit ihrem Stolz und ihrer Anmaßung beginnen oft die Schwierigkeiten, denen sie begegnen. Sie ertragen nur schwerlich die Ausübung einer konzentrierten Autorität über sich. Und wenn sie dann in Schwierigkeiten geraten sind und ihre Klagen einer US-Vertretung vortragen, so sind ihre Forderungen leicht sehr anspruchsvoll und anmaßend."

Bei dem letzten Vorwurf dachte Barnard unter anderem an die Beschwerden eines deutsch-amerikanischen Kaufmannes mit dem verdächtigen Namen Born. Der Träger dieses Namens Born war schon 1837 aus Deutschland ausgewandert, aber dennoch bei seiner Einreise nach Preußen im Juli 1852 in Minden sechs oder acht Stunden verhaftet. Die Polizei fand nichts Strafwürdiges, und Born durfte seine Reise fortsetzen. Barnard schätzte Born zwar als einen der angesehensten und bestinformierten der deutschen Emigranten in den USA ein, aber er empfand die Entschädigungsforderung von 20 000 Dollar mit Recht als anmaßend[205]. Ungeachtet der Kritik an Born protestierte der US-Gesandte mit den schärfsten Worten gegen die ungerechte und unfreundliche Behandlung Borns bei Manteuffel. Er stufte den Fall zwar eher als lästig, denn als ernst ein; aber er schlug gegenüber Manteuffel einen schärferen Ton als gewöhnlich an, weil sich Fälle dieser Art in letzter Zeit in seinen Augen unnötig häuften: „Ich bin sicher, dass die in letzter Zeit häufig anzutreffenden, aber nicht zu rechtfertigenden und offensichtlich mutwilligen Schikanen, die Bürgern der Vereinigten Staaten geboten werden, die in Preußen als Touristen reisen oder zeitweilig dies Land geschäftlich besuchen, nicht von Seiner Majestät Regierung gebilligt werden."[206] Immerhin erreichte Barnard eine für den verantwortlichen Polizeikommissar peinliche Untersuchung und vor allem seine Versetzung und als Folge bessere Verhaltensformen US-Amerikanern gegenüber bei der Mindener Polizei[207].

Den verbesserten Umgangsstil erkannte Barnard ausdrücklich gegenüber Manteuffel an, aber wegen der Verhaftung eines unschuldigen Geschäfts-

---
[205] Der Fall Born ist dargestellt in dem oben erwähnten Bericht Barnards vom 3.8.1852 und in den Anlagen dazu.
[206] Barnard am 3.8.1852 an Manteuffel. Kopie als Anlage zum Bericht Nr. 75 vom 3.8.1852 an Webster. NA Wash, Mf 44/8. Übers. E.
[207] Barnard an Everett in Nr. 93 vom 14.12.1852 mit Anlagen. Kopie des Schreibens von Barnard an Manteuffel vom 11.1.1853, Anlage zum Bericht Barnards Nr. 99 vom 11.1.1853 an Everett, NA Wash., Mf 44/8.

mannes in Minden musste er sich 1853 erneut beschweren. Auch in diesem Zusammenhang beklagte er „die in Preußen bei der Verfolgung vor allem politischer Vergehen Schuldiger so deutlich werdende Missachtung der Rechte und Gefühle unschuldiger Personen, und anderswo in Europa ist es noch schlimmer. Gerade jetzt nach den letzten Unruhen in Italien werden amerikanische Reisende und besonders Deutschamerikaner wachsam beobachtet."[208] Im Januar 1853 sorgte Barnard für die Freilassung eines Deutschamerikaners in Bremen[209], und im März 1853 verhinderte er die Ausweisung eines Amerikaners aus Sachsen[210]. Diese Beispiele belegen den Hinweis Barnards auf die Schwierigkeiten von Amerikanern außerhalb Preußens[211].

Wenn schon der Besuch von legal ausgewanderten Deutschamerikanern gelegentlich zu Konflikten führte, so erst recht der Besuch von nicht legal in die USA übergesiedelten, die also noch ihrer Militärpflicht nachzukommen hatten. Die Rechtslage stellte sich in Preußen, in Bremen, in Hannover und in den anderen Staaten des Deutschen Bundes so dar, dass nur die Bürger die Genehmigung zur Auswanderung erhielten, die ihre Militärpflicht erfüllt hatten. Diejenigen männlichen Geschlechts, die – ganz gleich wie jung noch – ohne Genehmigung auswanderten, mussten bei ihrer Rückkehr mit der Bestrafung und der nachträglichen Heranziehung zum Wehrdienst rechnen, selbst wenn sie inzwischen die amerikanische Staatsbürgerschaft erworben hatten. Legationssekretär Fay formulierte zugespitzt, dass bei strikter Anwendung dieser Regelung selbst der Präsident des amerikanischen Senates in der Armee unter irgendeinem deutschen Prinzen zu dienen hätte[212].

Besonders 1852 häuften sich die Fälle, dass einzelstaatliche Behörden nicht legal ausgewanderte Deutschamerikaner verhafteten. Allein im Juni und Juli 1852 verhandelte Barnard mit den Regierungen Preußens, Hannovers und Braunschweig wegen mehrerer Fälle. So versuchte Barnard zu einer grundsätzlichen Neuregelung zu gelangen, die beiden Seiten gerecht wurde. Barnard konzentrierte seine Bemühungen auf Preußen, da er richtig kalkulierte, dass wenn er Preußen zu einer großzügigeren Anwendung des

---

[208] Barnard in Nr. 120 am 29.3.1853 an Everett, NA Wash., Mf 44/8. Übers. E.
[209] Barnard in Nr. 103 vom 1.2.1853 an Everett, NA Wash., Mf 44/8.
[210] Barnard in Nr. 120 vom 29.3.1853 an Everett, NA Wash., Mf 44/8.
[211] *Penney* vermischt in seiner Biographie Barnards in dem Abschnitt über die Gesandtentätigkeit Barnards S. 121 dessen Beschwerden gegenüber außerpreußischen Staaten mit denen gegenüber Preußen. Die von Penney erwähnten Methodisten hatten ihre Schwierigkeiten in Braunschweig und Brace seine in Österreich, wie aus den Berichten Barnards zu ersehen ist.
[212] Fay in Nr. 98 vom 15.5.1852 an Webster, ähnlich in Nr. 66 vom 26.8.1851 an Webster, NA Wash., Mf 44/7. Übers. E.

Auswandererrechtes veranlassen könnte, „es nicht schwierig sein" würde, „die anderen deutschen Regierungen zu ähnlichem Verhalten zu veranlassen."[213] Barnard bemühte sich in Schreiben und in Gesprächen um ein Entgegenkommen Manteuffels. Er bat die Preußische Regierung, zu überlegen, ob man nicht in den fraglichen Fällen „etwas Besseres tun kann, als auf der rigiden Anwendung des heimischen preußischen Rechtes ... auf Personen zu bestehen, die Untertanen eines fremden und befreundeten Staates geworden sind."[214] Demgegenüber beharrte Manteuffel starr auf der überkommenen Rechtslage und verwies knapp auf die Möglichkeit der US-Regierung, dadurch zukünftige Streitfälle zu vermeiden, dass sie „niemals jemand preußischer Herkunft als Bürger" akzeptiert, „wenn er nicht imstande ist, eine Auswanderungserlaubnis vorzulegen."[215] Das entsprach den Bestimmungen der Staaten des Deutschen Bundes, nach denen Untertanen eines deutschen Bundesstaates nur mit Auswanderungskonsens zu naturalisieren waren, diese also die Militärpflicht gegen ihren bisherigen Staat erfüllt haben mussten oder davon befreit waren. Auf einen solchen Vorschlag einzugehen, verbot wiederum die amerikanische Rechtsauffassung.

Trotz Barnards Misserfolg nahm die Zahl der Verhaftungen ab; denn es sprach sich bei den Auswanderern herum, dass sich mit der Revolution wenig am Auswanderungsrecht geändert hatte. Für die preußische Regierung blieb ausschlaggebend, ob der zurückkehrende Auswanderer, mochte er nun eine neue Staatsangehörigkeit erworben haben oder nicht, Preußen mit Genehmigung der Behörden verlassen hatte oder nicht; sie verneinte nicht etwa das Recht der Ausbürgerung, wie gelegentlich von amerikanischer Seite vermutet wurde und auch kürzlich von Penney wiederholt wurde[216]. Das Gesetz vom 31.12.1842 regelte ausdrücklich die Entlassung aus dem preußischen Untertanenverbande.

Die einzige in den fünfziger Jahren erfolgte Verbesserung zugunsten von Militärpflichtigen, die ohne Erlaubnis ausgewandert waren, vollzog sich 1850 ohne Einwirkung eines US-Vertreters und wurde von Barnard auch

---

[213] Aus der Kopie des Schreibens von Barnard an US-Konsul King in Bremen vom 20.9.1852, der Anlage zum Bericht Barnards Nr. 87 vom 20.9.1852 an Everett, NA Wash., Mf 44/8. Übers. E.

[214] Kopie des Schreibens von Barnard an Manteuffel vom 8.7.1852 auf der Grundlage des Gespräches vom 6.7.1852, Anlage zum Bericht Barnards an Webster vom 13.7.1852, NA Wash., Mf 44/8. Übers. E.

[215] Aus der Abschrift des Schreibens von Manteuffel an Barnard vom 22.10.1852, einer Anlage zum Bericht Fays Nr. 103 vom 26.10.1852 an Webster, NA Wash., Mf 44/8: „Si votre Gouvernement désire éviter à l'avenir des collisions ... il se présente à lui un moyen bien simple d'atteindre ce but, c'est de ne jamais recevoir comme citoyen un Prussien d'origine, s'il n'est en état de produire un permis d'émigration."

[216] *Penney*: Patrician in Politics, S. 122.

II. Trotz Restaurationspolitik: Weiterentwicklung der Beziehungen 187

nicht registriert. Durch das Gesetz vom 11.3.1850 „betreffend die an Stelle der Vermögens-Konfiskation gegen Deserteure und ausgetretene Militärpflichtige zu verhängende Geldbuße"[217] trat an die Stelle der Vermögens-Einziehung eine Geldbuße zwischen 50 und 1000 Talern. Bei der Anwendung des Gesetzes kamen die Gerichte den Angeklagten dadurch entgegen, dass sie die niedrigst mögliche Strafe von 50 Talern verhängten und zwar in der Regel, wie das Justizministerium rügte[218].

Der König nutzte das Gesetz von 1850 in den folgenden Jahren dazu, auf Immediat-Gesuche hin im Gnadenwege vor dem Inkrafttreten des Gesetzes verhängte Vermögens-Einziehungen in Geldbußen umzuwandeln. So erhielt ein Friedrich Wilhelm Sellhausen, der 1844 mit 19 Jahren aus Westfalen in die USA ausgewandert war und gegen den in Abwesenheit 1848 eine Vermögens-Konfiskation verhängt war, auf seinen 1858 gestellten Gnadenantrag hin eine Geldbuße von 500 Talern auferlegt[219]. Bei der Vorbereitung der Entscheidung hatte das Paderborner Appellationsgericht zweimal für nur 50 Taler plädiert, die Regierung in Minden für 1000 und Finanz- und Justizministerium schließlich den Kompromiss geliefert. So konnte Sellhausen nach 14 Jahren Abwesenheit nach Westfalen zurückkehren, ohne um sein in den Staaten erworbenes Vermögen fürchten zu müssen, und er konnte unbehelligt seine Erbschaft in Preußen antreten. Den Hauptanstoß erregte bei zurückkehrenden Deutschamerikanern in der Regel nicht die Geldbuße, sondern der nachträglich eingeforderte Militärdienst.

Wenngleich Barnard keine grundsätzliche Neuregelung des Status von in die USA ausgewanderten Militärdienstpflichtigen aus Preußen zu erreichen vermochte, so setzte er sich doch nicht desto weniger bei den Einzelfällen ein. Der von der New York Tribune vom 14.7.1852 gegen Barnard erhobene Vorwurf, er bemühe sich nicht um den Schutz des US-Bürgers in Deutschland[220], ist ungerechtfertigt. Besonders engagierte sich Barnard im letzten Jahr seines Aufenthaltes in Berlin für den im Oktober 1852 verhafteten Kracke. Er war zwar in Preußen geboren, aber schon mit 14 Jahren 1838 nach Hannover und dann über die Niederlande in die USA gekommen und sollte nun ab 1852 drei Jahre Militärdienst in Preußen ableisten. Barnard bewies sicher nicht nur seine Rechtsanwaltsrhetorik, wenn er Manteuffel erklärte: „Ich glaube, dass kein Offizier im Dienste seiner Majestät militärische Autorität über diesen unglücklichen Mann ausüben kann, ohne

---

[217] GS. 1850, S. 271.
[218] Justiz-Ministerialblatt für die Preußische Gesetzgebung und Rechtspflege, 10.6.1853.
[219] Abschrift des Allerhöchsten Erlasses vom 26.2.1859, GStA Berlin, Rep. 89a Nr. 7800.
[220] *Penney*: Patrician in Politics, S. 123.

schmerzhaft zu empfinden, wie die Gesetze gemeinsamer Humanität beständig zu seinen Gunsten sprechen müssen."[221] Nach Barnards Empfinden schien Manteuffel immerhin beeindruckt vom Schicksal Krackes; aber dessen Freilassung erreichte er nicht. Manteuffel hatte in den Augen Barnards eben immer noch nicht die vollständige Absurdität und Inhumanität der strengen Anwendung des preußischen Rechtes erkannt. „Dies wäre zuviel erwartet von irgendeinem auch noch so aufgeklärt denkenden Deutschen, der durch solch eine Schule der Politik gegangen ist."[222] So abschätzig äußerte sich Barnard sonst nie über den preußischen Staat wie angesichts der bürokratischen Starrheit gegenüber Kracke. Aber er blieb nicht nur mit seinen Bemühungen zugunsten Krackes erfolglos, sondern in keinem Fall konnte er gegenüber der Regierung Otto von Manteuffels den Erfolg verzeichnen, dass einem in Preußen wegen der Nichtableistung seines Militärdienstes verhafteten Deutschamerikaner seine aus der früheren Staatsangehörigkeit erwachsenen Pflichten erlassen wurden.

Mehr vermochte Barnard zugunsten noch militärpflichtiger Deutschamerikaner gegenüber Hannover und Bremen zu erreichen, weil dort die spezifische Rechtslage und andere politische Bedingungen Auswege eröffneten. Die von Penney als Erfolg Barnards gegenüber Preußen angeführte Freilassung Conrad Schmidts im Januar 1853[223] ist tatsächlich gegenüber Bremen erwirkt. Auf die schnelle und energische Intervention des Bremer US-Konsuls Ralph King und Barnards ließ der Bremer Bürgermeister Schmidt in die USA ausreisen, bevor er ihn, wie ursprünglich geplant, an Hannover auslieferte[224].

Wenn sich Barnard 1852 und 1853 im Zusammenhang mit dem Fall Kracke in seinen Berichten nach Washington so entrüstet äußerte, dann schien das nicht zuletzt daher zu rühren, dass er sich zu wenig von seiner Regierung unterstützt fand. In seinen Augen kamen die USA europäischen Rechtsvorstellungen zu sehr entgegen: „Das in Europa vertretene internationale Recht verneint das Recht der Ausbürgerung ohne Genehmigung des Souveräns; und die Vereinigten Staaten haben sich dieser Doktrin eher gefügt und sie unterstützt als sie zurückgewiesen. Die deutschen Regierungen halten die Auswanderungs-Kontrolle im Interesse ihrer militärischen Macht

---

[221] Aus der Kopie des Schreibens von Barnard an Manteuffel vom 9.10.1852, einer Anlage zum Bericht Barnards Nr. 89 vom 12.10.1852 an Everett, NA Wash., Mf 44/8.
[222] Barnard in Nr. 121 vom 5.4.1853 an Marcy, NA Wash., Mf 44/8.
[223] *Penney*: Patrician in Politics, S. 124.
[224] Bericht Barnards Nr. 103 vom 1.2.1853 an Everett mit dem abschriftlichen Briefwechsel zwischen King und Barnard zum Fall Schmidt. NA Wash., Mf 44/8. – Der Briefwechsel vom Januar 1853 ist im New York Herald vom 21.9.1853 veröffentlicht.

II. Trotz Restaurationspolitik: Weiterentwicklung der Beziehungen 189

für unerlässlich. Diese Kontrolle ist Preußen in all unseren Verträgen mit ihm immer ausdrücklich erhalten."[225] Diese Auffassung zweifelten auch die Amtsvorgänger Barnards nicht an.

Als richtungweisend für die Berliner Gesandtschaft galt die von dem angesehenen Völkerrechtler und 1835 bis 1846 als US-Vertreter in Berlin wirkenden Wheaton in seinem Bericht vom 29.7.1840 gegenüber dem State Department vertretene Ansicht. Danach hätten die USA *nicht* zugunsten von aus Preußen stammenden US-Amerikanern zu intervenieren, die in ihre Heimat zurückkehrten und die nun wegen der wieder auflebenden rechtlichen Verpflichtungen von früher mit ihrem alten Staat in Konflikt gerieten. Wheaton ging bei einem aus Preußen stammenden US-Bürger davon aus, dass wenn dieser in das Land seiner Geburt zurückkehrte, „sein Geburtsort und seine ursprüngliche Staatsangehörigkeit wieder entscheidend werden, so lange er im preußischen Herrschaftsgebiet bleibt, und er wäre verpflichtet, den Gesetzen genauso zu gehorchen, als wäre er nie ausgewandert."[226] Diesen Grundsatz wünschte er entsprechend seinen jüngsten Erfahrungen zugunsten der Auswanderer variiert: „Ich halte es für den richtigen Grundsatz, wenn der Emigrant seinen augenblicklichen Wohnsitz oder seinen Wohnort wieder in seinem Geburtsland einnimmt, aber er darf nicht auf ihn angewendet werden, wenn er nur Tourist ist, oder sein Ursprungsland zufällig oder zeitweilig besucht."[227] Auf der Basis dieser von Barnard 1852 entwickelten Auffassung schloss US-Gesandter Bancroft 1868 seinen Vertrag mit Bismarck; aber 1852 blieb Barnards Vorstoß schon in Washington erfolglos, und Wheatons Grundsatz galt uneingeschränkt weiter.

Barnard bat das State Department vergeblich um eine Stellungnahme in seinem Sinne[228]. Webster antwortete nicht, vermutlich wegen seiner Wahlkampfverpflichtungen. Ohnehin hatte er zum Beispiel, als es darum ging, einen aus Frankreich stammenden naturalisierten Amerikaner vor der Anwendung des französischen Anspruches auf Erfüllung der Militärpflicht zu schützen, ganz traditionell abgelehnt und gerade nicht so, wie Barnard wohl

---

[225] Barnard am 20.9.1852 an King, den US-Konsul in Bremen, Anlage zum Bericht Nr. 87 an Everett. NA Wash., Mf 44/8. – Übers. E.

[226] Barnard zitierte aus dem Bericht Wheatons vom 29.7.1840 in seinem Bericht Nr. 76 vom 3.8.1852 an Webster, NA Wash., Mf 44/8: „... having returned to the country of his birth, his native domicile and national character reverted, so long as he should remain in the Prussian dominions and he was bound to obey the laws exactly as if he had never emigrated." – Übers. E.

[227] Barnard in Nr. 76 vom 3.8.1852 an Webster: „I suppose it to be the true doctrine when the emigrant resumes his actual residence, or his domicile, in the country of his birth, but it is not to be applied to him when he is a mere traveller, or visits his original country for a casual or temporary purpose." – Übers. E.

[228] In seinem oben erwähnten Bericht vom 3.8.1852 an Webster.

nach dem öffentlichen Auftreten Websters hätte vermuten können. Dieses Beispiel aus Frankreich erwähnte Websters Nachfolger Everett, als er auf Barnards unerledigten Antrag hin in einer eingehenden Instruktion die früheren Auffassungen präzisierte[229]: „Der Präsident ist der Meinung, dass wenn ein preußischer Untertan, der nach der gesetzlichen Verpflichtung dieses Landes in einem bestimmten Umfang Militärdienst abzuleisten hat, sein Geburtsland verlässt, und in die USA kommt und naturalisiert wird, ohne vorher diese Pflicht erfüllt zu haben oder die vorgeschriebene Auswanderungs-Erlaubnis erhalten zu haben, und später aus irgendwelchen Gründen zurückkehrt nach Preußen, die Vereinigten Staaten nicht berechtigt sind, ihn vor der Anwendung der preußischen Gesetze zu schützen." Everett übersah nicht das Unglück, das die Anwendung des preußischen Rechtes im Einzelfall bedeutete – etwa bei Kracke; aber zugleich deutete er an, dass es für den Einzelnen nicht schwierig sei, eine solche Situation zu vermeiden angesichts der auch in seinen Augen liberalen preußischen Praxis bei der Erteilung der Auswanderungserlaubnis.

Barnard genoss also bei seinen Gesprächen mit Manteuffel zugunsten eines Entgegenkommens der preußischen Regierung nicht einmal die volle Unterstützung Washingtons, so dass Webster, Everett oder Fillmore sich in ihren Gesprächen mit Gerolt kaum des Schicksals der noch militärpflichtigen Auswanderer, die Preußen besuchten, angenommen haben dürften. Barnard, der sich um das Opportune recht wenig kümmerte, hielt mit seiner abweichenden Meinung nicht hinter dem Berg, wenngleich er sich nach der Positionsbestimmung des Präsidenten zu richten hatte: „Die Meinung und die Entscheidung des Präsidenten, die nicht der Befugnis der Vereinigten Staaten entspricht, einen Bürger zu schützen, wird natürlich in allen Fällen mein Handeln bestimmen ...".[230] Nachteile erwuchsen ihm nicht aus dem mit seiner Zustimmung verknüpften deutlichen Vorwurf gegenüber Fillmore; ohnehin musste er mit dem Präsidentenwechsel am 4.3.1853 mit seiner Abberufung rechnen.

Es ist verständlich, dass Barnard den Mangel an Unterstützung aus Washington bei seinem Bemühen um den Schutz aller naturalisierten US-Bürger beklagte; aber selbst wenn der Präsident Barnards Position unterstützt

---

[229] Instruktion Everetts Nr. 23 vom 14.1.1853 an Barnard. NA Wash., Mf 77/65/14: „... the President is of the opinion that if a subject of Prussia lying under a legal obligation in that country, to perform a certain amount of military duty, leaves his native land and, without performing that duty, or obtaining the prescribed „certificate of emigration" comes to the U.S. and is naturalised, and afterwards for any purposes whatever goes back to Prussia, it is not competent for the U.S. to protect him from the operation of the Prussian laws." – Obige Übers. E.

[230] Barnard in seinem Bericht Nr. 106 vom 8.2.1853 an Everett. NA Wash., Mf 44/8.

II. Trotz Restaurationspolitik: Weiterentwicklung der Beziehungen 191

hätte, so wäre doch unter den politischen Bedingungen des Deutschen Bundes Anfang der fünfziger Jahre ein Verhandlungserfolg zugunsten noch militärpflichtiger Auswanderer unwahrscheinlich gewesen. Barnard berücksichtigte nicht bei seinen Bemühungen, den Rechtsstatus der in die USA ausgewanderten Deutschen bei ihrer Rückkehr zu verbessern, dass gerade in den Jahren der Revolutionsfurcht und dann des Krimkrieges überhaupt nicht daran zu denken war, dass die deutschen Staaten die Bestimmungen gegen die heimliche Auswanderung von Militärpflichtigen lockerten. Im Gegenteil drängte die Mehrzahl der Regierungen des Bundes beständig, die Bestimmungen gegen die heimliche Auswanderung zu verschärfen. Genau genommen ging es den Regierungen des Bundes hierbei zwar um die diejenigen, die erst beabsichtigten auszuwandern; aber sie zeigten sich nicht gesonnen, nur gegen die Auswanderungswilligen streng vorzugehen und das Verhalten derer zu akzeptieren, die schon ohne Behördenkonsens ausgewandert waren.

Vor allem die hessischen Staaten, Baden, Bayern und Württemberg drängten 1852/53 auf schärfere Grenzkontrollen und andere Maßnahmen gegen die heimliche Auswanderung. Dabei ging es ihnen vorrangig um die Militärpflichtigen, aber auch um „die heimliche Entweichung" von Schuldnern nach Amerika[231]. Die Großherzoglich Hessische Regierung beantragte im April 1853 einen Bundesbeschluss mit „Maßregeln zur Verhütung heimlicher Auswanderung von Soldaten und Militärdienstpflichtigen"[232]. Er scheiterte jedoch schon an der Abneigung Bremens und Hamburgs gegen irgendwelche, das lukrative Auswanderer-Transportgeschäft beeinträchtigende Kontroll-Maßnahmen. Es war leicht vorauszusehen, dass die geforderten schärferen Kontrollen, etwa Reisepass-Kontrollen, nur den Auswandererstrom von den deutschen Seehäfen zu den nichtdeutschen lenken würden. Preußen wünschte genauso wenig einen Bundesbeschluss wie einen Vertrag gegen die heimliche Auswanderung, schon um sich in polizeilichen Dingen nicht zu sehr die Hände zu binden[233], sondern wie beim übrigen Auswanderungswesen die Übernahme des preußischen Rechtes.

Das in Preußen zum 1.1.1854 in Kraft gesetzte Reglement vom 6.9.1853 verpflichtete die Auswanderungs-Unternehmen und -Agenten in § 3, keine

---

[231] Der Schriftwechsel zur Frage der Verhinderung der heimlichen Auswanderung findet sich vor allem im GStA Berlin, Mf 104 AA III.HA Rep. 1 Nr. 11 Vol. 9. – Siehe dort besonders das Schreiben des Württembergischen Gesandten in Berlin vom 23.5.1853 an Manteuffel, das des Badischen Gesandten vom 13.7.1853, das des Bayerischen Gesandten vom 28.11.1853 und die Note der Großherzoglichen Hessischen Regierung vom 11.4.1853 an Manteuffel.
[232] Siehe dazu den Bericht Bismarcks aus Frankfurt vom 30.6.1853, a.a.O.
[233] Westphalen am 16.6.1855 an Manteuffel, GStA Berlin, Mf 106 AA III.HA Rep. 1 Nr. 11 Vol. 12.

Beförderungsverträge ohne Auswanderungskonsense oder Reisepässe abzuschließen und drohte ihnen den Konzessionsentzug für den Fall der Nichterfüllung an. Die übrigen deutschen Staaten hatten schon entsprechende Vorschriften erlassen oder folgten Preußen, wie Bayern und Nassau. Braunschweig und die thüringischen Staaten, die bis 1856 noch keine Bestimmungen gegen die heimliche Auswanderung erlassen hatten, wurden im Februar 1856 vom preußischen Ministerium der auswärtigen Angelegenheiten zum Handeln aufgefordert. Bis zum Juni 1856 meldeten Braunschweig, Sachsen-Meiningen, Sachsen-Weimar, die beiden Reuß und Sachsen-Altenburg den Vollzug[234]. Aber jeder Staat wusste um die Unvollkommenheit dieser Regelungen, so lange, wie Innenminister Westphalen feststellte, „diejenigen Individuen, welche mit ausreichenden Legitimationspapieren nicht versehen sind, sich ohne einen im Binnenlande abgeschlossenen Beförderungskontrakt nach einem Seehafen begeben und dort ohne Anstand weiter expediert werden können."[235] Andererseits etwa auf Bremen, in dem nach § 9 der Verordnung vom 9.4.1849 der Transport von Deserteuren und Militärpflichtigen nach überseeischen Ländern verboten war, und Hamburg, in dem nach § 10 seiner Verordnung vom 3.6.1850 dasselbe galt, einzuwirken zugunsten einer wirksamen Kontrolle des Reiseverkehrs im Sinne seiner eigenen Bestimmungen, wünschten der Bayerische Gesandte in Berlin[236] und die Regierung in Minden vergeblich. Manteuffel lehnte ab, da er deutsche Handels- und Schifffahrtsinteressen zu gefährden befürchtete, und die übrigen Minister pflichteten ihm bei[237]. Die Tatsache, dass die deutschen Staaten trotz intensiver Bemühungen keine wirksamen Mittel gegen das „Entweichen militairpflichtiger Personen" fanden, erhöhte sicherlich kaum ihre Bereitschaft, auch noch auf die letzte Möglichkeit zu verzichten,

---

[234] Entwurf des Schreibens Manteuffels vom 2.2.1856 an die säumigen Staaten und die Vollzugsmeldungen von Sachsen-Meiningen vom 4.2.1856, von Reuss vom 7.2.2856, GStA Berlin, Mf 106 AA III.HA Rep. 1 Nr. 11 Vol. 12; die Antwortschreiben von Sachsen-Altenburg vom 27.3.1856 an Manteuffel, von Sachsen-Weimar vom 14.7.1856 und von Braunschweig vom 9.6.1856, a.a.O. Vol. 13.

[235] Westphalen an Manteuffel am 8.9.1853, GStA Berlin, Mf 104 AA III.HA Rep. 1 Nr. 11 Vol. 9.

[236] Der Bayerische Gesandte am 28.11.1853 an Manteuffel, GStA Berlin, Mf 104 AA III.HA Rep. 1 Nr. 11 Vol. 9.

[237] Manteuffel am 3.10.1854 an Westphalen zu dem Antrag der Mindener Regierung, GStA Berlin, Mf 105 AA III.HA Rep. 1 Nr. 11 Vol. 10. – Manteuffel am 28.7.1853 an Westphalen und von der Heydt, GStA Berlin, Mf 104 AA III.HA Nr. 11 Vol. 9. – Westphalen hatte am 17.1.1853 eine stärkere Kontrolle der Seehäfen gefordert, aber ließ sich von der Schädlichkeit dieser Maßnahme überzeugen und trat am 8.9.1853 in seinem Schreiben an Manteuffel, als es um die Instruktion des Bundestagsgesandten Bismarck ging, gegen Bundesbeschlüsse gegen die heimliche Auswanderung ein, die sich zu Ungunsten der Hansestädte auswirken mussten. A.a.O.

II. Trotz Restaurationspolitik: Weiterentwicklung der Beziehungen

gegen heimliche Auswanderer vorzugehen, nämlich wenn sie in ihre Heimat zurückkehrten.

Dass Barnard die Bestrebungen der deutschen Regierungen zur Verhinderung heimlicher Auswanderung in die USA nicht registrierte, ist ihm kaum anzulasten, da diese Aktivitäten weitgehend vertraulich blieben und er sich in die Verwaltungsbestimmungen in der kurzen Zeit seiner Anwesenheit kaum einzuarbeiten vermochte. Er lebte sich 1850/51 sehr schnell in die für ihn so andersartigen deutschen Verhältnisse ein und ging regelmäßig in seinen Berichten an das State Department auf auffallende Entwicklungen in der deutschen Politik ein. Neben der Vertretung der Interessen von Besuchern aus den USA war seine Tätigkeit als Beobachter seine wesentliche Aufgabe. Weitergehende Aufträge fehlten ihm angesichts des geringen Stellenwertes von Mitteleuropa in der Politik der USA. Immerhin beobachtete die Fillmore-Administration 1850/51 speziell die gesamtdeutsche Entwicklung interessiert, wie schon aus den Gesprächen Gerolts im State Department deutlich wird.

Barnard traf 1850 zufälligerweise genau zu der Zeit in Berlin ein, als sich die deutschen Verhältnisse durch die Olmützer Punktuation zugunsten einer Wiederherstellung des Deutschen Bundes weiter geklärt hatten und Preußen für alle sichtbar wieder denselben Status wie vor der Revolution einnahm. Barnards Berichterstattung konzentrierte sich zunächst auf die in Olmütz verabredeten Dresdner Ministerkonferenzen, die sich der Reaktivierung des Deutschen Bundes widmeten. Nach dem Fiasko der Radowitz'schen Politik und dem Scheitern der nach Barnards Worten „schwachen und wenig überlegten Versuche Preußens"[238], einen von ihm selbst geführten deutschen Staat aufzubauen, stand in Dresden in seinen Augen Schwarzenberg im Mittelpunkt mit den Zielen, „die zentrale Exekutive so zu stärken, dass sie besser und schneller in der Lage ist, alle aufständischen und revolutionären Bewegungen zu unterdrücken, in welchem Staat oder Teil Deutschlands sie auch immer auftreten mögen, und eine ruhige Herrschaft deutscher Fürsten gegenüber solchen Störungen zu garantieren, wie sie sie kürzlich besonders erfahren haben."[239] Als Beispiel von Schwarzenbergs Politik der „pretty high hand" gegenüber Preußen nannte er die hessischen Regelungen[240]. Aber Barnard sah zugleich das Scheitern der Pläne Österreichs in Dresden, die nichtdeutschen Reichsteile dem Bund einzuverleiben und die Aufnahme in den Zollverein zu erreichen[241]. Barnard über-

---

[238] Barnard an Everett am 21.12.1852, Nr. 94, NA Wash., Mf 44/8.
[239] Barnard an Webster am 31.12.1850 in Nr. 6, NA Wash., Mf 44/7.
[240] Barnard sprach von „arrogant demands and presumtions of Austria" in seinem Bericht vom 18.3.1851 Nr. 15 an Webster, NA Wash., Mf 44/7.
[241] Barnard in Nr. 13 am 4.3.1851 an Webster, NA Wash., Mf 44/7.

13 Eimers

schätzte den neuen Bundestag zunächst sehr, wenn er von ihm „die Ausstattung des Deutschen Bundes mit mehr militärischer Macht und Wirksamkeit zur schnellen Unterdrückung irgendwelcher politischen Ausbrüche und Störungen in irgendeinem der Staaten" erwartete[242]. Später sah Barnard sehr wohl, dass Österreich und Preußen den Bundestag zu „einem Zustand des bequemen Schwachsinns" verdammten[243].

Als bedeutsamer als den Deutschen Bund unter dem einen schwachen Bundestag präsidierenden Österreich schätzte Barnard den von Preußen beherrschten Zollverein ein, „eine Union von großer politischer Bedeutung und Einfluss"[244]. Er urteilte: „Der Zollverein bedeutet bis jetzt die einzige wahre deutsche Einheit, und wird es wahrscheinlich auch in Zukunft sein."[245] Hinter den Plänen des österreichischen Handelsministers Bruck zugunsten eines größeren deutsch-österreichischen Zollvereins sah er den Versuch, die österreichischen Staatsfinanzen auf Kosten anderer zu sanieren, „eine Finanzoperation, bei der selbst jüdische Makler oder Börsenjobber kaum mithalten könnten." Dass hinter der Kritik an den österreichischen Zollunionsplänen ganz konkrete Wirtschaftsinteressen steckten, zeigte der US-Konsul in Bremen King. Mit Blick auf den „größten Markt für US-Tabak in Europa" äußerte er gegenüber Webster die Befürchtung, dass Österreich dank seines gestiegenen Einflusses statt des Zollvereins eine Zollunion für ganz Deutschland erreichen könnte, von der zugunsten der ungarischen und anderen österreichischen Tabake durch höhere Zölle die Einfuhr der US-Tabake vermindert würde[246].

Legationssekretär Fay betonte den Vorteil für die USA, wenn es mit Deutschland insgesamt verhandeln könnte[247]; aber 1851/52 sahen er und Barnard keine Möglichkeit mehr, dass Deutschland in absehbarer Zeit ein Staat werden könnte. Auf die zentrale Frage nach der Entwicklung Deutschlands musste Barnard Webster ganz realistisch antworten[248] „... jetzt nach der Revolution und beim gegenwärtigen Zustand Europas ist für die Gegenwart und die Zukunft kein Deutschland oder eine allgemeine deutsche Einheit zu erwarten, die mehr umfasst oder politisch wirksamer ist, als sie existiert oder existiert hat unter dem alten Deutschen Bund und Bundestag. Preußen kann seine Stellung als einflussreichste Macht unter den deutschen

---

[242] A.a.O.
[243] Barnard in Nr. 92 vom 14.12.1852 an Everett: „... a state of convenient imbecility." NA Wash., Mf 44/8. – Übers. E.
[244] Barnard in Nr. 13 vom 4.3.1851 an Webster. NA Wash., Mf 44/8. – Übers. E.
[245] Barnard in Nr. 82 vom 28.8.1852 an Webster, NA Wash., Mf 44/8. – Übers. E.
[246] Ralph King, Bremen, am 14.1.1851 an Webster, GStA Berlin, Mf 184/4.
[247] Fay in Nr. 96 vom 10.5.1852 an Webster, NA Wash., Mf 44/7.
[248] Barnard in Nr. 15 vom 18.3.1851 an Webster, NA Wash., Mf 44/7. – Übers. E.

II. Trotz Restaurationspolitik: Weiterentwicklung der Beziehungen 195

Staaten oder als eine der großen europäischen Mächte nicht aufgeben. Österreich kann sein Reich, so wie es jetzt beschaffen ist, nicht in Deutschland einbringen, obwohl schon so viel von seinem Reich deutsch ist; ohne Österreich kann es kein Deutschland geben oder allgemein die deutsche Einheit, wenn nicht sein Reich aufgelöst wird." Auf die außerdeutschen Widerstände gegen die deutsche Einheit ging er nicht ein, sondern nur auf den innerdeutschen Dualismus. Gegenwärtig sah er Deutschland gespalten in Nord und Süd: „Preußen und der Protestantismus führen den ersten Teil. Österreich und die katholische Religion führen den andern Teil." Mit Recht empfand er ein ungutes Gefühl, wenn er die deutschen Verhältnisse in dieser Weise vereinfachend darstellte; er beklagte die Kompliziertheit der deutschen Situation[249].

Barnard bereitete es verständlicherweise Schwierigkeiten, sich auf die deutsche Politik einzustellen. Diese Anfangsprobleme, die Politik der deutschen Einzelstaaten näher zu bestimmen, leiteten sich zum Teil daraus ab, dass ihm die Terminologie der deutschen Politiker und speziell der deutschen Diplomaten als äußerst sperrig entgegentrat. Während der Dresdener Konferenzen kritisierte er: „Manchmal, wenn nicht häufiger als manchmal, verdecken sie Sinn und Bedeutung ihrer Verhandlungen und ihrer Korrespondenz oder ihrer Verlautbarungen mit dem ihnen sehr genehmen Dunkel oder Nebel, einer Art der Diplomatie oder Politik, für die die deutsche Sprache seltsamerweise besonders geeignet ist. In der Tat mangelt es nicht nur an der Klarheit der Absicht und der sich daraus ergebenden Politik, sondern nach meinem Eindruck auch an Offenheit und Deutlichkeit im Verkehr dieser Mächte untereinander. Sie sind noch gefangen in den alten Ansichten, dass Verstellung, Gerissenheit und Intrige bedeutsame Waffen und Rüstung des Staatsmannes sind und der einzige Schutz und Schirm staatlicher Politik."[250] Diese Mischung aus eigenen Verständnisschwierigkeiten, aus den USA mitgebrachten Vorurteilen gegenüber der europäischen Geheimdiplomatie und verständlicher Kritik am umständlichen Sprachgebrauch einer nicht an einer breiten Öffentlichkeit orientierten Politikerschicht fehlte später in Barnards Berichten, als er sich eingelebt hatte.

Wie unvoreingenommen Barnard bei anderer Gelegenheit dem preußischen Königreich gegenüberzutreten vermochte, zeigte schon sein positives Urteil über den König. Mit seinem Bemühen, die Eigenheiten Preußens zu verstehen, schien auch so etwas wie Sympathie zu wachsen. Barnard, der unterstützt wurde von seinem mit einer Deutschen verheirateten Legationssekretär Fay, hat von allen US-Gesandten der fünfziger und sechziger Jahre

---

[249] Barnard in Nr. 22 am 13.5.1851 an Webster, NA Wash., Mf 44/7.
[250] Barnard in Nr. 15 vom 18.3.1851 an Webster, NA Wash., Mf 44/7. – Übers. E.

am Berliner Hof das positivste Bild von Preußen gezeichnet, und er äußerte sich auch vergleichsweise differenziert. Die späteren US-Gesandten bis 1867 standen Preußen distanzierter gegenüber und kritisierten es häufig aus linksliberal-republikanischer Perspektive. Sie unterhielten weniger Kontakte zur Berliner Gesellschaft, und Preußen scheint ihnen insgesamt fremder geblieben zu sein.

Ging es um den österreichisch-preußischen Dualismus, so stellten sich Barnard und Fay eindeutig auf die preußische Seite und gegen Österreich, in dem sich in den Augen Fays Katholizismus, Protektionismus und Absolutismus verbanden. In den Einzelheiten der Beurteilung der preußischen Politik unterschieden sich die Berichte von Barnard geringfügig von denen Fays, die dieser während der Abwesenheit Barnards im August, September 1851 und vom März bis zum Mai 1852 als Chargé d'Affaires ad interim nach Washington sandte. Auch sonst traten gelegentlich Meinungsverschiedenheiten zwischen dem Missionschef und dem an Erfahrung in Deutschland überlegenen Legationssekretär auf[251]. Während sich nach Barnards Sicht Manteuffels Politik in den komplizierten Beziehungen des Deutschen Bundes der Schwarzenbergs mindestens als ebenbürtig erwies und Österreich zumindest seit Dresden keinen Vorteil gegenüber Preußen erreichte[252], betonte Fay ganz im Sinne der Kritik der Linken an Manteuffel und seinen Vorgängern das immer erneute Nachgeben Preußens gegenüber den negativen Zielen Österreichs: „Es hisste die deutsche Fahne, Österreich widersetzte sich ihr. Das Deutsche Parlament wurde unterhalb der Mauern von Wien in der Person von Robert Blum erschossen, und von nun an sollte es Verrat sein, seine Fahne in den Straßen von Berlin zu schwenken. Preußen erklärte Dänemark den Krieg, um Schleswig-Holstein vor jener Macht zu retten. Österreichische Truppen marschierten zur Eider, und ein preußischer Kommissar wohnte der Errichtung einer österreichisch-dänischen Regierung in Schleswig-Holstein bei. Preußen protestierte öffentlich gegen die Wiederbelebung des Deutschen Bundestages. Nun sitzt es dort unter dem österreichischen Vorsitz. Preußen proklamierte das konstitutionelle Prinzip und präsentierte sich als sein Beschützer. Im Kurfürstentum Hessen-Kassel trat Österreich das konstitutionelle Prinzip mit Füßen. Die preußische Armee marschierte auf zu seiner Rettung und – ein bemerkenswertes Beispiel militärischer Disziplin – marschierte wieder zurück. Das konstitutionelle Prinzip wurde in Hessen-Kassel vernichtet und besteht in Preußen nur noch, weil seine Anwendung als bequemeres Instrument betrachtet wird als die Peitsche und militärischer Zwang, die in Österreich vorherrschen."[253] In

---

[251] *Penney*: Patrician, S. 116 ff.
[252] Barnard in Nr. 58 vom 3.2.1852 an Webster, NA Wash., Mf 44/7.
[253] Fay in Nr. 79 vom 16.3.1852 an Webster, NA Wash., Mf 44/7. – Übers. E.

Fays Augen degradierte Österreich und in dessen Gefolge auch Preußen Deutschland von einer freien Nation auf dem Weg zur politischen Selbstbestimmung zu einer Nation, die fast so wenig zu entscheiden habe wie die russische[254]. Barnard und Fay stimmten mehr oder minder in ihrer Kritik an den gegenwärtigen politischen Bedingungen in Deutschland überein und knüpften gemeinsam große Hoffnungen an Preußen, während sie den österreichischen Staat vom Verfall bedroht sahen.

Barnard und Fay setzten an bei den kulturellen Leistungen Preußens, die sich in den USA wachsender Anerkennung erfreuten, wie vor allem die zunehmende Anzahl von Studenten aus den USA an preußischen Universitäten, insbesondere in Berlin und Halle, verriet[255]. Im November 1859 schrieb der US-Gesandte Wright von über 100 US-Studenten an der Berliner Universität und anderen Bildungseinrichtungen in Berlin[256]. Fay pries Preußen emphatisch als „den Vertreter deutschen Geisteslebens, als richtungsweisend in der modernen Erziehung und berühmt wegen seiner sechs Universitäten."[257] Die späteren US-Gesandten Vroom (1853–1857) und Judd (1861–1865) haben sich um das Amt in Berlin mit Blick auf die schulische Ausbildung ihrer Kinder beworben.

Der herausragende intellektuelle Fortschritt in Preußen war nach Fay eine entscheidende Voraussetzung für seinen politischen Fortschritt; zu seinen weiteren günstigen Vorbedingungen gehörten „eine aufgeklärte öffentliche Meinung, Möglichkeiten zur wirtschaftlichen Entwicklung..., Protestantismus und ein Volk, das auf politische Einrichtungen eingestellt ist, die den Erfordernissen der Zeit entsprechen."[258] Bei anderer Gelegenheit erklärte Fay den möglichen politischen Aufstieg Preußens abhängig vom „politischen Fortschritt, Protestantismus, einer liberalen Wirtschaftspolitik und seiner unbehinderten eigenständigen Entwicklung."[259] Den günstigen Voraussetzungen in Preußen entsprach jedoch nicht die Politik der Regierung Manteuffel, da sie zu zaghaft gegenüber Österreich auftrat und vor allem gegenüber Russland, das schon fast ganz Europa im Sinne der Vorhersage Napoleons „kosackisch" gemacht habe, wie Fay meinte[260]. Dass er damit

---

[254] Fay in Nr. 81 am 22.3.1852 an Webster, NA Wash., Mf 44/7.
[255] *Carl Diehl*: Americans and German Scholarship 1770–1870, New Haven and London 1978.
[256] Wright am 9.11.1859 in Nr. 102 an Cass, NA Wash., Mf 44/11. – Das Lob der Bildungseinrichtungen in Preußen findet sich wie in den Gesandtschaftsberichten in US-Zeitschriften, wie Harper's New Monthly Magazine, The Atlantic Monthly und New Englander and Yale Review.
[257] Fay in Nr. 79 vom 16.3.1852 an Webster, NA Wash., Mf 44/7. – Übers. E.
[258] A.a.O. – Übers. E.
[259] Fay in Nr. 87 am 13.4.1852 an Webster, NA Wash., Mf 44/7. – Übers. E.
[260] Fay in Nr. 99 am 18.5.1852 an Webster, NA Wash., Mf 44/7.

im Grunde nicht nur das Entgegenkommen Preußens gegenüber Russland kritisierte, sondern auch nicht mehr der Linie Washingtons entsprach, war ihm offensichtlich nicht bewusst. Jedenfalls war für Fay alles an dem Kurs Berlins fortschrittsfeindlich. Zu dieser Politik passte für ihn auch die Auflösung der deutschen Flotte, zu deren Aufbau vor allem Preußen ursprünglich beigetragen hatte[261]. Auf die ebenfalls gewährte Unterstützung der USA ging er nicht ein.

Die in Fays Berichten nach Washington zutage getretene liberalkritische Einstellung gegenüber der preußischen Regierungspolitik unmittelbar nach 1849 verschwand später völlig hinter seiner Sympathie für die Rolle Preußens in Deutschland und Europa. Seine 1889 veröffentlichte Geschichte „The Three Germanys" lässt die deutsche Entwicklung im 2. Band im Bismarck-Reich gipfeln. Der Große Kurfürst und Friedrich der Große bereiteten es im ersten Reich vor[262]. Erstaunlich ist, wie er die Politik Friedrich Wilhelms IV. hier verteidigt, auch den Kurs gegenüber Österreich. Er weicht nur insofern vom Trend borussischer Geschichtsschreibung ab, als er hinter der österreichischen Politik die katholische Kirche sieht.

Anfang der fünfziger Jahre fürchtete Fay im Gegensatz zu Barnard, dass Preußen in seiner Nachgiebigkeit gegenüber Österreich selbst seine wirtschaftliche Unabhängigkeit opfern würde, indem es der österreichischen Forderung nach einer Handelsunion unter Einschluss Österreichs anstelle des bisherigen Zollvereins nachgeben würde. Fay erkannte zwar an, dass die Verwirklichung des österreichischen Planes der Idee der deutschen Einheit entgegenkommen würde, aber er fürchtete eine weitere Stärkung des Protektionismus und die Ausbreitung der Tabakregie. Als diese Frage im Frühjahr 1852 zur Debatte stand, blieb Fay ausnahmsweise nicht mehr nur Beobachter, sondern wies in Gesprächen mit preußischen Regierungsvertretern auf die Nachteile eines Nachgebens gegenüber Österreich hin[263]. Diese Intervention Fays gegen den Protektionismus fand selbstverständlich die Billigung Barnards; aber ungeachtet dessen schätzte er das Verhältnis Preußens zu Österreich damals optimistischer ein. Barnard betonte die Eigenständigkeit und die Erfolge der preußischen Politik in Wirtschaftsfragen. In der mit den Septemberverträgen 1851 zum 1.1.1854 von Preußen erreichten Erweiterung des Zollvereins durch den Steuerverein sah er die Macht Preußens vergrößert und etwas Konkretes im Sinne der Einheit gewonnen[264]. Voller Bewunderung teilte Barnard Webster mit: „Preußen

---

[261] Fay in Nr. 86 am 5.4.1852 an Webster, NA Wash., Mf 44/7.
[262] *Theodore S. Fay*: The Three Germanys. Glimpses Into Their History. 2 Vol., New York 1889.
[263] Fay in Nr. 84 vom 30.3.1852 an Webster, NA Wash., Mf 44/7.
[264] Barnard in Nr. 61 vom 17.2.1852 an Webster, NA Wash., Mf 44/7.

II. Trotz Restaurationspolitik: Weiterentwicklung der Beziehungen

leitete diese Aktion mit soviel Geschicklichkeit und Gewandtheit, dass man von den Verhandlungen kaum hörte, bevor das Ergebnis reif war, verkündet zu werden."[265]

Barnard und Fay vertraten nicht mehr die in den vierziger Jahren von der US-Administration Polk praktizierte Wirtschaftspolitik, der es um handelspolitische Vorteile unabhängig vom Zollverein ging; aber Barnard und vor allem Fay ließen bei aller Unterstützung des preußischen Weges keinen Zweifel daran, dass sie die Wirtschaftspolitik des Steuervereins als einer wirklichen Freihandelspolitik[266] dem gemäßigten Schutzzollsystem des Zollvereins vorzogen. Während der Zoll auf den Zentner Tabak im Steuerverein dank der Mannschen Mission 1846/47 nur einen Taler betrug gegenüber fünf Talern an den Grenzen des Zollvereins, lag er im erweiterten Zollverein einheitlich bei vier Talern. Entsprechend geringfügig senkte der Zollverein den Zoll für Baumwolle. Der Zoll für verarbeitete Baumwolle (Calico) lag 1818 bei 50 Talern je Zentner und blieb entsprechend dem geltenden Gewichtszollsystem bei diesem Satz, obgleich der Einkaufspreis je Zentner von 500 Talern auf 125 Taler gefallen war. Die Zollminderung bei verarbeiteter Baumwolle zum 1.1.1854 schätzte Fay als bedeutungslos ein, erkannte aber die schon im Juli 1851 verfügte Senkung des Vereins-Zolltarifs für Rohbaumwolle als Sieg der Freihändler an[267]. In diesem Zusammenhang hätte Fay ebenfalls die für den gesamten Zollverein mit Sardinien vereinbarte, aber genauso die USA betreffende Verminderung des Zolls auf Reis um die Hälfte[268] anführen können. Da Fay aber diese Zollsenkungen insgesamt nicht weit genug gingen, kritisierte er Handelsminister von der Heydt als Anhänger der Schutzzollpolitik. Dennoch unterstützten Barnard und Fay im Gegensatz zur US-Politik der vierziger Jahre die preußische Zollvereinspolitik, weil sie in ihr richtig das kleinere Übel angesichts des drohenden österreichischen Protektionssystems sahen, das in den Augen Barnards und Fays Bestandteil des reaktionärsten politischen Systems war.

Bei den Verhandlungen zwischen Preußen und den süddeutschen Staaten über die Verlängerung der Zollvereinsverträge ergriff Barnard ebenso deutlich wie sonst zugunsten Preußens Partei, das schließlich für niedrigere Zölle eintrat als die süddeutschen Mittelstaaten und Österreich[269]. Ange-

---

[265] Barnard in Nr. 82 vom 28.8.1852 an Webster, NA Wash., Mf 44/7.
[266] Barnard am 27.1.1852 in Nr. 56 an Webster, NA Wash., Mf 44/7.
[267] Fay in Nr. 68 vom 9.9.1851 an Webster, NA Wash., Mf 44/7. – Die gleichzeitig erfolgte Zollerhöhung für Zigarren traf die USA nicht direkt, nur Bremen und Hamburg, die den aus den USA importierten Rohtabak zu Zigarren verarbeiteten und dann in den Zollverein exportierten.
[268] Verordnung die Ermäßigung des Eingangszolles für Reis ... betreffend vom 12.6.1851, Gesetz-Sammlung 1851, S. 369. – Siehe dazu Barnard in Nr. 27 vom 24.6.1851 an Webster, NA Wash., Mf 44/7.

sichts des preußischen Ultimatums vom Herbst 1852 kritisierte er, dass sich die süddeutschen Staaten ihre ungünstige Position, in der sie jetzt erschienen, nur selbst zu verdanken hätten[270]. Hinter der in seinen Augen wirtschaftsfeindlichen süddeutschen Opposition sah er „einen katholischen Krieg gegen Preußen"[271]. Der überzeugte Protestant Barnard verstand Preußen trotz Radowitz und anderer einflußreicher Katholiken als evangelischen Staat und formulierte vereinfachend: „Was immer die politische Macht Preußens stärkt, stärkt die Macht des Protestantismus in Deutschland und Europa. ... Wenn der Zollverein zerbrochen werden könnte, oder wenn Österreich sofort frei Bahn im Zollverein und im Deutschen Bund bekommen könnte, so würde viel getan werden zur Aufrichtung der sicheren Überlegenheit des Römischen Glaubens."[272] Einen um so größeren Erfolg Preußens sah er in der mit dem Abschluss des Preußisch-Österreichischen Handelsvertrages vom 19.2.1853 verbundenen Erneuerung des Zollvereins. Der preußisch dominierte Zollverein war nach Umfang, Bevölkerung und Macht erweitert, so dass Preußen aus den Kontroversen mit Österreich mit „so etwas wie Triumph" hervorging[273].

Den Druck des Zollvereins auf die Hansestädte, sich dem Zollverein anzuschließen, vermerkten nur die dortigen US-Konsul. William Hildebrand, der von 1853 bis 1857 die USA in Bremen vertrat, befürchtete, dass die „skrupellose und despotische" preußische konservative Partei, der er alles Negative zutraute, im Sinne höherer Zölle auf Bremen Einfluss nehmen könnte. Ohnehin setzte sich in seinen Augen das so mächtige Preußen rücksichtslos gegenüber den übrigen Mitgliedern des Zollvereins durch[274].

Die Sympathie Barnards für Preußen, „das, obgleich verhältnismäßig jung als Großmacht, über das Prestige einer ruhmvollen Tradition und Geschichte ... verfügt"[275], hinderte ihn nicht, die inneren Verhältnisse Preußens genauso kritisch zu betrachten wie Fay. Fay schrieb in seinen Berichten Anfang der fünfziger Jahre vom „Rückwärtskurs einer großen und aufgeklärten Nation ... von liberalen Regierungsprinzipien und politischen Rechten ... in die feudale Dunkelheit."[276] Fay wähnte Preußen damals mit fast allen anderen europäischen Staaten auf dem Weg zurück in den Abso-

---

[269] Barnard in Nr. 70 am 6.7.1852 an Webster, NA Wash., Mf 44/7.
[270] Barnard in Nr. 86 vom 21.9.1852 an Webster, NA Wash., Mf 44/8.
[271] So Barnard in Nr. 88 vom 5.10.1852 an Webster, NA Wash., Mf 44/8.
[272] Barnard in Nr. 82 am 28.8.1852 an Webster, NA Wash., Mf 44/8. – Übers. E.
[273] Barnard in Nr. 11 am 1.3.1853 an Everett, NA Wash., Mf 44/8. – Übers. E.
[274] US-Konsul Hildebrand, Bremen, am 2.4.1856 an Secretary of State Marcy, NA Wash., Mf T-184/7. – Übers. E.
[275] Barnard in Nr. 13 am 4.3.1851 an Webster, NA Wash., Mf 44/7. – Übers. E.
[276] Fay in Nr. 78 vom 11.3.1852 an Webster, NA Wash., Mf 44/7. – Übers. E.

II. Trotz Restaurationspolitik: Weiterentwicklung der Beziehungen 201

lutismus[277], genauer in den „military absolutism"[278]. Für Barnard ging der Weg Preußens nicht so weit zurück, da er es noch als „constitutional monarchy" einstufte[279], aber er beobachtete genauso kritisch, wie die preußische und die anderen deutschen Regierungen gestützt auf Militär und Bürokratie überall die Errungenschaften von 1848/49 rückgängig machten. Dabei wusste Barnard sehr wohl zwischen Österreich, dessen Verfassung er als „a perfect nullity"[280] einstufte, und den preußischen Verhältnissen zu unterscheiden. Er erkannte an, dass die preußische Verfassung viele Vorschriften zur Sicherung der Freiheit des Volkes enthielt[281] und Bestimmungen, um fast alles abzuschaffen, was von den feudalen Privilegien und der Unterdrückung erhalten sei; nur ohne entsprechende Gesetze blieben sie tote Buchstaben[282].

Zugleich berichtete er, wie diese Verfassung auch die reaktionärsten Maßnahmen deckte: die Reaktivierung der Kommunalstände, die Herausnahme der Preßvergehen aus der Zuständigkeit der Schwurgerichte, das Gesetz über die Landwehr, das Fay mit Harkort als verhängnisvolle Schwächung Preußens ansah[283], eine die Presse weiter beschränkende Zeitungssteuer, die Revision der Gemeindeordnung im Gesetz vom 11.3.1850 im Sinne des Adels[284] und die Rechtsverordnung vom 4.8.1852, die die Berufung der Ersten Kammer gemäß Art. 63 im Wege eines Octrois regelte; dies verurteilte Barnard als einen sehr selbstherrlichen Umgang mit der Verfassung[285]. Bei der Beschreibung der Reaktion übersah Barnard nicht, dass die Konservativen noch wesentlich mehr vom König und der Regierung Manteuffel erwarteten. Er ging nicht so weit wie die liberale Opposition, dass er die Reaktivierung speziell der Provinzialstände als Verfassungsbruch und direkt als gegen die zweite Kammer gerichtet ansah; schließlich waren sie in keiner Weise mit der Gesetzgebung befasst[286]. Er glaubte auch nicht, dass der König die zweite Kammer aufheben würde. Fay meinte schon, als Friedrich Wilhelm IV. einen Tag nach dem Besuch des Zaren am 19.5.1852 die Kammern auflöste, dass er sie nicht wieder einberufen würde, um das Repräsentativsystem im Sinne des russischen Autokraten abzuschaffen[287]. Die Bemühungen, die Bedeutung der zweiten

---

[277] Fay in Nr. 68 vom 9.9.1851 an Webster, NA Wash., Mf 44/7.
[278] Fay in Nr. 89 vom 20.4.1852 an Webster, NA Wash., Mf 44/7.
[279] Barnard in Nr. 65 vom 8.6.1852 an Webster, NA Wash., Mf 44/8.
[280] Barnard in Nr. 33 vom 23.9.1851 an Webster, NA Wash., Mf 44/7.
[281] Barnard in Nr. 38 am 4.11.1851 an Webster, NA Wash., Mf 44/7.
[282] Barnard in Nr. 43 vom 23.11.1851 an Webster, NA Wash., Mf 44/7.
[283] Fay in Nr. 82 vom 23.3.1852 an Webster, NA Wash., Mf 44/7.
[284] Barnard in Nr. 105 vom 8.2.1853 an Everett, NA Wash., Mf 44/8.
[285] Barnard in Nr. 86 vom 21.9.1852 an Webster, NA Wash., Mf 44/8.
[286] Barnard am 11.11.1851 in Nr. 39 an Webster, NA Wash., Mf 44/7.

Kammer durch die Wiederbelebung des Staatsrates zu mindern, übersah Barnard nicht[288], und er urteilte mit dem ihm eigenen Understatement, dass die Auffassungen des Staatsministeriums über die den gesetzgebenden Körperschaften zukommenden Rechte nicht mit denen übereinstimmten, die in einigen anderen Ländern vorherrschten, wo solche Körperschaften bestünden[289]. Aber die gegenläufigen Selbständigkeitsäußerungen des jungen preußischen Parlaments, etwa in der Zurückweisung der Anträge des Staatsministeriums vom März 1853 zur weiteren Beschränkung der freien Meinungsäußerung, registrierte er genauso[290].

Die bei der Eröffnung der Kammern im Dezember 1852 vorgelegten Gesetzesanträge, die die Bedeutung der Kammern und die Selbstverwaltung beschränken sollten, bewertete Barnard richtig als Zeichen dafür, dass der König sich zwar von den fortschrittlicheren Grundlagen der Verfassung von 1850 entfernte, aber andererseits seine Politik nicht durch einen Staatsstreich zu erreichen gedachte, „einer Maßnahme zu der ihn eine extreme Partei gern treiben würde."[291] In bewusster Distanz zu den liberalen Kritikern in Preußen erklärte der konservative Whig[292]: „Da ich nicht in jedem Fall das Misstrauen teile, dessen Gegenstand der König bei seinen eigenen Untertanen ist, teile ich auch nicht immer ganz die Zweifel, die so genährt werden." Barnard sah richtig, dass der König seinen Eid auf die Verfassung ernst nahm, aber dass er dabei nicht vergaß, „dass er König von Gottes Gnaden war, ein Herrscher von der Art göttlichen Rechtes, das in seinen Augen über dem steht, das aus Verfassungen spricht."[293] Barnard argumentierte einfühlsam, dass der König aus seiner religiösen Überzeugung, in Preußen müsse er regieren, eine Parlamentsherrschaft ablehnte[294].

Die parlamentarische Opposition verfügte aus der Sicht Barnards nur über wenig Rückhalt in der öffentlichen Meinung; diese begegne den für die Opposition so wichtigen Fragen mit „einer sehr unverständlichen Apathie und Indifferenz"[295]. Die Bevölkerung sei nicht reif für das „self-government", obgleich sie so aufgeklärt sei, obgleich in „keinem Land der Welt", auch den USA nicht, „das Lernen, in all seinen Zweigen und an seinen

---

[287] Fay am 24.5.1852 in Nr. 100 an Webster, NA Wash., Mf 44/7.

[288] Barnard am 20.1.1852 in Nr. 53 an Webster, NA Wash., Mf 44/7.

[289] Barnard in Nr. 117 vom 15.3.1853 an Everett, NA Wash., Mf 44/8.

[290] Barnard in Nr. 117 vom 15.3.1853 an Everett, NA Wash., Mf 44/8.

[291] Barnard in Nr. 92 am 14.12.1852 an Everett, NA Wash., Mf 44/8. – Übers. E.

[292] Barnard in Nr. 69 am 29.6.1852 an Webster, NA Wash., Mf 44/8. – Übers. E.

[293] Barnard in Nr. 39 vom 11.1.1851 an Webster, NA Wash., Mf 44/7. – Übers. E.

[294] Barnard in Nr. 92 vom 14.12.1852 an Everett, NA Wash., Mf 44/8.

[295] Barnard in Nr. 39 vom 11.11.1851 an Webster, NA Wash., Mf 44/7. – Übers. E.

II. Trotz Restaurationspolitik: Weiterentwicklung der Beziehungen 203

höchsten Stellen, ernsthafter oder erfolgreicher betrieben" werde[296], obgleich sich bei der geistigen Elite die Professoren und Lehrer mit der liberalsten Einstellung fänden[297] und trotz aller Aktivität der liberalen Opposition im Parlament. Barnard vermochte nicht die 1851/52 überall geäußerten Befürchtungen wegen einer neuen Revolutionswelle gegen die Throne zu stützen. Die Herrschaftsverhältnisse in Deutschland, Frankreich und Italien betrachtete er zwar als unnatürlich[298]; aber er sah wegen der militärischen Stärke der Regierungen und der Schwäche der Revolutionäre keine Erfolgschance. Einen Revolutionsbeginn speziell in Preußen hielt er schon angesichts des „natural phlegm of the German character" und des geduldigen Ertragens der Herrschaft für unmöglich, „the slow German mind as a great store house of popular wrath"[299]. US-Konsul Bates in Aachen, der mit dem liberalen Rönne in Kontakt stand, war zwar der Ansicht, dass die große Mehrheit der Bevölkerung keine Sympathie für die Regierung hege, aber er erwartete schon angesichts der wirtschaftlichen Prosperität keine politischen Unruhen[300].

Der König konnte sich nach Barnard jede Maßnahme erlauben, „so lange er dem Königreich das fortgesetzte Gefühl der Sicherheit geben könnte vor den von allen am meisten gefürchteten Gefahren und Schrecken, einer demokratischen und sozialistischen Herrschaft. Die Gewalt und die Drohungen der ultra-revolutionären Partei machen die Regierungen stark ..."[301] Der von den besitzbürgerlichen Interessen der Nordostküste der USA geprägte Barnard[302] empfand besonderes Verständnis für die Angst der Bürger vor dem Sozialismus.

Der politische Fortschritt in Mittel- und Westeuropa ließ sich nach Barnard nicht über den gewaltsamen Umsturz zu erreichen, sondern nur langsam auf dem Weg der Reformen[303]. Über konstitutionelle Monarchien mit Parlamenten, die das Volk in das self-government einübten, könnten die westeuropäischen Staaten einmal Republiken werden, ähnlich der „blessed Republic of ours"[304]. Die Aufgabe der US-Politik sah er, ganz im Sinne des Präsidenten Fillmore, nicht darin, zugunsten „weltfremder" Revolutionäre in Europa zu intervenieren, sondern darin, republikanische Formen

---

[296] *Barnard*: Political Aspects, S. 23. – Übers. E.
[297] A. a. O.
[298] Barnard in Nr. 43 vom 25.11.1851 an Webster, NA Wash., Mf 44/7.
[299] A. a. O.
[300] Bates in Nr. 29 vom 1.7.1853 an Marcy. Ähnlich in Nr. 12 vom 1.1.1852 an Webster, NA Wash., Mf T-356/1.
[301] Barnard am 25.11.1851 in Nr. 43 an Webster, NA Wash., Mf 44/7. – Übers. E.
[302] *Penney*: Patrician, S. 48.
[303] *Barnard*: Political Aspects, S. 28–51.
[304] Political Aspects, S. 46.

vorbildlich zu leben[305]. Mit dieser Ablehnung von Revolution und Intervention fand Barnard bei seinen konservativen Parteifreunden viel Unterstützung; aber bei der übrigen US-Bevölkerung waren andere Vorstellungen populär, worauf die Wahlniederlage der Whigs 1852 hindeutete.

3. Der Ausbau der vertraglichen Beziehungen zwischen Preußen und den USA

Während sich für Barnard die Vertretung der Interessen von US-Bürgern in Deutschland zum Haupttätigkeitsfeld entwickelte, geriet für Gerolt nach der Überwindung der nachrevolutionären Schwierigkeiten der Abschluss wichtiger Vertragsvorhaben zum Schwerpunkt. Dass die preußische diplomatische Mission in Washington diese Verhandlungen führte, lag daran, dass Gerolt seit langem damit befasst war. Dass der Anstoß zum Abschluss der Vertragsverhandlungen von Preußen ausging, lässt darauf schließen, dass das Interesse Preußens an den USA immer noch größer war als das der USA an Preußen, mochte Preußen das politische Gewicht der USA auch noch so gering einschätzen. Manteuffel ging bei aller konservativen Einstellung ganz pragmatisch an die preußisch-amerikanischen Beziehungen heran und unterstützte Gerolts Vertragsverhandlungen vorbehaltlos. Zugleich lässt sich der Eindruck nicht von der Hand weisen, dass sich die Einstellung der Fillmore-Administration besonders positiv gegenüber Preußen und seiner Königlichen Mission entwickelte, wenn zu beobachten war, dass nun schon jahrelang währende Vertragsverhandlungen entscheidend vorankamen. Insgesamt wirkt es also wenig überzeugend, wenn pauschal davon gesprochen wird, dass das mit der Revolution zwischen den USA und den Staaten Mitteleuropas erwachte Interesse für einander danach wieder versiegte, mag diese Deutung von Chronisten der deutsch-amerikanischen Beziehungen auch noch so sehr gepflegt werden. Auslieferungsrecht und deutsch-amerikanischer Postverkehr bewegte sich über die Gründung des Norddeutschen Bundes hinaus in dem Rahmen, den der preußische Gesandte Gerolt und die Fillmore-Administration Anfang der fünfziger Jahre absteckten. Auf dem zweiten Höhepunkt der deutsch-amerikanischen Beziehungen ab 1867 gab es nur mehr Ergänzungen der bisherigen Vereinbarungen.

Am schnellsten führten Anfang der fünfziger Jahre die Postverhandlungen zu einer Einigung; denn die Verbesserung des Briefverkehrs war gleich populär in den USA und in Deutschland. Handelsminister von der Heydt, der als Chef der preußischen Postverwaltung die Verhandlungen 1849 anregte, ging von der schnellen Vermehrung des „Correspondenz-Verkehrs"

---

[305] Political Aspects, S. 51.

II. Trotz Restaurationspolitik: Weiterentwicklung der Beziehungen

zwischen Preußen und den USA aus[306] und suchte diesen zu verbessern. Er dachte dabei vor allem an die Förderung der kaufmännischen Korrespondenz. Den Briefverkehr behinderten die Höhe des Portos für die Post insgesamt und die mit den unterschiedlichen Expeditionswegen der verschiedenen Postverwaltungen unübersichtlich hohen und unterschiedlichen Portosätze und die langsame Beförderung. Die preußische Seite nahm den am 15.12.1848 zwischen Großbritannien und den Vereinigten Staaten zur Erleichterung der Postverbindung geschlossenen Vertrag zum Anlass, nun auch Erleichterungen für den deutsch-amerikanischen Postverkehr auszuhandeln. Großbritannien hatte sich im Postvertrag mit den USA im Artikel 8 bereit erklärt, den Transit von Briefpaketen zuzulassen. Von der Heydt suchte dementsprechend mit den USA eine Prussian Closed Mail zu vereinbaren, um also die deutsch-amerikanische Post gesammelt in Briefpaketen befördern zu lassen und damit schneller und billiger als bisher. Zugleich hoffte er, den Frankierungszwang einschränken zu können[307], wie ihm das in anderen Postverträgen gelungen war. Die erste Instruktion, die Gerolt 1849 erhielt, betraf die Postverhandlungen[308].

Angesichts der Unsicherheit der deutschen Verhältnisse zog sich der Beginn der Verhandlungen zunächst in die Länge. Der Secretary of State Clayton verwies Gerolt an den Postmaster General Collamer und der wiederum an seinen Stellvertreter, den Assistant Postmaster General Hobbie. Aber selbst von dem Gerolt vertrauten und als einschlägigem Fachmann bekannten Hobbie ließ sich zunächst keine Stellungnahme zu den preußischen Vorschlägen erreichen.

Bei den endlich Ende Februar 1850 von Gerolt mit Hobbie begonnenen Gesprächen über den Abschluss einer Postkonvention zwischen den Postverwaltungen Preußens und der USA war die Einführung einer Prussian Closed Mail kein Problem. Die Verhandlungen stockten jedoch erneut angesichts des preußischen Wunsches, an die Stelle der obligatorischen Frankierung (compulsary prepayment of postage) die freiwillige Frankierung von Briefen (optional prepayment of letters) treten zu lassen, so dass es dem Absender freistehen sollte, das Porto im voraus zu bezahlen oder durch den Adressaten entrichten zu lassen[309].

---

[306] Heydt am 1.12.1849 an den Minister der auswärtigen Angelegenheiten Schleinitz, GStAM, 2.4.1.II. Nr. 8093.

[307] Heydt am 18.3.1849 an den Minister der auswärtigen Angelegenheiten Graf von Arnim und mehrfach, GStAM, 2.4.1.II. Nr. 8093.

[308] Die am 12.9.1849 von Manteuffel abgesandte Instruktion zur Aufnahme der Verhandlungen ging zunächst an den als preußischen Geschäftsträger ad interim fungierenden Generalkonsul Schmidt in New York, und später erhielt Gerolt eine mit dem gleichen Absendedatum versehene gleichlautende Instruktion. – A.a.O.

Hobbie lehnte die Einschränkung des Frankierungszwanges im Sinne eines „optional prepayment" vorläufig ab, da die damit verbundene Buchführung in den US-Postämtern eine Vermehrung des Postpersonals erforderte. Die ohnehin notwendige Vermehrung der Postbeamten erreichte die Administration im Mai 1850 vom Kongress, und damit war Hobbie bereit, auf das „compulsary prepayment of postage" zu verzichten[310]. Danach war nur noch die Höhe des Portos strittig, die nicht nur von Preußen und den USA abhing, sondern auch von den Transitländern Belgien und Großbritannien. Preußen und die USA erreichten in den Verhandlungen mit den Postverwaltungen Belgiens und Großbritanniens 1851/52 eine Herabsetzung des hohen Transitportos für ausländische Briefe, so dass sich Preußen und die USA dann 1852 auch über die Höhe des Gesamtportos zu verständigen vermochten.

Das entscheidende letzte Gespräch über die Neuregelung des Postverkehrs fand am 1.7.1852 nicht nur zwischen Gerolt und Hall statt, dem Nachfolger Collamers in der Leitung des Postministerium, sondern angesichts des der Vereinbarung zugemessenen Gewichtes nahmen auch Fillmore und Webster teil. Dabei überlegte Fillmore, ob die Übereinkunft nicht wegen ihrer Bedeutung für den Handel die Form des regulären Vertrages annehmen sollte und nicht nur die Form einer Konvention zwischen den Postverwaltungen. Die Verhandlungspartner blieben jedoch bei der Form der Vereinbarung zwischen den Postverwaltungen, um leichter Änderungen vornehmen zu können[311]. Am 17. Juli 1852 unterschrieb Hall die Vereinbarung wegen Auswechslung direkter Briefpakete und am 26. August 1852 von der Heydt[312]. So konnten nun die Briefe der USA und des Deutsch-Österreichischen Postvereins zu ermäßigtem Porto in verschlossenen Briefsäcken zwischen den Postauswechslungsämtern Aachen und New York oder Boston befördert werden[313]. Die preußisch-amerikanische Vereinbarung erwies sich in der Folgezeit bis zur Gründung des Norddeutschen Bundes als sehr schnell anzupassen an die Verkehrsentwicklung und die veränderten politischen Bedingungen.

---

[309] s. das Memorandum Gerolts zu seiner Note vom 25.2.1850 an Clayton, NA Wash., Mf 58/2. – Gerolt am 27.2.1850 an das Ministerium der auswärtigen Angelegenheiten, GStAM, 2.4.1.II. Nr. 8093.

[310] Gerolt am 25.5.1850 an Schleinitz, GStA Berlin, Mf 77 AA CB IC Nr. 16.

[311] Gerolt am 18.7.1852 an Manteuffel, GStAM, 2.4.1.II. Nr. 8093.

[312] Die für Berlin bestimmte Fassung der Postkonvention im GStAM, 2.4.1.II. Nr. 8097.

[313] s. dazu die Bekanntmachung vom 16.9.1852 betr. die Ausführung der mit den Vereinigten Staaten von Nordamerika getroffenen Vereinbarung wegen Auswechslung direkter Brief-Pakete, Preußisches Handelsarchiv 1853, I. Hälfte, Berlin 1853, S. 6 f.

II. Trotz Restaurationspolitik: Weiterentwicklung der Beziehungen

In den weiteren Verhandlungen zur Ausführung der Postkonvention sorgte Gerolt dafür, dass zugleich die über die USA nach Mexiko, Mittel- und Südamerika beförderten Briefe verbilligt wurden. Als zusätzlicher Vorteil ergab sich, dass die für diese Staaten bestimmte Post drei- bis viermal im Monat befördert wurde, wenn sie über die Prussian Closed Mail nach New York kam, während die von Southampton aus Mittel- und Südamerika ansteuernden Postdampfer nur einmal im Monat fuhren. Schließlich regelte ein zwischen Postmaster General Campbell und Gerolt vereinbarter Additionalvertrag zum preußischen Postvertrag 1855 die Versendung von Wertbriefen über die Prussian Closed Mail.

Trotz aller Attraktivität der von Preußen und den USA vereinbarten Postbeförderung stieß diese Neuerung nicht auf ungeteilte Zustimmung in Deutschland. Preußen schloss den Vertrag zwar für den Bereich des gesamten Deutsch-Österreichischen Postvereins ab, aber die übrigen Postverwaltungen in Deutschland waren zunächst nicht bereit, sich der Entscheidung Preußens anzuschließen. Anfang 1853 erfuhr Gerolt aus der New Yorker Postverwaltung, dass von dort rund 10 000 Briefe in verschlossenen Postsäcken wöchentlich nach Aachen abgingen, während im selben Zeitraum in New York nur 1500 Briefe mit der Prussian Closed Mail aus Aachen eintrafen[314]. Preußen war also für die für Mitteleuropa bestimmte Post aus den USA das Transitland geworden; aber die Postverwaltungen der deutschen Einzelstaaten fuhren fort, für die von Mitteleuropa ausgehende Post unterschiedliche Speditionswege zu benutzen. Nach Gerolts Meinung hatte die preußische Regierung die Deutschen unzureichend informiert[315]. Nach der Meinung des Unterstaatssekretärs im Handelsministerium Pommer-Esche lag es jedoch nicht an der mangelhaften Information, sondern sei „lediglich die Folge von Partikular-Interessen."[316] Diese Partikular-Interessen mussten in der Tat daran Anstoß nehmen, dass die Prussian Closed Mail für die außerpreußischen Postverwaltungen als Folge der Portoverbilligung für die einzelne Briefsendung einen geringeren Ertrag bedeuten konnte. Nach dem preußisch-amerikanischen Vertrag betrug der deutsche Anteil an den 30 cents je Normalbrief nur 5 cents, also nur zwei Silbergroschen; demgegenüber durften die Postverwaltungen nach dem herkömmlichen Tarif des Deutsch-Österreichischen Postvereins für Briefe, die mehr als 20 Meilen zu befördern waren, drei Silbergroschen erheben. Um diesen Verlust zu vermeiden, sandte die Thurn- und Taxissche Postverwaltung in Süddeutschland ihre Post für die USA nicht über Aachen mit der Prussian Closed Mail,

---

[314] Gerolt am 14.2.1853 an das Ministerium der auswärtigen Angelegenheiten, GStAM, 2.4.1.II. Nr. 8094.
[315] Gerolt am 14.2.1853 an das Außenministerium, a.a.O.
[316] Pommer-Esche am 29.3.1853 an Manteuffel, GStAM, 2.4.1.II. Nr. 8094.

sondern als Einzelbriefe durch Frankreich, und das trotz des höheren Portos für den Absender und trotz der längeren Laufzeit.

Die Hauptgegner der preußischerseits vereinbarten Closed Mail waren Bremen und Hamburg, die sich zum Ärger Gerolts sofort beim Postmaster General über die Postkonvention beschwerten[317]. Sie befürchteten Einkommenseinbußen der direkt die Post in die USA befördernden Bremer Schiffe, auch der von den USA mit 20 000 $ bezuschussten Dampfer der Ocean Steam Navigation Company (OSNC). Dem hielt Gerolt entgegen, dass diese Schiffe vorwiegend dem Güteraustausch zwischen Deutschland und den USA dienten und für die Bedürfnisse des Postverkehrs nicht häufig genug verkehrten. Während die für die USA bestimmte Korrespondenz über Bremen nur zweimal im Monat abging, war es von Aachen nach New York und umgekehrt zweimal wöchentlich. Andererseits war die Bremer Post billiger, da sie nur 20 cents verlangte, also acht Silbergroschen, und das Gesamtporto für Briefe von außerhalb Bremens im Durchschnitt geringfügig unter den 30 cents lag, die der über Aachen in die USA zu befördernde Normalbrief kostete. Zugunsten des Postverkehrs zwischen Bremen und den USA vereinbarte Schleiden schon einen Monat nach seiner Ankunft (August 1853), dass das Porto für Briefe, die mit den Postschiffen Hermann und Washington von der OSNC und den Bremer Schiffen Hansa und Germania befördert wurden, von 20 auf 10 cents gesenkt wurde, so dass sich das Gesamtporto der Briefe von deutschen Staaten von außerhalb Bremens auf höchstens 22 cents belief. Andererseits misslangen die Versuche der USA und Preußens, Großbritannien zu einer weiteren Senkung seines in den Augen der übrigen Staaten immer noch hohen Transitportos zu veranlassen. Insgesamt schien dennoch angesichts der Schnelligkeit der Postbeförderung zwischen Aachen und New York oder Boston dies der günstigste Postweg für Preußen und die USA, und beide Staaten begünstigten auf verschiedene Weise diesen Postweg zusätzlich. Die USA hatten schon im Januar 1853 die bis dahin existierende Closed Mail zwischen New York und Bremen eingestellt, da ihnen der Portoertrag nicht reichte. Sie kamen Hamburg und Bremen nur insofern entgegen, als das New Yorker Postamt die Post für die Hansestädte vorsortierte und dann getrennt im Rahmen der Post für Aachen beförderte, so dass diese dann um so schneller von Aachen aus an die Zielorte gelangte. Die Post von Bremen aus ging entweder mit dem alle 14 Tage einmal fahrenden Dampfer direkt nach New York, oder aber, wenn es schneller gehen sollte, mit einer eigenen Closed Mail nach London und dann mit der Open Mail nach New York. Dies war aber für den Absender die teuerste Form der Postbeförderung. Alle Bemühungen Preußens, Hamburg und Bremen zum Anschluss an die preußisch-amerika-

---

[317] Gerolt am 31.12.1852 an Manteuffel, GStAM, 2.4.1.II. Nr. 8094.

II. Trotz Restaurationspolitik: Weiterentwicklung der Beziehungen 209

nische Postkonvention zu bewegen, schlugen fehl. Bremen sorgte dafür, dass ihm auch nach dem Ende der Ocean Steam Navigation Company 1857 eine eigene Postverbindung mit den USA blieb. Hamburg hatte schon 1852 vergeblich versucht, zu einer Vereinbarung wie Preußen mit den USA zu gelangen. Es schloss dann aber 1857 und 1861 Postkonventionen ab, die wie von Bremen aus den offenen Briefverkehr von Hamburg aus über England oder über die direkte Dampfschifffahrtsverbindung in die USA sicherten. Zwischen Hamburg und New York beförderten die Dampfer zunächst einmal im Monat Post und ab 1857 zweimal im Monat. Das geschah mit den Hapag-Dampfern, die die Gesamtstrecke zunächst etwa zwei Tage schneller schafften als die Bremer Linie.

Der preußische Generalkonsul in Hamburg von Kamptz stellte angesichts der Politik der Hansestädte beim deutsch-amerikanischen Postverkehr 1855[318] den Anfang der fünfziger Jahre heraus, „wo die politischen Verhältnisse in Deutschland noch schwankend waren, auf fast alle Propositionen eingegangen wurde, die die Zwecke hatten, materielle Interessen durch gemeinsames Zusammenwirken zu fördern oder dem Ausland gegenüber zu vertreten", im Gegensatz zu den „Schwierigkeiten, auf welche derartige Vorschläge jetzt hier stoßen." Er interpretierte, „dass das dermalige Streben der Hansestädte darauf gerichtet ist, sich die zwischen Preußen und Österreich aus Anlass der orientalischen Frage bestehenden Differenzen und die übrigen politischen Conjunkturen zu Nutzen zu machen, um sich nach allen Seiten hin, besonders aber gegen die Nachbarstaaten möglichst unabhängig zu stellen und diesen durch Verfolgung einer übereinstimmenden Politik jede Gelegenheit zur Annäherung an die eine oder andere der drei Städte zu erschweren. Sind diesem Streben in der Richtung nach dem Binnenlande zu durch den geringen Gebietsumfang, die winzigen Militairverhältnisse, die Beziehungen zum Deutschen Bunde usw. natürliche und ziemlich enge Grenzen gesteckt, so bieten die maritimen und überseeischen Beziehungen der drei Städte dagegen ein weiteres Feld nicht nur für hanseatisch-patriotische Phantasien, sondern auch für manche praktisch ausführbare Ideen, die, wenn ich mich nicht täusche, besonders von Bremen aus durch Briefe und Rundreisen des mit den Jahren an Beweglichkeit zunehmenden Bürgermeisters Smidt genährt werden." Diese eigenständige Politik nach Übersee und speziell gegenüber den USA unter der Führung Bremens behielten die Hansestädte auch nach dem Tode des Bürgermeisters Smidt 1857 noch zeitweilig bei. Gegen die Postkonvention von 1867, die den Interessen Berlins wie denen Bremens und Hamburgs entsprach, opponierten sie nicht mehr.

Bayern, Baden und Württemberg traten schon 1854 dem preußisch-amerikanischen Postvertrag bei. Frankfurter Kaufleute, die zunächst erlebten,

---

[318] Von Kamptz am 6.9.1855 an Manteuffel, GStAM, 2.4.1.II. Nr. 8095.

dass die Post, die über Aachen in die USA gehen sollte, von der Thurn- und Taxisschen Post dennoch über Frankreich geschickt wurde mit dem entsprechenden Zeitverlust, organisierten von sich aus eine Briefversendung über Aachen. Als dann 1859 die Thurn- und Taxissche Postverwaltung nach Jahren des vergeblichen Hoffens auf eine finanzielle Abfindung durch Preußen dem preußisch-amerikanischen Postvertrag beitrat, war das nur noch eine Formalität, da sich Aachen ohnehin längst durchgesetzt hatte als der wichtigste Versandort für die Post in die USA. Der Postmaster General hielt es für überflüssig, das noch bekannt zu machen, „weil", wie Gerolt Außenminister Schleinitz mitteilte[319], „das seit längerer Zeit festgesetzte und veröffentlichte Porto für die Länder des Deutsch-Österreichischen Postvereins auch den Bereich der Thurn & Taxisschen Postverwaltung umfaßt." Nur die preußische Regierung publizierte den Beitritt zum Postvertrag.

Handelsminister von der Heydt förderte das preußische Postwesen systematisch, so dass es zusehends Bedeutung gewann für ganz Deutschland. Im Zuge des Ausbaus spezialisierte es sich so, dass die weiteren Vereinbarungen mit den USA wie mit den übrigen Partnern der preußischen Postverwaltung nicht mehr von den Gesandtschaften zu treffen waren, sondern von Fachleuten der jeweiligen Postverwaltungen ausgehandelt wurden. Anfang der fünfziger Jahre hatte Gerolt noch gemeinsam mit Fillmore, Webster und dem Postmaster General die entscheidenden Pflöcke für den deutsch-amerikanischen Postverkehr eingeschlagen. Die neue Postkonvention zwischen den USA und dem Norddeutschen Bund vom 21.10.1867 handelten von Philipsborn, der aus dem Handelsministerium hervorgegangene Generaldirektor der neuen Postbehörde des Norddeutschen Bundes, und der Sondergesandte des Postmaster General John A. Kasson aus. Die umfangreichen Ausführungsbestimmungen formulierten Philipsborn und Postmaster General Alexander W. Randall.

Dieser neuen Postkonvention stimmten noch Ende 1867 Österreich, Bayern, Baden und Württemberg zu. So galt die zum 1. Januar 1868 in Kraft getretene Convention with the North German Union für den gesamten Deutsch-Österreichischen Postverein. Die neue Vereinbarung brachte vor allem eine weitere Senkung der Portokosten für Postsendungen zwischen den USA und Deutschland. Die von den USA schon Anfang der sechziger Jahre angestrebte Neuregelung der Tarife war bisher an der mangelnden Nachgiebigkeit Englands beim Transitporto gescheitert. Aber angesichts des Druckes der seit 1860 gesenkten Tarife für die Direktbeförderung durch hansestädtische Schiffe zwischen Hamburg und Bremen und den USA hatte England den USA schließlich in seinem Vertrag vom 18.6.1867 niedrigere

---

[319] Gerolt am 3.10.1859 an Schleinitz, GStAM, 2.4.1.II. Nr. 8096.

II. Trotz Restaurationspolitik: Weiterentwicklung der Beziehungen

Transittarife gewährt. Daraufhin hatten die Hansestädte mit noch einer weiteren Senkung des Seeportos reagiert. Der Brief, für dessen Beförderung von Preußen in die USA der Kunde 1852 noch zwölf Silbergroschen zu entrichten hatte, kostete ab 1.1.1868 auf direktem Weg über Bremen oder Hamburg vier Silbergroschen und über England sechs. Der Postweg über die Hansestädte war inzwischen die preisgünstigste Form geworden, um Post aus Deutschland in die USA zu befördern und ebenso umgekehrt. Zugleich hatte dieser Postweg durch die neuen Schiffstypen und deren vermehrten Einsatz im Transatlantikverkehr an Attraktivität gewonnen. Der Vertrag erwähnte im Interesse der rheinischen Wirtschaft weiterhin an erster Stelle Aachen als Postauswechslungsamt. Das hieß, dass die Post, die wie bisher über Belgien und Großbritannien gehen sollte, im Zug zwischen Köln und Verviers ausgetauscht wurde. Nach Aachen nannte der Vertrag Bremen und Hamburg; aber in der Praxis ging jetzt die meiste transatlantische Post zur Zufriedenheit der Hansestädte über deren Häfen.

Der seit 1867 in Berlin amtierende US-Gesandte Bancroft hob als Vorteil der verbesserten Postverbindung hervor, dass die Kosten für Postsendungen zwischen Washington und Berlin über die Hansestädte nun geringer seien als zwischen London und Berlin[320]. Zugleich sprach die Zeitersparnis dafür, auf den gewohnten Postweg über England zu verzichten. Wie schon die US-Konsul in den Hansestädten 1863 regelte nun auch der US-Gesandte in Berlin mit dem State Department, dass die für die US-Vertretung bestimmte Post und die Pakete in Zukunft mit den zwischen New York und Bremen oder Hamburg verkehrenden Dampfern befördert wurden und nicht mehr über Liverpool und den Despatch Agent in London gingen[321]. Bancroft machte richtig darauf aufmerksam: „Hamburg is nearer to Berlin than Liverpool is to London." Auf keinen Fall sei die Post, wie bisher auch oft geschehen, über Le Havre zu verschicken: „It is very far more difficult to get a parcel from Havre to Berlin than from New York to Berlin."

Die Laufzeit der Briefe zwischen Washington und Berlin schwankte Anfang der fünfziger Jahre im Durchschnitt zwischen 20 und 23 Tagen, reduzierte sich etwas ab Mitte der fünfziger Jahre und betrug Mitte der sechziger Jahre zwischen 14 und 18 Tagen. Nachrichten überbrückten das Meer schneller als Waren und Briefe, als 1857 eine Telegraphen-Verbindung zwischen Belgien und Großbritannien in Betrieb genommen wurde. Über den Atlantik transportierten vorerst weiterhin die Postdampfer die Nachrichten, bis 1867 auch ein Seekabel zwischen England und den USA dauerhaft zum Einsatz kam.

---

[320] Bancroft in Nr. 28 am 3.1.1868 an W. H. Seward. NA Wash., Mf 44/14.
[321] Bancroft in Nr. 22 am 10.12.1867 an Seward. NA Wash., Mf 44/14.

Ein Vertrag, dem die preußische Regierung von Anfang an ein großes Gewicht beimaß, war der Auslieferungsvertrag, wenngleich er in der Praxis nur geringe Bedeutung erlangte. Preußen und den USA fiel es außerordentlich schwer, zu einer vertraglichen Abmachung über die Auslieferung flüchtiger Verbrecher zu gelangen. Dies Vorhaben beschäftigte die beiden Länder schon seit fast zwanzig Jahren. Interesse am Abschluss eines Auslieferungsvertrages bestand auf beiden Seiten, wenngleich das Interesse auf deutscher Seite überwog. Manteuffel bezeichnete Friedrich Wilhelm IV. gegenüber den Abschluss des Vertrages als „von großem Werte, da in neuerer Zeit die erleichterte Verbindung mit Nordamerika und die Beschleunigung der Reisen mittelst Eisenbahnen und Dampfschiffen vielfach Verbrechern Gelegenheit gegeben hat, sich durch die Flucht nach den Vereinigten Staaten jeder Verfolgung und Strafe für das in Deutschland verübte Verbrechen zu entziehen."[322] Die USA bekundeten ebenfalls ihr Interesse daran, dass sich flüchtige Verbrecher nicht jenseits des Atlantiks der Strafe entzogen. Legationssekretär Fay von der US-Gesandtschaft in Berlin betonte in seinem Schreiben vom 26.8.1851 gegenüber Webster[323], dass es eine ganze Reihe von Vorfällen wünschenswert erscheinen ließen, dass die USA und Preußen einen Vertrag erreichten zur Auslieferung derer, die meinten, im Vertrauen auf eine leichte Flucht in die USA oder nach Deutschland Verbrechen begehen zu können.

Der Entwurf eines Auslieferungsvertrages lag nach intensiven einjährigen Verhandlungen schon 1844 vor. Hierin verpflichteten sich die deutschen Staaten des Zollvereins und die Vereinigten Staaten Bürger auszuliefern, die des Mordes, des Raubes, der Fälschung, der Brandstiftung, der Falschmünzerei und der Unterschlagung angeklagt waren. Der US-Gesandte Wheaton in Berlin, der preußische Außenminister Bülow und Vertreter anderer Zollvereinsstaaten hatten den Auslieferungsvertrag am 29.1.1845 in Berlin unterzeichnet. Seine Ratifikation verzögerte sich zunächst wegen der im inzwischen neu gewählten Kongress aufgetretenen Bedenken; aber schließlich befürwortete der Senat den Vertrag nach Erläuterungen durch die preußische Regierung am 21.6.1848 einstimmig. Der Auslieferungsvertrag trat dennoch nicht in Kraft, weil der neu gewählte Präsident Polk im Gegensatz zum Senat auf seinen Bedenken beharrte und es ablehnte, die Ratifikation durch seine Unterschrift abzuschließen. Seine Bedenken konzentrierten sich auf den Artikel, der die Auslieferung eigener Staatsbürger durch einen der Unterzeichnerstaaten verbot und der in den anderen von den USA abgeschlossenen Auslieferungsverträgen nicht auftauchte. Im Übrigen schien es

---
[322] Manteuffel am 29.4.1852 an den König, Konzept, GStA Berlin, Mf 111 AA III.HA Rep. 10 Nr. 3 Vol. III.
[323] Fay an Webster in Nr. 66 vom 26.8.1851, NA Wash., Mf 44/7.

II. Trotz Restaurationspolitik: Weiterentwicklung der Beziehungen 213

günstiger für die USA, einen ganz Deutschland einbeziehenden Auslieferungsvertrag mit der sich entwickelnden deutschen Zentralgewalt abzuschließen als mit einzelnen deutschen Staaten[324]. So lief die Zeit bis zum 1. Januar 1849 ab, für welche der Vertrag zunächst nur festgelegt war.

Mit der Klärung der deutschen Verhältnisse erwirkte Gerolt im September 1850 eine neue Instruktion[325], auf der alten Textgrundlage eine neue Abmachung auszuhandeln. Gerolt brachte das auf Eis gelegte Vertragsvorhaben gleich bei seinem ersten Kontakt mit Webster zur Sprache[326], da er glaubte, das im alten Vertragstext liegende Hindernis mit ihm, der 1848 als Senator dem Vertrag zugestimmt hatte, leicht ausräumen zu können. Bei den neuen Verhandlungen 1851[327] ging die amerikanische Seite jedoch wieder von ihren alten Bedenken gegen den Artikel III aus, der lautete: „Keiner der contrahierenden Teile soll gehalten sein, in Gemäßheit der Bestimmungen dieser Übereinkunft seine eigenen Bürger oder Untertanen auszuliefern." Während sich Webster zunächst entgegenkommend gezeigt hatte, wich er nun aus und erklärte, als Gerolt endlich im März 1851 ein Verhandlungsgespräch mit ihm erreicht hatte, dass „die Regierung der Vereinigten Staaten keinen Vertrag abschließen könne, worin ein so wesentlicher Mangel an Reziprozität enthalten sei ..."[328] Deutsche Bürger, die in den Vereinigten Staaten Verbrechen begangen und sich in die deutschen Staaten geflüchtet hätten, würden nach Artikel III nicht ausgeliefert und dann nach deutschem Recht bestraft, während US-Bürger, die in den deutschen Staaten Verbrechen begangen hätten und in die USA geflüchtet wären, nicht ausgeliefert werden könnten nach Artikel III und auch nicht bestraft würden, weil die Gesetze der Vereinigten Staaten kein im Ausland begangenes Verbrechen bestraften. Als Gerolt mit Recht „Zweifel darüber äußerte, ob die Vereinigten Staaten gemäß ihren Extrahitions-Traktaten mit England und Frankreich ihre eigenen Staatsbürger wirklich ausliefern würden", versicherte ihm Webster, „dass dies allerdings der Fall sei, und dass jene Mächte ebenfalls ihre eigenen Staatsbürger auslieferten, worüber mehrere Beispiele vorlägen."[329] Gerolt sah also den Vertragsabschluss gefährdet, wenn er, wie es Schleinitz verlangt hatte, auf dem Artikel III beharrte, und er empfahl mit Blick auf die Praxis, auf den Artikel zu verzichten. Gerolt hielt es für unwahrscheinlich, „dass ein Individuum aus einem der contra-

---

[324] s. den Entwurf der Instruktion von Schleinitz vom 19.9.1850 für Gerolt, Berlin. GStA Berlin, Mf 71 AA III.HA Rep. 10 Nr. 3 Vol. II.
[325] A.a.O.
[326] Gerolt am 3.12.1850 an den König, GStA Berlin, Mf 77 AA CB IC Nr. 16.
[327] Gerolt am 13.3.1851 an Manteuffel, GStA Berlin, Mf 111 AA III.HA Rep. 10 Nr. 3 Vol. III.
[328] Bericht über das Gespräch a.a.O.
[329] A.a.O.

hierenden deutschen Staaten gebürtig, nachdem er hier (i. e. USA.-E.) eines der bezeichneten Verbrechen begangen und sich nach Deutschland geflüchtet hätte, imstande sein würde, sein Bürgerrecht dort noch geltend zu machen, falls er entdeckt und von den Gerichten der Vereinigten Staaten reklamiert würde." Auf der anderen Seite würde die Aufgabe des Artikel III den großen Vorteil gewähren, „dass Verbrecher deutscher Abkunft, welche, nachdem sie hier naturalisiert worden sind, ein Verbrechen in irgendeinem der kontrahierenden deutschen Staaten begehen und in den Vereinigten Staaten eine Zuflucht suchen, als amerikanische Bürger ausgeliefert und bestraft werden können, welche Fälle verhältnismäßig häufig vorkommen dürften." Dennoch hielt es Manteuffel wie vor ihm Schleinitz nicht für sinnvoll, auf den Artikel III zu verzichten, da der Artikel III nur die Rechtslage in den deutschen Staaten wiedergab. Im Übrigen hatte die amerikanische Seite kein Interesse daran, dass einerseits auf den Artikel III verzichtet würde, aber zur gleichen Zeit auf den im deutschen Recht begründeten Vorbehalt hingewiesen würde, dass deutsche Untertanen nicht auszuliefern seien. Das weitergehende amerikanische Verlangen zu erfüllen, die Auslieferung preußischer Untertanen zuzugestehen, sah die preußische Regierung ohnehin durch die Rechtslage verboten[330]. Zugleich wies die preußische Regierung gegenüber Webster zugunsten eines Ausweges aus der Verhandlungssackgasse darauf hin, dass nicht, wie dieser den Artikel III auszudeuten schiene, der Artikel die Auslieferung eigener Bürger verbiete, sondern er „behält nur der Regierung das Recht vor, eine solche Auslieferung abzulehnen. Es würde also bei der Aufnahme des Art. III in den Vertrag der Regierung der Vereinigten Staaten unbenommen sein, ihre eigenen Bürger, wenn sie in Deutschland ein Verbrechen begangen haben, an die betreffende deutsche Regierung auszuliefern." Somit könnten auch die in Deutschland straffällig gewordenen US-Bürger zur Verantwortung gezogen werden, so wie im umgekehrten Fall, wenn sich ein Preuße in Nordamerika eines Verbrechens schuldig gemacht und sich in seine frühere Heimat geflüchtet hätte, dieser bestraft würde, wenngleich keine Auslieferung erfolgte. Manteuffel resümierte: „In beiden Fällen würde also das erreicht werden, worauf es den beiderseitigen Regierungen vor allem ankommen muss: die Bestrafung des flüchtigen Verbrechers würde gesichert."[331]

Angesichts der etwas fadenscheinig wirkenden Argumentation Websters mit Bedenken, die schon 1848 mit dem einstimmigen Senatsbeschluss ausgeräumt schienen, fragte sich die preußische Regierung, ob Webster wirklich alle Karten auf den Tisch gelegt hatte: „Es gewinnt den Anschein, als

---

[330] Instruktion Manteuffels für Gerolt vom 16.4.1851, Entwurf, GStA Berlin, Mf 111 AA III.HA Rep. 10 Nr. 3 Vol. III.
[331] A. a. O.

II. Trotz Restaurationspolitik: Weiterentwicklung der Beziehungen 215

ob noch andere bisher nicht ausgesprochene Gründe obwalten, welche die jenseitige Regierung abgeneigt machen, auf den Abschluss des Auslieferungsvertrages einzugehen." Bei den weiteren Verhandlungen mit der Fillmore-Administration wurde deutlich, dass auch in diesem Fall die Rücksicht auf die deutschen Einwanderer eine Rolle spielte, wie das schon in den vierziger Jahren der Fall gewesen war, aber sie jetzt erst recht im Zeichen des beginnenden Wahlkampfes unübersehbar war. Gerolt war nicht einmal mehr in der Lage, mit Webster mündlich zu verhandeln, da Webster „seitdem er als Kandidat für die nächste Präsidenten-Wahl aufgetreten ist, sich nicht viel um die Geschäfte seines Ministeriums bekümmert, ausgenommen, wenn dieselben eine Aussicht auf Popularität gestatten ...".[332] Die Verhandlungen mit Webster kamen also nicht voran, obgleich dieser den Auslieferungsvertrag nicht grundsätzlich ablehnte[333].

Um so nützlicher war es für Gerolt, dass er mit Fillmore ins Gespräch kam, der sich mit dem ihm eigenen Arbeitseifer auch auf die Auslieferungsfrage einließ. In einer ausführlichen Unterhaltung über den Auslieferungsvertrag gelang es Gerolt, Präsident Fillmore, den er nach seinen Worten „weit günstiger für diesen Vertrag gestimmt fand als Herrn Webster, von der Notwendigkeit eines baldigen Abschlusses desselben im Interesse beider Länder zu überzeugen."[334] Ohne die ihm aus dem State Department vorgetragenen Bedenken[335] aus den Augen zu verlieren, schien er den Argumenten Gerolts gerecht zu werden. Er wünschte zumindest eine Präzisierung des umstrittenen Artikels III und meinte, „dass wenn die contrahierenden deutschen Staaten ihre eigenen Untertanen nicht ausliefern könnten, so würde auch hiesigerseits eine Auslieferung amerikanischer Bürger behufs Bestrafung derselben, ... unstatthaft und außer Frage sein." Fillmore deutete ebenfalls die Bedenken an, die Webster mit seiner ausweichenden Gesprächsführung bisher gegenüber Gerolt nicht berührt hatte. Fillmore erwähnte nach Gerolt den Fall, „dass ein Preuße, nachdem er in Preußen ein Verbrechen begangen und nach den Vereinigten Staaten entwichen sei, hier aber, bevor die Auslieferung verlangt worden, amerikanischer Bürger ge-

---

[332] Gerolt am 14.7.1851 an Manteuffel, GStA Berlin, Mf 111 AA III.HA Rep. 10 Nr. 3 Vol. III.

[333] Im Zusammenhang mit den Gesprächen mit Gerolt vom Juli 1851 notierte Webster in seinem Kalender unter dem 10. Juli: „... will make a recommendation on the extradition treaty with Prussia." – The Papers of Daniel Webster, Correspondence, Vol. 7 (1850–1852), Ed. *Charles M. Wiltse and Michael J. Birkner*, London 1986, S. 493.

[334] So Gerolt in seinem Bericht vom 14.7.1851 an Manteuffel über das Gespräch vom selben Tag, GStA Berlin, Mf 111 AA III.HA Rep. 10 Nr. 3 Vol. III.

[335] Synopsis ohne Datum und Unterschrift zu dem Schreiben Websters vom 9.7.1851 an Fillmore, NA Wash., Mf 58/2.

worden sei, und stellte die Frage, ob in diesem Falle die Auslieferung von Preußen verlangt werden könne."[336] Die amerikanische Seite argwöhnte also dadurch einen Konflikt, dass Preußen und die anderen deutschen Vertragspartner „an der Lehre von der dauernden Treue ihrer Untertanen festhalten und es ablehnen könnten, deutsche naturalisierte Bürger auszuliefern, während die US-Regierung das Prinzip vertreten hat, dass die Rechte und Pflichten solcher Bürger dieselben sind, als wenn sie in den USA geboren wären."[337] Gerolt konnte demgegenüber wie in den vierziger Jahren nur erneut das Gesetz vom 31.12.1842 „über die Einwanderung und den Verlust der Eigenschaft als Preußischer Untertan" vorlegen und wie schon früher darauf verweisen, dass es die behauptete „doctrine of perpetual allegiance" im deutschen Recht nicht gäbe, die Staatsangehörigkeit in den deutschen Staaten bei Auswanderung zeitlich begrenzt wäre und diese Staatsangehörigkeit ohnehin durch die Annahme der amerikanischen Staatsangehörigkeit verloren ginge[338]. Zweifel an der Richtigkeit dieser Feststellungen erhielten ihre Nahrung durch den immer erneuten Zugriff deutscher Behörden auf Emigranten, die ihre frühere deutsche Heimat besuchten; mit diesen Vorfällen beschäftigte sich die Berliner Mission fortwährend. So forderte Fillmore in seinem Gespräch am 14.7.1851 mit Gerolt, dass der Vertrag eine Bestimmung erhalte, „dass naturalisierte amerikanische Bürger, welche in Preußen oder in einem der anderen contrahierenden deutschen Staaten geboren sind, von diesen Staaten ausgeliefert werden, wenn sie in den Vereinigten Staaten ein Verbrechen begangen haben."[339]

Um den von einem Auslieferungsvertrag betroffenen Personenkreis deutlicher hervortreten zu lassen, wies das preußische Ministerium der auswärtigen Angelegenheiten im August 1851 die US-Mission in Berlin darauf hin, dass die preußische Regierung nur die Auslieferung eines preußischen Bürgers beantragen könnte, also eines straffällig gewordenen Bürgers, der noch nicht Bürger der USA geworden sei und betonte, dass sie ihren Auslieferungsantrag zurückziehen würde, wenn die US-Administration erklärte, der Bürger, dessen Auslieferung beantragt sei, sei US-Bürger[340]. Die preußische Regierung hielt solche Erläuterungen für ausreichend und glaubte im Übrigen, den ursprünglichen Vertragstext, von geringfügigen Modifikatio-

---

[336] Gerolt am 14.7.1851 an Manteuffel, a.a.O.

[337] Synopsis, a.a.O. – Übers. E.E.

[338] Abschrift des Schreibens Gerolts an Buchanan vom 10.5.1847, Anlage zum Schreiben Gerolts an Webster vom 5.12.1851, NA Wash., Mf 58/2.

[339] Gerolt am 14.7.1851 an Manteuffel, a.a.O.

[340] Fay in Nr. 66 vom 26.8.1851 über ein mit Hellwig vom Preußischen Ministerium der auswärtigen Angelegenheiten geführtes Gespräch. Hellwig, zuständig für die Verhandlungen über den Auslieferungsvertrag, war im Auftrag von Staatssekretär Le Coq in der US-Gesandtschaft. NA Wash., Mf 44/7.

II. Trotz Restaurationspolitik: Weiterentwicklung der Beziehungen 217

nen abgesehen, erhalten zu können. Wenn die preußische Regierung damit schließlich Erfolg hatte, so ist das nicht zuletzt der Verhandlungsführung Gerolts und dem Entgegenkommen Fillmores zu verdanken, der sich „zugunsten des Artikels III mit gewissen Modifikationen ausgesprochen hatte", wie Gerolt dankbar hervorhob[341]. Von Webster, seinem unmittelbaren Verhandlungspartner in der Fillmore-Administration, wusste Gerolt nur zu berichten: „Webster, welcher offenbar die Abschließung dieses Vertrages nicht für geeignet hält, um seine Popularität für die Präsidentur zu vermehren und welcher besonders die Abneigung der deutschen Presse in den Vereinigten Staaten gegen einen ‚solchen Pakt der hiesigen Regierung mit den despotischen deutschen Regierungen' zu befürchten scheint, zog die Sache unter allerlei Vorwänden in die Länge ..."[342]

Dennoch konnte Gerolt nach den Gesprächen Anfang Dezember feststellen, dass die Bedenken, die um den Rechtsstatus der deutschen Emigranten kreisten, ausgeräumt waren, da, wie er in einem Resümee gegenüber Webster hervorhob, ausreichend geklärt sei, „that all subjects from Prussia and other German States, who by their emigration to foreign countries have in accordance with the laws of their native country been released from their allegiance and who may or may not have become citizens of the United States will be delivered up to the United States Authorities in the cases provided in article I of the convention."[343]. Noch im Dezember 1851 erreichte Gerolt die Zustimmung Fillmores und Websters zu dem neuen Vertragstext, der nur geringfügig von der alten Vorlage abwich, ja den Artikel III unverändert übernahm, so dass Gerolt sicher sein konnte, dass auch die preußische Regierung ihn akzeptieren würde[344]. Die Modifikationen des Vertragstextes vom 29.1.1845 beschränkten sich auf die Aufzählung der deutschen Vertragspartner aus dem Zollverein, die Vertragsdauer (nun bis 1858), die Form der Ratifikation (Artikel VI) und eine in die Präambel von Gerolt eingefügte Erläuterung zu Artikel III, wonach weder die Gesetze und die Verfassung Preußens und anderer deutscher Staaten die Auslieferung eigener Bürger erlaubten noch die Regierung der Vereinigten Staaten im Sinne der strengen Reziprozität eine Verpflichtung übernähme, eigene Bürger auszuliefern. Damit war der Kern des Vertrages unverändert geblieben: nämlich der die Auslieferung von Straftätern unmittelbar bestimmende Artikel I mit der Aufzählung der für das Auslieferungsbegehren entscheidenden Delikte, Artikel III und Artikel IV, der das Vorgehen bei Delikten

---
[341] Gerolt am 14.7.1851 an Manteuffel, a.a.O.
[342] Gerolt am 17.1.1852 an Manteuffel, GStA Berlin, Mf 111 AA III.HA Rep. 10 Nr. 3 Vol. III.
[343] Note Gerolts an Webster vom 9.12.1851, NA Wash., Mf 58/2.
[344] Die Gerolt vom State Department zugestellte letzte Fassung des Vertrages vor der Unterschrift liegt dem Bericht Gerolts vom 17.1.1852 bei, a.a.O.

in verschiedenen Ländern regelte, aber ebenso Artikel II, der es weiteren Staaten des Deutschen Bundes freistellte, den Vertrag zu unterzeichnen.

Nachdem Gerolt nun endlich eine Vertragsfassung erreicht hatte, die in Kraft gesetzt zu werden versprach, suchte die preußische Regierung das Ratifikationsverfahren möglichst zu beschleunigen, zumindest den deutschen Part bei der Ratifikation. Dabei musste jedoch das in Artikel VI vorgesehene Verfahren Schwierigkeiten bereiten, das Webster nach Gerolt abweichend vom preußischen Vorschlag in den Artikel VI hineingeschrieben hatte[345]. Für die Ratifikation von deutscher Seite sah Artikel VI eine außergewöhnliche Form vor: „The present Convention shall be ratified by the President by and with the consent of the Senate of the United States, and by the Government of Prussia, and the ratification shall be exchanged at Washington ...". Die Ratifikation auf deutscher Seite erfolgte also namens der deutschen Regierungen durch Preußen, während in der Fassung von 1845 beabsichtigt war, dass von jedem deutschen Vertragspartner eine Ratifikations-Urkunde ausgefertigt und gegen eine nordamerikanische Urkunde ausgewechselt werden sollte. Die preußische Regierung, die gegenüber den außerpreußischen Regierungen angab, sie habe die alte Formulierung vorgezogen, vermutete, dass man in der US-Regierung „die Ausfertigung vielfacher gleichlautender Ratifikations-Urkunden hat vermeiden wollen."[346] Auch Gerolt sah in der Neufassung des Artikels VI nicht etwa den Versuch Websters, durch das Provozieren des deutschen Partikularismus eine schnelle Ratifikation vor dem Wahltermin vom 2.11.1852 zu verhindern; er mutmaßte gegenüber der preußischen Regierung, dass Webster „glaubte ..., dass, nachdem die an dem Vertrage partizipierenden deutschen Staaten die Unterhandlungen und die Abschließung des Vertrages der Königlichen Regierung überlassen hatten, es auch nur der Ratifikation der letzteren bedürfe."[347] Für diese Argumentation spricht, dass das allgemeine Interesse der USA an einem Hauptrepräsentanten für Deutschland in Washington schon in den Jahren 1848/49 deutlich zutage trat. Zugleich musste es Gerolt ganz recht sein, wenn er möglichst viel von Deutschland vertrat. Die preußische Regierung, die besonders die Zustimmung der außerpreußischen Zollvereinsstaaten nicht gefährden wollte, suchte diese davon zu überzeugen, dass sie „gewünscht hätte, dass die hier in Rede stehende Abänderung nicht stattgefunden hätte ...".[348] Sie hoffte, dass sich Nachverhandlungen

---

[345] Gerolt am 20.6.1852 an Manteuffel, GStA Berlin, Mf 111 AA III.HA Rep. 10 Nr. 3 Vol. III.

[346] Instruktion der preußischen Regierung vom 19.2.1852 an die preußischen Vertreter bei den außerpreußischen deutschen Regierungen, GStA Berlin, Mf 111 AA III.HA Rep. 10 Nr. 3 Vol. III.

[347] Gerolt am 20.6.1852 an Manteuffel, a.a.O.

[348] Instruktion der preußischen Regierung vom 19.2.1852, a.a.O.

II. Trotz Restaurationspolitik: Weiterentwicklung der Beziehungen 219

und Verzögerungen vermeiden ließen und dass „ihre Mitkontrahenten keine Bedenken tragen würden, es bei der Bestimmung des Artikels, wie ihn die Regierung der Vereinigten Staaten nun mal vorgeschlagen hat, bewenden zu lassen." Die preußische Regierung bemühte sich also, dass sie „durch eine möglichst beschleunigte Erklärung sämtlicher bei der Sache beteiligten deutschen Staaten in den Stand gesetzt würde, den königlichen Minister-Residenten noch innerhalb der nächsten Woche zu ermächtigen, den Vertrag namens derjenigen deutschen Regierungen, die denselben in seiner gegenwärtigen Wortfassung für annehmbar erachten, zu unterzeichnen."

Von den am Vertrag 1845 beteiligten Regierungen lehnten nur Baden und Bayern mit Rücksicht auf Artikel VI den Beitritt zum Vertrag ab, während Sachsen, Kurhessen, Großherzogtum Hessen, Sachsen-Weimar, Sachsen-Meiningen, Altenburg, Coburg-Gotha, Braunschweig, Anhalt-Dessau, Anhalt-Bernburg, Nassau, Schwarzburg-Rudolstadt, Sondershausen, Waldeck, Reuß ältere und jüngere Linie, Lippe, Hessen-Homburg und die Freie Stadt Frankfurt nicht nur den Artikeln I bis V zustimmten wie Bayern und Baden, sondern auch der Ratifikation durch Preußen. Das Königreich Sachsen hatte zwar prinzipielle Bedenken gegen Artikel VI geäußert, aber war viel zu sehr am schnellen Vertragsabschluss interessiert, um nicht zuzustimmen[349]. Abgesehen von diesen im Vertrag schon als Vertragspartner genannten deutschen Staaten stand es nach Artikel II jedem deutschen Bundesstaat frei, jetzt oder später dem Vertrag beizutreten. Gerolt befürchtete, dass auch Österreich davon Gebrauch machen könnte und warnte mit Blick auf die Kossuth-Affäre davor, dass es schon jetzt als Vertragspartner erschien, da „bei der gegenwärtigen ungünstigen Meinung in den Vereinigten Staaten gegen Österreich der Vertrag schwerlich vom Senat genehmigt werden würde, wenn der Name jener Macht als Mitkontrahent darin aufgenommen wäre."[350] Dem stand jedoch in dem Vertrag der Artikel VI mit seiner Hervorhebung Preußens schon im Wege; ja man könnte sogar vermuten, dass Webster mit dem Einverständnis Gerolts die Formulierung zugunsten Preußens in den Artikel eingefügt hat, um Österreich fernzuhalten, wenn man andere Erklärungen nicht für ausreichend hält.

Anfang Juni erreichte Gerolt die Vollmacht und die Instruktion zur Unterzeichnung des Vertrages zwischen Preußen und anderen Staaten des Deutschen Bundes einerseits und den Vereinigten Staaten von Nord-Amerika andererseits wegen der in gewissen Fällen zu gewährleistenden Auslieferung der vor der Justiz flüchtigen Verbrecher[351], und am 16. Juni unterzeichneten Gerolt und Webster in Websters Privatwohnung in Washington

---

[349] Die Stellungnahmen von Zollvereinsstaaten zum Auslieferungsvertrag 1852 finden sich im GStA Berlin, Mf 111 AA III.HA Rep. 10 Nr. 3 Vol. III.

[350] Gerolt am 17.1.1852 an Manteuffel, a. a. O.

den Auslieferungsvertrag. Dabei musste Gerolt entgegen der Weisung, nur die deutsche Fassung zu unterzeichnen, nach der Erklärung Websters, in diesem Fall keinen Vertrag zu unterzeichnen, die deutsche und die englische Fassung unterschreiben[352]. Für den späteren Beitritt deutscher Staaten vereinbarten Gerolt und das State Department eine Beitrittsurkunde, die von Gerolt nach dem Muster des Beitrittsvertrages von Mecklenburg-Schwerin zum Handelsvertrag zwischen Hannover und den USA von 1846 formuliert war[353].

Das weitere Ratifikations-Verfahren schien dann in dieselben Schwierigkeiten zu geraten wie schon der frühere Anlauf 1846, da nämlich der Kongress am 30.8.1852 schloss, ohne dass der alte Senat noch Zeit gefunden hatte, sich angemessen mit dem Vertrag zu beschäftigen und ihm zuzustimmen. Dass der Senat mit der Entscheidung bis nach der Neuwahl von Senatoren und Präsident wartete, begründete Gerolt damit, dass sich im Senat gerade in den letzten Sitzungswochen die Geschäfte häuften[354]. Dies Argument überzeugte, wenngleich den führenden Whigs die Verzögerung nicht unangenehm gewesen sein dürfte, da sie sich sicher bewusst waren, dass der Vertragsabschluss das Wahlverhalten deutscher Einwanderer zu beeinflussen und deren Abneigung gegen die konservativen Whigs zu bestätigen geeignet war. „Die deutsche Revolutions-Partei und der größte Teil der deutschen Presse in den Vereinigten Staaten, welche alle Verbrecher und Flüchtlinge in Schutz nehmen, werden mit der Annahme des Vertrages sehr unzufrieden sein." Dies Urteil Gerolts[355] ist wahrscheinlich übertrieben, gibt aber zumindest die bei politisch aktiven deutschen Flüchtlingen 1852/53 herrschende radikale Ablehnung politischer Zusammenarbeit der USA mit Staaten des Deutschen Bundes richtig wieder.

Da der Senat die Abstimmung über den Auslieferungsvertrag verschob, war die im Vertrag festgelegte sechsmonatige Frist zur Auswechslung der Ratifikations-Urkunden durch einen Zusatzartikel zu verlängern. Gerolt vereinbarte ihn am 16.11.1852 mit dem an die Stelle des verstorbenen Webster getretenen Everett[356]. Der zum Teil erneuerte Senat erteilte die Genehmigung erst unmittelbar nach dem Amtsantritt des neuen Präsidenten am 15.3.1853. Die erforderliche Zweidrittelmehrheit wurde erreicht, obwohl

---

[351] Vollmacht des Königs vom 9.5.1852 und die Instruktion Manteuffels vom 13.5.1852, GStA Berlin, Mf 111 AA III.HA Rep. 10 Nr. 3 Vol. III.

[352] Gerolt am 17.6.1852 an Manteuffel, GStA Berlin, Mf 111, a.a.O.

[353] Anlage zum Bericht Gerolts vom 20.6.1852 an Manteuffel, GStA Berlin, Mf 111, a.a.O. – Note Gerolts vom 2.11.1852 an Conrad, State Department, NA Wash., Mf 58/2.

[354] Gerolt am 1.9.1852 an Manteuffel, GStA Berlin, Mf 111, a.a.O.

[355] Gerolt am 17.3.1853 an Manteuffel, GStA Berlin, Mf 111, a.a.O.

[356] Gerolt am 17.11.1852 an Manteuffel, GStA Berlin, Mf 111, a.a.O.

II. Trotz Restaurationspolitik: Weiterentwicklung der Beziehungen

unter den neu gewählten Mitgliedern „mehrere gegen das Prinzip von Auslieferungsverträgen sich aussprachen, während mehrere frühere, unserem Vertrage befreundete Senatoren ausgetreten waren", wie Gerolt mitteilte[357]. Glücklicherweise war unter den neu gewählten Senatoren auch „Everett von Massachusetts, welcher meine Bemühungen auf alle Weise unterstützte und im Senate mit Nachdruck für Annahme unseres Vertrages sich aussprach, ebenso wie J. Mason von Virginien, der Präsident des Ausschusses für die auswärtigen Angelegenheiten im Senat."

Nachdem die Unterzeichnung des Vertrages durch den König am 25.4.1853 erfolgt war und zwar zugleich im Namen der übrigen deutschen Vertragspartner und auch Präsident Pierce am 27.5.1853 unterschrieben hatte, schlossen Gerolt und Marcy am 30.5.1853 mit dem Austausch der Ratifikations-Urkunden das langwierige Verfahren nach der Einigung über den Vertragsinhalt ab, und der Vertrag konnte in Kraft treten[358]. Bisher nicht beteiligte deutsche Regierungen schlossen sich in der Form an, die ihrem partikularstaatlichen Geltungsbedürfnis entsprach. Über den preußischen Gesandten erklärten ihren Beitritt: noch 1853 Württemberg, das Preußen seine schon am 31.10.1853 ausgefertigte Beitrittsurkunde übersandte[359], 1854 die beiden Mecklenburg, Oldenburg und Schaumburg-Lippe[360] auf demselben Weg über Preußen.

Das nicht zum Zollverein gehörende Bremen betonte dadurch seine Eigenständigkeit, dass es nicht über den preußischen Gesandten seinen Beitritt erklärte, sondern sein Washingtoner Ministerresident die Beitrittsurkunde selbständig überreichte und diese Beitrittserklärung stilistisch geringfügig von der von Gerolt mit Marcy vereinbarten Fassung abwich[361]. Bayern, das sich wie Baden aus Verärgerung über das zwischen Preußen und den USA vereinbarte Ratifikationsverfahren von dem von Preußen vereinbarten Vertrag zurückgezogen hatte, ließ seinen Londoner Vertreter Baron de Cetto mit dem dortigen US-Gesandten Buchanan am 12.9.1853 einen eigenen Auslieferungsvertrag unterzeichnen. In dieser Fassung waren, wie US-Gesandter Buchanan Staatssekretär Marcy mitteilte[362], aus „nationaler Eifersucht" Bayerns zwei unbedeutende Formulierungen in dem preu-

---

[357] Gerolt am 17.3.1853 an Manteuffel, GStA Berlin, Mf 111, a.a.O.
[358] Text des Vertrages: Treaties, Conventions, International Acts, Protocols and Agreements between The United States of America and other Powers 1776–1909, Washington 1910, Vol. 1, S. 1501 ff.
[359] Die württembergische Regierung am 31.10.1853 an die Preußische Regierung, GStA Berlin, Mf 111, a.a.O.
[360] Die Noten Gerolts vom 2.1.1854 wegen Mecklenburg-Schwerin, vom 19.1.1854 wegen Mecklenburg-Strelitz, vom 6.3.1854 wegen Oldenburg, vom 20.7.1854 wegen Schaumburg-Lippe an Marcy, NA Wash., Mf 58/2.
[361] Der Text der Bremer Beitrittserklärung: Treaties, Conventions, Vol. 1, S. 155.

ßischen Vorbild abgeändert. Damit musste der Vertrag wieder das langwierige Ratifikationsverfahren durchlaufen, das Bayern und die USA immerhin bis zum November 1854 schon zum Abschluss brachten[363]. Nach bayerischem Vorbild schloss der hannoversche Gesandte in London Graf Kielmannsegg am 18.1.1855 ebenfalls mit Buchanan einen Separat-Vertrag ab[364], und Senat und Präsident bestätigten die von Bayern abgeschriebene Fassung sehr schnell, so dass dieser Auslieferungsvertrag am 5.5.1855 in Kraft trat[365]. Schließlich erteilte Baden seinem Vertreter in Berlin Marschall von Bieberstein die Instruktion, mit dem dortigen US-Gesandten Vroom einen eigenen Auslieferungsvertrag abzuschließen[366]. Es musste jedoch feststellen, dass die USA nur begrenzt bereit waren, die Verrenkungen des deutschen Partikularismus mitzumachen und sich also nur bereit erklärten, einen Vertrag abzuschließen, der mit dem preußischen identisch war[367]. Das Ergebnis des Geltungsbedürfnisses der badischen Regierung war, dass der schließlich am 19.5.1857 zwischen Baden und den USA in Kraft gesetzte Auslieferungsvertrag sich insofern von dem Vorbild unterschied, als der die Beitrittsmöglichkeit anderer deutscher Staaten erwähnende Artikel II fehlte und der Senat zum Ärger Badens jetzt in den Artikel I einen Hinweis eingefügt hatte, der die Auslieferung aus politischen Gründen noch einmal ausdrücklich ausschloss[368]. Zwischenzeitlich hatte es noch eine Verzögerung bei den Verhandlungen gegeben, weil es Baden dämmerte, dass es wohl günstiger wäre, einfach dem Beispiel Württembergs zu folgen. Baden unterzeichnete jedoch die in seinen Augen vom Senat verschlechterte Fassung am 30.1.1857, als es sah, dass selbst Österreich eine preußische Fassung akzeptierte, die um den Zusatz erweitert war, dass politische Verbrechen als Auslieferungsgrund ausgeschlossen seien. Hülsemann, der österreichische Ministerresident in Washington, hatte den Auslieferungsvertrag am 3.7.1856 mit Marcy abgeschlossen, und dieser Vertrag war am 15.12.1856 in Kraft getreten[369]. Die USA saßen bei all diesen Verhandlungen am längeren Hebelarm, weil der Auslieferungsvertrag, wie die Praxis zeigte, primär deutschen Interessen entsprach. In der Folgezeit gab es jährlich mindes-

---

[362] Buchanan am 16.9.1853 aus London an Marcy, The Works of James Buchanan, Vol. VII, S. 52 ff.
[363] Der am 18.11.1854 in Kraft getretene Vertrag ist abgedruckt in: Treaties, Conventions, Vol. 1, S. 58 ff.
[364] Grabow am 11.6.1855 an Manteuffel, GStA Berlin, Mf 111 AA III.HA Rep. 10 Nr. 3 Vol. IV.
[365] Text des Vertrages: Treaties, Conventions, Vol. 1, S. 896 ff.
[366] Vroom in Nr. 60 vom 23.1.1855, NA Wash., Mf 44/10.
[367] Vollmacht Marcys für Vroom vom 11.2.1855, NA Wash., Mf 77/65/14.
[368] Marcy am 27.8.1856 an Vroom, NA Wash., Mf 77/65/14. – Text des Vertrages: Treaties, Conventions, Vol. 1, S. 51 ff.
[369] Text des Vertrages: Treaties, Conventions, Vol. 1, S. 36 ff.

II. Trotz Restaurationspolitik: Weiterentwicklung der Beziehungen

tens einen Auslieferungsantrag von einem deutschen Staat, aber nur selten einen Auslieferungsantrag von seiten der USA.

Die Zollvereinsregierungen und die Hansestädte begrüßten 1853 den Auslieferungsvertrag fast einhellig. In der Berufung Gerolts zum Gesandten 1854 wird man auch eine Anerkennung für den Verhandlungserfolg sehen dürfen. Manteuffel ahnte verständlicherweise, dass sich die vorgesehene Auslieferung nicht ohne Schwierigkeiten umsetzen ließ, aber sah zugleich im „Bestehen des Vertrages schon an sich einen großen Wert um deswillen ..., weil nunmehr das Entkommen nach Nordamerika nicht weiter, wie bis jetzt, von den flüchtenden Verbrechern als ein sicheres Mittel, sich jeder Strafe zu entziehen, betrachtet werden kann, und es lässt sich hoffen, dass namentlich die Fälle betrüglichen Bankrottes, in denen Gemeinschuldner mit bedeutenden Geldsummen aus Preußen nach Nordamerika entwichen, nicht mehr so häufig vorkommen werden, wie dies leider in den letzten Jahren geschehen ist."[370] Genauso hofften die übrigen Regierungen, dass die Existenz des Vertrages auf die kriminell begründete heimliche Auswanderung zumindest abschreckend wirken würde. Der sächsische Geschäftsträger in Berlin Carlowitz hatte unmittelbar nach dem Inkrafttreten des Auslieferungsvertrages einen Bericht an Manteuffel geschickt über eine Versammlung der Vertreter der Handelsvereine von Hannover und anderen deutschen Staaten, die Maßnahmen gegen die heimliche Auswanderung von Schuldnern nach Amerika forderten[371].

Manteuffel hegte nicht die Absicht, das Instrument des Auslieferungsvertrages ungenutzt liegen zu lassen, und die Anwendung bereitete auch zunächst keine Schwierigkeiten. Vorbild für das Vorgehen im Auslieferungsfall wurde der Fall Sachs von 1854, den Preußen den verschiedenen interessierten Zollvereinsstaaten mitteilte[372]. Es ging um einen städtischen Büroassistenten Richard Sachs aus Breslau, der Gelder unterschlug und dann in die USA floh. Der Breslauer Ratssekretär Meysel folgte ihm und vermochte sich auch in den Vereinigten Staaten an seine Fersen zu heften, wobei ihn ein amerikanischer Advokat begleitete. Zugleich reichte Gerolt den Auslieferungsantrag der preußischen Regierung, die Akten des Breslauer Stadtgerichts und die Vollmachten für Meysel bei der Pierce-Administration ein. Meysel erreichte, sekundiert von dem US-Rechtsanwalt und dem Konsul Mecke (Philadelphia), die Entscheidung des Gerichtshofes in

---

[370] Manteuffel an Justizminister Simons am 12.8.1853, GStA Berlin, Mf 111 AA III.HA Rep. 10 Nr. 3 Vol. III.

[371] Carlowitz am 24.6.1853 an Manteuffel, GStA Berlin, Mf 104 AA III.HA Rep. 1 Nr. 11 Vol. IX.

[372] Die verschiedenen Auslieferungsfälle in den Jahren 1854 bis 1856 finden sich im GStA Berlin, Mf 111 AA III.HA Rep. 10 Nr. 3 Vol. IV.

Philadelphia gegen den Delinquenten, seine Verhaftung durch die Polizei, seinen Rücktransport nach New York und damit seine Auslieferung. Meysel überführte Sachs mit einem deutschen Dampfer nach Bremen und von dort per Bahn nach Preußen, so dass Sachs schließlich in Breslau vor Gericht stand. Ebenso erfolgreich war Preußen 1856 mit dem Antrag auf Auslieferung eines „Münzverbrechers". Auch diesmal stimmte Präsident Pierce der Auslieferung zu und fertigte das Mandat zur Verhaftung aus. Der von Preußen bevollmächtigte Vertreter und die US-Behörden arbeiteten zu seiner Durchsetzung zusammen, und der Delinquent stand schließlich vor dem Kreisgericht in Siegen. Im Zeichen der fremdenfeindlichen Knownothings bereitete die Abschiebung von Europäern, die in Europa wegen Straftaten gesucht wurden, offensichtlich keine Schwierigkeiten. Es gab höchstens auf preußischer Seite ein Hindernis, nämlich den Kostenfaktor. Für jeden Staat, der einen Auslieferungsantrag an die USA richtete, erwies sich die Ergreifung eines Kriminellen als sehr kostenträchtig, da die US-Behörden nicht ex officio zur Rechtshilfe verpflichtet waren, sondern sich jede Hilfe bezahlen ließen. Die Auslieferungskosten 1856 beliefen sich für Preußen auf über 2000 Taler. So knüpfte Justizminister Simons gegenüber dem Oberstaatsanwalt in Berlin ein Auslieferungsbegehren an die Voraussetzung, „dass das betreffende Verbrechen von solcher Schwere oder für das Interesse des Staates von solcher Wichtigkeit sei, dass die Höhe der durch die Auslieferung erwachsenden Kosten dagegen nicht in Betracht komme."[373]

Die entscheidenden Hindernisse in den folgenden Jahren erwuchsen Preußen in den USA bei den Bemühungen, den Straftäter ohne Hilfe der dortigen Behörden einzufangen. Wie leicht sich ein Auslieferungsantrag trotz aller Unterstützung durch den Präsidenten unterlaufen ließ, erfuhr die preußische Regierung 1857/58, als es um die Verfolgung eines Wechselbetruges ging, also um ein gerade im Zeichen der „europäisch-amerikanischen Geld- und Handelskrisis" spektakuläres Delikt. Der wegen Wechselfälschung aus Köln in die USA entflohene Eduard Diestling war zwar nach umständlicher Verfolgungsjagd durch die verschiedenen Staaten in Kentucky verhaftet, aber das Gericht von Paducah ließ ihn aus formalen Bedenken wieder frei[374]. Diestling nutzte offensichtlich nicht nur die Besonderheiten des amerikanischen Rechtes, sondern auch die für ihn günstige politische Stimmung in Paducah. Die gegnerischen Rechtsanwälte suchten nach Angaben

---

[373] Justizminister Simons am 26.4.1856 an den Oberstaatsanwalt in Berlin, GStA Berlin, Rep. 84a Nr. 11605.

[374] Zu dem Fall Diestling das Auslieferungsersuchen vom 6.10.1857, die Noten Gerolts vom 7.5.1858 und 18.5.1858 und die anliegenden Berichte des als preußischer Beauftragter arbeitenden Rechtsanwalts Lapough aus Washington vom 5.5.1858 und 13.5.1858 mit den Presse-Ausschnitten, NA Wash., Mf 58/2.

II. Trotz Restaurationspolitik: Weiterentwicklung der Beziehungen 225

des für Preußen arbeitenden New Yorker Rechtsanwaltes Lapough, ihren Mandanten zu einem neuen Koszta aufzuwerten. Die Verteidiger Diestlings waren so erfolgreich, dass Lapough als Vertreter Preußens von der Menge angegriffen und vom Postmaster mit dem Messer bedroht wurde[375]. Die Kritik auf preußischer Seite an den mangelhaften Möglichkeiten, in den USA Recht durchzusetzen, lässt sich – zumindest bei Gerolt und den preußischen Konsuln – auch aus den Erfahrungen bei Auslieferungsfällen ableiten und nicht so sehr aus einer von Vorurteilen verengten Sichtweise.

Die Grundlage für die ablehnende Entscheidung des Richters in Paducah war der Act of Congress vom 12.8.1848 for giving effect to the treaties of extradition between the United States and other Governments, der eine andere Regelung für die Beglaubigung von Auslieferungs-Dokumenten vorsah als das preußische Recht. Preußen und Bremen bemühten sich daraufhin parallel um eine Verbesserung des Auslieferungsrechtes[376] auf unterschiedliche Weise, wobei sich Preußen mit seiner Initiative durchsetzte. Schleiden schlug eine Verbesserung des von Preußen ausgehandelten Auslieferungsvertrages vor und Preußen eine Änderung des US-Gesetzes vom 12.8.1848 im Sinne des preußischen Rechtes. Gerolt konnte sich bei seinen Verhandlungen auf die Zustimmung des amtierenden Attorney General Black stützen und ein Pro Memoria des früheren Attorney General Caleb Cushing, seines guten alten Bekannten[377]. Caleb Cushing machte überzeugend deutlich, dass es allgemein um die Beseitigung einer Rechtsunsicherheit im Auslieferungsrecht zwischen den USA und anderen Ländern ging und dass es im Interesse der USA sei, die unbefriedigende Regelung der Beglaubigung ausländischer Dokumente im Gesetz von 1848 zu beseitigen und zwar durch eine allgemeine gesetzliche Regelung und nicht durch zwischenstaatliche Einzelverträge. Die von der US-Administration im Kongress durchgesetzte Änderung des US-Auslieferungsgesetzes vom 12.8.1848 trat am 22.6.1860 in Kraft, wonach, wie Gerolt zufrieden nach Berlin berichtete, „die von Preußischen Gerichten eingesandten schriftlichen Beweise gegen flüchtige Verbrecher hier anerkannt werden können."[378] Als Hilfestellung zur schnellen Umsetzung der amerikanischen Neuregelung durch Preußen erließ das preußische Justizministerium schon im November 1860 Ausführungsbestimmungen[379]. Im Vergleich zu den mit Frankreich, Belgien, den

---
[375] Kopie des Schreibens von Lapough vom 13.5.1858 als Anlage zur Note Gerolts vom 18.5.1858 an Secretary of State Cass, a.a.O.
[376] Die Note Schleidens vom 29.1.1859 trug das gleiche Datum wie die Grabows aus der preußischen Mission und wurde gleich in die Akte mit den preußischen Noten gelegt. NA Wash., Mf 58/2.
[377] Pro Memoria von Caleb Cushing vom 14.5.1859, Anlage zur Note Gerolts vom 7.4.1860 an Cass, NA Wash., Mf 58/2.
[378] Gerolt am 30.6.1860 an den Regenten, GStA Berlin, Mf 80 AA CB IC Nr. 32.

Niederlanden und Russland vereinbarten Auslieferungsverträgen, die als Auslieferungsgrundlage nur ein Urteil oder eine Anklage forderten, blieb das Auslieferungsverfahren mit dem geforderten Beweismaterial umständlich und zugunsten des Straftäters zeitaufwendig. Zugleich bedeutete es eine erhebliche finanzielle Belastung, dass die US-Behörden im Gegensatz zu anderen Ländern weiterhin nicht von Amts wegen selbst tätig wurden, sondern jede staatliche Hilfe – etwa die durch Polizisten – ebenso wie der Rechtsbeistand zu bezahlen war.

Ein weiteres Entgegenkommen der Vereinigten Staaten beim Auslieferungsrecht schien Preußen aktuell, als die Johnson-Administration nach dem Sezessionskrieg Konzessionen von der preußischen Regierung gegenüber militärpflichtigen Auswanderern in die USA anstrebten. Aber zu einem Verhandeln über weitere Sachverhalte im Zusammenhang mit dem Naturalisationsrecht zeigten sich die USA schon deshalb nicht bereit, weil dies das Inkrafttreten der so sehr gewünschten Vereinbarung über aus Preußen stammende naturalisierte US-Bürger nur hinausgezögert hätte. Bismarck andererseits hegte im Zuge der Einheitsbestrebungen ein besonderes Interesse am Einvernehmen mit dem Gegner Frankreichs und Großbritanniens und stellte dementsprechend seine weiteren Anliegen zurück. Unter diesen Voraussetzungen erreichte Bismarck in den Verhandlungen 1867/68 nur, dass der bisherige Auslieferungsvertrag auf den gesamten Norddeutschen Bund ausgedehnt wurde.

III. Die neuen Konstellationen während der Präsidentschaft von Pierce – Die weitere Annäherung von USA und Preußen

1. Von Fillmore zu Pierce – Die Beziehungen Preußens und der USA unter dem Einfluss von Manifest Destiny und Nativismus

Die Niederlage der Whigs gegenüber den Demokraten im Präsidentschaftswahlkampf 1852 und den Rückzug Fillmores aus der Regierungsverantwortung 1853 registrierte Gerolt mit Bedauern. Die erneute Belebung der offiziellen Kontakte zwischen Preußen und den USA trotz aller Nachwirkungen der niedergeschlagenen Revolution war nicht denkbar ohne Fillmore, zu dem Gerolt besonders gute Beziehungen entwickelte. Fillmore blieb auch nach seiner Präsidentschaft nach den Worten Humboldts „a

---

[379] Allgemeine Verfügung vom 26.11.1860 betreffend die Ausführung des Vertrages mit den Vereinigten Staaten von Nord-Amerika wegen Auslieferung flüchtiger Verbrecher", Justiz-Ministerialblatt für die Preußische Gesetzgebung und Rechtspflege 1860.

friend of Gerolt's".[380] Das andauernde Interesse Fillmores an Preußen verriet sein Besuch in Berlin im November 1855, der einzige Besuch eines amerikanischen Präsidenten in Deutschland im 19. Jahrhundert. Fillmore wurde vom König empfangen; er sprach mit Manteuffel, und selbstverständlich suchte Fillmore das Gespräch mit Alexander von Humboldt[381]. Die Gespräche hatten keine konkrete politische Bedeutung; sie konnten höchstens die Atmosphäre zwischen beiden Staaten positiv beeinflussen. Aus einem Privatbrief des Vortragenden Rats im Ministerium der auswärtigen Angelegenheiten Abeken[382], der zwischen dem schlecht Englisch sprechenden Manteuffel und dem keiner Fremdsprache mächtigen Fillmore dolmetschte, geht hervor, „daß sich die beiden Herren gegenseitig sehr gefallen haben, wenngleich ein rechtes épanchement du cœur vermittelst eines Dolmetsch-Zwischenträgers nicht möglich" gewesen sei. Fillmore beeindruckte nach Abeken als „ein sehr gebildeter, verständiger, vorurteilsloser und urteilsfähiger Mann". An der königlichen Tafel wirkte Fillmore genauso sympathisch wie beim Gespräch mit Manteuffel. Für Abeken war es „ein eigener Anblick ... hier den Republikaner, der einmal eine größere Macht als mancher König besessen, als einfachen Gentleman im schwarzen Frack der bleibenden Majestät, die hier glücklicherweise selbst so vollkommen Gentleman und Mensch ist, gegenüber sitzen zu sehen." Das Echo auf amerikanischer Seite gibt ein Brief des Neuphilologen George Ticknor wieder, der zur Begleitung Fillmores in Berlin gehörte[383], so wie auf preußischer Seite Humboldt dabei war. Er hob den freundlichen Empfang hervor und insbesondere den positiven Eindruck, den Fillmore machte, ungeachtet der von Ticknor in Europa gegenüber der US-Politik wahrgenommenen Vorbehalte – selbst bei Humboldt. Den König erlebte Ticknor wie viele Besucher aus den USA als „one of the most agreeable men in conversation that I have ever talked with, and has that reputation here. But that is a very different thing from being a great or wise statesman."

---

[380] Brief Alexander von Humboldts vom 18.7.1856 an Emma Gaggiote-Richard, zit. bei *Schoenwaldt*, Alexander von Humboldt und die Vereinigten Staaten von Amerika, S. 440.

[381] Das Zusammentreffen mit Humboldt hat Fillmore eindrucksvoll 1869 in einer Rede in Buffalo beschrieben. Siehe Fillmore Papers, Ed. by *F. Severance*, Vol. 2, New York 1907, S. 112–114. – Zum Besuch Fillmores bei Humboldt s. auch *Schoenwaldt*: Alexander von Humboldt und die USA, in: Alexander von Humboldt, Leben und Werk, Hrsg. W. H. Hein, Ingelheim 1985, S. 279.

[382] Brief Heinrich Abekens an seinen Onkel Rudolf Abeken vom 15.11.1855, S. 232 f. in: *Heinrich Abeken,* ein schlichtes Leben in bewegter Zeit, aus Briefen zusammengestellt von Hedwig Abeken, Berlin 1898. –

[383] George Ticknor in einem Brief an den Altphilologen Edward Everett am 20.9.1856 aus Berlin. – Life, Letters and Journals of *George Ticknor*, Vol. 2, Boston 1876, S. 333.

Wenngleich Fillmore keine intensiven politischen Gespräche führte, so bleibt es ein nicht unwichtiges Ereignis, dass ausgerechnet ein führender Politiker der Macht, die sich am meisten für die Deutsche Revolution engagiert hatte, dem preußischen Politiker einen Besuch abstattete, der von führender Stelle aus mit dazu beitrug, diese Revolution zu liquidieren. Dass der Besuch beim König von Preußen, bei Kaiser Napoleon und zusätzlich beim Papst dem Ansehen Fillmores in der öffentlichen Meinung nicht schadete, zeigte die Tatsache, dass ihn der Wahlkongress der American Party (Knownothings) im Februar 1856 während des Europa-Besuches als Präsidentschaftskandidaten aufstellte und ihm nach seiner Rückkehr ein begeisterter Empfang zuteil wurde. In dem Wahlkampf 1855/56 spielten europäische Fragen offensichtlich keine Rolle mehr. Entscheidend war, welche Antworten Fillmore und die hinter ihm stehenden konservativen Whigs für die drängenden amerikanischen Fragen bereit hatten.

1852 im Zeichen des Präsidentschaftswahlkampfes um die Nachfolge Fillmores, als so sehr außenpolitische Themen einbezogen wurden, war nicht vorauszusehen, dass die gegenrevolutionäre Entwicklung von Ungarn über Deutschland, Italien bis nach Frankreich aus dem öffentlichen Blickfeld der USA verschwinden würde. Vor allem schien den an den Beziehungen Preußen – USA Interessierten mit dem Sieg der von den Neueinwanderern besonders gestützten Demokraten über die konservativen Whigs fraglich, ob sich die trotz aller Deklamationen Websters festzustellende Verbesserung der Beziehungen zwischen Preußen und den USA auf Regierungsebene wirklich fortsetzen würde. Die Befürchtungen, die Gerolt an den Übergang des Präsidentenamtes von Fillmore auf den Demokraten Pierce am 4.3.1853 knüpfte, gingen vor allem von den Erklärungen der Demokraten zugunsten einer aktiveren Außenpolitik im Sinne der Manifest Destiny aus, der „Übergreifungs-Politik" in der Übersetzung Gerolts[384]. Nach Gerolt[385] erwachten unter der zurückhaltenden Politik der Whigs nach dem Krieg gegen Mexiko „bei der Majorität des Volkes neue Eroberungs- und Speculations-Gelüste, mit den Instincten der Boa zu vergleichen, welche nach mühsam verschlungener Beute der Ruhe bedarf, nach stattgefundener Verdauung aber um so gieriger zu neuem Raube erwacht. Diese Gelüste haben sich bei den letzten Bewegungen und Umtrieben für die diesjährige Präsidenten-Wahl geltend gemacht und in der Wahl des democratischen Candidaten, General Pierce, zum Präsidenten der Vereinigten Staaten ihren Triumph gefeiert." Gerolt war vor allem unsicher, welchen Stellenwert Europa in der neuen Außenpolitik haben würde. Zeitweilig tat er die Erklärungen von Demokraten zugunsten von Expansion und Interven-

---

[384] Gerolt am 9.5.1857 an den König, GStA Berlin, Mf 79 AA CB IC Nr. 28.
[385] Gerolt am 13.12.1852 an den König, GStA Berlin, Mf 77, AA CB IC Nr. 17.

III. Die Präsidentschaft von Pierce

tion als Wahlkampfgerede ab, wenn er mutmaßte, „die Coryphäen der democratischen Parteien" hätten „den Eroberungs-, Annexations- und Interventions-Gelüsten einer großen Masse der Bevölkerung, besonders unter den Deutschen und Irländern bei allen Gelegenheiten" nur geschmeichelt, „um sich deren Stimmen zu sichern", und tatsächlich würde Pierce weitgehend die zurückhaltende Politik Fillmores fortsetzen[386]. Aber kurze Zeit später vermutete er doch wieder eine neue Außenpolitik in Amerika und gegenüber europäischen Staaten[387]: „Am 4. März künftigen Jahres dürfte die Friedens-Politik des Präsidenten Fillmore ihr Ende erreichen und mit der neuen Regierung eine neue Ära für die Vereinigten Staaten beginnen, welche durch ihre gegenwärtige Macht und Stellung sich berufen fühlen, in den Angelegenheiten dieses Continents sowohl, als in den politischen Bewegungen Europas eine bedeutende Rolle zu übernehmen."[388]

Den Eindruck, dass Präsident Pierce die aktive Außenpolitik von Präsident Polk wieder aufzunehmen gedachte, verstärkte die Inaugurationsadresse, in der er seine Expansionspolitik vertrat, vom „Erwerb gewisser Besitzungen" sprach, aber zugleich, wie Gerolt berichtete, „das strenge Festhalten an den Grundsätzen des Völkerrechts und der bestehenden Tractate" betonte[389]. Für Gerolt war zentral, dass es Pierce nicht um Intervention ging; und in seiner Außenpolitik bewies dieser dann bald, dass er nicht auf preußische Interessen zielte. Ebenso belegten die Vertreter von Young America, die Gesandten Soulé (Madrid), Mason (Paris) und Buchanan (London), im „Ostend Manifesto", dass ihr Interesse in Amerika lag. Das Memorandum vom 18.10.1854, das in Ostende und Aachen beraten wurde, mochte aus der Sicht Humboldts „the most outrageous political document ever published" sein[390]; aber der darin befürwortete Erwerb Kubas mit allen Mitteln, mit Geld oder mit Gewalt, berührte keine preußischen Interessen. Wie sich auf die Dauer herausstellte, zeigte sich die Pierce-Administration ihrem aus Mitteleuropa stammenden Wählerpotential nur insofern besonders verpflichtet, als sie einmal Bindestrich-Amerikaner bei der Ämterrotation etwas stärker berücksichtigte und sie zum anderen gegenüber den einwandererfeindlichen Forderungen der American Party, zu der seit 1854 auch der konservative Fillmore gehörte, und den übrigen Sympathisanten der Nativisten strikt auf Distanz hielt[391]. Die mit dem Wahlsieg von Pierce bei Kinkel, Kossuth, Schurz und anderen Achtund-

---

[386] Gerolt am 3.11.1852 an den König, GStA Berlin, Mf 77 AA CB IC Nr. 17.
[387] Gerolt am 13.12.1852 an den König, GStA Berlin, Mf 77 AA CB IC Nr. 17.
[388] Der österreichische Außenminister Graf Buol-Schauenstein mutmaßte ähnlich gegenüber Hülsemann. – *Ingeborg Schweikert*: Dr. Johann Georg Ritter von Hülsemann, S. 63.
[389] Gerolt am 6.3.1853 an Manteuffel, GStA Berlin, Mf 77 AA CB IC Nr. 17.
[390] Zit. nach *Karl Bruhns*: Alexander von Humboldt, 2. Bd., Leipzig 1872, S. 296.

vierzigern noch einmal wieder aufgelebten Hoffnungen auf eine Intervention der USA in Europa lösten sich nach seinem Amtsantritt endgültig auf. Wenn das Verhältnis des neuen Präsidenten zu Europa zunächst dennoch nicht so klar erschien, so lag das an einzelnen Personalentscheidungen für das State Department und die auswärtigen Missionen und an der Koszta-Affäre.

Gerolts Beziehungen zur neuen Administration gestalteten sich im Gegensatz zu denen der westeuropäischen Seemächte unproblematisch, auch wenn Gerolt Pierce nicht besonders schätzte. General Pierce aus New Hampshire, auf den Titel aus dem mexikanischen Krieg legte er auch später Wert, stand zwar nach Gerolt den politischen Geschäften nicht so fern wie General Taylor, aber er wirkte auf Gerolt wie auf Delbrück ebenso unbedeutend[392]. Über mehr Format verfügte in den Augen Gerolts und Delbrücks der Secretary of State Marcy. Delbrück stufte Marcy nach seinem Besuch 1853 als einen „der geriebensten Politiker des Landes" ein, und da Delbrück unter Handelsminister von der Heydt arbeitete, wusste er auf jeden Fall, was ein geriebener Politiker war[393]. Gerolt sah Marcy mit Blick auf seine konservative Einstellung positiver. Er kannte ihn schon von dessen Tätigkeit als Secretary of War unter Präsident Polk, und Marcy erinnerte sich ebenso gut und wohl gern an Gerolt wegen seiner Vermittlung im Amerikanisch-Mexikanischen Krieg[394]. Marcys Unterstaatssekretär D. Mann begegnete Gerolt schon wegen dessen früherer Kritik an der preußischen Amerika-Politik[395] und seiner Ungarn-Mission 1849 mit Misstrauen, während Manns Verdienste um die Errichtung der Dampfschifffahrtslinie zwischen Bremen und New York hauptsächlich bei Schleiden ins Gewicht fielen. Auch die neuen Erfahrungen änderten Gerolts Skepsis nicht: „... ohne die conservative Haltung und Festigkeit des Staatssekretärs Marcy würde derselbe wahrscheinlich auf die auswärtigen Angelegenheiten einen gefährlichen Einfluss ausüben."[396]

---

[391] *Roy Franklin Nichols:* Franklin Pierce, Young Hickory of the Granite Hills, Philadelphia 1931, S. 391.

[392] Gerolt am 10.7.1852 an den König, GStA Berlin, Mf 77 AA CB IC Nr. 17. – *Rudolph von Delbrück*: Lebenserinnerungen, Bd. 2, S. 18 zu seinem Besuch 1853. – Schleiden hob die sympathische Seite von Pierce hervor. Dieser begegnete dem neuen Bremer Vertreter nach dessen Bericht vom 8.7.1853 „republicanisch einfach und herzlich". StA Bremen, 2.-B.13.b.1.a.2.a.I.

[393] Zu dieser Einschätzung von der Heydts siehe *Hermann Wagener*: Erlebtes. Meine Memoiren aus der Zeit von 1848 bis 1866 und von 1873 bis jetzt, Berlin 1884, S. 73.

[394] Gerolt an Manteuffel am 9.11.1854, GStA Berlin, Mf 79 AA CB IC Nr. 17 Teil 2.

[395] Zu Manns Artikel in der Daily Union vom 11.12.1846 s. *Moltmann*: Atlantische Blockpolitik, Düsseldorf 1973, S. 46 ff.

Noch mehr Anstoß als an Mann nahm Gerolt an den neuen Leitern einzelner europäischer Missionen; er war allerdings mit Peter D. Vroom, dem neuen Gesandten in Berlin, zufrieden. Insgesamt schloss er sich der von anderen europäischen Gesandten geäußerten Kritik an den Personalentscheidungen von Pierce an, einer Kritik, die auch von konservativen Whigs kam. Fillmore beschwerte sich darüber, dass an die Spitze der begehrtesten ausländischen Missionen „men of foreign birth to the exclusion of the native-born" traten[397]. Gerolt bemängelte, dass viele Gesandtenstellen und Konsulate „an unfähige und verdächtige Individuen oder an fremde Parvenus" gingen[398], die radikale Veränderungen vermuten ließen. Zu diesen zählte er vor allem die beiden Auswanderer Pierre Soulé und August Belmont. Gerolt registrierte entrüstet[399], dass sich der neue Gesandte in Spanien Soulé am Vorabend seiner Abreise von New York, am 5.8.1853, zugunsten der Revolutionierung der Insel Cuba exponierte. Der erfolgreiche Rothschild-Bankier August Belmont aus Alzey wurde 1853 für seine Unterstützung der Demokraten mit dem Amt des Geschäftsträgers der USA in den Niederlanden belohnt[400]. Aus der europäischen Perspektive stufte es Gerolt als wenig diplomatisch ein, wie sich der neue US-Vertreter in den Niederlanden vor seiner Abreise in den in der Presse veröffentlichten Schreiben an New Yorker Kaufleute und an eine New Yorker deutsche Vereinigung zugunsten des Captain Ingraham engagierte[401]. Mit der Sympathie-Erklärung zugunsten Ingrahams, der die Koszta-Affäre vom Zaume gebrochen hatte, konnte der ehrgeizige Belmont zeigen, dass er – entgegen den Angriffen auf ihn als deutschen Juden bei seiner Posten-Jagd – mit den Reaktionären in Europa nichts gemein hatte.

Mit dem von Ingraham befreiten Koszta rückten noch einmal die Achtundvierziger 1853 kurzfristig in den Mittelpunkt des öffentlichen Interesses. Es fanden sich im Deutschen Bund die Konservativen bestätigt, die der neuen Administration, in der ein D. Mann Verantwortung trug, ohnehin mit Misstrauen begegneten. Der Kapitän Ingraham der Korvette St. Louis hatte

---

[396] Gerolt am 13.6.1853 an den König, GStA Berlin, Mf 79 AA CB IC Nr. 17 Teil 2.

[397] Zit. nach *Leish*: The American Heritage, Pictorial History of the Presidents of the United States, Vol. 1, 1968, S. 340.

[398] Gerolt am 23.12.1854 an den König, GStA Berlin, Mf 79 AA CB IC Nr. 17 Teil 2.

[399] Gerolt am 10.9.1853 an den König, GStA Berlin, Mf 79 AA CB IC Nr. 17 Teil 2.

[400] *Irving Katz*: August Belmont, A Political Biography, New York & London 1968, S. 7 f.

[401] Die Artikel mit den Schreiben aus einer undatierten und nicht namentlich gekennzeichneten Zeitung sind dem oben angeführten Bericht Gerolts vom 10.9.1853 beigefügt.

die US-Administration in einen erneuten Konflikt um einen Achtundvierziger mit Österreich gezogen, weil er im Juni 1853 den ungarischen Flüchtling Koszta von der österreichischen Kriegsbrigg Huszar in Smyrna befreit hatte. Ingrahams Druckmittel, seine Kanonen gegebenenfalls für Koszta einzusetzen, der seine Absicht erklärt hatte, amerikanischer Staatsbürger zu werden, entsprach dem vorangegangenen Verfahren der Österreicher, Koszta mit Gewalt auf ihr Kriegsschiff bringen zu lassen. Aber Gerolt ergriff sofort für Hülsemann Partei, der nach seinem letzten Streit mit der US-Regierung wegen ihrer Einmischung in Ungarn erst im Februar 1853 in die USA zurückgekehrt war. Für Hülsemann wie für Gerolt war der Übergriff Ingrahams ein erneutes Beispiel für eine völkerrechtswidrige Einmischung der USA. Gerolt konnte Berlin befriedigt darauf hinweisen[402], dass zumindest Whig-Blätter das Recht Kosztas auf amerikanischen Schutz bezweifelten, da Koszta kein amerikanischer Bürger war.

Der österreichische Geschäftsträger Hülsemann verlangte am 29.8.1853 im Auftrage seiner Regierung für den feindseligen Akt Ingrahams Genugtuung und die Auslieferung Kosztas[403]. In den Augen Gerolts war die US-Regierung „durch diese Angelegenheit in die Lage versetzt worden, sich auf eine bestimmte Weise für oder gegen die Anerkennung der in Europa bestehenden völkerrechtlichen Grundsätze auszusprechen ..."[404]. Der russische Gesandte Bodisco und Gerolt unterstützten die Forderung Hülsemanns nach Wiedergutmachung. Marcy antwortete Hülsemann am 26.9.1853 jedoch öffentlichkeitswirksam mit der Gegenvorstellung, dass Martin Koszta Anspruch hätte auf Wiederherstellung des Zustandes vor seiner gewaltsamen Entführung aus Smyrna am 21.6.1853 und berührte damit den schwachen Punkt Österreichs. Zur Frage des Schutzes durch die USA äußerte er, dass der Wohnsitz in den USA ausschlaggebend sei; denn Koszta hatte fast zwei Jahre in den USA gewohnt. In den Augen vieler US-Einwanderer und der liberalen deutschen Opposition hatten die USA wieder einmal dem gegenrevolutionären Europa eine Schlappe zugefügt. Varnhagen von Ense notierte hämisch zur Koszta-Affäre: Österreich „hat schnöde Antworten und auch Rußland und Preußen herbe Zurückweisung hinnehmen müssen. Ja, ja! Nordamerika gewinnt Stimme!"[405].

Die Koszta-Affäre belastete das Verhältnis der USA zu Preußen genauso wenig wie die Beziehungen zu Russland. Die US-Regierung erleichterte es den beiden Staaten, nach den Demarchen bei Marcy, wieder zur Tagesord-

---

[402] Gerolt am 10.9.1853 an den König, a. a. O.
[403] Zur Koszta-Affäre siehe American Secretaries, S. 268–273.
[404] Gerolt am 10.9.1853 an den König, GStA Berlin, Mf 79 AA CB IC Nr. 17 Teil 2.
[405] *Varnhagen von Ense*: Tagebücher, Bd. 10, Hamburg 1868, S. 287.

III. Die Präsidentschaft von Pierce 233

nung über zu gehen, da sich die USA im Gegensatz zur Behandlung Kossuths um Koszta – abgesehen von der Beantwortung der Hülsemann-Aufforderung – nicht kümmerten. Die grundsätzliche Seite des Streitfalles um Koszta beschäftigte die US-Regierung und die deutschen Staaten immer einmal wieder; denn dass die europäischen Mächte über die Stellung von nicht in Amerika geborenen Bürgern, die Amerikaner zu werden wünschten, wie über die Stellung von im Ausland geborenen Amerikanern gelegentlich anderer Meinung waren als die US-Regierung, verstand sich von selbst, auch wenn die Pierce-Administration den Schutz-Anspruch auf die Dauer genauso zurückhaltend umsetzte wie die Fillmore-Administration. Die Koszta-Affäre speziell war selbst im Verhältnis zu Österreich nur kurze Zeit von Bedeutung.

Bei der Koszta-Affäre vermied es nicht nur Marcy, Fehler zu wiederholen, sondern auch Hülsemann. Dieser hielt sich bei der Koszta-Affäre nach seinen deprimierenden Erfahrungen 1852 sehr zurück, schon um nicht die Demonstrationen gegen den päpstlichen Nuntius Bedini, der sich an der Niederschlagung des italienischen Aufstandes 1848/49 durch Österreich beteiligt haben sollte, auch auf sich zu lenken. Bedini war im Sommer 1853 zusammen mit Schleiden in den USA eingetroffen und sah sich bis zu seiner Abreise am 1.2.1854 überall feindlichen Demonstrationen gegenüber, Verbrennungen in effigie und unmittelbaren Angriffen, also einer allgemeinen „Verfolgung durch die deutschen und italienischen Revolutionäre", wie Gerolt berichtete[406]. Dem Katholiken Gerolt stand der Protestant Schleiden in seiner Kritik nicht nach, da er über die stark beteiligte deutsche Bevölkerung urteilte, dass sie „ihrer großen Majorität nach die Begriffe ‚Freiheit' und ‚Gesetzlosigkeit' für gleichbedeutend hält und jedes religiösen Sinns ermangelt."[407]

Bis deutsche Einwanderer unter dem Motto von „Kreuz und Krone" feierten, war es noch ein weiter Weg. In den fünfziger Jahren setzten sich Vertreter der evangelischen Kirche in Preußen besonders kritisch mit den kirchenfeindlichen Tendenzen einzelner deutscher Auswanderer in die USA auseinander und suchten gemeinsam mit der „Evangelischen Gesellschaft für die protestantischen Deutschen in Nord-Amerika" in Langenberg, Elberfeld und Barmen und dem Berliner „Verein für die ausgewanderten Deutschen der evangelischen Kirche im Westen Nordamerikas", deutschen protestantischen Gemeinden im Westen der USA bei der Errichtung von Prediger- und Lehrerseminaren zu helfen, und auch der König half begrenzt. Für von Mühler, den Vertreter des Evangelischen Oberkirchenrates in Berlin,

---

[406] Gerolt am 4.2.1854 an den König, GStA Berlin, Mf 79 AA CB IC Nr. 17 Teil 2.

[407] Schleiden am 26.1.1854 an Smidt, StA Bremen, 2.-B.13.b.1.a.2.a.I.

ging es gerade im Westen der USA schon lange darum, der „Gefahr einer völligen Entkirchlichung der massenhaften Einwanderung ... und zugleich dem irreligiösen Geist der deutschen amerikanischen Zeitungen Widerstand zu leisten ..."[408].

Bedini kam der Errichtung einer päpstlichen Gesandtschaft in den USA keinen Schritt näher und stärkte die anti-katholischen Kräfte. Aber allmählich erregte auch das Verhalten der Einwanderer Ablehnung. Schleiden vermerkte „die gerechte Entrüstung gegen die eingewanderte, namentlich deutsche Bevölkerung" bei der Debatte im Senat über den Bedini-Besuch am 23.1.1854[409]. Der New York Herald vom 28.12.1853[410] nahm die gewaltige Demonstration von Deutschen gegen Bedini in Cincinnati, bei der es 14 Verwundete und einen Toten gegeben hatte, zum Anlass seiner Kritik. Er warf Deutschen und Iren mangelnde Vertrautheit mit der amerikanischen Demokratie vor: „Die Unruhen, die zu häufig unter den Einwanderern statt-

---

[408] Von Mühler am 27.7.1853 an den König, GStAM, Rep. 89 2.2.1 Nr. 21865. – Mit diesen Argumenten befürwortete er die Förderung von deutschen Prediger- und Lehrerseminaren im Westen der USA. Demgegenüber lehnte Angelrodt in St. Louis, der wichtigste preußische Konsul im Westen der USA, entschieden deren finanzielle Unterstützung ab, als es um ein solches Seminar bei Marthasville, Missouri, ging. In seinem Schreiben an Gerolt am 13.2.1853, a. a. O., argumentierte er: „Die sogenannten deutschen Prediger- und Lehrer-Seminarien unseres Westens sind kaum mehr als unsere guten deutschen Elementar- und Volksschulen in Deutschland und genießen nur bei der ungebildeten Klasse der hiesigen deutschen Bevölkerung einigen wenigen, im Allgemeinen aber gar keinen Kredit ... somit würden sie nicht nöthig haben, auswärts eine Unterstützung zu suchen, die hier in der ganzen Union stets reichlich und vorzugsweise zu kirchlichen und Schulzwecken vom Publikum bewilligt wird." Da es „hier sehr an würdigen und tüchtigen Männern" des geistlichen und Unterrichtsfaches fehlt, hielt er es für „eine der größten Wohltaten für uns, wenn einige tüchtige Prediger von wirklich religiösem Sinn und Wandel, frei von Rationalismus und Muckerthum, aber auch wissenschaftlich gebildet, und mit gutem Redner-Talente begabt, sich in unserer Mitte niederließen, um den religiösen Schmutz auszufegen, den Gottesleugner und Heuchler gemeinschaftlich hier aufgehäuft haben, und wovon leider, trotz aller angewandten Vorsicht, die Kinder aller Klassen besudelt werden. – Wir haben in diesem Lande der Extreme nur traurige Folgen zu erwarten, was sich durch die Schrecken erregende Masse von Verbrechen längst kundgibt, die von unserer Jugend sowohl, als vom reiferen Alter begangen werden, wozu aber ganz andere geistige und moralische Kräfte nöthig sind, um diesen Geist des Bösen zu bannen, als die Mehrzahl unserer deutschen Prediger, namentlich aber das fragliche Institut bei Marthasville bietet." Dem widersprach von Mühler. Der König hielt sich insofern zurück, als er sich darauf beschränkte, Kirchenkollekten für die Seminare zu genehmigen. Im Übrigen sammelten die protestantischen Vereinigungen selbst, um Prediger- und Lehrerseminare zum Beispiel in Missouri und Wisconsin zu ermöglichen.

[409] Schleiden am 26.1.1854 an Smidt, StA Bremen, 2.-B.13.b.1.a.2.a.I.

[410] Zeitungsausschnitt als Anlage zum Bericht Gerolts an Manteuffel vom 4.2.1854, GStAM, 2.4.1.I. Nr. 5292. – Übers. E.

III. Die Präsidentschaft von Pierce 235

finden, erwachsen aus einer entschiedenen Unkenntnis unserer freien Einrichtungen und mangelhafter Beherrschung ihres religiösen und politischen Fanatismus. Die irischen Unruhen sind zu oft von dieser Art; und die deutschen Ausschreitungen in Cincinnati und anderswo können ihnen ebenfalls zugeordnet werden." Selbstverständlich waren auch die deutschsprachigen Zeitungen, diese lästige Konkurrenz, verantwortlich: „Sie heizen die Leidenschaften dieser unruhigen Rasse an bis zum Exzeß, lassen den American common sense hinter sich und vertreten stattdessen die Demokratie der roten Republikaner europäischer Schulen." Die irische Presse vertrete einen „gemäßigten Despotismus und die Herrschaft religiöser Dogmen". Mit dieser Hetze konnte der Herald die hart zuschlagende Polizei und die sie in Schutz nehmenden Zeitungen unterstützen: „Die einzige mäßigende Kraft ist die situationsgemäße Festigkeit der Autoritäten, die gerechte Mäßigung der amerikanischen Presse und der American common sense, der sich nicht von den Klerikalen und den Fanatikern irgendeiner Seite beeinflussen läßt."

Die Kritik einzelner Presseorgane und darunter besonders der Whig-Blätter an Demonstrationen von Bindestrich-Amerikanern aus Irland und Deutschland, am Red Republicanism von radikalen Franzosen und Deutschen, der Gesetze und Evangelium zu gefährden schien, berichtete Gerolt anfangs gern nach Berlin, wobei er den fremdenfeindlichen Nationalismus zunächst überging. Aber bei allem Verständnis für den Auftrieb der Nativisten-Partei und aller Sympathie für ihre zeitweilige Galionsfigur Fillmore musste Gerolt der sich mit ihrer Presse-Kampagne verstärkenden fremdenfeindlichen Strömung auf die Dauer ähnlich ablehnend gegenübertreten wie die übrigen Deutschen. Anfang 1854 schrieb er noch ganz neutral von der einwandererfeindlichen Partei der Natives, „welche weit verbreitet und bemüht ist, die Rechte der Fremden zu beschränken und die gesetzliche Zeit zur Verleihung des Bürgerrechts auf eine lange Reihe von Jahren hinauszuschieben." Er sprach von den „geheimen Gesellschaften unter dem Namen ‚Knownothings'", die unter „dem Einfluß dieser Partei und in Folge der von Irländern und Deutschen so oft wiederholten Störungen der öffentliche Ruhe" gebildet seien[411]. Aber bald war neben der berechtigten Ablehnung der „Übergriffe fremder Einwanderer und Abenteurer" die „große Intoleranz" nicht mehr zu übersehen[412]. Die neue Welle des Nativismus schwoll so an, dass die Nativisten auf dem Höhepunkt ihrer Macht 1855 die Haupteinwandererstaaten New York und Massachusetts kontrollierten und etwa 90 Mitglieder des Kongresses stellten[413]. Dauerhafte Erfolge hatten sie je-

---

[411] Gerolt am 4.2.1854 an den König, GStA Berlin, Mf 79 AA CB IC Nr. 17 Teil 2.
[412] Gerolt am 23.12.1854 an den König, GStA Berlin, Mf 79 AA CB IC Nr. 17 Teil 2.

doch nicht zu verzeichnen, wenn man von den Auswirkungen des verstärkten Anpassungsdruckes etwa auf die Deutschen einmal absieht. Als innere Angelegenheit der USA konnte der Nativismus auch nicht die offiziellen Beziehungen zwischen den USA und Preußen betreffen, wenngleich seine Auswirkungen Gesandtschaft und Konsulate beschäftigten. Die von den Nativisten vertretene und weiter geförderte Einwandererfeindlichkeit äußerte sich im täglichen Leben in Diskriminierung und in einzelnen Fällen in Gewalttätigkeiten, deren Opfer neben Iren auch Deutsch-Amerikaner wurden. Ganz ohne Auswirkung auf den Einwandererstrom und die menschlichen Kontakte zwischen Deutschland und den USA konnte der Nativismus nicht bleiben.

Bei der Betrachtung der Ursachen schrieben Gerolt und der noch konservativer eingestellte Herzog Paul Wilhelm von Württemberg, der die USA 1849 bis 1856 bereiste, dem politischen Radikalismus deutscher Flüchtlinge einen bedeutenden Anteil zu. Paul Wilhelm von Württemberg ging 1856 sogar so weit, auf „das ewige Gewühle fremdländischer, neu eingewanderter Agitatoren" hin „der fremdenfeindlichen Partei der Knownothings einen sicheren Sieg" vorauszusagen[414]. Wenn der Auftrieb für die nationalistischen Nativisten 1855/56 vorrangig auf die politischen Aktivitäten von Bindestrich-Amerikanern zurückgeführt wurde, so suggerierte das eine politische Betätigung von Deutsch-Amerikanern, die die Berichte der preußischen Konsuln und die meisten Reiseberichte, wenn sie sich mit der Rolle der eingewanderten Deutschen beschäftigten, nicht bestätigten. Hiernach war von den Deutsch-Amerikanern nur eine Minderheit politisch aktiv, vor allem Achtundvierziger. Noch dazu boten sich die besonders attackierten Red Republicans in der zweiten Hälfte der fünfziger Jahre nur noch höchst selten als Zielscheibe der fremdenfeindlichen Agitation der Knownothings an. Eine solche Ausnahme war das Auftreten mittel- und westeuropäischer Revolutionäre im April 1858 in New York zugunsten der Napoleon-Attentäter, eine zwar Aufsehen erregende, aber völlig bedeutungslose Demonstration. Nach Gerolts Bericht kamen etwa 2000 Sozialisten aus Frankreich, Italien, Deutschland und Polen zusammen[415]. Der New York Evening Express vom 23.4.1858 berichtete im Stil der Knownothings von sogar 10000 Red Republicans, „fierce looking foreigners, speaking strange languages, and enunciating sentiments that probably were never enunciated before away from the faubourgs of Paris, the cellars of Berlin, and the garrets of

---

[413] Zum Nativismus s. *Thomas J. Curran*: Xenophobia and Immigration 1820–1930, Boston 1975.

[414] Paul Wilhelm von Württemberg: Reisen und Streifzüge in Mexiko und Nordamerika 1849–1856. Hrsg. *Siegfried Augustin,* Stuttgart und Wien 1986, S. 321.

[415] Bericht Gerolts vom 27.4.1858 an Manteuffel. GStA Berlin, Mf 79 AA CB IC Nr. 28.

III. Die Präsidentschaft von Pierce 237

Milan." Dass für die Nativisten zu dem übertrieben dargestellten politischen Radikalismus von Einwanderern noch weitere wichtige Angriffspunkte hinzukamen, sozialpsychologische und wirtschaftliche Momente, verdeutlichen besonders die Berichte der preußischen Konsuln aus den Konfliktherden.

Der Höhepunkt der einwandererfeindlichen Ausschreitungen 1855 waren die Louisville Riots. Dort durchbrach nach dem Eindruck der schockierten Deutschen „der Fanatismus die Schranken der Vernunft und des Gesetzes in solchem Maße", wie nirgends sonst[416]. Eickhoff, ein Mitglied der Deutschen Gesellschaft New York, äußerte sich später in seiner Geschichte der deutschen Einwanderer in den USA im Sinne von Gerolts Schuld-These. Louisville, Kentucky, war nach der Revolution „eine Zeitlang der Sammelplatz vieler intelligenter, aber auch phantastischer Elemente", „welche die Wogen der Reaction an unsere Küsten geworfen hatten. Sie gebärdeten sich, als ob sie nicht bloß ihre deutschen Mitbürger, sondern die Politik der ganzen amerikanischen Union beherrschten, entwarfen die radikalsten aller radikalen Programme und stellten die tollsten Forderungen."[417] Eickhoff dachte dabei besonders an die Treffen der Achtundvierziger in Louisville, an das „deutsch-amerikanische Parlament" vom März 1854 und das von Heinzen, Domschke, Wittig und Stein entworfene Programm, das die Kirchen wie die Sklaverei angriff. Die Kritik an Kirche und inneramerikanischen Verhältnissen fand ihren Widerhall im Louisville Journal und in den Kirchengemeinden von Louisville.

Der preußische Konsul in Louisville Borries hatte in seinen Jahresberichten jedoch nicht die wenigen und nur kurzfristig provozierend in Erscheinung tretenden Revolutionäre im Blick, sondern die Durchschnitts-Deutschen in seiner Stadt, denen es vorrangig nicht um politische Veränderungen ging, sondern darum, wirtschaftlich voran zu kommen und von den lieb gewordenen deutschen Gewohnheiten so viel wie möglich in ihrer neuen Umgebung zu bewahren. Er berichtete noch 1854[418], wie sehr in der Mittelstadt Louisville, damals mit etwa 20000 Wohnstätten, „der Deutschen Fleiß, Sparsamkeit und Redlichkeit" geschätzt werde. Er erwähnte genau die positiven Attribute, die die amerikanische Presse allgemein nach Guzleys Zusammenstellung von Äußerungen in dieser Zeit den Deutschen zuschrieb[419].

Borries beschrieb zugleich die wirtschaftlichen Erfolge in der Landwirtschaft und im Handwerk. „Tischler, Maurer, Blecharbeiter, Schmiede,

---
[416] Der Deutsch-Amerikaner *Anton Eickhoff* in dem von ihm auch herausgegebenen Sammelwerk „In der Neuen Heimat", New York 1884, S. 228.
[417] A.a.O., S. 226.
[418] Jahresbericht von Borries für 1853, GStAM, 2.4.1.II. Nr. 5292.
[419] *John Gerow Guzley*: American Opinion of German Unification, 1848–1871, New York 1926, S. 429 ff.

Poliere usw. finden hier schnell Arbeit mit guter Löhnung, was mit wenigen Ausnahmen ihnen Gelegenheit gibt, sich nach Verlauf weniger Jahre in den Besitz eines eigenen Hauses zu setzen." Ihrem wirtschaftlichen Gewicht stellte er ihre geringe gesellschaftliche Bedeutung gegenüber: „In politischer und sozialer Hinsicht nehmen die Deutschen den Amerikanern gegenüber noch nicht die Stellung ein, die ihnen vermöge ihres Einflusses zukommt. Die Verschiedenheit der Sprache und der Sitten sind zu große Hindernisse, als dass sie selbst bei einem geschmeidigen Charakter leicht überwunden werden könnten. Im Allgemeinen nehmen sie an hiesigen politischen Getrieben nicht großen Anteil." Wie Borries die mangelhafte Kenntnis der Sprache als ersten Grund für die geringe Kommunikation zwischen Deutschen und Amerikanern nannte, so hatte nach Meinung des Achtundvierzigers Julius Fröbel[420] geradezu der „größte Teil des Missverhältnisses zwischen Deutschen und Amerikanern ... seine Quelle in der Verschiedenheit der Sprache."

Als Gründe für die mangelhaften Kontakte nannte Borries neben der Sprachbarriere das Fehlen der „Anknüpfungspunkte". Viele Deutsch-Amerikaner „können einer Local- und Staatspolitik kein Interesse abgewinnen, die so häufig nur den Ämterjägern zu Gute zu kommen scheint. Nominell gehören die meisten Deutschen der Demokratischen Partei an, weniger aus Überzeugung der Wichtigkeit der Prinzipien, die sie verficht, als aus dem Glauben, dass ihre Rechte als Ausländer besser durch sie garantiert sind. Als Politiker haben sich hier nur wenige Deutsche ausgebildet, nur sehr einzelne treten hier als Advokaten und Volksredner auf, und selten ist bis jetzt ein Deutscher für irgendein öffentliches Amt erwählt worden." Die deutschen Einwanderer kümmerten sich wenig um die amerikanische Politik und um die amerikanischen Mitbürger; ja, Borries verzeichnete sogar eine „Absonderung" der Deutschen von den Amerikanern und bei diesen eine Aversion, „die häufig bei den nicht denkenden Amerikanern in Abneigung ausartet." Er charakterisierte die Deutschen abweichend von späteren Klischee-Vorstellungen von Deutschen in den USA als nicht assimilierungswillig. Er wies hin auf „ein fast rein deutsches Stadtviertel", auf die deutschen Zeitungen, die „eine freie Tendenz in politischer, religiöser und sozialer Beziehung" kennzeichne, und auf das deutsche Vereins- und Kulturleben.

1855 war das, was Borries 1854 noch „Abneigung" „bei den nicht denkenden Amerikanern" nannte, zu einer politischen Bewegung geworden, und Borries wusste in seinem Jahresbericht für 1855 von der außerordentlichen Ausbreitung der Knownothings zu berichten[421]. Bei den Wahlen vom 4.8.1855 kam sogar die Leitung von Louisville in die Hände der Knownoth-

---

[420] *Julius Fröbel*: Aus Amerika, Bd. 2, Leipzig 1858, S. 326.
[421] Jahresbericht von Borries für 1855 vom 1.3.1856, GStAM, 2.4.1.II. Nr. 5293.

ings. Von den Ereignissen am Wahltage berichtete der Deutsch-Amerikaner Eickhoff: „Jeder Deutsche und Irländer, der sich den Stimmkästen näherte, wurde mit Steinwürfen und Messern zurückgetrieben ... Bewaffnete Banden zogen durch die Straßen, misshandelten wehrlose Deutsche, töteten mehrere, plünderten und verbrannten Läden deutscher Bürger."[422] Bei den Unruhen zu diesen Wahlen starben 25 Iren und zwei Deutsche. Wegen des Hasses alteingesessener Amerikaner gegen die Minderheiten, die ihr Eigenleben führten, verließen nach der Information von Borries etwa 1500 Iren und Deutsche die Stadt Louisville, um sich in Kansas, Milwaukee, Chicago oder St. Louis anzusiedeln. Nach Eickhoffs Urteil 1884 hat sich Louisville „von den Folgen des blutigen Wahltages von 1855 nie wieder erholt."[423] Immerhin ließ der Sezessionskrieg die alten Fronten in den Hintergrund treten, so dass es möglich wurde, dass einer der politisch aktiv gewordenen Deutsch-Amerikaner, nämlich Tompert, zum Bürgermeister aufstieg.

Von einem „Feldzug der Nichtswisser" zugunsten der native-born Americans wie in Louisville berichtete 1855 auch der preußische Konsul Stanislaus aus Cincinnati, Ohio. Hier traten Achtundvierziger mit ähnlich radikalen Forderungen wie in Louisville an die Öffentlichkeit. Hier machten Anfang der fünfziger Jahre radikale Deutsche mit ihren anti-religiösen Freimänner-Vereinen von sich reden. Die radikalen deutschen Vereine, die sich im März 1854 in Louisville getroffen hatten, fanden sich auch 1855 auf dem Cincinnati-Konvent zusammen. Jedoch waren in Cincinnati ebenfalls katholische deutsche Vereine und andere nicht-politische deutsche Vereinigungen entstanden. Gesangs-, Turn- und Schützenverein und Hilfsorganisationen für die Neueinwanderer, wie die Allgemeine Deutsche Einwanderungs-Gesellschaft zur Beratung und Hilfe für Deutsche bei Arbeits- und Wohnungssuche und die Katholische Deutsche Einwanderungs-Gesellschaft gehörten genauso zum deutschen Milieu in Cincinnati.

Mit der letzten großen Einwanderungswelle 1854 wuchs der Anteil der Deutsch-Amerikaner an der Einwohnerschaft der Hauptstadt des Bundesstaates Ohio auf ungefähr ein Viertel von 20 000, so dass es auch in dieser Stadt zu Integrationsschwierigkeiten kommen musste. Zugleich war das wirtschaftlich-gesellschaftliche Gefüge der Stadt durch die Geld- und Handelskrise von 1854 extrem gestört, ja der „Mangel, die Mutlosigkeit und das Elend" herrschten, wie der preußische Konsul Stanislaus klagte[424]. Stanislaus schrieb 1855 unmittelbar nach den Ausschreitungen gegen die „Deutschen", die „Fremden", wie er die Deutsch-Amerikaner immer noch nannte: „Die am 2. April d.J. dahier abgehaltene Stadtwahl und der in

---

[422] *Eickhoff*, S. 227.
[423] *Eickhoff*, S. 228.
[424] Jahresbericht vom 12.5.1855, GStAM, 2.4.1.II. Nr. 5293.

Folge derselben entstandene zweitägige nationalistische Kreuzzug gegen die Deutschen hätte sehr ernsthaft werden können, wenn nicht friedliebende Bürger sowie Civil- und Militärbehörden dem Unwesen gesteuert hätten. Dennoch haben vier Parteimänner ihr Leben dabei einbüßen müssen, nämlich 2 Amerikaner und 2 Deutsche. Die Deutschen mit Hilfe einiger Irländer haben am Ende doch gesiegt." Wie wenig mit der erfolgreichen Abwehr intoleranter Knownothings die Gegensätze bereinigt waren, erhellt aus seinem Hinweis: Viele Deutsche „würden das Land bald verlassen, wenn deren Verhältnisse es nur zuließen", und die Einwanderung ginge zurück. Andererseits glaubte er nicht, dass die Knownothings einen dauernden Einfluss in den westlichen Staaten ausüben würden, „wo das fremde Element so vorherrschend und überwiegend ist" und wo „sie bereits als eine Mißgeburt angesehen" würden. Auch die Deutsche Gesellschaft in New Orleans meinte, dass der Einfluss des Nativismus gerade nach den Gewalttätigkeiten zurückgehen würde, wenn sie schrieb, dass „Vorfälle wie die Louisville Riots und ähnliche Ausbrüche der rohen Gewalt, wie sie während des letzten Jahres hier und in den meisten großen Städten stattgefunden haben, ... nicht verfehlen" konnten, „in der ganzen civilisierten Welt Gefühle des Abscheus zu erregen"[425].

In St. Louis, wo die Deutschen wie in Cincinnati und Louisville einen bedeutenden Teil der Einwohnerschaft stellten, gab es zwar „Störungen", aber keine Konflikte in dem Umfange wie in Louisville. Der preußische Konsul Angelrodt erwähnte sie nicht einmal in seinen Berichten, sondern nur sein Konkurrent in der Gunst der Deutschen, Börnstein, der spätere US-Konsul in Bremen, in seinen Lebenserinnerungen. Die ersten Schwierigkeiten hatte es schon bei den Bürgermeister-Wahlen im April 1852 gegeben, und sie wirkten sich angesichts der weiteren Solidarisierung der Deutschen in St. Louis zu einem Auftrieb für die Nativisten aus[426]. Nicht unwichtig wird für das Zusammenleben gewesen sein, dass sich die gesamtwirtschaftliche Lage von St. Louis wesentlich günstiger entwickelte als die von Cincinnati. Es blieb nach Angelrodt von dem Strudel der Krisis 1854 „so gänzlich unberührt, dass nicht ein einziges Fallissement erfolgte ..."[427]. Es gab zwar 1855/56 einen nativistisch ausgerichteten Bürgermeister, aber dennoch führten die städtischen Schulen 1855 Unterricht in deutscher Sprache ein[428].

Soziale und politische Spannungen erwuchsen aus der verstärkten Einwanderung der fünfziger Jahre an vielen Orten und aus vielen Motiven;

---

[425] Jahresbericht der Deutschen Gesellschaft von New Orleans von 1856, GStAM, 2.4.1.II. Nr. 5292.
[426] *Börnstein*: Fünfundsiebzig Jahre, Bd. 2, S. 152–157.
[427] Angelrodt im Jahresbericht vom 26.3.1855, GStAM, 2.4.1.II. Nr. 5293.
[428] *Börnstein*, Fünfundsiebzig Jahre, Bd. 2, S. 188.

aber wirtschaftliche trugen nicht unwesentlich dazu bei, wenn die Neueinwanderer, die in den ersten Jahren nach 1849 breite Sympathie in der Öffentlichkeit und Fürsprache aus allen Parteien genossen, in der Mitte der fünfziger Jahre eine sie so schockierende Bewegung gegen ihre Integration in die USA auslösten. Gerolt wähnte 1856 hinter der Forderung nach fremdenfeindlichen Gesetzen die „unlauteren Motive bei der großen Masse der sogenannten office seekers, Stellenjäger, welche durch jene Ausschließung und Verfolgung sich in Besitz der Stellen zu setzen hofften, die von Deutschen, Irländern und anderen Fremden besetzt waren."[429] Die Frage, warum sich eine Persönlichkeit wie Fillmore gelegentlich für solche Anliegen einspannen ließ, erörterte Gerolt nicht. Aber viel wichtiger als die Konkurrenz beim spoils system, an die Gerolt dachte, war der übrige economic nativism, der Arbeitsplatzneid auf unterer Ebene in den Küstenregionen. Hier gab es genügend Zorn über die als Lohndrücker wirkenden fremden Arbeiter, wie schon Osann 1851 nach Hamburg und Berlin berichtet hatte.

Viele Motive kamen zusammen bei dem Ärger über die von „monarchies, oligarchies and aristocracies" in die USA transportierten Armen und Kriminellen, Gruppen, gegen die im gleichen Atemzug zu Felde gezogen wurde[430]. Gerolt erwähnte nicht in seinen Berichten, wie die von einzelnen europäischen Regierungen organisierte Auswanderung auf Staatskosten den Nativismus in den Hafenstädten an der Ostküste anheizte. Die Deutsche Gesellschaft in New York schrieb 1854 von dem „Unwillen unter unserer Bevölkerung, dass viele Gemeinden, namentlich in Süd-Deutschland, uns noch immer ihre Armen haufenweise zuschicken und glauben, wenn sie ihnen einige dollars auszahlen lassen, sie versorgt seien."[431] Auch wenn es inzwischen nur noch eine kleine Anzahl von Auswanderern auf Staatskosten gab, so belasteten sie doch das Verhältnis von Deutschen und Amerikanern – allerdings unterhalb der diplomatischen Beziehungen zwischen den USA und Preußen. Wegen dieser Einwanderer schrieb der New Yorker Bürgermeister Fernando Wood im Mai 1855, dem Höhepunkt des Nativismus, an die seit Jahrzehnten wegen ihrer Abschiebepraktiken bekannte Schweiz und nebenbei auch an die preußische Regierung[432] als Stellvertreter für

---

[429] Gerolt am 16.2.1856 an den König, GStA Berlin, Mf 79 AA CB IC Nr. 26.

[430] Siehe dazu den Auszug aus dem 1854 in Philadelphia erschienenen „Emigration, Emigrants and Know-Nothings, by a Foreigner", S. 138 f. in: *Wolfgang Helbich*: Alle Menschen sind dort gleich ... Die deutsche Amerika-Auswanderung im 19. und 20. Jahrhundert. Düsseldorf 1988, und die Auszüge aus den Pamphleten für eine „amerikanische Politik", a.a.O., S. 139 ff.

[431] Zit. nach *Eickhoff*, S. 49 f.

[432] Fernando Wood an den Geschäftsträger der USA in Bern, abschriftlich an die preußische Gesandtschaft in Washington, GStA Berlin, Mf 108 AA III.HA Rep. 1 Nr. 18 Vol. 1.

Deutschland. Da Wood die Zahl der städtischen Arbeitslosen zu reduzieren suchte und kein Interesse daran hatte, die sozialen Probleme seiner Stadt noch um europäische zu vermehren, wandte er sich empört gegen die von Europa aus in die Staaten transportierten „outcasts" statt des „honest and industrious stranger who voluntary seeks our land". Unter den Outcasts verstand er Verbrecher und zugleich arme und kranke Einwanderer, als wenn selbst Kranke systematisch in die USA entsandt würden, um soziale Lasten abzuwälzen. Mit verletztem Patriotismus erklärte er: „Wenn sie ungeeignet sind für die weniger aufgeklärten und intelligenten Länder Kontinental-Europas, dann sind sie erst recht unwürdig, von uns empfangen zu werden."

Die Motive des New Yorker Bürgermeisters mögen noch verständlich sein, aber nicht seine zum Teil inhumane Argumentationsweise. Dass Wood Kranke und Arme in einem Atemzug mit Verbrechern nannte, entsprach dem Verhalten von Knownothings auch in anderen Einwandererhäfen. In Boston, neben New York Schwerpunkt der einwandererfeindlichen Bewegung, hatten nach dem Bericht des preußischen Konsuls Hirsch Nativisten „Einwanderer aus Armenhäusern und Hospitälern nach ihrem Heimatland zurückgesandt"[433]. Wenn diese an Lynch-Justiz erinnernde gewalttätige Ausweisungsaktion auf lebhaften Protest in der amerikanischen Öffentlichkeit stieß und die Nativisten allmählich wieder an Bedeutung einbüßten, so hieß das nicht, dass irgendwo in den USA Verständnis herrschte für den zweifelhaften europäischen Weg der Auswanderung auf Staatskosten. Den breiten Rückhalt, den nativistische Kritik angesichts zweifelhafter europäischer Praktiken in einzelnen US-Bundesstaaten fand, belegen die in Kraft gesetzten einzelstaatlichen Bestimmungen, die die Einwanderung reglementierten. Dadurch wurden zum Beispiel Behinderte, schwangere Frauen ohne Männer, Frauen mit Kindern und ohne Männer und Reisende ohne ausreichende Geldmittel von der Einwanderung ausgeschlossen, und sie waren durch den Beförderer zurückzubringen.

Der Kongress beschäftigte sich mehrfach kritisch mit den Versuchen europäischer Mächte, weiterhin wie im 17. und 18. Jahrhundert straffällig Gewordene und sozial Schwache nach Amerika abzuschieben[434]. Die Regie-

---

[433] Auszug aus dem Bericht Hirschs vom 26.6.1855 an Legationssekretär Grabow, Washington. GStA Berlin, Mf 108 AA III.HA Rep. 1 Nr. 19 Vol. 1.

[434] Schleiden an Smidt am 14.1.1855, StA Bremen, 2.-B.13.b.1.a.2.a.1. – Bericht des Auswärtigen Ausschusses des Repräsentantenhauses vom 16.8.1856 „Foreign Criminals and Paupers", 34 th Congress, 1st Session, Reports No. 359. – *Soren J. M. P. Fogdall*: Danish-American Diplomacy 1776–1920. University of Iowa Studies in the Social Sciences, Vol. VIII, No. 2, Iowa City 1922, S. 110–114 – *Günter Moltmann*: Die Transportation von Sträflingen im Rahmen der deutschen Amerika-Auswanderung des 19. Jahrhunderts, S. 147–196 in: Deutsche Amerikaauswanderung im 19. Jahrhundert, Hrsg. Günter Moltmann, Stuttgart 1976.

rungen Mecklenburg-Schwerins, Hannovers und zahllose Kommunen in allen Staaten des Deutschen Bundes führten in den fünfziger Jahren solche Abschiebungen nach Amerika vor allem durch. Der US-Konsul in Hamburg kämpfte besonders Anfang der fünfziger Jahre dagegen, dass Regierungen Inhaftierte in die USA abschoben und Gemeinden ehemalige Strafgefangene auf ihre Kosten in die USA verschickten. Grundsätzlich war die Hamburger Polizei nur dann bereit, den US-Konsul zu unterstützen, wenn die Straffälligen ihre Strafe noch nicht abgeleistet hatten; aber die Hamburger Polizei fasste auch diese Auswanderer nicht immer. Bis dann die Hamburger Personenbeschreibung die New Yorker Polizei erreicht hatte, waren die Betroffenen schon verschwunden, und eine Zurücksendung kam erst recht nicht in Frage.

Als Anfang 1852 der Geschäftsträger von Mecklenburg-Schwerin im Auftrage seiner Regierung den US-Konsul in Hamburg Bromberg befragte, ob die USA nicht Zuchthäusler aufnehmen würden, die ihre Besserung bewiesen hätten, brachte Bromberg die ablehnende Haltung der USA deutlich zum Ausdruck[435]. Bei dieser Gelegenheit soll der Vertreter Mecklenburg-Schwerins versprochen haben, dass keine Strafgefangenen in die USA abgeschoben würden. 1853 entdeckte Bromberg, dass die Regierung von Mecklenburg-Schwerin dennoch versuchte, fünf Mecklenburger Zuchthäusler auf öffentliche Kosten auf einem Hamburger Auswandererschiff in die USA zu verfrachten. Bromberg wusste dies Vorhaben im letzten Augenblick mit Hilfe der Hamburger Polizei zu vereiteln[436].

Nichts erfuhren die US-Vertreter in Deutschland von den von Hannover aus „immer mit besonderer Vorsicht" bewerkstelligten „Übersiedlungen" von „Vagabunden und gemeingefährlichen Personen nach den Vereinigten Staaten", von denen der Bundestagsgesandte Bismarck aus Frankfurt berichtete[437]. Graf Kielmannsegg, hannoverscher Vertreter beim Deutschen Bund, unterrichtete die übrigen Staaten des Deutschen Bundes 1855 in einem zur Verhinderung der „Besprechung durch die Amerikanische Presse" vertraulichen Gespräch[438], dass die Königliche Regierung mit Rücksicht auf die in jüngster Zeit in den USA geäußerte Kritik beschlossen habe, „jene Übersiedlungen einstweilen einzustellen, um nicht selbst Anlass zu geben, dass von Seiten der Vereinigten Staaten auf durchgreifende Maßregeln zur

---

[435] Bromberg in Nr. 29 vom 13.2.1852 an Webster, NA Wash. Mf 211/8.
[436] US-Gesandter Vroom in Nr. 5 nebst Anlagen vom 21.11.1853 an Marcy, NA Wash., Mf 44/9.
[437] Bismarck, Frankfurt/M., am 21.6.1855 an Manteuffel mit einem Auszug der Niederschrift einer Bundestagssitzung vom 8.6.1855, die nicht in das Protokoll übernommen, sondern nur in der Bundeskanzlei des Deutschen Bundes deponiert wurde. GStA Berlin, Mf 106 AA III.HA Rep. 1 Nr. 11 Vol. 12.
[438] Nach der Niederschrift, a.a.O.

Abwehr der Einwanderung von Individuen, wie die eingangs erwähnten, Bedacht genommen werde." Hannover regte die übrigen deutschen Staaten zu gleichem Vorgehen an, und der Bundestag beschloss am 25.10.1855, dass die Mitglieder des Deutschen Bundes die Abschiebung von Strafgefangenen nach Amerika untersagen würden[439].

Von der Beschäftigung des Bundestages mit der Abschiebung unerwünschter Untertanen in die USA hörte der regelmäßig über die Sitzungen berichtende US-Generalkonsul Samuel Ricker nichts. Er erfuhr nur im Mai 1856, dass Frankfurt am Main Untertanen zweifelhaften Charakters auf städtische Kosten nach Australien abschob[440] und ein Jahr später von der „schurkischen Operation", dass es sich seit Jahren der Vagabunden und Kriminellen durch heimliche Abschiebung in die befreundeten USA entledigte[441]. Auch Bayern und Württemberg schienen sich zunächst nicht um den Bundestagsbeschluss von 1855 zu kümmern. Aber im Laufe der Zeit werden sie und Frankfurt am Main ebenfalls auf die Kriminellenabschiebung verzichtet haben, schon um die sich intensivierenden wirtschaftlichen und politischen Beziehungen zwischen den USA und allen Teilen des Deutschen Bundes nicht zum eigenen Nachteil zu stören.

Die preußische Regierung beschäftigte sich von Ausnahmen abgesehen nicht mit der Abschiebung von Strafgefangenen, Sozialfällen oder anderen dem Staat eventuell lästigen Personen. Es lassen sich nach der Überwindung der Revolution nur von der unteren Ebene ausgehende Abschiebungen feststellen, die sich ohne Wissen Berlins ereigneten und, soweit die preußische Regierung davon erfuhr, missbilligt wurden. Um sich zweier Wilddiebe zu entledigen, schloss die Trierer Regierung 1857, wie Handelsminister von der Heydt nachträglich feststellte[442], „mit ihnen einen Vertrag, mittelst dessen sie dem Forst-Fiskus ihre Anteile an dem elterlichen Grundstück verkauften, wogegen die Regierung sich verpflichtete, sie von Trier ab frei nach Amerika zu befördern und ihnen dort eine angemessene ... Unterstützung, behufs ihrer ersten Niederlassung, zu gewähren." Wegen eines anderen Falles wandte sich der preußische Konsul in New York Eduard von der Heydt ein Jahr später an die preußische Regierung[443]. Der unheilbar kranke Wilhelm Ehricke im Alter von 64 war von der Gemeinde

---

[439] *Josef Mergen*: Die Auswanderungen aus den ehemals preußischen Teilen des Saarlandes im 19. Jahrhundert, Saarbrücken 1973, S. 149.

[440] Ricker, Frankfurt/M., am 26.5.1856 an Marcy, NA Wash., Mf 161/3.

[441] Ricker am 27.11.1857 in Nr. 187 an Cass. Nach den Informationen Rickers aus der Frankfurter Polizeibehörde stand jedoch nur jährlich für höchstens sechs Auswanderer das Geld zur Verfügung. So Ricker in Nr. 199 vom 9.12.1857 an Cass. – NA Wash., Mf 161/4.

[442] August von der Heydt am 3.9.1857 zu dem Trierer Vorfall an Manteuffel, GStA Berlin, Mf 106 AA III.HA Rep. 1 Nr. 11 Vol. 13.

Zempow in der Provinz Brandenburg auf deren Kosten nach den USA gebracht worden. In New York hatte sich die dortige Deutsche Gesellschaft um ihn gekümmert und verlangte nun die Erstattung der Unterhaltskosten und die Zahlung der Rückfahrt. Die Übernahme der Kosten und die Information der Staatsregierung durch Konsul von der Heydt war die Bedingung der Deutschen Gesellschaft dafür, dass sie die Angelegenheit verschwiegen behandelte. Die Rückreise erübrigte sich dann, weil Ehricke im Armenhospital in New York verstarb. Der Regierung blieb nichts anderes übrig, als Zempow zum verlangten Schadenersatz an die Deutsche Gesellschaft zu verpflichten, da, wie der Konsul die Regierung informierte, „die hiesigen Blätter jede Gelegenheit mit Eifer ergreifen, gehässige Bemerkungen über Regierungen und Staaten zu machen, die ... sich dem Verdacht ausgesetzt haben, dass sie sich der Insassen ihrer Armenhäuser und Strafanstalten durch Abschiebung nach Amerika zu entledigen versuchen."[444]

Grundsätzlich betrieb die preußische Regierung keine „Auswanderung auf Staatskosten" nach Australien und Amerika, auch nicht den Transport mittelloser Untertanen in die USA. Die Pierce-Administration hat deshalb die preußische Regierung auch nie in einer solchen Angelegenheit angesprochen.

Auch wenn die preußische Regierung durch ihre Auswanderungspolitik die Beziehungen zu den USA nicht belastete und sich andererseits die Einstellung der US-Regierung trotz des Druckes der Nativisten nicht gegenüber den Einwanderern änderte, so gestalteten sich die Beziehungen Preußen – USA nach dem Amtsantritt von Pierce angesichts der unklaren Haltung der neuen Administration gegenüber europäischen Problemen vorerst nicht mehr so entspannt wie 1852/53. Eine neue Annäherung der preußischen und der US-Regierung ergab sich jedoch bald im Zusammenhang mit dem Krimkrieg und der positiven Entwicklung der Handelsbeziehungen.

2. Vroom als US-Gesandter in Berlin (1853–1857) – Die Leitung der US-Mission in der von Barnard vorgezeichneten Richtung und neue Akzente

Barnard arbeitete noch ein halbes Jahr unter der Pierce-Administration und verließ Berlin am 22.9.1853. Der frühere Gouverneur von New Jersey Peter D. Vroom traf am 26.9.53 in Berlin ein, aber konnte erst am 4.11.53 die Akkreditierung als US-Gesandter erreichen. Nach dem schwierigen An-

---

[443] Eduard von der Heydt am 30.10.1858 an Manteuffel, GStA Berlin, Mf 108 AA III.HA Rep. 1 Nr. 19 Vol. 1 Teil 3.
[444] A.a.O.

fang bewegte sich seine Tätigkeit im Wesentlichen in traditionellen Bahnen. Vrooms Haupttätigkeitsbereiche waren wie bei seinen Vorgängern die Berichterstattung über die preußische Innen- und Außenpolitik und die Vertretung der Interessen amerikanischer Bürger in Deutschland. Zur zweiten Aufgabe hatte Barnard Auffassungen vertreten, die eher denen der Pierce-Administration zu entsprechen schienen als denen Fillmores; aber gemäß der bei einem Präsidentenwechsel üblichen Ämterrotation hatte Pierce Barnard dennoch abberufen und ihn durch Vroom ersetzt, der gegenüber den Schutz beanspruchenden Auswanderern konservativer agierte als sein Vorgänger.

Pierce hatte in seiner Inaugurationsadresse betont, dass er die Amerikaner im Ausland besser zu schützen gedächte und sich damit ausdrücklich von Fillmore distanziert. Die Koszta-Affäre schien auch gleich ein Beispiel zu liefern, wie sich Pierce die Umsetzung seiner Ankündigung in der Inaugurationsadresse dachte und das seiner Administration von Anfang an entgegengebrachte Misstrauen zu bestätigen. Vroom übernahm die Leitung der US-Mission angesichts dieser Vorzeichen unter denkbar ungünstigen Zeitumständen.

Er selbst hatte alles andere im Sinn, als sein Amt mit Konflikten zu beginnen, da er doch nach Gerolts Bericht gedachte, „von den überhäuften Geschäften seiner Rechts-Praxis und seines früheren Amtes als Gouverneur des Staates New Jersey auszuruhen."[445] Er bereitete seine Arbeit vor seiner Abreise redlich vor, indem er sich nicht nur in den Preußen betreffenden Akten des State Department informierte, sondern sich auch von Gerolt bekannt machen ließ „mit den mannigfaltigen Interessen und Beziehungen, welche zwischen Preußen und den Vereinigten Staaten bestehen."[446] Er exponierte sich vor seinem Amtsantritt nicht wie Belmont in New York mit Erklärungen gegenüber den mitteleuropäischen Emigranten und wollte auch nicht im Gastland mit dem Aktionismus eines Pierre Soulé auftreten. Vroom verfolgte keine besonderen politischen Anliegen, die sich von denen des konservativen Barnard abhoben. Nicht umsonst luden die drei US-Gesandten Buchanan, Mason und Soulé Vroom nicht zu ihrem Treffen 1854 ein, auch nicht als sie ihren Tagungsort von Ostende nach Aachen verlagerten. Auf Gerolt hatte Vroom „den Eindruck eines verständigen, gebildeten und wohlgesinnten Mannes gemacht ..."[447]. Das Bild, das Humboldt dem König nach Barnard von Vroom vermittelte, konnte diesen Eindruck nur bestätigen[448].

---

[445] Gerolt am 10.9.1853 an den König, GStA Berlin, Mf 79 AA CB IC Nr. 17.
[446] A.a.O.
[447] A.a.O.
[448] Barnard in Nr. 139 vom 22.9.1853 an Marcy, NA Wash., Mf 44/8.

III. Die Präsidentschaft von Pierce 247

Auch wenn Österreich im September 1853 auf der Polizeikonferenz des Deutschen Bundes in Stuttgart pauschal eine enge Verbindung von nordamerikanischen diplomatischen Agenten des Präsidenten Pierce und Kossuth behauptete[449], mussten König und Regierung zumindest durch die Informationen Gerolts wissen, dass kein interventionssüchtiger Demokrat kam. Aber angesichts der Bedeutung, die die Koszta-Affäre auch für Preußen als dem Herkunftsland mancher politischer Flüchtlinge in den USA haben musste, und angesichts der für Vroom bestehenden Verpflichtung, Marcys Dress Circular vom 1.6.1853 sofort umzusetzen, durfte Vroom trotz aller guten Absichten keinen angenehmen Amtsbeginn erwarten. Schließlich hatte er eine Politik zu vertreten, die von den Vorstellungen vieler europäischer Regierungen abwich und die Distanz zu dem in Mitteleuropa Üblichen auch äußerlich bekundete. Gerolt hatte den König in seinem Bericht vom 10.9.1853, der genau zum ersten Gespräch Vrooms mit Manteuffel am 1.10.1853 in Berlin eintraf[450], aufmerksam gemacht auf den in der offiziellen Zeitung Washington Union vom 14.6.1853 vertretenen Zusammenhang der Instruktion Marcys für Gesandte und Konsuln vom 1.6.1853 „mit den Verheißungen des Präsidenten Pierce in seiner Inaugurations-Rede in bezug auf die Vertretung der Rechte amerikanischer Bürger in fremden Ländern." Gerolt hatte die Instruktion beigelegt und zugleich über die Koszta-Affäre informiert. Erst angesichts des Zusammentreffens dieser Momente ist es verständlich, dass der König so scharf reagierte, nachdem Vroom nach seiner Ankunft gegenüber Manteuffel angedeutet hatte, dass er entsprechend der Instruktion Marcys sein Akkreditiv dem König nicht in der an den europäischen Höfen üblichen Diplomaten-Uniform zu überreichen gedenke, sondern in „a citizen's dress"[451]. Der preußische König ließ Vroom mehr als einen Monat warten, bis er nach mehrfachen Anläufen am 4.11.1853 dem König sein Beglaubigungsschreiben überreichen konnte. Vroom gab nach, legte eine extra in Berlin angefertigte Diplomaten-Uniform an, und der Empfang im Schloss Bellevue vollzog sich auch sonst in der üblichen Form. Friedrich Wilhelm IV. erklärte Vroom[452]: „... that nothing would be omitted on the part of Prussia to maintain the ancient relations, and the assurance of the President was a sufficient guarantee that the U.S. would remain loyal (adhere) to the principles which governed the family of nations." Vroom erweckte in seinem Bericht an Marcy den Eindruck, als wenn er die Erwartung, dass sich die USA an den Prinzipien der Völkerfamilie orientierten, nicht einordnen könnte, und er erklärte sie so: „The King

---

[449] *Reiter*: Politisches Asyl im 19. Jahrhundert, S. 303.
[450] Gerolt an den König am 10.9.1853. Eingangsvermerk vom 1.10.1853. GStA Berlin, Mf 79 AA CB IC Nr. 17.
[451] Vroom in Nr. 2 vom 31.10.1853 an Marcy, NA Wash., Mf 44/9.
[452] Vroom in Nr. 3 vom 8.11.1853 an Marcy, NA Wash., Mf 44/9.

does not speak English very well, and I may not have caught the meaning of the last expression which appears somewhat peculiar." Vroom schien also nicht zu sehen, dass der König mit seiner Bemerkung auf das Verhalten der US-Administration in der Koszta-Affäre anspielte, die sich bisher nicht von der Intervention Ingrahams zugunsten eines politischen Flüchtlings distanziert hatte, während ein Teil der Presse immerhin die Rechtmäßigkeit der Gewaltandrohung zugunsten eines Nichtamerikaners anzweifelte. Nach Gerolts letztem Bericht vom 10.9.1853 ging es darum, ob sich die US-Regierung „für oder gegen die Anerkennung der in Europa bestehenden völkerrechtlichen Grundsätze" ausspreche. Preußen engagierte sich zwar nicht ausdrücklich zugunsten Österreichs; aber die preußische Regierung wird ebenfalls gesehen haben, dass es hier um die Nichteinmischung in das Verhältnis von Staat und emigriertem Untertanen ging. Für den König wie für Gerolt wird es sich damit bei der Koszta-Affäre also nicht bloß um österreichische Interessen gehandelt haben, sondern mit Koszta werden zugleich die langen Auseinandersetzungen zwischen dem US-Gesandten Barnard und der preußischen Regierung um die Rechtsstellung ehemaliger preußischer Bürger gegenwärtig gewesen sein.

Vroom gewann mit den Irritationen zu Beginn seiner Amtszeit im Gegensatz zu Barnard ein eher kritisches Bild vom König, das sich auch nicht durch die Bekanntschaft mit Humboldt änderte. Die Frage, wie sich die US-Gesandtschaft zu Auswanderern stellen sollte, die zwar ausgewandert, aber noch nicht US-Bürger geworden waren oder die schon naturalisiert waren, spielte immer wieder eine Rolle in den Beziehungen zu Preußen. Wenn Vroom in der Folgezeit im Gegensatz zu Barnard widerspruchslos auf die traditionellen Antworten zurückgriff, wie sie Wheaton und zuletzt Everett gegeben hatten, dann ergab sich das aus Entscheidungen in Washington.

Vroom erwartete genau wie Barnard, dass Präsident Pierce nach seinen rhetorischen Paukenschlägen zugunsten von Einwanderern in die USA die Instruktion Everetts vom 14.1.1853 revidieren würde. Er nahm den Fall des am 19.12.1853 in Saarlouis verhafteten Haben, der 1842 vor Ableistung seiner Wehrpflicht in die USA ausgewandert war, zum Anlass, um darauf hinzuweisen, dass die Instruktion vom 14.1.1853 den Prinzipien des Präsidenten Pierce widerspreche[453]. Für Haben hatten sich nach seiner Verhaftung der Abgeordnete des Repräsentantenhauses Daniel D. Jones und Verwandte und Mitbürger aus dem Staat New York verwendet[454]. Vroom sah

---

[453] Vroom in Nr. 16 vom 28.2.1854 an Marcy, NA Wash., Mf 44/9.
[454] Instruktion Marcys vom 2.2.1854 an Vroom, NA Wash., Mf 77/65/14. – Bericht Vrooms Nr. 16 vom 28.2.1854 mit Anlagen zum Fall Haben, NA Wash., Mf 44/9.

III. Die Präsidentschaft von Pierce   249

mit diesen Aktivitäten die Chance, das Schicksal der Auswanderer ohne Erlaubnis nach dem Vorbild Barnards erneut grundsätzlich aufzurollen. Der Fall Haben löste sich jedoch schneller als erwartet auf, vor allem bevor er sich in der US-Öffentlichkeit weiter auswirken konnte; denn Haben gelang es, etwa einen Monat nach Verhaftung und Einziehung zum Militärdienst, also noch im Januar 1854, aus der preußischen Armee zu entfliehen. Im März 1854 erschien er wieder zu Hause in Syracuse, New York. Marcys Stellungnahmen zum Fall Haben zeigten Vroom, dass das State Department bei denselben Kriterien wie unter Everett geblieben war, wenn es darum ging, die Verhaftung von Deutschamerikanern im Herkunftsland zu beurteilen und Stellung zu beziehen[455]. Präsident Pierce hatte in der Frage des Schutzes von Amerikanern im Ausland wohl überwiegend Theaterdonner veranstaltet.

Nach dem Vorbild Barnards gegen den Kurs Washingtons zu steuern, war von Vroom unter der neuen Leitung des State Department kaum zu erwarten. Noch dazu hatte sich der neue Secretary of State Marcy unmittelbar vor Vrooms Amtsantritt zugunsten der deutschen Rechtsauffassungen festgelegt. Marcy hatte schon vor dem Fall Haben im Juli 1853 das Gespräch mit Gerolt und Schleiden über die Rechtsstellung illegaler deutscher Auswanderer aufgenommen. Den preußischen Standpunkt zu illegal aus Preußen Ausgewanderten, den Gerolt anschließend an das Gespräch vom 11. Juli in einer Note festhielt, akzeptierte Marcy[456]. Danach galt für wehrpflichtige Ausgewanderte: „... they are made responsible for having violated our laws ... and are considered as criminals forfeited to the punishment of the law from which no citizenship of any nation can liberate them." Gegenüber dem in gleicher Sache verhandelnden Bremer Vertreter wagte Marcy sogar den Vergleich: „Wenn ein amerikanischer Sklave entläuft, in Deutschland Bürger wird u. dann hierher zurückkehrt, so wird er einfach als Sklave behandelt und überdies bestraft werden, so viel die betreffende deutsche Regierung auch dagegen einwenden mag."[457] Die Ironie, die in dem Vergleich ausgewanderter Deutscher mit entflohenen Sklaven liegen konnte, erwähnte Schleiden nicht; er registrierte nur befriedigt die Zustimmung zum Standpunkt der deutschen Regierungen. Wenn die gleichzeitig einsetzende Koszta-Affäre den US-Standpunkt auch in den Augen der preußischen Regierung wieder unklar erscheinen ließ, so wurde doch sehr bald deutlich, dass die Pierce-Administration prinzipiell nicht vom Kurs der Fillmore-Administration abwich. Das schien sich schon deshalb zu empfehlen, weil sich die Einstellung der deutschen Regierungen zu ihren Auswande-

---
[455] Instruktion Marcys an Vroom vom 13.4.1854, NA Wash., Mf 77/65/14).
[456] Note Gerolts vom 11. Juli 1853 an Marcy, NA Wash., Mf 58/2.
[457] Schleiden am 11.7.1853 an Smidt, StA Bremen, B.13.b.1.a.2.a.I.

rern in dieser Zeit nicht bewegen ließ, und in den Augen der US-Administration die speziellen Anliegen der Bindestrich-Amerikaner doch nur sekundär blieben. Wichtiger war für die außenpolitisch aktive Pierce-Administration das Einvernehmen mit der preußischen Regierung angesichts der sich verschlechternden Beziehungen zu den Seemächten.

Als unglücklich erwies sich nur, dass deutsche Bürger oder ehemalige Bürger deutscher Staaten nach wie vor das Verhalten Ingrahams als Ausdruck der offiziellen US-Politik auffassten. So stellte Vroom 1854 fest, dass die Gruppe derer, die in den USA nur die Absicht erklärten, US-Bürger zu werden und dann zurückkehrten nach Deutschland und nun den Schutz der USA beanspruchten, dauernd wachse[458]. Besonders kam das Ingraham-Vorbild bei dem Hannoveraner Willrich und dem Rheinpreußen Statz zum Ausdruck. Georg W. Willrich hatte während seines Aufenthaltes in den USA 1846 bis 1849 seine Absicht erklärt, US-Bürger zu werden, war dann aber nach Deutschland zurückgekehrt. Wegen seiner revolutionären Aktivitäten wies ihn erst Hannover und dann Hamburg aus, und er musste zu seinem Erstaunen erleben, dass sein Pochen auf den Schutz der USA vergeblich war[459]. Am schlimmsten überrascht wurde der junge Statz, der 1849 mit 16 Jahren aus Köln ausgewandert war und den die preußische Verwaltung 1855, obgleich er US-Bürger geworden war, nach seiner Rückkehr nach Preußen sofort zum Militärdienst eingezogen hatte. Er schrieb zwei Jahre lang immer erneut an Vroom und erwartete unter Berufung auf die Koszta gewährte Hilfe vergeblich den Druck der USA zugunsten seiner Befreiung[460]. Hier wie in den übrigen Fällen, in denen Preußen ohne Ableistung ihres Wehrdienstes ausgewandert und nach Erlangung der US-Staatsbürgerschaft zurückgekehrt und dann eingezogen waren, übernahm Vroom den Standpunkt der US-Administration und intervenierte im Gegensatz zu Barnard nicht einmal mehr bei der preußischen Regierung. Vroom teilte dem betroffenen US-Bürger in einem solchen Fall entsprechend den Instruktionen Marcys mit, „dass er nach Verlassen seines Landes freiwillig zurückgekehrt sei und sich den Gesetzen unterworfen habe, die er gebrochen habe, und dass er also nicht geschützt werden könne vor den Folgen seiner eigenen ungesetzmäßigen Handlungen, die er begangen hatte, bevor er seinen Anspruch gegenüber der Regierung der Vereinigten Staaten hatte ..."[461].

---

[458] Vroom in Nr. 31 vom 13.6.1854 an Marcy, NA Wash., Mf 44/9.
[459] A.a.O.
[460] Vroom in Nr. 99 vom 23.10.1855, Nr. 110 vom 8.1.1856, in Nr. 144 vom 2.12.1856, in Nr. 162 vom 30.6.1857 an das State Department, NA Wash., Mf 44/10.
[461] Vroom in Nr. 27 vom 16.5.1854 an Marcy speziell zum Fall Silverstone, NA Wash., Mf 44/9.

III. Die Präsidentschaft von Pierce 251

Genau wie er den naturalisierten US-Bürger auf den Anspruch seines früheren deutschen Staates aufmerksam machte, so wies er den US-Bürger, der wieder die Staatsangehörigkeit seines deutschen Heimatstaates zu erlangen wünschte, darauf hin, dass er seine Pflichten gegenüber den USA erfüllt haben müsse, um sich von der Treueverpflichtung diesem Lande gegenüber lösen zu können[462]. Der Rechtsstandpunkt der US-Administration angesichts des Anspruches der deutschen Staaten schien sich allmählich bei den aus Deutschland stammenden US-Bürgern herumzusprechen, wie die Abnahme der Zahl von Rückkehrern zeigte, die wegen des nicht geleisteten Militärdienstes in Staaten des Deutschen Bundes verhaftet wurden[463].

Zugleich verminderten sich die mit den Besuchen von naturalisierten und anderen US-Bürgern ergebenden Streitfälle dadurch, dass Vroom endlich im State Department eine Beschränkung der Ausgabeberechtigung von Pässen durchsetzte. Schon Fay hatte 1850 die ungeregelte Form kritisiert, in der US-Pässe ausgestellt würden, so dass selbst die Gesandtschaft nicht immer sagen könnte, ob der Pass echt sei oder nicht[464]. Das führte besonders bei den misstrauisch betrachteten Emigranten zu Schwierigkeiten. Mit den mehrfachen Hinweisen auf die mangelhafte Ausgabepraxis[465] erreichte Vroom, dass Marcy in seiner Instruktion vom Juli 1854[466] bestimmte, dass die Ausgabe von Pässen nur noch durch die US-Regierung und ihre Diplomaten im Ausland an US-Bürger zu erfolgen hatte, also nicht mehr durch US-Bürgermeister und Konsuln und auch nicht mehr an Einwanderer, die nur ihre Absicht erklärt hatten, US-Bürger zu werden. Nur noch gelegentlich erschienen US-Reisende in Deutschland mit unzureichenden Reisepapieren, etwa Reisende, die nur erst erklärt hatten, US-Bürger zu werden und andererseits auch keinen deutschen Pass mehr besaßen, und Reisende, die sich von geschäftstüchtigen Notaren oder eigenwilligen Südstaaten-Gouverneuren hatten ausstatten lassen.

Es entfielen mit dieser Entwicklung viele fruchtlose Auseinandersetzungen mit deutschen Behörden, und Vroom konnte sich in seinen Schreiben an Manteuffel und an die außerpreußischen Missionen von Staaten des

---

[462] Abschrift des Schreibens von Vroom vom 14.3.1856 an Bähr, Jever, Anlage zu Nr. 121 vom 1.4.1856 an Marcy, NA Wash., Mf 44/10)

[463] 1855 war es der schon erwähnte Statz, 1856 Schlemmer, Preußen, s. Bericht Nr. 117 vom 26.2.1856 an Marcy, und 1857 Glahn, Preußen, s. Bericht Nr. 163 vom 14.7.1857 an das State Department.

[464] Duplikat des Schreibens von Fay Nr. 49 vom 3.9.1850 an Webster, NA Wash., Mf 44/10.

[465] Vroom in Nr. 13 vom 7.2.1854, Nr. 27 vom 16.5.1854, Nr. 31 vom 13.6.1854 an Marcy, NA Wash., Mf 44/9.

[466] Der Wortlaut der Instruktion Nr. 13 vom Juli 1854 lag mir nicht vor. Zum Inhalt s. Vroom Nr. 43 vom 19.9.1854, NA Wash., Mf 44/9.

Deutschen Bundes in Berlin um so besser auf die Beschwerden von Amerikanern konzentrieren, die sich im Rahmen des in den deutschen Staaten geltenden Rechtes beheben ließen. So erreichte er 1854 zusammen mit dem US-Vizekonsul Bromberg, dass Hamburg den wegen seiner politischen Vergangenheit steckbrieflich gesuchten Harring nicht an Preußen auslieferte, sondern dieser nach Großbritannien weiterreisen durfte[467].

Bei von Preußen vermutlich aus politischen Gründen mit der Ausweisung bedrohten Deutschamerikanern konnte Vroom zumindest einen Aufschub ihrer Ausweisung durchsetzen[468]. Erfolgreich war Vroom auch dann, wenn er Beschwerde einlegte gegen ungerechtfertigte Übergriffe von Beamten. So erhielt Vielstick den zu viel erhobenen Zoll zurück[469], und Nathaniel Jacobi erlebte die Genugtuung, dass der Berliner Polizeisergeant Binsendorf, der ihn beleidigt hatte, gemaßregelt wurde[470]. Insgesamt beschränkten sich die Erfolge Vrooms auf ähnliche Bereiche wie die Barnards.

Noch mehr als zur Zeit Barnards waren die Schwierigkeiten, die US-Bürgern erwuchsen, Randerscheinungen. Amerikanische Reisende wurden entsprechend den Beschlüssen der Polizeikonferenzen der Staaten des Deutschen Bundes zwar nach wie vor stärker kontrolliert als andere Ausländer, aber die Kontrollen und die Schwierigkeiten beeinträchtigten nicht die stetige Zunahme von Reisen von US-Geschäftsleuten und Touristen aus den USA nach Deutschland. Natürlich machten auch die Randerscheinungen in den Augen Vrooms deutlich, dass Preußen die „Segnungen eines freien Landes" entbehrte[471]. Noch mehr als Preußen kritisierte Vroom das Königreich Sachsen, mit dessen Vertreter in Berlin er gelegentlich Beschwerden zu regeln hatte; in Sachsen sah er eine „unverantwortliche und despotische Herrschaft" am Werk[472]. Am unkompliziertesten gestaltete sich das Verhältnis zu den Hansestädten und zum Großherzogtum Oldenburg, das einen

---

[467] Vroom in Nr. 53 vom 5.12.1854 an Marcy mit Anlagen, NA Wash., Mf 44/9.

[468] U.a. handelte es sich um die Ausweisung von Max und Gustav Herzfeld, die einer Unternehmerfamilie in Neuß entstammten und deren Haus 1848/49 nach Vroom Treffpunkt der demokratischen Partei gewesen war. Vroom in Nr. 110 vom 8.1.1856 und in Nr. 127 vom 13.5.1856 an Marcy, Mf 44/10. – Bei Reichard, dem Sohn eines liberalen Unternehmers in Neuwied, erreichte Vroom die vorläufige Nichtausweisung. Er konnte dauernd bleiben, als er die preußische Staatsangehörigkeit wieder annahm. S. dazu Vroom Nr. 53 vom 5.12.1854 mit Anlagen an Marcy, Mf 44/9, NA Wash.

[469] Vroom in Nr. 52 vom 22.11.1854 mit Anlagen an Marcy, NA Wash., Mf 44/9.

[470] Vroom in Nr. 93 vom 11.9.1855 und in Nr. 102 vom 13.11.1855 an Marcy, NA Wash., Mf 44/10.

[471] Vroom am 15.2.1854 an den aus Preußen ausgewiesenen Kochler, Abschrift als Anlage zu Nr. 15 vom 20.2.1854 an Marcy, NA Wash., Mf 44/9.

[472] Vroom in Nr. 39 vom 15.8.1854 an Marcy, NA Wash., Mf 44/9.

noch militärdienstpflichtigen Auswanderer nach einem erzwungenen Aufenthalt von einem halben Jahr wieder in die USA entließ[473].

Vroom bearbeitete zwar weniger Beschwerden gegenüber dem preußischen Staat als Barnard, aber das von ihm in seinen Berichten an Marcy von Preußen entworfene Bild war dennoch negativer – und zunächst auch undifferenzierter. So äußerte er zu Beginn seiner Amtstätigkeit über die preußische Verfassung, dass sie schon am Anfang nur wenige Elemente einer freien Regierung enthalten habe und jede Verfassungsänderung der Restauration diente, so dass das, was jetzt noch von der Verfassung übrig geblieben sei, nur noch Schein sei[474]. Die Grundrechte der Rede- und Pressefreiheit empfand er als nur noch nominell gültig[475], und er sah seine Kritik in der folgenden Woche mit dem Verbot des Punch und der Times am 27.10.1854 bestätigt[476]. Die immer wieder sichtbar werdende Feindschaft gegenüber der politischen Freiheit war für ihn im König tief verwurzelt[477]. Eine genaue Betrachtung der preußischen Presse und speziell der von den preußischen Pressestellen in Berlin und Frankfurt abhängigen Korrespondenten und Zeitungen, wie sie der US-Generalkonsul Ricker 1859 auf der Grundlage vertraulicher Informationen nach Washington schickte[478], fehlt in Vrooms Berichten wie in denen der übrigen US-Gesandten.

Selbstverständlich beschrieb er den massiven Druck der Behörden zugunsten der Konservativen bei den Vorbereitungen zur Wahl des Abgeordnetenhauses 1855[479]. Er vermerkte neben dem ungeheuren Wahlerfolg der Konservativen die Niederlage in Berlin, wo selbst Ministerpräsident Manteuffel unterlag; aber viel sei von Wahlen in Preußen dennoch nicht zu erwarten, solange der Staat nicht entscheidende Verbesserungen erfahre[480]. Einzelne der besten Politiker des Landes hätten es abgelehnt, für die Liberalen zu kandidieren, wobei er Bunsen anführte, oder ihr Mandat anzunehmen wie Georg Freiherr von Vincke[481]. Vor allem die geringe Wahlbeteiligung 1855

---

[473] Strieder war seit 1853 US-Bürger, wurde 1854 beim Besuch seiner Eltern verhaftet, zu zwei Monaten Gefängnis verurteilt und sollte dann sechs Jahre lang dienen; aber er kam im Mai 1855 frei. – Vroom in Nr. 50 vom 7.11.1854 und in Nr. 79 vom 5.6.1855 an Marcy, NA Wash., Mf 44/9.
[474] Vroom am 31.10.1853 in Nr. 2 an Marcy „a mere illusion". NA Wash., Mf 44/9.
[475] Vroom in Nr. 48 vom 24.10.1854 an Marcy, NA Wash., Mf 44/9.
[476] Vroom in Nr. 49 vom 31.10.1854 an Marcy, NA Wash., Mf 44/9.
[477] Vroom in Nr. 48 vom 24.10.1854 an Marcy, NA Wash., Mf 44/9.
[478] Ricker, Frankfurt/M., in Nr. 24 vom 28.1.1859 an Cass, NA Wash., Mf 161/7.
[479] Vroom in Nr. 95 vom 25.9.1855 und in Nr. 97 vom 9.10.1855 an Marcy, NA Wash., Mf 44/10.
[480] Vroom in Nr. 97 am 9.10.1855, NA Wash., Mf 44/10.

(16%) wertete er als Zeichen einer allgemeinen Apathie der unwissenden und unterdrückten Massen wie der höheren Klassen öffentlichen Angelegenheiten gegenüber. Die Bürger fühlten sich angesichts der Macht der Regierung nicht in der Lage, die Übel zu beseitigen, unter denen sie litten, und sicher, dass ihnen aus jeder Opposition Nachteile erwachsen würden. Um so heller sah er das Volk der USA erstrahlen: „That independence of spirit, that feeling of self-reliance which characterize our people, are not found here; and they never will be, until the whole system of government shall be changed and purified."[482]

Nicht ganz so negativ wie die Aussagen über die Wahlen fielen die Berichte über die Legislaturperiode 1855 bis 1857 aus. Vroom registrierte, dass es im Landtag nicht gelang, die Verfassung im Sinne der Konservativen zu ändern und „das Werk zu vollenden, alles Wertvolle zu vernichten, das noch von der Verfassung übrig geblieben ist"[483], und sich die Regierung als wenig erfolgreich mit ihren Gesetzesvorhaben erwies[484]. Negativ musste dann für ihn wieder zu Buche schlagen, dass das mangelhafte Vertrauen der Regierung im Abgeordnetenhaus nicht zu einer Umbesetzung der Ministerien führte[485].

Der Vergleich von Abgeordnetenhaus und Herrenhaus fiel nicht immer zugunsten der zweiten Kammer aus. So lobte er das Herrenhaus, als es mit Rücksicht auf die Ärmeren im Gegensatz zum Abgeordnetenhaus den Regierungsvorschlag ablehnte, den Salzpreis zu erhöhen. Ja, er erwartete mehr von der „unabhängigen Aristokratie" des Herrenhauses als vom Abgeordnetenhaus, in dem so viele Mandate von Beamten eingenommen würden, die ihre Ämter dem Wohlwollen des Königs oder seiner Minister verdankten[486]. In seiner Vorstellung gab es eine Art von Spoils-System also auch in Preußen.

Vroom kritisierte zwar am Ministerium Manteuffel wie Barnard die restaurativen und antiparlamentarischen Tendenzen, aber nicht grundsätzlich alle Gesetzesvorhaben. Die vom Staatsministerium vorgeschlagene Vereinfachung des Ehescheidungs-Rechtes, die 1857 an den Konservativen scheiterte, beurteilte er als bedeutende Verbesserung[487]. Gerade als Vroom also dabei war, differenziertere Vorstellungen vom preußischen Regierungs-

---

[481] Vroom in Nr. 100 vom 30.10.1855 an Marcy, NA Wash., Mf 44/10.
[482] A.a.O.
[483] Vroom in Nr. 121 vom 1.4.1856 an Marcy, NA Wash., Mf 44/10.
[484] Vroom in Nr. 156 vom 7.4.1857 und in Nr. 159 vom 19.5.1857 an Cass, NA Wash., Mf 44/10.
[485] Vroom in Nr. 156 vom 7.4.1857 an Cass, NA Wash., Mf 44/10.
[486] Vroom in Nr. 158 am 5.5.1857 an Cass, NA Wash., Mf 44/10.
[487] Vroom in Nr. 156 vom 7.4.1857 an Cass, NA Wash., Mf 44/10.

III. Die Präsidentschaft von Pierce 255

system und vom preußischen Parlamentarismus zu entwickeln, ging seine Amtsperiode 1857 wieder zu Ende.

Ein Gesetz-Entwurf, der über den Rahmen der gewohnten preußischen Gesetzes-Materie hinausging und die besondere Aufmerksamkeit Vrooms erregte, war der vom König am 22.12.1856 den beiden Häusern vorgelegte Antrag zur Abänderung der Bestimmungen über Sklaven im Allgemeinen Landrecht, Teil II, Tit. 5, §§ 198 und folgende, der schon am 9. März 1857 Gesetzeskraft erlangte[488]. Vroom wusste nicht, dass Alexander von Humboldt hinter diesem Gesetz stand[489]; aber seine Vermutung, dass die preußische Entscheidung zum gegenwärtigen Zeitpunkt wohl durch die lebhafte Auseinandersetzung über die Sklaverei in den USA hervorgerufen sei[490], dürfte nicht ganz falsch gewesen sein.

Während des Präsidentschaftswahlkampfes 1856 zwischen Fillmore, den Gerolt favorisierte, dem nach Humboldt „cubasüchtigen" Demokraten Buchanan[491] und dem republikanischen Fremont ergriff Humboldt entschieden für den Sklavenanwalt Fremont Partei. Dazu gehörte unter anderem, dass er seine Urteile über die Sklaverei in den USA veröffentlichen ließ, nachdem zunächst in der New Yorker englischsprachigen Übersetzung seines Werkes über Cuba seine „Betrachtungen über die Sklaverei" ausgelassen waren; seinen Protest gegen die Unterdrückung seines Herzensanliegens hatte er in den USA wie in der Berliner Spenerschen Zeitung „Berlinische Nachrichten von Staats- und gelehrten Sachen" bekannt gemacht. Zu seinem durch den innerpolitischen Streit in den USA besonders angeregten Einsatz gegen die Sklaverei gehörte ebenfalls, dass er beim König und dem preußischen Justizminister Simons das von ihm „lang geforderte Negergesetz"[492] erreichte. Die Sklaverei war zwar grundsätzlich schon im Allgemeinen Landrecht untersagt; aber der Verlauf des Prozesses vor dem Kammergericht 1854/55 von Dr. Ritter gegen seinen Sklaven Marcellino[493] machte für den nach Fay „out-and-out antislavery man" Humboldt[494] eine zusätzliche Regelung dringlich. Marcellino, der 1852 von Dr. med. Ritter in Rio de Janeiro gekauft war, hatte 1854 vor dem Berliner Stadtgericht er-

---

[488] GS. 1857, S. 160.
[489] *Peter Schoenwaldt*: Alexander von Humboldt und die Sklavenfrage, in: Wächter und Anzeiger, Sonderausgabe, Cleveland 13.9.1970.
[490] Vroom am 7.4.1857 an Cass, NA Wash., Mf 44/10.
[491] Humboldt am 28.5.1857 an Varnhagen, Briefe Alexander von Humboldts an Varnhagen von Ense aus den Jahren 1827 bis 1858, Hrsg. Ludmilla Asing, Leipzig 1860, S. 367 f.
[492] Humboldt am 29.12.1857 an August Boeckh, zit. nach Schoenwaldt, a.a.O.
[493] Zu diesem Streitfall s. den Bericht der Kommission für das Justizwesen über den Gesetzentwurf vom 20.1.1857, Nr. 24 der Landtags-Drucksachen von 1857.
[494] *Schoenwaldt*, a.a.O.

folgreich seine Freiheit eingeklagt, war aber vom Kammergericht 1855 abgewiesen worden; denn das Allgemeine Landrecht hatte neben dem Verbot der Sklaverei im Teil II unter dem Fünften Titel „Von den Rechten und Pflichten der Herrschaften und des Gesindes" in den §§ 196, 197 mit Rücksicht auf die beim Inkrafttreten des ALR noch weithin im Ausland geduldete Sklaverei in dem § 198 zugelassen, dass „Fremde, die sich nur eine Zeitlang in Königlichen Landen aufhalten, ... ihre Rechte über die mitgebrachten Sklaven" behalten. Um die Streichung dieses § 198 und die ihn ergänzenden Bestimmungen ging es also 1856/57. Kurz und knapp hieß es im „Negergesetz": „Sklaven werden von dem Augenblicke an, wo sie Preußisches Gebiet betreten, frei. Das Eigentumsrecht des Herrn ist von diesem Zeitpunkt ab erloschen."

Neben dem Fall Marcellino soll es nach Angaben des konservativen Abgeordneten Wagener aus Neustettin während der Debatte im Abgeordnetenhaus am 27.1.1857 nur 130 Jahre vorher den Streitfall „des Mohren des Kämmerers von Arnim" gegeben haben[495]. Die Rechte wie auch die Linke maßen dem Gesetz dementsprechend keine besondere Bedeutung bei. Der liberale Abgeordnete Marcard erklärte: „Da es aber einmal vorgeschlagen ist, so würde ich eine Huldigung Amerikanischen Übermuths darin finden, wenn wir im Widerspruch mit unserem Recht auf eine Verteidigung Amerikanischen Rechts uns einlassen würden."

Der einzige Streitpunkt war im Staatsministerium wie im Abgeordnetenhaus die Streichung der die Entschädigung für den Verlust des Sklaven betreffenden Paragraphen des Landrechts. Von der Heydt hatte in der Sitzung der Staatsminister am 13.12.1856 durchgesetzt, dass die im Entwurf von Simons vorgesehene Beibehaltung des Entschädigungsanspruches entfiel „mit Rücksicht auf die principielle Nichtanerkennung der Sclaverei"[496]. Im Abgeordnetenhaus versuchten einige Konservative erneut, den Entschädigungsanspruch zu verankern, aber scheiterten an der Mehrheit.

Die Entscheidung des Berliner Kammergerichts zu Ungunsten von Marcellino, der Anlass des Gesetzentwurfs, hatte der aus Louisiana kommende US-Konsul Ricker[497] mit Zufriedenheit nach Washington berichtet, könnten Südstaatler so doch gewiss sein, „ohne Gefahren" in Preußen zu reisen mit ihren Sklaven[498].

---

[495] Stenographische Berichte der 11. Sitzung des Hauses der Abgeordneten am 27.1.1857, S. 97.

[496] So von der Heydt am 9.12.1856 an Simons als Antwort auf den vom Justizministerium am 2.11.1856 vorgelegten Gesetzentwurf. – Protokoll der Sitzung der Staatsminister vom 13.12.1856. Schreiben und Protokoll im GStA Berlin, Rep. 84a Nr. 4844.

[497] Ricker war zwar in Maine geboren; aber für seine Einstellung zur Sklaverei war eher der dreißigjährige Aufenthalt in Louisiana entscheidend.

III. Die Präsidentschaft von Pierce 257

Hinter der dann im „Negergesetz" von 1857 erfolgten Streichung des § 198 und folgende des ALR sah er[499] die „abolitionists of Prussia" am Werk, ohne allerdings zu wagen, Alexander von Humboldt direkt zu nennen. Hinter diesen Abolitionists argwöhnte er Drahtzieher in großer Entfernung. Giftig kommentierte er: „It would appear well, if Prussia would proceed to give freedom to her own subjects." In dem Zusammenhang führte er Entlassungen von Beamten an, die bei den letzten Wahlen nicht für die Kandidaten der Regierung gestimmt hatten.

Das war indirekt zugleich sein Kommentar zur Schlussdebatte im Abgeordnetenhaus vom 27.1.1857 in dem zwei Tage später verfassten konsularischen Bericht an Cass. Die Abgeordneten-Äußerungen passten so gar nicht in Rickers bisheriges Beurteilungsschema für die preußischen Parteien. Ausgerechnet der Sprecher der liberalen Richtung, die Ricker immer verteidigte, nämlich Marcard, hatte das die Sklaverei legitimierende „Amerikanische Recht" als „Amerikanischen Übermuth" bezeichnet. Nur der konservative Wagener brachte begrenzt für die Gegner der Abolitionists Verständnis auf, indem er sich – neben dem Eintreten für einen Entschädigungsanspruch – von der „sentimentalen Onkeltomerie" absetzte, im Sinne der Südstaatler-Argumentation die „weißen Sklaven" der britischen Industrie erwähnte und unter dem Beifall der Rechten als Hieb gegen die liberalen Unternehmer im Abgeordnetenhaus „den Zustand der Arbeiter in vielen Ländern" kritisch apostrophierte[500]. Die Sympathie von Konservativen für die Südstaaten-Gesellschaft und -Wirtschaft äußerte sich dann im Sezessionskrieg in auffallender Weise in der Parteinahme für die Konföderierten. Vroom nahm auf die Äußerungen zur Sklaverei in der Abgeordnetenhaus-Debatte genauso wenig wie Ricker Bezug und beschränkte sich darauf, die Drucksachen für die parlamentarische Debatte nach Washington zu schicken.

Der Rechtsfall Marcellino als Ansatzpunkt für das Gesetz hatte nichts mit den USA zu tun gehabt; aber genau wie die Abgeordneten sahen Ricker wie Vroom den Zusammenhang mit der sich verschärfenden Sklaverei-Debatte in den USA. Vroom schätzte Preußen und die USA offensichtlich doch nicht so weit voneinander entfernt ein, wie es seine Kritik am preußischen Staat manchmal vermuten ließ, und die Art, wie Humboldt zur Freude Fremonts auf den Präsidentschaftswahlkampf Einfluss nahm, wies gleichfalls darauf hin, dass die Distanz zwischen Berlin und Washington nicht mehr so groß war wie etwa Anfang der fünfziger Jahre.

---

[498] Ricker in Nr. 76 vom 25.10.1856 aus Frankfurt an Marcy. NA Wash. Mf 161/3.
[499] Ricker, Frankfurt/M. in Nr. 6 vom 29.1.1857 an Marcy, NA Wash., Mf 161/4.
[500] Stenographische Berichte der 11. Sitzung des Hauses der Abgeordneten am 27.1.1857, S. 97.

Vroom amtierte etwa ein Jahr länger als Barnard in Berlin, und es gelang ihm, hinauszukommen über dessen Tätigkeitsbegrenzung, nämlich Anwalt amerikanischer Besucher in Deutschland zu sein und die preußische Innen- und Außenpolitik nur zu beobachten. Einen ersten Zuwachs an Bedeutung erreichte Vroom schon dadurch für seine Mission in den Beziehungen zwischen den USA und Preußen, dass sie der in Washington fast gleichgewichtig wurde, da sie sich in die Verhandlungen über den Handel, den Sundzoll und den Neutralitätsvertrag einzuschalten wusste. Bei den Verhandlungen über den Post- und den Auslieferungsvertrag 1850 bis 1853 hatte die Berliner US-Mission keine Rolle gespielt.

Insgesamt gesehen ergab sich die wachsende Bedeutung der US-Gesandtschaft in Berlin jedoch nicht so sehr aus der Aktivität Vrooms, sondern vielmehr aus dem zunehmenden Interesse Berlins und Washington an den beiderseitigen Beziehungen. Die stärkere Gewichtung der transatlantischen Beziehungen auf europäischer Seite registrierte Vroom besonders im Zusammenhang mit dem Treffen von US-Gesandten in Ostende und Aachen im Oktober 1854: „Die europäischen Regierungen verfolgen die wachsende Macht unseres Landes mit viel Interesse. Sie fühlen, dass es Gewicht hat in der Reihe der Nationen ..."[501]. Zugleich berichtete er stolz von der Äußerung einer hochgestellten preußischen Persönlichkeit des öffentlichen Lebens, deren Namen er im Gegensatz zu Gerolts Berichten aus Washington üblicherweise nicht angab: „Your country ... will in less than a century give law to the world." Vroom erläuterte: „It is a sentiment like this that makes the action and even the views of our country important throughout all Europe." In der Tat berücksichtigten nicht nur die Kolonialinteressen in Amerika vertretenden westeuropäischen Staaten die USA stärker, sondern auch Preußen, das die USA als Faktor für die Beziehungen im europäischen Mächtekonzert in seine Überlegungen einbezog. Zugleich mussten die politischen Beziehungen zu den USA schon durch den außerordentlichen Anstieg des Handelsvolumens eine neue Qualität gewinnen.

Dass die USA für die Beziehungen Preußens zu Staaten außerhalb Europas eine Rolle spielten, spiegelte sich nicht in den Berichten der Berliner US-Gesandten, sondern in dem sich ausweitenden Horizont von Gerolts Depeschen wieder. Das Preußische Ministerium der auswärtigen Angelegenheiten berücksichtigte die USA besonders bei den Kontakten zu Mexiko und Mittelamerika. Gerolt wird die sich anbahnende weltpolitische Rolle der USA besonders bewusst geworden sein bei der Entwicklung der diplomatischen Beziehungen Preußens zum fernen Osten in den fünfziger und sechziger Jahren und bei der Anerkennung des neu gegründeten Liberia 1851.

---

[501] Vroom in Nr. 47 vom 17.10.1854 an Marcy, NA Wash., Mf 44/9.

III. Die Präsidentschaft von Pierce 259

3. Der Aufschwung der deutsch-amerikanischen Wirtschaftsbeziehungen

Wenn Ministerpräsident Manteuffel die deutsch-amerikanischen Beziehungen lange Zeit als primär wirtschaftlich bedeutsam ansah, so vermutlich nicht zuletzt deshalb, weil sich der Güteraustausch zwischen den USA und Deutschland schneller als die politischen Beziehungen zwischen den deutschen Regierungen und der US-Administration von der Revolution 1848/49 erholte. Die europäische politische Krise 1848–1851 konnte den Handel zwischen den USA und Deutschland nicht tiefgreifend beeinträchtigen, so dass der Güteraustausch den Aufschwung von vor 1848 fortsetzte und dann bis 1857 anstieg. Auch die Unsicherheit über den Fortbestand des Zollvereins störte den Güteraustausch nicht.

Der US-Export nach dem außerösterreichischen Deutschland schwoll 1849 bis 1856 mit der US-Wirtschaftsexpansion von drei auf dreizehn Millionen Dollar an[502], während die Gesamtausfuhr der USA im gleichen Zeitraum von 140 auf 281 Millionen Dollar anstieg, sich also nur verdoppelte. Die USA als Land, das den westeuropäischen Industrialisierungsgrad noch nicht erreicht hatte, aber über eine stark technisierte Landwirtschaft verfügte, lieferten fast ausschließlich landwirtschaftliche Produkte, vorwiegend Baumwolle, Tabak und Reis und seit dem Krimkrieg in wachsendem Maß Getreide. Die Lieferung von Rohrzucker hörte wegen der Rübenzuckerproduktion auf und die von Tran wegen der gestiegenen Preise Anfang der fünfziger Jahre. Aus dem Zollverein kamen industriell gefertigte Waren, überwiegend Textilien (aus Baumwolle, Wolle, Leinen und Seide), Metallwaren und in den fünfziger Jahren in zunächst geringen Mengen Chemikalien (Farbstoffe).

Die Einfuhr von Baumwolle in den Hansestädten Hamburg und Bremen, den Haupteinfuhrhäfen von US-Gütern für den Zollverein und speziell Preußen, stieg von 1851 bis 1856 von 394 813 Zentner auf 896 201 Zentner jährlich, die Einfuhr von Reis im gleichen Zeitraum von 330 564 Zentner auf 1 039 859 Zentner pro Jahr, die Einfuhr von Tabak 1851 bis 1857 von 600 446 Zentner auf 997 351 Zentner im Jahr[503]. Von der Gesamttabakeinfuhr nach Deutschland gelangten in den Jahren 1855 bis 1857 jeweils etwa 96 Millionen Pfund in den Zollverein. Davon kamen aus den USA nach den Angaben des Baltimorer Tabakexporteurs Boninger nach seiner Informationsreise im Zollverein 1855/56 etwa 44 Millionen Pfund[504]. Hauptab-

---
[502] Historical Statistics of the USA, Washington 1975, S. 904.
[503] Preuß. Handelsarchiv 1862, I, S. 130.
[504] Kopie des Schreibens von Boninger aus Duisburg vom 10.1.1856 an Vroom, Anlage zu Vrooms Bericht Nr. 111 vom 15.1.1856 an Marcy, NA Wash., Mf 44/10.

nehmer der US-Warenlieferungen in den Zollverein waren Preußen und Sachsen[505].

Wie sich der Kapitalverkehr in diesen Jahren neben dem expandierenden Güterverkehr entwickelte, lässt sich leider nur sehr allgemein feststellen. Einer derjenigen, die deutsches Kapital in die USA holten, war der Kaufmann und Bankier Angelrodt, St. Louis. 1850 berichtete der preußische Konsul[506], dass er selbst Gelegenheit gehabt habe, für „über 100 Tausend Dollars für Rechnung einiger deutscher Häuser auf verschiedene völlig sichere Weise und für gute Zinsen nicht unter 6% anzulegen." In der wichtigsten deutschen Börse in Frankfurt am Main gab ein Michael Isaac Reiss seit 1854 wöchentlich ein „Cours-Blatt Amerikanischer Effecten" heraus. Das Railroad Journal erwähnte 1853 besonders den Run des deutschen Effektenpublikums auf US-Wertpapiere, insbesondere Eisenbahnwerte: „Die Deutschen richten ihre Käufe auf unsere besten Papiere und erwerben sie mit der gleichen Regelmäßigkeit, mit der ihre Kaufleute Baumwolle und Tabak von uns beziehen, und auf diese Weise geben sie unserem Geldmarkt einen uniformen Charakter."[507] Dass die Deutschen aber nicht nur die besten Papiere kauften, erfuhren sie bei der Krise 1854 und vor allem bei der großen Depression 1857.

Für die positive Entwicklung des Güterexports nach Deutschland war sicher die Verbesserung der allgemeinen Rahmenbedingungen des Handels ausschlaggebend im Zuge der Industrialisierung, des wirtschaftlichen Aufschwunges bis 1857 und des Abbaus der Handelshemmnisse mit der Erneuerung und dem Ausbau des Zollvereins durch Preußen. Die US-Administration erkannte die Vorteile des wachsenden Zollvereins-Marktes in den fünfziger Jahren endlich an und kam auf die zollvereinsfeindlichen Vorstellungen von vorher nicht mehr zurück, auch nicht, als ihr ehemaliger Protagonist Mann 1853 wieder in das State Department einzog. Herausragende Zolltarifsenkungen von Zollvereinsseite gab es in den fünfziger Jahren noch nicht; allerdings war der Anschluss des Steuervereins zum 1.1.1854 mit ei-

---

[505] Die Statistiken liefern darüber kein genaues Zahlenmaterial. Die zahllosen Versuche Gerolts, der US-Administration die Bedeutung des preußischen Absatzmarktes für die USA durch genaue Zahlen eindringlich zu belegen, scheiterten leider daran, dass das preußische Handelsministerium nicht in der Lage war, genau das Herkunftsland aller Importwaren nachzuweisen und auch nicht anzugeben vermochte, welcher Anteil in welche Länder des Zollvereins ging – Zum Amerikahandel Sachsens bis zum Sezessionskrieg s. die Dissertation von *Löffler, Michael*: Preußens und Sachsens Beziehungen zu den USA während des Sezessionskrieges 1860–1865, Münster 1999.

[506] Angelrodt in seinem Jahresbericht für 1849, GStAM, 2.4.1.II. Nr. 5291.

[507] Zit. nach *Fritz Seidenzahl*: 100 Jahre Deutsche Bank 1870–1970, Frankfurt 1970, S. 84.

ner Senkung des Eingangszolles für Baumwolle und vor allem für Tabak verbunden, der bisher von den wichtigsten amerikanischen Gütern am höchsten verzollt wurde. Der Tabakeinfuhrzoll für den Zollverein fiel von 5 Rth. 15 Sgr. je Zentner auf 4 Rth. Zusätzlich hoben der Zollverein und der noch nicht angeschlossene Steuerverein angesichts des Anstieges der Getreidepreise mit dem Krimkrieg den Zoll auf Reis vom 10.11.1853 bis zum Ende des Jahres auf. Preußen stellte 1853, 1856 und 1859 vergeblich den Antrag im Zollverein, den Reiszoll dauernd zu senken. Auch das Drängen norddeutscher Handelskammern zugunsten von mehr Freihandel blieb angesichts der Opposition süddeutscher Staaten erfolglos.

Einen noch größeren Umfang als die Einfuhr der USA nach Deutschland erreichte die Ausfuhr Deutschlands in die USA. Von 1849 bis 1856 stieg der Export in die USA von 8 Millionen auf 15 Millionen Dollar[508], was eine Steigerung um 89% bedeutete gegenüber einer Steigerung der gesamten Ausfuhr des Zollvereins um 52%[509]. Nach der Berechnung des preußischen Konsuls in Philadelphia Mecke, der die vielen Mängel der offiziellen Zahlen der USA einkalkulierte, erreichte die deutsche Gesamteinfuhr in die USA noch wesentlich höhere Werte. Mecke kalkulierte schon für das US-Finanzjahr vom 1.7.1850 bis 30.6.1851 einen Wert von 16 Millionen Dollar[510]. Unabhängig davon, welches Zahlenmaterial zugrunde liegt, hatten die USA konstant eine passive Handelsbilanz gegenüber Deutschland von 1848 bis 1863. Auch schon vorher übertraf die deutsche Ausfuhr die amerikanische gelegentlich, aber niemals bisher über einen solchen Zeitraum und in einem solchen Umfang wie seit Einführung des Walkertarifs 1846. Dieses Wertzoll-System, an dessen Zustandekommen sich Gerolt einen wesentlichen Anteil zuschrieb[511], stufte die meisten Industrie-Produkte aus Deutschland außerordentlich günstig ein und ermöglichte, dass der Absatz der deutschen Erzeugnisse prozentual gesehen stärker zunahm als die Einfuhr der Artikel der übrigen europäischen Länder.

Dass sich der Handel Deutschlands mit den USA vereinfachte, verrät auch die Abnahme der Reklamationen deutscher Firmen gegenüber den USA in den fünfziger Jahren im Vergleich zu den vierziger Jahren, obgleich das Handelsvolumen so sehr zunahm. Die vom preußischen Gesandten zu bearbeitenden Reklamationsfälle rührten vor allem aus den vierziger Jahren.

---

[508] Historical Statistics of the USA, S. 907.

[509] Die Ausfuhr des Zollvereins stieg von 208 auf 317 Millionen Taler nach Bodo von Borries: Deutschlands Außenhandel 1836 bis 1856, Stuttgart 1970, S. 60.

[510] Mecke bezog Österreich allem Anschein nicht mit ein. Für die Zeit nach 1850/51 lieferte Mecke keine Berechnungen. – Gerolt am 12.4.1852 an Manteuffel, GStAM, 2.4.1.II. Nr. 5282.

[511] Gerolt am 30.9.1853 an Manteuffel, GStAM, 2.4.1.II. Nr. 5282.

Die von Gerolt 1856 endlich für die Firma Loeschigk, Wesendonk und Co. zu New York vom US-Finanzministerium erreichte Auszahlung von auf preußische Waren zuviel erhobenen Zöllen ging auf eine falsche Zollerhebung 1842/43 zurück[512]. Mehr Reklamationen deutscher Firmen gab es erst wieder in den sechziger Jahren, als die USA die Zölle erheblich heraufsetzten und Auseinandersetzungen über die Verzollung nicht ausblieben.

Die positive Entwicklung des Handels zwischen den USA und dem Zollverein, und das bedeutete in erster Linie zwischen den USA und Preußen, musste zugleich die politischen Beziehungen beeinflussen. Gerolt urteilte[513]: „In den Vereinigten Staaten und bei hiesigen Gesetzgebern liefert diese Handelsbilanz mit fremden Nationen den Maßstab und das Hauptmoment zur Beurteilung der Wichtigkeit derselben für die Vereinigten Staaten, und von dem Umfange der commerciellen Beziehungen hängt auch größten Teils der hiesige Einfluß der respectiven fremden Gesandten ab." Was nun speziell den Umfang des Handels zwischen den USA und dem Zollverein angeht, so scheint er ihn nach dem vorliegenden Zahlenmaterial erheblich überschätzt zu haben, wenn er ausführte: „Preußen mit den übrigen Zollvereins-Staaten dürfte ... nach England in commercieller Beziehung ... hier die erste Rolle unter den Europäischen Nationen behaupten ...". Nach den amtlichen Statistiken übertraf der Handel Deutschlands mit den USA den Frankreichs mit den USA erst seit dem Bürgerkrieg und zunächst auch nur zeitweilig.

Selbstverständlich ist zu berücksichtigen, dass die US-Statistik den Handel des Zollvereins nach Übersee nur verzerrt wiedergeben kann. Die Zollvereinsländer ließen ihre Güter überwiegend durch andere Länder verschiffen, und als Herkunftsländer erschienen dann häufig diese Länder statt der Hauptausfuhrländer des Zollvereins Preußen und Sachsen. US-Konsul Bates, Aachen, bezeichnete die Ausfuhrangaben der Seemächte, also vor allem die Großbritanniens, der Niederlande und Frankreichs, mit Recht als überhöht[514]. Aus den Informationen der Unternehmen, die bei ihm oder seinen Konsularagenten häufig die Wertangaben zu den für die USA bestimmten Produkten bestätigen ließen, wusste er, dass die Masse der Güter der Rheinprovinz über Le Havre, Rotterdam und Liverpool in die USA verschifft wurden. Um so schwerer hatte er es, in Washington die Bedeutung Preußens als Handelspartner bewusst zu machen.

Nicht speziell zu Lasten Mitteleuropas verzerrt wurde die Handelsstatistik wahrscheinlich durch die Mängel bei der Festlegung des Warenwertes

---

[512] Gerolt am 19.3.1857 an Manteuffel, GStAM, 2.4.1.II. Nr. 5283.
[513] Gerolt am 7.6.1851 an Manteuffel, Abschrift, GStAM, Rep. 120 CXVIII.16.1. Bd. 12.
[514] Bates in Nr. 12 vom 1.1.1852 an Webster, NA Wash., Mf T-356/1.

III. Die Präsidentschaft von Pierce

für den US-Zoll. Bates sah zwar das preußische Handelsvolumen wegen der häufigen Unterbewertung preußischer Waren richtig als zu niedrig angesetzt; aber Treasury Department und seine Zollbehörden standen bei allen ausländischen Waren dem Problem gegenüber, dass sie höchst unzuverlässig fakturiert waren. Die preußischen Unternehmen bewegten sich nur im gleichen Fahrwasser wie ihre ausländischen Konkurrenten und trafen gelegentlich auf sehr viel Verständnis, wenn US-Konsulate ihre Wertangaben für den US-Zoll zu beglaubigen hatten. Dem Wahl-Konsul Graebe in Frankfurt entzog das State Department 1850 die Rheinprovinz und Westfalen nicht zuletzt wegen der Zweifel an der Richtigkeit der in seinem Amtsbezirk beglaubigten Wertangaben. Der Nachfolger Isaac Bates, ein Berufskonsul, der sich ehrlich um korrekte Wertaufstellungen bemühte, merkte bald, dass die Waren einzelner Unternehmer des Aachener Raumes bei US-Konsuln in Belgien, Frankreich und England, die zwar vom Produktionsort weit entfernt wohnten, aber an der Mehrung ihres Gebührenertrages nicht uninteressiert waren, zur Beglaubigung vorgelegt und vorschriftsmäßig mit Wertangaben in preußischen Talern und mit Warenaufstellungen auf Deutsch versehen wurden[515]. So wie lästiger Genauigkeit bei der Fakturierung auszuweichen war, so auch dem Druck, die Faktura im Ursprungsland beglaubigen zu lassen, wurde doch das Ursprungsland von den Zwischenhändlern ohnehin oft genug falsch angegeben. Bates sah es als allgemeinen Brauch an, eine nicht korrekte Faktura einzureichen[516], und die Aachener Unternehmer betrogen die US-Regierung nach seinen Erfahrungen so gut sie konnten[517].

Das Treasury Department verschärfte die Vorschriften für die Beglaubigung der Wertangaben der Güter, die in die USA eingeführt werden sollten, mehrfach. Die Anweisung des Teasury Department vom 20.9.53 für die Konsuln verlangte, um der häufigen Unterbewertung von Waren gegenüber dem amerikanischen Zoll entgegenzuwirken, dass die Wertangaben durch einen Eid gegenüber einem Konsul oder leitenden Kommunalbeamten zu bestätigen seien, um im Betrugsfall eine empfindliche Bestrafung zu erreichen. Da eine solche Absicherung der Wertangaben durch Eid nach preußischem Recht nicht möglich war, einigten sich der US-Gesandte Vroom und Konsul Bates in ihren Verhandlungen mit den preußischen Behörden auf ein besonderes Verfahren, das dann – vermittelt durch Vroom und Gerolt[518] – auch von Washington akzeptiert wurde. Handelsminister Heydt verfügte gemäß der Absprache mit den US-Vertretern am 10.12.1853, dass die Un-

---

[515] Bates in Nr. 12 vom 1.1.1852 an Webster, NA Wash., Mf T-356/1.
[516] A. a. O.
[517] Bates in Nr. 29 vom 1.7.1853 an Marcy, Na Wash., Mf T-356/1.
[518] Gerolt am 5.1.1854 und 28.2.1854 an Manteuffel, GStAM, 4.1.II. Nr. 5282.

ternehmen zu den Wertangaben für den Zoll „eidesstattliche Versicherungen" vor einem Magistrat oder Landrat abzugeben hätten, wobei zugleich auf die Strafandrohung nach § 129 StGB zu verweisen sei[519].

Das schnelle Handeln von der Heydts im Sinne des amerikanischen Rechts, das von Vroom besonders gelobt wurde gegenüber Marcy, und die Anstrengungen von Bates, Vroom und Gerolt zeigten, wie sehr beide Seiten am reibungslosen Handel interessiert waren. Als der Aachener Konsul Bates im Oktober 1853 seine Anweisung erhalten hatte, die Wertangaben nicht mehr in der alten Weise zu beglaubigen, ohne einen mit dem preußischen Recht zu vereinbarenden Ausweg im Sinne der amerikanischen Regierung zu kennen, urteilte er gegenüber Vroom, dass wenn er jetzt tatsächlich einer Faktura, die bei ihm in der hergebrachten Form eingereicht würde, die Bestätigung verweigerte, so wäre ganz Aachen mit der Rheinprovinz in Aufregung[520]. So akzeptierte Bates bis Ende 1853 die nicht besonders bestätigten Fakturen. Obgleich das US-Wertzollsystem insgesamt gesehen bürokratisch umständlich war im Vergleich zum Zollvereins-Gewichtszollsystem, so behinderte es das Anwachsen des preußisch-amerikanischen Güteraustausches jetzt und auch später nicht.

Als im Zuge der US-Tarifreformdiskussionen in Deutschland das Gerücht auftauchte, die USA planten die Umwandlung des Wertzolles in einen Gewichtszoll, mobilisierten preußische Exportfirmen sofort das Handels- und das Finanzministerium in Berlin, da sie von einer solchen Änderung nicht unbedingt eine Verbesserung erwarteten[521]. Da der Kongress nicht von dem überkommenen System der Verzollung abrückte, blieben für das US-Schatzamt und die US-Konsuln die verschiedenen Wege der Zoll- und Gebührenhinterziehung durch Exporteure ein dauernder Stein des Anstoßes. Auch immer neu ausgeklügelte Regelungen der US-Administration vermochten das Ärgernis nicht zu bewältigen.

Von deutscher Seite gibt es kein Zahlenmaterial zu dem tatsächlich von Preußen an der Ausfuhr des Zollvereins in die USA in den fünfziger Jahren erreichten Anteil wie allgemein zu dem Anteil einzelner deutscher Staaten an der Ausfuhr in die USA. Aus den von den US-Zollbehörden gewonne-

---

[519] Erlass von der Heydts vom 16.12.1853 als Anlage zum Bericht Vrooms an Marcy Nr. 9 vom 3.1.1854, NA Wash., Mf 44/9. – Im Anschluss an die eidesstattliche Versicherung vor dem Kommunalbeamten ging die Waren- und Wertaufstellung wie gewohnt an den Konsul oder den Konsularagenten. Überdies konnten amerikanische Händler die gesamte eidlich abgesicherte Fakturierung auch beim amerikanischen Zoll vornehmen lassen.
[520] Kopie des Berichtes von Bates vom 18.10.1853 an Vroom, Anlage zum Bericht Vrooms Nr. 2 vom 31.10.1853 an Marcy, NA Wash., Mf 44/9.
[521] Manteuffel am 12.7.1853 an Gerolt, Entwurf, GStAM, 2.4.1.II. Nr. 5282.

nen Zahlen lassen sich immerhin ungefähre Vorstellungen gewinnen. Eine erste Frucht des ständigen Bemühens Gerolts um Zahlen zum preußisch-amerikanischen Handel war, dass der New Yorker Zoll 1852 zum ersten Mal einen Einfuhrbericht mit der Angabe der Herkunft der aus dem Zollverein eingeführten Waren vorlegte. Bei dem im Folgenden genutzten Zahlenmaterial des Einfuhrberichtes über das dritte Quartal von 1851[522] ist neben den schon erwähnten Mängeln der Fakturierungspraxis zu berücksichtigen, dass trotz aller Vorschriften immer noch nicht alle Waren mit den Herstellungsorten bezeichnet waren, dann die deutschen Waren, die auf fremde Rechnung für die USA angekauft und dann in fremden Häfen fakturiert waren, in den Listen des New Yorker Zolles als Fabrikate dieser Länder auftauchten und schließlich zunächst nicht die Einfuhrorte außerhalb New Yorks erfasst waren. Nach den Ermittlungen der New Yorker Zollbehörde lieferten die Zollvereinsstaaten vom 1.7. bis zum 30.9.1851 Waren im Werte von $ 3 238 504 in den New Yorker Hafen. Von diesen Gütern, Tuchen aller Art, Glas und Metallwaren usw., lieferte Preußen Waren von $ 2 049 507, also fast zwei Drittel, und Sachsen von $ 687 866, Frankfurt von $ 198 760 und Bayern von $ 146 428. Die Waren Hessens, Badens, der thüringischen Staaten, Oldenburgs und Hannovers lagen bei $ 155 943.

Von den Gütern aus Preußen und Sachsen, die etwa 84,2% des Gesamtwarenwertes ausmachten, waren Produkte im Werte von $ 1 268 050 allein über Bremen nach New York geliefert. Bremen gewann für den deutschen Export nach New York die Bedeutung, wie Gerolt urteilte[523], wie Liverpool für die britischen Lieferungen in diesen US-Hafen. – Will man mehr über den Warenstrom von Deutschland in die USA Anfang der fünfziger Jahre erfahren, so sind die Berechnungen des preußischen Konsuls Mecke in Philadelphia hilfreich[524]. Von der Gesamtausfuhr deutscher Produkte nach den USA im Finanzjahr 1850/51 (1.7.1850 bis 30.6.1851), die nach seinen Berechnungen einen Wert von 16 Millionen Dollar umfassten, kamen Waren im Werte von 10 008 364 über die Hansestädte, „wovon der wertvollste Teil mit den New York-Bremer Dampfschiffen versandt ward." Für ungefähr 6 Millionen Dollar, schätzte Mecke, kamen deutsche Waren über Holland, Belgien, Frankreich und England, wozu nach dem Bericht Gerolts „besonders die Rheinischen Tuchwaren und Seidenwaren zu rechnen sind, welche teils mit den amerikanischen Dampfschiffen über Havre direkt nach New York, teils – wegen der heruntergesetzten Frachtpreise der Englischen Cunard Steamers – via Havre und Liverpool nach New York und Boston gebracht worden sind."

---

[522] Gerolt am 12.6.1852 an Manteuffel, GStAM, 2.4.1.II. Nr. 5282.
[523] Gerolt am 8.1.1856 an Manteuffel, GStAM, 2.4.1.II. Nr. 8095.
[524] Gerolt am 12.4.1852 an Manteuffel, GStAM, 2.4.1.II. Nr. 5282.

Noch Ende 1849 hatte Mecke geklagt[525], dass die preußische Industrie der großen Nachfrage nach preußischen Tuchwaren nicht genügend nachkam. 1852 und 1853 konnte von einem zu geringen preußischen Warenangebot nicht mehr die Rede sein, und entsprechend drangen preußische Textilien auf dem US-Markt vor. Der New Yorker Kaufmann A. Graef, der nach Gerolt „ein bedeutendes Import-Geschäft von rheinischen wollenen Tüchern hat"[526], äußerte 1852 etwas übertreibend, dass „die englischen Tücher in den letzten Jahren von den hiesigen Märkten verdrängt worden" sind. Die erstaunliche Zurückdrängung der britischen Konkurrenz, die den US-Textilien-Markt um 1840 noch fast allein bestimmte, bestätigte auch der New Yorker Großhändler von Seht, der den Markt untersucht hatte, da sich seine Firma wieder stärker im Tuchgeschäft engagieren wollte. Er hob hervor[527], „daß die englischen und amerikanischen Tuche dem deutschen und belgischen Fabrikate fast gänzlich das Feld haben räumen müssen." Eine herausragende Stellung auf dem US-Markt hatten danach die „vorzüglichsten Fabriken Rheinpreußens" und in letzter Zeit auch „einige sächsische und schlesische Fabrikanten" (aus Bischofswerda, Görlitz und Sommerfeld) erreicht. Diese Urteile deutscher Kaufleute gelten wahrscheinlich nur für einzelne Textilsorten und einige Regionen in den USA; denn die offizielle Statistik, mochte sie auch noch so fehlerhaft sein, stimmte insofern sicher, als der Gesamtwert der aus Großbritannien importierten Tuche immer noch über dem Wert der deutschen lag; aber erstaunlich wirkte der Umschwung auf dem Textilmarkt trotz aller Einschränkungen trotzdem.

Festzustellen war ebenfalls, dass die Kritik von Großhändlern an den deutschen Textilprodukten abnahm, wenngleich von Seht Gerolt die oft gehörte „Klage über Untermaß" vortrug und erneut von den deutschen Fabrikanten „strenge Reellität" in jeder Beziehung verlangte. Insgesamt urteilte Kaufmann und Konsul Mecke[528], dass die deutschen Tuche nicht nur an Boden gewonnen hätten, sondern auch, dass die jüngsten „deutschen Zufuhren in weniger mangelhaften Waren bestehen und mehr als früher den Anforderungen des hiesigen Marktes entsprechen ...".

Die Rheinprovinz war nach den Fakturierungslisten des Aachener Konsulats[529] und den weiteren Informationen der US-Konsuln der Teil Preußens,

---

[525] Mecke in seinem Jahresbericht für 1849 vom 31.12.1849 an Gerolt, GStAM, 2.4.1.II. Nr. 5291.

[526] Gerolt am 12.4.1852 an Manteuffel, GStAM, 2.4.1.II. Nr. 5282.

[527] Abschrift des Berichtes von Seht an Gerolt vom 30.6.1852, GStAM, 2.4.1.II. Nr. 5291. Eine leicht geänderte Wiedergabe des Berichtes ohne Angabe des Verfassers findet sich im Handelsarchiv 1852, 2. Hälfte, Statistik, S. 32 ff.

[528] Jahresbericht Meckes für 1852 vom 31.12.1852, GStAM, 2.4.1.II. Nr. 5292.

[529] s. NA Wash., Mf T-356, 1–3.

der den Löwenanteil zum Export in die USA beisteuerte. Der Konsul in Aachen und seine Konsularagenten in Krefeld und Barmen berechneten in der zweiten Jahreshälfte 1851 Warenlieferungen aus der Rheinprovinz im Wert von 1,5 Millionen Dollar[530]. Nach den gleichen Berechnungen stieg die von ihnen beglaubigte Ausfuhr bis 1856 um etwa die Hälfte[531]. Das meiste steuerten zu dieser Ausfuhr Aachen und Umgebung mit ihren Tuchen bei, vor allem Wolltuche der Firmen Bischoff, Nellessen und Erckens. Bates schätzte 1852, dass von der Produktion der Aachener Unternehmer die Hälfte in die USA ging[532]. Ein weiteres wichtiges Exportzentrum der Rheinprovinz war die Seidenindustrie in und um Krefeld, die 1852 nach Bates[533] Waren im Werte von etwa 7 Millionen Talern (4,6 Mill. Dollar) produzierte, wovon etwa ein Drittel in die USA ging und die übrigen zwei Drittel in Europa und Mittelamerika abgesetzt wurden. Der Bereich des Konsularagenten in Barmen steuerte das vielfältigste Warenangebot zum Export in die USA bei, nämlich Stoffe aus Baumwolle, Wolle und Seide und andere Textilien (vor allem von den Lenneper Firmen Hilger, Schürman und Schröder), Kurzwaren und Metallwaren aus Iserlohn, Solingen und Remscheid. Nach Bates gingen aus diesem Gebiet 1852 Waren im Umfang von 5 Millionen Talern (3,3 Millionen Dollar) nach Amerika[534]. Bei dem Exportboom 1853 konnten auch die schlesischen Unternehmer noch einmal ihren Absatz ausweiten und schlesisches Leinen zu hohen Preisen absetzen. Die großen Unternehmen Berlins vermochten mit ihren billigen Textilien, wollenen Tüchern und Schals, zusätzlich Anteile auf dem US-Markt zu erobern[535].

Im Jahr 1853 erhielt die preußische Industrie besonders auf der „Exhibition of the Industry of all Nations" in New York Gelegenheit zur Werbung. Es handelte sich um eine Industrieausstellung nach dem Vorbild der Londoner Weltausstellung von 1851, wobei selbst der Glaspalast im Mittelpunkt nicht fehlte. Aber im Gegensatz zu Europa war alles privat organisiert, und zwar von einem Zusammenschluss New Yorker Kaufleute. Dank der Interventionen Gerolts in Berlin, der Werbung des von der Ausstellungskommis-

---

[530] Die Versicherungssumme für die aus der Rheinprovinz in die USA exportierten Waren lag nach Bates noch wesentlich höher. – Bates in Nr. 12 vom 1.1.1852 an Webster, NA Wash., Mf T-356/1.

[531] Die Fakturierungslisten von 1855 lagen mir nicht vor. 1856 war ein Rückgang des Absatzes in den USA gegenüber 1855 zu verzeichnen.

[532] A.a.O.

[533] Bates in Nr. 21 vom 1.2.1853 an Webster, NA Wash., Mf T-356/1.

[534] A.a.O.

[535] *Wolfram Fischer*: Berlin und die Weltwirtschaft im 19. und 20. Jahrhundert, Informationen der Historischen Kommission zu Berlin, Beiheft Nr. 13, Berlin 1989, S. 10–13.

sion nach Berlin entsandten Obersten Hughes und der Unterstützung des US-Gesandten in Berlin Barnard engagierte sich die preußische Regierung stärker für die Ausstellung, als es zunächst zu erwarten war. Zum Beispiel sollten sich Königliche Porzellan-Manufaktur und Königliche Eisengießerei zuerst nur bei der etwa gleichzeitig stattfindenden irischen Gewerbeausstellung in Dublin präsentieren, nicht aber auf dem amerikanischen Markt[536]. Gerolt machte zugunsten der Ausstellung von Zollvereinsprodukten in New York geltend: „... viele derselben, welche sich eines bedeutenden Absatzes in den Vereinigten Staaten erfreuen und sogar dieselben Artikel englischer und französischer Fabrication verdrängen, wie z. B. wollene Tücher, Stahlwaren, Seidenwaren, besonders gemischte u. a. m., werden im Detailhandel großenteils als französische und englische verkauft, um ihnen bessere Ansprüche auf ‚Fashion' zu sichern, ein Zauberwort, was bei den amerikanischen Consumenten eine große Rolle spielt ... Es wäre daher sehr zu wünschen, dass die Muster unserer Manufactur-Industrie bei der besagten Ausstellung in New York als preußische oder deutsche Fabricate zur Schau gestellt würden. Dasselbe gilt von den deutschen Kunst-Producten, für deren Absatz das Feld hier sich täglich erweitert."[537]

Auf Antrag Preußens unterstützten alle Zollvereinsstaaten die Aussteller in New York 1853 durch Zollvergünstigungen, die Barnard als „very important facilities to Exhibitors" lobte[538]. Als Vertreter des Handelsministeriums schickte von der Heydt den Geheimen Regierungsrat Rudolph von Delbrück, seinen „fähigsten und intelligentesten Mitarbeiter, der zugleich ein feinsinniger Beobachter war"[539]. An den Besuch in New York schloss Delbrück eine mehrmonatige Informationsreise durch die USA an.

So wie sich Delbrück 1853 mit dem preußischen Beitrag zu Wirtschaftsschauen befasste, lenkte er auch in den folgenden Jahren bis 1867 die preußische Beteiligung an den entsprechenden internationalen Ausstellungen, dem neuen Kommunikationsmittel des Weltmarktes zur Information, Werbung und zum direkten Verkauf von Herstellungsverfahren und Produkten[540]. Die New Yorker Ausstellung hatte nicht die Bedeutung ihres großen Londoner Vorbildes, nach deren Besuch von der Heydt „ganz erfüllt von Englands Macht und Herrlichkeit" erschien[541]. Die Anzahl der Aussteller

---

[536] Siehe dazu den Briefwechsel zwischen Gerolt und Manteuffel 1853, GStAM, 2.4.1.II. Nr. 1294.

[537] Gerolt an Manteuffel am 8.12.1852. GStAM, 2.4.1.II. Nr. 1294.

[538] Barnard in Nr. 105 vom 8.2.1853 an Everett, NA Wash., Mf 44/8.

[539] *Alexander Bergengrün*: Staatsminister August Freiherr von der Heydt, Leipzig 1908, S. 144.

[540] *Evelyn Kroker*: Die Weltausstellungen im 19. Jahrhundert, Göttingen 1975.

[541] Von der Heydts Kritiker Graf Prokesch von Osten, der österreichische Botschafter in Berlin, am 25.10.1851 an den Fürsten Schwarzenberg. S. 230 in: Aus

umfasste nicht einmal die Hälfte der Londoner Ausstellung, und die ausgestellten Produkte dokumentierten in erster Linie den Aufstieg der US-Industrie, so dass Delbrück urteilte: „Die Ausstellung war, als eine internationale, unbedeutend, als eine amerikanische, interessant."[542]

Der Werbeeffekt für die deutschen Aussteller auf dem amerikanischen Markt wird ebenfalls nicht unbedeutend gewesen sein, auch wenn die Besucherzahl mit 1250000[543] nur 21% der Londoner Ausstellung erreichte und damit für die New Yorker Organisatoren ein riesiges Defizit folgte. Die Görlitzer Handelskammer, als Vertreterin Lausitzer und schlesischer Wolltuche, vermerkte mit besonderem Stolz, dass parallel zu einem alle Erwartungen übertreffenden Preisanstieg für schlesische und Lausitzer gute Wolle in den USA „bei der Industrie-Ausstellung in New York zwei unserer Exporteurs die ersten Preise für Wollwaren erhielten."[544] Ebenso angenehm war es der sächsischen Bergverwaltung, ihren Ausstellungsbeitrag ausgezeichnet zu sehen, während die preußischen Staatsunternehmen KPM und Königliche Eisengießerei nicht diese Anerkennung fanden.

Die Idee, auf dem Ausstellungswege deutsche Produkte in den USA bekannt zu machen, erhielt gerade durch die New Yorker Ausstellung Auftrieb. Das „Vereinsblatt für deutsche Arbeit" hatte schon im Zuge der Vorbereitungen zur deutschen Beteiligung an der New Yorker Ausstellung ein dauerndes Musterlager für deutsche Exportinteressen in New York vorgeschlagen[545]. Dieser Gedanke spielte auch später immer wieder eine Rolle, wurde aber nicht verwirklicht. Eine Weltausstellung, die auch vom Organisatorischen her dem europäischen Vorbild entsprach, fand in den USA erst 1876 in Philadelphia statt.

Deutsche Produkte gelangten durch die verschiedensten westeuropäischen und amerikanischen Firmen in die USA. Wenn deutsche Firmen den Absatz organisierten, so endete ihre Einflussnahme in der Regel in den Atlantikhäfen, und das hieß meistens in New York. Die deutschen Firmen wussten selbstverständlich um die Chancen des mit der Expansion der USA so ungeheuer gewachsenen Absatzmarktes, aber vermochten diese Möglichkeiten nur erstaunlich langsam zu nutzen im Vergleich zu ihren westeuropäischen Konkurrenten. Die preußischen Konsuln in den großen Verkehrszentren des Westens wiesen immer wieder hin auf die im Vergleich zum Direkthandel

---

den Briefen des Grafen *Prokesch von Osten,* k.u.k. österr. Botschafters und Feldzeugmeisters 1849–1855, Wien 1896.

[542] *Delbrück*: Lebenserinnerungen, Bd. 2, S. 6.
[543] Encyclopedia Britannica 1970, Stichwort Exhibition and Fairs.
[544] Jahresbericht der Handelskammer Görlitz für 1853, Handelsarchiv 1853, II. Hälfte, Jahresberichte, S. 80.
[545] *Kroker*: Weltausstellungen, S. 191.

Großbritanniens und Frankreichs in die USA geringen direkten Beziehungen zwischen Deutschland und dem Innern der USA und die Chancen deutscher und speziell preußischer Firmen. Am deutlichsten wurde Stanislaus in Cincinnati, der über die preußischen Großhändler klagte: „Sie scheinen sich an Akten zu halten und den New Yorkern Tribut zahlen zu wollen."[546] Stanislaus dachte besonders an die günstigen Absatzchancen bei den Deutsch-Amerikanern, die in Ohio über ein Drittel der zwei Millionen Einwohner ausmachten und die „eine gewisse Vorliebe für alles, was deutsch ist, haben." Er urteilte 1852[547], „daß in Cincinnati und in anderen Plätzen des westlichen Amerika, wo Deutsche in so bedeutender Anzahl leben, die Erzeugnisse preußischer Industrie den Vorzug vor denen anderer Länder haben." Er dachte dabei vor allem an die Produkte Aachens, Eupens, Elberfelds, Barmens und Solingens. Stanislaus lud immer wieder preußische Fabrikanten und Großhändler nach Ohio ein, um „den bereits so mächtigen Absatz preußischer Fabrikate dahin wo möglich zu erleichtern und auszudehnen"[548] und um zum direkten Einkauf anzuregen, etwa in dem 1852 eingerichteten Tabak-Entrepot, aber nur wenige Geschäftsleute aus Preußen fanden sich ein in Cincinnati: „Es ist auffallend, wie sehr wenige deutsche und preußische Reisende im Vergleich mit der großen Anzahl englischer den hiesigen Platz aufsuchen ... Leider lassen unsere deutschen Industriellen ihren Concurrenten das Feld zu lange offen. Der Engländer und selbst der Franzose ist in dieser Hinsicht viel unternehmender und scheut keine Unkosten, um in irgendeiner Weise aus den Verhältnissen dieses Landes für sich Vorteile zu ziehen."[549] Auch drei Jahre später hatte sich noch nichts geändert, so dass er wiederum monierte[550], dass sich „wenige deutsche Handlungsreisende dahier gezeigt haben, was mich um so mehr befremdet, da Engländer und Franzosen in ziemlich großer Zahl verwichenes Jahr den hiesigen Platz in Geschäften besucht haben."

Etwas günstiger als in Cincinnati waren die Voraussetzungen für die Anknüpfung direkter Handelsbeziehungen beim Verkehrs- und Handelszentrum St. Louis, wo zu dem hohen Anteil von Deutsch-Amerikanern nach Angelrodt hinzukam[551]: „Alle Branchen sind durch verschiedene deutsche solide Häuser vertreten, von denen mehrere zu den bedeutendsten unseres Platzes gerechnet werden und die sowie überhaupt die Deutschen im allgemeinen

---

[546] Stanislaus im Jahresbericht für 1853, GStAM, 2.4.1.II. Nr. 5292.
[547] Stanislaus am 19.2.1852 in seinem Jahresbericht für 1851 an Gerolt, GStAM, 2.4.1.II. Nr. 5291.
[548] A.a.O.
[549] A.a.O.
[550] Stanislaus am 12.5.1855 in seinem Jahresbericht für 1854 an Gerolt, GStAM, 2.4.1.II. Nr. 5293.
[551] Jahresbericht Angelrodts für 1849 an Gerolt, GStAM, 2.4.1.II. Nr. 5291.

III. Die Präsidentschaft von Pierce

hier wie anderwärts wegen ihrer Solidität obenan stehen." Hier bestanden schon unmittelbare Handelsbeziehungen: „Außer mit den Hauptmärkten Englands steht St. Louis auf dem Continent mit Bremen, Frankfurt am Main, Barmen, Hagen, Elberfeld und dem ebenbenachbarten Manufaktur-Gebiete und Rhein-Distrikten in direkter Verbindung." Nur der Umfang des direkten Handelsverkehrs ließ zu wünschen übrig. Der Zoll in St. Louis registrierte 1851 nur Waren im Werte von 33 000 Dollar als direkt aus dem Zollverein eingeführt, also von einem Neuntel des aus Großbritannien direkt eingeführten Warenwertes und etwa 40% des Wertes der aus Frankreich verzollten Waren[552]. Ebenso wie den Rückstand des Zollvereins beim direkten Handel hielt Angelrodt es für unzureichend, dass der Kapitalverkehr von St. Louis mit Europa vorwiegend über Großbritannien lief, „während nur 2 deutsche Handlungshäuser die Wechselgeschäfte für Deutschland angezogen, die zugleich mit England und Frankreich in Verbindung stehen."[553] Angelrodt selbst handelte zwar mit allem, was Gewinn abwarf, von rheinischen Tuchen bis zu Fahrkarten; aber auf das Wechselgeschäft mit Europa ließ sich der vorsichtige Geschäftsmann nur gelegentlich ein, und die 1852 gegründete „German Saving Institution" war eine Sparkasse, die auch in der Krise 1857/58 nicht aufzugeben brauchte.

Angelrodt bemühte sich wie Stanislaus um den direkten Absatz deutscher Produkte, wenn er auch nur langsam Erfolge spürte. 1855 lobte er besonders die von den „intellegentesten Produzenten verschiedener Industriezweige" aus Berlin, Aachen, Köln, Limburg, Huckeswagen, Lennep, Hagen, Iserlohn und Remscheid in den letzten Jahren angeknüpften direkten Verbindungen[554]. Angelrodt übersah auch nicht, was dem direkten Absatz von deutschen Waren und speziell von Textilien im Wege stand, dass es nämlich „für die hiesigen Engrossisten bequemer ist, selber auf den östlichen Märkten, namentlich in New York zu kaufen, indem sie daselbst eine große Auswahl gleichzeitig unter den Artikeln dieser Gattung von allen ausländischen Manufakturen haben. Sobald aber nur größere Niederlagen und namentlich auch aus anderen Ländern hier etabliert werden, was für die Folge nicht ausbleiben kann, so wird jener Übelstand schwinden und St. Louis einen großen Markt für diese sowie auch für andere ausländische Manufaktur-Artikel bilden."[555] Insgesamt beurteilte Angelrodt den Absatz deutscher Produkte in den USA optimistisch. 1855 hob er hervor[556], dass schließlich die Produkte der Zollvereins-Staaten, die Textilien aus den

---

[552] Jahresbericht Angelrodts für 1851 vom 15.4.1852, GStAM, 2.4.1.II. Nr. 5291.
[553] A. a. O.
[554] Jahresbericht Angelrodts für 1854 vom 26.3.1855, GStAM, 2.4.1.II. Nr. 5293.
[555] Jahresbericht Angelrodts für 1852 vom 18.3.1853, GStAM, 2.4.1.II. Nr. 5292.
[556] Angelrodt im Jahresbericht für 1854 vom 26.3.1855, GStAM, 2.4.1.II. Nr. 5293.

Rhein-Fabrikdistrikten und aus Sachsen, die Eisen- und Messingartikel aus den Fabrikdistrikten des Wuppertales und die Spielwaren aus dem Schwarzwald, erst „seit den letzten paar Jahren mehr bekannt und schätzen gelernt worden, und die Zeit wird nicht mehr fern sein, wo die deutsche Industrie mit der Englands nicht allein in völlige Konkurrenz treten kann, sondern sie auch bald überflügeln wird." Angelrodt, der sich in seinen allgemeinen Prognosen wesentlich weniger vorsichtig abwägend verhielt als in seiner Geschäftspraxis, beurteilte den deutschen Handel viel optimistischer als Stanislaus, der sich enttäuscht von den deutschen Geschäftsleuten zeigte. Dass die deutschen Kaufleute, wie besonders Stanislaus beklagte, den amerikanischen Binnenmarkt zu wenig nutzten neben den Atlantik-Häfen, mag ein Grund dafür gewesen sein, dass sich der Absatz deutscher Produkte unter den schwierigeren wirtschaftlichen Bedingungen nach 1855 bei weitem nicht so günstig entwickelte, wie es der 1855 noch so fortschrittsgläubige Angelrodt vermutete.

Bei allen Absatzerfolgen vor allem preußischer Textilien in den USA gab es auch schon vor 1855 kritische Stimmen. So kritisierte Rudolph von Delbrück 1853 nach einem mehrmonatigen USA-Besuch: „Es werden jetzt im Zollverein so hohe Preise gefordert, dass in einzelnen Qualitäten sich die britische Konkurrenz wieder zu zeigen beginnt, um so mehr als sich unter den neueren Sendungen deutscher Tuche sehr viel Ware befunden hat, die ungemein nachlässig appretiert war."[557] Es ist möglich, dass der allgemein festgestellte Preisanstieg und die Qualitätsabnahme mit dazu beitrugen, dass der Absatz von deutschen Textilien ab 1854 nicht in gleicher Weise zunahm wie 1851 bis 1854. Am wenigstens lag es an den mit dem Krimkrieg gestiegenen Frachtraten, da die Transportkosten bei Textilien ohnehin nicht einmal 1% des Einkaufspreises ausmachten.

Eine Absatzstockung, wie sie Delbrück 1853 mit Recht befürchtete, kam immer wieder vor, so auch 1851, als die rheinischen und schlesischen Handelskammern die „Überladung des nordamerikanischen Marktes" mit Textilien und Metallwaren vor allem aus Großbritannien, Frankreich, Belgien, dem Zollverein und den Fabriken Neuenglands beklagten[558]. Aber solch ein kurzfristiger Rückgang konnte die positive Gesamttendenz und erst recht das Vertrauen in die Absatzmöglichkeiten in den USA nicht brechen. „Es ist dort", urteilte die Handelskammer Elberfeld und Barmen[559], „die Arena

---

[557] Begleitschreiben Delbrücks vom 24.9.1853 aus New York zum Bericht Gerolts vom 30.9.1853 an Manteuffel, GStAM, 4.1.II. Nr. 5282.
[558] Siehe die Jahresberichte der Handelskammern für 1851, Handelsarchiv 1852, 1. Hälfte.
[559] Jahresbericht der Handelskammer von Elberfeld und Barmen für 1851, a.a.O., S. 187.

III. Die Präsidentschaft von Pierce 273

für alle Industrien der Erde, mit jedem Jahre nehmen die Hülfsquellen des Landes zu, und mit ihnen der Consumo aller Art ...". Und sie sah sich von der Absatzentwicklung zunächst voll bestätigt. Nach einem leichten Rückgang stieg der Import aus Deutschland 1853 nach der offiziellen US-Statistik auf 14 Millionen Dollar und 1854 auf 17 Millionen, um dann jedoch auf 13 Millionen Dollar zurückzufallen[560]. Überhaupt erreichten die deutschen Warenlieferungen ihren früheren Umfang in den Jahren 1855 bis 1859 nicht wieder.

Die preußische Regierung registrierte die wachsende Bedeutung der wirtschaftlichen Kontakte zu den USA schneller, als Gerolt nach den häufig fruchtlosen Bemühungen um die Aufwertung des preußisch-amerikanischen Verhältnisses erwartete; ohnehin sah sie die Beziehungen zu den USA als primär wirtschaftlich interessant an. Dass besonders das Interesse des Handelsministeriums an den USA wuchs, belegte die Entsendung Delbrücks zur Ausstellung in New York und die Unterstützung des Handelsministeriums für den Ausbau des preußischen Konsulatswesens in den USA. Nicht unwichtig dürfte das persönliche Interesse des aus Elberfeld stammenden Handelsministers August von der Heydt gewesen sein, der familiär sowohl mit der rheinischen als auch mit der New Yorker Wirtschaft verbunden war. Sein 1855 zum Vizekonsul des preußischen Generalkonsuls Schmidt in New York ernannter Sohn Eduard von der Heydt war Associé des New Yorker Handlungshauses Schmidt & Co und Schwiegersohn Schmidts. Welchen Stellenwert der Handel Preußens mit den USA inzwischen in den Augen des Handelsministers gewonnen hatte, spiegelt seine Äußerung gegenüber Manteuffel 1855 wider[561]: „Die Wichtigkeit der Vereinigten Staaten von Amerika für den Absatz diesseitiger Erzeugnisse hat bekanntlich von Jahr zu Jahr und in einem Maße zugenommen, dass der Tarif dieses Landes für die Interessen unserer Industrie gegenwärtig von größerer Bedeutung ist als die Tarife der meisten anderen Staaten." Er erklärte sich von der Mission in Washington für „ungemein ungenügend" informiert und die preußischen Interessen zu wenig vertreten im US-Treasury. Er ersuchte Manteuffel im Hinblick auf die Beziehungen zu den Vereinigten Staaten, „dem Königlichen Gesandten in Washington eine der Wichtigkeit dieser Beziehungen entsprechende Aufmerksamkeit auf dieselben eindringlich zur Pflicht zu machen." So wie in diesem Schreiben 1855 beschwerte sich von der Heydt auch später sofort, wenn er sich durch Gerolt oder das Ministerium der auswärtigen Angelegenheiten nicht angemessen über die Tarifauseinandersetzungen in Washington informiert fühlte und die englische Presse etwa schneller berichtete. Angesichts der Kongressdebatte über die Zolländerung

---
[560] Historical Statistics, S. 907.
[561] Heydt an Manteuffel am 10.2.1855, GStAM, 2.4.1.II. Nr. 5281.

1859/60 veranlasste er den Minister der auswärtigen Angelegenheiten, Gerolt anzuweisen, zu wichtigen Wirtschaftsfragen „besonders und näher in die Sache eingehende Berichte zu erstellen."[562] Die Vorwürfe lassen sich bei näherer Betrachtung darauf reduzieren, dass für die Regierung Gerolt gelegentlich zu selbständig mit den Instruktionen umging und dass mit den wachsenden Kontakten zwischen alter und neuer Welt in der Tat neben den Gesandtschaftsberichten andere Informationsquellen manchmal reichlicher und vor allem schneller sprudelten, zum Beispiel die englischen Zeitungen. Aber am bemerkenswertesten ist das in der Kritik von der Heydts zum Ausdruck kommende Bewusstsein von der großen Bedeutung der Beziehungen Preußens zu den USA. Anfang der fünfziger Jahre sucht man vergeblich eine Resonanz im Handelsministerium auf die vielen Berichte Gerolts über den Aufstieg der USA, so dass es aussieht, als wenn damals nur Auswanderer und Handelskammern die US-Wirtschaft im Blick hatten.

Die Anteilnahme von der Heydts an den tarifpolitischen Auseinandersetzungen in den USA nach dem Präsidentenwechsel 1853 war berechtigt. Vom Inkrafttreten des Walker-Tarifs 1846 bis 1853 hatten die US-Zölle kaum noch Gesprächsstoff zwischen den US-Parteien geliefert. Nur die Whigs nahmen 1848, 1852 und dann wieder 1856 in ihren Partei-Plattformen Bezug auf Zölle, indem sie Schutzzölle für die amerikanische Industrie forderten. Aber angesichts des Wachstums der US-Industrie auch ohne Zollerhöhungen fehlte der US-Industrielobby der Rückhalt in der Öffentlichkeit. Überdies standen die Mehrheitsverhältnisse im Kongress im Wege, auch als die Whigs 1849 bis 1853 den Präsidenten stellten. Die den Kongress beherrschenden Demokraten lehnten Zollerhöhungen ab, schon damit die Zentralregierung „niemals in Versuchung gerate, von ihrer Macht und ihren Geldmitteln gegen die Unabhängigkeit der souveränen Staaten der Union Mißbrauch zu machen", wie Gerolt mit Blick auf die Südstaaten formulierte[563]. Während Gerolt den Einfluss der Demokraten auf die Neutralitätspolitik Taylors und Fillmores beklagte, war er im Bereich der Zollpolitik recht froh, dass die Whigs gegenüber den Demokraten zurückstecken mussten.

Seit 1853 stellte der demokratische Finanzminister Guthrie die weitere Tarifsenkung zur Diskussion, weil sich entgegen den Voraussagen der Schutzzoll-Vertreter aus Pennsylvanien und anderen schon industrialisierten Staaten des Ostens „die Zoll-Einnahmen ... durch die zunehmenden Einfuhren der fremden Manufacturen so sehr vermehrt" hatten, wie Gerolt nach Berlin berichtete[564], „daß die gegenwärtige Regierung einen Überschuß von

---

[562] Schleinitz am 30.10.1860 an von der Heydt, GStAM, Rep. 120 C XIII 1.6.1. Bd. 14.
[563] Gerolt am 30.9.1853 an Manteuffel, GStAM 2.4.1.II. Nr. 5282.

III. Die Präsidentschaft von Pierce 275

über 30 Millionen Dollars hat, worüber der nächste Kongreß eine Verfügung treffen muss." Ein bestimmtes Konzept der Zollsenkung vertrat Guthrie noch nicht, da die Handelspolitik seit Jahren aus dem demokratischen Parteiprogramm verschwunden war. Um so aktiver suchten die eine Zollsenkung fürchtende US-Industrie und die an einer weiteren Zollsenkung für Fertigwaren interessierten Industrienationen auf die Gestaltung des Gesetzentwurfs Einfluss zu nehmen. Im September 1853 sprach Rudolph von Delbrück im Auftrage des preußischen Handelsministers von der Heydt mehrfach mit Guthrie[565]. Delbrück ging es im Interesse der Industrie des Zollvereins und besonders der preußischen nicht nur um niedrigere Zölle bei Fabrikaten, sondern auch um die Aufrechterhaltung der alten Zollsätze bei Rohstoffen. Delbrück fürchtete vor allem die Senkung des Zollsatzes auf roher Wolle, da „uns die Amerikaner in der Fabrikation einholen, sobald sie nur wohlfeile Wollen haben."[566]

Der von Finanzminister Guthrie nach vielen Vorgesprächen in seinem Bericht über das Finanzjahr 1854/55 entwickelte Plan zur Tarifrevision[567], die Grundlage der Kongressberatungen 1856/57, bestätigte die Befürchtungen Delbrücks. Handelsminister von der Heydt und Finanzminister Bodelschwingh werteten den Plan als „für den Europäischen insbesondere auch für den diesseitigen Handel nachteiligsten, welcher in den letzten zehn Jahren zur Erwägung gestellt ist."[568] Obgleich Guthrie selbst aus Kentucky stammte, hatte er den Wünschen der Industrie des Nordostens so weit nachgegeben, dass einerseits die Zölle auf Rohmaterialien gesenkt und andererseits die Zölle für Fertigfabrikate auf dem alten Niveau bleiben oder noch erhöht werden sollten. Eine Erhöhung drohte den wichtigsten preußischen Export-Artikeln Seidenwaren, Kammgarnwaren, baumwollenen Strümpfen, baumwollenen und halbseidenen Samten und vielen Metallwaren. Von der Heydt und Bodelschwingh erwarteten jedoch mit Recht einen so starken Widerstand der exportorientierten Regionen des Südens und Westens, dass sie die Annahme des Planes für unwahrscheinlich hielten. Die wohl mit Blick auf die amerikanischen Tarifreformpläne 1856 bekannt gemachten preußischen Überlegungen, nach dem Vorbild Englands und Frankreichs Tabak mit höherem Eingangszoll zu belasten, verfehlten ihre Wirkung auf die

---
[564] A.a.O.
[565] *Delbrück*: Lebenserinnerungen, Bd. 2, S. 18 f. Bericht Delbrücks vom 24.9.1853 als Anlage zum Bericht Gerolts vom 30.9.1853 an Manteuffel, GStAM, 2.4.1.II. Nr. 5282.
[566] Delbrück, a.a.O.
[567] Übersetzt veröffentlicht in Deutschland im Handelsarchiv 1856, I, S. 229–232.
[568] Von der Heydt und Bodelschwingh an Manteuffel am 23.2.1856. Die entsprechende Instruktion für Gerolt erging am 1.3.1856. GStAM, 4.1.II. Nr. 5282.

amerikanische Öffentlichkeit nicht, insbesondere nicht auf die Tabakhändler Baltimores. Die im preußischen Landtag diskutierten Vorschläge machten bewusst, dass die USA die deutschen Vorstellungen zu den amerikanischen Tarifreform-Plänen nicht einfach übergehen konnten. Von Gerolt und Schleiden stießen bei ihren Gesprächen im Kongress über Guthries Pläne erwartungsgemäß vor allem bei Senatoren des Südens auf Sympathien[569].

Dass trotz der freihändlerisch orientierten demokratischen Mehrheit im Kongress die den Schutz der US-Industrie vertretende Gruppe von Senatoren und Abgeordneten und ihr Rückhalt in der Öffentlichkeit nicht zu unterschätzen waren, zeigte auch die weitere Auseinandersetzung um die Tarifrevision. Der Bericht Guthries für das Geschäftsjahr 1855/56 bestätigte im Wesentlichen sein bisheriges Konzept der Ermäßigung einer Reihe von Zöllen bei gleichzeitigem Schutz der Industrie. Noch stärker als Guthrie vertrat Senator James aus Rhode Island den Gedanken des Schutzes speziell der Wollindustrie in den atlantischen Staaten, „welche einen großen Aufschwung genommen" hatte, wie Gerolt registrierte[570]. Er erreichte einen Gesetzesvorschlag im Sinne des Schutzes dieser Textil-Werke im Committee of Ways and Means des Repräsentantenhauses. Angesichts dieser Tendenzen hoffte von der Heydt eher, dass das alte Zollgesetz erhalten blieb. Das erschien lange Zeit sehr wahrscheinlich wegen der Opposition demokratischer Senatoren gegen ein Tarif-Gesetz, das keine Verringerung der Einnahmen der Unionsregierung zu bringen versprach.

Manteuffel wies nach Absprache mit von der Heydt und Bodelschwingh[571] Gerolt an, „für die Aufrechterhaltung der bestehenden Zollsätze für Wolle und Wollenwaren und, sofern die Zollbefreiung von roher Wolle unvermeidlich sein sollte, für eine dieser Befreiung entsprechende erhebliche Ermäßigung der Zollsätze für Wollenwaren zu wirken." Die preußische Regierung sprach selbstverständlich auch mit Vroom über die Tarif-Gesetzentwürfe, um ihn „zum Widerstande gegen die vorgeschlagenen Maßregeln anzuregen"[572], allerdings vergeblich.

Gerolt suchte, unterstützt von deutsch-amerikanischen Kaufleuten[573], auf die Presse Einfluss zu nehmen und weiterhin natürlich auf die Kongress-Mitglieder über direkte Gespräche[574]. Gegenüber dem Jahresbericht 1855/56 des Treasury Department und den noch stärker den Schutzgedanken beto-

---

[569] Gerolt am 6.3. und 11.3.1856 an Manteuffel, GStAM, 4.1.II. Nr. 5282.
[570] Gerolt am 2.2.1857 an Manteuffel, GStAM, 4.1.II. Nr. 5282.
[571] Manteuffel am 14.1.1857 an Gerolt, a.a.O.
[572] Manteuffel an 3.1.1857 an Gerolt, a.a.O.
[573] Siehe das Gutachten von Graef über die Bedeutung der Tarifreform vom 11.9.1856, der Anlage zum Bericht Gerolts vom 20.9.1856, a.a.O.
[574] Gerolt am 2.2.1857 an Manteuffel, a.a.O.

III. Die Präsidentschaft von Pierce

nenden Gesetzesvorschlägen aus dem Kongress konnte Gerolt mit dem Zahlenmaterial des Secretary of the Treasury belegen, dass sich das Produktionsvolumen der amerikanischen Wollwarenindustrie ungeachtet des die Einfuhr fördernden Walkertarifs zwischen 1840 und 1855 wertmäßig um 176% steigerte und ihr Anteil an den in den USA umgesetzten Wollwaren 1840, 1850 und 1855 konstant bei 71% blieb; die amerikanische Wollwarenindustrie bedürfte also keines zusätzlichen Schutzes[575]. Aus der marktbeherrschenden Stellung der US-Industrie bei Verbrauchsgütern wie Wolldecken und Flanell trotz relativ niedriger Zölle und dem großen Einfluss ausländischer Firmen auf dem Tuchmarkt trotz einer Zollspitze von 30% leitete die preußische Seite ab, „daß in Amerika wie überall die einheimische Industrie sich nicht derjenigen Artikel vorzugsweise bemächtigt hat, bei welchen sie den größten Zollschutz, sondern derjenigen, bei welchen sie den ausgedehntesten Verbrauch findet."[576]

Bei dem dann einen Tag vor Ende des 34. Kongresses am 3. März 1857 und unmittelbar vor dem Amtsantritt Buchanans verabschiedeten Tarif-Gesetz[577] hatten sich die an niedrigeren Zöllen interessierten Staaten des Südens, Südwestens, Kalifornien und einzelne Neuengland-Staaten doch noch durchgesetzt. Preußen sah die Zölle auch auf den Produkten, die es in die USA exportierte, überwiegend in Tarifklassen eingeordnet, bei denen der Zollsatz erheblich vermindert wurde. Baumwoll-, Leinen-, Seiden-, Woll- und Kammgarnwollwaren gehörten teils zu Schedule C, was eine Zollsenkung von 30% auf 24% bedeutete, und teils zu Schedule D, was eine Zollminderung von 25% auf 19% brachte. Allerdings war im Interesse der US-Textilindustrie der Zoll auf roher Wolle ganz aufgehoben. Dennoch urteilte Gerolt, dass „der Preußischen Industrie und Schifffahrt große Vorteile im Handelsverkehr mit den Vereinigten Staaten erwachsen werden" aus der Tarifreform[578]. Der neue Tarif entsprach den preußischen Interessen in einem Maße, dass Gerolts Wirken einmal Anerkennung fand. Manteuffel schrieb ihm[579]: „Ich gebe mich der Hoffnung hin, daß die diesseits gegen die früheren Tarifvorschläge gemachten Vorstellungen nicht ohne Einfluß auf den gegenwärtigen Ausgang der bezüglichen Kongreßverhandlungen gewesen sind und nehme keinen Anstand Ew.pp. meine Befriedigung über den Erfolg, mit welchem Sie unsere Vorstellungen dort Eingang zu verschaffen gewußt haben, hierdurch auszusprechen." Darüber, ob Gerolt die Kongressverhandlungen geringfügig beeinflusst hat, lässt sich streiten, aber bestrei-

---

[575] Schreiben von der Heydts an Manteuffel vom 8.1.1857, der Grundlage für die Instruktion vom 14.1.1857 an Gerolt, a.a.O.
[576] A.a.O.
[577] Handelsarchiv 1857, I, S. 373–382.
[578] Gerolt am 9.3.1857 an den König, GStA Berlin, Mf 79 AA CB IC Nr. 28.
[579] Manteuffel am 2.4.1857 an Gerolt, Entwurf, GStAM, 2.4.1.II. Nr. 5283.

ten lässt sich nicht, dass sich die Handelsbedingungen für preußische Textilien verbessert hatten. Nur leider beeinflusste den Handelsverkehr ab 1857 stärker als die positive staatliche Vorgabe die Verschlechterung der Absatzbedingungen in den USA angesichts der großen Wirtschaftskrise.

Der in der ersten Hälfte der fünfziger Jahre so sehr verstärkte Güteraustausch und insgesamt die Intensivierung der deutsch-amerikanischen Beziehungen ist nicht denkbar ohne die neuen Schiffsverbindungen, vor allem die zwischen Bremen und New York. Die Zahl der preußischen Schiffe, die die USA ansteuerten, blieb gering, wenngleich sie anstieg. New York liefen 1850 961 britische, 95 Bremer, 34 Hamburger, 27 französische, 12 österreichische und, wie Generalkonsul Schmidt stolz hervorhob, 47 preußische Schiffe an[580]. Dass überhaupt so viele preußische Schiffe im New Yorker Hafen erschienen, hing unter anderem damit zusammen, dass das britische Gesetz vom 26.6.1849 zum 1.1.1850 die Navigationsakte aufgehoben hatte. So brauchten sich die preußischen Schiffe nicht mehr auf den direkten Handelsverkehr zwischen preußischen und überseeischen Häfen zu beschränken und vermochten auch den Zwischenhandel mit englischen Häfen zu übernehmen. Schmidt erläuterte[581]: „Der Umstand, daß jetzt Schiffe unter der preußischen Flagge gleich denen, die die Landesflagge führen, Ladungen von den diesseitigen Häfen nach den englischen Besitzungen annehmen und daß sie, wenn bei uns keine Frachten zu finden sein sollten, nach den benachbarten englischen Provinzen versegeln und da Befrachtungen finden können, hat unstreitig dazu beigetragen, die preußischen Reeder zu veranlassen, ihr Augenmerk mehr als wie in früheren Jahren auf Amerika zu richten und da so ziemlich alle hierher gekommenen Fahrzeuge ohne zu langen Aufenthalt wieder expediert worden sind, so darf man wohl der Erwartung Raum geben, daß von nun an preußische Schiffe fortfahren werden, den hiesigen Hafen zahlreich zu besuchen."

Die Möglichkeiten, die preußischen Schiffe mit ausreichender Fracht zu versehen, hatten sich verbessert. Aber preußische Reeder sahen das Anlaufen von US-Häfen deshalb weiterhin mit Nachteilen verknüpft, weil hier so viele Matrosen desertierten. Schmidt, an den sich die Kapitäne regelmäßig bei Desertionen wandten, wusste nur ein Gegenmittel, dass nämlich „die preußischen Reeder sich veranlaßt oder im Stande finden, das Monatsgeld der Matrosen dem hier üblichen und leicht zu erlangenden näher zu bringen, als es jetzt der Fall ist."[582] Im Übrigen konnten die Desertionen kein spezieller Hinderungsgrund für preußische Schiffe sein, US-Häfen anzulau-

---

[580] Jahresbericht des Generalkonsuls Schmidt vom 11.4.1851 an Manteuffel, GStAM, 2.4.1.II. Nr. 5291. – Veröffentlicht im Handelsarchiv 1851, II, Statistik, S. 44.

[581] A. a. O.

III. Die Präsidentschaft von Pierce   279

fen; denn damit hatten alle europäischen Schiffe zu kämpfen, auch die englischen und die hansestädtischen.

Dem Ratschlag Schmidts, der Desertion von Matrosen durch eine höhere Heuer zu begegnen, war wohl in den fünfziger Jahren zu folgen; aber in den Sechzigern mit der von der US-Kriegsmarine gezahlten hohen Heuer zu konkurrieren, wurde gänzlich unmöglich. Das Anliegen europäischer Staaten, die Auslieferung desertierter Matrosen zu erreichen, ließ sich schon in den fünfziger Jahren nicht durchsetzen und erst recht nicht angesichts des Bedarfs der US-Navy im Sezessionskrieg. Auch bei den Vertragsverhandlungen danach 1866/67 zwischen Preußen und den USA bemühte sich Bismarck vergeblich, das Delikt der Desertion von Matrosen als Auslieferungsgrund zu vereinbaren. Preußen und die übrigen Staaten mussten damit leben, dass die USA nur gelegentlich die Matrosen nach Europa zurückzuschicken bereit waren, die sich an Bord schwerer Vergehen schuldig gemacht hatten, so wie auch sonst Kriminelle von den Einwanderungsbehörden abgewiesen werden konnten.

Unabhängig von der Desertion entwickelte sich der preußische Schiffsverkehr in den fünfziger Jahren mit den USA nicht ganz so positiv, wie Schmidt hoffte. In diesen Jahren pendelte die Zahl preußischer Schiffe im New Yorker Hafen um 30, 40. Zum Beispiel liefen im Jahre 1852 New York 38 preußische Schiffe an gegenüber 1013 britischen, 120 Bremer und 49 Hamburger Schiffen. In den anderen amerikanischen Häfen sah man die preußische Flagge auch weiterhin nur sehr selten, genau wie sich die preußischen Großhändler auf New York konzentrierten. Nach Baltimore, dem „Tabakemporium", Boston, Philadelphia und New Orleans kamen jährlich zwei oder drei preußische Schiffe und selten mehr, nach San Francisco, Savannah und Galveston eher noch weniger. Der zur Förderung des preußischen Handels 1853 in Galveston, Texas, eingesetzte Konsul Jockusch verzeichnete noch in seinem Jahresbericht für 1857[583] an deutschen Schiffen nur Bremer und Oldenburger. Insgesamt pendelte die Anzahl preußischer Schiffe in US-Häfen nach den Angaben der preußischen Konsuln in den fünfziger Jahren zwischen 50 und 60. Viel Zwischenhandel kann der britischen Konkurrenz von den preußischen Schiffen nirgendwo genommen worden sein.

Die in die USA gelangenden preußischen Produkte wurden vorwiegend von Schiffen von Bremen, Hamburg, Rotterdam, Antwerpen und Le Havre aus verschifft. Vor allem Bremer Schiffe vermittelten den wachsenden Warenaustausch zwischen Deutschland und den USA; sie standen in den

---

[582] Jahresbericht Schmidts vom April 1852 für das Jahr 1851, GStAM, 2.4.1.II. Nr. 5291.

[583] Jahresbericht von Jockusch vom 26.1.1858, GStAM, 2.4.1.II. Nr. 5293.

Listen der die US-Häfen anlaufenden ausländischen Schiffe in der Regel an zweiter Stelle, also nach den britischen Schiffen.

Die US-Häfen ansteuernden preußischen Schiffe transportierten hin meist Auswanderer und Fabrikate wie Tuche und Metallwaren und bei Zwischenstation in französischen Häfen eventuell Wein und Kognak und zurück nach Europa vorwiegend Rohstoffe wie Baumwolle, Tabak, Reis, Terpentin. Harz und Pottasche. Soweit es den preußischen Schiffen gelang, in den Verkehr zwischen England und Übersee einzubrechen, mussten sie sich auf den Transport von Waren beschränken; denn den Auswanderertransport von England aus hatten britische Reeder angesichts ihrer Billigtarife inzwischen fest in der Hand.

Zu dem wachsenden Handel zwischen den USA und dem Zollverein kam in den fünfziger Jahren ein stärkerer Postverkehr, der im Zusammenhang mit den den Brief- und Paketaustausch erleichternden Postkonventionen stand, und dann ein stetig anschwellender Passagierstrom hinüber und herüber. Nicht umsonst sprach Alexander von Humboldt vom „immer enger werdenden atlantischen Meeresbecken"[584]. Den Anstieg des deutsch-amerikanischen Passagier-, Waren- und Postverkehrs ermöglichte nicht zuletzt die Ocean Steam Navigation Company, die 1846 gemeinsam von Bremen, Preußen und den USA aus gegen die englische Konkurrenz in New York gegründete amerikanische Schifffahrtsgesellschaft[585]. Die OSNC wurde als erste regelmäßig verkehrende Dampfschifffahrts-Verbindung zwischen den USA und Deutschland bei ihrer Gründung durch Zuschüsse von Regierungen des Zollvereins und von Bremen, Hannover und Oldenburg unterstützt, durch jährliche Subventionen der US-Regierung gefördert und durch die Postkonzessionen. Gerolt erreichte 1852 die Verlängerung der amerikanischen Postkonzession und der Zuschüsse für die OSNC um weitere fünf Jahre[586]. Daneben sicherten die Postverträge zwischen den USA und Bremen von 1847 und 1853, dass die Postverbindung von Bremen aus neben der von Aachen aus weiter erhalten blieb. Ralph King, 1849 bis 1853 US-Konsul in Bremen, empfahl Webster 1851 im Interesse der Bremer Wirtschaft sogar, die OSNC solle ganz auf die Route Le Havre New York verzichten zugunsten einer Konzentration von Post-, Waren- und Auswanderer-Verkehr in Bremen[587]. Aber so weit gingen die USA nicht, ganz davon

---

[584] Briefe von *Alexander von Humboldt* an Carl Josias Freiherr von Bunsen 1816–1856, Leipzig 1861, S. 133.

[585] s. dazu Handelsarchiv 1856, I, S. 149–152, und vor allem *Hermann Wätjen*: Aus der Frühzeit des Nordatlantikverkehrs. Studien zur Geschichte der deutschen Schiffahrt und deutschen Auswanderung nach den Vereinigten Staaten bis zum Ende des Amerikanischen Bürgerkriegs, Leipzig 1932.

[586] Gerolt am 3.11.1852 an den König, GStA Berlin, Mf 77, AA CB IC Nr. 15.

[587] R. King am 18.4.1851, Bremen, an Webster, NA Wash., Mf T-184/5.

abgesehen, dass sich Webster auf andere Fragen konzentrierte. Selbst die 1852 vom Postmaster General empfohlene Verlegung der der OSNC gehörenden Dampfschifffahrtsverbindung von der Route New York Le Havre zur Route New York Antwerpen kam nicht zustande. Preußen hatte diese Initiative unterstützt, da – nach Gerolt – durch die Verschiffung über Antwerpen „der Absatz unserer Industrie-Erzeugnisse aus den Rheinprovinzen nach den Vereinigten Staaten sehr erleichtert werden würde."[588]

Aber auch ohne zusätzliche Vorteile Preußens war der günstige Einfluss der OSNC auf den Verkehr zwischen Preußen und den USA unbestreitbar. Besonders preußische Unternehmer und Auswanderer wussten dieses Schifffahrtsunternehmen zu schätzen, auch wenn es nicht immer so preisgünstig transportierte wie die englischen Schiffe. Die Dampfschifffahrt von Bremen aus erwies sich aus der Sicht der Handelskammer Iserlohn „besonders bei eiligen Sendungen" als „die willkommene und am meisten geeignete Verbindung, da die Versendungen über diesen deutschen Hafenplatz nicht den Weitläufigkeiten und Plackereien unterworfen sind, die namentlich einem solchen Transverkehr über Frankreich und England ankleben."[589] Mit den gleichen Argumenten setzte sich die Handelskammer Görlitz später für den Fortbestand der Dampfschifffahrtslinie zwischen Bremen und New York ein[590]. Generalkonsul Schmidt lobte die OSNC aus der Sicht der aus den USA nach Süddeutschland liefernden Firmen[591]: „Die hiesigen Commissionsgeschäfte sind durch die Schnelligkeit der Bremer Paket-Schiffe in den Stand gesetzt, ihre Baumwollen-Sendungen bisweilen schon 30 Tage nach der Factura bis nach Bayern hin zu liefern, und zwar zu einer gleichen Fracht, als von Liverpool aus über Rotterdam und den Rhein mit Fuhrlohn nach Bayern möglich."

Die Kosten-Nutzen-Rechnung der USA wirkte zunächst nicht so günstig wie die deutsche, da die Postgebührenerträge der USA aus der Übersee-Post nicht die jährlichen Subventionen ausglichen und sich diese Zuschüsse auch nicht durch irgendwelche besonderen Vorteile für den US-Export rechtfertigen ließen. Die außerordentliche Unterstützung, die die USA der OSNC gewährten, war ohnehin nur als Starthilfe gegenüber der britischen Konkurrenz gedacht, aber nicht als Dauereinrichtung. Gerolt bezeichnete es schon 1854 als „unwahrscheinlich", „daß der Contract für die New York – Bremer Dampfschiffe nach Ablauf desselben Ende 1857 erneuert und daß der Con-

---

[588] Gerolt am 13.12.1852 an den König, GStA Berlin, Mf 77 AA CB IC Nr. 17.
[589] Jahresbericht der Handelskammer Iserlohn für 1851, Handelsarchiv 1852, I, Statistik, S. 307.
[590] Jahresbericht der Handelskammer Görlitz für 1852, Handelsarchiv 1853, II, Jahresberichte, S. 165.
[591] Jahresbericht Schmidts für 1854 vom 16.4.1855, GStAM, 2.4.1.II. Nr. 5293.

greß noch weitere Zuschüsse für diese Dampfschiffs-Verbindung zahlen werde, wenn die Vorteile eigentlich nur dem deutschen Handel und der deutschen Industrie zugute kommen"[592]. Gerolt wies vergeblich auf die Notwendigkeit hin, eine eigene deutsche Dampfschifffahrt aufzubauen, „sowohl für die direkte Zufuhr unserer Fabrikate als zur Beförderung der deutschen Auswanderung nach den Vereinigten Staaten über deutsche Häfen", und bat, die Ausführung „wegen der Concurrenz der Englischen Dampfschiffs-Linien" nicht länger zu verschieben[593]. Ein Jahr vor Vertragsende drängte Gerolt die preußische Regierung, sich mit der Bremer Regierung über die Herstellung einer eigenen Dampfschiffs-Linie von wenigstens zwei Post-Dampfschiffen zu einigen[594]. Damit sollten die beiden OSNC-Schiffe Washington und Hermann ersetzt werden. Seinen Antrag vom Januar 1856 untermauerte Gerolt mit den letzten Zahlen aus dem US-Schatzamt. Danach erreichte „die direkte Ausfuhr von Manufacturen (wovon 2/3 aus Preußen) bloß über Bremen nach den Vereinigten Staaten den Factura-Werth von 7 119 728 Dollars, d.i. über 10 Millionen Preußische Thaler, wovon circa 7/8 mit den beiden Amerikanischen Post-Dampfschiffen Washington und Hermann nach New York verschifft wurden. Über Hamburg betrug die ganze Einfuhr hierher 2 635 441 Dollars d.i. circa 3 765 000 Preußischer Thaler."

Die preußische Regierung zeigte trotz aller Bemühungen Gerolts und Schleidens und aller Anerkennung der wirtschaftlichen und politischen Bedeutung einer direkten Verbindung mit New York keine Bereitschaft, sich stärker im Nordatlantikverkehr zu engagieren; dem stand schon die prekäre Finanzlage des preußischen Staates im Wege. Als die USA 1857 den am 6. Juni 1857 auslaufenden Postvertrag mit der OSNC nicht verlängerten und die Postkonzession ohne Subventionen auf den Großreeder Vanderbilt übertrugen, war die OSNC wie vorauszusehen zu liquidieren.

Aber auch ohne staatliche Hilfe und trotz sinkender Auswandererzahlen organisierten deutsche Reeder konkurrenzfähige direkte Dampfschifffahrtslinien zwischen Deutschland und den USA. Lloyd und Hapag erwiesen sich im Nordatlantik-Geschäft als weit erfolgreicher als die OSNC. Im Übrigen erreichten sie schließlich ebenso wie Vanderbilt von der amerikanischen Regierung die gewinnbringenden Konzessionen zur Postbeförderung, 1858 der Bremer Lloyd und 1861 die Hapag[595]. Auf Seiten der USA war ein

---

[592] Gerolt am 23.12.1854 an den König, GSTA Berlin, Mf 79 AA CB IC Nr. 17 Teil II.

[593] A.a.O. – Ebenso hatte Gerolt sich dafür eingesetzt in seinen Berichten vom 28.10.1853 und vom 27.1.1854 und vom 5.10.1854.

[594] Gerolt am 8.1.1856 an Manteuffel, GStAM, 2.4.1.II. Nr. 8095.

[595] s. dazu *Theodor Windmann*: Schiffahrt Bremen/Bremerhaven – New York. Postgeschichtliche Blätter Weser-Ems, Bremen 1968, Bd. III, Heft 5, S. 101-117.

III. Die Präsidentschaft von Pierce 283

Argument zugunsten der Vergabe der Konzession zur direkten Postbeförderung zwischen den Hansestädten und New York an deutsche Firmen das fortdauernde Interesse an einer Unterstützung der deutschen Bestrebungen, die Abhängigkeit von England zu vermindern. Diller, der sich als Konsul der USA 1857 bis 1861 in Bremen besonders für die Vergabe der Postkonzession an den Norddeutschen Lloyd einsetzte, wertete den verstärkten Dampfschifffahrtsverkehr zwischen Bremen und New York als Zeichen der zunehmenden Eigenständigkeit Deutschlands – neben der gesteigerten Unabhängigkeit bei der Versorgung mit Rohbaumwolle, der wachsenden Zahl von Baumwollfabriken und der eigenen Maschinenbau-Industrie[596].

Der Ertrag für den Passagier-, Post- und Fracht-Verkehr zwischen den USA und Deutschland war angesichts der weiter gewachsenen Intensität der Beziehungen für beide Seiten gesichert. Allein der Porto-Ertrag des Postverkehrs zwischen Preußen und den USA mit der Prussian Closed Mail überstieg 1859 den Ertrag der USA aus dem Postvertrag mit Frankreich um rund 37% und erreichte etwa 37,5% des Ertrages des Postverkehrs zwischen den USA und Großbritannien[597].

So sehr die USA den Aufstieg der transatlantischen Bremer und Hamburger Dampfschifffahrt neben der britischen begrüßten, so sehr bedauerten sie den geringen Anteil von US-Schiffen am Verkehr zwischen Deutschland und den USA und damit an den Frachten. US-Konsul Diller in Bremen rechnete Staatssekretär Cass vor, dass seit Inkrafttreten des Handelsvertrages 1827 zwischen den USA und den Hansestädten der Transport mit US-Schiffen trotz des enormen Wachstums des Handels abgenommen habe, während der der Bremer Schiffe über alle Maßen gewachsen sei. 1827 kamen nach seiner Aufstellung 61 US-Schiffe in Bremen an neben 14 Bremer Schiffen aus den USA, 1850 trafen 12 US-Frachter gegenüber 79 Bremer Schiffen aus den USA in Bremen ein, 1855 28 US-Frachtschiffe gegenüber 93 unter Bremer Flagge und 1857 37 US-Schiffe gegenüber 122 Bremer Schiffen. Die US-Schiffe verloren ihren alten Anteil am Transportaufkommen, obgleich der Import aus den USA nach Bremen allein zwischen 1850 und 1857 von 5 039 812 Talern auf 18 205 688 stieg und der Export von Bremen in die USA von 8 184 193 auf 15 510 946 Talern Wert. Für den relativ geringen Anteil der US-Schiffe am Frachtverkehr zwischen den USA und Bremen scheinen vergleichsweise ungünstige Bedingungen mit eine Rolle gespielt zu haben. Die US-Schiffe hatten zum Ärger des US-Konsuls in Bremerhaven häufig längere Liegezeiten zu finanzieren, die US-Reeder

---

[596] Diller in Nr. 18 vom 27.4.1858 an Cass, NA Wash., Mf 184/9. Ähnlich in Nr. 5 vom 18.1.1859.
[597] Bericht des Postmaster General für das Jahr 1859, S. 31. Gerolt am 17.2.1860 an den Regenten und Prinzen, GStA Berlin, Mf 80 AA CB IC Nr. 32.

hatten ihren Matrosen eine höhere Heuer als die deutschen Reeder zu zahlen und waren dementsprechend bei den Frachtkosten gegenüber ihren deutschen Konkurrenten im Nachteil. Wollte ein US-Kaufmann in die Domäne der Hanseaten einbrechen und sich etwa in Hamburg als Schiffsmakler oder Reeder niederlassen, so musste er die Hamburger Staatsangehörigkeit übernehmen. Unter diesen ungünstigen Bedingungen fuhren die US-Schiffe in der Regel mit Ballast nach England zurück, um dort Rückfracht zu erhalten, und transportierten nur ausnahmsweise noch Güter nach England und noch seltener direkt zurück in die USA. Die Export-Frachten gingen in der Regel an Bremer und an andere deutsche Schiffe, wenn diese nicht Auswanderer beförderten. Etwas übertreibend urteilte deshalb US-Konsul Diller, dass sich der gesamte Handel zwischen den USA und Deutschland in deutschen Händen befinde[598]. Die einzige Chance, den US-Frachtschiffen einen höheren Anteil an dem Handelsstrom zwischen den USA und Deutschland zu gewinnen, sah er in einer Änderung des Handelsvertrages von 1827 zu Ungunsten Bremens.

Die hansestädtischen Schiffe beförderten auch das Gros der Einfuhrgüter aus den USA für Preußen und zwar in die Hansestädte. Der Direkt-Import aus den USA nach Preußen blieb in den fünfziger Jahren weiterhin gering neben der Einfuhr aus den USA über Hamburg und Bremen, wenngleich die US-Schiffe in diesem Fall ihren Anteil am Handel zu steigern vermochten. Die preußischen Ostseehäfen schienen Anfang der fünfziger Jahre zunächst von der Zunahme des Schiffsverkehrs mit den USA ausgeschlossen zu sein. Die mit den dänischen Blockaden erzwungene Verlagerung des Handels von den Ostsee-Häfen nach Hamburg ließ sich kaum rückgängig machen, da die Elbzölle sanken, aber die Sundzölle vorerst blieben und der Ausbau der Bahnverbindungen zwischen Hamburg und Preußen die Anlieferung von für die östlichen Provinzen Preußens bestimmten Gütern im Hamburger Hafen zusätzlich begünstigte.

Erst der Krimkrieg brachte den preußischen Ostsee-Häfen einen wirklichen Aufschwung. 1854 registrierte der US-Konsul Schillow, Stettin, dass alle preußischen Schiffe zu „exorbitanten" Frachtraten beschäftigt waren[599]. Vor allem stieg der Handel mit England und Frankreich wegen deren großer Nachfrage nach Getreide und Bauholz, aber nun auch der Handel mit den USA und zeitweilig der direkte Schiffsverkehr von Stettin, Danzig, Königsberg (Pillau) und Memel mit den USA. Im Jahre 1855 kamen 35 US-Schiffe nach Hamburg[600], 33 nach Bremerhaven[601] und etwa 22 US-Schiffe

---

[598] Diller in Nr. 42 vom 24.8.1859 an Cass, NA Wash., Mf T-184/9.
[599] Schillow in Nr. 64 vom 20.3.1854 an Marcy, NA Wash., Mf T-59/3.
[600] Handelsarchiv 1857, I, S. 251.
[601] Handelsarchiv 1856, II, S. 425. Nach Konsul Diller 28.

III. Die Präsidentschaft von Pierce 285

in die preußischen Ostsee-Häfen[602]. Während ursprünglich weitgehend britische Schiffe den Handel zwischen den USA und den preußischen Häfen besorgten, übernahmen jetzt stärker von nicht-britischen Agenten vermittelte Bremer, Lübecker und US-Schiffe den Transport roher Baumwolle und anderer Güter aus den USA direkt in preußische Häfen. Insgesamt gesehen blieb dennoch der Direkt-Import aus den USA nach Preußen neben der Einfuhr aus den USA über die Hansestädte gering. 1855/56 kamen Waren im Werte von 70 367 Dollar direkt nach Preußen gegenüber einem US-Export von 13 158 130 Dollar in die Hansestädte[603], wovon dann der überwiegende Teil nach Preußen ging. US-Güter für Preußen kamen nach wie vor in erster Linie entweder über die Hansehäfen oder die britischen Häfen. Unter den elf wichtigsten Einfuhrländern der preußischen Ostseehäfen stand Großbritannien 1855 weiterhin an erster Stelle; aber sowohl die US-Schiffe als auch die Bremer waren aufgerückt, die US-Schiffe vor allem wegen ihrer Baumwoll-Lieferungen an die achte und Bremen an die neunte Stelle[604].

So viele US-Schiffe wie 1854 und 1855 sahen die preußischen Ostsee-Häfen in den folgenden zehn Jahren nicht wieder. Angesichts sinkender Auswandererzahlen und des im Zeichen der Krise 1857 bis 1859 abnehmenden Exports in die USA fehlte es den US-Schiffen zu oft an der Rückfracht in die Vereinigten Staaten. Also setzten sich nach dem Krim-Krieg, der soviel Frachtraum band, die konkurrierenden europäischen Zwischenhändler mit ihren gesunkenen Frachtpreisen, insbesondere die Englands, wieder auf der Ostsee durch. Für den Import nach Preußen zogen amerikanische Schiffe auf Dauer Bremen und Hamburg vor. Im Krisenjahr 1858 steuerten immer noch 32 US-Schiffe von 20 231 Lasten Bremen an[605]. Sie boten mehr Ladekapazität als die doppelte Anzahl der hier einlaufenden britischen Schiffe[606] und etwa ein Achtel der Gesamtkapazität der preußischen Seeflotte.

Humboldts Bild vom „immer enger werdenden atlantischen Meeresbecken" weist auf einen in verschiedenen Bereichen sichtbar werdenden Prozess der Annäherung, ja des Zusammenwachsens zwischen Europa und Nordamerika hin. Dieser Integrationsprozess, an dem Preußen besonders seit den fünfziger Jahren einen bedeutenden Anteil hatte, vollzog sich zum

---

[602] Während das Handelsarchiv 1856, I, S. 556, 16 US-Schiffe angibt, verzeichnen die konsularischen Berichte aus Stettin 22 US-Schiffe, die nach Stettin, Königsberg und Memel kamen. Zu Danzig fehlen die Angaben.
[603] Handelsarchiv 1857, II, S. 259.
[604] Handelsarchiv 1856, II, S. 182 ff.
[605] Diller in Nr. 5 am 18.1.1859 aus Bremen an Cass, NA Wash., Mf 184/9.
[606] Nach dem Handelsarchiv kamen 25 US-Schiffe von 13 293 Lasten nach Bremen. Die britischen Schiffe umfassten danach 8354 Lasten. Handelsarchiv 1859, I, S. 416.

Leidwesen Humboldts in politischer Hinsicht wesentlich langsamer als in wirtschaftlicher. Wenn der Begriff „nordatlantische Region" schon für die Mitte des 19. Jahrhunderts verwendet wird, so lässt er sich in der Tat in erster Linie in wirtschaftlicher Hinsicht mit Inhalt füllen; zur „nordatlantischen Wirtschaftsregion" ist der Zollverein mit den oben aufgewiesenen vielfältigen überseeischen Kontakten und damit Preußen seit den fünfziger Jahren hinzuzurechnen.

4. Die USA und Preußen als Neutrale während eines globalen Konfliktes

a) Die preußisch-amerikanischen Beziehungen angesichts von US-Expansion und Krim-Krieg

Die territoriale Expansion der USA war mit dem Ende des mexikanischen Krieges 1848 zunächst im Wesentlichen abgeschlossen; aber das ist ein später gefälltes Urteil angesichts der gescheiterten großen Expansionsziele der Präsidenten Pierce und Buchanan. Das Bild, das sich Europäer in den fünfziger Jahren des 19. Jahrhunderts von den US-Amerikanern machten, karikierte Dexter Perkins einmal so[607]: „... Americans were generally regarded in Europe as a bumptious and absurdly self-confident folk, aggressively preaching their national faith of democracy without much regard for good manners, and expanding where they chose to expand at the expense of others with little regard for moral scruple." Wenn Perkins von Europa spricht, denkt er verständlicherweise primär an Westeuropa, also an die Reaktion der See- und Kolonialmächte Großbritannien, Frankreich und Spanien auf die Einflussnahme der USA auf Mexiko, Mittelamerika, Cuba, Hawaii, China und Japan. Die Politiker Mitte der fünfziger Jahre waren nicht der Ansicht, dass die Expansion der USA im Wesentlichen abgeschlossen war, insbesondere nicht die westeuropäischen Mächte, die sich von den Expansionsbestrebungen der USA vorrangig betroffen fühlten. Von Lord Clarendon berichtete 1855 Bernstorff, der preußische Botschafter in London, wie empört er sich geäußert habe über „die übergreifenden Tendenzen der Vereinigten Staaten", dass sie keinen Begriff von den bestehenden völkerrechtlichen Grundsätzen hätten"[608]. Dass sich die westeuropäischen See- und Kolonialmächte nicht auf die bloße Entrüstung über das vielgestaltige Einflussstreben der USA in Amerika, der Karibik und dem Pazifik beschränkten, zeigte sich in den fünfziger Jahren immer wieder.

---

[607] *Dexter Perkins*: A History of the Monroe Doctrine, London etc. 1960, S. 111.
[608] Der preußische Botschafter in London Bernstorff an Manteuffel am 13.2.1855, GStA Berlin, Mf 79, AA CB IC Nr. 27.

Dass sich gerade zwischen den USA und Großbritannien eine Gegnerschaft entwickelte, die diese Länder bis an den Rand des Krieges führte, war angesichts der wirtschaftlichen, finanziellen, kulturellen und politischen Verbindungen zwischen ihnen schon erstaunlich. Wie Gerolt oft genug neidvoll feststellte, vermittelte trotz aller gegenteiligen Bestrebungen der USA und Preußens weiterhin vor allem England zwischen Europa und den USA, ob es sich nun um Güter, Geldsendungen, Wertpapiere, Post, Nachrichten oder Passagiere handelte. Die amerikanische Gesandtschaft in London stellte im 19. Jahrhundert das Zentrum der diplomatischen Aktivitäten der USA im Ausland dar, auch wenn in den sechziger Jahren in den Augen Bancrofts die Berliner US-Gesandtschaft der Londoner den Rang abzulaufen schien. Die preußische Regierung berücksichtigte die Schlüsselrolle Englands für das Verhältnis Preußens zu den USA insofern, als sie zum Beispiel die preußische Gesandtschaft in London bei jedem wichtigen Schriftwechsel mit ihrer Vertretung in Washington einschaltete, gelegentlich ebenso die preußische Gesandtschaft in Paris. Schon 1842 hob Bunsen, der preußische Gesandte in London von 1842 bis 1854, gegenüber Ministerresident Rönne, dem Vorgänger Gerolts in Washington, die die Vertretungen Preußens in Washington und in London verbindenden Voraussetzungen hervor: „Unsere beiderseitige Lage hat viele Verknüpfungspunkte; wir sind die Vertreter Deutschlands bei den beiden großen Zweigen des britischen Volkes und John und Jonathan haben manches miteinander gemein und manches miteinander zu schaffen."[609]

Obgleich sich die USA von allen europäischen Staaten vor allem Großbritannien verbunden sahen, gerieten die USA unter der Pierce-Administration gerade mit diesem Staat in eine Unzahl von Kontroversen. Demgegenüber näherte sich die neue Administration Russland und auch Preußen weiter an, die keine territorialen Ambitionen in Amerika hatten und die Monroe-Doktrin faktisch akzeptierten. Erstaunlicherweise bewirkte der Präsident der Partei, die sich im Präsidentschaftswahlkampf am meisten für die Ungarn engagiert hatte, die Umkehr der Beziehungen zwischen den USA und den europäischen Mächten.

In der außenpolitischen Praxis trat also der Systemgegensatz zu den ost- und mitteleuropäischen restaurativen Mächten hinter dem Konkurrenzkampf mit den westeuropäischen See- und Kolonialmächten zurück. Mit dieser realpolitischen Wende der US-Administration ging ein Wandel in der öffentlichen Meinung der USA einher, den viele auswärtige Vertreter vermerkten. So schrieb Gerolt nach der Kriegserklärung Englands und Frankreichs an Russland am 27.3. und 28.3.1854: „Die Sympathien der hiesigen Regierung und der öffentlichen Meinung im allgemeinen sind auf der Seite

---

[609] Zit. nach *Julius von Rönne*: Friedrich von Rönne, Berlin 1867, S. 18.

Russlands ..."⁶¹⁰. Der französische Außenminister mochte den Stimmungswandel in den USA auch 1855 noch nicht glauben. Er bedeutete dem preußischen Gesandten Graf Hatzfeld, dass man sich täusche, wenn man glaube, dass die „Stimmung in den USA Russland günstig ist. ... Der demokratische Geist, der in den USA herrsche, erlaube eine solche Tendenz nicht."⁶¹¹ Zur gleichen Zeit berichtete jedoch der US-Gesandte Vroom aus Preußen, über das in der Regel die Kontakte zwischen den USA und Russland liefen, wie viele Amerikaner durch Preußen nach Russland reisten und von deren Sympathien für den Gegner Englands und Frankreichs. Er erwähnte auch die erstaunliche Anzahl junger Ärzte aus den USA, die – vermittelt durch die russische Gesandtschaft in Berlin – nach Petersburg kämen oder direkt an die Krim-Front, um den russischen Truppen medizinische Hilfe zu leisten⁶¹². Noch beunruhigender war 1855 für die britische Gesandtschaft in Berlin die Gruppe von US-Ingenieuren, die über Berlin nach Petersburg reiste, so dass sofort der britische Legationssekretär Lord Loftus beim Gesandten Vroom erschien, um Näheres über die enger werdenden Kontakte zwischen den USA und Russland im Bereich der Technik zu erfahren⁶¹³.

Primärer Anlass für die sich verschlechternden Beziehungen zwischen Großbritannien, Frankreich und den USA war jedoch nicht die wohlwollende Neutralität der USA gegenüber Russland, sondern die Expansion der USA. Gerade gegenüber diesem Konfliktherd konnte sich Preußen angesichts seiner von den westeuropäischen See- und Kolonialmächten abweichenden Interessen auf Distanz halten. Bei aller Anerkennung der wachsenden Bedeutung der USA für Europa konzentrierte sich das preußische Interesse grundsätzlich nach wie vor selbstverständlich auf das System der europäischen Großmächte. Dass Preußen, für das Verhältnis Deutschland-USA die entscheidende Macht des Deutschen Bundes, dennoch irgendwann zur Politik der USA Stellung zu nehmen hatte, ergab sich aus der Intensivierung der deutsch-amerikanischen Beziehungen in den fünfziger Jahren und der Verquickung der Auseinandersetzungen in Amerika mit den Konflikten in Europa.

Gegenüber der Expansion der USA und den damit zusammenhängenden Konflikten reichte es nach der verständlichen Meinung der Regierung Manteuffel, wenn Preußen die Rolle eines aufmerksamen Beobachters einnahm. So waren für den preußischen Hof und die preußische Regierung,

---

[610] Gerolt am 5.6.1854 an Manteuffel, GStA Berlin, Mf 79, AA CB IC Nr. 17.
[611] Übers. aus dem Französischen E. – Bericht Hatzfelds vom 14.6.1855 an den König. GStA Berlin, Mf 79, AA CB IC Nr. 25.
[612] Vroom in Nr. 88 vom 7.8.1855 an Marcy, NA Washington, Mf 44/10.
[613] Vroom in Nr. 95 vom 25.9.1855 an Marcy, NA Washington, Mf 44/10.

III. Die Präsidentschaft von Pierce

die den mexikanischen Krieg so aufmerksam verfolgt hatten[614], die Generäle Taylor und Pierce schon bekannt, bevor sie Präsidenten wurden. Von Gerolt, Ministerresident und ab 1854 Gesandter, berichtete wie von der Gewinnung neuer Gebiete von deren Eingliederung durch die USA. Angesichts der Integration des von Großbritannien erlangten Oregon und der von Mexiko gewonnenen Territorien schrieb er nicht weniger bewundernd als andere Beobachter von der „riesenmäßigen Entwicklung des nationalen Reichtums" der USA[615], eines Ländergebietes, das „nur um etwa 1/6 kleiner ist als ganz Europa", und hob bei anderer Gelegenheit die Entwicklung der „Quellen des Wohlstandes und des tätigsten Verkehrs in dem ganzen Umfange dieses ungeheuren Reiches" hervor. „Während die von Mexiko adquirierten uncultivierten Ländermassen in so kurzer Zeit der Civilisation, dem Landbau und dem Verkehr zugänglich gemacht worden sind, fördert Californien seine Goldschätze zu Tage ..."[616]. Die Bewältigung der Landmassen durch die USA stand dahinter, wenn Alexander von Humboldt die Vereinigten Staaten mit „einem cartesianischen, alles fortreißenden Wirbel" verglich[617]. Vergleiche der USA mit Mexiko, wo Gerolt bis 1844 als Generalkonsul tätig gewesen war, und mit anderen mittelamerikanischen Staaten fielen nur zugunsten der USA aus: „Vergleicht man die geringe Bevölkerung spanischen Ursprungs in jenen Ländern und die Ohnmacht ihrer Regierungen mit der riesenhaften Entwicklung der Bevölkerung und der Macht der Vereinigten Staaten, so kann man kaum bezweifeln, dass Mexiko und alle hispano-amerikanischen Republiken bis zum Isthmus von Panama in kurzer Zeit dem Einfluss amerikanischer Herrschaft und amerikanischer Gesittung anheimfallen werden"[618]. Ähnlich berichtete der Geschäftsträger bei den Regierungen von Central-Amerika und Neugranada, der Geheime Finanzrat Hesse, am 30.8.1852[619] als herrschende Meinung, „daß über kurz oder lang Nord-Amerika alle mittelamerikanischen Länder und gleichzeitig das Gebiet von Mexiko annexieren werde." Eine solche Ausdehnung der USA beurteilten die preußischen Vertreter nie in der Weise negativ wie die Gesandten der unmittelbar betroffenen westeuropäischen Staaten.

---

[614] Zur Beobachtung des mexikanischen Krieges durch den preußischen Hof s. Peter Schönwaldt: Alexander von Humboldt und die Vereinigten Staaten von Amerika, in: *Alexander von Humboldt,* Werk und Weltgeltung, Hrsg. *Heinrich Pfeiffer,* München 1969, S. 462.

[615] 14.2.1852 an den König, GStA Berlin, Mf 77, AA CB IC Nr. 17.

[616] 14.3.1851 an den König, GStA Berlin, Mf 77, AA CB IC Nr. 17.

[617] *Peter Schoenwaldt:* Alexander von Humboldt und die Vereinigten Staaten von Amerika, in: Alexander von Humboldt, Werk und Weltgeltung, Hrsg. *Heinrich Pfeiffer,* München 1969, S. 454.

[618] Gerolt an den König vom 25.5.1850, GStA Berlin, Mf 77, AA CB IC Nr. 16.

[619] Hesse am 30.8.1852 an Manteuffel, GStA Berlin, Mf 77, AA CB IC Nr. 20.

Bei der Betrachtung der amerikanischen Verhältnisse sah Gerolt zugleich die Staatsform auf dem Prüfstand: „Wirft man einen Blick auf die traurige Lage der staatlichen und sittlichen Zustände, worin fast alle Staaten von spanischer Abkunft auf diesem Erdteile durch diese republikanischen Institutionen versunken sind, so scheint es wirklich, als wenn nur die Nordamerikaner dafür geeignet wären"[620]. Nur bei einer zu starken Ausdehnung der USA nach Süden drohten nach Meinung Gerolts, der auch in diesem Punkt mit Alexander von Humboldt übereinstimmte, Gefahren für den nordamerikanischen Staat. Speziell die politischen Zustände Mexikos sah Gerolt ähnlich kritisch wie Humboldt, der immerhin mexikanischer Ehrenbürger war. Gerolt vertrat die Ansicht[621], dass „die fortwährenden anarchischen Zustände jenes Landes und die gänzliche Unfähigkeit der Mexikaner zur Selbstregierung denselben kaum eine andere Alternative übrig zu lassen scheine, als die, dem monarchischen Prinzip zu huldigen oder sich den Vereinigten Staaten in die Arme zu werfen."

Die Art, wie Gerolt die USA gegenüber Mittelamerika heraushob, zeigt, dass er wie selbstverständlich zeittypische Argumente zugunsten der weiteren Ausdehnung der USA übernahm. Er befürwortete die Politik des Manifest Destiny allerdings nur so weit, wie sie sich im Rahmen seines Völkerrechtsverständnisses bewegte und nicht etwa Filibustier duldete und Revolutionen – etwa in Cuba – begünstigte. Die zahllosen Filibustier-Angriffe auf mittelamerikanische Staaten von den USA aus, die er 1854 geradezu von Abenteurern überschwemmt sah,[622] verurteilte er. Im Anschluss an den Freispruch der Abenteurer, die 1850 vergeblich versucht hatten, Cuba zu erobern, durch ein Gericht in New Orleans, urteilte Gerolt empört[623]: Es sei „aufs Neue der Hinweis geliefert worden, daß unter der Verfassung der Vereinigten Staaten jedwedes Attentat gegen eine fremde befreundete Nation ungestraft öffentlich vorbereitet und ausgeführt werden kann, wenn das Unternehmen, so verrucht und abenteuerlich es auch sein mag, sich der Gunst eines Teils des Volkes zu erfreuen hat." Die Formulierung verrät, dass er nicht nur an Cuba als Opfer dachte. Gerolt reagierte besonders empfindlich, weil er in dieser Zeit zugleich die Befürchtung hegte, politische Flüchtlinge in den USA könnten Attentate auf deutsche Fürsten vorbereiten. – Von dieser speziell deutschen Perspektive abgesehen entsprach Gerolts Urteil über Garay, Boulbon und Walker dem der westeuropäischen Gesandten in Washington. Zu dem Washingtoner Vertreter der Regierung Walker in Nicara-

---

[620] Gerolt. am 3.11.1852 an den König, GStA Berlin, Mf 77, AA CB IC Nr. 17.
[621] Gerolt am 13.12.1852 an den König, GStA Berlin, Mf 77, AA CB IC Nr. 17.
[622] Gerolt am 4.2.1854 an den König, GStA Berlin, Mf 79, AA CB IC Nr. 17 Teil 2.
[623] Gerolt 30.3.1851 an den König, GStA Berlin, Mf 77, AA CB IC Nr. 17.

III. Die Präsidentschaft von Pierce

gua 1856/57 unterhielt er genauso wenig Kontakt wie die übrigen Washingtoner Diplomaten. Die Politik Preußens, die Ausdehnung des Einflusses der USA in Mittel- und Südamerika und die Entwicklung der Beziehungen der USA zu den dort gleichfalls aktiven Mächten Großbritannien, Frankreich und Spanien aufmerksam zu beobachten und sich aus allen Konflikten herauszuhalten, bereitete Anfang der fünfziger Jahre keine Probleme. Auch den vereinzelten Versuchen aus der Fillmore-Administration, Preußen etwa bei der Schaffung neuer Verkehrswege quer durch Mittelamerika zu engagieren, war leicht auszuweichen. Schwieriger gestalteten sich die Beziehungen Preußens zu den USA, als 1853 Pierce die Präsidentschaft übernahm. Die Pierce-Administration betrieb eine aktiv expansionistische Politik, die sich zwar auf Amerika konzentrierte, aber hineinwirkte in die europäischen Konflikte, insbesondere in den Krim-Krieg, und damit keine der europäischen Mächte unberührt ließ, also auch Preußen nicht. Lord Clarendon sprach in seiner öffentlichen Erklärung vom 31.1.1854 von einer entente cordiale zwischen England und Frankreich, die alle politischen Fragen in beiden Hemisphären umfasse, und der französische Außenminister Graf Walewski sah nach dem Britisch-Französischen Allianz-Vertrag vom 12.3.1854 die Allianz von Frankreich und England gleichfalls nicht nur gegen die expansionistische Politik Russlands gerichtet, sondern nach seinen Worten gegenüber dem preußischen Botschafter in Paris auch gegen die „prétentions américaines", also gegen die Expansionspolitik der USA[624]. Eine völlig isolierte Betrachtung der Expansionspolitik der USA führt deshalb ebenso zu falschen Schlüssen wie eine isolierte Betrachtung des Krim-Krieges als eines rein europäischen Konfliktes.

Die Expansionspolitik der Pierce-Administration betraf in Europa selbstverständlich in erster Linie die westeuropäischen See- und Kolonialmächte. England sah Kanada und seinen Mittelamerika-Einfluss gefährdet, Frankreich seine Interessen in Mittelamerika und Spanien Cuba. Zugleich trafen die Aktivitäten der Pierce- Administration im Stillen Ozean diese Mächte. Gerolt hielt die Einflusssteigerung der USA im Pazifik für selbstverständlich und berichtete im Dezember 1853[625] entsprechend über das „Projekt der Amerikaner", die Sandwich-Inseln im Einverständnis mit dem regierenden Souverän den Vereinigten Staaten einzuverleiben, „ein Ereignis, was bei dem bevorstehenden großartigen Völker- und Handelsverkehr zwischen der Westküste von Nordamerika und China, Japan etc. in nächster Zukunft zu erwarten steht."

---
[624] Hatzfeld am 14.6.1854 an den König, GStA Berlin, Mf 79, AA CB IC Nr. 25.
[625] Gerolt am 12.12.1853 an den König, GStA Berlin, Mf 79, AA CB IC Nr. 17 Teil 2.

Nach der Aufsehen erregenden Öffnung Japans durch Perry 1854 und dem Abschluss eines Friedens- und Freundschaftsvertrages zwischen den USA und Japan im März 1854 überlegte die preußische Regierung, ob die USA nicht die Anbahnung von Beziehungen Preußens zu Japan vermitteln könnten[626], während eine Vermittlung durch Großbritannien, das 1854 ebenfalls einen Vertrag mit Japan abgeschlossen hatte, völlig außer Betracht blieb. Preußen, das sich während des Krim-Krieges ganz auf Mitteleuropa konzentrierte, nutzte den Einfluss der USA in Japan allerdings erst 1860/61.

Der Pierce-Administration ging es vor allem um Cuba, und Gerolt äußerte, dass die USA nicht eher ruhen würden, „als bis das Ziel erreicht und die ‚manifest destiny' in bezug auf jene Insel erfüllt ist."[627] Dass die Verhandlungen der USA mit Spanien nicht erwartungsgemäß vorankamen, lag nach Meinung Gerolts unter anderem an dem anmaßenden Auftreten des US-Gesandten in Madrid Soulé. Von ihm hatte er im September 1853 gleich nach dessen Ernennung kritisch berichtet[628], dass er „am Vorabende seiner Abreise von New York einen neuen Beweis seiner Verachtung der bestehenden völkerrechtlichen Beziehungen zwischen Spanien und den Vereinigten Staaten gegeben habe, „indem er sich nicht entblödete, bei einer ihm veranstalteten Serenade von Seiten der Junta zur Revolutionierung der Insel Cuba seine Sympathien dafür öffentlich auszusprechen." Entscheidender als das undiplomatische Verhalten Soulés war für Spaniens Unnachgiebigkeit wahrscheinlich die Unterstützung Großbritanniens und Frankreichs. Deren Hilfe bewährte sich auch bei den Zwischenfällen 1854/55, dem Vorgehen kubanischer Behörden gegen die Black Warrior im Februar 1854 und der Beschießung des US-Schiffes El Dorado im März 1855 durch ein spanisches Kriegsschiff.

Der Konflikt zwischen den westeuropäischen Mächten und den von deren Zusammenarbeit unbeeindruckten USA wurde verschärft durch die direkten Auseinandersetzungen zwischen England und den USA über Mittelamerika. Zu Mittelamerika forderten die USA, dass Großbritannien sein Protektorat über die Moskito-Indianer an der Ostküste Nikaraguas, die Besetzung der Bay Islands an der Küste von Honduras aufgeben und die Siedlung in Belize auf ihr ursprüngliches Maß reduzieren sollte, während nach der Meinung Englands die vor 1850 in Besitz genommenen Gebiete nicht betroffen seien durch den Clayton-Bulwer-Vertrag. Gerolt hatte 1854 zu

---

[626] *Holmer Stahncke*: Die diplomatischen Beziehungen zwischen Deutschland und Japan 1854–1868, Stuttgart 1987, S. 60 ff.
[627] Gerolt am 5.6.1854 an Manteuffel, GStA Berlin, Mf 79, AA CB IC Nr. 17 Teil 2.
[628] Gerolt am 10.9.1853 an den König, GStA Berlin, Mf 79, AA CB IC Nr. 17 Teil 2.

III. Die Präsidentschaft von Pierce 293

Recht den Eindruck, die USA schienen den Krim-Krieg geradezu „für günstig zu halten, um in den schwebenden streitigen Fragen und Ansichten ... von England Concessionen zu erlangen und womöglich in der Cuba-Angelegenheit sich freie Hand gegen Spanien zu verschaffen."[629]

Preußen war froh, selbst nicht politisch aktiv werden zu müssen, auch nach der Beschießung des britisch besetzten Greytown (der Hauptstadt des Moscito-Königreiches in Honduras) durch das US-Kriegsschiff Cyane am 13. Juli 1854 nicht. Durch „die Gewalttat in Greytown" waren britische und hanseatische Kaufleute betroffen[630], und von Deutschland aus musste Bremen um die Entschädigung der Bürger kämpfen. Welche Schwierigkeiten dabei zu überwinden waren, wußte Gerolt am besten, der selbst seit Jahren damit beschäftigt war, die Ansprüche der im Mexikanischen Krieg durch US-Truppen geschädigten preußischen Kaufleute durchzusetzen[631].

1854 konnten die USA immerhin in ihrem Sinne ihr Verhältnis zu Kanada in einem Vertrag mit Großbritannien regeln; aber in der Frage der Zukunft Mittelamerikas nachzugeben, daran dachte England angesichts der Beschießung Greytowns erst recht nicht. Einen neuen Höhepunkt in den Auseinandersetzungen zwischen den westeuropäischen Mächten und den USA um Mittelamerika gab es Anfang 1856, als sich englische, spanische und französische Kriegsschiffe zum Schutz ihrer Interessen vor Greytown sammelten und die USA gleichfalls Kriegsschiffe nach dort sandten. Gerolt schloss Anfang 1856 angesichts der allgemeinen Zuspitzung der Beziehungen besonders zwischen den USA und Großbritannien eine „drohende Wendung" nicht mehr aus[632]; das war etwa parallel zu der unverhüllten Kriegsdrohung Großbritanniens an Berlin am 7.1.1856, die noch dazu von Frankreich unterstützt wurde.

Ministerpräsident und Außenminister von Manteuffel beobachtete besonders aufmerksam „den erfolgreichen Kampf des nordamerikanischen Einflusses gegen den englischen in jenen Gegenden"[633]. Die hier zum Ausdruck kommende Einstellung, überhaupt die preußische Zurückhaltung gegenüber der expansionistischen US-Politik, entsprach nicht den Erwartungen der britischen Regierung, insbesondere nicht den Hoffnungen der

---

[629] Gerolt am 7.4.1854 an den König, GStA Berlin, Mf 79 AA CB IC Nr. 17 Teil 2.

[630] Gerolt am 6.12.1854 an den König, GStA Berlin, Mf 79, AA CB IC Nr. 17 Teil 2.

[631] Noten Gerolts an das State Department vom 25.1.1850, 24.6.1850, 2.9.1851, 10.11.1852, Mf 58, T 2/2. Noten Gerolts vom 20.1.1854, 24.4.1854, 26.4.1854, 8.6.1854, Mf 58 T2/2 1/2, NA Washington.

[632] Gerolt am 18.1.1856 an den König, GStA Berlin, Mf 79, AA CB IC Nr. 25.

[633] Konzept des Schreibens von Manteuffel an Bernstorff vom 27.5.1854, GStA Berlin, Mf 79 AA CB IC Nr. 27.

Tories. Der preußische Botschafter in London Graf Bernstorff berichtete 1856[634]: „Die Konservativen denken, man müsse ein für alle Male Schluß machen mit dieser usurpatorischen und provozierenden Demokratie, und bevor nicht dieser Herd der demokratischen Impertinenz vernichtet sei, werde es unmöglich sein, die Expansion des demokratischen und revolutionären Geistes in England und Europa aufzuhalten." Britische Konservative suchten also eine konservative Interessen-Solidarität zwischen Großbritannien und Preußen gegenüber den USA zu konstruieren. Bernstorff bemühte sich zwar zeitweilig darum, die Tory-Opposition für Preußen zu gewinnen[635], und er wünschte in einem „Entscheidungskampf zwischen der größten Seemacht des alten Europa und der eroberungssüchtigen Republik der neuen Welt" England Erfolg[636], aber er plädierte genauso wenig wie seine Regierung dafür, dass sich Preußen in dem transatlantischen Konflikt auf der Seite der Seemächte engagierte.

Im Sommer 1855 verschaffte sich Gerolt Klarheit über die Position seiner Regierung in dem weltweiten Konflikt durch einen Besuch in Berlin und sah sich in der Vertretung der Neutralität bestätigt, ungeachtet des chaotischen Bildes, das durch Berliner Einzelmaßnahmen gegenüber den Krimkriegsmächten entstanden war. König Friedrich Wilhelm IV. vertrat weiter eine „neutralité souveraine"[637], und Manteuffel setzte sie in einer Weise um, dass Preußen nach seinem eigenen Bekunden „ausgeschieden aus der Gemeinschaft der verbündeten europäischen Mächte" war[638].

Schwierig gestaltete sich Gerolts Position in Washington 1855 deshalb, weil sich die englisch-amerikanischen Beziehungen mit der „Rekrutierungsangelegenheit" weiter verschärften. Bei diesem Konflikt konnte sich Preußen nicht mehr so ganz unbeteiligt zeigen wie bei der Frage der Expansion der USA, obgleich sich die Regierung Manteuffel auch aus dieser Angelegenheit im Sinne ihres Neutralitätskurses herauszuhalten suchte. Gerolt

---

[634] Bernstorff am 16.6.1856 an den König, GStA Berlin, Mf 79 AA CB IC Nr. 25.

[635] Bernstorff an den König am 16.2.1856, Preußische Akten zur Geschichte des Krimkrieges, München 1991, Bd. 2, S. 829–831.

[636] Bernstorff am 16.6.1856 an den König, GStA Berlin, Mf 79 AA CB IC Nr. 25.

[637] Promemoria Friedrich Wilhelms IV. vom 27.2.1854. Zit. nach *K. Borries*: Preußen und der Krimkrieg, Stuttgart 1930, S. 132. Siehe auch zur preußischen Politik während des Krimkrieges *Winfried Baumgart*: Zur Außenpolitik Friedrich Wilhelms IV. 1840–1858, S. 132–156 in: Friedrich Wilhelm IV. in seiner Zeit. Hrsg. *Otto Büsch*, Berliner Historische Kommission, Bd. 62, Berlin 1987, und die von *Winfried Baumgart* herausgegebenen Preußischen Akten zur Geschichte des Krimkriegs, Bd. 1, 2, München 1990, 1991.

[638] Unter Friedrich Wilhelm IV. Denkwürdigkeiten des Ministerpräsidenten Otto Freiherrn von Manteuffel. Hrsg. *Heinrich von Poschinger*, Bd. 3, Berlin 1901, S. 21.

III. Die Präsidentschaft von Pierce 295

selbst schien in Washington mit dem Neutralitätskurs ebenso wie seine Regierung in Europa in Gefahr zu geraten, sich zwischen sämtliche Stühle zu setzen; denn die Krimkriegs-Fronten wirkten auch nach Amerika hinüber und verstärkten sich mit den dortigen Konflikten.

Zur Situation in Washington Ende 1855 fand Gerolt, „dass die Sympathien der meisten hiesigen europäischen Diplomaten zu Gunsten der Westmächte sich aussprechen, während bei den amerikanischen Staatsmännern die Sympathien für Russland vorherrschen."[639] Es habe sich gar nicht vermeiden lassen, dass er gelegentlich mit den gegnerischen Gruppen in ein „Handgemenge" geriet, wie er Manteuffel vorstellte. „Im täglichen geselligen Verkehr beider Parteien wurden Tagesfragen der europäischen Politik mit mehr oder weniger Offenheit besprochen, und Euer Excellenz werden begreifen, dass ich öfter die Politik Seiner Majestät des Königs gegen die böswilligen und ungerechten Ausfälle der Englischen Presse, welche in hiesigen Zeitungen veröffentlicht wurden, zu verteidigen und meine Meinung unumwunden auszusprechen hatte."[640] Als Beispiel für einen Wortwechsel in der Englischen Gesandtschaft erzählte Gerolt, „daß Herr Crampton, als ich eines Tages mit anderen Mitgliedern des Diplomatischen Corps bei ihm zum Mittagessen eingeladen war, die Frage an mich stellte, wie groß die Militärmacht Preußens sei, ich ihm erwiderte, daß, im Falle eines Krieges, Preußen über eine halbe Million wehrhafter Truppen verfügen könne, worauf Herr Crampton halb scherzend mit Hohngelächter sich an mehrere der Anwesenden mit dem Ausruf wandte: „Prussia commands half a million of troops and won't fight against Russia." Ich erwiderte darauf, daß Preußen keine Söldlinge wie England habe, sondern bewaffnete Bürger und wenn dieselben nicht gegen Rußland geführt würden, so hätte die Königliche Regierung ihre guten Gründe dafür."[641]

Cramptons Hohn spiegelte nur den in vielen britischen Presseorganen bis Anfang 1864 ausgegossenen Spott über „Germany's flabby muscles" wieder. Solche Dispute waren noch unbedeutende Wortgefechte, wenn man an die Auseinandersetzungen Bernstorffs in London wegen der Neutralitätspolitik und des preußischen Handels mit Russland denkt.

Gerolt deutete in seinem Bericht vom August 1856 an, dass es auch Auseinandersetzungen mit der russischen Seite gegeben habe, aber gibt dafür kein Beispiel, dass ein Wortgefecht wie mit Crampton so mit Angehörigen der Russischen Gesandtschaft stattfand, geschweige denn mit den Sympathisanten der russischen Politik unter den „amerikanischen Staatsmännern." Gerolt vermochte zwar aus der US-Presse kaum Kommentare mitzuteilen,

---
[639] Gerolt 13.8.1856 an Manteuffel, GstAM, 2.4.1.I. Nr. 7911.
[640] A.a.O.
[641] A.a.O.

die „die böswilligen und ungerechten Ausfälle der Englischen Presse, welche in hiesigen Zeitungen veröffentlicht wurden", ausglichen, aber er konnte dennoch davon ausgehen, dass zumindest die Pierce-Administration die Neutralitätspolitik der preußischen Regierung gegenüber Großbritannien und Frankreich zu schätzen wußte. Dem König gegenüber erwähnte Gerolt nicht ohne Übertreibung, „die volle Anerkennung, welche der unabhängigen und würdevollen Haltung Preußens und der Politik der Regierung Eurer Königlichen Majestät von allen hiesigen Parteien zuteil geworden ist, ungeachtet die Europäischen Nachrichten fast ausschließlich durch die Englische Presse hierher gelangen."[642] Dass die von Gerolt betonte Anerkennung nicht nur eine Floskel gegenüber dem König war, belegte vor allem US-Justizminister Cushing. Er war Gerolt als geistreich und als „einer der heftigsten Gegner der englischen Politik" bekannt[643] und blieb über seinen Rücktritt 1857 hinaus mit Gerolt in Kontakt. Er schrieb im Januar 1858 zugunsten der Politik Friedrich Wilhelms IV. während des Krim-Krieges in einem Artikel des Boston Courier, der mehrfach nachgedruckt wurde[644]: „Weil der König von Preußen sich mehr nach den Interessen und der Ehre Preußens richtete als den Leidenschaften Englands, weil er Preußen nicht in den leichtfertig herbeigeführten und sinnlosen Krieg mit Russland verwickeln wollte und damit sein Land in das Schlachtfeld der streitenden europäischen Armeen verwandeln, musste er im Verein mit dem Herrscher Russlands durch die überall verbreitete Presse Großbritanniens mißverstanden, verleumdet und angegriffen werden." Er steigerte sich sogar zu der Behauptung, dass trotz der Pressekampagne in Großbritannien jedermann gewußt habe, „daß es in Europa, weder im öffentlichen noch im privaten Leben, zwei bessere oder weisere Männer gegeben habe als Friedrich Wilhelm und Nikolaus". Das Lob Friedrich Wilhelms IV., das Cushing in seinem Artikel ausbreitete, muss besonders für viele deutsche Emigranten, die sich noch an den Umgang der US-Presseorgane mit den europäischen Fürsten 1849 bis 1851 erinnerten, überraschend gewesen sein. Aber auch deutsche Liberale stimmten kaum damit überein und ebenso wenig mit dem von der New York Times einige Monate später ausgebreiteten ähnlichen Lob der preußischen Politik während des Krim-Krieges[645]: „Preußen allein von den Großen Mächten nahm eine Position einsamer Unabhängigkeit ein und behielt diese auf Kosten des Wohlwollens der übrigen Großmächte bei. Besonders von England wurde die preußische Diplomatie verflucht, und die preußische Politik wurde während des Krieges in einer Sprache verdammt,

---

[642] Gerolt am 2.5.1856 an den König, GStA Berlin, Mf 79, AA CB IC Nr. 26.
[643] Gerolt am 9.5.1857 an den König, GStA Berlin, Mf 79 AA CB IC Nr. 28.
[644] Zuerst erschienen im Boston Courier vom 9.1.1858. Übers. E. – Gerolt zum Artikel an Manteuffel am 14.1.1858. GStA Berlin, Mf 79, AA CB IC Nr. 28.
[645] The New York Times vom 23.4.1858. – Übers. E.

III. Die Präsidentschaft von Pierce   297

die selten unter Menschen verwendet wird außerhalb von Gefängnis und Fischmarkt."

Ein Konfliktstoff ergab sich für London mit Washington und Berlin aus den illegalen Werbungen Großbritanniens für die gegen Russland kämpfende Britische Fremdenlegion. Gerolt spielte in seiner Auseinandersetzung mit Crampton mit seinem Hinweis auf die britischen „Söldlinge" auf die Werbungsaffäre an, die vor allem die britisch-amerikanischen Beziehungen belastete. Die 1854/55 von England in den USA betriebenen Werbungen für die englische Fremdenlegion im Krim-Krieg stellten einen eindeutigen Bruch des in den USA geltenden Rechtes durch England dar, wie Gerolt korrekt nach Berlin berichtete. „... als eine Nationalbeleidigung der Englischen Regierung gegen die Vereinigten Staaten", bezeichnete es der Attorney General Cushing gegenüber Gerolt[646]. In den Prozessen gegen die Werbeagenten der British Legion wurde die Verantwortung des britischen Gesandten Crampton und britischer Konsuln deutlich[647]. In den Berichten der preußischen Gesandtschaft spielte nur der Rechtsbruch und nicht die den Knownothings entsprechende Überlegung des österreichischen Ministerresidenten Hülsemann eine Rolle, es sei prinzipiell eine gute „Idee, unter der wohnsitzlosen Bevölkerung der USA Rekrutierungen durchzuführen"[648]. Dazu stand Gerolt den Knownothings und dem britischen Gesandten Crampton zu fern und den deutschen Einwanderern zu nahe, und vor allem sah sich Preußen gleichen und ähnlichen Umtrieben der Westmächte gegenüber.

Bei der Anwerbung Deutscher für die Krimkriegstruppen beachteten Frankreich und Großbritannien in der Regel formal die Souveränität der deutschen Staaten. Es gab eine Werbestation der französischen Fremdenlegion im belgischen Maaseyk (Limburg), und dann warb jenseits der preußischen Grenze ein Werbebüro der englisch-deutschen Legion. Die einzige Möglichkeit Preußens, gegen solche Aktivitäten und die damit verbundenen Desertionen vorzugehen, war schließlich, dass der preußische Kriegsminister den preußischen Polizisten, die Werber auf preußischem Boden ausfindig machten, eine Prämie zahlte[649]. Ebenso rücksichtslos gegenüber der Souveränität des anderen Staates wie britische Konsuln in den USA hatte

---

[646] Gerolt am 18.11.1855 an den König, GStA Berlin, Mf 79, AA CB IC Nr. 25. – Der Immediatbericht Gerolts ist abgedruckt in den Preußischen Akten zur Geschichte des Krimkriegs, Bd. 2, S. 663–667.
[647] Grabow am 2.10.1855 und am 18.10.1855 an Manteuffel, GStA Berlin, Mf 79 AA CB IC Nr. 25.
[648] Hülsemann am 17.10.1855 aus New York an Buol-Schauenstein. *Erwin Matsch*: Wien – Washington. Ein Journal diplomatischer Beziehungen 1838–1917. Wien, Köln 1990. S. 159.
[649] Siehe dazu Rep. 77 Tit. 2531 Nr. 1 Vol. 1, GStAM.

Konsul Curtis in Köln sein britisches Konsulat 1854/55 in eine Werbestelle für die britische Fremdenlegion umgewandelt. Er war von der preußischen Polizei verhaftet und im Oktober 1855 vom Zuchtpolizei-Gericht in Köln wegen Anwerbung preußischer Landesangehöriger für ein ausländisches Heer zu drei Monaten Gefängnis verurteilt. Die preußische Regierung begnadigte Curtis unter der Voraussetzung, dass die britische Regierung ihren Konsul 1856 abberief.

Nach dem Kölner Prozess suchte Attorney General Caleb Cushing Gerolt zu einem Gespräch über die Werbungsaffäre auf, die einzige Aussprache, die es zwischen Preußen und den USA in dieser beide Staaten gleich berührenden Angelegenheit gab. Cushing erkundigte sich bei dem preußischen Gesandten, wie die Preußische Regierung „in ähnlichen Fällen verfahren sei, wo die Englische Regierung durch ihre Agenten in Preußen Werbungen gegen Russland veranlasst habe ..."[650]. Gerolt informierte ihn über das Gerichtsverfahren gegen den englischen Konsul und dessen Agenten und deren Verurteilung. Allerdings fügte Gerolt beschwichtigend hinzu, dass die preußische Regierung die Vorfälle nicht so ernst genommen habe: „Daß diese Angelegenheit von der Regierung Eurer Majestät als eine Verletzung des Völkerrechts bei der Englischen Regierung anhängig gemacht worden sei, müsse ich bezweifeln ...". Bei allem Interesse an einer Annäherung Preußens und der USA, wie sie sich angesichts der Interessensolidarität in der Werbungsaffäre anbot, hielt sich Gerolt also konsequent an den Neutralitätskurs seiner Regierung und ließ sich auch nicht wie Bunsen von einer in einen Konflikt verwickelten Macht in das Schlepptau nehmen.

Im Gegensatz zur US-Regierung erwog die preußische Regierung auch nicht den Abbruch der diplomatischen Beziehungen; nur Palmerston erörterte nach der Verurteilung von Curtis diese Möglichkeit, um den britischen Druck auf Preußen noch zu verstärken[651]. Die US-Administration ließ es im Unterschied zur preußischen Regierung nicht bei der gerichtlichen Entscheidung bewenden, sondern verlangte Genugtuung von der britischen Regierung, die diese andererseits nicht zu geben bereit war. Pierce schockierte den britischen Premier und zwang ihn, mehr Rücksicht auf die USA zu nehmen, indem er im Mai 1856 den britischen Gesandten Crampton[652] und drei britische Konsuln des Landes verwies.

---

[650] Gerolt über den Besuch Cushings vom 17.11.1855 bei ihm an den König am 18.11.1855, GStA Berlin, Mf 79, AA CB IC Nr. 25.
[651] Englische Akten zur Geschichte des Krimkrieges, Bd. 4, München, Wien 1988, S. 239.
[652] Crampton wurde zunächst als Gesandter in die ruhigen Gefilde Hannovers verbannt, aber stieg dann wieder zum Vertreter Großbritanniens in St. Petersburg auf und anschließend in Madrid.

III. Die Präsidentschaft von Pierce

Winfried Baumgart schätzt die Gefahr eines Krieges zwischen Großbritannien und den USA 1856 „um einige Grade geringer" ein als zwischen Großbritannien und Preußen, wenngleich er eine Verwicklung der USA in den Krieg bei längerer Dauer des Krimkrieges ebenfalls für möglich hält[653]. Wenn man sich auf eine solche Spekulation einlässt, so kann man die Gefahr eines Krieges zwischen den USA und Großbritannien im Grunde nur dann „um einige Grade geringer einschätzen" als zwischen Preußen und Großbritannien, wenn man nicht im Verhältnis USA – Großbritannien neben dem Konflikt um die Werbung die Auseinandersetzung um Mittelamerika berücksichtigt. Mit der Ausweisung Cramptons im Mai 1856 stand immerhin der Abbruch der diplomatischen Beziehungen zwischen Washington und London unmittelbar bevor, und dazu trugen auch die übrigen Spannungen bei. Die preußischen Vertretungen in Paris, London und Washington berichteten 1856 nicht umsonst über die Gefahr eines Krieges zwischen England und den USA.

In Washington wirkten 1856 angesichts der wachsenden Spannungen alle Diplomaten für eine friedliche Lösung der Differenzen zwischen den USA und England – mit Ausnahme des Russischen Geschäftsträgers, wie der Bremer Ministerresident Schleiden vermerkte[654]. Die englische Regierung hatte sich schon seit 1854 mehrfach um die Vermittlung einer dritten Macht bemüht in dem zentralen Konflikt mit den USA, nämlich dem über Mittelamerika. Die USA lehnten zwar nicht grundsätzlich ab, aber zogen es vor, ohne Vermittler mit England zu verhandeln. Das war besonders verständlich, als der französische Gesandte in Washington Napoleon als Schiedsrichter in Spiel zu bringen suchte. Dieses Angebot konnte schon angesichts der engen Zusammenarbeit Frankreichs mit England und der eigenen Interessen Frankreichs in Mittelamerika kaum auf Gegenliebe stoßen[655]. Eher war schon eine preußische Vermittlung in den zentralamerikanischen Angelegenheiten möglich, da sich Preußen auch in den Augen der US-Administration neutral verhielt und nicht in dem Maße wie Frankreich an Mittelamerika interessiert war.

Ein Manteuffel in dieser Frage vorliegendes „Mémorial über die zwischen England und den Vereinigten Staaten von Nord-Amerika mit Rücksicht auf Centro-Amerika in Folge des Clayton-Bulwer-Vertrages schwebenden Streitigkeiten", das vermutlich von einem Humboldt nahestehenden Verfasser stammte[656], kam zu dem Schluss: „Preußen allein hätte Ansehen

---

[653] Englische Akten zur Geschichte des Krimkrieges, Bd. 4, München, Wien 1988, S. 49.
[654] Schleiden an Bürgermeister Smidt am 24.1.1856, StA Bremen, 2-B.13.b.1.a.1.
[655] Zu den Vermittlungsbemühungen Frankreichs s. den Bericht Hatzfelds vom 30.6.1856 an Manteuffel, GStA Berlin, Mf 79, AA CB IC Nr. 25.

und Beruf, hier ordnend zu wirken." Die Denkschrift kritisierte die Einflussnahme der USA in Mittelamerika, hinter der sie die Sklavenstaaten des Südens sah, die, wie es auch Humboldt betrachtete, nur ihr System der „Barbarei" auszudehnen suchten, während der Verfasser Englands Einflussnahme auf die Moscito-Küste entsprechend den Sympathien der Liberalen für die Politik der Insel während des Krim-Krieges positiver einschätzte.

Gerolt, mit Humboldt in engem Kontakt, kannte die selbst von Freunden der USA an deren Mittelamerika-Politik geäußerte Kritik sicherlich und wusste überdies von der Schwierigkeit, für die mittelamerikanischen Probleme Lösungen zu finden, so dass er die Hoffnung äußerte, dass der König „von der Zumutung, in dieser Angelegenheit das Schiedsrichter-Amt zu übernehmen", verschont bleibe.[657] Eine Vermittlung erwies sich auch nicht als notwendig. Die US-Regierung suchte unter Ausnutzung ihrer günstigen Position bei der Affäre um die illegale Anwerbung von Soldaten in den USA durch Großbritannien weiterhin das direkte Gespräch mit der Regierung Palmerston. Die britische Regierung war nach dem Ende des Krim-Krieges im März 1856 dem Risiko eines neuen Krieges ausgewichen, hatte den US-Gesandten nicht des Landes verwiesen und bekundete damit gleichfalls ihr Interesse, den Streit um Mittelamerika zu bereinigen.

Gerolt hob nach der Ausweisung Cramptons zur Politik der britischen Regierung kritisch hervor, dass ihrem Premier Lord Palmerston „nur die Alternative" bliebe, „entweder den Amerikanischen Gesandten selbst wegzuschicken, wodurch die Gefahr eines Krieges zwischen beiden Ländern sehr vermehrt werden muss, oder aber selbst abzutreten, um seiner Regierung eine Demütigung zu ersparen."[658] Palmerston wies Dallas nicht aus, trat dennoch nicht zurück, und er vermochte noch den anschließenden Misstrauensantrag aus dem Parlament abzuwehren, wenn auch nur mit Mühe. In eine fast ausweglose Situation hatte sich die britische Regierung nach Meinung Gerolts selbst manövriert durch ihre „im Vertrauen auf die Zerwürfnisse zwischen den hiesigen Parteien" vertretene „hartnäckige Weigerung der Amerikanischen Forderungen in der Rekrutierungs-Angelegenheit"[659].

---

[656] Mémorial vom 1.6.1856 mit Ergänzungen vom 15.6.1856 von „Louis du Rieux". GStA Berlin, Mf 79, AA CB IC Nr. 25. – Ein Louis du Rieux ist um 1856 in Berlin nicht nachweisbar. Dagegen begegnete Humboldt in Mittelamerika einem Louis le Rieux, und er kannte dessen Sohn Louis Francisco de Rieux, der 1840 starb. Der Name Louis du Rieux scheint ein Pseudonym zu sein für jemanden, der nach den im Mémorial geäußerten Gedanken Humboldt nahesteht. Humboldt hat besonders in den Jahrzehnten vorher Gutachten zu Mittelamerika für den König verfasst.
[657] Gerolt an den König am 6.6.1856, GStA Berlin, Mf 79, AA CB IC Nr. 26.
[658] Gerolt am 6.6.1856 an den König, GStA Berlin, Mf 79, AA CB IC Nr. 26.
[659] A. a. O.

III. Die Präsidentschaft von Pierce 301

Die britische Regierung, die sich nach Meinung des britischen Gesandten in Berlin Lord Bloomfield durch ihre Politik gegenüber den USA „Anspruch auf den Dank Europas erworben" hatte[660], fand zwar bei ihrer Verteidigung von kolonialen Ansprüchen in Amerika bei den übrigen westeuropäischen Staaten Unterstützung; aber sie stand in der Werbungsaffäre völlig isoliert da. Sie fand nicht einmal Unterstützung bei Frankreich und erst recht nicht bei Preußen. Graf Bernstorff, der sich als preußischer Botschafter in London grundsätzlich um eine Verbesserung der preußisch-englischen Beziehungen bemühte, wünschte England in der Werbungsaffäre „eine Lektion", „wie es sie schon verdient und erhalten hat in Köln in der gleichen Angelegenheit." Er verteidigte auch die Berichterstattung Gerolts gegenüber Berlin, als Lord Bloomfield Gerolt vorwarf, „sich jenseits des Ozeans so sehr entschieden für Amerika und gegen England ausgesprochen und namentlich den renvoi von Crampton entschieden gebilligt zu haben."[661] Gerolt entgegnete: „Da ich nicht glauben kann, daß jene Anklage von Herrn Crampton selbst herrührt, indem ich ihm niemals Anlaß dazu gegeben habe, so kann ich die Veranlassung dazu nur dem böswilligen Gerede von Zwischenträgern außerhalb und innerhalb des diplomatischen Corps zuschreiben, welche die Gastfreiheit der englischen Gesandtschaft genießen ...". Als konkreten Grund für die Intervention in Berlin vermutete Gerolt die „Handgemenge" im diplomatischen Corps mit den Kritikern der preußischen Neutralität und, dass er „zuweilen, obgleich nicht aufgefordert, den einseitigen Ansichten und Ausfällen von Mitgliedern des diplomatischen Corps gegen die hiesige Regierung und manche Maßregel derselben entgegen getreten war, ohne darauf zu achten, daß der gleichen Ausfälle in gewissen diplomatischen Kreisen als zum guten Ton gehörend angesehen zu werden scheinen."

Schließlich dürfte es dem britischen Gesandten ebenso wie dem französischen, den Hauptkritikern der preußischen Neutralitätspolitik, nicht angenehm gewesen sein, wenn der preußische Vertreter gelegentlich doch die bessere Presse hatte. So erschien etwa im „Baltimore Republican" vom 17.7.1856, also vor Manteuffels Schreiben wegen der Denunziation, ein nach Gerolt vermutlich von einem Beamten des State Department inspirierter Artikel[662], in dem als Antwort auf westeuropäische Kritik an der US-

---

[660] Nach Mitteilung des Legationsrates Ludwig von Balan, des Leiters der politischen Abteilung des Preußischen Ministeriums der auswärtigen Angelegenheiten seit 1854, am 14.7.1856 an Manteuffel. – Preußens auswärtige Politik 1850–1858, Bd. 3, Berlin 1902, S. 245.

[661] Balan, a.a.O. – Gerolt widersprach darauf entrüstet. Gerolt am 13.8.1856 an Manteuffel. GStAM, 2.4.1.I. Nr. 7911.

[662] „Baltimore Republican" vom 17.7.1856 als Anlage zum Bericht Gerolts vom 13.8.1856, der Antwort auf die Depesche Manteuffels vom 19.7.1856, GStAM, 2.4.1.I. Nr. 7911.

Regierung der französische und der britische Gesandte schärfstens kritisiert wurden, während Gerolt apostrophiert wurde als „the universally esteemed Baron Gerolt, than whom a more upright, prudent or deserving gentleman never represented a foreign government in the United States." –

Angesichts der ungewöhnlichen Art des Vorgehens der britischen Regierung in Berlin wirkt die Empörung Gerolts gerechtfertigt. Wenn man davon ausgeht, dass sich die britische Regierung trotz des Ungewöhnlichen etwas von ihrer Intervention bei der preußischen Regierung versprach, dann – so muss man vermuten – konnte sie das nur, wenn sie um den schwachen Rückhalt Gerolts im Preußischen Ministerium der auswärtigen Angelegenheiten wusste. Manteuffel verteidigte den preußischen Gesandten dennoch vor Bloomfield und bestätigte Gerolt. Grundlage war eine Analyse seiner Berichterstattung durch Bernstorff, wonach Gerolt in seinen Berichten „mit großer Unparteilichkeit und Objektivität die verschiedenen Standpunkte, die sich in betreff der vorliegenden, wie der übrigen politischen Fragen in den Vereinigten Staaten geltend machten," darlegte und daran keine Ausführungen knüpfte, die den Absichten der preußischen Regierung zuwiderliefen. Aber Manteuffel bedeutete Gerolt wie der britischen Regierung erneut, dass die Rolle der preußischen Regierung „in der in Rede stehenden Angelegenheit nur eine beobachtende sei ..."[663], dass also Zurückhaltung im Interesse der preußischen Regierung liege. Erst recht gab es kein Zeichen der Annäherung an die USA angesichts der deutlich gewordenen Interessensolidarität in einem Bereich.

Gerolt strebte unverkennbar eine solche Annäherung an, beschränkte sich aber weisungsgemäß doch wohl auf die Rolle eines Beobachters der Konflikte zwischen den USA und den westeuropäischen Mächten. Schon dass Preußen ungeachtet der Bemühungen Großbritanniens seinen Neutralitätskurs fortsetzte, kam den Interessen der USA entgegen und wurde allem Anschein nach auch so in der Pierce-Administration und im Kongress verstanden.

Die gegenüber Preußen unerhört auftrumpfende britische Regierung erfuhr mit der Ausweisung Cramptons und dreier Konsuln von der Pierce-Administration eine ebenso unerhörte Demütigung. Sie ging dann nach den Worten Bloomfields mit der Nichtausweisung von Dallas „bis an die äußerste Grenze der Nachgiebigkeit"[664] und zeigte sich in einem Umfang gesprächsbereit gegenüber den USA, wie es Gerolt nicht vermutet hatte. Nach Gerolt war die Nachgiebigkeit Großbritanniens den engen wirtschaftlichen Beziehungen zu den USA zu verdanken, „hauptsächlich dem Einfluß der

---

[663] Erlass Manteuffels vom 19.7.1856 an Gerolt, GStA Berlin, Mf 79 AA CB IC Nr. 25.
[664] Balan am 14.7.1856 an Manteuffel, a. a. O.

III. Die Präsidentschaft von Pierce 303

Baumwolle auf die handels- und industriellen Verhältnisse Großbritanniens"[665]. Ähnlich verwies der französische Außenminister Walewski gegenüber Hatzfeld auf die Abhängigkeit Englands von der amerikanischen Baumwolle. Dass diese Abhängigkeit überbetont wurde, führte dann in den sechziger Jahren in den Südstaaten der USA und in Großbritannien und Frankreich zu verhängnisvollen Fehlschlüssen. Gerolt nahm die Überlegungen zu den Wirtschaftsbeziehungen und überhaupt die erstaunliche Entwicklung der Beziehungen USA – Großbritannien im Sommer 1856 zum Anlass, um auf die erneut gewachsene Bedeutung der USA zu verweisen[666]: Es sei in Washington „sowohl als in Europa die Überzeugung befestigt, daß die materiellen Interessen, welche Großbritannien von den Vereinigten Staaten abhängig machen, die sicherste Bürgschaft zur Erhaltung des guten Einverständnisses zwischen den Ländern darbieten – eine Bürgschaft, welche allen commerziellen Staaten zugute kommen wird, da die Vereinigten Staaten, bei der Stellung, welche dieselben England gegenüber mit solchem Erfolg behauptet haben, der Alleinherrschaft dieser Macht zur See sowie etwaigen Übergriffen und Zumutungen derselben gegen schwächere Seemächte bei Kriegen, worin England verwickelt ist, hinführo eine nützliche Schranke setzen werden, insofern es die Auslegung und die Durchführung bestehender völkerrechtlicher Grundsätze betrifft ..." Damit spielte Gerolt auf die verbesserten Ausgangsbedingungen zur Umgestaltung des internationalen Seerechts an, eine Entwicklung, die im Interesse Preußens wie der USA lag.

Im Konflikt um das internationale Seerecht setzten sich die USA nicht gegenüber Großbritannien durch, aber in der Mittelamerika-Politik. Nachdem England die Ausweisung seines Gesandten durch die USA hingenommen hatte, stellte der Dallas-Clarendon-Vertrag vom 17.10.1856 in den Augen Gerolts einen weiteren bedeutenden Erfolg der Pierce-Administration dar. Zu dem von den USA von England erreichten Verzicht auf die Bay Islands und die Moscito-Küste zugunsten von Honduras und Nicaragua urteilte er[667], dass „die Englische Regierung zur Erhaltung des Friedens allen wesentlichen Forderungen der Vereinigten Staaten nachgegeben hat, welche von denselben auf Grund des Clayton-Bulwer-Vertrages vom Jahre 1850 behauptet worden sind." Der vom Senat bei dem Vertrag zum Unwillen Marcys herausgestellte Mangel[668], dass das Verhältnis der von England auf-

---

[665] Gerolt am 18.8.1856 an Manteuffel, GStAM, 4.1.II. Nr. 5282. Vgl. die Untersuchung im Preußischen Handelsarchiv 1856, I, S. 705–708 „Die Britische Baumwollfabrikation und die Nordamerikanische Baumwollerzeugung in ihren wechselseitigen Beziehungen".
[666] Gerolt am 4.9.1856 an den König, GStA Berlin, Mf 79, AA CB IC Nr. 26.
[667] Gerolt am 4.9.1856 an den König, GStA Berlin, Mf 79 AA CB IC Nr. 26.
[668] Gerolt am 4.2.1857 an Manteuffel, GStAM, 2.4.1.I. Nr. 7871.

zugebenden Bay Islands zu Honduras nicht deutlich genug im amerikanischen Sinne formuliert war, wurde 1860 ausgeräumt, und Großbritannien gab die Bay Islands und die Moscito-Küste auf. Gerolt unterschlug neben dem außenpolitischen Erfolg von Präsident Pierce nicht, dass dieser innenpolitisch scheiterte. Gerolt begründete den abnehmenden Rückhalt von Pierce mit dessen „bekannter Schwäche und Unentschlossenheit"[669], mit seiner Personalpolitik und seinen wenig überzeugenden Antworten auf die sich mit der Auseinandersetzung über Nebraska und Kansas seit 1854 wieder in den Vordergrund drängenden innenpolitischen Frage nach der Zukunft der Sklaverei, so dass die Convention der Demokraten nicht ihn, sondern Buchanan zum Präsidentschaftskandidaten nominierte.

Die von Gerolt gezogene Bilanz der Außenpolitik der Pierce-Administration ließ die ursprünglich angestrebte Gebietsausdehnung völlig außer acht, aber sie war sicher nicht zu positiv formuliert, wenn man sie mit dem vergleicht, was Preußen als neutrale Macht im Krimkrieg an dessen Ende vorzuweisen hatte. Die Berichterstattung des US-Gesandten Vroom aus Berlin verriet, dass es auch auf amerikanischer Seite Zweifel daran gab, ob Preußen seine Neutralität genügend nützte. Es hat berechtigterweise vielfache Kritik an der preußischen Außenpolitik der fünfziger Jahre gegeben; andererseits war sie nicht so schlecht, dass das Ministerium der auswärtigen Angelegenheiten nicht die partielle Identität der Interessen Preußens und der USA zumindest während des Krimkrieges erkannt hätte. Ganz abgesehen von der Bewertung der Politik von Manteuffel und Pierce erweist es sich gerade mit Blick auf die Krimkriegs-Jahre als oberflächlich, die gegenseitigen positiven Beziehungen aus einem gegenseitigen Desinteresse abzuleiten.

b) Die USA und Preußen für den freien Handel in Seekriegen, aber dennoch Scheitern der Seerechtsverhandlungen

Die Frage der Verbesserung des Seekriegsrechtes zugunsten der Neutralen war seit Anfang des Krimkrieges auf der Tagesordnung. Hier handelte es sich um eine Frage, bei der Preußen nicht mehr nur eine beobachtende Rolle einnehmen konnte; denn angesichts der Ausweitung des überseeischen Handels betraf das Seerecht Preußen und den Zollverein unmittelbarer denn je, so dass es mehr als in den übrigen strittigen Fragen zwischen England und den USA Stellung nehmen musste, ungeachtet seiner Bemühungen, sich aus den Konfrontationen herauszuhalten.

---

[669] So Gerolt am 23.5.1856 an den König, GStA Berlin, Mf 79, AA CB IC Nr. 26.

III. Die Präsidentschaft von Pierce

Wie Preußen erklärten die USA gleich zu Beginn des Krimkrieges ihre strikte Neutralität und bemühten sich besonders um die Sicherung des freien Handels. Im Interesse der Neutralen insgesamt verkündeten die Regierungen Großbritanniens und Frankreichs im März 1854, dass sie im Krimkrieg den Grundsatz beachten würden „Frei Schiff macht frei Gut, Konterbande ausgenommen", also nicht für den Krieg wichtige Waren von Angehörigen einer kriegführenden Macht auf neutralen Schiffen sicher seien; und zusätzlich erklärten sie, dass der Besitz von Neutralen auf feindlichen Schiffen sicher sei und schließlich eine Blockade nur dann gelte, wenn sie effektiv wäre. Die USA unterstützten diese Position, indem sie versicherten, dass sie Abweichungen nicht dulden würden. Staatssekretär Marcy und andere Kabinettsmitglieder erklärten Gerolt im April 1854 „mit Entschiedenheit ..., daß die Vereinigten Staaten den von ihnen anerkannten Grundsatz ‚Frei Schiff frei Gut' England gegenüber selbst auf die Gefahr eines Krieges hin behaupten würden"[670].

Die USA bestanden zusätzlich darauf, dass die von England und Frankreich verkündeten Prinzipien nicht nur für den gegenwärtigen Krieg gelten sollten, sondern in Zukunft allgemein anzuerkennen wären[671], ein Anliegen, das Preußen nur unterstützen konnte. Entsprechend dem Selbstbewusstsein der USA gab Marcy Gerolt „zu verstehen, daß es keine Macht den Vereinigten Staaten gegenüber wagen würde, eine andere Behandlung neutraler Schiffe der Vereinigten Staaten geltend zu machen."[672] Schließlich lehnten einzelne Kongressabgeordnete selbst das von Großbritannien beanspruchte Recht ab, neutrale Schiffe, also auch amerikanische, nach Kriegskonterbande zu durchsuchen. Mit dem britischen Durchsuchungsanspruch beschäftigte sich die US-Regierung während des Krimkrieges dennoch wenig; sie sah ihre vordringliche Aufgabe darin, die dauernde völkerrechtliche Anerkennung der übrigen, noch wichtigeren Grundsätze zugunsten der Neutralen durch Verträge mit den anderen Seestaaten zu erwirken, soweit das noch nicht durch die bestehenden Verträge geschehen war. Bei diesem Anliegen beriefen sich die USA auf das Interesse Russlands, Preußens und kleinerer Mächte und meinten nicht zu Unrecht, auch das Interesse Frankreichs zu vertreten[673]. Die USA erreichten auf ihre diplomatische Offensive hin von der Britischen Regierung schon am 3.5.1854 die vertrauliche Zusicherung,

---

[670] Gerolt am 7.4.1854 an den König, GStA Berlin, Mf 79 AA CB IC Nr. 17 Teil 2.
[671] Gerolt am 23.5.1854 an Manteuffel, Abschrift, GStAM, Rep. 120 CXVII.4. Nr. 85. Vol. 3.
[672] A. a. O.
[673] Abdruck des Schreibens von Marcy an Crampton vom 28.4.1854 als Anlage zum Bericht Gerolts vom 5.6.1854 an Manteuffel, Abschrift. GStAM, Rep. 120 CXVII.4. Nr. 85 Vol. 3.

dass zumindest der Grundsatz „Frei Schiff frei Gut" auch nach dem Krimkrieg gelten sollte, wie Gerolt berichten konnte[674].

Preußen hatte bisher mit den USA als einzigem Staat die Rechte der neutralen Schifffahrt im Kriegsfall geregelt. In den Verträgen von 1785 und 1828 hatten sich die beiden Mächte zu dem Grundsatz bekannt, dass freies Schiff freies Gut mache, Kriegskonterbande ausgenommen. Preußen hatte sich zusätzlich durch den § 213 des Preußischen Allgemeinen Landrechts auf dieses Prinzip festgelegt. Als entscheidend erwies sich deshalb für Preußen, den Geltungsbereich ihrer bilateralen Regelung auszudehnen, also ein Vertragswerk zu erreichen, an dem sich die Hauptseemächte Großbritannien und Frankreich beteiligten. Preußen musste überhaupt eine umfassende völkerrechtliche Dauerregelung anstreben, die das neutrale Gut insgesamt besser sicherte, dabei zugleich den Begriff der Kriegskonterbande genauer bestimmte und das Blockaderecht einbezog, wenn es seinen Interessen als größter Exporteur Mitteleuropas gerecht werden wollte.

Wenn der preußischen Regierung noch nicht bewusst war, wie dringlich eine umfassende völkerrechtliche Dauerregelung des Status der neutralen Schifffahrt im Kriegsfall für Preußen und für den Zollverein insgesamt und ebenso für die Hansestädte war, so spätestens angesichts des britisch-französischen Seekrieges gegen Russland 1854–1856, als Großbritannien und Frankreich ihre Kriegsmarine überall gegen Russland einsetzten und die preußische Handelsmarine in der Ostsee genauso wenig sicher war wie im Schwarzen Meer vor britischen und französischen Pressionen.

Die britisch-französische Kriegsflotte im Schwarzen Meer ging 1854 so weit, wie die preußische Regierung empört feststellte, dass sie preußische Schiffe, die Kohlen für russische Schwarzmeerhäfen an Bord hatten, nach Konstantinopel zurückdirigierte, bevor die Blockade überhaupt verhängt war; ohnehin erklärte der britische Flottenkommandant Steinkohle kurz entschlossen zur Kriegskonterbande[675]. Als dann die Blockade über Russland verhängt war, kontrollierten britische Schiffe die Ostsee genauso wie das Schwarze Meer. In diesem Zusammenhang brachte die englische Dampfkorvette „Archer", die einen Blockadebrecher vermutete, 1854 ein niederländisches Schiff, das Eisenbahnschienen von England nach Königsberg transportieren sollte, als Prise nach Königsberg. Obgleich sich die Schienen nun auf preußischem Hoheitsgebiet befanden, brauchte die preußische Regierung noch Monate, bis diese an den preußischen Besitzer gelangten; gleichzeitig hatten die Bemühungen der niederländischen Regierung um das Schiff schließlich Erfolg[676]. Ähnlich selbstherrlich brachte die „Archer"

---

[674] Gerolt am 5.6.1854 an Manteuffel, a.a.O.
[675] Manteuffel am 11.7.1854 an Wildenbruch, Konstantinopel, Abschrift, GStAM, Rep. 120 CXVII. 4 Nr. 85 Vol. 3.

preußische Schiffe in der Ostsee auf, ohne dass die preußische Regierung wirksam dagegen einzuschreiten vermochte.

Dass Großbritannien noch über erheblich mehr Möglichkeiten zur See gegenüber Preußen verfügte, als 1854/55 sichtbar wurde, konnten sich König und Regierung leicht ausmalen, auch dass sich der Kriegsschauplatz sehr wohl vom Schwarzen Meer in die Ostsee verlagern ließ, wie es die Alliierten planten, nachdem Schweden als Kriegspartner gewonnen war[677]. Aber schon auf dem Hintergrund der Vorfälle von 1854/55 ist zu verstehen, wieso König und Regierung in Preußen die britische Drohung besonders ernst nahmen, dass noch mehr Kriegsschiffe zur preußischen Küste gesandt würden, ja an eine Blockade preußischer Häfen gedacht werde[678] und ebenfalls Kriegsschiffe vor die Mündungen von Elbe und Weser fahren sollten, um alle Schiffe nach Kriegskonterbande durchsuchen zu lassen[679]. Schleiden meinte im Januar 1856, für den Fall der Verwirklichung dieser Drohungen „wären die Vereinigten Staaten unsere natürlichen Verbündeten zur Aufrechterhaltung der Rechte der Neutralen."[680] Das wussten der Bremer Senat und die preußische Regierung sicher schon lange. Nur welche Konsequenzen sollten ein Kleinstaat und ein Staat wie Preußen ziehen angesichts der Entfernung vom natürlichen Verbündeten und der Nähe der britischen Bedrohung?

Die nennenswerte preußische Kriegsmarine, die den Druck Großbritanniens auf Preußen hätte begrenzen können, gab es nicht. Die deutsche Handelsmarine war zwar von der Tonnage her die zweitstärkste Europas; aber Preußen besaß bis zur Reichsgründung nicht einmal eine effektive Küstenschutzflottille – trotz des aufwendigen Ausbaus des Jadehafens ab 1853 und der Weiterentwicklung der Flottenbasis in der Ostsee.

Im Februar 1853, also vor dem Krimkrieg, konnte Gerolt stolz Secretary of State Everett „den ersten Besuch einer preußischen Flotte in den USA" mitteilen[681] entsprechend dem von Oberst Hughes, dem nach Berlin entsandten Kommissar für die Vorbereitung der Weltausstellung 1853 in New York, gegenüber der preußischen Regierung geäußerten Wunsch, sie möge

---

[676] Briefwechsel zu diesem Vorgang 1854 im GStAM, Rep. 120 CXVII.4. Nr. 85 Vol. 4.
[677] *Winfried Baumgart*: Zur Außenpolitik Friedrich Wilhelms IV. 1840–1858, a.a.O., S. 144.
[678] Manteuffel am 4.11.1854 an von der Heydt, GStAM, Rep. 120 CXVII.4 Nr. 85 Vol. 4.
[679] Schleidens zweiter Bericht vom 24.1.1856, StA Bremen, 2.-B.13.b.1.a.2.a.I. – *Karl Ringhoffer*: Im Kampfe für Preußens Ehre. Aus dem Nachlaß des Grafen Albrecht von Bernstorff, Berlin 1906, S. 223–233.
[680] A.a.O.
[681] Gerolt an Everett am 18.2.1853, NA Washington, Mf 58 T-2.

ein Kriegsschiff nach New York entsenden. Das von Jan Schröder kommandierte Übungsgeschwader, nämlich die aus der Reichsflotte erworbene „Gefion", der von der Seehandlungsgesellschaft übernommene „Merkur" und die Korvette „Amazone", machte ungefähr die Hälfte der hochseetüchtigen preußischen Flotte aus[682]. Sein Besuch stellte eine freundschaftliche Geste dar, aber war kaum als Machtdemonstration aufzufassen.

Beeindruckend waren während des Krieges die britischen Drohungen gegenüber Preußen, die Blockade-Pressionen und das Handelsembargo insgesamt gegen Russland, zu dem ja die Seeblockade gehörte. Die britischen Handelsmaßnahmen beeinflussten den preußischen Handel wesentlich stärker als den US-Handel. Gegenüber Preußen wie Österreich erzwang Großbritannien zusätzlich das Verbot der Durchfuhr von Kriegsmaterial nach Russland[683]. Schließlich schränkte Großbritannien, das an der konsequenten Einhaltung der Durchfuhrverbote durch das „perfide Preußen" zweifelte[684], die Ausfuhr von Maschinenteilen, Portland-Zement und Rohstoffen ein, unter anderem des für den Bergbau dringend erforderlichen Salpeters. Die Herstellung von Dampfkesseln in Preußen war zum Beispiel abhängig von den nur in Großbritannien produzierten Kesselröhren, für die zeitweilig ein Ausfuhrverbot galt. Wenn Gerolt angesichts des gewaltigen Anstieges der deutschen Ausfuhr in die USA in diesen Jahren besonders die Abhängigkeit der deutschen Wirtschaft vom US-Markt betonte, so machten gerade die britischen Handelsbeschränkungen während des Krimkrieges die noch größere Abhängigkeit Preußens von der Einfuhr aus der führenden Industriemacht deutlich, mochten die Beschränkungen auch noch so kurz währen. Zugleich deuteten die Schwierigkeiten der preußischen Unternehmen angesichts der britischen Maßnahmen an, wie begrenzt die außenpolitische Bewegungsfreiheit Preußens gegenüber Großbritannien im Ernstfall war. Für den Fall einer weitergehenden Konfrontation mit Großbritannien und dem mit ihm verbündeten Frankreich fürchtete der für die preußischen Ostsee-Provinzen zuständige US-Konsul Schillow den totalen Ruin des Ostsee-Handels und des Wohlstandes der dortigen Provinzen. Alle Handelskammern hätten die preußische Regierung darauf aufmerksam gemacht, teilte Schillow Marcy mit[685]. Kein US-Konsul trat so sehr für das Zusammenwirken Preußens und der USA ein; aber als Vorsteher der Stettiner Kaufmannschaft wünschte er dies niemals um den Preis des Konfliktes mit Großbritannien. Bismarck meinte in seiner Kritik an der Politik des Königs, dass

---

[682] *Georg Wislicenus*: Prinzadmiral Adalbert, ein Vorkämpfer für Deutschlands Seemacht, Leipzig 1899, S. 74.

[683] *Delbrück*: Lebenserinnerungen, Bd. 2, S. 46.

[684] Bernstorff am 22.2.1855 an Manteuffel, Abschrift. GStAM, Rep. 120 CXVII.4. Nr. 85. Vol. 4.

[685] Schillow in Nr. 64 vom 20.3.1854 an Marcy, NA Washington, Mf T-59 3/3.

III. Die Präsidentschaft von Pierce 309

für Preußen die „Wirkung einer englischen Blockade, welche unsere Küste hätte treffen können, ... nicht gefährlicher gewesen" wäre „als die wenige Jahre früher mehrmals ausgestandene, uns ebenso vollständig abschließende dänische ..."[686]. Da die Möglichkeiten Großbritanniens eben doch weiter reichten als die Dänemarks, auch wenn Preußen entsprechend dem Vorschlag Bismarcks 200 000 Mann aufstellen würde, überzeugt dies Urteil Bismarcks nicht.

Eine selbstbewusste Reaktion, wie sie Bismarck wünschte, kam von Preußen gegenüber Großbritannien jedenfalls nicht, auch nicht zugunsten des neutralen Handels. Dazu flößte die oberste Polizeibehörde auf dem Meer zuviel Respekt ein. Reaktionen wie die der USA gegenüber England gingen von keiner der deutschen Mächte aus. Preußen musste zwar an einer Besserstellung der Neutralen im Kriegsfall interessiert sein, aber zu einem entschiedenen und konsequenten Kurs – etwa gemeinsam mit den USA – schien es wohl kaum in der Lage zu sein angesichts seiner so deutlich zutage tretenden Schwäche. Auch dem US-Gesandten Vroom konnte die der politischen Schwäche Preußens entsprechende Unklarheit des außenpolitischen Kurses dieses Staates[687] nicht verborgen bleiben. Besonders 1854 hob er gegenüber Marcy den Mangel an Einheit und Entschlusskraft in der preußischen Regierung hervor. Er nannte ihre Stellungnahme gegenüber den kriegführenden Parteien „vague and feeble"[688], wenngleich er die Neutralität Preußens selbstverständlich begrüßte.

Im Gegensatz zu Preußen verfügten die USA über ein erprobtes Druckmittel zur See, nämlich die Ausgabe von Kaperbriefen. Duldeten die USA in den fünfziger Jahren schon in Friedenszeiten die zahllosen Filibuster-Angriffe auf Mittelamerika, dann musste um so eher für die Kriegszeit die Duldung von Privateers für möglich gehalten werden, also die fallweise Militarisierung ihrer großen Anzahl von Handelsschiffen. Ebenso entschieden, wie die USA das Privateering für den Kriegsfall verteidigten, lehnte Großbritannien, das über die größte Kriegsmarine der Welt verfügte, diese Waffe ab. Parallel zur Kriegserklärung an Russland traten Großbritannien und Frankreich, das Land mit der zweitgrößten Kriegsflotte, bei den USA dafür ein, dass die USA in Zukunft darauf verzichteten, Kaperbriefe auszustellen und Kaperschiffe in US-Häfen zuzulassen. Die USA zeigten sich jedoch nicht bereit, darauf als Gegenleistung für die begrenzten seerechtlichen Zugeständnisse der westeuropäischen Seemächte zu verzichten, sondern verlangten zusätzlich, dass Großbritannien auf See auf jedes militärische Vorgehen gegen Privateigentum verzichten würde, wie ja Privateigentum schon

---
[686] *Bismarck*: Erinnerung und Gedanke, Ges. Werke, Bd. 15, Berlin 1932, S. 73.
[687] *K. Borries*: Preußen und der Krimkrieg, Stuttgart 1930.
[688] Vroom in Nr. 53 vom 5.12.1854 an Marcy, NA Washington, Mf 44/9.

im Landkrieg respektiert würde. Der US-Gesandte in London Buchanan erläuterte dem britischen Außenminister Clarendon[689]: „Die Flotte Großbritanniens sei der der Vereinigten Staaten nach der Anzahl der Kriegsschiffe weit überlegen. Sie könnten zu jedem Meer Kreuzer schicken, um unsere Handelsschiffe abzufangen, während die Anzahl unserer Kreuzer vergleichsweise so klein sei, dass ein Gleichgewicht unmöglich herzustellen sei. Das einzige Mittel, das wir besäßen, um ihrer numerischen Stärke zu begegnen, wäre, unsere Handelsschiffe, die durch einen Krieg beschäftigungslos seien, zu Kaperschiffen umzuwandeln und zu versuchen, mit ihrer Hilfe dem britischen Handel genauso viel Schaden zuzufügen wie von ihrer Seite dem amerikanischen Handel." Gerolt sah 1854 die Möglichkeit, dass dieser Fall eintreten könnte, wenn sich ein Krieg mit Spanien wegen Kuba entwickelte, wobei England und Frankreich vermutlich an der Seite Spaniens gegen die USA kämpfen würden[690]. Genauso wenig wie die USA angesichts ihres Gegensatzes zu England und Frankreich auf die Ausstellung von Kaperbriefen verzichten wollten, war England geneigt, den Einsatz von Kriegsschiffen gegen feindliche Handelsschiffe und anderes feindliche Privateigentum grundsätzlich aufzugeben im Kriegsfall.

Den USA wurde also sehr bald deutlich, dass die wichtigste Seemacht nicht zu größeren Zugeständnissen beim Seerecht bereit war und im Augenblick erst recht keine seerechtliche Dauerregelung in einem Vertrag von Großbritannien zu erreichen war. Dagegen hatten die USA jetzt endlich bei Russland Erfolg. Auf die in früheren Jahren von den USA gemachten Vorschläge zur Sicherung des Privateigentums zur See im Kriegsfall war Russland nicht eingegangen, aber jetzt im Krimkrieg akzeptierte es sofort. Am 22.7.1854 unterzeichneten der Russische Gesandte in Washington, Stöckl, und Marcy einen Vertrag, in dem sie den Grundsatz „Frei Schiff frei Gut" anerkannten, sich einigten, dass Privateigentum Neutraler auf feindlichem Schiff nicht von Kriegsschiffen zu konfiszieren sei, aber bezeichnenderweise nicht vom Verbot der Kaperei die Rede war[691]. Inhaltlich entsprachen die Bestimmungen des Vertrages den Erklärungen Großbritanniens und Frankreichs vom März 1854. Sie gingen nur insofern über die Erklärungen der Westmächte hinaus, als ihre Gültigkeitsdauer nicht beschränkt war. Der Vertrag diente den USA also dazu, Druck auf die Westmächte zugunsten der dauernden Geltung der seerechtlichen Bestimmungen auszuüben, ohne dafür das Privateering aufgeben zu müssen.

---

[689] Buchanan an Marcy am 24.3.1854, Senate Executive Documents, Nr. 60, 33rd Congress, 1. Sess. – Übers. E.
[690] Gerolt am 5.6.1854 an Manteuffel, Abschrift. GStA Berlin, Mf 79 AA CB IC Nr. 17 II.
[691] Den Text des Vertrages s. Treaties, Conventions, Vol. 2, S. 1519 f.

Eine Einladung zu einem gleichen Vertrag ging im August 1854 an Preußen und, wie Gerolt Manteuffel mitteilte[692], „an alle europäischen Staaten, welche Handel und Schifffahrt treiben." Bevor Manteuffel den USA antwortete, setzten sich die preußischen Minister eingehend mit dem Vertragsangebot auseinander. Dabei handelte es sich sehr bald nicht mehr nur um die Beziehungen zu den USA, sondern zugleich um die zu England und Frankreich und zu deren Krimkriegsgegner Russland. In keinem anderen Zusammenhang diskutierte das Staatsministerium das Verhältnis zu den USA so umfassend wie aus Anlass des vorgeschlagenen Neutralitätsvertrages.

So weit es um die im Vertragsentwurf vertretenen Seerechtsgrundsätze ging, war die Zustimmung relativ einfach. Ministerpräsident und Minister der auswärtigen Angelegenheiten Manteuffel, Handelsminister von der Heydt, Justizminister Simons und Kriegsminister Waldersee betonten ausdrücklich ihr Einverständnis[693], hatte Preußen doch von jeher diese Grundsätze im Sinne seiner von keiner Kriegsmarine geschützten Handelsflotte vertreten. Zum Teil waren diese Grundsätze schon in den Handelsverträgen Preußens mit den USA von 1785, 1799 und 1828 berücksichtigt. Manteuffel stellte zusätzlich in seiner Gesamtwürdigung des Vertragsinhaltes gegenüber Gerolt fest[694], dass eine internationale Bekräftigung speziell des Grundsatzes „Frei Schiff frei Gut, Kriegskonterbande ausgenommen" durch die USA und Preußen schon deshalb bilateral von Gewicht sei, weil die USA den Vertrag von 1828 mit Preußen jederzeit kündigen könnten. Zusätzlich erhielte Preußen durch den Vertragsabschluss den Vorteil, dass dann auch Russland diesen Grundsatz auf die preußische Schifffahrt anwenden müsste. Von England war die dauernde Anerkennung dieses Grundsatzes bisher immer abgelehnt, und die USA hatten mit Rücksicht auf die Hauptseemacht in den preußisch-amerikanischen Vertrag von 1799 diesen Grundsatz nur eingeschränkt aufgenommen. Der zweite Grundsatz des US-Vertragsentwurfes „Feindlich Schiff frei Gut, Kriegskonterbande ausgenommen" war von Preußen bisher mit keiner fremden Macht vereinbart. Preußen selbst aber war durch den § 213 des Preußischen Allgemeinen Landrechtes wie auf das Prinzip „Frei Schiff frei Gut" auf die Respektierung neutralen Gutes auf feindlichen Schiffen festgelegt, und eine internationale Absicherung der beiden Grundsätze konnte dem preußischen Handel nur nützen. Manteuffel erwähnte zusätzlich gegenüber seinen Ministerkollegen und den preußischen Botschaftern in London, Paris und Wien zuguns-

---

[692] Gerolt am 27.11.1854 an Manteuffel, GStA Berlin, Mf 145 AA III Rep. 14a Nr. 10 Vol. I.
[693] Manteuffel an die Minister am 27.8.1854, Heydt an Manteuffel am 19.9.1854, Simons am 26.9.1854, Waldersee am 16.10.1854, GStA Berlin, Mf 145 AA III Rep. 14a Nr. 10 Vol. I.
[694] Manteuffel am 29.9.1854 an Gerolt, a.a.O.

ten einer bilateralen Regelung des Seerechts mit den USA den angesichts der unterschiedlichen Position beider Mächte zur See einsichtigen Aspekt: „Praktisch würde die Sache für uns im Wesentlichen nur für den Fall werden, wenn die Vereinigten Staaten in einen Krieg verwickelt werden sollten; alsdann würde der Vorteil allerdings auf unserer Seite sein."[695]

Für das Staatsministerium war jedoch nicht nur der Vertragsinhalt wichtig, sondern auch die Reaktion der Hauptseemächte England und Frankreich als Kriegführende im Krimkrieg. Manteuffel instruierte Gerolt am 29.9.1854[696] auf die Note Marcys vom 4.8.1854 hin, „die sofortige Zustimmung der K. Regierung zu erkennen zu geben, für den Fall abzuschließen, dass sich bereits andere der in der gedachten Note bezeichneten Mächte von Bedeutung, worunter wir ausdrücklich England und Frankreich begreifen müssen, für den Abschluss gleichlautender Verträge mit Nordamerika bestimmt ausgesprochen haben sollten." Manteuffel betrachtete einen Seerechts-Vertrag Preußens mit den USA, der nur die Zustimmung Russlands, aber die Ablehnung Englands und Frankreichs erfahren würde, als schädlich für das Verhältnis Preußens zu den Westmächten. Realistisch äußerte er zu deren Einstellung zum US-Vorschlag[697]: „England und Frankreich dürften unter den gegenwärtigen Umständen vielmehr sich berechtigt halten, dem letztgedachten Vertrage weniger eine allgemeine völkerrechtliche als eine ihnen selbst ungünstige politische Bedeutung beizulegen, und in dem Beitritte anderer Mächte den Panier einer ihnen gegenübertretenden Koalition zu erblicken." Mit einem Vertragsverhältnis zwischen Preußen und Nordamerika würde „zugleich ein Verhältnis der Gegenseitigkeit und Solidarität zwischen Preußen und Rußland, beziehungsweise den übrigen Staaten, welche gleiche Verträge mit Nordamerika eingehen werden, in betreff der aufzustellenden Grundsätze sich bilden und zu weiteren praktischen Folgen führen ...". Selbst mit einem Seerechtsvertrag zugunsten der Neutralen sah Preußen also seine strikte Neutralität in Frage gestellt.

Diesen Bedenken, dass ein Alleingang Preußens die Beziehungen zu den Westmächten noch mehr belasten würde, verschloss sich keiner im Staatsministerium, und keiner trat für einen sofortigen Abschluss des Seerechtsvertrages ein. Selbst Handelsminister von der Heydt, der angesichts der wirtschaftlichen Vorteile den Seerechtsvertrag mit den USA von allen Ministern am stärksten befürwortete[698], befürchtete, es würde „der Abschluss des angetragenen Vertrages gleichzeitig mit dem Abschlusse des Vertrages

---

[695] Manteuffel am 27.8.1854 an von der Heydt u.a., GStA Berlin, Mf 145 AA III Rep. 14a Nr. 10 Vol. I.

[696] Manteuffel am 29.9.1854 an Gerolt, GStA Berlin, Mf 145 AA III Rep. 14a Nr. 10 Vol. I.

[697] A.a.O.

vom 22. Juli als eine Demonstration, als eine Provokation Englands angesehen werden, welche für unsere Handelsmarine unter Umständen die verderblichsten Folgen haben könne." Aber trotz aller Angst vor britischen Repressalien wünschte er kein zu langes Warten mit dem Abschluss des Vertrages. Er urteilte nüchtern, dass England kaum mit Preußen brechen würde, wenn es den Vertrag mit den USA abschließen würde. „Sollte England uns aber feindlich entgegentreten wollen, so würde es sich durch unsere scheue Zurückhaltung und Rücksichtnahme auf sein Interesse nicht abhalten lassen." Wie Manteuffel befürwortete er Rückfragen in London, Paris und Wien, aber empfahl, wenn sich kein besonderer Hinderungsgrund ergab, abzuschließen. Im Unterschied zu seinen Kollegen im Staatsministerium bedachte von der Heydt, dessen Sohn Konsul in New York war, nicht nur das Konzert der europäischen Mächte. Für den Handelsminister ging es bei der Durchsetzung der im Grunde von England bisher bestrittenen Seerechtsgrundsätze um die „englische Suprematie auf dem Meere", und Preußen habe kein Interesse daran, sie unangetastet zu lassen. „In allen Zeiten sind die minder mächtigen Seestaaten und diejenigen Staaten, welche eine Handelsmarine, aber keine Kriegsmarine hatten, wenn auch nicht in der Aktion, so doch im Ziel und in den Wünschen gegen den mächtigsten Seestaat, der bei ausbrechendem Seekriege ihren Seeverkehr belästigt, vereinigt gewesen." Er ging auch nun nicht so weit, dass er für eine engere Verbindung der neutralen Mächte zu gemeinsamer Aktion plädierte, aber er fasste engere Beziehungen zu den Vereinigten Staaten ins Auge. „Endlich kann ich auch nicht unterlassen, auf die politische Stellung Preußens hinzudeuten, welche dasselbe in nicht zu ferner Zeit bestimmen dürfte, mit den Vereinigten Staaten von Nordamerika in eine nähere Verbindung zu treten, und in einer solchen würde der Weg durch blöde Zurückhaltung, aus Besorgnis, bei England anzustoßen, in einer Frage, wo nur das Interesse bestimmen muß, mit Nordamerika zu gehen, eben nicht gebahnt werden."

Gerolt setzte sich entschieden für den Abschluss des Neutralitätsvertrages ein. Er argumentierte vor allem gegen die britische Regierung. Sie sähe nur ungern, „dass andere Mächte überhaupt Verträge mit den Vereinigten Staaten abschließen, um sich für die Zukunft diejenigen Neutralitätsrechte zu sichern, welche von England und Frankreich nur für die Dauer des gegenwärtigen Krieges anerkannt sind."[699] Er sah im Gegensatz zu Manteuffel in dem Abschluss des Vertrages zwischen den USA und Russland am 22.7.1854 keine „politische Demonstration zu Gunsten Russ-

---

[698] Heydt am 19.9.1854 an Manteuffel, GStA Berlin, Mf 145 AA III Rep. 14a Nr. 10 Vol. I.
[699] Gerolt am 27.11.1854 an Manteuffel, ähnlich am 9.1.54, GStA Berlin, Mf 145 AA III Rep. 14a Nr. 10 Vol. 1.

lands ..., wie dies von verschiedenen Seiten aus besonderen Absichten geschlossen sein mag."[700]

Die im Staatsministerium vorausgesehene ablehnende Haltung der Kabinette in Paris und London gegen den von Washington vorgeschlagenen Vertrag zeigte sich sehr bald[701]. Auch die USA hatten das geahnt und England und Frankreich trotz aller anders lautenden Versicherungen gegenüber Gerolt nicht ausdrücklich zum Vertragsbeitritt aufgefordert, sondern sich nur an die Neutralen gewandt.

Die preußische Regierung ermächtigte nun zwar Gerolt zur Aufnahme von Verhandlungen über einen Neutralitätsvertrag mit dem Ziel, die Fassung des mit Russland abgeschlossenen Vertrages zu verbessern, aber ließ diese Verhandlungen schon mit Rücksicht auf die sich verschlechternden Beziehungen zu Großbritannien nur sehr zurückhaltend führen. Im November 1854, also unmittelbar nach dem Beginn der Gespräche Gerolts mit Marcy über einen Vertrag, berichtete Manteuffel von der Heydt von Informationen der preußischen Botschafter in London und Paris über die von der britischen und französischen Regierung beabsichtigten Maßregeln, um den Handelsverkehr Russlands über Preußen möglichst zu beschränken, gegebenenfalls eine Blockade preußischer Häfen einzurichten[702].

Wenn schon Preußen mit Rücksicht auf seine Beziehungen zu England und Frankreich zurückhaltend auf das US-Angebot reagierte, dann schien das noch mehr kleineren deutschen Staaten geboten. Auch Bremen, das mit seiner Überseeflotte im Deutschen Bund der wichtigste Partner der USA im Schiffsverkehr war, lehnte mit Rücksicht auf England die Unterzeichnung des von Marcy Schleiden nahegebrachten Vertrages ab. Um so besser konnten im Übrigen Bremer Reeder an England Schiffe als Truppentransporter verchartern[703]. Genauso wie Bremen schreckten die Niederlande, Dänemark, Schweden und Portugal vor einer Brüskierung Englands und Frankreichs zurück. Als das Königreich beider Sizilien am 13.1.1855 einen dem russischen Vertrag entsprechenden mit den USA abschloss, berichtete der preußische Gesandte Graf Hatzfeld aus Paris, dass dieses Vorgehen dort

---

[700] Gerolt am 27.11.1854 an Manteuffel, GStA Berlin, Mf 145 AA III Rep. 14a Nr. 10 Vol. 1.

[701] Der französische Außenminister Graf Walewski, dessen Regierung an sich die Grundsätze des Seerechts-Vertrages befürwortete, bezeichnete den Vertrag gegenüber dem preußischen Vertreter in Paris Graf Hatzfeld als Indiz für das Bestreben, die westeuropäischen Mächte zu entzweien. – Hatzfeld an den König am 14.6.1855, GStA Berlin, Mf 79 AA CB IC Nr. 25 Vol. I.

[702] Manteuffel am 4.11.1854 an von der Heydt und Bodelschwingh, GStAM, Rep. 120 CXVII 4 Nr. 85 Vol. III.

[703] *Ludwig Beutin*: Bremen und Amerika, zur Geschichte der Weltwirtschaft und der Beziehungen Deutschlands zu den Vereinigten Staaten, Bremen 1953, S. 122.

„einiges Mißfallen erregt hat"[704], und kein anderer europäischer Staat wagte, dem Beispiel zu folgen, obgleich sie alle sehr wohl die Vorteile für den neutralen Handel im Kriegsfall sahen.

Um des gleichfalls offensichtlichen Interesses Preußens willen an einer Verbesserung der völkerrechtlichen Stellung des neutralen Handels im Kriegsfall lehnte die preußische Regierung den Abschluss eines Neutralitätsvertrages zunächst nur zwischen Preußen und den USA nicht grundsätzlich ab. Manteuffel erwartete, dass die USA „schon *darauf* Wert zu legen wissen, dass Preußen auf die Unterhandlung überhaupt einzugehen sich bereit zeigt, bevor irgendeine Aussicht auf den Beitritt bedeutender Seemächte vorhanden ist."[705] Mit dieser Voraussetzung glaubte Manteuffel Verbesserungswünsche durchsetzen zu können, die zu einem Vertrag führen sollten, der mit dem zwischen den USA und Russland abgeschlossenen nicht mehr identisch war. Die Verbesserungsforderungen, die Gerolt Marcy zu präsentieren hatte, waren insofern nichts Ungewöhnliches, als sie der traditionellen Linie der preußischen Regierung entsprachen und schon bei den Verhandlungen zu den Verträgen 1785, 1799 und 1828 mehr oder minder erfolgreich vertreten waren.

Zunächst suchte Manteuffel – wie die preußische Regierung bei den Verhandlungen zum Vertrag von 1785 – zu verhindern, dass der neue Vertrag nur für seine Unterzeichner galt[706]. Manteuffel hatte ganz konkrete Situationen vor Augen: „Gesetzt den Fall, Nordamerika befände sich im Kriege mit England und letztere Macht respektierte nicht amerikanisches Eigentum an Bord preußischer neutraler Schiffe. Wird Nordamerika dessen ungeachtet dem Geiste des abzuschließenden Vertrages gemäß, preußisches Eigentum an Bord englischer Schiffe respektieren?"[707] Manteuffel strebte an, jede beschränkende Auslegung der Grundsätze „Frei Schiff frei Gut" und „Neutrales Gut frei an feindlichem Bord, Contrebande in beiden Fällen ausgenommen" zu vereiteln.

Den Interessen der USA stärker entgegen kam die Forderung Manteuffels, die aus den leidvollen preußischen Erfahrungen des Krimkrieges erwuchs, die Begriffe Kriegskonterbande und Durchsuchungsrecht im Vertrag näher zu bestimmen. Aber wesentlich wichtiger als diese Anliegen war der von

---

[704] Hatzfeld am 1.5.1855 an Manteuffel, GStA Berlin, Mf 145 AA III Rep. 14a Nr. 10 Vol. I.

[705] Manteuffel am 17.12.1854 an Gerolt, Konzept, GStA Berlin, Mf 145 AA III Rep. 14a Nr. 10 Vol. I.

[706] Dies und die folgenden Verbesserungsforderungen in der Instruktion Manteuffels für Gerolt vom 29.9.1854, GStA Berlin, Mf 145 AA III Rep. 14a Nr. 10 Vol. I.

[707] Manteuffel ergänzend in seiner Instruktion vom 28.2.1855 an Gerolt. GStA Berlin, Mf 145 AA III Rep. 14a Nr. 10 Vol. I.

Manteuffel vertretene Zusatzartikel zum Vertrag, wonach die Ausstellung von Kaperbriefen grundsätzlich verboten sein sollte. Das ging einmal über das in den Verträgen von 1785, 1799 und 1828 Erreichte hinaus, wonach kein Bürger des einen Vertragspartners Kaperbriefe von einer Macht nehmen dürfe, mit welcher der andere Teil sich im Krieg befände; aber vor allem machte sich Preußen damit genau die Forderung Großbritanniens zu eigen, an der 1853 die Seerechts-Verhandlungen der USA mit Großbritannien gescheitert waren. Mit diesem Aufgreifen der britischen Forderung sollte London deutlich werden, wie Manteuffel äußerte[708], „daß wir bei den von uns angeknüpften Unterhandlungen keineswegs eine Richtung verfolgen, welche mit dem rechtmäßigen Interesse Großbritanniens unvereinbar wäre."

Über die gesamten Verhandlungen mit den USA und besonders über die die Kaperbriefe betreffende Forderung ließ Manteuffel die englische und ebenso die französische Regierung sofort informieren, um jeden Eindruck einer Frontstellung gegen sie zu vermeiden. Manteuffel konnte befriedigt registrieren, dass seine Forderung nach Abschaffung der Kaperei „von der englischen Presse mit lautem Beifall aufgenommen worden ist."[709] Dem Zusatzartikel mit dem Kapereiverbot maß er auch verhandlungstaktisches Gewicht bei, weil er darin ein Mittel sah, „den Faden der Unterhandlung in der Hand zu behalten, um dieselbe je nach der Lage der Umstände beschleunigen oder hinhalten zu können."[710]

Die britische Regierung musste in dem Verhalten der preußischen Regierung geradezu eine Möglichkeit erkennen, die Verhandlungen zwischen den USA und Preußen im eigenen Interesse zu beeinflussen. Wohl im Sinne eines Scheiterns dieser Verhandlungen ließ sie ihren Gesandten Lord Bloomfield gegenüber Manteuffel betonen, dass das Verbot der Kaperei eine Bedingung für den Abschluss des Vertrages sein sollte[711].

In der Tat zeigten sich die USA, wie von preußischer Seite vorauszusehen war, nicht bereit, über das in dem Vertrag von 1828 festgelegte Ausmaß hinaus auf Kaperbriefe zu verzichten. Die USA hätten, wie Marcy Gerolt in einem ausführlichen Gespräch schon im November 1854 erläuterte[712], „im Falle eines Krieges mit überlegenen Seemächten kein anderes Mittel zu ihrer Verteidigung ..., als ihre eigenen zahlreichen Privatschiffe

---

[708] Manteuffel am 29.9.1854 an Gerolt, a.a.O.
[709] Manteuffel am 9.2.1855 an von der Heydt, GStAM, Rep. 120 CXVII 4 Nr. 85 Vol. IV.
[710] A.a.O. – Ähnlich gegenüber Gerolt am 29.9.1854.
[711] Manteuffel am 13.12.1854 an Gerolt, GStA Berlin, Mf 145 AA III Rep. 14a Nr. 10 Vol. I.
[712] Gerolt am 27.11.1854 an Manteuffel, GStA Berlin, Mf 145 AA III Rep. 14a Nr. 10 Vol. I.

und die anderer Staaten durch Kaperbriefe gegen den Feind zu bewaffnen." Die USA konterten deshalb mit ihrer alten Forderung, wonach sie nur auf die Ausstellung von Kaperbriefen verzichten wollten, „wenn England und die übrigen Seemächte zugleich mit den Vereinigten Staaten darauf verzichten, ihre Kriegsschiffe zu benutzen, um die Handelsschiffe und das Privateigentum ihres Feindes auf der See wegzunehmen oder zu zerstören." Für diese Gleichstellung von Kaperschiffen und feindlichen Kriegsschiffen hatte Manteuffel wenig Verständnis, und zu einer Änderung seiner Position war er nicht bereit. Auch die erneute Erläuterung des US-Standpunktes durch Präsident Pierce in seiner Botschaft am 4.12.1854 zur Eröffnung des Kongresses beeinflusste ihn nicht.

Auf die Anfrage Gerolts, ob auch ohne Verzicht auf Kaperbriefe abzuschließen sei, beharrte Manteuffel auf dem Standpunkt seiner alten Instruktion[713]. US-Gesandter Vroom in Berlin teilte Marcy zwar im Januar auf Grund seiner Informationen mit, dass die preußische Regierung nicht auf ihrer Forderung beharren würde, die Kaperbriefe zu verbieten[714]; aber die entsprechende Anweisung an Gerolt erfolgte nicht. Eine solche Entscheidung gegen die britischen Wünsche wäre auch erstaunlich gewesen. Hatte doch Vroom noch kurz vorher vom Druck der Westmächte auf Preußen berichtet, dass diese nur auf ihre Möglichkeiten an der Nord- und Ostsee-Küste zu verweisen brauchten, und vom Mangel an Entschlusskraft in der preußischen Regierung demgegenüber[715].

Gerolt trat dafür ein, auch ohne Verbot der Kaperei den Neutralitätsvertrag mit den USA abzuschließen. Marcy bekräftigte in seiner Note vom 9.12.1854 den Standpunkt, dass die USA einem Verbot der Kaperei nur in der Form zustimmen würden, dass das Privateigentum gegen jede Form der Beschlagnahme auf See gesichert würde, also auch gegen die durch Kriegsschiffe[716]. Aber in den Augen Manteuffels sprach gegen die Aufnahme einer solchen Bestimmung, dass dies den Versuch behindern und vielleicht verhindern würde, der Konvention die allgemeine Zustimmung zu sichern, auf die Preußen soviel Wert legte. Da Manteuffel jedoch im Wesentlichen bei seiner Maximalforderung blieb, war das Gespräch mit Marcy am 9.1.1855 für lange Zeit das letzte zur Seerechts-Konvention.

Vergeblich war die Unterstützung, die Gerolt vom Handelsminister von der Heydt erfuhr, der am 19.2.1855 gegenüber Manteuffel hervorhob, er

---

[713] Gerolts Anfrage bei Manteuffel am 27.11.1854, Manteuffels neue Instruktion am 17.12.1854, GStA Berlin, Mf 145 AA III Rep. 14a Nr. 10 Vol. I.
[714] Vroom in Nr. 57 vom 2.1.1855 an Marcy, NA Washington, Mf 44/9.
[715] Vroom in Nr. 53 vom 5.12.1854 an Marcy, NA Washington, Mf 44/9.
[716] Marcy am 9.12.1854 an Gerolt, Anlage zum Bericht Gerolts vom 11.12.1854 an Manteuffel, GStA Berlin, Mf 145 AA III Rep. 14a Nr. 10 Vol. I.

müsse „den entschiedenen Wert darauf legen, dass die eingeleiteten Verhandlungen nicht abgebrochen, vielmehr in einer Lage erhalten werden, welche es uns gestattet, unter Verzichtleistung auf die, hinsichtlich der Kaperei gestellte, unter den gegebenen Verhältnissen allerdings kaum erreichbare Forderung, zum Abschluss zu gelangen, sobald unsere Stellung zu dem gegenwärtigen Kriege oder das Verhältnis der Vereinigten Staaten zu Großbritannien denselben als wünschenswert sollten erscheinen lassen."[717]

Manteuffel hatte gegenüber von der Heydt selbst zugegeben, dass der Vertrag auch ohne Zusatzartikel „wesentlich Vorteile" für Preußen bot[718], und nach dem entschiedenen Votum des Handelsministers wich er nun geringfügig zurück. In einer neuen Instruktion betonte Manteuffel am 28.2.1855 gegenüber Gerolt[719], „daß wir nicht gesonnen sind, der gegenseitigen Anerkennung der beiden Hauptgrundsätze des Vertrages durch Aufstellung unzulässiger Bedingungen in den Weg zu treten." In der entscheidenden Streitfrage der Kaperbriefe erklärte er sich bereit nachzugeben, falls das gesamte Vertragswerk zu scheitern drohte. Die Konzession nahm er aber zurück, indem er diese Gefahr für im Augenblick nicht gegeben erklärte und nun statt eines generellen Verbotes der Ausgabe von Kaperbriefen eine dem Artikel 20 des Vertrages von 1799 (bestätigt 1828) entsprechende Bestimmung im Neutralitätsvertrag verlangte, wonach kein Untertan des einen Vertragspartners Kaperbriefe von einer Macht annehmen dürfe, mit welcher der andere Teil sich im Krieg befinde. Gegen eine Beschränkung des Geltungsbereiches wandte er sich wie in seiner Instruktion vom 29.9.1854, wie er auch weiterhin keine Beschleunigung der Verhandlungen wünschte. Den Abschluss des Neutralitätsvertrages machte er in Übereinstimmung mit von der Heydt vom Stand der internationalen Beziehungen abhängig, also von der Entwicklung des Krimkrieges und der britisch-amerikanischen Beziehungen. Der Chef der Admiralität Prinz Adalbert von Preußen, der deutlich sah, dass die Forderung nach Abschaffung der Kaperbriefe den Verhandlungsfortschritt behinderte, machte noch einen weitergehenden Vermittlungsvorschlag als von der Heydt[720], erzielte aber keinen Erfolg.

Nach der neuen, nur geringfügig von Manteuffel veränderten Instruktion nahm Gerolt 1855 die Verhandlungen mit Marcy nicht mehr auf. Er hielt

---

[717] Von der Heydt am 19.2.1855 an Manteuffel, GStA Berlin, Mf 145 AA III Rep. 14a Nr. 10 Vol. I.

[718] Manteuffel am 9.2.1855 an von der Heydt, GStAM, Rep. 120 CXVII 4 Nr. 85 Vol. IV.

[719] Manteuffel am 28.2.1855 an Gerolt, GStA Berlin, AA III Rep. 14a Nr. 10 Vol. I.

[720] Prinz Adalbert am 17.3.1855 an Manteuffel, GStA Berlin, AA III Rep. 14a Nr. 10 Vol. I.

III. Die Präsidentschaft von Pierce 319

auch die eingeschränkten Forderungen zu den Kaperbriefen nicht für durchsetzbar, nachdem Pierce im Dezember öffentlich so deutlich gemacht und begründet hatte, dass die USA nicht bereit seien, auf die Kaperei zu verzichten.[721] Die internationalen Beziehungen gestalteten sich in den Augen der preußischen Regierung ohnehin nicht günstiger für einen Vertragsabschluss als 1854. Zwar verbesserte sich die Position der Westmächte im Krimkrieg mit der Eroberung Sewastopols am 8.9.1855 kriegsentscheidend und konnte wenige Monate später der Friede in Paris geschlossen werden; aber andererseits verschärfte sich der Gegensatz der USA zu Großbritannien so sehr, dass im Mai 1856 mit der Ausweisung des britischen Gesandten ein neuer Krieg nahe schien.

Während die von den USA angestrebte Neuregelung des internationalen Seerechtes stecken blieb, erreichte die Pariser Friedenskonferenz eine Übereinkunft zum Seerecht. Mit der Pariser Seerechts-Erklärung vom 16.4.1856[722] verboten Großbritannien, Frankreich, Russland, Österreich und Preußen das „Kaperunwesen" (Artikel 1), erkannten die Grundsätze an „die neutrale Flagge schützt die feindliche Ware, Kriegskontrebande ausgenommen" (Artikel 2) und „die neutrale Ware, Kriegskontrebande ausgenommen, kann unter feindlicher Flagge nicht mit Beschlag belegt werden" (Artikel 3) und bestimmten, dass nur die den Verkehr zur feindlichen Küste wirklich absperrende Blockade bindend ist (Artikel 4), also nicht schon die Blockade-Erklärung. Die Seerechts-Konvention erhob damit die befristeten Konzessionen Großbritanniens und Frankreichs vom Anfang des Krieges, wie von den USA gefordert war, zum internationalen Recht und verbesserte entsprechend der preußischen Forderung das Blockade-Recht. Das für die Konvention entscheidende Großbritannien kam also den anderen Mächten in den Punkten entgegen, die diese mit den USA zusammenführen konnten. Preußen, Österreich und Russland mussten es als wesentlichen Gewinn empfinden, dass die Mächte mit den größten Kriegsmarinen die Seerechts-Grundsätze garantierten. Zugleich fügten Großbritannien und Frankreich den USA die Niederlage zu, dass in Artikel 1 der Seerechtsdeklaration die Kaperei abgeschafft wurde.

Die Pierce-Administration empfand sich als von den europäischen Mächten ausmanövriert, und nicht von ungefähr bemerkte Schleiden, „daß das hiesige Gouvernement sich in dem Wahne befindet, daß alle Europäischen Regierungen nur zu geneigt seien, gegen die hiesigen Interessen zu conspirieren."[723] Nach Gerolts Bericht[724] hatte die Pierce-Administration gehofft,

---
[721] Gerolt am 26.5.1856 an Manteuffel, GStA Berlin, AA III Rep. 14a Nr. 10 Vol. I.
[722] Preußisches Gesetzesblatt 1856, S. 585–587.
[723] Schleiden am 14.8.1856 an den Senat, StA Bremen, 2.-B.13.b.1.a.2.a.I.

„daß die bei dem Welthandel beteiligten Mächte der übermächtigen und übermütigen Seemacht Großbritannien gegenüber, die Entsagung ihres Rechts, sich der Kaperschiffe und Kaperbriefe zu bedienen, nur unter der von der hiesigen Regierung vorgeschlagenen Bedingung zugestehen würden, daß nämlich hinführo auch die Kriegsschiffe der contrahierenden Staaten keine Prisen von Privateigentum zur See machen dürften, da nur auf diese Weise die Freiheit des Handels aller Nationen gesichert werden könnte." Angesichts der Fixierung der US-Seite auf das Kaperei-Verbot und den Hauptgegner England äußerte Gerolt[725]: „Die Amerikaner glauben ..., daß durch jene Convention die Herrschaft Großbritanniens zur See auf Kosten anderer Nationen mehr wie jemals befestigt werden müsse ..." Die vor allem von Großbritannien ausgegangene Konvention sei nach Meinung der US-Regierung „hauptsächlich gegen die Vereinigten Staaten gerichtet ..., als die einzige Macht, welche England zu fürchten habe und die im Stande sei, den Übergriffen und Anmaßungen Großbritanniens die Spitze zu bieten."

Dem Eindruck, dass Großbritannien die Seerechtskonvention gegen den Willen der USA durchsetzen könne, suchte die amerikanische Seite besonders entgegenzuwirken. Das Selbstbewusstsein der USA gegenüber Großbritannien stützte sich nach Gerolt „besonders auf die Abhängigkeit der englischen Fabriken von den amerikanischen Märkten; ferner auf die große Zahl amerikanischer Dampf- und Handelsschiffe, welche durch ihre Schnelligkeit, als Kaperschiffe ausgerüstet, dem Feind großen Schaden zufügen und sich der Verfolgung der Kriegsschiffe größtenteils entziehen können, endlich durch die unerschöpflichen Mittel, welche der Regierung zu Gebote stehen und welche sie befähigen, einen Krieg, ohne wirkliche Not, weit länger auszuhalten als irgendeine andere Macht." Die Pierce-Administration dachte um so weniger daran, sich der europäischen Vereinbarung zu fügen, als ein Krieg mit Großbritannien angesichts der Verschlechterung der amerikanisch-britischen Beziehungen nicht mehr auszuschließen war. Dass schon ganz konkrete Vorstellungen von dem Einsatz der Kaperei existierten, hatte Gerolt gerade erfahren[726]: „Es ist mir versichert worden, daß für den Fall eines Krieges mit England die Regierung entschlossen sei, eine Anleihe in den Vereinigten Staaten von zweihundert Millionen Dollars zu machen, welche Summe dazu bestimmt werden soll, den amerikanischen Kapern eine Entschädigung für die Prisen Englischer Kauffahrer zu geben, welche sie bei der Gefahr vor englischen Kriegsschiffen nicht nach amerikanischen Häfen bringen können und daher versenken müssten." Preußen

---

[724] Gerolt am 26.5.1856 an Manteuffel, GStA Berlin, Mf 145 AA III Rep. 14a Nr. 10 Vol. I.
[725] A.a.O.
[726] A.a.O.

III. Die Präsidentschaft von Pierce   321

sollte wohl durch dies Kaper-Szenario, das noch durch die ungeheuren wirtschaftlichen Möglichkeiten der USA untermalt war, besonders verdeutlicht werden, dass nicht nur die britische Kriegsmarine eine zu fürchtende Waffe sei und folglich eine Seerechtsvereinbarung mit den USA nützlich wäre.

Im Juli 1856, als sich die Beziehungen zwischen den USA und dem kriegsmüden Großbritannien entspannt hatten, suchte Gerolt, die preußisch-amerikanischen Gespräche über das Seerecht unabhängig von der Pariser Vereinbarung wieder in Gang zu bringen, indem er bei Manteuffel Verhandlungen mit Marcy über die Ausdehnung des Handels- und Schifffahrtsvertrages von 1828 auf den Zollverein anregte[727]. Gerolt ging die Seerechts-Frage auch nicht direkt an, sondern nahm die vergleichsweise nebensächlichen Schwierigkeiten von Untertanen aus nichtpreußischen Zollvereinsstaaten bei Erbschafts-Angelegenheiten in einzelnen US-Staaten zum Anlass[728], um die 1847 abgebrochenen Verhandlungen über die Entwicklung des preußisch-amerikanischen Vertrages zu einem Vertrag des Zollvereins mit den USA wieder aufzunehmen; aber mit diesen Verhandlungen wären selbstverständlich die so wichtigen Abmachungen des Handels- und Schifffahrtsvertrages zum seerechtlichen Schutz des beiderseitigen Handels wieder auf den Tisch gekommen, ja die deutsch-amerikanischen Beziehungen grundsätzlich aufgerollt.

Die beiderseitigen Beziehungen grundsätzlich in Angriff zu nehmen, mochte vom Standpunkt Gerolts aus sinnvoll sein, aber entsprach nicht der kurzatmigen Politik Manteuffels, die möglichst nur das sich unmittelbar aufdrängende Problem aufgriff. Dringend schien Manteuffel im Sommer 1856 zu verhindern, dass die US-Regierung unter dem Einfluss der Beratungen über die Tarifrevision im Kongress von Preußen Zollkonzessionen für ein Entgegenkommen beim Handels- und Schifffahrtsvertrag verlangte, etwa bei der Tabakeinfuhr in den Zollverein[729]. Schließlich hatte Preußen 1847 die Verhandlungen über die Ausdehnung des Handels- und Schifffahrtsvertrages auf den Zollverein mit Buchanan abgebrochen, weil Buch-

---

[727] Gerolt am 18.7.1856 an Manteuffel, GStAM, 4.1.II. Nr. 5282.

[728] Dessauer Untertanen erfuhren bei einer Erbschaft in Louisiana 10% Abzug von einer Erbschaft, da Anhalt-Dessau nicht die Vorteile des Handels- und Schifffahrtsvertrages von 1828 zwischen Preußen und den USA in Anspruch nehmen konnte. Schon seit längerem versuchten deutsche Politiker in einzelnen US-Staaten, allen Deutschamerikanern das gleiche Recht zu sichern, ihr Eigentum an Auswärtige uneingeschränkt zu vererben, ob die Regierung des Erben nun einen entsprechenden Vertrag wie Preußen mit den USA abgeschlossen hatte oder nicht. In Illinois setzte Vice-Governor Körner eine solche Regelung durch, und in Missouri erreichte Angelrodt 1854 ein entsprechendes Gesetz. – Angelrodt am 26.3.1855 in seinem Jahresbericht, GStAM, 2.4.1.II. Nr. 5293.

[729] Manteuffel am 16.8.1856 an Gerolt, Entwurf, GStAM, 4.1.II. Nr. 5282.

anan die Frage der Transitzölle mit in das Gespräch brachte. Aber Manteuffel scheint dies Argument selbst nicht zu ernst genommen zu haben; sonst hätte er angeregt, die Verhandlungen nach dem Inkrafttreten des neuen Tarifgesetzes zu beginnen. Überdies bezweifelte Manteuffel, dass Preußen genügend Unterstützung bei den außerpreußischen Zollvereinsstaaten fände, etwa bei Hannover und Oldenburg, die ja zugunsten des Zollvereins auf ihren besonderen Vertrag mit den USA verzichten müssten. Erkundigungen in dieser Frage bei den außerpreußischen Zollvereinsstaaten zog Manteuffel nicht ein, so dass auch dies Argument wenig überzeugt. Manteuffel hatte offensichtlich kein Interesse daran, sich stärker für die preußisch-amerikanischen Beziehungen zu engagieren; denn auch später gelang es Gerolt nicht, die Verhandlungen über den Handels- und Schifffahrtsvertrag wieder aufzunehmen.

Auch die Pierce-Administration regte keine Verhandlungen über den Handels- und Schifffahrtsvertrag an; aber Ende 1856 unternahm sie einen erneuten Anlauf, um das internationale Seerecht in ihrem Sinne zu verbessern. Als Antwort auf die Aufforderung Napoleons III. an die USA, der Seerechts-Deklaration beizutreten, erklärten die USA Frankreich und den übrigen Unterzeichnern im September 1856 ihr Einverständnis unter der Bedingung, dass Artikel 1 „Privateering is and remains abolished" im Sinne älterer US-Vorschläge den Zusatz erhielte „and the private property of the subjects or citizens of a belligerent on the high seas shall be exempted from seizure by public armed vessels of the other belligerent, except it be contraband."[730] Nach Marcys Amendement sollte also das Privateigentum auf See – Konterbande aus genommen – gegen jede Beschlagnahme, sei es durch Kaperschiffe, sei es durch Kriegsschiffe, seerechtlich besser abgeschirmt werden. An einem solchen Seerechtsschutz mussten nach Vroom besonders im Überseehandel tätige Staaten mit einer kleinen Kriegsmarine interessiert sein.

Dem US-Angebot stimmte auch diesmal als erstes Russland zu. Es empfand genauso wenig Interesse wie die USA, das Pariser Friedenswerk unverändert zu erhalten. Das Votum des Zaren gab Marcy Gelegenheit, Vroom im Oktober 1856 noch einmal mündlich und schriftlich einen Vorstoß bei Preußen zugunsten der Annahme des Amendement vornehmen zu lassen[731]. Zugleich setzte sich Gerolt, obwohl diesmal statt seiner Vroom verhandelte, für den US-Antrag ein, da „der Seehandel Preußens und der benachbarten deutschen Seestaaten, welcher zusammen den See-

---

[730] Vroom am 2.9.1856 an Manteuffel, Abschrift der Anlage zum Bericht Vrooms Nr. 137 vom 9.9.1856 an Marcy, NA Washington, Mf 44/10.
[731] Marcy am 3.10.1856 an Vroom, Mf 77, 65/10. Vroom in Nr. 141 vom 28.10.1856 an Marcy, NA Washington, Mf 44/10.

III. Die Präsidentschaft von Pierce 323

handel von ganz Frankreich an Wert und Tonnenzahl übersteigt," dieser Sicherheit bedürfe[732].

Die preußische Regierung ließ sich auch diesmal Zeit mit ihrer Entscheidung. Für Manteuffel verdiente das „Vorgehen Russlands in dieser Angelegenheit ..., insofern es auf die vollständige Sicherstellung des Privateigentums bei Seekriegen gerichtet ist, unser Seits ... volle Anerkennung."[733] Da sogar Frankreich dem Vorschlag der USA beipflichtete[734] und selbst Großbritannien die Zustimmung zu erwägen schien, empfahl Manteuffel, das „Nordamerikanische Amendement" anzunehmen[735]. Die vorgeschlagene Ergänzung stimmte mit der Gesetzgebung, den Ansichten und der Politik Preußens überein, wie Manteuffel Vroom mitteilte[736]. Für den Fall, dass nicht alle Unterzeichner dem Antrag zustimmten, es also zu keiner kollektiven Abmachung käme, befürwortete er eine separate Übereinkunft zwischen Preußen und den USA zu dem von den USA beantragten Zusatz. Nach der Zustimmung der zuständigen Minister von der Heydt und Simons zum Amendement und zu einer kollektiven Erörterung der Seerechtsergänzung teilte die preußische Regierung im März 1857 den USA mit, dass sie den Zusatz annehme und dass dieser bei einer gemeinsamen Erörterung der Unterzeichner der Pariser Seerechts-Erklärung die volle Unterstützung Preußens finden würde[737].

Die Situation änderte sich jedoch dadurch, dass entgegen den ersten Vermutungen der preußischen Regierung Großbritannien zu keinem über die Pariser Erklärung hinausgehenden Entgegenkommen im Seerecht bereit war und die mehrfachen Stellungnahmen Russlands zugunsten des US-Vorschlages den Widerstand nicht abbauten. Daraufhin schlugen die USA Preußen noch im März 1857 einen Separat-Vertrag vor. Diese Abmachung sollte die um den US-Zusatz ergänzte Seerechts-Deklaration enthalten[738]. Gleichartige Vorschläge sandten die USA an die übrigen Unterzeichner der Seerechts-Erklärung. Manteuffel unterstützte einen solchen Vertrag, der in sei-

---

[732] Gerolt am 3.12.1856 an den König, GStA Berlin, Mf 79 AA CB IC Nr. 26.
[733] Manteuffel an von der Heydt und Simons am 9.10.1856, Abschrift, GStAM, Rep. 120 CXVII 4 Nr. 5 Vol. VI.
[734] Hatzfeld am 3.11.1856 an Manteuffel, GStAM, Rep. 120 CXVII 4 Nr. 5 Vol. VI.
[735] Manteuffel am 10.11.1856 an von der Heydt und Simons, Abschrift, GStAM, Rep. 120 CXVII 4 Nr. 5 Vol. VI.
[736] Manteuffel in einem Gespräch mit Vroom. Vroom in Nr. 154 vom 10.3.1857 an Marcy, NA Washington, Mf 44/10.
[737] Note Gerolts an Cass vom 7.3.1857, NA Washington, Mf 58 T-2.
[738] Note Vrooms vom 6.3.1857 an Manteuffel, Anlage zum Schreiben Manteuffels an von der Heydt und Simons vom 14.3.1857. GStAM, Rep. 120 CXVII 4 Nr. 5 Vol. VI.

nen Augen im Vergleich zu der während des Krimkrieges diskutierten Abmachung einen erheblichen Fortschritt bedeuten musste. Grundsätzliche Bedenken erhob jedoch diesmal der Justizminister Simons, da nach seiner Meinung ein Separat-Vertrag mit den USA nicht vereinbar war mit der Pariser Seerechts-Deklaration[739]. Die Signatar-Mächte hätten sich „zu einer Einheit konstituiert, welche in ihrer Gesamtheit als der eine Kontrahent den einzuladenden Staaten als dem anderen Kontrahenten gegenüber anzusehen sind." Daraus schloss er, dass der einzelne Staat der Deklaration auch nur so beitreten könne, „*wie sie zu Paris vereinbart worden* ... Es ist somit die *Gesamtheit* der durch die Deklaration verbundenen Regierungen, welche mit einem anderen Staat kontrahiert, und wenn eine einzelne Regierung sich abtrennt, um über denselben Gegenstand mit einem anderen Staate einen Einzel-Vertrag zu schließen, so dürfte gegen diese Regierung möglicherweise der Vorwurf erhoben werden können, dass sie, wenn auch vielleicht nicht dem Wortlaute, doch jedenfalls der Absicht der Pariser Deklaration zuwider handele." Mehr als diese vom Geist des Vertrages ausgehende Überlegung überzeugte das zweite Argument, das sich auf den Wortlaut des Vertrags-Protokolls berufen konnte. Simons sah in der von den USA angestrebten Erweiterung des ersten Grundsatzes der Erklärung eine Abänderung des Ganzen und damit einen Verstoß gegen den in das 24. Protokoll aufgenommenen Satz, auf kein Arrangement einzugehen, „qui ne repose à la fois sur les quatre principes, objet de la dite déclaration." Angesichts dieser Rechtslage wünschte Simons, dass die preußische Regierung ihre „Bemühungen fortsetze, um diejenigen Unterzeichner der Pariser Konvention, welche sich zur Annahme des von dem Präsidenten der Vereinigten Staaten vorgeschlagenen – an sich zweckmäßigen – Amendements noch nicht bereit erklärt haben, zu dieser Annahme zu bewegen ...". Falls das nicht gelinge, sollte sie sich „vergewissern, ob diejenigen Unterzeichner der Pariser Deklaration, welche dem amerikanischen Amendement nicht beitreten wollen, in dem Abschlusse eines dasselbe adoptierenden Sondervertrages auch nicht eine Verletzung der in Paris übernommenen Verpflichtungen finden möchten." Der Standpunkt von Simons setzte sich in der preußischen Regierung durch, so dass also weiterhin zu verhandeln war mit der für das Preußen Manteuffels charakteristischen Maßgabe, „sich die Beschlussnahme hierüber nach Verhältnis der Umstände nach allen Seiten hin offen zu halten."[740]

Aber längst bevor das erneute Zögern Preußens in Washington bekannt wurde, hatte Präsident Buchanan, der sein Amt als Nachfolger von Pierce

---

[739] Simons am 20.3.1857 an Manteuffel und von der Heydt, GStAM, Rep. 120 CXVII 4 Nr. 5 Vol. VI.
[740] Simons und von der Heydt am 23.4.1857 an Manteuffel, GStAM, Rep. 120 CXVII 4 Nr. 5 Vol. VI.

am 4.3.1857 angetreten hatte, und der neue State Secretary Cass entschieden, die Seerechts-Verhandlungen vorerst einzustellen, wie Manteuffel Ende April erfuhr[741]. Gerolt erklärte das Ende der „so wichtigen Unterhandlungen" mit dem veränderten politischen Programm von Buchanan und Cass und „der Eifersucht des gegenwärtigen Kabinetts gegen das frühere[742]. Die Verbesserung des Seerechts schien auch der Buchanan-Administration wichtig, aber sie hatte Bedenken, die gesamte Pariser Deklaration zu akzeptieren. Wie Gerolt von Cass erfuhr, hoffte sie, „noch andere Bedingungen zur Befreiung des Seehandels von manchen gehässigen Maßregeln der kriegführenden Mächte bei Ausübung des Blockade-Rechts zu erlangen"[743]; aber Buchanan war immerhin realistisch genug zu erkennen, dass zusätzliche Bedingungen in Europa 1857 nicht durchzusetzen waren. Der neuen Administration Buchanan reichte das Zurückweichen Großbritanniens 1856/57 gegenüber den Forderungen der USA zu Mittelamerika, und an Arrangements mit Mittel- und Osteuropa war sie ohnehin weniger interessiert als die Pierce-Administration. Im Übrigen erweckt die Amtsführung speziell von Cass nicht den Anschein, dass er in der Lage gewesen wäre, mehr als Marcy von den europäischen Mächten zu erreichen.

c) Die USA und Preußen gegen die Sundzölle 1854 bis 1857 –
Von der Abgrenzung gegenüber der europäischen Politik
zur Mitsprache in Europa?

Die sich treffenden preußischen und US-amerikanischen Interessen führten zwar nicht zu einer optimalen Absicherung des deutsch-amerikanischen Seehandels im Seerecht; aber immerhin trug ein zeitweiliges preußischamerikanische Zusammenwirken dazu bei, ein Hindernis ihrer Handelsbeziehungen zu beseitigen. Dass die Sundzollfrage auf die Tagesordnung kam, verdankte Preußen gleichfalls einer diplomatischen Offensive der Pierce-Administration zugunsten des freien Handels. Parallel zu ihren Seerechts-Initiativen nahmen die USA 1854 die Abschaffung der Sundzölle besonders intensiv in Angriff, da sich die Beschützer Dänemarks, Großbritannien und Russland, bekriegten.

Finanziell beeinträchtigten die Sundzölle den preußischen Handelsertrag weit stärker als den amerikanischen. Das Mitglied des Repräsentantenhauses Hugh F. Dermott ging 1855 soweit, in der New York Times zu behaup-

---
[741] Cass an Vroom in Nr. 41 vom 28.3.1857, NA Washington, Mf 77 65/14. Vroom am 28.4.1857 an Manteuffel, Abschrift als Anlage zum Bericht von Vroom Nr. 158 vom 5.5.1857 an Cass, NA Washington, Mf 44/10.
[742] Gerolt am 9.5.1857 an den König, GStA Berlin, Mf 79 AA CB IC Nr. 28.
[743] A. a. O.

ten, dass die Abschaffung der Sundzölle nicht den USA, sondern Preußen nütze[744]. Tatsache war, dass zum Beispiel im Jahr 1850 2391 preußische Schiffe gegenüber 105 nordamerikanischen die Sundzölle zu entrichten hatten[745]; auch wenn man davon ausgeht, dass die US-Schiffe wesentlich größer waren, ist nicht zu bestreiten, dass die Abschaffung der Sundzölle vor allem im Interesse des preußischen Ostsee-Handels lag. Nicht umsonst wurde die Forderung nach Abschaffung der Sundzölle immer wieder von den Handelskammern der preußischen Ostseehäfen erhoben. Die Vorsteher der Stettiner Kaufmannschaft, zu denen der US-Konsul Schillow gehörte, vermerkten in ihrem Handelsbericht für 1851[746]: „Die Versuche der Königlich Preußischen Regierung, den Ostsee-Handel von diesem Tribut zu erlösen, waren bisher erfolglos, die Ursachen sind bekannt, und wir erwarten daher auch kaum noch etwas von ferneren diplomatischen Verhandlungen mit Dänemark. Nach unserer Überzeugung ist es einer transatlantischen Macht vorbehalten, diesen völkerrechtlichen Prozess mit Dänemark zu schlichten, der aus Rücksichten der Haute Politique von den europäischen Staaten bis jetzt ungelöst gelassen ist." Die Ansicht, dass Preußen nicht in der Lage war, wirksam gegen die Last der Sundzölle vorzugehen, sondern der entscheidende Angriff gegen die Sundzölle von den USA ausgehen musste, unterstützte auch Rudolph von Delbrück, der aus der Rückschau feststellte: Die Abschaffung der Sundzölle „würde wohl noch lange Zeit auf sich haben warten lassen, wenn nicht die Vereinigten Staaten für die Freiheit der Schifffahrt durch den Sund eingetreten wären."[747] Die USA nutzten die Gelegenheit, die sich mit dem Krim-Krieg bot, zur weiteren Durchsetzung ihres alten Zieles der Freiheit der Meere.

Wie Delbrück andeutet, hat Preußen in der Sundzollfrage keine herausragende Rolle wie die USA gespielt; aber ob das die scharfe Kritik von liberaler Seite an der Manteuffel-Regierung rechtfertigt, ist zu bezweifeln. Zum Beispiel urteilte Gustav Droysen, der an der Spitze der preußischen Außenpolitik ohnehin nur einen „Pseudostaatsmann" sah[748]: „Die absolute Unfähigkeit der preußischen Politik hat sich auch in dieser Frage glänzend bewährt."[749] Die US-Regierung wusste, dass Preußen noch mehr als die USA an der Abschaffung der Sundzölle interessiert war[750], und sie erwartete die

---
[744] *Soren J. M. P. Fogdall*: Danish-American Diplomacy 1776–1920, University of Iowa Studies in the Social Sciences, Vol. VIII, No. 2, Iowa City 1922, S. 77.
[745] Preußisches Handelsarchiv 1851, I. Hälfte, Statistik, S. 31.
[746] Preußisches Handelsarchiv 1852, I. Hälfte, S. 113.
[747] *Delbrück*: Lebenserinnerungen, Bd. 2, S. 67.
[748] Droysen an Justus von Gruner am 25.1.1854, S. 224 in: *Johann Gustav Droysen*, Briefwechsel, Hrsg. *Rudolf Hübner*, 2. Bd., Neudruck Osnabrück 1967.
[749] So Droysen 1865 in seinem undatierten Brief an Wilhelm Arendt, a.a.O., S. 406.

III. Die Präsidentschaft von Pierce 327

Unterstützung Preußens. Der US-Konsul in Stettin Schillow mutmaßte, dass sich Preußen gern der Initiative der USA anschließen würde[751]. Schon lange vertrat er die Ansicht: „A cooperation of the United States with Prussia ... might prove useful and lead to good results ..."[752]. Die USA waren abgesehen von den Vorteilen der Neutralität, über die ja auch Preußen verfügte, im Augenblick deshalb in einer besonders günstigen Position, weil ihnen das Druckmittel in die Hand gegeben war, wenn sich Dänemark nicht nachgiebig bei den Sundzöllen zeigte, den 1826 mit Dänemark abgeschlossenen Handels- und Schifffahrtsvertrag 1856 mit Dänemark auslaufen zu lassen. Auch angesichts der von Dänemark erhobenen Forderung nach einer Entschädigung für einen eventuellen Verzicht auf die Sundzölle drohte Marcy mit der Nichtverlängerung des Vertrages. Überdies seien Dänemark vertragsgemäß alle Häfen geöffnet, aber den USA nicht der Zugang zu allen Häfen erlaubt.[753]

Die 1854 von den USA gegenüber Dänemark erhobene Forderung nach Abschaffung der Sundzölle fand verständlicherweise großen Anklang in den preußischen Ostsee-Städten. Schillow gab deren Stimmung wieder, wenn er die „tyrannische und verräterische Behandlung durch die Dänen" brandmarkte[754], die „höchstens scheinbar legalisierte Piraterie" anprangerte und das „Raubsystem"[755]. Die Handelskammer Stettin verbreitete 1855 ein Pamphlet gegen die Sundzölle auf Deutsch, Englisch und Französisch, so wie auch aus anderen deutschen Städten Flugschriften kamen[756]. Die Abschaffung der Sundzölle war in ganz Norddeutschland populär. Der preußische Generalkonsul in Kopenhagen Quehl bezeichnete die Sundzollfrage richtig als „eine wesentlich *deutsche* Frage, nicht allein weil alles, was Preußen so stark wie sie berührt, auch für Deutschland von erheblicher Bedeutung ist, sondern, weil alle deutschen Staaten, die Seehandel treiben, in verhältnismäßig hohem Grade auch materiell mehr oder minder, betheiligt sind."[757] Schillow bezeichnete jedoch all diese öffentliche Entrüstung als erfolglos, wenn nicht die Vereinigten Staaten die Dänen zwängen, ihre „ungerechtfertigten Ansprüche"[758] aufzugeben.

---

[750] Marcy in seiner Instruktion vom 20.9.1855 an Vroom, NA Wash., Mf 77/65/14.
[751] Schillow in Nr. 64 vom 20.3.1854 an Marcy, NA Wash., Mf T-59/3.
[752] Schillow in Nr. 58 vom 17.3.1853 an Everett, NA Wash., Mf T-59/3.
[753] *Fogdall*, S. 71 ff.
[754] Schillow an Marcy in Nr. 64 vom 20.3.1854, NA Wash., Mf T-59/3.
[755] Schillow in Nr. 68 vom 31.3.1855 an Marcy, NA Wash., Mf T-59/3.
[756] Der Sundzoll und der Welthandel, Leipzig 1854; Der Sundzoll und die Vereinigten Staaten von Amerika, Bremen 1854.
[757] Quehl am 22.3.1855 aus Kopenhagen an Manteuffel, GStAM 2.4.1.II. Nr. 4078.
[758] Schillow in Nr. 68, a.a.O.

Die neue diplomatische Offensive der USA wurde von der preußischen Regierung insofern unterstützt, als sie gleichfalls erneut auf die Aufhebung der Sundzölle drängte. Dazu gehörte auch, dass Gerolt die US-Administration in ihren Ansprüchen bestärkte. Gerolt meldete Manteuffel, dass er „in mehreren Unterredungen mit Herrn Marcy und dem Unterstaatssekretär Mann sowie mit dem Finanzminister Guthrie auf die Notwendigkeit und Zweckmäßigkeit aufmerksam gemacht habe, daß in der nächsten Botschaft des Präsidenten ... die Politik und die Absichten der Vereinigten Staaten in bezug auf den Sundzoll angesprochen werden ..."[759]. Das geschah, wie Gerolt befriedigt nach der Rede des Präsidenten vom 4. Dezember 1854 berichten konnte[760]: „In Bezug auf die Sundzoll-Angelegenheit ... spricht der Präsident sich mit genügender Bestimmtheit dahin aus, daß er die Aufhebung jenes Zolles auf amerikanische Schiffe als ein Recht in Anspruch nehmen und daß der gegenwärtige Vertrag mit Dänemark, wonach für die Dauer desselben die Vereinigten Staaten keine höheren Sundzölle bezahlen als die begünstigste Nation, sofort gekündigt werden müsse." Marcy versicherte, dass die Aufkündigung des Vertrages ohne Verzug dem Senat zur Genehmigung vorgelegt werde, und Gerolt ergänzte: „... ich werde unter der Hand fortfahren, im Senate sowohl als bei der Regierung diese für unseren Ostsee-Handel so wichtige Angelegenheit zu befördern."

Von März bis Mai 1855 beschäftigten sich die preußischen Kammern, angeregt durch die Initiative der USA, intensiv mit der Sundzoll-Frage, und Vroom berichtete detailliert über die Ausschuss-Beratungen und die Plenar-Sitzungen an Marcy[761]. Die Debatten gingen aus von einem unmittelbar nach der Erklärung von Pierce gestellten Antrag, der von der Regierung „baldigst entscheidende Schritte zur Beseitigung des Sundzolles" verlangte[762]. Das Abgeordnetenhaus forderte in dem am 18.4.1855 einstimmig gefassten Beschluss von der Regierung, „daß dieselbe keine zur Abschaffung des Sundzolles geeignete Gelegenheit unbenutzt lassen wird."[763] Besonders engagiert nahm vor der ersten Kammer der Stettiner Bürgermeister Hering gegen die Sundzölle Stellung. Aber bei aller Ablehnung der Sundzölle und bei aller Sympathie für die US-Politik in den Kammern war nicht zu überhören, dass die Meinung Manteuffels bestimmend blieb, dass von

---

[759] Gerolt am 9.11.1854 an Manteuffel, GStA Berlin, Mf 79 AA CB IC Nr. 17 Teil 2.

[760] Gerolt am 6.12.1854 an den König, Mf 79 AA CB IC Nr. 17 Teil 2.

[761] Nr. 69 bis 75 vom März bis Mai 1855 an Marcy. NA Wash., Mf 44/9.

[762] Drucksache der II. Kammer vom 24.3.1855, Nr. 171. – Der Antrag von Sänger war den Vereinigten Kommissionen für Finanzen und Zölle, Handel und Gewerbe am 20.12.1854 zur Beratung zugegangen und am 29.3.1855 in abgeschwächter Form beschlossen.

[763] Stenographische Berichte des Hauses der Abgeordneten, 18.4.1855, S. 750.

der preußischen Regierung im Augenblick keine entscheidenden Schritte zur Abschaffung der Sundzölle erwartet werden könnten. Unterstützung für Dänemark registrierte Vroom immerhin nur bei der Kreuzzeitung, die im September 1855 in einem Artikel das historische Recht Dänemarks auf die Sundzölle betonte[764]. Diese Don Quijoterie fand bei Manteuffel keinen Rückhalt und erst recht nicht bei von der Heydt, wenngleich die preußische Regierung gegenüber England, Frankreich und Russland genauso zurückhaltend, vorsichtig und langsam operierte wie in der Seerechtsfrage.

Marcy vertrat angesichts des Krim-Krieges die Ansicht, es sei im Augenblick nichts von Russland zu befürchten und auch von Großbritannien und Frankreich nicht, es sei denn, Dänemark würde sich der Koalition gegen Russland anschließen.[765] So günstig wie für Washington stellte sich die Lage für das in der unmittelbaren Nachbarschaft der Großen Mächte befindliche Preußen nicht dar. Trotz der Gegnerschaft im Krieg waren Großbritannien, Frankreich und Russland einhellig dagegen, die Sundzollfrage gegenwärtig aufzurollen. Russland betonte die Freundschaft zu Dänemark, hob hervor, dass von den Einkünften aus dem Sundzoll die politische Existenz Dänemarks abhinge[766], und es warf sich um so entschiedener 1855 zur Schutzmacht Dänemarks auf, als sich England bemühte, die nordischen Staaten in die Allianz der Westmächte hinüberzuziehen. Nach den Worten des russischen Reichskanzlers Nesselrode diente der Sundzoll also dem europäischen Gleichgewicht.[767] Andererseits übersah Russland auch nicht die Vorteile seines Handels und war daran interessiert, die guten Beziehungen zu den USA und Preußen zu erhalten, so dass es in Washington und Berlin nur darauf drängte, das Thema zu vertagen.[768]

Genau wie bei den von den USA angeregten vertraglichen Abmachungen zum Schutz der Neutralen wurde auch diesmal an das eigene europäische Interesse gegenüber den USA appelliert. Selbst der russische Reichskanzler Nesselrode vertrat trotz seiner sonstigen guten Beziehungen zu den USA zeitweilig die Ansicht, „daß es für Europäische Großmächte bedenklich und nicht würdig sei, Maaßregeln und Beschlüsse, die von Nord-Amerika ausgehen, in den völkerrechtlichen Verhältnissen Europas und namentlich gegenwärtig in der Sundzollfrage als maßgebend zu betrachten."[769] Die fran-

---

[764] Vroom in Nr. 95 vom 25.9.1855 an Marcy, NA Wash., Mf 44/10.
[765] Marcy in seiner Instruktion vom 20.9.1855 an Vroom, NA Wash., Mf 77/65/14.
[766] Gerolt am 15.2.1855 an Manteuffel, GStAM, 2.4.1.II. Nr. 4957.
[767] So Nesselrode aus Petersburg in der Depesche vom 10.9.1854 an den russischen Chargé d'Affaires in Washington Stöckl, mitgeteilt als Anlage zum Bericht Werthers aus Petersburg vom 1.2.1855 an Manteuffel, GStAM, 2.4.1.II. Nr. 4957.
[768] Werther am 31.5.1855 an Manteuffel, GStAM, 2.4.1.II. Nr. 4957.
[769] Werther am 29.1.1856 an Manteuffel über ein Gespräch mit Nesselrode, GStAM, 2.4.1.II. Nr. 4979.

zösische Regierung erklärte das Vorgehen Washingtons zu einer „Verletzung rechtsbegründeter Europäischer Zustände ..."[770]. Der französische Außenminister Graf Walewski äußerte, wie Graf Hatzfeld aus Paris berichtete[771]: „Il m'a exprimé l'opinion que tous les Etats de l'Europe semblaient intéressés à ne pas admettre que les Etats Unis aient la prétention de trancher des questions pendants en Europe." Die europäischen Staaten sollten sich verständigen, um ihre Fragen zu lösen. Frankreich regte sogar einen Vertrag europäischer Staaten gegen die Einmischung der USA an[772], also eine europäische Ausgabe der Monroe-Doktrin.

Obgleich Großbritannien grundsätzlich genau wie Frankreich an einer Eindämmung der USA interessiert war, agierten die beiden westeuropäischen Seemächte auch im Sundzoll-Konflikt mit den USA nur begrenzt einhellig. Zu ihrem Bedauern erhielt die französische Regierung keine Antwort von der britischen auf ihren Vorschlag „sich gegen ein etwaiges gewaltsames Auftreten Nordamerikas in der Sundzollfrage zu vereinigen"[773]. Manteuffel sah in dem ablehnenden Verhalten Englands gegenüber den Vorschlägen aus Paris nicht zu Unrecht ein Zeichen, „daß es England wesentlich daran gelegen sei, in seinen Beziehungen zu Nordamerika irgendwelche Collision zu vermeiden."[774] Schon Anfang 1855 hatte Außenminister Clarendon dem preußischen Botschafter Graf Bernstorff erklärt, die englische Regierung würde zwar ein „rücksichtsloses Vorschreiten der Vereinigten Staaten in der Sundzollfrage nicht billigen, aber auch sich demselben nicht zu Gunsten Dänemarks widersetzen."[775] Clarendon begründete es vom Handel her: In England, wo die Abneigung gegen den Sundzoll ohnehin groß sei, würde es „einen wahren Sturm hervorrufen, wenn der Amerikanische Handel von demselben gratuit befreit würde, und der englische Handel fortfahren sollte, ihn zu entrichten." England beschränkte sich darauf, gegenüber den USA und Preußen eine Vertagung der Sundzoll-Verhandlungen zu befürworten. Manteuffel instruierte Gerolt im Oktober 1855 trotz der Interventionen besonders aus Russland und Frankreich, er solle weiterhin davon ausgehen, „daß es, so weit sich für jetzt übersehen läßt, dem diesseitigen Interesse nur entsprechen dürfte, wenn die Vereinigten

---

[770] Manteuffel am 4.10.1855 an Gerolt, GStAM, 2.4.1.II. Nr. 4958.

[771] Graf Hatzfeld am 14.6.1855 an den König, GStA Berlin, Mf 79 AA CB IC Nr. 25 I.

[772] Von Rosenberg, Legationsrat an der Preußischen Gesandtschaft in Paris, am 7.8.1855 über ein Gespräch mit Walewsky an Manteuffel. GStAM, 2.4.1.II. Nr. 4958.

[773] Graf Hatzfeld, Paris, am 14.9.1855 an Manteuffel, GStAM, 2.4.1.II. Nr. 4958.

[774] Manteuffel am 4.10.1855 an Gerolt, GStAM, 2.4.1.II. Nr. 4958.

[775] Graf Bernstorff, London, am 10.2.1855 an Manteuffel, GStAM, 2.4.1.II. Nr. 4957.

III. Die Präsidentschaft von Pierce 331

Staaten bei ihrem entschlossenen Vorgehen in der Sundzollfrage beharren ..."[776]. Unter Berücksichtigung der Kritik aus Kopenhagen und St. Petersburg am Kurs Gerolts, die auch beim kürzlichen Besuch Gerolts in Berlin zur Sprache gekommen war, setzte er hinzu: „... inzwischen empfehle ich bei Ihrem ganzen Verhalten ... ganz besondere Vorsicht."

Genauso aktiv, wie Gerolt ungeachtet aller Behinderungsversuche bei der Pierce-Administration und im Kongress gegen den Sundzoll tätig war, wirkte der dänische Geschäftsträger Bille in Washington für seine Interessen. Die dänische Mission bot nach Gerolt im Kontakt mit der britischen und der russischen Vertretung alles auf, „um die Aufkündigung ihres Vertrages auf direkte und indirekte Weise zu hintertreiben."[777] Manteuffel empörte sich über die dänische Flugschrift „Letters on the Sound Dues Question" mit den „unwürdigsten Ausfällen gegen Preußen"[778], als wenn die Flugschriften in Deutschland harmloser gewesen wären. Allerdings wurde diese Druckschrift vom dänischen Geschäftsträger in Washington selbst verteilt; in dessen Vater, dem in Philadelphia wohnenden ehemaligen dänischen Geschäftsträger, argwöhnte Gerolt den Verfasser.[779] Auf jeden Fall dehnte sich die preußisch-dänische Auseinandersetzung auf die US-Öffentlichkeit aus. Nach einem Artikel im National Intelligencer vom 4.4.1855, der Oppositions-Zeitung, in dem behauptet wurde, US-Schiffe hätten den Ausschluss von preußischen oder russischen Häfen zu befürchten, wenn sie keine Sund-Zölle entrichteten, veranlasste Gerolt über Unterstaatssekretär Mann im State Department einen Gegenartikel im Daily Union vom 20.4.1855, der die preußischen Verhältnisse richtig darstellte. Zugleich sorgte Gerolt für die Veröffentlichung der Abgeordnetenhaus-Debatte über die Sundzölle vom 25.3.1855 und der folgenden Resolution gegen die Sundzölle, so dass der interessierten amerikanischen Öffentlichkeit die preußische Ablehnung der Sundzölle deutlicher wurde.[780]

Schließlich beschwerte sich Bille über Gerolt bei seiner Regierung und bei der russischen Mission in Washington. Manteuffel erfuhr: „Der Dänische Geschäftsträger in Washington hatte seiner Regierung berichtet, sein Preußischer Kollege mache ein Geschäft daraus, die Regierung der Vereinigten Staaten in ihren Absichten und Plänen gegen Dänemark rücksichtlich des Sundzolles zu bestärken und sie vorwärts zu treiben."[781] Nessel-

---

[776] Manteuffel am 4.10.1855 an Gerolt, GStAM, 2.4.1.II. Nr. 4958.
[777] Gerolt, 5.2.1855, Washington, an Manteuffel, GStAM, 2.4.1.II. Nr. 4957.
[778] Manteuffel am 14.1.1856 an den preußischen Gesandten in Kopenhagen Graf Oriolla, GStAM, 2.4.1.II. Nr. 4979.
[779] Gerolt am 16.12.1855 an Manteuffel, GStAM, 2.4.1.II. Nr. 4957.
[780] Gerolt am 30.4.1855 an Manteuffel, a.a.O.
[781] Manteuffel am 27.8.1855 an Werther, GStAM, 2.4.1.II. Nr. 4958.

rode kritisierte, dass während der britische Gesandte Crampton in Washington der US-Regierung rate, die Sundzoll-Frage „jetzt auf sich beruhen zu lassen, weil gegenwärtig zur Lösung derselben die politischen Verwicklungen sehr hemmend einwirken würden", rate andererseits Gerolt „Marcy dringend, auf dem hierbei eingeschlagenen Wege zu beharren und sage ihm, daß Preußen ebenso wie Amerika den Sundzoll nicht länger entrichten wolle."[782] Nesselrode könne kaum glauben, dass dies den Ansichten des Königlichen Kabinetts völlig entspreche.

Manteuffel wies die Kritik an Gerolt selbstverständlich zurück und wandte sich in seiner Antwort nach Petersburg vor allem gegen die Überbetonung der Rolle Preußens bei der Kündigung des Vertrages von 1826 durch die USA[783]: Schon aus den von Pierce dem Kongress vorgelegten amtlichen Schriftstücken ergebe sich, „daß die Dänische Regierung seit Jahren auf die Kündigung des Vertrages von 1826 und auf die Weigerung Nordamerikas, nach deren Ablauf den Sundzoll zu entrichten, gefaßt sein musste. Die Vereinigten Staaten sehen ihre Stellung bezüglich des Sundzolles als eine von den Europäischen Nationen völlig verschiedene an. Auch hat das Kabinett von Washington von vornherein an dem Grundsatz festzuhalten beschlossen, rücksichtlich der Sundzollangelegenheit die Bahn einer abgesonderten Unterhandlung mit Dänemark einzuschlagen. Von einem Hand in Hand gehen mit Preußen in dieser Angelegenheit könnte daher eben so wenig die Rede sein, als es des Zuredens unseres Gesandten in Washington bedurft hätte, um das dortige Kabinett in seinem nach reiflicher Erwägung gefassten Beschlusse zu bestärken. Ohnehin ist der K. Gesandte in Kopenhagen bereits vor einem Jahr beauftragt worden, bei der Dänischen Regierung der Schlußfolge vorzubeugen, als ob das Ergebnis der dortseitigen Verhandlungen mit den Vereinigten Staaten, von welcher Art es auch sein möchte, für die Entschließungen der K. Regierung allein maßgebend sein werde." Er vermied es also, sich über die Russland bekannte Ablehnung der Sundzölle hinaus auf die amerikanische Position festzulegen, spielte den Beitrag Gerolts herunter, aber unterstützte wie bisher das russische Vorgehen nicht.

Obgleich Marcy nach Gerolt „mit allen hiesigen Staatsmännern und dem größten Theil der Presse entschieden Parthei für Rußland nimmt"[784], blieben die Instruktionen Nesselrodes an Stöckl in Washington wie die offiziösen Erklärungen des englischen Gesandten Crampton und die Aktivitäten Billes erfolglos, die Aufkündigung des Handelsvertrages von 1826 zu verhindern, wie Gerolt schließlich befriedigt nach Berlin berichten konnte[785].

---

[782] Werther am 19.6.1855 an Manteuffel, GStAM, 2.4.1.II. Nr. 4957.
[783] Manteuffel am 27.8.1855 an Werther, Petersburg, GStAM, 2.4.1.II. Nr. 4958.
[784] Gerolt am 15.2.1855 an Manteuffel, GStAM, 2.4.1.II. Nr. 4957.

III. Die Präsidentschaft von Pierce   333

Abweichend von dem üblichen Verfahren bezog Pierce auch den Kongress in die Vertragskündigung mit ein. Es dauerte dann ein Vierteljahr, bis der Kongress entsprechend der Empfehlung des Präsidenten die Vertragskündigung auf die Tagesordnung setzte. In dem von Gerolt Anfang März 1855 erlebten „Drange der Geschäfte" unmittelbar vor Sitzungsende[786] türmten sich so viele Hindernisse auf, dass die Sundzoll-Resolution mehrfach zu scheitern drohte. Das Repräsentantenhaus hatte schon in einer Resolution die Aufkündigung des Vertrages empfohlen. Verzögernd wirkte nun, dass das Committee of Foreign Relations des Senates nicht einfach zugestimmt, sondern in einem Amendment eine Verschärfung beschlossen hatte[787], das eine erneute Verständigung mit dem Repräsentantenhaus erforderlich machte. Vom Chairman of the Committee of Foreign Affairs im Senat James M. Mason aus Virginia, den Gerolt nach seinen Worten „täglich zu Hause und im Senate sah", hörte er dennoch „fortwährend, daß er an der Durchführung nicht zweifle und daß er alles dazu aufbieten werde." An dem für die Abstimmung über die Sundzoll-Resolution vorgesehenen 2. und 3. März 1855 schien der Senat ausschließlich mit der Tariffrage beschäftigt. Zu dieser kritischen Lage am 3. März notierte Gerolt[788]: „... so schwand meine Hoffnung und gegen 3 ½ Uhr Nachmittags erklärte mir Herr Mason, daß es unter den obwaltenden Umständen unmöglich sei, die Maaßregel durchzuführen und daß dieselbe bis zur nächsten Congreß-Sitzung verschoben werden müsse." Daraufhin bemühte sich Gerolt um die Hilfe von Marcy, um eine solche Verschiebung auf die nächste Sitzungsperiode doch noch zu vereiteln. „Ich begab mich hierauf zum Capitol zu dem Staats-Secretair Marcy, dem ich dringende Vorstellungen darüber machte, welch traurigen Eindruck das Mißlingen der von der amerikanischen Regierung so wiederholt und feierlich ausposaunten Maaßregel gegen die Sundzölle bei den dabei interessierten Europäischen Regierungen machen würde, und da er früher schon die Meinung gegen mich ausgesprochen hatte, daß der Präsident der Vereinigten Staaten den Vertrag kündigen würde, wenn nur der Senat allein seine Genehmigung dazu ertheilte, so machte ich ihm den Vorschlag, sich ohne Zeitverlust mit Herrn Mason darüber zu verständigen, daß noch an demselben Abende dem Senat der Antrag zu jener Genehmigung gestellt werde, wodurch die Concurrenz des Repräsentanten-Hauses und die fernere Wahrnehmung der Fuller'schen resolution unnöthig wäre.

---

[785] Gerolt am 30.4.1855 an Manteuffel, a.a.O.
[786] Gerolts Bericht über die letzten Abstimmungen im Kongress am 5.3.1855 an Manteuffel, GStAM, 2.4.1.II. Nr. 4078.
[787] In dem Amendment Fullers wurden die Sundzölle als „oppressive to the commerce of the United States in the Baltic Sea and in derogation of common right to the free navigation of open seas" erklärt. A.a.O.
[788] A.a.O.

Herr Marcy erklärte sich bereit dazu und versprach mir, daß er an demselben Abend, wo der Präsident und das Cabinet nach dem Capitol sich begeben müsse, um bis zum Schlusse der Congress-Sitzung die Gesetze zu unterzeichnen, mit Herrn Mason darüber sprechen werde. – Unterdessen verfügte ich mich selbst zu dem letzteren, und es gelang mir, ihn für diese Wendung zu gewinnen und seine Zustimmung dazu zu erhalten. – Als ich um 9 Uhr Abends auf das Capitol kam, erhielt ich von Herrn Marcy sowohl als von Herrn Mason die Versicherung, daß sie sich über die zu treffende Maaßregel geeinigt hätten, und letzterer versprach mir, daß er die verabredete resolution in der während der Nacht noch abzuhaltenden geheimen Sitzung des Senats beantragen werde ... Erst um 2 Uhr Morgens nach Beendigung der geheimen Sitzung gelang es mir, Herrn Mason im Senate, in Mitte der großen Aufregung und Verwirrung, womit die Kammern ihre Sitzungen zu beendigen pflegen, wieder zu sehen und erhielt die geheimnisvolle Versicherung, daß ich mit ihm zufrieden sein würde ...

Als ich nun heute Morgen mich zu dem Staats-Secretair Marcy begab, eröffnete er mir, daß der Senat die verlangte Authorisation in der Form einer resolution ertheilt habe, deren Inhalt wörtlich mit dem amendment vom 26. Februar ... des Senats-Ausschusses übereinstimme ... Da die Fuller'sche resolution auf diese Weise unerledigt geblieben ist und die Verhandlungen in den geheimen Sitzungen ... des Senats eine Zeit lang geheim bleiben, ... da auch Herr Marcy mir versprochen hat, darüber mit Niemand zu sprechen; ich bin daher auch allen Anfragen an mich von Seiten der Repräsentanten Rußlands, Schwedens, der Niederlande und des dänischen Geschäftsträgers ... ausgewichen; denn ich fürchte noch immer, daß der letztere, welcher, wie ich unlängst erfahren, eine lange Denkschrift dem Herrn Mason übergeben und auch im Ministerium der auswärtigen Angelegenheiten Schritte gethan hat, um die Vereinigten Staaten auf irgendeine Weise zu befriedigen und sie von der befürchteten Maaßregel gegen den Sundzoll abzuhalten, in Vereinigung mit dem Russischen Geschäftsträger alles aufbieten werde, um Herrn Marcy und den Präsidenten von der Kündigung des Vertrages abzuhalten." Aber Gerolt konnte zufrieden sein. Nachdem also unter seinem Drängen der Senat am 3. März 1855 den Präsidenten zur Aufhebung des Handelsvertrages autorisiert hatte, verfügte der Präsident am 8. März entsprechend und informierte Dänemark und die übrigen Regierungen am 14. April 1855 über das Auslaufen der Vertrages zum 14. April 1856. Die noch im März im Senat geäußerten Zweifel an der Verfassungsmäßigkeit des Vorgehens von Marcy konnten die Vertragskündigung also nicht aufhalten.

Nach der tatsächlichen Kündigung des Handelsvertrages und der Forderung nach Exemtion der USA von den Sundzöllen war zeitweilig eine Kollision zwischen den USA und Dänemark zu befürchten. Dänemark drohte

III. Die Präsidentschaft von Pierce   335

mit Gewaltanwendung gegenüber den Sund frei passierenden US-Schiffen[789]. Attorney General Cushing informierte seinerseits, dass wenn Dänemark mit Gewalt die Erhebung des Sundzolles von US-Schiffen versuchen sollte, „die hiesige Regierung gegen die Dänisch-Westindischen Inseln feindlich verfahren werden"[790], und ein anderes Mal wollte er US-Handelsschiffe in Begleitung von Kriegsschiffen den Sund passieren lassen[791]. Marcy ließ Vroom bei der preußischen Regierung anfragen, wie Preußen sich im Konfliktfall zu verhalten gedenke[792]. Bei einer solchen Anfrage war Manteuffel verständlicherweise noch weniger zu einer definitiven Stellungnahme bereit als in der Seerechts-Angelegenheit, und die USA erhielten keine Antwort. Manteuffel schrieb Gerolt: „Wir dürfen uns auf keine Weise die Hände binden, um je nach Maaßgabe der bei dem Ablaufe des Vertrages von 1826 eintretenden Verhältnisse weitere Entschließungen fassen zu können."[793] Marcy war nach seinen bisherigen Erfahrungen so realistisch, dass er ohnehin nur wenig Unterstützung erwartete. Er vermutete zwar, dass Preußen bei den von den USA angestrebten Verhandlungen mit Dänemark auf der Seite der USA stehen würde, aber nicht weitergehen würde, als die Anstrengungen der US-Regierung zu ermutigen, sie also nicht etwa wirksam zu unterstützen vermöchte. Andererseits hielt Marcy die Unterstützung aus Europa für unerlässlich. Dänemark sei nur zum Nachgeben zu veranlassen, wenn dies mehrere Staaten forderten.

Die US-Regierung legte es offensichtlich darauf an, die Sundzölle dadurch automatisch hinfällig werden zu lassen, dass Schiffe der USA und dann auch europäischer Staaten beginnen würden, den Sund ohne Zollzahlung zu passieren. Die also immer deutlicher sich abzeichnende Entwicklung, dass Dänemark nach Auslaufen des US-Vertrages 1856 im Sund vor vollendete Tatsachen gestellt werden könnte, zwang Kopenhagen zum Einlenken. Im Juni 1855 konnte der preußische Gesandte in Kopenhagen Oriolla seiner Regierung mitteilen, dass die dänische Regierung nach „der Amerikanischen Kündigung des Handelsvertrages von 1826 u. den von Seiten der Vereinigten Staaten bei dieser Gelegenheit zu erkennen gegebenen Absichten … auf die dringenden Empfehlungen eng befreundeter Mächte, wie namentlich Schwedens, hier jetzt allen Ernstes damit beschäftigt" sei, „zu einer definitiven Erledigung der Sundzoll-Angelegenheit die gehörigen Verabredungen zu treffen."[794] Das Ergebnis waren die Kopenhagener Kon-

---

[789] Gerolt über ein Gespräch mit Bille am 24.2.1856 an Manteuffel, GStAM, 2.4.1.II. Nr. 4979.
[790] Gerolt am 30.4.1855 an Manteuffel, GStAM, 2.4.1.II. Nr. 4957.
[791] Gerolt am 3.1.1856 an Manteuffel, GStAM, 2.4.1.II. Nr. 4979.
[792] Marcy am 20.9.1855 an Vroom, NA Wash., Mf 77/65/14.
[793] Manteuffel am 29.2.1856 an Gerolt, GStAM, 2.4.1.II. Nr. 4979.
[794] Oriolla am 18.6.1855 an Manteuffel, GStAM, 2.4.1.II. Nr. 4957.

ferenzen, auf denen die am Ostseehandel interessierten europäischen Mächte Preußen, Frankreich, Großbritannien, Russland, Schweden, Norwegen, Niederlande, Belgien, Spanien, Österreich und die Hansestädte mit Dänemark 1856/57 ernsthaft und dann auch erfolgreich über die Abschaffung der Sundzölle verhandelten. Dänemark lud auf die Aktivitäten der USA hin im Oktober 1855 die am Ostseehandel teilnehmenden Staaten zu einer ersten Konferenz nach Kopenhagen über die Kapitalisation der Sundzölle ein. Die dänische Regierung ersuchte die preußische Regierung, bei der US-Regierung, die ebenfalls eine Einladung erhalten hatte, zugunsten ihrer Teilnahme an den Verhandlungen zu vermitteln[795]. Die nach Balan von Dänemark „mit schlauer Freundlichkeit" abgefasste Note zugunsten der „bons offices bei America"[796] reichte das preußische Außenministerium an Vroom weiter[797], aber engagierte sich nicht darüber hinaus als Vermittler.

Für Marcy und Cushing bedeutete der angekündigte Kongress nach ihren Erklärungen gegenüber Gerolt[798] nur „ein neues Manöver der Dänischen Regierung ..., um ihre gegenwärtige Stellung zu den kriegführenden Mächten auszubeuten und unberechtigte Ansprüche geltend zu machen oder, um diese Angelegenheit wieder in die Länge zu ziehen, nachdem sie durch die Thatsache des nach Kopenhagen berufenen Congresses einen neuen solidarischen Rechtstitel für die bestehenden Sundzölle den Europäischen Mächten gegenüber erlangt haben.

Man glaubt hier, daß die betheiligten Regierungen zweckmäßiger verfahren hätten, wenn sie das Resultat der hiesigerseits beabsichtigten Maaßregel abgewartet hätten, bis nämlich nach Ablaut des Dänisch-Amerikanischen Vertrages Amerikanische Kauffahrer unter Begleitung eines Kriegsgeschwaders den Sund passiert haben würden."

Die USA nahmen also nicht an dem am 4. Januar 1856 beginnenden Kopenhagener Kongress teil und waren damit in der Sundzollfrage insofern isoliert, als die interessierten europäischen Staaten ihre Teilnahme zusagten und damit einer einvernehmlichen Lösung mit Dänemark den Vorzug gaben vor der von den USA angestrebten Aufhebung der Sundzölle auf kaltem Wege. Manteuffel argumentierte in seiner Antwort auf die Einladung der

---

[795] Kopie des Schreibens der dänischen Regierung an die preußische vom 1.10.1855, Anlage zum Bericht Vrooms Nr. 101 vom 6.11.1855 an Marcy, NA Wash., Mf 44/10.

[796] Hermann von Balan, Vortragender Rat im Preußischen Ministerium der auswärtigen Angelegenheiten 1851 bis 1858, in einer Tagebuch-Eintragung vom 10.10.1855. Preußische Akten zur Geschichte des Krim-Krieges, Bd. 2, S. 652.

[797] Kopie des Schreibens der dänischen Regierung an die preußische vom 1.10.1855 als Anlage zum Bericht Vrooms Nr. 101 vom 6.11.1855 an Marcy, NA Wash., Mf 44/10.

[798] Gerolt am 6.11.1855 an Manteuffel, GStAM, 2.4.1.II. Nr. 4078.

III. Die Präsidentschaft von Pierce 337

dänischen Regierung wie die US-Regierung, dass Preußen die Sundzölle niemals wirklich anerkannt hätte, zog daraus aber andere Schlüsse, wie sich bald zeigte[799], und stieß in Washington auf ähnliche Kritik wie die übrigen europäischen Regierungen. Als Gerolt gegenüber Marcy unter Hinweis auf Manteuffel die Behauptung des dänischen Geschäftsträgers Bille zurückwies, dass alle europäischen Staaten das Recht zur Erhebung der Sundzölle durch Dänemark anerkannt hätten, fragte ihn Präsident Pierce, der zu dem Gespräch hinzukam, „warum die Europäischen Regierungen nicht auch ihrerseits zur Abschaffung eines nie von ihnen anerkannten Rechtes thätlich mitwirkten." Darauf konnte Gerolt nur ausweichend anmerken, dass die US-Politiker gerade die Unterschiede zwischen den europäischen Staaten und den USA „als eine freiere und an keinerlei Rücksichten gebundene" sähen, „und daß die Europäischen Regierungen von dem Vorgehen der Vereinigten Staaten eine billige und alle Theile befriedigende Lösung dieser Angelegenheit erwarten könnten."[800] Handelsminister von der Heydt bekundete gegenüber Vroom, dass Preußen die USA gern mehr unterstützen würde, aber dies mit Rücksicht auf die anderen deutschen Staaten und Europa nicht möglich sei. Preußen würde die USA indirekt unterstützen, indem es die Vorschläge Kopenhagens zur Kapitalisation der Sundzölle ablehnte. Nach Vroom konnten die USA im Augenblick nicht mehr von Preußen erwarten[801]. Vroom hatte offensichtlich verstanden, dass Preußen unter den europäischen Großmächten der schwächste Staat war und zu einer aktiveren Politik im Interesse der neutralen Mächte gegenüber England und Russland nicht in der Lage war.

Bei der Beratung der von der preußischen Regierung auf der Sundzoll-Konferenz einzunehmenden Position argumentierte von der Heydt ähnlich wie die USA[802]. Mangels einer allgemeinen völkerrechtlichen Grundlage sprach er Dänemark nur so lange das Recht zur Sundzollerhebung zu, wie die preußischen Verträge dauerten. Entsprechend dem Fehlen eines allgemeinen Rechtstitels sah er Dänemark auch nicht berechtigt, eine Kapitalabfindung für die Sundzölle zu verlangen: „Uns interessiert die Sundzoll-Erhebung, weil dadurch unsere Schiffe belästigt, die Verbindungen unserer Häfen erschwert und unsere Unterthanen besteuert werden, und wenn wir davon auszugehen haben, daß diese Belästigung, Erschwerung und Besteue-

---

[799] Manteuffel am 29.10.1855 an die dänische Regierung, Kopie als Anlage zum Bericht Vrooms Nr. 101 vom 6.11.1855. Vgl. den Bericht Vrooms an Marcy Nr. 99 vom 23.10.1855 über das Gespräch mit Philipsborn, dem Leiter der III. Abteilung für staats- und zivilrechtliche Sachen im Preußischen Ministerium der auswärtigen Angelegenheiten und Mitglied des Staatsrates. NA Wash., Mf 44/10.
[800] Gerolt am 4.2.1856 an Manteuffel, GStAM, 2.4.1.II. Nr. 4979.
[801] Vroom in Nr. 108 vom 25.12.1855 an Marcy, NA Wash., Mf 44/10.
[802] Von der Heydt am 12.10.1855 an Manteuffel, GStAM, 2.4.1.II. Nr. 4078.

22 Eimers

rung auf einem wirklichen Rechtstitel nicht beruht, so werden wir ... zu der Folgerung gelangen, daß wir keine Veranlassung haben, unsere Staatsschuld zu vermehren oder unsere Steuern zu erhöhen, um uns von der Fortdauer einer Unbill loszukaufen, gegen deren Druck wir schon seit einer Reihe von Jahren ankämpfen." Schließlich unterstützte er den britischen Vorschlag, durch Abgaben der Handelsschiffe in den Ostseehäfen die Ansprüche Dänemarks abzugelten. Aber auf die Dauer setzte sich in der preußischen Regierung die Meinung durch, dass eine Kapitalisation der Sundzölle nicht zu umgehen sei, so dass die Position der preußischen Regierung auch in diesem Punkt von der der USA abwich.

Vroom verwandte sich bei Marcy dafür, dass sich die zusehends isolierten USA doch noch an der Kopenhagener Konferenz beteiligten. Zu dem gemeinsamen Zweck, die Ablösungssumme für die Sundzölle möglichst niedrig zu halten, würden sich Preußen und die anderen deutschen Staaten sicher mit den USA zusammentun. Für den Fall, dass sich die USA abseits hielten, befürchtete Vroom, dass eine Übereinkunft gefährdet sei, da die europäischen Mächte erst bereit sein würden zu einer bestimmten Ablösungssumme für die Sundzölle, wenn sie über die Leistung der USA an Dänemark Bescheid wüssten[803]. Die US-Regierung konnte sich jedoch nicht entschließen, an dem Kongress teilzunehmen. Pierce bekräftigte in seiner Botschaft an den Kongress vom Dezember 1855 das Fernbleiben der USA. Abgesehen davon, dass die USA zunächst jede Kapitalisation der Sundzölle ablehnten als Konsequenz daraus, dass sie Dänemark jedes Recht absprachen, Sundzölle zu erheben, wollten sie sich nicht in die europäischen Auseinandersetzungen einschalten[804], als wenn sich die Angelegenheiten der USA und Europas noch säuberlich trennen ließen im Sinne von Washingtons Farewell Address. Bei der Annäherung Preußens und der USA stand nicht nur auf preußischer Seite eine den außenpolitischen Spielraum begrenzende Tradition im Wege, sondern auch auf der Seite der USA.

Das separate Vorgehen der USA wirkte um so erstaunlicher, als die USA im November 1855, also parallel zu der Vorbereitung der Kopenhagener Konferenz neben der Drohung mit Kriegsschiffen ihre Verhandlungsbereitschaft ankündigten. In der Instruktion vom 3. November an den US-Vertreter in Kopenhagen betonte Marcy[805] zunächst wie gewohnt seine Zweifel

---

[803] Vroom in Nr. 99 vom 23.10.1855 an Marcy, a.a.O.

[804] Executive Documents, 34. Congress, 1. Session, Vol. I, S. 38–41. – *Samuel Flagg Bemis,* Ed.: The American Secretaries of State and their Diplomacy, Vol. VI, New York 1928, S. 286. Bericht Schleidens vom 3.12.1855 an Smidt, StA Bremen, 2.-B.13.b.1.a.2.a.I.

[805] Abschrift der Instruktion Marcys vom 3.11.1855 an den US-Ministerresidenten Bedinger in Kopenhagen, Anlage zum Bericht Gerolts vom 12.11.55 an Manteuffel, GStAM, 2.4.1.II. Nr. 4078. Die Verhandlungs-Instruktion ergänzte Marcy

an der Rechtmäßigkeit der Sundzölle und der Berechtigung der Kopenhagener Konferenz, über die Freiheit der Schifffahrt zu entscheiden, und distanzierte sich von der europäischen Politik: Die Frage der Sundzölle sei keine Frage der European Balance of Power. „The Government of the United States will never consent to the pretension that the New World is to be appropriated to adjust the political balance of the old." Entscheidend war für die dänische Regierung jedoch der Schluss, dass sich die USA dort bereit erklärten, Dänemark für die Aufwendungen zur Sicherung der Schifffahrt durch den Sund zu entschädigen, und dazu die Vorschläge der dänischen Regierung erwarteten. Marcy lenkte also zurück zu den Vorschlägen seines Vorgängers im State Department in den vierziger Jahren James Buchanan, der damals Dänemark eine Entschädigung für den Verlust der Sundzölle angeboten hatte. Unter den veränderten Bedingungen konnte Dänemark dem Angebot aus Washington nicht abgeneigt sein. Es würde also auch dänisch-amerikanische Verhandlungen geben. Verständlicherweise lehnte es Dänemark allerdings ab, vor der Kopenhagener Konferenz mit den USA zu verhandeln.

Die erste Kopenhagener Verhandlungsrunde am 4.1.1856 und am 2.2.1856 scheiterte daran, dass den meisten Staaten die von Dänemark geforderten 35 Millionen Rigsdaler (= 19 162 500 Dollar) zu viel waren. Vor allem Preußen schien zunächst schon aus taktischen Gründen nicht an einer schnellen Vereinbarung interessiert. Angesichts der von Gerolt berichteten Entschlossenheit Washingtons, die Befreiung ihrer Schiffe von den Sundzöllen zu erzwingen, hatte sich von der Heydt schon im Dezember 1855 bei Manteuffel dafür eingesetzt[806], die Verhandlungen in Kopenhagen nicht zu beschleunigen, um auf keinen Fall „den Entwicklungen vorzugreifen, welche als Folge der Stellung der Nordamerikanischen Regierung bald hervortreten werden, und die Lage der diesseitigen Regierung nur günstiger gestalten können."

Gerolt suchte nach der ersten Verhandlungsrunde, Dänemark weiterhin durch die USA unter Druck zu setzen und ermunterte Marcy, der Bitte der dänischen Regierung, den Status quo aufrecht zu erhalten bis zur Beendigung der Kopenhagener Konferenz, nicht nachzukommen[807] und, „daß wenn Dänemark wirklich die Absicht habe, mit den Europäischen beteiligten Staaten ein billiges Abkommen zu treffen, die Zeit bis zum Ablauf des Dänisch-Amerikanischen Vertrags mehr als hinreichend dazu wäre, daß aber irgend eine Nachgiebigkeit von Seiten der Vereinigten Staaten im

---

später, u.a. am 5.5.1856. Treaties and other International Acts of the United States of America, ed. by *Hunter Miller,* Vol. 7, Washington 1942, S. 562 f.
[806] Von der Heydt am 9.12.1855 an Manteuffel, GStAM, 2.4.1.II. Nr. 4078.
[807] Gerolt am 4.2.1856 an Manteuffel, GStAM, 2.4.1.II. Nr. 4979.

gegenwärtigen Augenblicke als Unentschlossenheit und Furcht ausgelegt werden und nach den historischen Prezedencien von der Dänischen Regierung nur benutzt werden würde, um die Angelegenheit wieder bis auf einen für Dänemark günstigeren Zeitpunkt hinauszuschieben ...". In seiner Antwort rasselte Marcy nicht wie Cushing mit dem Säbel, sondern blieb allgemein, da er meinte, „daß die Vereinigten Staaten nach den bisherigen Erklärungen und Schritten der amerikanischen Regierung nicht mehr zurücktreten könne ...".

Alle schienen abzuwarten, schrieb Vroom nach Washington, was geschehe, wenn der Vertrag Dänemarks mit den USA ausliefe[808]. Alle wüssten, dass wenn die US-Schiffe den Sund frei passieren dürften, die britischen dasselbe tun würden und dann auch alle anderen Schiffe, urteilte er nach einem Gespräch mit Manteuffel[809]. Entgegen den dänischen Befürchtungen kam es nicht zu einem Konflikt mit den US-Schiffen im Sund, da die US-Regierung auf das Ersuchen der dänischen Regierung[810] praktisch einen Aufschub des Termins des Auslaufens des Vertrages gewährte, zunächst im März 1856 von 60 Tagen bis zum 14.6.1856 und dann von einem Jahr, also bis zum Juni 1857. Bis dahin würden die Sundzölle nur unter Protest von den US-Schiffen gezahlt, erklärte Marcy[811]. Es blieb also für die USA im Sund vorläufig beim alten Zustand.

Das abgeschwächte US-Ultimatum verlangte von Dänemark, die Verhandlungen bis zum Juni 1857 zum Abschluss zu bringen. Dass die Gespräche zwischen Dänemark und seinen europäischen Verhandlungspartnern nicht mit der gewünschten Schnelligkeit vorankamen, lag nach Ansicht mancher US-Politiker daran, wie Schleiden berichtete, dass „keine europäische Regierung dem Beispiel der Vereinigten Staaten gefolgt sei und ihre Verträge mit Dänemark gekündigt habe."[812] Die Kritiker in Washington übersahen, dass die Verträge Dänemarks mit den europäischen Ländern nicht ausliefen wie der Vertrag mit den USA und dass im Übrigen für ein koordiniertes Vorgehen sicher bessere Voraussetzungen gewesen wären, wenn die USA an den Kopenhagener Verhandlungen teilgenommen hätten, statt hier Distanz zu zeigen.

Gerolt hob kritisch die nachlassende Energie der USA hervor bei der Verfolgung des Anliegens, die Sundzölle abzuschaffen. In seinem Bericht

---

[808] Vroom in Nr. 123 vom 15.4.1856 an Marcy, NA Wash., Mf 44/10.
[809] Vroom in Nr. 126 am 6.5.1856 an Marcy, a.a.O.
[810] Note des Dänischen Chargé d'Affaires in Washington vom 31.1.1856 an den Präsidenten, Miller, Vol. 7, S. 558–560. Das Anliegen wurde unterstützt durch den Bericht Bedingers vom 9.1.1856 aus Kopenhagen, a.a.O., S. 556 ff.
[811] Instruktion Marcys vom 30.5.1856 an Bedinger. Miller, Vol. 7, S. 566 f.
[812] Schleiden am 19.8.1856 an Smidt, StA Bremen, 2.-B.13.b.1.a.2.a.I.

vom 4.9.1856[813] registrierte er „weniger Energie und Consequenz, als nach ihren wiederholten Manifestationen über die Berechtigung amerikanischer Schiffe zur freien Schifffahrt durch den Sund und die Belte nach Ablauf des Handels- und Schifffahrtsvertrages zu erwarten stand, was einerseits durch die drohende Gefahr eines Krieges mit England, andererseits durch die Bestrebungen und die Einflüsse der den Interessen Dänemarks besonders ergebenen Regierungen bei dem Washingtoner Cabinette und im Senate der Vereinigten Staaten zu erklären ist...". Gerolt meinte offensichtlich den dämpfenden Einfluss Russlands und Schwedens. Neben dem auswärtigen Einfluss könnte in Washington auch die Überlegung eine Rolle gespielt haben, dass der isolierte Kollisionskurs der USA mit Kriegsschiffen wahrscheinlich teurer würde als eine Entschädigungsleistung an Dänemark von einigen Hunderttausend Dollar. Aber trotz des Aufschubs beim Auslaufen des amerikanisch-dänischen Vertrages und der größeren Zurückhaltung der USA war das Ultimatum geblieben, und durch diesen Druck leistete Präsident Pierce einen entscheidenden Beitrag dazu, wie Gerolt anerkannte, dass sich Dänemark veranlasst sah, seine „früheren Forderungen an die beteiligten Staaten zur Capitalisierung des Sundzolls auf die Hälfte herabzusetzen."[814]

Nachdem Dänemark das Einlenken der USA erreicht hatte, war der nächste Erfolg, dass Russland, Schweden, Norwegen und Oldenburg am 9.5.1856 in Kopenhagen ihre Unterstützung für die von Dänemark am 2.2.1856 vorgeschlagene Ablösesumme zu Protokoll gaben; allerdings machten sie ihre Leistungen von der Zustimmung der übrigen Staaten abhängig. Dazu waren jedoch vor allem England, Frankreich und Preußen noch nicht bereit. Sie erwarteten nach wie vor eine Senkung der von Dänemark verlangten Summen; abgesehen davon mussten sie an dem Protokoll monieren, dass nicht die Pflicht Dänemarks festgehalten war, in Zukunft die für die Schifffahrt notwendigen Einrichtungen im Sund auf eigene Kosten zu unterhalten[815]. Das Projekt der Erhebung einer Ostseehäfen-Abgabe für Rechnung Dänemarks statt des Sundzolles, das England favorisierte, aber Preußen schließlich ablehnte, war längst hinfällig und ließ sich erst recht nicht mehr durchsetzen angesichts der sich konkretisierenden Erwartung, dass die US-Schiffe gegen eine Entschädigungsleistung der USA in Zukunft frei in die Ostsee fahren würden[816]. Für die andauernde Ablehnung der dänischen Vorschläge

---

[813] Gerolt am 4.9.1856 an den König, GStA Berlin, Mf 79 AA CB IC Nr. 26.
[814] A.a.O. – Gerolt geht von den hohen dänischen Forderungen aus vor Beginn der offiziellen Verhandlungen in Kopenhagen.
[815] Pommer-Esche, Handelsministerium, am 10.7.1856 an Manteuffel. GStAM, 2.4.1.II. Nr. 4081.
[816] Von der Heydt am 28.1.1856 an Manteuffel, und Hatzfeld, Paris, am 9.3.1856 an Manteuffel, GStAM, 2.4.1.II. Nr. 4979.

durch Frankreich und England – aus welchen Gründen auch immer – machte die dänische Regierung Preußen verantwortlich, wie der preußische Gesandte in Kopenhagen Oriolla Manteuffel mitteilte[817]: „Hier glaubt man, daß wir, so wie durch uns das erste Vorschreiten Nord-Amerikas provoziert sei, jetzt auch die Urheber der in London und Paris gemachten Schwierigkeiten wären." Kopenhagen überschätzte die Einwirkung Preußens also ebenso stark, wie die liberalen Kritiker der preußischen Regierung deren Tätigkeit unterschätzten.

Es dauerte bis zum 3. Februar 1857, dass die neue Verhandlungsrunde in Kopenhagen begann, die entscheidende. Aber schon im Juli 1856 hatten Großbritannien und Frankreich ihre abwartende Haltung aufgegeben und Separat-Verhandlungen über die Sundzoll-Aufhebung begonnen. Der französische Außenminister Walewski kritisierte gegenüber dem preußischen Gesandten wieder einmal die engen Beziehungen Preußens zu den USA: „... die Europäischen Mächte sollten nicht zuviel auf ein von Amerika in Rechtsfragen befolgtes Verfahren geben; man sollte Amerikas Beispiel nicht für maßgebend halten, noch darauf setzen, ebenso wenig demselben eine leitende Einmischung in Europäische Rechtsfragen zugestehen. Kurz, der Minister ließ ziemlich klar durchblicken, daß er keinen besonderen Gefallen daran finden würde, wenn ein Europäischer Staat sich auf die Verhältnisse von Nord-Amerika und Dänemark berufen wollte, um seine eigene Stellung zu der Sundzollfrage besser zu gestalten."[818] Der Appell an die europäische Solidarität gegen die USA verfing in Berlin diesmal genauso wenig wie im Krimkrieg; aber es wurde der Regierung Manteuffel sehr bald klar, dass sie sich mit Frankreich und Großbritannien abstimmen musste, um nicht die mühsam nach dem Krimkrieg zu diesen Mächten verbesserten Beziehungen erneut zu gefährden. Preußen wich von seiner Forderung ab, dass die an Dänemark zu leistende Abfindung weiter ermäßigt werden sollte, als Anfang August aus Paris durchsickerte, dass sich die französische und englische Regierung separat einigten. Von der Heydts Forderung nach einer weiteren Senkung der Entschädigung drohte also zu der erneuten Isolierung zu führen, die Manteuffel schon vorhergesagt hatte[819]. Manteuffel argumentierte nun, es würde angesichts der von den USA an den Tag gelegten Nachgiebigkeit „nur erwünscht sein können, wenn ein förmliches Übereinkommen jener Staaten mit Dänemark über eine für das Wegfallen des Sundzolles zu gewährende Entschädigung je eher je lieber zum Abschlusse gelangt."[820] In den Vorverhandlungen von Berlin, London

---

[817] Oriolla, Kopenhagen, am 21.7.1856 an Manteuffel, GStAM, 2.4.1.II. Nr. 4081.
[818] Hatzfeld, Paris, am 1.7.1856 an Manteuffel, GStAM, 2.4.1.II. Nr. 4081.
[819] Manteuffel an von der Heydt am 7.7.1856, GStAM, 2.4.1.II. Nr. 4081.
[820] Manteuffel am 10.8.1856 an Gerolt, GStAM, 2.4.1.II. Nr. 4081.

III. Die Präsidentschaft von Pierce 343

und Paris Ende 1856 blieb es also bei den am 2.2.1856 von Dänemark geforderten Summen, und zur Debatte standen nur noch die Verpflichtung Dänemarks zur dauernden Sicherung der Schifffahrtswege durch Sund und Belt, Zahlungsmodalitäten und andere zweitrangige Fragen. Bedeutsam ist, dass sich Preußen die Unterstützung Englands für die Abschaffung der Landtransitzölle in Dänemark zusammen mit den Sundzöllen sicherte.

Großbritannien, Frankreich und Preußen vereinbarten einen allgemeinen Vertragsentwurf auf der Grundlage der dänischen Entschädigungs-Vorschläge, den die Gesandten der drei Großmächte dann im Januar 1857 Dänemark und den übrigen beteiligten Mächten präsentierten. Die Kopenhagener Konferenz vom Februar bis zum März 1857 änderte nur noch einzelne Formulierungen. Am 14.3.1857 unterzeichneten die Konferenzdelegationen den Vertrag, und schon zu Beginn des folgenden Monats trat er in Kraft[821]. Die Abkommen der einzelnen Staaten mit Dänemark folgten, die Konvention mit der von Preußen zu leistenden Ablösungssumme von 4 440 000 Rigsdaler (rund 13 % der Gesamtsumme) am 25.4.1857[822].

Daraufhin verhielten sich die USA erwartungsgemäß wie die europäischen Mächte. Die USA hatten 1855 angesichts der sich abzeichnenden Kopenhagener Konferenz ihr ursprüngliches Ziel, nichts zu zahlen, aufgegeben, indem sie Dänemark anboten, einen verhältnismäßigen Beitrag zu den Kosten für die Sicherstellung der Schifffahrt im Sund zu zahlen. Marcy begann im Januar 1857 seine Verhandlungen mit dem dänischen Vertreter Bille und akzeptierte schließlich wie die übrigen Verhandlungspartner die von Dänemark auf der ersten Kopenhagener Konferenz am 2.2.1856 aus den Sundzöllen abgeleitete Entschädigungs-Quote von 393 011 US-Dollars, rund 2,2 % der von Dänemark beanspruchten Gesamtsumme. Die USA vermochten nicht einmal im Sinne ihrer früheren Reklamationen, die nach dem Auslaufen des Handelsvertrages von US-Schiffen gezahlten Sundzölle abzuziehen. Eine besondere Note, die die USA in den Vertrag hineinbrachten, war höchstens die mehrfache Betonung der Freiheit der Schifffahrt in Sund und Belt. Am 11.4.1857 unterzeichneten der neue Secretary of State Lewis Cass und Bille in Washington also einen Vertrag, der dem vom 14.3.1857 entsprach. Mit diesem Vertrag trat am 12. Januar 1858 formell auch der dänisch-amerikanische Handels- und Schifffahrtsvertrag von 1826 mit Ausnahme des auf die Sundzölle bezüglichen Artikels wieder in Kraft.

---

[821] Vertrag zwischen Preußen usw. und Dänemark betr. die Sund- und Beltzölle vom 14.3.1857, GS 1857, S. 401–419.

[822] Stenographische Berichte der am 11.11.1856 einberufenen beiden Häuser des Landtages, Haus der Abgeordneten, 3. Bd., Anlagen, Nr. 74. Das mit der Krone Dänemark getroffene Abkommen wegen Aufhebung des Sundzolls, S. 301–306, Nr. 111. Die mit der Krone Dänemark abgeschlossene besondere Konvention vom 25. April 1856, S. 612 f., GS 1857, 420–423.

Die am 1.4.1857 erreichte Abschaffung der Sundzölle war zwar nicht das Ergebnis gemeinsamer Aktion von den USA und Preußen, aber gemeinsamer Ziele. Auf preußischer Seite gab es viel Lob für den Beitrag der USA zum Erreichen, wenn die Anerkennung auch nicht auf allen Seiten gleich ausfiel. Legationssekretär Grabow aus der preußischen Gesandtschaft in Washington hob richtig hervor, dass „die Nationen den Vereinigten Staaten Dank wissen müssen, den ersten wirksamen Impuls zu der glücklichen Beseitigung der seit Jahrhunderten den Handel niederdrückenden fraglichen Zollabgaben" gegeben zu haben, aber erwähnte zugleich, „daß der großartige Anfang und das bescheidene Ende der amerikanischen Behandlung der Sundzollfrage bedeutend auseinandergehen ..."[823]. Gesandter Vroom kritisierte an der Erklärung Manteuffels vor dem Landtag nach dem Abschluss des Sundzollvertrages mit Recht, dass Manteuffel nicht auf den wirksamen und erfolgreichen Widerstand der USA gegenüber dem Anspruch Dänemarks hingewiesen habe, der zu einer für die Handelsinteressen Europas und insbesondere Preußens so vorteilhaften Regelung führte[824]. US-Konsul Schillow, der nach der Abschaffung der Sundzölle im März als Vertreter der Handelskammer Stettin an die Königliche Tafel geladen wurde, wo er mit dem König und dem Handelsminister von der Heydt zusammentraf, berichtete dagegen, dass alle Anwesenden freimütig anerkannt hätten, dass das Erreichte ein Verdienst der USA sei[825]. Als im April 1857 mit Inkrafttreten des Vertrages Stettin die Ankunft des ersten preußischen Schiffes, das ohne Zölle den Sund passiert hatte, feierte, erlebte Schillow stolz, dass „die Kaufleute und eine Anzahl Einwohner dem US-Konsulat eine großartige Serenade darbrachten und eine Deputation bei ihm erschien, um die hohe Anerkennung für das Verdienst der USA für die Befreiung des Ostsee-Handels von den unnatürlichen Fesseln auszudrücken, gegen die die alte Welt über fünf Jahrhunderte gekämpft hat ..."[826].

Im Vergleich zu dem zumindest zeitweilig entschiedenen und auch öffentlichkeitswirksamen Auftreten der Pierce-Administration zugunsten der Freiheit des Handels, trieb die Buchanan-Administration die anschließende Auseinandersetzung um die weniger bedeutenden Stader Zölle nicht mit spektakulären Entscheidungen voran, sondern trat gegenüber dem Königreich Hannover diplomatisch gedämpft auf. Wie bei den Sundzöllen vorher lief der die Stader Zölle garantierende Vertrag aus. Der Handelsvertrag von 1846 zwischen Hannover und den USA endete 1858. Die Summen, die die USA und Preußen an Hannover bei ihrem Elbehandel zu entrichten hatten,

---

[823] Grabow am 23.6.1857 an Manteuffel, GStA Berlin, Mf 79 AA CB IC Nr. 26.
[824] Vroom in Nr. 155 vom 24.3.1857 an Cass, NA Wash., Mf 44/10.
[825] Schillow in Nr. 78 vom 24.3.1857 an Cass, NA Wash., Mf T-59/3.
[826] Schillow in Nr. 79 vom 9.4.1857 an Cass, a. a. O.

waren ähnlich. Der für Hannover zuständige US-Generalkonsul in Frankfurt am Main Ricker, der sich vergeblich um eine US-Initiative bemühte, rechnete dem State Department vor, dass die US-Schiffe 1845 bis 1853 33 987 Taler an Hannover zahlten und die preußischen 32 882[827]. Angesichts des Prestiges, das die USA bei der Abschaffung der Sundzölle gewonnen hatten, setzten sich wie Ricker der US-Gesandte Wright in Berlin, der US-Gesandte Bedinger in Kopenhagen, die US-Konsuln in den Hansestädten und weitere US-Vertreter mehrfach getrennt und gemeinsam für eine Initiative der USA gegen die Stader Zölle ein[828]. „If we lead off, we will be followed by a Union of European Governments," schrieb Wright am 11.5.1858 nach Washington. Wright und die Konsuln hörten von Cass nicht einmal eine Begründung für die Ablehnung, geschweige denn, dass die US-Gesandtschaft zu Gesprächen über das gemeinsame Vorgehen mit Preußen ermächtigt wäre.

Die Zurückhaltung der USA in der Frage der Stader Zölle lässt sich nun allerdings nicht nur auf die bekannte Passivität von Cass zurückführen und überhaupt auf das Fehlen einer Europa-Politik der Buchanan-Administration. Schon die aus der Sicht des State Departments negativen Erfahrungen mit dem Engagement der europäischen Mächte zugunsten der Freiheit des Handels wirkten nicht ermutigend. Schließlich liegt der Gedanke nahe, dass Buchanan und Cass es ganz pragmatisch den am meisten an der Abschaffung der Stader Zölle interessierten Mächten überlassen wollten, auf Hannover einzuwirken. In der Tat verhandelten Großbritannien und Hamburg 1860/61 erfolgreich mit Hannover und kamen überein, die Stader Zölle entsprechend den Sundzöllen abzulösen. Bei der anschließenden Konferenz von interessierten Staaten im Juni 1861 waren die USA ebenfalls nicht dabei, während selbst Brasilien Einfluss nahm, das weit weniger als die USA durch die Stader Zölle belastet wurde. Genauso wie bei der Kopenhagener Konferenz scheuten sich die USA 1861, in die europäische Politik hineingezogen zu werden. Zugleich ist zu bedenken, dass in dieser Zeit die neue Lincoln-Administration ihr Personal in Europa auswechselte und sich zusätzlich auf weit wichtigere innenpolitische Probleme zu konzentrieren hatte. Die USA zahlten dann wie nach den Sundzollkonferenzen die Ablösungssumme, die die übrigen Staaten vereinbart hatten. Nur das kleine Großherzogtum Oldenburg behauptete 1861 eine Position der radikalen Ab-

---

[827] Ricker in Nr. 9 vom 10.2.1858 an Cass. NA Wash., Mf 161/13.
[828] Aus Berlin wandte sich der US-Gesandte Wright in Nr. 7 am 27.10.57 in diesem Sinn an Cass, in Nr. 23 am 5.5.58 gemeinsam mit dem US-Gesandten in Kopenhagen A. Bedinger, dem Generalkonsul Ricker, den Konsuln in Hamburg und Bremen an Cass, appellierte in Nr. 24 vom 11.5.58, in Nr. 25 am 18.5.58, in Nr. 36 am 4.9.58, in Nr. 43 am 23.10.58 und am 5.1.1860. NA Wash., Mf 161/9. – Daneben interpellierten die zuständigen US-Konsuln genauso.

lehnung selbst der Ablösung, wie es die USA zeitweilig unter Pierce getan hatten. Im Namen der USA unterzeichnete der neue US-Gesandte in Berlin Judd am 6.11.61 mit dem hannoverschen Gesandten in Berlin von Reitzenstein den von Hannover fünf Monate vorher an die USA übermittelten Entwurf einer Konvention[829]. Die Zurückhaltung, die die Buchanan-Administration gegenüber Hannover an den Tag legte im Gegensatz zu der Politik seiner Vorgängerin bei der Auseinandersetzung über Zölle, honorierte das Königreich Hannover insofern, als es die USA schon im Juni 1861 zu den begünstigten Staaten zählte, obgleich die Konvention erst am 17.6.1862 in Kraft trat.

d) Die Vermittlung der USA im Neuenburger Konflikt 1856

Bei dem Neuenburger Konflikt handelte es sich auf den ersten Blick um ein rein europäisches Problem, mit dem sich höchstens einzelne US-Presseorgane beschäftigten, indem sie die Intervention der USA zugunsten der Schweizerischen Republik forderten. Die Berliner US-Gesandten befassten sich kaum mit den Vorgängen in und um Neuenburg, der Revolutionierung des Fürstentums zu einer Republik im Frühjahr 1848, der internationalen Anerkennung der Rechte Friedrich Wilhelms IV. im Londoner Protokoll vom 24.5.1852 und dem Scheitern der Neuenburger Gegenrevolution vom 3.9.1856[830]. Vroom stufte den Neuenburger Konflikt verständlicherweise als „matter of little importance" ein[831]. Für die besondere Zuneigung Friedrich Wilhelms zu Neuenburg[832] hatte Vroom ebenso wenig Verständnis wie dafür, dass er bis zur Verzichtserklärung auf der Pariser Konferenz am 26.3.1857 keine Anstrengung unterließ, die Personalunion wiederherzustellen, und Vroom sah den Titel eines Fürsten von Neuenburg nur als „leeren Titel" an[833]. Seine Sympathien lagen angesichts des Tauziehens um die von der Schweiz gefangenen Royalisten und der drohenden Kriegsgefahr wie bei der liberalen deutschen Presse und den sich mit dem Konflikt befassenden US-Zeitungen auf der Seite der „kleinen Republik". US-Konsul Ricker in Frankfurt, der angesichts der Beschäftigung des Bundestages mit dem Neuenburger Konflikt mehrfach 1856 nach Washington berichtete, konnte

---

[829] *Malloy*: Treaties, Conventions, Vol. 1, S. 898 ff.

[830] Zur Geschichte der Personalunion Preußen – Neuenburg siehe *Wolfgang Stribrny*: Die Könige von Preußen als Fürsten von Neuenburg-Neuchatel (1707–1848), Quellen und Forschungen zur brandenburgischen und preußischen Geschichte, Bd. 14, Berlin 1998.

[831] Vroom in Nr. 147 vom 6.1.1857 an Marcy, NA Wash., Mf 44/10.

[832] *Hermann von Petersdorff*: König Friedrich Wilhelm der Vierte, Stuttgart 1906, S. 220 f.

[833] A. a. O.

III. Die Präsidentschaft von Pierce

zwar seine Sympathie für die Alpenrepublik genauso wenig verbergen wie Vroom, aber hatte sich genauer mit der Rechtslage beschäftigt, so dass er nicht rundheraus gegen Preußen Stellung bezog.[834] Vroom sah hinter der Freilassung der Gefangenen durch die Schweiz den Druck der großen Mächte, insbesondere den Frankreichs und Großbritanniens entsprechend seiner Einstellung zu Westeuropa.[835] In Wirklichkeit war es so, dass gerade Großbritannien die Schweiz beschützte und nur Russland Preußen voll unterstützte.

Nur wenig mehr als Vroom befasste sich Gerolt in Washington mit dem Neuenburger Konflikt, da er neben der Information der US-Regierung über die preußische Politik die öffentliche Meinung im Sinne der preußischen Position zu beeinflussen versuchte. So brachte er etwa eine Woche nach dem Erscheinen „eines aus New Yorker Blättern entnommenen Artikels in dem hiesigen offiziellen Blatte ‚Union', worin die Neuchateler Frage auf eine alle Tatsachen entstellende Weise besprochen wird"[836], mit Hilfe Marcys in dem gleichen Organ am 15.12.1856 einen Gegenartikel unter und bemühte sich auch in den folgenden Monaten erfolgreich, „die öffentlichen Dokumente zur Widerlegung der die Lage der Sache entstellenden Englischen und Schweizerischen Zeitungsberichte unter der Hand zu veröffentlichen."[837] An dem Vermittlungsversuch des US-Ministerresidenten in der Schweiz[838] waren Gerolt und Vroom unbeteiligt, wenn auch darüber informiert.

US-Ministerresident Fay in Bern wurde bei seinen Vermittlungsbemühungen zwischen der Schweiz und Preußen im Dezember 1856 nicht im Auftrage des US-Präsidenten tätig. Er handelte inoffiziell, vor allem sprach er mit dem König privat, aber hielt Washington selbstverständlich auf dem Laufenden. Unabhängig davon, wie weit die Unterstützung aus Washington ging, lag es auf der Hand, dass die USA ein Interesse daran haben mussten, den Gegensatz zwischen Preußen und der Schweiz zu vermindern, um das Bestreben der Westmächte, die Schweiz auf ihre Seite zu ziehen, nicht zu unterstützen. Sicher ist, dass Fay keinen Vermittlungsauftrag des Schweizerischen Bundesrates besaß, da dieser der „Einmischung Nordamerikas in die Neuenburgische Angelegenheit" zunächst nur mit Skepsis begegnete.[839]

---

[834] Insgesamt 19 Berichte befassten sich mit dem Neuenburger Konflikt. Siehe vor allem Ricker am 23.12.1856 in Nr. 99 an Marcy. NA Wash., Mf 161/3.

[835] Vroom in Nr. 148 vom 20.1.1857 an Marcy, Na Wash., Mf 44/10.

[836] Gerolt am 29.12.1856 an Manteuffel, GSTA Berlin, Mf 79 AA CB IC Nr. 26.

[837] Gerolt am 4.2.1857 an Manteuffel, GStAM, 2.4.1.I. Nr. 7871.

[838] *Edgar Bonjour*: Ein amerikanischer Vermittlungsversuch im Neuenburger Konflikt, Zeitschrift für schweizerische Geschichte, Bd. XIX, 1939, S. 286 ff.

[839] Auszug aus dem Protokoll der Bundesratssitzung vom 28.12.1856, *Edgar Bonjour*: Der Neuenburger Konflikt 1856/57, 1957, S. 202.

Auffallend ist schon, dass die außenpolitischen Interessen der USA schon so weit mit den europäischen Vorgängen verknüpft waren, dass ein Vertreter der USA selbst in diesem unbedeutenden europäischen Konflikt mitsprach.

Fay, seit 1853 Ministerresident in Bern, kannte den König und seine Umgebung, insbesondere Bismarck, aus der seiner Tätigkeit in der Schweiz vorausgegangenen langjährigen Mitarbeit an der Berliner US-Gesandtschaft. So schaltete er sich nach dem Abbruch der diplomatischen Beziehungen zwischen Berlin und Bern am 13.12.1856 zugunsten des Königs und der Schweiz ein, die er beide gleich schätzte. Edgar Bonjour hat herausgearbeitet und vor allem durch den Bericht Fays an Marcy belegt, wie sehr sich Fay aus der ihn mit dem König verbindenden christlichen Verantwortung für den Frieden und für den Verzicht des Königs auf den Anspruch auf Neuenburg einsetzte[840]. Sicher hatte das Schreiben Fays an den König und sein Gespräch mit ihm[841] und Manteuffel am 31.12.1856 nicht das Gewicht wie der Druck der Signatarmächte des Londoner Protokolls; aber Fays Einflussnahme hat vermutlich Friedrich Wilhelms IV. Entscheidung unterstützt, auf Neuenburg zu verzichten, als die Schweiz vor allem auf Einwirkung Frankreichs die royalistisch gesonnenen Gefangenen freiließ.

Fay scheint jedoch nicht nur zugunsten der Schweiz gewirkt zu haben. Auch der König sah durch ihn seine Interessen gegenüber der Schweiz vertreten, nämlich dass diese sich am 16.1.1857 dazu durchrang, dem Druck Frankreichs zu folgen und die Neuenburger Royalisten vor dem Verzicht des Königs freizugeben. Das Verhalten Fays in der Neuenburger Angelegenheit war für die preußische Regierung ein entscheidendes Argument dafür, dass sie sich bei Buchanan für die Berufung Fays zum Nachfolger Vrooms verwandte.[842]

Die inoffizielle Beschäftigung eines Vertreters der USA mit der Neuenburger Frage wurde bei aller Vertraulichkeit der Kontakte schnell bekannt. Die deutsche Presse kommentierte den Vorgang, den sie als Vermittlung der USA verstand, nicht immer freundlich. Die Frankfurter „Post" fand es unerträglich, dass sich die USA in die europäischen Angelegenheiten einmischten, während sie selbst keine europäische Einmischung in ihre Angelegenheiten duldeten.[843] Fays Initiative beurteilten einzelne US-Zeitungen ähn-

---

[840] Der detaillierte Bericht Fays an Marcy vom 5.1.1857 ist wiedergegeben von *Bonjour: Der Neuenburger Konflikt,* S. 202–205.

[841] Siehe dazu *Walter Bußmann*: Zwischen Preußen und Deutschland. Friedrich Wilhelm IV., Berlin 1990, S. 408 f.

[842] Manteuffel am 28.3.1857 an Gerolt, GStAM, 2.4.1.I. Nr. 7874.

[843] Undatierter Ausschnitt aus der Frankfurter „Post" als Anlage zu Rickers Bericht Nr. 101 vom 29.12.1856 an Marcy, NA Wash., Mf 161/3.

III. Die Präsidentschaft von Pierce

lich ablehnend, da sie die Interessen der kleinen Republik wieder in Gefahr wähnten. Gerolt suchte deshalb nach eigenem Bekunden in einem Gespräch mit dem Präsidenten Buchanan Anfang 1857 über die Neuenburger Angelegenheit „das Benehmen des amerikanischen Minister-Residenten Herrn Fay zu Bern zu rechtfertigen, welcher hier von den Blättern heftig angegriffen ward ..."[844].

---

[844] Gerolt am 9.3.1857 an den König, GSTA Berlin, Mf 79 AA CB IC Nr. 26.

C. Preußen und die USA im Zeichen tiefgreifender innerpolitischer Veränderungen (1857–1861)

I. Die Stagnation der Beziehungen zwischen beiden Staaten

Vor allem 1857/58 änderten sich die Voraussetzungen für die politischen und wirtschaftlichen Beziehungen zwischen Preußen und den USA. Die Wirtschaftskrise und der politische Wandel nach dem Krimkrieg waren nicht voneinander abhängig, aber sie beeinflussten sich gegenseitig und genauso das Verhältnis der beiden Staaten zueinander.

Der Wechsel von der Pierce- zur Buchanan-Administration 1857 bedeutete zwar keinen Machtwechsel zwischen verschiedenen Parteien, sondern nur eine Machtverschiebung innerhalb der Demokraten; aber der Präsidentenwechsel berührte die preußisch-amerikanischen Beziehungen tiefer als der Wechsel von Fillmore zu Pierce, wie man aus der Rückschau angesichts der Stagnation der Beziehungen der USA zu Preußen mit dem Amtsantritt von Cass 1857 sagen kann. Der Präsidentenwahlkampf in den USA 1856 war noch einmal ein Zeichen, wie sehr sich die Länder in den Jahren vorher nähergekommen waren. Dieser Wahlkampf, in dem die Sklaverei-Frage eine herausragende Bedeutung erlangte, zog das Interesse der Deutschen mehr auf sich als frühere Wahlkämpfe. Die Deutschamerikaner, vor allem die Achtundvierziger, wie Carl Schurz in Wisconsin, Friedrich Kapp in New York, Gustav Körner und Friedrich Hecker in Illinois und Carl Heinzen in Massachusetts, engagierten sich besonders zugunsten Fremonts, des Kandidaten der jungen republikanischen Partei[1].

Gerolt stand auf der Seite Fillmores, obgleich dieser der Kandidat der Knownothings war. Er wähnte bei ihm die Unions-Interessen am besten aufgehoben angesichts der sich zeitweilig mit „fanatischer Wut" bekämpfenden Sklaverei-Anhänger und Abolitionisten[2], und auch König Friedrich Wilhelm IV. soll Fillmore bei seinem Besuch in Berlin im November 1855 scherzhaft seine Stimme zugesichert haben[3]. Fillmore scheint zugleich

---

[1] Zur Fremont-Kampagne siehe *Sabine Freitag*: Friedrich Hecker, Biographie eines Republikaners, Stuttgart 1998, S. 195–226.
[2] Gerolt am 23.5.1856 an den König, GStA Berlin, Mf 79 AA CB IC Nr. 26.

I. Die Stagnation der Beziehungen zwischen beiden Staaten 351

stellenweise Anklang bei den Deutschamerikanern gefunden zu haben, so dass sich zum Beispiel Lincoln in Illinois um die Zusammenarbeit der Republikaner mit Fillmores Anhängern gegen Buchanan bemühte. Gerolt schätzte Fillmores Chancen von vornherein ganz realistisch ein: „Herr Fillmore wäre der beste Präsident, aber er scheint wenig Aussicht gegen Fremont und Buchanan zu haben, und die Knownothings haben ihren Kredit verloren."[4]

Alexander von Humboldt, der Empfänger von Gerolts Zeilen, ging in seinem Engagement zugunsten des ihm seit langem bekannten und geschätzten Entdeckungsreisenden und Sklavenanwaltes Fremont so weit, dass er sich öffentlich äußerte. Provoziert durch die Auslassung seines Kapitels über die Sklaverei in der 1856 in New York erschienenen englischsprachigen Übersetzung seines „Essai Politique sur l'Isle de Cuba" gestattete er es, dass seine Briefe in die USA mit seiner Meinung zur Sklaverei in der US-Presse veröffentlicht wurden. Zugleich ließ er eine entsprechende Stellungnahme in der Spenerschen Zeitung „Berlinische Nachrichten von Staats- und gelehrten Sachen" abdrucken[5]. Der Artikel der Spenerschen Zeitung erschien in einer übersetzten Fassung in der New York Times, der New York Tribune, dem New York Herald und weiteren Zeitungen. In Illinois setzte die republikanische Belleviller Zeitung zusätzlich einen Brief Alexander von Humboldts von 1850 an Fremont ein, in dem der populäre Gelehrte den Pathfinder lobte[6].

Zum Bedauern Humboldts siegte in den Wahlen vom 4.11.1856 nicht Fremont, da er nur ein Drittel der Wählerstimmen auf sich vereinigte, sondern mit 46% der Stimmen der „cubasüchtige Buchanan", wie ihn Humboldt titulierte[7]. Fillmore erreichte gerade 21%. Buchanan gewann die Wahl mit seinem Eintreten für die Union und dadurch, dass er dabei überzeugender wirkte als Fillmore, wie Gerolt nicht zu Unrecht in seinen Berichten erklärte. Gerolt schätzte Buchanan, der sein Amt am 4.3.1857 von Pierce übernahm, von dessen Tätigkeit als Secretary of State 1845 bis 1849 her als

---

[3] George Ticknor in einem Brief an den Altphilologen Edward Everett am 20.9.1856 aus Berlin. – Life, Letters and Journals of *George Ticknor*, Vol. 2, Boston 1876, S. 333. *Rayback*: Fillmore, S. 400.

[4] Gerolt am 25.8.1856 an Humboldt, S. 317 in: Briefe Alexander von Humboldts an Varnhagen von Ense aus den Jahren 1827 bis 1858. Hrsg. von *Ludmilla Asing*, Leipzig 1860.

[5] *Peter Schoenwaldt*: Alexander von Humboldt und die Vereinigten Staaten von Amerika, in: Alexander von Humboldt, Werk und Weltgeltung, Hrsg. *Heinrich Pfeiffer*, München 1969, S. 455 ff.

[6] *Freitag*: Friedrich Hecker, S. 202.

[7] Humboldt an Varnhagen von Ense am 28.5.1857, Briefe *Alexander von Humboldts*, S. 367 f.

einen „Mann von großen Fähigkeiten"[8], und Buchanan schätzte den preußischen Gesandten. Ungünstig für die Weiterentwicklung der Beziehungen zwischen Preußen und USA wirkte auf Gerolt auch nicht, dass er das wichtigste Amt im Kabinett, die Leitung des State Department, an den fünfundsiebzigjährigen Cass gab, da er bei ihm wie bei Buchanan von „conservativen Gesinnungen" ausging[9]. Dass alle personalpolitischen Entscheidungen im auswärtigen Dienst an Cass vorbei von Buchanan erfolgten[10], erwies sich als nicht weiter hinderlich für Gerolt. Cass zeigte sich zwar „généralement très peu accessible aux représentants étrangers", wie Hülsemann beklagte[11]; aber Gerolt erkannte den neuen Dienstweg schnell und wusste die preußischen Interessen an Cass vorbei bei Buchanan zu vertreten.

Nachteilig für die preußisch-amerikanischen Beziehungen war dagegen, dass sich Buchanan noch stärker als seine Vorgänger außenpolitisch auf Amerika konzentrierte und Cass, so weit er überhaupt in seinem Amt Aktivitäten entwickelte, Mitteleuropa völlig aussparte. Mitteleuropa war kein Feld propagandistisch-außenpolitischer Operationen mehr wie bei Webster, und erst recht entfiel Preußen als Objekt der Außenpolitik der USA wie unter Pierce. Cushing erinnerte mit seinem Artikel im Boston Daily Courier und anderen Zeitungen zugunsten der preußischen Politik während des Krimkrieges im Januar 1858 vergeblich an die frühere Konstellation[12]. Es gab erst recht keine Anzeichen für einen Kurs, wie ihn US-Generalkonsul Ricker in Frankfurt am Main 1857 vertrat: Die USA sollten sich anstelle Englands, dessen Einfluss in Mitteleuropa er im Schwinden begriffen wähnte, mehr in Deutschland einschalten und sich die deutschen Staaten als Verbündete sichern[13]. Ricker teilte Cass privat mit, es sei ihm äußerst schmerzlich, erwähnen zu müssen, dass überall in Deutschland die Meinung verbreitet sei, die gegenwärtige Administration trete nicht so entschieden

---

[8] Gerolt am 13.6.1853 an den König, GStA Berlin, Mf 79 AA CB IC Nr. 17 Teil II.

[9] Gerolt am 17.3.1857 an Manteuffel, GStA Berlin, Mf 79 AA CB IC Nr. 28.

[10] So wie Gerolt an Cass vorbei die Frage der Ernennung des Gesandten in Berlin zu beeinflussen suchte, so vollzogen sich auch die Umbesetzungen in den Konsulaten an Cass vorbei. Dem entsprechend schickte der Stettiner Konsul Glantz nur ein formelles Entlassungsgesuch an Cass, aber ein genaue Erläuterung seiner Gründe an Buchanan. Ebenso bedankte sich der Nachfolger von Glantz Schillow bei Buchanans Vertrauten im Department of State, dem Unterstaatssekretär Appleton, für die Ernennung zum Konsul am 5.9.1858. – Schillow am 1.10.1858 an Appleton, NA Wash., Mf T-59/4.

[11] Hülsemann am 31.3.1857 an Buol-Schauenstein. *Erwin Matsch*: Wien – Washington. Ein Journal diplomatischer Beziehungen 1838–1917. Wien, Köln 1990. S. 171.

[12] Gerolt am 14.1.1858 an Manteuffel, GStA Berlin, Mf 79 AA CB IC Nr. 28.

[13] Ricker in Nr. 116 vom 27.7.1857, NA Wash., Mf 161/4.

I. Die Stagnation der Beziehungen zwischen beiden Staaten 353

und energisch auf wie die von Pierce, ja, diese Administration habe gar keine Außenpolitik[14]. Selbstverständlich gab der Generalkonsul hiermit auch seine eigene Meinung wieder, dass nämlich eine energische Europa-Politik fehlte.

Schließlich kam selbst die von früheren US-Regierungen bescheiden begonnene Politik zum Schutz der Einwanderung zum Erliegen. Wie der 1857 neu berufene US-Gesandte in Berlin Wright vermisste Ricker, dass sich die USA wie etwa Kanada und Australien um die Einwanderer kümmerten[15]. Ebenso fand er es unverständlich, dass sich Cass nicht entsprechend dem bisherigen Eintreten der USA für den freien Handel um die Abschaffung der Stader Zölle kümmerte und dabei etwa das Engagement der europäischen Kaufleute und der nordwestdeutschen Liberalen nutzte.

Wenn 1860 der Kongress die Verbesserung des Auslieferungsrechtes durch eine Gesetzes-Novelle beschloss, so war das dadurch möglich, dass Gerolt die Unterstützung des früheren Justizministers Cushing gewann und nach dessen Stellungnahme die des Justizministers Black, der ohnehin in außenpolitischen Fragen mitwirkte. Das für das deutsche Anliegen hilfreiche Votum Blacks wurde auch in deutschen Zeitungen abgedruckt[16]. Erst nachdem Gerolt über die Stellungnahmen von Cushing und Black verfügte, wandte sich Gerolt in einer Note an Cass, wohl nur um der Form zu genügen und das Anliegen einer Novellierung des Auslieferungsrechtes auch im State Department abzusichern. Cass hatte nichts gegen die Novellierung, und das war sein Beitrag zu dem am 22.6.1860 in Kraft gesetzten veränderten Auslieferungs-Gesetz.

Wenn der US-Gesandte in Berlin Wright von Cass im Mai 1859 zum Rechtsstatus der aus dem Deutschen Bund eingewanderten Bürger eine Instruktion erwirkte, die völlig abwich von der bisher mit Preußen einvernehmlichen Politik des State Department, dann war das nur Wrights unermüdlichem Drängen in Washington zu verdanken; aber sich der Mühe von vertraglichen Vereinbarungen mit deutschen Staaten zum dauerhaften Schutz von aus Deutschland stammenden US-Bürgern zu unterziehen, zeigte Cass keine Neigung. Schließlich wäre es konsequent gewesen, nach der Aufhebung der Sundzölle für die Beseitigung der Stader Zölle einzutreten; aber genau wie die Vorstöße Rickers und der US-Konsuln in diese Richtung verliefen alle Initiativen Wrights bei Cass im Sande; selbst auf die Anregungen zur Förderung des US-Handels, deren Umsetzung die USA nichts gekostet hätte, reagierte Cass nicht. Von Marcy begonnene Verhand-

---

[14] Ricker privat am 27.11.1858 an Cass, NA Wash., Mf 161/6.
[15] Ricker in Nr. 183 vom 8.11.1858 an Cass, NA Wash., Mf 161/6.
[16] Wright in Nr. 95 vom 17.9.1859 an Cass, NA Wash., Mf 44/11.

lungen über einen Neutralitätsvertrag suspendierte die Buchanan-Administration schon 1857. Der für die Routine-Arbeit im State Department zuständige Assistant Secretary of State Appleton kam zwar im August 1860 nach Deutschland; aber er hielt nur kurz in Hamburg mit den beiden hansestädtischen US-Konsuln sowie mit Wright und dem US-Gesandten in Kopenhagen eine Dienstbesprechung ab[17] und fuhr dann weiter nach Petersburg, wo er mit der Russischen Regierung wegen des Kaufes von Alaska verhandelte. Dass sich die Buchanan-Administration in irgendeiner Weise engagierte, ohne dass es unmittelbar um amerikanisches Territorium und seine Umgebung ging, lässt sich nirgendwo erkennen.

Gerolts Bedeutung gegenüber der US-Administration reduzierte sich zumeist auf die eines interessierten Beobachters und gelegentlichen Gesprächspartners von Buchanan, vor allem in mittelamerikanischen Angelegenheiten. Als Partner gegenüber Großbritannien wie während des Krimkrieges war Preußen schon deshalb nicht mehr interessant, weil sich die Beziehungen zwischen den Regierungen der USA und Großbritanniens merklich entspannten, obgleich nach Gerolt Buchanan und Cass der Ruf vorauseilte, „daß der Politik Englands beide stets abhold gewesen sind."[13] Im Gegensatz zu der bisherigen Vorstellung bemühten sich Buchanan und Cass, den Eindruck der Anglophobie zu verwischen und den Gegensatz zu England abzubauen. Der neue britische Gesandte Lord Napier kam ihnen dabei weit entgegen. Gerolt äußerte nicht ohne Neid, dass sich Lord Napier, „die Aufgabe gestellt zu haben scheint, die Sympathien der Amerikaner und hiesigen Regierung zu monopolisieren"[19]. Gerolt mochte es kaum glauben, dass die britische Regierung in dem Maße, wie Napier den Anschein erweckte, der „Übergreifungspolitik" der USA nachgab. Unter dem Eindruck der Bemühungen Buchanans, „über die politischen Angelegenheiten in Central-Amerika sowohl als über die dortigen Verbindungs-Straßen beider Meere eine ungeteilte Controlle auszuüben und die Intervention europäischer Mächte dabei möglichst auszuschließen", reagierte Lord Napier nach dem Kommentar Gerolts[20], „als ob das Englische Cabinett gegen diese Politik des Präsidenten Buchanan in Central-Amerika nichts Wesentliches einzuwenden habe und daß man sich jedenfalls darüber verständigen werde." Dass die USA und England bei aller Verbesserung ihrer Beziehungen ihren Streit um die Auslegung des Clayton-Bulwer-Vertrages von 1850 nicht vollständig beigelegt hatten, merkte Gerolt sehr bald, nachdem Lord

---

[17] Wright in Nr. 141 vom 29.8.1860 an Cass, NA Wash., Mf 44/11.
[18] Gerolt in seinem ersten Bericht über die Buchanan-Administration vom 9.3.1857 an den König, GStA Berlin, Mf 79 AA CB IC Nr. 28.
[19] Gerolt am 9.5.1857 an den König, GStA Berlin, Mf 79 AA CB IC Nr. 28.
[20] Gerolt am 5.1.1858 an den König, GStA Berlin, Mf 79 AA CB IC Nr. 28.

I. Die Stagnation der Beziehungen zwischen beiden Staaten 355

Napier durch Lord Lyons ersetzt war; aber immerhin erreichte Buchanan im November 1859 den Verzicht Englands auf die Bay Islands zugunsten von Honduras und 1859/60 die Aufgabe des englischen Protektorats über die Moscito-Küste.

Dass Preußen zwar keine direkten politischen Interessen in Amerika zu vertreten und deshalb an den Auseinandersetzungen keinen Anteil hatte, aber dennoch im Rahmen seiner begrenzten Aufgaben diplomatisch wirksam präsent war, erkannten die amerikanischen Staaten von Zeit zu Zeit immer einmal wieder dadurch an, dass preußische Vermittlerdienste zugunsten von Schiedsverfahren gefragt waren. So sah der am 12.12.1857 zwischen den USA und Neugranada geschlossene Vertrag wegen der Entschädigungsansprüche aus den USA nach den blutigen Unruhen in Panama einen von Preußen zu bestimmenden neutralen Schiedsrichter vor[21]. Die preußische Regierung betraute dann erwartungsgemäß Gerolt mit der Aufgabe, einen Schiedsrichter zu benennen[22], und instruierte ihn, sich auf keinen Fall an der materiellen Entscheidung der Streitfragen zu beteiligen. Gerolt kam glücklicherweise gar nicht in diese Schwierigkeit, da sich nach der Ratifikation der Konvention 1860 die Kommission der USA und Neugranadas 1861 einigte, ohne dass die Mitwirkung Gerolts erforderlich wurde[23]. In einer Auseinandersetzung um Reklamationen von US-Bürgern an Paraguay war 1860 zwischen den USA und Paraguay vereinbart, dass Gerolt und der russische Gesandte einen neutralen Schiedsrichter berufen sollten, aber die Kommissare Paraguays und der USA verzichteten auf einen Schiedsrichter, da nach Gerolt der US-Vertreter, „der frühere Postmaster General Cave Johnson, ein Mann von großer Unparteilichkeit, sich von der Grundlosigkeit der amerikanischen Entschädigungsforderung überzeugt hat ..."[24]. Wegen der 1860 erfolgten Besetzung San Juans bei Oregon durch General Scott, obgleich die Zugehörigkeit zwischen den USA und Kanada strittig war, kam es 1871 zu einer Einigung zwischen Großbritannien und den USA, als Kaiser Wilhelm I. auf der Grundlage der Vorarbeit Gerolts seinen Schiedsspruch zugunsten der USA fällte.

Während Buchanan die Streitfragen mit Großbritannien zumindest zum Teil zu bereinigen wusste und auch Gegensätze zwischen den USA und

---

[21] Grabow am 21.9.1857 an Manteuffel, Gerolt am 12.12.1857 an den König, Mf 79 AA CB IC Nr. 28. – Gerolt am 14.3.1859 an den Regenten und Prinzen, GStA Berlin, Mf 80 AA CB IC Nr. 31.

[22] Konzept der Instruktion vom 12.1.1858 und vom 10.5.1860 für Gerolt, GStA Berlin, Mf 109 AA III.HA Rep. 3 Nr. 22 Vol. 3.

[23] Gerolt am 13.11.1861 an Bernstorff, GStA Berlin, Mf 109 AA III.HA Rep. 3 Nr. 22 Vol. 3.

[24] Gerolt am 8.9.1860 an Schleinitz, GStA Berlin, Mf 109 AA III.HA Rep. 3 Nr. 22 Vol. 3.

einigen amerikanischen Staaten ausräumte, vermochte er bei seinen Hauptanliegen nicht im geringsten voranzukommen. Am weitesten gingen die Absichten der nach Grabow „kriegerischen und kühnen Politik des Präsidenten"[25] gegenüber Cuba und Mexiko. In den anarchischen Zuständen Mexikos, „dieses unglücklichen Landes", sah Gerolt eine „Folge demokratischer Institutionen" und der „Herrschsucht und Habsucht der ... Militair-Chefs und ihrer Genossen"[26]. Er kannte die führenden Politiker in Mexiko, auch die konservativen, und hielt zeitweilig in den fünfziger Jahren im Sinne der Generäle Almonte und Miramon die Einführung einer Monarchie für einen Weg, die Lage in Mexiko zu stabilisieren. Aber als diese Frage dann Anfang der sechziger Jahre aktuell wurde, riet er doch von der Monarchie ab, obgleich er mit den Liberalen unter Juarez schon wegen ihrer kirchenfeindlichen Politik nicht im geringsten sympathisierte. Nach seiner Beurteilung 1860[27] „scheint den Mexikanern kein anderes Mittel gegen innere Anarchie und das Treiben ihrer Machthaber übrig zu bleiben als die Einführung frischer Lebenselemente aus dem lebenskräftigen Nachbarlande, und die Zeit ist nicht mehr ferne, wo die unternehmenden Yankees ..., hoffentlich auf friedlichem Wege, ein neues Feld für Colonisation, Land-Spekulationen, für Bergbau und Eisenbahn-Unternehmungen schaffen werden." Ganz im Sinne Buchanans sah er nur die Möglichkeit einer Schutzherrschaft durch die USA oder einer weiteren Einverleibung mexikanischer Gebiete in den Nachbarstaat[28]. Er wird dies auch bei seinen Gesprächen mit dem Präsidenten angedeutet haben, so dass die USA wussten, dass die Einstellung Preußens zur Expansion der USA unverändert war. Die Stellungnahme Gerolts entsprach der öffentlichen Meinung, wie sie der Südstaatler Ricker zu der von Buchanan in seiner Botschaft vom Dezember 1859 vertretenen weiteren Expansion nach Süden in ganz Deutschland vorfand[29]. Vor allem die Kaufleute Hamburgs und Bremens würden nichts lieber sehen, als wenn die USA ganz Mexiko absorbierten, da das ihren Handel sicherer machen würde, und auch die übrigen von ihm befragten Vertreter der Wirtschaft in Hannover, Frankfurt am Main, den hessischen Staaten und Süddeutschland sähen darin einen Vorteil. Das mochte auch stimmen; aber wenn er behauptete, die öffentliche Meinung in Deutschland würde selbst eine Aggression der USA respektieren, so merkte man, wie stark seine Berichterstattung von der Young America Ideologie eingefärbt war.

---

[25] Legationssekretär Grabow am 6.12.1858 an Schleinitz, GStA Berlin, Mf 80 AA CB IC Nr. 28.
[26] Gerolt am 28.1.1860 an den Prinzen, GStA Berlin, Mf 80 AA CB IC Nr. 32.
[27] A. a. O.
[28] Gerolt am 24.6.1858 an den König, GStA Berlin, Mf 79 AA CB IC Nr. 28.
[29] Ricker in Nr. 9 vom 11.1.1859 an Cass, NA Wash., Mf 161/7.

I. Die Stagnation der Beziehungen zwischen beiden Staaten 357

Rickers Übertreibung blieb belanglos, da eine aggressive Expansion im Sinne des Ostend Manifests für Buchanan nicht mehr aktuell war. Die preußische Mexiko-Politik wich nur insofern von der der USA ab, als Preußen wie die übrigen europäischen Mächte die aus den Unruhen 1857 hervorgegangene Regierung des Generals Miramon anerkannte. Sie operierte zunächst wesentlich erfolgreicher als die des liberalen Generals Juarez, der nach Gerolt „an der Spitze der ultrademokratischen Partei" stand, „welche stets die Einziehung der kirchlichen Güter als das Hauptziel ihrer Politik angestrebt hat ..."[30]. Wagner, den Gerolt Buchanan im November 1859 als neuen preußischen Ministerresidenten in Mexiko Stadt vorstellte, antwortete auf die „halb im Scherze gestellte Frage Buchanans, welche Regierung er anerkennen werde, „daß er sich bemühen werde, eine Regierung dort vorzufinden."[31] Die Regierung, die Wagner damals in Mexiko Stadt vorfand, war eben die Regierung Miramon.

Wie Wagner informierte sich auch der von Buchanan zum US-Gesandten in Mexiko ernannte Mc Lane im März 1859 vor seinem Amtsantritt bei Gerolt über die Bedingungen in Mexiko, und Gerolt, der ihn seit Jahren kannte, gab ihm Empfehlungsschreiben an seine Freunde und Bekannten in Mexiko mit[32]. Die im April 1859 von Mc Lane erfolgte Anerkennung von Juarez sah er als übereilt an und erfolgt unter „dem Druck von Speculanten und besonders der Amerikanischen Compagnie zur Herstellung einer Verbindungsstraße über den Isthmus von Tehuantepec, die wertvolle Landkonzessionen erhalten hat ..."[33]. Entgegen den Erwartungen Gerolts setzte sich im Bürgerkrieg jedoch Juarez bis 1861 in Mexiko durch. Angesichts des Erfolges der von Mc Lane unterstützten liberalen Partei beurteilten Gerolt und Wagner Mc Lanes Politik in Mexiko zusehends positiver, ja vertraten die Ansicht, „daß von allen dortigen Diplomaten Mr. Mc Lane noch der vernünftigste sei ..."[34]. Dass sich Juarez in Mexiko durchsetzte, war allerdings der einzige Erfolg von Buchanans Mexiko-Politik. Für Buchanan war das Ziel der Ausdehnung der USA im Süden um so wichtiger geworden, als er nach dem kritischen Urteil Gerolts hierbei den innenpolitischen Ansehensverlust auszugleichen suchte, den seiner Administration die Auseinandersetzungen mit den Mormonenstaaten und vor allem die sich verschärfenden Konflikte zwischen den Sklavereianhängern und den Abolitionists zu-

---

[30] Gerolt am 14.3.1859 an den Regenten, GStA Berlin, Mf 80 AA CB IC Nr. 31.
[31] Gerolt am 21.11.1859 an Schleinitz, GStA Berlin, Mf 80 AA CB IC Nr. 31.
[32] Gerolt am 14.3.1859 an den Regenten und Prinzen, GStA Berlin, Mf 80 AA CB IC Nr. 31.
[33] Gerolt am 25.4.1859 an den Regenten und Prinzen, GStA Berlin, Mf 80 AA CB IC Nr. 31.
[34] Gerolt am 6.11.1860 an Schleinitz, GStA Berlin, Mf 74 AA CB IC Nr. 11 Teil II.

fügten[35]. Dafür dass Buchanans Expansionspolitik scheiterte, machte Gerolt nicht in erster Linie den opponierenden Kongress verantwortlich, wie es vielleicht aus Gerolts Distanz zu den Parteien zu erwarten gewesen wäre, sondern Buchanans „schwankende und unzuverlässige Politik in den inneren und auswärtigen Angelegenheiten", wodurch er „keine der politischen Parteien befriedigt und sich befreundet hat ..."[36].

Da es in Amerika nirgendwo eine Konkurrenz der USA zu Preußen gab wie im Verhältnis der USA zu den westeuropäischen Seemächten, dauerten die freundschaftlichen Beziehungen der beiden Regierungen uneingeschränkt fort, auch wenn alle entscheidenden bilateralen politischen Initiativen ausblieben. Die guten Kontakte zahlten sich sichtbar aus bei der Anknüpfung der Beziehungen Preußens zu Japan seit 1860. Nachdem die USA 1854 Japan ihrem Handel geöffnet hatten, knüpften Großbritannien, Russland, die Niederlande und Frankreich Beziehungen zu Japan an, während von Preußen zunächst nichts geschah. Als Ende Mai 1860 eine japanische Delegation Washington ihren aufsehenerregenden Besuch abstattete, gedachte diese, nur mit den europäischen Gesandtschaften zu verkehren, die schon Beziehungen unterhielten; aber Gerolt erreichte es durch kleine Geschenke, nämlich Darstellungen des preußischen Militärs, dass er mit den Japanern in seiner Mission ein Gespräch führen konnte[37]. Als im September 1860 preußische Handelsschiffe nach Japan fuhren, orientierten sie sich anhand der von der US-Regierung zur Verfügung gestellten Seekarten in den japanischen Gewässern[38]. Vor allem erreichte Gerolt, dass der Vertreter der USA in Yedo, der US-Generalkonsul und Ministerresident Harris, der mit Japan den ersten Handelsvertrag abgeschlossen hatte, auf der Grundlage einer Washingtoner Instruktion den preußischen Delegationsleiter Eulenburg bei seinen Vertragsverhandlungen tatkräftig unterstützte. So vermochte er nach fünfmonatigen Verhandlungen, gleichfalls einen Handelsvertrag mit Japan abzuschließen[39]. Aus Anlass des Inkrafttretens des Vertrages im Januar 1863 zeichnete König Wilhelm Townsend Harris besonders aus. Ebenso wie gegenüber Japan gingen Berlin und Washington in ihrer China-Politik Hand in Hand und unterstützten nicht die Expansionspolitik Frankreichs.

---

[35] Gerolt am 20.5.1858 an den König, GStA Berlin, Mf 80 AA CB IC Nr. 28.
[36] Gerolt am 7.3.1859 an den König, GStA Berlin, Mf 80 AA CB IC Nr. 31.
[37] Gerolt am 6.6.1860 an den Prinzen, GStA Berlin, Mf 80 AA CB IC Nr. 32 – 1862 bei dem Besuch einer japanischen Delegation in Preußen zeigten sich die Japaner von Preußen als Militärmacht beeindruckt. *Holmer Stahncke*: Die diplomatischen Beziehungen zwischen Deutschland und Japan 1854–1868, Stuttgart 1987, S. 166 f.
[38] *Stahncke*, S. 130.
[39] Dankschreiben Gerolts an Secretary of State Black vom 21.1.1861 und am 24.1.1863 an dessen Nachfolger Seward, NA Wash., Mf 58/3.

I. Die Stagnation der Beziehungen zwischen beiden Staaten 359

Salewski hat herausgearbeitet, dass diese Ostasienpolitik Preußens nicht die provokante wilhelminische Politik der Jahrhundertwende vorwegnahm, sondern die im Gegensatz zu dem aggressiven Vorgehen der Seemächte stehende zurückhaltende, auf Neutralität bedachte preußische Überseepolitik der fünfziger Jahre fortsetzte[40]. Es ist hinzuzufügen, dass es im Verhältnis zu Ostasien zeitweilig zu mehr außenpolitischer Aktivität kam als in den Beziehungen zu den USA.

Für den Stillstand in den preußisch-amerikanischen Beziehungen war die preußische Regierung wie die US-Administration verantwortlich. Wenn Gerolt trotz der freundschaftlichen Atmosphäre schließlich genauso enttäuscht auf Buchanans Politik reagierte wie viele US-Bürger, so stand wahrscheinlich die Inaktivität Buchanans gegenüber Europa dahinter, vor allem dass die Buchanan-Administration kaum irgendeinen Ansatz bot zur Weiterentwicklung der preußisch-amerikanischen Beziehungen. Im Handel drohte sogar ein Rückschritt, da Buchanan versuchte, aus der von der Wirtschaftskrise verursachten Finanzmisere durch Zollerhöhungen herauszukommen.

Nicht zuletzt unter dem Eindruck des sich für die Arbeit der preußischen Mission in Washington verschlechternden Umfeldes muss Gerolt im Januar 1858 sein Versetzungsgesuch eingereicht haben, das er am 13.3.1858 und am 18.10.1859 erneuerte. Gerolt mochte auch 1858 an die Neue Ära in Preußen die Hoffnung knüpfen, nun seine Tätigkeit mehr gewürdigt zu sehen und mehr Entgegenkommen zu finden für seinen Wunsch, nach 14 Jahren Arbeit in Washington eine Gesandtschaft im Deutschen Bund zu erhalten. Begann das neue liberalkonservative Staatsministerium doch mit einem Revirement im diplomatischen Dienst. Aber alle Versuche Gerolts scheiterten; im Gegenteil, es kam eine negative Beurteilung in seine Personalakte, die alle seine Verdienste überging: „Für eine höhere politische Tätigkeit in Europa fehlt es aber Herrn v. Gerolt an aller Schule und ebenso an Befähigung ..."[41]. Bezeichnend für die Einschätzung der preußisch-amerikanischen Beziehungen durch den Verfasser im Preußischen Ministerium der auswärtigen Angelegenheiten ist der Hinweis: „Wo anders als in Amerika wäre seine Ernennung zum Gesandten schwerlich erfolgt." Von diesem undatierten und nicht unterschriebenen Pro Memoria ist nun nicht auf die Meinung des Ministeriums der auswärtigen Angelegenheiten oder gar des Präsidiums des Staatsministeriums zu schließen; aber immerhin passte die in der Aktennotiz zum Ausdruck kommende Geringschätzung der diplomatischen Vertretung Preußens in Washington mit der Tatsache zusammen, dass die

---

[40] *Michael Salewski*: Die preußische Expedition nach Japan (1859–1861), S. 54–81 in *Michael Salewski*: Die Deutschen und die See, Studien zur deutschen Marinegeschichte des 19. und 20. Jahrhunderts, Stuttgart 1998.

[41] Personalakte von Gerolt, Politisches Archiv des AA, Berlin.

preußisch-amerikanischen Beziehungen eine ebenso geringe Rolle spielten in dem von Schleinitz geführten Ministerium der auswärtigen Angelegenheiten wie im State Department unter Cass. Wenn die preußisch-amerikanischen Beziehungen 1857 bis 1861 stagnierten, so lag das nicht nur an der Buchanan-Administration, sondern zugleich an der in der Praxis recht begrenzten außenpolitischen Aktivität des Kabinetts der Neuen Ära.

Für die zeitweilige Vernachlässigung der Beziehungen zu den USA war allem Anschein nach nicht speziell der Wechsel an der Spitze Preußens entscheidend, sondern eher die Konzentration der Regierung unter dem Kommandierenden General des VIII. Korps Karl Anton Fürst von Hohenzollern-Sigmaringen auf innenpolitische Fragen, insbesondere die Militärreform[42].

Prinz Wilhelm, der nach dem Schlaganfall Friedrich Wilhelms IV. am 23.10.1857 Stellvertreter, am 7.10.1858 Regent und schließlich nach dessen Tod am 2.1.1861 König von Preußen wurde, war den USA nicht weniger wohlgesonnen als sein Bruder. Das verriet sehr bald seine Großzügigkeit gegenüber militärdienstpflichtigen Deutschamerikanern, mochte er auch bei seinem Militärreform-Anliegen ein noch so großes Gewicht auf eine erweiterte Militärdienstpflicht legen. Dem Staatsministerium Hohenzollern-Sigmaringen, das mit Interimsregelungen zwischen dem König, den Hochkonservativen des Hofes und des Herrenhauses, der Wochenblattpartei und den Altliberalen des Abgeordnetenhauses jonglierte, schien zusätzlich außenpolitisch kaum noch genügend Spielraum für die angekündigte aktive preußische Außenpolitik zu bleiben[43]. Schließlich war die unzureichende personelle Zusammensetzung des Staatsministeriums nicht unschuldig an der außenpolitischen Inaktivität. Der neue Unterstaatssekretär im Ministerium der auswärtigen Angelegenheiten Gruner charakterisierte das Ministerium Manteuffel zwar als schwach, schwankend und haltlos[44], aber von der von Gru-

---

[42] Eine irgendwie auf die Beziehungen zu den USA gerichtete Initiative des Fürsten Karl Anton von Hohenzollern-Sigmaringen während seiner Amtszeit als Präsident des Staatsministeriums vom 7.11.1858 bis 14.3.1862 ist nicht feststellbar. Nach seinem Rücktritt zugunsten von Fürst Adolf zu Hohenlohe-Ingelfingen verwandte er sich bei dem Nachfolger von Schleinitz, dem Grafen Bernstorff, der vom Okt. 1861 bis September 1862 dem Ministerium der auswärtigen Angelegenheiten vorstand, für die Ernennung eines aus Hessen stammenden Baumbach zum preußischen Konsul in Milwaukee (Fürst zu Hohenzollern-Sigmaringen, Düsseldorf, am 17.5.1862 an Bernstorff, GStA Berlin, Mf 135 AA CB IC Nr. 42 Vol. 1). Da Baumbach außer einer konservativen Gesinnung nichts vorzuweisen hatte, was ihn speziell für das gewünschte Amt qualifizierte, wusste Gerolt diese Ernennung zu verhindern.

[43] Nach *Hermann Wagner*: Erlebtes, Teil I, Berlin 1884, S. 74 f., konnte schon angesichts der Praxis der Interimsregelungen nicht mehr von aktiver Politik die Rede sein.

[44] *Von Gruner*: Rückblick auf mein Leben, Deutsche Revue, 26. Jg., 2. Bd., 1901, S. 192, 343.

I. Die Stagnation der Beziehungen zwischen beiden Staaten

ner selbstgefällig herausgestrichenen Energie, mit der sich Schleinitz und er in die Geschäfte gestürzt hätten[45], ist in dem vom Ministerium der auswärtigen Angelegenheiten ausgegangenen Schriftwechsel wenig zu spüren, selbst wenn man nur die Behandlung der europäischen Angelegenheiten betrachtet, die wie bisher im Mittelpunkt standen.

Eine neue Orientierung in der preußischen Außenpolitik gegenüber den europäischen Mächten schloss eine aktive Politik über den Atlantik hinweg gerade Ende der fünfziger Jahre nicht aus. Dass Wilhelm in besonders freundschaftlichen Beziehungen zum englischen Königshaus stand, dass nach der Entlassung des Kabinetts Manteuffel am 3.11.1858 der Kronprinz am 7.11.1858 das liberalkonservative Ministerium der Neuen Ära bildete und gerade der Wilhelm und Augusta freundschaftlich verbundene Schleinitz das Ministerium des Auswärtigen übernahm, deutete auf eine verstärkte Orientierung nach England hin. Mit diesem Kurs entsprach die preußische Regierung der Politik der Buchanan-Administration.

Einen Höhepunkt der preußisch-englischen Annäherung bezeichnete die Heirat der Princess Royal Victoria mit Prinz Friedrich Wilhelm von Preußen am 25. Januar 1858 in London. Wie Gerolt aus Washington mitteilte, erregte die Heirat besonders bei den Engländern Sympathien[46]. Das von ihnen, die, „wie überall auf Erden, stets bereit sind und das Bedürfnis fühlen, ihre National- und Loyalitätsgefühle öffentlich kundzugeben", den preußischen und anderen deutschen Kaufleuten in New York vorgeschlagene gemeinsame Festmahl scheiterte nach Gerolt nicht zuletzt „an der Schwierigkeit, die Deutschen im Auslande zu einem gemeinschaftlichen Zwecke zu vereinigen"; so nahm Gerolt allein am Fest der Engländer in New York in der dortigen St. George's Society teil. Abgesehen davon gab es selbstverständlich aus Anlass der Hochzeit festliche Empfänge für das diplomatische Korps in der preußischen und der britischen Gesandtschaft.

Die New York Times sah in ihrem Kommentar die Heirat Friedrichs und Viktorias[47] als Zeichen der Annäherung der beiden europäischen Mächte nach Jahren des Gegensatzes, insbesondere während des Krimkrieges. Sie interpretierte die Heirat als Zeichen der „reconciliation of Protestant and constitutional England with Protestant and constitutional Prussia", deren Interessen sich jetzt als weithin identisch erwiesen. Der Artikel nannte schon das jetzige Preußen „essentially liberal and progressive" und meinte, dass schon die damalige preußische Armee nach der Anzahl der Soldaten und der Disziplin der französischen Armee gleichkomme. Die New York Times stellte Preußen dem verschuldeten und schlecht verwalteten Österreich ge-

---

[45] A.a.O., S. 344.
[46] Gerolt am 24.4.1858 an den König, GStA Berlin, Mf 80 AA CB IC Nr. 28.
[47] „England and Prussia in New York", The New York Times vom 23.4.1858.

genüber, das ängstlich auf die Politik Russlands und Frankreichs blicke. Sie lobte Preußen in einer Weise, wie es vor dem Krimkrieg undenkbar gewesen wäre: „Prussia relies tranquilly upon the internal strength of the administration, and upon the liberal loyalty of her people. She has not forgotten that in 1848 she alone, of the great continental states, proved herself able to deal with the revolution by her own arms and her own force." Schließlich hob der Kommentator die Stärkung Preußens durch die stärkere Anbindung der kleineren deutschen Staaten an Preußen während der fünfziger Jahre hervor. Preußen sei mehr denn je, was der große Friedrich zu sein wünschte, „the balance-wheel of the European system." Kritische Töne zur preußischen Politik, wie sie in den Berichten von US-Vertretern an das State Department anklangen, fanden sich hier nicht. Man könnte meinen, hier habe Gerolt die Feder geführt. Dagegen spricht, dass es dem Verfasser gar nicht so sehr um das Verhältnis der USA zu Preußen, sondern um die Intensivierung der Beziehungen zu Großbritannien ging, also um die Akzentuierung einer ohnehin schon von Buchanan eingeschlagenen Richtung. Die Verbindung Englands mit dem gestärkten Preußen bedeutete in den Augen des Kommentators eine Stärkung des britischen Einflusses, und der Artikel endete mit einem Appell zugunsten einer Annäherung der USA an das gestärkte Großbritannien. „Mr. Jefferson's prayer for an ocean of fire to roll between the old world and the new is less likely now than ever to be answered." In der Verbesserung der Kommunikation zwischen den USA und England durch die Kabelverbindung[48] sah der Artikel einen Schritt zugunsten der Verhinderung von weiteren Konflikten zwischen den beiden Staaten.

Wenn der Kommentator mehr wollte als nur bessere Kontakte zu Großbritannien, dann wird er genauso enttäuscht gewesen sein, wie andere US-Politiker, die versuchten, die Isolations-Politik der Buchanan-Administration einzuschränken. Ein engeres Zusammenwirken der USA mit Großbritannien war genauso wenig aktuell für Cass wie eine stärkere Zusammenarbeit mit Preußen. An engere Beziehungen speziell zu Preußen mag der Ex-Justizminister Cushing gedacht haben, als er in einem vielfach nachgedruckten Artikel, der zuerst am 9.1.1858 im Boston Courier erschien, der seiner Zeit im Krimkrieg für die USA besonders günstigen Neutralitätspolitik Preußens gedachte. Unabhängig vom Scheitern solcher Anregungen gestalteten sich die Beziehungen der USA zu Preußen entspannt und die der USA zu Großbritannien zumindest besser als während des Krimkrieges.

Da insgesamt gesehen sowohl die USA als auch Preußen bessere Beziehungen zu Großbritannien pflegten, brauchte eine eventuelle weitere Annä-

---

[48] Schon unter dem 14.9.1858 notierte Varnhagen von Ense jedoch, Tagebücher, Bd. 14, Hamburg 1870: „Das Telegraphen-Tau zwischen Europa und Amerika versagt den Dienst."

I. Die Stagnation der Beziehungen zwischen beiden Staaten 363

herung Preußens an die USA nicht mehr sein Verhältnis zu Großbritannien zu stören wie während des Krimkrieges. US-Gesandter Wright sah bei Schleinitz gute Voraussetzungen für die Entwicklung der preußisch-amerikanischen Beziehungen: „Baron S. has been much in England, understands our institutions, speaks the English language fluently, and is thoroughly liberal in sentiment."[49] Dass Schleinitz die Beziehungen zu den USA zu pflegen wünschte, wie Wright nach Washington schrieb[50], bewies er sehr bald durch das mit dem Regenten abgesprochene Entgegenkommen gegenüber dem US-Gesandten Wright in der Frage der Militärpflicht von aus Preußen stammenden US-Bürgern. Er räumte recht pragmatisch alle Konfliktfälle aus dem Wege, und die Belastungen der preußisch-amerikanischen Beziehungen der Manteuffel-Ära durch die Preußen besuchenden Deutschamerikaner hörten fast schlagartig auf. Darüber hinaus jedoch die Militärpflichtigkeit von Auswanderern vertraglich mit den USA zu regeln und damit das Problem grundsätzlich zu lösen, scheute sich Schleinitz, wie bei ihm zunächst jede weitere Initiative gegenüber den USA ausblieb. Die allgemein sichtbare außenpolitische Inaktivität der preußischen Regierung der Neuen Ära galt erst recht für das Verhältnis zu den USA – bis 1861.

Obgleich das Staatsministerium der Neuen Ära keine besondere Kompetenz für die transatlantischen Beziehungen verriet und sich außerhalb des Deutschen Bundes auf Westeuropa konzentrierte, war es angesichts der Sezession im Interesse Preußens doch zu einer Entscheidung zugunsten Washingtons imstande, mit der es sich von allen westeuropäischen Regierungen absetzte. Diese Stellungnahme Berlins gegen die Südstaaten ist nicht ohne die Berichterstattung Gerolts vorstellbar. Aber die nähere Untersuchung dieser Entscheidung ist Gegenstand des Kapitels über das Verhältnis Preußens zum amerikanischen Bürgerkrieg und folgt später. Zunächst gilt es weiter, das so vielschichtige Verhältnis Preußens und der USA in der Übergangsphase ab 1857 auszuleuchten.

Gerolt informierte sich über die Veränderungen in Berlin sehr genau, da er vom Juli bis Dezember 1857, als Prinz Wilhelm Stellvertreter Friedrich Wilhelms IV. wurde, in Preußen weilte, und noch einmal vom August 1858 bis Februar 1859, als der Regent das Kabinett Manteuffel durch das des Fürsten von Hohenzollern-Sigmaringen ablöste. Das war wenige Monate vor dem Tode Alexander von Humboldts am 6.5.1859, des Förderers der preußisch-amerikanischen Beziehungen; aber dieser konnte ihm schon jetzt nicht mehr helfen, weder bei seinen Versetzungsgesuchen noch sonst behilflich sein bei seinen die preußisch-amerikanischen Beziehungen betreffenden Anliegen. Selbst Gerolts Antrag an Schleinitz[51], seine Anwesenheit in Ber-

---

[49] Wright am 2.11.1858 an Cass, NA Wash., Mf 44/11.
[50] Wright am 24.11.1858 an Cass, NA Wash., Mf 44/11.

lin zu nutzen, um unmittelbar interessierende Fragen mit den zuständigen Beamten des Ministeriums persönlich zu besprechen, wie die Verbesserung des Konsularwesens, die schon 1855 beantragte Verlagerung von Privat-Reklamationen von der Gesandtschaft auf die Konsulate und die Regelung von Problemen mit aus Preußen stammenden US-Bürgern, wurde abschlägig beschieden.

Ein Problemkreis, bei dem Gerolt und der US-Gesandte in Berlin Wright noch einmal Gelegenheit zu erhalten schienen, mehr als „Briefträger" zu sein, war das Seerecht. Cass hatte die Seerechts-Verhandlungen 1857 abgebrochen, aber erweckte 1859 während des italienisch-österreichischen Krieges den Eindruck, er wolle sie wieder in Gang bringen. Die Buchanan-Administration sah sich ermuntert, erneut mit den europäischen Staaten über Seerechtsfragen Gespräche zu führen, durch den für sie erfolgreichen Ausgang der Auseinandersetzung über das von Großbritannien zur Unterbindung des Sklavenhandels im Golf von Mexiko beanspruchte Recht, amerikanische Handelsschiffe zu durchsuchen. In dem Streit, in dem es nach Gerolt auch um das Recht der freien Schifffahrt für alle Nationen ging[52], hatte Großbritannien angesichts „seines alles überwiegenden Interesses, mit den Vereinigten Staaten in Frieden und gutem Vernehmen zu bleiben"[53], im Juni 1858 grundsätzlich auf das Recht zur Untersuchung fremder Schiffe in Friedenszeiten verzichtet. Der Konflikt um das Inspektionsrecht, der schon beim Ausbruch des englisch-amerikanischen Krieges 1812 eine Rolle gespielt hatte, war damit oberflächlich bereinigt. Entscheidend war, dass die 1858 Großbritannien zugesicherte vertragliche Regelung tatsächlich 1862/63 durch Seward erfolgte, indem er einem eng begrenzten Durchsuchungsrecht zustimmte[54].

Die Stellung der USA in den übrigen Seerechtsfragen der der europäischen Mächte anzugleichen, hatten die USA 1856/57 versäumt, da sie es konsequent ablehnten, die Pariser Deklaration zu unterzeichnen. Sie vermieden so den Verzicht auf das Recht der Kaperei, aber hatten auch keinen Anspruch auf die Anwendung der von ihnen befürworteten übrigen Grundsätze der Pariser Deklaration. Gegenüber Preußen waren die USA abgesichert durch die Handelsverträge von 1785 und 1828, ebenso gegenüber Russland durch den Seerechtsvertrag von 1854 und gegenüber dem Königreich beider Sizilien durch den gleichlautenden Vertrag von 1855, aber nicht gegenüber den wichtigsten Seemächten, Großbritannien und Frank-

---

[51] Gerolt am 3.12.1858 aus Berlin an Schleinitz und die Antwort Hellwigs vom 9.12.1858 an Gerolt, Entwurf, GStAM, 2.4.1.I. Nr. 7871.
[52] Gerolt am 24.6.1858 an den König, GStA Berlin, Mf 80 AA CB IC Nr. 28.
[53] Gerolt am 31.5.1858 an den König, GStA Berlin, Mf 80 AA CB IC Nr. 28.
[54] Treaties, Conventions, S. 674–688.

I. Die Stagnation der Beziehungen zwischen beiden Staaten

reich. Nachdem es Marcy bis 1857 nicht gelungen war, London durch Separatverträge zu isolieren und zum Nachgeben zu veranlassen, hatte sich Cass der Mühe weiterer Verhandlungen entledigt; aber er sah sich durch den im Juni 1859 ausgebrochenen Krieg Piemonts und Frankreichs gegen Österreich veranlasst, einen erneuten Vorstoß zur Verbesserung der seerechtlichen Position der Handelsmarine zu unternehmen. Cass wandte sich zunächst am 27.6.1859 an die wichtigste Seemacht unter den drei Kontrahenten des italienischen Krieges, nämlich an Frankreich, und er gab dann anderen Mächten von seiner Depesche nach Paris Kenntnis, so auch Preußen[55]. Cass wiederholte nicht die Vorschläge Marcys von 1857 zu einer neuen vertraglichen Regelung, sondern legte nur die US-Position dar, um zunächst informell Unterstützung zu gewinnen. Das weitere Vorgehen der USA blieb offen.

Die Minister Simons und von der Heydt interpretierten den US-Vorstoß überzeugend aus den aktuellen Bedürfnissen der USA im italienischen Krieg: „Die Abgabe der Note in Paris hatte vielmehr anscheinend keinen anderen Zweck, als für den zwischen Frankreich und Österreich ausgebrochenen Krieg den Begriff der Neutralität zu fixieren, welche die Vereinigten Staaten für ihre Schiffe in Anspruch nehmen und deren Respectierung sie nöthigen Falls erzwingen wollten, die Mitteilung der Note an andere Höfe aber nur den Sinn, sich für die möglicher Weise von Seiten des Französischen Kabinetts zu erwartenden Kontestationen der Unterstützung jener Mächte möglichst zu versichern"[56].

In der Depesche vom Juni 1859 unterstützten die USA den Artikel 2 der Pariser Deklaration „Frei Schiff, frei Gut". Die USA hatten diesen Artikel bisher auch schon beachtet und seine Einhaltung in den Verträgen mit Preußen, Russland und dem Königreich beider Sizilien abgesichert. Vertraglich nicht gebunden gegenüber den USA waren nach wie vor die wichtigsten Seemächte, Großbritannien und Frankreich. Die USA wünschten also, dass der Artikel 2 der Pariser Deklaration auch gegenüber Nichtunterzeichnern galt.

Hellwig, Staatssekretär im Ministerium der auswärtigen Angelegenheiten, hatte nicht unrecht, wenn er kritisch vermerkte[57], „daß die Absicht Nord-

---

[55] Wright am 2.8.1859 an Schleinitz, als Anlage die Abschrift der Depesche von Cass vom 27.6.1859 an den US-Gesandten Mason in Paris. GStAM, 2.4.1.II. Nr. 5573. – Wright in Nr. 88 vom 6.8.1859 an Cass, NA Wash., Mf 44/10. – Hellwig für das Ministerium des auswärtigen Angelegenheiten an Heydt und Simons am 31.8.1859, GStAM, Rep. 120 CXVII.4. Nr. 85 Vol. 6.
[56] Simons und von der Heydt am 2.11.1859 an Schleinitz, GStAM, 2.4.1.II. Nr. 5573. Konzept, GStAM, Rep. 120 CXVII. 4. Nr. 85 Vol. 6.
[57] Hellwig am 31.8.1859 an von der Heydt und Simons, a.a.O.

amerikas im Grunde nur darauf gerichtet ist, sich die Vorteile, welche die Pariser Deklaration den ihr beitretenden Teilen darbietet, anzueignen, ohne die entsprechenden Leistungen dagegen zu übernehmen." Ähnlich äußerte Unterstaatssekretär Hammond aus dem Foreign Office, „daß die Nordamerikanische Regierung geneigt sei, von der Pariser Deklaration Vorteile zu ziehen, ohne gerade ihrerseits Opfer zu bringen."[58] Die Gegenleistung, die die USA bisher nicht zu übernehmen bereit waren und die sie daran hinderte, die Pariser Deklaration zu unterzeichnen, war der Verzicht auf die Kaperei. Cass bekräftigte in der Depesche, dass die USA vorerst das Recht behalten müssten, die Kaperei einzusetzen. Der dritte Grundsatz des Pariser Seerechtes, dass neutrales Eigentum unter feindlicher Flagge frei sei, war nicht in der Depesche erwähnt. Hellwig schloss aus dieser Auslassung, ohne eine weitere Begründung zu geben, dass die USA auch diesen Grundsatz nicht akzeptierten. Es gibt jedoch keinen Anhalt dafür, dass die USA in diesem Punkt von ihrer traditionellen Einstellung, neutrales Gut so umfassend wie möglich zu schützen, abgewichen wären. Es wurde sogar ein noch stärkerer Schutz des Privateigentums als in Paris gefordert. Mit der Begründung, den freien neutralen Handel schützen zu wollen, lehnten sie damals das Durchsuchungsrecht ab: „The stopping of neutral vessels upon the High Seas, their forcible entrance ..., these are indeed serious ‚obstructions' little likely to be submitted to ...". Diese Stellungnahme von 1859 ist auch deshalb besonders interessant, weil ihr das Verhalten des US-Schiffes Jacinto gegenüber der neutralen Trent 1861 diametral entgegengesetzt ist.

Erwähnt war in der Depesche schließlich noch der Wunsch, dass die Begriffe Blockade und Kriegskonterbande eine nähere Bestimmung erfahren sollten. Cass wandte sich ganz im Sinne Preußens gegen die Einbeziehung von Steinkohlen in die Konterbande-Artikel und wünschte die Beschränkung des Begriffes auf Waffen und Kriegsmunition. Cass vertrat die Ansicht, dass der Verkehr mit ausgedehnten Küsten künftig nicht mehr gewaltsam gehemmt werden dürfte und die Blockade nur für wirklich eingeschlossene Plätze gelten könne.

Auch wenn Preußen nicht das Interesse der USA an einer seerechtlichen Besserstellung hatte, so musste es schon wegen seiner schwachen Kriegsmarine an einem über die Pariser Deklaration hinausgehenden Rechtsschutz seiner Handelsmarine und seines Seehandels interessiert sein. So unterstützte Hellwig eine allgemein anerkannte Festlegung der Begriffe Blockade und Kriegs-Contrebande, um „innerhalb deren engster Begrenzung auf immer jeder willkürlichen Auslegung und mißbräuchlichen Anwendung ein Ziel zu setzen"; leider habe Cass es aber „unterlassen, die richtige Bahn

---

[58] Legationsrat Graf Brandenburg, London, am 13.9.1859 an Schleinitz, GStAM, 2.4.1.II. Nr. 5573.

dafür vorzuzeichnen." Wie 1856 wies das Ministerium darauf hin, „daß die der Pariser Deklaration beigetretenen Mächte sich nicht auf Vereinbarungen über einzelne seerechtliche Fragen mit den Vereinigten Staaten einlassen können..."[59]. Von der Heydt und Simons pflichteten dem bei und betonten, dass den Vereinigten Staaten bekannt sei, „daß die Pariser Deklaration die Contrahenten hindert, in abgesonderte Verhandlungen über Gegenstände dieses Vertrages mit anderen Staaten einzutreten, wenn diese sich nicht herbeilassen, dem ungetrennten Inhalte desselben beizustimmen."[60] Sie baten jedoch das Ministerium der auswärtigen Angelegenheiten in der Antwort an die USA um „eine allgemeine Anerkennung der humanen Auffassungen, welche darin ihren Ausdruck gefunden haben", wohl um die Gespräche nicht gleich wieder zu Ende gehen zu lassen. In diesem Sinn antwortete Schleinitz Wright mündlich[61]. Zu einer weitergehenden schriftlichen Antwort Preußens kam es nicht. Mit der Beendigung des italienischen Krieges hatte die Seerechts-Reform an Aktualität verloren. So sah es wohl auch Cass; denn der preußische Vertreter in Lissabon berichtete, der dortige US-Gesandte General Morgan habe erklärt, „seine Regierung habe die ganze Demarche in Aussicht einer Verlängerung und Ausdehnung des italienischen Krieges getan, da derselbe indes nunmehr beendet sei, so insistiere sie jetzt nicht auf eine Entscheidung."[62]

London nahm genauso wenig schriftlich Stellung wie Preußen. Paris verhielt sich auch diesmal weniger ablehnend als London; aber Unterhandlungen regte die französische Regierung nicht an[63]. Ebenso wenig geschah durch Russland, wenngleich es der US-Seerechts-Initiative wie im Krimkrieg positiv begegnete[64]. In ernsthafte Verhandlungen traten die USA nicht ein. Unter dem Gesichtspunkt der Blockade der Südstaaten-Küsten durch die Union während des Sezessionskrieges konnte Washington nur zufrieden sein, dass seine Initiative 1859 im Sande verlief und es zu keiner verbindlichen Fixierung seines Standpunktes zu Blockaden kam.

Kurzfristig brachten die USA noch die Idee eines Seerechts-Kongresses in das Gespräch. Ende Dezember 1859 bat der US-Gesandte Glancy Jones den preußischen Gesandten in Wien Werther, „vom Königlichen Cabinet darüber Auskunft zu erlangen, ob es geneigt sein dürfte, an einem Mariti-

---

[59] A. a. O.
[60] Simons und von der Heydt am 2.11.1859 an Schleinitz, a. a. O.
[61] Wright am 30.11.1859 an Cass, NA Wash., Mf 44/11.
[62] Rosenberg, Lissabon, am 28.11.1859 an Schleinitz, GStAM, Rep. 120 CXVII. 4. Nr. 85 Vol. 6.
[63] Legationssekretär Prinz Reuß am 19.11.1859 an Schleinitz, GStAM, 2.4.1.II. Nr. 5573.
[64] Aus der Preußischen Gesandtschaft in St. Petersburg Croy am 10.9.1859, a. a. O.

men Congreß sich zu beteiligen, wenn der Präsident der Nord-Amerikanischen Staaten einen solchen erwäge, um eine Erweiterung zu dem Behufe des unbedingten Schutzes des Eigenthums zur See in Kriegs-Eventualitäten zu erlangen. Der Begriff der Kriegs-Contrebande, die Visitierung der Handelsschiffe würde mit diesem Seerecht ganz wegfallen, und er glaubt, daß dann Amerika auch auf das Ausgeben von Kaper-Briefen verzichten würde."[65] Schleinitz nahm den Kongress-Vorschlag sehr skeptisch auf: „Wäre es dem Präsidenten Buchanan ernstlich darum zu tun, sich von unserer Ansicht über das ihm zugeschriebene Projekt im Voraus zu versichern, so würde er sich meines Erachtens zu diesem Ende nicht des Umweges über Wien bedient, zugleich aber den von ihm Beauftragten in die Lage versetzt haben, die Aufgaben des fraglichen Congresses bestimmter und deutlicher zu bezeichnen, als solches durch Herrn Glancy Jones geschehen ist."[66] Cass informierte weder Wright noch Gerolt über das neue Projekt. Zu ernsthaften Verhandlungen über die Seerechtsfrage zwischen Preußen und den USA kam es auch nach dieser wenig überzeugenden Initiative nicht.

Während sich die preußische Regierung 1859 noch stärker zurückhielt als 1856/57, engagierte sich die Wirtschaft Preußens und der Hansestädte erheblich zugunsten neuer Seerechtsverhandlungen. In Bremen, das die engsten Wirtschaftsbeziehungen zu den USA unterhielt, begann die Kette der Versammlungen und Resolutionen am 2.12.1859, als nach dem Bericht des dortigen preußischen Konsuls Delius „von über 300 beim Seehandel beteiligten Kaufleuten" mit Blick auf die Vorschläge der USA aus den Jahren 1856/57 „die Unverletzlichkeit der Person und des Eigentums in Kriegszeiten zur See" und entsprechende Schritte der deutschen Regierungen gefordert wurden[67]. Hamburger Kaufleute folgten am 29.12.1859. Der Bremer Senat und die Ständeversammlung des Königreiches Hannover schlossen sich der Bremer Resolution einmütig an. Die Ältesten der Berliner Kaufmannschaft, die Berliner Handelskammer und der Berliner Handelstag wandten sich am 19.12.1859 zur Unterstützung der Bremer Forderungen an von der Heydt[68], dann ebenfalls im Dezember 1859 und Januar 60 die Handelskammern von Elbing, Breslau, Schweidtnitz, Landeshut, Greifswald, Cottbus, Magdeburg, Solingen, Düsseldorf, Mühlheim und Bielefeld und weitere. Es ging in der Unzahl der Resolutionen um die alten US-Anliegen und um einen dementsprechend gesicherten deutschen Handel mit den

---

65 Werther am 29.12.1859 aus Wien an Schleinitz, GStAM, 2.4.1.II. Nr. 5573.
66 Schleinitz am 5.1.1860 an Werther, a.a.O.
67 Delius am 3.12.1859 an von der Heydt, Abschrift, GStAM, Rep. 120 CXVII. 4. Nr. 85 Vol. 6.
68 Diese und die folgenden Resolutionen finden sich in Rep. 120 CXVII. 4. Nr. 85 Vol. 6.

I. Die Stagnation der Beziehungen zwischen beiden Staaten

USA. Die Handelskammer des schlesischen Kreises Landeshut betonte, dass trotz des Rückganges bei der Ausfuhr schlesischen Leinens immer noch wertvolle Verschiffungen stattfänden und es sich darum handelte, „der allmächtigen englischen Konkurrenz nicht unbestritten das Feld ganz und gar einräumen zu müssen."[69] Parallel zu dieserart Stellungnahmen nahmen sich Streitschriften speziell des Seerechtes an, so in Hamburg Soetbeers „Grundzüge des See-Völkerrechts der Gegenwart", Ackers „über die Gefährdung der Schiffahrt in Kriegszeiten" und Wurms „Die Politik der Seemächte und der Fortschritt des Völkerrechts" und in Berlin 1860 Carl Schwebemeyers „Das Privateigenthum zur See im Kriege im Allgemeinen und unter Bezugnahme auf den dem Hause der Abgeordneten vorliegenden diesfälligen Antrag des Abgeordneten von Rönne".

Um das alte Anliegen der Liberalen, den Schutz der deutschen Handelsmarine zu verbessern, kümmerte sich in der Aufbruchsstimmung der Neuen Ära auch das Abgeordnetenhaus, angeregt durch Rönne, den früheren Vertreter Preußens und der Frankfurter Nationalversammlung in Washington und Bekannten des US-Gesandten Wright[70]. Rönne bezog sich bei seinem Antrag an das Abgeordnetenhaus vom 17.2.1860[71] wie der deutsche Handel nicht auf die unveröffentlichte Depesche von Cass an den US-Gesandten in Paris, sondern auf die konkreteren Verbesserungsvorschläge Marcys vom Juli 1856. Er beantragte im preußischen Parlament, „die hohe Staatsregierung zu ersuchen, daß dieselbe mit allen zu Gebote stehenden Mitteln dahin wirken möge, dem Grundsatz der Unverletzlichkeit der Person und des Privateigentums zur See im Kriege die völkerrechtliche Anerkennung zu verschaffen." Ganz im Sinne der USA argumentierte Rönne, dass unter der Pariser Deklaration die Länder am meisten litten, „welche eine große Handelsmarine und entweder gar keine oder nur eine verhältnismäßig unbedeutende Kriegsflotte besitzen. Für sie ist die Ausstellung von Kaperbriefen, wenn sie ihr Privateigentum nicht schutzlos lassen wollen, eine Notwendigkeit. Es war daher eine enorme Konzession, welche die kleineren den größeren, mit großen Kriegsflotten versehenen Seemächten machten, als sie in der Deklaration vom 16. April 1856 auf das Recht der Kaperei verzichteten. Die Vereinigten Staaten von Nordamerika, welche eine sehr große Handelsmarine und nur eine geringe Kriegsflotte besitzen, haben deshalb als Gegenkonzession für den Verzicht auf die Kaperei die Anerkennung des Grundsatzes der Unverletzbarkeit des Privateigentums zur See verlangt. In ähnlicher Lage ist Deutschland, dessen Handelsmarine die dritte in der Welt

---

[69] Die Handelskammer des Kreises Landeshut am 23.1.1860 an von der Heydt, a.a.O.
[70] Wright in Nr. 119 vom 7.3.1860 an Cass, NA Wash., Mf 44/11.
[71] Nr. 66 der Drucksachen des Hauses der Abgeordneten, Session 1860.

ist, ohne den Schutz einer mächtigen Kriegsflotte zu genießen ... Daß nicht Unpraktisches erstrebt wird, geht schon daraus hervor, daß bekanntlich alle übrigen Staaten, mit Ausnahme Großbritanniens, sich schon bereit erklärt haben, mit den Vereinigten Staaten gemeinschaftliche Sache zu machen, und auch in England sind die Ansichten geteilt." Mit der von Rönne erwähnten Reaktion der Staaten auf die US-Initiative war die von 1856/57 gemeint; von der Aufnahme der Cass-Depesche 1859 wusste er nichts.

Die vereinigten Kommissionen für das Justizwesen und für Handel und Gewerbe des Abgeordnetenhauses befürworteten in ihrem Bericht vom 9. Mai 1860 den Antrag Rönnes einmütig, und entsprechend reagierte das Abgeordnetenhaus; aber die in dem Beschluss enthaltene Aufforderung, jede geeignete Gelegenheit zu nutzen, war so allgemein, dass Schleinitz sich nicht intensiv darum bemühte, die ablehnende Haltung der britischen Regierung zu überwinden und zwischen ihr und den USA zu vermitteln.

Die preußische Regierung war nicht unbeeindruckt von dem Echo, das die Forderung der Bremer Kaufleute nach einem über die Pariser Deklaration hinausgehenden Schutz des Privateigentums auslöste. Schleinitz schrieb dem Gesandten in London Graf Bernstorff im Januar 1860: „Von Tag zu Tag vermehrt sich innerhalb und außerhalb Deutschlands die Anzahl der Handelscorporationen, welche sich jenen Vorschlägen anschließen. Auch der Kgl. Regierung sind bereits zahlreiche Eingaben zugegangen, in welchen sie dringend ersucht wird, die Sache in die Hand zu nehmen und die Bremer Vorschläge zur allseitigen Anerkennung zu bringen."[72]

Aber Graf Bernstorff sah offensichtlich keine Chancen für ein Entgegenkommen der entscheidenden Seemacht in Seerechtsfragen. Selbst die dauernde Einhaltung der Pariser Deklaration durch Großbritannien hielt er nicht für gesichert. Nach seiner Ansicht[73] werde Großbritannien im Falle eines Krieges, an dem es beteiligt sei, die Rechte der Neutralen nur so lange respektieren, wie es in seinem Interesse sei; werde der Krieg etwa „ein größerer, fast allgemeiner Krieg, worin eine jede Macht alle ihr zu Gebote stehenden Kräfte anwenden muss, um so zu sagen für ihre Existenz zu kämpfen, dann wird England die Rechte der Neutralen schwerlich mehr wie je zuvor respektieren, und sich auch sogar durch die Pariser Declaration wahrscheinlich nicht mehr als durch allgemeine Grundsätze binden lassen." Dass sich Großbritannien äußerstenfalls also nicht einmal an die Pariser Deklaration halten würde, schockierte Schleinitz besonders, da ein „solches Verfahren ... auf den Bruch feierlich eingegangener gegenseitiger ... Verpflichtungen hinaus kommen" würde, „zu deren Übernahme Großbritan-

---

[72] Schleinitz am 15.1.1860 an Bernstorff, London, GStAM, 2.4.1.II. Nr. 5573.
[73] Bernstorff am 14.11.1859, London, an Schleinitz, GStAM, 2.4.1.II. Nr. 5573.

nien selbst alle Staaten Europas und Amerikas eingeladen und, mit Ausnahme der Vereinigten Staaten, Spaniens und Mexikos, bewogen hat."[74] Immerhin konnte Schleinitz im selben Jahr zufrieden zur Kenntnis nehmen, dass England bei der Strafexpedition gegen China verkündete, dass es die Grundsätze der Pariser Deklaration allen neutralen Mächten gegenüber beachten würde, also auch den USA gegenüber. Dagegen erwies sich London nicht bereit, auf die darüber hinausgehenden Forderungen aus Washington einzugehen, wie Außenminister Lord John Russell Bernstorff verdeutlichte. Nach Bernstorff zeigte sich die Britische Admiralität schon unzufrieden mit der Pariser Deklaration[75].

Diese Informationen aus London trugen sicher dazu bei, dass vom Preußischen Ministerium der auswärtigen Angelegenheiten keine Initiativen zu einer Seerechtsreform im Sinne des deutschen Handels ausgingen. Schließlich verfolgte auch Cass die Seerechtsfrage nicht weiter. Auch zu einem gemeinsamen preußisch-amerikanischen Vorgehen kam es trotz der Interessenidentität und des Druckes des Handels 1859/60 nicht. Die Pariser Deklaration blieb verbindlich, und auch die USA akzeptierten in der Praxis alle ihre Bestimmungen.

Länger wirkende politische Impulse für die beiderseitigen Beziehungen gingen weder von Berlin noch von Washington aus. Der selbstbewusste Ex-Gouverneur Wright genoss bei seiner Amtsführung immerhin den Vorteil großer Unabhängigkeit, so dass er trotz fehlender Initiativen aus Washington 1861 Erfolge aufzuweisen hatte. Dem von seiner inaktiven vorgesetzten Behörde stärker abhängigen Gerolt blieb im Wesentlichen nur die Mindestaufgabe einer diplomatischen Vertretung, nämlich den Informationsaustausch zu organisieren. Selbst hierbei sah sich Gerolt unnötigen Hindernissen gegenüber, da ihm das preußische Ministerium der auswärtigen Angelegenheiten im Gegensatz zu den übrigen preußischen Gesandtschaften zum Beispiel nicht mit den preußischen Stellungnahmen zu dem sich anbahnenden österreichisch-italienischen Krieg versorgte. Er stellte Schleinitz mit Recht vor[76]: „Die Entbehrung mancher diplomatischer Aktenstücke der Königlichen Regierung, welche den Europäischen Königlichen Gesandten confidentiell mitgeteilt werden und welche erst später oder unvollständig in den Zeitungen erscheinen, macht meine Stellung im Verkehr mit dem Präsidenten, den Cabinettsmitgliedern sowie mit dem diplomatischen Corps zuweilen um so peinlicher, als die Politik Preußens nach Ankunft der europäischen Post von den Vertretern anderer deutscher Staaten besprochen und dargestellt wird, welche in der Regel besser unterrichtet sind als ich, wie

---

[74] Schleinitz am 7.1.1860 an Bernstorff, a.a.O.
[75] Bernstorff am 27.1.1860 an Schleinitz, a.a.O.
[76] Gerolt am 2.4.1859 an Schleinitz, GStA Berlin, Mf 80 AA CB IC Nr. 31.

z. B. der Österreichische und der Bremer Minister-Resident hierselbst, von denen ich zuerst die Einsicht von offiziellen Aktenstücken und Circular-Noten Eurer Exzellenz erhalte, welche ihnen von ihren Regierungen confidentiell mitgeteilt werden." Da Gerolt keine weiteren Anträge dieser Art bei Schleinitz stellte, scheint er mit seinem Ersuchen, „auch der hiesigen Königlichen Gesandtschaft solche Kundgebungen der Königlichen Regierung mitzuteilen", wie sie den preußischen Gesandtschaften in Europa zugingen, also die Washingtoner Gesandtschaft den europäischen informationsmäßig gleichzustellen, einen merklichen Erfolg gehabt zu haben. Zeitweilig wurde Gerolt zum Beispiel über die preußische Italienpolitik umfassend informiert. Auf die Dauer blieb es aber dabei, dass preußische Gesandte bei den europäischen großen Mächten über entscheidende Fragen des Verhältnisses Preußens zu den USA in der Regel besser informiert wurden als die Mission in Washington über zentrale Anliegen preußischer Politik gegenüber den europäischen Mächten. Als dann an die Stelle von Schleinitz 1861 Bernstorff getreten war, gab es wieder das alte Informationsdefizit, so dass er eine Anfrage Sewards zum Verhältnis Preußens zu Österreich zum Anlass nahm, um in Berlin erneut sein Anliegen vorzubringen[77]: „Bei dem Interesse und den Sympathien, welche die meisten der hiesigen Staatsmänner der Politik und dem Schicksale Preußens widmen, wäre es wünschenswert, daß die hiesige Gesandtschaft von dem Gang unserer Politik und von den öffentlichen Dokumenten, welche darauf Bezug haben, ebenso wie die Europäischen Gesandtschaften Sr Majestät des Königs in Kenntnis gesetzt werden möge, – was in früheren Jahren stets geschehen, wodurch ich nicht darauf beschränkt bin, die Hauptargumente der Preußischen und der deutschen Politik im allgemeinen durch den Bremer Minister-Residenten hierselbst zu erfahren." Wenngleich das neben dem Hinweis Gerolts auf die „früheren Jahre" im Ministerium der auswärtigen Angelegenheiten angebrachte Fragezeichen verriet, dass sein Gleichstellungsanspruch nie unangefochten war, so bemühte sich Bernstorff offensichtlich, Gerolt besser auf dem laufenden zu halten. Den guten Willen Bernstorffs verriet zum Beispiel der an Gerolt übermittelte umfangreiche Schriftwechsel zur Anerkennung des Königs von Italien, den Gerolt auch sofort Seward zugehen ließ[78]. Inzwischen hatte die Bedeutung der Washingtoner Königlichen Mission angesichts des Ausbruches des Sezessionskrieges schon von selbst zugenommen, so dass Gerolt wieder über den Informationsaustausch hinausgehende Aufgaben zuwuchsen.

---

[77] Gerolt am 5.3.1862 an Bernstorff, GStA Berlin, Mf 55 AA CB IC Nr. 38 Vol. 1.

[78] Abschrift einer Depesche Bernstorffs an Gerolt vom 21.7.1862 und Anlagen, NA Wash., Mf 58/T-3.

II. Die preußisch-amerikanischen Wirtschaftsbeziehungen unter dem Einfluss der „Weltwirtschaftskrise" 1857–1859

Genauso wenig wie sich die politischen Beziehungen zwischen den USA und Preußen nach dem Amtsantritt Buchanans erwartungsgemäß entwickelten, setzte der Handel seine günstige Entwicklung fort, und das trotz der verbesserten Rahmenbedingungen nach dem neuen US-Zolltarif und der Abschaffung der Sundzölle. Mit dem weiteren Zusammenwachsen der Wirtschaft der USA und Westeuropas waren die USA in der Sicht der Handelskammer Altena zur „unvermeidlichen Abzugsquelle" deutscher Waren geworden[79] und nach der Meinung Rickers, des US-Generalkonsuls in Frankfurt am Main, für Geldanleger die letzte Hoffnung bei all ihren Spekulationen[80]: „Were it not so, the financial crisis of 1857 in America would certainly not have had the effect, it had here, as it is shown by the large quantity of suffering." Mochten die Phasen des Konjunkturzyklus in Europa und in den USA auch kaum deckungsgleich verlaufen, so waren doch die Auswirkungen der von den USA ausgehenden Wirtschaftskrise in Europa unübersehbar. Anfang November 1857 berichtete Ricker, dass die Ankunft jedes amerikanischen Dampfers die Panik unter den Unternehmern und Spekulanten in Europa erhöhe[81]. An den deutschen Börsen kam der Handel mit US-Papieren fast völlig zum Erliegen, die Textilfabriken in Chemnitz, Glauchau, Zwickau wie in Schlesien und dem Rheinland mussten die Produktion als erste drosseln, und die üblicherweise den Handel mit den USA abwickelnden Hamburger Unternehmen kamen ebenfalls schon Ende 1857 wegen der Unterbrechung der Warensendungen in die USA in Schwierigkeiten. Die im August, September und Oktober 1857 in den USA mit dem Sinken der Kurse, dem Bankenkrach und dem Bankrott von zahlreichen Eisenbahngesellschaften begonnene und über Großbritannien, Schweden und Hamburg ausgebreitete „kommerzielle Krisis" entwickelte sich nach dem Bericht der Handelskammer Arnsberg für 1858 zu einer „gewaltigen Erschütterung des Gesamt-Organismus der wirtschaftlichen Welt"[82]. US-Generalkonsul Ricker sprach von einer „monetary revolution ... agitating the whole commercial world"[83]. Hans Rosenberg beschrieb sie als Weltwirtschaftskrise[84].

---

[79] Jahresbericht der Handelskammer des Kreises Altena für 1857 und das erste Halbjahr 1858, Handelsarchiv 1858, II, S. 486.
[80] Ricker am 28.1.1861 in Nr. 12 aus Frankfurt am Main an Black, NA Wash., Mc 161/11.
[81] Ricker am 7.11.1857 in Nr. 168 an Cass, NA Wash., Mf 161/4.
[82] Jahresbericht der Handelskammer Arnsberg für 1858, Handelsarchiv 1859, I, S. 601.

Ebenso wie die wirtschaftliche Rezession, die Ende 1857 begann und bis in das Jahr 1859 reichte, hatten die vorangegangenen kurzen Krisen in den USA ihre Auswirkungen auf Deutschland gezeigt. Schon in den Jahren 1851/52 hatten die am US-Markt interessierten preußischen Handelskammern neben der Absatzsteigerung festgestellt, dass es zu kurzfristigen „Geld- und Geschäftskrisen" kam und zeitweilig größere Quantitäten Tuch nach den USA kamen, als das „Consumo" erforderte. Auf die „Überladung des nordamerikanischen Marktes" gegen Ende des Jahres folgte aber jeweils im Frühjahr das Leeren der Lager und dann ein noch größerer Absatzboom bis 1853. Die deutschen Unternehmen versuchten selbstverständlich, sich besser auf den Markt der USA einzustellen. So bat die Handelskammer Aachen und Burscheid 1851 den preußischen Handelsminister um genaueres statistisches Material, um abzuschätzen, wieviele Zollvereinswaren Amerika im „Durchschnitt zu konsumieren vermag."[85] In diesem Sinne erreichte es Gerolt nur, dass der US-Finanzminister zunächst beim Zollhaus in New York einen Beamten einsetzte, der aus den Fakturen die Herkunft der Waren aus den einzelnen Zollvereinsstaaten auszumitteln hatte[86], und dann zeigten im Laufe der Zeit weitere Zollbehörden der USA genauer als bisher die Beziehungen zwischen den einzelnen Teilen Deutschlands und den USA auf. Abgesehen davon, dass das daraus erwachsene Zahlenmaterial des US-Schatzamtes sehr fehlerhaft wirkte, war über den weiteren Absatz deutscher Waren in den einzelnen Staaten der USA immer noch nichts zu sagen. Genauere Angaben über die Entwicklung des US-Marktes zu machen, hielten die von Gerolt befragten Konsuln in New York, Philadelphia und Baltimore, die über die Einfuhr als am besten informiert galten, und die anderen von Gerolt angesprochenen Kaufleute wegen der Unübersichtlichkeit des US-Marktes für unmöglich. Nach der Erfahrung des Kaufmanns A. Graef, „einem der Haupt-Importeurs zu New York"[87], galt als charakteristisch für den US-Markt: Es hat „jede Ware 2, 3, 4 oder 5 Zwischenhände zu durchlaufen, ehe sie sich auf dem Markte verliert, und hat demnach die erste Hand eine eben so schwierige Übersicht, welchen Vorrat in der 3. und 4. blieb, ob und was in dieser in die neue Saison mit herüber genommen wird; und ereignet es sich z. B., daß die ersten drei Hände Ware wiederangekauft haben, und es treten Umstände ein, die der letzten Hand das Geschäft erschweren, so häuft sich in jenen 3 Zwischenhänden in der

---

[83] Ricker, Frankfurt am Main, am 16.11.1857 in Nr. 173 an Cass. NA Wash., Mf 161/4.

[84] *Hans Rosenberg*: Die Wirtschaftskrisis von 1857–1859, Stuttgart, Berlin 1934.

[85] Handelskammer Aachen und Burscheid an von der Heydt am 1.10.1851, GStAM, Rep. 120 CX 16.1. Bd. 12.

[86] Gerolt am 7.6.1851 an Manteuffel, Abschrift an von der Heydt, a. a. O.

[87] Gerolt am 7.6.1851 an Manteuffel, Gutachten Graefs vom 14.6.1851, a. a. O.

zweiten Saison ein Vorrat an, der um so schwieriger zu kontrollieren ist, als dessen Einflüsse erst in der darauf folgenden Saison fühlbar werden und zwar doppelt, als es als Regel angenommen werden kann, als jede vorhergehende Zwischen-Hand der folgenden erst dann einen neuen Credit eröffnet, wenn die älteren Verbindlichkeiten erfüllt sind und ist es demnach selbstredend, daß das schlechteste Geschäft der letzten Hand der ganzen Reihe durch sowohl hinsichtlich des Verlaufes sowie auch der mangelnden Fonds wegen auf das lebendigste empfunden wird." Noch unübersichtlicher würde der Handel dadurch, dass jetzt (1851) US-Zwischenhändler an den gewohnten Importgeschäften vorbei Agenten auf den „bis zur Erdrückung" mit Warenvorräten gefüllten europäischen Markt schickten und direkt einkauften.

Zur Orientierung über den US-Markt konnte Gerolt die deutschen Fabrikanten nur auf ihre „Geschäftskorrespondenten" in den USA verweisen und auf die US-Zeitschrift „Dry Goods"[88]. Das Handelsministerium sorgte insofern für eine bessere Information der preußischen Wirtschaft über die US-Marktentwicklung, als es die amtliche Wochenschrift „Preußisches Handelsarchiv" mehr konsularische Berichte aus den USA aufnehmen ließ. Die sich fast jährlich für einen Teil der Firmen durch das zeitweilige Überangebot auf dem US-Markt wiederholenden Schwierigkeiten belegten, dass die vorhandenen Informationen nicht ausreichten und die Unübersichtlichkeit dieses Marktes blieb.

Völlig überrascht war der Handel dann auch von der Absatzkrise 1854, die schon aus der Reihe der kurzen Krisen herausragte, weil sich die Absatzstockung in diesem Jahr wesentlich früher einstellte. Die Handelskammern beklagten, dass nicht einmal die Lager mit den Vorräten des Vorjahres in den USA zu räumen waren[89] und dann die im Jahr 1854 aus Schlesien gelieferten Tuche am Ende des Jahres noch zur Hälfte in Hamburg und in den USA beim Großhandel unverkauft lagerten[90]. So weit der Tuchhandel die preußische Ware überhaupt in den USA absetzte, lagen die Verluste zwischen 25% und 40%[91]. Die Handelskammer Crefeld, in deren Bezirk

---

[88] A.a.O.

[89] Jahresbericht der Handelskammer Görlitz für das Jahr 1854, Handelsarchiv 1855, II, S. 162.

[90] Jahresbericht der Handelskammer Reichenbach, Schweidnitz und Waldenburg für das Jahr 1854, Handelsarchiv 1855, I, S. 354.

[91] Jahresbericht der Handelskammer Aachen und Burscheid für das Jahr 1854, Handelsarchiv 1855, I, S. 253. Jahresbericht der Handelskammer Gladbach, Handelsarchiv 1855, I, S. 268. Jahresbericht über den Handel und die Industrie, erstattet von den Ältesten der Kaufmannschaft von Berlin, Handelsarchiv 1855, II, S. 65. Jahresbericht des Königlichen Generalkonsuls zu New York für das Jahr 1854, Handelsarchiv 1855, I, S. 505 f.

„viele größere Fabriken ... fast ausschließlich mit diesem Markt in einer regelmäßigen, ihrer Ausdehnung entsprechenden Verbindung stehen",[92] musste feststellen, dass von den Fallimenten in den USA „auch unser Platz empfindlich betroffen worden ist." Die von den Handelskammern beklagten Schwierigkeiten der Importeure in den USA und damit namentlich von preußischen Textilunternehmen in Schlesien und dem Rheinland waren eine der Auswirkungen der „Geschäfts- und Geldcrisis" in den USA 1854. Zu dieser Krise gehörten ebenfalls die Konkurse großer Häuser von New York über Boston bis nach New Orleans, die Wechselschwierigkeiten[93], das außerordentliche Ansteigen des Diskont- und Zinssatzes und das Sinken der Eisenbahn- und Staaten-Obligationen[94].

Der Absatz der USA im Zollverein blieb im Fiskaljahr vom 1.7.1854 bis zum 30.6.1855 etwa auf der gleichen Höhe wie im Jahr vorher, da sich die kurze Rezession der US-Wirtschaft insgesamt gesehen nur sehr begrenzt auf Europa auswirkte. Der Export des Zollvereins in die USA sank dagegen im gleichen Zeitraum um mehr als 20%. Der einzige Trost für die am US-Handel beteiligten preußischen Firmen war, dass es die anderen Zollvereinsstaaten nicht weniger traf und die Spitzenposition Preußens im US-Handel uneingeschränkt erhalten blieb. Von den nach den Angaben des US-Schatzssekretärs[95] im Fiskaljahr vom 1.7.1854 bis zum 30.6.1855 aus dem Zollverein gelieferten Waren im Wert von 12 835 530 $ stammten Waren im Wert von 7 024 562 $ aus Preußen und aus Sachsen im Wert von 2 710 591 $. Fast 50% der Einfuhrgüter bestanden aus Wollwaren (für 5 223 820 $), die wertmäßig 24% der europäischen Wollwaren im Wert von 22 897 572 $ stellten.

Das Exportgeschäft in die USA lief Anfang 1855 noch schlecht, da zunächst nur die Lager geräumt zu werden brauchten, aber nach der reichen Tabak-, Baumwolle-, Getreide- und Reisernte nahm der Warenaustausch zwischen den USA und dem Zollverein einen neuen Aufschwung und hatte entsprechend positive Folgen für die deutsche Exportindustrie[96]. Die Handelskammer Solingen urteilte 1856[97], dass sich von dem Ende der „Flauheit

---

[92] Jahresbericht der Handelskammer Crefeld für das Jahr 1854, Handelsarchiv 1855, II, S. 129.
[93] Jahresbericht des preußischen Konsuls von St. Louis für das Jahr 1854, Handelsarchiv 1855, I, S. 633 ff.
[94] Handelsbericht des preußischen Generalkonsuls zu Bremen über das Jahr 1854, Handelsarchiv 1855, II, S. 282.
[95] Handelsarchiv 1856, I, S. 54 f.
[96] Jahresberichte im Handelsarchiv 1856, I, von der Handelskammer Essen, S. 3, von der Handelskammer Iserlohn, S. 284, von der Handelskammer Elberfeld, S. 389 f., vom preußischen Konsul St. Louis, S. 648 ff. – Bericht der Ältesten der Kaufmannschaft von Berlin, Handelsarchiv 1856, II, S. 25.

II. „Weltwirtschaftskrise" 1857–1859

im Nordamerikanischen Geschäfte ... die segensreichen Folgen durch den sofortigen bedeutenden Aufschwung in fast allen Branchen unserer Industrie unverkennbar bereits zeigen." Genauso lobte die Handelskammer Lennep das sich wieder belebende Tuchexport-Geschäft mit den USA, „welches von solcher Ausdehnung und Bedeutung für unsere Gegend sowie für unsere Provinz geworden ist, daß diesem Verkehre die erste Stelle zugewiesen werden muss."[98] Von den schlesischen Unternehmern, die am Export in die USA interessiert waren, zeigten sich nur die Breslauer mit dem Absatz von Tuchen 1855/56 zufrieden, während die übrigen Fabriken, die vor allem Leinen anboten, neben der starken britischen Konkurrenz nicht bestehen konnten[99]. Immerhin gewannen die Textilbetriebe des Handelskammerbezirkes Görlitz einen Ausgleich im Orientgeschäft für den verlorenen Marktanteil in den USA[100].

Die in der zweiten Hälfte des Jahres 1857 in den USA ausgebrochene Wirtschaftskrise übertraf die Krise von 1854 in Auswirkungen und Dauer erheblich. Der Süden der USA wurde insgesamt am wenigsten in Mitleidenschaft gezogen; aber wie sehr die Krise selbst den Handel von New Orleans traf, verriet das Schicksal des bisher so erfolgreichen Baumwollkaufmanns Wilhelm Vogel, der seit 1845 in Louisiana als preußischer Konsul amtierte. Er zeigte sich, wie Gerolt erfuhr, so betroffen von dem Absatzrückgang als Folge „der hiesigen und Europäischen Finanz-Crisis", dass er „plötzlich sein Haus und seine Familie verlassen" und sich das Leben genommen hat[101].

Die neue Wirtschaftskrise wirkte sich wesentlich stärker auf Deutschland aus als die vorangegangenen Absatzstockungen wegen „Überführung" des amerikanischen Marktes, ja sie beendete nach Sombart die „erste Gründerzeit". Die Handelskammer Görlitz bezeichnete diese Rezession als „Krisis, wie sie die Annalen der Geschichte noch nicht, wenigstens noch nicht in solcher Ausdehnung kannten"[102]. Nach der Meinung der Handelskammer Bielefeld übertraf diese Krisis die „früheren Amerikanischen Handelskrisen von 1830, 1837 und 1847, welche ebenfalls Milliarden Europäischen Gel-

---

[97] Jahresbericht der Handelskammer Solingen für das Jahr 1855, Handelsarchiv 1856, II, S. 90.

[98] Jahresbericht der Handelskammer Lennep für das Jahr 1855, Handelsarchiv 1856, I, S. 586.

[99] Jahresbericht der Handelskammer Breslau für das Jahr 1856, Handelsarchiv 1857, I, S. 678.

[100] Jahresbericht der Handelskammer Görlitz für das Jahr 1855, Handelsarchiv 1856, II, S. 156.

[101] Gerolt am 11.2.1858 an Manteuffel, GStAM, 2.4.1.II. Nr. 602.

[102] Bericht der Handelskammer Görlitz über das Jahr 1858 vom März 1859, Handelsarchiv 1859, I, S. 422.

des verschlangen."¹⁰³ „Es ist nach der Erinnerung der ältesten hiesigen Fabrikanten", hieß es aus dem Krefelder Bezirk¹⁰⁴ mit seiner besonders am amerikanischen Markt orientierten Seidenindustrie, „niemals über die hiesigen Fabriken eine solche Katastrophe hereingebrochen, wie diese Krisis mit ihrem Gefolge von Zerrüttungen, welche sie in England, Norddeutschland und den überseeischen Märkten hervorgerufen hat."¹⁰⁵ Einzelne preußische Industriezentren empfanden sich also kaum weniger von der Wirtschaftskrise betroffen als Hamburg.

Die teilweise extremen Auswirkungen der Krise auf den Zollverein kommen in der offiziellen US-Statistik des Handels zwischen den USA und Deutschland nur unzureichend zum Ausdruck. Sie registriert ein Sinken der Gesamteinfuhr in die USA um 21% im Finanzjahr 1857/58 gegenüber 1856/57, während die Einfuhr aus Deutschland danach nur um rund 6,7% sank, genau von 15 auf 14 Millionen Dollar, also weniger als bei der Krise 1854. Großbritannien führte rund 30% weniger in die USA aus und Frankreich etwa 27%. Zweifel sind an den Zahlen zum deutschen Export in die USA eher berechtigt als an allen anderen Zahlen. Zu erklären war das geringe Absinken des deutschen Exports in die USA vor allem damit, dass die Krise in den USA die einzelnen Abnehmerregionen unterschiedlich in Mitleidenschaft zog, am stärksten die Industriebezirke der nördlichen Ostküsten-Staaten und die Getreide-Staaten Ohio, Illinois, Indiana, Wisconsin, Michigan und Iowa und am wenigsten den Süden der USA¹⁰⁶. Ebenso wurde nicht die gesamte auf den Export in die USA ausgerichtete deutsche Industrie von Absatzschwierigkeiten getroffen, sondern die Krise wirkte sich in Deutschland auf spezielle Regionen und Branchen besonders aus.

In dem für den Export in die USA wichtigsten konsularischen Bezirk in Preußen mit Aachen, Krefeld, Barmen und Köln sank die Menge der für den Export in die USA in den Monaten Oktober 1856 bis März 1857 fakturierten Güter von rund 2,8 Millionen Taler (= 2,1 Mill.$) auf dem Höhepunkt der Krise vom Oktober 1857 bis zum März 1858 auf 1,3 Millionen Taler (= 944 000 $), also um rund 54%¹⁰⁷. Im Fakturierungsbezirk des

---

¹⁰³ Jahresbericht der Handelskammer für die Kreise Bielefeld, Halle, Wiedenbrück und den westlichen Teil des Kreises Herford für 1857, Handelsarchiv 1858, II, S. 500.
¹⁰⁴ Jahresbericht der Handelskammer Krefeld für 1858, Handelsarchiv 1859, I, S. 493.
¹⁰⁵ Zur Krise der Krefelder Seidenindustrie 1857 s. *Gottfried Buschbell*: Geschichte der Stadt Krefeld, Bd. II, Von der Franzosenzeit (1794) bis um das Jahr 1870, Krefeld 1954, S. 356 f.
¹⁰⁶ Siehe dazu *James L. Huston*: The Panic of 1857 and the Coming of the Civil War, Baton Rouge and London 1987.
¹⁰⁷ Fakturierungslisten des Aachener Konsulats im NA Wash., Mf T-356/2, 3.

II. „Weltwirtschaftskrise" 1857–1859

Frankfurter Generalkonsuls, also in Frankfurt am Main, den hessischen Staaten, Baden und der bayerischen Rheinpfalz sank der Export in die USA auf rund 368 000 Gulden (= 167 000 $) in den Krisenmonaten Oktober 1857 bis März 1858 gegenüber einem Ausfuhrwert von 695 000 Gulden (= 315 836 $) im Vergleichszeitraum Oktober 1856 bis März 1857, also um 47 %[108]. Den Verlust beim Export von Textilien, Zigarren, Fellen und Schmuck machte in diesem Fall die außerordentlich verstärkte Ausfuhr von Spiegeln aus Mannheim wett; ohne diesen Exportschlager wäre die Ausfuhr um über 50 % abgesackt.

Die Ausfuhr der Hansestädte, die Waren aus allen deutschen Regionen in die USA sandten, sank wesentlich stärker als die offizielle US-Statistik verrät. Am stärksten traf die Krise ohnehin Hamburg, aber nicht in erster Linie wegen seiner Exportabhängigkeit von den USA. Der preußische Generalkonsul Kamptz, der im November und Dezember 1857 fast täglich neue Hiobsbotschaften über die Handels-und Geldkrisis aus Hamburg schickte, telegraphierte nach Berlin: „Die Kaufmannschaft hat gänzlich den Kopf verloren, und der moralisch und physisch erschöpfte Senat droht ihrem Beispiel zu folgen, denn niemand weiß Rat."[109] Der US-Export Bremens, des Hauptvermittlers preußischer Waren in die USA, sackte 1858 gegenüber 1857 wertmäßig um 40 % ab und ähnlich der US-Import, nämlich um ein Drittel[110]. Stark nahm auch nach der offiziellen US-Statistik die US-Einfuhr nach Deutschland ab; von 15 auf 12 Millionen fiel sie 1857/58 gegenüber 1856/57 zurück, also um 20 % und damit prozentual doppelt so stark wie die Gesamtausfuhr der USA unter dem Einfluss der Weltwirtschaftskrise.

Nichts sagt die offizielle Handelsstatistik über den Kapitalverlust deutscher Kapitalanleger im Gefolge der „Geld- und Warenkrisis". Diese Verluste in den USA beklagte vor allem die Handelskammer Lennep: „Die Verluste, welche dieses Land Deutschland zugefügt durch den mittelst der Krisis verursachten Minderwerth seiner öffentlichen und industriellen Anlagen, namentlich der Eisenbahnen, sind von großartigem Maßstabe."[111]

Die „europäisch-amerikanische Krisis" traf vor allem das preußische Textilgewerbe, den führenden Zweig seiner Verbrauchsgüterindustrie, weniger die Produktion von Metallwaren. Von den Auswirkungen der Depression auf die nach den USA hin orientierte Sammetbandweberei berichtete schon im Dezember 1857 die Handelskammer Aachen: „In der Bürgermeisterei

---

[108] Fakturierungslisten des Frankfurter Konsulats im NA Wash., Mf 161/3,4.
[109] Kamptz am 12.12.1856 an Manteuffel, parallel zum Hilfeersuchen des Kammervorstandes Möhring in Berlin. GStAM, 2.4.1.II. Nr. 1117.
[110] Handelsarchiv 1859, I, S. 414.
[111] Jahresbericht der Handelskammer Lennep für 1858, Handelsarchiv 1859, II, S. 19.

Wegberg des Kreises Erkelenz sind allein über 200 Stühle außer Betrieb gesetzt worden, und es werden überhaupt nur noch die besten Weber nothdürftig beschäftigt."[112] Im Februar 1858 vermerkte die Handelskammer Aachen, die zunächst bei ihren „gut fundierten" Geschäften Bankrotte nicht befürchtete, die ersten Fallimente. Die Sammetweber von Wegberg wechselten in die Halbwollenzeug- und die Baumwollweberei. Die Baumwollverarbeitung war in der Textilbranche am wenigsten betroffen. Die Beschäftigten konnten aber auch nur in den Gegenden ausweichen, die gewerblich entsprechend breit gefächert waren.

Im Bezirk Lennep arbeiteten 1858 die meisten Textilfabriken „durchschnittlich nur die halbe Zeit und weniger. ... In unserer kleinen Kreisstadt Lennep allein haben wir, durch die Krisis herbeigeführt, Suspensionen von hiesigen Handelshäusern zu beklagen, worunter 2 Tuchfabrikanten."[113] Die Handelskammer Barmen kommentierte die Geschäftskrisis: „Schon jede Amerikanische Geldverlegenheit, wie jeder bedeutende Abschlag in den Preisen der Rohstoffe, fällt auf den Deutschen Fabrikanten zurück, dessen Waren dort unverkauft lagern, wiewohl sie dem Rückgange gefolgt sind, und die Fabrikarbeiter in Sachsen, in Schlesien und der Rheinprovinz empfinden die Nachwehen, wenn die Bestellungen ausbleiben."[114] 1857/58 brachte die „schreckliche Krise" in Wuppertal „durch den Fall der auswärtigen Abnehmer, wie namentlich durch den Rückgang der Seide um 30 à 40 pct, der baumwollenen Garne um 30 pct und der wollenen Garne um 25 pct bedeutende Verluste; Stockungen des Verkehrs und der Produktion und Arbeiterentlassungen charakterisieren diese trüben Verhältnisse." Es gab einen Fabrik-Bankrott. Glücklicherweise konnten einzelne Unternehmen, auch Elberfelder, die bisher für den US-Markt arbeiteten, ihre Produktion auf Massenartikel für den europäischen Markt umstellen.

Die schlesischen Handelskammern stellten fest, dass gerade der Absatz des Artikels, der ursprünglich der wichtigste in der preußischen Produktenpalette im Handel mit den USA gewesen war, nämlich des Leinens, auf dem US-Markt ganz zu Ende ging, und das schlesische Leinen musste sich neue Märkte suchen. In Görlitz sah sich die Wollindustrie besonders von der Krise betroffen. „Bedeutende Häuser, die bisher eine große Anzahl Stühle beschäftigten, sind bereits mit der Liquidation ihrer Etablissements beschäftigt, andere werden unzweifelhaft folgen", teilte die Handelskammer Görlitz im März 1859 mit[115]. Zusätzlich ging in Görlitz die Tuchfabrik We-

---

[112] Handelsarchiv 1858, I, S. 14.
[113] Handelsarchiv 1858, I, S. 676.
[114] Jahresbericht der Handelskammer Elberfeld-Barmen für 1857, Handelsarchiv 1858, I, S. 302.
[115] Handelsarchiv 1859, I, S. 423.

II. „Weltwirtschaftskrise" 1857–1859

bern Konkurs; aber die gleichfalls Wolltuche herstellende Firma Ernst Halberstadt, die mehrere Monate still gestanden hatte, produzierte seit Ende 1858 wieder.

In Solingen brachte die „gewaltigste Geld- und Handelskrisis, wie sie die Welt noch nicht erlebt", große Verluste, aber „keine Fallimente ..., welche überrascht hätten."[116] Die Metallindustrie beklagte den Absatzrückgang bei den „weitaus bedeutendsten Kunden"[117]. Genauso stellten Hagen, Iserlohn, Lennep und Gleiwitz einen Nachfragerückgang bei Metallwaren fest. Die Kaufmannschaft in Berlin faßte alle wirtschaftlichen Schwierigkeiten im Zeichen der Rezession zusammen, wenn sie klagte: Es „mussten unser Geldmarkt, unsere Fabrikation, unser Warenhandel in einer Periode, wo fast alle Geschäfte sich reichlich mit Warenvorräten, und zwar zu den höchsten Preisen, versorgt hatten, und die Fabrikation noch eben sehr schwunghaft betrieben worden war, auf das härteste von einer Krisis mitgenommen werden, die nach allen Richtungen den Absatz unterbrach, die Konsumenten noch auf weiteres Sinken der Preise spekulieren ließ, und ein vorher überspanntes Vertrauen der kaufmännischen Welt in sein absolutes Gegenteil verwandelte."[118]

Im Zeichen des Wirtschaftsliberalismus war von der Regierung wenig Hilfe zu erwarten. Alle Bemühungen Hamburgs, einen Kredit der Preußischen Staatsbank zu erhalten, blieben erfolglos. Manteuffel gedachte die Mittel höchstens für den eigenen Handel und die Produktion in Preußen einzusetzen[119], während die Österreichische Nationalbank in einer Aufsehen erregenden Aktion Hamburg mit 10 Millionen Mark Banco half und auch Schweden Hamburg mit einem Darlehen stützte. Die daraufhin weithin gescholtene preußische Regierung hielt sich gleichfalls nur wenig mit ihrer Kritik an den „Hamburger Zuständen" zurück, womit etwa von der Heydt das dubiose Verhalten einzelner Kaufleute in der Krise wie die Krisenbewältigung durch den Senat meinte[120]. Eine nicht unwichtige Hilfe für die preußische Wirtschaft war immerhin, dass die preußische Regierung mit

---

[116] Jahresbericht der Handelskammer Solingen für 1857, Handelsarchiv 1858, I, S. 798.
[117] Jahresbericht der Handelskammer Solingen für 1858, Handelsarchiv 1859, I, S. 357.
[118] Bericht der Kaufmannschaft zu Berlin für das Jahr 1857, Handelsarchiv 1858, I, S. 686.
[119] Manteuffel am 14.12.1857 an Kamptz, GStAM, 2.4.1.II. Nr. 1117.
[120] Von der Heydt am 22.6.1858 an Manteuffel wegen einer Kritik an der Elberfelder Kammer, die vielfach als Sprachrohr von der Heydts betrachtet wurde. GStAM, 2.4.1.II. Nr. 1118. – Manteuffel hatte schon in seiner Instruktion an Kamptz vom 14.12.1856, die dann in der Presse veröffentlicht wurde, das Verhalten des Senats zurückhaltend kritisiert. GStAM, 2.4.1.II. Nr. 1117.

der Verordnung vom 27.11.1857 für ein Jahr die gesetzlichen Zinsbeschränkungen aufhob, und die Preußische Bank Handel und Gewerbe „reichlich Darlehen auf Waren und Fabrikate" erteilte, wie die Berliner Kaufmannschaft hervorhob[121].

Für die US-Vertreter in Deutschland war eine wichtige Frage, welche Rolle bei den deutschen Krisenerscheinungen der US-Wirtschaft beigemessen wurde und wie speziell die deutsche Presse sie einschätzte. US-Generalkonsul Ricker hob im Zusammenhang mit den Firmenzusammenbrüchen in Berlin, Stettin, Königsberg, Breslau, Görlitz und Halle besonders die Betrügereien einzelner bankrotter deutscher Unternehmer hervor und resümierte, dass Europa keinen Grund habe zu prahlen[122]. Schon vorher hatte er mit Zufriedenheit vermerkt, dass sich die Krisenberichterstattung und Ursachenuntersuchung in der Presse nicht mehr wie anfangs anklagend auf die USA konzentrierte. Im Mittelpunkt des Interesses stand sehr bald Hamburg. Ricker registrierte zunächst viele übertriebene Artikel über die Auswirkungen der Krise in der US-Wirtschaft, unter anderem über die Arbeiterunruhen in New York und Philadelphia, und Kritik an den USA. Er bemerkte aber schon Ende November 1857 angesichts der Krisenerscheinungen in Hamburg und der weiteren Ausdehnung der Finanz- und Wirtschaftskrise in Europa eine differenziertere Berichterstattung und Ursachenbetrachtung[123]. Ricker konnte mit Bezug auf die Aufsehen erregende Krise in Hamburg überzeugend darauf hinweisen, dass es gerade 2,6% seiner Exportgüter in die USA sandte und seine Schwierigkeiten kaum allein dem transatlantischen Partner anzulasten waren.

Die Krise brach zwar in den USA aus, aber die Verantwortung für den Ausbruch der Krise lag auch nach Meinung der preußischen Konsuln nicht nur bei der Wirtschaft der USA. Konsul Angelrodt, St. Louis, führte die „furchtbarsten Erschütterungen" auf „Aktienschwindel" und „übermäßigen Importations- und Warenhandel" zurück, „zu welchem beiden Europa und namentlich Deutschland recht bereitwillig die Hand geboten."[124] Er verdammte den „Leichtsinn" deutscher Geschäftsleute, „mit welchem in letzter Zeit der Waren-Kredit auf eine ungeheure Höhe getrieben wurde."[125] Immerhin gab er zu, dass deutsche Geldanleger mit unseriösen Berichten zum Kauf unsicherer Eisenbahnaktien angelockt wurden[126]. Für US-Generalkon-

---

[121] A.a.O., S. 686.
[122] Ricker am 2.1.1858 in Nr. 1 an Cass, NA Wash., Mf 164/4.
[123] Ricker am 28.11.1857 in Nr. 189 an Cass und am 7.12.1857 in Nr. 197 an Cass, a.a.O.
[124] Jahresbericht des Konsuls Angelrodt für 1857, Handelsarchiv 1858, II, S. 76.
[125] A.a.O., S. 77.
[126] A.a.O., S. 90.

II. „Weltwirtschaftskrise" 1857–1859

sul Ricker waren die deutschen Bankiers, die zweifelhafte Wertpapiere amerikanischer Eisenbahnfirmen in Umlauf brachten, genauso zu kritisieren wie die, die sie emittiert hatten[127]. Nach seinem Eindruck kamen die US-Wertpapiere Anfang der fünfziger Jahre massenhaft nach Deutschland – „like cotton in bales", und die Banken verkauften auch Wertpapiere, die in den USA selbst nie unterzubringen gewesen wären. Die Banken sähen sich jetzt gezwungen, die Wertpapiere zurückzunehmen und würden die amerikanischen Gesellschaften in Bausch und Bogen als unehrlich stigmatisieren und ihre Papiere als absolut wertlos charakterisieren, und zwar schon deshalb, um diese billig einzukaufen.

Während die Handelskammer Altena „des Amerikaners Selbstsucht und Rücksichtslosigkeit dem Europäischen Lieferanten gegenüber" brandmarkte[128], warf der Kaufmann Schöttler, preußischer Konsul in Philadelphia, den europäischen Fabrikanten, Kaufleuten und Bankiers vor, wenig vertrauenswürdigen amerikanischen Kaufleuten Kredit eingeräumt zu haben[129] und noch dazu, wie Konsul Adae in Cincinnati hervorhob, für einen Zeitraum von bis zu 18 Monaten[130]. Die von den Konsuln vorgetragene Kritik an überzogenen Warenkrediten war vor allem gegenüber England berechtigt, wie Rosenberg gezeigt hat[131], und gegenüber Hamburg. Preußen war wenig betroffen, wie das Ausbleiben der Bankenkrise hier beweist, wenn man von der Liquidation der Preußischen Handelsgesellschaft in Königsberg und der Magdeburger Handels-Compagnie Ende 1858 und den mit den Kursrückgängen verbundenen Verlusten anderer Banken einmal absieht; aber in Preußen gingen solide Banken, wie der Schaafhausen'sche Bankverein und die Berliner Disconto-Gesellschaft ungeschwächt aus der Krise hervor[132]. Die „nordamerikanische Krisis" traf in Preußen vor allem den Waren-Export. Konsul Schöttler sparte bei seinem Eingehen auf den Rückgang der Einfuhr in die USA nicht mit Kritik an Europa: Die europäischen Fabrikanten müssten einsehen, „daß der Markt der Vereinigten Staaten nicht länger geeignet ist, als Abzugskanal des Überschusses der Erzeugnisse der Europäischen Fabrikation zu dienen, und werden die Importationen sich bedeutend mehr auf den wirklichen Bedarf beschränken."[133]

---

[127] Ricker am 21.11.1858 in Nr. 183 an Cass, NA Wash., Mf 161/6.

[128] Jahresbericht der Handelskammer Altena für 1857, Handelsarchiv 1858, II, S. 486.

[129] Jahresbericht des preußischen Konsuls in Philadelphia für 1857, Handelsarchiv 1858, II, S. 124.

[130] Jahresbericht des preußischen Konsuls Adae in Cincinnati für 1857, Handelsarchiv 1858, II, S. 92.

[131] *Rosenberg*, S. 123 ff.

[132] *Walther Däbritz*: Gründung und Anfänge der Disconto-Gesellschaft Berlin, München und Leipzig 1931, S. 79 f.

So schockierend sich die Krise in einzelnen Handelskammerbezirken auswirkte, auf lange Sicht hin bedeutete die „europäisch-amerikanische Krisis" für die deutsche Wirtschaft nur ein kurzes Stocken des Wachstums, und der deutsche Export ging 1859 wieder hoch, auch der in die USA. Schon Mitte 1858 steigerten eine Reihe für den US-Markt arbeitende Firmen des Rheinlandes, Westfalens und Berlins wieder ihre Produktion oder nahmen sie wieder auf. Sie erwarteten wie die Elberfelder, dass „dort, wo die Krisis begonnen, sich auch zuerst eine Besserung zeigen werde."[134] Die Aachener Tuchfabriken arbeiteten seit Januar 1859 wieder ganztägig und verzeichneten dann 1859 „Versendungen nach den Vereinigten Staaten, teils aus Mangel an anderen Absatzwegen, teils unter dem Einflusse der Kriegsbefürchtungen", in „einer nie dagewesenen Höhe"[135]. Insgesamt produzierte das deutsche Textilgewerbe 1859 mehr als 1856[136]. Der US-Schatzsekretär verzeichnete im Finanzjahr 1859/60 einen Import im Wert von 18,3 Millionen Dollar, wozu Preußen Waren im Wert von 9,2 Millionen Dollar beisteuerte[137]; das bedeutete einen Umfang, wie er vorher nicht erreicht war und erst 1866 wieder übertroffen wurde. Der US-Export in den Zollverein stieg wieder auf die Höhe von 1856/57. Der Baumwollimport der Hansestädte, der 1858 um 22% abgesackt war, nahm dann bis 1860 um 56% zu, von 705 162 Zentner 1858 auf über eine Million Zentner[138]. Der Tabakimport, der 1858 um 31% gesunken war auf 687 928 Zentner, stieg bis 1860 um 47% auf gleichfalls über eine Million Zentner.

Das Vertrauen der deutschen Unternehmer in die Aufnahmefähigkeit des US-Marktes für deutsche Waren wirkte ungebrochen, aber amerikanischen Wertpapieren begegneten deutsche Geldanleger weiter skeptisch. Die Überzeugung, „daß den Nordamerikanischen Börsen in betreff der soliden Begründung und ehrlich-ökonomischen Verwaltung der öffentlichen Anstalten kein gutes Gewissen beiwohnen muss"[139], blieb zunächst. Die durch den Kursverfall besonders Geschädigten trafen sich im August 1858 in Frankfurt am Main, gründeten ein erstes Komitee aus Frankfurter Bankiers und ein zweites mit Vertretern von verschiedenen deutschen Börsenplätzen, unter anderem aus Berlin. Sie beauftragten die deutsch-amerikanische Firma L. H. Meyer in New York, die millionenschweren Schadenersatzansprüche gegenüber den Eisenbahn- und anderen Firmen zu vertreten und in der

---

[133] Jahresbericht Schöttlers für 1858, Handelsarchiv 1859, II, S. 301.

[134] Handelsarchiv 1859, I, S. 555.

[135] Handelsarchiv 1860, I, S. 589.

[136] *Walter Gustav Hoffmann*: Das Wachstum der deutschen Wirtschaft seit der Mitte des 19. Jahrhunderts, Berlin etc. 1965, S. 390.

[137] Handelsarchiv 1861, II, S. 38.

[138] Handelsarchiv 1862, I, S. 130.

[139] Jahresbericht der Handelskammer Altona für 1857, Handelsarchiv, II, S. 484.

II. „Weltwirtschaftskrise" 1857–1859

Presse aktiv zu werden. Aber im Übrigen verhielten sie sich, wie Ricker ironisch vermerkte[140], genauso aktiv wie der Bundestag in der Schleswig-Holstein-Frage, und sie fanden sich schließlich damit ab, dass ihre Wertpapiere nichts mehr wert waren.

1858/59 gab es Wertpapiere aus den USA, die neues Vertrauen fanden, so dass der Handel mit diesen Papieren an den deutschen Börsen langsam wieder in Gang kam, zum Beispiel Bonds von Chicago, Cincinnati, St. Louis und Louisville. Im Jahr 1859 fanden sogar wieder Eisenbahnaktien Absatz, zumindest die bessere Klasse, wie Generalkonsul Ricker zu berichten wußte[141]. Angesichts der unsicheren Verhältnisse in Europa seit Januar 1859 schien die Nachfrage nach US-Effekten gelegentlich das Angebot zu übersteigen, schrieb er. Ricker hatte Einblick in den Geldverkehr zwischen Deutschland und den USA, weil die Providentia Versicherungs-Gesellschaft in Frankfurt am Main Ricker zeitweilig anstelle eines Notars bei der Übersendung von Bonds und Coupons durch das Bankhaus Schmidt beteiligte. Der Wert der allein vom Januar bis Mai 1859 übersandten Bonds und Coupons, für die die Providentia haftete, belief sich nach Ricker auf etwa zwei Millionen Dollar[142].

Aus den im Warenhandel gemachten negativen Erfahrungen, vor allem den geplatzten Warenkrediten, zogen weitere Firmen die Konsequenz, dass sie den Zwischenhandel stärker selbst in die Hand nahmen und Filialen in den USA gründeten. Schon vorher hatten Unternehmen Elberfelds, Barmens, Remscheids und Iserlohns Zweigstellen in den USA eingerichtet, um dem amerikanischen Markt näher zu sein.

Zu den langfristigen politischen Auswirkungen der Krise in den USA, die das Verhältnis zu Preußen beeinflussten, gehörte, dass die Schutzzollbewegung wuchs. Während in den USA bis 1857 die Kräfte an Einfluss zunahmen, die den Freihandel wünschten und Zollsenkungen unterstützten, ging es nach der Wirtschaftskrise nur noch um die Frage, ob der Zolltarif von 1857 noch vor Erhöhungen zu bewahren sei. In Pennsylvania, dem von der Krise am meisten betroffenen Staat an der Atlantikküste, setzten sich mit Rücksicht auf die Industrie selbst die Demokraten für eine Revision des für Importeure so günstigen Zolltarifes von 1857 ein. Angesichts der Aufsehen erregenden Stimmeneinbußen der Demokraten bei den Kongresswahlen 1858 und des Haushaltsdefizites wegen der gesunkenen Zollerträge trat Buchanan für eine Zollerhöhung durch die Ersetzung der Wertzölle einzelner Produkte durch Gewichtszölle ein. Gerolt konnte wegen der unveränder-

---

[140] Ricker am 5.12.1858 in Nr. 194 an Cass, NA Wash., Mf 161/6.
[141] Ricker am 31.1.1859 in Nr. 25 an Cass, NA Wash., Mf 161/6.
[142] Ricker auf Anschuldigungen seines Sekretärs Baunheim am 21.5.1859 in Nr. 125 an Cass, NA Wash., Mf 161/7.

ten Einstellung der Südstaatler im Kongress zunächst noch sicher sein, dass die Tariferhöhungen verhindert würden, und weilte unbekümmert vom Juli 1858 bis Februar 1859 in Europa. Aber mit der durch die Wahlen 1858 veränderten Zusammensetzung des Kongresses wuchsen die Befürchtungen im Berliner Handelsministerium, und Gerolt erfuhr viel Kritik, dass er sich nicht schon längst wieder in Washington aufhielt, um sich für die deutschen Handelsinteressen einzusetzen[143]. Der in Washington verbliebene Legationssekretär Grabow stützte die Skepsis von der Heydts[144], indem er das Vertrauen auf das Scheitern der Pläne zur Zollerhöhung mit der ihm eigenen Kollegialität als „gewagt" abqualifizierte; aber Gerolt sah seine Einschätzung der Machtverhältnisse bis zur Sezession bestätigt. Beruhigend wirkte auch auf Gerolt, wie 1859 der Handel wieder zunahm, so dass rein vom bisherigen Ausgabe-Volumen des Unions-Haushaltes her gesehen Zollerhöhungen weniger dringlich schienen. Dass die Buchanan-Administration dennoch keine dauerhafte Haushaltssanierung zu erreichen im Stande war, wurde Gerolt schon im Juni 1859 vor Augen geführt, als Buchanan erneut zum Mittel einer Anleihe greifen musste, um ein Haushaltsdefizit auszugleichen. Die Mehrheit der Demokraten glaubte weiterhin, über die besonders in den nördlichen Atlantik-Staaten erhobene Forderung nach Schutzzöllen hinweggehen zu können, wie es im Programm dieser Partei ohnehin keinen Gesichtspunkt gab, der die wirtschaftlichen Interessen der besonders von der Krise betroffenen Bürger berücksichtigte.

Mit den Wahlen 1860 erwartete Gerolt einen republikanisch beherrschten Kongress. Selbstverständlich bevorzugte er eine demokratische Mehrheit, die nach seinen Worten „für die Erhaltung des gegenwärtigen Tarifs und des fremden Handels allerdings zu wünschen wäre."[145] Dem Prinzen und Regenten Wilhelm erklärte er: „Die Republikanische Partei, wie aus ihrem Programm oder Platform hervorgeht, huldigt dem Prinzip der unverhältnismäßigen Schutzzölle und verlangt, dass die Verbesserungen und Erweiterungen des Verkehrs und der Schiffahrt im Inneren der Staaten durch die indirekten Steuern bestritten werden, während die Demokraten solche Ausgaben den souveränen Staaten selbst überlassen und der Foederal-Regierung eine so große Macht (Patronage) nicht einräumen wollen, wie natürlich aus einer fast unbegrenzten Erhöhung der indirekten Einkünfte zu jenen Zwecken in den Händen der Regierung entstehen müsste. Die Demokraten wollen daher nur die notwendigen Einkünfte zur Bestreitung der laufenden Foederalkosten und die Aufrechterhaltung des fremden Handels durch mä-

---

[143] Von der Heydt am 27.12.1858 an Schleinitz, GStAM, 2.4.1.I. Nr. 7871.
[144] Grabow am 23.1.1859 an Schleinitz, GStA Berlin, Mf 80 AA CB IC Nr. 31.
[145] Gerolt am 15.10.1860 an den Prinzen und Regenten, GStA Berlin, Mf 80 AA CB IC Nr. 32.

III. Rückgang der deutschen Einwanderung in die USA 387

ßige Tarife, um eine allen Interessen entsprechende Concurrenz zwischen der inländischen und der auswärtigen Industrie zu erhalten." Seine Befürchtungen sah Gerolt in den nicht endenden Bemühungen der Republikaner um einen höheren Tarif schließlich fast bestätigt. Der Republikaner Morrill aus Vermont hatte schon kurz vor den entscheidenden Wahlen 1860 im Repräsentantenhaus Erfolg mit seinem Gesetzesantrag, im Wesentlichen den Walker-Tarif von 1846 wieder einzuführen; aber das Gesetz, das von Gerolt als „Calamität für den fremden Handel" eingestuft wurde[146], scheiterte diesmal noch an den demokratischen Südstaatlern im Senat.

Gerolt war sich in der Folgezeit bewusst, dass die zwischen Süd- und Nordstaaten zumeist gegensätzlichen Auffassungen in den Tarifangelegenheiten den Konflikt zwar verschärften, aber diese Meinungsverschiedenheit nicht ausschlaggebend war für den Ausbruch des Sezessionskrieges. Gegen die Einstufung des Sezessionskrieges als Krieg zwischen Protektionssystem und Freihandelssystem, als bloßen Tarifkrieg durch die britische Presse 1861 führte auch Karl Marx in einem Presseartikel richtig ins Feld, dass „der Repräsentant Morrill seinen Schutzzolltarif 1861 erst im Kongreß durchsetzte, nachdem die Rebellion bereits ausgebrochen war."[147]

III. Der Rückgang der deutschen Einwanderung in die USA trotz des wachsenden staatlichen Schutzes

Die deutsche Einwanderung in die USA sank von 1855 bis 1859 im Vergleich zum Zeitraum 1850 bis 1854 um mehr als die Hälfte[148]. In New York, dem Hauptzielort deutscher Einwanderer, registrierte die Deutsche Gesellschaft 1854 179600 Deutsche[149] und 1859 noch rund 28000[150], die ihr Glück in der Neuen Welt suchten. Entgegen den Erwartungen von Auswanderungs-Agenturen und hansestädtischer Presse führte die mit der Wirtschaftskrise in Deutschland verbundene „Arbeitskrisis" nicht zu einer vermehrten Auswanderung in die USA.

---

[146] Gerolt am 21.5.1860 an den Prinzen und Regenten, GStA Berlin, Mf 80 AA CB IC Nr. 32.
[147] Karl Marx in einem Artikel vom 20.10.61 aus London für die in Wien erscheinende Zeitung „Die Presse". *Karl Marx: Politische Schriften, Hrsg. Hans-Joachim Lieber*, Darmstadt 1971, S. 848 f.
[148] *Peter Marschalck*: Deutsche Überseewanderung im 19. Jahrhundert, Stuttgart 1973, S. 48.
[149] Jahresbericht der Deutschen Gesellschaft New York 1857, GStA Berlin, Mf 108 III.HA Rep. I Nr. 19 Vol. 1 Teil 2.
[150] Jahresbericht der Deutschen Gesellschaft New York 1865, GStA Berlin, Mf 108 III.HA Rep. I Nr. 19 Vol. 1 Teil 3.

Nativismus und Wirtschaftskrise in den USA verminderten ihre Attraktivität für Einwanderer, was sich nicht nur in der Abnahme der Einwanderung niederschlug, sondern auch in einer auffallenden Zahl von Rückkehrern[151]. An die Stelle der Berichte vom unerhörten Wirtschaftsboom traten 1857 die Hiobsbotschaften der von der Wirtschaftskrise besonders betroffenen Neueinwanderer und Rückkehrer. Der Kladderadatsch spielte 1857 mit einer Spott-Annonce für die Auswanderer besonders auf die Wirtschaftsprobleme in Nordamerika an[152]:

„*Für Auswanderer.*

Da wir gegenwärtig selbst für 50 bis 80 000 Menschen einen brauchbaren Welttheil suchen, so bitten wir die geehrten Herren Auswanderer sich nicht erst persönlich hierher zu bemühen, sondern diejenige Summe, die Sie hier anzulegen gedenken, gefälligst per Post hierher senden zu wollen.

Klemme u. Co.

in Amerika."

Samuel Ricker, US-Konsul in Frankfurt, erwähnte in seinen Berichten 1855 bis 1858 immer als Hauptursache für den Rückgang der Auswanderung in die USA die Knownothings[153]. Über die Wirkung der Knownothings auf Deutsche urteilte er gegenüber Cass 1858[154], dass der Zorn eines von den Knownothings vertriebenen Deutschen genüge, um ein ganzes Dorf gegen die USA einzunehmen. Hunderte von Dörfern seien schon in diesem Sinne beeinflusst, und Tausende von Auswanderern hätten sich von den USA abgewandt und seien in Länder ausgewandert, wo sie allen Parteien willkommen seien. Die Rückkehrer nach Deutschland seien ein schweigender Protest gegen die USA, und wenn sie sich über die USA äußerten, so würden sie selbst bei gemeinsten Anschuldigungen als zuverlässige Quelle gewertet. – Wie schockierend der Nativismus auf Deutsche wirkte, kann man daraus schließen, dass die Auswandererzeitungen noch in den sechziger Jahren die Äußerungen nativistischer Politiker wie von Brooks aus New York und von Senator Thompson von 1854 über die roten runden Gesichter der Deutschen, ihre breiten Füße und langen Rücken, ihre

---

[151] Die Versuche, schon für die fünfziger Jahre genaue Zahlen zu präsentieren, haben sich angesichts der so unterschiedlichen Ergebnisse als müßig erwiesen. Zum Problem der deutsch-amerikanischen Rückwanderung insgesamt s. *Alfred Vagts*: Deutsch-amerikanische Rückwanderung, Heidelberg 1960, und den den gegenwärtigen Forschungsstand zusammenfassenden Überblick von *Karen Schniedewind*: Fremde in der alten Welt: die transatlantische Rückwanderung, S. 179–185 in: Deutsche im Ausland – Fremde in Deutschland, Hrsg. *Klaus J. Bade*, München 1993.

[152] Der Kladderadatsch vom 8.11.1857.

[153] Er sprach gegenüber Marcy von „the blasting effects of Know-nothingism". – Ricker am 24.11.1856 an Marcy, NA Wash., Mf 161/3.

[154] Ricker am 21.11.1858 in Nr. 183 an Cass, NA Wash., Mf 161/6.

III. Rückgang der deutschen Einwanderung in die USA

Stupidität und ihre Vorliebe für Bier und Sauerkraut zitierten. Im Zeichen der Nativismus- und Krisennachrichten wird die Kritik an den allgemeinen politischen Bedingungen, insbesondere an der Rechtsunsicherheit, auf mehr Glauben gestoßen sein als noch Anfang der fünfziger Jahre.

Während sich die Lebensbedingungen in den USA in der zweiten Hälfte der fünfziger Jahre schlechter darstellen mussten für den, der auswandern wollte, war der staatliche Auswanderungsschutz in dieser Zeit wesentlich besser geworden. Preußen und die meisten anderen deutschen Staaten überwachten Auswanderungs-Agenten und Transport-Unternehmer, hatten gemeinsam die häufig kritisierte indirekte Beförderung deutscher Auswanderer über britische Häfen auf ein Minimum reduziert und den oft mit Betrug verbundenen deutschen Vorverkauf von Fahrkarten für Reisen vom Landungshafen in den USA in das Landesinnere verboten. Die USA hatten zur gleichen Zeit die Unterbringung in den Einwandererschiffen besser geregelt. Schließlich kümmerten sich die US-Einwanderungsbehörden stärker um die Einwanderer in den Landungshäfen. Die tiefgreifendste und zugleich umstrittenste Neuerung in der zweiten Hälfte der fünfziger Jahre in New York war, dass die Einwanderungs-Kommission des Staates New York zum 1.8.1855 das alte Fort an der Südspitze Manhattans Castle Garden als den nunmehr alleinigen Landungsplatz für Einwanderer eröffnete. Die Einwanderungs-Kommission nahm einen ernsthaften Anlauf, unter Mitwirkung der Deutschen Gesellschaft über die Castle Garden Company endlich den betrügerischen Aktivitäten derer den Boden zu entziehen, die unerfahrene, der Sprache und des Landes unkundige Einwanderer ausnutzten, wenn sie eine erste Unterkunft, Arbeit und Gelegenheit zur Weiterreise in den Westen suchten. Die vom Board of Commissioners of Immigration gegründete Castle Garden Company brachte ab August 1855 alle gesunden Einwanderer, die in New York ankamen, zunächst einmal in Castle Garden unter, schützte damit sie und ihr Gepäck und bot Transportunternehmungen Gelegenheit, hier unter Aufsicht Fahrkarten zu verkaufen. Mit der Castle Garden Company zusammen arbeitende philanthropische Vereinigungen, wie die bei der Arbeitsplatzsuche helfende Deutsche Gesellschaft, hatten es nun leichter, ihre Hilfe anzubieten. Demgegenüber sahen sich die Geldwechsler, die Gastwirte zusammen mit ihren auf das Ausnehmen der Einwanderer spezialisierten Runner und manche Transportagenten, die früher erheblich an den Einwanderern verdient hatten, rigoros aus dem Geschäft ausgegrenzt. Nicht nur dass die meisten deutschen Regierungen inzwischen die Praxis der Transport-Agenten in Deutschland reglementiert hatten und zugleich den Vorverkauf von Fahrkarten für das Innere der USA in Deutschland verboten hatten, sondern auch die USA griffen jetzt zum Ärger der Geschäftemacher unmittelbar in die Nutzung des Auswandererstromes ein.

Die Castle Garden Company stellte bei den vom 1.8.1855 bis 31.12.1855 registrierten Deutschen ein Durchschnittskapital von 61 Dollar fest, obgleich in dieser Zeit Mecklenburg „eine Anzahl der Bewohner seiner Armenhäuser und Gefängnisse nach Amerika expediert" hatte[155]. Dass die Einwanderer eine Bereicherung für die USA darstellten, wurde höchstens von den Nativisten bezweifelt, wusste aber die auf die Einwanderer hin orientierte Geschäftswelt ohnehin. Wenn also der staatliche Einwanderungsschutz in einzelnen Geschäftskreisen in Deutschland wie in den USA zunehmenden Unwillen provozierte, so betrachtete Gerolt das als ganz verständlich: „Wenn man bedenkt, daß die deutschen Einwanderer jährlich an zwanzig Millionen Preußischer Thaler nach den Vereinigten Staaten bringen, um sich, meistens in den westlichen Staaten, niederzulassen, so wird es erklärlich, wie der Spekulationsgeist von Tausenden nicht nur in New York und anderen hiesigen Städten, wo es der Gerechtigkeit so schwer wird, die Betrüger zur Strafe zu ziehen, sondern auch im Innern Deutschlands und besonders in den fremden Häfen, wo die deutschen Einwanderer sich einschiffen, darauf gerichtet ist, von den letzteren alle Vorteile zu ziehen ..."[156]. Ein Teil der Kritik in der deutschen und der US-Presse am Auswandererschutz in New York war sicher auf die persönliche wirtschaftliche Betroffenheit durch die staatlichen Eingriffe in den Transport und die Unterbringung der Einwanderer zurückzuführen. Dieser Verdacht lag auch nahe bei dem lautstärksten Kritiker auf deutsch-amerikanischer Seite, dem Journalisten Eduard Pelz. Der Eindruck, dass er nicht frei von wirtschaftlichen Einflüssen argumentierte, musste sich schon deshalb aufdrängen, weil er selbst für eine nicht in Castle Garden vertretene Bahnlinie bei jeder Gelegenheit besonders warb, nämlich für die Pennsylvania Centralbahn[157].

Besonderes Aufsehen erregte die 1856 in Frankfurt am Main von Pelz verfasste Streitschrift „Neuester Bericht über die Empfangs- und Weiterbeförderungsverhältnisse in New York"[158]. Er wies den Verdacht zurück, eigennützig zu kritisieren, und verdächtigte seinerseits die Castle Garden Company, einzelne Transport-Unternehmen mit der Fahrkarten-Verkaufs-Lizenz aus wirtschaftlichem Interesse zu bevorzugen. Demgegenüber bedauerte die Deutsche Gesellschaft, die Castle Garden mittrug, in ihrem Bericht von 1857 ausdrücklich, dass die Pennsylvania Centralbahn nur ein Verkaufsbüro außerhalb von Castle Garden unterhielt, also nicht zu den vielen Eisenbahngesellschaften gehörte, die in Castle Garden Karten ver-

---

[155] Bericht der Deutschen Gesellschaft vom 22.2.1856, GStA Berlin, Mf 108 III.HA Rep. 1 Nr. 19 Vol. 1 Teil 2.
[156] Gerolt am 20.2.1857 an Manteuffel, GStA Berlin, a.a.O.
[157] Vgl. die undatierte Stellungnahme zu Castle Garden von Eduard Pelz, Anlage zum Bericht Gerolts vom 27.12.1855 an Manteuffel, a.a.O.
[158] A.a.O.

III. Rückgang der deutschen Einwanderung in die USA 391

kauften[159]. Insgesamt griff Pelz an, wie die Castle Garden Company die Auswanderer betreute und dabei nach außen abschirmte. Zugleich kritisierte er die in Castle Garden mitarbeitende Deutsche Gesellschaft, die er „eine separate Klicke" schimpfte, „welche vornehmlich die deutschen Rheder-Interessen den Einwanderern gewissermaßen gegenüber" vertrete[160].

Pelz konnte sicher sein, dass er angesichts der nicht seltenen Korruptionsverdächtigungen in der Presse auch bei den gegen die Deutsche Gesellschaft gerichteten Vorwürfen auf Anklang stieß. Schließlich traf Pelz mit dem Klicken-Vorwurf einen wunden Punkt der Deutschen Gesellschaft; denn sie hatte von den über 100 000 im Staat New York wohnenden Deutschen nur eine verschwindend geringe Minderheit als Mitglieder gewonnen, etwa 500[161]. In den sechziger Jahren stieg die Mitgliederzahl auf 800, wovon 90% Kaufleute waren[162]. Die Reederei-Interessen spielten bei ihnen, die so sehr mit dem Handel mit Deutschland verbunden waren, naturgemäß eine herausragende Rolle. Zu den Mitgliedern dieser seit ihrer Gründung 1784 zur Unterstützung der deutschen Einwanderer tätigen Gesellschaft zählten traditionell die wohlhabendsten Deutschen. Sonst wäre kaum die für die vielen Aufgaben erforderliche Abkömmlichkeit und Spendenfreudigkeit gewährleistet gewesen. Allein der Wohltätigkeits-Ausschuss der Deutschen Gesellschaft zahlte nach seinen Berichten von 1850 bis 1855 jährlich zwischen 4500 und 8500 Dollar an bedürftige Einwanderer, wovon die Emigrations-Kommission etwa 30% erstattete. Kritiker wie Pelz übergingen die soziale Praxis der Deutschen Gesellschaft und die Tatsache, dass neben den wohlhabenden Großkaufleuten und Reedern auch so einfache Kaufleute und Handwerker Mitglied waren, dass kein fester Jahresbeitrag durchzusetzen war[163]. Zur Bewertung der Angriffe von Eduard Pelz auf die Deutsche Gesellschaft wegen ihrer Unterstützung von Castle Garden ist schließlich wichtig, dass diese Gesellschaft, ganz gleich, welchen Beruf ihre Mitglieder ausübten, in Castle Garden wohl kaum effektiv Reeder-Interessen zu vertreten vermochte angesichts ihres beschränkten Einflusses auf die Einwande-

---

[159] Jahresbericht der Deutschen Gesellschaft des Staates New York für 1857, GStA Berlin, Mf 108 III.HA Rep. 1 Nr. 19 Vol. 1 Teil 2.

[160] Neuester Bericht über die Empfangs- und Weiterbeförderungsverhältnisse in New York, a. a. O.

[161] Genaue Mitgliederzahlen lagen mir zu den fünfziger Jahren nicht vor.

[162] Nach den in den Jahresberichten der sechziger Jahre enthaltenen Mitgliederlisten. Zur Mitgliederstruktur s. Hartmut Bickelmann: Deutsche Gesellschaften in den Vereinigten Staaten, S. 141 ff., S. 150. In: *Just, Bretting, Bickelmann*: Auswanderung und Schiffahrtsinteressen, „Little Germanies" in New York, Deutschamerikanische Gesellschaften, Stuttgart 1992.

[163] Nach dem Jahresbericht der Deutschen Gesellschaft für 1865 stellte Eduard von der Heydt vergeblich den Antrag, den Jahresbeitrag eines jeden Mitgliedes auf mindestens 10 Dollar festzusetzen.

rer-Verwaltung des Staates New York. Nicht umsonst konnte Pelz seinen Vorwurf gegen die Deutsche Gesellschaft nicht konkretisieren.

Wenn die von Günther Fröbel, dem Bruder des politischen Emigranten Julius Fröbel herausgegebene Auswanderungs-Zeitung (Rudolstadt) die Kritik von Eduard Pelz aufnahm, so liegt der Verdacht nahe, dass hierbei das Geschäftsinteresse der zugleich von Günther Fröbel betriebenen großen Auswanderungsagentur eine Rolle spielte. Schließlich zielte der Auswandererschutz in Castle Garden ebenfalls auf die Freiheit der deutschen Auswandereragenturen.

Mag manche Denunziation der Deutschen Gesellschaft im Zusammenhang mit Castle Garden unseriös wirken, so muss darum noch nicht die gesamte Kritik in den USA und in Deutschland an dem „Unwesen der Castle-Garden-Wirtschaft" von der Augsburger Allgemeinen bis zur Allgemeinen Auswanderungs-Zeitung entwertet sein. Konkret konnte Pelz, der staatlichen Unternehmen und Beamten gegenüber kritische politische Flüchtling, immerhin das Fehlverhalten einzelner Beschäftigter von Castle Garden gegenüber den Einwanderern anführen und rüde Abschirmungsmethoden nach außen. Eduard Pelz berief sich bei seinen Angriffen auf „die abscheuliche Wirtschaft in Castle Garden" ausdrücklich auf Prinz Paul von Württemberg[164], der sich nach seiner Ausbildung in der württembergischen und preußischen Armee als Nordamerika-Kenner einen Namen gemacht hatte. Nach seinem Besuch in New York 1856 urteilte er, an die Stelle der früheren Betrügereien seien nun die durch „eine hochherzige Gesellschaft" betriebenen Gaunereien getreten, „die systematisch und auf das schamloseste unter dem Deckmantel eines Gesetzes" erfolgten[165]. Der Prinz gestand höchstens zu, dass Castle Garden, wenn es „in den Händen ehrlicher Leute wäre und nach rein menschlichen Grundsätzen geleitet würde, lobenswert wäre, da New York früher von herumirrenden Auswanderern wimmelte, die in Not und Elend herumbettelten und der Bevölkerung zur Last fielen."[166] Die laut werdende Kritik an der neuen Einwanderungs-Einrichtung ging so weit, dass 1857 das Schwarzburgische Ministerium in einer Erklärung in der in Rudolstadt erscheinenden Allgemeinen Auswanderungs-Zeitung parallel zu einem von Pelz aufgenommenen Artikel[167] vor der „Castle-Garden-Wirtschaft" warnte.

Keine politische Instanz im Staat New York dachte jedoch daran, die Einwanderer-Sammelstelle wieder aufzuheben, auch wenn der nativistische

---

[164] Undatiertes Schreiben von Pelz, Anlage zum Bericht Gerolts vom 27.12.1855 an Manteuffel, GStA Berlin, Mf 108 III.HA Rep. I Nr. 19 Vol. I Teil 2.
[165] Paul Wilhelm von Württemberg: Reisen und Streifzüge in Mexiko und Nordamerika 1849–1856, Hrsg. *Siegfried Augustin*, Stuttgart und Wien 1986, S. 330.
[166] A.a.O.
[167] Allgemeine Auswanderungs-Zeitung vom 6.2.1857, Rudolstadt.

III. Rückgang der deutschen Einwanderung in die USA 393

Bürgermeister Fernando Wood im Zeichen des Wahlkampfes den dortigen Einwandererschutz für übertrieben erklärte. Castle Garden blieb der einzige Landeplatz vor der Küste New Yorks und wurde 1892 sogar noch durch ein weiteres Einwanderungsdepot ergänzt. Die Kritik verstummte auch später nicht. Abgesehen davon, dass für die Nativisten die Aufwendungen für die Einwanderer immer ein Stein des Anstoßes blieben, so gab auch die Leitung von Castle Garden immer wieder Anlass zu seriöser Kritik. Es wäre seltsam gewesen, wenn es in Castle Garden, das zum Beispiel 1856 über 140 000 Einwanderer zu bewältigen hatte, keine Missstände gegeben hätte. Die Deutsche Gesellschaft in New York, die Castle Garden zunächst demonstrativ verteidigte, beschäftigte sich unter anderem 1859 in einer außerordentlichen Generalversammlung ausführlich mit den dieser Einrichtung vorgeworfenen Missbräuchen[168]. Begründet wirkte nur der Vorwurf, die Bahnen kümmerten sich nicht genügend um das Gepäck der Einwanderer[169]. 1866 deckte ein Einwanderungskommissar von West Virginia zusätzlich Unregelmäßigkeiten von Angestellten in Castle Garden auf[170].

Neben der Kritik erfuhr Castle Garden erstaunlich viel Anerkennung. In den früheren Jahren hatten Mitglieder der Deutschen Gesellschaft immer wieder die mangelhafte Fürsorge der Einwanderungs-Kommission für Deutsche kritisiert, den geringen Einfluss des einen deutschen Kommissars neben den Vertretern der Iren bemängelt und die unzureichende Krankenpflege auf Wards Island angeprangert[171]. Aber im Jahre 1856 erlebte die Einwanderungs-Kommission endlich einmal Anerkennung von deutscher Seite; ja, es hieß, Castle Garden sei in den Augen der Deutschen Gesellschaft „der größte Fortschritt im Einwanderungswesen ..., welcher seit vielen Jahren stattgefunden hat"[172]. Gerolt verlangte im Dezember 1855 im Zusammenhang mit seiner ausführlichen Stellungnahme zugunsten von Castle Garden, dass sich die preußische Regierung öffentlich äußern sollte. Manteuffel sollte die Castle Garden und der Deutschen Gesellschaft zuteil gewordenen „Anfeindungen und Verleumdungen" zurückweisen, „welche sogar ihren Weg in die respectabelsten deutschen Blätter finden, namentlich

---

[168] *Anton Eickhoff*: In der Neuen Heimat, New York 1884, S. 59.
[169] Zur Kritik an Castle Garden s. auch *Hermann Wätjen*: Aus der Frühzeit des Nordatlantikverkehrs, Leipzig 1932, S. 182 ff.
[170] *Ingrid Schöberl*: Amerikanische Einwandererwerbung in Deutschland 1845–1914, Stuttgart 1990, S. 162.
[171] Vgl. das undatierte Gutachten des Sekretärs der Deutschen Gesellschaft im Staat New York, Dr. Ludewig, über das Einwanderungswesen in New York, Anlage zum Bericht Gerolts an Manteuffel vom 27.12.1855, GStA Berlin, Mf 108 III.HA Rep. I Nr. 19 Vol. 1 Teil 2.
[172] Bericht der Deutschen Gesellschaft des Staates New York vom 22.2.1856, GStA Berlin, Mf 108 III.HA Rep. I Nr. 19 Vol. 1 Teil 2.

in die Augsburger Zeitung ..."[173]. Ehe sich jedoch die preußische Regierung in die Auseinandersetzung diesseits und jenseits des Atlantiks einschaltete, suchte sie sich näher zu informieren. Generalkonsul Schmidt und sein Vizekonsul Eduard von der Heydt kamen nach der Inaugenscheinnahme von Castle Garden zu dem Schluss, „daß die Anstalt auf Castle Garden von dem entschiedensten Nutzen für die Einwanderer ist, und daß, wenn auch hier und da Fälle vorkommen, die Anlaß zu Beschwerden geben, sie durch die Einrichtungen und Vorkehrungen des Castle Garden Committee gegen das früher bestehende Unwesen der Runner, Wirthe und Beförderungs-Agenten geschützt und in Stand gesetzt werden, ohne Aufenthalt und die ihnen dadurch entstehenden Kosten, ihre Reise ins Innere auf sichere und billigere Weise fortsetzen zu können."[174] Nach der Stellungnahme aus dem Preußischen Generalkonsulat erhielt das Preußische Staatsministerium eine noch eindrucksvollere Entscheidungshilfe: Die westeuropäischen New Yorker Konsuln aus den Auswanderungsländern fanden sich zum ersten Mal zu einer gemeinsamen Erklärung zusammen. Generalkonsul Schmidt, der württembergische Konsul Bierwirth, der belgische Generalkonsul Mali, der britische Konsul Fowler, der niederländische Generalkonsul Burlage und der französische Generalkonsul Montholon sprachen sich am 2.2.1857 gemeinsam für Castle Garden als einzigen Landungsplatz mit einem System der Personen- und Gepäckbeförderung unter der Oberaufsicht der Einwanderungs-Kommission aus. Angesichts der jahrelangen Erfahrungen mit falschen, in Europa gekauften Fahrkarten für das Landesinnere der USA warnten sie zugleich vor den „Gefahren des Contrahierens in Europa für Inlands-Reisen in Amerika"[175], wie es auch die verschiedenen deutschen Gesellschaften in den USA und Gerolt seit langem taten. Parallel zur Erklärung der Konsuln und in gleichem Sinn nahm die US-Regierung Stellung, obgleich sich die Unions-Ebene bisher möglichst aus der Frage herausgehalten hatte, wie den Einwanderern in den USA zu begegnen sei. Marcy informierte am 31.1.1857 mit einem Zirkular-Schreiben und den Berichten der New Yorker Einwanderungsbehörden die US-Vertreter in Europa über die Leistungen von Castle Garden und wandte sich ebenfalls gegen den Verkauf von Fahrkarten für das Innere der USA in Europa[176].

---

[173] Gerolt am 27.12.1855 an Manteuffel, a.a.O.
[174] Vizekonsul von der Heydt in Vertretung des Generalkonsuls am 1.9.1856 an das Ministerium der auswärtigen Angelegenheiten, a.a.O. – Diese Stellungnahme ging anschließend zusammen mit einem neunseitigen Protokoll einer Sitzung der Deutschen Gesellschaft über Castle Garden allen preußischen Provinzialregierungen zu.
[175] Erklärung vom 2.2.1857, Anlage zum Bericht Gerolts vom 20.2.1857 an Manteuffel, a.a.O.
[176] Das Zirkular vom 31.1.1857 mit Anlagen, übermittelt mit der Note Vrooms am 21.2.1857 an Manteuffel, a.a.O.

III. Rückgang der deutschen Einwanderung in die USA 395

Die preußische Regierung ließ es nicht bei einem Dank an Staatssekretär Marcy bewenden „für die Teilnahme, welche das dortige Gouvernement den Einwanderern aus Deutschland zuwendet..."[177], sondern nahm nun schließlich auch selbst Stellung zugunsten von Castle Garden. Manteuffel wandte sich an die Landesregierungen, in deren Gebiet es „Angriffe und Verdächtigungen" Castle Gardens und der Deutschen Gesellschaft gegeben hatte, nämlich an das Schwarzburgische Ministerium[178] und an die Bayerische Regierung[179]. Die „Angriffe und Verdächtigungen" hätten „inzwischen ihre volle Widerlegung in verschiedenen Berichten der diesseitigen konsularischen Agenten in New York gefunden...". In gleichem Sinne verwandten sich der Innenminister Westphalen und der Handelsminister August von der Heydt in einer an sämtliche Provinzialregierungen gerichteten Circular-Verfügung am 26.2.1857[180] für eine korrekte Information über die New Yorker Bedingungen für Einwanderer und schärften zugleich das Verbot des Verkaufs von „Passage-Billets" für das Innere Nordamerikas in Preußen ein. Im Sinne des Circulars und der mit versandten Stellungnahmen des preußischen Generalkonsulats in New York und der Deutschen Gesellschaft unterrichteten die Provinzialregierungen die Landräte über den Stand des Auswandererschutzes und verteidigten Castle Garden speziell gegen die Angriffe von Pelz. Der Handelsminister und der Innenminister stützten sich bei ihrer Verfügung auf den Centralverein für Auswanderung, auf Gerolt wie auf Marcy und die New Yorker Einwanderungskommission. Über dies außergewöhnliche Dokument des Einvernehmens von preußischen und amerikanischen Institutionen berichtete der US-Gesandte Vroom erstaunlicherweise nicht nach Washington, zumindest nicht offiziell; allem Anschein nach war er darüber nicht informiert.

Dem US-Generalkonsul Ricker in Frankfurt, der aus Louisiana stammte, ging das Eintreten für die Einwanderungseinrichtungen von New York schon zu weit, insbesondere die Empfehlung der Union für Castle Garden, das er regelmäßig als Monopol-Einrichtung charakterisierte; er wähnte nicht zu Unrecht die Interessen der übrigen Einwanderungshäfen vernachlässigt[181], unter anderem die von New Orleans. Wie der deutsche Handel konzentrierte sich die deutsche Einwanderung in der Tat noch stärker auf New

---

[177] Manteuffel am 16.3.1857 an Gerolt, Entwurf, a.a.O.
[178] Manteuffel am 11.5.1857 and Fürstliche Schwarzburgische Ministerium, GStA Berlin, Mf 108 AA III.HA Rep. 1 Nr. 19 Vol. 1 Teil 2.
[179] Manteuffel am 9.6.1857 an den Bayerischen Gesandten von Mongelas, GStA Berlin, Mf 108 AA III.HA Rep. 1 Nr. 19 Vol. 1 Teil 3.
[180] Circular-Verfügung des Innenministers und des Handelsministers vom 26.2.1857, GStA Berlin, Mf 108 AA III.HA Rep. 1 Nr. 19 Vol. 1 Teil 2.
[181] Ricker am 19.7.1857 in Nr. 108 an Cass, NA Wash., Mf 161/4, am 7.5.1858 in Nr. 86 an Cass, NA Wash., Mf 161/6, und öfter.

York, also auf den Norden der USA, eine für das spätere Verhältnis Deutschlands zu den Nordstaaten nicht unwichtige Entwicklung.

Wenn Manteuffel im Staatsministerium die Bedeutung betonte, „daß jetzt die Unions-Regierung sich der Einrichtung von Castle Garden anzunehmen scheint"[182], dann auch wohl deshalb, weil sich mit dem Zugriff der Union auf die bisherige Domäne des Staates New York Gelegenheit bot, den Auswanderungsschutz von Regierung zu Regierung zu behandeln. So ließ Manteuffel Gerolt jetzt zum ersten Mal bei der US-Regierung in einer Auswanderungs-Angelegenheit vorstellig werden, und zwar „im Interesse der Menschlichkeit" wegen der „Mißhandlungen ..., welche Deutsche und andere Fremde an Bord von New Yorker Paketschiffen zu erleiden haben"[183]. Manteuffel stützte sich bei seiner Beschwerde auf einen Bericht des Grafen Bernstorff aus London, der durch Informationen der Liverpooler „Society of Friends of Foreigners in Distress" angeregt war, sich der von US-Schiffen unter falschen Angaben angeheuerten Deutschen anzunehmen, die misshandelt und in Liverpool ausgesetzt seien anstatt sie mit in die USA zu nehmen.

Ob die Union die Kompetenz besaß, in diesem konkreten Fall tätig zu werden, war zweifelhaft. Aber Gerolt fand im Attorney General Black im neuen Kabinett des Präsidenten Buchanan einen Partner, der wie vorher Marcy die Zuständigkeit der Union im Bereich der Auswanderung zu stärken suchte. Black vertrat nach Gerolt ein Gesetzesvorhaben, wonach auf der Grundlage der Verfassungsbestimmungen, dass der Union „die Fürsorge und Kontrolle über den Handelsverkehr und die Beziehungen zu den fremden Nationen obliegt, die fremde Einwanderung unter den unmittelbaren Schutz der Regierung der Vereinigten Staaten gestellt würde."[184] Allerdings fand Black nicht die notwendige Unterstützung.

Die Buchanan-Administration schätzte die Nativismus-Bewegung genauso wenig wie Pierce, aber sie wurde auch nicht in dem ihr möglichen beschränkten Umfang zugunsten der Einwanderer initiativ. Der US-Gesandte Wright in Berlin betrachtete neidvoll, wie England die Auswanderung nach Australien förderte[185], und setzte sich bei Cass für eine ähnliche Ermutigung der Auswanderung in Richtung USA durch Washington ein. Entgegen der von den Knownothings vertretenen Ansicht betonte er, dass die große Mehrheit der Einwanderer aus achtbaren Personen bestehe und Besitz mitbringe[186]. Wright wünschte besonders die Einwanderung von

---

[182] Manteuffel am 16.3.1857 an von der Heydt und Westphalen, GStA Berlin, Mf 108 AA III.HA Rep. 1 Nr. 19 Vol. 1 Teil 2.
[183] Manteuffel am 16.3.1857 an Gerolt, a.a.O.
[184] Gerolt am 12.5.1857 an Manteuffel, a.a.O.
[185] Wright am 9.2.1859 in Nr. 59 an Cass, NA Wash., Mf 44/11.

Deutschen; denn die USA bedürften gerade der „stetigen, ruhigen Art der Deutschen"[187]: „... no other people are more obedient and loyal to the Government under which they live."

Erst die Lincoln-Administration begann mit Maßnahmen zur Einwandererwerbung. Vor dem Sezessionskrieg warben nur Vertreter von Michigan und Iowa für die Einwanderung und das auch nur von den USA aus[188]. Cass ging auf die Vorschläge Wrights nicht ein. Angesichts der allgemeinen Untätigkeit von Cass selbst auf den traditionellen Domänen des State Department waren von ihm erst recht keine neuen Initiativen zu erwarten. Es war schon erstaunlich, dass Wright bei Cass durchsetzte, dass sich das State Department für die Deutschamerikaner engagierte.

IV. US-Gesandter Wright und die Deutschamerikaner im Zeichen der Neuen Ära

Governor Wright aus Indiana, der dem König am 3.9.1857 im Schloss Sanssouci sein Beglaubigungsschreiben überreichte, unterschied sich von den Vorgängern im Amt des US-Gesandten nach seiner Herkunft, da er nicht aus den traditionsreichen Ostküste-Staaten stammte, nach seiner geringeren Achtung vor äußeren Formen und vor allem durch neue politische Akzente bei der Vertretung der USA. Ihn interessierte nicht nur der herkömmliche Güteraustausch zwischen den USA und dem Zollverein, sondern auch die Entwicklung der Landwirtschaft. Humboldt, der von Wright mehr geschätzt wurde, als er ihn schätzte, bemerkte ironisch gegenüber Fröbel, dass er sich auf „Kirchenbesuch und Ackerbau" verstehe und ihm die politische Wirklichkeit des Deutschen Bundes fremd sei[189].

Jedenfalls kümmerte sich Wright mehr um die Entwicklung der Landwirtschaft, als es Gesandte normalerweise zu tun pflegten. Er erkundigte sich über das System der landwirtschaftlichen Schulen im Deutschen Bund und suchte über die entsprechenden Institutionen in den USA zu informieren[190], verteilte Berichte des Patent Office zur Landwirtschaft, tauschte Erkenntnisse über Anbaumethoden aus[191], verteilte Samenproben des Patent Office im Zollverein[192], sandte aus dem Preußischen Landwirtschaftsministerium erhaltene Samen von Gemüse, Obst, Gräsern und Getreide in die

---

[186] A. a. O.
[187] Wright am 17.4.1858 in Nr. 20 an Cass, NA Wash., Mf 44/11.
[188] *Ingrid Schöberl*: Amerikanische Einwandererwerbung, S. 25 ff., S. 33 f.
[189] *Julius Fröbel*: Ein Lebenslauf, Bd. 2, Stuttgart 1891, S. 19.
[190] Wright am 15.6.1859 in Nr. 79 an Cass, NA Wash., Mf 44/11.
[191] Wright am 2.11.1859 in Nr. 101 an Cass, NA Wash., Mf 44/11.
[192] Wright am 19.3.1859 in Nr. 63 an Cass, NA Wash., Mf 44/11.

USA[193] und kümmerte sich wie um den Austausch von Samen um den von Vieh[194]. Gegenüber Deutschland wünschte er besonders die Verbreitung von Maissaat, nicht damit die Bauern es als Viehfutter einsetzten, sondern damit die Arbeiter es kennen lernten, da es das billigste Lebensmittel sei[195]. Den Absatz von Mais sollten die USA übernehmen: „This trade is ours if we do our duty."[196] Die USA sollten mehr landwirtschaftliche Erzeugnisse liefern und zugleich mehr Produkte anderer Länder aufnehmen: „As we labor to make our country, composed as it is of the best elements of all other countries, politically the first, so should we make it the best adapted to the wants and luxuries of our people, by having within its limits the productions of all climates."[197]

An Nationalismus stand er seinen Vorgängern nicht nach, auch wenn es nur um Samen und Tiere ging oder um landwirtschaftliche Maschinen. Nach dem Besuch der Landwirtschaftsausstellung in Greifswald kommentierte er[198]: „We can learn something from this people, and they many more from us!" Sein Stolz wirkte berechtigt, denn schließlich ging es bei der Ausstellung in Greifswald um die Vorführung von Woods Grasmähmaschine, die 1859 in den USA patentiert war. Es verwunderte auch nicht, dass sich Wright wesentlich genauer über die Landwirtschaftsschau in Pommern 1860 äußerte als über die Sitzungen des Abgeordnetenhauses in dieser Zeit. Von keinem US-Vertreter sind die Berichte über die innenpolitische Entwicklung Preußens und über dessen Beziehungen zu anderen deutschen Staaten so kurz und undifferenziert wie die von Wright. Bei aller Kritik ist jedoch unbestreitbar, dass er mehr für seine Landsleute erreichte als seine Vorgänger, die sich ausführlicher über den anderen Staat informiert zeigten und bessere Noten auf preußischer Seite erhielten. Dabei ist allerdings zu berücksichtigen, dass kein US-Gesandter bisher über so günstige Voraussetzungen auf preußischer Seite verfügte.

Nur sein Dienstbeginn in der Ära Manteuffel wird ihn nicht in jedem Fall ermutigt haben. Den Fall Tellinghaus, dem sich Wright 1857/58 widmete, handelte das Preußische Staatsministerium noch in der herkömmlichen Art und Weise ab. Tellinghaus, Kaufmann und bis 1849 Präsident des Gewerbegerichtes in Solingen, war nach der Auflösung der Preußischen Nationalversammlung Anführer des Aufstandes im Kreise Solingen gewesen.

---

[193] Wright am 20.3.1858 in Nr. 17 an Cass, NA Wash., Mf 44/11.
[194] Wright an 19.9.1860 in Nr. 144 an Cass, NA Wash., Mf 44/11.
[195] Wright am 24.3.1858 an Holt, Patent Office, Anlage zu Nr. 17 vom 20.3.1858 an Cass, NA Wash., Mf 44/11.
[196] Wright am 13.12.1857 in Nr. 12 an Cass, NA Wash., Mf 44/11.
[197] Wright am 19.9.1860 in Nr. 144 an Cass, NA Wash., Mf 44/11.
[198] Wright am 30.5.1860 in Nr. 130 an Cass, NA Wash., Mf 44/11.

IV. US-Gesandter Wright 399

Die preußische Polizei hatte ihn deshalb im Mai 1849 inhaftiert; er war aber im September 1849 ausgebrochen und in die USA geflohen. Er lebte nun in Indiana und wollte seine Eltern in Solingen besuchen. Für die Besuchsgenehmigung setzten sich Wright[199], Gerolt[200] und der gewissenhafte preußische Generalkonsul in New York ein. Der Fürsprache Schmidts fügte Gerolt die Erfahrung hinzu, „daß Individuen, von übrigens unbescholtenem Charakter wie der p. Tellinghaus, welche in den Jahren 1848 und 1849 in den revolutionären Bewegungen in Preußen verwickelt gewesen sind und sich den gerichtlichen Untersuchungen entzogen haben, durch einen längeren Aufenthalt in den Vereinigten Staaten und durch eigene Anschauung der hiesigen Verhältnisse, in der Regel, von ihren früheren politischen Ansichten und Irrthümern zurückkommen und sich berufen fühlen, bei ihrer Rückkunft im Vaterlande, auf die Ansichten und Gesinnung ihrer Angehörigen und Landsleute einen wohltätigen Einfluß auszuüben, indem sie etwaige vorgefaßte Meinungen derselben über demokratische Institutionen und deren Errungenschaften aus hiesigen Erfahrungen berichtigen." Er nannte keine Beispiele, aber hätte den Wandel der Anschauungen Fröbels wie Kapps anführen können.

Allen Bemühungen zum Trotz beschied der preußische Innenminister das Gesuch von Tellinghaus abschlägig[201]. Ausschlaggebend war das Argument des Justizministers Simons, dass auch in anderen Fällen über politische Verbrechen dieser Art nicht hinweggesehen sei[202]. Tellinghaus blieb schließlich nur die Möglichkeit eines Gnadengesuches[203]. Wenn Tellinghaus nicht ein Gnadengesuch gestellt und auf die Amnestie gewartet hat, blieb ihm noch der unbürokratische Weg offen, sich mit seinen Eltern in Belgien oder in einer der Hansestädte zu treffen. Die Position der preußischen Regierung wandelte sich allmählich nach dem Regierungswechsel, vor allem als Simons 1860 das Justizministerium verließ und sein Nachfolger Bermuth federführend für die Begnadigung wurde.

Gerechtigkeitshalber ist zugleich zu berücksichtigen, dass sich die Manteuffel-Regierung gegen Ende ihrer Amtszeit gegenüber Fröbel aufgeschlossener verhielt, als ihr nach ihrer bisherigen Praxis zuzutrauen war. Der Fall des aus Schwarzburg-Rudolstadt stammenden Julius Fröbel erregte 1857/58 besonders viel Aufsehen in der deutschen Presse und wurde unter anderem vom Kladderadatsch aufgespießt. Dieser Fall hatte entgegen dem vom Frankfurter Senat Fröbel vermittelten Eindruck nichts mit Preußen zu tun,

---

[199] Wright am 23.12.1857 an Manteuffel, 2.4.1.I. Nr. 8068, GStAM.
[200] Gerolt am 2.1.1858 an Manteuffel, a.a.O.
[201] Das Innenministerium am 16.2.1858 an Wright, a.a.O.
[202] Simons am 8.2.1858 an Manteuffel, a.a.O.
[203] Manteuffel am 16.2.1858 an Gerolt, a.a.O.

wenngleich die preußische Regierung entsprechend ihrem bisherigen Ruf erheblichem Rechtfertigungsdruck ausgesetzt gewesen zu sein scheint. Fröbel kam im Herbst 1857 von den USA nach Frankfurt am Main, und der Senat wies ihn mit Rücksicht auf die Bedenken eines anderen Staates aus, wobei es mal der bayerische, mal der preußische sein sollte. Mit diesem Vorfall war Wright nicht befasst; er erhielt erst später den Ruf eines erfolgreichen Verteidigers der Deutschamerikaner. Wegen der Zurücknahme des Ausweisungsbefehls soll Alexander von Humboldt Fröbel den Rat gegeben haben, sich nicht an den US-Gesandten Wright zu wenden, sondern an den US-Generalkonsul Ricker in Frankfurt am Main[204], den Humboldt mehr schätzte. In der Tat erreichte Ricker verhältnismäßig schnell, dass der Frankfurter Senat auf die Ausweisung verzichtete[205].

Wenn Preußen etwas mit diesem Fall zu tun gehabt hätte, wäre die Ausweisung wahrscheinlich nicht so schnell zurückgenommen. Auch hielt Innenminister Westphalen Fröbels vorübergehenden Aufenthalt selbst in Preußen für unbedenklich, da Fröbel seine veränderten politischen Überzeugungen „so ziemlich allen Halt und Einfluß bei der democratischen Partei geraubt" hätten[206], wie der Minister aus den Wochenberichten über die politischen Aktivitäten der Demokraten wusste. Zu den Schwierigkeiten Fröbels in Frankfurt versicherte der Berliner Polizeipräsident Freiherr von Zedlitz Westphalen, „daß auch von meiner Seite weder direct noch indirect irgend welche Maaßregeln gegen ihn bei der Frankfurter Behörde beantragt oder gewünscht worden sind."[207] Wenn Fröbel Preußen trotzdem nicht besuchte, so lag das genauso wenig an den preußischen Behörden wie die versuchte Ausweisung aus Frankfurt.

Hoffnungsvoll begleitete Wright den Wechsel, der sich 1857/58 an der Spitze des preußischen Staates vollzog. Er war bei weitem nicht so skeptisch wie Generalkonsul Ricker, der grundsätzlich allen Fürsten kritisch gegenüberstand – mit Ausnahme der russischen. Wright erwartete vom wachsenden Einfluss des Prinzen, dass auch den naturalisierten US-Bürgern großzügiger begegnet würde[208]. Er sah sich ermutigt durch seine Gespräche mit Bunsen und anderen Liberalen, die in Kontakt mit dem Prinzregenten standen. Bei dem am 6.11.1858 gebildeten neuen Kabinett begrüßte er das

---

[204] *Julius Fröbel*: Ein Lebenslauf, Bd. 2, S. 18 f.
[205] Siehe die Berichte von Ricker an Cass vom November, Dezember 1857 in Mf 161/4 und seinen Bericht vom 12.4.1858 in Mf 161/5, NA Wash.
[206] Westphalen am 2.12.1857 an Manteuffel, 2.4.1.I. Nr. 8068, GStAM.
[207] Kopie des Schreibens von Zedlitz vom 26.11.1857 an Westphalen als Anlage zum obigen Schreiben Westphalens an Manteuffel.
[208] Wright am 21.8.1858 in Nr. 34 und am 11.9.1858 in Nr. 37 an Cass, NA Wash., Mf 44/11.

Überwiegen der liberalen Richtung, insbesondere die Berufung von Schleinitz, des Vertrauensmannes des Prinzregenten. Nach dem ersten Gespräch mit Schleinitz, der fließend Englisch sprach, urteilte er, der neue Minister der auswärtigen Angelegenheiten habe einen guten Einblick in den Aufbau der USA und sei an der Entwicklung der freundschaftlichen Beziehungen zwischen Preußen und den USA interessiert[209]. Die weitere Zurückdrängung der Konservativen im Zeichen der Neuen Ära bei den Wahlen zum Abgeordnetenhaus 1858 und im Zuge der personellen Veränderungen in der Verwaltung 1859 registrierte Wright ebenso positiv. Während es in Österreich immer noch den Absolutismus gab, sah er auf Seiten Preußens diejenigen, die Einigung und konstitutionelle Bewegung begünstigten, und Wright resümierte über das Kabinett der Neuen Ära: „In Preußen gibt es mehr Fortschritt als in irgendeiner der Regierungen der alten Welt, und der Augenblick wird kommen, in dem Deutschland durch preußischen Einfluss ein Haupt haben wird ..."[210].

Dem US-Beobachter musste auffallen, wie Wilhelm als Prinz und als Regent und vor allem als König seine Möglichkeiten zum Gnadenerweis zugunsten von aus Preußen stammenden Auswanderern entwickelte, sei es, dass es sich um Verletzungen der Militärpflicht oder um politische Vergehen handelte. Eine umfassende Amnestie war in Preußen seit Jahren im Gespräch, und Wilhelm hatte sie schon im Mai 1859 gegenüber dem Justizministerium angeregt nach dem Vorbild von 1797 und 1840; es war aber zunächst nur zu Einzelbegnadigungen gekommen. Bei den dann nach der Thronbesteigung 1861 ergangenen Amnestien für politische und verwandte Straftaten waren auch eine Reihe Auswanderer in die USA betroffen. So ging es unter anderem um solche Personen, denen „ein Rest rechtskräftig zuerkannter Freiheitsstrafen mit der Bedingung erlassen worden ist, dass sie Preußen verlassen und nach Amerika auswandern."[211] Die Amnestie betraf auch die, die sich der Aburteilung durch die Flucht entzogen hatten und die der Allerhöchste Gnadenerlass vom 12.1.1861[212] aufforderte, bei ihrer Rückkehr nach Preußen Gnadenanträge zu stellen. Dazu gehörten zum Beispiel Lothar Bucher[213], augenblicklich in London, und Lindenmüller aus Berlin, immer noch in New York.

---

[209] Wright am 24.11.1858 in Nr. 49 an Cass, a.a.O.
[210] Wright am 5.10.1859 in Nr. 97 an Cass, a.a.O.
[211] Das Staatsministerium am 10.1.1861 an den König, Rep. 89 H 2.2.2. Nr. 18670, GStAM.
[212] Rep. 89 H 2.2.2. Nr. 18670, GStAM.
[213] Zu Lothar Bucher s. *Christoph Studt*: Lothar Bucher (1817–1892). Ein politisches Leben zwischen Revolution und Staatsdienst. Schriftenreihe der Historischen Kommission bei der Bayerischen Akademie der Wissenschaften. Bd. 47, Göttingen 1992.

Mit Unterstützung des gesamten Staatsministeriums bewog Justizminister Bermuth den König dazu, neben den zivilrechtlich Verurteilten in den ersten Gnadenerlass begrenzt auch diejenigen einzubeziehen, „die von Militärgerichten verurtheilt wurden oder noch werden oder geflohen sind."[214] Im Kronrat hatte sich der König zunächst dagegen gesträubt, auch die sofort in die Amnestie einzubeziehen, „die mit den Waffen in der Hand ergriffen und kriegsrechtlich verurtheilt worden sind"[215]. Damit waren nach der vorläufigen Aufstellung Bermuths[216] unter anderem die wegen Insurrektion in der Pfalz und Baden Verurteilten gemeint, wie Professor Kinkel, gegenwärtig in London, sein Befreier Schurz und die preußischen Lieutenants Schimmelpfennig und Willich, die später im Sezessionskrieg eine herausragende Rolle spielten. Über sie wollte der König, „wenn sie unsere Gnade anrufen, auf den von unserem Militair- und Justiz-Departement zu erstattenden Bericht die weitere Entscheidung treffen."[217] Eine Unterscheidung zwischen zivil- und militärgerichtlich Verurteilten gab es erst beim Amnestie-Erlass des Königs vom 20.9.1866 nicht mehr.

Die weiteren leichteren Vergehen, unter anderem gegen das Press- und das Vereinsgesetz, die politisch motiviert sein konnten, erledigten sich durch die Amnestie-Order vom 18.10.1861[218] oder wurden durch den Gnadenerlass 1862/63 amnestiert. Dieser Teil betraf die deutsch-amerikanischen Asylanten kaum, aber der jahrelange Amnestieprozess war ein wesentliches Moment der innenpolitischen Liberalisierung Preußens. Wright kommentierte die Amnestien kaum[219]; aber auch sie gehörten zu dem günstigen Umfeld der Neuen Ära, das ihn ermunterte, sich für aus Preußen stammende US-Bürger einzusetzen. Die Remigration sprach sich schnell herum. Der amnestierte Remigrant Bucher hatte unmittelbar nach seiner Rückkehr aus London im Sommer 1861 auf einer Veranstaltung der amerikanischen Kolonie gesprochen.

Als Wright im August 1857 nach Berlin kam, schloss der aus Preußen stammende US-Bürger John Statz gerade den ihm während der Amtszeit von Vroom aufgezwungenen Militärdienst ab; aber als Wright seine Gesandtentätigkeit im Juli 1861 beendete, konnte er stolz feststellen, dass in seiner Amtszeit kein aus Preußen stammender US-Bürger zum preußischen Militärdienst gezwungen worden war. Unterstützung erfuhr er zunächst

---

[214] So im Allerhöchsten Gnaden-Erlass, a.a.O.
[215] Bermuth am 11.1.1861 an den König, Rep. 89 H 2.2.2. Nr. 18670, GStAM.
[216] A.a.O.
[217] So im Allerhöchsten Gnaden-Erlass, a.a.O.
[218] Königlich Preußischer Staatsanzeiger Nr. 251, 19.10.1861.
[219] Im Bericht Nr. 160 vom 23.1.1861 an Black bedauerte Wright mit Blick auf die erste Amnestie, dass jeder Betroffene ein Gnadengesuch einzureichen habe.

IV. US-Gesandter Wright

überhaupt nicht aus Washington, da Cass Wright anwies, sich an die Vroom erteilte Instruktion zu halten, die in der Tradition Wheatons die Gültigkeit der Militärdienstpflicht der aus Preußen stammenden US-Bürger entsprechend der preußischen Rechtslage anerkannte[220]. Im Unterschied zu Vroom gab er sich damit nicht zufrieden. Er wird sich ermutigt gefühlt haben durch die Stellungnahmen in der US-Presse und durch das Engagement von US-Politikern zugunsten von Deutschamerikanern[221], die der preußische Staat bei ihren Besuchen in ihrer alten Heimat ungeachtet ihrer neuen Staatsangehörigkeit mit den unterschiedlichsten Schwierigkeiten konfrontierte.

Wrights Ansatz war ein Streitfall der Ära Manteuffel, nämlich das Schicksal des aus Preußen ausgewanderten Eugene Dullye, der US-Bürger geworden war. Die preußischen Behörden zwangen ihn zwar nicht in die Armee, obwohl er nicht gedient hatte; aber sie verwiesen den Seidenfabrikanten Dullye im Juli 1857 ohne Gerichtsbeschluss des Landes, als der Verdacht einer oppositionellen Haltung aufkam. Die Ausweisung von ehemaligen Preußen als unerwünschte Ausländer war häufig eine Maßnahme, die von Militärbehörden ausging, wenn diese „Individuen" wahrnahmen, die „binnen einer mehr oder weniger kurzen Zwischenzeit mit Legitimationspapieren der ausländischen Behörden versehen, in ihren früheren Wohnort zurückkehren und sich den Landwehr-Behörden gegenüber als Unterthanen des fremden Staates gerieren."[222] Die Orts- und Kreispolizeibehörden in Preußen wie in den übrigen deutschen Staaten behielten ihr Ausweisungsrecht auch im späteren Reich. Bismarck sorgte nur in den ersten Jahren nach Inkrafttreten der Bancroft-Verträge (1868) dafür, dass die Möglichkeit der Ausweisung gegenüber aus Preußen stammenden US-Amerikanern zurückhaltender wahrgenommen wurde.

Wright blieb 1857/58 mit seinen Interventionen zugunsten von naturalisierten US-Bürgern bei Manteuffel erfolglos, und auch das State Department reagierte nicht auf Wrights Vorstellungen gegen die Ansprüche des preußischen Staates. Wright war nicht bereit aufzugeben und schlug schließlich einen schärferen Ton an. In seinem Schreiben vom 21.9.1858 unterstellte er dem State Department unter anderem, da er keine Antwort erhalte, müsse er annehmen, dass es den Ansichten der preußischen Regierung über die fortdauernden Pflichten der naturalisierten US-Bürger zu-

---

[220] Cass am 16.10.1857 in Nr. 4 an Wright, NA Wash., Mf 77/65.

[221] *John Gerow Guzley*: American Opinion of German Unification 1848–1871. New York 1926, S. 128.

[222] So lautete 1854 die Klage des Generalkommandos des 4. Armeekorps, also aus der Provinz Sachsen. Dies ist zitiert im Schreiben von Innenminister Westphalen vom 31.3.1857 an Schleinitz, den Oberpräsidenten von Schlesien, auf die Beschwerden des 2. Armeekorps hin. Abschrift in Rej. Opolskie, W I Nr. 12129.

stimme. Nachdem er noch einmal das Verfahren der preußischen Behörden gegenüber Dullye angeprangert hatte, warf er Cass vor, dem nicht nur die Londoner Times bei seinem Amtsantritt Anglophobie nachgesagt hatte: „Wäre dies mit unseren irischen Einwanderern unter der englischen Regierung geschehen, so kann man sicher sein, dass wir ein Heilmittel gefunden hätten."[223]

Er ging in seiner Kritik erheblich über Barnard hinaus, der sich schon durch Deutlichkeit gegenüber dem State Department ausgezeichnet hatte. Auf ein solches Schreiben antwortete Cass immerhin, wenn seine Position auch unverändert war. Cass berief sich weiterhin auf Wheaton, Webster und Everett und betonte in Übereinstimmung mit der preußischen Regierung, dass es rechtliche Verpflichtungen gäbe, die nicht aufgehoben würden durch die Naturalisierung[224]. Die Unbotmäßigkeit Wrights konterte er mit der Anweisung, sich näher über das preußische Militärpflicht-System zu informieren und seine Anwendung auf Auswanderer.

Cass hatte sich in dieser Zeit mehrfach mit Gerolt über die Frage der Militärpflicht in Preußen und die Rechtsstellung von Auswanderern unterhalten und speziell über den Fall des aus Preußen ausgewiesenen Dullye gesprochen. Wahrscheinlich war es Gerolt zu danken, dass Cass trotz aller Bemühungen Wrights vorerst auf dem bisherigen Kurs blieb. Unabhängig davon, wie die US-Administration zur Auffassung auf preußischer Seite stand, zeigte sich die Regierung Manteuffel ohnehin nicht geneigt, von ihrem bisherigen Standpunkt abzuweichen. Durch einen Erlass an Oberpräsidium und Generalkommando „die Unterthans- und Militärverhältnisse von Personen betreffend, die als minderjährige Kinder ihren ohne consensus ausgewanderten Eltern in das Ausland gefolgt sind und später zurückkehren" vom 30.6.1858[225] suchten Innen- und Kriegsministerium noch kurz vor dem Regierungswechsel die Möglichkeit einzuschränken, dass sich naturalisierte US-Bürger dem nachträglich geforderten Militärdienst entzogen. Nach dem „Gesetz über die Erwerbung und den Verlust der Eigenschaft als Preußischer Unterthan so wie über den Eintritt in fremden Staatsdienst" vom 31.12.1842 verlor derjenige seine Eigenschaft als preußischer Untertan, der zehn Jahre im Ausland ansässig war, und an der Fortdauer von Untertanenpflichten einschließlich seiner Verpflichtung zum Militärdienst war also zu zweifeln. Nun wurde durch den neuen Erlass in den Paragraphen 15 und 23 festgelegt, dass diese zehn Jahre um sein müssten vor dem 20. Lebensjahr, wenn die Militärpflicht des ehemaligen Untertanen nicht mehr wirksam werden sollte.

---

[223] Wright am 21.9.1858 in Nr. 39 an Cass, NA Wash., Mf 44/11.
[224] Cass am 10.12.1858 in Nr. 14 an Wright, NA Wash., Mf 77/65.
[225] Ministerialblatt für die gesamte innere Verwaltung 1858, S. 150.

IV. US-Gesandter Wright

Das Ende der Reaktionsära in den meisten deutschen Staaten ermunterte Wright, eine grundsätzliche Neuregelung der Rechtsstellung von aus Deutschland stammenden US-Bürgern in den deutschen Staaten in Angriff zu nehmen. Angesichts der herausragenden Stellung Preußens im Deutschen Bund ging Wright davon aus, dass mit einer positiven Entscheidung der preußischen Regierung in der umstrittenen Frage der Militärpflicht von US-Bürgern auch die übrigen deutschen Staaten umschwenken würden[226].

Ähnliche Überlegungen wie Wright stellte Gerolt angesichts des Regierungswechsels an. Er weilte Ende 1858 in Berlin, und Wright, der ihn fast jeden Tag sah, meinte, dass er von großem Nutzen sein werde, um die Regierung zu einer endgültigen Regelung zu veranlassen[227]. Gerolt hob in seinem schriftlichen Antrag vom 3.12.1858 zum Abschluss seines Berlin-Besuches gegenüber Schleinitz hervor[228], eine Neuregelung sei schon angesichts der wachsenden Widerstände in der amerikanischen Öffentlichkeit und bei US-Politikern gegen die Heranziehung von US-Bürgern aus Preußen zum preußischen Militärdienst notwendig. Das Vorgehen der preußischen Regierung würde von „der großen Masse der deutschen Bevölkerung in den Vereinigten Staaten und von ihren Freunden unter den Congreß-Mitgliedern und Zeitungs-Editoren stets als despotisch und als ein Attentat gegen die Rechte amerikanischer Bürger denunziert." Er habe über die Frage der Militärpflicht „seit dem Jahre 1844 mit allen Administrationen in Washington bei jedem Präsidentschaftswechsel (welcher fünfmal stattgefunden hat) die unangenehmsten Verhandlungen gehabt." Obgleich es ihm jedes Mal gelungen sei, „die dortigen Regierungen zu überzeugen, daß die Königliche Regierung nach ihrem Rechte handelt und so handeln muß, so wird es jener doch immer schwerer, die öffentliche Meinung zu beschwichtigen, wenn diese Klagen von der Presse in der Regel zu Parteizwecken gegen die Regierung benutzt werden, besonders in solchen Fällen, wo die Militärpflichtigkeit der Inhaftierten nach preußischen Gesetzen zweifelhaft erscheint." Gerolt führte nicht näher aus, welche Fälle er für zweifelhaft hielt; aber wahrscheinlich dachte er an die US-Bürger, die Preußen schon vor mehr als zehn Jahren verlassen hatten und die dennoch zum Militärdienst herangezogen waren. Auf jeden Fall hielt er es für angebracht, seine Anwesenheit dafür zu nutzen, gemeinsam mit dem US-Gesandten eine Verständigung herbeizuführen und „die Fälle genau festzustellen, in welchen frühere Preußische Untertanen bei ihrer Rückkehr nach Preußen als Deserteure oder Militärpflichtige in Anspruch genommen werden können."

---

[226] Wright am 26.10.1859 in Nr. 100 an Cass, NA Wash., Mf 44/11.
[227] A. a. O.
[228] Gerolt am 3.12.1858 an Schleinitz, GStAM, 2.4.1.I. Nr. 7871.

Schleinitz richtete sich jedoch nach der ablehnenden Stellungnahme Hellwigs, der die Frage der Militärpflicht auch schon unter Manteuffel im Ministerium der auswärtigen Angelegenheiten behandelt hatte. Hellwig lehnte wie bisher ein Entgegenkommen in der Streitfrage ab und empfahl, dass die Kollisionsfälle wie bisher einzeln erledigt würden[229]. Selbst eine Vermittlung Gerolts im Fall des Eugene Dullye bei Wright, um zu verhindern, dass Dullye erneut in Washington vorstellig würde, gestand das Ministerium nicht zu, da der Fall längst abgetan sei. Während das preußische Ministerium der auswärtigen Angelegenheiten bisher nicht geneigt schien, die überkommene Position aufzugeben, vollzog sich in der Buchanan-Administration ein erheblicher Wandel[230].

Wright wusste nichts von dem negativen Echo von Gerolts Initiativen und sah sich im Gegensatz zu Gerolt auch nicht veranlasst, seine Bemühungen vorerst einzustellen. Wright hatte sich durch mehrfache Gespräche im Ministerium der auswärtigen Angelegenheiten und durch ein Memorandum von Schleinitz vom 6.1.1859 ausgiebig über die Militärpflicht informiert und setzte sich entsprechend genau in einem erneuten Schreiben an Cass mit der Lage der naturalisierten US-Bürger in Preußen auseinander[231]. Dabei ging es ihm nun nicht mehr so sehr darum, dass die preußische Regierung sich erneut dem Fall Dullye widmete, sondern dass es zu einem Vertrag zwischen den USA und Preußen über die Besserstellung der aus Preußen stammenden US-Bürger kam, so dass die rückwirkenden Verpflichtungen gegenüber dem preußischen Staat entfielen und die gegen diese Bürger wegen Nichtableistung des Militärdienstes anhängigen Verfahren suspendiert würden. Die tatsächliche Bedeutung des Verzichtes für Preußen schätzte er als gering ein, da es nur um eine kleine Anzahl von Bürgern ginge. Von den etwa 10000 Deutschamerikanern, die nach seinen Informationen aus den Konsulaten Hamburg, Bremen und Stettin jährlich Preußen besuchten[232], hätten zwar nur zehn Prozent eine Auswanderungsgenehmigung, aber von den weniger als 20 angestrengten Verfahren gelinge es Preußen, auch nur einen der zurückgekehrten Bürger zur Armee einzuziehen. Wright argumentierte ganz realistisch, dass wenn sich die naturalisierten US-Bürger nicht wegen Erbschaften oder anderer Angelegenheiten an die

---

[229] Aktennotiz Hellwigs vom 9.12.1858, a.a.O.

[230] Schleiden hob diesen Wandel besonders in seiner Reichstagsrede vom 2.4.1868 hervor. Stenographische Berichte über die Verhandlungen des Norddeutschen Reichstages, I. Legislatur-Periode 1868, 6. Session, S. 41.

[231] Wright am 18.1.1859 in Nr. 56 an Cass, das Memorandum von Schleinitz vom 6.1.1859 als Anlage, NA Wash., Mf 44/11.

[232] Nach Ricker, Frankfurt am Main, kamen im Winter etwa 3000 Amerikaner nach Deutschland und im Sommer etwa 6000. Ricker in Nr. 183 am 21.11.1858 an Cass. NA Wash. Mf 161/6.

IV. US-Gesandter Wright

Behörden ihres Herkunftslandes wenden mussten, sich ihnen viele Möglichkeiten boten, die Verhaftung zu umgehen. Eine nach den Aussagen des US-Konsuls Diller in Bremen in drei von fünf Fällen genutzte Möglichkeit war die, sich im Bremer US-Konsulat mit den Verwandten zu treffen[233]. Wenngleich die Anzahl der tatsächlich von Preußen in die Armee gezwungenen US-Bürger gering sei, so seien doch diese Fälle und überhaupt die gegenwärtige Position der naturalisierten US-Bürger in Preußen für die USA nicht annehmbar. Es sei jetzt angesichts der wachsenden Kontakte zwischen Preußen und den USA und der positiven Einstellung des Prinzen und des Außenministers zu den USA zu versuchen, die für die USA unangenehmen Verhältnisse zu revidieren.

Parallel zu den Versuchen Wrights, den Kurs der US-Regierung bei der Vertretung der naturalisierten Bürger gegenüber den Herkunftsländern zu ändern und die Buchanan-Administration stärker für die „adopted citizens" aus Deutschland zu engagieren, begann der Senat, sich mit dieser Frage zu beschäftigen. In einer Resolution vom 2.2.1859 verlangte er nähere Informationen zur „zwangsweisen Verpflichtung von US-Bürgern zum Militärdienst in Preußen". Diesem Beschluss entsprach das State Department mit einem Bericht und dem Abdruck der diplomatischen Korrespondenz Wrights im April 1860[234]. Der Buchanan-Administration musste wohl deutlich geworden sein, dass Wright bei seinem Eintreten für naturalisierte US-Bürger nicht ohne Rückhalt führender Demokraten des Senats handelte.

Auf Wrights erneutes Schreiben und die sein Anliegen unterstützenden weiteren wöchentlichen Berichte und den Druck aus dem Senat revidierte Cass schließlich seine Einstellung. In seiner neuen Instruktion vom 12.5.1859[235] an Wright wich er entscheidend von dem Kurs der früheren Administration ab, da er den Anspruch der preußischen Regierung gegenüber ihren früheren Bürgern nicht mehr akzeptierte und statt dessen den im Interesse der Auswanderungsfreiheit von Wright vorgetragenen Beschwerden stattgab. Cass hielt nun die Härte der preußischen Bestimmungen zur Militärpflicht für unvereinbar mit den freundschaftlichen Beziehungen zwischen Preußen und den USA. Wie Wright berief er sich bei seinem Verlangen nach mehr Freizügigkeit auf preußischer Seite zum Teil auf den preußisch-amerikanischen Handelsvertrag. Er stimmte Wright insofern zu, als er das von Manteuffel beim Fall Dullye vertretene unbeschränkte Recht auf

---

[233] Wright nahm in dem oben erwähnten Bericht Nr. 56 auf die Mitteilungen Dillers Bezug. Auch frühere Konsuln erwähnten die Nutzung des Konsulates zur Umgehung deutscher Gesetze.
[234] The Works of *James Buchanan*, Bd. X, S. 415; Senate Documents 1860, Nr. 38.
[235] Cass Instruktion Nr. 18 vom 12.5.1859 an Wright, NA Wash., Mf 77/65/14.

Ausweisung für unvereinbar erklärte mit dem preußisch-amerikanischen Vertrag von 1828. Manteuffel hatte am 9.11.1857 auf die Vorhaltungen Wrights ausgeführt[236]: „... aucun ancien sujet du Roi, de quelque condition qu'il soit, n'est en droit de demander sa réadmission en Prusse ...". Demgegenüber konnte sich Cass auf die Formulierung des Handelsvertrages berufen: „... the inhabitants shall mutually have liberty to enter the ports, places and rivers of the territories of each party, wherein foreign commerce is permitted." Schließlich wandte sich Cass mit Recht dagegen, die aus Preußen stammenden US-Bürger schlechter zu stellen als die übrigen US-Bürger, da der Vertrag eine solche Einschränkung der Freizügigkeit nicht rechtfertigte.

Als Hauptanliegen hob Cass ganz im Sinne von Wright hervor, den Militärdienstanspruch des preußischen Staates an aus Preußen stammende US-Bürger zugunsten des Auswanderungsrechtes der Bürger einzuschränken. Vor allem sei in Zukunft die Bestrafung von naturalisierten US-Bürgern auszuschließen. Es sei ein Einvernehmen herzustellen, dass derjenige Amerikaner, der vor seiner Militärpflicht ausgewandert sei, keinem weiteren Anspruch des preußischen Staates unterliege. Schließlich erhoffte Cass eine liberale Entscheidung zugunsten derjenigen, die vor dem Verlassen von Preußen zwar schon militärpflichtig geworden seien, aber vor der Auswanderung noch keinen Militärdienst angetreten hätten. Cass hatte die Forderungen Wrights übernommen, bei der preußischen Regierung auf eine Besserstellung naturalisierter US-Bürger aus Preußen zu drängen, aber er hatte nicht seinem Antrag stattgegeben, Vertragsverhandlungen mit Preußen zu beginnen. Er autorisierte Wright nur zu Verhandlungen, die die Beschwerden wegen der Lage naturalisierter US-Bürger im Wege mündlicher Absprache ausräumten. Auf wiederholte Anträge von Wright wegen einer Instruktion zu Vertragsverhandlungen ging Cass nicht ein. Möglicherweise fürchtete er preußische Gegenforderungen in anderen Bereichen, etwa zu den US-Zolltarifen, deren Erhöhung seit 1858 aktuell war. Als alternative Erklärung bliebe die Überlegung, dass hier wieder die bekannte Inaktivität von Cass eine Rolle spielte.

Die Instruktion von Cass verrät, dass er bemüht war, den Status der Deutschamerikaner zu verbessern; aber bis zu einer solchen Abänderung galt für die US-Administration nach wie vor die Anschauung Wheatons von 1840, wenn man die Mitteilung von Assistant Secretary of State Appleton an Ricker betrachtet, die kurz nach der Instruktion von Cass an Wright abging[237]. Appleton ging in seiner Instruktion für Ricker von dem Schreiben

---

[236] Manteuffel am 9.11.1857 an Wright, Anlage zum Bericht Wrights Nr. 13 vom 21.1.1858 an Cass, NA Wash., Mf 44/11.

[237] Appleton am 28.5.1859 an Ricker, NA Wash., Mf 161/7.

von Wheaton vom 24.7.1840 an einen in Preußen geborenen Amerikaner aus. Wheaton hatte hervorgehoben, dass der Deutschamerikaner nur außerhalb Preußens den vollen Schutz der USA genießen könne, er dagegen im preußischen Herrschaftsbereich in jeder Hinsicht den dortigen Gesetzen unterliege, als wenn er nie ausgewandert wäre. Für Appleton ging es bei Verhandlungen in Berlin selbstverständlich auch um Änderungen dieses von Wheaton 1840 formulierten Grundsatzes, der 1852 von Webster und 1853 von Everett bekräftigt war. Dazu würden alle geeigneten Mittel eingesetzt; aber ein Vertrag gehörte damals für das State Department nicht dazu.

Genauso wenig wie mit Preußen kam es mit Hannover zu den von Wright gewünschten Vertragsverhandlungen in der lästigen Frage der Militärdienstpflicht von naturalisierten US-Bürgern. Cass unterstützte Wright in Einzelfällen, lehnte dabei aber verständlicherweise die von Wright und US-Konsuln gelegentlich beantragten Drohgebärden gegenüber deutschen Staaten ab. Wright verlangte zum Beispiel im Juli 1860 angesichts der von ihm festgestellten Übergriffe hannoverscher Beamter gegenüber naturalisierten US-Bürgern „ein entschiedenes Vorgehen unserer Regierung". Wie auch US-Konsul Diller in Bremen meinte, solle der Präsident eines der amerikanischen Kriegsschiffe in die Nordsee entsenden, um nahe der hannoverschen Küste und auf der Weser und der Elbe die US-Flagge zu zeigen, um die hannoversche und andere Regierungen zu einer schnellen Anerkennung der Rechte naturalisierter US-Bürger zu veranlassen[238]. Ein solches Vorgehen war gegenüber Hannover schon deshalb überflüssig, weil sich dessen Regierung von den betroffenen Regierungen des Deutschen Bundes ohnehin am konzessionsbereitesten zeigte.

Cass sandte Wright zu seinem Kurs gegenüber Hannover eine spezielle Instruktion[239], in der die gegenüber Preußen an den Tag gelegte Zurückhaltung fehlte und statt dessen in scharfer Form das uneingeschränkte Auswanderungsrecht betont und die „doctrine of perpetual allegiance" als „relic of barbarism" abgetan wurde. Wenn ein naturalisierter US-Bürger ohne Auswanderungserlaubnis aus einem deutschen Staat ausgewandert war, so sah er das angesichts des sich aus der US-Verfassung ergebenden uneingeschränkten Auswanderungsrechtes fremder Bürger nicht als Rechtsverstoß an. Dass er noch 1857 das Gegenteil vertreten hatte, störte ihn nicht. Er sprach den deutschen Staaten eine rechtliche Handhabe gegenüber aus

---

[238] Wright am 7.7.1860 in Nr. 135 an Cass, NA Wash., Mf 44/11. Diller am 10.7.1860 in Nr. 25 an Cass, NA Wash., Mf T-184/10. – Generalkonsul Ricker, Frankfurt/M., wünschte wirtschaftlichen Druck oder die Suspendierung von Verträgen und forderte, um speziell Oldenburg zum Einlenken zu zwingen, den zwölf Oldenburger Konsuln in den USA das Exequatur zu entziehen. S. die Berichte Rickers Nr. 21 vom 14.1.1860 und Nr. 26 vom 19.1.1860 an Cass, NA Wash., Mf 161/9.

[239] Cass am 8.7.1859 in Nr. 20 an Wright, NA Wash., Mf 77/65/14.

Deutschland stammenden US-Bürgern ab, die im noch nicht militärpflichtigen Alter ausgewandert waren und sich weder vor ihrer Auswanderung noch bei ihrer zeitweiligen Rückkehr in ihre frühere Heimat strafbar gemacht hatten. Diese neue Position, eine Variante der alten von Wheaton, gab Cass an die Presse mit dem Hinweis darauf, dass diejenige deutsche Regierung einen Konflikt mit den USA provozierte, die einen US-Bürger, der vor dem Erreichen des militärpflichtigen Alters ausgewandert sei, zur nachträglichen Erfüllung des Militärdienstes zwingen würde. Die demonstrative Veröffentlichung dieses neuen Prinzips war das äußerste, was Wright erreichte. Das Cass-Prinzip fand 1860 auch in die deutsche Presse Eingang[240]. Nicht in die Presse gelangte, dass Cass eindeutig anerkannt hatte, dass sich schon in deutschen Staaten Militärpflichtige durch ihr Auswandern strafbar gemacht hatten, so wie auch US-Bürger Strafen zu gewärtigen hatten, wenn sie sich dem Militärdienst entzogen.

Die neue Cass-Instruktion war Teil der Note, mit der Wright im August 1859 wegen eines US-Bürgers bei der hannoverschen Regierung vorstellig wurde[241]. Wright trumpfte gegenüber Hannover in einer Weise auf, wie er es sich wohl kaum gegenüber Preußen getraut hätte. Noch dazu meldete eine US-Zeitung, dass die US-Gesandtschaft in Berlin angewiesen sei, die Freilassung eines US-Bürgers von Hannover zu verlangen, bevor Wright überhaupt die Instruktion von Cass erhalten hatte[242] und bevor er an Hannover herangetreten war. Aber dennoch erreichte er die Freilassung des aus Peine stammenden Bürgers Ernst aus der hannoverschen Armee 14 Tage nach seiner Note vom 20.8.1859, ohne dass Ernst, wie es früher üblich war, einen Stellvertreter stellen musste[243]. Allerdings war Hannover auch weiterhin der Staat, der nach dem Urteil des US-Konsuls in Bremen Isaac Diller[244] den Vertretern der USA mehr Ärger als alle anderen bereitete mit seinem Vorgehen gegenüber aus Deutschland stammenden US-Bürgern.

Bei dem Druck auf die deutschen Regierungen suchte sich Wright verstärkt der Unterstützung des Präsidenten zu bedienen. Er setzte sich bei Cass dafür ein, dass der Präsident in seiner Botschaft seinen Standpunkt zur Militärpflicht von naturalisierten US-Bürgern in ihrem Herkunftsland berücksichtigte, da die Botschaft des Präsidenten das einzige Dokument der USA sei, das angemessene Beachtung in Deutschland finde und in seinen

---

[240] Generalkonsul Ricker, Frankfurt/M., in Nr. 72 vom 9.3.1860 an Cass, NA Wash., Mf 161/9.
[241] Abschrift der Note Wrights vom 6.8.1859 an Reitzenstein, Anlage zum Bericht Nr. 89 vom 10.8.1859 an Cass, NA Wash., Mf 44/11.
[242] Wright in Nr. 86 vom 30.7.1859 an Cass, a.a.O.
[243] Wright in Nr. 92 vom 24.8.1859 an Cass, a.a.O.
[244] Diller in Nr. 25 vom 10.7.1860 an Cass, NA Wash., Mf T-184/11.

Zeitungen veröffentlicht würde[245]. Auf die Wünsche von Wright nach besonderen Initiativen des Präsidenten ging Washington nicht ein. Um Eigenmächtigkeiten auf unterer Ebene zu verhindern, band der Stellvertreter von Cass Appleton auf einer Besprechung in Hamburg über die Frage der Militärpflicht mit Wright und den US-Konsuln von Hamburg und Bremen über die bisherigen Noten hinausgehende schärfere Maßnahmen bei der Verweigerung der Entlassung eines US-Bürgers ausdrücklich an die Instruktionen des Präsidenten[246].

Wenn sich Wright vor den entscheidenden Wahlen des Jahres 1860 die besondere präsidiale Unterstützung wünschte zugunsten der Vertretung der US-Bürger in ihren Herkunftsländern, also für ein Anliegen, dem die Aufmerksamkeit vieler amerikanischer Zeitungen sicher war, dann dachte er nicht nur uneigennützig an die Wünsche der Deutschamerikaner; sondern – der Verdacht liegt nahe – er hoffte durch öffentlichkeitswirksame Aktivitäten auf wachsendes politisches Ansehen bei seiner deutschen Klientel in Indiana. Schließlich bemühten sich Wrights politische Freunde in Indiana 1859/60 darum, ihn als demokratischen Kandidaten für die nächste Präsidentschaftswahl aufstellen zu lassen. Nach den Informationen Gerolts führten sie „als hauptsächliche Empfehlung desselben ... die nachdrückliche und erfolgreiche Wirksamkeit an, welche er in Berlin zu Gunsten der von Staatssekretär Cass neu aufgestellten Doktrin in betreff der Militärpflichtigkeit amerikanischer Adoptivbürger in Preußen und den übrigen deutschen Staaten entwickelt haben soll."[247] Dass Wright die Ansprüche der aus Deutschland ausgewanderten US-Bürger in Deutschland erfolgreich vertrat, ließ sich nicht leugnen, wenn die Erfolge auch nicht so weit gingen, dass Wright grundsätzliche Zugeständnisse erreichte. Im Übrigen konnten Erfolge dieser Art 1860 nicht mehr die Stimmeneinbußen der Demokraten gegenüber den Republikanern bei den Wahlen 1858 wettmachen, nachdem sich die Buchanan-Administration so wenig um die von der Wirtschaftskrise betroffenen Farmer gekümmert hatte.

Unabhängig von dem Rückhalt in seinem Heimatstaat Indiana nahm Wright intensiv die Interessen der Deutschamerikaner im Deutschen Bund wahr. Wie wirksam sein Auftrumpfen gegenüber Hannover 1859 war, sah er, als er von einem US-Bürger hörte, der – von einem Polizisten auf seine Militärpflicht aufmerksam gemacht – nur noch seinen US-Pass vorzuweisen

---

[245] Wright in Nr. 104 vom 23.11.1859, in Nr. 112 vom 18.1.1860 und in Nr. 145 vom 26.9.1860 an Cass, NA Wash., Mf 44/11.
[246] Wright in Nr. 141 vom 29.8.1860 an Cass, a.a.O. – An der Besprechung unter der Leitung Appletons nahm auch der US-Gesandte in Kopenhagen teil.
[247] Aktennotiz zu einem mir nicht vorliegenden Bericht Gerolts vom 8.11.1859 an Schleinitz. GStA Berlin, Mf 80 AA CB IC Nr. 31.

brauchte[248]. Zugleich steckte die oldenburgische Regierung bei ihren Ansprüchen gegenüber Auswanderern weiter zurück und ließ einen US-Bürger nach kurzer Zeit wieder frei. Die bayerische Regierung zeigte Entgegenkommen nach einem Besuch Wrights in München im August 1860 und mehrfachen Gesprächen des Münchener US-Konsuls Brook im bayerischen Ministerium der auswärtigen Angelegenheiten; aber die Verhaftung von US-Bürgern wegen Militärpflicht erfolgte hier weiterhin am häufigsten. Die erste deutsche Regierung, die Wright den Vorschlag machte, zur Vermeidung weiterer Streitfälle einen Vertrag abzuschließen, war die des Königreiches Hannover. Von ihr erhielt Wright im August 1860 eine entsprechende Note[249]. Diese Initiative blieb schon allein deshalb ergebnislos, weil Cass trotz aller Bemühungen von Wright nicht reagierte.

Wie Cass wich Schleinitz gegenüber Wright einer vertraglichen Regelung aus und beließ auch dies Problem, wie vieles, was das Kabinett der Neuen Ära anpackte, in der Schwebe. Er äußerte in seinem Schreiben dieselben Grundsätze wie Manteuffel, betonte jedoch, dass Preußen sich bei der Anwendung des Rechtes, das die Bürger zur Ableistung des Militärdienstes verpflichtete, niemals den jeweiligen Umständen verschlossen hätte. Er stellte für den Einzelfall ein Entgegenkommen gegenüber den USA in Aussicht[250]. Damit bestätigte Schleinitz schriftlich das, was sich ohnehin schon unter der neuen Regierung unabhängig von der ablehnenden Entscheidung im Fall Dullye eingespielt hatte. Auch wenn Schleinitz die Kontinuität betonte, so wich doch das tatsächliche Verhalten der neuen Regierung erheblich von dem ihrer Vorgängerin ab. Diese Praxis sah 1858 bis 1861 so aus, dass die preußische Regierung bei den ca. zwölf von Wright vorgetragenen Fällen ausnahmslos auf die Bestrafung und die Militärpflicht verzichtete. Nur bei einer Desertion fand eine Bestrafung statt; aber hier führte das Gnadengesuch beim Prinzregenten und die Intervention Wrights dazu, dass der Delinquent statt zu neun zu drei Monaten bestraft wurde. Das pragmatische Vorgehen von Schleinitz war ein erster Schritt, um einen Anlass zu regelmäßigen Auseinandersetzungen endlich aus dem Weg zu räumen.

In der Mehrzahl der zwischen Preußen und den USA strittigen Fälle hatten die Deutschamerikaner ihre Heimat nach der Musterung verlassen. Hierzu gehörte Hoffmann, Mitglied der Legislatur von Illinois und Kandi-

---

[248] Wright in Nr. 110 vom 4.1.1860 an Cass, NA Mf 44/11.

[249] Abschrift der Note des hannoverschen Gesandten Reitzenstein in Berlin vom 25.8.1860 an Wright, Anlage zum Bericht Nr. 141 vom 29.8.1860 an Cass, a.a.O.

[250] Schleinitz am 5.11.1860 an Wright, Abschrift, Anlage zum Bericht Wrights Nr. 151 vom 10.11.1860 an Cass, a.a.O. – Die Bereitschaft zum Entgegenkommen hatte Schleinitz auch schon früher in Gesprächen bekundet. Wright in Nr. 88 vom 6.8.1859, a.a.O.

IV. US-Gesandter Wright

dat für das Amt des Vizegouverneurs 1856 und erneut 1859/60 und diesmal erfolgreich. Als er im August 1859 privat nach Berlin kam, hatte der Prinzregent ihn schon begnadigt, und die Polizei kümmerte sich nicht einmal um ihn[251]. Der Nachricht in der US-Presse vom Juli 1859, es gebe mehrere US-Bürger in der preußischen Armee, konnte Wright beruhigt widersprechen[252]. Er urteilte, dass unter der gegenwärtigen preußischen Regierung kein Fall zu erwarten sei, der nicht schnell und zufriedenstellend zu lösen sei[253]. Er bedauerte höchstens einmal die Langsamkeit der preußischen Regierung, als es im Februar 1861 sieben Tage dauerte, bis er die Entlassung des zur Ableistung von Militärdienst verhafteten Postmeisters Hagen aus Indiana nach Washington melden konnte[254]. Zeitweilig schien Schleinitz die „Allerhöchsten Orts" vorzulegenden Gnadenanträge für ausgetretene Militär- und Landwehrpflichtige im Interesse der Beschleunigung nur noch mit dem Justizministerium vereinbart zu haben. 1860 brachten Kriegsminister Roon und Innenminister Schwerin ihren Anspruch auf Mitprüfung der Immediat-Berichte ausdrücklich in Erinnerung, da „das Interesse des Heeresersatzwesens unsere Betheiligung bei dergleichen Begnadigungs-Ersuchen dringend erfordert, behufs der Prüfung der eingehenden Anträge auch in den meisten Fällen ein Zurückgehen auf die Ersatzbehörden notwendig wird ..."[255].

Wright verstand sich mit Schleinitz so gut, dass er ihn auch bei Verhaftungen in anderen deutschen Staaten konsultierte und Schleinitz gegenüber Hannover zugunsten von Wright vermittelte. Nur gegenüber Bayern hielt Schleinitz seine Hilfestellung verständlicherweise nicht für angebracht[256].

Der von Schleinitz in Absprache mit Justiz-, Innen- und Kriegsminister und dem Regenten bzw. König vertretene Kurs, der von dem Manteuffels sichtbar abwich, bedeutete, dass Preußen praktisch seit 1858/59 seine alte Rechtsposition aufgegeben hatte, wonach die Militärpflicht preußischer Staatsbürger den Wechsel ihrer Staatsangehörigkeit überdauerte, wenngleich sie grundsätzlich noch an der alten Auffassung festhielt. Angesichts dieser günstigen Voraussetzungen für eine rechtliche Besserstellung von naturalisierten US-Bürgern machte Wright Schleinitz schließlich, ohne dazu instruiert zu sein, den Vorschlag zu einem Vertrag[257]. Von den Tausenden von

---
[251] Wright in Nr. 76 vom 4.6.1859 und Nr. 88 vom 6.8.1859 an Cass, a.a.O.
[252] Wright in Nr. 89 vom 10.8.1859 an Cass, a.a.O.
[253] Wright in Nr. 110 vom 4.1.1860 an Cass, a.a.O.
[254] Wright erwähnte die Festnahme des Postmeisters Hagen in Nr. 162 vom 16.2.1861 und die Entlassung in Nr. 164 vom 23.2.1861, a.a.O.
[255] Schwerin und Roon am 28.2.1860 an Simons, GStAM, Rep. 84a Nr. 7800.
[256] Wright in Nr. 131 vom 6.6.1860 an Cass, NA Wash., Mf 44/11.
[257] Abschrift der Note Wrights vom 6.3.1861 an Schleinitz, Anlage zu Nr. 167 vom 7.3.1861 an Black, a.a.O.

Deutschamerikanern, die nach Deutschland zurückkehrten, würde trotz des Anspruches der Militärpflicht nicht einer von 500 wirklich eingezogen, und der Ärger und der Aufwand dieser wenigen strittigen Fälle stünden in keinem Verhältnis zu deren Bedeutung. Wright richtete seine Note im März 1861 an das Preußische Ministerium der auswärtigen Angelegenheiten, also parallel zum Präsidentenwechsel in Washington, und er konnte nicht mehr erwarten, dass er diesen Vertrag auch abschließen würde. Das wusste Schleinitz ebenfalls und beantwortete die Note nicht schriftlich; aber Wright hatte seinem Nachfolger einen Anknüpfungspunkt hinterlassen.

Im Frühjahr 1861 warb Wright zugleich im Landtag für eine Reform der Rechtsstellung der aus Preußen stammenden Amerikaner über eine Novellierung des Staatsangehörigkeits-Gesetzes von 1842. Es war zwar im Augenblick kein Deutschamerikaner verhaftet; aber Wright wollte eine dauerhafte Sicherheit vor Sanktionen, und wenn diese auch nur bedeuteten, dass eine Geldstrafe von 50 Talern, die niedrigst mögliche Strafe, wegen Nichtleistung des Militärdienstes vom Erbe abgezogen wurde. Er dachte an eine Gesetzesfassung, die der Entwicklung in Frankreich entsprach, über die ihn die US-Gesandtschaft in Paris informiert hatte. Dort war 1859 gerichtlich entschieden, dass kein Nicht-Franzose zum Militärdienst gezwungen werden konnte. Grundlage war der Code Napoléon, wonach derjenige seine französische Staatsangehörigkeit verlor, der Staatsbürger eines anderen Staates wurde, und die Bestimmung, dass im französischen Heer nur französische Staatsangehörige dienen konnten. Präsident Buchanan hatte in seiner Botschaft vom 4.12.1860 der Hoffnung Ausdruck verliehen, dass sich weitere Kontinentalmächte Frankreich anschließen würden. Wright gewann nun für eine parlamentarische Gesetzesinitiative den Staatsrechtler Ludwig von Rönne, für die Partei Vinckes seit 1858 Mitglied des Abgeordnetenhauses, und den Altliberalen Professor Louis Tellkampf aus dem Herrenhaus[258]. Allem Anschein nach unterstützte Schleinitz die Gesetzesinitiative, da er nach Judd, dem Nachfolger Wrights als US-Gesandter, die Hoffnung geäußert haben soll, auf dem Wege der Gesetzgebung das Ärgernis loszuwerden[259]. Aber auch der neue Anstoß ließ sich nicht so schnell umsetzen, wie es sich Wright dachte, und er beklagte wieder einmal die Langsamkeit der Preußen: „No people are slower in their movements than the Prussians, and this is particularly applicable to their Ministry. I have no reason, however, to doubt their sincerity and friendship."[260] Die zum

---

[258] Wright in Nr. 170 vom 3.4.1861 an Seward. – Die Schreiben von Rönne vom 2.6.1861 und von Tellkampf vom 5.6.1861 als Anlagen zum Bericht Wrights Nr. 176 vom 8.6.1861 an Seward. NA Wash., Mf 44/11.

[259] Judd in Nr. 18 vom 17.2.1862 an Seward, NA Wash., Mf 44/12.

[260] Wright in Nr. 176 vom 8.6.1861 an Seward, NA Wash., Mf 44/11.

Schluss von Wright erwähnte positive Einstellung Preußens gegenüber den USA erlebte er besonders, als der Sezessionskrieg der Südstaaten ausbrach.

V. Die Krise des politischen Systems der USA vor dem Sezessionskrieg im Spiegel deutscher Kommentare, insbesondere preußischer

Für deutsche Beobachter und die Presse in Deutschland spielte die Kritik an den Verhältnissen in den USA Anfang der fünfziger Jahre kaum eine Rolle. Hier wandelte sich die Stimmung gegenüber den USA erst unter dem Einfluss von Nativismus und Wirtschaftskrise, so dass sich in der zweiten Hälfte dieses Jahrzehnts neben der Bewunderung der Aufbauleistungen stärker kritische Stimmen zu Wort meldeten, zum Teil mit Meinungen, die seit Jahrzehnten zum Repertoire der Kritik an den USA gehörten. Der gemäßigte Liberale Rudolf Haym sah dennoch 1857 einen tiefgreifenden Stimmungswandel gegenüber den USA im Gange[261]: „Die öffentliche Meinung über die V(ereinigten) St(aaten) in Deutschland hat sich in ziemlich raschem Umschlag (etwa so wie es seinerzeit mit der französischen Revolution der Fall war) von einem Extrem in das andre herumgeworfen. Bewunderung hat sich in Widerwillen verkehrt." Der US-Generalkonsul Ricker in Frankfurt am Main bestätigte ihn, wenn er Ende 1858 beklagte[262], „that the United States as a Country, People and Government have been for some time gradually sinking in the estimation of the people generally throughout Germany, and as compared with previous periods now occupy a rather unfavorable position. American born citizens, and it is to be feared, that possibly even the American Government entertain too exalted an idea of the true feeling at this day of the Germans towards us." Das Ansehen sei fraglos weit unter dem vor einigen Jahren. US-Gesandter Wright klagte 1858 über die vielen Unterstellungen und Verleumdungen, die häufig von Leserbriefschreibern und Zeitungsherausgebern in der deutschen Presse vorgetragen würden[263], etwas worüber sich seine Vorgänger Barnard und Vroom nie zu beschweren brauchten. Der US-Konsul Glantz in Stettin monierte 1858 „falsche und geschmacklose Berichte über unsere Regierung und unser Land", die täglich mit der preußischen Presse verbreitet würden[264]. Die kritischen Berichte über Einrichtungen des Auswande-

---

[261] Brief Hayms vom 10.12.1857 an Schleiden, S. 148 ff. in: Ausgewählter Schriftwechsel Rudolf Hayms, Hrsg. *Hans Rosenberg*, Berlin und Leipzig 1930. Deutsche Geschichtsquellen des 19. Jahrhunderts, Bd. 27.
[262] Ricker am 21.11.1858 in Nr. 183 an Cass, NA Wash., Mf 161/6.
[263] Wright am 25.12.1858 in Nr. 53 an Cass, NA Wash., Mf 44/11.
[264] Glantz am 15.5.1858 an Buchanan, Übers. E.E., NA Wash., Mf T-59/4.

rungswesens in New York gingen so weit, dass auf Intervention Gerolts die preußische Regierung sich im Einvernehmen mit der US-Regierung um die Richtigstellung in deutschen Zeitungen bemühte. Aber von diesem einen Fall abgesehen, schaltete sich die preußische Regierung nicht in die kritische Berichterstattung über die USA ein.

Als einziger unter den US-Vertretern in Deutschland beschäftigte sich Ricker genauer mit den Ursachen des Stimmungswandels. Er machte zuerst einmal eine den USA feindlich gesonnene korrupte deutsche Presse dafür verantwortlich[265], die er als extrem von den reaktionären Regierungen abhängig einstufte. Sie spiele einseitig ungünstige Nachrichten hoch wie etwa den 1858 erfolgten Bankrott einer Bank in Illinois und die finanziellen Verluste deutscher Geldanleger in den USA in der Wirtschaftskrise. Immerhin erwähnte er die den Artikeln zugrunde liegenden Korrespondentenberichte aus den USA und US-Zeitungen. Schließlich wies er auch auf deutliche Mängel in den USA und speziell der regierenden Administration hin. Er erwähnte in verschiedenen Schreiben die verheerenden Auswirkungen der Aktivitäten der Knownothings. 1859 erklärte er den mangelhaften Schutz der Auswanderer aus Deutschland durch die USA zum entscheidenden Grund für den Ansehensschwund[266]. Das einzige neue Unternehmen zugunsten der Einwanderer, die Einwanderer-Sammelstelle Castle Garden, hatte in seinen Augen nur einen zweifelhaften Wert. Dass die deutschen Regierungen Castle Garden einvernehmlich mit der US-Regierung gegenüber der öffentlichen Kritik in beiden Ländern verteidigten, berücksichtigte Ricker nicht. Kaum verhüllt warf er der US-Regierung die Vernachlässigung der deutsch-amerikanischen Beziehungen vor und das Fehlen einer energischen Europa-Politik[267]. Seinen Appell, das verlorene Ansehen zurückzugewinnen, begründete er damit, dass es für die USA darum gehen könnte, ob die jungen Deutschen für sie kämpften oder gegen sie[268].

Der liberale Rudolf Haym suchte im Interesse eines besseren Bildes von den USA für die neue Zeitschrift „Preußische Jahrbücher" „urteilsfähige, der Tatsachen kundige Staatsmänner, nicht Auswanderer und Exulanten, sondern solche, denen ihre Stellung einen unparteiischen Einblick in Dinge und Menschen möglich macht."[269] Er bemühte sich vergeblich unter anderem um den Bremer Ministerresidenten Schleiden, der ähnlich gemäßigt konstitutionell wie er selbst eingestellt war. Der Bremer Vertreter in Wa-

---

[265] Ricker am 21.11.1858 an Cass, a.a.O.
[266] Ricker am 7.1.1859 in Nr. 6 an Cass, NA Wash., Mf 161/6.
[267] Ricker am 27.11.1858 in Nr. 185 an Cass und am 13.1.1859 in Nr. 11 an Cass, NA Wash., Mf 161/6.
[268] Ricker am 21.11.1858 an Cass, a.a.O.
[269] Haym am 10.12.1857 an Schleiden, a.a.O.

shington lehnte vor allem aus zeitlichen Gründen ab; aber es war zweifelhaft, ob Schleiden ein besseres Bild als die Presse entworfen hätte, hatte er doch gerade erlebt, mit welchen Mitteln die Lobbyisten des Reeders Vanderbilt, also seine „steam-beggars", dazu beigetragen hatten, dass der Kongress die Zuschüsse für die OSNC und damit vor allem für die New York-Bremen-Linie gestrichen hatte.

Zu erwarten war von den Vertretern deutscher Regierungen in den USA eine im Vergleich zur Presse gelegentlich vorsichtigere Kommentierung, aber nicht weniger Kritik. Das Bild, das Schleiden und die Vertreter der preußischen Regierung in den USA entwarfen, unterschied sich nicht wesentlich von dem, das deutsche Leser in ihrer Presse vorfanden. Die negativen Darstellungen in den deutschen Zeitungen fanden ihr Pendant in den kritischen Kommentaren Gerolts und der preußischen Konsuln. Ausschnitte aus den Jahresberichten Angelrodts und Haußmanns, einschließlich der kritischen Kommentierungen, ließ die preußische Regierung in Einzelfällen im Handelsarchiv veröffentlichen. Kritik an den politischen Verhältnissen in den USA erwuchs nun nicht so sehr aus einer vorurteilsbelasteten politischen Perspektive, wie Glantz und Wright zumindest bei den Äußerungen in der Presse annahmen, sondern entsprach vor allem dem, was deutsche Journalisten ebenso wie die Regierungsvertreter unmittelbar aus der US-Presse ableiten konnten oder der britischen Presse entnahmen. Dass kritische US-Bürger gelegentlich andere Akzente als deutsche Beobachter setzten, war selbstverständlich.

Es stand bei US-Kommentatoren nicht das republikanische System in Frage, aber häufig genug setzte auch die US-Kritik bei den krisenhaften Erscheinungen der Union an. Der Demokrat Campbell, Postmaster General unter Pierce 1853 bis 1857, betrachtete 1860 als Ursache der Krise der Union und des Aufstieges der Republikaner nicht einfach den Streit wegen der Sklaverei, sondern die Illoyalität überall in den höchsten Ämtern, die Beschränktheit der Administration und den allmählichen Vertrauensschwund der Union, „the general opinion of its infidelity and corruption."[270] Dieser Ansehensverlust erreichte zwar seinen Höhepunkt unter der Buchanan-Administration; aber das hatte längst vorher begonnen, wie W. Summers, Spezialist zur Frage der politischen Korruption in den USA der fünfziger und sechziger Jahre, mit seiner Kritik an der „Plundering Generation" 1849 bis 1861 gezeigt hat[271].

---

[270] Campbell am 29.12.1860 aus Washington an Pierce, Library of Congress, Franklin Pierce Papers, Reel 2.
[271] *Mark W. Summers*: The Plundering Generation, Corruption and the Crisis of the Union, 1849–1861, New York and Oxford 1987.

Anfang der fünfziger Jahre kam die innere Aufwärtsentwicklung der USA, ihre Ausdehnung, die Landausgabe an Siedler, die steigende Einwanderung, das Wachstum der Bevölkerung und der Wirtschaft und der Staatseinkünfte in vielen Berichten Gerolts zum Ausdruck und war detailliert von den preußischen Konsuln vorgestellt. Vor allem Angelrodt in St. Louis, Stanislaus in Cincinnati und Godeffroy in San Francisco schilderten den Aufschwung ihrer Regionen mit lebhafter Begeisterung. Der damals gelegentlich zum Ausdruck gekommene Überschwang stand den privaten Erfolgsberichten deutscher Auswanderer kaum nach. In Angelrodts Erfolgsbilanz der „europäisch-amerikanischen Kultur" in „unserem unermeßlichen Westen"[272] rangierte der Aufschwung von St. Louis obenan, das er überschwenglich als „Beherrscherin der Ströme", „Schlüssel zu den Goldregionen des Westens sowohl als zu der Industrie des Ostens" beschrieb. Schließlich sei es „die Bestimmung" von St. Louis, „einer der größten Handelsmärkte der Erde zu werden ...", wie er 1852 nach den „fast fabelhaft" zu nennenden Ergebnissen von Handel und Industrie im mittleren Westen urteilte. Als er von der Geldkrisis 1854 berichten musste, versäumte er nicht zu erwähnen, dass zwar die „rüstigen Nachbarinnen Chicago und Cincinnati betroffen" seien, aber St. Louis „gänzlich unberührt" sei von der Krise; und es sei selbst hierbei hervorzuheben, wie sehr sich insgesamt „der gesunde Zustand unseres jugendkräftigen Westens und seiner Königin St. Louis" zeige[273]. Für den preußischen Konsul Stanislaus galt Cincinnati als „die Königin des Westens" und als „Centralpunkt des Westens"[274], was er vor allem mit der Bedeutung Cincinnatis für das Bildungswesen, den Buchhandel und das Zeitungswesen begründete.

Während Paul Wilhelm von Württemberg San Francisco 1850 in seinem Reisetagebuch als „gräßliches Nest" empfand[275], strich der preußische Konsul Godeffroy „die Zeichen großen Fortschritts" in Frisco heraus[276] nach dem zugegebenermaßen „am Anfang herrschenden Chaos". Er war voll des Lobes des „energischen Charakters und Unternehmungsgeistes der Amerikaner" den Schwierigkeiten gegenüber. Bei allem Lobe übersah Godeffroy wie andere Konsuln nicht die Schattenseiten und die Nachteile, die der

---

[272] Angelrodts Jahresbericht für 1851 vom 15.4.1852 an Gerolt, GStAM, 2.4.1.II. Nr. 5291.

[273] Jahresbericht für 1854 vom 26.3.1855, GStAM, 2.4.1.II. Nr. 5293.

[274] Stanislaus in seinem Jahresbericht für 1851 vom 19.2.1852 an Gerolt, GStAM, 2.4.1.II. Nr. 5291.

[275] Paul Wilhelm von Württemberg: Reisen und Streifzüge in Mexiko und Nordamerika 1849–1856, Hrsg. *Siegfried Augustin,* Stuttgart 1986, S. 147. – Paul Wilhelm von Württemberg wurde 1797 in Schlesien geboren. Er bereiste die USA in den zwanziger, dreißiger und zuletzt in den fünfziger Jahren des 19. Jahrhunderts.

[276] Jahresbericht Godeffroys für 1851 vom März 1852, GStAM, 2.4.1.II. Nr. 5291.

V. Die Krise des politischen Systems der USA

Schnelligkeit zuzuschreiben seien, „mit welcher dieses Land eine so importante Position in der commerciellen Welt eingenommen." Der Überschwang vom Anfang der fünfziger Jahre verschwand bald aus den konsularischen Berichten. So beklagte der Nachfolger von Godeffroy Haußmann 1856 angesichts der Verhältnisse in San Francisco[277], „daß bei einer so starken Mischung von schlechten Charakteren auf dem bestehenden Wege kein Gouvernement gebildet werden kann, welches so stark und moralisch ist, als für die Wohlfahrt dieses Landes zu wünschen wäre."

Gerolt legte nie die regionale Bindung an den Tag wie die weitgehend integrierten preußischen Honorarkonsuln, aber auch er wurde zunächst nicht müde, zusammen mit der Ausdehnung der USA den beeindruckenden Ausbau des Landes zu erwähnen. Delbrück, der den Freihandel vertretende Wirtschaftspolitiker, hatte bei seiner Rundreise in den USA 1853 angesichts des Unternehmungsgeistes und der Energie der US-Amerikaner sogar den Eindruck, dass er „erst in Amerika kennen lerne, was der Mensch zu leisten imstande sei."[278] Er war wie Gerolt der Ansicht, dass trotz gelegentlichen Missbrauches der Freiheit das Selfgovernment funktionierte. Erst im Laufe der fünfziger Jahre fand Gerolt immer häufiger Anlass zur Kritik an einzelnen innenpolitischen Phänomenen. Er belegte seine Kommentare regelmäßig mit Zeitungsausschnitten, wie er überhaupt von dem Bild ausging, das er aus der intensiv beobachteten öffentlichen Meinung der USA gewann; aber selbstverständlich setzte er wie auch andere deutsche Beobachter bei der Vermittlung der Kritik eigene Akzente. Zu den eigenen Akzenten Gerolts schien gelegentlich zu gehören, dass er mit seiner Kritik am allgemeinen Wahlrecht und an den Geschworenengerichten in den USA zugleich indirekt an der deutschen politischen Diskussion teilnahm.

Die mit dem wirtschaftlichen Aufschwung und der Einwanderung stark beschleunigten gesellschaftlichen Veränderungen betrachtete Gerolt genauso misstrauisch wie viele konservative Amerikaner. Überall hervortretende Mängel im öffentlichen Leben ließen sich in seinen Augen nicht zuletzt auf die mangelhaft integrierten Einwanderer und deren Vertreter zurückführen: „Bei der schnellen Zunahme der Bevölkerung ... und bei der außerordentlichen Entwickelung aller Erwerbsquellen und Unternehmungen aller Art sind die arbeitenden Klassen, wozu die meisten Einwanderer gehören, zu einer verhältnismäßigen Bedeutung und Macht gelangt, und die bestehenden Gesetze, welche auf allen Gebieten der Rechtspflege dieselben wie die englischen sind, verlieren ihre Kraft in dem Maße, als die größtenteils vom

---

[277] Konsul Haußmann in seinem Bericht vom 21.5.1856, Anlage zum Bericht Gerolts an Manteuffel vom 14.7.1856, GStA Berlin, Mf 79 AA CB IC Nr. 26.

[278] *Rudolph von Delbrück*: Lebenserinnerungen 1817–1867, Bd. 2, Leipzig 1905, S. 20.

Volke gewählten Richter und die Geschworenen-Gerichte von dem durch die Institutionen bedingten Parthei-Wesen und der damit verbundenen öffentlichen Demoralisation abhängig werden. Die Gesetze zeigen sich daher immer mehr als unzureichend, sowohl für den Schutz der individuellen Sicherheit und des Eigentums als zur Aufrechterhaltung der öffentlichen Ruhe. Die Beweise dafür häufen sich von Tag zu Tag in den Zeitungsberichten über die Zunahme von Brandstiftungen, Eisenbahn- und Dampfboot-Katastrophen, durch Aufstände der Arbeiter an Eisenbahnen und öffentlichen Bauten und durch Verbrechen aller Art auf eine erschreckende Weise, ohne der Flibustier-Unternehmen zu gedenken."[279] Die Abenteurer, die in den fünfziger Jahren immer wieder in Cuba und Nicaragua einfielen und die „Großzügigkeit" der Südstaaten diesem völkerrechtswidrigen, aber populären Verhalten gegenüber hatten ihn schon mehrfach beschäftigt.

Der von Gerolt beklagte Einfluss der Massen war in seinen Augen ein Ergebnis des allgemeinen Wahlrechtes; denn „die Gemeinde-Verwaltungen, die Regierungen der Staaten sowie die Foederal-Regierung und seit den letzten Jahren sogar die Justiz-Verwaltung" sind dem Wahlrecht „unterworfen". Seine Kritik galt den demokratischen Institutionen, ohne sie jedoch in Bausch und Bogen abzulehnen. „So praktisch sich die demokratischen Institutionen der Vereinigten Staaten für die Eroberung, Ansiedlung, so wie für die erste politische und soziale Organisation der teils von Indianern bewohnten teils unbevölkerten Landesstriche Nordamerikas und für die erste materielle Entwickelung dieser Länder erwiesen haben und noch erweisen, so unpassend und unheilbringend zeigen sich dieselben für die normalen Zustände der Gesellschaft, wo Schutz des individuellen Eigentums, Gleichheit vor dem Gesetze, Verantwortlichkeit bei der Staatsverwaltung und der Justizpflege sowie Sparsamkeit und Gewissenhaftigkeit bei Verwendung der öffentlichen Gelder die Hauptbedingungen sind und wo eine höhere Gesittung der Zweck der Gesellschaft ist."[280] Eine Verbesserung war nach Gerolts Ansicht nur durch eine Änderung der demokratischen Institutionen möglich und diese wiederum nur „in Folge von großen Catastrophen".

Ebenso wie Gerolt die innenpolitische Entwicklung der US-Republik insgesamt kritisch betrachtete so auch die Rolle der einzelnen Gewalten, insbesondere die der Verwaltung und der Rechtsprechung. Das Funktionieren der Union referierte er sachlich und differenziert, wobei er Kritik von Parlamentariern und Presse nur sehr zurückhaltend übernahm. Selbst 1860 angesichts der Herrschaft der „Buchaneers" schrieb er nur dezent von der

---

[279] Gerolt am 4.2.1854 an den König, GStA Berlin, Mf 79 AA CB IC Nr. 17 Teil 2.
[280] Gerolt am 12.4.1855 an Manteuffel, GStAM, 2.4.1.II. Nr. 5291.

V. Die Krise des politischen Systems der USA

„Dekadenz der Foederal-Regierung"[281], erwähnte nur gelegentlich „die Missbräuche des Präsidenten"[282] und teilte konkreter nur die Veruntreuung des den Indianern gehörenden Depositen-Fonds von 860 000 Dollar durch einen Beamten des Innenministeriums mit[283]. Schließlich ließ er nicht die Unschlüssigkeit Buchanans gegenüber den Abtrennungsbestrebungen im Süden unerwähnt[284], und schlussfolgerte, „daß der Credit der Foederal-Regierung bereits sehr gelitten habe."[285] Aber schärfer griff er die unteren Instanzen an[286]: „Weit fühlbarer als die Missbräuche bei der Foederal-Regierung und bei den Regierungen der einzelnen Staaten ist jedoch das Self-Government in den Gemeinden, besonders in den großen Städten, wo der Maire mit dem Stadtrat und viele andere Stellen der Gemeinde-Verwaltung sowie der Richter unter dem allgemeinen Stimmrechte vom Volke d. h. von Massen gewählt werden und wo die größten Missbräuche bei der Auflegung von direkten Steuern sowie bei der Verwaltung der öffentlichen Gelder stattfinden." In gleichem Tenor hatte Delbrück schon 1853 im Zusammenhang mit seinem Besuch in den USA „die nachlässigste und verderbteste Kommunalverwaltung"[287] kritisiert. Schleiden ging bei seinen Vorwürfen gegen die US-Zollverwaltung wahrscheinlich von den Klagen New Yorker Kaufleute aus. Er bemängelte 1854 die „beispiellose Bestechlichkeit der hiesigen Zollbeamten, ... die sich nicht schämen"[288]. In den nächsten Jahren konnte er seine Kenntnis der Korruption in der Verwaltung noch erheblich erweitern.

Gerolt suchte ebenso sachlich wie über die Foederalregierung über den Kongress zu berichten, wobei ihn die grundsätzliche Bedeutung des Parlamentarismus in den USA nicht interessierte. Am positivsten wirkten in seinen Berichten bedeutende Senatoren wie Calhoun, Mason und Charles Sumner, mit denen er wiederholt zusammentraf, so wie ja auch der frühere preußische Geschäftsträger Rönne dem Senat seine besondere Anerkennung gezollt hatte[289]. Der Vorwurf der Käuflichkeit der Parlamentarier, der in

---

[281] Gerolt am 22.4.1860 an den Regenten und Prinzen, GStA Berlin, Mf 80 AA CB IC Nr. 32.

[282] Gerolt am 30.6.1860 an den Prinzen, a.a.O.

[283] Gerolt am 31.12.1860 an den Prinzen, a.a.O.

[284] A.a.O.

[285] A.a.O.

[286] Gerolt am 22.4.1860, a.a.O.

[287] Delbrück, a.a.O., Bd. 2, S. 20.

[288] Schleiden in seinem Tagebuch vom 19.6.1854, LaBi Kiel, Tagebuch zu 1854. Vgl. Karl Francke am 8.8.1854 an Delbrück über die USA, S. 275 in: *Johann Gustav Droysen*, Briefwechsel, Hrsg. *Rudolf Hübner*, 2. Bd., 1851–1884, Leipzig 1929.

[289] *Rüdiger Schütz*: Die preußisch-amerikanischen Beziehungen in der Ära Rönne von 1834 bis 1843/50, in: Forschungen zur Brandenburgischen und Preußischen Geschichte, 4. Bd., 1994, Heft 1, S. 43.

den britischen konsularischen Berichten der fünfziger Jahre so häufig auftauchte[290], wurde von Gerolt nicht erhoben und fehlte ebenso in den meisten Berichten der preußischen Konsuln; nur Konsul Angelrodt, St. Louis, qualifizierte die Mitglieder des Kongresses einmal pauschal als „erkaufte und bestochene Subjekte" ab[291]. Gerolt gab 1860 höchstens die lautstarke Presse-Kritik an der „Corruption der Legislatur des Staates New York" wieder[292]. Mit Blick auf die in den Jahren 1859/60 in der Presse allgemein diskutierten „Missbräuche" von Kongress-Mitgliedern und Abgeordneten einzelstaatlicher Parlamente und die „Dekadenz der Foederal-Regierung" ging es Gerolt vor allem um den Ansehensverlust von Union und Einzelstaaten: „Es ist daher kein Wunder, daß bei solchen Zuständen die Autorität und das Prestige der obersten Staatsgewalten leiden."[293] Nach der Präsidentenwahl 1860 sprach er auch nicht mehr nur von Dekadenz, sondern von einer Krise.

Selbstverständlich fiel Gerolt von Anfang an der Einfluss der Lobbyisten im Kongress auf, die er „Spekulanten" nannte und mit denen die ausländischen Diplomaten konkurrierten. Manteuffel schrieb er[294]: „Es würde mir schwer werden, Eurer Exzellenz ein richtiges Bild von dem Treiben der Partheien und der Masse der Spekulanten zu entwerfen, welche zur Zeit der Congreß-Sitzungen hier zusammenströmen und die Regierung sowie die Kammern fortwährend belagern, um ihre Privatzwecke durch alle möglichen Mittel zu erreichen, wodurch es den Repräsentanten fremder Nationen äußerst schwierig wird, ihren Einfluß zugunsten der ihnen anvertrauten Interessen geltend zu machen. Diese Schwierigkeiten nehmen von Jahr zu Jahr in dem Verhältnisse zu, als der Spekulations-Geist und die Privat-Interessen in das politische Leben hineingezogen werden und auf die öffentliche Moral den verderblichsten Einfluß ausüben."

Fast ebenso fremdartig wie die Rolle der Lobbyisten wirkte auf viele deutsche Beobachter der Einfluss der Parteien. Grundsätzlich kritisch stand Gerolt dem Zusammenwirken von Parteien und Massen gegenüber: „Die bestehenden Übel in den größeren Gemeinden und in den Legislaturen der Staaten und der Foederal-Regierung haben sich, besonders in den letzten Jahren durch die Umtriebe der politischen Partheien ausgebildet, welche

---

[290] *Laura A. White*: The United States in the 1850's as seen by British Consuls, MVHR XIX, S. 524.

[291] Angelrodt am 26.3.1855 an Gerolt, GStAM, 2.4.1.II. Nr. 5293.

[292] Gerolt am 22.4.1860 an den Regenten und Prinzen, GStA Berlin, Mf 80 AA CB IC Nr. 32

[293] Gerolt am 22.4.1860 an den Regenten und Prinzen, GStA Berlin, Mf 80 AA CB IC Nr. 32.

[294] Gerolt am 1.9.1852 an Manteuffel, GStA Berlin, Mf 111 AA III Rep. 10 Nr. 3 Vol. 3.

letztere zur Erreichung ihrer selbstsüchtigen Zwecke stets an die Massen appellieren und überall Corruption und Gesetzlosigkeit herbeiführen."[295] Noch schärfer schrieb er 1858 von „der stets zunehmenden Macht der Parteien und der Organisation derselben gestützt auf die Wahlumtriebe politischer Demagogen, welche die Massen des Volks zu ihrem Privateigentum und die errungene Macht in den legislativen Versammlungen zu selbstsüchtigen Zwecken benutzen."[296] Wie die verschiedenartigen „Wahlumtriebe" aussahen, nämlich Kauf von Wählerstimmen und andere Manipulationen der Wahlergebnisse, beschrieb er nicht. Auch dass die immer stärker kritisierten „Mißbräuche", „worin das ganze Wahlsystem in den Vereinigten Staaten durch die Organisation der Partheien und durch die unpatriotischen Motive derselben versunken ist"[297], den Dünger für neue Parteien abgab[298], die American Party und die Republican Party, erwähnte er nicht.

Wie Rönne in früheren Jahren[299] und Alexander von Humboldt griff Gerolt besonders das Beutesystem an: „Eine traurige Erscheinung bei dem Wechsel der hiesigen Regierungen durch die allgemeinen Volkswahlen, sowohl der Foederal-Regierung als der Staaten- und Communal-Regierungen, ist der große Andrang zu den Staats- und Communal-Ämtern, welche die sogenannten Politiker der siegenden Parthei überall in Anspruch nehmen und alle Mittel aufbieten, um die Inhaber der Ämter zu verdrängen. Parthei-Haß, Neid und Rachegefühl werden dadurch stets angeregt und die öffentliche Moral und das Rechtsgefühl in allen Schichten der Gesellschaft untergraben. Der Spekulationsgeist und eigennützige Zwecke von Individuen und Corporationen verdrängen mehr und mehr die patriotischen Gesinnungen und Zwecke für die Gesamtheit und führen zur Corruption in allen Richtungen des Staats- und Communal-Lebens."[300] Dass die Ausweitung des Spoils-Systems nicht nur Europäern Anlass zu globaler Kritik bot, zeigte die fast zum gleichen Zeitpunkt wie diese Stellungnahme vom britischen Konsul in Richmond G.P.R. James seiner Regierung mitgeteilte extrem pessimistische Sicht des konservativen Chief Justice Taney[301].

Gerolt ging in seinen Schreiben besonders auf die Ämterverteilung 1857 ein, als nach den Wahlen die Buchanan-Demokraten die Pierce-Demokraten aus ihren Ämtern verjagten, einem Höhepunkt des Spoils-Systems: „Unge-

---

[295] Gerolt am 12.4.1855 an Manteuffel, GStAM, 2.4.1.II. Nr. 5292.
[296] Gerolt am 6.3.1858 an Manteuffel, GStA Berlin, Mf 80 AA CB IC Nr. 28.
[297] Gerolt am 22.4.1860 an den Regenten und Prinzen, a.a.O.
[298] *Summers*, S. 66 f.
[299] *Schütz*, a.a.O., S. 41.
[300] Gerolt am 9.5.1857 an den König, GStA Berlin, Mf 79 AA CB IC Nr. 28.
[301] Bericht von G. P. R. James vom 30.5.1857, bei Laura A. White, a.a.O., S. 524.

achtet daß der neue Präsident von derselben (democratischen) Parthei gewählt ward, wozu der frühere Präsident Pierce gehörte, so strömten doch von allen Punkten der Union die bei der Präsidenten-Wahl tätig gewesenen Politiker herbei, die unterstützt durch organisierte und accreditierte Delegationen aus den verschiedenen Staaten („appointment delegations"), ihre Verdienste geltend machen und von dem neuen Präsidenten Buchanan die Foederal-Ämter ihrer Parthei-Genossen verlangen, was in früheren Jahren nur dann geschah, wenn eine feindliche Parthei am Ruder gewesen war; diese Ansprüche werden durch das sogenannte principle of rotation, die Rotations-Politik, gerechtfertigt." Beispiele für die beklagte „Corruption in allen Richtungen des Staats- und Communal-Lebens" als Folge des Spoils-Systems führte Gerolt nicht an, obwohl er das Material in der Presse sicher wahrgenommen hat.

Bei allem Bewusstsein der negativen Entwicklung der USA unter Buchanan kritisierte Gerolt dessen Administration nur sehr zurückhaltend. Als er die den Präsidenten diskreditierenden Ergebnisse des Covode-Committee erwähnte, dessen „Verhandlungen und Zeugenverhöre über die Mißbräuche der Patronage des Präsidenten in den Zeitungen veröffentlicht wurden"[302], unterließ er nicht, das hinter dem Ausschuss stehende Anliegen der Republikaner zu erwähnen, „die Handlungen der demokratischen Regierung in den Augen des großen Publikums bloßzustellen." Er mochte die Krisenerscheinungen nicht überbewertet sehen und vergaß auch 1860 nicht, auf die andauernde Bedeutung der Union hinzuweisen, seine „in der Weltgeschichte beispiellose Entwicklung von Macht, Bevölkerung und materieller Wohlfahrt."[303]

Der Republikaner Carl Schurz will schon gleich zu Anfang seiner politischen Laufbahn 1853, nachdem ihn der Journalist Francis Grund über das Beutesystem informiert hatte, unbewusst ein „Zivil-Dienst-Reformer" geworden sein[304]. Offen trat Carl Schurz für die Civil Service Reform in den sechziger Jahren ein, als allgemein in den USA die Forderung danach lauter wurde und die Partei ihn zunächst bei der Ämterverteilung nicht mehr genügend berücksichtigte[305].

Den schwachen Beginn der Civil Service Reform mit einem Gesetz von 1853, das für eine Reihe von Ämtern in der US-Administration in Washing-

---

[302] Gerolt am 30.6.1860 an den Regenten und Prinzen, GStA Berlin, Mf 80 AA CB IC Nr. 32.

[303] Gerolt am 3.12.1860 an den Regenten und Prinzen, GStA Berlin, Mf 80 AA CB IC Nr. 32.

[304] *Carl Schurz*: Lebenserinnerungen, Bd. 2, Berlin 1907, S. 16–19.

[305] Zum Verhältnis von Schurz zur Verwaltungsreform s. *Ari Hoogenboom*: Civil Service Reform in the United States of America, in: Oceans Apart, Ed. *Erich Angermann und Marie Luise Frings,* Stuttgart 1981, S. 112–115.

ton Prüfungen einführte, hat Gerolt nicht erwähnt in seinen Berichten. Auch lässt sich aus seinen Berichten nichts darüber entnehmen, ob sich die Reform-Maßnahmen an Preußen orientierten. Wichtig war nach Ari Hoogenboom im Einzelfall das britische Vorbild[306].

Mit der engen Verbindung von Spoils-System und einem Teil der Presse setzte sich Gerolt nicht auseinander. Ihn interessierte wie die übrigen Diplomaten der eigene Einfluss auf die Presse und damit auf die öffentliche Meinung. Immerhin wusste Gerolt in dem Streit der verschiedenen Interessen um die Presse dazu beizutragen, dass der demokratische Journalist Grund unter der Pierce-Administration nicht das von ihm als Spoils beanspruchte Konsulat in Mitteleuropa erhielt. Im Übrigen profitierte Gerolt von der Offenlegung politischer Angelegenheiten in der Presse in einem für Mitteleuropäer ungewohnten Ausmaß. Schleiden lobte gleich nach seiner Ankunft 1853 gegenüber Bürgermeister Smidt besonders, dass „hier von allen Behörden und bei allen Einzelstaaten unendlich viel mehr veröffentlicht wird, als das bei Deutschland und besonders bei Bremen der Fall ist"[307].

Ebenso stark wie den englischen Konsuln in den USA fielen den deutschen Vertretern die Mängel in der Rechtspflege auf. 1859 beklagte Gerolt die Unfähigkeit des Staates, den Gesetzen gegenüber Sklavenhändlern Geltung zu verschaffen, „als ein bedauerliches Zeichen der Dekadenz der Rechtspflege und namentlich der Geschworenen-Gerichte in den Vereinigten Staaten, welche bei ihren Entscheidungen in vielen Fällen weniger von dem Rechtsgefühl und von der großen Verantwortlichkeit ihres Berufs als von Partei- und Privatinteressen geleitet werden."[308] Bei anderer Gelegenheit resümierte Gerolt über die Justiz auf unterer Ebene[309]: „Bei den traurigen Rechtszuständen in fast allen größeren Städten der Vereinigten Staaten in Folge der Wählbarkeit der Richter und wegen des allgemeinen Wahlrechtes, welches bei der großen Masse der Bevölkerung den Partheizwecken dienstbar geworden ist, vermehren sich die Schwierigkeiten zur Handhabung der Gesetze in dem Maße, als alle gesetzmäßigen Autoritäten an Achtung und Einfluß verlieren, wodurch auch die Stellung der Königlichen Gesandtschaft zu Washington und die der Königlichen Consuln bei der Geltendmachung unserer vertragsmäßigen Rechte täglich geringer und kostspieliger wird, wie Ew. Excellenz aus meinen gehorsamsten Berichten über die Auslieferung flüchtiger Verbrecher, über die Vorenthaltung von Erbschaften an Grundeigentum, was preußischen Untertanen im Mutterlande zugefallen

---

[306] A.a.O., S. 104, S. 117.
[307] Schleiden am 13.12.1853 an Smidt, StA Bremen, 2.-B.13.b.1.a.2.a.I.
[308] Gerolt am 31.12.1859 an den Regenten und Prinzen, GStA Berlin, Mf 80 AA CB IC Nr. 32.
[309] Gerolt am 3.12.1858 aus Berlin an Schleinitz, GStAM, 2.4.1.I. Nr. 7871.

ist, sowie über die Verfolgung von Falschmünzerei oder Fälschern preußischen Papiergeldes zu ersehen geruhen wollen." Ähnlich griffen deutsche Zeitungen die Rechtsunsicherheit in den USA an, so die Hamburger Zeitung Hammonia 1857: „Der Deutsche, der mehr denn jede andere Nation Gesetz und Ordnung liebt, kann sich unmöglich in einem Lande wohl fühlen, wo alle Bande der Ordnung mehr und mehr gelös't, wo der crasseste Egoismus sich breit macht, wo die empörendsten Verbrechen tagtäglich am hellen Tage unter'm Auge der Obrigkeit begangen werden."[310]

Besonders gingen die Konsuln von San Francisco und New Orleans auf Mängel in der Justiz ein. 1856 beschäftigte sich Gerolt auf der Grundlage der Berichte des Konsuls Haußmann, des Nachfolgers von Godeffroy in San Francisco, mit der „schlechten Justizpflege" in Kalifornien und dem Linch Law dort[311]. Es war in San Francisco von „respectabelsten Bürgern" ein Vigilance Committee und Militär organisiert „zur Erhaltung der öffentlichen Ruhe und zur Wiederherstellung der gesunkenen Macht der Gesetze". Er schloss mit der für ihn wenig beruhigenden Vermutung: „... es steht kaum zu erwarten, daß die bei jener Revolution und bei der Ausübung des Linch Law beteiligten Personen für die stattgefundenen vielen Urteile und Hinrichtungen zur Verantwortung und Strafe gezogen werden können ..."[312]. Im Jahr 1858 erwähnte er als Beispiel für die „zunehmende Ohnmacht der Gesetze und Straflosigkeit der Verbrechen aller Art in den größeren Städten der Union" New Orleans, wo sich schließlich „zur Aufrechterhaltung der öffentlichen Ruhe und zur Handhabung der Gesetze" nach dem Vorbild anderer Städte ein Vigilance Committee bildete, das „während einer Reihe von Monaten das Linch Law handhabte, nachdem es die constitutionellen Autoritäten außer Tätigkeit gesetzt hatte"[313]. Er ließ aber auch nicht unerwähnt, dass dieses Komitee störungsfreie Kommunalwahlen garantierte und dann seine Autorität an einen Bürgermeister abtrat.

Konsul Angelrodt hatte zunächst den Aufstieg der USA häufig überschwänglich gelobt, war er doch zu einem der reichsten Unternehmer in St. Louis aufgestiegen. Den wirtschaftlichen Fortschritt betonte er auch weiterhin; aber schon 1855 äußerte er sich so pessimistisch zur Rechtsprechung und dann auch zum Erziehungswesen, dass er geradezu den Eindruck eines „Amerikafressers"[314] erweckte. Er verallgemeinerte die Kritik, die auch von

---

[310] Artikel in der Hammonia ohne Datum, am 26.5.1856 vom preußischen Konsul in Hamburg Kamptz an Manteuffel gesandt, GStA Berlin, Mf 108 AA III.HA Rep. 1 Nr. 19 Vol. 1 Teil 3.
[311] Berichte Gerolts vom 14.7.1856 und vom 15.9.1856 an den König, GStA Berlin, Mf 79 AA CB IC Nr. 26.
[312] Gerolt am 15.9.1856 an den König, a.a.O.
[313] Gerolt am 24.6.1858 an den König, GStA Berlin, Mf 80 AA CB IC Nr. 28.

Amerikanern in dieser Zeit an ihren Bedingungen zu hören war, und stellte eine allgemeine Rechtsunsicherheit als Teil eines allgemeinen Sittenverfalls fest[315]: „So sehr die Vereinigten Staaten in materieller Beziehung sich täglich heben, so große, schöne und kräftige Seiten der amerikanische Volkscharakter in vieler Beziehung hat und zeigt, so tief sinkt das Volk täglich mehr von Stufe zu Stufe in den Schlamm der Unmoralität und wird bei seiner religiösen Heuchelei, bei seinem handwerksmäßig betriebenen Kirchentume, bei seiner hervorstechenden Neigung zu Betrug und Rache, bei seiner Sympathie für Verbrecher aller Art, bei der abgöttischen Verehrung seines größten Götzen, des Geldes, bei der miserablen Justiz unseres Landes, bei der unmoralischen und ungenügenden Erziehung und Schulbildung unserer Jugend in der nächsten Generation, wenn es so fort geht, eine Generation von Räubern, Mördern, Mordbrennern und Vagabunden liefern. – Die Verbrechen aller Art, namentlich Raub und Mord, nehmen in der ganzen Union, auf dem Lande so gut wie in den Städten, in einer Schauder und Schrecken erregenden Weise überhand, so daß Sicherheit des Eigentums und der Person faktisch in diesem gepriesenen Lande der Freiheit schon lange nicht mehr existieren." Zu dieser pauschalen Aburteilung der amerikanischen Umwelt passte die Behauptung, dass die Deutschen im Gegensatz zu den „eingeborenen Amerikanern" die wenigsten Verbrechen begingen. Er schloss seine Darstellung der „Unmoralität des Volkes und der schrecklichen Justiz" mit einem Beispiel dafür, „daß ein Farbiger, Freier oder Sklav, ... härter bestraft wird als ein weißer Verbrecher." Dieses Beispiel war das Überzeugendste an seinem Bericht, der teilweise als Karikatur der US-Verhältnisse unter den Jahresberichten preußischer Konsuln auffällt.

Hinter der im selben Bericht geäußerten negativen Kritik an den Verhältnissen in amerikanischen Schulen muss man die eigenen Erfahrungen Angelrodts sehen, die er mit zwei adoptierten Kindern von gescheiterten Deutschen gemacht hatte. Diese Kinder hatte er schließlich nach Deutschland zur schulischen Ausbildung geschickt. – Um sich herum sah er kaum Ansätze zur Besserung und kritisierte dabei besonders Missstände, die sich aus dem leichten Zugang von Kindern zu Waffen ergaben: „... wie kann es besser werden, wenn die Kinder schon in der Schule zu schlechten Subjekten herangebildet werden und ihnen Gleichgültigkeit gegen Menschenleben eingeprägt wird? Wenn Knaben von 10 bis 12 Jahren Mordwaffen aller Art in den Schulen und auf den Spielplätzen mit sich führen und Mitschüler und Lehrer frevelhaft und ungestraft verwunden und töten? Wenn Eltern

---

[314] Vgl. zu diesem Thema Ottilie Assig, USA-Korrespondentin, 1859 in der Augsburger Allgemeinen in dem Artikel „Der Amerikafresser". Abgedruckt S. 293 f. in: *Maria Wagner*: Was die Deutschen aus Amerika berichteten, 1828–1858, Stuttgart 1985.
[315] Angelrodt am 26.3.1855 an Gerolt, GStAM, 2.4.1.II. Nr. 5293.

und Vormünder die Lehrer misshandeln und morden, wenn sie ein unartiges Kind in einer zu rechtfertigenden Weise gestraft haben?"

Mögen Angelrodts Äußerungen bei aller berechtigten Kritik wegen der Übertreibungen in vielerlei Hinsicht von den übrigen Berichten abstechen, so haben sie eines jedoch gemeinsam mit vielen Darstellungen anderer deutscher Beobachter in der zweiten Hälfte der fünfziger Jahre, nämlich den Vorwurf der Demoralisierung gegenüber den Verhältnissen in den USA. So bat Angelrodts Bekannter Humboldt den amerikanischen Diplomaten Fay, seinen amerikanischen Landsleuten zu übermitteln: „Tell them, we are lost in wonder at the development of science in the United States; but we are filled with pain and apprehension at the demoralisation."[315] Gelegentlich ließ auch Gerolt bei seiner Analyse der politischen Verhältnisse die politischen Kategorien in den Hintergrund treten, und er schloss sich stattdessen der moralisierenden Betrachtungsweise Humboldts, Angelrodts und anderer Beobachter an, ob er nun von Demoralisation oder Dekadenz sprach.

Grundsätzlich beanspruchte Gerolt für seine politische Berichterstattung über „die wesentlichen Thatsachen zur Beurtheilung der jedesmaligen Lage der inneren und auswärtigen Verhältnisse des Landes"[317], dass er sich „in der Regel aller subjektiven Betrachtungen und Aeußerungen" zu enthalten hatte und statt dessen die durch Presse und offizielles Material markierten Nachrichten sprechen sollten. Geradezu auffallend zurückhaltend und wertneutral berichtete er lange Zeit über die Sklaverei, vermied er jede wertende Stellungnahme zur Sklaverei, während sein jahrelanger Gesprächs- und Briefpartner Humboldt nie aus seiner moralischen Entrüstung über die Sklaverei einen Hehl machte. Eine Erklärung wäre, dass Gerolt alles zu vermeiden suchte, was im Falle von Indiskretionen sein Verhältnis zu den bis 1860 politisch und wirtschaftlich für Deutschland so wichtigen Südstaaten-Vertretern in irgendeiner Weise ungünstig beeinflussen mochte. Vor allem bei den Auseinandersetzungen um die Tarifreform war für alle europäischen Vertreter die Zusammenarbeit mit den Senatoren der Südstaaten entscheidend. Erst allmählich wurden die Kontakte zu Senatoren wie Sumner (Massachusetts) und Seward (New York) immer wichtiger. Wenn Gerolt dem gegen Ende der fünfziger Jahre immer lauter werdenden Chor der Abolitionisten zurückhaltend begegnete, so ergab sich das wohl auch deshalb, weil er diesen Angriff auf die südstaatliche Sklaverei zum Teil als heuchlerisch empfand angesichts der gleichzeitig fortdauernden Vorbehalte der wei-

---

[316] *Peter Schoenwaldt:* Alexander von Humboldt und die Vereinigten Staaten von Amerika, in: Alexander von Humboldt, Hrsg. *H. Pfeiffer,* München 1969, S. 455.
[317] Gerolt am 16.1.1862 an den Minister der auswärtigen Angelegenheiten Graf Bernstorff, GStAM, 2.4.1.I. Nr. 37 Bd. 2.

V. Die Krise des politischen Systems der USA

ßen Bevölkerung im Norden, „die die Farbigen von ihrer Gesellschaft und Gemeinschaft ausschließt und sogar in Gotteshäusern sie nicht als gleichberechtigt behandelt, und, einem Instinkte der Natur folgend, auch unter allen Umständen ferner behandeln wird."[318]

So zurückhaltend sich Gerolt bis zum Sezessionskrieg zur Sklaverei äußerte, von dem breiten Spektrum der von ihm mitgeteilten inneramerikanischen Entwicklungen war die Sklavenfrage für ihn die „wichtigste innere Angelegenheit"[319], und dies Problem beschäftigte ihn durchgehend. Wenn er Ende 1860 zurückblickte auf „eine in der Weltgeschichte beispiellose Entwickelung von Macht, Bevölkerung und materieller Wohlfahrt"[320] und im April 1861 registrieren musste, wie „nach den letzten Erfahrungen die Macht und das Ansehen der Vereinigten Staaten unter ihren gegenwärtigen Institutionen im Inlande wie im Auslande tief gesunken sind"[321], dann stellte er sich sicherlich viele Ursachen für diesen Niedergang der USA vor. Diese Vermutung legt die schon erwähnte Kritik an den Parteien, an der Verwaltung und an der Rechtspflege nahe. Aber als entscheidenden Konfliktstoff bei der Entwicklung der Krise bis zur Sezession wertete er die Sklavenfrage. Ihre Sprengkraft hatte er von Anfang an hervorgehoben.

1849/1850 beschrieb er, wie in früheren Zeiten immer wieder Kompromisse zwischen Sklavenstaaten und freien Staaten erreicht wurden, aber nun mit der Neuaufnahme von Kalifornien, Neumexiko und Utah das mühsam gewahrte Gleichgewicht beider Staatengruppen im Senat zu kippen drohte und das Schicksal der Union auf des Messers Schneide stand. Damals äußerte er Verständnis für den Süden: „Die Sklaven-Staaten der Union, für welche die Aufrechterhaltung der Sklaverei eine Lebensfrage ist", befürchten „mit Recht den zunehmenden Einfluß der Abolitionisten"[322]. Und kurz darauf folgerte er[323]: Da das Gleichgewicht im Senat „eine Lebensfrage für den Süden der Union ist, so ziehen die Sklavenstaaten vor, lieber sich von dem Bunde zu trennen, als sich in Zukunft den Majoritäts-Beschlüssen der Abolitionisten im General-Congresse Preis zu geben, und drohen mit dem Abfall von der Union …". Schon im Januar 1850 stellte er einem nicht genannten New Yorker Politiker die Frage, was geschehen würde, wenn sich die südlichen Staaten von der Union trennten,

---

[318] Gerolt am 6.9.1857 an Manteuffel, GStA Berlin, Mf 79 AA CB IC Nr. 28.

[319] Gerolt am 19.1.1850 in seinem Bericht an Schleinitz, GStA Berlin, Mf 77 AA CB IC Nr. 15.

[320] Gerolt am 3.12.1860 an den Regenten und Prinzen, GStA Berlin, Mf 80 AA CB IC Nr. 32.

[321] Gerolt am 8.4.1861 an den Regenten und Prinzen, GStA Berlin, Mf 81 AA CB IC Nr. 36 Vol. 1.

[322] Gerolt am 24.12.1849 an Schleinitz, GStA Berlin, Mf 77 AA CB IC Nr. 15.

[323] Gerolt 19.1.1850 an Schleinitz, GStA Berlin, Mf 77 AA CB IC Nr. 15.

C. Preußen und die USA (1857–1861)

und dieser habe auf die Verpflichtung des Präsidenten verwiesen, „den Gesetzen der Vereinigten Staaten mit allen ihm zu Gebote stehenden Mitteln Anerkennung und Geltung zu verschaffen, also nöthigen Falls durch die Gewalt der Waffen."[324]

Gerolt bewunderte, wie der greise Senator Henry Clay aus Kentucky, den er „den größten Staatsmann und reinsten Patrioten"[325] nannte, 1850 noch einmal im Geiste der bisherigen Kompromissbereitschaft die regionalen Gegensätze im Kongress in den Hintergrund zu drängen verstand. Mit dem erneuten Kompromiss glich der Kongress die Aufnahme Kaliforniens als freien Staat „umsichtig und versöhnlich"[326] durch die Fugitive Slave Bill aus, und der Status von Utah und Neumexiko blieb der Zukunft vorbehalten. Dennoch machten es 1851 für ihn „die Zerwürfnisse zwischen den südlichen Sklaven-Staaten und den nördlichen freien Staaten in Bezug auf die Sklaven-Frage ... jedoch zweifelhaft, ob die Verbindung aller dieser Staaten unter der gegenwärtigen Verfassung noch längere Zeit bestehen kann."[327] Um so mehr lobte er die Durchsetzung des Kompromisses durch die Fillmore-Administration[328]: „Den energischen Maaßregeln der Regierung in allen Fällen wo der Ausführung der Fugitive Slave Bill offener Widerstand entgegengesetzt ward, und den Anstrengungen der patriotischen Mitglieder beider Kammern, unterstützt durch die Majorität der politischen Tagesblätter, gelang es bis jetzt, alle Versuche zur Aufrechterhaltung und Verbreitung der Agitationen über die Sklaven-Frage, innerhalb und außerhalb des Congresses, zu unterdrücken und die Gefahr einer Auflösung der Union abzuwenden." Zugleich beschrieb er, wie Fillmore die Abtrennungsbestrebungen Südkarolinas ins Leere stoßen ließ. Trotz des Streites von Freesoilers und Old Hunkers, die das Fugitive-Slave-Gesetz und die Aufrechterhaltung der Sklaverei als Grundbedingung für die Aufrechterhaltung der Union ansahen[329], konnte er zu den Bestrebungen in Südkarolina für die Ära Fillmore festhalten: „Die Agitatoren für eine ... Trennung scheinen einen günstigeren Augenblick abwarten zu wollen."[330]

Im Gegensatz zu Fillmore vermochte sein Nachfolger Pierce die Konfliktparteien nicht mehr zu bändigen. Gerolt erkannte seine Außenpolitik

---

[324] A.a.O.

[325] Gerolt nach dem Tod von Henry Clay an den König am 10.7.1852, GStA Berlin, Mf 77 AA CB IC Nr. 17.

[326] Gerolt am 25.5.1850 an den König, GStA Berlin, Mf 77 AA CB IC Nr. 15.

[327] Gerolt am 4.1.1851 an den König, GStA Berlin, Mf 77 AA CB IC Nr. 17.

[328] Gerolt am 14.3.1851 an den König, GStA Berlin, Mf 77 AA CB IC Nr. 17.

[329] Siehe dazu den Bericht Gerolts vom 10.9.1853 an den König. GStA Berlin, Mf 77 AA CB IC Nr. 17.

[330] Aus dem Bericht Gerolts vom 14.2.1852 an den König, GStA Berlin, Mf 77 AA CB IC Nr. 17.

V. Die Krise des politischen Systems der USA 431

an, aber die in der amerikanischen Öffentlichkeit vielfach an seiner Innenpolitik geübte Kritik unterstützte er dennoch. Er sah Pierce mitverantwortlich für den Kansas Nebraska Act von 1854, der dadurch den Streit über die Sklavenfrage neu anfachte, dass er den Bewohnern die Entscheidung über die Sklavenhaltung freistellte und damit den Missouri-Kompromiss aufhob. Insbesondere beschrieb er, wie wenig es der Pierce-Administration gelang, Kansas, „jenes unglückliche Land, der Schauplatz blutiger Gewaltthaten zwischen den proslavery men und den freesoilers," zu befrieden, den Rechtsbruch zu steuern und den Bürgerkrieg zu beenden, „welcher die Lande der Union zu zerreißen droht ..."[331].

Wie hoch die Wogen der Erregung über bleeding Kansas im Kongress schlugen, zeigte er an den „mit fanatischer Wuth" geführten Debatten[332]. Der Höhepunkt war „der unerhörte Fall" vom 22.5.56, dass der Abgeordnete „Brooks von Süd Carolina mit einem Knittel in den Senats-Saal trat und den Senator Sumner von Massachusetts ... auf seinem Sitze überfiel und mehrere Wunden am Kopfe beibrachte ...". Bei der Präsidentenwahl 1856, bei der vor allem Buchanan und Fremont konkurrierten, stand „die Erhaltung der Union zwischen den Demokraten und den Republikanern auf dem Spiele ..."[333]. Der von Gerolt favorisierte Fillmore war chancenlos, und er wertete die Niederlage des Republikaners Fremont, der von ihm ursprünglich als Forschungsreisender ebenfalls sehr geschätzt wurde, als Entscheidung für die Union: „Die Furcht vor einer Auflösung der Union im Falle der republikanische Candidat J. Fremont gewählt und ein Werkzeug der Abolitionisten werden möchte, hat offenbar bei diesem Wahlkampfe zu Gunsten der demokratischen Partei den Ausschlag gegeben ..."[334].

Mit dem Wahlsieg Buchanans kam für Gerolt noch einmal zum Ausdruck, dass der Fortbestand der Union für die Mehrheit der Bevölkerung wichtiger war als der Streit über die Sklavenfrage. Nur vermochte die Buchanan-Administration in der Folgezeit immer weniger die Auseinandersetzung zwischen abolitionistischen Republikanern der Nordstaaten und den Sklavereibefürwortern in den Südstaaten zu überbrücken. Buchanan steigerte noch die „Leidenschaften der Partheien in Bezug auf die Sklavenfrage", indem er für die Lecompton-Verfassung eintrat[335], die in Kansas-Territorium 1855 von den Sklaverei-Befürwortern mit Gewalt durchgesetzt

---

[331] Siehe die Abrechnung Gerolts mit der Innenpolitik von Pierce am Ende von dessen Amtsperiode in seinem Bericht an den König vom 15.9.1856, GStA Berlin, Mf 79 AA CB IC Nr. 26.
[332] Gerolt am 23.5.1856 an den König, GStA Berlin, Mf 77 AA CB IC Nr. 26.
[333] Gerolt am 15.9.1856, a.a.O.
[334] Gerolt am 3.12.1856 an den König, a.a.O.
[335] Gerolt am 19.12.1857 an den König, GStA Berlin, Mf 79 AA CB IC Nr. 28.

war. Bei der Interpretation der US-Verfassung stellte er sich in Gerolts Augen wiederum „in Bezug auf die Sklaverei auf die Seite der unbedingten Vertheidiger dieses Instituts"[336]. Sein Eintreten für das Dred-Scott-Urteil des Supreme Court von 1857, wonach „die Besitzer von Sklaven dieselben als unverletzbares Eigenthum in die neuen Territorien einführen können, d.h. ebenso wie ihr Rindvieh, Pferde etc." sei „am wenigsten geeignet die große Masse der Bevölkerung in den nördlichen und nordwestlichen Staaten zu versöhnen und über die Sklavenfrage zu beruhigen ..." Es wende sich „das sittliche Gefühl aller meisten Ansiedler aus den nördlichen Staaten gegen die Einführung von Sklaven, welche neben den freien Weißen das Land bebauen sollen und überhaupt gegen irgend einen Rechtszustand der Sklaverei daselbst."[337] Eine solche Einstellung hatte Gerolt bei John Brown wahrgenommen, „ein bejahrter Mann von unerschütterlichem Muthe und fanatischem Eifer beseelt, welcher sich bereits vor zwei Jahren bei den Unruhen in Kansas gegen die Einführung der Sklaverei daselbst ausgezeichnet und einen Sohn dabei verloren hatte."[338] Der US-Generalkonsul Ricker in Frankfurt sah nach der Hinrichtung der Attentäter von Harper's Ferry im Dezember 1859 die USA in der deutschen Presse als grausam und als Hort der Ungleichheit bezeichnet und wehrte sich dagegen, indem er auf die fortdauernde Intoleranz gegenüber den Juden in Frankfurt hinwies[339].

Für Gerolt waren die Angriffe auf die Sklaverei in Virginia (Harper's Ferry) und in Maryland, die Abolition Nullification Laws in den Neuengland-Staaten und der zunehmende Druck aus den „Sklavenstaaten" Ausdruck der wachsenden Spannungen 1859. Als Folge der tieferen Kluft zwischen den Nord- und Südstaaten erwähnte er die Abnahme „der commerziellen Beziehungen zwischen dem industriellen Norden und den Produzenten der Baumwolle des Tabacks, Zuckers, Reis etc. im Süden"[340] und des Reiseverkehrs: „Reisende aus dem Norden, welche nach den südlichen Staaten kommen und durch irgend eine Äußerung sich des Verdachtes des Abolutionismus schuldig machen, erfahren häufig Gewaltthaten ... Ein Deutscher ward unlängst sogar, wegen einer unvorsichtigen Äußerung auf der Eisenbahn aus dem Wagon geworfen, als der Zug im vollen Laufe war."

Angesichts der „fortwährenden Agitationen der Partheien über die Sklavenfrage"[341] zu den Kongresswahlen war der Gegensatz so gewachsen, dass

---

[336] Gerolt am 31.12.1859 an den Regenten und Prinzen. GStA Berlin, Mf 80 AA CB IC Nr. 31.

[337] A.a.O.

[338] Gerolt am 5.11.1859 an den Regenten und Prinzen. GStA Berlin, Mf 80 AA CB IC Nr. 31.

[339] Ricker am 18.1.1860 in Nr. 24 an Cass, NA Wash., Mf 161/9.

[340] Gerolt am 16.1.1860 an den Regenten und Prinzen, GStA Berlin, Mf 80 AA CB IC Nr. 32.

V. Die Krise des politischen Systems der USA

es im Repräsentantenhaus erst nach 47 vergeblichen Abstimmungen zur Wahl eines Sprechers kam. Die Tagung des 36. Kongresses vom 5.12.59 bis 25.6.1860 sei „fast ausschließlich durch die Sklaven-Frage und die Beziehungen derselben zur Präsidentenwahl in Anspruch genommen ..."[342].

Von dem Wahlkampf 1860/61 und den Präsidentschafts- und Kongresswahlen berichtete Gerolt so genau wie sonst von keinen Wahlen. Die Convention der Republikaner im Mai 1860 in Chicago überraschte ihn: „Gegen alle Erwartung ist die Wahl des Candidaten ... nicht auf den Hauptführer dieser Parthei, den Senator Seward von New York, sondern auf einen wenig bekannten Politiker Abraham Lincoln von Illinois gefallen ..."[343]. In der Folgezeit bemerkte er, wie sich Lincoln zusehends in der Öffentlichkeit profilierte und seine Erfolgsaussichten stiegen, nicht zuletzt dank der Spaltung im demokratischen Lager wegen der Sklavenfrage. Zugleich drohten die demokratischen Organe in den Sklavenstaaten fortwährend mit der Auflösung der Union für den Fall, dass Lincoln zum Präsidenten gewählt würde; aber Buchanan meinte, „dass man sich dem Ansprüche der Majorität fügen werde."[344] Auch Gerolt schloss trotz aller Sezessionsbestrebungen in den Südstaaten das Fortbestehen der Union nicht aus. Nach den Wahlen im November 1860 konnte er anführen, dass Lincoln, der am 4.3.1861 sein Amt antreten würde, weder im Repräsentantenhaus noch im Senat auf eine republikanische Mehrheit zählen könnte. So sei die neue Regierung außer Stande, „irgend eine den Interessen der Sklaven-Staaten feindliche Maaßregel auf legislativem Wege durchzusetzen ..."[345]. Schließlich erwog er die Möglichkeit, „dass die nördlichen Staaten die Hand zur Versöhnung reichen und nicht säumen werden, die von einigen ihrer Legislaturen erlassenen verfassungswidrigen und feindlichen Bestimmungen gegen die Sklaverei, namentlich gegen das Fugitive Slave-Gesetz aufzuheben."[346]

Aber angesichts der Auseinandersetzungen der Parteien und der Sezessionsvorbereitungen in den Südstaaten erwartete er schon nach dem Zusammentritt des neuen Generalkongresses am 3.12.1860 kaum noch, dass die Spaltung zu verhindern sei[347]: „Während die Anhänger der Union, welcher

---

[341] Gerolt am 16.1.1860 an den Regenten und Prinzen. Ähnlich am 17.2.1860. A.a.O.

[342] Gerolt am 30.6.1860 an den Regenten und Prinzen, GStA Berlin, Mf 80 AA CB IC Nr. 32.

[343] Gerolt am 21.5.1860 an den Regenten und Prinzen, GStA Berlin, Mf 80 AA CB IC Nr. 32.

[344] Gerolt am 15.10.1860 an den Regenten und Prinzen, GStA Berlin, Mf 80 AA CB IC Nr. 32.

[345] Gerolt am 6.11.1860 an den Regenten und Prinzen, GStA Berlin, Mf 80 AA CB IC Nr. 32.

[346] A.a.O.

letzteren dieses Land eine in der Weltgeschichte beispiellose Entwickelung von Macht, Bevölkerung und materieller Wohlfahrt verdankt, ihre Kräfte vereinigen werden, um eine Versöhnung und die Ausgleichung der bestehenden Griefs der Sklaven-Staaten herbeizuführen, scheinen die meisten Vertreter von Süd-Carolina, Georgia, Alabama, Mississippi und Louisiana nur hierher gekommen zu sein, um die begonnene Auflösung der Union zu vollenden und den Bürgerkrieg zu entflammen, wozu gewissenlose Parteiführer, im Norden wie im Süden, seit längerer Zeit die Baumaterialien angehäuft haben – im Norden durch blinden Fanatismus gegen das Institut der Sklaverei, welche den Sklaven-Staaten in der Constitution verbürgt ward – im Süden durch die Lockungen, welche eine neue selbständige Regierung mit neuen Ämtern und Würden darbietet und durch die Aussichten auf Einverleibung der silber- und goldreichen mexikanischen Grenzregionen, auf die Wiedereinführung des so ergiebigen Sklavenhandels mit Africa, so wie auf die Herstellung eines direkten Handelsverkehrs mit Europa, um die Produkte des Südens, namentlich Baumwolle und Taback, bei einem niedrigen Zolltarife gegen europäische Manufakturen auszutauschen ...".

Gerolt beobachtete aus Washington, wie nach den Wahlen vom November South Carolina systematisch die Abtrennung voranbrachte, ein Staat nach dem anderen folgte; und andererseits fiel ihm die Buchanan-Administration durch Untätigkeit auf. Die Kabinettsmitglieder aus den Südstaaten verließen die Regierung, selbst Finanzminister Cobb „anstatt in der gefahrvollen Krisis im Kabinett des Präsidenten gegen die Trennung zu wirken."[348] Präsident Buchanan zeichnete sich durch Unentschiedenheit aus, „anstatt sich mit aller Energie gegen diejenigen Staaten zu erklären, welche, ohne irgendwelche Versöhnungsversuche abzuwarten, entschlossen sind, das Land der Union zu zerreißen ..."[349]. Durch seine Botschaft an den Kongress sah er „die abtrünnigen Staaten nur ermuthigt ..., das Werk der Auflösung zu vollenden und das Land in einen Bürgerkrieg zu stürzen ...". Angesichts der Passivität Buchanans selbst nach der Sezessionserklärung South Carolinas stellte er ihm den demokratischen Präsidenten Jackson gegenüber: „Die Stellung, welche der Präsident Buchanan ... in bezug auf die Bewegungen in Süd Carolina und in anderen südlichen Staaten angenommen hat, bildet einen traurigen Kontrast gegen die energische Haltung, welche der frühere Präsident Andrew Jackson im Jahr 1832 unter ähnlichen

---

[347] Gerolt am 3.12.1860 an den Regenten und Prinzen. GStA Berlin, Mf 80 AA CB IC Nr. 32.

[348] Gerolt am 18.12.1860 an den Regenten und Prinzen. GStA Berlin, Mf 80 AA CB IC Nr. 32.

[349] Gerolt am 8.12.1860 an den Regenten und Prinzen, GStA Berlin, Mf 80 AA CB IC Nr. 32.

V. Die Krise des politischen Systems der USA 435

Verhältnissen gegen Süd-Carolina behauptet und die Ausscheidung jenes Staates aus der Union verhindert hat ..."³⁵⁰.

Der leidenschaftliche Streit der „Ultra-Sezessionisten" und der „Ultra-Abolitionisten", der sich durch die Parteiblätter im ganzen Lande erstreckte³⁵¹, bestätigte Gerolt wieder einmal in seiner Abneigung gegen die Parteien. Die Kongressdebatten vermittelten ihm den Eindruck, dass die Parteien nicht mehr an der Trennung zweifelten. Die erörterten Friedensvorschläge schienen „den meisten Partheiführern im Senate und im Repräsentanten-Hause nur dazu gedient zu haben, ihren respektiven Committenten in langen Reden die Unmöglichkeit einer Aussöhnung zwischen dem Süden und dem Norden ... darzutun. Nur wenige dieser Reden tragen das Gepräge der Mäßigung und rein patriotischer Gesinnungen."³⁵² Zu diesen zählte er die am 12.1.1861 „unter außerordentlichem Zudrange gehaltene" versöhnliche Rede von Senator Seward, der sich in dieser Zeit vom radikal republikanischen Lager³⁵³ zur kompromissbereiten Mitte hin bewegte. Aber da sie „die von dem Süden verlangten Forderungen nicht befriedigte, so wurde dieselbe von den Repräsentanten der meisten südlichen Staaten verspottet, und nachdem diese letzte Hoffnung auf eine friedliche Ausgleichung zwischen den feindlichen Partheien verschwunden ist, so scheinen sich beide Partheien ernstlich zum Kampfe vorzubereiten."

Statt einer friedlichen Vermittlung in Washington kam die Sezession voran: Die Jefferson Davis-Regierung der am 8.2.1861 gebildeten Confederation „rüstet sich zum Kampfe gegen die Unions-Regierung und scheint sogar einen solchen Kampf herbeiführen zu wollen, um, wie viele südliche Staatsmänner sich ausdrücken, ,die Sklavenfrage mit dem Schwerthe zur Entscheidung zu bringen.' "³⁵⁴ Es folgte die Beschießung von Fort Sumter am 12.4.1861, und die weiteren militärischen Auseinandersetzungen ließen alle Vermittlungsbemühungen sinnlos erscheinen.

Mochte Gerolt auch seit Dezember 1860 allmählich gegen den Süden Partei ergreifen, in seinem resümierenden, differenzierten Rückblick Ende April 1861 versuchte er doch noch einmal sehr abgewogen beiden Seiten

---

[350] Gerolt am 31.12.1860 an den Regenten und Prinzen. GStA Berlin, Mf 80 AA CB IC Nr. 32.
[351] Gerolt am 31.12.1860 an den Regenten und Prinzen. GStA Berlin, Mf 80 AA CB IC Nr. 32.
[352] Gerolt am 14.1.1861 an den Regenten und Prinzen. GStA Berlin, Mf 81 AA CB IC Nr. 36 Vol. 1.
[353] Zur Rolle der radikalen Republikaner im Zusammenhang mit der Sezession s. *Hans L. Trefousse*: The Radical Republicans, New York 1969.
[354] Gerolt am 18.2.1861 an den König, GStA Berlin, Mf 81 AA CB IC Nr. 36 Vol. 1.

gerecht zu werden und die Sklavenfrage mit den übrigen Kontroversen zwischen Nord und Süd zu verknüpfen[355]: „Das Institut der Neger-Sklaverei, deren Aufrechterhaltung für die meisten südlichen Staaten eine Lebensfrage ist, hat in den politischen, sozialen und volkswirtschaftlichen Beziehungen derselben zu den freien Staaten im Laufe der Zeit schroffe Gegensätze zwischen den beiderseitigen Bevölkerungen entwickelt und das Band der Union unter denselben allmählich gelockert. Während durch die Verschiedenheit der Handelsinteressen mit dem Auslande in dem industriellen Norden und dem Rohstoffe produzierenden Süden eine gemeinschaftliche Gesetzgebung für Handel, Schiffahrt und Eingangszölle immer schwieriger ward, glaubte sich der Süden durch die steten Angriffe des Nordens gegen die Sklaverei, welche sich in der Presse, in gesetzgebenden Versammlungen und auf den Kanzeln puritanischer Prediger (namentlich in New England) kund gaben, in seinen constitutionellen Rechten verletzt und in der persönlichen Sicherheit seines Familien-Lebens bedroht, besonders in denjenigen Staaten, wo die Sklaven den größten oder einen großen Theil der Bevölkerung ausmachen ... Diese theils wirklichen, theils imaginairen Besorgnisse vor den Übergriffen des Nordens hat die Bewohner der Sklaven-Staaten mit unversöhnlichem Hasse gegen die Abolitionisten (black republicans) erfüllt, wodurch es den Partheiführern im Süden leicht geworden ist, die stattgefundene Wahl eines republikanischen Präsidenten als Vorwand zu benutzen, um die Union zu sprengen und ihre selbstsüchtigen Pläne zu verwirklichen ...".

Gerolts Überlegungen verraten, dass er die Bedeutung der Sklavenfrage nicht unterschätzte, aber die Sklaverei nicht in dem Maße ablehnte wie die meisten deutschen Siedler in den USA und die deutsche Öffentlichkeit. Entscheidend blieb für ihn das Schicksal der USA, „ein Reich von dem Umfange von beinahe ganz Europa"[356]. In dieser Orientierung am Gesamtstaat traf er sich mit der Politik des neuen Präsidenten und seines Secretary of State, die zunächst zur Erhaltung der traditionellen Union die Sklaverei in den Südstaaten hinzunehmen bereit waren.

---

[355] Gerolt am 27.4.1861 an den König, GStA Berlin, Mf 81 AA CB IC Nr. 36 Vol. 1.
[356] Gerolt am 5.11.1859 an den Regenten und Prinzen. GStA Berlin, Mf 80 AA CB IC Nr. 31.

D. Transatlantische Wechselwirkungen der Kriege in Amerika und Europa und die preußisch-amerikanischen Beziehungen (1861–1867)

I. Preußen und Washington im Zeichen der Sezession der Südstaaten

Vom US-Gesandter Wright wie auch von den US-Konsuln in Preußen, wurde vor 1861 die negative deutsche Presse-Berichterstattung über die USA beklagt, die Kritik an deren Institutionen und an der Sklaverei. Mit dem Beginn der Sezession hatte Wright erwartet, dass die Auseinandersetzungen in den USA gerade ihren Kritikern Aufwind geben würde. Er schrieb von einer „bestimmten Klasse von Deutschen, die nur zu sehr darauf bedacht sei, die geringste Gelegenheit zu ergreifen, um unseren Einrichtungen Unrecht zu tun."[1] Demgegenüber vermerkten die Vertreter der USA mit der Abspaltung der Südstaaten 1861 einen deutlichen Umschwung in der öffentlichen Meinung zugunsten ihres Landes. Wright, Demokrat, aber entschiedener Anhänger der Union, zeigte sich in seinen Berichten nach Washington über Regierung und Öffentlichkeit in Preußen voll des Lobes: „The Government and People are in spirit and feeling with us."[2]

Pressekommentare aus Preußen unterstützten die Union nicht weniger als die aus Österreich und anderen deutschen Staaten; erst im Laufe des Krieges wandelten einzelne Zeitungen ihren Standpunkt ab, und dabei kam auch wieder die alte Kritik an Einrichtungen und Vorgängen in den USA zum Vorschein. Im Übrigen war selbst die liberale Presse nicht so voreingenommen zugunsten der Union, dass sie nicht genauso kritisch wie die US-Zeitungen und Zeitschriften etwa über die militärischen Fehlschläge der Unionstruppen, die Inflation und die politischen Auseinandersetzungen zur Sklavenbefreiung zu berichten vermochte. Das irritierte gelegentlich die US-Gesandtschaft oder einzelne US-Konsul, besonders dann, wenn sie hinter der Kritik in der Norddeutschen Allgemeinen Zeitung oder der regie-

---

[1] Wright in Nr. 161 am 2.2.1861 an Black. NA Wash., Mf 44/11. – Die Äußerungen von US-Vertretern sind, wenn nichts anderes ausdrücklich vermerkt ist, von mir übersetzt.
[2] Wright in Nr. 175 vom 26.5.1861 an W. H. Seward. NA Wash., Mf 44/11.

rungsorientierten Stern-Zeitung Regierungsmitglieder vermuteten. Aber Seward ging darüber souverän hinweg, indem er zum Beispiel dem US-Gesandten in Berlin schrieb: „So long as the Government of Prussia respects our rights and maintains a friendly disposition, you will not be expected to question it upon the language of the press, however it may be reported to speak for, or in the name of a minister."[3]

Zu einer Ausnahme in der vielfach als pro-unionistisch dargestellten deutschen Presselandschaft von Wien bis Berlin entwickelte sich die Kreuz-Zeitung, die von anderen Zeitungen kritisiert und vom Kladderadatsch verulkt wurde. Nachdem sie zunächst noch von der „Separatisten-Partei" geschrieben hatte, gewannen schon bald die unionskritischen Berichte der britischen Presse überhand, und besonders einseitig nahmen sich die Schilderungen eines anonym berichtenden New Yorker Korrespondenten aus, eines offensichtlich amerikamüden Deutschen[4]. In der Kreuz-Zeitung fand der Vortrag eines Grafen Bogdan von Reichenbach Verbreitung, der die „mehr aristokratische Haltung" des Südens hervorhob und die Sklaverei mit der Bibel verteidigte[5]. Hier kam in einer sich über vier Wochenendausgaben erstreckenden Besprechung die kleine von Hudson, dem ehemaligen Legationssekretär der US-Gesandtschaft in Berlin, besorgte Ausgabe von Briefen von James Williams, dem ehemaligen Gesandten der USA in Istanbul, ausgiebig mit den Argumenten zur Verteidigung von Sklaverei und Sezession zur Sprache[6]. Hier setzte sich die schon in den fünfziger Jahren von einzelnen Konservativen in Presse und Landtag 1857 aus Anlass des „Negergesetzes" geäußerte Sympathie für die südstaatliche Gesellschaft und Wirtschaft, insbesondere die Pflanzeraristokratie, als Verteidigung der Konföderation fort.

---

[3] Seward in Nr. 14 am 30.7.1864 an Kreismann, der Judd vertrat. NA Wash., Mf 77/65. – Kreismann hatte sich in seiner Beschwerde besonders patriotisch gegeben, aber die Germanizismen in seinen Berichten blieben.

[4] Der Abschnitt *Löfflers* über die Berichterstattung der Kreuz-Zeitung (Preußens und Sachsens Beziehungen zu den USA während des Sezessionskrieges 1860–1865. S. 208–222) informiert vor allem über die Korrespondentenberichte aus New York.

[5] Bericht in der Kreuz-Zeitung vom 29.3.1863 über einen Vortrag im Evangelischen Verein Berlin am 23.3.1863.

[6] Der Titel der in Berlin und Hamburg 1863 erschienenen Schrift von *Williams* lautete „Die Rechtfertigung der Südstaaten Nordamerikas. Politische Briefe aus dem Jahre 1860, zur Zeit der letzten Amerikanischen Präsidentenwahl". Die „Skizzierung von dem reichen Inhalte dieses interessanten Werkes" (4.10.1863) erfolgte in der Kreuz-Zeitung vom 11.9.1863, 17.9.1863, 29.9.1863 und 4.10.1863. – Die Broschüre wurde an Regierungsmitglieder und die auswärtigen Vertretungen geschickt. Judd kündigte Seward eine Entgegnung an, aber die lag mir nicht vor, und ich habe sie auch nirgendwo erwähnt gesehen.

Abb. 3: Karikatur aus der satirischen Zeitschrift „Kladderadatsch",
Berlin 15.12.1861.

Überwiegend äußerte sich die deutsche öffentliche Meinung jedoch nicht im Sinne der Kreuz-Zeitung. 1861 schrieb der von der Mosel stammende republikanische Politiker August Belmont dem neuen Secretary of State W. H. Seward begeistert aus Deutschland, so wie viele amerikanische Besucher die Stimmung damals erlebten: „In Germany the sympathies of the whole population are strongly for us. – The warmest wishes are expressed for our success and the southern rebellion universally denounced by the whole German press. I have however to except the Journal de Francfort as influential paper ..."[7]. Das von dem New Yorker Rothschild-Bankier Belmont negativ herausgestellte Journal de Francfort stand unter dem Einfluss des an den Baumwollstaaten orientierten Bankiers Erlanger. Diese Zeitung bildete genauso eine Ausnahme wie die Kreuz-Zeitung. Nach den Worten des mit der Sezession sympathisierenden US-Generalkonsuls Ricker war Frankfurt kein geeignetes Feld für Sezessionisten[8], und Berlin war es noch weniger.

Der Abfall der Südstaaten von der Union wurde in Deutschland nie populär. Für den US-Konsul in Bremen Henry Boernstein, auch einer der 22 von Lincoln im auswärtigen Dienst außerhalb der USA eingesetzten Deutschamerikaner, gab es in Deutschland wie in den USA den allgemeinen Ruf[9]: „Unity! Centralization! One strong Government!" Als Gerolt im Gespräch mit Seward im März 1862 das Verhältnis Preußens zu den übrigen Staaten des Deutschen Bundes erläuterte, da suchte er „in den Gegensätzen zwischen den verschiedenen Staaten Deutschlands die Analogie der Motive und der Gesinnungen hervorzuheben, welche den hiesigen Kampf der nördlichen Staaten gegen den Süden zur Erhaltung der Union und zum Schutze des gemeinschaftlichen Vaterlandes gegen innere Auflösung und gegen fremde Einflüsse hervorgerufen haben."[10] Dass auch die Unions-Presse Parallelen zwischen dem Kampf um die Einheit in den USA und den Auseinandersetzungen in Deutschland sah, hat Guzley herausgearbeitet[11]. Vielen Zeitgenossen war bewusst, dass es in den sechziger Jahren in Nordamerika wie in Deutschland um die Einheit ging. Der US-Generalkonsul Murphy in

---

[7] Belmont aus Schlangenbad an W. H. Seward am 16.8.1861, Seward Papers, Mf 65.

[8] Ricker in Nr. 73 am 31.5.1861 an Seward. NA Wash., Mf 161/11.

[9] Boernstein am 9.10.1861 an W. H. Seward. NA Wash., Mf 184/11. – US-Konsul Anderson in Hamburg äußerte gegenüber Konsul Merck, er sehe als den großen Jammer Deutschlands die Aufteilung in so viele unabhängige Staaten an, und diese gelte es in den USA zu verhindern. Anderson am 2.7.1862 an Seward. NA Wash., Mf 211/15.

[10] Gerolt am 5.3.1862 an Bernstorff über das Gespräch vom 4.3.1862 mit Seward. GStAM, Nr. 7898.

[11] *John Gerow Guzl*ey: American Opinion of German Unification 1848–1871. New York 1926. S. 169 f.

I. Sezession der Südstaaten

Frankfurt am Main äußerte, dass eine Entscheidung im Sezessionskrieg im Sinne der Einheit zugleich die Patrioten in Deutschland ermuntern würde[12]. Wie deutsche Journalisten auf dem Hintergrund der Auseinandersetzungen um die deutsche Frage in dem Beginn des Kampfes der Union Parallelen entdeckten, zeigte die Karikatur in dem in Berlin erschienenen Kladderadatsch vom 15.12.1861, auf der der Michel vor dem Baumwollgeschäft der „Gebrüd. Jonathan" den ironischen Hinweis erhält: „Da geht wieder ein schönes Geschäft durch Uneinigkeit zugrunde. Mein Sohn Michel, nimm dir ein Beispiel dran."

Ob Deutsche, die sich ab 1861 den Streitkräften der Union zur Verfügung stellten, auch von unerfüllten Einheitsträumen beflügelt waren neben vielen anderen Motivationen, lässt sich kaum feststellen. Auf jeden Fall meldeten sich nach Kriegsbeginn unzählige Freiwillige, die in der Armee der Union dienen wollten, mündlich und schriftlich bei der US-Gesandtschaft in Berlin und bei den US-Konsulaten im Deutschen Bund. Im Zeichen der Illusion des kurzen Krieges teilte Seward jedoch dem US-Gesandten Judd mit, dem Nachfolger von Wright 1861–1865 in Berlin, dass die angebotene Unterstützung nicht anzunehmen sei, da die Meldungen zu den Truppen in den USA zehnfach das benötigte Ausmaß überträfen[13]. Erst als sich herausstellte, dass sich der Krieg nicht so schnell erfolgreich beenden ließ, wie es die Lincoln-Administration erwartet hatte, bemühte sie sich um Einwanderer für die Armee; aber Seward lehnte jede direkte Werbung in Europa ab, um Schwierigkeiten mit den Regierungen aus dem Weg zu gehen, wie sie etwa England während des Krimkrieges mit den USA und Preußen provoziert hatte. Zwischen Großbritannien und den USA gab es dann im Verlauf des Sezessionskrieges doch Kontroversen wegen der Einstellung von Engländern in die US-Armee; aber zwischen Preußen und der Lincoln-Administration ist es dazu nie gekommen.

Preußen stellte sich bei Beginn der Sezession sofort auf die Seite der Union und gegen die Südstaaten, die höchstens als die „sogenannten conföderierten Staaten" bezeichnet wurden. Im Gegensatz zu Westeuropa vermied Berlin jede Aufwertung der Sezessionsstaaten zu Völkerrechtssubjekten und machte mit der Instruktion für Gerolt vom 13.6.1861 deutlich, dass es sich beim Sezessionskrieg um eine innere Angelegenheit der Union handelte. Es ging der preußischen Regierung nach den Worten von Schleinitz darum, die „Verhältnisse inniger Freundschaft, welche Preußen mit der Regierung der Vereinigten Staaten verknüpfen"[14], fortzusetzen: „Unser ganzes

---

[12] Murphy am 18.7.1864 in Nr. 366 an W. H. Seward. NA Wash., Mf 161/14.
[13] Seward am 19.6.1861 in Nr. 5 an Judd. NA Wash., Mf 77/65.
[14] Instruktion Gerolts vom 13.6.1861. GStA Berlin, Mf 144 AA III HA II Rep. 14a Nr. 4 Vol. II.

Bestreben wird darauf gerichtet sein, den Vereinigten Staaten gegenüber unsere bisherige Stellung auch unter den schwierigen Umständen der Gegenwart zu bewahren."

Als der Preußische Minister der auswärtigen Angelegenheiten Schleinitz im August 1861 zurücktrat, bat Seward Judd, dem König die Hochachtung des Präsidenten auszudrücken wegen der gerechten und großzügigen Haltung gegenüber den USA, die dieser herausragende Minister in seiner Amtszeit offenbart habe[15] – ein sonst nicht geäußertes Werturteil. Dass Seward Schleinitz so sehr schätzte, ergab sich in erster Linie aus dessen deutlicher Parteinahme für die Union, hing aber selbstverständlich ebenfalls mit dessen Einsatz für US-Bürger preußischer Herkunft zusammen. Schleinitz wird auch die Verleihung des Ordens Pour le Mérite der Friedensklasse durch König Wilhelm 1861 an den Forschungsreisenden John Charles Frémont vermittelt haben. Diese Ehrung eines engagierten Verteidigers der Union und Gegners der Sklaverei war zugleich eine Sympathiebekundung für den Norden[16].

Die preußische Regierung blieb ungeachtet der sich wandelnden Zusammensetzung klar und konsequent auf der Seite der Union und setzte sich damit deutlich ab von Paris und London. Napoleon äußerte sich schon 1861 sehr offen gegenüber Berlin über seine Vorstellungen. Prinz Reuß von der Preußischen Gesandtschaft in Paris berichtete: „Er sagte damals, die Teilung der Vereinigten Staaten sei ihm nicht unlieb, weil diese in jüngster Zeit angefangen hätten, sich in Europäische Angelegenheiten zu mischen und dies in so brutaler Art, daß es den europäischen Mächten nur angenehm sein könnte, eine immer mehr heranwachsende transatlantische Macht geteilt und dadurch geschwächt zu sehen."[17] Das sah Berlin anders. So kritisch US-Gesandter Judd dem Minister der Auswärtigen Angelegenheiten Graf Bernstorff, dem Nachfolger von Schleinitz, im Allgemeinen gegenüberstand, so wenig zweifelte er an dem positiven Verhältnis Preußens zur Union. Seward äußerte angesichts der Reaktion Bernstorffs auf die Trent-Affäre: „We reckon always confidently on this friendship. It is a moral element of great value."[18] Der Nachsatz machte zugleich deutlich, dass dem State Department zugleich bewusst war, dass die Freundschaft Preußens nur begrenzt zu nutzen war.

---

[15] Seward am 21.9.1861 an Judd. NA Wash., Mf 77/65.
[16] Wie öffentlichkeitswirksam dieser Orden war, erlebte Gerolt, als Frémont sich zum Empfang des Präsidenten im Februar 1862 mit dem Orden schmückte. Gerolt am 10.2.1862 an den König. GStAM, 2.4.1.I. Nr. 7898.
[17] Botschaftssekretär Prinz Reuß am 13.11.1862 an Bismarck über ein Gespräch vom November 1861. GStAM, 2.4.1.I. Nr. 7911.
[18] Seward in Nr. 21 am 8.1.1862 an Judd. NA Wash., Mf 77/65.

I. Sezession der Südstaaten

Der Kurs auch der Bismarck-Regierung belegte das, was der US-Vertreter Ruggles beim Statistischen Kongress in Berlin 1863 nach einem Gespräch mit Bismarck an Secretary of State Seward berichtete, dass es in der preußischen Regierung keine Sympathien für die Sezession gebe[19]. Bismarck sprach gegenüber Schurz 1868 von instinktiv empfundenen Sympathien „für die Sklavenhalter als die aristokratische Partei in Ihrem Bürgerkriege", die jedoch angesichts von „Überlieferung und ... wohlverstandenem eigenen Interesse" seine Politik gegenüber den Vereinigten Staaten in keiner Weise beeinflusst hätten[20]. Der einzige preußische Minister, dem der US-Gesandte Judd nach dem Krieg Südstaatensympathien nachsagte[21], war August von der Heydt, der bis Anfang 1862 das Handelsministerium führte und März bis September 1862 das Finanzministerium. Judd gab nicht einen konkreten Hinweis. Der einzige Anhaltspunkt in den Akten für dieses Urteil ist, dass von der Heydt 1861 vergeblich dafür plädierte, dass Gerolt neben der Union auch die Konföderierten wegen der ungeklärten Seerechtsfragen ansprechen sollte, wie das durch die Vertreter Großbritanniens und Frankreichs in Washington geschah. Eine spätere Initiative in Richtung Südstaaten – etwa als konservativer Vertreter Elberfelds im Preußischen Abgeordnetenhaus wegen der Schwierigkeiten der vom US-Markt abhängigen rheinischen Textilindustrie – lässt sich nicht finden.

Präsident Buchanan, sein Außenminister Black und dessen Nachfolger Seward unter Lincoln charakterisierten den Abfall der Südstaaten als Revolution[22] oder Rebellion, und entsprechend berichtete Hülsemann nach Wien und Gerolt nach Berlin. So drückte König Wilhelm I. beim Abschied des US-Gesandten Wright und dem Antrittsbesuch Judds den Wunsch aus, dass „law and order" bald über die Anarchie triumphieren würden[23]. Von Schlei-

---

[19] Samuel Bulkley Ruggles am 15.9.1863 privat an Seward. Seward Papers, Mf 80.
[20] *Schurz*: Lebenserinnerungen, Bd. 2, S. 499.
[21] Judd am 24.8.1865 an W. H. Seward. NA Wash., Mf 44/13. – Das war eine recht dubiose Argumentation, die auf den Sohn des früheren Ministers zielte, den Anwärter für das US-Konsulat in Berlin 1865.
[22] Zirkular-Depesche Blacks an alle US-Vertreter am 28.2.1861 und Sewards am 9.3.1861. Papers Relating to Foreign Affairs 1861, S. 31 f. – W. H. Seward am 11.8.1862 an Agénor Etienne, Comte de Gasparin. Seward Papers, Mf 71. Ähnlich äußerte sich Seward 1863 und 1864, und die mitteleuropäischen Regierungen und auch die belgische benutzten zunächst ebenfalls immer wieder die Begriffe Revolution und revolutionäre Bewegungen für die Sezession. Entsprechend war zunächst die Einordnung der Sezession in vielen Zeitungen des Nordens. Der Leitartikel etwa des National Intelligencer vom 13.5.1861 zur Sezession von Tennessee trug den Titel „Revolution avowed". – Für viele Südstaatler bedeutete die Abolition die Revolution. 1864 war für Seward ebenfalls die Abschaffung der Sklaverei in den „insurrectionary States" eine politische Revolution. Siehe Seward an Adams am 20.6.1864. Papers Relating to Foreign Affairs 1864 II, S. 173.

nitz erläuterte dem US-Gesandten in mehreren Gesprächen im April und Mai 1861 die Ablehnung der Sezession durch die preußische Regierung[24]. Er machte das besondere Anliegen der preußischen Regierung deutlich, als er die US-Regierung der Absicht versicherte, sie bei ihrem Schutz von Eigentum und Handel zu unterstützen gegenüber den Kaperschiffen der Rebellen[25], und bekräftigte den unionsfreundlichen preußischen Standpunkt angesichts „des inneren Kriegszustandes, in welchem die Union sich nunmehr befindet" in der Instruktion an Gerolt vom 13.6.1861[26], die sofort im Deutschen Bund und in den USA veröffentlicht wurde. Demgegenüber erklärten Großbritannien, Frankreich und Belgien im Mai, Juni 1861 ihre Neutralität in dem Krieg und werteten die Konföderierten zusätzlich auf, indem sie ihnen sogar den Völkerrechtsstatus von Kriegführenden zusprachen.

An der Vermeidung des Krieges war Preußen selbstverständlich wie die übrigen Mächte schon mit Blick auf den Handel interessiert gewesen, auch wenn sich vor allem der russische Gesandte Stoeckl und der Bremer Ministerresident Schleiden vermittelnd in den Konflikt zwischen Nord und Süd einschalteten. Schleiden unternahm seinen Vermittlungsbesuch in Richmond bei dem stellvertretenden Konföderationspräsidenten Alexander Stephens Ende April 1861 in Absprache mit dem preußischen Gesandten von Gerolt, dem britischen Gesandten Lord Lyons; und natürlich hatte sich Schleiden vor allem der Unterstützung Lincolns und Sewards für die Vermittlungsmission versichert[27]. Schleiden hörte zwar Friedensbekundungen, aber sah keine Möglichkeit, Trennung und Konfrontation aufzuhalten. Gerolt stand den ausländischen Bemühungen, die jahrelang gewachsenen Gegensätze in letzter Minute noch einmal zu überbrücken, von Anfang an skeptisch gegenüber. Er wähnte zu wenig Kompromiss-Bereitschaft bei vielen amerikanischen Politikern, um im Sinne des Aufrufes des Präsidenten Buchanan vom Januar 1861 „den Fortschritt der Revolution zu hemmen

---

[23] Wright in Nr. 179 vom 3.7.1861 an W. H. Seward über den Antrittsbesuch von Judd bei König Wilhelm I. am 1.7.1861. NA Wash., Mf 44/11. – Judd am 9.7.1861 in Nr. 3 an W. H. Seward. NA Wash., Mf 44/12.

[24] Wright in Nr. 171 vom 13.4.1861, in Nr. 173 vom 8.5.1861, in Nr. 175 vom 26.5.1861 an W. H. Seward. NA Wash., Mf 44/11.

[25] Wright in Nr. 175 vom 26.5.1861, a.a.O., veröffentlicht in: Papers relating to Foreign Affairs, Washington 1861, Reprint New York 1965.

[26] Instruktion vom 13.6.1861 an Gerolt, GStA Berlin, Mf 144 AA III HA II Rep. 14a Nr. 4 Vol. II. Zuerst publiziert wurde sie im Preußischen Staatsanzeiger. Seward verbreitete sie in Übersetzung in der Diplomatic Correspondence für 1861.

[27] Schleiden am 30.4.1861 an Seward. Seward Papers, Mf 63. – Michael Löffler irrt, wenn er in „Preußens und Sachsens Beziehungen zu den USA während des Sezessionskrieges 1860–1865" S. 60 meint, Schleiden habe das Gespräch zusammen mit Gerolt mit Stephens geführt.

I. Sezession der Südstaaten

und die Union zu retten"[28], und vor allem in den Südstaaten zu wenig Interesse an der Einheit.

Nach den Schüssen auf Fort Sumter am 12.4.1861 musste Gerolt feststellen: „Alle bisherigen Versuche, um zwischen den kriegführenden Parteien ein friedliches Verständnis oder wenigstens einen Waffenstillstand bis zur Versammlung des hiesigen Congresses am 4. Juli herbeizuführen, sind gescheitert, da der Präsident Lincoln entschlossen ist, die in seiner Proklamation verkündeten Maaßregeln gegen den Süden, namentlich die Blockade der südlichen Häfen, durchzuführen."[29] Im Laufe des Krieges überzeugte ihn dann die Position der Lincoln-Administration zusehends, und er machte den Süden vor allem für die Eskalation im Krieg verantwortlich. So schrieb er 1863 an den König[30], als wiederum eine ausländische Friedensvermittlung zur Debatte stand: „Unter den verhängnisvollen Auspizien, worunter der Präsident Lincoln verfassungsgemäß zur exekutiven Regierung der Vereinigten Staaten berufen und gezwungen ward, den Kampf gegen die abgefallenen Sklaven-Staaten aufzunehmen, um die Verfassung und den Amerikanischen Bundesstaat zu retten, war kaum zu erwarten, daß derselbe und die von ihm gewählten Kabinetts-Mitglieder, früher so wenig als jetzt, den Vorschlägen fremder Mächte zur Vermittelung des inneren Friedens Gehör geben würden, so lange keine Aussicht vorhanden war, daß die Union ohne Waffengewalt wieder hergestellt und die Vereinigten Staaten vor gänzlicher Auflösung und langjähriger Anarchie bewahrt werden könnten."

Von den von Lincoln zur Verteidigung der Union getroffenen Maßnahmen wie der am 19.4.1861 erklärten Blockade der Südstaaten war Preußen zwar bei weitem nicht so stark betroffen wie Großbritannien, Frankreich und Belgien; aber die Aktionen Lincolns schränkten auch den preußischen Handel ein. Noch dazu hatte Gerolt die preußische Regierung gerade im März 1861 aufmerksam gemacht auf die im Zuge der inneramerikanischen Streitigkeiten für den ausländischen Handel entstandene Möglichkeit, bei niedrigen Zöllen in die Südstaaten zu importieren, und „da die Unterbrechung der Verkehrsbeziehungen noch nicht erfolgt ist, die Güter dann in die Nordstaaten weiter zu befördern."[31] Mit Blick auf die inneramerikanischen Wirtschaftsinteressen hegte Gerolt noch bis Anfang 1862 die Hoffnung einer Beilegung des Konfliktes und zumindest einer Einigung von Nord- und Südstaaten auf einen Zollverein. Bei Senator Douglas, dem letzten demo-

---

[28] Gerolt am 16.1.1861 an den Regenten und Prinzen. GStA Berlin, Mf 81 AA CB IC Nr. 36 Vol. 1.
[29] Gerolt am 2.5.1861 an Schleinitz. GStA Berlin, Mf 81 AA CB IC Nr. 36 Vol. 1.
[30] Gerolt am 16.2.1863 an den König. GStAM, 2.4.1.I. Nr. 7900.
[31] Gerolt am 18.3.1861 an Schleinitz. GStAM, Nr. 5283.

kratischen Präsidentschaftskandidaten, der sich im April 1861 sehr um eine Vermittlung bemühte, fand er Anklang mit seinem Vorschlag, wie er nach Berlin berichtete[32]; aber Douglas starb im Juni 1861. Es war Gerolt um eine Einrichtung gegangen „nach dem Vorbild des Deutschen Zollvereins, wobei der südliche Bundesstaat seine Unabhängigkeit behalten und mit dem nördlichen in einem neuen politischen Foederativ-Verband treten könne. Auf diese Weise würde die Errichtung einer inneren Zollgrenze mit allen daraus entspringenden Übelständen für den inneren Frieden vermieden werden, während die gegenwärtigen freundschaftlichen Beziehungen mit den fremden Nationen mittelst eines mäßigen Tarifs ungestört fortbestehen würden." – Im Mai 1862 war ihm klar, „die späteren Kriegsereignisse scheinen jedoch jedwede Verständigung dieser Art unmöglich gemacht zu haben, nachdem so viele Opfer ... in Schlachten und Krankenhäusern beiderseitig gefallen sind und die nördlichen Staaten, im Bewusstsein ihrer Übermacht und der ihnen drohenden Gefahr, mehr als jemals entschlossen sind, die insurgierten Staaten zu unterwerfen und die Union zu jedem Preis zu erhalten."[33] Von Anfang an fand die Zollvereinsidee mehr Anklang bei den so sehr am ungestörten Handel interessierten europäischen Staaten als auf seiten Washingtons[34].

Seward scheint über die Haltung einzelner europäischer Regierungen und ihrer Gesandten schon zu Beginn des Sezessionskrieges im Zweifel gewesen zu sein; aber dazu gehörten nicht die deutschen Regierungen und ihre Vertreter, auch nicht angesichts des Vermittlungsversuches in Richmond 1861. Die Öffentlichkeit in den Nordstaaten kritisierte während des Krieges vielfach den Mangel an Solidarität mit der Union bei den ausländischen Diplomaten. Der Biograph Sewards Frederic Bancroft wähnte hinter der Distanz zum Anliegen der Union den Einfluss der „aristocratic society" von Washington[35], deren Angehörige häufig selbst Sklaven hielten und zum

---

[32] Gerolt am 8.4.1861 an den König. GStA Berlin, Mf 81 AA CB IC Nr. 36 Vol. 1.

[33] Gerolt am 30.5.1862 an den König. GStA Berlin, Mf 55, AA CB IC Nr. 38 Vol. I.

[34] Der französische Gesandte Mercier unterstützte die Idee des Zollvereins, die sein Gesprächspartner, der Demokrat Bancroft, einstufte als „an absurd and selfish idea, never to be thought of, and if thought of, impossible to be executed." So Bancroft am 17.12.1861 an seine Frau. Siehe *M. A. de Wolfe Howe*: The life and letters of George Bancroft, Port Washington, N. Y./London 1908, Bd. 2, S. 148. – Der russische Vertreter in Washington von Stoeckl scheint die Zollvereins-Möglichkeit selbst 1863 noch für realisierbar gehalten zu haben. Siehe Frank Golder: The American Civil War through the eyes of a Russian diplomat, S. 459 in: The American Historical Review 1895, Bd. 26. – Dass der Zollvereins-Gedanke auch außerhalb Washingtons eine Rolle spielte, verrät der Brief eines Robert Patterson aus Philadelphia vom 24.1.1862 zugunsten einer Zollunion entsprechend dem Deutschen Zollverein an W. H. Seward. Seward Papers, Mf. 68.

I. Sezession der Südstaaten

Teil auf der Seite der Sezession standen. Dieser Einfluss auf das diplomatische Korps mag noch so groß gewesen sein; aber Gerolt wie der österreichische Vertreter Hülsemann[36] und der Bremer Schleiden hielten keine Sklaven und standen der Sezession gleich fern. Seward hat verschiedentlich besonders die Einstellung Gerolts zur Union gewürdigt. Auch der republikanische Politiker Henry J. Raymond, der erste Herausgeber der New York Times, notierte sich, wie sehr Seward Gerolts konsequente Ablehnung der Sezession schätzte: „At the outset of the war, he said, every foreign minister in Washington except Baron Gerolt, the Prussian minister, sympathized with secession in one way and another."[37] Dabei hat Seward Schleiden und Hülsemann vermutlich deshalb nicht ausdrücklich erwähnt, weil er an die Haltung der für die USA wichtigsten Vertreter dachte.

Der im Gegensatz zu Seward für die Diplomaten wenig konturierte Lincoln hatte sich Anfang März 1861 unmittelbar vor Amtsantritt in Begleitung des designierten Secretary of State im Haus des Bremer Ministerresidenten Schleiden mit dem britischen Gesandten Lord Lyons und dem niederländischen und österreichischen Gesandten in Washington bekannt machen lassen[38]. Dieser außergewöhnliche Vorgang war ein Zeichen des Ansehens, das Schleiden genoss, und das hat gelegentlich dazu verleitet, seine Bedeutung überzubetonen.

Gerolt wurde Lincoln im Rahmen des gesamten Diplomatischen Corps vorgestellt. Er betrachtete zunächst Seward, „einer der ausgezeichnetsten Staatsmänner und Redner der Vereinigten Staaten"[39], als die entscheidende Persönlichkeit in der neuen Administration. Er wirkte auf Gerolt zunächst als das Haupt des Kabinetts, da der Präsident „sich ihm ganz zu überlassen" schien[40]. Dass der ihm nur wenig bekannte Politiker aus Illinois seiner Präsi-

---

[35] Frederic Bancroft: The Life of William H. Seward, Gloucester Mass. 1967 (Repr. von 1899), Bd. 2, S. 155.
[36] Für Hülsemanns Haltung zur Sklaverei ist bezeichnend, dass er 1857 seine Bediente, die ein Amerikaner als Sklavin beanspruchte, freikaufte. – Alfred Loidolt: Die Beziehungen Österreichs zu den Vereinigten Staaten zur Zeit des amerikanischen Bürgerkrieges 1861–1865, Diss. Phil. Masch. Wien 1949, S. 7 f.
[37] Extracts from the Journal of Henry J. Raymond. Ed. by his Son, by *Henry W. Raymond,* pp. 703–710 in Scribners Monthly, Vol. 19, Issue 5, New York 1880. Die obige Äußerung, S. 706 zitiert, ist vermutlich 1863 gefallen.
[38] *Hermann Wätjen*: Dr. Rudolf Schleiden als Diplomat in bremischen Diensten 1853–1866, Bremisches Jahrbuch 1933, S. 271 f. – *Erwin Matsch*: Wien – Washington. Ein Journal diplomatischer Beziehungen 1838–1917. Wien, Köln 1990. S. 198.
[39] Gerolt am 11.4.1859 an den Regenten und Prinzen, GStA Berlin, Mf 80, AA CB IC Nr. 31.
[40] Gerolt am 26.2.1861 an den König. GStA Berlin, Mf 81 AA CB IC Nr. 36 Vol. 1.

dentschaft seinen eigenen Stempel aufzudrücken gedachte, verriet schon der erste Empfang des Präsidenten am 7.3.1861. Der Empfang unterschied sich, wie der erfahrene Gerolt schrieb[41], „von allen früheren Vorstellungen dieser Art dadurch, dass die Gemahlin des Präsidenten sich ausgebeten hatte, mit mehreren anderen Damen dabei zugegen zu sein, um die Uniformen der fremden Diplomaten zu sehen ... Am folgenden Tage empfing dieselbe den Besuch des weiblichen Personals des diplomatischen Corps." Von einer First Lady war damals noch nicht die Rede; aber Gerolt vermerkte auch bei den späteren Empfängen Lincolns, wie dessen Frau eine Rolle spielte.

Der Präsident selbst gewann für Gerolt bald an Konturen. Die Anerkennung, die Gerolt Lincoln zollte, bedeutete jedoch nicht, dass der Dienstweg derselbe wie bei dessen Vorgänger Buchanan blieb und dass Seward irgendwann die Nebenrolle eines Cass einzunehmen hatte. Seward führte das State Department eher in der Tradition von Marcy und war für alle auswärtigen Vertreter und insgesamt für die Außenbeziehungen der USA der entscheidende Ansprechpartner.

Unter den deutschen Diplomaten mag es im März 1861 den Anschein gehabt haben, dass der Vertreter der für die USA wichtigsten deutschen Hafenstadt von zentraler Bedeutung war. Aber es ist unübersehbar, dass Gerolt mit der Zeit als der Vertreter der entscheidenden deutschen Macht mehr Gewicht in Washington erhielt. Der Achtundvierziger Otto von Corvin aus Ostpreußen, Berichterstatter der Augsburger Allgemeinen und zeitweilig der Times, urteilte als dem engeren Bekanntenkreis Sewards zugehörig über Gerolt, dass dieser während des Krieges der einflussreichste Gesandte in Washington gewesen sei[42].

Das ist sicher übertrieben, da der wichtigste diplomatische Kriegsschauplatz für Seward nicht der Deutsche Bund, sondern Westeuropa war. Dort in London, Brüssel und Paris gab es die Südstaatenvertreter William Lowndes Yancey, Ambrose Dudley Mann und Pierre A. Rost, John Slidell und James Mason. Diese stritten auf der Grundlage der Neutralitätserklärung der Regierungen von Großbritannien, Frankreich und Belgien für die Anerkennung der Confederate States, traten mit den Regierungsstellen ab April 1861 in Kontakt und genossen insgesamt in den westeuropäischen Hauptstädten vielfältige Unterstützung[43], wenn auch der entscheidende Schritt der Anerkennung durch die westeuropäischen Regierungen ausblieb.

---

[41] Gerolt am 11.3.1861 an den König, GStA Berlin, Mf 81 AA CB IC Nr. 36 Vol. 1.

[42] *Otto von Corvin:* Ein Leben voller Abenteuer, Bd. 2, Frankfurt/M. 1924, S. 799.

[43] Siehe dazu *Francis Balace*: La Belgique et la Guerre de Sécession, 1861–1865, Paris 1979.

I. Sezession der Südstaaten

Die umgehende Neubesetzung der Gesandtschaftsposten in London, Paris und Brüssel durch Lincoln und Seward verriet, wie sehr sich die diplomatischen Aktivitäten der neuen Administration auf diese Staaten konzentrierten. Charles Francis Adams, enger Freund Sewards, erhielt mit London die wichtigste US-Vertretung. L. Dayton wurde anstelle eines Kabinettspostens die Gesandtschaft in Paris übertragen, und John Bigelow, Vertrauter Sewards, wurde erst neuer Konsul in Paris und nach Daytons Tod 1862 dessen Nachfolger. Der so agile Henry Shelton Sanford war zwar in Heidelberg zum Dr. jur. promoviert und hatte 1848/49 als Sekretär des US-Gesandten Donelson in Frankfurt und Berlin gearbeitet; aber Seward schickte ihn nach Brüssel, um ihn von dort aus die Aktivitäten gegen die Sezession zwischen Hamburg, Brüssel, Paris und London koordinieren zu lassen.

Die US-Gesandten in Berlin, Wright und seit 1.7.1861 Judd, hatten niemals mit den Schwierigkeiten zu kämpfen wie ihre Kollegen in Westeuropa. Preußen war wie Russland die verlässlichste Stütze der Union in Europa, und auch Österreich stand in seiner Politik gegenüber der Union Preußen und Russland näher als den Seemächten. Berlin blieb von den bedeutenden Südstaaten-Vertretern, die sich in den westeuropäischen Hauptstädten einfanden, ausgespart. Weniger Aufsehen erregende Südstaatler fanden sich allerdings überall ein, so dass der US-Konsul in Bremen Boernstein nach einem Besuch in Berlin im Februar 1862 meinte, wann immer man fünf Amerikaner in Europa treffe, so seien vier davon aus dem Süden[44]. Der Deutsch sprechende Hudson aus Virginia, Sekretär des US-Gesandten Wright 1860/61, machte mehrfach während des Krieges auf sich aufmerksam. Er konnte noch im September 1861 an den preußischen Manövern am Rhein teilnehmen, allerdings nach Auskunft des überraschten Unterstaatssekretärs Gruner aus dem preußischen Außenministerium nur deshalb, weil er sich als rechtmäßig akkreditierter Offizier der USA ausgegeben habe[45]. Dass er die Konföderierten-Uniform trug, fiel keinem auf; aber als er mit Hilfe der französischen Gesandtschaft an den Krönungsfeierlichkeiten in Königsberg teilnehmen wollte, scheiterte er. Er soll auch noch einmal mit einem Südstaatler-Offizier Pope in der Königlichen Militär-Akademie gewesen sein. Entscheidend ist jedoch nicht, dass einzelne Südstaaten-Vertreter ihre Bekanntschaften von vor der Sezession zu weiteren Kontakten zu nutzen vermochten, sondern dass die preußische Regierung diesen Kontakten wirksam entgegentrat[46]. Hudson und Pope kamen nicht über unbedeutende Gespräche mit einigen Offizieren und zwei in Berlin veröffent-

---

[44] Boernstein am 5.2.1862 in Nr. 14 an Seward. NA Wash., Mf T-184/12.

[45] Der US-Gesandte Judd in Nr. 11 am 5.11.1861 an Seward. Als Anlage eine Abschrift des Schreibens von Gruner vom 14.10.1861 an Judd. NA Wash., Mf 44/11.

[46] Judd in Nr. 19 am 28.2.1862 an Seward. NA Wash., Mf 44/11.

lichte Pamphlete hinaus. Hudson publizierte 1862 die kleine Streitschrift „Der zweite Unabhängigkeitskrieg in Amerika" und 1863 die oben erwähnte Schrift eines ebenfalls von der Lincoln-Administration entlassenen Parteigängers der Südstaaten. Als Judd im Februar 1862 Graf Bernstorff auf „roving confederate emissaries" ansprach, antwortete dieser, dass er keinen Grund kenne, warum seine Regierung etwas mit diesen zu tun haben sollte[47]. In Österreich waren die Emissäre der Südstaaten nicht erfolgreicher. Der von der Konföderation erst in London und dann in Brüssel stationierte Dudley Mann machte nur einen kurzen und erfolglosen Besuch in Wien[48]. Er konnte schon angesichts seines Eintretens für Kossuth in der Revolution nicht auf besondere Sympathien Wiens zählen, und der US-Gesandte Motley brauchte wenig Mühe aufzuwenden, um für klare Fronten zu sorgen.

Keiner der US-Konsuln und US-Konsularagenten in Deutschland aus der Zeit der Buchanan-Administration wurde Emissär der Sezessionsstaaten. Der aus Louisiana stammende Generalkonsul Ricker lehnte den von der Lincoln-Administration verordneten oath of allegiance ab, und bald trafen bei Seward Beschwerden ein, die ihn mehr oder weniger als Sezessionisten anprangerten[49]. Tatsache ist, dass er nicht in die Südstaaten zurückging, als er im November 1861 sein Amt in Frankfurt an den unbedingt unionstreuen Murphy abtreten musste, und dass er kein Amt für Jefferson Davis übernahm. Im Übrigen hatte das State Department keine Probleme dieser Art im Deutschen Bund[50].

Bei der Entwicklung der preußischen Position zur Sezession schrieb Seward Gerolts Berichterstattung nach Berlin besonderes Gewicht zu. Er stufte ihn ein als „a firm friend of the country throughout its hitherto trying career"[51]. Es sei nicht zu bezweifeln, dass Gerolts Berichte an das

---

[47] Judd in Nr. 18 am 17.2.1862 an Seward. NA Wash., Mf 44/11. Auszugsweise abgedruckt in den Papers Relating to Foreign Affairs 1862, S. 545 f.

[48] Sanford aus Paris am 22.4.1862 an W. H. Seward, Seward Papers, Mf 69.

[49] Bei *Margarete Sterne*: Ein Amateur wird Diplomat. Die politische Karriere von William Walton Murphy, amerikanischer Generalkonsul in Frankfurt am Main, Archiv für Frankfurts Geschichte und Kunst, Heft 48, Frankfurt/M. 1962, wird Ricker auf S. 122 als „leidenschaftlicher Sezessionist" bezeichnet. Demgegenüber weisen ihn seine Berichte als jemand aus, der hin und her gerissen ist zwischen der Bindung an die Union, die ihm nicht zuletzt eine berufliche Zukunft bieten könnte, und dem Süden, woher er stammt.

[50] Boernstein, Bremen, hatte sich mit einer Anschuldigung gegen seinen Konsularagenten Specht in Bremerhaven auseinanderzusetzen, die er aber schnell als unbegründet entlarvte; und gegen den Konsularagenten Mc Donald in Hamburg gab es 1865, als die Neubesetzung des Amtes aktuell war, den Vorwurf, er habe mit den Konföderierten während des Krieges Geschäfte gemacht.

[51] W. H. Seward am 9.6.1862 in Nr. 32 an Judd. NA Wash., Mf 77/65.

I. Sezession der Südstaaten

Ministerium der auswärtigen Angelegenheiten in Berlin der Union hätte die Gerechtigkeit widerfahren lassen, die dort sonst wohl nicht immer gesichert gewesen wäre[52]. Eine Anerkennung durch Seward, die Gerolt nicht schätzte, war der Versuch der US-Administration auch Gerolts Berichte in die Öffentlichkeitsarbeit des State Department einzubeziehen. Die 1861 publizierte diplomatische Korrespondenz zwischen den USA und Großbritannien stieß auf ein solches Interesse in Europa, dass Großbritannien mit einer eigenen Publikation antwortete und Seward 1862 und in den folgenden Jahren auch Auszüge aus dem Schriftwechsel mit anderen Staaten publizierte[53]. Seward wollte sich nun nicht nur mehr auf die US-Korrespondenz beschränken, sondern ließ Judd informell bei Außenminister Graf Bernstorff anfragen, ob er die Veröffentlichung von Depeschen Gerolts gestatte, so weit sie den Ursprung und die Entwicklung der gegenwärtigen Rebellion beleuchteten[54]. Das irritierte Gerolt um so mehr, als Seward nicht gleichartige Anträge an die britische, französische, russische oder österreichische Regierung richtete[55]. Er äußerte gegenüber Bernstorff sogar den Verdacht, „daß meine Depeschen an Eure Exzellenz hier geöffnet werden könnten ...". Dass dieser Verdacht nicht unbegründet war, verrät die Übersetzung eines Privatbriefes in den Akten Sewards, der von Gerolt an seine Mutter gerichtet gewesen sein soll[56]. Gerolt ließ ab Juni 1862 seine politischen Berichte so weit wie möglich durch den Courier der britischen Gesandtschaft zu den Postdampfern befördern, was ihm Lord Lyons schon länger angeboten hatte. Diese Mitteilung an Bernstorff war kein Zeichen der Nähe der preußischen Vertretung zur britischen, sondern nur eine einfache Vorsichtsmaßnahme – schon um das Gesicht gegenüber Berlin zu wahren. Diese Reaktion und die Ablehnung der Veröffentlichung der preußischen Depeschen beeinträchtigte das gute Verhältnis Gerolts zu Seward nicht.

---

[52] A. a. O.

[53] Die US-Vertreter in den europäischen Zentren waren weniger begeistert von dem öffentlichen Interesse einerseits und der Reaktion der europäischen Regierungen andererseits und kennzeichneten nun verstärkt die nicht für die Öffentlichkeit bestimmten Schreiben als private and confidential.

[54] W. H. Seward am 8.6.1862 in Nr. 32 an Judd. NA Wash., Mf 77/65.

[55] Gerolt am 22.6.1862 an Bernstorff, GSTAM, Nr. 7898.

[56] In den Papieren Sewards (Seward Papers, Mf 64) findet sich in der Handschrift von Gerolts Sekretär die Übersetzung eines Briefes, der von Gerolt aus Bonn am 18.5.1861 an seine Mutter geschrieben sein soll und der eindeutig für die Union Partei ergreift. Die in dem Brief ausgedrückte Erwartung eines Sieges der Union entspricht der Einstellung des Gesandten von Gerolt; aber der Brief kann nicht von Gerolt am 18.5.1861 aus Bonn abgesandt sein, weil sich Gerolt zu diesem Zeitpunkt in Washington aufhielt. Unabhängig davon, wie es um die Herkunft dieses Briefes steht, so kann er Seward frühzeitig den richtigen Eindruck vermittelt haben, dass speziell Gerolt mit der Union sympathisierte.

Den Stand der Beziehungen 1862 angesichts des Bürgerkrieges beleuchtete zum Beispiel der gemeinsame Besuch von Lincoln und Seward zum Tee bei den Gerolts, den der Gesandte hervorhob als „eine Ehre, welche seit dem Antritt der Regierung keinem der fremden Gesandten zu Teil geworden ist und welche ich dem besonderen Wohlwollen des Herrn Seward für die Regierung Sr Majestät des Königs zu verdanken hatte."[57] Das Gespräch in der privaten Atmosphäre diente nicht speziellen politischen Anliegen, da es die politische Lage des Landes und die Aussichten für die Beendigung des Bürgerkrieges nur allgemein berührte, sondern dem Atmosphärischen: „Der Präsident war sehr freundlich und ließ es nicht an humoristischen Bemerkungen und Erzählungen fehlen, wofür er bekannt ist."

Bei dem Versuch, die insgesamt engen Beziehungen Preußens zu der Union zu erklären, wäre es zu einfach, Preußen nur als sich im Fahrwasser Russlands bewegend einzustufen. Eine zu starke Abhängigkeit von Russland verbot schon das Interesse Preußens an guten Beziehungen zu Großbritannien. Aus dem eigenen Interesse Preußens, so wie es Schleinitz[58], Bernstorff und Bismarck verstanden, ergaben sich freundschaftliche Beziehungen zur Union. Der Handel des Zollvereins mit den USA wickelte sich seit langem weitgehend über den Norden ab. Im Norden wohnten überwiegend die Deutschamerikaner, und dort befanden sich zwölf von sechzehn preußischen Konsulaten. Im Übrigen hatten die Berichte Gerolts keinen Zweifel aufkommen lassen an der Übermacht der Union und ihrem Sieg. So schrieb er bei Beginn des Krieges[59]: „Gestützt auf diese Übermacht der Streit- und Geldkräfte in den freien Staaten, welche sich auch im alleinigen Besitze der Fabriken von Waffen und von Kriegsmaterial aller Art befinden, und im Vertrauen auf die Wirkungen, welche die Blockade der südlichen Häfen auf die Massen der dortigen Bevölkerung hervorbringen werden, glaubt die hiesige Regierung ihre gegenwärtige Politik zur Unterwerfung der abtrünnigen Staaten ruhig verfolgen zu können, und sie hat alle bisherigen Versuche zu Friedensvermittelungen, wobei die Unabhängigkeits-Erklärung der südlichen Conföderation als Bedingung gestellt ward, abgelehnt. ... Da die Regierung die Macht hat, so kann man ihr nicht verdenken, wenn sie die Verfassung und die Union zu erhalten sucht, in deren Schoße alle Staaten ihre Entwickelung und ihren gegenwärtigen Wohlstand erreicht haben und als Bundesstaat vereinigt zu ihrer gegenwärtigen Machtstellung gelangt sind." Abgesehen davon, dass er die Verteidigung der Union gegenüber der Rebel-

---

[57] Gerolt am 8.4.1862 an Bernstorff, GStAM, Nr. 7898.

[58] Wright über ein Gespräch mit Schleinitz im Bericht Nr. 173 vom 8.5.1861 an Seward. NA Wash., Mf 44/13. Auszugsweise abgedrückt in den Papers Relating to Foreign Affairs, Washington 1862, S. 38 f.

[59] Gerolt am 13.5.1861 an den König, GStA Berlin, Mf 81 AACBIC Nr. 36 Vol. I.

lion und Revolution als begründet betrachtete, unterschätzte er wie die Lincoln-Administration den Selbstbehauptungswillen der Konföderierten und deren wirtschaftliche und militärische Möglichkeiten.

Gerolt schätzte die Auflösung der Union zunächst vor allem als wirtschaftlich nachteilig für Deutschland ein; dem entsprach der Zollvereinsvorschlag. Erst angesichts der länger als erwartet andauernden Sezession ging er stärker auf die Frage ein, was es für Amerika bedeutete, wenn die Konföderation erhalten bliebe. Auf dem amerikanischen Kontinent stufte er die USA wie in den fünfziger Jahren als den entscheidenden stabilisierenden Staat ein, und er befürchtete, dass eine erfolgreiche Konföderation nur die Ausdehnung der mittelamerikanischen Verhältnisse nach Norden bringen würde, die er nach seinen Erfahrungen in Mexiko als Anarchie charakterisierte. Von den siegreichen USA erwartete er, dass dieser Staat noch einflussreicher sein würde als vor dem Krieg.

Zum Beispiel schrieb er im Frühjahr 1862 an Außenminister Bernstorff[60]: „Durch die großartigen materiellen Mittel, welche die Willenskraft und Ausdauer der nördlichen Staaten in so kurzer Zeit in dem gegenwärtigen Kriege entwickelt haben, ist dem Volke das ganze Bewusstsein seiner Macht und seiner Hülfsquellen gegeben, und wenn die Vereinigten Staaten aus diesem Kampfe siegreich hervorgehen, woran kaum mehr zu zweifeln ist, so tritt die Union mit neugeborener Kraft als eine Macht erster Größe auf: ‚C'est un acte de premier ordre et malheur à celui qui ne le voit pas', wie Napoleon I. einst von der Französischen Republik sagte." Bei aller Würdigung der Macht, die der Norden im Krieg entwickelte, äußerte er sich über die Kriegsführung nicht minder kritisch als die übrige öffentliche Meinung in den USA und Europa. Zugleich setzte er seine Kritik an den „demokratischen Institutionen" fort, die in seinen Augen mitverantwortlich waren für die anfänglichen militärischen Misserfolge der Union; aber eine Veränderung demokratischer Strukturen erwartete er nicht. Gerade sie seien in den Augen der Amerikaner mit der Manifest Destiny verbunden: „Was die demokratischen Institutionen der Vereinigten Staaten betrifft, so scheint mir die Zeit noch nicht gekommen zu sein, wo eine organische Veränderung derselben zu erwarten steht, was auch die bisherigen Mißbräuche und Übelstände derselben sein mögen, weil die culturgeschichtliche Mission des Volkes auf diesem Continente, welche durch republikanische Institutionen sehr befördert worden ist, noch nicht erfüllt ist. – Man muß jedoch hoffen, daß die Erfahrungen des gegenwärtigen Bürgerkriegs und die Lasten, welche dem Volke dadurch aufgebürdet werden, dazu dienen werden, manche jener Übelstände, besonders diejenigen, welche aus dem allgemeinen Stimmrecht hervorgehen, auf legislativem Wege abzuschaffen und daß das

---

[60] Gerolt am 5.3.1862 an Bernstorff. GStAM, 2.4.1.I. Nr. 7898.

Staatsschiff der Union mit dem Ballast einer bedeutenden Staatsschuld belastet, eine weniger schwankende und rücksichtslose Politik im Innern sowohl als nach außen befolgen werde."

Bei aller Anerkennung der Bedeutung der USA und seiner Sympathie für die Union blieb also seine Strukturkritik, wie sie sich aus seinen Voreinstellungen, seiner Distanz zum Parteileben und seinen Erfahrungen in Nordamerika ergab. Dennoch entwickelte er zur Lincoln-Administration ein bemerkenswert positives Verhältnis, wie er es vorher zu keiner Administration hatte. Das leitete sich zu einem wesentlichen Teil von seinem Verhältnis zu Seward ab. Aber auch Lincoln zollte er viel Anerkennung, auch wenn zu ihm nie der Kontakt möglich war wie etwa zu Fillmore. Es imponierte ihm die Art, wie Lincoln die Einheit des Staates vor anderen Zielen in den Mittelpunkt stellte. Er schätzte seine vermittelnde Position beim Streit um die Reconstruction und seine Distanz zu den radikalen Republikanern. Bei aller Anerkennung von Fremonts früheren Leistungen, die in Preußen unter dem Einfluss von Alexander von Humboldt einen besonderen Stellenwert erhalten hatten, und bei aller Unterstützung Fremonts bei den Deutschamerikanern im German Belt während des Krieges hielt sich Gerolt zu ihm auf Distanz. Seine Politik als Sprecher der „Ultra Abolitionisten-Fraktion der republikanischen Partei"[61] gefährdete in den Augen Gerolts die baldige Wiederherstellung der Einheit. McClellan schätzte er als militärischen Fachmann, aber gab ihm keine Chancen als demokratischem Präsidentschaftskandidat gegenüber Lincoln.

Er betonte die zunehmende Entschiedenheit Lincolns bei der Niederringung der Sezessionisten. Ihn zu unterschätzen, verhinderte schon seine Machtfülle, die Tatsache, dass der Kongress „dem Präsidenten eine Macht verliehen hat, wovon die Geschichte der Vereinigten Staaten und der meisten Europäischen Staaten kein Beispiel aufzuweisen hat", wie Gerolt im März 1863 urteilte[62]. Mit seiner Wiederwahl 1864, die für Gerolt früh feststand, nahm Lincolns Macht weiter zu. Um so mehr fiel ihm auf, dass er seinen Einfluss im Interesse der Kontinuität nicht personalpolitisch ausspielte: „Der Präsident hat seine Regierung mit einer wichtigen Neuerung begonnen, daß er nämlich alle Beamten der Bundes-Regierung mit sehr geringen Ausnahmen in ihren Ämtern gelassen hat, ganz gegen die bisherige demokratische Doktrin (rotation doctrine), wonach alle Staats-Ämter von dem neugewählten Präsidenten unter seine Anhänger verteilt werden, welche bei seiner Wahl am wirksamsten gewesen sind."[63] Wie die Konsequenz bei den Kriegsanstrengungen schätzte Gerolt Lincolns Großzügigkeit gegen-

---

[61] Gerolt am 21.3.1864 an Bismarck. GStAM, 2.4.1.I. Nr. 7901.
[62] Gerolt am 6.3.1863 an Bismarck. GStAM, 2.4.1.I. Nr. 7900.
[63] Gerolt am 22.3.1865 an den König. GStAM, 2.4.1.I. Nr. 7903.

I. Sezession der Südstaaten

über den Besiegten. Das Entgegenkommen Grants gegenüber Lee im April 1865 in Appomattox schrieb Gerolt Lincolns Anwesenheit „in der Nähe des Kriegsschauplatzes" zu[64].

Während Gerolt bei aller Kritik an Einzelerscheinungen in den USA grundsätzlich beim Kampf zwischen Union und Konföderierten auf der Seite Washingtons stand und den Einsatz der Lincoln-Administration mit Sympathie begleitete, wich sein Legationsrat Guido von Grabow auch in dieser Frage von seinem Legationschef ab. Er konnte es sich leisten, weil er sich wie in den fünfziger Jahren von konservativen Berliner Beamten im Sinne der Kreuz-Zeitung gestützt wusste. Allerdings hatte es keine Auswirkungen auf die Vertretung der preußischen Politik in Washington oder anderswo, dass er sich intern manchmal im Sinne der Kreuz-Zeitung und der Südstaaten äußerte; aber es erschwerte Gerolts Arbeit jetzt genauso, wie das Grabows Opposition schon in den fünfziger Jahren getan hatte. Während Gerolt in der zweiten Jahreshälfte 1864, als in seinen Augen der Krieg schon entschieden und keine Intervention mehr zu befürchten war, in Preußen weilte, formulierte Grabow einen politischen Bericht an Bismarck, in dem er noch einmal all seine Kritik an der Union und seine Sympathie für den Süden zusammenfasste[65].

Grabow kritisierte die Politik Lincolns und seiner Partei als „unconstitutionell". Die Belege, die er als Verfassungsverstöße hätte anführen können, wie das gelegentliche Außerachtlassen der Rechte des Kongresses bei der Vergrößerung der Armee und der Ausgabe von öffentlichen Geldern, nannte er angesichts der Parallelen zu der konservativ gestützten Politik in Preußen wohlweislich nicht. Er erwartete vor allem gegen die neue „riesenhafte Aushebung" von Soldaten einen breiten Widerstand des Volkes, „welches zum großen Theile des Krieges müde zu werden beginnt". Für ihn hing das Ende des Krieges nur vom Nachgeben des Nordens ab: „Sollte die Opposition zu Unruhen im Norden führen, wie viele der festen Überzeugung sind, so wäre damit einige Hoffnung für die Beendigung eines Krieges gegeben, in welchem der gegenseitige Haß der streitenden Parteien bereits zu unerhörten Grausamkeiten geführt hat." Dieser Gedankengang entsprach noch dem der Copperheads. In den folgenden Ausführungen ging er aus der Perspektive der Kreuz-Zeitung auf die Südstaaten ein: „Der conservativ und aristokratisch gesinnte Süden ist entschlossen und kämpft dafür, sich von der politischen und namentlich merkantilen Bevormundung und Unterdrückung der ihm verhassten ‚Yankees' frei zu machen, die den Rohstoffe produzierenden Süden durch Ausschließung der billigeren europäischen Manfakturwaaren vermittelst hohen Schutzzolles zur Abnahme ihrer theueren

---

[64] Gerolt am 10.4.1865 an den König. GStAM, 2.4.1.I. Nr. 7903.
[65] Grabow am 19.7.1864 an Bismarck. GStAM, 2.4.1.I. Nr. 7902.

und schlechteren Waaren zwingen; die eine fernere Quelle unermesslichen Gewinns und Reichthums dadurch, daß sie die Vermittelung des Handels der Rohstoffe des Südens im bedeutenden Maaße monopolisieren, nicht aufgeben wollen und keineswegs geneigt sind, den Süden zu einem für ihn wie für Europa vortheilhafteren direkten, durch möglichst niedrige Zölle zu begünstigenden Handel sich entwickeln zu sehen.

Während der Süden für diese seine Unabhängigkeit kämpft und stirbt, verfolgen die Manufaktur-Staaten des Nordens, und unter ihnen namentlich die Staaten Neu-Englands, den auf die fortgesetzte Unterdrückung des Südens gerichteten Kampf mit umso größerer Erbitterung, als dieselben ihre selbstsüchtigen Absichten durch die heldenmüthigen Anstrengungen des materiell bei weitem schwächeren Südens, der Gut und Leben opfert, bisher sämmtlich vereitelt sehen und sich in ihrem Ehrgeize empfindlich gedemüthigt fühlen."

Ist schon die Charakterisierung von Nord und Süd recht grob geraten, so erst recht das Urteil, dass der Norden seine Absichten durch den Kriegsverlauf vereitelt sehe. Ein Blick auf die Kriegskarte musste Grabow verraten, wie hoffnungslos die Lage der Südstaaten inzwischen geworden war. Aber Grabow meinte nicht nur, dass der Süden selbst 1864 noch Chancen hatte zu siegen, sondern es auch im Interesse der Konservativen sei, wenn der Süden erfolgreich sei. Seine Argumentationsweise ist ähnlich der, wie sie schon in den fünfziger Jahren in der Kreuz-Zeitung zum Ausdruck kam. Er fuhr dementsprechend fort:

„Wenn wir sehen, dass die den monarchischen Institutionen feindlichen Elemente mit ihren Sympathien sich auf die Seite des Nordens stellen, daß Garibaldis Wünsche mit den letzteren gehen und daß Carl Schurz, Sigel und Struve sich für dessen Sache schlagen; so kann der conservativ Gesinnte im Interesse gesicherter Zustände es nur mit Genugthuung begrüßen, wenn durch das Auseinanderfallen dieses arroganten Staatencomplexes der amerikanischen, das Land durch systematische Wahlbestechungen und Intriguen corrumpierenden Republikenwirtschaft, welche die europäischen Revolutionaire den weniger Einsichtsvollen als das Eldorado des politischen Lebens vorzuhalten gewohnt sind, eine Wunde geschlagen wird, die den auf Umsturz der Throne und wahren Ordnung gerichteten Argumentationen dieser Volksverführer die Spitze bricht. Jedenfalls sind schon jetzt die Zustände Amerikas geeignet, dem demokratischen Fanatiker Europas die Illusionen über die Vollkommenheit der hiesigen Zustände zu nehmen und ihm die Überzeugung beizubringen, daß die Institutionen der Freistaaten nicht vor Revolution schützen." Diese Stellungnahme stieß zwar ins Leere, ist aber insofern interessant, als sie zeigt, dass Gerolts Position selbst in seiner eigenen Behörde nicht unumstritten war und dass er sich in den sechziger

I. Sezession der Südstaaten 457

Jahren mit einer ähnlichen Gedankenwelt auseinanderzusetzen hatte wie schon im Jahrzehnt vorher. Die Auseinandersetzungen innerhalb der preußischen Gesandtschaft endeten erst, als Gerolt 1865 die Berufung Grabows zum Generalkonsul in New York erreichte parallel zu der vom neuen Präsidenten verfügten Ablösung des US-Gesandten Judd.

In der Form wie Grabow äußerte sich keiner der preußischen Vertreter in der Union während des Sezessionskrieges. Keiner der preußischen Konsuln in den Wirtschaftszentren des Nordens ließ den Verdacht aufkommen, dass er nicht den von der Gesandtschaft in Washington vertretenen Kurs mitzugehen bereit war. Konsul Dresel in Baltimore und Konsul Haußmann in San Francisco neigten eher den Demokraten zu als den Republikanern, aber wichen darum noch lange nicht von der antisezessionistischen Politik Preußens ab. Am entschiedensten bezog Konsul Adae, Cincinnati in Ohio, Position zugunsten der Lincoln-Administration. In seinem Jahresbericht nach den Präsidentschaftswahlen 1864[66] betonte er zum Beispiel das „Vertrauen der Nation in die Ehrlichkeit und Consequenz des Herrn Lincoln", das sich demonstrierte in „großartiger Beteiligung des Volkes an den Regierungs-Anleihen, auch bei größter Bereitwilligkeit in Bezahlung der sehr bedeutenden Steuern und Taxen."

Für die USA war während des Sezessionskrieges entscheidend, dass das Preußische Staatsministerium keinen Zweifel an seiner unionsfreundlichen Einstellung aufkommen ließ und Gerolt diese Position engagiert in den USA und in Berlin vertrat. Der US-Gesandte Judd, der häufig genug die preußische Politik mit seiner liberalen Brille ähnlich verzerrt betrachtete wie Grabow mit seiner ultrakonservativen Prothese vor Augen, äußerte sich 1864 über Gerolts Wirken in Berlin geradezu begeistert[67]. Parallel zu Grabows eigenartiger Berichterstattung erlebte er: „His enthusiasm for our cause, the thorough knowledge of our public affairs and of the origin of the rebellion together with his firm conviction of the ultimate triumph of the government, has had a most favorable and beneficial influence in government circles here. His position has enabled him to talk freely to the King, Queen and Crown Prince[68], as well as to the circles mostly military that surround them. His influence however has not been confined to that circle but has reached other influential personages. I feel that the Baron is entitled to our earnest thanks for the earnestness und untiring zeal in presenting the

---

[66] Adae am 28.2.1865 an das Preußische Ministerium der auswärtigen Angelegenheiten. GStA Berlin, AA III.HA Rep. 14 I Vol. X, Mf 144.
[67] Judd an W. H. Seward am 28.9.1864 in Nr. 77. NA Wash., Mf 44/!3.
[68] Zum Besuch Gerolts notierte sich der Kronprinz (Kaiser Friedrich III. Tagebücher von 1848–1866. Hrsg. von *Heinrich Otto Meisner*, Leipzig 1929, S. 375) dessen Zuversicht einer baldigen Beendigung „des leidigen amerikanischen Krieges" und die große Sympathie für Preußen in der Union.

facts connected with our struggle and the conviction which he has impressed upon others of the ultimate and not far distant triumph of the cause of the government." Bevor Gerolts Berliner Gesprächspartner seine Einschätzung vergessen hatten, wurde sie im Frühjahr 1865 aufs Eindrucksvollste bestätigt und damit zugleich der von den Westmächten abweichende Kurs der Preußischen Regierung.

Wie sehr Preußen teilnahm an Sieg und Trauer in der Union verrieten nicht zuletzt die Reaktionen im April und Mai 1865, wie sie Konsul und Gesandter nach Washington berichteten. Gerade die Trauerbekundungen nach den Attentaten auf Lincoln und Seward waren zahllos. Sie gingen ebenso von König, Kronprinz, Regierung und Abgeordnetenhaus aus wie von Arbeiterverein und Gesellenverein. Sie drückten sich zusätzlich in Pressekommentaren und Kondolenzbesuchen in den US-Konsulaten und der Gesandtschaft aus[69]. Judd resümierte zum Echo in Deutschland auf die Ermordung Lincolns[70]: „The public journals here and elsewhere are entirely filled with it. One intense and spontaneous burst of sorrow and indignation is ringing throughout Germany, and everyone, high and low, great and humble, is eager to bear testimony of his admiration and grief for a great and good man departed."

II. Die Wirtschaftsbeziehungen zwischen den USA und Deutschland, insbesondere Preußen, in der Ära des Sezessionskrieges

Vergleicht man den von der historischen US-Statistik ausgewiesenen Export Deutschlands in die USA 1859 und 1860 mit dem während des Sezessionskrieges, so fällt einem der Rückgang der deutschen Lieferungen besonders auf. 1859 lagen sie bei 18 Millionen Dollar, 1860 bei 19 Millionen Dollar und 1861 bis 1865 bei durchschnittlich 13,2 Millionen jährlich. Nimmt man jedoch den Durchschnitt der deutschen Exporte 1850 bis 1860 von 13,8 Millionen Dollar je Jahr und vergleicht die Kriegslieferungen nicht nur mit den gewaltigen Lieferungen unmittelbar vor Kriegsbeginn, dann ergibt sich nur ein geringes Absinken der deutschen Exporte, nämlich um 600 000 Dollar[71]. Er ist vor allem auf den Rückgang der Exporte in der

---

[69] Judds Berichte vom 27.4.65, 28.4., 29.4, 1.5, 2.5., 4.5., 8.5. und 28.5.65. NA Wash., Mf 44/13. – Seltsam war nur, dass das Beileidsschreiben Bismarcks wohl von Judd registriert wurde, aber nicht in Washington ankam, wie Gerolt feststellen musste.

[70] Judd am 29.4.1865 in Nr. 95 an das State Department. NA Wash., Mf 44/13.

[71] Historical Statistics of the US. Bicentennial Edition. Ed. by US-Department of Commerce, Bureau of Census, Washington D.C. 1975. S. 907. – Basisjahr für die Zahlen ist 1970.

II. Die Wirtschaftsbeziehungen in der Ära des Sezessionskrieges 459

ersten Jahreshälfte 1865 zurückzuführen. Betrachtet man die Warenmenge, die insgesamt im Bezirk des Aachener Konsuls, also in Aachen, Barmen, Krefeld und Köln, während des Sezessionskrieges und vorher für den Export in die USA fakturiert wurde[72], so erscheint die Entwicklung der Lieferungen in einem noch günstigeren Licht. Zwar schickte die für den Export Deutschlands in die USA wichtigste Region 1861 angesichts des Wegfalls des Südstaatenmarktes nur noch Waren im Wert von 2,9 Millionen Taler (2,3 Mill. Dollar), also der Hälfte der Exporte von 1856 in die USA; aber schon 1863 überstieg der Wert der für den US-Markt bestimmten Güter – Blei, Zink, Stahl, Nickel, Draht, Metallwaren aller Art, Textilien, Kurzwaren, Papier- und Schreibwaren, Musikalien, Bücher, Spirituosen und Chemikalien – mit 6,8 Millionen Taler (5,2 Mill. Dollar) das Glanzjahr 1860. Dann im Jahr 1864 kontrollierte der US-Konsul Vesey zusammen mit den Konsularagenten seines Bezirkes für die USA bestimmte Waren im Wert von 7,8 Millionen Taler und 1865 von rund 9 Millionen Taler, also 6,9 Millionen Dollar. Der Warenwert erreichte damit eine nie vorher in den Aachener Konsulatsakten verzeichnete Höhe. Das war ungefähr der Wert der Exporte ganz Frankreichs, das vor dem Sezessionskrieg nach der offiziellen amerikanischen Statistik immer mehr exportiert hatte als ganz Deutschland (ohne Österreich).

Trotz des günstigen Verlaufes der deutschen Ausfuhr in die USA lässt sich nicht übersehen, dass die sich mit dem Krieg im Norden einstellenden politischen Unsicherheiten zeitweilig den deutschen Export erheblich beeinträchtigten, vor allem 1861, Ende 1864 vor den Wahlen und 1865 angesichts der Ermordung Lincolns. Zusätzlich behinderten den Absatz deutscher Waren in den USA die Dollarkursschwankungen, das bei der Einfuhr auferlegte Goldagio und der Morrill Tariff Act vom 2.3.1861 und die in jeder Sitzungsperiode des Kongresses beschlossenen Abänderungen, die die einheimische Industrie schützen und die erhöhten direkten Steuern ausgleichen sollten.

Die Schutzzollpolitik der Republikaner, die mit der Sezession im Kongress ausschlaggebend wurden, war nicht dazu angetan, die Sympathien für die Nordstaaten in Deutschland zu vermehren. Nachdem der republikanische Abgeordnete Morrill aus Vermont 1860 seinen Zollgesetzentwurf im Repräsentantenhaus eingebracht hatte, genossen Gerolt, Schleiden und die übrigen europäischen Vertreter besondere Unterstützung bei den Abgeordneten und Senatoren der Südstaaten. Daneben opponierten auch der demokratische Finanzminister Dix und die an einem unbehinderten Handel mit Europa interessierte New Yorker Handelskammer gegen eine starke Zoll-

---

[72] Fakturierungslisten des US-Konsuls in Aachen, NA Wash., Mf T-356; Roll 1–5, 1849–1866.

erhöhung. Der von den für den Freihandel eintretenden Demokraten beherrschte Senat brachte den ersten Morrill-Gesetzentwurf zu Fall, und dann nach dem Ausscheiden der ersten Südstaaten gelangte eine gemäßigte Fassung des Zollgesetzes zur Annahme. Vor allem Senator Hunter aus Virginia, der weiter an dem Tarifgesetz mitarbeitete, zeigte sich den Argumenten Gerolts und Schleidens zugänglich, so dass es noch zu Abänderungen zugunsten des europäischen Handels kam. Dennoch beurteilte Gerolt die im März 1861 in Kraft getretene Morrillsche Bill als ein Gesetz, welches „den Sklavenstaaten ebenso gehässig ist, als drückend für die europäischen Manufakturen."[73] Der aus Louisiana stammende US-Generalkonsul Ricker in Frankfurt meinte sogar einen Stimmungsumschwung in Deutschland zugunsten des für den Freihandel eintretenden Südens festzustellen und zugunsten direkter Handelskontakte in die Südstaaten[74]. Die Südstaaten erließen ein Zolltarifgesetz, wonach der alte Tarif für die meisten Artikel beibehalten wurde und Waffen frei einzuführen waren.

Bei den Beratungen im Kongress über den Kriegstarif ab 1861 nutzte Gerolt besonders das Interesse der Republikaner, die Beziehungen zu den europäischen Staaten nicht noch weiter zu beschädigen. Gemeinsam mit dem französischen Gesandten Mercier[75] suchte Gerolt im Repräsentantenhaus das Committee of Ways and Means im Einvernehmen mit dessen Vorsitzenden Stevens aufmerksam zu machen „auf die bedenklichen Folgen" einer zu hohen Besteuerung der Haupteinfuhrartikel „für die Einkünfte der Vereinigten Staaten sowie für die freundschaftlichen Beziehungen zu den fremden industriellen Staaten ..."[76]. Aber der erste Entwurf für den Kriegstarif scheiterte im Senat. Beim zweiten Anlauf war im neuen Tariff Act (5.8.1861) unter anderem dank des einflussreichen Sumner, des Vorsitzenden des Auswärtigen Ausschusses des Senates, für alle Einfuhrartikel, für die noch nicht 50% des Wertes an Zoll zu zahlen war, nicht 10% mehr Zoll zu entrichten, wie es zunächst geplant war. Der Preis für preußische Seidenartikel konnte also stabil bleiben.

Die gemeinsame Einflussnahme Gerolts und Schleidens im Finanzministerium und Kongress hatte nur 1861/62 noch Gewicht, als die beiden Diplomaten trotz des Ausscheidens der südstaatlichen Freihändler noch gele-

---

[73] Gerolt am 27.2.1861 an Schleinitz, GStAM, 2.4.1.II. Nr. 5283.

[74] Ricker in Nr. 44 vom 1.4.1861. NA Wash., Mf 161/11.

[75] Das Einvernehmen mit dem französischen Gesandten Mercier war selbst gegenüber der US-Zollpolitik nur sehr begrenzt möglich. So beklagte sich Mercier am 16. Mai 1862 bei Seward darüber, daß nach dem neuen Tarifgesetzentwurf französische Seide mit 40%, dagegen die Seide aus Deutschland und der Schweiz mit 30% besteuert werden sollte. – Papers Relating to Foreign Affairs, Washington 1862, S. 417 f.

[76] Gerolt am 4.8.1961, GStAM, 2.4.1.II. Nr. 5283.

II. Die Wirtschaftsbeziehungen in der Ära des Sezessionskrieges

gentlich Unterstützung im Senat erlebten. So steuerte Sumner im Interesse der Beziehungen der USA zu Europa auch weiterhin gegen den Protektionismus seiner republikanischen Partei und warf 1862 nach dem Tariff Act vom 14.7.1862 dem von den Republikanern beherrschten Kongress vor, er scheine die Absicht zu haben, „das Land mit einer chinesischen Mauer zu umgeben, um es gegen die Einfuhr fremder Industrie-Produkte zu verwahren ..."[77]. Die Kritik an dieser Argumentation in der eigenen Partei wuchs im Laufe der Zeit. Schon nach Sumners Rede am 29.7.1861 gegen die weitere Erhöhung des Kriegstarifes[78] in Anwesenheit von Gerolt und Schleiden wandte sich der Vorsitzende des Finanzausschusses Fessenden gegen „jedwede Einmischung fremder Gesandter in die Tarif-Angelegenheit"[79]. Bei den Zolltarifen einzelner Ausfuhrartikel der Rheinprovinz erreichte Gerolt wie 1861 auch 1862 noch Verbesserungen und ebenfalls bei der Ausführung des Gesetzes. Aber bei der Änderung des Kriegstarifes 1864 waren dann die Interessen des Staatshaushaltes zusammen mit den noch höhere Schutzzölle fordernden Unternehmens-Vereinigungen der National Association of Wool Manufacturers and Wool Growers, der New England Cotton Manufacturers Association und der American Iron and Steel Association so gewichtig, dass der Kongress keine Rücksicht mehr auf den fremden Handel nahm. Ministerialdirektor Delbrück aus dem Handelsministerium resümierte schließlich: „Wie die Erfahrung gelehrt hat, und bei der Eigentümlichkeit der politischen Verhältnisse in Nord-Amerika erklärlich ist, sind von einer diplomatischen Einwirkung auf die Regierung in Washington entsprechende Erfolge mit Wahrscheinlichkeit nicht in Aussicht zu nehmen."[80] Angesichts der geringen Einflussmöglichkeiten der auswärtigen Vertretung suchte dann Delbrück zu erreichen, dass „der beteiligte Handelsstand in Nord-Amerika selbst sich der Sache annehmen und seinen Einfluss an geeigneter Stelle geltend machen würde, um Erleichterungen bei der Einfuhr diesseitiger Erzeugnisse zu erzielen." In einem nicht veröffentlichten Erlass stellte er den am Handel mit den USA beteiligten Handelskammern von Gladbach, Elberfeld, Düsseldorf, Krefeld, Aachen, Eupen, Duisburg, Lennep, Solingen, Stollberg, Hagen, Lüdenscheid, Iserlohn, Breslau, Görlitz und den Ältesten der Kaufmannschaft Berlin anheim, „ob den nach den Vereinigten Staaten exportierenden Gewerbetreibenden Ihres Bezirkes nicht anzuempfehlen sein möchte, ihre Geschäftsfreunde für die in Rede stehende Tarif-Reform zu interessieren." Einzelne deutsche Unternehmer mögen die Kräfte innerhalb der Republikanischen Partei im Westen und in Neu Eng-

---

[77] Gerolt an Bernstorff am 15.7.1862, GStAM, 2.4.1.I. Nr. 7899.
[78] Congressional Globe vom 30.7.1861.
[79] Gerolt am 4.8.1861 an Schleinitz. GStAM, Nr. 5283.
[80] Delbrück im Erlass vom 19.10.1866. GStA Berlin, Mf 117 AA II.HA Rep. 6 Vol. 18.

land gestärkt haben, die den Kriegstarif nun nach dem Krieg abbauen wollten; aber es gab nur geringe Veränderungen der Schutzzollpolitik in der Reconstruction Era seit 1865, obgleich der Kongress die hohen direkten Steuern abbaute.

Bald nach der ersten Zollerhöhung am 2.3.1861 erging am 13.6.1861 die für die Union besonders freundliche Instruktion an Gerolt. Schleinitz äußerte, dass der „von der dortigen Regierung aufgestellte Tarif uns sehr unangenehm berührt hat. Wenn ich unterlassen habe, dieser Verstimmung bereits in der oben gedachten Depesche Ausdruck zu verleihen, so wurde ich dabei lediglich von der Absicht geleitet, dem befriedigenden Eindruck, welchen ich mir von den darin ausgedrückten Gesinnungen versprach, keinerlei Abbruch zu tun."[81] Er änderte seine Position zu den USA nicht, und auch Bernstorff und Bismarck sahen durch die Schutzzollpolitik die guten Beziehungen Preußens zu den USA nicht beeinträchtigt. Diese Reaktion lässt sich nicht zuletzt dadurch erklären, dass sich die Schutzzölle auf die Dauer als nicht so nachteilig für den deutschen Export erwiesen, wie es zunächst auf deutscher Seite befürchtet war, von Südstaatlern an die Wand gemalt und vom US-Generalkonsul Ricker und dem preußischen Konsul Dresel in Baltimore ebenfalls vehement vertreten war.

Wenn sich die Absatzchancen der deutschen Produkte insgesamt gesehen nicht im befürchteten Umfang verschlechterten, so lag das nicht zuletzt daran, dass parallel zu der Verteuerung deutscher Produkte durch Schutzzölle auch kriegsbedingt die Preise für amerikanische Waren stiegen. Mit dem Abzug von Arbeitskräften durch die Armee waren Lohn- und dann auch Preiserhöhungen gar nicht zu vermeiden.

Unbezweifelbar ist jedoch, dass es ab 1861 für einzelne auf den Export in die USA ausgerichtete Branchen erhebliche Schwierigkeiten gab, insbesondere für die Textilbranche. Aber bei den Klagen aus der preußischen Textilindustrie der Handelskammerbezirke Aachen, Krefeld, Wuppertal, Bielefeld und Düsseldorf während des Krieges ist die Frage, ob der Absatzrückgang nicht in erster Linie auf den Krieg zurückzuführen ist und erst in zweiter Linie auf die mehrfach gestiegenen Schutzzölle. Der Krieg beeinflusste den traditionellen Export zunächst durch die zeitweilig sinkende Nachfrage, die sich zusammen mit der ebenfalls kriegsbedingten Arbeitslosigkeit 1861 ergab, dann durch die Südstaaten-Piraterie und erst später durch den Ausfall der Baumwoll-Lieferungen. Zur gleichen Zeit wirkten sich die Schutzzölle aus. Die Handelskammer Elberfeld klagte Anfang 1862[82]: „Die hiesige Industrie leidet je länger je mehr durch die kriegeri-

---

[81] Schleinitz am 24.6.1861 an Gerolt. GStA Berlin, Mf 144 AA III. HA Rep. 14a Nr. 4 Vol. 3 Teil 1.

[82] Die Handelskammer Elberfeld am 15.2.1862, Handelsarchiv 1862, I, S. 150.

II. Die Wirtschaftsbeziehungen in der Ära des Sezessionskrieges 463

schen Verhältnisse in Nord-Amerika ...". In den Handelskammerbezirken von Aachen, Krefeld und Wuppertal ging 1861/62 insbesondere die Versendung von Seidenwaren zurück[83]. Im Bezirk Bielefeld war „die Tätigkeit der Seiden- und Sammetfabriken sehr gelähmt ..."[84]. Die Handelskammer Krefeld berichtete zur gleichen Zeit von der Entlassung von Arbeitern angesichts der „sehr beschränkten Tätigkeit der Seidenwarenfabriken"[85]. Die Handelskammer Düsseldorf hob im Mai 1862 die schlechte Lage der Tuchfabriken, Baumwollspinnereien, Webereien, Druckereien und Türkischrot-Färbereien hervor, „welche hauptsächlich von Nordamerika abhängen."[86]

Eine Reihe deutscher Tuchfabrikanten, die bisher vorrangig für die USA produziert hatten, wandten sich 1861/62 von dem amerikanischen Markt ab. So urteilte die Handelskammer Elberfeld im August 1862: Es sei „der anfänglich niederdrückende Einfluss, welcher die Stockung des Geschäfts in Amerika hervorbrachte, jetzt nicht mehr so groß, da sich die Elberfelder Fabrikanten mehr auf die Anfertigung von anderen Stoffen geworfen und dadurch einen größeren Absatz auf dem Kontinente erzielt hätten."[87] Genauso suchten sich die Krefelder Fabriken für Seidenwaren und andere Textilien neue Absatzwege[88]. Auch die Fabriken in Aachen und Eupen orientierten sich um von dem amerikanischen Markt, „der so reichlichen Gewinn brachte"[89], auf den europäischen und asiatischen Markt hin. Die durch diese Umorientierung „herbeigeführte stärkere Konkurrenz im Europäischen Geschäft trägt wesentlich dazu bei, den Gewinn der Fabrikanten zu schmälern", hieß es aus Krefeld[90].

Die Baumwollkrise wirkte sich für die gesamte deutsche Textilbranche angesichts der Bevorratung 1860/61 noch nicht besonders aus und auch 1862 nicht so verheerend wie für England und Frankreich, die wesentlich mehr Baumwolle verarbeiteten. Noch 1862 reexportierte Bremen Baumwolle nach New York „in nicht geringen Quantitäten", wie der preußische Konsul aus Bremen berichtete[91]. Erst im Jahr 1863 stand ein Großteil der preußischen Baumwollfabriken und der mit ihnen verbundenen Färbereien still, da die Baumwolle aus Indien und Ägypten nur teilweise die amerikanische Baumwolle zu ersetzen vermochte und eine Umstellung der Produk-

---

[83] Handelsarchiv 1861, II, S. 95.
[84] Die Handelskammer Bielefeld am 10.2.1862, Handelsarchiv 1862, I, S. 150.
[85] Die Handelskammer Krefeld am 8.1.1862, Handelsarchiv 1862, I, S. 80.
[86] Die Handelskammer Düsseldorf Anfang Mai 1862, Handelsarchiv 1862, I, S. 454.
[87] Die Handelskammer Elberfeld im August 1862, Handelsarchiv 1862, II, S. 175.
[88] Handelsarchiv 1862, II, S. 176.
[89] Handelsarchiv 1863, II, S. 224.
[90] Die Handelskammer Krefeld am 12.9.1863, Handelsarchiv 1863, II, S. 358.
[91] Handelsarchiv 1862, I, S. 383.

tion auf andere Tuche nur teilweise erfolgte[92]. Etwa in Gladbach stellten sich Fabriken von der Produktion von Baumwollwaren auf die Verarbeitung von Wolle und Leinen um. Ein Schwerpunkt des Cotton Famine lag in Schlesien. Aber auch die Handelskammern in Nordhausen, Elberfeld, Köln, Krefeld, Düsseldorf und Münster klagten über Kurzarbeit oder die Einstellung der Produktion von Baumwollwaren überhaupt[93]. Immerhin erwuchs aus dem geringen und so teuren Angebot von Baumwollwaren eine stärkere Nachfrage nach Leinen und Seidenwaren.

Die Zollerhöhungen minderten die Konkurrenzfähigkeit eines Teils der deutschen Tuche auf dem US-Markt. Aber der preußische Konsul in Philadelphia betrachtete die Position der preußischen Tuche dennoch optimistisch. 1862 berichtete er[94], dass zwar die einfachen Wolltuche aus Sachsen von den Zollerhöhungen stark betroffen seien und dass wollene Jacken und Strumpfwaren aus Deutschland auf die Dauer nicht mehr konkurrenzfähig wären auf dem US-Markt, aber vorerst wären die US-Fabrikanten noch zu sehr mit Militäraufträgen beschäftigt, um für den Zivilbedarf zu produzieren. Die deutschen halbwollenen und Seidenstoffe setzten sich weiterhin gegenüber den US-Produkten durch. „Die feineren Tuche, wovon mehr in der Rheinprovinz, Aachen, Lennep, Hückeswagen etc. fabriziert wird, werden vor der Hand schwerlich aus dem Felde geschlagen. Die Fabrikation von Seidenstoffen ist hierzulande noch sehr zurück und wird derselben von der hiesigen Konkurrenz weniger Gefahr drohen; doch ist der Consumo kleiner als in früheren Jahren geworden ...". Gerolt hob 1864 hervor[95], wie die großen öffentlichen Rüstungsaufträge die allgemeine Nachfrage steigerten und damit auch den Importhandel. Von New York vermerkte er, dass „die fremden Waren, besonders Luxus-Artikel, trotz der hohen Zölle durch die Extravaganz der Amerikaner und die hohen Löhne der arbeitenden Klassen schneller Absatz finden." Grabow, während des Krieges Legationsrat an der Preußischen Gesandtschaft in Washington und nach dem Krieg Generalkonsul in New York, urteilte über die Wirkung der hohen Schutzzölle: „Indessen kann dem deutschen Fabrikanten zur Beruhigung dienen, daß erfahrungsmäßig die Nachfrage nach den hier importierten Gütern keinesweges von dem Erhöhen oder Erniedrigen der Zölle, vielmehr von dem Bedürfnis oder der Mode abhängt. Es steht fest, daß die Schutzzölle durch Verteuerung der betreffenden Artikel eine allgemeine Verteuerung der Le-

---

[92] Zu den Auswirkungen der Baumwollnot auf den Zollverein s. auch *Michael Löffler*: Preußens und Sachsens Beziehungen zu den USA während des Sezessionskrieges 1860–1865, Münster 1999, zu Preußen S. 122–127, zu Sachsen S. 127–153.
[93] Handelsarchiv 1862, II.
[94] Anlage zum Bericht Gerolts vom 29.7.1862 an Bernstorff. GStAM, 2.4.1.I. Nr. 7899.
[95] Gerolt am 22.4.1864 an Bismarck. GStAM, 2.4.1.I., Nr. 7902.

II. Die Wirtschaftsbeziehungen in der Ära des Sezessionskrieges 465

bensbedürfnisse nach sich ziehen, der Arbeiter demnächst höheren Lohn verlangt, daß in Folge davon viele Fabriken ihre Arbeiten einzustellen gezwungen werden und somit, bei der unveränderten Nachfrage und der unveränderten inländischen Produktion, es gerade die Importeure sind, die mit dem Auslande den Nutzen davontragen. Es hat sich diese Erscheinung auch in den Vereinigten Staaten geltend gemacht, wo ... trotz des ... in Kraft getretenen höheren Tarifs die Einfuhr der berührten Artikel anhält, abzunehmen sich verwehrt hat."[96] Der Anstieg des Importes in dem New Yorker Hafen 1861–1866 gab ihm grundsätzlich recht. Trotz der mehrfachen Zollerhöhung fürchtete er also nicht eine Einfuhrminderung, sondern meinte, „so können doch die deutschen Fabrikanten nicht genug dagegen gewarnt werden in einem das Verhältnis der Nachfrage übersteigenden Maße den hiesigen Markt zu überschwemmen, was bei der bedeutenden Entwertung und dem Schwanken des hiesigen Papiergeldes nachteilige Folgen nach sich ziehen muß."

Der transatlantische Tuchhandel des Rheinlandes und Schlesiens erholte sich nachweislich ab 1863. So bescherte die Leipziger Herbstmesse 1863 Görlitzer Textilfabriken neue Aufträge, und die Düsseldorfer Tuchhändler, die feine Tuche nach New York exportierten, sprachen von immerhin „mäßigen Quantitäten"[97]. 1864 steigerten diese Tuchhändler vor allem ihren Absatz von festen Wolltuchen: „Der in Amerika in der letzten Zeit wieder hervorgetretene Begehr nach feinen Tuchen ist von einem wesentlichen Einfluss auf den Betrieb unserer Tuchfabriken."[98] Die Aachener „Tuchfabrikation und alles, was damit zusammenhängt, geht stärker als jemals", so dass Arbeiter fehlten, vermerkte die Handelskammer Aachen[99]. Im Zuge dieses Aufschwunges entstanden sogar neue Unternehmen[100]. Nach den Angaben des US-Konsuls Vesey steigerte Aachen 1864 die Ausfuhr von Wollwaren in die USA auf 1 562 219 Taler gegenüber 1 266 644 im Jahr 1863[101]. Die Handelskammer Elberfeld vermerkte 1864 eine recht lebhafte Nachfrage aus den USA nach Seiden- und feinen Wollwaren, nachdem die Vorräte dort verbraucht seien[102]: „Wir dürfen dahin besonders Seidenwaren und Wolltuche zählen. Die Seidenfabriken hier und in Langenberg, ebenso die Lenneper und Hückeswagener Tuchfabriken erfreuen sich daher eines sehr flotten Betriebes. Die Letzteren haben auch auf den Auktionen in Ant-

---

[96] Generalkonsul Grabow am 18.1.1867 aus New York an Bismarck. GStA Berlin, Mf 117, AAII.HA Rep. 6.I. Vol. 18.
[97] Die Handelskammer Düsseldorf am 5.9.1863, Handelsarchiv 1863, II, S. 279.
[98] Die Handelskammer Düsseldorf am 17.4.1864, Handelsarchiv 1864, I, S. 327.
[99] Die Handelskammer Aachen am 22.3.1864, Handelsarchiv 1864, I, S. 272.
[100] Die Handelskammer Aachen am 20.10.1864, Handelsarchiv 1864, II, S. 480.
[101] Berichte des US-Konsuls Vesey 1864/65. NA Wash., Mf T-356/5.
[102] Die Handelskammer Elberfeld am 22.3.1864, Handelsarchiv 1864, I, S. 256.

werpen und Rotterdam namhafte Einkäufe von Kolonialwollen bewirken lassen. Dem Geschäfte nach Nordamerika kommt es jetzt sehr zustatten, daß die unsicheren Verhältnisse und der schwankende Werth des Geldes die Beibehaltung der bis dahin üblichen langen Ziele für die Regulierung der Geschäfte unmöglich gemacht und an Stelle dessen das Geschäft per Cassa gesetzt haben." Es hatte sich schon 1863 sehr schnell herumgesprochen, dass der Absatz in den USA angesichts der Zahlung „gegen comptant" sicheren Gewinn verhieß[103].

Barmen führte 1864 Wollwaren im Wert von 1 211 762 Talern in die USA aus gegenüber 1 320 427 im Jahr 1863 und verschickte 1864 Bänder und Besatz im Wert von 1 678 708 Talern gegenüber 1 842 915 Talern 1863. Es verzeichnete also 1864 einen nicht so hohen Ertrag aus dem Export in die USA wie 1863, aber steigerte ihn 1865 wieder ganz erheblich[104]. Der US-Konsularagent in Krefeld verzeichnete 1864 von den aus seinem Bezirk in die USA ausgeführten Waren im Wert von 1 067 611 Talern Seidenprodukte für 1 019 238 Taler, also einem Siebtel der Ausfuhr des gesamten Aachener Bezirkes in die USA. Baumwollwaren im Wert von 1673 Talern und Mischgewebe aus Baumwolle und Seiden im Werte von 1920 Talern wurden nach der Fakturierungsliste aus Krefeld exportiert, also beide Produkte nicht der Rede wert[105]. Auf die fortdauernden Absatzschwierigkeiten eines Teiles der preußischen Textilbranche machten auch die Proteste der Arbeiter der Reichenheimschen Fabrik in Waldenburg gegen ihre Arbeitsbedingungen aufmerksam, die 1864/65 Regierung und Abgeordnetenhaus beschäftigten.

Die Baumwolle verarbeitenden Unternehmen erlebten ihren Aufschwung erst Mitte 1865, als die „Nordamerikanischen Verwicklungen" vorbei waren. Zu dem Handelsboom nach dem Krieg gehörte es, dass New York Ende 1865 wieder „überladen mit Europäischen Manufaktur-Waren" war[106], und dazu trugen neben Textilien vor allem die Metallwaren aus Deutschland bei.

Während des Krieges entwickelten sich die mit dem US-Markt in Verbindung stehenden Metallwarenfabriken besser als die deutsche Textilbranche. Anfang 1862 klagten die Fabriken in Suhl im Handelskammerbezirk Halle über den Mangel an Arbeitern in Fabriken, die Militärgewehre, Rohre, La-

---

[103] Vgl. den Bericht der Handelskammer Köln vom 17.2.1863, Handelsarchiv 1863, I, S. 184.

[104] Siehe die Abrechnungen des Konsularagenten in Barmen 1863 bis 1865 in den Berichten des Aachener US-Konsuls. NA Wash. NA Wash., Mf T-356/5.

[105] Siehe die Abrechnungen des Konsularagenten in Krefeld 1864 in den Berichten des Aachener US-Konsuls. NA Wash. NA Wash., Mf T-356/5.

[106] Handelsarchiv 1865, II, S. 684.

II. Die Wirtschaftsbeziehungen in der Ära des Sezessionskrieges 467

destöcke und Bajonette für die USA und Italien herstellten[107]. Die Handelskammer verzeichnete speziell den Aufschwung im Zusammenhang mit der Trent-Krise: „... die Verhältnisse in Nord-Amerika wirkten fortwährend günstig auf die Exportgeschäfte von Kriegsbedürfnissen ein, und bei den entstandenen Befürchtungen vor dem Ausbruche eines Krieges zwischen den Vereinigten Staaten und England wurde die Waffenfabrikation in Solingen und seiner Umgebung recht großartig betrieben."[108] Nur bei einigen Metallprodukten Solingens gab es einen Absatzrückgang in den USA. Die Unternehmen begrenzten ihn nur dadurch, dass sie neue Absatzgebiete fanden. Die besonderen Sorgenkinder von Handelskammerberichten waren zumindest zeitweilig während des Krieges Textilunternehmen, während es Unternehmen, die traditionell Metallwaren in den USA absetzten, offensichtlich besser gelang, ihre Produkte auch anderswo zu vermarkten.

Die Ausfuhr der traditionell aus den USA angeforderten Metallwaren ging insgesamt zurück; aber der Waffenexport aus Suhl, Remscheid, Solingen, dem Siegener Land und dem Aachener Handelskammerbezirk erlebte mit dem Kriegsbeginn einen Boom. Da Großbritannien und Frankreich mit den Proklamationen vom 30.11.1861 und 4.12.1861 den Waffenexport in die USA verboten, konzentrierten sich die Waffeneinkäufe auf Deutschland und Belgien und wurden Waffen im Wesentlichen über Hamburg, Bremen und Antwerpen direkt in die USA verschifft. Vor allem der US-Gesandte in Brüssel Sanford machte sich um die Waffenbeschaffung für die Union über diese Häfen verdient[109]. Das Konterbande-Geschäft zugunsten des Südens hatte nach den Informationen Sanfords seinen Haupthafen in Liverpool, wo nach seiner Meinung ohnehin der Geist der Parteinahme für den Süden vorherrschte[110].

Nach der zeitweiligen Meinung des War Departments Ende 1861 angesichts der Illusion des kurzen Krieges war der Waffenbedarf aus dem Ausland trotz Trent-Krise gedeckt, und für den weiteren Nachschub sollte die inneramerikanische Produktion sorgen[111]; aber tatsächlich mussten die Waffenlieferungen aus dem Zollverein weitergehen, wenn sie sich auch verminderten. Nach den Fakturierungslisten des US-Konsuls in Hamburg Anderson gingen parallel zur Trent-Krise im November und Dezember 1861 in kurzen Abständen privat organisierte Waffentransporte vom dortigen Ha-

---

[107] Bericht der Handelskammer Halle a. S. vom 15.3.1862, Handelsarchiv 1862, I, S. 254.
[108] Bericht der Handelskammer Köln vom 6.1.1862, Handelsarchiv 1862, I, S. 79.
[109] Thomas Alexander Scott, War Department, am 7.12.1861 an W. H. Seward. Seward Papters, Mf 67.
[110] Sanford am 13.8.1861 an W. H. Seward. Seward Papers, Mf 71.
[111] Thomas Alexander Scott, War Department, am 7.12.1861 an W. H. Seward. Seward Papters, Mf 67.

fen ab, vor allem Zündnadelgewehre, Musketen, Zündkapseln und Säbel[112]. Dabei wurden die Lieferungen, die von anderen Konsuln für den Zoll geschätzt waren, nicht erfasst und normalerweise auch nicht die für die Rechnung der Regierung der USA. Nur der US-Konsularagent Albers in Barmen verzeichnete im zweiten Vierteljahr 1862 Waffen für die Regierung der USA, und zwar im Wert von 12 177 866 Franken, von 2 904 258 österreichischen Gulden und von 1 431 213 Talern, also insgesamt von rund 4,8 Millionen Dollar; demgegenüber machten die von privat für den Export verzollten Güter 302 136 Taler aus[113], also nur rund 231 436 Dollar. Als König Maximilian II. von Bayern dem US-Konsulat in Hamburg im Oktober 1862 zwei Kisten mit Musterstücken von Waffen zuschickte[114] war der Hauptboom des deutschen Waffenabsatzes in Nordamerika vorbei. Nach dem Bericht des preußischen Konsuls in Bremen sank der Waffenexport Bremens in die USA von einem Wert von 533 000 Reichstalern (421 976 Dollar) 1862 im Jahr 1863 auf 58 000 Reichstaler[115] (45 919 Dollar). Aber auch 1863, 1864, 1865, als die US-Rüstungsindustrie nun selbst wirklich genügend Waffen produzierte, gehörten Waffen regelmäßig zu den Warenlieferungen aus Deutschland in die USA. In den Fakturierungsübersichten der US-Konsuln sind sie mengen- und kostenmäßig nicht genau zu bestimmen, weil sie nicht immer klar als Waffen ausgewiesen sind, häufig zum Beispiel als hardware.

Wie weit die in Hamburg, Bremen und anderen europäischen Häfen verladenen Waffen, die als für die Union bestimmt deklariert waren, wirklich bei der Union landeten, lässt sich kaum sagen. Als beispielsweise Konsul Anderson in Hamburg Anfang März herausgefunden hatte, dass in den letzten beiden Wochen über 200 000 Waffen aus Innerdeutschland eingetroffen seien[116], da suchte er sich genau wie Konsul Börnstein in Bremen durch seine Vertrauensleute im Hafen weiter zu informieren, wohin die Waffen dann gingen. Wenn ein britisches Schiff wie die „Melita"[117] oder die „Bahama"[118] Hamburg mit Waffen mit einem Zielort in den West Indies oder

---

[112] Die Waffenlieferungen waren für die New Yorker Firmen Voigt, Labatt (in Hamburg und New York), Forstmann, Bierling & Motz, Bocker, Kedenburg, A. Möller und J. W. Schmidt, deren Chef zugleich als preußischer Generalkonsul fungierte. – NA Wash., Mf T-211/13, 14.
[113] Albers am 30.6.1862 an W. H. Seward. NA Wash., Mf T-356/4.
[114] Anderson, Hamburg, am 17.10.1862 an W. H. Seward. NA Wash., Mf T-211/15.
[115] Handelsarchiv 1864, I, S. 397.
[116] Anderson am 7.3.1862 an W. H. Seward. NA Wash., Mf T-211/15.
[117] Anderson am 31.5.1862 an W. H. Seward. NA Wash., Mf T-211/15.
[118] Anderson im März und April 1862 mehrfach wegen der „Bahama" an W. H. Seward. NA Wash., Mf T-211/15.

II. Die Wirtschaftsbeziehungen in der Ära des Sezessionskrieges 469

mit ungewissem Ziel verließ, dann wurde der für die Waffeneinkäufe in Westeuropa zuständige US-Gesandte Sanford in Brüssel informiert, der dann seine Möglichkeiten zur Intervention nutzte und Washington informierte, das gegebenenfalls Maßnahmen ergriff. Ein Kaufmann Wipperführt aus Köln, der nach dem US-Konsul Vesey in Aachen ein Vermögen von $ 150 000 erwarb durch das Verschiffen von Musketen in die USA und San Domingo[119], bot seine Waffen sowohl den Konföderierten als auch der Union an[120].

Unsicher war manchmal das Ziel der von Deutschland ausgeführten Waren, und noch unsicherer war in den Augen des Treasury Department die für die Zollhöhe entscheidende Bewertung der Waren. Es hegte den nicht immer unbegründeten Verdacht, dass die deutschen Lieferungen noch einen höheren Wert ausmachten, als ihn die Fakturierungslisten aufwiesen, die jeder Konsul und Konsularagent vierteljährlich beim State Department einzureichen hatte. Für die deutschen Unternehmer und Großhändler blieb die Fakturierung ein dauernder Stein des Anstoßes. Während auf deutscher Seite wie in den vierziger Jahren mit steigenden Zöllen naturgemäß das Interesse zunahm, das in die USA zu exportierende Produkt niedrig zu bewerten, entwickelte das Treasury Department die verschiedensten Verfahren, um die Unterbewertung zu verhindern. Vom 1.1.1863 bis 1.7.1863 verlangte die Union, dass die Werterklärungen zu den Warensendungen aus Deutschland mit einem Eid vor dem Konsul oder den Lokalbehörden zu bekräftigen seien, und beschränkte sich dann wieder auf die bisherige formelle Deklaration gegenüber dem Konsul[121]. Mal sollten die deutschen Kaufleute, um ihnen auf die Schliche zu kommen, von jeder Handelsware dem Konsul ein Beispiel vorlegen, was nach der richtigen Vermutung von Generalkonsul Murphy[122] sicher Lagerprobleme bereitet hätte, mal kontrollierten Agenten des Treasury Department auf Rundreisen die Fakturierungspraxis. Der Textilien-Fabrikant Friedrich von Diergardt (Viersen, bei Mönchen-Gladbach), nach Ricker „one of the most talented and energetic advocates of commercial, industrial and agricultural interests in Prussia"[123], empörte sich über seit 1863 in Europa herumreisende Agenten der US-Zollbehörde[124], die

---

[119] Vesey, Aachen, am 15.6.1864 an Fr. W. Seward. Seward Papers, Mf 84.
[120] US-Konsularagent Hölscher, Köln, am 15.6.1864 an Vesey. NA Wash., Mf T-356/5.
[121] *Baldur Eduard Pfeiffer*: Deutschland und der amerikanische Bürgerkrieg 1861–1865, Diss. phil. Würzburg 1971, S. 47 ff.
[122] Murphy in Nr. 17 am 25.2.1864 an Seward. NA Wash., Mf 161/14.
[123] Ricker in Nr. 53 vom 15.2.1860 an das State Department. NA Wash., Mf 161/9.
[124] Friedrich von Diergardt, Viersen, am 10.7.1867 an Gerolt, Washington. GStA Berlin, Mf 118, AA III.HA Rep. 6 Nr. 10.

„möglichst genaue Erkundigungen über Muster und Preise von Manufakturen und anderen Waren" einzögen, „um hierauf Vergleiche mit den in den amerikanischen Häfen zur Verzollung deklarierten Waren anstellen zu können. Die Folge hiervon ist gewesen, daß das größte willkürliche Verfahren von Seiten der amerikanischen Zollbehörde stattfindet, welches denn auch seinen Grund darin haben muß, dass die Denunzianten einen Teil der Waren als Belohnung erhalten."

Der US-Export nach Deutschland traf insgesamt auf wesentlich günstigere Bedingungen als die deutschen Lieferungen in die USA; aber die Hauptausfuhrgüter der USA Baumwolle, Tabak und Reis waren durch die Sezession zum Großteil ausgefallen. Dennoch entwickelte sich das Exportvolumen der USA fast besser als das Deutschlands in der entgegengesetzten Richtung. Die USA erreichten nach der US-Statistik 1864 zum ersten Mal seit 1847 wieder eine positive Handelsbilanz, nach dem Bericht des US-Generalkonsuls in Frankfurt am Main Murphy sogar schon 1862[125]. Der Durchschnitt der jährlichen Warenlieferungen nach Deutschland belief sich 1850 bis 1860 auf 10,2 Millionen Dollar, und 1861 bis 1865 stieg er jährlich auf rund 13,6 Millionen Dollar[126]. Neben den verminderten Lieferungen von Baumwolle, Tabak, Reis und Zucker spielte jetzt verstärkt die Einfuhr von Petroleum, Fetten, Getreide, Edelhölzern und Maschinen nach Deutschland eine Rolle. An Maschinen setzten US-Unternehmen zum Beispiel landwirtschaftliche und holzverarbeitende Maschinen und Nähmaschinen ab. Die Getreidelieferungen der USA gingen größtenteils nach England und in geringerem Umfang auch nach Frankreich. Zu der Konkurrenz, die das US-Getreide für das preußische Getreide in England bedeutete, schrieb die Handelskammer Stralsund 1863: „... der massenhafte Export von Getreide, Mais und Mehl aus Amerika nach England und Frankreich hat dem Ostseehandel sehr bedeutende Verluste zugefügt."[127] Die vorpommerschen Getreidehändler hätten bei der Leerung ihrer Läger 1862 „mehr oder weniger namhafte Verluste erlitten." Der Konkurrenzkampf zwischen deutschen und amerikanischen landwirtschaftlichen Produkten sollte sich in den folgenden Jahrzehnten noch erheblich verschärfen. Ruggles, der von der US-Regierung 1863 zum Internationalen Statistischen Kongress in Berlin entsandte Vertreter, dachte bei seinem Gespräch mit Bismarck offensichtlich nicht an die Konkurrenz von US-Farmen und norddeutschen landwirtschaft-

---

[125] Bericht des US-Generalkonsuls in Frankfurt am Main Murphy vom 1.10.1862. NA Wash., Mf 161/12.

[126] Historical Statistics of the US. Bicentennial Edition. Ed. by US-Department of Commerce, Bureau of Census, Washington D.C. 1975. S. 904. – Das Basisjahr für die Dollarangaben ist 1970.

[127] Jahresbericht der Handelskammer Stralsund vom 26.1.1863, Handelsarchiv 1863, I, S. 140.

II. Die Wirtschaftsbeziehungen in der Ära des Sezessionskrieges 471

lichen Betrieben, wenn er die Kornlieferungen ihm gegenüber für noch wesentlich steigerungsfähig erklärte. So hat er nach Presseberichten geäußert[128], „daß Amerika befähigt sei, den ganzen Kornbedarf für Europa zu beschaffen und daß Europa als Gegensatz die Erzeugnisse seiner Industrie nach Amerika senden könne, und den Einwand des Ministers, dass Europa damit in ein abhängiges Verhältnis von Amerika geraten und beim Ausbruch eines Krieges hülflos dastehen werde, mit dem Einwand begegnet, dass der freie Handel den Krieg unmöglich machen würde, wie dieses schon in einem gewissen Grade mit England der Fall sei, welches, obgleich es Amerika hasse, durch seine Abhängigkeit von der amerikanischen Getreidezufuhr nicht wagen könne, mit den Vereinigten Staaten Krieg anzufangen." – Das während des Sezessionskrieges in Washington entwickelte Argumentationsmuster, der Südstaatenpropaganda von der Abhängigkeit der europäischen Industrie von der südstaatlichen Baumwollzufuhr mit dem Hinweis auf die Abhängigkeit der europäischen Ernährung von der Getreidezufuhr der Nordstaaten zu begegnen, wirkte in Westeuropa sicher überzeugend, dagegen kaum in Mittel- und Osteuropa. Aber damals störte die beginnende Konkurrenz auf dem Agrarmarkt noch nicht die deutsch-amerikanischen Beziehungen.

Immer weniger prunken konnten US-Vertreter während des Krieges mit ihrer Handelsmarine. Sie war am Ende des Krieges nach dem Urteil des US-Konsuls Anderson in Hamburg wortwörtlich „crushed to earth"[129]. Den durch den Krieg umstrukturierten Handel zwischen den USA und Deutschland betrieben im Unterschied zu den Verhältnissen vor 1861 kaum noch US-Reeder, sondern vorwiegend Schiffe unter der Flagge Großbritanniens, Hamburgs und Bremens. Mit dem Beginn der Piraterie-Unternehmen der Südstaaten sanken die Warentransporte durch die US-Handelsflotte beständig, und die wenigen US-Handelsschiffe, die das Risiko in Kauf nahmen, mussten im Vergleich zu den Schiffen anderer Nationen höhere Versicherungssummen zahlen. Der US-Reeder G.E. Morgan meinte in einem Klagebrief 1863 an Gideon Welles, den Marine-Minister, dass die US-Handelsschiffe bald ohne jeden Nutzen seien, da sie angesichts der konföderierten Piraten keine Fracht mehr bekämen[130]. Im Jahr 1861 kamen aus den USA nach Hamburg 59 Schiffe und davon 42 unter US-Flagge. 1862 kamen 44, aber nur 14 unter US-Flagge, 1863 liefen 64 Hamburg an und 25 davon unter Unions-Fahne; und erst 1865 stieg der Anteil der US-Fahrzeuge wieder. Die Zahl der in Bremen einlaufenden US-Schiffe blieb auch im Krieg

---
[128] Zitiert nach den Hamburger Nachrichten vom 15.10.1863.
[129] Anderson am 9.12.1864 an W. H. Seward. NA. Wash., Mf T-211/18.
[130] G. E. Morgan, New York, am 7.3.1863 an Gideon Welles, Washington. Seward Papers, Mf 76.

etwas höher als in Hamburg. 1862 zum Beispiel steuerten Bremen 21 an gegenüber 14 im Hamburger Hafen[131].

Während vor dem Sezessionskrieg deutsche Schiffe mit Rücksicht auf den italienischen Krieg unter die US-Flagge wechselten, standen jetzt die Flaggen von deutschen Staaten hoch im Kurs. US-Konsul Anderson in Hamburg verzeichnete, dass 1861 von den 42 in diesem Jahr aus den USA angekommenen US-Schiffen neun in Hamburg verkauft wurden und 1862 von den 14 US-Schiffen fünf ausländische Besitzer erhielten[132]. Nicht einmal der Deutsch-Dänische Krieg brachte Reeder dazu, es einmal wieder mit den Stars and Stripes zu versuchen[133]. Ähnlich wie die US-Schiffe einen großen Teil des Warentransportes zwischen Hamburg und den USA abtraten, so auch auf der Route zwischen Bremen und den USA.

Betrachtet man, wie sich vor dem Krieg der Anteil der von den US-Schiffen zwischen den USA und den Hansestädten transportierten Gütermenge entwickelte, so wird deutlich, dass der Krieg nur eine schon vorher vorhandene Tendenz extrem verstärkte. Obgleich sich das Handelsvolumen zwischen Deutschland und den USA ausweitete, sank der Anteil der US-Schifffahrt am Transportgeschäft. US-Konsul Diller in Bremen (1857–1861) führte dies darauf zurück, dass US-Schiffe durch den Handelsvertrag der USA mit Bremen im Vergleich zu Bremer Schiffen benachteiligt wurden[134] und die hansestädtischen Behörden den Aufenthalt unnötig verteuerten durch die den US-Kapitänen aufgenötigten langen Liegezeiten. Das State Department reagierte nicht, auch nicht als sich Gesandter Wright der Anliegen Dillers und der Beschwerden von US-Kapitänen wegen der hinderlichen hansestädtischen Regularien in Bremen und in Hamburg annahm[135]. Unabhängig davon, wie begründet der Ärger über die hansestädtischen Senate und deren Hafenbehörden war, ließ sich nicht bezweifeln, dass der Anteil der USA am Transportgeschäft im Vergleich zu dem der Bremer und Hamburger Schiffe seit Jahrzehnten schrumpfte. Während 1827 14 Bremer Schiffe und vier andere deutsche und 61 unter US-Flagge aus

---

[131] Nach den konsularischen Berichten des US-Konsuln in Hamburg Anderson 1861–1865, NA Wash.

[132] Anderson in Nr. 232 vom 1.12.1863 an W. H. Seward. NA Wash., Mf T-211/16.

[133] Der US-Konsul Marsh in Altona am 12.2.1864 an W. H. Seward. NA Wash., Mf T-358/3.

[134] Diller in Nr. 45 am 5.9.1859 an Cass. NA Wash., Mf 184/10.

[135] Wright, Berlin, unter anderem am 27.2.1861 in Nr. 165 an das State Department: „The delays, vexations and hardships, to which American captains are subjected at Bremen and Hamburg demand a remedy." Er berichtete von einem US-Captain, der jeden seiner 27 000 Reissäcke habe nachwiegen lassen müssen. – NA Wash., Mf 44/11.

II. Die Wirtschaftsbeziehungen in der Ära des Sezessionskrieges   473

den USA in Bremen eintrafen, kamen 1857 37 US-Schiffe und 122 Bremer gegenüber 19 anderer deutscher Staaten von 184 Schiffen insgesamt aus den USA in der Hansestadt an. Wie Diller weiter auflistete, stieg der Import Bremens aus den USA allein zwischen 1850 und 1857 von rund fünf auf 18,2 Millionen Bremer Taler und in der gleichen Zeit der Export aus Bremen in die USA von 8,2 auf 15,5 Millionen Taler[136]. In Hamburg, dessen US-Handel immer geringer blieb als der Bremens, kamen 1856 83 Schiffe aus den USA an, von denen noch 33 die Stars and Stripes führten. Zum Ärger der US-Konsuln in Bremen und Hamburg lenkten Hanse-Reeder nicht nur den Warenaustausch zwischen den USA und Deutschland zu einem wesentlichen Teil auf ihre Schiffe, sondern auch einen Teil des Transportgeschäftes zwischen den Häfen der USA und den Häfen Chinas, Mittelamerikas und der Südsee, wo Hanseschiffe nirgends Vorteile gegenüber US-Schiffen genießen konnten.

Während des Sezessionskrieges registrierte US-Konsul Börnstein in Bremen genau wie sein Kollege Anderson in Hamburg das Umflaggen von US-Schiffen. Zum Beispiel teilte Börnstein Anfang 1862 dem State Department mit, dass zum 1.1.1862 fünf frühere US-Schiffe die Bremer Flagge übernommen hätten[137]. Die Auswanderer aus Bremen in die USA würden nur noch auf Schiffen unter Bremer Flagge transportiert. Aber nicht nur gegenüber der US-Handelsmarine verschafften die „nordamerikanischen Verwicklungen" den Hansestädten Vorteile; auch der britischen Flotte zog mancher Händler Ende 1861 angesichts der Trent-Krise die Flotte der Hansestädte vor.

Der Verkehr von US-Schiffen in die Ostsee blieb so schwach wie vor dem Krieg. Im Jahr 1857, als fünf Schiffe aus US-Häfen nach Stettin kamen und zwei davon die US-Flagge führten, äußerte der US-Konsul Schillow in Stettin noch die Hoffnung, dass mit der Aufhebung der Sundzölle vermehrt US-Produkte auf direktem Weg durch den Sund nach Stettin kommen würden und damit zugleich die Bedeutung Stettins als Handelsstadt wachsen würde[138]. Aber die erste 1858 in Stettin entladene US-Baumwolle kam aus England[139], und auch in den nächsten Jahren erreichte kein Pfund auf direktem Weg Stettin. Die von Stettiner Kaufleuten 1857 geplante regelmäßige Verbindung zwischen Stettin und New York kam erst recht nicht zustande. Der direkte Handel zwischen den USA und den preußischen Ostseehäfen insgesamt nahm trotz der Aufhebung der Sundzölle nicht zu. Zu-

---

[136] Siehe die Tabellen bei Diller in Nr. 45 am 5.9.1859 an Cass. NA Wash., Mf 184/10.
[137] Börnstein in Nr. 37 vom 24.5.1862 an W. H. Seward. NA Wash., Mf 184/12.
[138] US-Konsul Schillow in Nr. 80 vom 9.4.1857 an Cass. NA Wash., Mf T-59/3.
[139] US-Konsul Glantz in Nr. 4 am 1.4.1858 an Cass. NA Wash., Mf T-59/4.

nächst 1857/58 wirkte sich die Wirtschaftskrise gegen eine Zunahme der Handelskontakte aus, dann der Sezessionskrieg und zusätzlich noch die Blockade während des Deutsch-Dänischen Krieges. Nach den Aufzeichnungen des US-Konsuls in Stettin und seiner Konsularagenten in Swinemünde, Danzig, Königsberg und Memel kam 1858/59 kein US-Schiff in die preußischen Ostseehäfen, 1860 zwei nach Danzig, 1861 eins nach Stettin, sechs nach Danzig und vier nach Memel, 1862 eins nach Stettin, 1863 eins nach Stettin und zwei nach Danzig, 1864 keines und 1865 wieder zwei nach Stettin und eins nach Danzig[140]. So wie die US-Schiffe ihre für den deutschen Markt bestimmten Produkte in der Regel in den Nordsee-Hansehäfen entluden, so nahmen selbst die preußischen Schiffe ihre für den US-Markt bestimmten deutschen Waren in der Regel in nichtpreußischen Häfen an Bord. Immerhin kamen 1861 64 preußische Schiffe nach New York und 1862 sogar 110. In den folgenden Jahren nahm die Zahl der preußischen Schiffe in US-Häfen vorübergehend ab, und so steuerten 1864 nur 39 preußische Schiffe US-Häfen an[141].

Der von der Lincoln-Administration in Stettin eingesetzte Konsul Sundell (1861–1865) sah auf der Stettiner Seite als Hauptgrund für das Nichtflorieren direkter Handelsverbindungen mit den USA den Mangel an dem für den transatlantischen Handel erforderlichen Kapital und die fehlende Erfahrung[142]. Auf der Seite der US-Kapitäne sah er die Schwierigkeit, Rückfracht zu finden. Sundell teilte deshalb dem State Department mit, dass US-Schiffe am besten Rückfracht in Danzig aufnehmen würden. In Stettin seien bei vernünftigen Frachtraten Lieferungen von Baumwolle und Reis zu gemäßigten Preisen meistens absetzbar. An ein Konkurrieren des Transportgeschäftes zwischen den USA und den preußischen Ostseehäfen mit dem Handel zwischen den USA und Hamburg und Bremen dachte auch Sundell nicht im Entferntesten. Die für die Ausfuhr nach Übersee bestimmten schlesischen Industrieprodukte nahmen ihren Weg in der Regel über Hamburg, und die US-Produkte Reis, Harz, Hölzer, Terpentin, landwirtschaftliche Maschinen und nach dem Krieg auch wieder Baumwolle bezogen die preußischen Ostseehäfen bequemer über die britischen und die hanseatischen Zwischenhändler.

Die Umstrukturierung des Schiffsverkehrs zwischen Deutschland und den USA beeinträchtigte nicht die Verbindung beider Märkte. Trotz des Sezessionskrieges, der die US-Flotte so sehr traf, blieben die USA nicht nur ein wichtiger Handelspartner, sondern auch der entscheidende Arbeitsmarkt für deutsche Auswanderer. Über 80% der Auswanderer aus Deutschland gin-

---

[140] NA Wash., Mf T-59 Despatches from United States Consuls in Stettin, Roll 4.
[141] Handelsarchiv 1861 bis 1865.
[142] Sundell in Nr. 40 am 31.3.1862 an W. H. Seward. NA Wash., Mf T-59/4.

II. Die Wirtschaftsbeziehungen in der Ära des Sezessionskrieges

gen auch während des Krieges in die USA[143]. Angesichts des Anstiegs der Löhne 1862 und des Inkrafttretens des Homestead Act (20.5.1862) konnte Seward der US-Gesandtschaft in Berlin mit Recht schreiben, dass die USA niemals zuvor so viele Anreize für Einwanderer geboten hätten[144]. Das Heimstättengesetz bot denen, die US-Bürger waren oder ihre Absicht dokumentierten, Bürger zu werden, bis zu 65 ha Staatsland je Person gegen eine geringe Verwaltungsgebühr. Für die, die nicht das für die Ansiedlung notwendige Kapital aus Deutschland mitbrachten, waren die angesichts des Arbeitskräftemangels gestiegenen Löhne ein besonderer Anreiz. Die Lincoln-Administration, die Bundesstaaten und die US-Vertreter im Deutschen Bund bemühten sich recht aktiv in Konkurrenz zu Kanada und Brasilien um deutsche Einwanderer[145]. Niemals zuvor warben speziell US-Konsuln so sehr in der Presse und mit Broschüren oder brieflich für die Einwanderungs-Politik ihres Landes. Die Auswanderer-Zeitungen und andere deutschsprachige Presseorgane von Augsburg bis nach New York wähnten mit Recht hinter der Werbung um Einwanderer zugleich das Interesse an mehr Soldaten, insbesondere bei den in deutschen Zeitungen veröffentlichten Rundschreiben Sewards. Sanford hielt jedoch die öffentliche Kritik und Zweifel an der Seriosität der Ankündigungen für nicht so gewichtig für die Meinungsbildung wie die privaten transatlantischen Kontakte: „But the immense correspondence the masses in Germany have with the United States will confirm and strengthen by detail the circular. I have no doubt of an immense emigration the coming year. Labor will come to us if we don't go to it."[146]. Die erneute Zunahme der Auswanderung nach dem Rückgang 1861/62 bestätigte ihn. Besonders nach dem Ende des Krieges stieg die Zahl der Auswanderer weiter an. Der „Act to Encourage Immigration" vom 4. Juli 1864 war zwar nicht unmittelbar erfolgreich; aber er wirkte als ein weiteres Signal, dass es mit den Widerständen der Ära der Knownothings vorbei war. Das ermunterte dann auch die Regierungen einzelner deutscher Kleinstaaten und einige Kommunalbehörden, die den deutsch-amerikanischen Beziehungen gegenüber ohne Skrupel waren, Strafgefangene über den Atlantik abzuschieben. Aber das kann nur eine kleine Gruppe unter den rund 724 000 deutschen Einwanderern von 1860 bis 1870 in die USA gewesen sein; auch wenn diese die deutschen Einwanderer wie in den fünfziger Jahren diskre-

---

[143] *Peter Marschalck*: Deutsche Überseewanderung im 19. Jahrhundert, Stuttgart 1973, S. 49.
[144] Seward an Kreismann am 6.9.1862. NA Wash., Mf. 77/65.
[145] Siehe dazu *Ingrid Schöberl*: Amerikanische Einwandererwerbung in Deutschland 1845–1914, Stuttgart 1990, S. 34–68. Ingrid Schöberl hat S. 53–58 besonders das Engagement des US-Konsuls William Marsh in Altona gewürdigt.
[146] Sanford aus Frankfurt am Main am 8.9.1862 an Seward. Seward Papers, Mf.71.

ditierten. US-Konsul Anderson in Hamburg wandte sich ausdrücklich gegenüber Seward gegen eine allgemeine Abwertung von deutschen Auswanderern[147]. In Wirklichkeit, meinte er übertreibend, wanderte aus Deutschland aus „the very bone and sinew of Germany. Not the black legs and horridans of the great cities, but the small farmers and mechanics and their families." Kapitän Meyer von der Saxonia habe ihm von einem auswandernden Bauern berichtet, der 30 000 preußische Taler im Schiffs-Safe deponierte.

Dass der preußischen Regierung der dauernde Abfluss von Humankapital und Geld nicht recht sein konnte, versteht sich von selbst, aber auch, dass sie – schon mit Rücksicht auf die Verfassung – nichts dagegen tun konnte. Der Preußische Minister des Innern Eulenburg erwähnte in einem Rundschreiben an die preußischen Regierungen mit Blick auf das US-Heimstättegesetz, „daß derartige verlockende Zusicherungen geeignet sind, der Auswanderung eine unerwünschte Ausdehnung zu geben", aber beschränkte sich auf den Ratschlag, dass die Auswanderer die unentgeltliche Landüberlassung auf ihren wahren Wert prüfen sollten[148]. Damit wiederholte er also nur das seit Jahrzehnten von Gerolt, von den Konsuln Preußens wie der USA und den Deutschen Gesellschaften in den USA gepredigte ceterum censeo, die Auswanderer sollten sich gut informieren. Aber der preußische Staat behinderte nicht die während des Krieges vermehrte Werbung der USA um Einwanderung und die Tätigkeit der sogenannten Agenten, so weit sie sich an das preußische Auswanderungsrecht hielten.

Die preußischen Konsuln respektierten das alte preußische Staatsinteresse, die preußische Bevölkerung zu vermehren, und äußerten sich zurückhaltend über die Lebensbedingungen und Chancen Deutscher im Norden; aber ihre Darstellung in ihren Jahresberichten, die zum Teil im Handelsarchiv veröffentlicht wurden, wirkte doch mehr oder minder werbend. Am deutlichsten hob Konsul Adae in Cincinnati in seinen Jahresberichten die fortdauernde Prosperität in den nördlichen Staaten hervor und den Beitrag der Deutschen zum Wohlstand. In seinem Jahresbericht vom 20.12.1862, dessen Motto lautete „Amerika ist reich und ist groß" betonte er[149]: „Die Kultur des Landes und die allgemeine Entwicklung des ganzen Westens haben wir hauptsächlich fleißigen deutschen Händen zu verdanken, während die härtesten Arbeiten beim Bau unserer Eisenbahnen zum größten Teile

---

[147] Anderson, Hamburg, in Nr. 380 am 22.12.1865 an W. H. Seward. NA Wash., Mf 211/18.

[148] Rundschreiben Eulenburgs vom 7.8.1866. GStA Berlin, Mf 108 AA III.HA Rep. 1 Nr. 19 Vol. III.

[149] Adae am 20.12.1862 in seinem zweiten Jahresbericht an das Preußische Ministerium der auswärtigen Angelegenheiten. GStA Berlin, Mf 144 AA III.HA Rep. 14 I Vol. X.

II. Die Wirtschaftsbeziehungen in der Ära des Sezessionskrieges 477

von Irländern geleistet wurden. Aber jede größere Stadt Amerikas wimmelt von fleißigen, intelligenten Deutschen, die als Handwerker, Kaufleute, als Künstler oder als wissenschaftlich gebildete Männer ihrem Geburtsland Ehre machen. Unsere ... Gemüse- und Blumengärten, unsere Baumschulen und unsere so ausgedehnten als profitablen Weinberge sind ausschließlich dem Fleiß und der Geschicklichkeit unserer eingewanderten Deutschen zu verdanken. Der Einfluß, den deutsche Sprache, deutsches Gemüth, deutsche Sitte auf die englisch redende Bevölkerung ausüben, ist groß und wohltätig ...". Adae hielt genauso wie die übrigen Konsuln des Nordens seinen Staat besonders für deutsche Einwanderer geeignet. – Konsul Haußmann, San Francisco, konnte darauf verweisen, dass Kalifornien nicht Kriegsschauplatz wurde und das Reisen nach dort billiger werde[150]. Konsul Dresel, Baltimore, betonte mehrfach das Interesse Marylands an Landarbeitern aus Deutschland, die die Afroamerikaner ersetzen sollten, die die Plantagen im Zeichen der Emanzipation zur Aufnahme einer anderen Arbeit und zum Eintritt in die Farbigen-Regimenter verlassen hatten. In den Nordstaaten klagte nur der für Missouri zuständige Vizekonsul Karl Barth, St. Louis, über den Niedergang der Wirtschaft, und er hoffte dann nach dem Krieg auf eine erneute Einwanderung.

Der Krieg verminderte nicht die deutsche Einwanderung, er trug nur dazu bei, dass sich die Deutschen noch stärker als vorher im Norden konzentrierten. Die Verhältnisse in Louisiana und den später wieder gewonnenen Südstaaten wurden von keinem der Konsuln beschönigt und auch nach dem Krieg nicht für die Einwanderung empfohlen. Konsul und Gesandtschaft warnten davor, dass deutsche Einwanderer als Landarbeiter in sklavenähnliche Verhältnisse gerieten.

Dagegen hielt Gerolt es für selbstverständlich, dass sich deutsche Einwanderer im Norden der USA ansiedelten und von den Möglichkeiten des Heimstättegesetzes Gebrauch machten. Nur warnte er davor, beim Aufbau einer eigenen Existenz in den Gebieten jenseits des Mississippi, wo vor allem Staatsland zur Verfügung stand, zu wenig Kapital einzusetzen. Im Übrigen betonte er in seiner Anfang 1866 verfasste Stellungnahme die positive Seite der deutschen Einwanderung in die USA[151]: „Nach meinem unmaßgeblichen Dafürhalten würde eine Verhinderung oder systematische Erschwerung derselben auf die Dauer nicht nur undurchführbar sein, sondern auch nicht im Interesse Preußens und Deutschlands liegen. ... Im allgemeinen ... lehrt die bisherige Geschichte der Einwanderung nach Nord-Ame-

---

[150] Haußmann am 1.3.1865 in seinem Jahresbericht für 1864. GStA Berlin, Mf. 144 AA III.HA Rep. 14 I Vol. XI.
[151] Gerolt am 14.2.1866 an Bismarck. GStA Berlin, Mf 108 AA III.HA Rep. 1 Nr. 19 Vol. I, Teil III.

rika, daß der Deutsche, wie an allen Orten der Erde so auch hier mehr als alle andern Nationen durch seinen Fleiß, seine Arbeitskraft und Intelligenz gedeiht und, falls es ihm gelingt, die ersten Schwierigkeiten glücklich zu besiegen, spätestens in der zweiten Generation einen gewissen Grad von Wohlstand erwirbt." Das gelte vor allem in den meisten westlichen Staaten, wo das deutsche Element allmählich das herrschende geworden sei. „In wie weit diese Tatsache in commerzieller Beziehung dem Interesse Deutschlands dient und wie weit dieselbe eventuell auch in politischer Beziehung unserem Interesse dienstbar gemacht werden kann, bedarf kaum einer Ausführung." Leider hat Gerolt diesen Gedanken nicht weiter ausgeführt. Es leuchtet ein, dass die 1864 und 1866/67 und 1870/71 gerade bei politisch engagierten Deutschamerikanern entwickelte Sympathie für die preußische Deutschland-Politik nicht unwichtig sein konnte für Preußen. Im Übrigen waren die deutschen Einwanderer in den USA wie von jeher interessant für den Absatz deutscher Waren.

Wie sich Deutschamerikaner am deutsch-amerikanischen Kapitalverkehr beteiligten, lässt sich nicht feststellen. Deutlich ist dagegen die Bedeutung Deutschlands für die Finanzierung der Kriegführung der Nordstaaten und die dementsprechende enge Verbindung des deutschen und amerikanischen Kapitalmarktes nach dem Krieg. Während für die Auswanderung in die USA Bremen und Hamburg zentral waren, für den Warenhandel mit den USA der Schwerpunkt in Preußen, in Sachsen und Hamburg und Bremen lag, liefen die die USA betreffenden Finanztransaktionen zu einem wesentlichen Teil über das alte Bankenzentrum Frankfurt am Main[152]. Deutsche hatten nach der Krise von 1857 sehr bald wieder Vertrauen in den US-Kapitalmarkt gefasst, und das bedeutete in erster Linie in Wertpapiere des Nordens. Der preußische Generalkonsul Schmidt in New York erwähnte 1860, dass „ein beachtlicher Teil der Obligationen der Stadt New York sich in den Händen deutscher Kapitalisten befindet ..."[153]. US-Wertpapiere wurden in Europa 1860/61 zunächst in großem Umfang abgestoßen; aber nach der Trent-Krise beobachtete der US-Generalkonsul in Frankfurt am Main Murphy an der Frankfurter Börse einen zunehmenden Handel mit amerikanischen Obligationen, US-Eisenbahnpapieren, Anleihen von US-Städten und

---

[152] Zu den finanziellen Beziehungen Deutschlands insgesamt zu den USA während des Krieges: *Harry Gerber*: Der Anteil Deutschlands, insbesondere Frankfurts an der Aufbringung der nordamerikanischen Kriegsanleihen während des amerikanischen Bürgerkrieges, S. 125–130 in: Archiv für Frankfurts Geschichte und Kunst, 4. Folge, Bd. 5, 1942. *Baldur Eduard Pfeiffer*: Deutschland und der amerikanische Bürgerkrieg 1861–1865, Diss. phil. Würzburg 1971, S. 54 ff. *Michael Löffler*: Preußens und Sachsens Beziehungen zu den USA während des Sezessionskrieges 1860–1865, Münster 1999, S. 115–120, S. 138 f.

[153] Bericht des Generalkonsuls Schmidt, New York, vom 18.6.1860, übermittelt von Gerolt an Schleinitz. GStA Berlin, Mf 144 AA III.HA Rep. 14 I Vol. 10.

II. Die Wirtschaftsbeziehungen in der Ära des Sezessionskrieges 479

vor allem den Kriegsanleihen der Union. Im Februar 1865 war Frankfurt nach Murphy zum „emporium of American stocks" geworden, das Kaufaufträge von überall her, so von Brüssel, Berlin, München und Wien erhielt[154]. Angesichts der „fortwährend günstigen Nachrichten vom Kriegsschauplatze" schrieb Gerolt im März 1865 aus Washington an Bismarck[155]: „Die Anleihen der Regierung werden hier sowohl als für Rechnung des Auslandes vorzüglich in Deutschland schnell absorbiert und liefern der Regierung täglich 3 bis 5 Millionen durchschnittlich."

Aus den Kriegsetats geht hervor, dass die Union über die Hälfte ihrer Ausgaben aus den Anleihen zu finanzieren hatte. Wenn es richtig ist, dass die US-Bankiers diese Anleihen auf dem europäischen Finanzmarkt weit überwiegend in Deutschland zu platzieren vermochten, dann übernahm Deutschland in der Tat eine Schlüsselrolle bei der Finanzierung der Verteidigung der Union. Der ehemalige Staatssekretär der Finanzen R. Walker, nach Gerolt „ein großer Verehrer Preußens und der letzten Errungenschaften Deutschlands" 1866/67[156], hat das besonders deutlich gemacht in seiner Analyse der Entwicklung der US-Finanzen während des Krieges in seinem Artikel im National Intelligencer[157]. Während seiner Europa-Reise in dem besonders schwierigen Jahr 1863 habe er einerseits die Feindschaft Napoleons und Palmerstons erlebt und andererseits die Unterstützung aus „the great German fatherland". Die Unterstützung drückte sich aus seiner Sicht am effektivsten in dem Ankauf der US-Anleihen aus, gerade 1863: „Let it be remembered that the credit of our greenbacks rested mainly on these bonds, in which they could be funded, and that the demand for them in Germany, as well as here, ... prevented our currency from disappearing in the gathering mists of depreciation."

Unbestritten ist von den Zeitgenossen und den Publikationen zur Kriegsfinanzierung, dass die US-Wertpapiere aller Art keine Schwierigkeiten hatten, in den deutschen Börsenhandel zu kommen und sich am Markt zu behaupten. Demgegenüber ließ sich die 1863 zwischen den Konföderierten und den Erlanger-Banken in Paris und Frankfurt vereinbarte Cotton Loan weder an der Frankfurter noch an der Hamburger Börse platzieren trotz der mit 7% höheren Rendite als die der US-Kriegsanleihen. An der Berliner Börse versuchte es Erlanger allem Anschein nach nicht einmal. Dem Frankfurter Bankier Raphael Erlanger blieb nichts anderes übrig, als die Konföderationsanleihe nur durch die ihm verbundenen Banken J. K. Schröder,

---

[154] Murphy in Nr. 439 vom 20.2.1865 an W. H. Seward. NA Wash., Mf 161/15.
[155] Gerolt am 20.3.1865 an Bismarck. GStA Berlin, Mf. 117, AA II.HA Rep. 6 Vol. 18.
[156] Gerolt am 1.12.1867 an Bismarck. GStAM, 2.4.1.I., Nr. 7905.
[157] Daily National Intelligencer vom 2.12.1867.

London, und B. K. Schröder, Amsterdam, und die Bank seines Sohnes Emil Erlanger, des Schwiegersohnes von Slidell, in Paris vertreiben zu lassen[158].

Die während des Krieges gesteigerte Anteilnahme der deutschen Öffentlichkeit an den Verlautbarungen der US-Regierung war für Murphy ein Ergebnis der Intensivierung der wirtschaftlichen Beziehungen Deutschlands zu den USA. Besonders die finanziellen Beziehungen seien angesichts der in den Händen von Deutschen befindlichen US-Wertpapiere inzwischen so ausgeweitet worden, dass keine Erklärung irgendeiner Macht Europas auf ein größeres Interesse stoßen könnte als die Botschaft des neuen US-Präsidenten Johnson[159]. Das war sicher nicht nur eine Schmeichelei für den zu Hause so sehr attackierten Präsidenten.

Ebenso wie englische Politiker die enge Bindung der englischen Wirtschaft an die der USA anerkannten, waren sich führende preußische Wirtschaftspolitiker schon in den fünfziger Jahren der Bedeutung der USA für die Wirtschaft des Zollvereins und speziell Preußens bewusst geworden – gerade mit Blick auf die Wirtschaftskrise 1857/58. Angesichts der fortgeschrittenen Verflechtung des deutschen Geldmarktes mit dem der Union während des Sezessionskrieges war es für die preußische Regierung von besonderer Bedeutung, wie weit die Lincoln-Administration den Krieg solide finanzierte.

Gerolt berichtete regelmäßig über den mit dem Import und den Anleihen im Ausland verbundenen Goldabfluss, über die Ausgabe von Papiergeld und über die trotz der steigenden Zoll- und Steuereinnahmen ungeheuer anwachsende Verschuldung der Union. Angesichts des fortdauernden Kredits der Union im In- und Ausland fielen seine Resümees dennoch nicht negativ aus. 1861 formuliert er zunächst sogar gegenüber dem König: „Die Finanz-Verhältnisse der Regierung befinden sich in günstigem Zustande."[160] Kurze Zeit darauf urteilte er: „Der Finanz-Zustand der hiesigen Regierung hat bis jetzt den ungeheuren Kriegsausgaben entsprochen."[161] Entsprechend berichtete er 1862/63, obgleich die Unions-Regierung 1863 nach seinen Angaben täglich im Durchschnitt 2250000 Dollars Papiergeld (45 bis 47% unter Goldwert) brauchte[162]. So bedeutend auch die Staatsschulden seien, so

---

[158] US-Konsul Börnstein, Bremen, am 30.3.1863 in Nr. 25 an W. H. Seward. NA Wash., Mf T-184/12.

[159] Murphy in Nr. 528 vom 21.12.1865 an W. H. Seward. NA Wash., Mf 161/15. – Nach Murphy veröffentlichten die deutschen Zeitungen die Botschaft des Präsidenten zum ersten Mal im vollen Wortlaut.

[160] Gerolt am 7.10.1861 an den König. GStA Berlin, Mf 81 AA CB IC Nr. 36 Vol. 2.

[161] Gerolt am 18.11.1861 an den König. GStA Berlin, Mf 81 AA CB IC Nr. 36 Vol. 2.

[162] Gerolt am 16.11.1863 an Bismarck. GStAM, 2.4.1.I. Nr. 7901.

II. Die Wirtschaftsbeziehungen in der Ära des Sezessionskrieges 481

seien doch nach Gerolt[163] „die Finanz-Autoritäten (welche nicht aus Parteigeist und Partei-Interessen gegen alle Maaßregel der Regierung Opposition machen) der Meinung, daß die Vereinigten Staaten durch die in diesem Kriege entwickelte große Steuerfähigkeit, bei der fortschreitenden außerordentlichen Vermehrung der Produktion und der Industrie auf allen Gebieten und bei der erprobten Willfährigkeit des Volkes, sich diesen Steuern zu unterziehen, im Stande sein werden, die Interessen dieser Schuld, welche bis jetzt nur im eigenen Land gemacht ward, zu decken und nach Beendigung des Krieges zu amortisieren." Die Fortsetzung des Krieges sah er entscheidend abhängig von den finanziellen Möglichkeiten der streitenden Mächte, und er stellte den Unions-Finanzen „die traurige Lage der Finanzen und ... die verzweifelten Mittel für die Anschaffung von Geldmitteln zur Fortsetzung des Krieges gegen die Unions-Regierung" auf der Seite der Konföderierten[164] gegenüber.

Über die allgemein gehaltenen Berichte hinausgehende Informationen über die Finanzverhältnisse der USA wünschte Bismarck im April 1864 parallel zu seiner Dauerbeschäftigung mit der Finanzierung des Krieges gegen Dänemark[165]. Gerolt ging in seinem Finanzbericht vom 2.5.1864 auf das ungünstige Verhältnis von Einnahmen und Ausgaben der USA und den Geldwertschwund ein, aber erwähnte zugleich die weiterhin pünktliche Schuldentilgung in Gold durch die Regierung und deren Kredit[166]: „Die unverhältnismäßige Masse von Papier-Geld und Obligationen und die täglich steigenden Ausgaben, verbunden mit einer ungewissen Zukunft, haben den Werth desselben fortwährend heruntergedrückt, welches letztere gegenwärtig zu 78 bis 79% Prämie steht, trotzdem daß der Finanzminister die am 1. Mai verfallenen Zinsen der inneren Staatsschuld von 510 740 100 Dollars ... noch vor ihrem Verfall in Gold bezahlt hat und ungeachtet dass die von dem Congress am 8. März d. Jahres bewilligte neue 5 procentige Anleihe ... bereits wie die früheren 6 procentigen alpari ausgegeben werden und der Regierung täglich über eine Million Einnahmen geben.

Diese Entwertung des Papiergeldes bei fortwährender Ausfuhr von Gold als Rimessen für importierte Waaren hat eine verhältnismäßige Erhöhung aller Lebensbedürfnisse und der Arbeitslöhne herbeigeführt und in demselben Verhältnisse die Mittel desjenigen Teiles der Bevölkerung geschmälert, welche von ihren Einkünften, Zinsen, Renten und Gehältern leben."

---

[163] Gerolt am 15.12.1863 an Bismarck. GStAM, 2.4.1.I. Nr. 7901.
[164] Gerolt am 21.12.1863 an Bismarck. GStAM, 2.4.1.I. Nr. 7901.
[165] Der Erlass Bismarcks Nr. 4 vom 9.4.1864 an Gerolt lag mir nicht vor, nur die Antwort Gerolts vom 2.5.1864 an Bismarck. GStAM, 2.4.1.I. Nr. 7902. – Zur Finanzierung des deutsch-dänischen Krieges durch Preußen s. *Fritz Stern*: Gold und Eisen, Bismarck und sein Bankier Bleichröder. Reinbek bei Hamburg 1999, S. 71–85.
[166] Antwort Gerolts vom 2.5.1864 an Bismarck. GStAM, 2.4.1.I. Nr. 7902.

Bei der Erhöhung der direkten Steuern und der Zölle ging es um die weitere Steigerung der Staatseinnahmen „zur kräftigen Unterstützung der Kriegs-Operationen" und speziell bei der erneuten Zollsteigerung im April 1864 darum, „durch Verminderung der Importationen für die nächste Zeit die Ausfuhr von Gold zu vermindern und die Ausfuhr von Landesprodukten zu begünstigen". Nach den Mitteilungen des Assistant Secretary of the Treasury Harrington an Gerolt hatten die USA vom Juni 1863 bis April 1864 allein an Seezöllen 90 Millionen Dollar eingenommen. Sie hatten neben den geringfügigen Beiträgen der Einzelstaaten zu den Kriegskosten im Mai täglich an direkten Steuern 350 000 Dollar, an Zöllen 300 000, an Geldern aus der fünfprozentigen Anleihe durchschnittlich 1 500 000, und täglich gingen an Lieferanten für bis zu 500 000 Dollar einjährige sechsprozentige Schuldscheine als Zahlungsmittel, so dass dem Treasury an Einnahmen damals regelmäßig über zweieinhalb Millionen Dollar zur Verfügung standen.

Die Angaben Harringtons mögen ähnlich geschönt sein wie die von Bismarck gelegentlich zur Schau gestellte Kreditwürdigkeit Preußens trotz aller Geldsorgen. Unbestreitbar ist, es blieben der Lincoln-Administration auch im vierten Bürgerkriegsjahr immer noch eine Vielzahl von Einnahmen; es waren Summen, über die der preußische Staat bei der Deckung der Kriegskosten nicht entfernt zu verfügen vermochte – auch wenn das Abgeordnetenhaus zur Verteidigung seines Budgetrechtes nicht prinzipiell gegen neue Steuern und Anleihen gemauert hätte.

Gerolt zweifelte nicht an den im Vergleich zu Preußen herausragenden finanziellen Möglichkeiten der Union, aber musste seine Analyse der US-Finanzen mit dem Hinweis schließen: „Alle diese Maaßregeln der Regierung zur Vermehrung ihrer Einnahmen und zur Erhaltung des Credits werden jedoch nicht hinreichen, um das allgemeine Vertrauen in die Papier-Valuta ... herzustellen und zu befestigen, so lange keine bestimmte Aussicht vorhanden ist, daß diesem verheerenden Bürgerkriege durch entschiedene Siege der Unions-Waffen ein baldiges Ende gemacht werde." – In der Tat vermochte der Dollar seinen alten Wert erst nach dem Kriegsende im Frühjahr 1865 zurückzugewinnen, als die Ausgaben sich wieder an den Steuereinnahmen orientierten.

Über die Gesandtschaftsberichte hinaus wird sich Bismarck besonders in dem für die Union besonders schwierigen Finanzjahr 1863/64 durch Gespräche mit Wirtschaftsfachleuten wie mit dem oben erwähnten Ruggles informiert haben. Insgesamt schien Bismarck von den finanziellen Möglichkeiten der Union überzeugt zu sein und soll den Ankauf von US-Bonds durch deutsche Banken unterstützt haben[167].

---

[167] *Stolberg-Wernigerode*: Die Beziehungen zwischen Deutschland und den Vereinigten Staaten, Berlin 1933, S. 70.

Welche weiteren Schlussfolgerungen Bismarck oder die einfallslosen Minister Bodelschwingh (Finanzen) und Itzenplitz (Handel und Gewerbe) aus den Informationen über die Kriegsfinanzierung der Union bei ihren eigenen finanziellen Problemen zogen, ist nicht überliefert. Davon abgesehen waren die Bedingungen in beiden Ländern zu unterschiedlich. Auf jeden Fall wurden die nach dem deutsch-dänischen Krieg im Verlauf der Zuspitzung der preußisch-österreichischen Beziehungen noch gewachsenen Geldsorgen Bismarcks behoben durch den Verkauf von Staatsrechten an der Köln-Mindener Eisenbahn ohne Rücksicht auf den Anspruch des Abgeordnetenhauses. So konnte Preußen auch den zweiten kurzen deutschen Einigungskrieg ohne parlamentarische Kontrolle und Hilfe führen. Die preußische Regierung bediente sich bei den Finanztransaktionen über Bleichröder des Hauses Rothschild, wie dieses auch bei der Kriegsfinanzierung der Union zu Diensten war; aber damit endete auch schon die Übereinstimmung bei der Finanzpolitik beider Regierungen.

Die nicht zu leugnenden Schwierigkeiten beider Regierungen bei der Finanzierung der militärischen Aufwendungen reduzierten sich deutlich nach 1866 – und das auch wegen des außerordentlich günstigen Konjunkturverlaufes. Dazu gehörte der wachsende Güteraustausch zwischen dem Zollverein und dem US-Markt. So übertraf der jährliche Export 1865 bis 1870 aus Deutschland in die USA den Wert der jährlichen Ausfuhren 1850 bis 1860 um über 80%. Für die US-Handelsbilanz war entscheidend, dass neben dem wachsenden Export nach Großbritannien 1865 bis 1870 die Warenausfuhr nach Deutschland kontinuierlich anstieg und regelmäßig über dem Wert von 1860 lag. Der deutsche Kapitalmarkt wie der amerikanische profitierte vom Kursanstieg der US-Wertpapiere. Die damit gesteigerte Liquidität der deutschen Geldanleger erleichterte es dem Norddeutschen Bund 1870 seinerseits Kriegsanleihen unterzubringen, wie der mit den USA vertraute Delbrück registrierte[168].

III. Der Streit um Intervention und Völkerrecht während des Sezessionskrieges – Das diplomatische Schlachtfeld

Der alte Streit zwischen den USA und den westeuropäischen Seemächten wegen deren Eingreifen in die amerikanischen Verhältnisse erreichte während des Sezessionskrieges eine neue Dimension, da es nicht mehr nur um die Erhaltung der alten Kolonien Großbritanniens und Frankreichs und der Einflussnahme der führenden Seemächte auf Mittel- und Südamerika ging.

---

[168] *Rudolph von Delbrück:* Lebenserinnerungen 1817–1867. Bd. 2, Leipzig 1905, S. 188 f.

Wie den verschiedenen Formen der britischen und französischen Intervention in den Sezessionskrieg zu begegnen sei, war in der Union umstritten. Der US-Konsul in Bremen Börnstein schlug vor, mit der Intervention der USA in Europa zu antworten, also ein neues Verhältnis der USA zu den europäischen Staaten. Er argumentierte: „In former times European politics were of no great importance to us Americans. Our policy towards Europe was based on two points: 1. Washington's admonition against entangling alliances and 2. The Monroe Doctrine.

The last events in our country have materially changed that state of things. The desire of a European intervention on the American continent (North and South) has gradually grown to such dimensions and has taken such tangible shape that European politics ought not only to be very closely watched by us, but that our government also will be compelled to establish by and by a new system of policy towards Europe, which by the coming events will develop itself into such proportions that perhaps in times to come not a gun may be fired in Europe without the permission of America."[169] Abgesehen davon, dass es bis zu der von Börnstein vorausgesagten Rolle der USA als Polizist von Europa noch ein weiter Weg war, ging er nicht konkret darauf ein, wo und wie sich denn Washington in Europa einmischen sollte.

Seward antwortete auf die Vorstellungen Börnsteins nicht einmal. Die Lincoln-Administration machte keine Anstalten, der Einmischung in amerikanische Angelegenheiten offensiv zu begegnen. Sie meinte, mit der konsequenten Vertretung des Grundsatzes der Nichteinmischung in die Politik europäischer Staaten, eine von auswärtiger Einmischung unbehinderte Beendigung der Sezession eher durchsetzen zu können. So gehörte es zu einer der ersten Aufgaben des neuen US-Gesandten John Lothrop Motley am Kaiserlichen Hof in Wien, die Instruktion des Secretary of State Clayton vom 18.6.1849 für Dudley Mann, den Emissär zu den aufständischen Ungarn, in das zeitgemäße neue Licht zu rücken[170]. Gegenüber dem österreichischen Minister des Äußern Graf Rechberg erklärte er: Die Taylor-Administration habe sich damals weit von den goldenen Regeln Washingtons in der Frage der Intervention entfernt, aber Präsident Lincoln betreibe eine andere Politik. Die Instruktion stamme von einem Staatssekretär aus einem Sklavenstaat, sei im Namen eines Präsidenten eines Sklavenstaats ergangen und sei an einen Bürger eines Sklavenstaates gerichtet, der sich dann in Wien mit einem Vertreter aus einem Sklavenstaat habe beraten wollen. Manche Amerikaner hätten damals geglaubt, in Europa sei das Ende der Monarchie ge-

---

[169] Börnstein am 3.3.1862 an W. H. Seward. NA Wash., Mf T-184/12.
[170] Motley am 3.3.1862 an W. H. Seward über ein Gespräch mit Graf Rechberg am Vortag. Seward Papers, Mf 69.

III. Der Streit um Intervention und Völkerrecht

kommen und der Zusammenbruch Österreichs stände bevor. Diejenigen, die damals die Instruktion zu Ungarn vertraten, hätten sich genauso geirrt wie die, die heute die Anerkennung der Confederacy betreiben.

Entscheidend war für Motley, dass die österreichische Regierung wie die preußische von Anfang an keine Bereitschaft zeigte, irgendeine Form der Intervention im Sezessionskrieg zu befürworten, die die Unterstützung einer revolutionären Bewegung gegen die legitime Regierung bedeutet hätte. Seward lobte in seiner Ansprache an die Washingtoner am 3.4.1865 den österreichischen Kaiser als weise, da er ihm am Anfang des Krieges gesagt habe, dass er keine Sympathien für eine Rebellion hege, ganz gleich wo[171]. Die russische Regierung bewegte sich in diesem Fall auf der gleichen Linie wie die österreichische. Sie war froh, dass Seward im Zeichen seiner Politik der Nichteinmischung während des polnischen Aufstandes 1863 so konsequent jede Unterstützung für Napoleons Initiative zugunsten eines polnischen Staates ablehnte. Als Seward Gerolt über die Ablehnung der Demarche Napoleons beim US-Präsidenten zugunsten Polens informierte, machte Gerolt Seward zugleich auf das Widersprüchliche der Politik Napoleons aufmerksam, indem er ihn auf „die ebenso lächerlichen als monströsen Gelüste und Ansprüche ... auf die Rheingrenze" hinwies[172].

Die westeuropäischen Staaten hatten in den Augen Washingtons gleich zu Anfang des Bürgerkrieges im Mai, Juni 1861 zugunsten der Rebellen durch die Neutralitätserklärung interveniert, die den Bürgerkrieg zu einem internationalen Konflikt erhob und die Confederacy genauso wie die USA unter den Schutz des internationalen Seekriegsrechtes stellte. Dies anzuprangern, wurde Seward nicht müde, wie Gerolt bis zum Ende des Krieges immer wieder berichtete. Demgegenüber ging Preußen im Sinne der Lincoln-Administration von dem Sezessionskrieg als innerer Angelegenheit der USA aus, in den es sich nicht einzumischen gedachte durch eine Aufwertung der Konföderation. Indem die preußische Regierung uneingeschränkt bei diesem Kurs blieb, ganz gleich wie kritisch auch zeitweilig die Lage der Union aussah, setzte sie sich in den Augen Washingtons besonders positiv ab von den Westmächten.

Die preußische Regierung hatte zunächst geglaubt, gerade durch ihren außenpolitischen Kurs allen völkerrechtlichen Schwierigkeiten aus dem Weg zu gehen. Aber das gelang ihr nur begrenzt. Schon indem die Südstaaten am 17.4.1861 den nach Schleinitz „gehässigen Betrieb der Kaperei ins Leben gerufen haben"[173] und die Union ab 19.4.1861 über die Südstaaten-

---

[171] Sewards Ansprache am 3.4.1865 aus Anlass der Eroberung Richmonds. Zit. nach dem Daily Morning Chronicle Nr. 130 vom 4.4.1865, die dem Bericht Gerolts an Bismarck vom 7.4.1865 beigefügt war. GStAM, 2.4.1.I. Nr. 7903.
[172] Gerolt am 15.5.1863 an Bismarck. GStAM, 2.4.1.I. Nr. 7900.

küste mit ihren rund 190 Häfen die Blockade verhängte, waren alle Handel treibenden Staaten besonders betroffen – auch seerechtlich. Selbst das änderte nichts an der von den europäischen Haupthandelsnationen abweichenden Position Preußens gegenüber Washington.

Die Ankündigung einer Blockade im Sinne der Pariser Seerechtsdeklaration war zwar eine gegenüber der Sezession wirksame Maßnahme, aber bestätigte nicht gerade die Argumentation der Lincoln-Administration, sie bekämpfe einen inneren Konflikt. Indem die USA über die Südstaatenhäfen eine Blockade verhängten, setzten sie nach gängigem Völkerrechtsverständnis „einen Kriegszustand zwischen kriegführenden Mächten" voraus, wie Gerolt argumentierte[174]. Wenn Großbritannien, Frankreich und Belgien im Mai, Juni 1861 den Konföderierten den Völkerrechtsstatus von Kriegführenden zusprachen, dann zogen sie rein formaljuristisch nur die völkerrechtliche Konsequenz aus der US-Blockade-Erklärung. Die US-Prisengerichte, die sich mit den von der US-Marine aufgebrachten Blockadebrechern zu befassen hatten, gingen unabhängig von diesem Streit ganz pragmatisch vor und nahmen die Blockadeerklärung als Grundlage ihrer Urteile. Die preußische Regierung suchte zwar die Rebellion gegen die Union nicht aufzuwerten, aber sie ging genauso pragmatisch von einem Krieg aus, der im Sinne des Seekriegsrechtes in seinen Auswirkungen völkerrechtlich zu begrenzen sei.

Mit dem Beginn von Kaperei und Blockade kam die schon in den fünfziger Jahren mehrfach diskutierte Frage des Status neutraler Mächte bei Seekriegen automatisch erneut zur Sprache. Schleinitz setzte sich mit Blick auf die Handels- und Verkehrsinteressen wie London und Paris dafür ein, dass Washington, das die Pariser Deklaration nicht akzeptiert hatte, zumindest für die Dauer des Krieges Artikel 2 (Frei Schiff frei Gut) und Artikel 3 (Neutrales Eigentum unter feindlicher Flagge unverletzlich) gegenüber allen neutralen Mächten anerkannte. Die Verträge Preußens mit den USA sicherten nur preußisches Eigentum, nicht das der übrigen Staaten, wenn es unter der preußischen Flagge befördert wurde. Die USA erteilten, nachdem ihre Position zeitweilig für die preußische Regierung nicht ganz klar gewesen war, in ihrer Note vom 16.7.1861[175] „in bündigster Weise die Zusicherung ..., daß die Regierung der Vereinigten Staaten den Punkten 2 und 3 der Pariser Deklaration von 1856 ... für die Dauer des dort eingetretenen

---

[173] Schleinitz am 7.7.1861 an Handelsminister von der Heydt. GStA Berlin, Mf 144 AA III.HA Rep. 14a Nr. 4 Vol. III.

[174] Gerolt am 16.12.1861 an den König, GSTA Berlin, Mf 81 AA CB IC Nr. 36 Vol. II.

[175] Seward am 16.7.1861 an Gerolt, Anlage zum Bericht Gerolts vom 19.7.1861 an Schleinitz, GStA Berlin, Mf 144 AA III.HA Rep. 14a Nr. 4 Vol. III.

III. Der Streit um Intervention und Völkerrecht

Kriegszustandes Preußen gegenüber zur Anwendung bringen würden", wie Gruner aus dem preußischen Ministerium der auswärtigen Angelegenheiten zufrieden Handelsminister von der Heydt mitteilte[176]. In gleicher Weise sicherten die USA den übrigen Mächten die Beachtung der Artikel 2 und 3 zu, und die Konföderierten gaben bei ihren Kontakten mit der britischen und französischen Regierung und in ihren Veröffentlichungen ebenfalls an, diese Seerechtsartikel zu beachten.

Inzwischen hatten die USA den Unterzeichner-Staaten der Pariser Deklaration den Entwurf eines Vertrages des Beitritts der USA zur Pariser Deklaration zugestellt, so dass sich die Chance eröffnete, die USA über den gegenwärtigen Kriegszustand hinaus seerechtlich zu binden. Der erneut von Seward gemachte Vorschlag, einen umfassenden Neutralitätsvertrag in der Form des Vertragsentwurfs von Präsident Pierce von 1856 (Marcy's Amendment) abzuschließen, scheiterte wie 1857 und 1859 vor allem an Großbritannien. Bremens Vertreter Schleiden unterstützte den amerikanischen Vertragsvorschlag wärmstens, aber hatte selbstverständlich keine Erfolgschancen gegen Großbritannien. So ist es unsinnig, wenn Stolberg-Wernigerode Preußen vorwirft, es sei den Hansestädten in den Rücken gefallen[177], da es sich für einen bescheideneren Fortschritt verwendete, anstatt das Scheitern von 1856/57 und 1859 zu vergessen. Seward selbst informierte Judd mit Blick auf Großbritannien am 24.4.1861, unter den gegenwärtigen Umständen sei es günstiger, das kleinere Gut des Pariser Kongresses zu sichern, als auf unbestimmte Zeit auf die Annahme des größeren Gutes zu warten, das der Präsident den Schifffahrtsnationen angeboten habe[178]. Schleinitz unterstützte einen Beitritt der USA zur Pariser Deklaration, und die Hansestädte wären schon froh gewesen, wenn er damit erfolgreich gewesen wäre. Aber entscheidend war auch bei den Verhandlungen über den Beitritt der USA zu der Seerechtsvereinbarung von 1856 ohne das von Washington 1856 vorgeschlagene Amendment nicht die Haltung der deutschen Staaten, sondern die der wichtigsten Seemächte gegenüber den USA. Als Großbritannien und dann auch Frankreich 1861 zu keinem Einvernehmen bei den Seerechtsverhandlungen kam, hatten die übrigen Mächte kein Interesse mehr an einem Seerechtsvertrag mit den USA.

Wie Gerolt Berlin mitteilte, brach Seward im Sommer 1861 die Verhandlungen mit London und Paris ab, „nachdem Lord Palmerston erklärt hatte, daß durch solchen Beitritt der hiesigen Regierung die Stellung Englands

---

[176] Gruner am 11.8.1861 an von der Heydt, GStA Berlin, Mf 144 AA III.HA Rep. 14a Nr. 4 Vol. III.
[177] *Otto Graf zu Stolberg-Wernigerode*: Die Beziehungen zwischen Deutschland und den Vereinigten Staaten; Berlin 1933, S. 59.
[178] Seward am 24.4.1861 in Nr. 3 an Judd. NA Wash., Mf 77/65.

gegenüber den hiesigen Belligerents keine Änderung erleiden könne. Da es die Absicht des p. Seward war, daß jener Beitritt für die ganzen früher Vereinigten Staaten gelten und daß demnach die Kaper der insurgierten Staaten als Seeräuber angesehen und behandelt werden sollten, so ließ er die Unterhandlungen abbrechen."[179] Für den französischen Außenminister war der Washingtoner Vertragsentwurf nur ein Moment, um Frankreich und Großbritannien gegenüber den Südstaaten zu kompromittieren[180]. Es reichte Großbritannien und Frankreich nicht, dass Washington entgegen seiner Position in den fünfziger Jahren jetzt bereit war, durch die Annahme von Artikel 1 der Pariser Deklaration auf die Ausstellung von Kaperbriefen dauernd zu verzichten. Dies Zugeständnis war es den Seemächten nicht wert, den Kampf der Südstaaten wie Seward als Aufstand innerhalb der USA einzustufen. Sie wollten im Sinne ihrer Neutralitätserklärung weiterhin freie Hand gegenüber den Südstaaten behalten; und andererseits bedeutete die von den westeuropäischen Seemächten gewünschte Beschränkung der Gültigkeit des Seerechtsvertrages auf den Norden für Washington einen nicht hinnehmbaren Souveränitätsverzicht.

Preußen und Bremen sicherten ihren Handel nicht nur durch die Neutralitätsvertrags-Verhandlungen mit der Union, die dann ohne Abschluss im September 1861 endeten und nur die Anerkennung von Artikel 2 und 3 der Seerechtsdeklaration brachten, sondern sie suchten den völkerrechtlichen Status von Schiffen und Frachten zugleich gegenüber Kaper und Blockade zu klären. Nach den schon im April 1861 begonnenen ausführlichen Gesprächen der preußischen Seite in Berlin mit Wright und Judd und in Washington von Gerolt im Verein mit Schleiden mit Seward und dem britischen Gesandten Lord Lyons und dem französischen Mercier waren die deutschen Regierungen genügend im Bilde; so vermochten sie Häfen, Reeder und mit dem transatlantischen Handel verbundene Handelskammern rechtzeitig zu informieren über die Konsequenzen von Kaper und Blockade und die damit verbundenen Durchsuchungen. Die preußische Regierung bot sogar überflüssigerweise noch die Ausstellung von Seepässen auf der Grundlage des Handelsvertrages von 1799 zur Sicherung preußischer Schiffe gegenüber Kaperschiffen an. Schließlich beleuchteten die prisengerichtlichen Verfahren in den USA zusätzlich die Rechtslage[181]. Die Urteile

---

[179] Gerolt am 24.9.1861 an das Preußische Ministerium der auswärtigen Angelegenheiten, GStA Berlin, Mf 81 AACB IC Nr. 36 Vol. II.

[180] Telegramm des preußischen Gesandten Pourtalés an das Preußische Ministerium der auswärtigen Angelegenheiten, GStA Berlin, Mf 144 AA III.HA Rep. 14a Nr. 4. Vol. III.

[181] Zu den prisengerichtlichen Verfahren s. Bernath, Stuart L.: Squall across the Atlantic. American Civil War Prize Cases and Diplomacy, Berkeley and Los Angeles 1970.

III. Der Streit um Intervention und Völkerrecht

wurden zum Teil auch in Deutschland übersetzt publiziert, unter anderem das gegen die britische „Hiawatha" wegen Blockadebruches 1862[182]. Die gute Informationspolitik Preußens, Bremens und dann auch Hamburgs mag mit dazu beigetragen haben, dass der deutsche transatlantische Handel relativ wenig beeinträchtigt wurde.

Nicht geklärt in der preußischen Regierung war, wie sich preußische Häfen gegenüber konföderierten Kapern verhalten sollten, da nordamerikanischen Kapern nach dem Artikel 19 des Handelsvertrages von 1799 das Einlaufen in preußische Häfen weiterhin gestattet war, auch wenn preußischen Untertanen landes- und völkerrechtlich die Beteiligung an Kaperunternehmen verboten war. Nach von der Heydt hatte Preußen ein Interesse daran, dass die Konföderierten gegenüber preußischen Schiffen den Vertrag von 1799 beachteten[183], während für Schleinitz die Anerkennung der Artikel 2 und 3 der Seerechtsdeklaration von 1856 durch beide Seiten gegenüber allen Staaten entscheidend war[184]. Für Schleinitz leistete die Anwendung des Artikels 19 zugunsten der Konföderierten „dem Unwesen der Kaperei erheblichen Vorschub": „Denn es ist in Aussicht zu nehmen, daß die von fast allen Häfen Europas ausgeschlossenen Kaper sich nun desto mehr bewogen finden werden, in den Preußischen Häfen Zuflucht zu suchen." Entschieden wurde diese Kontroverse nicht. Sie brauchte es auch nicht, weil in keinem preußischen Hafen ein Konföderierten-Kaperschiff gesichtet wurde.

Ebenso wirkte sich die Blockade weniger ungünstig für Deutschland aus als erwartet. Als problematisch erwies sich nur die Übergangsfrist zwischen der Ankündigung der Blockade durch Lincoln im April 1861 und ihrem tatsächlichen Inkrafttreten durch das Erscheinen der US-Kriegsschiffe vor dem jeweiligen Südstaatenhafen. Die Fahrt des letzten deutschen Auswandererschiffes nach New Orleans im Mai 1861 begleiteten Schleiden und Gerolt mit intensiven Kontakten zum State Department, so dass die „Bremen" ohne Schwierigkeiten die Auswanderer nach Louisiana in den Hafen bringen und ihn wieder verlassen konnte[185]. Danach gab es während des Krie-

---

[182] Neue Sammlung officieller Actenstücke in Bezug auf Schiffahrt und Handel in Kriegszeiten II. Hamburg 1862.
[183] Heydt an Schleinitz am 21.6.1861. In dem beigelegten Erlass an die Handelsvorstände der preußischen Ostseehäfen verzichtete der Handelsminister darauf, wie 1856 die Häfen für Kaperschiffe zu schließen. GStA Berlin, Mf 144 AA III.HA Rep. 14a Nr. 4 Vol. 3 Teil 1.
[184] Schleinitz an Heydt am 7.7.1861. GStA Berlin, Mf 144 AA III.HA Rep. 14a Nr. 4 Vol. 3 Teil 1.
[185] Gerolt am 2.5.1861 an Schleinitz. GStA Berlin, Mf 81 AA CB IC Nr. 36 Vol. 1. – Note Gerolts vom 30.4.1861 an Seward. NA Wash., Mf 58/3. Zu den Aktivitäten von Schleiden s. *Baldur Eduard Pfeiffer,*: Deutschland und der amerikanische Bürgerkrieg 1861–1865, Diss. phil. Würzburg 1971, S. 26 f.

ges nur noch eine deutsche Auswanderung in den Süden. Preußische Schiffe mieden die Bürgerkriegsregionen noch mehr als die Bremer, selbst New Orleans, nachdem die Blockade des Hafens im Mai 1862 aufgehoben war. Der preußische Konsulatsverweser in New Orleans verzeichnete 1863 ein preußisches Schiff neben 23 aus anderen europäischen Staaten und 1864 keines[186]. Die preußischen Kaufleute konzentrierten sich auf den Norden der USA. An den prisengerichtlichen Verfahren gegen Blockadebrecher, die 1861 anliefen, war kein preußisches Schiff beteiligt.

Die seerechtlichen Auseinandersetzungen waren Teil des Bürgerkrieges. Durch seine Auswirkungen über den Atlantik beeinflusste er die völkerrechtliche Position der europäischen Mächte. Preußen war, wie die Trentkrise Ende 1861 zeigte, zwar auch betroffen; aber es konnte Konflikten leichter aus dem Weg gehen als die Kolonial- und Seemächte. Zusätzlich erwies sich seine Unterstützung der Union auf die Dauer als günstiger, wie sich an der Bewältigung der wenigen auftretenden Konflikte und der Handelsbilanz ablesen ließ.

Die Seemächte verteidigten jetzt entgegen den Forderungen der fünfziger Jahre praktisch die Kaperei, nämlich die von den Konföderierten praktizierte. Die Duldung der Südstaaten-Kaper in britischen und französischen Häfen war ein dauernder Stein des Anstoßes für die USA, auch wenn sie keine Prisen mit hineinbrachten. Die USA andererseits, die 1856 mit Marcy's Amendment der Pariser Seerechtsdeklaration besonders Privatbesitz seerechtlich zu sichern beanspruchten, schonten konföderierten Privatbesitz selbst auf neutralen Schiffen in keiner Weise, wie vor allem britische Schiffe feststellen mussten. Genauso schien sich während des Krieges mit der Trent-Affäre das Verhältnis von USA und Großbritannien zum Durchsuchungsrecht und zur Bestimmung der Konterbande umzukehren. Als Captain Wilkes vom US-Kriegsschiff „San Jacinto" die Südstaaten-Vertreter Mason und Slidell und ihre beiden Sekretäre am 8.11.1861 von Bord des britischen Dampfers „Trent" holte, der zwischen neutralen Häfen verkehrte, ging es nach Seward und der unionsfreundlichen Presse von New York bis nach Köln um das Durchsuchungsrecht durch Kriegsschiffe gegenüber Handelsschiffen, das die USA noch 1858/1859 bekämpft hatten. Zugleich umschrieben sie die Gefangennahme der beiden Konföderierten als Entfernung von Konterbande, obgleich die USA noch 1859 für die Beschränkung des Begriffs auf Waffen und Munition eingetreten waren. Demgegenüber handelte es sich für die britische Regierung, die in den fünfziger Jahren den von den USA geforderten umfassenden Schutz der Neutralen verhindert hatte, um einen offenkundigen Bruch des Rechtes neutraler Staaten. Die

---

[186] Jahresberichte Kruttschmitts in GStA Berlin, Mf 144 AA III.HA Rep. 14 Nr. I Vol. 10.

III. Der Streit um Intervention und Völkerrecht 491

übrigen europäischen Regierungen, auch die preußische, pflichteten ihr mehr oder minder bei. Der belgische, der russische und der britische Gesandte berichteten an ihre Regierungen, Captain Wilkes habe auf Anweisung aus Washington gehandelt[187], und der besonders dem Süden verbundene französische Gesandte Mercier stufte die Verhaftung Slidells als Provokation Großbritanniens ein[188]. So waren die Beziehungen der USA zu Großbritannien aufs Äußerste belastet und die zu den übrigen europäischen Staaten zumindest gefährdet. Ende November 1861 war das gesamte Diplomatische Corps nach Meinung des Grafen Adam Gurowski, clerk-translator des State Department, in heller Aufregung – mit Ausnahme Gerolts[189]. Gerolt, der sich nach Gurowskis Meinung nicht so servil gegenüber Lord Lyons wie die übrigen Diplomaten verhielt[190], berichtete nach Berlin über die Zeichen des Einlenkens auf amerikanischer Seite und machte deutlich, dass die Tat von Wilkes bei den US-Politikern nicht den Anklang gefunden hatte, den die US-Presse überwiegend vermittelte. Er teilte der preußischen Regierung vor allem mit, dass nach den Worten von Wilkes gegenüber einem Bekannten, dieser keinen Befehl gehabt habe, Mason und Slidell zu verhaften, und er dies auf seine eigene Verantwortung hin getan habe[191]. Entsprechend desavouierte Seward Wilkes in seiner Instruktion an den US-Gesandten Adams in London am 17.11.1861 und informierte er die ausländischen Gesandten[192].

Gerolt kannte Mason aus Virginia, da er „1856 als Chairman of Foreign Affairs im Senate sich um die Abschaffung des Sundzolles und früher um die Durchführung des Vertrages zwischen Preußen und den Vereinigten Staaten zur Auslieferung flüchtiger Verbrecher verdient gemacht hat ..."[193]. Gerolt traute Mason und Slidell auch Erfolge zugunsten der Konföderierten in London zu und schrieb vier Tage vor der Gefangennahme der beiden

---

[187] Lord Lyons am 19.11.1861 nach London. *Norman B. Ferris*: The Trent Affair, A Diplomatic Crisis, Knoxville, Tennessee 1977, S. 88. – Der belgische Gesandte am 17.11.1861 nach Brüssel und der russische Gesandte am 18.11.1861 nach St. Petersburg, a.a.O., S. 119.

[188] Mercier am 19.11.1861 nach Paris, a.a.O., S. 120.

[189] The Diary of Edward Bates, 1859–1866. Ed. *H. K. Beale*. Vol. VI of the Annual Report of the American Historical Association for the Year 1930. Washington 1933, S. 205.

[190] Gurowski im Dezember 1861 (ohne genaues Datum) an Frederick William Seward. Seward Papers, Mf 67.

[191] Gerolt am 25.11.1861 an den König. GStA Berlin, Mf Nr. 81, AA CB IC Nr. 36.

[192] Gerolt am 16.12.1861 an den König. GStA Berlin, Mf Nr. 81, AA CB IC Nr. 36.

[193] Gerolt am 4.11.1861 an den König. GStA Berlin, Mf Nr. 81, AA CB IC Nr. 36.

nach Berlin[194], ihre Anwesenheit „in England und Frankreich dürfte zur Anerkennung der südlichen Conföderation von seiten jener Mächte wesentlich beitragen, wenn die Sache der hiesigen Union nicht bald eine günstige Wendung gewinnen sollte."

Mit der „günstigen Wendung" meinte Gerolt, dass sich endlich der militärische Erfolg einstellte, den Washington vom neuen Oberbefehlshaber Mc Clellan erwartete. Mc Clellan sprach sich Mitte November gegenüber Gerolt „mit großem Vertrauen über den baldigen glücklichen Erfolg des Feldzuges aus."[195] Aber diesen Erfolg erzielte Mc Clellan nicht, so dass die Union in der Trentkrise im Verhältnis zu Großbritannien erst recht auf die diplomatischen Mittel angewiesen blieb.

Die beunruhigendsten Nachrichten kamen im Dezember 1861 aus London und Paris. Der preußische Botschafter in London Graf Brandenburg schrieb[196]: „Die Truppensendungen nach Kanada und alle erforderlichen Rüstungen werden hier ununterbrochen mit bewundernswerter Energie betrieben." Prinz Reuß, preußischer Geschäftsträger in Paris, merkte zwar sehr bald, dass Frankreich sich nicht direkt in den angloamerikanischen Konflikt einzuschalten gedachte[197], aber den sich verschärfenden Gegensatz zwischen Großbritannien und den USA doch zu nutzen plante, um gemeinsam mit anderen europäischen Staaten die vom Norden blockierten Südstaaten-Häfen zu öffnen[198]. Nach Meinung des Prinzen Reuß würde Napoleon einen Bruch zwischen Großbritannien und den USA nicht ungern sehen, und durch eine friedliche Lösung würde „Frankreich durch die entschiedene Stellung, die es zu der Frage eingenommen hat und fast eine dem nordischen Staatenbund feindlich zu nennen ist, in einige Verlegenheit gesetzt werden."

Im Gegensatz zu Napoleon zeigte sich die preußische Regierung an einer Entschärfung der Trent-Affäre interessiert, da für sie eine möglichst unbeeinträchtigte britische Rolle neben der Frankreichs wichtig war und ein eskalierender Konflikt zwischen den angelsächsischen Mächten nur weitere Behinderungen des Welthandels heraufbeschwören würde. Judd stellte nach seinem Gespräch mit Außenminister Graf Bernstorff am 13.12.1861 fest, dass es keinen Zweifel an den freundschaftlichen Gefühlen der preußischen Regierung gegenüber der US-Regierung gäbe und an ihrem Wunsch, die

---

[194] A.a.O.
[195] Gerolt am 18.11.1861 an den König. GStA Berlin, Mf Nr. 81, AA CB IC Nr. 36.
[196] Graf Brandenburg am 16.12.1861 nach Berlin, GStAM, 2.4.1.I. Nr. 7913.
[197] Reuß am 29.11.1861 aus Compiègne an Bernstorff, GStAM, 2.4.1.I. Nr. 7913.
[198] Pourtalés am 13.12.1861 über ein Gespräch mit dem französischen Außenminister Thouvenel an Bernstorff, GStAM, 2.4.1.I. Nr. 7913.

III. Der Streit um Intervention und Völkerrecht

Abb. 4: Karikatur aus dem „Kladderadatsch", Berlin 29.12.1861.

Rebellion unterdrückt zu sehen. Im Unterschied zu London und Paris sprach Bernstorff von Rebellen und Rebellion, und er erweckte nicht den Anschein, dass die Südstaaten anerkannt würden. Daraufhin regte Judd spontan an, ohne autorisiert zu sein, dass Preußen zwischen den USA und Großbritannien vermittelte[199]. Etwa zur gleichen Zeit schlug Senator Sumner bei Lincoln eine Vermittlung durch den preußischen König vor[200], vermutlich mit durch den aus Berlin stammenden amerikanischen Staatswissenschaftler Lieber angeregt[201]. Jedoch die Art und Weise, wie die beiden Staaten die Trent-Krise sehr bald bewältigten, machte eine preußische Vermittlung überflüssig.

Wenngleich der Vermittlungsvorschlag nicht weiter verfolgt wurde, so hatte Preußen doch ein besonderes Interesse an einer friedlichen Einigung Großbritanniens und der USA, schon damit sich die beiden Mächte, zu denen es gute Beziehungen unterhielt, nicht weiter gegenseitig beschädigten. Speziell als Nachbar Frankreichs lag es nahe, dafür einzutreten, dass die Position Großbritanniens in Europa nicht geschwächt wurde[202]. So abwegig war die Karikatur im Kladderadatsch nicht, wonach der transatlantische Konflikt Napoleon Gelegenheit bot, ungestört an seiner Ostgrenze aktiv zu sein.

Großbritannien gewann bei seinen Forderungen gegenüber den USA die sofortige Unterstützung Frankreichs, aber nur eine verspätete von Österreich und Preußen, die weder ihre Beziehungen zu Großbritannien noch die zu den USA beeinträchtigen wollten. Die Instruktion des britischen Außenministers Lord Russell vom 30.11.1861 an Lord Lyons, also das Trent-Ultimatum, das von den USA die Freigabe von Mason und Slidell und eine Entschuldigung forderte, wurde von Frankreich samt dem von Großbritannien vertretenen Rechtsstandpunkt in der Instruktion von Außenminister Thouvenel vom 3.12.1861 an Mercier wirksam unterstützt[203]. Großbritannien und Frankreich drängten Österreich und Preußen, zugunsten der britischen Ansprüche im Interesse der Neutralen ebenfalls Stellung zu neh-

---

[199] Judd in Nr. 14 vom 14.12.1861 an W. H. Seward, GStA Berlin, Mf 44/12. – Pfeiffer hat sich versehen, wenn er meint (*Pfeiffer*: Deutschland und der amerikanische Bürgerkrieg 1861–1865, S. 32), dass der Vermittlungsvorschlag von Bernstorff ausging.

[200] Gordon H. *Warren*: Fountain of Discontent, The Trent-Affair and Freedom of the Seas, Boston 1981, S. 178.

[201] *Frank Freidel*: Francis Lieber, Nineteenth Century Liberal, Gloucester Mass. 1968, S. 315. Lieber war 1927 in die USA ausgewandert.

[202] Zu den Befürchtungen Berlins in Bezug auf Großbritannien s. den Bericht der französischen Gesandtschaft vom 15.12.1861 an Thouvenel. Die auswärtige Politik Preußens, Bd. II, 2, Oldenburg 1945, S. 530 ff.

[203] *Warren*: Fountain of Discontent, S. 158.

III. Der Streit um Intervention und Völkerrecht   495

men[204]. Die daraufhin am 18.12.1861 von dem österreichischen Außenminister Graf Rechberg an den Ministerresidenten Hülsemann in Washington geschickte Instruktion[205] ging auf die Rechtsfrage nur insofern ein, als sie die „für die internationalen Beziehungen geltenden Regeln" betonte, aber unterstützte konkret im Interesse des Friedens die britischen Forderungen. Graf Bernstorff formulierte seine Depesche an Gerolt[206] ähnlich der ihm von Werther zugestellten Weisung an Hülsemann. Bernstorff betonte ebenso das Interesse am Frieden, hob stärker die durch Wilkes verletzten Rechte der Neutralen hervor, wenn er auch nicht unterstellte, dass Wilkes im Auftrage der Regierung gehandelt habe, unterstützte zurückhaltender als Wien die britischen Forderungen, aber charakterisierte sie gleichfalls als billig. Da Lord Lyons am 19.12.1861 Seward die Weisung Lord Russells vortrug, wussten Rechberg und Bernstorff noch nichts von der günstigen Aufnahme der britischen Forderungen in Washington; aber als die beiden deutschen Depeschen in Washington eintrafen, die österreichische am 8.1.1862 und die preußische am 11.1.1862, waren Mason, Slidell und ihre Sekretäre längst frei und damit die Trentkrise überwunden. Die Reaktion der britischen Regierung spiegelte der kritische Kommentar des Londoner Morning Star vom 8.1.1862 wieder: „Our German fellow thinkers are not so prompt in action as the French."

Beurteilt man die deutschen Schreiben allein von ihrem Beitrag zur Bewältigung der Krise, so hätten die deutschen Regierungen genauso gut auf sie verzichten können, so wie auch die russische Regierung von einer solchen Stellungnahme absah. Gurowski aus dem State Department stellte die Reaktion Russlands als einer „true great power – a true friend" der der zweitrangigen Mächte Österreich und Preußen gegenüber und qualifizierte sie ab als: „The kick of asses at what they suppose to be the dying lion."[207] Einmal verkannte er, dass die Politiker der zweitrangigen Großmächte Österreich und Preußen daraus ihre Schlüsse zu ziehen vermochten, dass die erstrangigen westeuropäischen Großmächte die Konföderierten immer

---

[204] Der preußische Gesandte in Wien Freiherr von Werther am 26.12.1861 an Bernstorff, GStA Berlin, 2.4.1.I. Nr. 7913. – *Warren*: Fountain of Discontent, S. 161.

[205] *Alfred Loidolt*: Die Beziehungen Österreichs zu den Vereinigten Staaten zur Zeit des amerikanischen Bürgerkrieges 1861–1865, Diss. phil. Masch., Wien 1949, Anlage II.

[206] Instruktion Bernstorffs vom 25.12.1861 an Gerolt, GStAM, 2.4.1.I. Nr. 7913. Die am 11.1.1862 Seward überreichte Abschrift mit Übersetzung findet sich im NA Wash., Mf.58/3. – Sie ist in der Übersetzung veröffentlicht in den Official records of the Union and Confederate Navies in the War of the Rebellion. Series 1, Vol. 1: The Operation of the Cruisers (Jan. 19, 1861 – January 4, 1863), Washington, D. C., 1894, S. 174 f.

[207] *Adam Gurowski*: Diary from March 4, 1861, to November 12, 1862, Boston 1862, S. 141 f.

noch nicht anzuerkennen wagten, vor allem der Schluss nahe lag, dass nämlich die Union nicht am Ende war. Zum anderen sah er nicht, dass das internationale Recht für die Mächte ohne bedeutende Kriegsmarine noch wichtiger war als für England und Frankreich. Die Schreiben hatten ihre Bedeutung als Verteidigung der Rechte Neutraler, und darauf legte Bernstorffs Weisung den größten Wert. Seward, dem Gerolt seine Instruktion noch am selben Tag vortrug, an dem er sie erhalten hatte, dem 11.1.1862, brauchte sich angesichts der im Vergleich zu Großbritannien und Frankreich so zurückhaltenden Reaktion der beiden deutschen Mächte nicht irritieren zu lassen; aber ihm werden die Grenzen der Belastbarkeit der Beziehungen zu diesen deutlicher geworden sein. Die Reaktion Sewards auf die Verlesung der Instruktion und das Antwortschreiben der amerikanischen Seite[208] verrieten keine Verstimmung zwischen Preußen und den USA. Gerolt seinerseits erkannte an, dass „die hiesige Regierung bei der Erledigung dieser Streitfrage mit der britischen Regierung in Übereinstimmung mit den von den neutralen Seemächten in Anspruch genommenen Rechten gehandelt hat ..."[209]. Das Schreiben Sewards enthielt allerdings neben der Anerkennung des preußischen Interesses am Frieden einige Spitzen gegen europäische Regierungen, die bisher eine bessere Definition der Rechte von Kriegführenden verhindert und wesentlich häufiger Krieg geführt hätten als die USA. Aber das betraf damals vor allem Großbritannien und Frankreich. Die guten Beziehungen zu Preußen suchten Lincoln und Seward auch weiter zu pflegen, wie unter anderem der kurz nach der Trentkrise erfolgte Besuch von Lincoln und Seward bei der Familie Gerolt verriet.

Während der Trent-Krise registrierte Berlin besonders die Hoffnung der französischen Regierung, den auf Washington durch England ausgeübten Druck zugleich für eine Lockerung der Blockade zu nutzen, um der Baumwollnot zu begegnen. Außenminister Thouvenel regte im Dezember 1861 unter anderem bei Preußen eine gemeinsame Untersuchung der europäischen Mächte an, wie weit die US-Blockade der Südstaatenhäfen überhaupt effektiv im Sinne des Pariser Seerechts sei, um dann diese Häfen „bon gré mal gré" für den Baumwollexport zu öffnen[210]. Aber entgegen den Erwartungen der französischen Regierung konzentrierte sich England auf die Beilegung der Trent-Krise und fand Thouvenel nirgendwo Unterstützung für ein gewaltsames Vorgehen gegen die Blockade. So wie sich Washington schließlich mit der begrenzten Ausdehnung des Völkerrechts

---

[208] Gerolt am 14.1.1862 an Bernstorff. GStAM, 2.4.1.I. Nr. 7898. – Seward am 14.1.1862 an Gerolt, GStAM, 2.4.1.I. Nr. 7913. – Sie ist veröffentlicht in „The war of the rebellion: a compilation of the official records of the Union and Confederate Armies. Series 2, Vol. 2, Washington, D. C., 1897, S. 1177 f.
[209] Gerolt am 14.1.1862 an Bernstorff. GStAM, 2.4.1.I. Nr. 7898.
[210] Pourtalés, Paris, am 13.12.1861 an Bernstorff. GStAM, 2.4.1.I. Nr. 7918.

III. Der Streit um Intervention und Völkerrecht 497

auf die Außenbeziehungen der Confederacy abfinden musste, so Paris und London mit der Blockade. Schon Anfang 1862 berichtete Prinz Reuß von der Preußischen Gesandtschaft in Paris, dass Außenminister Thouvenel die Frage der Blockade auf sich beruhen lassen wolle, da er daran zweifele, „ob man in einem Krieg mit Nordamerika ein wirkliches Heilmittel gegen den bedrohlichen Baumwollen-Mangel finden werde ..."[211]. Der Außenminister befürchte „bei den ziemlich unzivilisierten Sitten der Amerikaner" eine Kriegführung, die zum völligen Ausfall der Baumwollernte führen würde. Gerade hatte die Kriegsmarine der Union den Hafen von Charleston unbenutzbar geschossen. Aus London teilte Brandenburg von der dortigen Preußischen Gesandtschaft mit: „Die barbarische Zerstörung des Hafens von Charleston durch die Nordamerikanische Regierung hat hier ... eine allgemeine Entrüstung" hervorgerufen[212]. Washington suchte den Protesten des Britischen Gesandten Lord Lyons dadurch zu begegnen, dass es die in der ersten Jahreshälfte 1862 eroberten südstaatlichen Häfen so schnell wie möglich wieder dem internationalen Handelsverkehr öffnete.

Mason und Slidell konnten nach ihrem erzwungenen Zwischenaufenthalt im Norden der USA weiter nach Großbritannien reisen, so wie auch andere Südstaaten-Vertreter zumindest inoffizielle Kontakte mit den westeuropäischen Regierungen pflegten, auch wenn sie die Anerkennung der Konföderation nicht erreichten. Die preußische Regierung vermied die unklaren Verhältnisse, die die Konföderation nicht zufrieden stellten und die Union fortwährend provozierten. Preußen erkannte die Lincoln-Administration als einzig legitime Regierung an, und Gerolt verhielt sich von Anfang an dementsprechend. Genauso wenig wie es in Preußen zu Kontakten kam zwischen der preußischen Regierung und Konföderierten, gab es in Nordamerika Kontakte zwischen preußischen Vertretern und der Konföderation. In dieser Frage hatte Gerolt schon vor Kriegsbeginn jeden Zweifel an der preußischen Haltung ausgeräumt. Er bezog früher als alle anderen europäischen Gesandten zugunsten der Union Stellung, selbst früher als der russische Gesandte Stoeckl. Dieser brach erst mit der Beschießung von Fort Sumter seine engen Kontakte zu den Südstaaten-Senatoren Slidell und Benjamin ab[213], als die Haltung der russischen Regierung eindeutig wurde. Schon bevor sich Schleinitz 1861 äußerte, hatte Gerolt im Dezember 1860 den Konsul Trapmann in Charleston instruiert, dass „durch die Unabhängigkeitserklärung Süd-Carolinas Ihre consularische Stellung der dortigen Regierung gegenüber aufgehört hat"[214], und entsprechende Instruktionen er-

---

[211] Reuß, Paris, am 13.1.1862 an Bernstorff. GStAM, 2.4.1.I. Nr. 7918.
[212] Brandenburg, London, am 20.1.1862 an Bernstorff. GStAM, 2.4.1.I. Nr. 7918.
[213] *Frederic Bancroft*: The Life of William H. Seward, Gloucester Mass. 1967 (Repr. von 1899), Bd. 2, S. 135.

hielten die Konsuln von New Orleans, Galveston und Savannah. Die schnelle Reaktion, die auch nicht von Berlin widerrufen wurde, ließ keine Unklarheit über die preußische Position aufkommen. Die übrigen deutschen Staaten, die Konsulate in den Südstaaten unterhielten, verfuhren anschließend ähnlich wie Preußen[215].

Die preußischen Konsuln von Charleston, Savannah und Galveston, die ihr Amt mit den klaren Vorgaben von Gerolt in den Sezessionsstaaten nicht weiterführen wollten, räumten ihre Posten. Sie opferten zugleich einen Großteil ihres als Kaufleute erarbeiteten wirtschaftlichen Erfolges schon zu Kriegsbeginn. Konsul Kaufmann Trapmann in Charleston floh nach Europa, nachdem er als Bürger von South-Carolina zum Militärdienst eingezogen war. Der dennoch beabsichtigten Verhaftung im Norden im Zusammenhang mit eben diesem zehntägigen Militärdienst entkam er nur dadurch, dass sein Schiff vor Ankunft des Haftbefehls bei der Polizei den Hafen von Boston verlassen hatte. Den Verdacht, er habe den Rang eines Captains der Confederate Army und befördere Kaperbriefe, konnte Gerolt mit Mühe bei Seward entkräften[216]. Acting Prussian Consul in Charleston während des Bürgerkrieges war dann der für den Militärdienst zu alte Kaufmann Henry Meyer.

Der preußische und hamburgische Konsul in Savannah Hudtwalcker, Baumwolle-Kaufmann, verließ Georgia im Frühjahr 1862 „aus Gesundheitsgründen"[217], um nach Hamburg zurückzukehren. Er gab sein Geschäft in Savannah auf, fing in Hamburg neu an und verzichtete schließlich 1865 überhaupt auf die konsularische Würde[218]. Der das Konsulat dann verwaltende Baumwolle-Kaufmann Schuster geriet am Ende des Krieges wegen der Beschlagnahme seiner Baumwolle durch Sherman in finanzielle

---

[214] Abschrift des Schreibens Gerolts vom 24.12.1860 an Trapmann. Anlage zum politischen Bericht an Schleinitz vom 10.1.1861. GStA Berlin, Mf 117.

[215] *Pfeiffer*: Deutschland und der amerikanische Bürgerkrieg 1861–1865. S. 18 f.

[216] Gerolt am 22.6.1861, am 4.7.1861, am 8.7.1861 und am 3.8.1861 an Schleinitz mit den Noten an und von Seward, den Vorwürfen der New Yorker Polizei und den Gegendarstellungen. Trapmann aus Luzern am 21.8.1861 an das Preußische Ministerium der auswärtigen Angelegenheiten. GStAM, 2.4.1.II. Nr. 581.

[217] Gerolt am 3.5.1862 nach Berlin. GStAM, 2.4.1.II. Nr. 615. – Die britischen Konsuln in Savannah, Mobile und New Orleans waren schon 1861 unter Hinweis auf ihre Gesundheit in ihre Heimat zurückgekehrt, so dass England noch in Charleston, Richmond und Galveston durch ordentliche Konsuln vertreten blieb.

[218] Hudtwalcker am 28.1.1865 aus Hamburg an das Preußische Ministerium der auswärtigen Angelegenheiten. GStAM, 2.4.1.II. Nr. 615. Wie aus dieser auch von Löffler angeführten Akte hervorgeht, ist es falsch, wenn *Löffler* schreibt (Preußens und Sachsens Beziehungen zu den USA während des Sezessionskrieges 1860–1865, S. 87), Hudtwalcker habe bis Kriegsende in Savannah ausgeharrt, weil er bis zuletzt auf den Sieg der Konföderation wartete.

III. Der Streit um Intervention und Völkerrecht

Schwierigkeiten, so dass er entgegen dem Wunsch von Gerolt das konsularische Amt nicht dauerhaft übernehmen konnte.

Der preußische Konsul in Galveston Kaufmann Jockusch ging während des Krieges nach Matamoras in Mexiko, um sich nicht an Blockadeunternehmungen beteiligen zu müssen. Er überließ das Konsulat Frederich, der zunächst auch Oldenburg und Hannover vertrat und dann alle deutschen Staaten mit Ausnahme von Sachsen und Österreich.

Abgesehen von dem Ziel der Konsulatsverweser in Charleston, Savannah und Galveston, das Amt zu erhalten, entwickelte sich zum Hauptanliegen, die Deutschen vor dem Militärdienst in der Konföderiertenarmee zu bewahren. Dabei weisungsgemäß Kontakte zu Regierungsstellen zu vermeiden, wird nicht immer möglich gewesen sein. Aber solche Gespräche zur Vertretung der Interessen Deutscher mussten sich ohne Rücksprache mit Gerolt vollziehen. Trotz der damit eingeschränkten Möglichkeiten im Vergleich zu den englischen und französischen Konsuln konnten Schuster in Savannah und Frederich in Galveston 1862/63 immerhin noch Erfolge verzeichnen. Später gab es keine Freistellungen vom Militärdienst für Ausländer mehr.

Meyer in Charleston operierte nicht immer mit Realismus und Geschick, und er war in jeder Hinsicht überfordert. An ihn wandten sich 1862 unter anderem 25 Deutsche aus South Carolina mit der Bitte, „unsere Verschiffung von hier nach einem neutralen, oder mindestens einem nördlichen Hafenplatze zu ermöglichen ..."[219]. Meyer wünschte daraufhin, dass, wie französische und britische Kriegsschiffe in den Hafen von Charleston kamen, im Interesse der Deutschen auch ein preußisches Kriegsschiff erschien[220]. Schleinitz wollte zwar im Falle, dass der Konflikt „eine drohende Gestaltung" annimmt, durch die „Entsendung eines Geschwaders in die gefährdeten Gewässer für den Schutz der preußischen Handelsflagge"[221] eintreten, aber tatsächlich war diese Möglichkeit nie aktuell und auch nicht ein Einsatz preußischer Kriegsschiffe zugunsten Deutscher in den Südstaaten.

Zum Ärger Gerolts führte ein von Meyer mit einem Courier-Paß versehener Carl Zander 1862 in Richmond mit dem dortigen Außenminister und dem Kriegsminister „ebenso unbefugte als unnütze Verhandlungen über Anerkennung der dortigen Regierung von Seiten deutscher Regierungen, über Militairpflichtigkeit von deutschen Unterthanen und die Vertretung derselben in den Conföderierten Staaten usw. ..."[222]. 1864 war Meyer trotz seines

---

[219] 25 deutsche Bürger am 6.5.1862 an Meyer, Anlage zum Schreiben Gerolts vom 28.8.1862 an Bernstorff. GStAM, 2.4.1.II. Nr. 581.
[220] Meyer am 12.5.1862 an Gerolt, abschriftlich als Anlage zur Depesche Gerolts vom 28.8.1862, a.a.O.
[221] Schleinitz am 17.6.1861 an von der Heydt. GStAM, Rep. 120 C.XIII.4.85 Bd. 7.
[222] Gerolt am 28.8.1862 an Bernstorff, a.a.O.

Entgegenkommens gegenüber den Konföderierten mit seinen Möglichkeiten weitgehend am Ende, da ihm die konföderierte Regierung mitteilte, er habe sich zu enthalten, die Funktionen eines geschäftsführenden preußischen Konsuls auszuüben. Wie der „Privatbrief" zum Ende des Konsulats in Charleston überhaupt zu Gerolt gelangen konnte, ist nicht in den Akten verzeichnet.

Meyers Schreiben von 1862 erreichte Gerolt durch den oben erwähnten Zander, der sich durch die feindlichen Linien in den Norden durchgeschlagen hatte. Im Übrigen organisierten private Gesellschaften über Blockadebrecher die Post nach außen. Der vom Norden wie Süden anerkannte Weg der Beförderung der offiziellen Post, wie ihn Gerolt beschritt und von den preußischen Konsuln in den Südstaaten verlangte, war, dass englische oder französische Kriegsschiffe die Briefe transportierten oder die offiziellen Mitteilungen über Armeeposten unter der Parlamentärsflagge hin und her gelangten.

Die preußische Regierung bestellte in keinem Fall in den Südstaaten einen neuen Konsul, um nicht durch die dann erforderliche Beantragung eines neuen Exequaturs zusätzliche Schwierigkeiten für die Vertretung preußischer Interessen im Süden oder im Norden heraufzubeschwören. Es kam Preußens Kurs gegenüber der Union entgegen, dass Jefferson Davis das von Washington bis 1861 ausgestellte Exequatur respektierte und kein eigenes an die bisherigen Konsuln austeilte. Dass es dennoch in einzelnen Fällen Schwierigkeiten gab, lässt sich nicht übersehen, auch wenn die Praxis des Konsulatsverwesers in Charleston nicht der Nordstaatenpresse bekannt wurde. Aber sie belasteten nie die Beziehungen zwischen der Union und Preußen wie die Differenzen mit Washington wegen der französischen und der britischen Konsuln in den Südstaaten. Besondere Auseinandersetzungen gab es zwischen Washington und London wegen der Kontakte des britischen Konsuls Bunch in Charleston mit Jefferson Davis, so dass ihm Lincoln 1861 das Exequatur entzog, und zwischen Washington und Petersburg wegen des russischen Konsuls Edward Barnett in Charleston, der 1861 gleichfalls das Exequatur verlor, und zwischen Washington und Brüssel wegen der belgischen Konsuln in New Orleans. Wenn die New York Daily Tribune am 1.9.1863 Seward attackierte, dass er den ausländischen Konsuln in den rebel ports nicht das Exequatur entzogen habe, so bezog sich das am wenigsten auf die deutschen Konsuln.

Dass die preußische Regierung die Konsulatsverweser nie als Vermittlungsinstanzen zu den Konföderierten einsetzte, war entscheidend für die Beziehungen Preußens zur Union während des Krieges. Als die Frage einer Kontaktaufnahme mit den Südstaaten im Juni 1861 aktuell wurde, weil Großbritannien und Frankreich ihre Gesandten im Interesse des Handels an-

III. Der Streit um Intervention und Völkerrecht

wiesen, über ihre Konsuln mit der Regierung der Konföderation Seerechtsfragen zu klären, instruierte Schleinitz Gerolt ausdrücklich, nicht „an die in Montgomery eingesetzte Behörde" heranzutreten, es also sorgfältig zu vermeiden, sich den Schritten der Gesandten der Seemächte anzuschließen[223]. Von der Heydt verwandte sich mit Rücksicht auf die preußische Schifffahrt vergeblich dafür, die gleichen Grundsätze wie gegenüber Washington auch gegenüber Montgomery zur Geltung zu bringen[224].

Komplikationen für die Beziehungen Preußens zur Union schienen sich trotz der vorsichtigen preußischen Politik zeitweilig im Süden zu entwickeln, und zwar in New Orleans, wo allgemein die eng mit der dortigen Gesellschaft verbundenen Konsuln nicht ihr Amt aufgaben. Auch der preußische Konsul Kaufmann Augustus Reichard gehörte zu den Gegnern der Unionisten um Michael Hahn. Hahn wurde 1862 Abgeordneter im Repräsentantenhaus und rückte 1864 an die Spitze von Louisiana, der erste gebürtige Deutsche im Amt eines Gouverneurs[225]. Reichard trat im Gegensatz zu ihm im Mai 1861 mit seinen wohlhabenden Freunden und Bekannten in das Orleans Rifle Regiment der Louisiana Miliz ein, da er nach seinen Worten Louisiana seine Stellung, sein Vermögen, seine Familie, ja alles verdankte[226]. Er diente von 1861 bis 1865 in der Confederate Army. Er und der ebenfalls aus New Orleans stammende Leon von Zincken, Sohn eines preußischen Generals, waren in dieser Armee die einzigen gebürtigen Deutschen, die den Generalsrang erreichten. Um öffentliches Aufsehen zu vermeiden, veranlasste Gerolt Reichard sofort im Mai 1861, sein Abschiedsgesuch als Konsul zu stellen. Sein Associé Kruttschnitt liquidierte 1862 die von ihm verwaltete Großhandlung Reichard und Co., und 1863 zog die Union Reichards Restbesitz ein.

Auf Reichards Vorschlag bestellte Gerolt im Mai 1861 den Kaufmann John Kruttschnitt zum Konsulatsverweser. Er war mit 45 Jahren nach den anfänglichen Bestimmungen Louisianas zu alt für den Militärdienst. Kruttschnitt verwaltete ab 1862 ebenfalls das Bremer Konsulat, da der Bremer Konsul 1862 sein Amt „aus Gesundheitsrücksichten" verlassen hatte[227].

---

[223] Vertraulicher Zusatz zu dem „offenen Erlaß" von Schleinitz vom 13.6.1861 an Gerolt, GStA Berlin, Mf 144 AA III HA II Rep. 14a Nr. 4 Vol. II.

[224] Von der Heydt am 25.6.1861 an Schleinitz, GStAM, Rep. 120 CXVII. 4.85 Bd. 7. – Das Ablehnungs-Schreiben durch Schleinitz an von der Heydt folgte am 7.7.1861. A. a. O.

[225] Zu den Deutschen in New Orleans während des Sezessionskrieges siehe *Robert T. Clark Jr.*: The New Orleans German Colony in the Civil War. Louisiana Historical Quarterly, XX (1937), S. 990–1015.

[226] Reichard am 27.5.1861 an Gerolt, GStAM, 2.4.1.II. Nr. 602.

[227] Rösing, Vertreter des Bremer Ministerresidenten Schleiden, am 5.9.1862 aus Washington an den Bremer Senat. STA Bremen, 2 – B.13.b.1.a.2.a.I.

Kruttschnitt, Schwager des Secretary of War der Confederation Benjamin, gehörte wie Reichard zu den Deutschen in New Orleans, die mit den Konföderierten sympathisierten[228]. Er geriet dementsprechend mit dem Unions-Militärkommandanten General Butler 1862/63 fast genauso in Konflikt wie der niederländische, der dänische, der schweizerische, der belgische, der spanische, der britische und der französische Konsul. Auch Gerolt empfand – bei aller Sympathie für die Union im Gegensatz zu Kruttschnitt – die Militär-Verwaltung Butlers als despotisch. Kruttschnitt war nach der Einnahme der Stadt durch die Union im April 1862 keine Verbindung zu den Rebellen nachzuweisen; aber er opponierte 1862 mit allen Konsuln gegen den von Butler von den ausländischen Bürgern verlangten Eid, nichts zu tun, was den Feinden der Union helfen könnte[229]; und er verweigerte die 1862 allen Firmen in New Orleans auferlegte Kontribution, einer Strafe wegen der Zeichnung einer von der Stadt im März 1861 zugunsten der Konföderation aufgelegten Anleihe. Dass Butler auch Kaufleute deutscher Staaten und Frankreichs zu den Strafabgaben heranzog, forderte die preußische und die französische Gesandtschaft in Washington heraus. Gerolt und Mercier äußerten sich – ungeachtet ihrer unterschiedlichen Haltung zu Union und Konföderation – in gleichlautenden Noten[230]. Sie erzielten aber bei Seward keinen Erfolg, da er die ausländischen Kaufleute „not as alien neutrals, but as domestic enemies" einstufte. Butler wusste zwar um die Bedeutung der Deutschen im Süden für die Union, aber Kruttschnitt warf er vor, mit seinen Geldgeschäften den Rebellen einen genauso wirksamen Dienst zu erweisen wie sein Partner im Felde[231].

Aus dem Misstrauen Butlers gegenüber den Großkaufleuten in New Orleans, die mit den Pflanzern von den Wirtschaftsinteressen her verbunden waren, ergab sich auch die zeitweilige Beschlagnahme des Handelsschiffes „Essex", die unter preußischer Flagge fuhr. Das war das einzige Mal, das ein preußisches Schiff durch den Bürgerkrieg fast in ähnliche Schwierigkeiten kam, wie sie britischen Schiffen vor allem durch die Union immer wieder zustießen[232]. Die „Essex" war am 24.8.1862 unbehindert in den Hafen

---

[228] Kruttschnitts Jahresbericht aus New Orleans für 1861 vom 8.2.1862 bringt deutlich die Erwartung zum Ausdruck, dass der Erfolg der Konföderation wirtschaftlich bessere Bedingungen für New Orleans bedeutet. GStA Berlin, Mf 144 AA III.HA Rep. 14 Nr. I Vol. 10. – Die nach der Eroberung von New Orleans verfassten Jahresberichte sind zurückhaltender.

[229] *Bernath*, S. 134.

[230] Gerolt am 26.8.1862 an Seward, ähnlich Mercier an Seward, Gerolt am 24.11.1862, 27.1.1863 und am 14.9.1863 an Seward in der gleichen Angelegenheit. NA Wash., Mf 58/3. – Gerolt empörte besonders, dass Butler auch das von Kruttschnitt verwaltete Vermögen der in Paris lebenden Witwe Vogel heranzog, der Frau des 1858 verstorbenen Konsuls Vogel, des Vorgängers von Reichard.

[231] *Clark*, S. 1007 f.

III. Der Streit um Intervention und Völkerrecht 503

von New Orleans eingelaufen, da ja die Blockade schon am 12. Mai aufgehoben war, und war dann bis zum 15.9.62 ent- und beladen. Gerolt sah in dem anschließenden Festhalten der „Essex" einen Verstoß gegen die den neutralen Staaten von der Lincoln-Administration zugesicherten Rechte und genauso in der Beschlagnahme von vier der zehn Pakete mit Silberplatten[233]. Grundlage war die Entscheidung Butlers vom 18.9.62, wonach jeder Export eines ausländischen Bürgers, der nicht den Eid zugunsten der Vereinigten Staaten geleistet hatte, illegal war. Für Seward ging es pauschal um den Besitz von „unreconciled insurgent enemies of the United States", die mit dem Export die Konfiskation vermeiden wollten[234]. Nach der Intervention Gerolts bei Lincoln und bei Seward konnte die „Essex" am 26. Oktober zwar den Hafen verlassen, aber ohne die vier für Liverpool bestimmten Silberpakete.

Einige preußische Zeitungen gebärdeten sich sehr aufgeregt wegen der „Essex" im Gegensatz zu den offiziellen Kreisen, wie Judd schrieb[235]. Es gab sogar die Forderung, die Regierung möge sich mit der Frage beschäftigen, ob nicht als Gegenmaßnahme US-Eigentum in Preußen zu beschlagnahmen sei. Bismarck drückte jedoch gegenüber Judd den Wunsch aus, jede Irritation im Zusammenhang mit dem Fall Essex zu vermeiden[236]. Ebenso bemühte sich Seward, die Aktivitäten Butlers nicht zu einer Belastung der von ihm so sehr geschätzten Beziehungen zu Preußen werden zu lassen. Er hob gegenüber Judd die Orientierung der USA am Völkerrecht hervor und äußerte ebenfalls mit Blick auf Judds preußisches Gegenüber: „It is a pleasure ... to renew the acknowledgements which have been heretofore made of the loyal and friendly disposition towards our country which has been constantly manifested by the King of Prussia."[237] In der Publikation der Diplomatic Correspondence ließ Seward die Preußen berührenden Vorgänge in New Orleans fast unerwähnt[238] im Gegensatz zu den das Verhältnis zu Großbritannien und Frankreich belastenden Vorgängen in der

---

[232] Vor allem sind die als Prisen beschlagnahmten britischen Schiffe zu erwähnen. Dazu *Stuart L. Bernath*: Squall across the Atlantic.
[233] Gerolt am 9.10.1862, 17.3.1863, 12.1.1864 an Seward. NA Wash., Mf 58 3,4.
[234] Sewards Note vom 11.10.1862 an Gerolt. NA Wash., Mf 99/28.
[235] Judd in Nr. 34 am 12.11.1862 an Seward. NA Wash., Mf 44/12.
[236] Judd in Nr. 35 am 25.11.1862 an Seward. NA Wash., Mf 44/12.
[237] Seward in Nr. 44 am 1.12.1862 an Judd und ähnlich in Nr. 45 am 13.12.1862. NA Wash., Mf 77/65.
[238] Die nur kurz die Essex-Affäre streifende Depesche an Judd vom 1.12.1862, aus der oben zitiert ist, wird wiedergegeben in: Papers relating to Foreign Affairs accompanying the Annual Message of the President to the First Session of the Thirty-Eighth Congress, 1863/64, Part II, Washington 1864. S. 1019 f. Judd blieb trotz seiner Beschwerde denkbar dürftig informiert über die Vorgänge in New Orleans, da Seward sie lieber direkt mit Gerolt bereinigte.

Hafenstadt, die Teil der ohnehin spannungsgeladenen Beziehungen zu den Seemächten waren. Lord Lyons und Merciers Proteste in Washington hatten zur Folge, dass Butler keinen Eid von Ausländern mehr verlangen konnte. Vor allem setzte Washington im Dezember 1862 General Banks an die Stelle von Butler, eine Maßregel, die nach Gerolt „durch die Gewalttätigkeiten aller Art des letzteren gegen die Eingeborenen sowohl wie gegen die Fremden zu New Orleans dringend notwendig geworden war."[239]

Schwierigkeiten wegen des preußischen Konsulatsverwesers in New Orleans gab es nach der Butler-Ära nicht mehr. Kruttschnitt genoss weiter das Vertrauen der preußischen Regierung. Sie bestellte ihn 1866 zum preußischen Konsul in New Orleans, und ohne Komplikationen verlieh Washington das Exequatur an Kruttschnitt.

Die Regelung der sich aus der Essex-Affäre und Kriegsverlusten ergebenden Entschädigungsforderungen preußischer Untertanen wurde wie die aus anderen europäischen Staaten entsprechend den Vorschlägen Sewards und Lincolns 1862/1863 auf die Zeit nach dem Kriege verschoben. Handelsminister Itzenplitz suchte 1863 zu einer schnelleren Entschädigung zu kommen und beanspruchte selbst für von den Konföderierten verursachte Schäden Ersatz. Er argumentierte, es könne der US-Regierung auch nicht entgehen, „daß es für die diesseitige Regierung nur der Anerkennung der Conföderierten bedürfe, um einer unverzüglichen Entschädigungsleistung ... gewiß zu sein."[240] Aber er konnte sich damit nicht gegenüber Bismarck durchsetzen. Es gab auch nicht das von Itzenplitz vertretene gemeinsame Vorgehen Gerolts mit Lord Lyons und Mercier, die beide einen wesentlich umfangreicheren Forderungskatalog vorzulegen hatten als Preußen. Diese Entschädigungsfragen wollten die betroffenen Regierungen getrennt mit Washington nach dem Krieg regeln.

Kontakte Gerolts mit der Konföderation wegen der Konsuln, wegen kriegsbedingter Vermögensschäden und der zwangsweisen Einziehung von Deutschen zum Militärdienst in den von der Konföderation beherrschten Gebieten gab es nicht einmal inoffiziell. Dass der französische Gesandte in Washington Mercier, der ohnehin für eine Anerkennung der Konföderation war, im April 1862 offen mit den Vertretern der Confederacy in Richmond verhandelte, rief die Kritik Gerolts wie des österreichischen Vertreters Hülsemann[241] hervor. Gerolt betonte gegenüber dem König[242], wie der Besuch „in den Blättern der conföderierten Staaten als der erste Schritt Frankreichs

---

[239] Gerolt am 30.12.1862 an Bismarck. GStAM, 2.4.1.I. Nr. 7899.
[240] Itzenplitz am 6.3.1863 an Bismarck. GStAM, Rep. 120 CXIII 16.1. Vol. 15.
[241] Hülsemann in seinen Depeschen vom 8. und 10.12.1862. *Carl Richter Marshall*: Der amerikanische Bürgerkrieg, von Österreich aus gesehen, Diss. Phil. Masch., Wien 1956, Kap. IV, Anm. 9, S. 5.

III. Der Streit um Intervention und Völkerrecht

zur Intervention in den hiesigen Bürgerkrieg und zur Anerkennung der Unabhängigkeit der Konföderation der Sklavenstaaten bezeichnet ward und nicht wenig dazu beitrug, den Mut der Regierung zu Richmond zur Fortsetzung des Kampfes gegen die Union von Neuem zu beleben, ungeachtet dessen, daß Herr Mercier hier überall behauptet, daß er keine offizielle Mission nach Richmond gehabt habe. ... Aus späteren Äußerungen des Herrn Mercier gegen mich mußte ich mich überzeugen, daß er nach seinem Besuche in Richmond, wo er mit den Koryphäen der Insurrektion verkehrt hatte, welche er früher hier als Mitglieder des Senates persönlich kennen gelernt hatte, seine Sympathien für die Sache des Südens ... nicht aufgegeben hatte, sondern eher in dem Glauben an den Erfolg der Insurrektion bestärkt worden war; es ist daher wahrscheinlich, dass er in diesem Sinn an seine Regierung berichtet und eine Wiederherstellung der Union für unmöglich, oder als höchst zweifelhaft erklärt hat ...". Diese Vermutung Gerolts ist zu bestätigen. Aber Gerolt brauchte nicht zu befürchten, dass sich das Preußische Ministerium der auswärtigen Angelegenheiten von dieser Tendenz beeinflussen ließ.

Gerolt wähnte hinter den Berichten des französischen Gesandten Mercier nach Paris nicht zu Unrecht vor allem die Stellungnahmen der französischen Konsuln und Kaufleute der Südstaaten. Natürlich übersah er auch nicht die Schwierigkeiten der baumwollverarbeitenden Industrie insbesondere in Frankreich und die Misserfolge der Union bei dem Versuch der Beendigung des Krieges, der den Baumwollhandel zum Erliegen gebracht hatte. Gerolt bemerkte in dem oben erwähnten Bericht[243]: „Von den Europäischen Regierungen, deren Bevölkerungen durch den hiesigen Bürgerkrieg leiden, scheint die Französische am meisten von den industriellen Classen bedrängt zu sein, welche durch Vorspiegelungen der Abgeordneten der südlichen Conföderation von dem Wahn befangen sind, dass nach Aufhebung der Blockade und nach der Anerkennung der Unabhängigkeit jener Conföderation der Ausfuhr von Baumwolle und der Einfuhr französischer Seidenstoffe daselbst nichts mehr im Wege stehen würde; was allerdings ein bedauerlicher Wahn ist, indem die Mittel des Südens in allen Classen durch den Krieg erschöpft und das Land für lange Zeit verheert und verarmt ist, – abgesehen davon, daß die nördlichen Staaten, welche für ihre politische Existenz in der Union kämpfen und bereit sind, noch jedes Opfer zu bringen, um die Ausdehnung der Sklaverei zu verhindern und sich gegen eine unvermeidliche Anarchie in dem gegenwärtigen Bundesstaate zu schützen, welche die Anerkennung des Secessions-Prinzips und die Unab-

---

[242] Gerolt am 30.5.1862 in seinem politischen Bericht an den König. Mf 55, AA CB I C Nr. 38 Vol. I.
[243] A.a.O.

hängigkeit des Südens nach gewaltsamer Auflösung des Unions-Pakts zur Folge haben würde, mit allen ihnen zu Gebote stehenden Mitteln sich gegen eine solche Intervention erheben würden ...".

Der Kritik Washingtons an Frankreich schloss sich Gerolt nach Merciers Richmond-Besuch offensichtlich weitgehend an, aber weniger den gegen Großbritannien gerichteten Vorwürfen. Wie Gerolt Berlin schrieb, habe Seward wiederholt beklagt, „daß durch die Stellung und die Maßregeln, welche die Englische Regierung beim Ausbruche der Insurrektion zu voreilig zur Wahrung neutraler Rechte und Interessen annehmen zu müssen geglaubt habe, hauptsächlich Schuld daran gewesen sei, daß diese ebenso unnatürliche als in ihren Motiven so verbrecherische Losreißung von der Union eine solche Ausdehnung habe gewinnen können. Herr Seward teilt mit den meisten Amerikanischen Staatsmännern den Glauben oder den Verdacht, daß die Britische Regierung diesen Bruch der Amerikanischen Union habe benutzen wollen, um die England gefährliche und unbequeme Macht der Vereinigten Staaten durch innere Anarchie zu zerstören. – Ich habe mir öfters Mühe gegeben, diese Ansichten des p. Seward sowie anderer Staatsmänner im Cabinette des Präsidenten und im Congresse zu bekämpfen und zu berichtigen. Dieses Vorurteil ist aber leider bei dem Amerikanischen Volke tief gewurzelt und keimt bei jedweder Veranlassung hervor, ungeachtet auf der anderen Seite sich nebenbei manche Sympathien für die transatlantischen Cousins erhalten haben und erhalten werden, so lange der Friede und der Handelsverkehr zwischen beiden Nationen nicht auf eine dauernde Weise gestört wird." – Bei anderer Gelegenheit vermittelte Gerolt auch zugunsten der Beziehungen zwischen Frankreich und den USA. Nicht beeinflussen konnte er selbstverständlich die starke Verschlechterung der Beziehungen Frankreichs zu den USA durch die Intervention in Mexiko und die Störung der Beziehungen zu Großbritannien durch die von Südstaatlern gemeinsam mit Engländern ausgeübte Seeräuberei, oder nach den kritischen Worten Gerolts über die Regierung Ihrer Majestät, durch das „ebenso lukrative als feindselige Geschäft ihrer Untertanen gegen den amerikanischen Staat"[244].

Ungeachtet der engen Grenzen von Gerolts Einwirkungsmöglichkeiten war sein stetiges Bemühen um Deeskalation gegenüber dem State Department wie gegenüber seinen Kollegen des Diplomatischen Corps ein wesentliches Kennzeichen seiner Amtsführung, insbesondere als Doyen des Diplomatischen Corps während des Sezessionskrieges. Mal suchte er einfach Vorurteile zu korrigieren, wie im State Department zugunsten Frankreichs und Großbritannien während des Sezessionskrieges; mal bemühte er sich darum, den Gesprächsfaden wieder anzuknüpfen, wenn er zwischen dem

---

[244] Gerolt am 11.8.1863 an Bismarck. GStAM, 2.4.1.I. Nr. 7901.

III. Der Streit um Intervention und Völkerrecht 507

State Department und einem europäischen Diplomaten gerissen war, etwa als die Schwedische Regierung ihren Washingtoner Diplomaten zugleich bei Kaiser Maximilian akkreditierte. Unbeeinträchtigte transatlantische Beziehungen stellten für ihn zunächst einmal die entscheidende Voraussetzung für einen ungestörten deutschen Handel dar, da er nicht wie der Handel Großbritanniens und Frankreichs den Schutz einer Ehrfurcht gebietenden Kriegsmarine genoss. Seit dem Krimkrieg berücksichtigte er auch die Rückwirkungen von transatlantischen Konflikten auf das Konzert der europäischen Mächte. Alle Vermittlungsinitiativen Gerolts erfolgten ohne spezielle Instruktion aus Berlin. Schleinitz akzeptierte Gerolts Anregungen 1861 angesichts der Eskalation in den Beziehungen zwischen Süd- und Nordstaaten der USA, und genauso Bernstorff Gerolts Aktivitäten zugunsten der Verbesserung der Beziehungen zwischen den westeuropäischen Seemächten und den USA 1862. Erst Bismarck führte die Preußische Gesandtschaft in Washington genauso am kurzen Zügel wie die preußischen Vertretungen in den europäischen Hauptstädten, wie Gerolt 1865/66 im Zusammenhang mit Napoleons Mexiko-Abenteuer zur Kenntnis nehmen musste. Das transatlantische Verhältnis hatte jetzt offensichtlich einen anderen Stellenwert erhalten angesichts der stetigen Annäherung von USA und Europa.

Gerolt zeigte nie Interesse an Konflikten zwischen den USA und den westeuropäischen Staaten; aber er hielt sich dennoch auf Distanz, als es um die direkte Intervention Napoleons zugunsten von Verhandlungen Washingtons mit den Südstaaten ging. Diese Form der Intervention in Nordamerika vollzog sich weitgehend an der preußischen Regierung und an Gerolt vorbei. Berlin war allerdings wie St. Petersburg hinreichend über alle Schritte gegenüber der Union informiert, schon weil die westeuropäischen Seemächte sie doch zu gern mit ins Boot gezogen hätten. Die Distanzierung von den westeuropäischen Interventionsprojekten hieß nicht, dass Preußen gegen Gespräche zwischen Nord und Süd war; nur lehnte es die Einwirkung europäischer Mächte ab. Anfang 1862 glaubte Gerolt kurzfristig, „die Zeit dürfte nicht fern sein, wo beide kriegsführenden Teile, nach gänzlicher Erschöpfung aller Mittel zur Fortsetzung des Kampfes gezwungen sein dürften, zu einem friedlichen Verständnisse zu kommen."[245] Gerolt merkte jedoch sehr bald, dass die Union nicht geneigt war, mit der Confederacy zu verhandeln, da es praktisch die Anerkennung der Teilung bedeutet hätte. Bei einer Reise durch verschiedene Staaten der Union im Frühjahr 1862 fiel ihm auf, wie stark die Bevölkerung bereit zu sein schien, „für die Verteidigung und Erhaltung der Union jedes Opfer zu bringen"[246]. Vor allem in New York konnte er sich von neuem überzeugen, „daß jener mächtige

---
[245] Gerolt am 27.1.1862 an Bernstorff. GStAM, 2.4.1.I. Nr. 7898.
[246] Gerolt am 8.4.1862 an Bernstorff. GStAM, 2.4.1.I. Nr. 7898.

Staat der Union, welcher allein gegen 110000 Mann Freiwilligen-Regimenter ins Feld gestellt hat und dessen Banken hauptsächlich die Geldmittel zur Führung des gegenwärtigen Krieges geliefert haben, mehr als jemals entschieden ist, die Waffen nicht eher niederzulegen, als bis die hiesige Regierung die conföderierten südlichen Staaten der Macht des Nordens der Vereinigten Staaten unterworfen und dieselben gezwungen haben wird, den Unions-Pakt und die verfassungsmäßigen Gesetze der Union anzuerkennen." Seward vertrat seine Form der Blut- und Eisenpolitik zugunsten der Einheit der Nation und seine Ablehnung, die Entscheidung im irrepressible conflict statt auf dem Schlachtfeld am Verhandlungstisch zu suchen, gegenüber Gerolt zwar mit wechselnden Argumenten, nur wich er nicht sichtbar von seinem grundsätzlichen Kurs ab. Im Unterschied zu Preußen blieb die Illusion, die Südstaaten könnten dank ihrer militärischen Erfolge zum Verhandlungspartner der Union aufsteigen, auf französischer Seite, aber auch auf britischer den ganzen Krieg hindurch erhalten. Diese Aufwertung der Sezessionsstaaten zum Verhandlungspartner des Nordens suchte besonders Napoleon III. zu fördern durch seine inoffiziellen Kontakte zur Confederacy. Dessen Gesandter in Washington Mercier unterstützte Napoleon bei dieser Art der Intervention, so wie Gerolt die gegensätzliche Tendenz in Berlin bekräftigte.

Napoleon, „would-be arbiter of the world"[247] nach den Worten des US-Gesandten Harvey in Lissabon, intensivierte seine Bemühungen um Unterstützung für seine Vorstellungen von Verhandlungen zwischen Nord- und Südstaaten Ende 1862 um so mehr, als die militärischen Erfolge des Nordens ausblieben. Im Februar 1862 hatte Gerolt seine zunächst geäußerten Besorgnisse wegen einer Intervention Großbritanniens und Frankreichs und damit einen Atlantik-Krieg vor der Hand für unbegründet erklärt, „da es den Anschein hat, daß die Rebellion der Konföderierten Staaten gegen die Union in nicht ferner Zeit durch die Gewalt der Waffen unterdrückt werden wird."[248] Einige Monate später zeigte er sich sicher, dass „der Gang der Kriegsereignisse ... einen baldigen und entscheidenden Sieg der Unionswaffen auf allen gegenwärtigen Kriegsschauplätzen in Aussicht stellt."[249] Aber diese militärischen Erfolge des Nordens blieben aus, und Gerolt musste im Juli 1862 feststellen, dass „die Möglichkeit einer Intervention fremder Mächte zur Vermittelung eines Compromisses mit der conföderier-

---

[247] US-Gesandter Harvey, Lissabon, am 28.2.1863, an W. H. Seward. Seward Papers, Mf 76.
[248] Gerolt am 24.2.1862 an Bernstorff. GStA Berlin, Mf Nr. 55 AA CB IC Nr. 38 Vol. I. In seinem politischen Bericht vom 10.2.1862 an den König war Gerolt schon auf die Frage der Intervention eingegangen.
[249] Gerolt am 30.5.1862 an den König. GStA Berlin, Mf Nr. 55 AA CB IC Nr. 38 Vol. I.

III. Der Streit um Intervention und Völkerrecht 509

ten Regierung näher zu rücken scheint."[250] Dabei war der Rückzug McClellans von Richmond Anfang Juli 1862 nach den Worten Sewards gegenüber Sanford[251] nur der Anfang einer „Serie von unglaublichen Enttäuschungen und Rückschlägen, die die Geduld unseres Volkes strapazierten und für Europa unerträglich waren. Die öffentliche Meinung in Europa ging kaum härter mit der US-Regierung um als die öffentliche Meinung zu Hause, und die Meinung der Feinde kaum ungerechter als die der Freunde. Ein Jahr lang war es ein Vergehen, Freude und Hoffnung zu empfinden. Ich glaube nicht, dass die Welt noch viel länger auf die Einmischung verzichtet hätte." – Aber bis zur Wende durch die Schlacht von Gettysburg und die Eroberung der letzten Stützpunkte der Konföderierten am Mississippi Anfang Juli 1863 zeigten sich die US-Vertreter in Europa mindestens so beunruhigt wie das State Department. Judd wies angesichts der Rückschläge der Union im September 1862 darauf hin, dass in diplomatischen Kreisen freimütig die Anerkennung der aufständischen Staaten erörtert werde[252]. Bei der preußischen Regierung bestehe keine Gefahr; aber die Anerkennung durch Frankreich könne nichts als ein sofortiger und entschiedener Erfolg gegenüber den Rebellen verhindern. Sanford schrieb im November 1862 aus Brüssel, wo sich König Leopold besonders für die Intervention einsetzte: „I am waiting earnestly for victories – they are badly needed over here just now."[253] Sanford befürchtete sogar zeitweilig die bewaffnete Intervention und schrieb eine Woche später: „... what we most need in Europe is *a great victory* – there is no time to be lost."[254] Stattdessen verbreitete sich in der zweiten Dezemberhälfte in Europa die Nachricht vom Rückzug der Potomac-Armee über den Rappahannok nach der Niederlage Burnsides, nach den Worten von Gerolt der „furchtbaren Niederlage des Unionsheeres zu Fredericksbourg"[255]. Der Sondergesandte Sewards in Rom Richard Milford Blatchford mahnte, die Union brauche dringend einen militärischen Erfolg[256]. Harvey, Lissabon, urteilte: „Things at home look very gloomy, financially and otherwise."[257]

Als Napoleon III. im November 1862 seinen Vorschlag eines gemeinschaftlichen Vermittlungsversuchs zur Herbeiführung eines Waffenstillstandes zwischen den kriegführenden Mächten an Großbritannien sandte, für

---
[250] Gerolt am 25.7.1862 an Bernstorff. GStAM, 2.4.1.I. Nr. 7899.
[251] W. H. Seward am 18.7.63 privat an Sanford, Brüssel (Übers. E.). Seward Papers, Mf 79.
[252] Judd am 23.9.1862 in Nr. 30 an W. H. Seward. NA Wash., Mf 44/12.
[253] Sanford, Brüssel, 19.11.1862 an W. H. Seward. Seward Papers, Mf 73.
[254] Sanford, Brüssel, 25.11.1862 an W. H. Seward. Seward Papers, Mf 73.
[255] Gerolt am 22.12.1862 an Bismarck. GStAM, 2.4.1.I. Nr. 7899.
[256] Blatchford am 17.1.1863 aus Rom an W. H. Seward, Seward Papers, Mf 75.
[257] Harvey am 19.2.1863 an W. H. Seward. Seward Papers, Mf 76.

ein entsprechendes Echo in der Presse sorgte und dann Anfang 1863 seine Vermittlungsinitiative noch zweimal wiederholte, war die militärische Lage der Union zwar weiterhin denkbar ungünstig; aber nicht einmal Großbritannien stimmte Napoleon zu und erst recht nicht Russland oder Österreich. Preußen zu fragen, ersparte sich Napoleon. Großbritannien überlegte 1862 auch die Einbeziehung Preußens in eine Vermittlungsinitiative der Großmächte; aber Preußens zeigte nicht das geringste Interesse, auf den Kurs der Seemächte einzuschwenken. Der britische Gesandte in Washington Lord Lyons war von vornherein skeptisch, ob eine britisch-französische Intervention in Washington auf Gegenliebe stoßen würde. Gerolt schrieb auf die Frage Bismarcks nach dem Eindruck von Napoleons erstem Vorschlag[258]: Bei den südlichen Staaten „konnte dieser Vorschlag nur willkommen sein, da die conföderierte Regierung stets ihre ganze Hoffnung zur Erlangung ihrer Unabhängigkeit auf die Mediation und Intervention der großen Seemächte gebaut hat, während sie durch die Ablehnung von Seiten Englands und Russlands auf ihre eigenen Mittel beschränkt wird, in einem Augenblicke, wo die Fortführung des ungleichen Kampfes gegen den Norden mit den größten Schwierigkeiten verknüpft sein muß. Die Erbitterung im Süden, namentlich gegen England, dürfte daher ebenso groß sein, als die Genugthuung zugunsten dieser Macht in allen nördlichen Staaten, wo man die Zumutung eines Waffenstillstandes mit dem Süden in der Absicht, einen Frieden zu vermitteln, wodurch die Trennung der Union als conditio sine qua non der Conföderierten Regierung anerkannt werden sollte, mit Entrüstung zurückgewiesen wurde, was man in England wohl begriffen hat, ebenso als die bedenklichen Folgen einer solchen Trennung und eines unvermeidlichen Zerwürfnisses mit den hiesigen Freien Staaten."

Schließlich betonte Gerolt, dass es zwar zwischen der herrschenden republikanischen Partei und der demokratischen unterschiedliche Meinungen über die Art der Kriegführung gebe, aber es „herrscht doch über das Ziel des Krieges, nämlich: die Wiederherstellung der Union und der Verfassung, keine Meinungsverschiedenheit."

Gerolt war sich bewusst, wie sehr bei den Vermittlungsbemühungen Frankreichs die Vorstellung eine Rolle spielte, dass mit der Unabhängigkeit der Sklavenstaaten zugleich die Baumwollnot zu Ende ginge. Demgegenüber betonte er[259]: „Man scheint dabei jedoch ganz außer Acht zu lassen, daß der Norden ... für seine politische Existenz kämpfen muß und ihm nur die Wahl gelassen ist, die südliche secession doctrine ... zu unterdrücken oder die ... Vereinigten Staaten der Auflösung und einem langjährigen Bür-

---

[258] Gerolt am 8.12.1862 an Bismarck auf dessen Depesche vom 20.11.1862. GStAM, 2.4.1.I. Nr. 7899.

[259] Gerolt am 16.2.1863 an den König. GStAM, 2.4.1.I. Nr. 7900.

III. Der Streit um Intervention und Völkerrecht 511

gerkriege preiszugeben." Die Sezession würde nach Meinung der Lincoln Administration keinen dauerhaften Frieden bringen. „Von diesem nationalen Standpunkte aus betrachtet, kann man es der hiesigen Regierung nicht verdenken, daß sie irgendwelche Vermittlungsvorschläge oder Verhandlungen mit dem Süden, welche von vornherein die Unabhängigkeit desselben bedingen oder auch nur die Möglichkeit einer staatlichen Trennung zulassen, mit Misstrauen betrachtet und zurückweist."

Mit der von Paris und London erhofften Bereitschaft des Nordens zu Verhandlungen war selbst angesichts der militärisch ungünstigen Lage nicht zu rechnen, wie Gerolt in seinen weiteren politischen Berichten 1863 deutlich machte. Noch überzeugender konnte Gerolt seine Regierung nach den Erfolgen des Sommers 1863 informieren, dass Washington mit den Aufständischen auf seine Art fertig zu werden gedächte.

Die Vermittlungsbemühungen Frankreichs an sich spielten für Gerolt also nur zeitweilig eine zentrale Rolle. Viel wichtiger war auf Dauer aus preußischer Sicht die stetige Verschlechterung der Beziehungen zwischen den USA und Frankreich wegen dessen Politik insgesamt gegenüber der Sezession und zwischen den USA und Großbritannien wegen dessen Duldung der südstaatlichen Kaperei. Gerolts Befürchtungen[260] nahmen im Sommer 1863 zu, dass wenn der nordamerikanische Handelsverkehr weiter in der bisherigen Weise unter britischer Mithilfe gestört werde, ein Krieg unvermeidlich sei: Leider werde „es der hiesigen Regierung nicht möglich sein, die öffentliche Meinung länger zu beschwichtigen und zu verhindern, daß nicht ähnliche Unternehmungen in den hiesigen Häfen gegen die Englischen Handelsschiffe ausgerüstet werden und daß ein offener Krieg zwischen beiden Nationen unvermeidlich werde, ein Krieg, welcher nach der hiesigen allgemeinen Auffassung bereits von England begonnen ist, indem man sich bloß an die unbestrittene Tatsache hält, daß alle conföderierten Kaper in Englischen Häfen gebaut und von dort in neutralen Häfen oder auf hoher See vollkommen ausgerüstet und ohne weiteres gegen die amerikanischen Handelsschiffe verwandt wurden ...

Der Staats-Secretair Seward hat über diese drohende Lage der Dinge der Englischen Regierung die dringendsten Vorstellungen gemacht und die Tatsache hervorgehoben, dass beide Länder einem unvermeidlichen Conflikte entgegen gehen."[261] Dabei galten Gerolts Befürchtungen vor allem den Rückwirkungen auf die neutralen deutschen Staaten.

Dass die Union selbst einen Krieg mit England und Frankreich zusätzlich zum Bürgerkrieg bestehen könnte, hielt er 1863 für möglich[262]. Für ihn war

---

[260] Andeutungsweise schon von Gerolt in seinem Bericht vom 30.5.1862 an den König erwähnt. GStA Berlin, Mf 55 AACBIC Nr. 38 Vol. 1.
[261] Gerolt am 11.8.1863 an Bismarck. GStAM, 2.4.1.I. Nr. 7901.

sicher, dass „die hiesige Regierung, ebenso wie zur Fortführung des Krieges gegen den Süden geschehen ist, von allen Klassen der Bevölkerung und durch alle derselben zu Gebote stehenden Mittel unterstützt werden wird, auch selbst wenn Frankreich veranlaßt werden sollte zu Gunsten der südlichen Conföderation an einem solchen Krieg Teil zu nehmen.

Wer die Hülfsquellen dieses Landes und den Charakter des amerikanischen Volkes kennen zu lernen Zeit und Gelegenheit gehabt hat, wird kaum daran zweifeln, daß die Amerikaner in diesem Kampfe am längsten aushalten werden und daß die Folgen davon für das industrielle England und Frankreich auf die Dauer nur unheilbringend sein können."[263]

Die Gefahr eines Krieges zwischen den USA und Frankreich und England sah er durch „die verschiedenen Interventions- und Vermittlungs-Versuche Frankreichs in die Angelegenheiten dieses Landes" noch vermehrt[264]. In seinem Bericht vom Mai 1863 an Bismarck deutete er die Folgen für Deutschland an, sollten die Spannungen weiter eskalieren: „Bei einem solchen Kriege würde Frankreich verhältnismäßig nur wenig auf das Spiel setzen und dann nur vorübergehend berührt werden, während die Großbritannische Regierung um ihren Handel auf allen Meeren und ihre Colonien zu schützen, ihre ganze Macht gegen die Vereinigten Staaten auf längere Zeit aufbieten müßte, wodurch der Einfluß und die Macht Englands den Europäischen Verwicklungen gegenüber sehr gelähmt, und es der Französischen Politik leichter werden dürfte, ihre weitberechneten Zwecke zu verfolgen."[265] Ohnehin war es eine Konstante Bismarckscher Politik, dass sie die Rückwirkungen transatlantischer Konflikte auf Mitteleuropa mit in den Blick nahm.

Um so wichtiger war es für Preußen, dass Seward erreichte, dass Großbritannien seit August 1863 den Ausbau der Marine der Konföderierten in britischen Häfen nicht mehr deckte und die Aktivitäten der Konföderierten von Kanada aus unterdrückte, so dass insgesamt die Kriegsgefahr zurückging. Im November 1863 konnte Gerolt „unzweifelhafte Beweise von wohlwollenden Gesinnungen" sowohl Großbritanniens als auch Frankreichs gegenüber den USA mitteilen[266]. Zugleich erwähnte er die militärischen Erfolge der Unionstruppen in Tennessee, Kentucky und Texas.

Die Veröffentlichung der Diplomatischen Korrespondenz durch die Lincoln-Administration im Februar 1864 gab Gerolt Gelegenheit, Sewards Di-

---

[262] Gerolt am 13.4.1863 an Bismarck. GStAM, 2.4.1.I. Nr. 7901.
[263] A.a.O.
[264] Gerolt am 15.5.1863 an Bismarck. GStAM, 2.4.1.I. Nr. 7901.
[265] A.a.O.
[266] Gerolt am 16.11.1863 an Bismarck. GStAM, 2.4.1.I. Nr. 7901.

III. Der Streit um Intervention und Völkerrecht 513

plomatie angesichts der vielfältigen Formen der Intervention zu würdigen. Er urteilte über Seward[267], dass „es ihm gelungen ist, bei der schwierigen Stellung der hiesigen Regierung einem mächtigen Feinde im Innern und zweifelhaften Freunden im Auslande gegenüber, durch seine feste Haltung so wie durch versöhnliche Sprache und Maßregeln in den Hauptfragen der auswärtigen Politik, die feindlichen Absichten abzuwehren, den Frieden zu erhalten und die Sympathien für die Sache der Union zu gewinnen, wobei er manche gehässigen Antecedention der früheren hiesigen Regierungen gegen fremde Nationen zu versöhnen hatte. Ohne diese Eigenschaften des p. Seward, verbunden mit einer seltenen Ausdauer und einer unerschütterlichen Zuversicht auf den endlichen Triumph der Unions-Waffen gegen die Auflösung der Union und die Herrschaft der Sklaverei wäre es den Vereinigten Staaten schwerlich gelungen, sich in ihrer bedrohten Lage durch das Labyrinth der auswärtigen Politik durchzuwinden und den Krieg mit den Seemächten zu vermeiden. Die Anerkennung dieser Verdienste wird dem Staats-Sekretär Seward von Seiten aller hiesigen Repräsentanten fremder Mächte ohne Ausnahme gezollt." Dabei ist aber sicher noch zu unterscheiden zwischen der Anerkennung, die ihm von Mercier zu teil wurde und der Gerolts.

Gerolt meinte auf der Grundlage seiner langjährigen Erfahrung in Washington, dass „die Erhaltung des Friedens mit Großbritannien, Frankreich und Spanien ... schwerlich unter einem der Staats-Sekretäre der früheren Präsidenturen, womit ich seit einer langen Reihe von Jahren persönlich verkehrt habe, möglich gewesen wäre, wenn sie sich an der Stelle des p. Seward befunden hätten, welcher in seinem früheren langjährigen Wirkungskreise im Senate der Vereinigten Staaten stets gegen die demagogischen Bestrebungen der Demokratie in der inneren und auswärtigen Politik der Vereinigten Staaten gekämpft hat."

Zugleich konnte Gerolt von der zunehmenden Unterstützung der Lincoln-Administration durch die Bevölkerung berichten. Im Herbst 1862 hatte er die wachsende Kritik an der Regierung betont[268]: „Nach anderthalbjährigen blutigen Kämpfen im ganzen Umfang der Sklaven-Staaten – von der Chesapeake Bay zu Lande westlich bis jenseits des Mississippi, und nach Süden; an allen Küsten und Häfen des Atlantischen Ozeans und des Mexikanischen Meerbusens, von Norfolk in Virginien bis New Orleans und Galveston (Texas), – nachdem in diesem verheerenden Bürgerkriege die nördlichen Staaten bereits über eine Viertel Million Menschen und an siebenhundert Millionen Dollar (1 000 000 000 Preußische Thaler) geopfert haben, um die Union der Vereinigten Staaten zu erhalten und die aufständischen Staaten

---

[267] Gerolt am 15.2.1864 an Bismarck. GStAM, 2.4.1.I. Nr. 7902.
[268] Gerolt am 30.10.1862 an den König. GStAM, 2.4.1.I. Nr. 7899.

Abb. 5: W. H. Seward und ein Teil des Diplomatischen Corps auf den Felsen bei den Trenton Falls

III. Der Streit um Intervention und Völkerrecht 515

Zu Abb 5:

Frederick W. Seward beschrieb diesen Ausflug des Diplomatischen Corps in seinen Erinnerungen (Reminiscences of a Wartime Statesman and Diplomat 1830–1915, New York and London 1916, S. 236 f). – Auf dem Ausschnitt eines Photos aus The Photographic History of the Civil War, Volume Six, New York 1911, S. 2, ist neben Secretary of State William H. Seward (Nr. 1 rechts außen) zu sehen: 2 Baron von Stöckl, Russischer Gesandter; 3 Molena, Gesandter von Nicaragua; 4 Lord Lyons, Britischer Gesandter; 5 Mercier, Französischer Gesandter; 6 Schleiden, Hanseatischer Ministerresident; 7 Bertenatti, Italienischer Gesandter; 8 Graf Piper, Schwedischer Gesandter; 9 Bodisco, Russischer Legationssekretär; 10 Sheffield, Britischer Attaché; 11 Donaldson, Beamter des State Department. – Gerolt war ebenfalls bei dem Treffen zeitweilig dabei (Gerolt am 25.8.1863 an Bismarck, GStAM, 2.4.1.I. Nr. 7901), ist aber auf dem Foto nicht zu sehen.

In der zehnbändigen Geschichte zum Sezessionskrieg kommen die Gegensätze zwischen den USA und den Seemächten kaum zur Sprache, und abgebildet sind die britischen und französischen Vertreter mehrfach, aber der Seward näher stehende wichtigste deutsche Vertreter Gerolt ist nirgends zu sehen. So drängt sich die Vermutung auf, dass diese Tendenz bei der Bildauswahl mit den um die Jahrhundertwende so verschlechterten Beziehungen Deutschlands zu den USA zusammenhängt.

33*

zu unterwerfen, finden sich die Unions-Freunde in ihren Erwartungen von dem Resultate so großer Anstrengungen enttäuscht und sehen mit Besorgnis einer nahen Zukunft entgegen.

Beide Partheien, die republikanische wie die demokratische, fangen an mit Misstrauen auf eine Regierung zu blicken, welche unfähig gewesen ist, ihre verfassungsmäßigen Rechte gegen einen Feind geltend zu machen, welchem sie an Volkszahl und materiellen Kräften so sehr überlegen sind." Der mangelnde Rückhalt der Regierung drückte sich deutlich durch die Verluste der Republikaner bei den einzelstaatlichen Wahlen aus.

Im Herbst 1863 konnte Gerolt den Meinungsumschwung zugunsten der Republikaner bei den Gouverneurswahlen feststellen[269]: So habe „die gegenwärtige Politik der Regierung, ungeachtet der Opfer an Menschen und Geldmitteln, welche sie dem Lande zur Fortführung des Krieges gegen die Rebellen auferlegt hat und fortwährend verlangt, eine mächtige und dauernde Stütze erhalten ..." Damit werde der Beweis geliefert, „daß das Volk der Vereinigten Staaten der Friedens-Parthei (Copperheads) der Demokraten mißtraut ... und entschlossen ist, zu jedem Preise die Rebellion zu unterdrücken und die Union herzustellen." Bei seinem Besuch des New Yorker Wahlkampfes hatte er jedoch nicht überhört, „wie sehr man auch überall über die Mängel und Mißbräuche bei der Führung und Verwaltung des Krieges Klage führt."[270] Ob es zum Frieden komme, hing nach seiner Meinung im Augenblick nicht so sehr von Washington, sondern von der Confederacy ab, „von der Bereitwilligkeit der dortigen Führer der Insurrektion, die Waffen niederzulegen und ihre Staaten zur verfassungsmäßigen Stellung in die Union zurückzuführen, wozu nur geringe Aussicht vorhanden zu sein scheint ...".

IV. „Deutsch-amerikanische Waffengemeinschaft" während des Sezessionskrieges?

Bei der Einweihung des Steuben-Denkmals 1870 in New York sprach Senator Karl Schurz als Hauptredner der Veranstaltung von der „deutschamerikanischen Waffengemeinschaft."[271] Schurz dachte wie bei der Erwähnung Steubens sicherlich an die vielen deutschen Freiwilligen, die der Union dienten. Ob er die Haltung Preußens in den sechziger Jahren in Parallele gesetzt hat zu der Friedrichs des Großen, ist mir nicht bekannt; jedenfalls ging die deutsche Politik der sechziger Jahre während des zweiten

---

[269] Gerolt am 16.10.1863 aus New York, wo gerade der Wahlkampf im Gange war, an Bismarck. GStAM, 2.4.1.I. Nr. 7901.
[270] Gerolt am 16.11.1863 aus Washington an Bismarck. GStAM, 2.4.1.I. Nr. 7901.
[271] Zitiert nach dem Baltimore Wecker vom 20.5.1870.

IV. „Deutsch-amerikanische Waffengemeinschaft"   517

Existenzkampfes der Vereinigten Staaten über die diplomatischen Aktivitäten Friedrichs des Großen hinaus.

Die „Waffengemeinschaft" im Sezessionskrieg vollzog sich ohne Zweifel vor allem unterhalb der offiziellen deutschen Ebene, aber nicht nur. Zu der schon früher erwähnten diplomatischen Unterstützung des „Alleinvertretungsanspruches" der Unions-Regierung durch die Regierungen des Deutschen Bundes und deren positiven Signalen beim Waffenerwerb und bei der Finanzierung des Krieges kam eine enge Zusammenarbeit mit der Lincoln-Administration hinzu, die sich aus der Interessenvertretung von Hunderttausenden von Deutschen in Washington ergab, ob sie sich nun eigenständig engagierten oder auch direkt oder indirekt in den Sezessionskrieg verwickelt wurden. Wie bei der deutschen Auswanderung veranlassten die Bürger, dass sich der Staat einschaltete und zwar Preußen als der am meisten in den USA aktive. In der Praxis bedeutete das Tätigwerden Preußens, dass sich gerade die Königlich Preußische Gesandtschaft bei der Lincoln-Administration zugunsten von Deutschen zu Wort meldete.

Wenn in diesem Abschnitt ebenso von Deutschen wie von Preußen die Rede ist, dann deshalb, weil sich aus den Deutschen in den USA die Preußen häufig nicht herauslösen lassen. Gerolt musste sich in den Kriegsjahren für Deutsche insgesamt mehr denn je einsetzen, unabhängig von der ehemaligen oder noch gültigen Zugehörigkeit zu einem der deutschen Staaten. Unter Deutschen verstand Gerolt jemand, der in Deutschland geboren wurde, so wie auch später Kaufmann und Ella Lonn diese Kategorie benutzten[272]. Seward verwandte den Ausdruck Deutscher vom Anfang bis zum Ende des Krieges in dem Sinn, wie auch Gerolt ihn verstand.

Schon ein Jahr nach Kriegsbeginn zählte Seward etwa hunderttausend Deutsche in der Armee der Union: „Probably a hundred thousand Germans have engaged in the military service. They are found in every camp, and more or less fall on every battle field."[273] Für Seward leisteten Deutsche, ob Deutschamerikaner oder in Amerika wohnende Deutsche, einen entscheidenden Beitrag zur Verteidigung der Union gegen die Sezession. Der Anteil der Deutschen am Sieg der Union von St. Louis bis nach Richmond ist unzählige Male dargestellt. In den Südstaaten war die Tatsache, dass im

---

[272] Die Unterschiede, die es bei *Ella Lonn* (Foreigners in the Union Army and Navy, New York 1969) und bei *Kaufmann* (Die Deutschen im amerikanischen Bürgerkrieg, München 1911) beim Gebrauch des Begriffes Deutscher gibt, sind für uns unerheblich, zum Beispiel, dass Kaufmann die Österreicher den Deutschen zurechnet und Ella Lonn nicht einmal die Ostdeutschen mit polnischem Namen.

[273] W. H. Seward in Nr. 29 vom 25.4.1862 an Judd. NA Wash., Mf 77/65/14. – Seward äußerte sich so in einer Instruktion, in der er es ablehnte, für die Deutschen einzutreten, die sich dem Wehrdienst in den USA durch ihre Reise nach Preußen entzogen und dann dort zum Wehrdienst herangezogen wurden.

Vergleich zu den wenigen Tausend Deutschen[274] bei der Konföderierten-Armee so viele für die Union kämpften, ein dauerndes Ärgernis. Eine Reaktion war, dass sie die deutschen Unions-Soldaten pauschal als Söldner abqualifizierten; und diese Südstaatenpropaganda wird bis heute gelegentlich wiederholt[275], auch wenn der damalige Unions-Sold von etwa 13 Dollar und Kost wenig verlockend wirkte. Erst mit der Steigerung der Bounties ab 1863 mochte der Wehrdienst für denjenigen finanziell attraktiv erscheinen, der nicht zu denen gehörte, die Leben oder zumindest Gesundheit einbüßten. Ob mehr Deutsche in den deutschen Kriegen zur Herstellung der Einheit als in dem amerikanischen Krieg auf der Seite der Union zur Erhaltung der Einheit fielen, ist fraglich.

Die US-Vertreter im Deutschen Bund zeigten sich je nach ihrer Einstellung zur Sezession beeindruckt davon, wie viele Deutsche sich 1861/62 bei der US-Gesandtschaft in Berlin und bei den US-Konsulaten in Deutschland freiwillig meldeten. US-Generalkonsul Ricker in Frankfurt am Main, der aus Louisiana stammte und eher den Confederates zuneigte, meinte zwar einerseits, dass es sich bei den Bewerbern mit wenigen Ausnahmen um Abenteurer handelte, die für Geld kämpften[276]; aber andererseits empfahl er auch eine Reihe „rather intelligent officers" an das War Department in Washington[277], unter anderem den Stabsoffizier aus Baden Freiherr Karl von Hardenberg, der sich zugleich in Berlin Unterstützung holte. Rickers Nachfolger im Amt des Generalkonsuls Murphy und die US-Gesandten Wright und Judd und die US-Konsuln in den Hansestädten nahmen 1861/62 unter den Bewerbern für den Wehrdienst nicht nur tüchtige Offiziere wahr, sondern insgesamt für die US-Armee wertvolle Soldaten. Mit Blick auf diejenigen, deren aktiver Dienst in der preußischen Armee Ende August 1862 auslief, riet die US-Gesandtschaft dem State Department, die Passage-Kosten für diese Anwärter zu übernehmen[278]. Privatleute boten für den Fall der Unterstützung durch Washington die Anwerbung einer Deutschen Legion an oder einer „German force direct from Europe"[279].

---

[274] Die Schätzungen der Anzahl der gebürtigen Deutschen in der Konföderierten Armee bewegen sich zumeist zwischen 3500 und 7000 (Encyclopedia of the American Civil War. Ed. *David S. Heidler and Jeanne I. Heidler*. Santa Barbara Cal. 1955. Vol. II, S. 823). *Ella Lonn* greift in „Foreigners in the Confederacy" (Gloucester Mass. 1940, repr. 1965) S. 218 eine Schätzung von nur 3000 auf.

[275] Diese alte Südstaatenpropaganda spielt zum Beispiel eine Rolle in dem Beitrag von *Thomas Yoseloff* in „Confederate Military History, Vol. X; New York etc. 1962, S. 95.

[276] Ricker am 28.5.1861 in Nr. 71 an Seward. NA Wash., Mf 161/11.

[277] Ricker am 31.5.1861 in Nr. 73 an Seward. NA Wash., Mf 161/11.

[278] Kreismann am 9.8.1862 in Nr. 3 an Seward. NA Wash., Mf 44/12.

[279] So William Cornell Jewett, New York, am 9.8.1862 an W. H. Seward. Seward Papers, Mf. 71.

IV. „Deutsch-amerikanische Waffengemeinschaft" 519

Die beständigen Anfragen aus Deutschland wegen eines Eintritts in die US-Armee wertete Seward als Zeichen der Sympathie für die Union; aber dennoch lehnte er es grundsätzlich ab, solche Angebote zu unterstützen[280], schon um nicht in die gleichen Konflikte zu geraten wie Großbritannien wegen seiner Werbeaktionen durch Konsuln während des Krimkrieges: „This government could not, without giving offence, offer to subjects of foreign powers inducements to enter the armies of the United States, much less could it properly make payments to them in order to enable them to reach our shores with a view to enlistment."[281] Dahinter stand auch die Illusion, mit den Freiwilligen aus den USA die Sezession bald zu besiegen. Statt als Soldaten sollten Deutsche als Siedler kommen.

Die USA betrieben den ganzen Krieg hindurch keine Werbung im Ausland für Soldaten, und sie beschränkten sich darauf, mit Hilfe der Konsuln einfach mehr Einwanderer ins Land zu holen. Aber spätestens seit 1863 angesichts der Schwierigkeiten, die Zahl der US-Soldaten entsprechend den militärischen Erfordernissen und den gesetzlichen Vorgaben des Kongresses zu steigern, sah die Lincoln-Administration die Einwanderer als potentielle Soldaten. In einem Schreiben vom 23.12.1863 an den Chairman of the Senate-Committee on Agriculture John Sherman[282] machte W. H. Seward deutlich, wie sehr die Einwanderer für ihn zugleich zukünftige Soldaten der Union waren. Seine Kritik daran, dass der Kongress bisher keine Mittel für die Überfahrt der Einwanderer bereitstellte, begründete er mit dem aus den Informationen der Konsuln abgeleiteten Hinweis, es sei nicht unwahrscheinlich, dass 100 000 Mann eingewandert wären, die im Stande gewesen wären, Waffen zu tragen und bereit, in die US-Armee einzutreten, wenn ihre Passage hätte bezahlt werden können. Die Erstattung von Transitkosten wäre jedenfalls eine erheblich billigere Lösung, als immer erneut die Prämien für Wehrdienstleistende zu erhöhen. Am Tag nach Sewards Stellungnahme bewilligte der Kongress dennoch erneut 20 Millionen Dollar für Prämien.

Der Kongress konnte sich nicht zur Übernahme der Transitkosten durch die Union im größeren Umfange durchringen und der am 4.7.1864 in Kraft getretene Act to Encourage Immigration beeinflusste nicht die Einwanderung unmittelbar und erst recht nicht die Anwerbung von Soldaten. Dass der Staat sich nicht traute, machten sich private Soldatenwerber zunutze, insbesondere seit Ende 1864, als das Geschäft mit Wehrdienstleistenden die höchste Rendite versprach. Die preußische Gesandtschaft setzte sich vom

---

[280] W. H. Seward am 19.6.1861 in Nr. 5 an Wright und am 6.9.1862 in Nr. 2 an Kreismann. NA Wash., Mf. 77/65.
[281] So Seward an Kreismann am 6.9.1862.
[282] W. H. Seward am 23.12.1863 an John Shermann. Seward Papers, Mf. 81.

Juni 1864 bis November 1865 mit der von Boston ausgegangenen verdeckten Anwerbung von etwa 900 Auswanderern als Soldaten auseinander, und die schweizerische und die belgische Vertretung schlossen sich aus ähnlichem Anlass an. Das State Department und der Gouverneur von Massachusetts konnten belegen, wie Seward ausführlich in seiner Diplomatic Correspondence publizierte, dass sie nicht hinter der Anwerbung steckten. Deutlich wurde, dass hinter der Werbeaktion wohlhabende Bostoner Bürger standen, die die Wehrpflicht mit Hilfe des liberalen Stellvertretersystems umgingen und die neuen Verdienstmöglichkeiten nutzten. Die eidesstattlichen Erklärungen Betroffener und die über Monate bei Gerolt eingetroffenen Mitteilungen von weiteren Einwanderern[283] und die ihm zugegangenen Informationen aus den Massachusetts-Regimentern und der Prozess in Hamburg gegen einen deutschen Helfer[284] zeigten zur Genüge, dass Auswanderungswillige in Hamburg und Antwerpen über den Zweck ihrer Anwerbung getäuscht waren, bis sie auf Gallops Island bei Boston der Musterung gegenüberstanden. Schon am 26.8.1864 warnten Komitees deutscher Vereine in Boston die Auswanderer vor „diesem abscheulichen Menschenhandel"[285], bei dem Werbeagenten für die Bezahlung der Passage eines Angeworbenen von $ 64 oder weniger die dortigen Prämien von $ 800 für einen Stellvertreter in der US-Armee einkassierten. Abgesehen von dem Bemühen des Gouverneurs von Massachusetts und des Secretary of War, die Täuschung von Einwanderern zu vertuschen, konnte Gerolt im Februar befriedigt feststellen, dass den in der Armee Bleibenden die vorenthaltenen Prämien ausbezahlt werden sollten und nicht den Werbeagenten und dass die Provost Marshalls und die Rekrutierungsoffiziere angewiesen seien, den deutschen Einwanderern zu ermöglichen, preußische Vertreter zur Musterung hinzuzuziehen, die ihnen die mit dem Kriegsdienst verbundenen Bedingungen erklärten[286]. Die für die Lincoln-Administration peinlichen Übergriffe „infamer Agenten" und „jenseitigen Schurken" nach den Worten des

---

[283] Die preußische Gesandtschaft schickte die Mitteilungen von Einwanderern regelmäßig an das State Department. NA Wash., Mf 58/4, 5. – Dass die Diplomatic Correspondence zur Praxis der Anwerbung nur die offizielle Sicht der US-Seite bietet, ist das gute Recht der Administration, bedenklich ist nur, dass Eugene C. Murdock in „One Million Men. The Civil War, Draft in the North", Madison Wisconsin 1971, S. 318–325, nicht weiter vorgedrungen ist bei seiner Quellenanalyse.

[284] Siehe dazu *Schöberl, Ingrid:* Amerikanische Einwandererwerbung in Deutschland 1845–1914, Stuttgart 1990, S. 64. Der Hamburger Gastwirt hatte die Auswanderer schanghait.

[285] „Aufruf und Warnung an Auswanderungslustige in Deutschland von Komitees deutscher Vereine in Boston, des Hülfsvereins für deutsche Einwanderer, Gesang-Vereins „Orpheus" und des Turn-Vereins" vom 26.8.1864, Anlage zur Note Gerolts vom 20.9.1865 an Seward. NA Wash., Mf 58/5.

[286] Note Gerolts (Französisch) vom 1.2.1865 an W. H. Seward. NA Wash., Mf 58/T-5.

IV. „Deutsch-amerikanische Waffengemeinschaft" 521

Berliner Legationssekretärs Kreismann[287] riefen ein gewaltiges Echo in den deutschen Medien diesseits und jenseits des Atlantiks hervor. Aber dabei geriet die Tatsache etwas aus dem Blickfeld, dass diese betrügerischen Manöver nur eine Minderheit der Zehntausende zählenden Einwanderer betrafen, die sich für den Dienst in der US-Armee entschieden.

Während das State Department die Angebote der US-Vertretungen zur Vermittlung von Soldaten ausschlug, zeigte es sich an Offizieren der europäischen Armeen von Anfang an interessiert. Der Lincoln-Administration wird sehr bald klar geworden sein, dass die auf der Unions-Seite rund 800 von 1108 verbliebenen Offiziere nicht entfernt dem Bedarf an qualifizierter militärischer Führung zu genügen vermochten. Von den den zusätzlichen Bedarf abdeckenden Einwanderern der fünfziger Jahre sind in der bisherigen Literatur besonders die aus der Gruppe der Achtundvierziger hervorgegangenen Militärs berücksichtigt. Bei der Betrachtung der übrigen deutschen Offiziere ist bisher wenig bedacht, wie viele Unions-Offiziere unabhängig von der Revolution in den sechziger Jahren in den Norden kamen und dass diese zum Teil von Preußen offiziell vermittelt waren. Der amerikanische Militärhistoriker Jay Luvaas äußerte zu den preußischen Offizieren in der Armee der Union[288]: „Most officers in the Prussian Army seem to have been sympathetic to the South. Those who served in the Union Army were emigrants, many of them liberals who had been forced to flee Germany in 1848. The Prussian officer corps, composed mostly of nobles, seemed to resent the democratic flavor of the large German element in the Union Army." Zur Überprüfung dieser Vermutung lohnt es sich einmal genauer hinzuschauen, welche preußischen Offiziere herüberkamen und wie ihr Weg war.

Auf die Vermittlungsangebote der preußischen Regierung ab Juli 1861 ging Seward sofort ein. Auf Empfehlung des Ministers der auswärtigen Angelegenheiten Schleinitz übernahmen die neu aufgestellten Truppen der Union als erstes den Sohn des vormaligen preußischen Außenministers von Radowitz, der neun Jahre im Garde du Corps gedient hatte, zuletzt im Range eines Hauptmanns, dann von Hardenberg[289], der neben der preußi-

---

[287] Kreismann, Berlin, in Nr. 26 vom 23.8.64 an W. H. Seward. NA Wash., Mf 44/13.

[288] Jay Luvaas: A Prussian Observer with Lee, S. 105 Anm. 7 in: Military Affairs XXI, Manhattan 1957.

[289] W. H. Seward am 9.7.1861 an General Scott, Kopie eines Memorandums zur Einstellung von Radowitz und Hardenberg. NA Wash., Mf 58/3. – Hardenberg wurde nachweislich bei Seward und Scott vorgestellt, ist im Bericht Gerolts vom 26. Juli 1861 erwähnt und im New York Herald vom 25.7.1861, tauchte dann aber nicht mehr in den Akten auf. *Ella Lonn* hielt Hardenberg sogar für eine Art Legende (Foreigners in the Union Army and Navy, S. 281 Anm. 21), da sie überhaupt keine Aktenvermerke über ihn entdeckt hatte.

schen die Empfehlung Rickers hatte. Eine erste Bewährungsprobe erlebten Hardenberg und Radowitz am 21. Juli 1861 im Stabe von Oberst Louis Blenker. Der Veteran aus der Badischen Revolution deckte während der ersten Schlacht von Bull Run mit seinen drei deutschen Regimentern und dem Garibaldi-Regiment erfolgreich den Rückzug der Armee Mac Dowells. McClellan, der sich in seinen Memoiren sehr kritisch über die von Seward vermittelten ausländischen Offiziere äußerte, lobte besonders Paul von Radowitz, der auch in seinem Stab als Adjutant diente, als „a splendid soldier"[290].

Wie Radowitz vermittelte Gerolt unter anderem den von einer Empfehlung des Kronprinzen unterstützten Prinzen Felix von Salm-Salm, der zunächst preußischer Husarenoffizier, dann in österreichischen Diensten gewesen war. Ebenso trat durch Gerolt in den Dienst der Union der mit einer besonderen Genehmigung des Königs versehene Hauptmann Georg von Schack aus dem 1. Regiment der Königlichen Garde, Sohn des Generalmajors August von Schack[291]. Der jüngere Bruder von Georg von Schack war Generalleutnant und Kommandierender General des VIII. Armee-Korps in Odessa und blieb in Russland genauso, wie er selbst aus den USA nach dem Krieg nicht nach Deutschland zurückkehrte.

Die über die preußische Gesandtschaft in der Union aufgenommenen Offiziere gingen zunächst meistens als Stabsoffiziere zu den freiwilligen deutschen Regimentern in New York[292], dem Heimatstaat Sewards. Im Oktober 1861 weilte Gerolt sogar in New York, um mit dem dortigen Gouverneur Morgan über die Einstellung preußischer Offiziere zu verhandeln[293]. Später berücksichtigte Gerolt auch die weiteren Gouverneure bei der Einstellung der Offiziere in die Truppen, die zu den Berufssoldaten hinzukamen. Bei der Aufnahme deutscher Offiziere genoss Gerolt in den ersten Kriegsmonaten auch noch die Unterstützung des höchsten US-Militärs, da Scott nach den Worten Gerolts mit ihm seit vielen Jahren befreundet war[294].

---

[290] *George B. McClellan*: McClellan's own Story. The War of the Union, New York 1887, S. 144.

[291] Gerolt am 20.7.1861 an Seward. NA Wash., Mf 77/65. Danach hatte von Schack ein Zeugnis des Hauptmanns des 1. Kgl. Garderegiments von der Goltz und eine Empfehlung des kommandierenden Generals Prinz August von Württemberg erhalten. Aber er war ehrenhaft entlassen und nicht beurlaubt, wie das auch bei den meisten anderen preußischen Offizieren im Dienst der Union der Fall war.

[292] Gerolt am 4.11.1861 an den König. GStA Berlin, Mf 81 AA CB IC Nr. 36 Vol. II. – Zur Zusammensetzung der Regimenter s. *Frederick Phisterer*: New York in the War of the Rebellion 1861 to 1865, Albany N. Y. 1912.

[293] Gerolt am 22.10.1861 an Schleinitz. GStA Berlin, Mf 81 AA CB IC Nr. 36 Vol. II.

[294] Gerolt am 4.11.1861 an den König. GStA Berlin, Mf 81 AA CB IC Nr. 36 Vol. II.

IV. „Deutsch-amerikanische Waffengemeinschaft" 523

Georg von Schack übernahm als Colonel das 7. New Yorker Freiwilligen-Regiment, das neben der US-Fahne als Regimentsfahne die schwarz-rot-goldene führte[295]. Er zeichnete sich vor allem in Virginia aus[296] und stieg zum Brigade-General auf. Dass er sich 1863 zu einem der vom Süden besonders angefeindeten neuen Afroamerikaner-Regimenter bewarb, deutet auf seine Einstellung zur Sklavenemanzipation hin, auch wenn er dann ein Kommando in einem der traditionellen Regimenter antrat[297]. Prinz Felix von Salm-Salm war entsprechend seiner bisherigen militärischen Laufbahn zunächst für die Kavallerie vorgesehen, bewarb sich dann aber um den aktiven Dienst in Blenkers deutscher Division. Er diente unter anderem an der Spitze des 8. New Yorker Freiwilligen-Regiments, dessen Kommando er anstelle des Wiener Barrikadenkämpfers Wutschel durch Blenker übernahm.

Die Nachfolger von Schleinitz im Ministerium der auswärtigen Angelegenheiten engagierten sich schon angesichts des abnehmenden Interesses beim State Department an ausländischen Offizieren nur noch selten persönlich zugunsten der Vermittlung preußischer Offiziere in die US-Armee oder deren weiterer Laufbahn. So setzte sich 1864 von Thile vom Ministerium der auswärtigen Angelegenheiten auf Empfehlung der Potsdamer Kadettenanstalt bei Judd bzw. Seward für die Beförderung des Richard Paul Eric de Zastrow auf eine Offiziersstelle ein, der im Januar 1863 mit 17 Jahren in das 3. Regiment der Wisconsin Cavalry eingetreten war[298]. Das preußische Außenministerium überließ es in der Regel der Initiative der Offiziere selbst, sich über die preußische Gesandtschaft um die Übernahme zu kümmern. Damit unterstützte Preußen also auch in der Folgezeit den Ausbau der Armee der Union, obgleich die Roonschen Heeresreformen einen Mehrbedarf an Offizieren bedeuteten. Weiterhin ließen sich Offiziere ehrenvoll entlassen und in Einzelfällen auch beurlauben, um in den Dienst der Union zu treten, erhielten in diesem Zusammenhang Gutachten und Zeugnisse und sprachen nach ihrer Überfahrt in die USA in der Königlichen Gesandtschaft vor.

---

[295] *Martin Öfele:* Deutschsprachige Einwanderer als Offiziere afroamerikanischer Truppen im amerikanischen Bürgerkrieg, Diss. phil. Leipzig 1999, S. 197.
[296] Nachdem das 7. New Yorker Freiwilligen-Regiment im April 1863 ausgemustert war, legte Gerolt in seinem Schreiben vom 10.8.1863 an Seward (NA Wash., Mf 58/3) zur Unterstützung von Schacks weiterem Dienst in der US-Army Gutachten des Brigade-Generals Caldwell, des Major Generals Hancock und des Major Generals D. Couch an den New Yorker Gouverneur vor. Da sich die vermittelten Offiziere zum Teil immer mal wieder an Gerolt wandten, verfolgte er ihre Laufbahn auch weiter.
[297] Öfele, a.a.O., S. 197.
[298] Schreiben des Ministeriums der auswärtigen Angelegenheiten vom 24.3.1864 an Judd als Anlage zu Judds Bericht Nr. 60 vom 2.4.1864 an W. H. Seward. NA Wash., Mf 44/13.

Gelegentlich beförderte die Einstellung auch die Bekanntschaft mit den zeitweiligen Oberbefehlshabern McDowell, der 1859 in Berlin war, oder Generalmajor McClellan, der 1856 Berlin besucht hatte. Im Dezember 1861 erreichte der Hauptmann der preußischen Festungsartillerie Wilhelm von Blume vor allem durch die Vermittlung McClellans die Einstellung seines Sohnes F. J. Theodor Blume[299] als Lieutenant of the Second Battery New York State Artillery. Er wurde 1863 zum 1st Lieutenant befördert bei den 2nd Independent Battery New York State Volunteers und fiel als solcher in der Schlacht bei Gettysburg am 1.7.1863. Dort wurde er begraben, und wie üblich kümmerte sich die Gesandtschaft um Totenschein und ausstehenden Sold für den Vater[300].

Ende 1861 vermittelte Gerolt unter anderem den Premierleutnant Oscar von Brabender vom Preußischen Infanterieregiment 64 in das 58. Rgt Ohio Volunteer Infantry[301], und dieser diente dann 1862/63 im 106. Rgt Ohio Volunteer Infantry. 1864 kehrte er nach Preußen zurück und war im Rahmen des preußischen Heeres im Fernmeldewesen beschäftigt[302]. Im Dezember 1861 erhielt der Regimentsadjutant im Preußischen Infanterie-Regiment Nr. 68 Karl von Kusserow, Sohn des Hauptmanns im Generalstab Karl von Kusserow, eine Stelle in der US-Army[303]. Er diente dort bis zum Ende des Krieges, kehrte 1866 in die preußische Armee zurück und führte bis 1870 eine Kompanie im Infanterie-Regiment Nr. 74[304]. 1862 traten zum Beispiel durch Vermittlung von US-Konsuln in Deutschland, preußischer Gesandtschaft und State Department Hauptmann Munther[305], der in Preußen als Ingenieur im Fortifikationsdienst tätig gewesen war, Leutnant Hermann

---

[299] s. Anm. 31.

[300] Gerolt am 3.3.1864 an das State Department wegen des noch ausstehenden letzten Soldes für den Vater. NA Wash., Mf 58/4.

[301] Gerolt am 16.9.1861 an Seward. NA Wash., Mf 58/3.

[302] Stammliste der Offiziere, Sanitätsoffiziere und Beamten des Infanterie-Regiments Prinz Friedrich Carl von Preußen (8. Brandenb.) Nr. 64, bearbeitet von *Major Vierow*. Oldenburg und Leipzig 1901, S. 24 f. – Die Informationen aus Offiziersstammlisten wie auch den Verweis auf die Gothaischen Genealogischen Taschenbücher wegen der immer wieder dort auftauchenden Angaben zu Karrieren in der US-Armee verdanke ich Archivdirektor i.R. Dr. Stahl.

[303] Gerolt am 28.11.1861 an Frederick William Seward. Seward Papers Mf. 67.

[304] *Kaempfe*: Offizierstammliste des 3. Posenschen Infanterie-Regiments Nr. 58. Glogau 1910. S. 10 f.

[305] W. H. Seward am 13.3.1862 an Stanton. Seward Papers Mf.69. – Ein Empfehlungsschreiben von Wilhelm von Blume, Hauptmann und Inspekteur der Festungsartillerie, vom 10.10.1861 aus Berlin an McClellan, der schon seinem Sohn eine Stellung verschafft hatte, unterstützte die Bewerbung Munthers. Seward Papers, Mf 66. – Munther gehörte wie Radowitz wohl zu denen, die Judd wegen ihrer Schulden in Deutschland als Spoilsmen einstufte und deshalb meinte, sie seien militärisch für die Union nicht von Wert.

IV. „Deutsch-amerikanische Waffengemeinschaft"   525

Wertherer[306] und Leutnant Friedrich Stadje aus dem preußischen Pionier-Bataillon Nr. 4[307] in die Nordstaatenarmee ein.

Das besondere Interesse Gerolts und Sewards galt den Offizieren des fast rein deutschen 103. New Yorker Freiwilligen-Regiments. Seward verlieh ihm die Fahne und nach ihm hieß es auch Seward Infantry. Zu der zusätzlich von Prinz Salm gewünschten Aufstellung einer Brigade unter dem Namen „Seward Legion" in New York kam es nicht[308]. Es blieb bei dem Regiment Seward Infantry. Friedrich Freiherr von Egloffstein rekrutierte das Regiment seit November 1861[309] und war der erste Regimentskommandeur. Er hatte vor dem Krieg im Topographischen Büro des War Department gearbeitet, war seit Jahren mit Gerolt bekannt und gehörte dann augenscheinlich zu den Informanten Gerolts über das Kriegsgeschehen[310]. Einige Tage nach seinem letzten Bericht vom 15.4.62 wurde er so schwer verwundet, dass er aus der Armee ausschied, so wie etwa die Hälfte der deutschen Offiziere der Unions-Armee bis zur Dienstunfähigkeit verwundet wurde oder fiel. Von 1863 bis zum Ende des Krieges führte der aus Dresden stammende Achtundvierziger Peter Wilhelm Heine das Regiment. Heine hatte zunächst in der Marine gedient, an der Expedition des Kommodore Perry nach Japan teilgenommen und an der preußischen Ostasien-Expedition. Colonel William Heine konnte trotz vierjährigen Dienstes an der Front 1865 nicht in der Armee bleiben. Er brauchte aber nicht wieder neu als Maler und Schriftsteller anzufangen; denn entsprechend seinem Wunsch verhalf ihm Seward zu einem Konsulat in Europa[311], zuerst in Paris und dann in Liverpool. Er gehörte nicht zu den verarmten deutschen Offizieren wie von Radowitz, die sich nach dem Kriegsdienst in der Zivilgesellschaft nur noch wenig zurechtfanden. Im Zeichen der Reichseinigung kehrte er 1871 nach Deutschland zurück.

Die Rückkehr in das Zivilleben war in der Regel nicht so leicht wie der Eintritt in die Armee. Eine Reihe deutscher Offiziere wählte nach der Ankunft in den USA nicht einmal den Weg über die politische Protektion Washingtons, sondern bewarb sich direkt in der US-Army. Adolph von Stein-

---

[306] Gerolt am 22.4.1862 an Frederick W. Seward. Seward Papers Mf 69.

[307] US-Konsul Anderson in Hamburg und der preußische Gesandte in Hamburg von Richthofen empfahlen Stadje. Anderson, US-Konsul in Hamburg, am 17.10.1863 an W. H. Seward. NA Wash., Mf T-211/16.

[308] Schreiben des Prinzen Salm vom 5.9.1862 an Seward. Seward Papers, Mf 71.

[309] Egloffstein am 1.1.1862 an Seward. Seward Papers, Mf. 68.

[310] Ein Bericht Egloffsteins aus dem Hauptquartier der Seward Infantry vom 15.4.1862 über die Schlacht von Pebbly Run, 28 Meilen südlich von Newberne, an Gerolt landete jedoch bei Seward. Seward Papers, Mf 69. –

[311] W. Heine am 15.1.1865, Bermuda Hundred Va., an W. H. Seward. Seward Papers Mf 87.

wehr, der schon für die USA im mexikanischen Krieg gekämpft hatte, schied als Hauptmann im 7. Jäger-Bataillon 1861 aus der preußischen Armee aus, erhielt schon im Juni 1861 das Kommando des gerade aus den Deutschen der Stadt New York aufgestellten 29. New Yorker Infanterie-Regiments und avancierte im Laufe des Krieges in der Armee der Union zum General[312]. Gelegentlich waren die aus Preußen stammenden Offiziere auch schon vor dem Krieg aus der Armee ausgeschieden, gelegentlich nur mit schlichtem Abschied, und sie suchten in ihrem alten Beruf einen neuen Anfang in der Neuen Welt und blieben dort. Dazu gehörte zum Beispiel der Rittmeister im 8. Husaren-Regiment Ferdinand Graf von Stosch, Sohn des Gutsbesitzers und Landschaftsdirektors Georg Graf von Stosch, der der Union als Captain diente.

Selten kam es vor, dass sich preußische Offiziere an Judd oder Kreismann wandten, die dem preußischen Offizierskorps noch distanzierter gegenüberstanden als dem Staatsministerium. Im Oktober 1862 empfahl Legationsrat Hermann von Kehler aus dem Preußischen Ministerium der auswärtigen Angelegenheiten die Leutnants der Artillerie Otto Friedrich Wilm und Carl Ludwig Leviseur[313]. Colonel d'Utassy, eigentlich Straßer, übernahm sie in das von ihm befehligte Garibaldi Regiment, das 39. New Yorker Freiwilligen-Regiment, und ließ sie gleich zu Premierleutnants befördern[314]. Judd wies in dem Schreiben, das den Antrag zur Aufnahme in die US-Army befürwortete, auf die Sympathien von Kehlers für die Union hin. Später teilte er entschuldigend Seward mit[315], er habe preußische Offiziere überhaupt nur auf Drängen von Kollegen und Diplomaten empfohlen.

Inzwischen begrüßten State Department und War Department die aus dem Ausland kommenden Offiziere nicht mehr mit dem bisherigen Entgegenkommen. Einzelne verdingten sich schließlich als einfache Soldaten. Ab 1862 ging die Zahl der offiziell vermittelten Offiziere zurück, auch der preußischen. Es schienen in den Augen des War Departments allmählich ausreichend Offiziere mit genügend Erfahrung in der Armee der Union bereitzustehen. Im April 1862 setzte die Lincoln-Administration siegessicher die Rekrutierung von Offizieren wie Soldaten aus. Die US-Konsuln wies

---

[312] Zu den kleinen Versehen des verdienstvollen Werkes von *Henry M. Adams* über „Die Beziehungen zwischen Preußen und den Vereinigten Staaten 1775–1870" (Würzburg 1960) gehört, dass er S. 75 annimmt, dass Adolf von Steinwehr nach dem Mexikanischen Krieg in den USA geblieben sei.

[313] Schreiben von Judd aus Berlin an Seward vom 28.10.1862 zusammen mit einer Empfehlung für die beiden Leutnants von von Kehler vom 22.10.1862. NA Wash., Mf 44/12.

[314] D' Utassy am 1.1.1863 an Mrs. Seward. Seward Papers, Mf 75.

[315] Judd am 8.7.1863 aus Hermsdorf, Schlesien, vertraulich an W. H. Seward. Seward Papers, Mf 78.

Seward in einem Rundschreiben an, Bewerber um Offiziersposten zu informieren, dass keine neuen Offiziere mehr eingestellt würden[316]. Das galt zwar im Juli 1862 nach dem Scheitern des Angriffs auf Richmond nicht mehr, aber bremste bei der Empfehlung von Anwärtern. Ein Jahr später bat Seward Judd, in Zukunft keine ausländischen Offiziere mehr zu empfehlen[317]. Er interpretierte den Wunsch talentierter und erfahrener Militärs aus Preußen, in die Armee der USA einzutreten, zwar als Zeichen der Sympathie für das Anliegen der Union, aber: „At present the candidates for positions as officers are much more numerous than the places, and it seems only just and proper that this fact should be distinctly made known to foreign officers who desire our military service." Seward wird wohl Gerolt in gleichem Sinn informiert haben. Aber während Judd keine Offiziere mehr empfahl, setzte sich die preußische Gesandtschaft zunächst weiterhin für die Aufnahme preußischer Offiziere in die Armee der Union ein. Unmittelbar nach Sewards Schreiben an Judd ließ Gerolt die 1863 aus der preußischen Armee ausgeschiedenen Leutnants von Pannewitz und von Rudolphi durch Empfehlungsschreiben aus dem State Department vermitteln[318]. Gerolt berief sich auf Empfehlungen durch die US-Gesandtschaft in Berlin und durch Bismarck und hatte wieder Erfolg bei Seward. Erich von Pannewitz übernahm als Captain eine Kompanie der 2. New Jersey Cavalry und Julius von Rudolphi erhielt dort die Funktion eines Premierleutnants. Pannewitz brachte es in der US-Armee zum Oberstleutnant, während Rudolphi in Kriegsgefangenschaft geriet[319].

Selbst der im Gegensatz zu Gerolt so sehr für die Südstaaten eingenommene Legationsrat von Grabow aus der preußischen Gesandtschaft in Washington konnte sich dem Drängen preußischer Offiziere in die Armee der Union nicht widersetzen und empfahl im Juli 1864 einen Hauptmann von Lüttwitz[320]. Im Übrigen war es außergewöhnlich, dass ein preußischer Offizier während des Deutsch-Dänischen Krieges, zu dem der Vorfriede am 1.8.1864 geschlossen wurde, den preußischen Dienst quittieren durfte. Die preußische Regierung forderte bei Kriegsbeginn über ihre Gesandtschaft in Washington alle beurlaubten preußischen Offiziere auf zurückzukehren[321].

---

[316] Zirkular Sewards vom 8.5.1862. *Ella Lonn*: Foreigners in the Union Army and Navy, S. 275.
[317] Seward am 6.6.1863 an Judd, private. NA Wash., Mf 77/65.
[318] Gerolt am 4.7.1863 an Seward. Seward Papers, Mf 78.
[319] Grabow am 24.10.1864 an W. H. Seward mit der Bitte, dass Rudolphi ausgetauscht wird. NA Wash., Mf 58/4. Ob er Erfolg hatte, war nicht festzustellen.
[320] Von Grabow am 30.7.1864 an Frederick W. Seward. Seward Papers Mf.84.
[321] Der nach *Ella Lonn* beurlaubte Hermann von Haake, 7. New Yorker Freiwilligen-Regiment (Foreigners in the Union Army and Navy, S. 281) war schon im Mai 1863 bei Spotsylvania gefangen genommen, aber nicht gefallen wie Lonn meint

Aber zu mehreren Offizieren, die beurlaubt waren, drang die Nachricht gar nicht durch[322]. Die dann tatsächlich entlassenen Oscar von Holleben[323], Captain im 52. New Yorker Freiwilligen-Regiment, und Friedrich Lölhöffel von Löwensprung[324] aus dem 4. New Yorker Freiwilligen Kavallerie-Regiment kamen aber erst im Sommer in Preußen wieder an, als der Deutsch-Dänische Krieg beendet war.

Wenn nach der oben erwähnten Empfehlung Grabows zugunsten der Union durch die preußische Gesandtschaft keine Vermittlung eines Offiziers mehr erfolgte, so lag das wahrscheinlich daran, dass die Argumente Sewards in der preußischen Gesandtschaft doch allmählich akzeptiert wurden und im Übrigen das Ende des Sezessionskrieges zu ahnen war. Sie unterstützte höchstens noch Preußen, die als gemeine Soldaten dienten, bei ihrem Bemühen, eine Offiziersstellung zu erlangen. So half von Grabow dem preußischen Artillerie-Offizier von Morozowicz, der als Soldat in der 1. New Hampshire Battery stand, endlich die ihm versprochene Position eines 1. Leutnants bei der 31. New York Battery anzutreten[325].

Kein preußischer Offizier wurde von der Preußischen Gesandtschaft aus zu den Konföderierten vermittelt, und es gab keinen Kontakt zur Confederate States Army. Aber angesichts der Hochachtung für die Leistungen von Lee und Jackson international und auch in der preußischen Armee und der gelegentlich vorhandenen Sympathien preußischer Aristokraten für die südstaatliche Pflanzeraristokratie, wie sie Bismarck[326] und der preußische Gesandte in Madrid Graf Galen[327] gegenüber Schurz erwähnt haben sollen, war es verständlich, dass einzelne adlige Offiziere und auch andere Deutsche in die Südstaatenarmee eintraten. Während von Schack aus der Umgebung des so konservativen Prinzen Friedrich Carl den ganzen Krieg hindurch der Union diente und sich um eine Stelle bei den Farbigenregimentern bewarb, schloss sich Heros von Borcke, der aus dem ähnlich konserva-

---

(a.a.O.), und er starb in Libby Prison, Richmond (Gerolt am 7.1.1865 an Seward. NA Wash., Mf 58/5).

[322] Gerolt wandte sich am 14.9.1864 an W. H. Seward (NA Wash., Mf 58/5) wegen John Major, eines aus Preußen bis Oktober 1864 beurlaubten Premierleutnants in der 4. New York Cavalry. Diesem sei immer noch nicht die Entlassung gewährt. – Eigentlich hätte er mit dem Deutsch-Dänischen Krieg nach Preußen zurückkehren müssen.

[323] Gerolt am 4.4.1864 an Seward. NA Wash., Mf 58/4.

[324] Gerolt am 8.4.1864 an Seward. NA Wash., Mf 58/T4.

[325] Grabow am 10.8.1864 an Seward und sein Dankschreiben vom 5.9.1864 an Seward. NA Wash., Mf 58/4.

[326] *Bismarck*: Die Gesammelten Werke, Bd. 7, S. 238 zum Gespräch am 29.1.1867.

[327] *Carl Schurz*: Lebenserinnerungen, Berlin 1907, Bd. 2, S. 205 f.

tiven Umfeld des Prinzen Karl stammte, 1862/63 dem Kavallerie-General Stuart in der Confederate States Army an[328]. Durch Vermittlung Borckes und Stuarts diente dann Leutnant Robert von Massow 1863/64 in der Kundschaftertruppe des Obersten Mosby[329]. Nach seiner Rückkehr nach Preußen hatte er, wie die übrigen preußischen Offiziere der sechziger Jahre, die im Ausland gedient hatten, keine Karriere-Vorteile und begann wieder als Leutnant; später stieg er zum General und Präsidenten des Reichsmilitärgerichts auf. Der preußische Ingenieuroffizier Justus Scheibert, Sohn eines pommerschen Lehrers, hatte ursprünglich den Auftrag vom Generalstab, die Wirkung der modernen Artillerie auf die verschiedenen Festungsarten auf der Seite der Union zu studieren[330]. Aber entsprechend seinen Sympathien hielt er sich – mit seinen Worten – „in den Rebellenstaaten" sieben Monate als Militärbeobachter auf. Das war angesichts seines Ausscheidens aus dem preußischen Militärdienst politisch unproblematisch. Jay Luvaas hat die nach seiner Rückkehr in die preußische Armee Ende 1864 publizierten klugen Beobachtungen der militärischen Entwicklung gewürdigt und dabei großzügig von seinen Fehlurteilen zum Sezessionskrieg abgesehen[331]. Kaufmann und Ella Lonn haben zusätzlich zu Scheibert, Massow und Borcke auch Offiziere erwähnt, die vor dem Krieg aus Deutschland in den Süden der USA ausgewandert waren und sich um die Konföderierten Verdienste erwarben[332], etwa Leon von Zinken, der seine Südstaaten-Laufbahn als Kavallerist unter Colonel Augustus Reichard begann, dem früheren preußischen Konsul.

Michael Löffler suchte die Einstellung der preußischen Offiziere in den Südstaaten unter der Überschrift „Deutscher Standesdünkel gegen Sklavenemanzipation"[333] zu erfassen. Abgesehen davon, dass seine Beispiele nichts von „Standesdünkel" verraten[334], konnte er auch nur zwei bei den Konföderierten Dienende aus Deutschland anführen, die die Sklaverei in den Südstaaten verteidigten, nämlich Justus Scheibert und einen schon vor dem

---

[328] *Heros von Borcke*: Zwei Jahre im Sattel und am Feinde, 2 Bde, Berlin 1898. – Heros von Borcke scheint eine Verwandte im Norden gehabt zu haben, Wilhelmine von Borcke in New Jersey, deren Schwiegersohn Wilhelm Misera als Quartermaster Sergeant 3rd New Jersey Cavalry der Union diente. Grabow am 13.11.1864 an Seward, NA Wash., Mf 58/4.

[329] *Kurt von Priesdorf*: Soldatisches Führertum, Bd. 10, Hamburg o.J., S. 145 ff.

[330] *Justus Scheibert*: Sieben Monate in den Rebellenstaaten während des nordamerikanischen Krieges 1863, Stettin 1868.

[331] *Jay Luvaas*: A Prussian Observer with Lee, S. 105–117 in: Military Affairs XXI, Manhattan 1957.

[332] *Kaufmann*: Die Deutschen im amerikanischen Bürgerkrieg, S. 566 ff., Ella Lonn: Foreigners in the Confederate Army.

[333] *Michael Löffler*: Preußens und Sachsens Beziehungen zu den USA während des Sezessionskrieges 1860–1865, Münster 1999, S. 170–172.

Krieg im Süden ansässigen August Conrad. Der einzig erwähnte preußische Adlige, Heros von Borcke, lehnte nach eigenem Bekunden die Sklaverei ab trotz seines Einsatzes für die Confederate States Army[335]. An Gemeinsamem lässt sich aus den vorliegenden Quellen höchstens eine diffuse Sympathie für den Süden ableiten und Dankbarkeit für die Kameradschaft, die sie bei der Kavallerie erlebten, der effektivsten Heeresformation der Konföderierten, zu der sich die erwähnten Offiziere besonders hingezogen fühlten. Im Rahmen der späteren militärhistorischen Auseinandersetzung mit dem Bürgerkrieg in der Fachliteratur, in dem vom Großen Generalstab herausgegebenen „Militair-Wochenblatt" und der von einer „Gesellschaft deutscher Offiziere und Militairbeamten" edierten „Allgemeinen Militair-Zeitung" hat Scheibert die Kavallerie nie als überholt eingeschätzt, so sehr er auch sonst einen guten Blick für die Modernisierung der Kriegsführung bewies. So bekannt Scheibert, der das preußische Heer 1876 vorzeitig verlassen musste, von Borcke und von Massow auch waren, das sollte nicht dazu verleiten, ihre Bedeutung zu überschätzen oder sie gar als repräsentativ für die Stimmung im preußischen Offizierskorps einzustufen.

Zusammenfassend lässt sich sagen, die vergleichsweise geringe Anzahl von preußischen Offizieren, die während des Krieges bei den Konföderierten eintrafen, bestätigt nicht die Vermutung von Luvaas, dass die Mehrzahl mit dem Süden sympathisierte. Eine größere Anzahl von ausländischen Offizieren kam aus England in den Süden; aber einen entsprechenden Rückschluss auf die Stimmung bei den englischen Offizieren hat bisher keiner gewagt. Bezogen auf Preußen wäre es auch realitätsfern, anzunehmen, dass das preußische Offizierskorps abgelöst von der übrigen öffentlichen Meinung in Deutschland existierte. Gerade dass die Mehrheit der militärischen „Arbeitsmigranten" sich auf die Seite der rechtmäßigen Staatsgewalt stellte, die die Einheit des Gemeinwesens zu wahren suchte und noch dazu die Sklaverei ablehnte, und sich nur eine Minderheit für die „Rebellenstaaten" und Sezessionisten entschied, spiegelte Stimmungen in der deutschen Öffentlichkeit wieder. Selbstverständlich spielte zusätzlich noch eine Fülle persönlicher Motive bei der Entscheidung eine Rolle, in einer amerikanischen Armee zu dienen.

Entscheidend ist, die tatsächlichen Entscheidungen der Offiziere passen nicht zu der Vermutung von Luvaas, die immerhin vorsichtig formuliert

---

[334] Zusätzlich spricht dagegen, dass Borcke und Scheibert keinen Anstoß an dem ungezwungenen Umgang von Offizieren und Mannschaften nahmen, den es so in den europäischen Armeen nicht gab.

[335] Von Borcke lässt sich angesichts dieser zwiespältigen Haltung auch nicht einfach als „Fanatiker" einstufen, wie das durch *Löffler* in der oben erwähnten Schrift S. 259 geschieht. Im Übrigen überrascht, dass *Löffler* S. 256 Leibeigenschaft als Synonym für Sklaverei benutzt.

IV. „Deutsch-amerikanische Waffengemeinschaft"

wurde, und erst recht nicht zu der von Löffler jüngst recht unbekümmert vorgenommenen Zuspitzung: „Die preußischen Militärs und Aristokraten suchten sich im Süden ihr Ideal genauso wie es die Achtundvierziger im Norden getan hatten, womit sich auf deutscher Seite speziell im Hinblick auf die Sklaverei eine Konstellation aufbaute wie ehemals in der alten deutschen Heimat."[336] Tatsache ist aber, dass sich der von Löffler erwähnte frühere Gegensatz zwischen den Achtundvierzigern und der Mehrheit der „preußischen Militärs und Aristokraten", die ja in den Norden gingen, eben nicht fortsetzte. Die „preußischen Militärs und Aristokraten" dienten häufig in deutschen Regimentern, die unter dem Befehl von Achtundvierzigern standen. Von den vor dem Krieg vergleichsweise gut in die amerikanische Gesellschaft integrierten ehemaligen Offizieren des badisch-pfälzischen Revolutionsheeres erhielten schon sieben im ersten Kriegsjahr den Generalsrang. Prinz Felix von Salm-Salm ließ sich wegen seiner unzureichenden Englischkenntnisse ausdrücklich ein Kommando in Blenkers Division übertragen[337], und beide arbeiteten bei aller Eigenwilligkeit gut zusammen. Dass dabei der Veteran der badischen Kriege von 1848/49 Struve unter einem von der Königlich Preußischen Gesandtschaft vermittelten Prinzen als Leutnant dienen musste, war genauso eine Ausnahme wie die Weigerung dieses früheren Revolutionärs, seinen aristokratischen Vorgesetzten zu akzeptieren. Jedenfalls kehrte Struve 1863 nach Deutschland zurück, während der Prinz von Salm-Salm bis zum Kriegsende auf der Seite der Union focht. Nach seiner Rückkehr nach Deutschland trat er wieder in das preußische Heer ein und fiel im letzten deutschen Einigungskrieg[338]. Der mit dem Prinzen befreundete Ostpreuße Otto von Corvin[339], einer der Führer des badischen Aufstandes, war während des Krieges bei der Potomac-Armee als Journalist mit dem Titel eines Obersten akkreditiert und kehrte später ebenfalls nach Deutschland zurück.

In der Praxis war im Sezessionskrieg zumeist wohl der gegenwärtige gemeinsame Kampf wichtiger als die 1848/49 tatsächlich oder ideell eingenommene Position vor oder hinter den Barrikaden. Als der aus der preußischen Armee hervorgegangene Achtundvierziger Captain Gustav von Buggenhagen[340] vom 7. New Yorker Freiwilligen Infanterie-Regiment vor

---

[336] *Michael Löffler,* S. 171.

[337] Prinz Salm (so seine amerikanische Titulatur) am 11.4.1862 an W. H. Seward. Seward Papers, Mf 69.

[338] Dass er der Hinrichtung in Mexiko nach seiner Unterstützung Kaiser Maximilians 1866 entging, verdankte er Gerolt und Seward, vielleicht auch seiner Frau.

[339] *Otto von Corvin:* Ein Leben voller Abenteuer. Herausgegeben und eingeleitet von Hermann Wendel. 2 Bde, Frankfurt/Main 1924.

[340] Buggenhagen war am 13.12.1863 vor Fredericksburg verwundet und dann 1864 im Krankenhaus verstorben. Zu Buggenhagen s. auch: *Kaufmann:* Die Deut-

Fredericksburg gefallen war, erwiesen ihm bei seiner Beerdigung in New York im Januar 1863 seine 1861 ins Unionsheer eingetretenen Kameraden Oberst von Radowitz und Major Kusserow ebenso die letzte Ehre wie die vorher in die USA gekommenen Achtundvierziger Oberst Corvin und Leutnant Schwenck und ebenso das durch Graf Gurowski vertretene State Department wie die die Königlich Preußische Gesandtschaft vertretenden Legationssekretär Gau und der betont konservative Legationsrat Grabow; so informierte die Kreuz-Zeitung[341] ebenso wie die deutsche Presse in den USA. Im furchtbaren Kriegsgeschehen schienen nicht so sehr irgendwelche früheren Vorbehalte hervorzutreten als vielmehr das gemeinsame Schicksal; und gelegentlich wurde auch in der Reaktion von Deutschen innerhalb und außerhalb des Unionsheeres der über die Sprache hinausgehende gemeinsame deutsche Hintergrund sichtbar, zum Beispiel parallel zum Krieg um Schleswig-Holstein. Die Rückkehr von Achtundvierzigern wie Kapp nach Deutschland im Zeichen der Bismarckschen Einigungspolitik und deren Echo bei in den USA verbliebenen Deutschamerikanern, wie Schurz und Lieber, spricht ebenfalls gegen die Vermutung, dass alte Gegensätze weiterhin entzweiten.

Die Signale einer Symbiose bedeuten nicht, dass bei den deutschen Soldaten und Offizieren der Unions-Armee im Hintergrund nicht unterschiedliche politische Vorstellungen trotz allen Abbaus von Vorbehalten noch vorhanden waren. Aber während des Sezessionskrieges waren diese jedenfalls nicht relevant, sondern das im Vergleich zu anderen ethnischen Gruppen überproportionale militärische Engagement für die Union. Die preußische Gesandtschaft trug zu diesem Engagement bei, indem sie half, dass speziell die preußischen Anwärter auf Offiziersstellen in den USA in der Lage waren sich zu orientieren, in der fremden Armee zurechtzufinden und damit dem mit ihrer Position verbundenen Auftrag gerecht zu werden, wenn auch sicherlich unterschiedlich erfolgreich. Anschließend vermochte ein Teil von ihnen seine Erfahrungen auf der Seite der Union in die preußische Armee einzubringen, wie Scheibert und von Borcke ihre Erfahrungen bei den Konföderierten später ausbreiteten.

Dass Gerolt die Verteidigung der Union gegen die Sezession, die „Revolution", unterstützte, bedeutete nicht, dass er sich in der Kritik an der Kriegführung der Union zurückhielt. Wie die US-Presse und die politische Führung in Washington schätzte er die Schlacht von Bull Run am 21.7.61 als Desaster ein. Er übersah nicht die Leistungen von Oberst Blenkers deutschen Regimentern, der nicht in den Angriff einbezogenen Reserve: „... dieselben

---

schen im amerikanischen Bürgerkrieg, S. 487. *Ella Lonn*: Foreigners in the Union Army, S. 265 f.

[341] Kreuz-Zeitung vom 27.1.1863.

deckten den Rückzug der fliehenden Massen und retteten noch viele Geschütze, Gewehre, Wagen und Fahnen ..."[342]. Nach den Gesprächen mit deutschen Offizieren kritisierte er den „Mangel an Disziplin und Mut der Unionstruppen" und die „Unfähigkeit der Befehlshaber"[343]. Während er bei Kriegsbeginn nur die schnelle Aufstellung der Regimenter hervorhob, hatte die Niederlage jetzt „alle Übelstände enthüllt, welche die übereilte Bildung von Freiwilligen-Regimentern, die größtenteils aus dem Proletariat der großen Städte entnommen sind und welche ihre meisten Offiziere selbst wählen, notwendig mit sich bringen muß. Viele Milizen-Regimenter, welche ... sich nur auf wenige Monate engagiert hatten, sind bereits zurückgekehrt und werden durch unerfahrene Freiwilligen-Regimenter ersetzt, welche wegen Mangel und Arbeitslosigkeit in allen größeren Städten leicht zusammengebracht werden, aber wenig geeignet sind, einem siegreichen und für seine Unabhängigkeit begeisterten Feinde die Spitze zu bieten."

Auch in den nächsten Monaten konnte Gerolt nicht den schnellen Sieg nach Berlin berichten, den er angesichts der Überlegenheit des Nordens an Bevölkerungszahl und Wirtschaftskraft und angesichts der nach dem Schock von Bull Run vermehrten Kriegsanstrengungen erwartet hatte. Er schrieb[344]: „Ungeachtet der großartigen Mittel, welche der letzte außerordentliche Kongreß der hiesigen Regierung zur Verfügung gestellt hat ... und obgleich ein Heer von über 300 000 Mann aus den nördlichen und westlichen Staaten aufgebracht worden ist, wovon die meisten bereits seit längerer Zeit am Potomac, in Virginien, Kentucky und Missouri etc. sich im Kampfe gegen die Sezessionisten befinden, so hat die Sache der Union doch bis jetzt noch keine sichtbaren Fortschritte gemacht." Zugleich erwähnte er mehrfach, was die nordstaatlichen Befehlshaber unternahmen, um ihre Soldaten zu trainieren und die Disziplin zu verbessern. Die vom Präsidenten, Staatssekretären und dem Diplomatischen Corps im November 1861 beobachtete Parade von sieben Divisionen der Potomac Armee unter dem kommandierenden General McClellan in der Nähe von Washington machte „auf die Zuschauer einen günstigen Eindruck und gab denselben einen hohen Begriff von zu erwartenden Leistungen derselben ..."[345].

Erfolge gab es zunächst fast nur auf dem Wasser. Wenngleich Marineminister Welles die Handelsflotte des Nordens nicht zu retten vermochte, so erwies sich die Kriegsmarine der Union vor der Südstaatenküste und auf dem Mississippi und seinen Nebenflüssen als sehr effektiv. Im Februar 1862 konnte Gerolt „den glänzenden Erfolg der Burnside'schen Expedition

---

[342] Gerolt am 26.7.1861 an Schleinitz. GStAM, 2.4.1.I. Nr. 7897.
[343] Gerolt am 30.7.1861 an Schleinitz. GStAM, 2.4.1.I. Nr. 7897.
[344] Gerolt am 7.10.1861 an den König. GStAM, 2.4.1.I. Nr. 7897.
[345] Gerolt am 25.11.1861 an den König. GStAM, 2.4.1.I. Nr. 7897.

an der Küste von Nord-Carolina" mitteilen[346], und Gerolt gratulierte Frederick William Seward, der seinen Vater im State Department vertrat, „for the splendid deeds of the Union forces"[347]. Dann in den folgenden Wochen folgte die Einnahme von Forts am Cumberland[348] und im April die Eroberung von New Orleans. Die Erfolge im Frühjahr waren für ihn ein besonderer Anlass, die Wirksamkeit der Kriegsmarine der Union herauszustellen: Die „meisten Vorteile und Siege, welche die Unionswaffen bis jetzt gegen die Insurgenten erlangt haben, hat die Regierung größtenteils der Beschaffenheit ihrer Kriegsfahrzeuge und der Tapferkeit der Befehlshaber und der Bemannung derselben bei allen Gelegenheiten zu verdanken."[349] Schon der „furchtbare Kampf" zwischen der gepanzerten Dampffregatte Merrimac und dem von Ericsson gebauten gepanzerten Dampfschiff Monitor im März 1862[350] hatte das besondere Interesse Gerolts für die Kriegsmarine der Union hervorgerufen, so wie diese Seeschlacht auch in Europa ein großes Echo gefunden hatte. Der US-Gesandte in Berlin Judd jubilierte über das Echo in Preußen, das auf dem Gebiet der Flotte bisher der „Juniorpartner Englands"[351] war: „Your special friends in the British Isles have ceased to sing with any conviction in its truth ‚Britannia rules the waves'."[352] Gerolt informierte Berlin über das Anwachsen der Kriegsflotte und vermochte in der Folgezeit das Kriegsministerium verstärkt über die für die preußische Marine interessanten waffentechnischen Entwicklungen aufzuklären, da er die Kontakte zu verschiedenen Konstrukteuren pflegte. Gerolt erhielt zwar keine Konstruktionszeichnungen von Panzerschiffen, aber erreichte von Marineminister Welles 1864 den Zutritt zu allen Kriegswerften[353] und die Möglichkeit, die im Bau befindlichen Panzerschiffe zu sehen. Abgeordnetenhaus und Kriegsministerium diskutierten damals den Ankauf von Panzerschiffen des Monitor-Typs, die ja gerade für kleine Marinen zur Küstenverteidigung sinnvoll erschienen. Erneut beschäftigte sich Roon 1867 mit dieser Frage, aber tatsächlich kam es nicht zum Erwerb dieser Schiffe.

Mehr noch als für die Neuerungen der US-Kriegsmarine interessierten sich Kriegsministerium und Generalstab für die waffentechnischen Innova-

---

[346] Gerolt 14.2.1862 an Bernstorff. GStAM, 2.4.1.I. Nr. 7898.
[347] Gerolt am 17.2.1862 an Frederick W. Seward. Seward Papers, Mf 68.
[348] Gerolt am 17.2.1862, 25.2.1862 und 3.3.1862 an Bernstorff. GStAM, 2.4.1.I. Nr. 7898.
[349] Gerolt am 12.5.1862 an Bernstorff. GStAM, 2.4.1.I. Nr. 7898.
[350] Gerolt am 5.3.1862 an Bernstorff. GStAM, 2.4.1.I. Nr. 7898.
[351] *Jörg Duppler*: Der Juniorpartner – England und die Entwicklung der deutschen Marine 1848–1890. Schriftenreihe des deutschen Marine-Institutes, Bd. 7, Herford 1985.
[352] Judd in Nr. 22 am 8.4.1862 an Seward. NA Wash. Mf 44/12.
[353] Gerolt am 7.6.1864 an Bismarck. GStAM, 2.4.1.I. Nr. 7902.

IV. „Deutsch-amerikanische Waffengemeinschaft" 535

tionen beim Landkrieg. Angesichts des Entwicklungsstandes von Panzerschiffen und US-Artillerie sah Sanford die USA Ende 1863 auf dem Weg zu einem führenden Militärstaat[354]. Nicht umsonst erhielt Scheibert 1864 vom Generalstab den Auftrag, die Wirkung der modernen Artillerie im Sezessionskrieg zu studieren. Dass er nicht die Unionstruppen, sondern die Insurgenten aufsuchte, war vom waffentechnischen Interesse her nicht von Belang, und diese Eigenwilligkeit brachte ihn noch nicht um sein Amt.

Die Hauptentscheidungen fielen auf dem Land und im Zusammenwirken von Land- und Seestreitkräften wie bei der Eroberung wichtiger Stützpunkte der Konföderierten am Mississippi 1862/63. Nach der Einnahme von Memphis und der Forts Wright und Randolph durch General Halleck hielten die Konföderierten nur noch die Festung Vicksburg am Mississippi, und, wie Gerolt hervorhob, befand sich „die ganze Schiffahrt auf dem Mississippi bis New Orleans in der Gewalt der Flotten der Vereinigten Staaten." Wenn nun noch Richmond fiel, waren die Konföderierten von allen Hauptverbindungen zu Land und zur See abgeschnitten[355].

Über den Kriegsverlauf zu Land und zu Wasser informierte Gerolt regelmäßig in seinen politischen Berichten und über einzelne waffentechnische Fragen in Spezialberichten an das Kriegsministerium. Zu seiner Kriegsberichterstattung gehörten Zeitungsauszüge und genaues Kartenmaterial, das die militärischen Vorgänge veranschaulichte. Für den Einblick in den Kriegsverlauf mögen die Kontakte zu den aus Preußen stammenden Offizieren nicht unwichtig gewesen sein. Major Carl von Herrmann, Sohn des Königlichen General-Lieutenants von Herrmann berichtete ihm verschiedentlich schriftlich. Herrmann hatte 1855 bis 1858 in der Topographischen Abteilung des Generalstabes gedient, dann 1858 bis 1860 als Hauptmann im Generalstab des V. Armee-Korps und war 1860 verabschiedet behufs Auswanderung. Während des Sezessionskrieges diente er als Major im Stab von General Wool, Baltimore, und dann im aktiven Dienst unter General Banks. Nach dem Krieg war er bei den Truppen im Süden an der militärischen Absicherung der Reconstruction beteiligt.

Bei der Heranziehung von Zeitungen zur Kriegsberichterstattung für Berlin wurde Gerolt im Laufe der Zeit zusehends kritischer und vorsichtiger. Er lieferte neben Auszügen aus den großen amerikanischen Zeitungen zwar auch weiterhin Nummern des französischsprachigen Courier des Etats Unis nach Berlin, war aber von Anfang an skeptisch diesem Blatt gegenüber, das „in der Regel die Französischen Sympathien für den Süden vertritt"[356]. Bei der englisch- und deutschsprachigen Presse in den USA über-

---

[354] Sanford, Brüssel, am 19.9.1863 an Seward. Seward Papers Mf 80.
[355] Gerolt am 9.6.1862 an Bernstorff. GStAM, 2.4.1.I. Nr. 7898.

sah er nicht die Auswirkungen der Eingriffe in die Pressefreiheit seit 1861 und erwähnte im Herbst 1862 die „günstigen Berichte, welche die einer strengen Zensur unterworfenen Zeitungen geben"[357]. Gerolt organisierte seine Dokumentation durch Zeitungsauszüge kontrovers und in Ergänzung zu der britischen Berichterstattung, die in seinen Augen zu sehr die deutsche Presselandschaft beeinflusste. Der Umfang des Pressepaketes stieß in Berlin nicht immer auf Sympathie, da Bernstorff und Bismarck eine konzentriertere Benachrichtigung vorzogen[358]. Ungeachtet der vereinzelten Kritik ist anzuerkennen, dass Gerolt ein differenziertes Bild des militärischen Geschehens vermittelte, auch wenn der Reserveleutnant nicht über den fachmännischen Hintergrund eines Militärbeobachters verfügte.

Eine zentrale Kriegsentscheidung zu Lande war 1862 die „Schlacht der sechs Tage" vor Richmond und der anschließende enttäuschende Rückzug McClellans. Gerolt erwähnte in diesem Zusammenhang wie auch sonst, wie weit sich vermittelte Offiziere bewährten, so wie er auch nicht die Leistungen und Opfer der deutschen Regimenter überging. Er hob hervor, wie sich Oberst Schack mit seinem Steuben-Regiment und die Oberstleutnante von Radowitz und von Hammerstein ausgezeichnet hätten; aber der Abzug blieb „eine bedenkliche Niederlage", wie Gerolt zunächst urteilte[359]. Im folgenden Bericht, der sich vor allem auf in New York geführte Gespräche mit Offizieren des Steuben-Regiments stützte[360], unter anderem mit einem aus Preußen stammenden Major Gaebel, revidierte er sein Urteil zugunsten McClellans: „Der Rückzug des Heeres ... kann ... kaum als ein Sieg der Confoederierten angesehen werden und McClellan's Rückzug wird von allen Sachverständigen als ein Meisterstück angesehen." Im Übrigen hätten die Offiziere laut geklagt „über die obere Leitung dieses Feldzuges in Washington, welcher man allein die Schuld gibt, daß der General McClellan die wiederholt und dringend verlangten Verstärkungen nicht erlangt hat. Über diesen Punkt scheint im allgemeinen kein Zweifel obzuwalten ebenso wie über die Unfähigkeit der meisten höheren und niederen Offiziere."

Wenn Gerolt in Übereinstimmung mit der Meinung vieler ihm bekannter Offiziere McClellan nach Richmond verteidigte, so erst recht, nachdem ihm

---

[356] Gerolt am ?.7.1862 aus New York an Bernstorff (Das genaue Datum ist wohl von Gerolt vergessen.). GStAM, 2.4.1.I. Nr. 7899. – Ob die französische Regierung die Zeitung noch finanziell unterstützte, ist mir nicht bekannt.

[357] Gerolt am 29.9.1862 an Bernstorff. GStAM, 2.4.1.I. Nr. 7899.

[358] Bernstorff am 26.12.1861 an Gerolt wegen zu vieler Anlagen bei der Berichterstattung und Bismarck am 20.5.1865 mit der gleichen Rüge für Gerolt. GStAM, 2.4.1.I. Nr. 37 Bd. 2.

[359] Gerolt am 5.7.1862 aus New York an Bernstorff. GStAM, 2.4.1.I. Nr. 7899.

[360] Gerolt am ?.7.1862 aus New York an Bernstorff (Das genaue Datum ist wohl von Gerolt vergessen.). GStAM, 2.4.1.I. Nr. 7899.

die Vertreibung der „zahlreichen und übermüthigen Feinde" aus Maryland im September 1862 gelungen war[361]. Demgegenüber kritisierte Major von Herrmann McClellans Führung der Potomac Armee[362]. Er hob seine Fehlentscheidungen hervor und akzeptierte nicht, dass die Hauptverantwortung McClellans auf Washington abgewälzt wurde, wie das der Prinz de Joinville tat, der einige Monate dem Stabe McClellans angehört hatte. Nach Herrmanns Ansicht hätte McClellan Zeit genug gehabt, die Unzulänglichkeiten in der taktischen Ausbildung der Armee zu beheben und ihr Taktik und Reglement zu geben. Aber dazu habe es McClellan an Erfahrung gefehlt, da er zu kurze Zeit am Krimkrieg teilnahm.

Als „europäischer Offizier" urteilte Herrmann: „Wenn man anerkennen muß, daß General McClellan mit dem Maaße amerikanischer Generalität gemessen jedenfalls einen hervorragenden Platz in derselben einnimmt, so verdient er andererseits keineswegs den Namen eines Feldherrn, weil seine militärischen Kenntnisse und Erfahrungen ihm nicht die Mittel zum Siege an die Hand gegeben haben, oder weil sein Genius ihn nicht getrieben hat, die Anwendung derselben zu versuchen. Durch einen Glückszufall – man kann es nicht wohl anders nennen, zu seiner hohen Stellung emporgetragen, hat er sich begnügt, in der in Amerika unerwarteten Weise über das ihm in so unerhörter Fülle gegebene Rohmaterial zu disponieren, aber er ist nicht im Stande gewesen, seine sogenannte Armee zu einem Instrument zu bilden, was den Anforderungen entsprochen hätte, die durch historische Erfahrung als unerläßlich feststehen. Er hat die glänzende Chance, die ihm geboten wurde, nicht zu benutzen verstanden, aber wohl zu benutzen gewagt. Er ist kein Feldherr im höheren Sinne des Wortes, noch weniger ein großer Mann, sondern eine Mittelmäßigkeit."

Insgesamt suchte Herrmann die Schuld dennoch nicht so sehr bei den Personen, sondern bei der Gesamtorganisation der Armee. Er verwies auf die unendlich schwierigen Bedingungen, unter denen McClellan zu arbeiten hatte. Dazu gehörte der „Widerwille des Amerikanischen Volkes gegen die militärische Disziplin, ein hier der Strenge des Begriffs nach ganz unbekanntes Ding, die Unzulänglichkeit der militärischen Gesetze, die Rohheit des Materials", wozu eben auch die Offiziere mit ihrem Mangel an militärischer Vorbildung gehörten, „die Mängel der amerikanischen Armeeeinrichtungen, die von der alten, kleinen Armee überkommen, für die neue große Armee paßten wie der Stock eines Knaben für einen ausgewachsenen

---

[361] Gerolt am 23.9.1862 an Bernstorff. GStAM, 2.4.1.I. Nr. 7899.
[362] Stellungnahme Major von Herrmanns zu einem Artikel des Prinzen de Joinville, der 1862 einige Monate dem Stabe McClellans angehört hatte, in der Revue des deux Mondes über den Feldzug McClellans in Virginia. Anlage zum Politischen Bericht Gerolts vom 1.12.1862 an den König. GStAM, 2.4.1.I. Nr. 7899.

Mann; der Mangel eines Generalstabes und die absolute Unkenntnis der Grundsätze, welche die Generalstabswissenschaft lehrt – die hieraus entstehende, gar nicht zu überwältigende Friktion der Maschine." Schließlich beklagte er noch „den gänzlichen Mangel an Pflichtgefühl und esprit de corps in den Offizieren und die bodenlose Corruption, welche alle Zweige der Regierungsmaschine zerfrißt. Es war eine Riesenaufgabe für die Generale, und es war vielleicht auch zu früh, von ihm schon die Lösung zu erwarten, obgleich man zugestehen muß, daß der Süden sich an derselben mit mehr Erfolg versucht hat, vielleicht weil er mit mehr Ernst bei der Sache ist. Der nordamerikanische Übermuth sah selbst noch nach der ersten Schlacht von Bull Run immer noch den Krieg als einen Triumphspaziergang nach Richmond an. Will man doch jetzt noch nicht viel von Mangel an Ausbildung und Disziplin hören."

Die Kritik an der Militärorganisation der USA unterstützte Gerolt teilweise, wie sein Kommentar zu Bull Run verriet. Im Laufe der Zeit konnten Gerolt und Herrmann allerdings beobachten, welche Fortschritte die Professionalisierung des Militärbetriebes machte. Nach Richmond war an den Reaktionen der Lincoln-Administration abzulesen, dass sie nicht weiter den Süden unterschätzte, auch wenn das Kriegsglück ein Jahr noch bei den Truppen der „Sklaven-Staaten" blieb und Gerolt furchtbare Verluste der deutschen Regimenter registrierte. Als „wichtigste Maßnahme des Präsidenten Lincoln zur kräftigen Fortsetzung des Krieges" vermerkte er die Einführung der Konskription[363]. Nicht so sehr die Opposition Wehrpflichtiger nach dem ersten Konskriptionsgesetz vom Juli 1862 und nach dem zweiten vom März 1863 imponierten ihm, sondern vielmehr, wie der größte Teil der Nation die Politik des Präsidenten „trotz aller Mängel bei der Führung und der Verwaltung des Krieges durch unermessliche Opfer von Menschen und Geldmitteln unterstützt."[364] Im Mai 1863 überzeugte er sich bei einem gemeinsamen Besuch mit Schleiden im Hauptquartier der Potomac-Armee bei Fredericksburg am Rappahanock River am Ende der Schlacht von Chancellorville vom guten Geist der Truppe[365]. Im Juli 1863 konnte Gerolt den Erfolgen der Konföderierten den Sieg des Unionsheeres bei Gettysburg, „eine mörderische und entscheidende Schlacht"[366], die Eroberung der Festung Vicksburg und dann die Erfolge in Tennessee und in Kentucky gegenüberstellen, so dass für ihn das Ende der „Gewaltherrschaft von Jefferson Davis"[367] abzusehen war. Schließlich hob er die Landung des Unions-

---

[363] Gerolt am 12.8.1862 an Bernstorff. GStAM, 2.4.1.I. Nr. 7899.
[364] Gerolt am 21.9.1863 an Bismarck. GStAM, 2.4.1.I. Nr. 7901.
[365] Gerolt am 5.5.1863 an Bismarck. GStAM, 2.4.1.I. Nr. 7900.
[366] Gerolt am 3.7.1863 an Bismarck. GStAM, 2.4.1.I. Nr. 7901.
[367] Gerolt am 27.7.1863 an Bismarck. GStAM, 2.4.1.I. Nr. 7901.

IV. „Deutsch-amerikanische Waffengemeinschaft" 539

Generals Banks von New Orleans aus in Texas hervor und die Besetzung von Brownsville an der mexikanischen Grenze, „welches für die Unions-Sache und die Eroberung von Texas die günstigsten Folgen haben dürfte, wo die deutschen Ansiedler in jenem Staate stets zu Gunsten der Union gestimmt waren und deshalb von den Amerikanern verfolgt und teilweise vertrieben worden sind."[368]

Kreismann, der Legationssekretär der US-Gesandtschaft in Berlin, war begeistert vom Eindruck, den die Siege in Preußen hinterließen[369]. Selbst Prinz Karl und Prinz Friedrich Karl, dessen Sohn, und ähnlich mit dem Süden sympathisierende Offiziere hätten gesehen, dass Mut und Erfolg nicht von den südlichen Rebellen gepachtet seien[370]. Gerolt überschlug, dass die Regierung seit dem Ausbruch des Aufstandes ein Gebiet so groß wie Österreich von den Aufständischen gewonnen habe[371]. Angesichts der Erfahrungen des Krieges sei die Bundesarmee zu Leistungen fähig geworden, die bei Beginn des Krieges unmöglich waren. Das Vordringen Shermans in Georgia und Grants in Virginia ließ dann auch Gerolts Kritik der „unfähigen Kriegführung"[372] verstummen. Mit der Eroberung von Fort Fisher am Eingang von Wilmington durch General Terry im Januar 1865 war die „Hauptmacht der Insurgenten" in Richmond sowohl von den Zufuhren der Blockadebrecher abgeschnitten als auch von den inländischen Fabriken, die Sherman auf seinem Feldzug zusammen mit den Eisenbahnen zerstörte[373]. Kritik an den rücksichtslosen Zerstörungen Shermans schien er nicht gelten zu lassen, und er hob die Anerkennung für seine Leistungen hervor, „wo die Presse nicht mehr unter der despotischen Controle der Gewalthaber steht." Die Verteidigung Charlestons, der „Wiege der Revolution", und Richmonds durch die Anführer der Rebellen war für ihn nur noch ein Kampf der Verzweiflung, um womöglich ihren schweren Verantwortlichkeiten zu entgehen[374].

Am 4. April 1865 konnte Gerolt dem König die Ereignisse mitteilen, die den Sieg der Union bedeuteten[375]. Am 3.4.1865 sei „endlich unter unbe-

---

[368] Gerolt am 16.11.1863 an Bismarck. GStAM, 2.4.1.I. Nr. 7901.
[369] Kreismann als Chargé d'Affaires ad interim, Berlin, am 20.7.1863 und am 25.7.1863 an Seward. NA Wash., Mf 44/12.
[370] Kreismann am 24.10.1863 an Seward. NA Wash., Mf 44/12. – Kreismann, dem genau wie Judd Hof und Offizierskorps ein Buch mit sieben Siegeln waren, liebte es, den Einfluss des Prinzen Karl und seines Sohn Friedrich Karl überzubetonen.
[371] Gerolt am 21.9.1863 an Bismarck. GStAM, 2.4.1.I. Nr. 7901.
[372] Gerolt zuletzt am 22.4.1864 an Bismarck. GStAM, 2.4.1.I. Nr. 7901.
[373] Gerolt am 20.1.1865 an Bismarck. GStAM, 2.4.1.I. Nr. 7903.
[374] Gerolt am 16.2.1865 an den König. GStAM, 2.4.1.I. Nr. 7903.
[375] Gerolt am 4.4.1865 an den König. GStAM, 2.4.1.I. Nr. 7903.

schreiblichem Jubel der hiesigen Bevölkerung und unter dem Donner der Kanonen die Nachricht veröffentlicht", dass Richmond und Petersburg von den Konföderierten geräumt seien. General Godfrey Weitzel, „ein Deutscher", zog als erster mit einem Corps seiner Farbigen-Truppen in Richmond ein. Gerolt hatte bei anderer Gelegenheit den Mut, die Opferbereitschaft der Farbigen-Truppen gewürdigt und deren unmenschliche Behandlung durch Konföderierte erwähnt[376]. Unter deren Offizieren waren besonders die deutschen vertreten und darunter die preußischen, wie Öfele erarbeitet hat[377].

Zur schwierigen Position der deutschen Diplomaten gehörte es, nicht nur im Interesse der deutschen Staaten Washingtons Kampf mit den Insurgenten wohlwollend zu begleiten, sondern zugleich die Deutschen zu vertreten, die sich aus dem Krieg herauszuhalten suchten. Neben den gebürtigen Deutschen, die sich freiwillig für die Armee der Union meldeten, dem Militia Draft vom Juli 1862 und dem Enrollment Act vom März 1863 Folge leisteten oder sich als Stellvertreter mustern ließen, gab es ebenso Deutsche, die die Verwicklung in den Sezessionskrieg zu vermeiden suchten. Das forderte besonders die Preußische Gesandtschaft. Viele Preußen und Angehörige anderer deutscher Staaten hatten in den fünfziger Jahren die Möglichkeit in den USA genutzt, ihre alte Staatsangehörigkeit beizubehalten. Etliche von ihnen wünschten nun wie andere Ausländer vom Dienst an der Front verschont zu bleiben. Grundsätzlich waren Ausländer in den Nordstaaten vom Wehrdienst freigestellt. Unter Berufung auf das Völkerrecht betonte Gerolt dementsprechend gegenüber Seward, dass Preußen dem Militärdienst im Ausland nicht unterworfen werden könnten[378]. Aber diesen vom State Department nicht bestrittenen Grundsatz schränkten die Lincoln-Administration und die Gouverneure und ihre Musterungsbehörden in der Praxis allmählich ein, als es 1863/64 um die Aushebung von immer mehr Soldaten ging. Zu dem Konskriptionsgesetz vom 3.3.1863 legte als Ausführungsbestimmung das Circular Nr. 53 des War Department vom 19.7.1863[379] fest, dass nur die Ausländer, die versicherten, weder die Absicht erklärt zu haben, ein Bürger der USA werden zu wollen, noch an Wahlen teilgenommen hatten, keinen Wehrdienst zu leisten brauchten. Als eine in diesem Circular Nr. 53 nicht vorgesehene Verschärfung musste Gerolt im Herbst 1863 akzeptieren, dass die Einberufungsbehörden die Erklärungen von Preußen nur anerkannten, wenn sie mit einem Eid bekräftigt

---

[376] Gerolt am 7.5.1864 an Bismarck. GStAM, 2.4.1.I. Nr. 7901.
[377] *Martin Öfele*: Deutschsprachige Einwanderer. – Öfele fand die Annahme, dass Weitzel ein Deutscher sei, nicht belegt.
[378] Gerolt am 6.5.1863 an Seward. NA Wash., Mf 58/3.
[379] *Eugene C. Murdock*: One Million Men. The Civil War, Draft in the North, Madison Wisconsin 1971, S. 309.

IV. „Deutsch-amerikanische Waffengemeinschaft" 541

und von einem Konsul beglaubigt waren. Nach einem konsularischen Testat konnten die Behörden häufig nicht das Gegenteil beweisen[380], und der Ausländer war von der ihm lästigen Pflicht befreit.

Angesichts des „mit großer Strenge" durchgeführten Konskriptionsgesetzes wurden nach den Worten Gerolts[381] „die Königliche Gesandtschaft sowohl als die Königlichen Konsulate in den Vereinigten Staaten, namentlich zu New York, Philadelphia und Baltimore, sehr in Anspruch genommen und meine Anwesenheit in diesem Punkte ist deshalb unerlässlich geworden, um mich mit den respektiven Consuln darüber zu besprechen und die nötigen Instruktionen zu erteilen." Er reduzierte dafür die politische Berichterstattung, pendelte wochenlang im Sinne eines einheitlichen Vorgehens zwischen Washington und New York hin und her und stellte in Washington zeitweilig einen zusätzlichen „Hilfsarbeiter" ein, um den Anfragen von „Preußischen oder Zollvereinischen Untertanen" gerecht zu werden[382].

Besonders bei strittigen Fällen war Gerolt immer wieder gefragt. Es kam vor, dass die Militärbehörden das von Lincoln für sie verkündete Ruhen des Habeas Corpus Rechtes dazu benutzten, um die Ausländer bis zur endgültigen Entscheidung über die Musterung in Haft zu nehmen. In diesem Fall wusste auch der Preußische Konsul in Milwaukee nicht weiter, und erst Washington konnte die Hilfe bringen[383]. Während Gerolt auf die allen Ausländern gegenüber gültigen Einschränkungen keinen Einfluss zu nehmen vermochte, auch wenn Seward die preußische Regierung nach ihrer Meinung fragte, konnte er in Einzelfällen mit Entgegenkommen rechnen. So erteilte ihm Seward die Zusage, dass Konsuln von der Einziehung zum Wehrdienst befreit sein sollten, auch wenn sie ihre Absicht erklärt hatten, dass sie US-Bürger werden wollten. Um Kirchhoff, den Konsul Preußens, Oldenburgs und der Hansestädte in San Francisco, vom Wehrdienst zu befreien, musste Gerolt ausdrücklich intervenieren, genauso, wie sein Einschreiten erforderlich war, um seinen Diener und seinen Kanzleisekretär von den Musterungslisten streichen zu lassen. Im Winter 1864 war Gerolt ebenfalls mit seinem Einspruch erfolgreich, nachdem General Buckland in Memphis angeordnet hatte, dass Ausländer sich mustern lassen sollten oder den Memphis District zu verlassen hätten. Gerolt erwirkte über State Department und War Department, dass General Buckland in Memphis von seinem gleich fremdenfeindlichen Oberbefehlshaber Halleck angewiesen wurde, seinen Befehl Nr. 2 zurückzunehmen[384]. Paradox mutete die Entwicklung an, dass gerade in der Bevölkerungsgruppe, die im-

---
[380] Gerolt am 10.12.1863 an Bismarck, GStAM, 2.4.1.I. Nr. 7901.
[381] Gerolt am 12.8.1862 aus New York an Bernstorff, GStAM, 2.4.1.I. Nr. 7899.
[382] Gerolt am 25.8.1862 aus Washington an Bernstorff, GStAM, 2.4.1.I. Nr. 7899.
[383] Gerolt am 18.12.1863 an Seward, NA Wash., Mf 58/3.

mer die westeuropäischen Wehrpflichtregelungen beklagt hatte, sich nun im Sezessionskrieg auf einmal einzelne ihrer militärischen Pflichten in Preußen entsannen. Ein Karl Spierling aus Rostock, der Gerolt mitteilte, er sei betrunken in den US-Kriegsdienst gezwungen, wünschte nach Preußen zurückzukehren, um dort seinen Wehrdienst abzuleisten[385]. Größer als die Zahl der sich wegen der Musterung bei Gerolt Beschwerenden war natürlich der Ansturm von Deutschen bei den Konsulaten, die dann unproblematisch mit ausgestellten Nationalitätstestaten die Befreiung vom Wehrdienst absicherten.

In den letzten Kriegsmonaten gingen einzelne Militärbehörden angesichts der vielen Desertionen zusehends rabiater vor, um den Kriegsdienstanspruch durchzusetzen. 1864/65 erfuhr Gerolt von Misshandlungen Deutscher, die zu Unrecht der Desertion beschuldigt wurden. Einige wenige unter dem Vorwurf der Desertion Verhaftete wandten sich an ihn. Empört war Gerolt, wie Soldaten aus drei gerade ins Land gekommenen und entsprechend sprachunkundigen Deutschen in Washington das Geständnis, sie wären desertiert, herauszupressen versuchten. Gerolt schaltete sich im Januar 1865 zugunsten des preußischen Matrosen Martin Dreier, des Bayern Jakob Rübel und des Hannoveraners Frederick Ruschke mit einer geharnischten Note ein[386]. Er erreichte, dass das War Department unter Beteiligung der Gesandtschaft den Fall untersuchen ließ und schließlich nach einem halben Jahr die drei finanziell entschädigte und die verantwortlichen Offiziere vor ein Kriegsgericht stellte[387]. Die Konfliktfälle waren glücklicherweise Ausnahmen, die in den Hintergrund traten gegenüber der Freude über den zu Ende gehenden Krieg und dem Stolz vieler Deutschen in den USA über ihren Anteil am Sieg.

Ungleich schwieriger als im Norden war die Lage der Deutschen in den Südstaaten, wie Ella Lonn zur Genüge ausgebreitet hat[388]. Die Rechtslage in den Südstaaten und der dortige gesellschaftliche Druck erlaubte es den Musterungsbehörden, Ausländer, die sich nicht freiwillig meldeten, viel stärker zu erfassen, als es der Norden jemals vermochte. Bei Kriegsbeginn gab es schon in Texas und Georgia für Ausländer keine Freistellung vom Milizdienst mehr. Weitere Einzelstaaten folgten mit Regelungen, die deren Exemtion vom Kriegsdienst einschränkten, und schließlich leisteten es die

---

[384] Der Schriftverkehr zu diesem Vorgang ist wiedergegeben in The War of the Rebellion: A Compilation of the official Records of the Union and Confederate Armies. Series 3, Vol. 4, Washington, D.C. 1900, S. 200.
[385] Gerolt am 2.8.1864 an Seward. NA Wash., Mf 58/4.
[386] Gerolt am 31.1.1865 an Seward. NA Wash., Mf 58/5.
[387] Gerolts Dank vom 28.7.1865 an den Acting Secretary of State Hunter. NA Wash., Mf 58/5.
[388] *Ella Lonn:* Foreigners in the Confederacy. Gloucester Mass. 1940, repr. 1965.

IV. „Deutsch-amerikanische Waffengemeinschaft" 543

Gesetze für die gesamte Konföderation. Mit dem Gesetz vom 17.2.1864, das alle Männer zwischen 17 und 50 zum Kriegsdienst verpflichtete, war jede Ausnahme ausgeschlossen und zugleich den Konsuln jede Möglichkeit genommen, für ihre Landsleute einzutreten. Der südstaatliche Druck traf vor allem die Deutschen hart, die von den ausländischen Minderheiten bekanntermaßen am wenigsten geneigt waren, die Sezession zu verteidigen.

Welchen Schwierigkeiten die Deutschen ausgesetzt waren, die die Sezession nicht durch ihre Meldung zu den Truppen der Konföderierten unterstützten, war Seward genauso wie Gerolt bekannt. So konnte sich Gerolt im Januar 1864 das besondere Entgegenkommen der Lincoln-Administration zugunsten der Deutschen sichern, die sich als „unwilling southern conscripts" einstufen ließen. Andere europäische Staaten reklamierten nach dem Südstaaten-Gesetz vom 17. Februar Ähnliches für ihre Staatsangehörigen. Gerolt vereinbarte schon Anfang Januar mit Seward, dass Preußen und andere Deutsche, die in die Confederate States Army gezwungen und dann gefangen genommen würden, nicht gegen ihren Willen auszutauschen seien, sondern freizulassen, wenn sie nicht gegen Gesetze der USA verstoßen hätten[389].

Entsprechend dem Ermessensspielraum, der den Militärbefehlshabern und der Leitung der Gefangenenlager zur Verfügung stand, erfuhren die deutschen Gefangenen eine recht unterschiedliche Behandlung. Ein Teil von ihnen hatte das Glück, sofort entlassen zu werden, während andere Monate, ein Jahr oder auch länger in den Lagern blieben. Nicht alle, die gegen ihren Willen zum Kriegsdienst gezwungen waren, konnten einfach ohne Waffen überlaufen und sich überhaupt deutlich als gegen ihren Willen den Rebellen dienend zu erkennen geben. In den Zweifelsfällen wandten sich die deutschen Kriegsgefangenen von Camp Douglas, Illinois, Rock Island Barracks, Illinois, Camp Chase, Ohio, Camp Morton, Indiana, Elmira, New York, Fort Henry und Fort Warren häufig an die Preußische Gesandtschaft in Washington mit der Bitte um Hilfe. Gerolt stellte zu seiner Zufriedenheit fest, dass 1864 viele seiner Gesuche vom War Department positiv entschieden wurden[390]. Aber Ende 1864 und Anfang 1865 konnte die Militärverwaltung der Union immer weniger die Massen der Gefangenen bewältigen. Insbesondere in Camp Chase und Camp Norton blieben die Deutschen hängen, mochte auch das War Department ihre Freilassung angeordnet haben. Im Januar 1865 mahnte Gerolt die Entlassung von 24 Deutschen an, die schon zum

---

[389] Gerolt am 5.1.1864 an Seward als Zusammenfassung eines vorangegangenen Gespräches. NA Wash., Mf 58/4.
[390] Gerolt am 10.1.1865 an Seward. NA Wash., Mf 59/5. Hier finden sich auch die übrigen zahlreichen Noten der Preußischen Gesandtschaft zum Problem der „unwilling southern conscripts".

größten Teil Anfang Dezember in Freiheit sein sollten[391]. Ab März 1865 hatte Gerolt keine Probleme mehr mit der Befreiung von deutschen Gefangenen aus den Lagern des Nordens. Um die Gefangenen in den Lagern der Südstaaten konnte sich Gerolt genauso wenig kümmern wie die Konsuln der deutschen Staaten im Süden. Nach dem Krieg suchte er den Nachfragen von Familienangehörigen nach dort Vermissten gerecht zu werden.

Die Betreuung von Deutschen in den Vereinigten Staaten durch die Preußische Gesandtschaft bedeutete in der Schlussphase des Krieges 1865 fast ausschließlich das Forschen nach Gefallenen auf Nachfragen der Familien in Deutschland. In den ersten Kriegsmonaten 1861 ließen sich die Anfragen von Angehörigen, etwa der Mutter von Paul von Radowitz, noch unbürokratisch schnell beantworten. Im Jahr 1862 nahmen die Hiobsbotschaften von der Front und die Anfragen aus Deutschland zu, so dass der für die Berliner US-Gesandtschaft als Chargé d'Affaires ad interim zuständige Kreismann das State Department um offizielle Listen von Gefallenen und Verwundeten und in den Krankenhäusern Verstorbenen bat, um überhaupt mit zuverlässigen Informationen nachkommen zu können[392]. In der Praxis spielte es sich dann so ein, dass die entscheidenden Informationen über den Verbleib von deutschen Kriegsteilnehmern an die nächsten Angehörigen in Deutschland über die Gesandtschaft in Washington liefen. Diese Informationen konzentrierten sich im Laufe der Zeit auf die Todesdaten und die Nachlassfragen. Das State Department vereinbarte mit dem War Department, dass Gerolt für die Familien beim State Department die Totenscheine und die Nachlassregelung beantragte, was dann das War Department ausführte. Von den Anträgen Gerolts an das State Department von Angehörigen zur Auslieferung von Totenscheinen und Sold und Bounty schlugen sich in dem vorliegenden Schriftwechsel[393] 215 nieder: im Jahr 1863 25, 1864 58 und 1865 132. Diese Anträge, die fast ausschließlich von Hinterbliebenen in Deutschland ausgingen, erfassten nur einen Bruchteil der Tausende von im Sezessionskrieg umgekommenen Deutschen. Aber auch diese Toten verweisen wie die Überlebenden auf die Verknüpfung von Deutschland und den USA während des Sezessionskrieges.

Zugleich war die Fürsorge für die Hinterbliebenen ein weiteres Zeichen, wie bedeutsam die Vermittlertätigkeit der preußischen Gesandtschaft wurde. Otto von Corvins Biographie mag in einzelnen Details nicht stimmen, aber seine Betonung von Gerolts Eintreten für Deutsche während des Krieges ist

---

[391] Namenslisten als Anlage zum Schreiben vom 10.1.1865, a.a.O.
[392] Kreismann in Nr. 3 am 9.8.1862 an Seward. NA Wash., Mf 44/12.
[393] NA Wash., Notes from the Legations of German States and Germany in the United States to the Department of State, 1817–1906; Prussia, Mf 58, Roll T-3, 1861–1863; Roll T-4, 1864; Roll T-5, 1865.

offensichtlich richtig. Wenn es um deutsche Kriegsteilnehmer oder Kriegsdienstgegner ging, so war die Preußische Gesandtschaft die entscheidende Anlaufstelle, mochten sie nun als Deutsche genauso wenig vom Kriegsdienst für diesen Staat wissen wollen wie für einen deutschen, oder mochten Deutsche freiwillig den Dienst antreten oder der Wehrpflicht unterliegen, mochten sie in Gefangenschaft geraten oder ihr Kriegsdienst mit dem Tod enden. Gerolt hob gegenüber Bismarck an den öffentlichen Erklärungen Sewards zum Kriegsende einmal das Lob der „Gesinnungen der Deutschen im Allgemeinen" hervor und zum anderen mit Recht auch das Bemühen, „Allerhöchst dero Vertreter" „für die ihm wohlbekannten Mühen und Sorgen bei der Vertretung vaterländischer Interessen und Unterthanen während des gegenwärtigen Krieges einigermaßen zu entschädigen."[394]

Gerolt berichtete über den 3. April in Washington: In dem „Rausche des Jubels über die Einnahme Richmonds, von dem auch die besonnensten Staatsmänner mitgerissen wurden"[395], hielt Seward, dessen „Einflusse bei der Republikanischen Partei und im Cabinette des Präsidenten ... die energische Fortsetzung des Krieges zur Unterdrückung der südlichen Insurrektion und der Sklaverei sowie die bisherige Erhaltung des Friedens mit den See-Mächten hauptsächlich zu verdanken" ist, eine eher zurückhaltende Ansprache. In seinem Rückblick auf die Rolle der europäischen großen Mächte würdigte er dabei am meisten den Beitrag der Deutschen und ihres Vertreters Gerolt: „I will tell the King of Prussia that the Germans have been faithful to the standard of the Union, as his excellent Minister, Baron Gerolt, has been constant in this friendship to the United States during his long residence in this country. [Cheers]."[396]

V. Von der Entspannung im Disput über den Militärdienst von Deutschamerikanern zur Lösung des Problems

Mochten die politischen Beziehungen zwischen Preußen und den USA auch noch so ungetrübt sein und sich der Handel trotz des Krieges weiterhin vorteilhaft für beide Seiten entwickeln, ein Anlass zu Kontroversen, der schon in den vierziger und fünfziger Jahren jeden US-Gesandten und die preußische Vertretung in Washington geplagt hatte, blieb auch in den sech-

---

[394] Gerolt am 7.4.1865 an Bismarck. GStAM, 2.4.1.I. Nr. 7903.
[395] Gerolt am 7.4.1865 an Bismarck. GStAM, 2.4.1.I. Nr. 7903.
[396] Zit. nach dem dem Bericht vom 7.4.1865 beigelegten Daily Morning Chronicle Nr. 130 vom 4.4.1865. – Gerolt kommentierte die Ansprache in seinem Bericht mit den Worten: „Das Ganze machte den Eindruck eines aufgeregten Humors, welchem der p. Seward bei vielen ähnlichen Gelegenheiten seine Popularität verdankt hat."

ziger Jahren erhalten: die zwangsweise Rekrutierung von naturalisierten US-Bürgern in den Staaten des Deutschen Bundes, wenn sie aus Deutschland ohne Genehmigung ausgewandert waren. US-Gesandter Barnard, 1851 bis 1853 in Berlin, hatte versucht, die Frage durch eine grundsätzliche Regelung zu bereinigen. Gerolt nahm 1859 im Zeichen der Neuen Ära einen neuen Anlauf, um in Berlin ein Entgegenkommen zugunsten eines Vertrages zwischen Berlin und Washington zu erwirken und damit ein altes Ärgernis auszuräumen. Wright, 1857 bis 1861 und 1865 bis 1867 in Berlin, sondierte parallel zu Gerolt und bemühte sich sowohl um einen Vertrag als auch um eine gesetzgeberische Initiative über Rönne im Abgeordnetenhaus und Tellkampf im Herrenhaus. Aber alle diese Initiativen scheiterten.

Für die USA ging es spätestens seit Cass darum, jede über die Auswanderung hinaus andauernde Verpflichtung eines Neubürgers gegenüber dem Ursprungsland aufzuheben. Die vom europäischen Recht geprägten Ansichten Wheatons, dass mit dem Besuch des naturalisierten Amerikaners in seinem Geburtsland die ursprünglichen Rechtsverpflichtungen wieder auflebten, vertrat auf Seiten der USA in den sechziger Jahren niemand mehr.

Andererseits waren die Staaten des Deutschen Bundes weiterhin nicht bereit, die Freizügigkeit über das seit der Revolution geltende Ausmaß auszudehnen. Ein weiteres Entgegenkommen hätte in ihren Augen die Flucht vor staatsbürgerlichen Pflichten auch noch legitimiert. Wie wenig dies Beharren auf einem alten Rechtsstandpunkt die Auswanderungswilligen beeindruckte, dürften die deutschen Staaten schon an der nicht abnehmenden Zahl derjenigen abgelesen haben, die das Land ohne Auswanderungskonsens verließen. Das Ziel der illegalen Auswanderer lag in der Regel außerhalb des Deutschen Bundes, da im Deutschen Bund keine Aufnahme ohne Auswanderungskonsens möglich war.

Es wanderten zum Beispiel aus dem typischen ostdeutschen Migrationsbezirk Oppeln im Jahr 1858 26 Personen ohne Entlassungsschein aus neben 82 legal das Land nach Übersee Verlassenden[397]. Im Jahr 1861 war die Zahl derer, die Oberschlesien ohne Entlassungsurkunde den Rücken kehrten, schon auf 238 angestiegen und lag damit über der Zahl derer, die aus diesem Bezirk rechtlich korrekt ausgewandert waren, um sich außerhalb Preußens anzusiedeln. 1863 stieg die Anzahl derer, die sich nicht um die staatlichen Vorschriften für die Auswanderung kümmerten, auf 326 und 1866 auf 364 Personen. Die unmittelbaren staatlichen Gegenmaßnahmen waren Strafverfahren nach dem Gesetz vom 10.3.1856: 1863 gegen 285 junge Männer wegen Verletzung der Militärpflicht und 1866 gegen 315.

---

[397] Diese Angabe zur Auswanderung und die folgenden Zahlen sind den jährlichen Berichten der Königlichen Regierung in Oppeln an das Innenministerium entnommen. Archivum Panstwowe w Opolu, Rejencja Opolska, I Nr. 12159.

Dass dies Vorgehen keine Lösung darstellte, auch wenn der Hauptantrieb für die Auswanderung durch den weiteren wirtschaftlichen Aufschwung Preußen-Deutschlands an Bedeutung verlieren musste, wurde den Verantwortlichen in den deutschen Regierungen zusehends bewusst. In den Augen der preußischen Regierung sprach zugleich das Interesse an guten Beziehungen zu dem wichtigsten überseeischen Auswanderungsland für eine Änderung beim Rechtsstatus der Auswanderer. Dennoch war in der ersten Hälfte der sechziger Jahre ein Ausgleich zwischen den Interessen der mitteleuropäischen Regierungen und denen der USA nicht in Sicht.

Es gab nur dadurch eine Entspannung in der Frage des Militärdienstes, dass die Sezession Washington Zurückhaltung auferlegte. Die US-Regierung stellte ihren Anspruch auf uneingeschränkte Auswanderungsfreiheit zurück, um jeden Anlass zu Kontroversen mit der preußischen Regierung zu vermeiden. In der ersten Instruktion für den US-Gesandten Judd in Berlin vom 22.3.1861 wies Seward ihn an, angesichts der „rash and perilous revolution" in den USA[398]: „You will not take up any subject of controversy or debate that may arise between the Government of Prussia and the United States without first communication of the matter to this Department and you will practice the same forbearance on any subject of controversy which your predecessor may have left for your attention." In diesen Monaten, in denen sich die Beziehungen zwischen der Union und Großbritannien und Frankreich erheblich verschlechterten, wurden die freundschaftlichen Beziehungen zu den übrigen großen Mächten besonders wichtig, so auch zu Preußen. Möglicherweise hat Seward auch zunächst die Befürchtung gehabt, dass Judd, der nicht nur in den Augen der New Yorker Staatszeitung „ein obscurer Landadvocat"[399] war, zusammen mit dem aus Deutschland stammenden Legationssekretär Kreismann unnötig Porzellan zerschlagen könnte. Aber so ungeschickt wie US-Konsul Canisius in Wien, der durch einen Brief an Garibaldi die von den USA so sehr abgelehnte Intervention selbst praktizierte, verhielten sich Judd und Kreismann nie, mochten sie auch im Vergleich zum US-Vertreter Motley in Wien die deutsch-amerikanischen Beziehungen noch so undifferenziert analysieren. Schon im Laufe des Jahres 1861 schränkte Seward seine Anweisung wieder ein, indem er Judd autorisierte, bei der Einziehung eines naturalisierten US-Bürgers zum Militärdienst und ähnlichen Fragen auch ohne Einzelfallermächtigung durch Washington bei der preußischen Regierung vorstellig werden zu dürfen[400]. Zugleich wies er ihn erneut an, jede unnötige Irritation in den Beziehungen zu Preußen zu vermeiden, so lange die Unruhen in den USA durch die Auf-

---

[398] W. H. Seward in Nr. 1 am 22.3.1861 an Judd. NA Wash., Mf 77/65/14.
[399] New Yorker Staatszeitung vom 12.6.1861.
[400] Seward in Nr. 11 vom 3.8.1861 an Judd. NA Wash., Mf 77/65/14.

rührer auf so unglückliche Weise ins Blickfeld der auswärtigen Mächte gerückt würden.

Nach dem Rücktritt von Schleinitz als Minister der auswärtigen Angelegenheiten, der in seiner Amtszeit dafür gesorgt hatte, dass in Preußen jeder verhaftete naturalisierte US-Bürger im Gnadenweg durch den König so schnell wie möglich wieder freigelassen wurde, kehrte das Preußische Staatsministerium zumindest in seiner Argumentation zur alten Linie zurück. Sein Nachfolger Graf Bernstorff betonte wieder stärker den grundsätzlichen Standpunkt, dass der Wechsel der Staatsangehörigkeit nicht von der vorher eingegangenen Pflicht entbinde[401]. Judd sah hinter Bernstorff, der in seinen Augen nicht die Bedeutung der Streitfrage begriff, Kriegsminister von Roon: „The present Minister of War, von Roon, is thoroughly reactionary and insists upon the prerogatives of the crown and caters to the military hobbies of His Majesty."[402] Wie es möglich war, dass Roon bei dieser Einstellung 1859 bis 1861 wenig Wert auf die Militärpflicht naturalisierter amerikanischer Bürger gelegt hatte, erklärte er nicht. Obgleich Judd mit seinen schlichten Kategorien den ehemaligen Angehörigen der Wochenblattpartei als Außenminister zunächst als ähnlich reaktionär wie Roon einstufte, erwies sich Bernstorff in der Praxis doch als so liberal, dass auch er die Freilassung derjenigen US-Bürger erwirkte, für die sich Judd bei der preußischen Regierung einsetzte. Nicht unwichtig wird dabei das Entgegenkommen Wilhelms trotz seiner „military hobbies" gewesen sein, von dem die in jedem Fall für die Befreiung vom Militärdienst notwendige Allerhöchste Order auszugehen hatte.

Die preußische Regierung zeigte sich in der Praxis kontinuierlich entgegenkommend und ebenso die Lincoln-Administration. Das Entgegenkommen ging allerdings nie so weit, dass eine der Seiten ihren Rechtsanspruch aufgegeben hätte, wie Löffler suggeriert, wenn er schreibt[403]: „Deutschamerikaner, die illegal ausgewandert waren oder ihren Militärdienst in Preußen bzw. Sachsen nicht absolviert hatten, konnten über eine Art Auslieferungsabkommen zurückbeordert werden. Wenn sie zwischenzeitlich noch keine amerikanische Staatsbürgerschaft besaßen, kamen die Vereinigten Staaten diesem Willfahren meist nach." Das hätte bedeutet, dass die Lincoln-Administration, für die die Deutschamerikaner, wie Löffler richtig dargestellt hat, ein besonderes Gewicht hatten, nicht nur hinter die Position

---

[401] Der Preußische Minister der auswärtigen Angelegenheiten Graf Bernstorff am 28.12.1861 an Judd zur Festnahme eines Adolph Katz, der 1851 aus Posen in die USA ausgewandert war. Anlage zum Bericht Judds Nr. 16 vom 14.1.1862 an Seward. NA Wash., Mf 44/12.

[402] Judd in Nr. 21 vom 27.3.1862 an Seward. NA Wash., Mf 44/12.

[403] *Michael Löffler*: Preußens und Sachsens Beziehungen zu den USA, S. 66.

V. Militärdienst von Deutschamerikanern 549

von Cass, sondern selbst hinter die von Wheaton zu Lasten der Einwanderer zurückgegangen sei, und so bürgerfern war sie nicht. Eine „Art Auslieferungsabkommen", von dem militärdienstpflichtige Auswanderer betroffen gewesen wären, gab es nie. Das tatsächlich seit 1853 bestehende Auslieferungsabkommen zwischen den USA und Preußen beschränkte den Auslieferungsanlass auf eine solch klar definierte Gruppe von Delikten, dass keiner wegen Verletzung der Militärdienstpflicht von einer Auslieferung betroffen werden konnte, so wie auch politische Delikte als Auslieferungsgrund ausgeschlossen waren. Die von Löffler zum Beleg für seine Behauptung angeführten „Preußen"[404] – gemeint sind Adolph Katz und Jacob Spandau – waren genauso wenig von Seward nach Deutschland zurückgeschickt wie der auf der folgenden Seite von Löffler erwähnte Wilhelmi. Sie waren auf Besuch in ihrer Heimat, als sie zum Militärdienst eingezogen wurden, wie Judds Berichte von 1861/1862 zeigen. Die als Beleg angeführte Instruktion Sewards an Judd[405], wonach Seward zugunsten des Einvernehmens mit Preußen zwei Ausgewanderte zurückgeschickt habe, hat Löffler gründlich missverstanden. Nachdem Judd am 8.4.1862 die von Bernstorff vermittelte Entlassung von Katz und Spandau aus dem Militärdienst nach Washington gemeldet hatte, kommentierte Seward in seiner Instruktion: „... their release is an act of comity for which it will be your pleasant duty to express the President's acknowledgement."

In dem an diese Instruktion zum aktuellen Fall anschließenden Abschnitt, den Seward nicht veröffentlichen ließ, äußerte er die Hoffnung, dass nach der Rückkehr der USA zu Frieden und nationaler Einheit und einem Ende der Schwierigkeiten Preußens eine Lösung des ärgerlichen Konfliktes zwischen amerikanischen und preußischen Rechtsansprüchen angestrebt werden sollte: „When that consummation shall have been reached and Prussia shall have gotten relief from her present anxieties, as I trust will be the case, we shall try to come to some definite and harmonious understanding with her upon this vexed subject of conflict between our naturalization and her military laws. Meanwhile you will not hesitate to express assurances of the constant good will of the United States towards the King and people who have dealt with us with good faith and just friendship during the severe trials through which we have been passing." Seward äußerte bei vielen Gelegenheiten Anerkennung für die preußische Politik gegenüber den USA, aber ging nie so weit, dass er die Interessen der Einwanderer so weit übergangen hätte wie es Löffler annimmt.

---
[404] A.a.O.
[405] Seward an Judd in Nr. 30 am 6.5.1862. NA Wash., Mf 77/65/14. Der hier relevante Auszug ist abgedruckt in der Diplomatic Correspondence 1861/62 Part 1, Washington 1863, S. 543.

Davon abgesehen ist unverkennbar, dass sich Seward großzügiger gegenüber Preußen verhielt als sein Vorgänger Cass; er ging sogar über Marcys Kurs während des Krimkrieges hinaus. Judd, der sich den Deutschamerikanern in Illinois verpflichtet fühlte, hatte größere Schwierigkeiten, sich gegenüber den deutschen Regierungen zurückzuhalten bei der Vertretung von Interessen militärdienstpflichtiger Deutschamerikaner als der bequeme Vroom seiner Zeit unter Präsident Pierce und Secretary of State Marcy. Judd hoffte auf die gelegentliche Unterstützung seines Gönners Lincoln gegenüber Seward; aber auf die Dauer blieb ihm nichts anderes übrig, als sich den vom Sezessionskrieg bestimmten Beschränkungen des State Department zu fügen.

Judd passte sich an, schon um einer Desavouierung durch das State Department bei seinen Demarchen zu entgehen. Nicht einmal gegenüber den unbedeutenden nichtpreußischen deutschen Regierungen war der US-Gesandte Judd angesichts des Krieges der Unterstützung aus Washington sicher. Als der sächsische Ministerresident am preußischen Hof Koenneritz auf die Beschwerde des US-Gesandten vom 13.8.1862 am 20.9.1862 die Freilassung des 1860 naturalisierten US-Bürgers Mäuschke als einen der Regierung der USA zu gewährenden Akt der Gnade mitteilte[406], wies Judd diesen Ton zurück. Er verlangte, dass Koenneritz seine Note zurücknahm, und dasselbe verlangte dann Koenneritz von Judd. Koenneritz steckte zurück, als Judd seine Forderung aufgab, weil Seward ihn nicht nur nicht unterstützte, sondern auch noch verlangte, dass Judd Koenneritz im Auftrage des Präsidenten für die von der sächsischen Regierung bewiesene Großzügigkeit dankte[407]. Seward wertete die Note von Koenneritz nicht als absichtliche Respektlosigkeit gegenüber der US-Regierung. Er verlangte Verständnis für die Empfindlichkeit der deutschen Staaten in der Frage des Militärdienstes angesichts des von ihnen als notwendig betrachteten stehenden Heeres. Erst recht lehnte er im Augenblick ein entschiedenes Auftreten gegenüber Preußen ab, um den Standpunkt durchzusetzen, dass das Recht der USA, ihre Bürger zu schützen, auch bei den ohne Genehmigung aus Preußen Ausgewanderten zu respektieren sei. Judd wollte mit wirtschaftlichem Druck auftrumpfen zugunsten des Anspruches der USA: „… the refusal to respect it ought to deprive it of the market it now finds in the United States for the industry and the commerce of its people; with such other consequences as national honor demands."[408] Seward respektierte Judds Standpunkt als gerecht und patriotisch, aber die USA könnten

---
[406] Judd in Nr. 30 vom 23.9.1862 an Seward. NA Wash., Mf 44/12.
[407] Seward in Nr. 39 vom 22.10.1862 an Judd. NA Wash., Mf 77/65/14.
[408] Judd in Nr. 21 vom 27.3.1862 an Seward. NA Wash., Mf. 44/12. – Ähnlich äußerte sich Judd schon in Nr. 19 vom 28.2.1862 an Seward. Auf diese Depesche bezieht sich Seward unmittelbar in der Antwort vom 3.4.1862.

sich eine Auseinandersetzung mit Preußen über diese Frage im Augenblick nicht leisten. Im Übrigen müssten die USA den Respekt vor den staatsbürgerlichen Rechten erst einmal im eigenen Land durchsetzen[409]. „Wenn Preußen sieht, dass fünf Millionen Amerikaner nicht nur die Staatsbürgerschaft unterbewerten, sondern sogar Krieg gegen den Rest führen, um sich der Pflichten der Staatsbürger zu entledigen und dabei den Schutz ausländischer Mächte bemühen, so kann von der preußischen Regierung nicht erwartet werden, dass sie meine, der Respekt vor dem Staatsbürgerrecht sei wesentlich für den Erhalt friedlicher und freundschaftlicher Beziehungen zu den USA."

Von den naturalisierten US-Bürgern verlangte Seward Rücksicht auf das öffentliche Interesse angesichts der nationalen Krise[410]: „We are in a crisis which requires every citizen, born or adopted, if not to rally to the rescue of the nation, yet at least to refrain from hindering and embarrassing the great mass of his fellow citizens who have committed themselves to that noble undertaking." Er stellte den naturalisierten US-Bürgern, die sich in ihrer früheren Heimat Deutschland aufhielten, die Deutschen gegenüber, die in der Armee der Union dienten: „Probably an (sic!) hundred thousand Germans have engaged in the military service. They are found in every camp, and more or less fall on every battle field. If here and there a naturalized German is unhappily found in Prussia, or takes such an unfortunate season as this to revisit his native country, and we are unable by objective protest and remonstrance to prevent him from being subjected for a time to its military laws, it is an injustice which we cannot prevent or at the present moment relieve."

Je schwieriger sich die Aushebung neuer Truppen für die Union gestaltete angesichts des nicht enden wollenden Bürgerkrieges, desto weniger Verständnis empfand Seward für wehrfähige US-Bürger im Ausland. Als sich Judd 1863 noch wegen einer Instruktion zugunsten der in den preußischen Militärdienst gezwungenen US-Bürger Wilhelm Lade aus Stettin und August Heinrich Jaenschke aus Grünberg erkundigte und zusätzlich wegen Alexander Kloss aus Rostock, dem Militärdienst bevorstand, entgegnete Seward knapp[411]: „Citizens of the United States, in the present emergency, ought rather to be at home upholding the Government against insurrection than to be adding to its embarrassments by invoking the exercise of its authority for their special relief in foreign countries." Ohnehin war seit August 1862 kein Pass mehr an US-Bürger zwischen 18 und 45 oder andere, die der Militärpflicht unterliegen könnten, auszuhändigen[412].

---

[409] Seward in Nr. 27 am 3.4.1862 an Judd. NA Wash., Mf 77/65/14. – Übers. E.
[410] Seward in Nr. 29 am 25.4.1862 an Judd. NA Wash., Mf 77/65/14.
[411] Seward in Nr. 54 vom 6.6.1863 an Judd. NA Wash., Mf 77/65/14.

Dem anfänglich von Judd geäußerten Wunsch, in Vertragsverhandlungen einzutreten, um die immer erneuten Diskussionen um den Rechtsstatus naturalisierter US-Bürger in ihren deutschen Herkunftsstaaten endlich durch eine grundsätzliche Regelung zu beenden, kam nur der hannoversche Gesandte in Berlin von Reitzenstein entgegen. Er hatte schon 1859 gegenüber Wright die Bereitschaft seiner Regierung bekundet, durch einen Vertrag mit den USA die Schwierigkeiten in Zukunft auszuräumen, und diese Bereitschaft erneuerte er 1861 und 1862 gegenüber Judd[413]. Die hannoversche Regierung brachte ebenfalls gegenüber US-Generalkonsul Murphy in Frankfurt am Main Anfang 1862 ihr Interesse an einem Vertragsabschluß zum Ausdruck[414]. Aber Seward wusste sehr wohl, dass es darauf ankam, zunächst mit der für die deutsch-amerikanischen Beziehungen entscheidenden Macht abzuschließen und dann würden die übrigen deutschen Staaten ohnehin folgen. So setzte sich auch US-Generalkonsul Murphy für einen Vertrag der USA mit Preußen ein[415]. Er meinte 1862, dass ein Vertragsabschluss der USA, nachdem diese kürzlich viel an politischem Ansehen und politischer Bedeutung verloren hätten, einen Prestige-Gewinn brächte. Lincoln sagte im Sinne der Anliegen von Murphy und Judd in seiner Botschaft vom Dezember 1862[416], er habe angesichts vieler Fälle, „in denen die Ver. Staaten oder deren Bürger von den Marine- oder Militairbehörden fremder Nationen Unrecht erleiden", insbesondere Großbritannien, Frankreich, Spanien und Preußen „gegenseitige Verträge zur Prüfung und Beilegung solcher Beschwerden vorgeschlagen". Der Vorschlag sei in jedem Falle „freundlich aufgenommen, aber noch nicht angenommen worden."

Die USA mögen gegenüber den Regierungen von Großbritannien, Frankreich oder Spanien einen solchen Vertrag zur Sprache gebracht haben, aber weiterverfolgt wurde die Angelegenheit von keiner Seite. In den preußischen Akten lässt sich kein Anhaltspunkt dafür finden, dass die USA Bernstorff oder Bismarck während des Sezessionskrieges über Gerolt oder Judd einen Vertrag in dem von Lincoln erwähnten Sinn vorgeschlagen hätten. Aus dem Schriftwechsel zwischen Seward und Judd geht dagegen hervor, dass Sewards Ansicht 1862/63 ausschlaggebend wurde, dass die USA

---

[412] Rundschreiben Sewards an Diplomaten und Konsuln. Diplomatic Correspondence 1862, S. 172.
[413] Judd am 19.6.1862 in Nr. 27 an Seward. NA Wash., Mf 44/12.
[414] Murphy in Nr. 31 am 7.3.1862 an Seward. Eine Information dazu ging auch an den US-Vizekonsul Breul in Hannover, wie Murphy in Nr. 36 am 19.3.1862 Seward mitteilte. NA Wash., Mf 161/12.
[415] Murphy in Nr. 31 am 7.3.1862 an Seward. NA Wash., Mf 161/12.
[416] Papers Relating to Foreign Affairs 1862, Washington 1863. Die Übersetzung ist entnommen aus der New Yorker Abendzeitung vom 2.12.1862, herausgegeben von Friedrich Rauchfuß.

V. Militärdienst von Deutschamerikanern 553

während des Krieges angesichts ihrer international geschwächten Position kein Interesse an einem Vertragsabschluß haben könnten. Seward wollte den dafür erforderlichen Preis nicht zahlen. Ihm war bewusst, dass es vorläufig für die deutschen Staaten keinen Anlass gab, den geschwächten Vereinigten Staaten die Zugeständnisse zu gewähren, die sie vorher den vom Bürgerkrieg unbeeinträchtigten USA nicht zu konzedieren bereit waren. Seward teilte Judd erneut mit[417]: „Zu einer geeigneten Zeit wird die Frage aufgegriffen und mit den interessierten Mächten in einem Geiste diskutiert, der eine schnelle und zufriedenstellende Entscheidung verspricht."

Wie die Voraussetzungen auf Seiten der USA verbesserten sich in den Augen Judds auch die Bedingungen auf preußischer Seite vorerst nicht. Er sah bei jedem Regierungswechsel „the feudal and military interest" gestärkt[418], so dass mit der Übernahme der Leitung des Staatsministeriums und der auswärtigen Angelegenheiten durch Bismarck das feudale und militärische Interesse die preußische Regierung vollständig beherrschten. Bismarck behandelte die Frage der Einziehung eines aus Preußen stammenden naturalisierten US-Bürgers zum Militärdienst sachlich distanziert, indem er auf die unterschiedlichen Standpunkte beider Regierungen hinwies und die Hoffnung ausdrückte, mit den Vorfällen irgendwie zu Rande zu kommen, ohne dass Schwierigkeiten entstünden[419]. Bismarck engagierte sich genau wie Bernstorff für die Freilassung naturalisierter US-Bürger, für die sich Judd speziell einsetzte. Judd bemühte sich also erfolgreich im Dezember 1862 zugunsten von Moritz Kirschbaum aus dem 3. Posener Infanterie-Regiment Nr. 58 in Glogau[420] und im Februar 1863 um den seit 1861 im 5. Brandenburgischen Infanterie-Regiment Nr. 48 in Küstrin dienenden Louis Fürstenheim und um den ebenfalls seit 1861 im 1. Schlesischen Infanterie-Regiment Nr. 46 in Posen dienenden Benno Oskar Bruno Apelt[421], um typische Beispiele der Jahreswende 1862/63 zu erwähnen.

Die grundsätzliche Einstellung Preußens zum Militärdienst von naturalisierten Amerikanern änderte sich unter Bismarck zunächst genauso wenig wie unter seinen Vorgängern, so wie er sich in der Praxis ebenfalls auf der Linie von Schleinitz und Bernstorff bewegte. Ein Wandel zeigte sich eher auf amerikanischer Seite bei der Umsetzung ihrer Ansprüche, und zwar in eine den Reden Lincolns vom Dezember 1862 entgegengesetzte Richtung. Es mussten auch diejenigen US-Repräsentanten, die sich speziell als Vertreter von Deutschamerikanern empfanden, hinnehmen, dass sich Sewards

---

[417] Seward in Nr. 34 vom 21.7.1862 an Judd. NA Wash., Mf 77/65/14.
[418] Judd in Nr. 31 vom 10.10.1862 an Seward. NA Wash., Mf 44/12.
[419] Judd in Nr. 35 am 25.11.1862 an Seward. NA Wash., Mf 44/12.
[420] Judd in Nr. 38 am 20.12.1862 an Seward. NA Wash., Mf 44/12.
[421] Judd in Nr. 40 am 2.2.1863 an Seward. NA Wash., Mf 44/12.

Position durchsetzte, dass die grundsätzlichen Auseinandersetzungen um die Militärdienstfrage ruhten. Noch dazu zeigte Seward im Verlauf des Krieges immer weniger Neigung, sich für die einzusetzen, die in Deutschland in Schwierigkeiten gerieten, nachdem sie, wie er argwöhnte, vor dem US-Wehrdienst geflohen waren: „We became even less anxious upon the subject when it was seen that worthless naturalized citizens fled before the requirement of military service by their adopted Government here, and not only took refuge from that service in their native land but impertinently demanded that the United States should interpose to procure their exemption from military service exacted there."[422]

Eine dieser Einschätzung entsprechende Anweisung an die US-Gesandtschaft in Berlin, der Forderung von zwei naturalisierten US-Bürgern aus Preußen nach Schutz nicht mehr nachzukommen, erging im September 1862[423]. Diese Anweisung wurde genauso wenig wie die übrigen Schreiben, die sich von Ansprüchen naturalisierter US-Bürger distanzierten, in der Diplomatic Correspondence veröffentlicht, nur das Eintreten Lincolns zugunsten der Ansprüche eben solcher US-Bürger im Dezember 1862. Der ablehnende Bescheid galt ausgerechnet den beiden aus Preußen stammenden Gebrüdern Dullye, die Seward nach seiner Europa-Reise 1859 noch mit einer Senats-Resolution unterstützt hatte bei ihrem Anliegen, in Preußen zu bleiben. Karl und Eugen Dullye hatten Heinsberg (Regierungsbezirk Aachen) 1851 vor Ableistung ihres preußischen Wehrdienstes mit Behörden-Erlaubnis verlassen und ihre preußische Staatsbürgerschaft aufgegeben. Aber sie waren 1857 in das väterliche Seidengeschäft zurückgekehrt, dann 1858 ausgewiesen, 1860 abermals zurückgekommen und setzten sich 1862 besonders intensiv für eine Verlängerung ihrer auslaufenden Aufenthaltserlaubnis ein[424]. Bei ihnen wie bei anderen naturalisierten Amerikanern gewannen Seward und die preußischen Behörden den Eindruck, dass ihnen der jeweils andere Staat nur dazu diente, um den ihren Geschäften hinderlichen Staatsbürgerpflichten zu entgehen. Selbst Judd begann 1863 Beschwerde führende naturalisierte US-Bürger und die preußische Seite differenzierter zu betrachten: „In einigen Fällen, in denen Schutzersuchen ergehen, sind die Antragsteller offensichtlich nach Preußen zurückgekehrt, um dort dauernd zu bleiben, und sie erwarten Schutz von ihrer Naturalisationsbescheinigung für alle Zukunft. Eine zeitweilige Rückkehr aus geschäftlichen Gründen wird viel eher hingenommen, als wenn die lokalen Behörden annehmen müssen, dass eine dauernde Niederlassung in Preußen beabsich-

---

[422] Seward in Nr. 15 vom 2.12.1865 an Jos. A. Wright, Berlin. NA Wash., Mf 77/65/14.

[423] Seward in Nr. 1 am 1.9.1862 an Kreismann, Berlin. NA Wash., Mf 77/65/14.

[424] Judd in Nr. 19 vom 28.2.1862 und in Nr. 20 vom 14.3.1862 an Seward, Kreismann in Nr. 1 vom 1.8.1862 an Seward. Mf 44/12.

V. Militärdienst von Deutschamerikanern 555

tigt sei und eine Exemtion von Verpflichtungen, denen alle deren Nachbarn und Verwandten unterworfen sind."[425] Ähnlich wie der grundsätzlich engagierte Verteidiger der naturalisierten Amerikaner Barnard Anfang der fünfziger Jahre setzte Judd aus unmittelbarer Erfahrung kritisch hinzu: „Such a state of affairs excites the envies and jealousies of the local communities, especially if as is sometimes the case a boastful parade is made of the immunities claimed."

Dem Deutschamerikaner Kreismann, Chargé d'Affaires ad interim der US-Gesandtschaft, fiel im Dezember 1863 auf, dass die von ihm Schutz beanspruchenden US-Bürger in fast allen Fällen aus US-Bundesstaaten stammten, die ihre Wehrpflicht verschärft hätten, und er fragte nicht einmal mehr an in Washington, bevor er die nächsten Beschwerdeführer abwies[426]. Auch Lincoln änderte 1863 seine Auffassung von den Schutz beanspruchenden US-Bürgern in deren Herkunftsland. Seine Ausführungen zur Militärpflicht in seiner Botschaft vom 8.12.1863 unterschieden sich in keiner Weise mehr von den Ansichten der preußischen Regierung[427]. Lincoln kritisierte die Ausländer, die aus einem einzigen Grund Bürger der USA würden, nämlich um den Gesetzen ihres Landes zu entgehen, und die nach der Naturalisation sofort die USA wieder verlassen würden. Obgleich sie nie zurückkehrten, beanspruchten sie dennoch den Schutz der US-Regierung. Deshalb wünschte er eine zeitliche Begrenzung für die Abwesenheit von den USA. Entsprechend verhielt sich die preußische Regierung seit langem, indem sie zum Beispiel den Gebrüdern Dullye einen zeitlich begrenzten Aufenthalt gewährt hatte, zunächst 1857/58 und 1860 bis 1862. Jetzt lief der US-Gesandte nicht mehr Sturm gegen eine solche Entscheidung unter Hinweis auf den Handelsvertrag zwischen den USA und Preußen, wie das noch 1858 zugunsten der Gebrüder Dullye geschehen war.

In zahllosen Anfragen bemühten sich dennoch weiterhin aus Deutschland stammende US-Bürger beim State Department, bei Seward privat, bei den US-Konsuln und beim US-Gesandten um den Schutz vor Militärdienst in den deutschen Staaten und um eine unbeschränkte Aufenthaltserlaubnis in Deutschland, ja selbst um Unterstützung beim Erwerb eines Rittergutes in Preußen[428]. Die Beschwerden derjenigen, die sich den Gesetzen der deutschen Staaten freiwillig auf längere Zeit unterwarfen, wie der aus Preußen

---

[425] Judd am 2.2.1863 in Nr. 40 an Seward. NA Wash., Mf 44/12.
[426] Kreismann am 2.12.1863 in Nr. 17 an Seward. NA Wash., Mf 44/12.
[427] Die Botschaft des Präsidenten Lincoln vom 8.12.1863 als Anlage zum politischen Bericht Gerolts vom 10.12.1863 an Bismarck. GStAM, 2.4.1.I. Nr. 7901.
[428] Ein Jurist H. Türcke, der seine Absicht erklärt hatte, US-Bürger zu werden, verlangte unter Verweis auf die Costa-Affäre den Schutz der USA bei seinen Bemühungen um den Erwerb eines Rittergutes. – Kreismann in Nr. 7 vom 20.7.1863 an Seward. NA Wash., Mf 44/12.

stammende Jurist, der den Erwerb eines Rittergutes vor einem preußischen Gericht einklagte, wurden nach Weisung Sewards ohnehin nicht mehr zum Gegenstand der Verhandlungen mit den Regierungen gemacht[429]. In den Fällen, in denen sich naturalisierte US-Bürger gegen einen erzwungenen Militärdienst wehrten, sollte nach Weisung Sewards von 1863 nur noch auf ausdrückliche Instruktion aus Washington bei der fremden Regierung interveniert werden[430]. Als es 1864 wieder einmal um den erzwungenen Wehrdienst eines US-Bürgers in Preußen ging, ließ Seward Kreismann nicht einmal beim preußischen Außenministerium anfragen. Eine zusätzliche Beschränkung für die Gespräche mit der preußischen Regierung über US-Bürger aus Preußen erhielt Judd 1865 von Hunter, dem amtierenden Unterstaatssekretär in Vertretung des bei dem Attentat verwundeten Seward[431]. Hunter erlaubte Judd zwar wegen der Möglichkeit eines straffreien Besuches eines Philipp Ettinger bei seinen Eltern in Posen, beim preußischen Außenministerium anzufragen, fügte jedoch hinzu, es sei ihm nicht gestattet, grundsätzlich die Frage des Militärdienstes von Auswanderern zu erörtern. Dem Antrag Judds, in Anknüpfung an die Vorschläge der hannoverschen Regierung von 1862 nach Kriegsende in erste Vertragsverhandlungen einzutreten, wurde in Washington nicht entsprochen. US-Generalkonsul Murphy in Frankfurt am Main setzte sich 1864/65 mehrfach für eine vertragliche Regelung der Militärpflicht von aus Deutschland stammenden US-Bürgern ein. In Unkenntnis der verfassungsrechtlichen Verhältnisse in Deutschland regte Murphy sogar einen Vertrag der USA mit dem Deutschen Bund an[432]. Aber seine über die Wirtschaftsbeziehungen hinausgehenden Anregungen blieben in Washington genauso unbeachtet wie die von Judd.

Stattdessen beauftragte Seward 1865 seinen Nachfolger Wright, der schon bis 1861 als Gesandter in Berlin amtiert hatte, mit der Aufnahme von Vertragsverhandlungen mit der preußischen Regierung zur Ablösung der Militärpflicht naturalisierter Amerikaner. Seward ging mit extremer Rücksichtnahme an diese schwierige Aufgabe heran, da damit ein gesamteuropäisches Problem berührt werde[433]. Er beauftragte ihn vorerst nur, in Berlin zu sondieren. Bei den folgenden Gesprächen bekundete Bismarck das Interesse der preußischen Regierung, die alte Streitfrage vertraglich zu bereinigen[434]. Mit Blick auf die zunehmende Auswanderung in die USA

---

[429] Seward an Kreismann in Nr. 2 vom 11.8.1863. NA Wash., Mf 77/65/14.
[430] Seward an Judd in Nr. 49 vom 7.3.1863. NA Wash., Mf 77/65/14.
[431] Hunter in Nr. 92 vom 24.7.1865 an Judd. NA Wash., Mf 77/65/14.
[432] Murphy am 1.10.1864 an Seward. NA Wash., Mf 161/14.
[433] W. H. Seward am 28.7.1865 in Nr. 93 an Joseph A. Wright. NA Wash., Mf 77/65/14.
[434] Wright am 15.11.65 in Nr. 8 an Seward. NA Wash., Mf 44/13.

regte Bismarck zugleich an, die Mängel des alten Auslieferungsvertrages zu beheben. Seward deutete in dieser Frage Entgegenkommen an, indem er Wright mitteilte, Verbesserungsvorschläge Preußens würden auf „just and friendly attention" stoßen[435].

Wright sah die verschiedensten Gründe dafür, dass Preußen an engeren Beziehungen zu den USA interessiert sei. Preußen wolle die Freundschaft mit den USA zum Beispiel beim Aufbau seiner Flotte nutzen[436]. Eine günstige Voraussetzung für eine Einigung mit den USA sei, dass Preußen nicht die „doctrine of perpetual allegiance" vertrete, da es selbst Einwanderer aufnehme[437]. Wright war also einer der wenigen US-Vertreter, der begriffen hatte, dass Preußen ähnlich wie die USA ein Einwanderungsland war.

Wrights mehrfach vertretenes Argument gegenüber Seward war, dass die bisherige preußische Position jeden Nutzen für Preußen verloren habe. Es gelinge Preußen nicht in einem von hundert Fällen, einen Deutschamerikaner in seine Armee zu stecken. In der Regel zeige Preußen Milde[438]. Speziell an Bismarck rühmte Wright, dass wenn es einen schwierigen Fall gäbe und Bismarck sich seiner annähme, so würde er gelöst[439].

Angesichts des Interesses Preußens an einer über die bisherige Einzelfallregelung hinausgehenden Lösung brauchten die USA also nur auf ein preußisches Verhandlungsangebot zu warten. In der Tat skizzierte Bismarck schon nach wenigen Gesprächen mit Wright Mitte Dezember in einer privaten Note den Inhalt eines umfassenden Vertrages mit den USA[440]. Anschließend formulierte Bismarck das preußische Maximalprogramm, zu dem neben einer Abmachung über das Ruhen der Militärpflicht von ausgewanderten Preußen auch die Revision des Handelsvertrages von 1828 und des Auslieferungsvertrages von 1852 gehörte[441]. Der Handelsvertrag sollte um Bestimmungen zu gestrandeten Schiffen und zu Deserteuren der Kriegs-

---

[435] Seward am 2.12.65 in Nr. 15 an Wright. NA Wash., Mf 77/65/14.
[436] Wright in Nr. 16 am 11.1.1866 an Seward. NA Wash., Mf 44/13.
[437] Wright in Nr. 11 am 13.12.1865 an Seward. NA Wash., Mf 44/13.
[438] Wright am 11.10.65 (nicht nummeriert) an Seward. NA Wash., Mf 44/13.
[439] Wright in Nr. 29 am 26.4.66 an Seward. NA Wash., Mf 44/13. – Es ging damals um die Verhaftung des kalifornischen Kaufmanns Simon Israel, der 1853 mit 17 Jahren aus Preußen ausgewandert sei und dann zehn Jahre später während des Sezessionskrieges nach Preußen zurückkehrte. Judd hatte 1864 eine Intervention bei der preußischen Regierung abgelehnt mit dem Hinweis auf andere, die die USA verließen, um die Wehrpflicht zu vermeiden (Judd am 27.4.1864 an Abraham Israel, den Bruder von Simon Israel. Anlage zu Nr. 64 vom 4.5.64 an Seward. NA Wash., 44/12). Erst zwei Jahre später wurde es dann ernst für Simon Israel, und Wright riet, dass er an die Gnade des Königs appellieren solle. „If Count Bismarck's time and health will allow him to look into the case, he would immediately discharge Israel!" – So Wright in Nr. 29 am 26.4.66 an Seward, a.a.O.
[440] Wright in Nr. 12 am 16.12.1865 an Seward. NA Wash., 44/13.

und Handelsmarine ergänzt werden. Der Auslieferungsvertrag sollte dadurch wirksamer werden, dass in mehr Fällen eine Auslieferung ermöglicht würde, und das Auslieferungsverfahren sollte vereinfacht und verbilligt werden. Zum zentralen Anliegen der Aufhebung der Militärpflicht für in die USA ausgewanderte Preußen konzedierte Bismarck zunächst nur: Die Verpflichtungen gegenüber dem preußischen Staat sollten nach zehn Jahren Abwesenheit erlöschen, und nur für die eventuell schon früher, die bis zum Alter von 17 Jahren ausgewandert waren.

Die Hoffnungen auf eine Kompromissbereitschaft auf preußischer Seite, die Wright im State Department geweckt hatte, sah Seward durch dieses Vertragskonzept nicht bestätigt. Seward zeigte keine Bereitschaft mehr, Preußen bei seinem Anliegen einer Revision des Handels- und des Auslieferungsvertrages entgegenzukommen für die von Bismarck vorgeschlagenen Bedingungen für einen Verzicht auf Militärdienst und Bestrafung von naturalisierten US-Bürgern. Mit der Annahme dieser Bedingungen machten die USA die Anerkennung eines Einwanderers als US-Bürger von einer ausländischen Regierung abhängig[442]. Ausdrückliche Vertragsverhandlungen mit Bismarck kamen also noch nicht zustande, auch wenn die Beibehaltung der Einzelfallregelung immer wieder Gespräche Wrights mit Bismarck über die Militärdienstfrage erforderten. Bismarck stellte in diesem Zusammenhang fest, dass Preußen seine Gesetze zum Militärdienst nicht ändern könne, aber signalisierte weiteres Entgegenkommen. Er überlegte, ob die militärischen Verpflichtungen eines ehemaligen Preußen nicht schon nach sieben statt nach zehn Jahren erlöschen könnten[443].

Während des preußisch-österreichischen Krieges 1866 ruhten die Gespräche über eine grundlegende Neuregelung der Militärdienstfrage. Auf preußischer Seite war weder Zeit noch Interesse vorhanden, und die USA zeigten dafür Verständnis und wollten im Übrigen erst einmal sehen, ob Bismarck ihr Verhandlungspartner blieb. Wright glaubte nicht, dass Bismarck den Krieg mit Österreich als Ministerpräsident überleben würde[444]. Nach dem Erfolg Bismarcks im Sommer 1866 regte Seward erneut Gespräche über die Militärdienstfrage mit Bismarck an: „Will you suggest informally to Count Bismarck the enquiry whether it would not be deemed consistent with the dignity and greatness of Prussia to recognize the principle of naturalization as a natural and inherent right of manhood."[445] Jedoch bevor Joseph A.

---

[441] Bismarcks Note vom 3.1.66 als Anlage zum Bericht Wrights Nr. 15 vom 5.1.66 an Seward. NA Wash., Mf 44/13.
[442] Seward Nr. 22 am 19.2.1866 an Wright. NA Wash., Mf 77/65/14.
[443] Wright in Nr. 24 am 21.3.1866 an Seward. NA Wash., Mf 44/13.
[444] Wright in Nr. 26 am 11.4.1866 an Seward. NA Wash., Mf 44/13.
[445] Seward in Nr. 47 am 24.9.1866 an Wright. NA Wash., Mf 44/13.

Wright erneut in Verhandlungen eintreten konnte, erkrankte er. Der als Chargé d'Affaires ad interim fungierende Legationssekretär John C. Wright, sein Sohn, musste sich auf die Erledigung der Routineangelegenheiten beschränken. Erst der unmittelbar nach dem Tod von Joseph A. Wright im Mai 1867 zum Nachfolger berufene George Bancroft nahm den Gesprächsfaden zur Militärdienstfrage wieder auf.

US-Gesandter Bancroft stellte wie Wright die Militärdienstfrage in den ersten beiden Jahren in den Mittelpunkt seiner Tätigkeit. Er knüpfte direkt an die Vorarbeit Wrights und der US-Vertreter der fünfziger Jahre an. Im Unterschied zu seinen Vorgängern vermochte er zugleich die Kenntnisse über die Position der westeuropäischen Regierungen zur Naturalisation und ihr Entgegenkommen in einzelnen Bereichen zu nutzen. Seward hatte ihm unmittelbar nach seiner Ernennung die Lösung dieses Konfliktes zwischen den Ansprüchen des Herkunftslandes und des Einwanderungslandes als einzige ungeklärte Frage zwischen Preußen und den USA ans Herz gelegt[446]. Von einer solchen preußisch-amerikanischen Vereinbarung erwartete er, dass deutsche und ebenso außerdeutsche Staaten dem Beispiel folgen würden. Das wäre für viele US-Bürger eine Erleichterung und für die Regierung, die ihre Ansprüche zu vertreten habe. Besonders nach den Erfolgen Preußens in Deutschland sah Seward die Chance einer Einigung: „The present attitude of Prussia is one of strength and repose, as is also that of the United States."[447]

Die USA hätten sich der Militärdienstprobleme am liebsten dadurch entledigt, dass die führenden europäischen Mächte ihre Gesetzgebung zur Naturalisation von Auswanderern geändert hätten[448]; aber dazu waren diese nicht bereit. Bei den Gesprächen, die Bancroft im November 1867 mit Bismarck aufnahm, ging es von vornherein um einen Vertrag. Der Vertragspartner der USA wurde der am 1.7.1867 gegründete Norddeutsche Bund, bei dem Bancroft ab Januar 1868 ausdrücklich akkreditiert war.

Bancroft stufte die von Bismarck gegenüber Wright gemachten Vorschläge als liberal ein, hoffte jedoch auf noch bessere Bedingungen. Aber zugleich beharrten das Kriegsministerium und das Innenministerium zunächst auf der traditionellen preußischen Position. Sie bestanden darauf, dass grundsätzlich erst nach zehnjähriger unerlaubter Abwesenheit von Preußen die Staatsangehörigkeit und damit auch erst die Militärpflicht erlöschen könnte. Ebenso beharrten sie auf dem Recht, diejenigen auszuweisen, die aus dem preußischen Untertanenverband ausgeschieden waren und nach über zehn Jahren zurückkehrten. Wie sie schon 1863 gegenüber Bismarck

---
[446] Seward in Nr. 2 vom 20.5.1867 an Bancroft. NA Wash., Mf 77/65/14.
[447] Seward in Nr. 13 vom 22.8.1867 an Bancroft. NA Wash., Mf 77/65/14.
[448] Seward in Nr. 41 am 13.2.1868 an Bancroft. NA Wash., Mf 77/65/14.

dargelegt hatten, würde es „zu bedenklichen Mißbräuchen führen und die ohne dies erhebliche Zahl der Dienstentziehungen noch vermehren..., wenn sie (die Regierung) nicht in vorkommenden Fällen mit allem Nachdrucke auf die Erfüllung dieser Bedingung hielt."[449]

Es war ein Erfolg für Bancroft, dass Bismarck schließlich in Artikel I die fünfjährige Abwesenheit statt der zehnjährigen konzedierte als Voraussetzung für die Anerkennung eines früheren preußischen Staatsbürgers als US-Bürger. Damit trug Bismarck Sewards Argument Rechnung, dass die USA die Naturalisation nicht von einer auswärtigen Macht abhängig machen könnten; denn jetzt übernahm er die normalerweise in den USA als Voraussetzung für die Bürgerrechtsverleihung geforderte fünfjährige Anwesenheitspflicht. In den späteren Naturalisationsverträgen der USA mit außerdeutschen Staaten tauchte der Fünfjahreszeitraum als Voraussetzung für die Anerkennung der Naturalisation regelmäßig wieder auf.

In Artikel II erreichte Bancroft die Bestimmung, dass kein Auswanderer wegen der Auswanderung zu bestrafen sei. Das interpretierte Berlin zunächst großzügig auch als Immunität für den Fall der Desertion. Das hatte Wright nicht durchsetzen zu können geglaubt.

Dem Anliegen Preußens, zugleich mit der Militärdienstfrage bei der Auswanderung aufgetretene weitere Probleme zu regeln, kamen die USA nur wenig entgegen. Bei der Auseinandersetzung mit der Frage der Auslieferung erreichte Preußen nur, dass in Artikel III der Auslieferungsvertrag auf alle Staaten des Norddeutschen Bundes ausgedehnt wurde.

Dass nach Artikel IV nach zweijähriger Anwesenheit eines US-Bürgers im deutschen Vertragsgebiet die früheren Staatsbürgerpflichten wieder aufleben könnten, entsprach dem besonderen Interesse der preußischen Seite, aber wurde von der US-Administration nicht als Nachteil empfunden. Die vertragliche Regelung der befristeten Anwesenheit von naturalisierten Auswanderern im Herkunftsland ist später in den USA besonders kritisiert und führte in den siebziger Jahren vereinzelt zu Schwierigkeiten zwischen Deutschland und den USA[450]. Bei der späteren Kritik an dieser Vertrags-

---

[449] Innenminister Eulenburg und Kriegsminister Roon an Bismarck am 13.4.1863. GSTAM, Rep. 84a Nr. 7800.

[450] Siehe dazu vor allem *Meyer, Luciana Ranshofen-Wertheimer*: German-American Migration and the Bancroft Naturalization Treaties 1868–1910, Diss., New York 1970, S. 16 f. – Zur Kritik in Deutschland *Otto Graf zu Stolberg-Wernigerode*: Die Beziehungen zwischen Deutschland und den Vereinigten Staaten; Berlin 1933, S. 114 f. – Bei der Diskussion über den Vertrag im Norddeutschen Reichstag am 2.4.1868 äußerte Schleiden unter anderem Kritik am Artikel IV, aber betrachtete das nicht als so gravierend, dass er nicht auch die Annahme des Vertrages empfahl. Zur Auseinandersetzung des Norddeutschen Reichstages mit dem ersten Vertrag des Norddeutschen Bundes s. Stenographische Berichte über die Verhand-

klausel wird leicht übersehen, dass eine solche Bestimmung damals nicht nur von preußischer Seite, sondern auch von der US-Administration gewünscht wurde, um ein Pendeln von Staatsbürgern zur Vermeidung von Pflichten zu verhindern. Wenn Senator Summers als Befürworter des Naturalisationsvertrages die Zweijahresfrist begrüßte, so dachte er an die vielen Beispiele der „fraudulent naturalization", wie sie die US-Gesandtschaft in Berlin, sowie Seward und Lincoln während des Sezessionskrieges wahrgenommen hatten[451]. Lincoln hatte nicht umsonst eine zeitliche Begrenzung für die Abwesenheit von den USA befürwortet. Zwei Jahre nach dem Krieg hätten die USA, die nicht mehr die Wehrpflicht verlangten, im Interesse von mehr Freizügigkeit auf die Zweijahresfrist bei naturalisierten Bürgern verzichten können. Aber auch Bancroft dachte nicht daran, den Druck von den naturalisierten Bürgern zu nehmen, sich nach der Naturalisation auch in ihrem neuen Staat dauernd niederzulassen, und er zeigte kein Interesse, über die Klausel mit der preußischen Regierung zu streiten. Dass 1964 der Oberste Gerichtshof der USA eine solche Begrenzung der Abwesenheit von den USA, wie die mit dem Norddeutschen Bund vereinbarte Zweijahresklausel, für verfassungswidrig erklärte, vollzog sich im Zeitalter des globalen Engagements von US-Amerikanern und hatte mit den Verhältnissen ein Jahrhundert zuvor nur noch wenig zu tun.

Die Hauptopposition gegen den Vertragsabschluss kam 1868 nicht aus den USA, sondern aus dem Preußischen Staatsministerium. Bismarck gelang es 1868 nur mit Hilfe des Königs, die Bedenken der Opponenten im Staatsministerium zu überwinden[452]. Auf jeden Fall konnten Bancroft und Geheimrat König vom Preußischen Ministerium der auswärtigen Angelegenheiten den Naturalisationsvertrag am 22.2.1868 paraphieren, also öffentlichkeitswirksam am Geburtstag Washingtons. Gerade auf der Seite der USA muss die Zufriedenheit außerordentlich gewesen sein, sich nicht mehr regelmäßig mit der Frage des Militärdienstes von aus Mitteleuropa stammenden naturalisierten US-Amerikanern beschäftigen zu müssen. State Department und Präsident reichten die Naturalization Convention nach wenigen Tagen an den Senat weiter. Dieser stimmte am 26.3.1868 nach rund zwei Wochen Prüfung mit 39 gegen acht Stimmen zu[453]. Bei keinem mit

---

lungen des Norddeutschen Reichstages 1868, Bd. 7, S. 40 ff. – Baden und Württemberg trugen der Kritik der Reichstagsabgeordneten Schleiden und Löwe-Calbe Rechnung, indem sie ihren Naturalisations-Verträgen in einem Protokoll Erläuterungen beifügten, die der Antwort Bismarcks auf die Kritik entsprachen.

[451] Zur Position Lincolns siehe seine Botschaft vom 8.12.1863, als Anlage zum Bericht Gerolts an Bismarck vom 10.12.1863. GStAM, Nr. 7901.

[452] Bismarck am 1.2.1868 an den König. GStAM, Rep. 103 2.2.1. Nr. 1335.

[453] Der Text des Vertrages zwischen den USA und dem Norddeutschen Bund u. a. bei Malloy: Treaties, Bd. II, S. 1298 f.

einer deutschen Regierung vereinbarten Vertrag vollzog sich bisher das Ratifikationsverfahren der amerikanischen Seite so zügig. Die USA erwarteten mit Recht, dass sich nach der norddeutsch-amerikanischen Vereinbarung auch die übrigen europäischen Staaten großzügiger gegenüber ihren ehemaligen Bürgern verhalten würden.

Im Mai 1868 nutzte Bancroft seine Akkreditierung bei den Königen von Bayern und Württemberg und den Großherzögen von Baden und Hessen, um mit ihnen zu gleichartigen Naturalisationsverträgen zu kommen. Mit Bayern schloss er noch im Mai ab[454], mit Baden[455] und Württemberg[456] im Juli und mit Hessen im August 1868[457]. Die Verträge waren inhaltlich weitgehend identisch. Nur fehlte bei dem mit Baden abgeschlossenen Vertrag die Zweijahresfrist. Nach der Reichsgründung galten diese Einzelverträge weiter, so wie Bismarck auch sonst mit der politischen Tradition der süddeutschen Staaten und deren Ansprüchen sehr vorsichtig umging. Dafür musste das Auswärtige Amt die Streitfrage in Kauf nehmen, ob die Vertragsbedingungen auch für die aus Elsass-Lothringen stammenden US-Bürger galten. Das kam vereinzelt vor[458]. In der Regel hatten die aus Deutschland stammenden naturalisierten Amerikaner, wenn sie ihre Heimat besuchten, keine Probleme mehr zu gewärtigen.

Unabhängig von einzelnen Kontroversen über die Bancroft-Verträge blieb unstrittig, dass gerade diese Verträge ein Ausdruck der Era of good feelings zwischen Preußen-Deutschland und den USA waren. Die USA konnten um so mehr zufrieden sein, als die Hoffnung des State Department aufging, dass mit den erfolgreichen Gesprächen in Berlin auch im Verhältnis zu den übrigen europäischen Staaten ein Weg aufgezeigt würde, um sich der Naturalisations-Konflikte zu entledigen. Mit Belgien schlossen die USA noch 1868 einen Naturalisations-Vertrag ab, 1869 mit Schweden und Norwegen, 1870 mit Österreich-Ungarn und mit Großbritannien, das die Berliner Gespräche besonders aufmerksam verfolgt hatte, und 1872 mit Dänemark.

---

[454] Malloy: Treaties, Bd. I, S. 60–63.
[455] Malloy: Treaties, Bd. I, S. 53–55.
[456] Malloy: Treaties, Bd. II, S. 1895–1898.
[457] Malloy: Treaties, Bd. I, S. 949–951.
[458] Siehe dazu A Digest of International Law, by *John Bassett Moore*, Washington D. C., 1906, Bd. 3, § 392, und *Meyer, Luciana Ranshofen-Wertheimer*: German-American Migration and the Bancroft Naturalization Treaties 1868–1910, Diss., New York 1970.

VI. Konflikte der USA und Preußens auf dem Weg zur Einheit

1. „Unity! Centralization! One strong Government!" – Die preußische Politik der sechziger Jahre aus der Sicht von US-Diplomaten

Wie in den USA sei in Deutschland der allgemeine Ruf „Unity! Centralization! One strong Government!", schrieb der US-Konsul Börnstein 1861 aus Bremen an das State Department.[459] Das Ziel sei der Zusammenschluss Deutschlands zu einem Reich unter dem König von Preußen, ein deutsches Parlament, eine deutsche Flotte und die weitere wirtschaftliche Vereinheitlichung. Da Österreich bei allen Einsichtigen aufgegeben sei, sei Preußen ohne Rivale. Genauso wie Börnstein sahen auch die übrigen US-Konsuln und der US-Gesandte Judd in Berlin die Zukunft Deutschlands abhängig von einem liberal orientierten Preußen. Isaac Diller, der Vorgänger von Börnstein als US-Konsul in Bremen, Generalkonsul Ricker in Frankfurt am Main und Judd beschworen das Vorbild Italien für Deutschland[460]. Für Ricker war Preußen wie Sardinien der Staat, der ein machtloses Konglomerat von Souveränen zu einer Union zusammenzubringen vermöchte, nach der der wahre deutsche Patriot bisher verlangt habe[461]. Auch nachdem die „liberale und aufgeklärte Regierung Preußens"[462], wie Diller im Zeichen der Neuen Ära formuliert hatte, zurückgetreten war, hielt sich diese Auffassung zunächst noch. Wenige Monate vor Bismarcks Ministerpräsidentschaft schrieb Judd 1862, angesichts des wachsenden deutschen Einheitsstrebens im deutschen Volk sei Preußen in Deutschland die Instanz, die so tief und heiß ersehnte Einheit zu erreichen, wie es vorher in Italien durch Sardinien geschehen sei[463]. Die kleineren Staaten, die wie in Italien von der nationalen Bewegung fortgespült zu werden fürchteten, klammerten sich an Österreich; diese Bewegung verglich er mit der Sezession in den USA. Wenn König Wilhelm die Rolle von Viktor Emanuel zu spielen wagte mit einem preußischen Grafen Cavour, dann werde Deutschland bald aufhören, nur ein

---

[459] Börnstein, Bremen, am 9.10.1861 in Nr. 8 an W. H. Seward. NA Wash., Mf 184/11.
[460] Judd am 7.7.1861 in Nr. 2 an Seward, und in Nr. 10 am 10.10.1861 formulierte er „Sardinia is ahead." – NA Wash., Mf 44/12.
[461] Ricker, Frankfurt am Main, am 25.7.1859 in Nr. 190 an Cass. NA Wash., Mf 161/8.
[462] Diller, Bremen, am 8.5.1860 an Cass. NA Wash., Mf 184/13. – Die Übersetzungen von Äußerungen der US-Vertreter stammen, wenn nichts anderes vermerkt ist, von mir.
[463] Judd in Nr. 18 am 17.2.1862 an Seward. NA Wash., Mf 44/12.

geographischer Begriff zu sein. Ob der Deutsche Bund sein verdientes Ende ohne Bürgerkrieg finden werde, sei sehr unsicher. Einen Krieg für eine Union unter preußischer Führung hielt US-Konsul Diller schon 1860 für unausweichlich[464].

Secretary of State W. H. Seward drückte verschiedentlich die amerikanischen Sympathien[465] für die deutsche Einheit aus. Im Oktober 1863 betonte er: „...every effort to consolidate all the German states under a federation which would promote the continuous development and progress of the entire fatherland would be hailed in this country with profound satisfaction."[466] Dies Schreiben richtete sich allerdings nicht an Judd in Berlin, sondern an den US-Gesandten Motley in Wien und galt den österreichischen Bemühungen um die deutsche Einheit. Legationssekretär Kreismann, Chargé d'Affaires ad interim in Berlin, stilisierte 1863 den österreichischen Kaiser zum „master of the situation in Germany"[467]. Der Deutschamerikaner begeisterte sich: „As we are striving to prevent the disruption of our union, the Germans are endeavoring to reestablish theirs. May the blessings of God be upon both enterprises."[468] In den Augen der meisten US-Vertreter in Europa schien 1863 das sich dem Heeres- und Verfassungskonflikt widmende Preußen kaum in der Lage zu sein, die Einheit voranzubringen. Höchstens Motley erwartete vom Preußen Bismarcks noch mehr als von Österreich. Im Oktober 1863 schrieb Kreismann an Seward: „Unfortunately for the cause of German unity the conflict between King and people paralyses Prussia, disheartens and turns away the German liberals, and thus furthers the plans of Austria."[469] Über den von Österreich vorgelegten Bundesreformplan und den folgenden Fürstentag ließ sich Seward wie von den US-Vertretern ausführlich vom österreichischen Ministerresidenten und von Gerolt informieren. US-Gesandter General Sanford in Brüssel, der als der wichtigste US-Repräsentant in Westeuropa zugleich in Paris und London tätig war, stellte die Pläne des österreichischen Staatsministers Schmerling als liberale Konzession an das Volk und als Bemühen um einen engeren Zusammenschluss gegen Napoleon vor[470]. Der Fürstentag war für ihn ein

---

[464] Diller, Bremen, am 4.5.1860 an Cass. NA Wash., Mf 184/13.

[465] Zur Sympathie in der US-Öffentlichkeit für die deutsche Einheit s. *John Gerow Guzley*: American Opinion of German Unification 1848–1871, New York 1926, S. 148 ff. et passim.

[466] Seward am 5.10.1863 an den US-Gesandten in Wien Motley. Papers relating to Foreign Affairs 1863/64, Part II, Washington 1864, S. 1015. Das war die Antwort auf die Depesche von Motley vom 14.9.1863 an Seward (a.a.O., S. 1008 ff.), wo er Österreichs Bundesreformplan vorstellte.

[467] Kreismann in Nr. IX aus Berlin am 5.8.1863 an Seward. NA Wash., Mf 44/12.

[468] Kreismann in Nr. X am 15.8.1863 an Seward. NA Wash., Mf 44/12.

[469] Kreismann am 24.10.1863 in Nr. XIV an Seward. NA Wash., Mf 44/12.

VI. Konflikte der USA und Preußens auf dem Weg zur Einheit

Beleg für das wachsende Ansehen Österreichs gegenüber Preußen in einer Angelegenheit, die Preußen monopolisiert zu haben schien[471]. Für Sanford machte sich Bismarck mit seiner Opposition gegen den Bundesreformplan Österreichs zum Handlanger Napoleons[472]. Gerade angesichts des Interesses der USA an einem Gegengewicht gegen Napoleon war es verständlich, dass Seward im Oktober 1863 in seiner Instruktion an Motley Schmerlings Vorstellungen begrüßte.

Mit dem Scheitern des Fürstentags war auch der Bundesreformplan gescheitert. Aber im Gegensatz zu Österreich musste Preußen im State Department weiterhin als völlig reformunfähig erscheinen, wenn sich Washington an der Mehrzahl der Berichte der US-Vertreter in Europa orientierte. Diesen Eindruck bestätigten die Beiträge in US-Zeitungen und US-Zeitschriften über das Preußen der Konfliktära. Die Reaktion hatte sich in Preußen stetig mehr durchgesetzt und die Liberalen geschwächt, mit denen sich für die US-Vertreter die Umgestaltung Deutschlands verband. Schon mit der Aufnahme des Grafen Bernstorff als Minister der auswärtigen Angelegenheiten in das Kabinett des Fürsten Karl Anton von Hohenzollern-Sigmaringen im September 1861 wurde die preußische Regierung nach dem übertriebenen Urteil Judds aristokratisch und reaktionär[473]. Zu Recht betonte er, 1861/62 seien die Liberalen von der Leitung des preußischen Staates ausgeschlossen. „Their places have been filled by bureaucratic and reactionary men hitherto quite obscure." Nach der Eröffnung des Abgeordnetenhauses im Januar 1862 urteilte Judd, König Wilhelm I. habe kaum die Hoffnungen erfüllt, die das Volk mit seiner Thronbesteigung verknüpfte[474]. Dass die ersten Wahlen unter König Wilhelm im Dezember 1861 trotz der konservativen Regierung frei und ohne die Wahlbeeinflussung der Manteuffel-Ära abgelaufen waren, hatte Judd dabei durchaus wahrgenommen: Die Regierung habe Annehmlichkeiten für Wähler geschaffen, wie sie diese niemals vorher genossen hätten[475]. Er urteilte: „Der König ist ein guter Mann und populär, aber wagt dem Volk nicht zu trauen, und seine Erklärungen zugunsten eines gemäßigten Fortschrittes bedeuten den Liberalen nichts."

Mit dem für die Liberalen so günstigen Wahlergebnis wähnte Judd schon „die reaktionäre Partei" zerstört „und zwar möglicherweise für immer"[476].

---

[470] Sanford am 12.8.1863 aus Ostende an Seward. Seward Papers, Mf 79.
[471] Sanford am 21.8.1863 aus Brüssel an Seward. Seward Papers, Mf 79.
[472] Sanford am 3.9.1863 aus Brüssel an Seward. Seward Papers, Mf 79.
[473] Judd in Nr. 21 vom 27.3.1862 an Seward. NA Wash., Mf 44/12.
[474] Judd in Nr. 16 vom 14.1.1862 an Seward. NA Wash., Mf 44/12.
[475] Judd in Nr. 11 vom 5.11.1861 an Seward. NA Wash., Mf 44/12.
[476] Judd in Nr. 14 vom 14.12.1861 an Seward. NA Wash., Mf 44/12.

Im neuen Abgeordnetenhaus sah er eine in jeder Hinsicht überragende Körperschaft, nach Bildung, Charakter und Fähigkeiten der Persönlichkeiten[477].

Bei den erneuten Wahlen zum Abgeordnetenhaus am 28. April 1862 ging es nach Judd nicht nur um den Einfluss des Parlamentes auf die Regierung, sondern auch um die individuelle Unabhängigkeit der Wähler. Er berichtete vom Druck der einzelnen Ministerien auf die ihnen unterstellten Beamten, aber auch von der Kritik der preußischen Universitäten und der Opposition der Handelskammern und der übrigen Bürger[478]. Die Opposition sei so stark, dass Bürger sich weigerten, den Hut abzunehmen, wenn ihnen der König begegnete. Als Beispiel brachte er im April 1862, wie die Menge kurz vor den Wahlen unter den Linden an dem König vorbeizog, ohne eine Reaktion zu zeigen, während sie den voranschreitenden liberalen Polizeipräsidenten mit lautem Beifall bedacht habe. Ausführlich ging Judd auf den erneuten Wahlerfolg der Liberalen ein und den Misserfolg der Regierung, von der kein Mitglied einen Sitz errang, nicht einmal Finanzminister von der Heydt[479]. Judd erwartete 1862, dass die Regierung sich dem Abgeordnetenhaus unterwerfen würde, da der König angesichts der Erfahrungen von 1848/49 wohl kaum so wahnsinnig sei, die Verfassung aufzuheben[480], ja, die Regierung werde auch in der Haushaltsfrage schließlich nachgeben[481]. Legationssekretär Kreismann, der aus Thüringen stammte, war da skeptischer. Er erwartete 1862 sogar einen Staatsstreich[482].

Auf die Militärreform selbst, den Ursprung der Konflikte zwischen König und liberalem Abgeordnetenhaus, sind Judd und Kreismann nie eingegangen. Bei ihnen ging es bei den Auseinandersetzungen 1862 bis 1866 immer nur um die Macht des Königs gegenüber dem Volk. Wie Kreismann erblickte Judd hinter der Heeresreform nur ein innerpreußisches Ziel, nicht etwa eine Voraussetzung für die deutsche Einheit. Für Judd ging es beim Heereskonflikt um die Macht des Königs in Preußen: „His Majesty's foible and as he thinks his protection against the people is the army, and as a consequence he looks with disfavor upon anything that looks to be interfering with it."[483] US-Gesandter Harvey, Lissabon, äußerte gegenüber Seward, dass der „stiff-necked King" trotz der stärkeren Bataillone auf seiner Seite abdanken werde[484]: „The contest in Prussia between the King and the

---

[477] Judd in Nr. 20 vom 14.3.1862 an Seward. NA Wash., Mf 44/12.
[478] Judd in Nr. 23 vom 19.4.1862 an Seward. NA Wash., Mf 44/12.
[479] Judd in Nr. 25 vom 6.5.1862 an Seward. NA Wash., Mf 44/12.
[480] Judd in Nr. 20 vom 14.3.1862 an Seward. NA Wash., Mf 44/12.
[481] Judd in Nr. 28 vom 27.6.1862 an Seward. NA Wash., Mf 44/12.
[482] Kreismann in Nr. 5 vom 4.9.1862 an Seward. NA Wash., Mf 44/12.
[483] Judd in Nr. 21 vom 27.3.1862 an Seward. NA Wash., Mf 44/12.
[484] Harvey am 28.2.1863 vertraulich an Seward. Seward Papers, Mf 76.

VI. Konflikte der USA und Preußens auf dem Weg zur Einheit 567

people, though the former is backed by the army, must end, as all such struggles have heretofore done, by the triumph of the many over the few." Kreismann hatte bei den Wahlen 1863 eine Stärkung der radikalen Linksliberalen festgestellt[485], und Judd bemerkte danach, dass die Debatten im Abgeordnetenhaus härter und offener wären als jemals zuvor in der Geschichte des Königreiches[486]. US-Gesandter Sanford in Brüssel, der im Dezember 1863 neben den westeuropäischen Zentren auch Berlin aufsuchte[487], ordnete den Konflikt in Preußen als fundamentale Auseinandersetzung zweier Systeme ein; auf der einen Seite wähnte er ein verfallendes, untergehendes der Privilegien und auf der anderen das neue der Volkssouveränität, das siegen werde[488]. Die damit naheliegende Interpretation, dass es hier wie in den USA um den Gegensatz von Aristokratie und Demokratie ginge, wurde damals noch nicht formuliert.

Für Sanford verschlechterten sich die innenpolitischen Verhältnisse in Preußen 1862/63 zusehends[489]. König Leopold hätte vergeblich versucht, bei „King Frederick William" (sic!) einen Sinneswandel zu erreichen. Er berichtete dem State Department in richtiger Einschätzung des Königs, die Meinung gewinne an Boden, der König werde im letzten Augenblick eher abdanken, als einen Staatsstreich zu wagen. Für den in Bremen akkreditierten US-Konsul Börnstein machte die Revolution in Deutschland Fortschritte[490], wenn das auch mit „Teutonic slowness" geschehe. König Wilhelm übernehme immer mehr die Rolle Karls I. Eine solche Überlegung war dem König nicht fremd, auch wenn es keine Revolution in Preußen gab. Schließlich machte Börnstein in seinem Bericht von 1862 auf die für die USA entscheidende Folge des Heeres- und Verfassungskonfliktes aufmerksam: Außenpolitisch verliere Preußen an Einfluss, und dieser gehe über auf Österreich[491].

Seward hatte Judd im März 1861 angewiesen, abweichend von dem üblichen Auftrag an einen Diplomaten, sein Hauptaugenmerk auf die USA zu richten[492] und schrieb ihm auch im November 1861, dass sich die USA mit den revolutionären Vorzeichen in Europa beschäftigen könnten, wenn sie selbst im Innern Frieden hätten[493]. Aber die Beeinträchtigung der außen-

---

[485] Kreismann am 31.10.1863 in Nr. 15 an Seward. NA Wash., Mf 44/12.
[486] Judd in Nr. 105 am 2.6.1865 an Hunter. NA Wash., Mf 44/13.
[487] Kreismann am 26.12.1863 an Seward. NA Wash., Mf 44/12.
[488] Sanford, Brüssel, am 12.1.1863 privat an Seward. Seward Papers, Mf 75.
[489] Sanford am 22.10.1863 vertraulich an Seward. Seward Papers, Mf 80.
[490] Börnstein, Bremen, am 2.3.1862 in Nr. 22 an Seward. Ähnlich in Nr. 24 am 12.3.1862. NA Wash., Mf T-184/12.
[491] Börnstein, Bremen, am 26.3.1862 an Seward. NA Wash., Mf T-184/12.
[492] Seward in Nr. 1 am 22.3.1861 an Judd. NA Wash., Mf 77/65.
[493] Seward in Nr. 19 am 25.11.1861 an Judd. NA Wash., Mf 77/65.

politischen Handlungsfähigkeit des für die USA neben Russland wichtigsten Verbündeten interessierte das State Department selbstverständlich. Seward legte dementsprechend Wert darauf, dass sich die Krise des preußischen Staates nicht noch verschärfte, des Staates, dessen außenpolitischer Kurs sich so wohltuend abhob von dem der Westmächte. Ungeachtet der positiven Einstellung des Staatsministeriums zu den USA war insbesondere der innenpolitische Kurs der Bismarck-Regierung in den Augen der US-Gesandtschaft niemals vertrauenerweckend. Seward, der die Beziehungen zu Preußen zu pflegen suchte, formulierte dennoch alle seine Instruktionen für die Gesandtschaft in Berlin während des Verfassungskonfliktes ohne die in Judds und Kreismanns Berichten sichtbare Parteinahme zugunsten der Liberalen, aber mit einer deutlichen Tendenz zugunsten des inneren Friedens in Preußen. Er redete die inneren Schwierigkeiten nicht schön, aber legte das Schwergewicht auf die Hoffnung, dass die Bedrohung dieses inneren Friedens ohne Minderung der Freiheiten des aufgeklärten und großzügigen preußischen Volkes überwunden würde[494]. In ähnlicher Weise die kritischen Äußerungen Judds abmildernd formulierte er 1862[495]: „The question which divides the Sovereign and the Legislature seems to be one of as high import as it is intrinsically difficult. The President trusts that, without reaching a military crisis, it may yet be solved in a manner conducive to the safety of the State and the liberty of the people."

An den Reaktionen Sewards auf die Berichte aus Berlin wird deutlich, dass er der Abqualifizierung der preußischen Regierung durch Judd, Kreismann und andere Vertreter des auswärtigen Dienstes der USA nur bedingt folgte. Einmal spielte sicher eine Rolle, dass er nicht weniger realpolitisch dachte als seine Vorgänger. Zusätzlich mag es Gerolt auf der Grundlage der von ihm bei Seward erworbenen Vertrauensstellung möglich gewesen sein, holzschnittartige Urteile von US-Vertretern in Europa abzuschwächen. Vor allem waren die inoffiziellen Berichte des US-Gesandten Motley in Wien dazu angetan, die Urteile der US-Gesandtschaft in Berlin zu relativieren.

Ministerpräsident Bismarck, nach Judd unzweifelhaft befähigt, aber auf der Seite der „feudal party"[496], steigerte in den Augen vieler US-Beobachter nur noch die innenpolitischen Gegensätze und würde die deutsche Einheit nicht voranbringen. Judd informierte[497], die Regierung Bismarck sei vollständig mit der Repression beschäftigt, der Verfolgung liberaler Zeitungen und der Entfernung missliebiger liberaler Beamter. Die Reaktion

---

[494] So Seward in Nr. 44 vom 1.12.1862. Ähnlich in Nr. 19 vom 25.11.1861, in Nr. 21 vom 8.1.1862 und in Nr. 39 vom 22.10.1862. NA Wash., Mf 77/65.
[495] Seward in Nr. 39 am 22.10.1862 an Judd. NA Wash., Mf 77/65.
[496] Judd in Nr. 30 am 23.9.1862 an Seward. NA Wash., Mf 44/12.
[497] Judd in Nr. 34 am 12.11.1862 an Seward. NA Wash., Mf 44/12.

VI. Konflikte der USA und Preußens auf dem Weg zur Einheit 569

führe ihren letzten Kampf gegen den Konstitutionalismus, und das Ergebnis sei nicht zweifelhaft. Zwar behandele das Staatsministerium das Abgeordnetenhaus überheblich und missachte vor allem seine Beschlüsse zum Haushalt; aber vom Volk würden die nach der Sitzungsperiode heimkehrenden Abgeordneten mit Demonstrationen, Ovationen und Banquetten begrüßt[498]. Ein Fond unterstütze entlassene Beamte, und sie würden soweit wie möglich durch neue Aufgaben auf unterer Ebene versorgt. Gegen die Unterdrückung der Presse entsprechend dem französischen System protestierten überall städtische Gremien[499].

Im Zusammenhang mit der Einschränkung der Pressefreiheit registrierte die US-Gesandtschaft ebenfalls die Stellungnahme des Innenministers Eulenburg gegen die Zeitungen aus den USA. Kreismann zitierte das in der Presse publizierte Rescript Eulenburgs vom 15.6.1863, in dem es hieß[500]: „Es ist neuerdings wahrgenommen worden, daß Zeitungen revolutionären Inhalts aus Nordamerika durch Zusendung von Auswanderern vielfach unter der preußischen Bevölkerung verbreitet werden." Kreismann erwartete ein Einfuhrverbot für alle US-Zeitungen. Tatsächlich verbot der Innenminister am 4.11.1863 einige deutschsprachige US-Zeitungen, nämlich die Wochen- und die Tagesausgabe der New York Staatszeitung, das Weekly Cincinnati Volksblatt und den Daily Anzeiger des Westens (St. Louis), auf der Grundlage des Preßgesetzes vom 12.5.1851[501]. Während die US-Regierung in den vierziger Jahren angesichts des Vertriebs-Verbotes deutschsprachiger US-Zeitungen noch in Berlin interveniert hatte, reagierte sie nun überhaupt nicht. Um so radikaler lauteten die Urteile der US-Gesandtschaft gegenüber dem State Department. Für Judd hatte Preußen 1863 aufgehört, ein konstitutionell regiertes Land zu sein: „Royal edict and decree alone now establish and make laws."[502]

Während Judd, Kreismann und Sanford davon ausgingen, dass sich die Liberalen dennoch früher oder später gegen Bismarck durchsetzen würden und Bismarck zum Scheitern verurteilt sei, äußerte der US-Gesandte Motley in Wien ernsthafte Zweifel an dieser Einschätzung. Er bestätigte nur die konservative Einstellung Bismarcks: „The present minister of Prussia, M. von Bismarck, is a frank and determined detester of parliamentary government. His advent to power was in itself a challenge to the House of Depu-

---

[498] A.a.O.
[499] Judd in Nr. 48 am 16.6.1863 an Seward. NA Wash., Mf 44/12.
[500] Kreismann in Nr. 8 vom 25.7.1863 an Seward. NA Wash., Mf 44/12. Kreismann legte den Zeitungsausschnitt bei, gab aber weder Zeitungstitel noch Datum der Zeitung an.
[501] Kreismann am 10.11.1863 an Seward in Nr. 16. NA Wash., Mf 44/12.
[502] Judd in Nr. 48 am 16.6.1863 an Seward. NA Wash., Mf 44/12.

ties, for it was notorious that his supporters did not number one sixth of that body. Since his appointment he has steadily faced his opponents with unexampled courage. Of course, such a position would be impossible in England, or in any other really constitutional country. Therefore it is assumed that he must fail. I don't feel so certain of this."[503] Er zweifelte am Erfolg des Preußischen Abgeordnetenhauses genauso wie am Durchsetzungsvermögen der übrigen kontinentalen Parlamente.

In Preußen sei auf eines Verlass: „The minister is in earnest. Bismarck is a man of great talent, strength of character, and indomitable courage. He is not treading in the dark or driven on by events. What he does he does deliberately. If the King fails him – which is very possible, for he is a weak character and not exactly of the stuff for the impending crisis – Bismarck may fall." – Er war sich also nicht so sicher wie seine US-Kollegen, da er die Offenheit der politischen Lage spürte. „At any rate if Prussia is to save her parliamentary system, now a dozen years old, it looks as if she had got to fight for it. There is little doubt I think that Bismarck possesses the full confidence of the King – that he stands where he does because the King hates the new-fangled ideas of parliamentary government, and knows that his bold minister-president is the man to destroy it, if any man can. The constitution as understood by the King and his present advisers, does not make the march of affairs dependent on a will of a majority of the lower house." Die Regierung, die hinter sich das Herrenhaus wisse, vertrete die Auffassung, dass sie die Steuern weiter einziehen dürfe und sie entsprechend dem Budget von 1861 auszugeben in der Lage sei. Er könne heute nicht erkennen, dass die Mehrheit des Abgeordnetenhauses einen Minister abzusetzen vermöge. Das bewiese, was der König und sein Minister demonstrieren wollten, dass Preußen über keine parlamentarische Regierung verfüge. Sollte der Konstitutionalismus jedoch tiefer verankert sein in Preußen als auf dem übrigen Kontinent, so sei ein großer Sturm nötig. Aber trotz aller Sympathien für die Liberalen erwartete er diesen im Gegensatz zu seinen US-Kollegen in Preußen 1863 und auch später nicht.

Der einzige Aufstand, der sich in Europa ereignete, war der polnische 1863; und von dem wollten die führenden US-Politiker genauso wenig wissen wie die preußische Regierung. Die Alvensleber Konvention stieß zwar in der US-Presse auf Kritik[504], aber nicht in der Lincoln-Administration. Der polnische Aufstand berührte zur Zufriedenheit der USA in keiner Weise die Stabilität Russlands als Gegengewicht zu Großbritannien. Auch

---

[503] Motley, Wien, am 10.3.1863 private and confidential an W. H. Seward. Seward Papers, Mf 76.

[504] *John Gerow Guzley*: American Opinion of German Unification, S. 130.

VI. Konflikte der USA und Preußens auf dem Weg zur Einheit

Motley betonte 1863 angesichts der Schwächung Preußens durch seine innenpolitischen Schwierigkeiten die besondere Bedeutung Russlands für die USA[505].

An den Äußerungen Motleys zur Lage Preußens 1863 ist nicht nur interessant, dass er differenzierter urteilte als seine Kollegen, sondern auch, dass er das Gewicht Bismarcks in der preußischen Politik trotz aller Offenheit der Entwicklung einzuschätzen wusste. Seine US-Kollegen in Europa waren in ihrer politischen Berichterstattung eher geneigt, ihn zu unterschätzen, oder zumindest recht holzschnittartig zu charakterisieren. Bezeichnend ist das Bild, das US-Generalkonsul Ricker aus Frankfurt am Main in den fünfziger Jahren nach Washington übermittelte. Ricker beklagte, dass Preußen in seiner Politik, den unbeweglichen Deutschen Bund zu verändern, nicht mehr so bedeutende Vertreter nach Frankfurt schickte wie Nagler, General Schoeler und Dönhoff, sondern Bismarck[506]. Ricker stufte ihn als Mann mit hochmütigen Manieren statt mit Verhandlungsgeschick ein, als ein Hindernis für die Weiterentwicklung der innerdeutschen Beziehungen, weder fleißig noch hartnäckig, noch kultiviert. Bismarck habe nie eine herausragende Position innegehabt, kaum etwas von der großen Welt gesehen, bevor er nach Frankfurt gekommen war, habe sich nur als Heißsporn der Junker-Partei in der Revolution hervorgetan, verfolge den Liberalismus damals wie heute und versuche nationale Einheit und Fortschritt zu verhindern. Den kleinen Rechberg, mit dem Bismarck stritt und gemeinsam ausritt, beschrieb Ricker als schäbig gekleidet und von seinen Fähigkeiten her genauso wenig herausragend wie Bismarck[507]. Der aus Louisiana stammende Ricker, der sich besonders in den sechziger Jahren in seinem politischen Urteil verschätzte, gehörte augenscheinlich nicht zu den amerikanischen Freunden Bismarcks, obgleich dieser nicht ohne Sympathien für die „Aristokratie" der Südstaaten war. Nach dem Deutsch-Dänischen Krieg ließ Murphy, der Nachfolger Rickers seit 1861 im Amt des US-Generalkonsuls, sich vernehmen, Bismarck und Rechberg seien die beiden fähigsten deutschen Politiker, die gegenwärtig amtierten[508]. Auf dem für die Photosammlung Sewards bestimmten Photo von Bismarck ordnete er ihn weiterhin kurz als Vertreter reaktionärer Ansichten ein, und das Photo von Rechberg versah er mit dem Hinweis „the representative of liberal sentiments", ohne bei dieser ideologiebelasteten Einordnung zu berücksichtigen, welche kon-

---

[505] Motley, Wien, am 10.3.1863 private and confidential an W. H. Seward. Seward Papers, Mf 76.
[506] Ricker, Frankfurt am Main, in Nr. 11 vom 11.2.1857 an Marcy. NA Wash., Mf 161/4.
[507] Ricker, Frankfurt am Main, am 28.3.1855 an Marcy. NA Wash., Mf 161/2.
[508] Murphy, Frankfurt am Main, privat, am 2.9.1865 an Frederick W. Seward. Seward Papers, Mf 90.

kreten politischen Konzepte – auf Deutschland und Europa bezogen – sie wohl vertraten.

Wenn Mitteleuropa und Bismarck 1863/64 außenpolitisch besonders interessant für die US-Beobachter wurden, so lag das an dem sich verschärfenden deutsch-dänischen Konflikt. Der Streit um Schleswig-Holstein band sowohl England und Frankreich als auch Russland. US-Interessen waren noch dazu in dem Augenblick direkt betroffen, in dem es zu einer Blockade deutscher Häfen kam.

Für die Politik des dänischen Königs gegenüber Schleswig-Holstein gab es traditionell wenige Sympathien in den USA trotz gelegentlicher prodänischer Äußerungen in der US-Presse. Generalkonsul Ricker hob 1858 die Arroganz und Unterdrückungspolitik des dänischen Monarchen hervor, dessen Herrschaftsbereich sich ausnehme gegenüber Deutschland wie Haiti gegenüber den USA[509]. In gleichem Ton beschrieb Legationssekretär Kreismann 1863 den dänischen König, den er überwiegend von England und Schweden ermuntert sah[510]. Wenn sich der Deutsche Bundestag nicht sprichwörtlich langsam und beschränkt verhielte, meinte er, wäre der Friede in Europa ernsthaft bedroht. Von den US-Vertretern in Mitteleuropa bewunderte nur der US-Konsul Marsh in Altona zeitweilig Dänemark, da es Schleswig-Holstein seit Jahrhunderten bewahrte[511]. Zugleich beschrieb er aber den sich langsam verschärfenden Unterdrückungsmechanismus der dänischen Regierung, wie er ihn in Holstein beobachtete. Angesichts der deutsch-dänischen Krise erwartete Sanford, dass ein deutsch-dänischer Krieg England und Frankreich von den USA ablenken würde: „In one way or another I hope to see war the coming spring. It will be necessary to ensure us from complications abroad."[512] Aber Überlegungen dieser Art kamen von den US-Vertretern selten. Eher griffen sie liberale Argumentationen auf. Sanford, Kreismann und Marsh sahen Ende des Jahres das deutsche Volk im Kriegsfieber und werteten die Verteidigung des Londoner Protokolls als Verzögerungsmanöver der das Volk fürchtenden Regierungen Preußens und Österreichs. Generalkonsul Murphy in Frankfurt erwartete Ende 1863 den Ausbruch eines allgemeinen europäischen Krieges und begriff genauso wenig wie Konsul Marsh in Altona und Konsul Anderson in Hamburg[513], dass die Verteidigung des Londoner Protokolls der Lokalisierung des Krieges und der Verteidigung der deutschen Ansprüche diente.

---

[509] Ricker, Frankfurt am Main, am 2.8.1858 an Cass. NA Wash., Mf 161/6.
[510] Kreismann am 5.8.1863 in Nr. IX an W. H. Seward. NA Wash., Mf 44/12.
[511] Marsh, Altona, am 14.1.1863 an W. H. Seward. NA Wash., Mf 358/2.
[512] Sanford privat am 12.1.1863 aus Brüssel an Seward. Seward Papers, Mf 75.
[513] Murphy am 23.11.1863 an Seward. Seward Papers, Mf 81. – US-Konsul Anderson, Hamburg, am 20.1.1864 in Nr. 247 an Seward. NA Wash., Mf 211/17.

VI. Konflikte der USA und Preußens auf dem Weg zur Einheit

Auch Kreismann kritisierte ganz im Stile vieler Liberaler, dass sich Österreich und Preußen mit Großbritannien und Russland, den Schutzmächten Dänemarks, auf die Aufrechterhaltung des Londoner Protokolls verständigten, anstatt entsprechend der öffentlichen Meinung Schleswig-Holstein zu besetzen. Damit würde wieder alles beim Alten bleiben und Deutschland in seinen Hoffnungen auf nationale Einheit enttäuscht[514]. Ähnlich argumentierte Judd, dass die Herrscher Europas den Krieg fürchteten, während das deutsche Volk dafür eintrete, zum Schutz der deutschen Brüder in Schleswig-Holstein die Waffen zu ergreifen. Ein allgemeiner Krieg würde diejenigen schwächen, die das Volk unterdrückten[515]. Zur negativen Beurteilung Bismarcks gehörte, dass er der Vermutung Raum gab, die Herzogtümer würden nach der Eroberung durch Preußen und Österreich bei Garantie der Rechte der deutschen Bevölkerung an Dänemark zurückfallen.

Sorgen machten sich die US-Vertreter in Deutschland zeitweilig wegen des Verkehrs zwischen dem Deutschen Bund und den USA im Kriegsfall, und sie wurden darin von deutscher Seite bestärkt. Im Februar 1864 gab Judd die Information der Diplomaten der Nord- und Ostsee-Anrainer weiter, die dänische Seemacht reiche aus, den deutschen Handel in Nord- und Ostsee zu beenden und den Überseehandel Bremens und Hamburgs zu zerstören[516]. So äußerte er die Befürchtung, dass Großbritannien wiederum von dem Unglück seiner Nachbarn profitieren und noch mehr vom Seetransport an sich ziehen würde. Der US-Konsul Anderson in Hamburg aktivierte auf das Drängen der Hapag hin Anfang 1864 das State Department, den US-Gesandten in Kopenhagen und den US-Bürger Louis Stern von der Waffen-Firma Lindner &Stern, dem inoffiziellen Vermittler zwischen dem Hamburger Senat und der dänischen Regierung. Die Bremer Reeder verließen sich nicht auf die diplomatischen Kanäle. Börnstein, US-Konsul in Bremen, informierte Washington, dass alle vier Bremer Postdampfer, die zwischen Bremen und New York verkehrten, unter die russische Flagge gewechselt hätten, und die sechs kleinen Dampfer, die Bremen mit London verbanden, diesem Beispiel gefolgt seien ebenso wie eine Reihe von Handelsschiffen[517]. Aber Vorsorge erwies sich als überflüssig. Die US-Vertreter sahen ihre Befürchtungen nicht bestätigt.

Die formell vom 15. März bis 10. Mai 1864 von Dänemark über deutsche Häfen verhängte Blockade beeinträchtigte nicht den deutsch-amerikanischen Handel, die Auswanderung und die Postverbindung mit den USA.

---

[514] Kreismann am 16.12.1863 in Nr. 18 an Seward. NA Wash., Mf 44/12.
[515] Judd am 12.1.1864 in Nr. 52 an Seward. NA Wash., Mf 44/12.
[516] Judd am 18.2.1864 in Nr. 57 an Seward. NA Wash., Mf 44/13.
[517] US-Konsul Börnstein am 8.4.1864 in Nr. 98 an Seward. NA Wash., Mf 184/13.

Genauso wenig geschah das durch die von Dänemark Ende Juni für wenige Tage wieder belebte Blockade. Den sporadisch auftretenden dänischen Kriegsschiffen vermochten in der Nordsee selbst das kleine österreichisch-preußische Geschwader unter dem österreichischen Linienschiffskapitän Tegetthoff wirksam zu begegnen und in der Ostsee die Flottille unter Kapitän Jachmann. US-Konsul Charles Sundell in Stettin beschrieb, dass sich die preußischen Kanonenboote bei ihren mehrfachen Angriffen den dänischen Schiffen an Schnelligkeit und Feuerkraft überlegen gezeigt hätten[518]. Mochte auch die dänische Blockade selbst in der Ostsee nicht effektiv im Sinne des Seerechts sein, wie die preußische Regierung mehrfach erklärte und Sundell mit anderen Konsuln bestätigte[519], so konnte doch keiner bestreiten, dass der Handelsverkehr der preußischen Ostseehäfen im April zum Erliegen kam und sich erst im Juli 1864 ausländische Schiffe wieder trauten, die preußischen Häfen anzulaufen. Dieser Erfolg der dänischen Blockade traf aber nicht direkt die USA, sondern verstärkte höchstens die Tendenz der US-Schiffe, ihren Handel über die Nordsee-Hansestädte abzuwickeln. Zufrieden vermerkte Sundell die Empörung der Stettiner Kaufleute über die Unterstützung Dänemarks durch Großbritannien 1864. Aber er hegte keine besonderen Hoffnungen, dass die Überlegungen von Erfolg gekrönt würden, die Bedeutung des „Great Mogul of the Channel" als Vermittler deutscher Waren zu vermindern[520].

Das Interesse der US-Beobachter außerhalb der preußischen Ostseehäfen richtete sich jedoch im Wesentlichen auf den Landkrieg und die Auswirkungen des Krieges insgesamt auf den Deutschen Bund. Der dem Deutsch-Dänischen Krieg besonders nahe US-Konsul Marsh in Altona beschrieb die sich 1863 verschärfende Unterdrückung Schleswig-Holsteins durch den dänischen König und im Winter 1864 die ungeheure Begeisterung der Holsteiner, als im Zuge der Bundesexekution sächsische, preußische und österreichische Truppen einmarschierten. Jedes Fenster in Altona habe entweder eine holsteinische oder eine preußische Fahne gezeigt[521]. „The press howls and Bismarck laughs. He and Rechberg are the monarchs of Deutschland." Im nächsten Bericht hieß es: „German political revolutionists may tell you as much as they please about a sleeping volcano here, no such revolutionary element appears in these Austrian-Prussian troops."[522] Nach der Durchreise König Wilhelms durch Altona im April 1864 unter dem Jubel

---

[518] Sundell am 30.4.1864 in Nr. 57 an Seward. NA Wash., Mf T-59/4.
[519] Sundell am 4.4.1864 in Nr. 55 und am 30.4.1864 in Nr. 57 an Seward. NA Wash., Mf T-59/4.
[520] Sundell am 30.4.1864 in Nr. 58 (Commercial Report) an Seward. NA Wash., Mf T-59/4.
[521] Marsh am 22.1.1864 an Seward. NA Wash., Mf 358/3.
[522] Marsh am 30.1.1864 an Seward. NA Wash., Mf 358/3.

VI. Konflikte der USA und Preußens auf dem Weg zur Einheit

der Bevölkerung urteilte er: „The Altona people will make good Prussians."[523] Demgegenüber verbreitete Judd weiter sein altes dichotomisches Europa-Bild. Unmittelbar vor der Erstürmung der Düppeler Schanzen schrieb er: „... there is no mistaking the fact that Europe is arrayed in two vast hostile forces, only abiding the time fort he final struggle. It is dynastic Europe in possession of the governments, controlling armies and treasurers against liberal Europe, sometimes called democratic and revolutionary of which Garibaldi is a fair type and representative. This antagonism exists in nearly all of the kingdoms, and the knowledge of its existence and of the fact that a general war would develop its power is the real reason for the strenuous efforts which are being made to preserve the peace."[524] Dass dieser Gegensatz von monarchischem und liberalem Europa nicht so stabil war, wie er voraussetzte, erwähnte er nicht. Aber er konnte genauso wenig wie Marsh das Umschwenken der öffentlichen Meinung in Deutschland übergehen. Vier Tage nach dem obigen Bericht auf die Nachricht hin von der Erstürmung der Düppeler Schanzen teilte Judd mit, wie sich die jubelnde Berliner Bevölkerung vor dem Berliner Schloss versammelte und wie sie der König begrüßte[525].

Aus Holstein berichtete Marsh Mitte Mai, wie sehr sich die Stimmung der Holsteiner unter dem Eindruck der erfolgreichen preußischen Waffen zugunsten Preußens gewandelt habe[526]. Noch vor zwei Monaten hätten sich die Menschen hier einmütig für den Augustenburger ausgesprochen. Und erheblich übertreibend fügte er hinzu, dass die Regierung des Grafen Bismarck nun die populärste in Europa geworden sei. Das musste er später selbst etwas einschränken. Aber vor allem Judd zweifelte am „Prussianizing process" in Schleswig-Holstein[527]. Unbezweifelbar war für ihn die Identifikation ganz Deutschlands mit den Schleswig-Holsteinern. Keiner außerhalb Deutschlands könne die Tiefe des Gefühls ermessen, das in dieser Frage ganz Deutschland beherrsche[528]. Wie diese nationale Stimmung zu den Deutschen in den USA überschwappte erfuhr Seward auch von dem dänischen Major Lauritz Barentzen 1864, der sich darüber beschwerte, als Däne im deutsch dominierten 106. New Yorker Infanterie-Regiment unter einem preußischen Colonel „Kryzysanowski" von den Deutschen im Gegensatz zu den amerikanischen Offizieren allen möglichen Ärgernissen und Beleidigungen ausgesetzt gewesen zu sein[529].

---

[523] Marsh am 23.4.1864 an Seward. NA Wash., Mf 358/3.
[524] Judd am 16.4.1864 in Nr. 62 an Seward. NA Wash., Mf 44/13.
[525] Judd am 20.4.1864 in Nr. 63 an Seward. NA Wash., Mf 44/13.
[526] Marsh am 14.5.1864 an Seward. NA Wash., Mf 358/3.
[527] Judd am 13.3.1865 in Nr. 87 an Seward. NA Wash., Mf 44/13.
[528] Judd am 10.5.1864 in Nr. 65 an Seward. NA Wash., Mf 44/13.

Angesichts der neuen Lage in Mitteleuropa durch den Deutsch-Dänischen Krieg sei es jetzt für die USA interessant, was einmal aus Deutschland würde, meinte Sanford. Um die Bundesreformpläne aus dem dritten Deutschland kümmerte er sich genauso wenig wie die übrigen US-Diplomaten. Von Österreich erwartete er jetzt nicht mehr viel und erst recht nicht von dem Bundestag in Frankfurt, eher von Bismarck[530]. Preußen habe Österreich nur für seine Pläne benutzt. Bei der von Preußen geplanten Union werde Österreich schließlich im Regen stehen[531]. Zugleich glaubte er offensichtlich immer noch an die politische Gestaltungskraft des deutschen Liberalismus; er meinte, ohne das näher zu begründen: Möglich sei auch eine Rhenish Confederacy aus dem liberalsten Teil Deutschlands, die demnach gute Beziehungen zu den USA anstreben würde. Aber dieser Gedanke, der das Nationale so ganz außer Acht ließ, spielte danach bei Sanford keine Rolle mehr und tauchte in der Berichterstattung der übrigen US-Vertreter überhaupt nicht auf. Stattdessen erntete Bismarcks Weg viel Anerkennung in den US-Kommentaren. Wie bei den deutschen Liberalen zeigten sich, unabhängig von der Berichterstattung Motleys, Ansätze zu einer Umdeutung der Bismarckschen Politik.

Auch Sanford hielt Preußen für über seine Erwartungen hinaus erfolgreich im Deutsch-Dänischen Krieg[532]. Der in England registrierte Ärger über das Vergebliche seiner Bemühungen, Dänemarks Integrität zu wahren, wirkte sich offensichtlich ebenfalls zugunsten Bismarcks aus. Der Hohn und der Spott, der bisher über Deutschland ausgegossen sei, werde jetzt an die britische Europa-Diplomatie zurückgegeben, urteilte Judd[533]. Erst recht begrüßte Sanford das abnehmende Prestige Englands[534]. Judd verbuchte als weiteren Erfolg Bismarcks zugunsten des preußischen Einflusses in Deutschland die Erneuerung des Zollvereinsvertrages auf der Basis der zwischen Frankreich und Preußen getroffenen Handelsvereinbarung[535].

Motley suchte 1864 nach dem Deutsch-Dänischen Krieg in seinen privaten und nicht für die Publikation in der Diplomatic Correspondence gedachten Schreiben das Augenmerk Sewards verstärkt auf Bismarck zu lenken und einzelne Klischees seiner Kollegen in Frage zu stellen. „We are apt to

---

[529] Major Lauritz Barentzen am 27.8.1864 an W. H. Seward. Seward Papers Mf 85. – Barentzen war 1862 durch Vermittlung des dänischen Gesandten und Seward in die Armee der Union gekommen. – Gemeint ist wohl Kryzanowski, der allerdings häufig als Pole eingestuft wird.

[530] Sanford am 2.8.1864 aus Brüssel an Seward. Seward Papers, Mf 84.

[531] Sanford am 15.11.1864 aus Brüssel an Seward. Seward Papers, Mf 86.

[532] Sanford am 26.7.1864 aus Brüssel an Seward. Seward Papers, Mf 84.

[533] Judd am 28.5.1864 in Nr. 66 an Seward. NA Wash., Mf 44/13.

[534] Sanford am 9.9.1864 an Seward. Seward Papers, Mf 85.

[535] Judd am 5.10.1864 in Nr. 72 an Seward. NA Wash., Mf 44/13.

VI. Konflikte der USA und Preußens auf dem Weg zur Einheit

make great mistakes in judging of European politics through our unwillingness to look at them, as the Germans say, objectively."[536] Dass er Seward ebenfalls abriet, sich bei dem Urteil über Bismarck an britischen Quellen zu orientieren, war angesichts der vielen offiziellen und inoffiziellen Kontakte des Secretary of State zu Großbritannien mindestens genauso wichtig. Motley urteilte 1864[537]: „Bismarck is a man of very superior intellect, considerable acquirements, perfect courage, & unyielding firmness. Audacious & imperturbable he exercises boundless influence over the King & over the whole aristocratic party." Erst später stellte sich heraus, dass Motley den Einfluss Bismarcks auf die Konservativen überschätzte. Motley vergoldete zusätzlich Bismarcks Rolle 1848/49: „In 1848 by his courage & constancy he saved the throne & perhaps the life of the King at the peril of his own. He was then a simple country gentleman of moderate fortune, who had never been engaged in political affairs, but was a leading member of the diet of his province (Pomerania). Since then he has been the recognized leader of the aristocratic party, the champion of the reactionaires." Wie der König sei er ein Anhänger des Absolutismus, der König vertraue ihm grenzenlos: „The King scans upon him entirely, thinks with his thoughts & acts with his hands."

Motley sah hinter Bismarcks Erfolg nicht besonderen Ehrgeiz, sondern seine innere Überzeugung: „Well the secret of Bismarck's success – for he is successful & is likely to remain so – is that he thoroughly believes in his creed. In an age of political skepticism it is something to believe at all. And certainly the great characteristic of Europe today is political skepticism. Europe is utterly blasé."

Mit dieser Skepsis hinge auch die zynische Einstellung besonders in England gegenüber dem Sezessionskrieg zusammen, dem in seinen Augen in diesem Jahrhundert einzigen Krieg für eine Idee, nämlich für die Unteilbarkeit eines großen Gemeinwesens und gegen die gemeine Einrichtung, die die Integrität bedrohte. Während Motley bei der britischen Oberschicht trotz aller großen Worte das wirtschaftliche Interesse im Vordergrund sah, entdeckte er bei Bismarck ehrliche Überzeugung und Offenheit.

Bei Motleys Bismarck-Charakteristik wird Seward bewusst gewesen sein, dass Motley und Bismarck befreundet waren[538] und sie sich gegenseitig sehr schätzten. Von der Freundschaft hatte Motley Seward schon vor Bis-

---
[536] Motley, Wien, am 2.8.1864 an Seward, privat. Seward Papers, Mf 84.
[537] A. a. O.
[538] Motley bezeichnete Bismarck in einem Brief an Lady William Russell am 31.5.1863 als „one of my oldest and most intimate friends". – The Correspondence of John Lothrop Motley, edited by George *William Curtis,* London, New York 1889, Bd. 1, S. 178.

marcks Erfolgen gegenüber Dänemark erzählt. 1864 ergänzte er: „We were fellow students for two or three years in Germany & occupied the same rooms, & we renewed our old friendship at Frankfort where he was then minister about 8 years ago."[539] Im Zusammenhang mit dem Krieg gegen Dänemark war Bismarck eine Woche in Wien, so dass sie sich mehrfach trafen.

Bismarck hatte Motley schon bald nach seinem Amtsantritt in Berlin nach dort eingeladen. Im Herbst 1864 lud er ihn ein, bei einem Besuch bei den gerade in Berlin weilenden Gerolts eine Flasche zu trinken, „where they once would not allow you to put your slender legs upon a chair."[540] Motley, seit 1861 in Wien tätig, hätte Bismarck gern besucht. Er revanchierte sich gegenüber Bismarcks Witzelei mit dem Hinweis, er fürchte immer noch den negativen Ruf Bismarcks bei der US-Presse und bei der US-Gesandtschaft in Berlin, ja sogar Magenkrämpfe bei Kreismann bei einem solchen Kontakt mit dem Vertreter der Kreuzzeitungspartei[541].

Die außenpolitischen Erfolge Bismarcks bedeuteten nicht, dass die kritischen Stimmen aus den US-Vertretungen verstummten. Angesichts der fortdauernden Verfolgung der Opposition durch den preußischen Staat urteilte Judd 1865, dass Preußen ein durch und durch despotisches Land geworden sei: „The truth is that Prussia is today as thorough a despotism as exists in Europe, the excesses of despotism being however restrained by the really good heart of His Majesty."[542] Eine solche Einschränkung bei der Kritik an der innenpolitischen Entwicklung Preußens gab es nur bei Judd. Er übernahm neben dem Zorn der Liberalen über die Beschränkung der Bürgerrechte zugleich die andauernde Sympathie in Preußen für König Wilhelm.

US-Generalkonsul Murphy in Frankfurt schrieb mal von der tyrannischen Herrschaft Bismarcks in Schleswig-Holstein[543] und mal von der Ausbreitung der autokratischen und reaktionären Macht des Grafen Bismarck[544]. Sanford kam nach einem Gespräch mit dem am preußischen Hof akkreditierten französischen Gesandten Talleyrand zu dem Schluss, dass es trotz des wunderbaren Erfolges Bismarcks innenpolitisch bei weitem nicht so günstig um die preußische Regierung stünde, wie es den Anschein erweckte[545]. Sanford, der sogar ganz Europa revolutionär unterminiert

---

[539] A.a.O.
[540] Bismarck am 23.5.1864 an Motley. The Correspondence of John Lothrop Motley. Ed. *Curtis.* Bd. 1, S. 160.
[541] Motley am 3.6.1864 an Bismarck, a.a.O., S. 205.
[542] Judd in Nr. 105 am 2.6.1865 an Hunter. NA Wash., Mf 44/13.
[543] Murphy am 15.8.1864 in Nr. 371 an Seward. NA Wash., Mf 161/15.
[544] Murphy am 10.4.1865 in Nr. 461 an Seward. NA Wash., Mf 161/15.
[545] Sanford aus London am 24.8.1864 an Seward. Seward Papers, Mf 85.

VI. Konflikte der USA und Preußens auf dem Weg zur Einheit 579

wähnte, führte das Ausbleiben der Revolution in Preußen auf den von den Franzosen abweichenden Charakter der Deutschen zurück: „The phlegmatic Germans are of a different temper, have accepted their being kicked out with great patience & consumption of beer. ... Bismarck, in his contemptuous treatment of the burghers, counts upon their old reverence for the privileged classes & upon the fact that the army as well as the Gov. is in the hand of the aristocracy – & thus far he has proved correct in his estimate as to their doing anything besides talk. The Revolution is coming & when it does come, my belief is it will be a more sweeping one than any yet that did attack the named classes as those who govern."[546] Er fühlte sich auch in den folgenden Monaten des Jahres 1865 immer wieder erinnert an die Ereignisse 1847/48 in Deutschland, deren Augenzeuge er gewesen war[547]. Dass Bismarck längst versuchte, die innenpolitische Krise außenpolitisch zu bewältigen, übersah er dabei nicht.

Judd erwartete 1865, dass das in Europa mit Ausnahme Russlands (!) und Italiens vorherrschende System der Unterdrückung des Liberalismus zusammenbrechen würde, und zwar vor allem als Auswirkung des überall diskutierten Sieges der Union über die Rebellenstaaten[548], die in dieser Perspektive das Gegenteil von Revolutionären waren. Erstaunlich war, wie sehr bei Judd die guten Beziehungen der USA zu Russland den Blick auf die Wirklichkeit des Nachbarstaates von Preußen verstellten. Das erstaunt um so mehr, als US-Besucher Russlands in der Regel über Preußen ein- und ausreisten und dann durch Polen kamen, bevor sie St. Petersburg erreichten. Aber entscheidend war vermutlich, dass sich die Verbindung mit Russland auf den Gedankenaustausch mit Regierungskreisen beschränkte und es nicht zum Gedankenaustausch mit der übrigen Bevölkerung kam, geschweige denn mit den in Russisch Polen Lebenden. Demgegenüber speiste sich das Bild der deutschen Staaten aus dem Kontakt mit den verschiedensten Kreisen und natürlich aus dem Eindruck, den die häufig liberal geprägte Presse der deutschen Einwanderer erweckte. Von Kreismann ist seine enge Beziehung zur Staatszeitung in Illinois bekannt.

Es ist leicht, aus der Rückschau die Vermutungen von Zeitzeugen der deutschen Szene in der ersten Hälfte der sechziger Jahre zurückzuweisen. Wurden Sanford und seine genauso skeptischen Kollegen doch so deutlich durch die tatsächliche Entwicklung widerlegt. Aber ihre politischen Kommentare erinnern denjenigen, der primär Bismarcks Erfolge bei der nationalen Integration in den Blick nimmt, daran, wie offen die politische Situa-

---

[546] Sanford, Brüssel, am 25.7.1865 an Seward. Seward Papers, Mf 90.
[547] Sanford, Brüssel, am 4.8.1865 und am 9.8.1865 an Seward. Seward Papers, Mf 90.
[548] Judd in Nr. 105 vom 2.6.1865 an Hunter. NA Wash., Mf 44/13.

tion für die verschiedensten Möglichkeiten war. Bismarck selbst hat später seine Position gern mit der eines Steuermanns in unsicheren Gewässern verglichen und damit auf die Schwierigkeiten aufmerksam gemacht, bevor das von ihm gesteuerte preußische Schiff einen sicheren Hafen erreichte.

Wie sich die Beziehungen der deutschen Staaten entwickelten und ob Bismarck schließlich sein ehrgeiziges Projekt einer föderativen deutschen Einigung verwirklichen könnte, schien den US-Vertretern auch nach dem Deutsch-Dänischen Krieg mit Recht sehr ungewiss. Sicher war ihnen nur, dass Preußen Schleswig-Holstein annektieren würde, auch wenn es die preußische Regierung nicht auf eine schnelle Entscheidung anlegte. In den Augen Motleys suchte das Berliner Kabinett seine Absichten zu erreichen durch eine sorgfältig überlegte Inaktivität[549]. Wie der Augustenburger oder irgendjemand sonst jemals Schleswig-Holstein Preußen wieder wegnehmen sollte, nachdem es sich dort so bequem eingerichtet hatte, schien Motley unerfindlich[550]. Seiner Meinung nach würden die Großen Europas sehr wahrscheinlich der Annexion Schleswig-Holsteins zustimmen, bevor die Schuhe alt geworden wären, in denen sie so viel zugunsten der Integrität Dänemarks protestiert hätten.

Motley konnte gerade in Wien beobachten, wie sich die kleineren und mittleren deutschen Staaten verfolgt fühlten von dem gefräßigen preußischen Bären. Wenn die „Elbe-Provinzen" verdaut seien, kämen sie dran, wie sie meinten[551]. Sanford berichtete Ende 1864, dass ausgerechnet in Deutschland, wo der Hass gegen Frankreich Tradition habe, der Vorschlag diskutiert würde, sich durch Napoleon gegen Preußen schützen zu lassen[552]. Das passte zu seinem Hinweis auf eine Rhenish Confederacy. Auch Judd äußerte seine Zweifel an weiteren Erfolgen Bismarcks: „Fortune has favored the Prime Minister of Prussia so much thus far, that some may begin to believe, that he will succeed in all his schemes. My conviction is that as against Germany he will be successful. It is only foreign intervention that will cause him to stop his hand."[553] Auf die Möglichkeit der französischen Intervention gegen die preußische Einigungspolitik ging Sanford mehrfach ein. Er stand in engem Kontakt mit der französischen Regierung wie mit dem französischen Gesandten in Berlin und mit der belgischen Regierung, die die Expansion Frankreichs nicht weniger fürchtete als die deutschen Staaten an der französischen Grenze. Dass die französische Intervention für die Staaten des Deutschen Bundes genauso eine ständige Bedrohung war

---

[549] Motley, Wien, am 7.2.1865 an Seward. Seward Papers, Mf 89.
[550] Motley, Wien, am 5.11.1865 an Seward. Seward Papers, Mf 91.
[551] Motley am 5.11.1865 aus Wien an Seward. Seward Papers, Mf 91.
[552] Sanford am 16.12.1864 aus Brüssel an Seward. Seward Papers, Mf 86.
[553] Judd am 28.11.1864 an Seward. NA Wash., Mf 44/13.

VI. Konflikte der USA und Preußens auf dem Weg zur Einheit

wie für die USA wird von US-Beobachtern mitbedacht sein, wenn sie die Parallelität auch nicht aussprachen. Bancrofts Stellungnahmen gegen Napoleon sind nicht verständlich ohne die Erfahrungen der USA während des Bürgerkrieges in den USA und in Mexiko in den sechziger Jahren.

Wie der Streit um die Vorherrschaft in Deutschland zwischen Preußen mit seiner Zollunion und Österreich mit seinen Reformplänen ausgehen würde, war in den Augen Sanfords sehr unsicher[554]. Für ihn schien Bismarck verrückt zu sein oder bewusst auf Schwierigkeiten zuzusteuern, die einen Krieg wahrscheinlich machten[555]. Schließlich mutmaßte er sogar, dass die politische Karriere Bismarcks im Streit mit Österreich zu Ende gehen würde[556]. Die Konvention von Gastein vom 14.8.1865 stufte er richtig als nur vorübergehende Einigung von Preußen und Österreich ein. Mit der sich im Frühjahr 1866 immer deutlicher abzeichnenden militärischen Auseinandersetzung zwischen den beiden deutschen Hauptmächten erwartete Generalkonsul Murphy einen Bürgerkrieg „bloodier than that lately fought in our country"[557]. Ein Sieg Preußens, noch dazu ein schneller, wurde nicht erwogen und war wohl auch nicht vorstellbar. Sanford witterte bei diesem Krieg eine neue Chance für Napoleon, um die dringend benötigten außenpolitischen Erfolge zu erringen. Den Vorschlag Bismarcks, dem Deutschen Bundestag ein durch allgemeines Wahlrecht gewähltes deutsches Parlament gegenüberzustellen, nahm keiner ernst. US-Vizekonsul Graebe in Frankfurt am Main urteilte, der preußischen Regierung, die nicht mit ihrer eigenen Legislatur umgehen könne, sei kaum zuzutrauen, ein deutsches Parlament anzustreben[558]. Murphy und Graebe verglichen die Trennung Preußens vom Deutschen Bund mit der Sezession der Südstaaten von der Union[559]. Eine Verminderung der Anzahl der deutschen Souveräne zugunsten Preußens hielt Graebe für günstig, aber für kaum durchsetzbar angesichts der Abneigung gegen Bismarck im größten Teil Deutschlands.

Wie bei vielen deutschen Liberalen schlug auch die Stimmung der US-Kommentatoren in der Regel nach dem Deutschen Krieg gegenüber Preußen um. Graebe schrieb aus Frankfurt am Main am 16.7.1866: „The late events have, contrary to general expectation, shown that Prussia was correct in calling the political and military organisation of the German Confederacy rotten, their organ the Diet having proved itself entirely incapable and helpless,

---

[554] Sanford am 16.12.1864 aus Brüssel an Seward. Seward Papers, Mf 86.
[555] Sanford am 18.7.1865 aus Brüssel an Seward. Seward Papers, Mf 90.
[556] Sanford am 18.8.1865 aus Brüssel an Seward. Seward Papers, Mf 90.
[557] Murphy am 12.3.1866 in Nr. 551 an Seward. NA Wash., Mf 161/16.
[558] Graebe am 9.4.1866 in Nr. 555 an Seward. NA Wash., Mf 161/16.
[559] Graebe am 25.6.1866 in Nr. 567 an Seward, Murphy am 24.7.1866 in Nr. 570 an Seward. NA Wash., Mf 161/16.

and the troops of the middling and minor states, notwithstanding that they had cost them yearly large sums, being not ready and unprovided, and generally commanded by incompetent superior officers, rendering it easy for Prussia to accomplish the unprecedented successes. How much there is to be said against the political government of Prussia, which is completely in the hands of Count Bismarck ..., and to which every means are right, it cannot be denied that the Prussian military organisation has proved itself admirable."[560] Graebe und auch andere US-Beobachter erkannten allgemein die Leistungen der preußischen Armee an, aber gingen nicht so weit, nun schon das preußische Militärwesen grundsätzlich neu zu bewerten. Dagegen bewegte Murphy, dass Bismarck mit seiner Blut- und Eisenpolitik Erfolg hatte, während die Masse des Volkes ein halbes Jahrhundert vergeblich gegen den Deutschen Bund gearbeitet hätte[561]. Murphy und Graebe hegten aber weiterhin Zweifel daran, ob Bismarcks Politik wirklich zum Nationalstaat führen würde. Napoleon würde die Einheit zu verhindern wissen[552]. Dass es neben den Widerständen jenseits des Rheins auch diesseits Hindernisse gab, machten Murphy und Graebe deutlich, als sie mit unvorhergesehenen Integrationsproblemen konfrontiert wurden. Im Einklang mit Frankfurter Partikularisten bedauerten sie lebhaft die Aufhebung der Selbständigkeit Frankfurts im Oktober 1866, obgleich sie die deutsche Einheit begrüßten. Sie nahmen sich der Beschwerden Frankfurter Honoratioren an, die über die preußischen Steuern jammerten, ohne bei dieser Angelegenheit die Grenzen ihrer konsularischen Rechte zu beachten. Sie kamen nicht einmal auf die Idee, die selbst von Judd als niedrig bezeichneten preußischen Steuern einmal mit den US-Steuern zu vergleichen. Mit der Unterstützung der protestierenden Frankfurter Großbürger änderte sich auch das Urteil über die preußische Militärorganisation. Murphy und Graebe zeigten viel Verständnis für die Klagen junger Frankfurter, die sich mit der Einführung der allgemeinen Wehrpflicht anstelle des besitzbürgerlichen Stellvertretersystems nicht mehr von ihrer Bürgerpflicht freikaufen konnten.

Schließlich schwante Murphy, dass der Fortschritt bei der Einheit möglicherweise nicht ein Mehr an Freiheit bedeutete: „A step towards the unity of Germany, it is true, has been taken by Prussia, but who knows, whether this step of unity will lead to German freedom. ‚First free and then united', was hitherto the motto of all patriots of the world, which has been so gloriously been proven by the history of the independence of our own country. Count Bismarck, therefore, has to prove to the world, whether he is a true

---

[560] Vizekonsul Graebe am 16.7.1866 in Nr. 568 an Seward. NA Wash., Mf 161/16.

[561] Generalkonsul Murphy am 24.7.1866 in Nr. 570 an Seward. NA Wash., Mf 161/16.

[562] Murphy am 20.8.1866 Nr. 575 an Seward. NA Wash., Mf 161/16.

patriot who tries to make Germany free on the basis of unity, or a treacherous advocate of absolutism, acting only for the selfish interests of a despotic party."[563] Wenn Murphy als Beleg für das Motto der Patrioten „erst Freiheit und dann Einheit" die USA anführte, dann vergoldete er die Verhältnisse des 18. Jahrhunderts jenseits des Atlantiks erheblich. Unabhängig von der Einschätzung der amerikanischen Entwicklung merkten einzelne US-Vertreter schon angesichts von Bismarcks Umgang mit den Welfen und den hessischen Fürstenhäusern sehr bald, wie wenig auf die Dauer Bismarcks Politik mit Klischee-Vorstellungen zu erfassen war.

Aus Berlin übermittelte 1865/1866 der neue US-Gesandte Joseph A. Wright ohnehin ein differenzierteres Bild der preußischen Politik als Judd. So konnte er auch den Stimmungsumschwung in Deutschland 1866 überzeugend nach Washington mitteilen. Als Wright sich im Mai 1866 nach der Auflösung des Abgeordnetenhauses mit der Frage beschäftigte, welches Ergebnis die Neuwahlen bringen würden, da akzeptierte er nicht einfach die vielfach in Preußen vertretene Meinung, dass die Regierungsopposition weiter anwachsen würde, sondern überlegte: „This may by true, yet such is the universal desire for a united Germany, among the fifty millions of people speaking the German language, that if, in the midst of the present excitement, with more than a million of men under arms, the King and his ministers should issue a proclamation looking distinctly to this object alone, we should soon have a united Prussian government, people, and Landtag. Whether this is to be accomplished by war or otherwise, time alone must determine."[564] Über Bismarck schrieb er schon vor dessen Erfolgen von 1866/67: „Count Bismarck ... is a statesman of large and enlightened views, exhibiting at all times the greatest frankness and friendship in all matters connected with our country."[565] Nicht minder schätzte der 1867 an die Stelle des verstorbenen Wright getretene Bancroft Bismarcks Politik. Bancroft verstand sich im Gegensatz zu Wright sogar mit Kriegsminister Roon.

Genauso wie Ende Juli 1866 alle Spekulationen über einen langwierigen Krieg und über das Scheitern Bismarcks zu Ende gegangen waren, so auch die Mutmaßungen über Revolutionen in Deutschland. Seward rechnete nach dem Ende des Deutschen Krieges fest mit einem preußisch umgestalteten Mitteleuropa. Die Nagelprobe für ein positiveres Bild von Preußen lieferte Bismarck in den Augen des State Department mit seiner Verständigungsbereitschaft über einen Naturalisationsvertrag.

---

[563] Murphy am 29.10.1866 in Nr. 597 an Seward. NA Wash., Mf 161/16.
[564] Wright am 9.5.1866 in Nr. 31 an Seward. NA Wash., Mf 44/13. – Abgedruckt in der Diplomatic Correspondence 1865/66, Washington D.C. 1867, S. 22.
[565] Wright am 7.6.1866 in Nr. 35 an Seward. NA Wash., Mf 44/13. Abgedruckt in der Diplomatic Correspondence 1865/66, Washington D.C. 1867, S. 26.

Zu den nach Washington von Wright 1866 übermittelten Grundsätzen Bismarcks zur Lösung der Deutschen Frage äußerte Seward: „It speaks in the tone of true nationality."[566] Die Umsetzung dieser Grundsätze 1866/67 im politischen Kontext zu beurteilen, sah der Historiker Bancroft als besondere Herausforderung an. Er gehörte zu den ersten, die die Gründung des Norddeutschen Bundes 1867, dem Anfang des deutschen Nationalstaates, als revolutionär einstuften. In seinem ausführlichen Bericht vom 1.11.1867 an Seward[567] nannte er die von Preußen 1866/67 in Mitteleuropa erreichte Umwälzung „the greatest European revolution of this century. The victories of Napoleon, preceding the peace of Tilsit can alone be compared with the successful celerity of the short Prussian campaign of 1866. The political system which Napoleon introduced had no support in the nature of things and wasted away and utterly fell not merely because it was carried out in Germany by worthless persons, but because it was at war with the active forces of a vigorous nationality and the freedom and a brave & intelligent people. The present union of German states is the ripened fruit of nineteen generations of continued sufferings and struggles and is so completely in harmony with natural laws and so thoroughly the concurrent act of government and people, that it is certain to endure and received with the good will, the consent, or the necessary acquiescence of every power in Europe.

The result seems the more wonderful, the more it is considered. A united state, having a seacoast extending from Russia to Holland, a mercantile marine superior to that of any European continental power, inferior only to that of Great Britain and to that of the United States, a population of thirty millions of whom more than two thirds are protestants and all are instructed to read and write and all trained to the use of arms, rises up in the center of Europe, equal in culture, courage and prospective, if not immediate, influence to any government on the continent. This state, whose existence is inspired and guaranteed by a strong and ever increasing sentiment of an ancient and indivisible nationality is further strengthened by permanent treaties of offence and defense and commerce with principalities inhabited by ten millions more; and the treaties are of such a nature that the armies of these ten millions are to be placed in time of war under the lead of the president of the United States of North Germany, and their representatives are to take their seats in the joint parliament which is to prescribe for all one common system of commercial taxation. Controlling the military resources of forty millions of warlike people, the German union feels assured of a peaceful neighbor in France; in its compact energy it stands towards the East in an attitude of independence; and is so

---

[566] W. H. Seward am 27.9.1866 in Nr. 47 an Wright. NA Wash., Mf. 77/65.
[567] Bancroft am 1.11.1867 an Seward. NA Wash., Mf 44/14.

related to Austria, that that empire, if it regards its own welfare, must seek its friendship.

This wonderful result has a special interest for America, because it has sprung from the application of the principles which guided the framers of the constitution of our United States. The constitution of North Germany corresponds in so many things with ours that it must have been formed after the closest study of our system, or the same imperfections of government have led the two countries, each for itself, to the discovery and application of similar political principles." Er sah in der North German Union eine ähnliche Machtverteilung zwischen Bundeszentrale und Bundesstaaten wie in der nordamerikanischen Union. Die Gesetzgebung vollziehe sich hier wie dort über ein Zweikammersystem. Die Berufung in den Bundesrat, dem „German Senate", sei nicht von der Willkür irgendwelcher Fürsten abhängig, sondern sie erfolge durch konstitutionelle Regierungen. Beim Reichstag hob er hervor, dass die gerade erfolgte Wahl nach dem allgemeinen Wahlrecht zu einer sehr guten Vertretung des ganzen Landes in seiner gegenwärtigen wirtschaftlichen und sozialen Zusammensetzung geführt habe. Der Einfluss des Königs von Preußen als Präsident der German United States ähnele nach seiner Meinung dem des US-Präsidenten.

George Bancroft ging es bei seinem positiven Urteil über den Wandel in Mitteleuropa vor allem darum, dass hier ein festgefügter Staat entstand, der imstande war, ein Gegengewicht zu den westeuropäischen großen Mächten zu bilden. Es ist verständlich, dass einer, der miterlebt hatte, wie sehr das Frankreich Napoleons III. und Großbritannien den Kampf um die Erhaltung der USA behinderten, den Aufstieg eines mit der Union sympathisierenden Staates ebenso mit besonderer Sympathie betrachtete. Die Aufregung in Frankreich im September 1867 nach Bismarcks Erklärung zugunsten der weiteren Vereinigung aller deutschen Staaten stufte er als unbegründet ein[568]. Mehrfach hob er den von den USA besonders herausgestellten Grundsatz hervor, dass jedes Volk das unbezweifelbare Recht habe, über seine politischen Institutionen selbst zu entscheiden[569]. Selbstverständlich dachte er hierbei auch an die Verteidigung dieses Grundsatzes durch die USA in Mexiko gegenüber Napoleon III.. Wie ein roter Faden zog sich durch die Berichte Bancrofts wie Murphys die Befürchtung, dass Napoleon in Deutschland gegen die Entwicklung eines Nationalstaats intervenieren könnte. Von den USA wünschte er eine positive Neutralität gegenüber der deutschen Nationalstaatsgründung. Im November 67 regte er an, der Präsident sollte in seiner Botschaft an den Kongress im Dezember zugunsten der deutschen Einheit Stellung beziehen[570]. Das geschah wahrscheinlich des-

---

[568] Bancroft am 27.9.1867 in Nr. 10 an Seward. NA Wash., Mf 44/14.
[569] Bancroft so auch am 20.11.1867 in Nr. 21 an Seward. NA Wash., Mf 44/14.

halb nicht, weil das State Department eine offene Unterstützung als eine zu starke Einmischung in europäische Angelegenheiten einstufte.

Auch wenn sich Präsident Johnson offiziell zurückhielt nach den preußischen Erfolgen, so gab es doch unzweideutige Sympathieäußerungen seiner Administration für die neue Staatsgründung. Der Senat beauftragte den Präsidenten auf Antrag Sumners, „to communicate ... any official information ... in regard to the formation and the functions of the Government of the United States of North Germany."[571] Den Antrag hatte Gerolt nach seinen Angaben[572] gemeinsam mit William H. Seward formuliert, und er war dann von Sumner eingebracht. Schon die Formulierung United States of North Germany war von Gerolt mit Bedacht gewählt; der Begriff Confederation sollte vermieden und höchstens auf den aufgelösten Deutschen Bund bezogen werden. Gelegentlich benutzten Gerolt und Bancroft auch den Begriff North German Union für den neuen Staat. Gerolts Ziel bei dem von ihm initiierten Senatsbeschluss war unter anderem eine englische Übersetzung der Verfassung des Norddeutschen Bundes in den USA veröffentlichen zu lassen, „um so viele irrige und zum Theil feindselige Nachrichten und Auffassungen darüber zu widerlegen und zu berichtigen." Diese Funktion übernahm dann Bancrofts Bericht, nachdem ihn Seward Gerolt vorgelegt hatte. Gerolt erklärte diesen „interessanten Bericht mit einer vollständigen Analyse unserer Bundes-Verfassung" für ganz geeignet, „in den Vereinigten Staaten einen günstigen Eindruck über jene Verfassung und das große Werk der nationalen Umwälzung in Deutschland hervorzubringen."[573]

Auch 1868 nahm Bancroft entschieden zugunsten der Anwendung des Prinzips auf Deutschland Stellung, „dass ein Volk das Recht hat, seine Regierung umzuändern, um seine Sicherheit und sein Wohlergehen zu heben."[574] Ein angesichts der feindseligen Einstellung in Frankreich gegenüber „jeder Vergrößerung der Einheit des deutschen Volkes" nicht auszuschließender Krieg würde unmittelbar die Interessen der USA berühren. Er dachte daran, dass ein solcher Krieg den Handelsverkehr, die Freiheit der Meere und die Auswanderung in die USA beeinträchtigen würde. „Der Verkehr zwischen den Vereinigten Staaten und Deutschland ist unendlich viel wichtiger für diese als der mit irgendeiner anderen Macht des Festlandes.

---

[570] Bancroft am 3.11.1867 (unnummeriert) an Seward. NA Wash., Mf 44/14.
[571] Gerolt am 1.12.1867 an Bismarck. GStAM, 2.4.1.I. Nr. 7905.
[572] A.a.O.
[573] A.a.O.
[574] Bancrofts Bericht an Seward vom 20.11.1868 in der Übersetzung der preußischen Akten. Polit. Archiv des AA, R 16320. Die Übersetzung war angefertigt, nachdem Gerolt dem AA die Diplomatic Correspondence 1868 (Papers Relating to Foreign Affairs, Accompanying the Annual Message of the President, Washington, D. C. 1869, vol. II, S. 57 f) hatte zukommen lassen.

VI. Konflikte der USA und Preußens auf dem Weg zur Einheit

Wäre nur die Auswanderung von Bremen und Hamburg unterbrochen, so verlöre man das, was das Herzblut der Nation nährt. Dieser Verlust würde als Verminderung des jährlichen Vermögens einer der härtesten Schläge sein, der unserem Wohlstande zugefügt werden könnte." Diese Stellungnahme bestätigte Seward in seiner Antwort vom 7.12.68[575].

Für Gerolt lag der besondere Wert der Stellungnahmen darin, dass „die Solidarität der Interessen Norddeutschlands und der Vereinigten Staaten im Falle eines Krieges Frankreichs gegen Deutschland scharf betont wird, was auch mit der allgemein verbreiteten Theilnahme der Amerikaner und besonders mit der der Deutsch-Amerikaner an dem Schicksal Preußens und Norddeutschlands im Einklange steht und dem Gedanken nahe liegt, daß im Falle eines Angriffs-Krieges gegen Norddeutschland die öffentliche Meinung in den Vereinigten Staaten sich nicht mit der Rolle eines gleichgültigen Zuschauers in einem solchen Kampfe begnügen dürften."[576] Zu gleicher Zeit erfuhr Berlin von Hohenlohe-Schillingsfürst, dem Bayerischen Ministerpräsidenten und Minister des Auswärtigen, über Bancroft, „daß einer der hauptsächlichsten Gründe, weshalb der Kaiser Napoleon vor einem Kriege mit Preußen zurückschrecke, in der eventuellen Haltung Nord-Amerikas liege: der Kaiser gedenke daran, daß er es gewesen, der in bedenklichsten Stadien des amerikanischen Bürger-Krieges die Anerkennung der Südstaaten beabsichtigt, und auch bei anderen Kabinetten, wenn auch ohne Erfolg, in Anregung gebracht habe. Er fürchte nur, daß dies in Nord-Amerika unvergessen sei, und bei der Haltung der Unionsstaaten, im Falle eines preußisch-französischen Krieges, zum Nachtheile Frankreichs mitwirken könne."[577] Bancroft teilte dies Seward mit der Empfehlung mit, „alles zu vermeiden, was jene Besorgnis des Kaisers Napoleon abschwächen könne." Unterstaatssekretär von Thile vom Auswärtigen Amt notierte, Seward habe Bancroft „durchaus beifällig geantwortet."[578]

Es gab auch unter der Grant-Administration viele positive Signale nach Berlin. Dazu gehörte die deutliche Unterstützung guter deutsch-amerikanischer Beziehungen durch die Vertreter der Deutschamerikaner. Als das Steuben-Denkmal kurz vor Beginn des deutsch-französischen Krieges im Mai 1870 in Baltimore in Anwesenheit von Präsident Grant, Ministern, Kongress-Mitgliedern, dem ehemaligen Gesandten in Berlin Judd, Vertretern der Deutschamerikaner und Gerolts eingeweiht wurde, da feierte Senator Karl Schurz, der Hauptredner der Veranstaltung, Steuben als „ersten Repräsentanten der deutsch-amerikanischen Waffengemeinschaft"[579]. Die

---
[575] Diplomatic Correspondence 1869, vol. II, S. 58.
[576] Gerolt am 29.10.1869 an Bismarck. Polit. Archiv des AA, R 16320.
[577] Aktennotiz von Thile vom 7.11.1868. Polit. Archiv des AA, R 17103.
[578] A.a.O.

Unterstützung aus Deutschland für die Union während des Krieges im Gegensatz zur Haltung Frankreichs, Englands und Spaniens stand für Schurz in dieser Steuben-Tradition. Schließlich feierte der Achtundvierziger das Bismarck-Reich: „Wir erinnern uns wiederum, als im Jahre 1866 aus der alten Zerrissenheit sich plötzlich ein großes deutsches Reich zu entwickeln versprach, ein Mittelreich im Herzen des europäischen Continents, das die Entwicklung freier Institutionen als Bedingung seiner Existenz anerkennen muß, ein Reich, das mächtig genug sein wird, den anmaßenden Ehrgeiz übermüthiger Nachbarn im Osten und Westen zu zügeln, das große Friedensreich der alten Welt – wir erinnern uns wohl, sage ich, wie damals von einem Ende dieses Landes zum andern die Stimme des ganzen amerikanischen Volkes in einen Beifallsruf ausbrach, was bereits errungen, und in den Ausdruck der wärmsten Wünsche für die Vollendung des großen Werks.

Und diese tiefe Sympathie, entsprungen aus dem Instinkt wahrer Interessenübereinstimmung, wird einst die Großmacht der neuen und die Großmacht der alten Welt vermögen, sich über den atlantischen Ocean die Hände zu reichen zum Freundschaftsbund für die Erhaltung des Weltfriedens und Förderung der großen Sache wahrer Civilisation." Ob Judd dieser Rede eines früheren Linksliberalen zugunsten des Bismarck-Reiches Beifall zollte, ist nicht überliefert. Auf jeden Fall änderte sich nicht nur die Einstellung deutscher Kritiker der Politik Bismarcks.

In dem letzten deutschen Einigungskrieg 1870/71 brauchten die USA genauso wenig wie vorher zum Schutz ihres Verkehrs mit Deutschland in Europa zu intervenieren. So vermochte auch die Grant-Administration bei der traditionellen Neutralitätspolitik zu bleiben. Während des deutsch-französischen Krieges war das äußerste an Parteinahme zugunsten Deutschlands, dass nach Sedan Präsident Grant Gerolt ausdrücklich beglückwünschte „zu dem Erfolge unserer Waffen."[580] Ohnehin orientierte sich Bismarck nun bei der Sicherung des neuen Staates auf dem europäischen Kontinent vor allem an den europäischen Mächten.

2. Die Wiedervereinigung des Südens mit dem Norden – Der Streit um die Reconstruction aus preußischer Perspektive

Für Gerolt war der Kampf gegen die Rebellion, also gegen die Revolution, zunächst einmal außenpolitisch bedeutsam. Im Frühjahr 1862, als ihm immer mehr zur Gewissheit wurde, dass es keine friedliche Verständigung

---

[579] Zitiert nach dem Baltimore Wecker vom 20.5.1870.
[580] Auszug aus dem Bericht Gerolts vom 20.9.1870 an Bismarck. Polit. Archiv des AA, R 17108.

VI. Konflikte der USA und Preußens auf dem Weg zur Einheit 589

mit dem Süden geben würde, schrieb er Außenminister Bernstorff[581]: „Durch die großartigen materiellen Mittel, welche die Willenskraft und Ausdauer der nördlichen Staaten in so kurzer Zeit in dem gegenwärtigen Kriege entwickelt haben, ist dem Volke das ganze Bewusstsein seiner Macht und seiner Hülfsquellen gegeben, und wenn die Vereinigten Staaten aus diesem Kampfe siegreich hervorgehen, woran kaum mehr zu zweifeln ist, so tritt die Union mit neugeborener Kraft als eine Macht erster Größe auf: ‚C'est un acte de premier ordre et malheur à celui qui ne le voit pas', wie Napoleon I. einst von der Französischen Republik sagte." Zugleich fragte er sich, welche inneren Auswirkungen der Bürgerkrieg haben würde. Eine Veränderung der „demokratischen Institutionen", die in seinen Augen mitverantwortlich waren für die anfänglichen Misserfolge der Kriegsführung, erwartete er nicht. Gerade sie seien in den Augen der Amerikaner mit der Manifest Destiny verbunden: „Was die demokratischen Institutionen der Vereinigten Staaten betrifft, so scheint mir die Zeit noch nicht gekommen zu sein, wo eine organische Veränderung derselben zu erwarten steht, was auch die bisherigen Mißbräuche und Übelstände derselben sein mögen, weil die culturgeschichtliche Mission des Volkes auf diesem Continente, welche durch republikanische Institutionen sehr befördert worden ist, noch nicht erfüllt ist. – Man muß jedoch hoffen, daß die Erfahrungen des gegenwärtigen Bürgerkriegs und die Lasten, welche dem Volke dadurch aufgebürdet werden, dazu dienen werden, manche jener Übelstände, besonders diejenigen, welche aus dem allgemeinen Stimmrecht hervorgehen, auf legislativem Wege abzuschaffen und daß das Staatsschiff der Union mit dem Ballast einer bedeutenden Staatsschuld belastet, eine weniger schwankende und rücksichtslose Politik im Innern sowohl als nach außen befolgen werde."

Als die eigentliche Streitfrage der inneren Umgestaltung, die er seit 1865 in seinen Berichten als Reconstruction vermerkte, schälte sich während des Krieges sehr bald die Sklavenemanzipation und die zukünftige Verfassung der Südstaaten heraus. Es ging also darum, wie weit die Wiederherstellung der Union das Hauptkriegsziel blieb. Der republikanische Teil der deutschamerikanischen Führungsschicht, die sich um Fremont scharte, betonte als Ziel der Auseinandersetzungen neben der Wiedervereinigung des Südens mit dem Norden besonders die Freiheit und damit die Abschaffung der Sklaverei als gleichwertig[582]. Den ersten Höhepunkt der Auseinandersetzungen zwischen den deutschamerikanischen radikalen Republikanern und den Gemäßigten in Missouri 1862 nach der Absetzung Fremonts kommentierte Gerolt nicht. In der heißen Wahlkampfphase in den Monaten Juni bis No-

---

[581] Gerolt am 5.3.1862 an Bernstorff. GStAM, 2.4.1.I. Nr. 7898.
[582] Siehe dazu *Jörg Nagler*: Fremont contra Lincoln. Die deutsch-amerikanische Opposition in der Republikanischen Partei während des amerikanischen Bürgerkrieges. Frankfurt/M. etc. 1984.

vember sorgten die extra beurlaubten US-Konsuln Börnstein (Bremen) und Bernays (Elsinore) mit dem erneut auf Lincoln-Kurs gebrachten „Anzeiger des Westens" dafür, dass Francis P. Blair Jr, der Bruder des Postmaster General Montgomery Blair, wieder in den Kongress einzog. Der auch über den Wahlkampf hinaus in St. Louis wirkende Charles L. Bernays vermutete bei den Deutschamerikanern des Westens sogar Abtrennungsbestrebungen mit dem Ziel, dort ein besseres Amerika zu schaffen. Er schimpfte mit Blick auf deren Eintreten für Fremont[583]: „Radicalism is driving out even the love of the Union and hardly you ever hear from a German of this city any sentiment, which might prove that they still adhere to the Union. They have nothing but Fremont in their heads and minds, and if Fremont should show the intention of creating a kingdom among us, the Germans as one man would certainly help him. A dreadful spirit of revolution has penetrated the Germans, and very fortunately the intelligence of General Fremont is not equal to his own and his wife's ambition, or it would be an easy work for him to induce the German population of the West to every imaginable folly." Solche Ausfälle fanden bei aller Ablehnung des „Fremont humbug" selbst bei Montgomery Blair nur begrenzte Unterstützung[584] und noch weniger bei Seward, der 1861 die Deutschen begeistert hatte mit seiner Forderung nach „Germanizing Missouri into liberty". Bei dem besonders in Missouri so leidenschaftlich ausgetragenen Kongress-Wahlkampf und der Kampagne um die Nominierung für die Präsidentschaft spielte immer zugleich die Emanzipation eine Rolle.

An Lincolns Kurs lobte Gerolt vor allem dessen Bemühen, die Wiederherstellung der Union als Hauptanliegen zu erhalten und in der Sklavenfrage vermittelnd vorzugehen. Im Zusammenhang mit der Emanzipations-Proklamation vom 1.1.1863 und den weiteren Erklärungen des Präsidenten hob er das Versöhnliche gerade von Lincolns Position hervor. Er sah schon 1862 voraus, dass der Süden dennoch nicht nachgeben und der Krieg vermutlich „hinführo auf die grausamste Weise fortgeführt"[585] würde; aber es bliebe Lincoln doch das Verdienst gegenüber dem Sklaverei-Problem, in „dieser wichtigen Angelegenheit der Humanität und des allgemeinen Friedens", angemessen und praktisch zu handeln[586]. Persönlich schätzte Gerolt Fremont und Sumner sehr, und er wusste um die Unterstützung dieser radikalen Abolitionisten gerade unter den Deutschamerikanern; aber ihre Position zur Emanzipation und gegenüber den Sklavenstaaten lehnte er ab. Auf

---

[583] Bernays am 10.11.1862 aus St. Louis an W. H. Seward. Seward Papers, Mf. 73.
[584] Montgomery Blair am 19.11.1862 an W. H. Seward. Seward Papers Mf. 73.
[585] Gerolt am 9.10.1862 an den König, GStAM, 2.4.1.I. Nr. 7899.
[586] Gerolt am 1.12.1862 an den König. GStAM, 2.4.1.I. Nr. 7899.

VI. Konflikte der USA und Preußens auf dem Weg zur Einheit   591

die außenpolitische Bedeutung der Sklavenemanzipation ging Gerolt nicht ein. Für viele US-Vertreter, von denen vor allem die Gesandten Motley (Wien), Adams (London) und Judd (Berlin) Seward über die Antipathien der europäischen Öffentlichkeit gegenüber der Sklaverei informierten, lag der Gedanke nahe, dass emanzipatorische Fortschritte zugleich das Ansehen der USA beeinflussten.

Gerolt orientierte sich in seiner Stellungnahme zu der Frage, wie denn der Status der bisherigen Sklaven zu verändern sei, offensichtlich nicht an deutschamerikanischen politischen Repräsentanten und nicht an der deutschen öffentlichen Meinung[587], der der Emanzipationsprozess teilweise nicht schnell genug zu gehen schien, sondern argumentierte von den unterschiedlichen amerikanischen Gegebenheiten aus. Er äußerte angesichts des Druckes vor allem aus den Neuenglandstaaten auf Lincoln zugunsten einer schnellen Emanzipation der Sklaven viel Verständnis für ein schrittweises Vorgehen[588]. Die Sklaverei sei „in materieller Hinsicht eine Lebensfrage für die meisten Sklaven-Staaten ..., da die Cultur ihrer Bodenerzeugnisse, wie Baumwolle, Zucker, Reis, Taback, nur durch Neger möglich ist, welche erfahrungsgemäß im freien Zustande entweder gar nicht oder nur wenig zu arbeiten geneigt sind und daher durch ihre große Zahl von vier Millionen im emanzipierten Zustande für die meisten Bewohner höchst gefährlich werden müssen, um so mehr als die meisten der freien Nachbarstaaten Gesetze erlassen haben, welche der farbigen Neger-Rasse die Niederlassung in ihrem Gebiete verbietet, wie Illinois, Ohio und Indiana, wo nicht nur, wie in allen nördlichen Staaten derselbe Rassen-Instinkt gegen die Vermischung und die Gleichstellung der Weißen mit Negern und Mulatten vorherrscht wie im Süden, sondern wo auch die weiße arbeitende Classe durch die Concurrenz mit jenen eine Verringerung der Arbeitslöhne fürchtet." Gerolt beschrieb besonders die Vorurteile gegenüber Afroamerikanern in der Union. Auch aus Anlass der Ankunft des Gesandten Haitis Ernest Roumain im März 1863 hob er hervor, dass in Washington im Allgemeinen „das Vorurteil gegen die Abkömmlinge Hams ebenso groß ist wie in den Sklavenstaaten. Die jüngsten Ereignisse und Versuche zur Abschaffung der Sklaverei ... haben dieses Vorurteil der Weißen gegen die farbige Race von afrikanischer Abkunft nicht vermindert."[589] Sumner informierte ihn darüber, wie

---

[587] Zur Stellung der deutschen öffentlichen Meinung zur Sklaverei während des Sezessionskrieges s. *Baldur Eduard Pfeiffer*: Deutschland und der amerikanische Bürgerkrieg 1861–1865, Diss. phil. Würzburg 1971, S. 69–75. – Speziell zu den Meinungen der österreichischen Presse zur Sklavenemanzipation informiert *Alfred Loidolt*: Die Beziehungen Österreichs zu den Vereinigten Staaten zur Zeit des amerikanischen Bürgerkrieges 1861–1865, Diss. phil. Masch., Wien 1949, S. 62–65.
[588] Gerolt am 30.10.1862 an den König, GStAM, 2.4.1.I. Nr. 7899.
[589] Gerolt am 20.3.1863 an Bismarck. GStAM, 2.4.1.I. Nr. 7900.

die USA sich zunächst bemüht hätten, einen Weißen als Gesandten Haitis zu erhalten. Gerolt lernte Roumain bei einem Diner bei Seward kennen, bei dem auch die Gesandten Frankreichs, Russlands und Großbritanniens, die Mitglieder des Kabinetts und die Senatoren anwesend waren: „Der p. Roumain, der seinen Platz mir zur Rechten hatte, ist ein junger Mann von Bildung und angenehmem Äußern, welcher seine schwierige Stellung mit Takt und Bescheidenheit behauptet; obgleich er nur eine leicht dunkle Farbe hat und in Europa für einen Südspanier und Südamerikaner passieren könnte, so ist seine afrikanische Abkunft an seinem Haare doch nicht zu verkennen, er würde daher schwerlich in einem Eisenbahn-Wagen oder Omnibus geduldet werden, wovon die farbige Bevölkerung hier ausgeschlossen ist. – In New York, Philadelphia und anderen großen Städten bestehen für die Farbigen eigene Cars und Omnibusse mit der Aufschrift ‚colored people allowed in this car', und auf den Eisenbahnen müssen dieselben in den besonderen Wagons für Raucher Platz nehmen, wovon auch die anständigsten weiblichen Geschlechts nicht ausgenommen sind, wenn sie nur eine Spur von Negerblut an ihren Haaren oder Nägeln zu erkennen geben, was oft nur ein Amerikaner ... aufzufinden vermag. Durch die Politik der Abolitionisten zur Emanzipierung der Sklaven ist dieser Gegensatz der Racen in den letzten Jahren noch weit schroffer hervorgetreten, und eine Gleichstellung der Farbigen mit den Weißen ist überhaupt unmöglich. ...

In der letzten Zeit sind die Verfolgungen der Weißen gegen die Farbigen immer häufiger geworden, wovon ich mehrere Beispiele von Volks-Aufständen zu Detroit, im Staate Michigan und von anderen Punkten in den ... hier beigefügten Zeitungsberichten anzuführen mir erlaube ...". Zugleich beschrieb er, unter welch elenden Bedingungen Tausende von emanzipierten aus den Südstaaten entlaufenen Sklaven in Washington existierten. Ein in Washington diskutierter Ausweg sei die „Auswanderung derselben in Massen nach den tropischen Ländern". Er vermutete, dass es ein Ziel der USA sei, die Auswanderung von Afroamerikanern nach Haiti zu veranlassen, aber sah nicht die Möglichkeit der Einwanderung Farbiger von dort in die USA.

Für Gerolt war keine überzeugende Lösung der Rassenfrage in Sicht. Die Position der radikalen Republikaner schadete in seinen Augen dem Kriegsziel der Wiederherstellung der Union. Die Auffassung der Copperheads bei den Demokraten, dass der Krieg ohne Eingriffe in die Sklaverei zu führen sei und die Südstaatler dadurch für die Union gewonnen würden, dass ihre Ansprüche verbürgt würden, stufte er ebenfalls als unrealistisch ein, da die südstaatlichen Politiker „stets erklärt haben und der steten Hoffnung auf fremde Hilfe noch erklären, nur unter der Bedingung der Anerkennung der Unabhängigkeit der südlichen Conföderation Frieden mit dem Norden ma-

VI. Konflikte der USA und Preußens auf dem Weg zur Einheit   593

chen zu wollen."[590] Der wirkliche Beweggrund für die Unabhängigkeit sei das Ziel der „Gründung eines unabhängigen Sklaven-Reichs unter der Herrschaft der Baumwolle ... mit allmählicher Eroberung und Einverleibung der Insel Cuba und Mexicos und der Verbreitung der Sklaverei über dieses ausgedehnte Tropenland."

Gerolt stufte die Position der Gemäßigten im Kongress, die Lincolns äußerst versöhnlicher Kongress-Botschaft vom 8.12.1863 am nächsten standen, als die den Interessen der Union am ehesten angemessene ein. Seiner Ansicht nach sollten sich diese „Konservativen" um Friedensverhandlungen bemühen, „um dem Volke in den Sklaven-Staaten zu zeigen, daß der Krieg von der hiesigen Regierung nicht die gewaltsame Abschaffung der Sklaverei und die Confiszierung der Sklaven zum *alleinigen* Zweck hat, wie die Ultra-Abolitionisten es verlangen, sondern zur Herstellung der verfassungsmäßigen Union gegen die insurgierten Staaten begonnen worden ist und fortgeführt wird, bis dieser Zweck erreicht ist." Er bedauerte Weihnachten 1863, dass diese Anschauung, der Sezession nicht nur militärisch zu begegnen, immer weniger Anhänger im Kongress fand. Bei seinen Gesprächen mit Kongress-Mitgliedern sah er überwiegend den Standpunkt vertreten, „daß ohne vorherige Aufreibung der conföderierten Kriegsheere keinerlei Aussicht für Unterhandlungen zur Herstellung der Union möglich sein könnte, und daß die siegreichen Unions-Heere sowohl als die Macht der Umstände hinreichend sein würden, um den Süden zur Unterwerfung zu bringen."[591] Das war nach den militärischen Erfolgen des Sommers 1863 nicht verwunderlich.

Anfang 1864 bestätigten ihm die Verhandlungen und Resolutionen des Unions-Kongresses seine Auffassung, „daß die große Majorität in beiden Kammern auf alle versöhnlichen Maßregeln mit den Rebellen verzichtet und entschlossen ist, die Unterdrückung der Conföderation nur durch die Gewalt der Waffen herbeizuführen, ohne Concessionen in bezug auf die Sklaverei zu machen."[592] Zugleich informierte Kriegsminister Stanton Gerolt über die erfolgreiche Heeresvermehrung, und Finanzminister Chase versicherte ihm, dass die Finanzsituation die Durchführung aller geplanten Militäroperationen „ohne Schwierigkeiten" gestatte. Dem stellte Gerolt die wachsenden Schwierigkeiten der Südstaaten gegenüber: „Bei der großen Finanz-Noth und der Bedrängnis, worin sich die Conföderierte Regierung befindet, rechnet man hier mit Zuversicht darauf, daß die Frühjahrs-Cam-

---
[590] Gerolt am 21.9.1863 an Bismarck. GStAM, 2.4.1.I. Nr. 7901.
[591] Gerolt am 21.12.1863 an Bismarck. GStAM, 2.4.1.I. Nr. 7901.
[592] Gerolt am 21.1.1864 an Bismarck. GStAM, 2.4.1.I. Nr. 7901.

pagne zu Land und zur See die südlichen Staaten zur Niederlegung der Waffen zwingen werde."[593]

Der preußische Gesandte sah die Lincoln-Administration durch die Wahlen in den Staaten und durch die öffentliche Meinung unterstützt. Schon im März 1864 urteilte Gerolt, dass es wahrscheinlich keinen demokratischen Präsidenten geben werde[594]: „Die demokratische Parthei, unter deren Herrschaft die Agitationen zur Trennung der Sklavenstaaten von der Union geduldet und befördert worden sind, hat ihren Einfluß beim Volke verloren." Einige Tage später erfuhr er von Edward Everett, dass bei den Auseinandersetzungen um die Präsidentschaftskandidatur unter den Republikanern „der Ultra-Candidat dieser Parthei, General Fremont in die Schranken gebracht worden" sei[595]. Für Gerolt gab es keine Hindernisse mehr für Lincoln bei der erneuten Kandidatur. Die Lincoln-Administration sah Gerolt im Präsidentschaftswahlkampf trotz aller Opposition der Demokraten und der Kritik der Ultra-Abolitionisten von der großen Majorität des Volkes in den freien Staaten in ihrem Kurs zur Herstellung der Union und der gänzlichen Abschaffung der Sklaverei unterstützt „und zu allen Opfern bereit, welche die Regierung verlangt, um jenen Zweck zu erreichen."[596] Gerolt begrüßte die Wiederwahl Lincolns; und um so mehr war er von der Ermordung des Präsidenten erschüttert.

Die in den freien Staaten Preußen vertretenden Konsuln, die grundsätzlich die Union im Sinne Preußens unterstützten, verhielten sich zur Frage der Sklavenemanzipation genauso unterschiedlich wie ihre deutschamerikanischen Nachbarn. Dresel, Konsul in Baltimore, beklagte 1864, wie sehr die Plantagen in Maryland angesichts der Emanzipation und des Eintritts von Afroamerikanern in die US-Armee Arbeitskräfte einbüßten[597]. Ende des Jahres 1864 machte er Lincolns Emanzipationspolitik dafür verantwortlich, dass der Krieg andauerte. Ein baldiger Friede sei unerreichbar, „so lange dem Süden aber Emancipation und Confiscation ins Gesicht stiert ..."[598] Demgegenüber betonte Konsul Adae in Cincinnati, Ohio, schon Anfang 1864, dass ein Kompromiss in der Sklavenfrage nicht mehr möglich sei[599].

---

[593] A.a.O.
[594] Gerolt am 11.3.1864 an Bismarck. GStAM, 2.4.1.I. Nr. 7901.
[595] Gerolt am 21.3.1864 an Bismarck. GStAM, 2.4.1.I. Nr. 7901.
[596] Gerolt am 22.4.1864 an Bismarck. GStAM, 2.4.1.I. Nr. 7901.
[597] Dresel in seinem Jahresbericht für 1863 vom Februar 1864 an das Preußische Ministerium der auswärtigen Angelegenheiten. GStA Berlin, Mf 144 AA III.HA Rep. 14 I Vol. X.
[598] Dresel in seinem Jahresbericht für 1864 vom 31.12.1864. GStA Berlin, Mf 144 AA III.HA Rep. 14 I Vol. X.
[599] Adae am 9.1.1864 in seinem Jahresbericht für 1863. GStA Berlin, Mf 144 AA III.HA Rep. 14 I Vol. X.

VI. Konflikte der USA und Preußens auf dem Weg zur Einheit   595

Die Negersklaverei müsse ganz aufhören. Nur darum ginge der Krieg noch. Eine extreme Gegenposition gegen Dresel nahm auch der Vizekonsul in St. Louis Robert Barth ein, in dessen Staat Missouri es eine Plantagenwirtschaft wie in Maryland gab. Er resümierte in seinem Jahresbericht für 1864: „Als Ersatz für den ungeheuren Schaden, welchen der Bürgerkrieg unserem Staate zugefügt hat, verdanken wir demselben ein Geschenk, das bestimmt sein dürfte, uns all das Erlittene vergessen zu machen und reichlich zu ersetzen. Es ist dies die Aufhebung der Sklaverei, welche, so rasch auch im Allgemeinen das Wachstum des Staates bisher gewesen ist, doch demselben hindernd im Wege stand."[600] Die übrigen preußischen Konsuln neigten der Position von Adae und Barth zu, so dass Dresels Äußerung wirklich eine Ausnahme war.

Ganz so schnell, wie Seward erwartete, siegten die Truppen der Union nicht. Aber Anfang 1865 ging es aus Gerolts Unions-Perspektive nur noch um einen „Kampf der Verzweiflung" derer, die „das bethörte Volk in den Sklaven-Staaten in diesen verheerenden Bürgerkrieg, gegen alle Interessen desselben, hineingerissen" hatten[601]. Die Machthaber in den Sklavenstaaten schienen in seinen Augen nur noch ihren Einfluss zu bewahren, „um wo möglich ihren schweren Verantwortlichkeiten zu entgehen." Während Gerolt zunächst noch Verständnis für den Einsatz der Sklaverei in den Südstaaten bekundet hatte, betonte er nun deren sittlich negativen Einfluss[602]. „Auch hier scheint die Entartung der Menschen und ihrer sittlichen Begriffe in den südlichen Staaten unter dem langjährigen Einflusse der Neger-Sklaverei, im Gegensatz zu der sittlichen Entwickelung und den Fortschritten der nordischen Staaten dieses Continents auf allen Gebieten den Haß und den Fanatismus der Leidenschaften der Sklavenbesitzer hervorgerufen zu haben, wodurch sie selbst die Werkzeuge zum gewaltsamen Untergange des Sklaven-Instituts geworden sind, was auf friedlichem Wege und durch Compromisse niemals oder nur in ferner Zukunft möglich gewesen wäre." Er glaubte, dass mit dem Ende der Sklaverei eine Vermischung einsetzen würde, durch die in drei vier Generationen die schwarze Rasse in den USA allmählich verschwinden würde. „Ein solcher Culturprozeß wäre aber ohne den gegenwärtigen Krieg ganz unmöglich gewesen, weil die Besitzer der Sklaven im Süden in ihrem pekuniären Interesse stets bemüht waren, die Neger-Race (auf ähnliche Weise wie bei der Pferdezucht) möglichst zu vermehren, um ihre Baumwollproduktion verhältnismäßig zu erhöhen; und in den Staaten, wo keine Baumwolle wächst, wie in den Grenzstaaten Virgi-

---

[600] Robert Barth in seinem Jahresbericht für 1864 vom Februar 1865. GStA Berlin, Mf 144 AA III.HA Rep. 14 I Vol. X.
[601] Gerolt am 16.2.1865 an den König. GStAM, 2.4.1.I. Nr. 7903.
[602] A. a. O.

nien, Kentucky, Tennessee und Missouri war die Negerzucht stets ein einträgliches Geschäft, indem man die Neger, zu hohen Preisen von 1000 bis 2000 Dollars jeden, an die Baumwolle-Staaten verkaufte." Die dieses System schützende Konföderation der Sklavenstaaten, nach Gerolt eine Gewaltherrschaft, endete praktisch mit der Kapitulation von General Lee am 9. April 1865. Mit dem Kriegsende sah Gerolt überall die Reste der „südlichen Insurrektion" verschwinden.

Die Union war formell wieder hergestellt, und die eigentliche Reconstruction begann. Gerolt schrieb im Mai 1865: „Nachdem der freie Verkehr zwischen dem Norden und den eroberten Sklaven-Staaten wieder hergestellt ist, wird es auch immer klarer, daß die Majorität der Bewohner jener Staaten nur aus Furcht und durch blinde Hingebung an die Anführer der Secession in diesen unheilvollen Krieg gegen ihre nordischen Brüder mit fortgerissen worden sind ..."[603]. Er betonte die Verantwortung der „Anführer der Revolution" und nicht der übrigen südstaatlichen Bevölkerung. Gerolt erwartete eine schnelle Wiedereingliederung des Südens in die Union, wenn er auch angesichts der Ermordung Lincolns Schwierigkeiten vorhersah: „Die conföderierten Staaten haben durch die Ermordung Lincolns ihren besten Freund verloren, welcher durch die ehrenvollen Capitulations-Bedingungen zwischen dem Oberbefehlshaber General Grant und dem Conföderierten General Lee den Anfang zu seiner Friedenspolitik gegen den Süden gemacht hatte."[604] Er bezweifelte, dass Präsident Johnson, „obgleich aus dem Sklavenstaate Tennessee gebürtig, ... unter den gegenwärtigen Umständen und bei der außerordentlichen Erbitterung in den loyalen Staaten geneigt oder im Stande sein wird, die versöhnliche Politik Lincolns und Sewards zur Herstellung des Friedens zu verfolgen." Dass Johnson trotz der Widerstände im Norden den Südstaaten in seiner Reconstruction-Politik entgegenkam, sah er im Sinne der Wiedereingliederung der südstaatlichen Bevölkerung zunächst als hilfreich an. Die Emanzipation der Sklaven wertete Gerolt „als eine notwendige Kriegsmaßregel des Unions-Heeres" angesichts der Rebellion[605], aber im Zeichen des Friedens betrachtete er es als notwendig, dass Johnson den Schwarzen keinen höheren Rechtsstatus als den Indianern einräumte. Dass der Präsident bei der Reorganisation der Südstaaten den Schwarzen das Stimmrecht vorenthielt, wertete er als „für die Pazifizierung und die Versöhnung der weißen Bevölkerung in den bisherigen Sklaven-Staaten mit der neuen Ordnung der Dinge unerläßlich ..."[606]. Im Gegensatz zu Gerolt äußerte sich die deutsche öffentliche Meinung, wie der

---

[603] Gerolt am 16.5.1865 an den König. GStAM, 2.4.1.I. Nr. 7903.
[604] Gerolt am 17.4.1865 an den König. GStAM, 2.4.1.I. Nr. 7903.
[605] Gerolt am 16.5.1865 an den König. GStAM, 2.4.1.I. Nr. 7903.
[606] Gerolt am 5.6.1865 an Bismarck. GStAM, 2.4.1.I. Nr. 7903.

US-Gesandte Judd nach Washington berichtete[607], sehr stark zugunsten des Wahlrechts der farbigen Bevölkerung in den Südstaaten.

Das in deutschen Zeitungen 1865 breit getretene Verhältnis Johnsons zum Alkohol erwähnte Gerolt nicht, sondern die von ihm und Seward auf die Integration hin ausgerichtete Politik. Gerolt interessierte, dass der Präsident, gestützt auf die gemäßigten Republikaner, „eine versöhnende Politik gegen die unterworfenen Staaten beobachtet und denselben das constitutionelle Recht vindiziert, ihre Verhältnisse zu ihren ehemaligen Sklaven, mit Rücksicht auf die Erhaltung der öffentlichen Ruhe und auf die allgemeinen Interessen in jenen Staaten, selbst zu ordnen und festzustellen."[608] Mit der schnellen Reorganisation der Südstaaten, wie sie Johnson 1865 voranbrachte, erwartete Gerolt zugleich eine baldige Wiederaufnahme der Vertreter des Südens in den Kongress. Mit dem damit verbundenen größeren Gewicht des Freihandels wäre nach den mehrfachen Zollerhöhungen seit 1861 endlich wieder eine Erleichterung der deutschen Einfuhr möglich. Insofern betraf die Ablehnung der neu gewählten Vertreter des Südens durch den Kongress im Dezember 1865 auch den Deutschen Zollverein.

Das schon während des Krieges entwickelte Reconstruction-Programm der radikalen Republikaner hatte Gerolt anfänglich kaum für ausschlaggebend erachtet. Der entscheidende Wandel in den USA war für ihn das Ende der Sezession und die Aufhebung der Sklaverei. Er beschrieb die blutigen Konflikte im Süden im Gefolge der veränderten Stellung der Schwarzen: „... es wird einer längeren Zeit bedürfen, bevor die Vorurtheile der bisherigen Sklaven-Besitzer überwunden und die emanzipierten Sklaven ihre Unabhängigkeit im gegenseitigen Interesse zu benutzen gelernt haben werden."[609] Besondere Schwierigkeiten sah er in den Baumwoll-Staaten für die „früheren Zwangsherren" voraus. Aber einen recht positiven Eindruck vermittelten ihm Seward und dessen Familie bei einem Ausflug auf einem Regierungs-Dampfer zu einigen Landgütern in Maryland[610]. Die emanzipierten Sklaven könnten dort als freie Lohnarbeiter ihre persönlichen Verhältnisse selbst gestalten, und die Familien würden nicht mehr gewaltsam getrennt. Die Sklavenbesitzer sah er dadurch mit dem Verlust versöhnt, dass das Land durch freie Arbeiter, auch weiße, vorteilhafter genutzt werden könne.

Die Aufgabe des im Herbst 1866 neu gewählten Kongresses sei es, „das Werk der Versöhnung und der Einheit zwischen den schwer geprüften süd-

---
[607] Judd in Nr. 109 am 3.7.1865 an W. H. Seward. NA Wash., Mf 44/13.
[608] Gerolt am 19.9.1865 an Bismarck. GStAM, 2.4.1.I. Nr. 7903.
[609] A. a. O.
[610] A. a. O.

lichen und nördlichen Staaten durch legislative Maaßregeln zu vollenden. In dieser Aufgabe hat der Präsident A. Johnson den gesetzgebenden Kammern den Weg gebahnt, auf welchem die Hindernisse zu überwinden sind, welche Selbstsucht, Haß und tiefverwurzelte Vorurtheile einer aufrichtigen Aussöhnung und der Herstellung des Bundesstaats ohne Sklaverei stets in den Weg gelegt haben."[611] Detailliert ging er in der Folgezeit ein auf „die Spaltung zwischen der exekutiven Gewalt der Vereinigten Staaten und den beiden Kammern des Congresses über die Mittel zur Herstellung der Union und zum Schutze der emanzipierten Sklaven"[612].

Dieser Gegensatz zwischen Kongress und Präsident legte für Gerolt die Bezugnahme „auf das Verhältnis zwischen Regierungen und Landes-Vertretungen in Europäischen Staaten"[613] nach der Gewinnung Schleswig-Holsteins im Krieg gegen Dänemark nahe: „Der Präsident acceptierte die Situation, wie sie sich nun einmal in Folge der glücklichen Beendigung des Krieges ergeben hat mit Abschaffung der Sklaverei und anderen von sämmtlichen Partheien des Nordens gewünschten Consequenzen." Demgegenüber würden die Mitglieder des Congresses „verschieben, debattieren und jammern, nicht weil alles ein gutes Ende gefunden, sondern weil ihnen nicht individuell der Wille durch die Art und Weise geschehen ist, wie sich alles zum guten Ende gewandt hat." Den umfassenderen Vergleich zwischen dem Konflikt von Präsident und Kongress einerseits und Abgeordnetenhaus und Staatsministerium andererseits führte er nicht aus, obgleich er ihn sicher mitdachte. Auf jeden Fall beeinträchtigte der schwerwiegende Konflikt um die Rolle des Südens die außenpolitische Handlungsfähigkeit der USA mindestens so stark wie der lange Heeres- und Verfassungskonflikt Preußens[614]. Der entscheidende Unterschied zu den Vorgängen in Preußen war, dass sich in den USA auf die Dauer die ohnehin verfassungsmäßig stärkere „Landesvertretung" weitgehend durchsetzte und es nicht einmal einen Kompromiss gab. Zugunsten der US-Landesvertretung wirkte sich ebenfalls aus, dass sich der für das Militär zuständige Minister gegen den militärischen Oberbefehlshaber stellte. Das Gesetz vom 2.3.1867 verbot dem Präsidenten, sein Kabinett gegen den Willen des Senates zu verändern, so dass der Secretary of War Stanton weiter im Amt blieb, bis er im August durch den ähnlich denkenden Grant abgelöst wurde. Wie bei dem Gesetz vom 2.3. setzte sich der Kongress anschließend über das Veto des Prä-

---

[611] Gerolt am 8.12.1865 an den König. GStAM, 2.4.1.I. Nr. 7903.
[612] Gerolt am 20.2.1866 an Bismarck. GStAM, 2.4.1.I. Nr. 7904.
[613] Gerolt am 1.3.1866 an Bismarck. GStAM, 2.4.1.I. Nr. 7904.
[614] Dieser Bezug spielt keine Rolle bei den vielen Vergleichen in dem anregenden Werk: Different Restorations, Reconstruction and „Wiederaufbau" in Germany and the United States: 1865, 1945 and 1989, edited by *Norbert Finzsch and Jürgen Martschukat,* Providence, Oxford 1996.

VI. Konflikte der USA und Preußens auf dem Weg zur Einheit 599

sidenten gegen die „Bill to provide for the more efficient government of the Rebel States" hinweg. Schon Anfang April 1867 berichtete Gerolt Bismarck über „die gänzliche Niederlage des Präsidenten in allen Streitfragen mit dem Congresse"[615]: „Die Militair-Herrschaft ist in den südlichen Staaten an die Stelle der von dem Präsidenten Johnson dort organisierten Staats-Regierungen getreten ..."

Die Art, wie Gerolt 1866 unter dem Eindruck von Sewards Reden die Kritik des Kongresses an der Politik des Präsidenten gegenüber dem Süden abwertete, wurde der in Senat und Repräsentantenhaus ausschlaggebenden Konzeption der Reconstruction nicht gerecht, wie er selbst auf die Dauer merkte. Er sah zunächst auf der einen Seite nur die „Ultra-Abolitionisten", die mit ihrer Forderung nach sofortiger unbedingter Gleichstellung aller Rechte der Farbigen mit denen der Weißen"[616] die zügige Wiederaufnahme der Südstaaten in die Union im Interesse des Einflusses der Republikaner hinausschoben. Angesichts des Vetos des Präsidenten gegen eine Ausdehnung der Rechte des Freedman Bureau im Februar 1866 hob er die „sowohl mit den thatsächlichen Verhältnissen wie mit der Constitution harmonisierenden, streng logischen und wahrhaft staatsmännischen Motive" dieses Einspruches hervor[617]. An dem Veto des Präsidenten gegen das Gesetz zur Unterstellung des Südens unter Militär-Gewalt 1867 fiel ihm jedoch auf, dass es von dem früheren Attorney General Black begründet sei, „welcher beim Ausbruch des Krieges im Jahre 1861 dem Präsidenten Buchanan das Rechtsgutachten geliefert hat, worin jener nachzuweisen suchte, daß nach der Verfassung die rebellischen Staaten nicht durch Gewalt abgehalten werden könnten, sich von der Union loszureißen."[618] Schon durch seine häufigen Kontakte zu Sumner, dem Chairman of the Senate's Committee on Foreign Relations und zugleich Hauptvertreter des Konzeptes der Kongress-Reconstruction, wurde er allmählich mit den Gegenvorstellungen besser vertraut. Er verwies 1866 auf „das große, nicht unbegründete Mißtrauen, welches die Vertreter der republikanischen Partei und die Majorität der beiden Kammern gegen die Gesinnungen der Sklavenstaaten hegen ... Die republikanische Partei verdammt daher die voreilige Versöhnungs-Politik des Präsidenten, in der Ueberzeugung, daß sein Vertrauen auf die loyalen Gesinnungen des Südens durch die vorliegenden Berichte und Thatsachen keineswegs gerechtfertigt sei ..."[619]. Entrüstet zeigte er sich dennoch, als sich Sumner angesichts des Vetos des Präsidenten gegen die Civil Rights Bill zu

---
[615] Gerolt am 1.4.1867 an Bismarck. GStAM, Nr. 7905.
[616] Gerolt am 19.9.1865 an Bismarck. GStAM, 2.4.1.I. Nr. 7903.
[617] Gerolt am 1.3.1866 an Bismarck. GStAM, 2.4.1.I. Nr. 7904.
[618] Gerolt am 4.3.1867 an Bismarck. GStAM, 2.4.1.I. Nr. 7904.
[619] Gerolt am 5.2.1866 an Bismarck. GStAM, 2.4.1.I. Nr. 7904.

dem Urteil hinreißen ließ, Johnson „als den größten Feind und Verräther des Landes" zu bezeichnen: „So weit geht die Verblendung und der Fanatismus der Partheien, selbst bei den edelsten und patriotischsten Persönlichkeiten!"[620]

Der Schlagabtausch der radikalen Republikaner um Sumner mit den Gemäßigten um Johnson und Seward über die Sicherung der politischen Rechte der Farbigen in den Südstaaten lief in Gerolts Augen zunächst ganz traditionell amerikanisch ab. Im Sinne der alten Kritik an den amerikanischen Parteien handelte es sich „hauptsächlich darum, bei der nächsten Präsidenten-Wahl im Jahre 1868 in den Besitz der Gewalt zu gelangen, worüber die neuen Wahlen in den Staaten im Herbste dieses Jahres den Aufschluß geben müssen."[621] Nach den Wahlkampfauftritten Johnsons in den nördlichen und westlichen Staaten im Herbst 1866 vermerkte er kritisch, wie dieser sich angesichts der Angriffe aus dem Publikum häufig „zu heftigen Ausfällen gegen seine radikalen Gegner" habe hinreißen lassen und zu Antworten „auf ungeziemende Weise"[622]. „Dieses unwürdige Benehmen eines Präsidenten der Vereinigten Staaten" habe ihn Popularität gekostet. Ebenso kritisierte er, wie die Regierung ihren Einfluss „durch Vergebung der zahlreichen Foederal-Ämter an ihre politischen Freunde" zu retten suchte, da sie im diplomatischen und konsularischen Dienst Ämter an höhere Offiziere vergebe „mit Zurückstellung aller Ansprüche auf Verdienste und Fähigkeiten von Seiten anderer Candidaten."[623]

Trotz aller Bemühungen von Johnson und Seward gingen die radikalen Republikaner gestärkt aus den Herbstwahlen 1867 hervor. Soweit die den Präsidenten unterstützenden Demokraten Erfolge zu verzeichnen hatten, verdankten sie das nach dem Urteil Gerolts „großentheils den bestehenden Vorurtheilen gegen die politische Gleichberechtigung der farbigen Race mit den Weißen ..., sowie der allgemeinen Opposition der deutschen und der irländischen Bevölkerung in allen Staaten gegen die bestehenden gesetzlichen Beschränkungen in Bezug auf den Verkauf geistiger Getränke inclusive des Biers, namentlich an Sonntagen."[624] Gerolt erweckte nicht den Eindruck, dass auf einzelstaatlicher Ebene im Norden nur die Reconstruction das einzige Thema war; aber in Washington drängte sie alle anderen Fragen in den Hintergrund, selbst die Frage der „exorbitanten Abgaben und Steuern"[625].

---

[620] Gerolt am 9.4.1866 an Bismarck. GStAM, 2.4.1.I. Nr. 7904.
[621] Gerolt am 15.5.1866 an Bismarck. GStAM, 2.4.1.I. Nr. 7904.
[622] Gerolt am 19.10.1866 an Bismarck. GStAM, 2.4.1.I. Nr. 7904.
[623] A.a.O.
[624] Gerolt am 26.11.1867 an Bismarck. GStAM, Nr. 7905.
[625] A.a.O.

VI. Konflikte der USA und Preußens auf dem Weg zur Einheit 601

Der Präsident blieb unbeeindruckt von Wahlergebnissen bei seiner Politik gegenüber den Südstaaten. Die Gegenmaßnahmen der Kongress-Mehrheit, insbesondere den Beschluss vom Februar und März 1867, die Südstaaten erneut unter Kriegsrecht zu stellen, befürwortete Gerolt nun: „Die feindselige Haltung derselben gegen die nördlichen Staaten der Union hat leider jene gewaltsamen Maßregeln des Congresses gerechtfertigt, indem, unter dem Schutze der vom Präsidenten befolgten Politik der frühere Geist der Rebellion und die Aussichten die emanzipierten Sklaven durch Munizipal-Gesetze in den Staaten (etwa durch Gesetze gegen Vagabunden) in das frühere Verhältnis zurückzuführen, von neuem belebt worden sind und in den meisten der ehemaligen Sklaven-Staaten bedauerungswürdige Zustände herbeigeführt haben."[626] Der „Geist der Rebellion" zeigte sich in seinen Augen ebenfalls in der erneuten Wahl der konföderierten Politiker 1865 bis 1867 und in der Verfolgung der Anhänger der Union durch die „Sezessionisten". Nach dem Reconstruction-Gesetz vom März 1867 wurden dann die Südstaaten „unter Militair-Herrschaft gestellt ..., um bei der neuen Organisation den Farbigen durch die Staats-Legislaturen das allgemeine Stimmrecht und die übrigen politischen Rechte der Weißen zu sichern."[627]

Der aus Preußen stammende Major von Herrmann, hatte Gerolt schon während des Krieges über den Kampf des Unions-Heeres auf dem Laufenden gehalten. Er informierte ihn nun als Angehöriger einer Truppe in Alabama darüber, wie wichtig die Anwesenheit des Militärs im Süden auch Jahre nach dem Ende des Krieges war[628]. So urteilte Gerolt, dass die Südstaaten zwar augenblicklich durch Waffengewalt unterdrückt seien, aber der Geist und der Hass sich keineswegs geändert hätten und dass es nicht nur um die Emanzipation der Farbigen gehe, sondern „dass man dort nur auf passende Gelegenheit wartet, um womöglich eine neue Rebellion zur Trennung von dem Norden zu organisieren ..."[629].

Ein Briefpartner Gerolts, der die Empörung in den Südstaaten über die militärisch erzwungene Aufwertung der Schwarzen zum Ausdruck brachte und in den Chor gegen die Negro Supremacy einstimmte, war Konsul Kruttschnitt, ein Vertreter der Kaufmannschaft von New Orleans, die mit der südstaatlichen Pflanzeraristokratie eng verbunden war. Er fungierte zunächst für Preußen und dann ab 1868 für den Norddeutschen Bund in Louisiana. Er charakterisierte die Tumulte in Louisiana als „eine natürliche Folge der höhnenden Hintansetzung der Gefühle und der Rechte der weißen Bevölkerung"[630]. Er fand die rechtliche Besserstellung der Schwarzen um

---

[626] Gerolt am 15.2.1867 an Bismarck. GStAM, Nr. 7905.
[627] Gerolt am 15.10.1867 an Bismarck. GStAM, Nr. 7905.
[628] Gerolt am 11.12.1868 an Bismarck. AA, R 17103.
[629] A. a. O.

so störender, als die nördlichen Staaten, wo die Farbigen einen wesentlich geringeren Anteil der Gesamtbevölkerung ausmachten, diesen weder politische noch soziale Gleichheit einräumten. Damit machte Kruttschnitt auf eine Schwäche in der Argumentation des Nordens aufmerksam, die auch Gerolt schon erwähnt hatte. Die Ausdehnung des Wahlrechts auf Afroamerikaner in den nördlichen Staaten, „wo die „Vorurtheile gegen die afrikanische Race nicht erloschen sind"[631], kam nach dem Bürgerkrieg trotz aller Bemühungen von radikalen Republikanern kaum voran. Gerolt sah 1867 dahinter die allmählich wieder Tritt fassenden Demokraten und einen wachsenden „reaktionnairen Einfluß". Die Kritik aus dem Süden an der Heuchelei im Norden verlor erst ihre Grundlage mit der Umsetzung des Fourteenth Amendment.

Die politische Berichterstattung aus Washington zeigte, dass sich der Streit um die Wiedereingliederung des Südens in die Union mehr und mehr zu einem Verfassungskonflikt auswuchs. Der Präsident „halte hartnäckig an dem idealen Grundsatze fest, daß nach Beendigung des Bürgerkriegs durch gewaltsame Unterwerfung der rebellischen Staaten der Union die Verfassung für alle Staaten der Union wieder in Kraft getreten sei ..."[632]. Demzufolge müssten nach „der Unterwerfung der insurgierten Staaten und nach der verfassungsmäßigen Abschaffung der Sklaverei durch alle Staaten der Union ... die unterworfenen Staaten wieder in ihre früheren constitutionellen Rechte eingesetzt werden"[633], und es müsse „die Herstellung des Bundes-Staats von den Repräsentanten aller Staaten im Congresse der Vereinigten Staaten gemeinschaftlich berathen und angenommen werden". Demgegenüber machte Gerolt als Perspektive der Gegenseite zugunsten der weiteren Suspendierung der Verfassung in den Südstaaten und des fortdauernden Kriegszustandes geltend[634]: „Da aber die bisherigen verfassungsmäßigen Rechte der Staaten jedwede Einmischung der Föderal-Regierung in die innere Verwaltung der Staaten ausschließen, so forderte die große Majorität der nördlichen und westlichen Staaten, welche zur Unterdrückung der Sklaverei und der Secessions-Doktrin unermeßliche Opfer gebracht hatten, die Bürgschaften und die Bedingung von Seiten der ehemaligen Sklaven-Staaten, daß sie bona fide in ihren Statuten alle Bestimmungen gegen die Theilnahme der farbigen Bevölkerung und der emanzipierten Sklaven an den politischen Rechten der Weißen abschaffen sollten, bevor man ihre Re-

---

[630] Abschrift des Berichtes von Kruttschnitt vom 28.10.68 an Gerolt. AA, R 17103.
[631] Gerolt am 15.10.1867 an Bismarck. GStAM, Nr. 7905.
[632] Gerolt am 11.12.1868 an Bismarck. AA, R 17103.
[633] Gerolt am 25.7.1867 an Bismarck. GStAM, Nr. 7905.
[634] A. a. O.

präsentanten im General-Congresse zulassen kann." Der Präsident habe mit seiner Position den im Süden bei den Wahlen und der Ämterbesetzung deutlich zum Ausdruck gekommenen „Geist der Rebellion" außer Acht gelassen und noch bestärkt. „Bei dieser Lage der Dinge blieb der republikanischen Partei nur die Alternative, entweder ihren Grundsatz der Gleichstellung aller politischen Rechte in den südlichen Staaten für die Bewohner derselben (mit Ausnahme der Indianer) ohne Unterschied der Farben aufzugeben oder mit energischen legislativen Maaßregeln rücksichtslos durchzugreifen. ... In diesem Kampfe hat die exekutive Staatsgewalt unterliegen müssen, und ist endlich aller verfassungsmäßigen Macht und Autorität beraubt worden – eine Thatsache – welche für die nächste Zukunft der Vereinigten Staaten bedenkliche Folgen haben dürfte." Dabei ging es Gerolt primär um die außenpolitische Handlungsfähigkeit der USA, wenn er hervorhob, dass „in Bezug auf die Tarif-Frage ... und auf die mannigfachen Entschädigungs-Forderungen fremder Unterthanen gegen die Vereinigten Staaten ... die Aktion und die Verantwortlichkeit der exekutiven Regierung den fremden Regierungen gegenüber in den letzten Jahren vom Congresse gänzlich absorbiert worden" sei. Gerolt sah unter diesen Bedingungen keine Chance, in der Zollfrage oder der Entschädigungsfrage voranzukommen. – Erstaunlich ist, wie viel Verständnis er für die Einflusssteigerung des Kongresses bewies, obgleich die damit verbundene Machtlosigkeit der Regierung die Vertretung der preußischen Interessen nicht erleichterte.

Eine weitere Schwächung Johnsons bedeutete es, dass der Kongress seit 1867 ein Amtsenthebungsverfahren organisierte, auch wenn es nicht zum Abschluss kam, und dass er nicht mehr nominiert wurde. Als sich die Amtszeit Johnsons dem Ende näherte, hob Gerolt hervor, wie sehr das Land des Konfliktes der exekutiven und legislativen Gewalt, „des langen Haders müde" sei, „wodurch der Credit und die Finanzen, sowie der Handel und alle industriellen Unternehmungen der Vereinigten Staaten gefährdet werden..."[635]. Er hielt die Finanzverhältnisse der USA für „sehr dazu geeignet, die Aufmerksamkeit der Kammern und des ganzen Landes ... ausschließlich in Anspruch zu nehmen und die Lösung der Reconstruction-Frage mit den unbeschränkten politischen Rechten der Neger der Zeit zu überlassen."[636] An Johnsons Nachfolger Grant lobte der während der Abwesenheit Gerolts als Chargé d'Affaires fungierende Krause die zügige Schuldenminderung und sehr blauäugig die Bekämpfung der Korruption[637]. Von Grant hob sich Johnson negativ ab, weil er in „wahrhaft

---

[635] Gerolt am 4.3.1868 an Bismarck. AA, R 17103. – Ähnlich Gerolt schon am 4.12.1867 an Bismarck. GStAM, Nr. 7905.
[636] Gerolt am 4.12.1867 an Bismarck. GStAM, Nr. 7905.
[637] Legationssekretär Hugo von Krause am 9.7.1869 an Bismarck. AA, R 16320.

pöbelhafter Weise von dem Balcon eines hiesigen Hotels herab bei Gelegenheit einer ihm zu Ehren veranstalteten Ovation gegen seinen Nachfolger" schimpfte.

VII. Preußen und die Konflikte der USA mit Großbritannien, Frankreich und Österreich nach dem Sezessionskrieg

Der Sieg der Union über die „südliche Insurrektion" wurde allgemein als großer Erfolg Washingtons empfunden. Die überall bei den europäischen Großmächten gestellte Frage lautete, wie denn die USA ihren Machtzuwachs außenpolitisch nutzen würden. Gerolt schilderte die nach dem Bürgerkrieg erreichte Einheit und Macht der USA gegenüber dem König zunächst so positiv, wie die Johnson-Administration sie wohl gern gehabt hätte[638]: „Was auch die Schwierigkeiten zur gänzlichen Reorganisation der politischen und socialen Verhältnisse in den südlichen Staaten sein werden, so kann man jetzt schon die Thatsache nicht verkennen, dass die Vereinigten Staaten, welche durch das patriotische Einheitsgefühl ihrer Bewohner und trotz so vieler Zerwürfnisse zwischen der republikanischen und demokratischen Parthei die verfassungsmäßige Regierung des Präsidenten Lincoln durch unermeßliche Opfer an Menschen und Geldmitteln bereitwillig und mit Hintansetzung aller Parthei-Rücksichten unterstützt haben, um den Kampf zur Rettung der Union und gegen die Sklaverei durchzuführen, aus diesem furchtbaren Kampfe mächtiger und einiger als jemals hervorgegangen sind und daß sie sich ihrer Macht und ihrer unermeßlichen Hülfsquellen bewußt sind." Wenn dann auch in der Folgezeit mit dem zunehmenden Konflikt zwischen Präsident Andrew Johnson und dem Kongress Abstriche an dieser Einschätzung zu machen waren, so erkannten doch alle europäischen Staaten den aus der wiedergewonnenen Einheit erwachsenen außenpolitischen Bewegungsspielraum der USA.

So wie viele Deutsche bei dem Kampf der Union um ihre Einheit zugleich die Aufspaltung Deutschlands im Blick hatten, so erblickte Gerolt im Erfolg der USA ein Vorbild für das Einheitsstreben in Deutschland. Im Unterschied zu amerikanischen Beobachtern der deutschen Szene verband er hierbei die nationale Perspektive mit eher konservativen Werten: „Durch solches Einheitsgefühl und die Bereitwilligkeit jedwedes Opfer einer Regierung darzubringen, welche, zur Erreichung der nationalen Gesetze öfters durch eigenmächtige Maaßregeln die individuelle Freiheit und die constitutionellen Garantien bei Seite setzen mußte, hat sich der gesunde Verstand

---

[638] Gerolt am 16.5.1865 an den König. GStAM, 2.4.1.I. Nr. 7903.

VII. Konflikte der USA mit Großbritannien, Frankreich und Österreich 605

und die patriotische Gesinnung des Volkes in dem ungebeugten Vertrauen auf seine Regierung bewährt und der Welt, namentlich Deutschland ein Beispiel gegeben, auf welche Weise die Revolution im Innern bekämpft, das National-Gefühl und die nationale Einheit erhalten und die Gefahren von fremden Übergriffen abgewandt werden müssen."[639] Wenn von den „Gefahren von fremden Übergriffen" gegenüber den USA die Rede war, so dachte er vor allem an die Politik Großbritanniens und Frankreichs, sah aber den Frieden zwischen den USA und diesen Staaten vorerst nicht als gefährdet an: „Die Besorgnis, daß die Vereinigten Staaten die so teuer errungene Einheit und Macht mißbrauchen möchten, scheint vor der Hand unbegründet zu sein, obgleich mir solche Besorgnisse wegen mancher gehässiger Kundgebungen und Handlungen fremder Mächte zu Gunsten der abtrünnigen Staaten im Verlaufe dieses Krieges, nach der hiesigen Auffassung, als gerechtfertigt erscheinen mögen."

Graf Bernstorff, preußischer Botschafter in London, berichtete schon vor der Kapitulation von Appomattox Court House von der Befürchtung des Premierministers Lord Palmerston, es könne nach Kriegsende zu einem Bruch zwischen Großbritannien und den USA kommen[640]. Befürchtungen gab es ebenso in Frankreich wegen militärischer Verwicklungen mit den USA nach Kriegsende, schon angesichts der „formidable military power" der USA, wie Sanford Seward mitteilte[641]. Andererseits wussten Sanford und der neue US-Gesandte in Paris Bigelow Napoleon III. zugleich deutlich zu machen, dass nach dem Bürgerkrieg eine Fülle von Aufgaben im Innern der USA zu bewältigen war. Die aufgeregte Reaktion auf den Sieg der Union in den westeuropäischen Zentren deutete darauf hin, dass Gerolts Betonung der gestiegenen Bedeutung der USA in den internationalen Beziehungen nicht ganz falsch war. Er meinte sogar, dass aus dem Bürgerkrieg ein Staat hervorgegangen sei, dessen „Stellung auf die Machtverhältnisse und das politische Gleichgewicht der Europäischen Großmächte bereits einen bedeutenden Einfluß gewonnen hat. England und Frankreich, welche am meisten auf den Untergang der Union gerechnet hatten, haben zuerst jenen Einfluß erfahren."[642] Wie sehr der Sieg der Union das Mexiko-Abenteuer traf und damit Frankreich, zeigte sich tatsächlich sehr bald.

Als für England entscheidend wertete Gerolt den Ausbau der US-Kriegsmarine im Kampf gegen die südstaatlichen Kaper und gegen die Blockadebrecher, die gerade wegen des Schutzes der britischen Neutralitätserklä-

---

[639] A. a. O.
[640] Bernstorff am 1.3.1865 an Bismarck. GStAM, 2.4.1.I. Nr. 7912.
[641] Sanford am 24.2.1865 aus Paris an Seward. Seward Papers, Mf 87.
[642] Gerolt in seinem politischen Bericht vom 30.12.1965 an den König. GStAM, 2.4.1.I. Nr. 7903.

rung so erfolgreich operierten: „Während die englische Politik bemüht war, im einseitigen Interesse des englischen Handels und der britischen Seemacht den hiesigen Bürgerkrieg auszubeuten, schuf sie hier einen mächtigen Nebenbuhler, der für die Machtstellung Großbritanniens um so gefährlicher ist, als die Vereinigten Staaten die von England befolgte Neutralitäts-Politik zu Gunsten der hiesigen abtrünnigen Unionsstaaten in ähnlichen Fällen auf dieselbe Weise gegen den englischen Seehandel handhaben werden, indem sie die in einem Kriege mit England befindliche Macht mit Kaper- oder Kriegsschiffen versehen, es sei denn, daß durch einen neuen Congreß der seefahrenden Nationen die bestehenden Grundsätze des allgemeinen Seerechts in bezug auf Blockaden und Kaperei von Privat-Eigentum revidiert und der Grundsatz festgestellt werde, daß alles Privat-Eigentum zur See, ohne Unterschied, frei sei – ein Grundsatz, welcher allen kleinen Seemächten sehr zu statten käme, während England einen großen Teil seiner Macht und seines Einflusses auf die Continental-Mächte dadurch einbüßen würde."[643] Gerolts Anregung, im Interesse der wenig geschützten deutschen Handelsmarine, die auch nach der Pariser Seerechtskonferenz 1856 mehrfach diskutierten Vorschläge zur stärkeren Sicherung von Privateigentum im Kriegsfall jetzt in einen neuen Vertrag münden zu lassen, fand auch in Berlin Anklang. Bismarck berührte bei Beginn der Verhandlungen mit dem US-Gesandten Joseph A. Wright 1866 über den Militärdienst von Auswanderern zugleich die Frage der Revision des Handelsvertrages zwischen Preußen und den USA[644], so dass auch seerechtliche Fragen eine Rolle spielen konnten. Im April 1868 setzten sich liberale Abgeordnete des Norddeutschen Reichstages zugunsten der besseren vertraglichen Sicherung des Privateigentums in Seekriegen ein. Der US-Gesandte in Berlin George Bancroft suchte 1868 nicht nur den Militärdienst von Auswanderern neu zu regeln, sondern wollte die gewachsene politische Bedeutung Norddeutschlands wie die verbesserte Position der USA zugunsten der Seerechtsrevision nutzen. Er brachte gegenüber dem Secretary of State Seward den schon dreimal gescheiterten Vorschlag Marcys von 1854 wieder einmal ins Gespräch, um grundsätzlich alles Privateigentum im Seekrieg zu schützen, auch das auf feindlichen Schiffen. Er hob gegenüber dem State Department den Umfang der norddeutschen Handelsflotte hervor und meinte: „On all questions of maritime law and neutrality the interests of North Germany and America are identical."[645] Die Initiativen Gerolts und Bancrofts unterstützte der Norddeutsche Reichstag

---

[643] A.a.O.

[644] Note Bismarcks an Wright vom 5.1.1866 als Anlage zum Bericht Wrights vom 11.1.1866 an W. H. Seward, NA Wash., Mf 44/13.

[645] Bancroft im Bericht Nr. 36 vom 27.1.1868 an W. H. Seward. NA Wash., Mf 44/14.

VII. Konflikte der USA mit Großbritannien, Frankreich und Österreich   607

1868 indirekt, indem er einen Antrag zugunsten des Schutzes von Privateigentum im Seekrieg verabschiedete[646].

Aber Seward zeigte 1867/68 in der Schlussphase seiner Amtszeit kaum Interesse, sich erneut auf Seerechtsverhandlungen einzulassen, da für ihn andere Fragen im Vordergrund standen. Insgesamt spielte nach dem Sezessionskrieg zwischen den Seemächten nicht eine Neuregelung des Völkerrechts zur See eine Rolle, sondern die Bewältigung der unmittelbaren Streitfälle. Für die USA ging es im Verhältnis zu Großbritannien weiter darum, dass vor allem dieser europäische Staat durch die frühzeitige Anerkennung der Südstaaten als Belligerent den Krieg für den Norden erschwert hatte, dass die Kaperschiffe der Konföderierten in britischen Häfen ausgerüstet waren und Briten ihnen auch sonst so duldsam begegneten und Kriegskonterbande an den Süden geliefert hatten. Die USA suchten vor allem ihre Entschädigungsansprüche wegen der CSS „Alabama" durchzusetzen, die in Birkenhead gebaut war und als südstaatliche Kaper 69 US-Schiffe versenkt hatte. London seinerseits hatte kein Interesse daran, dass die USA den Alabama-Streitfall nutzten zu weiteren Ansprüchen, wie zum Beispiel zugunsten seerechtlicher Veränderungen, die die britische Flotte noch stärker banden, als es 1856 ohnehin geschehen war. Vor allem die britische Admiralität zeigte sich weiterhin nicht gewillt, sich über das Pariser Seerecht hinaus zu binden.

Preußen hatte die Differenz zwischen Washington und London in der Alabama-Angelegenheit nach dem Sezessionskrieg nicht nur deshalb besonders im Blick, weil sie England außerhalb Europas band parallel zu den Bemühungen um die deutsche Einheit, sondern weil immer wieder die Frage auftauchte, ob nicht Preußen vermitteln solle[647]. Glücklicherweise lösten Großbritannien und die USA den komplizierten Alabama-Claim selbst im Vertrag von Washington im Mai 1871, wobei es entgegen den ursprünglichen Befürchtungen des Foreign Office doch nur um eine Geldentschädigung ging.

Parallel zum Entschädigungskonflikt zog sich die Auseinandersetzung mit Großbritannien über Kanada hin. Schon im ersten Kriegsjahr hatte der Duke of Newcastle befürchtet, dass am Ende des Krieges die in seinen Augen durch den Abschaum aller Nationen angeschwollene Armee – Deutsche, Iren und andere, die weder Gott noch Menschen fürchten und in ihrem Hass auf alle Regierungen eine Red Republic anstreben, nach Kanada

---

[646] Stenographische Berichte über die Verhandlungen des Norddeutschen Reichstages 1868, Bd. 7, S. 68 Antrag Aegidi Nr. 28 der Anlagen.
[647] Zum Verhältnis Preußens zur Alabama-Differenz s. AA, R 17104 und R 17105. – Zu diesem Konflikt siehe auch Otto Graf zu Stolberg-Wernigerode: Die Beziehungen zwischen Deutschland und den Vereinigten Staaten, Berlin 1933, S. 79–87.

Abb. 6: Gedenkstein auf San Juan im Bundesstaat Washington
zur Erinnerung an den Schiedsspruch Wilhelms I.
(Foto von W. Westheide, 1989)

VII. Konflikte der USA mit Großbritannien, Frankreich und Österreich 609

vorstoßen würde[648]. Im Februar 1865 angesichts des zu erwartenden Endes des Bürgerkrieges beschäftigten sich Paris und London mit der Frage der Ansprüche der USA. Der preußische Botschafter in Paris Graf von der Goltz gab den Eindruck wieder, dass vor allem Großbritannien bedroht sei[649]. Senator Sumner schien das nach Kriegsende zu bestätigen, indem er provokativ behauptete, dass eine Verständigung mit England erst dann möglich sei, wenn Großbritannien seine Flagge aus Nordamerika zurückgezogen habe. Entgegen dem Wunschdenken in Paris konzentrierten sich die USA außenpolitisch jedoch zunächst auf Mexiko und damit auf Frankreich.

Die USA reduzierten ihre Ansprüche im Norden im Laufe der Zeit auf das im Norden vom Bundesstaat Washington gelegene San Juan. General Scott hatte es 1860 besetzt, obgleich die Zugehörigkeit zwischen den USA und Kanada strittig war. Entsprechend dem Antrag Großbritanniens und der USA an Kaiser Wilhelm, „to make his first act of arbitration the settlement of a question between the two other great powers of Germanic origin"[650], kam es 1871 zu einer Einigung zwischen Großbritannien und den USA. Kaiser Wilhelm fällte auf der Grundlage der Vorarbeit Gerolts und der Gespräche des Auswärtigen Amtes mit dem Britischen und dem US-Gesandten in Berlin einen Schiedsspruch zugunsten der USA. Diese Entscheidung bewertete der US-Gesandte Bancroft als Ergebnis der „happy cooperation" Berlins und Washingtons nach dem Sezessionskrieg[651].

Für London war wichtig, dass das in über hundert Jahren durch zahllose Konflikte mit den USA geschulte Großbritannien auch nach den Sezessionskriegsdifferenzen ohne entscheidende Einbußen davonkam. Parallel zu den sich reduzierenden Spannungen intensivierte sich der Wirtschaftsaustausch zwischen Großbritannien und dem Norden der USA. Nicht unwichtig für die Entschuldung der USA waren die britischen Kapitalinvestitionen, von denen Gerolt berichtete: „Seitdem die englische Regierung und das Volk von ihrem Vorurteile in bezug auf den Ausgang des hiesigen Bürgerkrieges und auf die finanziellen Verhältnisse der Vereinigten Staaten zurückgekommen, wandern englische Kapitalisten und Spekulanten in großer Zahl hierher, um ihre Kapitalien in Eisenbahnen und anderen industriellen Unternehmungen anzulegen; man zweifelt daher nicht mehr daran, dass es der hiesigen Regierung gelingen werde, einen Theil der hiesigen Staats-

---

[648] Übers. des Briefes des Duke of Newcastle vom 5.6.1861. Zit. bei *Gordon H. Warren:* Fountain of Discontent, The Trent-Affair and Freedom of the Seas, Boston 1981, S. 87.
[649] Goltz am 11.2.1865 an Bismarck. GStA Berlin, Mf 59 AA CB IC Nr. 45.
[650] So der US-Gesandte Bancroft in seiner Note vom 31.5.1871 an das Auswärtige Amt. AA, R 17104.
[651] *Howe, M. A. de Wolfe:* The life and letters of George Bancroft, Port Washington, N. Y./London 1908, Bd. 2, S. 275.

schuld durch fremde Anleihen zu einem mäßigeren Zinsfuß als hier geschehen, unterzubringen."[652] – Bismarck hielt schon im Dezember 1865 einen Krieg Großbritanniens mit den USA, wie ihn der preußische Gesandte in Paris von der Goltz befürchtet hatte, nicht mehr für wahrscheinlich[653]. In den Berichten der preußischen Diplomaten spielte 1866 schon bald die Gefahr eines Krieges zwischen Großbritannien und den USA oder einer britischen Unterstützung Frankreichs gegenüber den USA keine Rolle mehr. Für den deutschen Überseehandel war angesichts seiner Abhängigkeit vom Frieden zwischen den wichtigsten Atlantikrainern diese verminderte Kriegsgefahr zentral, ungeachtet fortdauernder Kontroversen zwischen den USA und Großbritannien.

Neben den territorialen Differenzen und Entschädigungsforderungen zwischen Washington und London galt es zugleich, Entschädigungsansprüche zwischen den USA und anderen Staaten zu regeln, unter anderem weil Bürger anderer Staaten durch Kriegshandlungen Privateigentum eingebüßt hatten. Preußen hatte seine Ansprüche schon während des Krieges angemeldet, war aber von Seward auf die Nachkriegszeit vertröstet und hoffte dann die Ernte für seine unionsfreundliche Politik einzufahren. Im Oktober 1865 vereinbarte Gerolt den Entwurf einer Konvention mit Hunter, Chief Clerk des State Department. Vorbild war die Joint Claims Convention von Großbritannien und den USA von 1853. Der Vereinbarungs-Entwurf sah die Bildung einer gemischten Kommission zu den preußischen Entschädigungsansprüchen vor[654]. Aber zur Unterzeichnung kam es nicht. Es half auch nicht, dass die preußische Regierung ihre Ansprüche auf die Schäden reduzierte, die die Streitkräfte der Union verursacht hatten, und die von den Konföderierten hervorgerufenen ausschloss[655]. Seward verwies darauf, dass die Konvention nicht ohne den Senat zu vereinbaren sei, und dieser würde die Schadenersatzfrage zunächst grundsätzlich diskutieren. Es ging zwar insgesamt um relativ geringe Ansprüche, aber sie waren Teil des großen Komplexes der Entschädigungs-Auseinandersetzungen mit den europäischen Staaten. Angesichts der ohnehin starken Spannungen zwischen Johnson-Administration und Kongress wollte Seward dieses Problem nicht noch zusätzlich in die Auseinandersetzung einbringen. So sah Gerolt die Verhandlungen auch nach dem Krieg vertagt. So sehr Gerolt Seward sonst schätzte, so sehr entrüstete er sich über den Rückzieher aus innenpolitischen Bedenken.

---

[652] Gerolt am 9.10.1865 an Bismarck. GStAM, 2.4.1.I. Nr. 7903.

[653] Erlass Bismarcks vom 18.12.1865 an Goltz. *Otto von Bismarck*: Die gesammelten Werke, Bd. 5, Berlin 1928, S. 340 ff.

[654] Noten Gerolts vom 24.10.1865 und vom 11.11.1865 an das State Department. NA Wash., Mf 58 T5.

[655] Note Gerolts vom 16.4.1866 an Seward. NA Wash., Mf 58 T6. Antworten Sewards vom 9.6.1866 und vom 22.11.1866 an Gerolt. NA Wash. Mf 99/28.

VII. Konflikte der USA mit Großbritannien, Frankreich und Österreich

Insgesamt beklagte er sich im November 1866 über den Mangel an Verlässlichkeit auf der Seite des State Departments[656]. Im Senat kam Gerolt dann in der Entschädigungsfrage genauso wenig voran wie in der Zollangelegenheit, auch nicht angesichts der freundschaftlichen Hilfe Senator Sumners[657]. Der Kongress konzentrierte sich innenpolitisch auf die Reconstruction und widmete sich außenpolitisch überwiegend dem Streit mit England und Frankreich wegen deren Engagements in Amerika. Bismarck ließ auch in der Folgezeit die Ansprüche zurücktreten zugunsten des Einvernehmens mit den USA, die immerhin die westeuropäischen Seemächte banden und damit die Handlungsmöglichkeiten Preußens in Mitteleuropa erweiterten. Die preußische Außenpolitik während des Konflikts der USA mit Frankreich legt geradezu die Vermutung nahe, dass Bismarck die amerikanischen Spannungen ähnlich nutzte wie später die orientalischen. Kurzsichtig wäre es jedoch, nur dies Interesse bei den transatlantischen Beziehungen Preußens in den Blick zu nehmen, wie dies zum Beispiel Blumberg tut[658].

Der Streit mit Frankreich wegen Napoleons III. Mexiko-Intervention erwies sich als weit schwerwiegender als die Belastungen des Verhältnisses zu Großbritannien in den ersten Nachkriegsjahren. Parallel zu der von Bismarck betriebenen Zuspitzung des deutschen Dualismus 1865/66 in der kritischen Phase der französisch-amerikanischen Beziehungen sah Gerolt Frankreich in einer gefährlichen Zwickmühle[659]: „Die Französische Regierung hat ebenfalls bei der Verfolgung ihrer Politik in bezug auf Mexiko während des hiesigen Krieges die Stellung und die Machtverhältnisse der Vereinigten Staaten außer Acht gelassen, wodurch der Kaiser der Franzosen in die bedenkliche Alternative geraten ist, entweder die Französischen Truppen aus Mexiko zurückzuziehen oder einem unvermeidlichen Kriege mit den Vereinigten Staaten entgegen zu gehen ...".

Preußen verfolgte in diesem Konflikt zwischen den USA, Mexiko und Frankreich wie bei allen transatlantischen Auseinandersetzungen eine Politik der Neutralität. Damit sicherte es sich eine begrenzte Einflussnahme nach allen Seiten im Sinne seiner Interessen in den USA und Mexiko wie gegenüber Westeuropa. Wie im Verhältnis zu den USA gehörte der Schutz

---

[656] Gerolt am 13.11.1866 an Bismarck. GStAM, 2.4.1.I. Nr. 7904.

[657] Sumner am 24.12.1866 an George Bemis. The Selected Letters of Charles Sumner. Ed. by *Beverly Wilson Palmer,* Boston 1990, Bd. 2, S. 388 f.

[658] *Arnold Blumberg*: The Diplomacy of the Mexican Empire, 1863–1867 (Transactions of the American Philosophical Society. New Series – Volume 61, Part 8, Philadelphia 1971), meint S. 102, Preußens einziges Interesse an Mexiko sei gewesen, dass Frankreich so engagiert mit den USA sei, dass es am Rhein keine Rolle spielte.

[659] Gerolt in seinem politischen Bericht vom 30.12.1865 an den König. GStAM, 2.4.1.I. Nr. 7903.

des Güteraustausches mit Mexiko ganz wesentlich zur preußischen Politik. Nicht umsonst wandten sich die Hansekaufleute in Mexiko wie in den Hansestädten, die sogenannten Mexikaner, immer wieder an den Vertreter Preußens vor Ort[660]- und das gelegentlich ohne Rücksicht auf die hansestädtischen Senate. Dementsprechend entsandte Preußen Emil Freiherr von Richthofen[661] nach dessen erfolgreicher Tätigkeit in der preußischen Vertretung in Mexiko in den fünfziger Jahren anschließend als Gesandten nach Hamburg, so dass er seine guten Beziehungen zu Hansekaufleuten weiter zugunsten Preußens zu nutzen vermochte. Ebenso war Magnus nach seiner Funktion als Ministerresident in Mexiko 1866/67 ab 1869 in Hamburg als preußischer Gesandter tätig.

Zu Preußens vermittelnder Haltung nach allen Seiten hin gehörte es, dass es einer Intervention auswärtiger Mächte zugunsten stabiler Verhältnisse in Mexiko nicht grundsätzlich ablehnend gegenüberstand[662]. Als Frankreich, Großbritannien und Spanien 1861 ihre Militäraktion gegen Mexiko planten, riet Gerolt Seward, dass die USA bei der Intervention, „welche zum Schutze aller fremden Interessen in Mexiko und zur Rettung jenes unglücklichen Landes von den Folgen der Anarchie nothwendig geworden sei, sich ebenfalls beteiligten ..."[663]. Gerolt hatte zwar den Eindruck, dass er bei Seward auf Verständnis stieß; aber er war sich von vornherein bewusst, dass dieser es kaum wagen dürfte, „mit den Europäisch-Monarchischen eine Allianz zu jenem Zweck einzugehen." Ganz davon abgesehen nahmen die Sezession und die damit zusammenhängenden internationalen Verwicklungen die USA vollauf in Anspruch. Gerolt war nicht ausdrücklich zu seiner Anfrage autorisiert; aber sie entsprach der in den fünfziger Jahren verschiedentlich geäußerten Sympathie für eine weitere Ausdehnung der USA nach Süden und dem vor Bismarck vorherrschenden Interesse Preußens, einer Konfrontation von USA und Westmächten entgegenzuwirken.

Der Art, wie Frankreich, Großbritannien und Spanien nach der Aussetzung der Rückzahlung ausländischer Anleihen durch Präsident Juarez 1861 in Mexiko militärisch eingriffen, begegnete Preußen mit großem Misstrauen, und es wurde darin von vielen Seiten bestätigt. Die preußischen diplomatischen und konsularischen Berichte aus Mexiko von 1862 bis zum Ende der

---

[660] *Felix Becker*: Die Hansestädte und Mexiko, Wiesbaden 1984, passim.

[661] Emil Freiherr von Richthofen war der Schwager von Friedrich von Rönne, dem Ministerresidenten in Washington 1834 bis 1843 und Reichsgesandten 1848 bis 1850.

[662] Zur Position der preußischen Regierung gegenüber der Intervention 1861/62 s. Mf Nr. 55 AA CB IC Nr. 39 Die Expedition der verbündeten Mächte England, Frankreich und Spanien gegen Mexico, Vol. 1 Teil 1, 1861/62.

[663] Gerolt am 7.10.1861 an den König, GStA Berlin, Mf 81 AA CB IC Nr. 36 Vol. II.

VII. Konflikte der USA mit Großbritannien, Frankreich und Österreich   613

Intervention 1867 drückten aus, wie ablehnend die Deutschen in Mexiko den alliierten Streitkräften gegenüberstanden und speziell den französischen, die seit April 1862 allein in Mexiko gegen die Regierung Juarez kämpften. Die militärische Einmischung der drei Mächte widersprach nach Ansicht des preußischen Gesandten in Hamburg und Mexikosachverständigen Richthofen ganz entschieden den deutschen Handelsinteressen[664]. Die von den westeuropäischen Regierungen gegenüber der schwachen Regierung Juarez vertretenen finanziellen Ansprüche stufte er als mehr oder weniger willkürlich ein. Hamburger Kaufleute wandten sich auf den verschiedensten Wegen an Preußen, um Unterstützung zu erhalten angesichts der Gewaltaktion zugunsten von „eingebildeten Geldforderungen". Wie Richthofen im Dezember 1861 nach Berlin berichtete, drückten ihm 41 Hamburger „am Handel mit Mexiko besonders interessierte höchst achtbare Großhandelshäuser"[665] ihre Besorgnis aus. Sie befürchteten eine Ertragseinbuße für den deutschen Export durch das Eingreifen der Konkurrenz und einen wachsenden „Fremdenhaß", der sich auch gegen die Deutschen richten würde. Die hansestädtischen Senate und die preußische Regierung konnten am Ende der französischen Besatzung 1867 in den Berichten ihrer Vertreter in Mexiko nachlesen, wie sehr sich diese Vorhersagen bestätigten. So berichtete der preußische Ministerresident Magnus über den „Haß gegen die Fremden ohne Unterschied"[666] und über den Niedergang des Handels während des Krieges, wenngleich die deutschen Handelshäuser noch überlebten.

Die von Preußen zugunsten des deutschen Handels mit Mexiko zu leistende Hilfe konnte sich nur über diplomatische Kanäle vollziehen. Dem regelmäßig von deutschen Kaufleuten in Krisenregionen geäußerten Wunsch, ein preußisches Kriegsschiff zu entsenden, vermochte die preußische Regierung auch in diesem Fall nicht zu entsprechen. Den Schutz vor Ort hatten die Konsuln und vor allem der preußische Ministerresident von Wagner in Mexiko Stadt zu leisten. Ihm ging 1862 „die bestimmte Weisung" zu, „unverdrossen auf seinem Posten zu verharren und die Wahrnehmung der rechtmäßigen Interessen sämtlicher dort angesessener Deutscher sich unter allen Umständen zur angelegentlichsten Pflicht zu machen."[667] Frankreich,

---

[664] Richthofen am 30.11.1861 an das Preußische Ministerium der Auswärtigen Angelegenheiten. GStA Berlin, Mf 55 AA CB IC Nr. 39 Vol. I. – Siehe auch *Emil Freiherr von Richthofen*: Die mexikanische Frage, Berlin 1862. Hier äußert er sich sehr zurückhaltend im Vergleich zu seinen Gesandtschaftsberichten aus Hamburg.

[665] Bericht Richthofens aus Hamburg an Bernstorff am 15.12.1861 und Schreiben der 41 Kaufleute vom 12.12.1861 an Richthofen als Anlage. GStA Berlin, Mf 55 AA CB IC Nr. 39 Vol. I.

[666] Magnus am 26.2.1867 an Bismarck. *Joachim Kühn*: Das Ende des maximilianischen Kaiserreichs, Göttingen 1965, S. 208.

[667] So Bernstorff am 11.2.1862 an Richthofen. GStA Berlin, Mf 55 AA CB IC Nr. 39 Vol. I. Der entsprechende Erlaß an Wagner erging am 22.2.1862.

Großbritannien, Spanien und Italien zogen Anfang 1862 ihre Diplomaten aus Mexiko ab[668]. Preußen hielt gemeinsam mit den USA und im Gegensatz zu den übrigen europäischen Regierungen seine diplomatischen Beziehungen zur Regierung Juarez aufrecht.

Zur Intervention in Mexiko gegen die Regierung Juarez gingen die USA Anfang 1862 deutlich auf Distanz, als Napoleon III. aktiv sein Monarchieprojekt in Angriff nahm. Die USA wiesen die europäischen Regierungen darauf hin, wie Gerolt nach Berlin berichtete[669], „daß die Errichtung einer Monarchie in der Republik Mexiko bedenkliche Folgen haben und früher oder später zu ernstlichen Konflikten der dabei beteiligten Mächte mit den Vereinigten Staaten führen müsse." Nur „unter den gegenwärtigen Umständen" müssten die USA sich passiv verhalten. Entsprechende Zurückhaltung verlangte das State Department von Konsuln und Diplomaten während des Sezessionskrieges, auch wenn sie das Monarchie-Projekt als „vile intrigue of Louis Napoleon against us" einstuften[670]. Die USA kamen mit ihrer betont zeitlich begrenzten Zurückhaltung Frankreich entgegen. Sewards Politik, die die Konfrontation mit Napoleon vermied, stieß höchstens bei einzelnen deutschamerikanischen radikalrepublikanischen Politikern auf Kritik, die etwa in der „Illinois Staatszeitung" in den Ausruf mündete: „Wann wird Lincoln sich und uns endlich von diesem Seward befreien?"[671] Es ging um den Vorwurf, dass Seward trotz anfänglicher Ablehnung im Laufe des Jahres 1862 „die fluchwürdige Invasion Louis Napoleons in Mexiko indirekt unterstützt und die mexikanische Republik an den französischen Despoten verrathen hilft." Demgegenüber zeigte die offizielle preußische Seite, wie sie von Gerolt vertreten wurde, Verständnis für Sewards Politik. Preußen suchte sowohl die guten Beziehungen zu den USA als auch zu Frankreich zu wahren. Wagner, der angesichts der zunehmenden Rechtsunsicherheit in der Republik Mexiko für das napoleonische Monarchieprojekt Sympathien entwickelte, wurde von Graf Bernstorff angewiesen, sich nicht zugunsten der Republik oder der Monarchie einzumischen[672].

---

[668] Siehe dazu GStA Berlin, Mf Nr. 58 AA CB IC Nr. 40, Vol. 1, 1861/62, Vol. II, 1862/63.

[669] Gerolt am 5.3.1862 an Bernstorff. GStA Berlin, Mf 56 AA CB IC Nr. 39 Vol. I Teil 2. – Am 9.3.1862 ging den Interventionsmächten eine US-Note gegen die Errichtung einer Monarchie in Mexiko zu, die in den europäischen Zeitungen veröffentlicht wurde.

[670] So der US-Gesandte Motley, Wien, am 15.9.1863 private and confidential an W. H. Seward. Seward Papers, Mf 80. – Motley, der sich mit dem Unabhängigkeitskampf der Niederlande im 16. Jahrhundert beschäftigt hatte, fühlte sich auch durch das Lob für Albas Gewaltpolitik in Maximilians Reisebeschreibungen herausgefordert.

[671] Illinois Staatszeitung (Chicago), 10.1.1863.

VII. Konflikte der USA mit Großbritannien, Frankreich und Österreich

Die Position als einziger europäischer Diplomat in der mexikanischen Republik 1862 sicherte Wagner nach dem Urteil des preußischen Außenministers Bernstorff „eine besonders einflußreiche Stellung nach beiden Seiten hin", gegenüber der Regierung Juarez wie gegenüber den Europäern[673]. Dass die eigenständige preußische Politik nicht das Verhältnis zu den westeuropäischen Mächten beeinträchtigte, lag an der selbstbewussten Art und Weise, wie Wagner diesen Einfluss zugunsten der Zollvereinsbürger, der Hanseaten und der ihm zeitweilig von den Regierungen anvertrauten Franzosen, Belgier, Spanier und Briten nutzte. Als die Regierung Juarez zum Beispiel 1862 nur den Ausländern eine Vermögenssteuer auferlegte und der US-Gesandte Corwin die ausländische Position nicht zu unterstützen wagte[674], setzte Wagner durch, dass die mexikanische Regierung auf die Steuer verzichtete. Obgleich sich der französische Außenminister Thouvenel Anfang 1862 vergeblich dafür verwandte, dass Preußen die Beziehungen zur Republik Mexiko abbrach, ernannte Napoleon III. im Jahr 1863 Wagner wegen seines Einsatzes für französische Bürger zum Offizier der Ehrenlegion. Ähnlich dankbar wie Franzosen reagierten Engländer, Spanier und Deutsche[675], so dass sich wohl kaum ein zweiter preußischer Diplomat finden lässt, der so viel Anerkennung von seinen Schutzbefohlenen erfuhr.

Auf die Dauer war die Position Wagners als Vertreter ausländischer Bürger, insbesondere der Kaufleute, gegenüber der Regierung Juarez unhaltbar geworden. Im Oktober 1862 forderte sie in einem Schreiben, das sie durch das State Department und den US-Gesandten in Berlin übermitteln ließ, die Abberufung Wagners[676]. Die preußische Regierung gewährte ihm Urlaub, und er kehrte dann im März 1863 nach Europa zurück. Damit war der für

---

[672] Bernstorff am 20.3.1862 an Wagner. GStA Berlin, Mf 56 AA CB IC Nr. 39 Vol. I Teil 2.

[673] Bernstorff am 22.2.1862 an Wagner. GStA Berlin, Mf 58 AA CB IC Nr. 40 Vol. 1.

[674] Thomas Corwin am 28.3.1862 an W. H. Seward. Diplomatic Correspondence 1862, S. 733 f. – Als ein Pamphlet gegen Wagner in Mexiko Stadt erschien im August 1862, verteidigte ihn Corwin gemeinsam mit den Vertretern Ecuadors, Perus, Venezuelas und Belgiens. Diplomatic Correspondence 1862, S. 770. – Der belgische Vertreter Kint de Roudenbeck kehrte danach nach Belgien zurück.

[675] Sie bedankten sich mündlich und teilweise auch schriftlich. Schreiben vom 17.2.1863 von 57 Deutschen an Wagner, Schreiben vom 15.2.1863 von 176 Franzosen an Wagner, Schreiben vom 16.2.1863 von Spaniern an Wagner, Dankadresse von 240 Franzosen vom 25.6.1863 an das Preußische Ministerium der auswärtigen Angelegenheiten, Dankadresse vom 25.6.1863 von 288 Spaniern an das Preußische Ministerium der auswärtigen Angelegenheiten. GStA Berlin, Mf Nr. 57 AA CB IC Nr. 39 Vol. 3.

[676] Der mexikanische Außenminister Fuente des Präsidenten Juarez am 27.10.1862 an das preußische Ministerium der auswärtigen Angelegenheiten. GStA Berlin, Mf Nr. 58 AA CB IC Nr. 40 Vol. 2.

die preußischen Interessen in Mexiko vor allem zuständige Gesandte Gerolt in Washington. Die monatliche politische Berichterstattung aus Mexiko Stadt nahm interimistisch bis zum Februar 1866 der dortige preußische Konsul Benecke wahr. Die bisher von Wagner ausgeübte diplomatische Vertretung europäischer Bürger zu übernehmen, lehnte US-Gesandter Corwin ab, um Konflikten wie Wagner aus dem Weg zu gehen. Ihm reichte offensichtlich die ihm von Washington aufgeladene diplomatische Vertretung hanseatischer Bürger, die ihm genauso wie US-Bürger vorwarfen, zu sehr auf der Seite der Juarez-Regierung zu stehen.

Die Hansestädte orientierten sich noch stärker als Preußen auf die USA hin und ließen sich 1862 in Mexiko in Ermangelung eines dortigen Hanse-Diplomaten durch den US-Gesandten vertreten. Ungeachtet dessen wandten sich die Bürger der Hansestädte auch weiterhin an Wagner, da ihnen der US-Gesandte Corwin zu zurückhaltend gegenüber der Juarez-Regierung agierte. Der Hamburger Konsul in Veracruz hielt mit seiner Empörung über den hansischen Sonderweg nicht hinter dem Berg und teilte seinem preußischen Amtskollegen in Veracruz mit, wie wenig der amerikanische Schutz bedeute. Es sei „den deutschen Interessen dienlicher ..., wenn solche durch eine deutsche Macht oder ihre Legation geschützt würden, und dass es unsere Nationalität herabsetzt, wenn wir bei auswärtigen Mächten dieselbe verleugnen und gewissermaßen hintanstellen."[677] Das unterstützte die Stellungnahme Graf Bernstorffs gegenüber Hamburg, der kurz vorher ebenfalls seinen Ärger darüber ausgedrückt hatte, dass es Hamburg, also der „Senat der *deutschen* Hansestadt ... trotz der unverkennbaren Notgemeinschaft, welche zwischen den in Mexiko bedrohten Handelsinteressen Preußens und denen Hamburgs stattfindet, vorgezogen, sich um den Schutz einer außereuropäischen, durch Bürgerkrieg augenblicklich in ihrer äußeren Aktion gelähmten Macht zu bewerben."[678] Entscheidend ist hier nicht die Konkurrenzsituation gegenüber den USA, sondern der indirekt von Preußen hier wie anderswo in Übersee erhobene Anspruch, die für Deutsche entscheidende diplomatische Vertretung zu stellen.

Dieser innerdeutsche Disput wurde insofern gegenstandslos, als es von März 1863 bis Februar 1866 keinen preußischen Diplomaten mehr in Mexiko gab. Das war in den Jahren, in denen sich die von den USA unterstützte Regierung Juarez aus Mexiko Stadt zurückgezogen hatte und Frankreich die Monarchie durchzusetzen versuchte. Die Distanz zum neuen Re-

---

[677] Bericht des preußischen Konsuls in Veracruz vom 13.6.1862, der aus dem Schreiben des Hamburger Konsuls an ihn zitiert. Anlage zu dem Bericht Wagners an Bernstorff vom 28.6.1862. GStA Berlin, Mf 56 AA CB IC Nr. 39 Vol. II Teil 1.
[678] Bernstorff am 28.3.1862 an Richthofen, Hamburg. GStA Berlin, Mf 56 AA CB IC Nr. 39 Vol. I Teil 2.

VII. Konflikte der USA mit Großbritannien, Frankreich und Österreich 617

gime in Mexiko Stadt hing wesentlich mit dem Misstrauen zusammen, mit dem Preußen genau wie die Hansestädte den von Napoleon III. inspirierten politischen Veränderungen begegnete. Über die fortdauernd instabile Lage in Mexiko informierten die preußischen Konsuln und die internationale Presse hinreichend. Gerolt stellte Ende 1862 dem langwierigen Kriegszug Foreys, der inzwischen über 30 000 Mann befehligte, das Vorgehen Scotts 1847 gegenüber: „Der gegenwärtige Feldzug der Franzosen liefert einen ungünstigen Kontrast mit dem glänzenden Feldzuge des Generals Scott gegen Mexiko im Jahre 1847, welcher mit weit geringeren Kräften, als jetzt dem General Forey zu Gebote standen, nach seiner Landung und Eroberung von Veracruz im März 1847 mit kaum 12 000 Mann nach manchen blutigen Siegen gegen die Mexikanischen Heerscharen unter dem General Santa Anna bis Mexiko vordrang und diese Stadt mit großen Verlusten am 13. September eroberte, worauf bald der Friede geschlossen und fast die Hälfte des Mexikanischen Gebietes an die Vereinigten Staaten abgetreten ward."[679] Der entscheidende Unterschied zum Kriegszug Scotts war, dass es Frankreich nicht um einen Teil des Landes ging, sondern um die langfristige Abhängigkeit ganz Mexikos. Der US-Gesandte in Brüssel Sanford machte den Conte de Flandre, den Schwager Kaiser Maximilians, nach der Schlacht von Gettysburg mit Recht darauf aufmerksam, dass die Schwierigkeiten der Franzosen nach ihrem Einmarsch in Mexiko Stadt am 10.6.1863 erst begonnen hätten und sich vor allem nach dem Bürgerkrieg vermehren würden[680].

Über die geringen Erfolge der französischen Armee und Kaiser Maximilians, stabile Verhältnisse gegen die republikanische Opposition durchzusetzen, erhielt die preußische Regierung aus Mexiko, Washington, Wien und Paris kontinuierlich Informationen. Obgleich dem preußischen Konsul Benecke in Mexiko Stadt anstatt der Informationen aus der Regierung nur die Nachrichten der zensierten Presse und die unter den Europäern kursierenden Neuigkeiten zur Verfügung standen und er sich als Europäer möglichst nicht aus der Stadt hinaustraute, waren seine Monatsberichte nach Berlin informativ. Sie machten deutlich, wie langsam Maximilians Versuch einer Reorganisation Mexikos nach seinem Eintreffen in Mexiko Stadt am 12.6.1864 vorankam[681]. Benecke vermittelte nicht nur einen Eindruck vom

---

[679] Gerolt am 18.5.1863 an Bismarck. GStA Berlin, Mf 57 AA CB IC Nr. 39 Vol. IV Teil 1. – Das preußische Kriegsministerium informierte sich über die militärischen Operationen in Mexiko durch Oberstleutnant von Stein, der an die Gesandtschaft in Paris kommandiert war und dann ab 1862 das französische Expeditionskorps begleitete.
[680] Sanford am 5.9.1863 aus Brüssel an W. H. Seward. Seward Papers Mf 80.
[681] *Blumberg*: The Diplomacy of the Mexican Empire, S. 29, stuft die Berichte Beneckes fälschlich als Loblieder auf den Kaiser ein. Im Übrigen war Benecke

fortdauernden Kampf zwischen den Verbänden des Juarez und den auf der Seite Maximilians stehenden französisch-belgischen-österreichischen und mexikanischen Truppen; sondern sie erwähnten auch die Mängel der Zivilverwaltung, deren „drakonische Strafen nur noch mehr Erbitterung und Haß hervorrufen"[682], und der schon bald desolaten Finanzlage des neuen Reiches. Maximilians Anhängerschaft schien selbst unter den Europäern begrenzt. Von den etwa eintausend Deutschen in Mexiko hieß es im Allgemeinen von 1864 bis 1867, dass sie der von der französischen Armee gestützten Monarchie ablehnend gegenüberstünden[683].

Gerolt erfuhr vom Marquis de Montholon, der als französischer Gesandter 1864/65 in Mexiko an der napoleonischen Schöpfung unmittelbar beteiligt war und anschließend in Washington akkreditiert wurde, wie sehr dieser enttäuscht sei über die Entwicklung des mexikanischen Kaiserreiches[684]. Der preußische Botschafter Graf von der Goltz berichtete aus Paris, dass zu der „aventure" des Erzherzogs[685] und späteren Kaisers in Mexiko vom regierungsamtlichen Moniteur „geflissentlich alles fortgelassen und unterdrückt wird, was irgendwie ungünstig wirken könnte."[686] Der preußische Gesandte Werther, Wien, berichtete nicht nur von der ablehnenden Haltung der österreichischen Regierung gegenüber der „mexikanischen Thronschöpfung"[687], sondern gab 1865 auch den Bericht eines österreichischen Offiziers wieder, der die Lage in Mexiko „in den schwärzesten Farben" schilderte[688]. Der preußische Botschafter in London Graf Bernstorff ließ sich von Sir Charles Wyke, dem bisherigen britischen Gesandten in Mexiko, informieren, wie wenig die kaiserlichen Truppen Herr der Lage seien[689].

---

auch kein Generalkonsul. Diese Funktion war in Mexiko mit der des Ministerresidenten verbunden.

[682] Benecke am 29.10.1865 an das Preußische Ministerium der auswärtigen Angelegenheiten. GStA Berlin, Mf Nr. 59 AA CB IC Nr. 49.

[683] Das kommt auch in den Berichten des preußischen Ministerresidenten Anton von Magnus an Bismarck 1866/67 zum Ausdruck, die *Joachim Kühn* herausgegeben hat (Das Ende des maximilianischen Kaiserreichs, Göttingen 1965), und in den von ihm nicht abgedruckten Teilen von Berichten, z.B. Nr. 6 vom 27.2.1866 und Nr. 20 vom 30.5.66 (GStA Berlin, Mf 59 AA CB IC Nr. 49).

[684] Gerolt am 16.5.1865 an den König. GStAM, Nr. 7903.

[685] Goltz am 11.3.1864 aus Paris an Bismarck. GStA Berlin, Mf 58 AA CB IC Nr. 39 Vol. IV Teil 2.

[686] Goltz am 12.9.1865 aus Paris an Bismarck. GStA Berlin, Mf 59 AA CB IC Nr. 45.

[687] Werther am 17.9.1863 aus Wien an Bismarck. GStA Berlin Mf 57 AA CB IC Nr. 39 Vol. IV Teil 2.

[688] Werther am 28.2.1865 aus Wien an Bismarck. GStA Berlin, Mf 59 AA CB IC Nr. 42.

[689] Bernstorff am 20.11.1865 aus London an Bismarck. GStA Berlin, Mf 59 AA CB IC Nr. 45.

VII. Konflikte der USA mit Großbritannien, Frankreich und Österreich

Die US-Konsuln in Deutschland und die US-Vertretung in Berlin äußerten sich befriedigt über die Reaktionen in Deutschland auf die französische Intervention in Mexiko. Der US-Konsul in Hamburg Anderson teilte Seward zufrieden mit, dass Richthofen, der preußische Gesandte in Hamburg, speziell die Annahme der Krone durch Maximilian kurz und bündig als „foolish act" bezeichnet habe[690]. Nach dem Urteil der US-Repräsentanten entsprach dem auch im Allgemeinen die deutsche öffentliche Meinung zum napoleonischen Unternehmen, vor allem die liberale Presse. Besonders zufrieden konnten die USA auch mit dem Scheitern der bescheidenen Bemühungen im Kaiserreich sein, deutsche Einwanderer nach Mexiko zu ziehen – ein Zeichen dafür, wie wenig vertrauenerweckend die Verhältnisse auf Deutsche wirkten. Der Schlesier Hippel, den der Staat Yucatan 1864 nach Deutschland schickte, um nach dem Vorbild von US-Staaten deutsche Siedler anzuwerben, kam, wie Konsul Benecke mitteilte, statt mit den erstrebten 500 Familien mit „225 Individuen" zurück, von denen die Hälfte Kinder unter zehn Jahren gewesen seien[691].

Gerolt sah schon 1862, als die Überlegungen zum Thronprojekt in Frankreich begannen, keine Chance für eine Monarchie in Mexiko. In seiner ausführlichen Stellungnahme kam er zu dem Schluss, dass die konservative Partei trotz ihrer Unterstützung durch die Geistlichkeit nicht in der Lage sei, die aktive liberale Partei zu besiegen und europäische Truppen unter diesen Voraussetzungen nicht die Unterstützung der USA für die Republik aufzuwiegen vermöchten: „Eine solche organische Staatsumwälzung würde den Liberalen in Mexiko nur zum Vorwand dienen, den Unabhängigkeitskrieg gegen fremde Intervention zu erneuern und in Gemeinschaft mit ihren Gesinnungsgenossen in den Vereinigten Staaten mit der neuen Monarchie einen Vertilgungskrieg zu führen, wobei das Land und alle fremden Interessen gänzlich zu Grunde gehen müßten."[692] Das Monarchie-Projekt würde sich also auch für die deutschen Handelsinteressen nachteilig auswirken. Eine Besserung der Verhältnisse in Mexiko erwartete er nur davon, dass sich die USA Mexikos annehmen würden und die Wirtschaft entwickelten. In dieser Auffassung sah er sich sogar vom französischen Gesandten in Washington Mercier bestärkt, der wie Gerolt vor seiner Berufung nach Washington in Mexiko Stadt tätig gewesen war.[693] Je mehr sich das Thronprojekt konkretisierte, desto eindringlicher warnte Gerolt. Er wertete es als verhängnisvoll, dass sich Napoleon verleiten ließ, „durch voreilige Ratschläge

---

[690] Konsul Anderson, Hamburg, am 12.9.1863 in Bericht Nr. 221 an W. H. Seward. NA Wash., Mf 211/16.

[691] Benecke am 29.11.1865 an das Preußische Ministerium der auswärtigen Angelegenheiten. GStA Berlin, Mf Nr. 59 AA CB IC Nr. 49.

[692] Gerolt am 25.4.1862 an Bernstorff. GStA Berlin, Mf 55 AA CB IC Nr. 39 Vol. I Teil 1.

und durch die Wahl eines Kaisers von seiten der Notabeln Mexikos ... den Umsturz der republikanischen Institutionen gut zu heißen, welche aus dem langjährigen Kampfe gegen die spanische Herrschaft hervorgegangen und durch den mächtigen Einfluß der angrenzenden Vereinigten Staaten von Nord-Amerika erhalten worden sind."[694] Von dem gefährlichen Experiment der Monarchie sah er in Mexiko „alle revolutionären Kräfte von neuem in die Schranken gerufen und von der öffentlichen Meinung in den hiesigen Vereinigten Staaten unterstützt ...". Sollte Napoleon III. nun, schrieb er im Oktober 1863, gegen die USA die Monarchie in Mexiko „mit französischen Bajonetten behaupten wollen ..., so wird der Krieg zwischen Frankreich und den Vereinigten Staaten unvermeidlich sein, welcher mit seinen Folgen für die Machtstellung Napoleons verderblich werden dürfte." Selbst Wagner, der die mexikanische Republik in ihrem schlimmsten Zustand erlebt hatte, machte in Berlin deutlich, wie sehr er an der Durchsetzungsfähigkeit einer von Frankreich gestützten Monarchie zweifelte. Er wehrte sich mit Händen und Füßen bei Bismarck gegen seine von Napoleon III. angeregte erneute Entsendung nach Mexiko und warnte überhaupt vor einer schnellen Anerkennung des neuen Staates durch Preußen.

Bismarck akzeptierte die ablehnende Haltung Wagners und insgesamt die Zweifel der bewährten Diplomaten an der Überlebensfähigkeit der Herrschaft Maximilians. Frankreich, Belgien, Österreich, Großbritannien, Spanien, die Niederlande und Italien erkannten die neue Monarchie 1864 trotz ihrer Schwäche an und nahmen volle diplomatische Beziehungen auf, während Preußen wie Russland einen Zwischenzustand vorzogen. Grundsätzlich erkannten beide Staaten das Kaiserreich ebenfalls an. Aber Russland schickte nach Absprache mit Washington keinen Gesandten nach Mexiko, wo es ohnehin nicht einmal wirtschaftliche Interessen zu vertreten hatte. Es empfing nur einen kaiserlich-mexikanischen Gesandten in Petersburg, und dieser konnte als voll integriert in das Diplomatische Corps gelten, da sogar der US-Gesandte Clay den Kontakt zu ihm nicht verschmähte. Den 1864 an den preußischen Hof entsandten nichtresidenten mexikanischen Gesandten nahm die US-Gesandtschaft – nach ihren Berichten nach Washington zu urteilen – nicht einmal wahr, da er so kurz in Berlin weilte. Sein Nachfolger Don Tomas Murphy tauchte ebenfalls nur kurz in Berlin auf, da er bei mehreren deutschen Staaten akkreditiert war und seinen Wohnsitz bezeichnenderweise in Wien nahm. Preußen wartete mit der Berufung eines Diplomaten für Mexiko bis zum Dezember 1865.

---

[693] Gerolt am 25.8.1863 an Bismarck. GStAM, 2.4.1.I. Nr. 7901. – Mercier war als Attaché an der französischen Gesandtschaft in Mexiko tätig. Gesandter in Washington war Mercier bis 1865.
[694] Gerolt am 10.10.1863 an Bismarck. GStA Berlin, Mf Nr. 58 AA CB IC Nr. 39 Vol. IV Teil 2.

VII. Konflikte der USA mit Großbritannien, Frankreich und Österreich   621

Der Ministerresident Magnus[695] traf im Februar 1866 in Mexiko Stadt ein. Das war zu einem Zeitpunkt, als sich das Schicksal des Kaiserreiches wegen des zu erwartenden Abzuges der französischen Truppen auch für diejenigen schon als entschieden darstellen musste, die der Monarchie in Mexiko nach dem Sieg der Union noch eine Chance gegeben hatten. Es ist nicht anzunehmen, dass Bismarck so blind gewesen ist, dass er nicht gesehen hat, dass das maximilianische Kaiserreich den Rückzug Frankreichs nicht überleben würde. Wenn also Preußen jetzt noch Ministerresident Magnus an den Hof Maximilians sandte, dann dürfte dieser Akt nicht so sehr den Zweck gehabt haben, dass sich das mexikanische Kaiserreich noch einmal bestätigt fühlen konnte, sondern dass eine Geste zugunsten seines Schöpfers erfolgte, nämlich Napoleons III. Die von Magnus bei seiner Ankunft in Mexiko bei den Deutschen und speziell den Kaufleuten wahrgenommene Hoffnung, „dass nun die deutschen Interessen in Mexico wieder den lang entbehrten Schutz und eine energische Vertretung finden werden"[696], ließ sich allerdings kaum erfüllen angesichts des so begrenzten Wirkungsradius der kaiserlichen Regierung.

Magnus traf am 5.2.1866 in Mexiko Stadt ein. Offensichtlich als Reaktion auf die lang hinausgezögerte Entsendung eines preußischen Diplomaten empfing Kaiser Maximilian Magnus erst am 26.2.66. Er brachte zusätzlich durch die Form der Privataudienz zum Ausdruck, dass er sich auch durch den Rang der neuen preußischen Vertretung als Ministerresidentur statt einer Gesandtschaft missachtet fühlte[697].

Parallel zu dieser Entsendung von Magnus war die französisch-amerikanische Krise wegen Mexiko auf dem Höhepunkt. Diese Krise hatte langsam mit dem Ende der Sezession eingesetzt, und es schälte sich immer deutlicher heraus, dass die französische Regierung die Einstellung der USA zur französischen Intervention in Mexiko nicht mehr in der bisherigen Weise zu übergehen vermochte. Seward lehnte nun jedes Entgegenkommen gegenüber Napoleon III. ab: „We are not aggressive or imperious, but we cannot on such a point be conciliatory."[698] Die USA erkannten weiter nur Juarez als legitimes Staatsoberhaupt Mexikos an. Aber zugleich suchte die Johnson-Administration nach Beendigung des Bürgerkrieges jedes militärische

---

[695] Magnus war nicht nur in Europa ausgebildet, sondern auch als Attaché 1852/53 in Washington gewesen.
[696] Magnus in seinem Immediatbericht vom 3. März 1866. *Kühn*: Das Ende des maximilianischen Kaiserreichs, S. 72 f.
[697] Zur Ernennung von Magnus und zu seiner Akkreditierung s. *Kühn*: Das Ende des maximilianischen Kaiserreichs, S. 71 ff.
[698] Seward am 25.2.1865 an Sanford, Paris, private, auf dessen Vorschlag, Napoleon etwa durch Anerkennung Maximilians entgegenzukommen, um ihn zum Verlassen Mexikos zu bewegen. Seward Papers, Mf 87.

Eingreifen aus den USA in Mexiko zu verhindern. Seward wurde nicht müde, das Prinzip der Nichteinmischung der USA in die inneren Angelegenheiten Mexikos zu betonen. Er verlangte sowohl gegenüber Montholon, dem Nachfolger Merciers in Washington, als gegenüber Sanford und dem US-Gesandten am französischen Hof Bigelow, Paris deutlich zu machen, dass die französische Intervention in Mexiko zu beenden sei[699].

Gerolt erkannte das Bemühen an, Napoleon III. die Gelegenheit zu geben, sich ohne weitere Popularitätseinbuße in Frankreich aus Mexiko zurückzuziehen. Er sah angesichts der öffentlichen Zurückhaltung Sewards trotz des Druckes von Demokraten und radikalen Republikanern 1865 zunächst keine Gefahr, dass sich die Gegensätze zwischen USA und Frankreich weiter verschärften. Er meinte: „Dem Kaiser Napoleon wird es daher wohl gestattet sein der Intervention in Mexiko ein Ziel zu setzen und, nach einer scheinbaren Pacification jenes Landes, die Französischen Truppen zurückzuziehen, indem eine längere Occupation Mexikos und die Aufrechterhaltung des dortigen Kaiser-Throns auf Kosten Frankreichs, welche dort niemals populär gewesen ist, durch die Gefahren eines Konfliktes mit den Vereinigten Staaten für den Kaiser Napoleon bedenklich werden dürfte ..."[700]. Er rechnete schon Mitte 1865 mit dem baldigen Rückzug der französischen Truppen aus Mexiko und dem anschließenden Zusammenbruch des mexikanischen Kaiserreiches. Nach dem Rückzug würden nach seiner „Ueberzeugung und Erfahrungen von dem Charakter und den Zuständen des Mexikanischen Volkes in seiner großen Majorität neue revolutionaire Bewegungen und Anarchie die Folge davon sein."[701]

Der preußische Botschafter in Paris Graf von der Goltz sah die preußischen Interessen genauso wie Gerolt von dem Gegensatz zwischen Frankreich und den USA wegen Mexiko betroffen. Er sah nicht die Chance, dass Napoleon durch seine amerikanischen Verstrickungen abgehalten würde von einer Einmischung in deutsche Angelegenheiten, sondern er befürchtete, dass dieser seinem möglichen Popularitätsverlust wegen seines Scheiterns in Amerika durch neue Initiativen in Mitteleuropa zu entgehen versuchte: „Im europäischen und insbesondere im preußischen Interesse ist nur zu wünschen, daß sich die Verhältnisse jenseits des Ozeans nicht derartig gestalten, daß der Kaiser Napoleon sich veranlaßt sehen könnte, auf europäischem Gebiet einen Vorwand zu suchen, um mit Ehren aus Mexiko herauszukommen."[702]

---

[699] Zu Sewards Kurs in der Mexiko-Frage s. vor allem *Arnold Blumberg*: The Diplomacy of the Mexican Empire, 1863–1867.
[700] Gerolt am 5.6.1865 an Bismarck. GStAM, 2.4.1.I. Nr. 7903.
[701] Gerolt am 31.7.1865 an Bismarck. GStAM, 2.4.1.I. Nr. 7903.
[702] Goltz am 16.6.1865 aus Paris an Bismarck. GStAM, 2.4.1.I. Nr. 7912.

Gerade mit Blick auf die Wechselwirkungen zwischen Amerika und Europa beobachtete Gerolt Ende 1865 mit Sorge die wachsende Kritik der US-Öffentlichkeit an der zurückhaltenden Politik der Johnson-Administration gegenüber Mexiko und das offene Eintreten aller US-Parteien für die Durchsetzung der Monroe-Doktrin in Mexiko.[703] Im November vermerkte er weiter verstärkte Angriffe auf das Kaisertum in Mexiko und eine „fortwährend drohende Sprache hiesiger Staatsmänner und Militär-Chefs" und der Presse[704]. Der neue Gesandte bei Juarez habe das Kaiserreich in Mexiko als einen „Bestandteil der hiesigen Rebellion" bezeichnet[705]. Überall in den USA schien es für Gerolt „eine ausgemachte Sache zu sein, daß die französischen Truppen aus Mexiko vertrieben werden müssen, wenn dieselben nicht sehr bald das Mexikanische Gebiet verlassen!"[706]

Zur gleichen Zeit berichtete Konsul Benecke von dem Anwachsen der Juarez-Truppen, unter anderem durch aus der US-Armee entlassene Soldaten, und von den zunehmenden Zweifeln im mexikanischen Kaiserreich an den US-Bekundungen der Nichteinmischung. Gerolt fürchtete vor allem einen Zusammenstoß von französischen Truppen und US-Truppen an der mexikanisch-nordamerikanischen Grenze im Gefolge des in der US-Öffentlichkeit gewünschten Zusammenspiels von US- und Juarez-Einheiten. Der französische Gesandte Montholon äußerte ähnliche Befürchtungen, als er Gerolt gegenüber Anfang November die Gefahren schilderte, „welche den Frieden mit Frankreich bedrohen, wenn von Seiten der hiesigen Regierung nichts geschieht, um den Herausforderungen und Drohungen gegen Frankreich zur Räumung Mexikos von französischen Truppen Einhalt zu thun, bevor es zu spät ist, einem Conflikte zwischen den Amerikanischen und Französischen Truppen auf der Mexikanischen Grenze am Rio Bravo del Norte vorzubeugen, indem die Amerikanischen Befehlshaber daselbst durch die fortwährenden Agitationen für die Monroe-Doktrin aufgereizt, in ihren Sympathien für die Anhänger von Juarez zu offener Verletzung der Neutralität leicht hingerissen werden dürften."[707] Montholon suchte ihm deutlich zu machen, Frankreich wünsche, „um sich mit Ehren aus der Sache herauszuziehen", einen Zeitpunkt für die Räumung festzusetzen, und es brauche ein Ende der „feindseligen Demonstrationen" in den USA. Montholon er-

---

[703] Gerolt am 31.10.1865 an Bismarck. GStAM, 2.4.1.I. Nr. 7903.
[704] Gerolt am 6.11.1865 an Bismarck. GStAM, 2.4.1.I. Nr. 7903. – Entsprechend der Marginalisierung der deutsch-amerikanischen Beziehungen in der Publikation Die auswärtige Politik Preußens 1858–1871 (Diplomatische Aktenstücke), ist dieser Bericht nur als Inhaltsangabe, die für eine andere Akte gefertigt ist, in Bd. VI, Oldenburg 1939, Anm. 3, S. 488, wiedergegeben.
[705] Gerolt am 20.11.1865 an Bismarck. GStAM, 2.4.1.I. Nr. 7903.
[706] A.a.O.
[707] Gerolt am 6.11.1865 an Bismarck. GStAM, 2.4.1.I. Nr. 7903.

suchte ihn zwar nicht direkt um Vermittlung; aber es war deutlich, dass er das gute Verhältnis Gerolts zu Seward[708] zu nutzen suchte. Gerolt wartete nun nicht lange auf einen Erlass aus Berlin, sondern sprach Seward kurzfristig an, um „ihn auf die bedenkliche Lage der Mexikanischen Angelegenheit", die Gefahr eines Krieges zwischen den USA und Frankreich und „auf die traurigen Folgen für alle an einem solchen Kriege mittelbar und unmittelbar beteiligten Nationen" aufmerksam zu machen. Ebenfalls ohne die Instruktion aus Berlin einzuholen, schlug Gerolt Seward eine Konvention zwischen Washington und Paris vor, in der „einerseits von der Französischen Regierung eine Zeit festgesetzt würde, wann die Räumung Mexikos stattfinden soll und dass andererseits die hiesige Regierung sich verbindlich machte, bis zu jener Räumung allen feindseligen Demonstrationen gegen Frankreich vorzubeugen."[709]

Da die öffentlichen Erklärungen gegen die französische Intervention in Mexiko andauerten und Gerolt den Eindruck gewann, die Johnson-Administration fühle sich stark genug, um „ohne Rücksicht auf die Gefahr eines auswärtigen Krieges" ihre Popularität im Innern zu erhöhen, wurde Gerolt am 19.11.65 erneut bei Seward vorstellig[710]. Seward wertete wie zwei Wochen vorher die Lage als nicht so gefährlich. Er hielt aber mit seinen Vorwürfen gegenüber Frankreich nicht hinter dem Berg und ließ sein Gegenüber nicht darüber im Unklaren, dass es den USA nicht nur um den Rückzug der französischen Truppen ging, sondern auch um das Ende des mit deren Hilfe eingerichteten Kaiserreiches. Er hob hervor: „1. daß der Kaiser Napoleon den Augenblick des hiesigen Bürgerkrieges benutzt habe, um die Nachbar-Republik zu überfallen und durch Errichtung eines Kaiserreiches daselbst der Regierung der Vereinigten Staaten und den hiesigen Institutionen Trotz zu bieten; 2., daß die Stimmung aller Klassen der hiesigen Bevölkerung sich entschieden gegen das Kaiserreich in Mexiko ausgesprochen habe und die Vereinigten Staaten ihrer eigenen Sicherheit halber die Existenz desselben niemals dulden könnten; 3. daß der Kaiser Napoleon über 3 Jahre Zeit gehabt habe, um seine Truppen zurückzuziehen und daß nur er verantwortlich sei, daß dies nicht längst geschehen, da ihm die Stimmung in diesem Lande hinlänglich bekannt gewesen und die Regierung nichts unterlassen habe, um die Französische Regierung auf die bedenklichen Folgen

---

[708] Montholon, 1864/65 noch Gesandter bei Kaiser Maximilian, stand sein Eintreten für die Intervention in Mexiko im Wege, und der britische Gesandte hatte sich dadurch den Zugang zu Seward erschwert, dass er, wie es während der Präsidentschaft Buchanans möglich war, unter Umgehung des Secretary of State außenpolitische Angelegenheiten mit dem Präsidenten Johnson zu regeln suchte.

[709] Gerolt am 6.11.1865 an Bismarck. GStAM, 2.4.1.I. Nr. 7903.

[710] Gerolts Bericht vom 20.11.65 (pr. 4.12.65) an Bismarck über sein abendliches Gespräch mit Seward. GStAM, 2.4.1.I. Nr. 7903.

VII. Konflikte der USA mit Großbritannien, Frankreich und Österreich   625

ihres Schrittes aufmerksam zu machen p. p. p." Den Vorschlag Gerolts, doch Verhandlungen mit Frankreich aufzunehmen, lehnte Seward erneut ab, da man in Paris, wie bisher, nur die Anerkennung des Kaisers verlangen würde, „eine Frage, deren Lösung nur der Mexikanischen Nation überlassen werden dürfe." Gerolt schlussfolgerte: „Bei dieser Lage der Dinge scheint der Französischen Regierung nur die Alternative übrig zu bleiben, entweder ihre Truppen ohne Verzug aus Mexiko zurückzuziehen oder den Krieg mit den Vereinigten Staaten zu gewärtigen, welchen die hiesige Regierung schwerlich zu verhindern im Stande sein dürfte."

Den preußischen Missionen in Paris, London, Wien und Petersburg machte Bismarck die Berichte Gerolts in dieser Zeit vermehrt abschriftlich zugänglich – ein Zeichen dafür, wie der Politik der USA in den sechziger Jahren in Berlin mehr und mehr Bedeutung für das Konzert der europäischen Großmächte beigemessen wurde. Von der Goltz in Paris, Bernstorff in London und von Reedern in Petersburg berichteten, dass dort die Kriegsgefahr nicht so groß eingeschätzt würde. Ähnlich wie Gerolt sahen Goltz und Bernstorff Napoleon III. vor die Wahl gestellt zwischen einem seine Würde mehr oder weniger beeinträchtigenden Abzug oder einem Krieg mit den Vereinigten Staaten[711]. Wie Gerolt suchte von der Goltz im Sinne der traditionell vermittelnden Politik Preußens die Spannungen zwischen Paris und Washington abzubauen, da ihm ein Krieg, „von welcher Seite man denselben auch betrachten möge, für Preußen nicht erwünscht zu sein scheint."[712] Goltz erfuhr von der positiven Reaktion in Paris auf die Aktivitäten Gerolts hin und von dem Wunsch des sonst so preußenkritischen französischen Außenministers Drouyn de Lhuys, von Zeit zu Zeit Mitteilungen aus Gerolts politischen Berichten zu erhalten[713]. Er versprach Drouyn de Lhuys entsprechend Gerolt sogar „eine conciliante Einwirkung auf meinen amerikanischen Kollegen", den US-Gesandten in Paris Bigelow[714]. Diese Einwirkung auf Bigelow in der französisch-mexikanischen Angelegenheit zugunsten der Rücksichtnahme auf die Würde Frankreichs[715] erfolgte so zurückhaltend, dass die USA darin keine einseitige Parteinahme zugunsten Frankreichs sehen konnten. Dennoch verrieten die Aktivitäten von Goltz und Gerolt, dass sie sich nicht nur in den Bahnen der traditionellen Ver-

---

[711] Goltz am 11.12.1865 an Bismarck. Die auswärtige Politik Preußens 1858–1871, Diplomatische Aktenstücke. Hrsg. Historische Reichskommission, Bd. VI, Oldenburg 1939, S. 487.
[712] A.a.O., S. 488.
[713] Goltz am 20.12.1865 und am 21.12.1865 (als Notiz verzeichnet) an Bismarck. GStA Berlin, Mf 59 AA CB IC Nr. 45.
[714] Goltz am 29.12.1865 an Bismarck. GStA Berlin, Mf 59 AA CB IC Nr. 45.
[715] Goltz am 5.1.1866 an Bismarck. Die auswärtige Politik Preußens 1858–1871, Bd. VI, S. 522–524.

mittlungspolitik bei transatlantischen Konflikten bewegten, sondern dass zugleich das Interesse Preußens eine Rolle spielte, die Beziehungen zu Frankreich angesichts der sich verschlechternden preußisch-österreichischen Beziehungen zu pflegen.

Der Konflikt um Frankreichs Intervention in Mexiko kam bei den Treffen Bismarcks mit dem US-Gesandten Wright nicht zur Sprache, obgleich Bismarck dauernd mit der französisch-mexikanischen Angelegenheit befasst war. Auch Seward legte Wert darauf, dass nur die US-Gesandten bei den unmittelbar an der Intervention in Mexiko beteiligten Mächten den Konflikt erwähnten. Bei den Kontakten des Berliner US-Gesandten mit dem Preußischen Ministerium der auswärtigen Angelegenheiten spielten andere Themen eine Rolle, vor allem die Frage des Militärdienstes von US-Amerikanern, die aus Preußen stammten. Unter anderem mit der entgegenkommenden Haltung in dieser Frage brachte Bismarck das Interesse Preußens an sehr guten Beziehungen zu den USA zum Ausdruck, so wie sich die preußische Außenpolitik bei anderer Gelegenheit der Pflege des Verhältnisses zu Frankreich annahm.

Zu der im Bericht Gerolts vom Anfang November 1865 dargestellten Intervention bei Seward zugunsten einer größeren Rücksichtnahme der USA auf die Würde Frankreichs vermerkte der Unterstaatssekretär im Preußischen Ministerium der auswärtigen Angelegenheiten Thile am Rand: „Diese Einmischung scheint mir ganz gegen unser Interesse." Bismarck ergänzte dazu: „Gewiß." Unmittelbar nachdem auch der Bericht Gerolts vom 20. November zur Vermittlung im französisch-amerikanischen Streit in Berlin eingetroffen war, kritisierte Bismarck in seiner Weisung vom 6.12.65[716], dass er ohne die Gesamtpolitik zu kennen und ohne Auftrag eine bestimmte Stellung zur mexikanischen Frage eingenommen habe. Er untersagte Gerolt „auf das bestimmteste ..., künftig dergleichen politische Einwirkungen zu üben, zu denen Sie nicht ausdrücklich ermächtigt sind." Eine solche Rüge hatte es, nach den Akten zu urteilen, bisher nie gegenüber einem Missionschef in Washington gegeben. Noch dazu muss dieser Erlass am Heiligen Abend oder unmittelbar vorher in Washington eingetroffen sein. Mit seiner Weisung brachte Bismarck zum Ausdruck, dass er ein eigenständiges Handeln, wie er es im Sinne der Verlässlichkeit der preußischen Außenpolitik in Europa nicht mehr durchgehen ließ, angesichts der gestiegenen Bedeutung der USA auch der Mission in Washington verwehren musste.

Gerolt berief sich in seiner Antwort vom 25.12.[717] vor allem auf das frühere Verhalten der preußischen Regierung gegenüber der Washingtoner

---

[716] Die auswärtige Politik Preußens 1858–1871, Bd. VI, S. 489.
[717] Gerolt am 25.12.1865 an Bismarck. GStA Berlin, Mf 59 AA CB IC Nr. 49.

VII. Konflikte der USA mit Großbritannien, Frankreich und Österreich 627

Mission: Da „ich während meiner langjährigen Vertretung der preußischen Interessen in diesem Lande bei allen ernsten Differenzen zwischen den Europäischen Seemächten und den Vereinigten Staaten mit Genehmigung und mehrmals auf Befehl der Königlichen Regierung stets nach meinen Kräften zur Erhaltung des Friedens und zur Vermeidung eines für die industriellen Staaten Europas verheerenden Krieges mit den Vereinigten Staaten thätig gewesen bin, wozu die neutrale Stellung Preußens besonders geeignet erschien, so glaubte ich von diesem Standpunkte aus, daß ich auch jetzt berufen sei, im Interesse Preußens meinen geringen Einfluß zur Verhinderung eines ebenso leichtsinnigen als gefahrvollen Seekrieges in unofficieller Weise geltend machen zu müssen, umsomehr, als nach meiner Ansicht auch andere Mächte, mit Einschluß Preußens, in einem solchen Kriege verwickelt werden könnten." Dennoch konnte er nicht den Vorwurf entkräften, dass sein Vorstoß bei Seward der gegenwärtigen preußischen Gesamtpolitik zuwiderlaufen könnte; dabei war unerheblich, dass der Vorschlag einer Konvention zwischen den USA und Frankreich entgegen der Annahme Bismarcks nicht von Montholon, sondern von Gerolt stammte. Gerolt wies in der Antwort mehrfach daraufhin, dass er sich über die veränderte Politik der Königlichen Regierung in der französisch-mexikanischen Frage in der Tat „im Dunklen" befand. Er wiederholte also wie seiner Zeit gegenüber Außenminister Bernstorff den Wunsch nach besserer Information.

Eine allmählich verbesserte Information der preußischen Mission in Washington in der Folgezeit lässt sich zum Beispiel daran ablesen, dass das Preußische Ministerium der auswärtigen Angelegenheiten die Zirkularerlasse nicht mehr nur an die preußischen Missionen in Europa richtete, sondern zugleich nach Washington sandte. Ebenso diente es dem Kenntnisstand der preußischen Mission, dass Berlin ab 1867 das Atlantikkabel für chiffrierte Depeschen nutzte. Gerade Krisen wie die französisch-amerikanische 1865 bis 1867 ließen es Berlin geraten erscheinen, die Mission in Washington in die seit 1862 so verstärkte schriftliche Regulierung der preußischen diplomatischen Aktivitäten einzubeziehen.

Nun Gerolt im Winter 1865/66 genauer über die preußischen Vorstellungen angesichts des französisch-amerikanischen Konfliktes zu informieren, sah Bismarck keinen Anlass – möglicherweise schon wegen der nicht immer gesicherten Vertraulichkeit der Post auf dem damals noch langen Weg von Berlin nach Washington. So genau, wie Bismarck in seiner Instruktion an Goltz am 5.1.66[718] formulierte, nachdem dieser seinen Vorstoß bei Bigelow zugunsten einer Mäßigung der USA angekündigt hatte, äußerte er

---

[718] Bismarck am 5.1.1866 mit dem Hinweis „Ganz vertraulich" und mit zusätzlichen Überlegungen zur Sicherung der Vertraulichkeit an Graf von der Goltz. *Otto von Bismarck*: Die gesammelten Werke, Bd. 5, Berlin 1928, S. 350 f.

40*

sich auch gegenüber Bernstorff in London nicht schriftlich. Bismarck ging in seinem Erlass an Goltz gleich auf die Wechselwirkung von französischem Engagement außerhalb Europas und dem Spielraum für die preußische Außenpolitik in Europa ein. Er erwähnte eine Überlegung, die schon angesichts von Gerolts Vorstoß eine Rolle gespielt habe, „daß es nämlich wohl vom allgemeinen menschlichen Standpunkte als ein Unglück, vom politischen aber nicht notwendig als ein Nachteil für Preußen zu betrachten sei, wenn Frankreichs Beziehungen zu den Vereinigten Staaten sich verwickeln sollten." Er meinte also, dass sich Preußen „mit einem vom amerikanischen Kriege bedrohten Frankreich" besser verständigen könnte und dass Preußen die „größere Freiheit von französischer Kontrolle ... für die Bedürfnisse der preußischen Politik ausbeuten" könnte. Demzufolge liege es nicht in der Richtung preußischer Politik, „ein praktisches Ergebnis unsrer mäßigenden Einwirkung auf Amerika wirklich zu erreichen ...". Der Zweck des Engagements von Goltz in der französisch-mexikanischen Angelegenheit könne nur die Pflege der Beziehungen zu Frankreich sein, ohne dabei den Eindruck der Parteilichkeit auf amerikanischer Seite hervorzurufen: „denn wir müssen den höchsten Wert auf sehr gute Beziehungen zu Washington legen." Goltz hatte die Einwirkung auf Mr. Bigelow also „in solchen Grenzen zu halten, daß dem Baron Gerolt die analoge Pflege unseres Verhältnisses zu Amerika auf keine Weise erschwert werde." Dass die Kaiserin Eugénie wie in den fünfziger Jahren den Topos der europäischen Solidarität gegenüber den USA einsetzte[719], war Bismarck keiner Entgegnung wert.

Es gibt, wie schon Stolberg-Wernigerode vermerkte, keine Anzeichen dafür, dass Bismarck „versucht hätte, die französisch-amerikanischen Spannungen zu vertiefen."[720] Wie weit die leichte Entspannung im Verhältnis USA – Frankreich ab Dezember 1865 auf Gerolts und Montholons Bemühen um Verständigung zurückzuführen ist, ist schwer zu sagen. Auf jeden Fall gab Präsident Johnson am 4.12.65 in seiner Botschaft an den Kongress als Antwort auf die hektischen diplomatischen Aktivitäten vom November eine Erklärung zum Konflikt um Mexiko ab, die Paris aufatmen ließ, da nur die bekannte Nichteinmischungsforderung wiederholt wurde[721] und nicht die befürchteten terminlichen Forderungen erfolgten. Zugleich beseitigte Paris die von Gerolt und Montholon hervorgehobene Möglichkeit von Reibungen zwischen den am Rio Grande sich gegenüberstehenden französischen und amerikanischen Truppen dadurch, dass Marschall Bazaine seine

---

[719] Goltz am 29.12.1865 an Bismarck. GStA Berlin, Mf 59 AA CB IC Nr. 49.
[720] *Otto Graf zu Stolberg-Wernigerode*: Die Beziehungen zwischen Deutschland und den Vereinigten Staaten, Berlin 1933, S. 93.
[721] Congressional Globe, 39th Congress, 1st Session, Appendix S. 5.

VII. Konflikte der USA mit Großbritannien, Frankreich und Österreich 629

Truppen im Dezember 1865 aus den Grenzregionen zurückzog[722]. Auch die von den USA veröffentlichte diplomatische Korrespondenz zeigte nach Meinung von Goltz, dass Frankreich Schritt für Schritt vor den Forderungen der USA zurückwich[723]. Vor allem hatte sich Napoleon auf die Räumung Mexikos und die Aufgabe der Monarchie dort eingestellt, wie Anfang 1866 allgemein deutlich wurde. Die Berichte des Preußischen Ministerresidenten Magnus aus Mexiko seit dem 1.2.1866 sind die genaue Beschreibung des Unterganges der Herrschaft Maximilians im Zusammenhang mit dem Zurückweichen der französischen Truppen.

Napoleon scheute offensichtlich den bewaffneten Konflikt wegen Mexiko und weitere Ausgaben für die Intervention, die sich als immer kostspieliger und in Frankreich immer unpopulärer darstellte, wie die dortigen US-Vertreter 1865/66 mehrfach nach Washington berichteten. Napoleon war außenpolitisch noch bis zum Abzug der letzten französischen Truppen aus Mexiko am 5.2.1867 in seiner Bewegungsfreiheit eingeengt und vor allem finanziell noch darüber hinaus. Dies belastete Frankreich parallel zum Konflikt Preußens mit Österreich und seiner Gründung des Norddeutschen Bundes. Die Berichte der preußischen Gesandtschaft in Paris beschrieben, wie zu der Kritik an dem Scheitern der Mexiko-Expedition Ende 1866 noch die Unzufriedenheit über das Ausbleiben von Kompensationen für die preußische Einflusssteigerung hinzukam, ohne dass die Reform des französischen Militärs voranzubringen war[724]. Die von dem Juarez-Gesandten Romero aus Paris berichtete Meinung, dass „die wahnsinnige Expedition nach Mexiko" die entscheidende Voraussetzung für Preußens Erfolge 1866/67 gewesen sei[725], ist sicher eine Übertreibung; aber der Konflikt Frankreichs mit den USA wegen Mexiko gehörte zweifelsohne zu den Faktoren, die die außerdeutsche Einflussnahme auf die preußische Einigungspolitik begrenzten. Im Gegensatz zur Passivität der Regierung Manteuffel unter Friedrich Wilhelm IV. in den fünfziger Jahren angesichts der Konflikte der europäischen Randstaaten nutzte Bismarck seine Möglichkeiten. In diesem Sinne beutete Bismarck die Händel Frankreichs mit den USA zugunsten Preußens aus.

Im Jahre 1866 war auch Österreich zeitweilig in den Konflikt um Mexiko verwickelt, obgleich dieser isolierte und noch weit weniger als Frankreich zahlungsfähige Staat nach allen Seiten friedliche Beziehungen zu erhalten

---

[722] Benecke am 29.12.1865 aus Mexiko Stadt an das Preußische Ministerium der auswärtigen Angelegenheiten. GStA Berlin, Mf 59 AA CB IC Nr. 49. –
[723] Goltz am 31.1.1866 aus Paris an Bismarck, Notiz. GStA Berlin, Mf 59 AA CB IC Nr. 49.
[724] Siehe vor allem den Immediatbericht von Obristleutnant Loe, Paris, vom 18.9.1866, Auszug. GStA Berlin, Mf 59 AA CB IC Nr. 49 Teil II.
[725] *Otto Graf zu Stolberg-Wernigerode*: Die Beziehungen, S. 98.

suchte. Die Vermutung liegt nahe, dass Seward den Nachteil Österreichs ausnutzte, dass der sich stetig verschärfende Konflikt mit Preußen und Italien die Handlungsfähigkeit der k. k. Monarchie einschränkte. Während sich die öffentliche Kritik an Frankreich im bisherigen Rahmen hielt, beklagte der österreichische Gesandte Wydenbruck Anfang 1866 zusehends die Tendenz der US-Presse, Österreich mit dem mexikanischen Kaiserreich zu identifizieren und von der austro-französischen Monarchie zu schreiben. Das Verhältnis der USA zu Frankreich entspannte sich geringfügig, da die Sicherheit wuchs, dass Napoleon seine Truppen abziehen und Maximilian seinem Schicksal überlassen würde; und der US-Kongress konzentrierte sich auf den Konflikt mit der Johnson-Administration über die Reconstruction-Politik, statt Resolutionen gegen Napoleon zu verabschieden. Am 12.2.66 konnte Gerolt Bismarck erläutern, wie Seward sich ihm gegenüber „in ganz befriedigender Weise über die Erhaltung des Friedens mit Frankreich" geäußert und die Bürgschaft dafür „in dem Zerwürfnisse zwischen der Majorität in den Kammern und der Regierung über die Reorganisation der Union" angeführt habe. Gerolt teilte nicht mit, ob ihn dies Urteil überzeugte. Auf jeden Fall wusste er aus Preußen, wie handlungsfähig eine Regierung werden konnte, auch wenn sie zunächst nicht über die parlamentarische Deckung verfügte. Der politische Bericht Gerolts galt zugleich der Rede des „bekannten Staatsmannes und Geschichtsschreibers George Bancroft" zu Ehren Lincolns vom gleichen Tag vor Kabinett, Vertretern des Kongresses und Diplomatischem Corps. Die von Bancroft, dem Gesandten in Berlin ab 1867, gegen den „Austrian adventurer" und „adventurer Maximilian" im Repräsentantenhaus geführten Angriffe in dieser öffentlichkeitswirksamen „Memorial Address on the Life and Character of Abraham Lincoln" empörten Wydenbruck zutiefst[726]. Während Seward die erwartete Kritik an der Politik Frankreichs gegenüber Gerolt vorentlastet hatte, und Bancroft dafür gesorgt hatte, dass der britische Gesandte nicht anwesend war bei seiner Rede, kümmerte sich die US-Administration um die Reaktion Österreichs nicht im geringsten. Die Gegnerschaft der USA konnte Preußen nur recht sein, auch wenn Gerolt persönlich das Verhalten des grundsätzlich für die Rede verantwortlichen Seward ablehnte[727]. Aber er vermittelte diesmal selbstverständlich nicht, wie er es noch Anfang der fünfziger Jahre zugunsten Hülsemanns gegenüber der Fillmore-Administration getan hatte, als Webster die außenpoli-

---

[726] Gerolt am 12.2.1866 an Bismarck. Als Anlage die Rede George Bancrofts vom 12.2.1866 zu Ehren Lincolns. GStAM, 2.4.1.I. Nr. 7904. – Siehe auch den Bericht Wydenbrucks aus Washington vom 13.2.1866 an Mensdorff, *Erwin Matsch*: Wien – Washington, S. 242 ff.

[727] Gerolt kritisierte in seinem Bericht vom 13.11.1866 an Bismarck (GStAM, 2.4.1.I. Nr. 7904), dass durch die rücksichtslose Nutzung der Beziehungen zu anderen Mächten zu innenpolitischen Zwecken die US-Außenpolitik an Verlässlichkeit einbüße.

VII. Konflikte der USA mit Großbritannien, Frankreich und Österreich   631

tischen Beziehungen in den Augen Gerolts rücksichtslos innenpolitisch nutzte. Gerolt gab bei seinem Diner vom selben Tag dem sich in Washington so wenig zurechtfindenden Wydenbruck nur die Gelegenheit, mit Seward zusammenzutreffen. Wydenbruck verlangte von den USA einerseits, die Distanz zwischen der österreichischen und der mexikanischen Monarchie anzuerkennen und andererseits den von Napoleon auf den Thron gehobenen Maximilian als Habsburger zu respektieren. Diese Differenzierung war der US-Öffentlichkeit nicht zu übermitteln, und Seward ging über die gegen Bancroft gerichtete Beschwerde mit der Antwort hinweg, Maximilian habe Mexiko zu verlassen[728].

Der Zwischenfall vom 12.2.66 war nur der Anfang der Schwierigkeiten zwischen Österreich und den USA. Die USA machten über den US-Gesandten in Wien Motley mehrfach deutlich, dass sie nicht gewillt seien, die zwischen Mexiko und Österreich vereinbarte regelmäßige Anwerbung von österreichischen Freiwilligen zu dulden, da sie den Ersatz der französischen Truppen durch diese österreichischen argwöhnten[729]. Während sich Seward in seinen öffentlichen Äußerungen gegenüber Napoleon zurückhielt, drohte er Österreich im April/Mai in einer sogleich publizierten Note mit dem Abbruch der diplomatischen Beziehungen für den Augenblick, in dem das erste Schiff den Hafen von Triest verlassen würde, und der Aufgabe der US-Neutralität gegenüber Mexiko[730]. Wydenbruck erklärte die brüske Behandlung Österreichs aus dem Interesse der Johnson-Administration, ihren innenpolitischen Ansehensschwund auszugleichen, und aus der Erkenntnis, dass die außenpolitische Handlungsfreiheit Österreichs durch den Konflikt mit Preußen eingeschränkt sei[731]: „... l'imminence d'une guerre en Allemagne, guerre que Mr. Seward, je le sais positivement, saluait d'avance avec satisfaction, semblait offrir l'occasion qu'on cherchait." Angesichts der unmittelbaren Bedrohung durch Preußen wie auch durch Italien nahm Österreich im Juni von der weiteren Entsendung von Freiwilligen nach Mexiko Abstand.

Wie die kaiserlich-mexikanische Regierung und die französische überlegte ebenfalls die österreichische Seite den Einsatz des ehemals konföde-

---

[728] A.a.O.
[729] Wydenbruck am 27.2.1866 an Mensdorff. *Matsch*: Wien – Washington, S. 244 und Anm. 601 bis 603.
[730] Zum Ultimatum der USA s. *Blumberg*: The Diplomacy of the Mexican Empire, S. 89 f., dann den Bericht Wydenbrucks vom 25.4.1866 an Mensdorff, *Matsch*: Wien – Washington, S. 246 f., und den Bericht Gerolts vom 27.4.1866 aus Washington an Bismarck und schließlich den Bericht Werthers aus Wien am 10.5.1866 an Bismarck, GStA Berlin, Mf 59 AA CB IC Nr. 49 Teil 2.
[731] Wydenbruck am 25.4.1866 an Mensdorff. *Matsch:* Wien – Washington, S. 247.

rierten Militärs in ihrem Krieg. Aber Preußen erreichte die Niederlage Österreichs etwa genauso schnell, wie das Hilfsangebot des ehemals konföderierten Generals Anderson gegen Preußen brauchte, um von Wydenbruck zu Außenminister Mensdorff zu gelangen.

Der österreichische Gesandte brach im Mai 1866 für mehrere Wochen den Verkehr mit Seward ab. Trotz des Einlenkens von Österreich gegenüber den USA im Juni gelang es Wydenbruck danach nicht mehr, ein für ihn erträgliches Verhältnis zu Seward herzustellen. Eine weitere Konfrontation zwischen Wydenbruck und Seward gab es Ende 1866 wegen der Entschädigungsfrage nach dem Überfall einer Gruppe von Abenteurern unter der Führung eines US-Obersten auf Kaufleute in Bagdad südlich von Matamoros am 4./5 Januar 1866[732]. Die US-Regierung hatte den Überfall verurteilt und zunächst von Gerolt und dann zuständigkeitshalber vom hanseatischen Ministerresidenten Rösing die Entschädigungsansprüche hanseatischer Kaufleute entgegengenommen. Dagegen wies Seward die im November 1866 von Wydenbruck eingereichten Reklamationen von Dalmatinern, die diesem von dem österreichischen Gesandten in Mexiko Graf Thun übermittelt waren, brüsk zurück[733].

So wie im Sommer 1866 der preußisch-österreichische Konflikt auf die transatlantischen Verhältnisse ausstrahlte, so wirkte sich auch die anschließende Verbesserung der Beziehungen zwischen Preußen und Österreich auf der anderen Seite des Atlantiks aus. Die Hinrichtung Maximilians suchten alle europäischen Staaten zu verhindern. Da aber Preußen im Vergleich zu den belasteten europäischen Seemächten und Österreich über günstigere Voraussetzungen verfügte und in der aktuellen Situation 1867 mit Magnus in Mexiko und Gerolt in Washington über entsprechende diplomatische Kanäle, war die preußische Unterstützung der österreichischen Bemühungen ein gewichtiger Beitrag.

Am 13. März hatten die letzten französischen Soldaten Mexiko verlassen und die Juaristen dann im Juni die Kaiserreich-Episode beendet. Schon vor der Gefangennahme Maximilians am 15. Mai bemühten sich Wydenbruck und Gerolt unter Einbeziehung der US-Regierung, sein Leben zu retten[734]. Obgleich Seward skeptisch reagierte, gab Gerolt nicht auf. Er warb bei mehreren Senatoren für eine Resolution zugunsten einer US-Friedensver-

---

[732] Von den in Berlin eingelaufenen Berichten über dies Ereignis sind die von Gerolt vom Januar 1866 (GStAM, 2.4.1.I. Nr. 7904) noch am zuverlässigsten. Benecke schrieb am 29.1.66 (GStA Berlin, Mf 59 AA CB IC Nr. 49) von einem Überfall von „1000 Negern".
[733] Wydenbruck am 7.12.1866 an Mensdorff. *Matsch*: Wien – Washington, S. 251 f.
[734] Gerolt am 6.4.1867 an Bismarck, GStAM, 2.4.1.I. Nr. 7905.

VII. Konflikte der USA mit Großbritannien, Frankreich und Österreich 633

mittlung zwischen Juaristen und „Imperialisten", die Racheakte wie nach früheren Umstürzen verhindern sollte. Über seinen alten Bekannten Senator Reverdy Johnson aus Maryland, der mit dem Präsidenten befreundet war, und Senator Sumner erreichte er die „Resolution advising and requesting the President of the United States to offer to the contending parties in Mexico the friendly mediation of the United States"[735]. Erst die Einflussnahme von Romero, des Vertreters von Juarez in Washington, soll nach Gerolt dafür verantwortlich gewesen sein, dass diese Senatsvorlage am 19.4.67 zurückgezogen wurde und entsprechende ähnliche Anträge am Folgetag ebenso scheiterten[736]. Im Mai 1867 suchte dann Wydenbruck in erneuten Gesprächen mit Seward nach Lösungen, wobei ihn die Vertretungen Preußens und Frankreichs unterstützten[737]. Seward hat sich über Campbell, der zunächst als neuer US-Gesandter für Mexiko vom Präsidenten berufen war, bei Juarez zugunsten Maximilians und seiner Anhänger eingesetzt[738]. Alle maßen der Fürsprache der USA für die Schonung Maximilians offenbar mehr Gewicht bei, als diese tatsächlich in Mexiko hatte. Seward soll gegenüber Sumner geäußert haben, dass Maximilians Leben ebenso sicher sei wie sein eigenes[739]. Als Gerolt und Wydenbruck auf der Grundlage der letzten Äußerungen Sewards nach Haus schrieben, dass kaum zu bezweifeln sei, dass die Bemühungen der USA erfolgreich verliefen, waren Maximilian sowie seine beiden führenden Generäle längst tot[740].

Bismarck genehmigte nachträglich die ab April erneut ohne Instruktion in Washington entwickelte Tätigkeit Gerolts[741]. Aber er betonte zugleich, dass er darauf baue, dass er „nicht wieder in die Lage kommen werde, nachträgliche Genehmigungen zu erteilen oder zu versagen". Zugleich verwies Bismarck Gerolt auf die schnelle, wenn auch kostspielige Kommunikation über das neue Atlantikkabel, um „in dringenden Fällen ohne Zeitverlust Instruktionen einzuholen." Mit einer telegraphischen Instruktion vom

---

[735] Resolution advising and requesting the President ... (Special session 1867, US-Senate, confidential) Anlage zu Gerolts Bericht vom 17.4.1867 an Bismarck. GStAM, 2.4.1.I. Nr. 7905.

[736] Gerolt am 22.4.67 an Bismarck, GStA Berlin Mf Nr. 60 AA CB IC Nr. 54 Vol. I.

[737] Gerolt am 31.5.1867 aus New York an Bismarck, GStA Berlin Mf Nr. 60 AA CB IC Nr. 54 Vol. I.

[738] Gerolt am 4.6. und 11.6.67 aus New York an Bismarck, GStA Berlin Mf Nr. 60 AA CB IC Nr. 54 Vol. I. – Zugleich wies Seward Campbell an, der sich noch Anfang Juni in New Orleans aufhielt, sich sofort nach Mexiko zu begeben.

[739] Gerolt am 3.7.1867 an Bismarck, GStA Berlin Mf Nr. 60 AA CB IC Nr. 54 Vol. I.

[740] Gerolt am 24.6.1867 an Bismarck, GStAM, 2.4.1.I. Nr. 7905. – Ähnlich Wydenbruck noch am 29.6.67 an Beust, *Matsch*: Wien – Washington, S. 257.

[741] Bismarck am 2.5.1867 an Gerolt. GStAM, 2.4.1.I. Nr. 7905.

29. Mai bekräftigte dann Bismarck die Weisung an Gerolt, den österreichischen Gesandten Wydenbruck bei seinen Bemühungen um das Leben Maximilians zu unterstützen[742]. Die Unterstützung der österreichischen Anstrengungen, Maximilian zu retten, gehörte sicherlich ebenso für Bismarck zu der Pflege der Beziehungen zu Österreich wie die späteren Trauerbekenntnisse Napoleons gegenüber Kaiser Franz. Zur Zufriedenheit der preußischen Regierung sagte Kaiser Franz Josef unmittelbar nach Eintreffen der Todesnachricht Ende Juni den Besuch in Paris ab.

In Mexiko bemühte sich der preußische Ministerresident Magnus im Juni 1867 intensiv um das Leben Maximilians. Der hanseatische Konsul Kaufmann Bahnsen in San Luis Potosi, dem Hauptquartier von Juarez, unterstützte ihn[743]. Bismarck hatte Magnus schon im September 1866 angewiesen, nach dem Ende der Regierung des Kaisers Maximilian auf seinem Posten zu verbleiben und „mit der in der Hauptstadt entstehenden neuen Regierung einstweilen officiöse Beziehungen unterhalten zu wollen, bis Ihre erneute Beglaubigung tunlich wird."[744] Magnus war neben dem französischen und dem spanischen Gesandten der einzige Legationschef, der angesichts des bevorstehenden Umsturzes nicht in seine Heimat abreiste. Er hatte bei den Europäern eine ähnliche Popularität gewonnen wie Wagner seinerzeit. Schließlich schien der preußische Vertreter auch die letzte Hilfe für Maximilian zu sein. Maximilian bat Magnus als Vertreter der europäischen Großmacht, die am wenigsten in die Intervention verwickelt war, nach seiner Gefangennahme zu seiner Verteidigung nach Querétaro. Während seiner Abwesenheit von Mexiko-Stadt von Ende Mai bis zum Juli 1867 nahm der US-Konsul Marcus Otterbourg[745] neben den Interessen der USA auch die Preußens wahr. Im Übrigen informierte der preußische Konsul Benecke die preußische Regierung unermüdlich aus Mexiko-Stadt.

---

[742] Bismarck am 29.5.1867 an Gerolt. GStAM, 2.4.1.I. Nr. 7905. – Abgedruckt in: Die auswärtige Politik Preußens, Bd. IX, Mai 1867 – April 1868, Oldenburg 1936, S. 90. – Dass Gerolt Wydenbruck nun offiziell und nicht wie bisher inoffiziell unterstützte, war eine Geste zugunsten Österreichs, die praktisch belanglos war. Gerolt weilte ab Ende Mai in New York und hatte Legationssekretär von Kusserow mit der Unterstützung Wydenbrucks beauftragt. Der österreichische Gesandte führte die Detailgespräche allein, zum Beispiel über den Einsatz von Geld. Zu den Verhandlungen Gerolt am 31.5.1867 aus New York an Bismarck, GStA Berlin, Mf Nr. 60 AA CB IC Nr. 54 Vol. I.

[743] Zu Bahnsen s. *Felix Becker*: Die Hansestädte und Mexiko, Wiesbaden 1984, S. 96 ff.

[744] Bismarck am 11.9.1866 an Magnus. Die auswärtige Politik Preußens, Bd. VIII, Oldenburg 1934, S. 69.

[745] Die USA ernannten Otterbourg, der aus Deutschland stammte, nach der Hinrichtung Maximilians zum Gesandten in Mexiko, und er übte sein Amt – im Gegensatz zu dem vorher ernannten Campbell – auch wirklich ab 19.8.67 in Mexiko aus.

VII. Konflikte der USA mit Großbritannien, Frankreich und Österreich   635

Magnus setzte wie Gerolt große Hoffnungen in die Fürsprache der USA. Er musste aber bei seinen Gesprächen mit den Juaristen erleben, dass die öffentlich bekannt gewordene Verwendung der USA zugunsten Maximilians bei Juarez und den Ministern, bei der republikanischen Armee und der republikanischen Partei „einen sehr ungünstigen Eindruck hervorgebracht" hatte[746]. Ebenso wie Magnus sah der hanseatische Konsul Bahnsen den „Nationalstolz der Mexikaner" durch den Druck der USA verletzt[747]. Aber auch das von Magnus vermerkte Ansehen Preußens bei der republikanischen Regierung, das durch den Sieg über Österreich und den Konflikt mit Frankreich 1867 noch verstärkt gewesen sei[748], trug nicht dazu bei, die Hinrichtung Maximilians zu verhindern. Die vielfachen diplomatischen Aktivitäten mögen höchstens bewirkt haben, dass der Umsturz 1867 insgesamt weniger blutig verlief als frühere Umwälzungen in Mexiko[749].

Mit der von Magnus begonnenen Vermittlung zugunsten Maximilians wurden aus den Beziehungen Preußens zum Kaiserreich nun Kontakte zur Republik, die sich dann 1868 auch in offizielle diplomatische Beziehungen verwandelten. Nach der Abreise von Magnus nach Europa im November 1867 erfreute sich der preußische Geschäftsträger in Mexiko Scholler dank der Vorarbeit von Magnus „nur der besten Aufnahme von Seiten der jetzigen Autoritäten"[750]. Preußen vertrat nicht spezielle politische Interessen wie der Nachbar USA und wie Großbritannien und Frankreich. Selbst der Wechsel der Staatsform war der realpolitisch denkenden preußischen Regierung gleich. Bismarck lobte Magnus nach dem Ende Maximilians, dass es ihm gelungen sei, „unter so schwierigen Verhältnissen ein gutes Vernehmen mit der gegenwärtigen Regierung von Mexico zu erhalten."[751] Preußen war

---

[746] Magnus am 15.6.1867 aus San Luis Potosi an Bismarck. *Kühn*: Das Ende des maximilianischen Kaiserreichs, S. 247.

[747] Bahnsen am 9.6.1867 an Magnus. Kopie als Anlage zur Depesche von Magnus vom 15.6.67 an Bismarck. GStA Berlin, Mf Nr. 60 AA CB IC Nr. 54 Vol. II.

[748] Magnus am 15.8.1867 aus San Luis Potosi an Bismarck (GStA Berlin, Mf Nr. 60 AA CB IC Nr. 54 Vol. II). *Kühn*: Das Ende des maximilianischen Kaiserreichs, S. 249–265.

[749] Unter anderem kamen dank der Aktivitäten Preußens und der USA die gefangen genommenen ausländischen Offiziere frei, so Prinz Felix zu Salm-Salm. Er hatte nach seiner Entlassung aus der Armee der Union als Brevet-General 1865 unter Maximilian als Oberst und zuletzt als General gedient. Seine Frau war mit Präsident Johnson weitläufig verwandt. – Zu den Bemühungen Gerolts und des US-Geschäftsträgers Plumb in Mexiko siehe u.a. Gerolts Bericht vom 25.11.1867 an Bismarck. GStA Berlin, Mf Nr. 60 AA CB IC Nr. 54 Vol. II.

[750] Scholler am 28.12.1867 an Bismarck. GStA Berlin, Mf Nr. 60 AA CB IC Nr. 54 Vol. II.

[751] Erlass Bismarcks vom 7.9.1867 an Magnus (*Kühn*: Das Ende des maximilianischen Kaiserreichs, S. 295 f). Der Erlass gelangte durch die Vermittlung des US-Gesandten in Mexiko an Magnus.

am inneren Frieden, an einer positiven Einstellung der jeweiligen mexikanischen Regierung zu den über das ganze Land verstreuten Deutschen und an der Fortsetzung der guten wirtschaftlichen Beziehungen interessiert, aber im Übrigen politisch neutral.

Das Verhältnis Preußens zu den Auseinandersetzungen in und um Mexiko in den fünfziger und sechziger Jahren spiegelte wieder, wie Preußen seine Rolle gegenüber den amerikanischen Staaten insgesamt begriff. Es zeigte sich an den Staaten außerhalb der USA im Gegensatz zu den westeuropäischen Ländern zwar wirtschaftlich, aber nie direkt politisch interessiert. Bei den Beziehungen zu den amerikanischen Staaten legte es vor allem Wert auf die Freundschaft der auf diesem Kontinent im 19. Jahrhundert entscheidend gewordenen Macht.

Fazit: Distanz und „glückliche Zusammenarbeit"[1]

Wie auf der einen Seite Washingtons Farewell Address von 1796 prinzipiell für die US-Außenpolitik im 19. Jahrhundert richtungweisend blieb, so auf der preußischen Seite eine mehr oder minder große Distanz zu dem Geschehen auf dem anderen Kontinent. Diese gegenseitige Distanz im Gegensatz zu den Ambitionen Englands und Frankreichs war seit Washington und Friedrich dem Großen Grundlage der viel beschworenen freundschaftlichen Beziehungen zwischen den Vereinigten Staaten und Preußen. Zum Verhältnis Preußen USA bis in die vierziger Jahre des 19. Jahrhunderts könnte man auch zugespitzt sagen: Weil sie sich politisch nicht für einander interessierten, verstanden sie sich besser als diejenigen Staaten, die mehr oder weniger Nachbarn waren.

Das Misstrauen, mit dem Großbritannien im 18. Jahrhundert das Verhältnis zwischen Preußen und den USA verfolgte, war zunächst kaum gerechtfertigt. Die Beziehungen bekamen erst in den fünfziger Jahren des folgenden Jahrhunderts eine bemerkenswerte Qualität. Im Vordergrund stand bis in die Mitte des 19. Jahrhunderts der Güteraustausch. Handelsminister von der Heydt, dessen Sohn in New York in eine deutsche Kaufmannsfamilie einheiratete und dort zeitweilig als Konsul fungierte, hat die Verflechtung der US-Wirtschaft und der des Zollvereins im Zeitalter der Industrialisierung besonders verfolgt. Im Zeitalter der Industrialisierung intensivierten sich die wirtschaftlichen und gesellschaftlichen Beziehungen in einem solchen Umfang, dass das Verhältnis auch politisch relevant wurde.

Die beiden Staaten hatten im Preußisch-Amerikanischen Freundschafts- und Handelsvertrag 1785 im Interesse eines ungestörten Handels die Freiheit der Meere betont. Dies gegenüber den Mächten mit einer großen Kriegsmarine durchzusetzen, war von Anfang an ein eminent politisches Anliegen, wenn es auch zunächst nicht entfernt realisierbar erschien. Das galt erst recht, als es darum ging, die gewachsene deutsche und amerikanische Handelsschifffahrt in einem weitreichenden internationalen Konflikt wie dem Krimkrieg ohne eine nennenswerte Kriegsmarine zu schützen. Dass der in dieser Zeit von Präsident Pierce angestrebte und von Preußen

---

[1] Bancroft zum Verhältnis Preußen USA. Zit. nach *M. A. de Wolfe Howe*: The life and letters of George Bancroft, Port Washington, N. Y./London 1908, Bd. 2, S. 275.

und den Hansestädten unterstützte absolute Schutz des Privateigentums in einem Seerechtsvertrag misslang und stattdessen 1856 nur die bescheidenere Pariser Seerechtsdeklaration zustande kam, mussten die USA und die in Deutschland am Überseehandel Beteiligten als Niederlage von wirtschaftlicher und politischer Tragweite empfinden. Ein kleiner Erfolg der Bemühungen der USA und Preußens um die Freiheit der Meere war die Abschaffung der Sundzölle im folgenden Jahr.

Wenn auch die verschiedenen Anläufe zum besseren Schutz des Privateigentums in Seekriegen in den fünfziger und sechziger Jahren scheiterten, so behinderte das entgegen den Befürchtungen nicht die Zunahme des deutsch-amerikanischen Passagier-, Waren- und Postverkehrs auf dem – nach den Worten Alexander von Humboldts – „immer enger werdenden atlantischen Meeresbecken". Zur Erleichterung der Kommunikation trug die Preußisch-Amerikanische Postvereinbarung von 1852 bei, die die preußische und die amerikanische Regierung in der Folgezeit noch mehrfach zur Verbilligung des Postverkehrs revidierten. Dass diese Abmachung 1852 und vor allem der so lange in den USA umstrittene Auslieferungsvertrag 1853 zustande kam, war ein Zeichen dafür, dass der Tiefpunkt des Verhältnisses von Washington und Mitteleuropa nach der gescheiterten Revolution sehr schnell überwunden wurde zugunsten von Beziehungen, wie sie zwischen den europäischen Staaten bestanden. Das Verdienst für den Abschluss der Verträge kam Präsident Fillmore zu, der anschließend Preußen besuchte, und Freiherr von Gerolt, der seit 1844 Preußen in Washington vertrat.

Die den Verträgen entsprechenden intensiveren wirtschaftlichen Beziehungen waren verknüpft mit engeren menschlichen Beziehungen durch den Auswanderungsboom. Die Zunahme der deutschen Migranten bewirkte, dass sich Preußen in den fünfziger Jahren mit der Amerika-Auswanderung so intensiv beschäftigte wie nie vorher und nachher. Zugleich schalteten sich in den USA staatliche Stellen verstärkt zugunsten ihrer Einwanderer ein. Dass der preußische Staat den Wehrpflichtanspruch auch über die Auswanderung hinaus aufrechterhielt, war lange Zeit Hauptthema der US-Gesandtschaftsberichte und ärgerte die US-Konsuln in Deutschland. Mit diesem Problem war ebenfalls immer wieder die preußische Vertretung in Washington befasst. So bedeutete der zwischen dem US-Gesandten Bancroft und Bismarck 1868 abgeschlossene Naturalisationsvertrag wirklich eine Befreiung von jahrelangen Schwierigkeiten. Dieser Vertrag markierte die Phase intensivster politischer Beziehungen zwischen Berlin und Washington im 19. Jahrhundert, die „happy cooperation".

Gerolts Vereinbarungen der fünfziger Jahre hatten eine Pilotfunktion für den Deutschen Bund und der Bancroft-Vertrag für die süddeutschen und eine Reihe außerdeutscher Staaten. Speziell in den Beziehungen Deutsch-

Fazit: Distanz und „glückliche Zusammenarbeit" 639

lands zu den USA war Berlin auch schon vor 1867 unter den deutschen Staaten tonangebend. Der Preußische Ministerresident von Gerolt verstand sich von Anfang an zugleich als deutscher Vertreter und konnte das auch auf der Grundlage des Zollvereinsvertrages noch stärker durchsetzen als der Bremer Ministerresident und der österreichische. Der Präsident des Staatsministeriums und Minister der auswärtigen Angelegenheiten von Manteuffel begründete die Berufung Gerolts zum Gesandten während des Krimkrieges damit, dass die „preußischen und allgemeinen deutschen Interessen, welche einer wirksamen Vertretung in den Vereinigten Staaten bedürfen, ... so großartiger Natur und ihre Bedeutung so in fortwährender Zunahme begriffen" seien[2]. Das galt noch mehr in den sechziger Jahren. Gerade während des Sezessionskrieges wurde Gerolt zum Mittler zwischen Deutschland und den USA.

Die am preußischen Hof akkreditierten Diplomaten der USA standen bis in die sechziger Jahre an Bedeutung hinter der Vertretung Preußens beim Präsidenten der USA zurück, obgleich sie immer den Gesandtenstatus einnahmen. Der erste Vertrag, den die US-Gesandtschaft in Berlin in dem hier im Mittelpunkt stehenden Zeitraum aushandelte, war der von Wright vorbereitete und von dessen Nachfolger abgeschlossene Naturalisationsvertrag. Die für die US-Handelsmarine so wichtigen Fragen des Seerechts und der Sundzölle besprach das State Department direkt mit dem preußischen Gesandten und dem Bremer Ministerresidenten vor Ort. Um die Wirtschaftsbeziehungen zwischen Zollverein und den USA kümmerte sich von den US-Gesandten nur Wright. Die US-Konsuln im Deutschen Bund waren überwiegend für das Treasury tätig und sandten ihre Berichte und Statistiken, die die mitteleuropäischen Wirtschaftsentwicklungen und deren transatlantische Abhängigkeiten widerspiegelten, unmittelbar nach Washington. Dass sich Handelsfragen einmal zu einem entscheidenden Störfaktor in den deutsch-amerikanischen Beziehungen auswachsen könnten, war im Zeichen des Freihandels nicht vorstellbar, auch nicht angesichts höherer US-Schutzzölle im Sezessionskrieg.

Die USA vertraten gegenüber den europäischen Staaten prinzipiell eine ähnliche Politik wie Preußen gegenüber Amerika insgesamt, nämlich seine preußischen Interessen zu pflegen, vor allem seine handelspolitischen, aber sich jenseits des Atlantiks politisch nicht einzumischen. Aus der Perspektive der USA waren Nichteinmischung und Anerkennung der Monroe-Doktrin identisch. Diese Sichtweise hat kein preußischer Politiker deutlicher bestätigt als Bismarck, der nach dem Erfolg preußisch-deutscher Politik auf dem europäischen Kontinent in Richtung Amerika sogar formulierte: „... wir erkennen in betreff des ganzen Kontinents den vorwiegenden Ein-

---
[2] Manteuffel an den König am 21.8.1854, GStAM, 2.4.1.I. Nr. 7871.

fluß der Vereinigten Staaten als in der Natur der Dinge begründet und unseren Interessen am meisten zusagend an."[3] Eine völkerrechtskonforme „Übergreifungspolitik"[4] der USA hatte Gerolt seit den fünfziger Jahren wiederholt in seinen Berichten unterstützt und sich entsprechend gegenüber Präsident Fillmore, Präsident Pierce, Außenminister Marcy und Präsident Buchanan verhalten, etwa wenn es um Mexiko oder Mittelamerika ging. Er hatte aber nie eine solche Einschätzung expressis verbis aus Berlin erfahren.

Der Einwirkung anderer europäischer Mächte auf amerikanische Angelegenheiten vermochten sich die USA mit wachsendem Erfolg zu erwehren. Während des Krimkrieges gelang das gegenüber Großbritannien und nach dem Sezessionskrieg in Aufsehen erregender Weise gegenüber Frankreich und Österreich. Dass deren Niederlagen die europäischen Verhältnisse beeinflussen mussten, liegt auf der Hand.

In den Augen französischer und britischer Politiker beeinflussten die USA Europa nicht nur indirekt, sondern mischten sich spätestens seit dem Krimkrieg auch direkt in die europäische Politik ein. Nicht umsonst soll der französische Außenminister Graf Walewski 1855 eine vertragliche Vereinbarung der europäischen Staaten im Sinne einer europäische Monroe-Doktrin angeregt haben bei Preußen. In den Augen Preußens konnte höchstens die Rede davon sein, dass die internationale Bedeutung der USA seit dem Krimkrieg zunahm und damit auch ihr Gewicht gegenüber den europäischen Mächten, wie es die US-Gesandten von Vroom bis Bancroft hervorhoben. Dass der preußenbegeisterte US-Diplomat Fay beim Neuenburg-Konflikt vermittelte, war eine schamhaft versteckte Ausnahme. Die grundsätzlich gewahrte Distanz Washingtons gegenüber den europäischen Staaten wirkte in den fünfziger Jahren dennoch gelegentlich nicht mehr nachvollziehbar. Einerseits brachten die USA die Aufhebung der Sundzölle in Gang, aber andererseits beteiligten sie sich nicht an der Kopenhagener Konferenz zu deren Ablösung; aber sie unterwarfen sich dann der ohne sie getroffenen Regelung. Insgesamt zeigten sich dann spätestens in den sechziger Jahren die westeuropäischen Seemächte, Preußen und die USA so eng miteinander verknüpft, dass nun mehr denn je von einer nordatlantisch-europäischen Region die Rede sein konnte.

Die US-Außenpolitik wurde dennoch nicht neu konzipiert, aber das State Department konnte in den fünfziger und sechziger Jahren selbstverständlich nicht umhin, die inzwischen entstandene engere Verbindung von Europa und den USA zur Kenntnis zu nehmen. Das bedeutete, dass es bei europäischen Auseinandersetzungen mögliche Rückwirkungen auf die USA einkal-

---

[3] Bismarck in einem Erlass vom 18.12.1871 an Schlözer. *Frank Lambach*: Der Draht nach Washington, Köln 1976, S. 32 f.
[4] Gerolts Übersetzung der Politik der „Manifest Destiny".

kulierte. Ganz pragmatisch nutzte Washington die europäischen Verwicklungen sehr wohl für seine Zwecke, ob es sich nun um den Krimkrieg oder die europäischen Konflikte der sechziger Jahre handelte. Die USA bewegten sich dabei nicht nur in den Bahnen von Marcy. Darüber hinaus gingen die Versuche Washingtons und Richmonds, die europäischen Mächte gegen den Bürgerkriegsgegner einzuspannen. Wenngleich diese Versuche scheiterten, so ist doch unübersehbar, wie sich einerseits Preußen und Russland für den Norden engagierten und andererseits Frankreich und Großbritannien den Südstaaten begrenzt entgegenkamen.

So wie Napoleon III. nicht nur im Bürgerkrieg die Union schwächte, sondern noch dazu gegen die USA ein Kaiserreich in Mexiko zu installieren versuchte, war es für Preußen konsequent, dass es die Union bei der Unterdrückung der Rebellion stützte und sich in Mexiko jeder Einmischung enthielt. Zugleich suchte es selbstverständlich die wenig berechenbare Militärmacht in seiner Nachbarschaft und Großbritannien nicht herauszufordern angesichts der Einigungskriege. Dass Bismarck den Windschatten der Konflikte Großbritanniens und Frankreichs mit den USA zugunsten Preußens nutzte, stützte die Beziehungen zu den USA genauso wie die „Ausbeutung" der Schwierigkeiten Österreichs 1866 durch Seward dem Verhältnis zu Preußen diente.

Den Beziehungen zur Union war nur förderlich, dass die Einheit mit den Up ewig Ungedeelten trotz Palmerston und der Norddeutsche Bund trotz Napoleon zustande kamen. Ohnehin erkannten die USA genau wie 1848/49 auch später das im Deutschen Bund artikulierte Interesse an der deutschen Einheit an, so verschieden die US-Gesandten und US-Konsuln auch die jeweilige politische Entwicklung einschätzten. Die preußische Einigungspolitik seit 1864 verfolgte Washington mit wachsender Sympathie, wobei sich die Steigerung vor allem am Tenor der Berichte der drei US-Gesandten Judd, Wright und Bancroft ablesen lässt. Bancroft unterstützte Bismarck in einem Maße, das mit der traditionellen Neutralitätspolitik der USA gegenüber Europa nicht mehr vereinbar war.

Berlin erkannte das Interesse Washingtons an der Einheit seines Staates und die politischen Interessen Washingtons im übrigen Amerika genauso an, wie die USA das preußische Interesse an der deutschen Einheit trotz der Bedenken aus Westeuropa. Dies war die wesentliche Voraussetzung für die ungestörten Beziehungen zwischen dem ersten deutschen Nationalstaat und der gefestigten Union. Diese „Era of good feelings", wie sie Manfred Jonas überschrieb[5], dauerte im Kaiserreich bis Ende der siebziger Jahre an. Zu untersuchen, wie es zu einem Umschwung kam, wäre ein neues Thema.

---

[5] *Manfred Jonas*: The United States and Germany. A Diplomatic History. Ithaca and London 1984, S. 16–34.

Quellen- und Literaturverzeichnis

Quellen

1. Archivalische Quellen

Geheimes Staatsarchiv der Stiftung Preußischer Kulturbesitz (GStA Berlin):
Mikrofilme von Akten des *Preußischen Ministeriums der Auswärtigen Angelegenheiten*

Mf Nr. 74/75	AA CB IC Nr. 12 Amerika. Polit. Schriftwechsel mit der Kgl. Mission daselbst, 1848–1853.
Mf Nr. 77	AA CB IC Nr. 15, 16, 17 Amerika, Washington. Polit. vertraulicher Schriftwechsel mit der Kgl. Mission daselbst, 1850–1854.
	AA CB IC Nr. 14 Amerika, Washington. Polit. Schriftwechsel mit dem Kgl. General-Konsul daselbst, 1849–1856
	AA CB IC Nr. 20 Amerika, Guatemala. Pol. Schriftwechsel mit dem Kgl. General-Konsulat in Central-Amerika, 1852–1856.
Mf Nr. 79	AA CB IC Nr. 17 Amerika. Polit. Schriftwechsel mit der Kgl. Mission daselbst, Teil 2, 1853/54.
	AA CB IC Nr. 25 Amerika. Polit. Verhältnis der USA zu anderen Staaten, 1854–1856.
	AA CB IC Nr. 26 Amerika, Washington. Polit. Schriftwechsel mit der Kgl. Mission daselbst, 1855/1856.
	AA CB IC Nr. 27 Die Bildung des Staates von Panama, 1854/55.
	AA CB IC Nr. 28 Amerika, Washington. Polit. Schriftwechsel mit der Kgl. Mission daselbst, 1857/58, Teil 1.
Mf Nr. 80	AA CB IC Nr. 28 Teil 2; Nr. 31, 1859; Nr. 32, 1860; Nr. 33, 1860.
Mf Nr. 81	AA CB IC Nr. 36, 1861.
	AA CB IC Nr. 37 Mexico, Polit. Schriftwechsel mit der Kgl. Mission daselbst, 1861/62.
Mf Nr. 55	AA CB IC Nr. 38 Amerika, Washington. Polit. Schriftwechsel mit der Kgl. Mission daselbst, 1862, Vol. I, II.
	AA CB IC Nr. 39 Die Expedition der verbündeten Mächte England, Frankreich und Spanien gegen Mexico, Vol. I Teil 1, 1861/62.
Mf Nr. 56	AA CB IC Nr. 39 Die Expedition der verbündeten Mächte England, Frankreich und Spanien gegen Mexico, Vol. I Teil 2, Vol. II Teil 1, 2, 1862.

Mf Nr. 57	AA CB IC Nr. 39 Die Expedition der verbündeten Mächte England, Frankreich und Spanien gegen Mexico, Vol. III, 1862/63, Vol IV Teil 1, 1863.
Mf Nr. 58	AA CB IC Nr. 39 Die Expedition der verbündeten Mächte England, Frankreich und Spanien gegen Mexico, Vol. IV Teil 2, 1863/64.
	AA CB IC Nr. 40 Mexico. Die officiöse Vertretung der Angelegenheiten Frankreichs, Spaniens, Italiens und der Schweiz durch den Königlichen Ministerresidenten Wagner, Vol. 1, 1861/62, Vol. II, 1862/63.
Mf Nr. 59	AA CB IC Nr. 42 Mexico. Polit. Schriftwechsel mit der Kgl. Mission daselbst 1863–1865.
	Nr. 45 Mexico. Die Gründung eines neuen mexikanischen Kaiserreiches, 1864–1866.
	Nr. 49 Mexico. Schriftwechsel mit der Königlichen Mission zu Mexico sowie mit anderen Königl. Missionen und fremden Kabinetten über die inneren Zustände und Verhältnisse Mexicos.
Mf Nr. 60	AA CB IC Nr. 54 Mexiko. Polit. Schriftwechsel mit der Kgl. Mission zu Mexico ..., 1867.
Mf Nr. 74	AA CB IC Nr. 11 Angelegenheiten der Republik Mexico, 1847–1862.
Mf Nr. 101	AA III.HA Rep. 1 Nr. 2 Auswanderungen außer Europa, 1819–1868.
Mf Nr. 103	AA III.HA Rep. 1 Nr. 11 Vol. VI, 1849/50; Vol. 7, 1850/51; Vol. 9, 1852/53.
Mf Nr. 105	AA III.HA Rep. 1 Nr. 11 Vol. X, 1853/54; Vol. XI, Teil 1, 2, 1854/55.
Mf Nr. 106	AA III.HA Rep. 1 Nr. 11 Vol. XII, 1855/56.
Mf Nr. 108	AA III.HA Rep. 1 Nr. 19 Vol. 1, II, III, 1852–1866.
Mf Nr. 103	AA III.HA Justizsachen. Vereinigte Staaten von Nordamerika, Nr. 3 Vol. III, 1851–1853, Vol. IV, 1853/54.
Mf Nr. 71	AA III.HA Rep. 10 Justiz. Die Verhältnisse mit den Vereinigten Staaten wegen gegenseitiger Auslieferung der Verbrecher, Nr. 3 Vol. II, 1845–1850.
Mf Nr. 111	AA III.HA Rep. 10 Justiz. Die Verhältnisse ..., Nr. 3 Vol. III, 1851–1853; Vol. 4, 1854–1856.
Mf Nr. 109	AA III.HA Rep. 3 Gemischte Differenzen, Nr. 22 Vol. III, 1841–1872.
Mf Nr. 112	AA II.HA Rep. 6 Handelssachen, Nr. 22 Eisenbahnen, Vol. 1, 1835–1879.
Mf Nr. 117	AA II.HA Rep. 6 Handels- und Schiffahrtssachen, Sp.: Nordamerika, Vol. XVIII, 1862–1869.
Mf Nr. 118	AA II.HA Rep. 6 Nr. 10 Die verschiedenen Beschwerden und Reklamationen gegen die Zollbehörden der Vereinigten Staaten von Amerika, Vol. 1, 1846–1874.
	AA III.HA Rep. 6 Handel, Nordamerika 2, Nr. 10.

Mf Nr. 134	AA II.HA Rep. 6 Nr. 5 Kgl. Preuß. Geschäftsträger und Generalkonsul bei den USA, Vol. 3, 1841–1852.	
	AA II.HA Rep. 6 Nr. 19 Kgl. Preuß. Konsulat in St. Louis, Vol. 1, 1840–1861.	
Mf Nr. 135	AA II.HA Rep. 6 Nr. 42 Kgl. Preuß. Konsulat in Milwaukee, Vol. 1, 1850–1862.	
	AA II.HA Rep. 6 Nr. 73 Kgl. Preuß. Konsulat in New Albany, 1860.	
	AA II.HA Rep. 6 Nr. 68 Kgl. Preuß. Konsulat in La Porte, 1858/59.	
	AA II.HA Rep. 6 Nr. 55 Kgl. Preuß. Konsulat in Detroit, 1855–1859.	
Mf Nr. 144	AA III.HA Rep. 14a Nr. 4 Die Blockade von Seehäfen, Vol. 2, 1857–1861, Vol. III Teil 1, 1861.	
	AA III.HA Rep. 14 Nachrichten außer Europa I Vol. X, 1860–1862, Vol. 11, 1863–1866.	
Mf Nr. 145	AA III.HA Rep. 14a Nr. 4 Vol. III Teil 2, 1862/63.	
	AA III.HA Rep. 14a Nr. 10 Verhandlungen mit den USA wegen eines Neutralitätsvertrages, 1854–1856.	

Preußisches Justizministerium, Rep. 84a

Nr. 4772	Sklavenhandel
Nr. 4844	Die gesetzlichen Bestimmungen über Sklaven
Nr. 7594	Rechtshilfe, Nordamerika, 1843–1869.

Das Verbrechen der Desertion, Nr. 7799, 1793–1856, Nr. 7800, 1857–1870.

Geheimes Staatsarchiv, bis 1993 Abteilung Merseburg, jetzt Bestand Westhafen in Berlin (GStAM)

Preußisches Ministerium der auswärtigen Angelegenheiten

Politische Abteilung

2.4.1.I.	Nr. 37 Form der Berichterstattungen, Bd. 2, 1851–1865.
2.4.1.I.	Preuß. diplomatische Vertretung in den Vereinigten Staaten von Nordamerika Nr. 7869, 1825–1844, Nr. 7870, 1844–1850; Nr. 7871, 1851–1864.
2.4.1.I.	Diplomatische Vertretung der Vereinigten Staaten von Nordamerika in Berlin Nr. 7873, 1835–1864; Nr. 7874, 1865–1874.
2.4.1.I.	Nr. 7875 Die Anwendung der französischen statt der englischen Sprache in den amtlichen Mitteilungen der Nordamerikanischen Gesandtschaft allhier.
2.4.1.I.	Nr. 7876 Die verschiedenen Angelegenheiten der diplomatischen Vertretung der Vereinigten Staaten von Nordamerika und ihres Personals, 1836–1875.

2.4.1.I.	Die politischen Verhältnisse der Vereinigten Staaten zu anderen Staaten Nr. 7911, 1856–1863; Nr. 7912, 1864–1866.
2.4.1.I.	Amerika, Washington. Polit. Schriftwechsel mit der Kgl. Mission daselbst Nr. 7899, 1862; Nr. 7900, 1863; Nr. 7901, 1863; Nr. 7902, 1864; Nr. 7903, 1865; 7904, 1866; 7905, 1867.
2.4.1.I.	Die Trent-Affäre, Nr. 7913, 1861–1863.
2.4.1.I.	Revolutionäre Umtriebe in Deutschland und im Ausland, Nr. 8066, 1854/55; Nr. 8067, 1856/57; Nr. 8068, 1857/58; Nr. 8069, 1858–1860; Nr. 8070, 1860/61.
2.4.1.I.	Nr. 8013, 8014 Geldbewilligungen zu polizeilichen und politischen Zwecken, 1844–1867.

Handelsabteilung

2.4.1.II.	Die Handels- und Geldkrisis, Nr. 1117, 1857, Nr. 1118, 1857/58.
2.4.1.II.	Das Seerecht der Neutralen Nr. 5573, 1856–1865.
2.4.1.II.	Schiffahrts- und Handelsverhältnisse mit Nordamerika, Nr. 5281, 1847–1851; Nr. 5282, 1852–1857; Nr. 5283, 1857–1862; Nr. 5284, 1862–1869.
2.4.1.II.	Die Nachrichten über Industrie- und Gewerbeausstellungen in fremden Staaten, außer dem Zollverein, Nr. 1294, 1853; Nr. 1295, 1854.
2.4.1.II.	Die neuen Verhandlungen mit Dänemark wegen Regulierung des Sundzoll-Handels, Nr. 4057(1854/55), Nr. 4058 (1855/56).
2.4.1.II.	Die neuesten Verhandlungen wegen Ablösung des Sundzolls. Nr. 4078 (März–Dez. 1855), Nr. 4079, (Januar–März 1856), Nr. 4080 (April–Juni 1856), Nr. 4081 (Juni–Sept. 1856), Nr. 4082 (Sept.–Nov. 1856), Nr. 4083 (Nov. 1856–Jan. 1857).
2.4.1.II.	Berichte und Nachrichten des preußischen Geschäftsträgers und Generalkonsuls in den Vereinigten Staaten von Nordamerika über Gewerbe und Handel, Nr. 5291–5295, 1850–1866.
2.4.1.II.	Konsulate der Vereinigten Staaten von Amerika in Preußen, Nr. 959, 1850–1866.
2.4.1.II.	Das Generalkonsulat für die Vereinigten Staaten in New York, Nr. 604, 1817–1853.
2.4.1.II.	Geschäftsträger und Generalkonsuln bei den Vereinigten Staaten von Nordamerika Nr. 575, 1841–1852; Nr. 605, 1854–1861; Nr. 606, 1862–1866.
2.4.1.II.	Nr. 581 Consulat zu Charleston, Nr. 590 Consulat von Key West, Nr. 602 Consulat zu New Orleans, Nr. 610 Consulat zu Philadelphia, Nr. 624 Consulat in Texas, Nr. 615 Consulat in Savannah.

2.4.1.II. Die Postverhältnisse mit den Vereinigten Staaten, Nr. 8093, 1849–1852; Nr. 8094, 1853/54; 8095, 1855–1857; Nr. 8096, 1857–1864, Nr. 8097, 1852.

Rechtsabteilung

2.4.1.III. Die Verhältnisse mit den Vereinigten Staaten von Amerika wegen gegenseitiger Auslieferung der Verbrecher, Nr. 14450, 1860–1865.

Preußisches Ministerium für Handel und Gewerbe, Rep. 120

C.XIII.1.14	Die in Preußen angestellten Konsuln fremder Mächte, Bd. 5, 1858–1867.
C.XIII.1.16.1	Die Handelsverhältnisse mit den Vereinigten Staaten von Nordamerika, Bd. 12–15, 1850–1868.
C.XIII.1.35	Die Anstellung von Konsuln des Zollvereins, 1835–1872.
C.XIII.16.2	Die Ernennung der preußischen Konsul und Geschäftsträger in den Vereinigten Staaten von Nordamerika, 1852–1863.
C.XIII.4.85	Die gegenseitige Stellung der neutralen und kriegführenden Mächte während eines Seekrieges, Bd. 3, 1854; Bd. 4, 1854/55; Bd. 6, 1856–1860; Bd. 7, 1860–1867.

Preußisches Innenministerium, Rep. 77, Tit. 343a Polizeisachen

Nr. 81	Das Treiben der nach New York ausgewanderten Demokraten 1851.
Nr. 93	Das von der Umsturzpartei in London und Nordamerika gehegte Komplott gegen den König, 1851.
Nr. 100	Mitteilung aus New York über ein gegen den König beabsichtigtes Attentat, 1854–1867.

Staatsministerium, Rep. 90a

B III 2b Nr. 6	Sitzungen des Staatsministeriums, Bd. 66–77, 1854–1865.
B III 2c Nr. 3	Sitzungen des Kronrats, Bd. 1–3, 1849–1873.

Civilkabinett, Rep. 103

1. Nr. 1899	Generalpostamt. Die Postverhandlungen von Preußen mit den Vereinigten Staaten von Amerika und die Ausführung des Post-Vertrages, 1862–1867.
2.2.1. Nr. 12962	Gesandtschaftspersonal bei den Vereinigten Staaten von Nordamerika.
2.2.1. Nr. 13359	Die Vereinigten Staaten von Nordamerika, 1844–1903.
2.2.1. Nr. 18670	Erlaß von Amnestie, 1840–1868
2.2.1. Nr. 32034	Militärpflichtigkeit
2.2.1. Nr. 21865	Die Deutsch-Evangelischen Gemeinden in Nord-Amerika

Brandenburgisches Landeshauptarchiv, Potsdam (Br LHP)

Rep. 30 *Polizeipräsidium Berlin*

Tit. 94 Nr. 8560   Die politischen Zustände in Amerika, 1851–1853.

Staatsarchiv Hamburg (StA Hamb.)
Polizeibehörde, Kriminalwesen
Serie VI Lit. X Nr. 1367 Bd. 2 Nr. 24 Polizeibehörde I, 393, Bd. 1.

Staatsarchiv Bremen (StA Bremen)

2.-B.13.	Verhältnisse der Hansestädte mit den Vereinigten Staaten von Nordamerika
2.-B.13.b.a.	Hanseatische diplomatische Agenten, Konsuln usw. bei ihnen und Korrespondenz mit denselben
2.-B.13.b.1.a.1.	Rudolph Schleiden, Ministerresident 1853, Generalia et diversa, 1846–1901.
2.-B.13.b.1.a.2.a.I.	Berichte und Korrespondenz desselben, 1853–1862.

Landesbibliothek Kiel, Handschriftenabteilung (LaBibl. Kiel)

Nachlaß Rudolf Schleiden, Tagebücher 1852–1862.

Bundesarchiv (Militärarchiv), Potsdam

RM 1, 571	Die Kolonisation
RM 1, 730	Die Aufnahme von preußischen Seekadetten auf nordamerikanischen Kriegsschiffen zur Erlernung des Marine-Dienstes, 1848–1852.
RM 1, 750	Die Nordamerikanische Marine, 1849–1863.

Politisches Archiv des Auswärtigen Amtes, Berlin

Die Personalakten des Lieutenant von Gerolt.

Washington, Schriftwechsel mit der Königlichen Gesandtschaft zu Washington, R 17103, 1868; R 16320, 1869; R 17108, 1870.

Die Differenz zwischen Nord-Amerika und England in der Alabama-Angelegenheit, R 17104, 1862–1870; R17105, 1870/71.

John F. Kennedy-Institut für Nordamerika-Studien, Berlin

The Papers of William Seward, Correspondence, Mikrofilme Nr. 63–91, April 1861–15.11.1865.

Archivum Panstwowe w Opolu

Rejencja Opolska, Wydnał I, Nr. 12129 Auswanderung (1852 ff.)

Nr. 12159 Auswanderungen, Entlassungsschein (1845–1921).

National Archives of the United States Washington DC (NA Wash.)

Department of State.

Mikrofilm-Kopien der folgenden Akten im GStA Berlin.

Mf Nr. 44	Despatches from United States Ministers to the German States and Germany 1799–1906; Prussia, Roll 7–14, 1850–1868.
Mf Nr. 58	Notes from the Legations of German States and Germany in the United States to the Department of State, 1817–1906; Prussia, Roll T-2, 1848–1860; Roll T-3, 1861–1863; Roll T-4, 1864; Roll T-5, 1865; Roll T-6, 1866.
Mf 77 Roll 65	Diplomatic Instructions of the Department of State, German States, Vol. 14 Prussia, 1835–1869.
Mf 99 Roll 29	Notes to Foreign Legations from the Department of State, Prussia 1853–1867.
Mf T-59	Despatches from United States Consuls in Stettin, 1830–1906; Roll 2–4, 1838–1869.
Mf T-356	Despatches from United States Consuls in Aix-La-Chapelle, 1849–1906; Roll 1–6, 1849–1867.
Mf 163	Despatches from United States Consuls in Berlin, Roll 1, 1865–1867.
Mf 161	Despatches from United States Consuls in Francfort on the Main, Roll 2–16, 1851–1866.
Mf T-184	Despatches from United States Consuls in Bremen, Roll 4–14, 1842–1867.
Mf T-211	Despatches from United States Consuls in Hamburg, Roll 7–19, 1848–1867.
Mf T-358	Despatches from United States Consuls in Altona, Roll 2–4, 1852–1867.

Library of Congress, Manuscript Division, Washington D.C., Franklin Pierce Papers (Mikrofilm-Kopien im GStA Berlin), Abraham Lincoln Papers.

Public Record Office, London

FO 64 Lord Bloomfield, 415, 416, 417.

2. Gedruckte Quellen

Nachlasseditionen, Memoiren, Briefwechsel und zeitgenössisches Schrifttum

Abeken, Heinrich: Ein schlichtes Leben in bewegter Zeit. Aus Briefen zusammengestellt von Hedwig Abeken. Berlin 1898.

Letters of Henry *Adams* (1858–1891), Ed. Worthington Chauncey Ford, Vol. 1, Boston/New York 1930.

Letters of Henry *Adams*, Ed. J. L. Levenson etc., Vol. 1 (1858–1868), Cambridge Mass. 1982.

„Amerika ist ein freies Land …" Auswanderer schreiben nach Deutschland, Hrsg. Wolfgang Helbich, Darmstadt 1985.

Barnard, Daniel Dewey: Political Aspects and Prospects in Europe. Albany 1854.

The Diary of Edward *Bates*, 1859–1866. Ed. H. K. Beale. Vol. VI of the Annual Report of the American Historical Association for the Year 1930. Washington 1933.

Batsch, Viceadmiral: Admiral Prinz Adalbert von Preußen. Berlin 1890.

Baumbach, Ludwig von: Neue Briefe aus den Vereinigten Staaten von Nordamerika in die Heimath mit besonderer Rücksicht auf deutsche Auswanderer. Cassel 1856.

Im Kampfe um Preußens Ehre. Aus dem Nachlaß des Grafen Albrecht von *Bernstorff*. Hrsg. Karl Ringkoffer. Berlin 1906.

Bigelow, Poultney: Prussian Memories 1864–1914, New York/London 1916.

Bismarck, Otto von: Die gesammelten Werke, Berlin 1924 ff.

Börnstein, Heinrich: Fünfundsiebzig Jahre in der Alten und Neuen Welt, Memoiren eines Unbedeutenden. 2 Bde, Leipzig 1881.

Borcke, Heros von: Zwei Jahre im Sattel und am Feind. Erinnerungen aus dem Unabhängigkeitskriege der Konföderierten.. 2 Bde, Berlin, 2. Aufl. 1886.

The Works of James *Buchanan*. Ed. John Bassett Moore. 12 Vols. Philadelphia 1908–1911.

Busch, Moritz: Wanderungen zwischen Hudson und Mississippi 1851 und 1852. 2 Bde, Stuttgart/Tübingen 1854.

The Papers of John C. *Calhoun*, Volume XXVI, 1848–1849. Edited by Clyde N. Wilson and Shirley Bright Cook. Columbia S. C. 2001.

Corvin, Otto von: Ein Leben voller Abenteuer. Herausgegeben und eingeleitet von Hermann Wendel. 2 Bde, Frankfurt/Main 1924.

Delbrück, Rudolph von: Lebenserinnerungen 1817–1867. 2 Bde, Leipzig 1905.

Droysen, Johann Gustav: Briefwechsel. 2 Bde. Hrsg. Rudolf Hübner. Leipzig 1929.

Fay, Theodore S.: The Three Germanys. Glimpses Into Their History. 2 Bde., New York 1889.

Fillmore Papers, 2 Vols. Ed. Frank H. Severance. Publications of the Buffalo Historical Society, Vol. XI. Buffalo, New York 1907 (Reprint New York 1970).

Kaiser Friedrich III. Tagebücher von 1848–1866. Hrsg. von Heinrich Otto Meisner, Leipzig 1929.

Unter *Friedrich Wilhelm IV.* Denkwürdigkeiten des Ministerpräsidenten Otto Freiherrn von Manteuffel. Hrsg. Heinrich von Poschinger. Bd. 1–3, Berlin 1901.

Fröbel, Julius: Ein Lebenslauf. Aufzeichnungen, Erinnerungen und Bekenntnisse. Bd. 1 Stuttgart 1890, Bd. 2 Stuttgart 1891.

- Aus Amerika. Erfahrungen, Reisen und Studien. Bd. 1 Leipzig 1857, Bd. 2 Leipzig 1858.

- Amerika, Europa und die politischen Gesichtspunkte der Gegenwart. Berlin 1859.

Gerlach, Ernst Ludwig von: Aufzeichnungen aus seinem Leben und Wirken 1795–1877. Hrsg. von Jakob von Gerlach, Schwerin 1903.

Gurowski, Adam: Diary from March 4, 1861, to November 12, 1862, Boston 1862.

Ausgewählter Briefwechsel Rudolf *Hayms.* Hrsg. Hans Rosenberg. Osnabrück 1967 (Nachdruck von 1930)

Heinzen, Karl: Erlebtes, 2 Bde, Boston 1864, 1874.

Gespräche Alexander von *Humboldts.* Hrsg. Hanno Beck im Auftrage der Alexander von Humboldt-Kommission der Deutschen Akademie der Wissenschaften zu Berlin, Berlin 1959.

Briefe Alexander von *Humboldts* an Varnhagen von Ense aus den Jahren 1827 bis 1858. Hrsg. Ludmilla Asing, Leipzig 1860.

Briefe von Alexander von *Humboldt* an Carl Josias Freiherr von Bunsen (1816–1856). Leipzig 1861.

Memoirs of Gustave *Koerner* 1809–1896. Ed. Thomas J. Mc Cormack, 2 Vols, Cedar Rapids, Iowa 1909.

Körner, Hermann Joseph Aloys: Lebenskämpfe in der Alten und Neuen Welt, Leipzig Bd. 1 1865, Bd. 2 1866.

The Collected Works of Abraham *Lincoln.* Ed.. Roy B. Basler, New Brunswick, New Jersey 1955.

Lord Loftus, Augustus William Frederick Spencer: Diplomatic Reminiscences, 4 Vols, London 1892–1894.

Marx, Karl: Politische Schriften, Hrsg. Hans-Joachim Lieber, Darmstadt 1971.

McClellan, George B.: McClellan's own Story. The War of the Union, New York 1887

Meyendorff, Peter von. Ein russischer Diplomat an den Höfen von Berlin und Wien. Politischer und privater Schriftwechsel 1826–1863. Hrsg. Otto Hoetzsch. Berlin/Leipzig 1923.

Gesammelte Schriften und Denkwürdigkeiten des General-Feldmarschalls Grafen Helmuth von *Moltke.*

4. Bd., Briefe, Berlin 1891, 5. Bd., Briefe und Erinnerungen, Berlin 1892.

7. Bd., Reden, Berlin 1892.

The Correspondence of John Lothrop *Motley*. 2 Vols. Ed. George William Curtis. London/New York 1889.

John Lothrop *Motley* and his Family. Further letters and records. Ed. by his daughter and Herbert St. John Mildmay. London/New York 1910.

Paul Wilhelm von Württemberg: Reisen und Streifzüge in Mexiko und Nordamerika 1849–1856. Hrsg. Siegfried Augustin. Stuttgart/Wien 1986.

Denkwürdigkeiten aus dem Leben des Generalfeldmarschalls Kriegsministers Grafen von *Roon*, Sammlung von Briefen, Schriftstücken und Erinnerungen. Berlin, 5. A., 1905.

Schurz, Carl: Lebenserinnerungen. 2 Bde. Berlin 1906/07.

Scheibert, Justus: Sieben Monate in den Rebellenstaaten während des nordamerikanischen Krieges 1863, Stettin 1868

– Der Bürgerkrieg in den Vereinigten Staaten. Militärisch beleuchtet für den deutschen Offizier. Berlin 1874.

– Mit Schwert und Feder. Erinnerungen aus meinem Leben. Berlin 1902.

– Konföderierte Profile, Hrsg. Horst Scheibert, Wyk auf Föhr 1994

– Strategie und Taktik, Hrsg. Horst Scheibert, Wyk auf Föhr 1995.

– Schlachten und Gefechte, Hrsg. Horst Scheibert, Wyk auf Föhr. 1995.

Seward, Frederick William: W. Seward at Washington as Senator and Secretary of State. A Memoir of His Life, with Selections from His Letters, 1861–1872. New York 1891.

Richard Henry *Stoddard*: The Life, Travels and Books of Alexander von Humboldt, New York 1859.

Struve, Gustav: Diesseits und jenseits des Oceans, Coburg 1863, Zweites Heft, Coburg 1864.

Memoirs and Letters of Charles *Sumner*. Ed. Edward L. Pierce. 4 Vols., Boston 1877–1893.

The Selected Letters of Charles *Sumner*. Ed. by Beverly Wilson Palmer, 2 Vols, Boston 1990.

Life, Letters and Journals of George *Ticknor*. Ed. Anna Ticknor, 2 Vols., Boston 1876.

Varnhagen von Ense, Karl A.: Tagebücher. Bd. 7, 8, Zürich 1865. Bd. 9, 10, Hamburg 1868. Bd. 11, Hamburg 1869. Bd. 12, 13, 14, Hamburg 1870.

Von Achten der Letzte. Amerikanische Kriegsbilder aus der Südarmee des Generals Robert E. Lee. Von einem ehemaligen Königl. preuß. Einjährig-Freiwilligen. Wiesbaden/Philadelphia 1871.

Hermann *Wagener*: Erlebtes. Meine Memoiren aus der Zeit von 1848 bis 1866 und von 1873 bis jetzt, Berlin 1884.

The Papers of Daniel *Webster*. Correspondence. Vol. 7 (1850–1852). Ed. Ch. M. Wiltse and M. J. Birkner. London 1986.

Quellensammlungen

A Digest of International Law, by John Bassett Moore. Washington D. C., 1906 (Reprint New York 1970).

Akten zur Geschichte des Krimkriegs. Hrsg. Winfried Baumgart.
 I. Österreichische Akten zur Geschichte des Krimkriegs. Bd. 1–3, München 1979/80.
 II. Preußische Akten zur Geschichte des Krimkriegs. Bd. 1–2, München 1990/91.
 III. Englische Akten zur Geschichte des Krimkriegs. Bd. 1–4, München 1988–1994.

Preußens auswärtige Politik 1850–1858. Unveröffentlichte Dokumente aus dem Nachlasse des Ministerpräsidenten Otto Freiherr von Manteuffel. 3 Bde. Berlin 1902.

Die auswärtige Politik Preußens 1858–1871. Diplomatische Aktenstücke. Hrsg. Historische Reichskommission. 10 Bde. Oldenburg/Berlin 1932–1941.

Das Ende des maximilianischen Kaiserreiches in Mexiko. Berichte des königlich preußischen Ministerresidenten Anton von Magnus an Bismarck 1866–1867. Hrsg. Joachim Kühn, Göttingen 1965.

Matsch, Erwin: Wien – Washington. Ein Journal diplomatischer Beziehungen 1838–1917. Wien/Köln 1990.

Neue Sammlung officieller Actenstücke in Bezug auf Schiffahrt und Handel in Kriegszeiten. II. Hamburg 1862.

Official Records of the Union and Confederate Navies in the War of the Rebellion. 26 vols., Washington, D. C., 1894–1922.

Offizierstammliste des 3. Posenschen Infanterie-Regiments Nr. 58, bearbeitet von Kaempfe. Glogau 1910.

Papers Relating to Foreign Affairs, Accompanying the Annual Messages of the Second Session of the Thirty-Seventh Congress. Washington, D. C., 1861 (Reprint New York 1965).

Papers Relating to Foreign Affairs, Accompanying the Annual Message of the President. Washington, D. C., 1862–1869.

Quellen zu den deutsch-amerikanischen Beziehungen 1776–1917. Hrsg. Reiner Pommerin, Michael Fröhlich. Darmstadt 1996

Stammliste der Offiziere, Sanitätsoffiziere und Beamten des Infanterie-Regiments Prinz Friedrich Carl von Preußen (8. Brandenb.) Nr. 64, bearbeitet von Major Vierow. Oldenburg/Leipzig 1901.

The War of the Rebellion: A Compilation of the official Records of the Union and Confederate Armies. 128 vols., Washington, D.C., 1880–1901.

Treaties, Conventions, International Acts, Protocols and Agreements between the United States of America and other Powers 1776–1909. Compiled by William

M. Malloy under resolution of the Senate of January 18, 1909. 2 Vols. Washington, D. C., 1910.

Treaties and other International Acts of the United States of America, ed. by Hunter Miller. Volume 7, 1855–1858, Washington, D. C., 1942.

Parlamentaria

Stenographische Berichte des Hauses der Abgeordneten 1850–1865. II.–VII. Legislaturperiode. Anlagen und Drucksachen der Stenographischen Berichte.

Stenographische Berichte über die Verhandlungen des Norddeutschen Reichstages, 1867–1870.

The Congressional Globe, New Series. Containing the Debates, Proceedings and Laws. Washington 1850–1867.

Periodika, Gesetzesblätter und Zeitungen

Gesetz-Sammlung für die Königlichen Preußischen Staaten. 1850–1865.

Justiz-Ministerialblatt für die Preußische Gesetzgebung und Rechtspflege 1850–1865.

Königlich Preußischer Staatsanzeiger 1850–1867.

Ministerialblatt für die gesamte innere Verwaltung. 1850–1865.

Militair-Wochenblatt 1860–1880, Militair-Literaturzeitung 1860–1880.

Preußisches Handelsarchiv. Berlin. Jahrgänge 1851–1865.

Einzelne Nummern folgender Zeitungen und Zeitschriften:

Augsburger Allgemeine, Auswanderungszeitung (Schwarzburg-Rudolstadt), Börsenhalle (Hamburg), Hammonia, Deutsche Allgemeine Zeitung (Leipzig), Kreuzzeitung, Allgemeine Zeitung (Berlin), Kölnische Zeitung, Stolper Wochenblatt, Weser-Zeitung (Bremen), Deutsche Auswanderer-Zeitung (Bremen).

Boston Daily Courier, The Herald (New York), New York Daily Tribune, New York Evening Express, The New York Times, New Yorker Staatszeitung, New Yorker Abendzeitung, Illinois Staatszeitung (Chicago), Baltimore Wecker, Wächter und Anzeiger (Cleveland).

The Atlantic Monthly (Boston), New England and Yale Review (New Haven), The Living Age (New York etc.), Harper's New Monthly Magazine (New York), Scribner's Monthly (New York), The Century, a popular Quarterly (New York), American Whig Review (New York).

Morning Star (London).

Literatur

Adams, Henry M.: Die Beziehungen zwischen Preußen und den Vereinigten Staaten 1775–1870. Würzburg 1960.

Allen, H. C.: Great Britain and the United States. A History of the Anglo-American Relations (1783–1952), o.O., o.J.

Balace, Francis: La Belgique et la Guerre de Sécession, 1861–1865, Etude diplomatique, Paris 1979.

Bancroft, Frederic: The Life of William H. Seward, 2 Bde, Gloucester Mass. 1967 (Repr. von 1899).

Barnes, William, and Morgan, John Heath: The Foreign Service of the United States, Origins, Development and Functions. Washington D.C. 1961.

Baumgart, Winfried: Zur Außenpolitik Friedrich Wilhelms IV. 1840–1858. S. 132–156 in Friedrich Wilhelm IV. in seiner Zeit. Hrsg. Otto Büsch, Berliner Historische Kommission. Bd. 62, Berlin 1987.

Beck, Hanno: Alexander von Humboldt. 2 Bde, Wiesbaden 1959, 1961.

Becker, Felix: Die Hansestädte und Mexiko. Handelspolitik, Verträge und Handel 1821–1867. Acta Humboldtiana Nr. 9. Wiesbaden 1984.

Bemis, Samuel Flagg (Ed.): The American Secretaries of State and their Diplomacy. Volume VI, New York 1928.

Bergengrün, Alexander: Staatsminister August Freiherr von der Heydt, Leipzig 1908.

Bernath, Stuart L.: Squall across the Atlantic. American Civil War Prize Cases and Diplomacy, Berkeley/Los Angeles 1970.

Berühmte deutsche Vorkämpfer für Fortschritt, Freiheit und Friede in Nord-Amerika von 1626 bis 1901 (Anonym). Cleveland/Ohio 1904.

Beutin, Ludwig: Bremen und Amerika. Zur Geschichte der Weltwirtschaft und der Beziehungen Deutschlands zu den Vereinigten Staaten. Bremen 1953.

Blumberg, Arnold: The Diplomacy of the Mexican Empire, 1863–1867, Transactions of the American Philosophical Society. New Series – Volume 61, Part 8, Philadelphia 1971.

Bödiker, T.: Die preußische Auswanderung und Einwanderung seit dem Jahre 1844. Gewerbliche Zeitschrift, Düsseldorf 1879.

Börner, Karl Heinz: Die Krise der preußischen Monarchie von 1858 bis 1862. Akademie der Wissenschaften der DDR. Schriften des Zentralinstituts für Geschichte, Bd. 49, Berlin 1976.

Bondi, Bernhard: Deutschlands Außenhandel 1815–1870. Berlin 1976.

Bonjour, Edgar: Ein amerikanischer Vermittlungsversuch im Neuenburger Konflikt. S. 286 ff., in: Zeitschrift für Schweizerische Geschichte, Bd. XIX, 1939.

– Der Neuenburger Konflikt 1856/57. 1957.

Borries, Bodo von: Deutschlands Außenhandel 1836 bis 1856. Stuttgart 1970.

Bretting, Agnes/*Bickelmann,* Hartmut: Auswanderungsagenturen und Auswanderungsvereine im 19. und 20. Jahrhundert. Von Deutschland nach Amerika, Bd. 4. Stuttgart 1991.

Bruhns, Karl (Hrsg.): Alexander von Humboldt, Leipzig 1872.

Brysch, Thomas: Marinepolitik im preußischen Abgeordnetenhaus und Deutschen Reichstag 1850–1888. Hamburg etc. 1996.

Buschbell, Gottfried: Geschichte der Stadt Krefeld. 2. Bd., Krefeld 1954.

Bußmann, Walter: Zwischen Preußen und Deutschland. Friedrich Wilhelm IV., Berlin 1990.

Conzen, Kathleen Neils: Patterns of German-American History. S. 14 bis 36 in: Germans in America. Ed. Randall M. Miller, Ephrata/Pennsylvania 1984.

Cunz, Dieter: The Maryland Germans, Princeton N.J. 1948.

Curran, Thomas J.: Xenophobia and Immigration 1820–1930, Boston 1975.

Curti, Merle Eugene: Austria and the United States 1848–1852. A Study in diplomatic relations. Smith College Studies in History, Northampton, Mass., Vol. XI, No. 3, April 1926.

Curtius, P.: Kurd von Schlözer, 1912.

Däbritz, Walther: Gründung und Anfänge der Disconto-Gesellschaft Berlin. München/Leipzig 1931.

Diehl, Carl: American and German Scholarship 1770–1870, New Haven/London 1978.

Drechsler, Wolfgang: Andrew D. White in Deutschland. Der Vertreter der USA in Berlin 1879–1881 und 1897–1902, Diss., Marburg 1988.

Duppler, Jörg: Der Juniorpartner – England und die Entwicklung der deutschen Marine 1848–1890. Schriftenreihe des deutschen Marine-Institutes, Bd. 7, Herford 1985.

Eickhoff, Anton: In der neuen Heimat. Geschichtliche Mitteilungen über die deutschen Einwanderer in allen Teilen der Union. New York 1884.

Enax, Karl: Otto von Manteuffel und die Reaktion in Preußen, Diss. phil., Dresden 1907.

Faust, Albert Bernhardt: The German Element in the United States, Boston/New York 1909.

Ferris, Norman B.: The Trent Affair, A Diplomatic Crisis, Knoxville, Tennessee 1977.

Finzsch, Norbert/*Martschukat,* Jürgen (Ed.) Different Restorations, Reconstruction and „Wiederaufbau" in Germany and the United States: 1865, 1945 and 1989, Providence, Oxford 1996.

Fischer, Wolfram: Berlin und die Weltwirtschaft im 19. und 20. Jahrhundert, Informationen der Historischen Kommission zu Berlin, Beiheft Nr. 13, Berlin 1989.

Fisk, George M.: Die handelspolitischen und sonstigen völkerrechtlichen Beziehungen zwischen Deutschland und den Vereinigten Staaten von Amerika. Stuttgart 1897.

Fogdall, Soren J. M. P.: Danish-American Diplomacy 1776–1920. University of Iowa Studies in the Social Sciences, Vol. VIII, No. 2, Iowa City 1922.

Fraenkel, Ernst: Amerika im Spiegel des deutschen politischen Denkens, Köln 1959.

Franz, Eugen: Der Entscheidungskampf um die wirtschaftspolitische Führung Deutschlands, München 1933.

Frei, Alfred Georg: Der gute General von Manhattan, Die Zeit Nr. 34 vom 15.8.2002, S. 76.

Freidel, Frank: Francis Lieber, Nineteenth Century Liberal. Gloucester Mass. 1968.

Freitag, Sabine: Friedrich Hecker, Biographie eines Republikaners. Transatlantische Historische Studien, Bd. 10. Stuttgart 1998.

Gerber, Harry: Der Anteil Deutschlands, insbesondere Frankfurts an der Aufbringung der nordamerikanischen Kriegsanleihen während des amerikanischen Bürgerkrieges. S. 125–130 in: Archiv für Frankfurts Geschichte und Kunst, 4. Folge, Bd. 5, 1942.

Golder, Frank: The American Civil War through the eyes of a Russian diplomat, S. 454–463 in: The American Historical Review 1895, Bd. 26.

Grabbe, Hans-Jürgen: Die Amerikamüden und die Deutschlandmüden: Deutsche Amerikaperzeptionen im 19. Jahrhundert, S. 185–214 in: Franz Lieber und die deutsch-amerikanischen Beziehungen im 19. Jahrhundert, Hrsg. Karl Schmitt, Weimar etc. 1993.

Greiling, Werner: Varnhagen von Ense, Köln 1993.

Guzley, John Gerow: American Opinion of German Unification 1848–1871. New York 1926.

Handlin, Lilian: George Bancroft, The Intellectual as Democrat. New York 1984.

Hartmann, Stefan: Die USA im Spiegel der Oldenburgischen Konsulatsberichte 1830–1867. S. 121–142 in: Zwischen London und Byzanz. Veröffentlichungen der Niedersächsischen Archivverwaltung. Beiheft 23, Göttingen 1979.

Helbich, Wolfgang J.: „Alle Menschen sind dort gleich ..." Die deutsche Amerika-Auswanderung im 19. und 20. Jahrhundert. Düsseldorf 1988.

Henderson, W. O.: The Zollverein, London 1959.

Henninghausen, Louis P.: History of the German Society of Maryland, Baltimore 1909.

Hinners, Wolfgang: Exil und Rückkehr, Friedrich Kapp in Amerika und Deutschland 1824–1884. German-American Studies, Vol. 4, Stuttgart 1987.

Hoogenboom, Ari: Civil Service Reform in the United States of America, S. 102–118 in: Oceans apart? Comparing Germany and the United States. Studies in

Commemoration of the 150th Anniversary of the Birth of Carl Schurz. Ed. E. Angermann, M. L. Twings, Stuttgart 1987.

Howe, M. A. de Wolfe: The Life and Letters of George Bancroft, Port Washington, N. Y./London 1908.

Dr. Hübners Jahrbuch für Volkswirtschaft und Statistik, 1854.

Huston, James L.: The Panic of 1857 and the Coming of the Civil War, Baton Rouge/London 1987.

Jonas, Manfred: The United States and Germany. A Diplomatic History. Ithaca/London 1984.

Just, Michael/*Bretting,* Agnes/*Bickelmann,* Hartmut: Auswanderung und Schifffahrtsinteressen, „Little Germanies" in New York, Deutschamerikanische Gesellschaften, Von Deutschland nach Amerika. Zur Sozialgeschichte der Auswanderung im 19. und 20. Jahrhundert, Bd. 5, Stuttgart 1992.

Kamphoefner, Walter D.: German-Americans and Civil War Politics: A Reconsideration of the Ethnocultural Thesis. S. 232–246 in: Journal of Civil War History, No. 3, Kent Ohio, Sept. 1991.

Katz, Irving: August Belmont. A Political Biography. New York/London 1968.

Kaufmann, Wilhelm: Die Deutschen im amerikanischen Bürgerkrieg, München 1911.

Kennedy, Charles Stuart: The American Consul. A History of the United States Consular Service, 1776–1914. New York etc. 1990.

Kellenbenz, Hermann: Wirtschafts- und Sozialentwicklung der nördlichen Rheinlande seit 1815. S. 9–192 in: Rheinische Geschichte, Bd. 3. Hrsg. F. Petri, G. Droege. Düsseldorf 1979.

Kessel, Eberhard: Carl Schurz und Gottfried Kinkel. S. 109–134 in: Europa und Übersee. Festschrift für Egmont Zechlin. Hrsg. O. Brunner, D. Gerhard. Hamburg 1961.

Kirchhain, Günter: Das Wachstum der deutschen Baumwollindustrie im 19. Jahrhundert, Münster 1973.

Kloß, Heinz: Um die Einigung des Deutschamerikanertums, Berlin 1937.

Kroker, Evelyn: Die Weltausstellungen im 19. Jahrhundert, Göttingen 1975.

Lambach, Frank: Der Draht nach Washington, Köln 1976.

Langen, Heinrich Joseph: Burg zur Leyen bei Linz am Rhein, Köln 1927.

Leish: The American Heritage. Pictorial History of the Presidents of the United States, Vol. 1, 1968.

Löffler, Michael: Preußens und Sachsens Beziehungen zu den USA während des Sezessionskrieges 1860–1865. Studien zu Geschichte, Politik und Gesellschaft Nordamerikas, Bd. 10. Münster 1999.

Loidolt, Alfred: Die Beziehungen Österreichs zu den Vereinigten Staaten zur Zeit des amerikanischen Bürgerkrieges 1861–1865, Diss. phil. Masch., Wien 1949.

Lonn, Ella: Foreigners in the Confederacy, Gloucester 1965.
- Foreigners in the Union Army and Navy, New York 1969.
- Desertion during the Civil War, Lincoln/London 1998 (Repr.).

Luvaas, Jay: A Prussian Observer with Lee, S. 105–117 in: Military Affairs XXI, Manhattan 1957.

Marschalck, Peter: Deutsche Überseewanderung im 19. Jahrhundert, Stuttgart 1973.

Marshall, Carl Richter: Der amerikanische Bürgerkrieg, von Österreich aus gesehen, Diss. phil. Masch., Wien 1956.

Mergen, Josef: Die Auswanderung aus den ehemals preußischen Teilen des Saarlandes im 19. Jahrhundert, Saarbrücken 1973.

Meyer, Luciana Ranshofen-Wertheimer: German-American Migration and the Bancroft Naturalization Treaties 1868–1910, Diss., New York 1970.

Miller, Francis Trevelyan (Ed.): The Photographic History of The Civil War In Ten Volumes, New York 1911.

Moltmann, Günter: Atlantische Blockpolitik im 19. Jahrhundert. Die Vereinigten Staaten und der deutsche Liberalismus während der Revolution 1848/49. Düsseldorf 1973.
- Deutsche Amerikaauswanderung im 19. Jahrhundert, Amerika-Studien Bd. 44, Stuttgart 1976.
- Nordamerikanische „Frontier" und deutsche Auswanderung – soziale Sicherheitsventile im 19. Jahrhundert? S. 279–296 in: Dirk Stegmann u. a.: Industrielle Gesellschaft und politisches System. Beiträge zur politischen Sozialgeschichte. Festschrift für Fritz Fischer zum 70. Geburtstag. Bonn 1978.

Murdock, Eugene C.: One Million Men. The Civil War, Draft in the North, Madison Wisconsin 1971.

Mutius, Albert von: Graf Albert Pourtalès. Ein preußisch-deutscher Staatsmann. Berlin 1933.

Nadel, Stanley: Kleindeutschland. New York City's Germans 1845–1880. Diss., Columbia University 1981.

Nagler, Jörg: Fremont contra Lincoln. Die deutsch-amerikanische Opposition in der Republikanischen Partei während des amerikanischen Bürgerkrieges. Frankfurt/M. etc. 1984.

Nau, John Frederick: The German People of New Orleans 1850–1900, Leiden 1858.

Lord Newton: Lord Lyons. A Record of British Diplomacy. 2 Vols. London 1913.

Nichols, Roy Franklin: Franklin Pierce. Young Hickory of the Granite Hills. Philadelphia 1931.

Öfele, Martin: Deutschsprachige Einwanderer als Offiziere afroamerikanischer Truppen im amerikanischen Bürgerkrieg, Diss. phil. Leipzig 1999.

Olson, Audrey Louise: St. Louis Germans, 1850–1920: The Nature of an Immigrant Community and its Relation to the Assimilation Process, Diss. phil., University of Kansas 1970.

Oncken, Hermann: Historisch-politische Aufsätze und Reden. 1. Bd. München, Berlin 1914.

Penkwitt, Wolfgang: Preußen und Brasilien. Zum Aufbau des preußischen Konsularwesens im unabhängigen Kaiserreich Brasilien (1822–1850). Beiträge zur Wirtschafts- und Sozialgeschichte, Bd. 27, Wiesbaden 1983.

Penney, Sherry: Patrician in Politics. Daniel Dewey Barnard of New York. Port Washington N.Y./London 1974.

Perkins, Dexter: A History of the Monroe Doctrine, London etc. 1960.

Petersdorff, Hermann von: König Friedrich Wilhelm der Vierte, Stuttgart 1900.

Pfeiffer, Baldur Eduard: Deutschland und der amerikanische Bürgerkrieg 1861–1865, Diss. phil. Würzburg 1971.

Phisterer, Frederick: New York in the War of the Rebellion 1861 to 1865, Albany N. Y. 1912.

Priesdorf, Kurt von: Soldatisches Führertum, Bd. 10, Hamburg o. J.

Ratner, Sidney: The Tariffs in American History, New York 1972.

Rau, Heinrich: Vergleichende Statistik des Handels der deutschen Staaten, Wien 1863.

Rayback, Robert: Millard Fillmore. A Biography of a President. New York 1959.

Reiter, Herbert: Politisches Asyl im 19. Jahrhundert. Die deutschen politischen Flüchtlinge des Vormärz und der Revolution von 1848/49 in Europa und den USA. Historische Forschungen Bd. 47. Berlin 1992.

Rönne, Julius von: Friedrich von Rönne, Hauptzüge aus seinem Leben, und dessen Abhandlung über die Verfassung der Vereinigten Staaten, Berlin 1867.

Rosenberg, Hans: Die Wirtschaftskrisis von 1857–1859, Stuttgart, Berlin 1934.

Salewski, Michael: Die Deutschen und die See, Studien zur deutschen Marinegeschichte des 19. und 20. Jahrhunderts, HMRG Beiheft 25, Stuttgart 1998.

Schmidt, Eva: Wenzel Philipp Baron von Mareschal, ein österreichischer Offizier und Diplomat, 1785–1859, Wien 1975.

Schöberl, Ingrid: Amerikanische Einwandererwerbung in Deutschland 1845–1914, Stuttgart 1990.

Schoenwaldt, Peter: Alexander von Humboldt und die Vereinigten Staaten von Amerika. S. 431–482 in: Alexander von Humboldt, Werk und Weltgeltung. Hrsg. H. Pfeiffer, München 1969.

– Alexander von Humboldt und die Sklavenfrage. In: Wächter und Anzeiger, Sonderausgabe, Cleveland 13.9.1970.

– Alexander von Humboldt und die USA. S. 273–282 in: Alexander von Humboldt, Leben und Werk. Hrsg. Wolfgang-Hagen Hein, Ingelheim 1985.

Schütz, Rüdiger: Die preußisch-amerikanischen Beziehungen in der Ära Rönne von 1834 bis 1843/50. S. 31–73 in: Forschungen zur Brandenburgischen und Preußischen Geschichte, Bd. 4, 1994, Heft 1.

Schulte, Wilhelm: Fritz Anneke, ein Leben für Freiheit in Deutschland und in den Vereinigten Staaten. In: Beiträge zur Geschichte Dortmunds, Bd. 57, 1960.

Schweikert, Ingeborg: Dr. Johann Georg Ritter von Hülsemann. Diss. phil. Ms., Wien 1956.

Seidenzahl, Fritz: 100 Jahre Deutsche Bank, 1870–1970. Frankfurt am Main 1970.

Shewmaker, Kenneth: Daniel Webster and the Politics of Foreign Policy, 1850–1852. S. 303–315 in: The Journal of American History, Vol. LXIII, No. 2, Sept. 1976.

Siemers, Bruno: Amerika und die deutsche Einheit. Phil. Habil.-Schrift, Ms., Kiel 1948.

Smolka, Georg: Die Auswanderung als politisches Problem in der Ära des Deutschen Bundes (1815–1866), Speyer 1993.

Snyder, Louis Leo: Die persönlichen und politischen Beziehungen Bismarcks zu Amerikanern, Diss. phil. Würzburg 1932.

Stahncke, Holmer: Die diplomatischen Beziehungen zwischen Deutschland und Japan 1854–1868, Stuttgart 1987.

Sterne, Margarete: Ein Amateur wird Diplomat. Die politische Karriere von William Walton Murphy, amerikanischer Generalkonsul in Frankfurt am Main, S. 119–132 in: Archiv für Frankfurts Geschichte und Kunst, Heft 48, Frankfurt am Main 1962.

Stolberg-Wernigerode, Otto Graf zu: Die Beziehungen zwischen Deutschland und den Vereinigten Staaten, Berlin 1933.

Stribrny, Wolfgang: Die Könige von Preußen als Fürsten von Neuenburg-Neuchatel (1707–1848), Quellen und Forschungen zur brandenburgischen und preußischen Geschichte, Bd. 14, Berlin 1998.

Studt, Christoph: Lothar Bucher (1817–1892). Ein politisches Leben zwischen Revolution und Staatsdienst. Schriftenreihe der Historischen Kommission bei der Bayerischen Akademie der Wissenschaften. Bd. 47, Göttingen 1992.

Summers, Mark W.: The Plundering Generation, Corruption and the Crisis of the Union, 1849–1861, New York/Oxford 1987.

Trefousse, Hans L.: The Radical Republicans, Lincoln's Vanguard for Racial Justice. New York 1969.

Vagts, Alfred: Deutsch-amerikanische Rückwanderung. Beihefte zum Jahrbuch für Amerikastudien, 6. Heft, Heidelberg 1960.

Wätjen, Hermann: Aus der Frühzeit des Nordatlantikverkehrs. Studien zur Geschichte der deutschen Schiffahrt und deutschen Auswanderung nach den Vereinigten Staaten bis zum Ende des Amerikanischen Bürgerkriegs. Leipzig 1912.

- Dr. Rudolf Schleiden als Diplomat in bremischen Diensten 1853–1866. S. 262–276 in: Bremisches Jahrbuch 1933.

Wandel, Joseph: The German Dimension of American History, Chicago 1979.

Warren, Gordon H.: Fountain of Discontent, The Trent-Affair and Freedom of the Seas, Boston 1981.

West, Richard S.: Lincoln's Scapegoat General. A Life of Benjamin F. Butler 1818–1893. Boston 1965.

White, Laura A.: The United States in the 1850's as seen by British Consuls. S. 506–536, in: Mississippi Valley Historical Review XIX.

Windmann, Theodor: Schiffahrt und Post. Bremen, Bremerhaven und New York. S. 101–117, in: Postgeschichtliche Blätter Weser-Ems, Bd. III, Heft 5, November 1968, Bremen.

Wislicenus, Georg: Prinzadmiral Adalbert, ein Vorkämpfer für Deutschlands Seemacht. Leipzig 1899.

Zacharasiewicz, Waldemar: Das Deutschlandbild in der amerikanischen Literatur, Darmstadt 1998.

Nachschlagewerke

Dictionary of American Biography, New York 1936.

Encyclopedia Britannica, 1970.

Encyclopedia of the American Civil War. Ed. David S. Heidler and Jeanne I. Heidler. Santa Barbara Cal. 1955.

Historical Statistics of the US. Bicentennial Edition. Ed. by US-Department of Commerce, Bureau of Census, 2 Vols., Washington D.C. 1975.

Personenregister

Politiker, Beamte, auch Offiziere, werden in der Regel mit der Funktion angeführt, die sie in den fünfziger und sechziger Jahren ausübten.

Der Name Gerolt taucht so oft auf, dass er nicht eigens hier im Verzeichnis aufgeführt ist.

Abeken, Heinrich, Beamter im Preußischen Ministerium der auswärtigen Angelegenheiten 227

Acker, Journalist 369

Adae, Kaufmann, 1856–67 Preußischer Konsul in Cincinnati, Ohio und zugleich Konsul von Bayern, Württemberg, Hannover und Oldenburg 41, 383, 457, 476 f., 594 f.

Adalbert von Preußen, Oberbefehlshaber der preußischen Marine 1849–71 12 f., 318

Adams, Charles F., 1861–68 US-Gesandter in London 449, 491, 591

Adams, Henry, US-Historiker und Journalist 121

Adams, John Quincy, erster Vertreter der USA in Berlin 122

Agassiz, Louis, Naturwissenschaftler 124

Albers, J. H., US-Konsularagent in Barmen-Elberfeld 100 ff., 111, 468

Almonte, mexikanischer General und Politiker 356

Amis, 1856/57 US-Konsul in Hamburg 120

Anderson, 1861–65 US-Konsul in Hamburg 120, 467 f., 471 ff., 476, 572 f., 619

Anderson, konföderierter General 632

Angelrodt, Ernst Karl, Kaufmann, Bankier, 1845–64 Preußischer Konsul in St. Louis, Missouri, zusätzlich Konsul von Baden, Bayern, Hessen, Mecklenburg-Schwerin, Oldenburg, Württemberg 6, 13, 37 f., 40, 43, 49 f., 53, 56, 60, 234, 240, 260, 270 ff., 382, 417 f., 422, 426 ff.

Anneke, Franziska Mathilde und Fritz, Journalisten 165

Appleton, 1857–61 Assistant Secretary of State 354, 408 f.

Backhouse, US-Konsul in Hannover 112

Bahnsen, Kaufmann, Hanseatischer Konsul in San Luis Potosi, Mexiko 634 f.

Balan, Hermann von, 1851–58 Vortragender Rat im Preußischen Ministerium der auswärtigen Angelegenheiten 336

Bancroft, George, 1845–46 Secretary of the Navy, 1846–49 US-Gesandter in London, 1867–74 US-Gesandter in Berlin 6, 76, 80, 89, 92, 96–99, 121 f., 124 f., 211, 403, 559–562, 581, 583–587, 600, 609, 630, 638, 640 f.

Banks, Nathaniel Prentiss, General der Armee der Union 504, 535, 539

Barentzen, Lauritz, Offizier im Dienst Dänemarks und 1862–64 auch der Union 575

Barnard, Daniel Dewey, 1849–53 US-Gesandter in Berlin 6, 30, 75 f., 79–82, 85 f., 89, 121, 124, 132, 151, 163, 175, 177–204, 245 f., 252 ff., 268, 546, 556

Barnett, Edward, bis 1861 Russischer Konsul in Charleston 500

Barth, Robert, Kaufmann, Preußischer Vizekonsul und ab 1864–67 Preußischer Konsul in St. Louis, Missouri 57, 477, 595

Bates, Edward, Attorney General 24

Bates, Isaac, 1851–54 US-Konsul in Aachen 77, 101 f., 203, 262 ff., 266 f.

Batsch, Vizeadmiral der preußischen Marine 13

Baumbach, Oberstleutnant Freiherr von, Konsul für Württemberg, Hessen-Nassau, Schwerin und Oldenburg in Milwaukee 52

Bazaine, François Achille, 1863–67 Oberbefehlshaber des französischen Expeditionskorps in Mexiko 628

Bedinger, US-Gesandter in Kopenhagen 345

Bedini, Bischof, 1853/54 Sondergesandter des Vatikan in den USA 233

Belmont, August, Bankier, Österreichischer Generalkonsul in New York 1844–50, 1853 US-Chargé d'Affaires in Haag, 1854–58 US-Ministerresident in Haag 55, 231, 246, 440

Benecke, preußischer Konsul in Mexiko Stadt 616 f., 619, 523, 634

Benjamin, Judah P., im US-Senat und ab 1861 im Kabinett von Davis 497, 502

Bermuth, 1860–62 Preußischer Justizminister 399, 402

Bernays, US-Konsul in Helsingör 107, 590

Bernstorff, Albrecht Graf von, u. a. Preußischer Gesandter in London, 1861/62 Minister der auswärtigen Angelegenheiten, dann Botschafter in London 51 f., 286, 294 f., 301, 330, 370 ff., 396, 442, 450 ff., 453, 492, 494 ff., 507, 536, 548 f., 552 f., 565, 589, 605, 614 ff., 618, 625, 627 f.

Beyme, bis 1858 US-Konsularagent in Memel 100, 110

Bieberstein, Marschall von, Badischer Gesandter in London 222

Bierwirth, Württembergischer Konsul in New York 394

Bigelow, John, 1861 US-Konsul in Paris, seit 1865 US-Gesandter dort 80, 449, 605, 622, 625, 628

Bille, Dänischer Gesandter in Washington 331 f., 337, 343

Bismarck, Otto von, 1851–59 Gesandter Preußens am Bundestag, 1859–62 Gesandter in Petersburg, 1862 Gesandter in Paris, ab 1862 Ministerpräsident und Minister der auswärtigen Angelegenheiten, ab 1867 Kanzler 5, 16, 24, 56, 62, 74, 92 f., 95 f., 179, 198, 226, 243, 309, 348, 403, 443, 452, 455, 470 f., 479, 481 ff., 504, 507, 512, 527 f., 536, 545, 552 f., 556–560, 563, 565, 568–571, 573 ff., 576–584, 606, 610 f., 620, 626 f., 633 f., 638 f., 641

Black, Jeremiah S., 1857–60 Attorney General, 1860/61 Secretary of State 113, 225, 353, 396 f., 443, 599

Blair, Francis P., Politiker der Union 590

Blair, Montgomery, 1861–64 Postmaster General 590

Blatchford, Richard Milford, 1862/63 US-Sondergesandter im Kirchenstaat 509

Bleichröder, Gerson, Bankier 483

Blenker, Louis, Achtundvierziger, 1861–63 General in der Armee der Union 522 f., 532

Bliss, 1867–74 US-Legationssekretär in Berlin 97

Bloomfield, Baron John Arthur Douglas, 1851–60 Britischer Gesandter in Berlin 83, 301 f., 316

Blum, Robert, Abgeordneter der Nationalversammlung 196

Blume, F. J. Theodor, 1861–63 Offizier aus Preußen in der Armee der Union 524

Bodelschwingh, Karl von, 1851–58 Preußischer Finanzminister 275, 483

Bodisco, bis 1854 Russischer Gesandter in Washington 173 ff., 232

Börnstein, Heinrich, 1861–66 US-Konsul in Bremen 38, 74 f., 93, 107 ff., 110 f., 121, 163, 167 f., 240, 440, 449, 468, 473, 484, 563, 567, 573, 590

Bogdan, Graf von Reichenbach 438

Borcke, Heros von, Offizier in der preußischen und der Südstaatenarmee 528, 530

Borries, Kaufmann, Preußischer Konsul in Louisville, Kentucky 36, 43, 53, 237 ff.

Brabender, Oscar von, preußischer und Unions-Offizier 524

Brandenburg, Graf, Preußischer Botschafter in London 492, 497

Brauns, Kaufmann, bis 1855 Preußischer Konsul in Baltimore, Maryland 40, 45, 57

Brockmann, J. H., US-Konsularagent in Königsberg 110 f.

Bromberg, US-Konsul in Hamburg 243, 252

Brooks, Preston Smith, Abgeordneter des Repräsentantenhauses aus South Carolina 431

Brown, John, Attentäter von Harper's Ferry 432

Bruck, Karl Ludwig von, 1848–51 Österreichischer Minister für Handel, Gewerbe und öffentliche Bauten 194

Buchanan, James, 1845–49 Secretary of State, 1853–57 US-Gesandter in London, 1857–61 US-Präsident 87 f., 105 f., 112, 119, 153, 221 f., 229, 246, 255, 310, 321 f., 324 f., 338, 344 f., 348 f., 351, 354–359, 361, 364, 368, 385 f., 396, 406, 411, 414, 417, 421, 423 f., 431, 433 f., 443 f., 448, 450, 640

Bucher, Lothar, Liberaler, seit 1864 im Preußischen Ministerium der auswärtigen Angelegenheiten 93

Buckland, Ralph P., Offizier der Union 541

Bülow, Geschäftsführer des Berliner Vereins zur Centralisation Deutscher Auswanderung und Kolonisation 128

Buggenhagen, Gustav von, aus Preußen stammender Offizier der Union Army 531

Bunch, bis 1861 Britischer Konsul in Charleston 500

Bunsen, Carl Josias Freiherr von, 1842–54 Preußischer Gesandter in London 253, 287, 298, 400

Burlage, niederländischer Generalkonsul in New York 394

Burnside, Ambrose, General der Union 509, 539

Butler, 1857–60 US-Legationssekretär in Berlin 89

Butler, Benjamin Franklin, Politiker und General der Union, 1862 Militärgouverneur von New Orleans 502 ff.

Calhoun, John, aus Süd-Carolina, 1832–1844 und 1845–1850 im US-Senat 150

Campbell, James, 1853–57 Postmaster General 207

Canisius, Journalist und Politiker, US-Konsul in Wien 168, 547

Canitz, Friedr. Rudolf von, 1846–48 Preußischer Minister des Auswärtigen 58 f.

Carlowitz, Sächsischer Geschäftsträger in Berlin 223

Cass, Lewis, 1845–57 im US-Senat, 1857–60 Secretary of State 42, 78, 84, 87, 89, 104 f., 109, 118, 124, 172, 256, 283, 324, 343, 345, 350, 352 ff., 360, 362, 364 f., 366 ff., 370, 388, 396, 403 f., 406 ff., 410 ff., 448, 546, 548 ff.

Cavour, Camillo Benso Graf, Ministerpräsident des Königreichs Sardinien 653

Chase, Salmon P., 1861–64 Secretary of the Treasury 593

Clarendon, Earl of, George William Frederick Villiers, Britischer Außenminister 1853–58, 1865/66, 1868–70 286, 291, 310, 330

Claussenius, Bankkaufmann, ab 1856 Preußischer Konsul in Chicago, Illinois 36

Clay, Cassius M., 1861–69 US-Gesandter in St. Petersburg 620

Clay, Henry, 1811–50 Kongressabgeordneter, 1825–29 Secretary of State 430

Clayton, John M., 1849/50 Secretary of State 85, 100, 147 ff., 171, 205, 484

Cobb, Howell, 1857–60 Secretary of the Treasury 434

Collamer, Jacob, 1849/50 Postmaster General 205 f.

Collas, US-Konsularagent in Danzig 100, 110

Conrad, August, aus Braunschweig stammender Offizier in der Confederate States Army 530

Corvin, Otto von, Teilnehmer des Badischen Aufstandes 1849, 1849–55 im Zuchthaus Bruchsal, nach der Emigration in die USA Korrespondent der Augsburger Allgemeinen Zeitung und der Londoner Times 14, 74, 93, 448, 531 f., 544

Corwin, Thomas, 1861–64 US-Gesandter in Mexiko Stadt 615 f.

Crampton, Sir John Fiennes Twiselon, 1852–56 Britischer Gesandter in Washington 295, 297 ff., 300, 332

Crittenden, John J., 1850–53 Attorney General 162

Curtis, Britischer Konsul in Köln 298

Cushing, Caleb, 1853–57 Attorney General 225, 296 ff., 335 f., 340, 352 f., 362

Dahmen, C. E., Bürgermeister von Aachen und zeitweilig US-Konsularagent 100, 102, 104

Dallas, George M., 1856–61 US-Gesandter in London 300

Daly, Charles Patrick, 1844–85 Judge of the Common Pleas Court in New York City 153, 159

Davis, Jefferson, 1853–57 Secretary of War, 1861–65 Präsident der Konföderierten 69, 538

Dayton, William L., Jurist, 1861–64 US-Gesandter in Paris 80

De Cetto, Bayerischer Gesandter in London 221

Delbrück, Rudolph von, Beamter im Handelsministerium, ab 1867 Präsident des Bundeskanzleramts 30, 88 f., 230, 268 f., 272 f., 275, 326, 419, 421, 461, 483

Delius, Preußischer Generalkonsul in Bremen 143, 368

De Puy, erster US-Konsul in Karlsruhe 112

Dermott, Hugh F., Abgeordneter des Repräsentantenhauses 325

Diergardt, Friedrich von, Textil-Fabrikant in Viersen bei Mönchen-Gladbach 127, 469

Diller, Isaac, 1857–61 US-Konsul in Bremen 78, 283 f., 407, 409 f., 472 f., 563 f.

Dix, John A., 1861 Secretary of the Treasury 459

Domschke, Achtundvierziger 237

Donelson, Andrew J., ab 1846 US-Gesandter in Berlin, ab 1.9.1848 zugleich in Frankfurt am Main bei der Reichsregierung akkreditiert und ab 19.3.1849 von Berlin abberufen und in Frankfurt ansässig 11, 147

Don José de Salas i Quiroga, Spanischer Konsul in Key West, Florida, und 1855–58 Preußischer Konsularagent dort 39

Douglas, Stephen Arnold, 1847–61 im US-Senat 445 f.

Dresel, Kaufmann, 1855–67 Preußischer Konsul in Baltimore 49, 457, 462, 477, 594 f.

Droysen, Johann Gustav, Historiker 326

Drouyn de Lhuys, Eduard, 1848/49, 1852–55 und 1862–66 Französischer Außenminister 625

Duckwitz, Arnold, Bremer Senator, 1848/49 Reichshandelsminister 12, 60

Dullye, Eugene, aus Preußen stammender amerikanischer Unternehmer 403 f., 406 f., 554 f.

Egloffstein, Friedrich Freiherr von, Offizier der Union 525

Einstein, Max, 1862 US-Konsul in Nürnberg 113

Engels, Friedrich, Sozialist 107

Ericsson, John, Ingenieur 534

Erlanger, Emil, Sohn Raphael Erlangers, Bankier 480

Erlanger, Raphael, Bankier 479

Eugénie, Gemahlin Napoleons III. 628

Eulenburg, Friedrich Graf zu, 1859 Leiter der preußischen Ostasienexpedition, 1862–78 Preußischer Minister des Innern 358, 476, 569

Everett, Edward, 1852/53 Secretary of State, 1853/54 im US-Senat 175, 182, 190, 220 f., 248 f., 307, 404, 594

Fay, Theodore Sedgewick, 1837–53 Legationssekretär an der US-Gesandtschaft in Berlin, 1853–61 US-Ministerresident in Bern 85 ff., 96, 122, 124, 135, 185, 194–201, 212, 252, 255, 347 ff., 428, 640

Fessenden, William, 1861–64 Chairman of the Senate Finance Committee 461

Fillmore, Millard, 1848 Vizepräsident, 1850–53 Präsident 30, 83, 85 f., 149, 154 f., 161 f., 172–175, 190, 193, 203 f., 206, 210, 215 ff., 226 ff., 229, 231, 233, 235, 241, 246, 249, 255, 274, 291, 350 f., 430 f., 630, 638, 640

Flottwell, Ed. Heinrich von, 1844–46 Preußischer Finanzminister, 1858/59 Innenminister 58

Foote, demokratischer Senator 147

Forey, französischer General 617

Fowler, Henry, Konsularagent der Hansestädte in Memel und ab 1861 auch der USA 110, 120

Franz Joseph I., Kaiser von Österreich, König von Ungarn 66, 114, 174, 564, 634

Frederich, 1861–67 Konsulatsverweser in Galveston für Preußen und alle anderen deutschen Staaten mit Ausnahme Sachsens und Österreichs 499

Fremont, John Charles, amerikanischer Forschungsreisender und Politiker 135, 255, 257, 350 f., 431, 454, 589 f., 594

French, Abel, 1855–61 US-Konsul in Aachen 10, 110

Friedrich der Große 198, 637

Friedrich Karl (1828–85), preußischer Prinz, Sohn des Prinzen Karl 528, 539

Friedrich Wilhelm, 1831–88 Kronprinz, 1888 Kaiser Friedrich III. 88, 361

Friedrich Wilhelm IV., König von Preußen 12, 15, 19 ff., 25, 31, 87, 121 f., 146, 158, 178 f., 181, 183, 187, 198, 201 f., 212, 221, 227, 294, 296, 347 f., 350, 360, 363, 629

Fröbel, Günther, Publizist in Thüringen 392

Fröbel, Professor Dr. Julius, Publizist, Mitglied der Nationalversammlung und bis in die sechziger Jahre in den USA 91, 104, 150, 163 f., 169, 238, 392, 397, 399 f.

Gaebel, aus Preußen stammender Offizier der Armee der Union 536

Gaebler, zunächst Beamter der preußischen inneren Verwaltung, dann 1854–57 in der Admiralität 127, 131, 142

Galen, Graf, Preußischer Gesandter in Madrid 528

Garibaldi, Giuseppe, italienischer Revolutionär 456, 575

Gau, Legationssekretär an der Preußischen Gesandtschaft in Washington 532

Gerlach, Ernst Ludwig von, Chefpräsident des Oberlandesgerichts zu Magdeburg, Mitbegründer der Kreuzzeitung 177

Gerlach, Leopold von, Bruder Ernst Ludwigs, Haupt der Kamarilla 179

Gevekoht, Karl Theodor, Bremer Kaufmann, Abgeordneter der Nationalversammlung 63, 68

Giorgi, Graf, 1863–64 Österreichischer Ministerresident in Washington 67

Glantz, Charles, 1857/58 US-Konsul in Stettin 105 f., 120 f., 415, 417

Godeffroy, Alfred, Kaufmann, 1851–53 Preußischer Konsul in San Francisco 36, 418, 426

Goltz, Robert Graf von der, 1860 Preußischer Gesandter in Petersburg, ab 1862 Botschafter in Paris 609 f., 622, 625, 627 ff.

Grabow, Guido von, Interimistischer Legationssekretär in Stockholm 1850–52, 1852–58 Legationssekretär in Washington, 1858–65 Legationsrat, 1865–68 Generalkonsul in New York, ab 1868 Generalkonsul des Norddeutschen Bundes und Geschäftsträger für Venezuela und Kolumbien mit Sitz in Caracas 22, 27, 40, 63, 73, 88, 344, 356, 386, 455 ff., 464, 527 f., 532

Graebe, Kaufmann, US-Konsul für Frankfurt am Main und das Rheinland und Westfalen bis 1849, 1835–54 US-Konsul für Hessen-Kassel, 1845–54 US-Konsul für Hessen-Darmstadt, Hannover und Braunschweig, 1866/67 Vizekonsul in Frankfurt am Main 100 ff., 109, 263, 581 f.

Graef, A., New Yorker Großhändler 266, 374

Grant, Ulysses Simpson, ab 1864 Oberbefehlshaber der Unionstruppen in Virginia, 1867/68 Secretary of War,

1869–77 US-Präsident 96, 455, 539, 587 f., 596, 598

Grund, Franz, aus Österreich stammender Journalist in den USA 87 f., 93, 151 ff., 161, 168, 424 f.

Gruner, Unterstaatssekretär im Preußischen Ministerium der auswärtigen Angelegenheiten 360, 449, 487

Gurowski, Graf Adam, 1861–63 Übersetzer des State Department 491, 495, 532

Guthrie, James, 1853–57 Secretary of the Treasury 274 ff., 328

Haben, in Preußen verhafteter Auswanderer 248 f.

Hahn, Michael, 1864 Gouverneur von Louisiana 501

Hall, Nathan K., 1850–52 Postmaster General 206

Halleck, Henry Wager, General in der Armee der Union 535

Hammerstein, aus Deutschland stammender Offizier der Union 536

Hammond, Unterstaatssekretär im britischen Foreign Office 366

Hannegan, Edward Allan, 1849 US-Gesandter in Berlin 11, 85

Hardenberg, Freiherr Karl von, Offizier in der badischen und der Unions-Armee 518, 521

Harkort, Friedrich Wilhelm, rheinischer Unternehmer 127, 201

Harrington, Assistant Secretary of the Treasury 482

Harris, Townsend, erster US-Ministerresident und Generalkonsul in Japan 358

Harvey, James, 1861–69 US-Gesandter in Lissabon 508 f., 566

Hassaurek, Friedrich, Journalist in Cincinnati, Ohio 168

Hatzfeld, Graf Paul von, Beamter der Preußischen Gesandtschaft in Paris 288, 303, 314

Haußmann, 1856–67 Preußischer Konsul in San Francisco 417, 419, 426, 457, 477

Haym, Prof. Dr. Rudolf, in der Nationalversammlung und 1866/67 im Abgeordnetenhaus 415 f.

Hebbe, amerikanischer Bewerber um das US-Konsulat in Aachen 102 ff.

Hecker, Friedrich, Anführer der badischen Revolution, seit 1849 in den USA, im Sezessionskrieg Offizier in der Unions-Armee 350

Heine, Heinrich, Dichter 107

Heine, Peter Wilhelm, Achtundvierziger, Offizier der Unions-Armee, 1871 nach Deutschland zurück 525

Heinzen, Carl, radikaler Demokrat des Vormärz 91, 160 f., 163 ff., 170, 237, 350

Hellwig, Beamter des Preußischen Ministeriums der auswärtigen Angelegenheiten 21, 365 f., 406

Herrmann, Major Carl von, Offizier im Dienst Preußens und der Union 535 ff., 601

Hesse, Preußischer Generalkonsul für Mittelamerika 136 ff., 166, 289

Heydt, August Freiherr von der, 1848–62 Minister für Handel und Gewerbe und öffentliche Arbeiten, 1862 und 1866–69 Finanzminister 12, 16, 33, 39, 41 f., 47, 114, 116, 126 f., 129 f., 131, 133, 138, 140 ff., 143, 149, 168, 199, 204 ff., 210, 230, 244, 256, 263 f., 268, 273 ff., 311–314, 317 f., 323, 329, 337, 339, 342, 365, 367 f., 381, 386, 394 f., 443, 487, 489, 501, 566, 637

Heydt, Eduard Freiherr von der (Sohn des oben genannten), Kaufmann und preußischer Vizekonsul in New York 1855–1858 und 1858–1865 dort

preußischer Konsul 42, 62, 114–117, 121, 139 f., 244 f., 273
Hildebrand, Dr. Wilhelm, 1853–57 US-Konsul in Bremen 118, 200
Hinckeldey, Karl Ludwig Friedrich von, Polizeipräsident von Berlin und seit 1854 Generalpolizeidirektor im Preußischen Ministerium des Innern 14, 103, 157
Hippel, Werber von Siedlern für Mexiko 619
Hirsch, Kaufmann, Preußischer Vizekonsul und ab 1858 Konsul in Boston, Massachusetts 54, 242
Hobbie, 1849/50 Assistant Postmaster General 205 f.
Hölscher, ab 1862 US-Konsularagent in Köln 111
Hoffmann, Franz A., Journalist in Chicago 46 f., 168, 412
Hohenlohe-Schillingsfürst, Chlodwig Fürst zu, 1866–70 Bayerischer Ministerpräsident und Minister des Auswärtigen 587
Holleben, Oscar von, Offizier im Dienst Preußens und der Union 528
Hudson, Edward Maco, US-Legationssekretär in Berlin 1860–61 89, 438, 449
Hudtwalker, Kaufmann und 1859–62 Preußischer Konsul in Savannah, Georgia 39, 498
Hülsemann, Dr. Johann Georg Ritter von, 1838–1841 Österreichischer Legationssekretär in Washington, ab 1841 Chargé d'Affaires und 1855–63 dort Ministerresident 65 ff., 70, 73 f., 78, 91, 148 f., 150, 162, 173–176, 222, 232 f., 352, 443, 447, 495, 504, 630
Hughes, Oberst, 1851 US-Sondergesandter für die New Yorker Weltausstellung 268, 307
Humboldt, Alexander von, Naturforscher 19 ff., 24, 88, 109, 121–124, 135, 146, 181, 227, 229, 246, 248, 255 f., 257, 280, 285 f., 289 f., 299 f., 351, 363, 397, 400, 423, 428, 454, 638
Hunter, Robert Mercer T., 1847–61 im US-Senat (aus Virginia), 1861/62 Confederate Secretary of State 46
Hunter, Chief Clerk of the State Department, zeitweilig Acting Under Secretary of State 556, 610
Hussey, George, Kaufmann, 1846–65 Preußischer Vizekonsul in New Bedford, Massachusetts 54

Ingraham, Kapitän der US-Marine 231 f., 248, 250
Itzenplitz, Graf von, 1862–73 Handelsminister 483, 504

Jachmann, Eduard Karl Emanuel, Kapitän der preußischen Marine 574
Jackson, Andrew, 1829–37 US-Präsident 434
James, G. P. R., Britischer Konsul in Richmond 423
Jockusch, Kaufmann, ab 1851 preußischer Konsul in Galveston, Texas 35, 279, 499
Johnson, Andrew, 1865–69 US-Präsident 89, 94–98, 110, 114, 226, 480, 586, 596–604, 610, 621 ff., 624, 628, 630 f., 633
Johnson, Cave, Postmaster General 355
Johnson, Reverdy, Senator aus Maryland 633
Joinville, Prince de, Sohn von König Louis Philippe d'Orléans 537
Jones, Daniel D., Abgeordneter des Repräsentantenhauses 248
Jones, Glancy, 1857–61 US-Gesandter in Wien 367

Juárez Guarcia, 1861–72 Präsident Mexikos 356 f., 612–618, 621 f., 629, 634 f.

Judd, Norman Buel, 1861–65 US-Gesandter in Berlin 79 f., 82, 88, 92–95, 114–118, 121 f., 197, 346, 414, 441 f., 443, 449 ff., 457 f., 487 f., 492, 494, 503, 509, 518, 523, 526 f., 534, 547–556, 563, 565–569, 573, 575 f., 578 f., 580, 682 f., 587 f., 591, 597, 641

Kamptz, preußischer Generalkonsul in Hamburg 129, 156, 209

Kapp, Friedrich, Achtundvierziger, Rechtsanwalt, 1849–70 in den USA 62, 91, 93, 107, 150, 350, 532

Karck, Ferdinand, Hamburgischer Generalkonsul in New York und Präsident der Deutschen Gesellschaft dort 160

Karl Anton, Fürst zu Hohenzollern-Sigmaringen, 1858–62 Preußischer Ministerpräsident 52, 565

Karl, Prinz, (1801–83), Bruder Wilhelms I., Generalfeldzeugmeister und Chef der Artillerie 88, 529, 539

Kasson, John A., Jurist, 1863–67 Kongress-Abgeordneter, 1867 US-Kommissar für die Verhandlungen über die Postkonventionen mit den westeuropäischen Staaten 210

Kehler, Hermann von, Beamter des Preußischen Ministeriums der auswärtigen Angelegenheiten 526

Kielmannsegg, Hannoverscher Gesandter in London 222, 243

King, Ralph, 1849–53 US-Konsul in Bremen 188, 194, 280

Kinkel, Gottfried, Professor, Achtundvierziger, 1850–66 emigriert, unter anderem in die USA 91, 156 ff., 161 ff., 164 f., 172, 174, 177, 229, 402

Kirchhoff, Charles, 1853–56 Preußischer Konsul in San Francisco 36, 541

Kleist-Retzow, Hans Hugo von, 1851–58 Oberpräsident der Rheinprovinz 103

König, Geheimrat, Beamter des Preußischen Ministeriums der auswärtigen Angelegenheiten 561

Koenneritz, Sächsischer Ministerresident in Berlin 550

Körner, Gustav, 1833 Emigration aus Frankfurt am Main in die USA, 1853–56 Stellvertretender Gouverneur von Illinois, 1861–64 US-Gesandter in Madrid 79, 84, 91–94, 350

Kossuth, Lajos, Führer der ungarischen Revolution 1848/49 und Reichsverweser 1849 103, 162, 171–178, 181, 229, 233, 246, 450

Koszta, Martin, ungarischer Revolutionär 66, 225, 230 ff., 233, 246–250

Krause, bis 1862 US-Konsularagent in Swinemünde 100, 110

Krause, Hugo von, 1868/69 Legationssekretär an der Preußischen Gesandtschaft in Washington 603

Kreismann, Hermann, aus Schwarzburg-Rudolstadt gebürtig, 1848 Auswanderung, US-Legationssekretär 1861–65, dann US-Konsul in Berlin 94 f., 115–118, 521, 526, 539, 544, 547, 555, 564, 566–569, 572, 579

Krohn, Heinrich Eduard, führender Hamburger Polizeibeamter 156 f., 160

Kruttschnitt, John, Rechtsanwalt, 1861–66 Preußischer Konsulatsverweser in New Orleans, dann Konsul 41 f., 501–504, 601 f.

Kusserow, Karl von, 1861–65 Offizier in der Unions-Armee, dann wieder in preußischen Diensten 524, 532

Personenregister

Lapough, Rechtsanwalt in New York 225

Lee, Robert Edward, General der Konföderierten 455, 596

Leiden, Joseph, 1852–62 Konsularagent in Köln 101, 111

Leopold I., 1831–65 König von Belgien 509, 567

Leppien, Kaufmann, 1854–56 Preußischer Konsul in Philadelphia 41

Leviseur, Carl Ludwig, Offizier in der preußischen und in der Unions-Armee 526

Lieber, Franz, deutsch-amerikanischer Staatswissenschaftler 93, 494, 532

Lievre, Eugen, Achtundvierziger, Inhaber des „Shakespeare-Hotels" in New York 157

Lincoln, Abraham, 1861–65 US-Präsident 72, 74, 80, 84, 90–94, 106, 110, 112, 114 f., 121, 351, 397, 433, 436, 441, 443 ff., 447 f., 450, 452 ff., 454 f., 457 f., 480, 482, 484 ff., 489, 503 f., 512 f., 517, 519, 521, 527, 538, 540 f., 543, 548, 550, 552–555, 561, 570, 590 f., 593 f., 596, 604, 614, 630

Lindenmüller, Inhaber des gleichnamigen Treffpunktes der Achtundvierziger in New York 157, 397

Lölhöffel, Friedrich von Löwensprung, Offizier im Dienst Preußens und der Union 527

Loftus, Lord A. F. Spencer, 1853–58 Legationssekretär an der Britischen Gesandtschaft in Berlin, Britischer Gesandter in Wien 1858–60, 1860–62 in Berlin, 1863–68 in München, 1866–71 wieder in Berlin 288

Lorck, bis 1858 US-Konsularagent in Königsberg 100, 110

Ludewig, Dr. W. E., Rechtsanwalt in New York 137, 163

Lüdemann, 1854 Generaldirektor der Preußischen Polizei 160

Lüttwitz, Offizier im Dienst Preußens und der Union 527

Lyons, Lord, Britischer Gesandter in Washington 23, 355, 444, 447, 451, 488, 491, 494 f., 497, 504

Magnus, Anton von, 1850–52 Legationssekretär an der Preußischen Ministerresidentur in Washington, 1866/67 Ministerresident in Mexiko, ab 1869 Preußischer Gesandter in Hamburg 155, 158, 612 f., 621, 629, 632, 634 f.

Mali, Belgischer Generalkonsul in New York 394

Mann, Ambrose Dudley, 1842–49 US-Konsul in Bremen, 1849 Beauftragter für Ungarn, 1853–57 Assistant Secretary of State, während des Sezessionskrieges als Südstaatenvertreter in Brüssel 149, 154, 171, 199, 230 f., 260, 328, 331, 448, 450, 484

Manteuffel, Otto Freiherr von, Nov. 1848–Nov. 1850 Preußischer Minister des Innern, Nov. 1850–Nov. 1858 Preußischer Ministerpräsident, seit Dez. 1850 zugleich Minister der auswärtigen Angelegenheiten 5, 11 f., 16, 20 f., 25 f., 30–33, 39, 47 f., 56, 62, 81 ff., 85 f., 102, 127, 130–141, 144 f., 159, 168, 175, 177, 179, 181 f., 184, 186 ff., 192, 196 f., 204, 212, 214, 223, 227, 251, 253 f., 273, 276 f., 288, 293 ff., 299, 302, 304, 311–318, 321–326, 328–332, 335 f., 339 f., 342, 344, 348, 360, 363, 381, 393, 396, 403 f., 407 f., 412 f., 422, 565, 629, 639

Marcard, Liberaler des Abgeordnetenhauses 256

Marcellino, Schwarzafrikaner in Preußen 255 ff.

Marcy, William L., 1853–57 Secretary of State 82 ff., 104, 145, 221 f., 230, 232, 247, 249 f., 264, 303, 305, 308, 310, 312, 314–318, 321 f., 325,

327 ff., 332–340, 343, 347, 353, 365, 369, 394, 396, 448, 487, 490, 550, 606, 640 f.

Mareschal, Wenzel Baron von, erster Österreichischer Ministerresident in Washington 65

Marsh, George P., 1861–82 US-Gesandter in Italien 92

Marsh, US-Konsul in Altona 572, 574 f.

Marx, Karl, sozialistischer Philosoph 64, 107

Mason, James M., 1851–61 Chairman of the Senate Foreign Relations Committee, dann im Auftrag der Konföderation in London und Paris 221, 333, 421, 448, 490 f., 497

Mason, John Y., 1854–59 US-Gesandter in Paris 73, 229, 246

Massow, Robert von, Offizier im Dienst Preußens und 1863/64 in der Confederate States Army 529

Matsell, Polizeidirektor in New York 158 f.

Maximilian, Ferdinand Josef, Erzherzog von Österreich und 1864–67 Kaiser von Mexiko 67, 507, 617 ff., 621, 630–635

Maximilian II., König von Bayern 468

McCanley, US-Generalkonsul in Alexandria 182

McClellan, George Brinton, General der Union, 1864 demokratischer Präsidentschaftskandidat 454, 492, 509, 522, 524, 533, 536

McDonald, James R., US-Vizekonsul in Hamburg 110 f.

McDowell, General der Unions-Armee 522, 524

McLane, Robert Milligan, 1859/60 US-Gesandter in Mexiko 357

Mecke, Johann G., Kaufmann aus Bremen, 1848–53 Preußischer Konsul in Philadelphia 41, 57, 223, 261, 265 f.

Mensdorff-Pouilly, Alexander Graf von, 1863–66 Österreichischer Minister des Äußern 632

Mercier, Französischer Gesandter in Washington 460, 488, 494, 504 f., 508, 513, 619, 622

Metternich, Klemens Fürst von, Österreichischer Staatskanzler 65

Meyer, Henry, Kaufmann, 1860–67 geschäftsführender Konsul für Preußen in Charleston 42, 498 ff.

Miramon, mexikanischer General und Politiker 356 f.

Montholon, Marquis de, Französischer Generalkonsul in New York, 1864/65 Gesandter in Mexiko, anschließend Gesandter in Washington 394, 618, 622 f., 627 f.

Morgan, Edward Dennison, 1858–62 Gouverneur von New York, 1863–69 im US-Senat 522

Morgan, G. E., US-Reeder 471

Morgan, George W., 1858–61 US-Ministerresident in Lissabon 367

Morozowicz, Offizier im Dienst Preußens und der Union 528

Morrill, Justin, Abgeordneter (Vermont) des Repräsentantenhauses 387, 459

Motley, John Lothrop, 1861–68 US-Gesandter in Wien 66 f., 72, 80, 92, 96, 124, 450, 484 f., 547, 564 f., 568–571, 576 f., 580, 591, 631

Mühler, Vertreter des Evangelischen Oberkirchenrates in Berlin 233 f.

Munther, Offizier in der preußischen und der Unions-Armee 524

Murphy, William Walton, 1861–69 US-Generalkonsul in Frankfurt am Main 6, 109, 450, 469 f., 478 f., 518, 552, 556, 571 f., 578, 581 f., 585

Napier, Sir Francis, englischer Gesandter in Washington 354 f.

Napoleon I., 1804–1815 Kaiser der Franzosen 197, 453, 589

Napoleon III., 1852–1870 Kaiser der Franzosen 178, 228, 299, 322, 442, 479, 485, 492 ff., 507–510, 564 f., 581 f., 585, 587, 605, 611, 614 f., 619–622, 624 f., 629 ff., 634, 641

Nast, US-Konsul in Stuttgart 112

Nesselrode, Karl Robert Graf von, 1844–56 Russischer Reichskanzler 329, 331 f.

Nikolaus I., 1825–1855 Zar und Kaiser von Russland 296

Oriolla, Preußischer Gesandter in Kopenhagen 335, 342

Osann, hamburgischer Agent in New York 15, 156 ff., 160 ff., 164, 241

Osborne, New Yorker Kaufmann 101

Otterbourg, Marcus, US-Konsul und 1867 US-Gesandter in Mexiko Stadt 634

Palmerston, Viscount, H. J. Temple, 1849–55 Britischer Innenminister, 1855–58 und 1859–65 Premier 298, 300, 479, 487, 605, 641

Pannewitz, Erich von, Offizier in der preußischen und in der Unions-Armee 527

Papendieck, Konsul u. a. für Hannover in Milwaukee 46 ff., 50

Paul Wilhelm von Württemberg, Herzog 236, 392, 418

Paulding, Hiram, US-Marineoffizier 13

Pelz, Eduard, Journalist 390–395

Pentz, Preußischer Generalkonsul in Alexandria 182

Perry, Matthew Calbraith, US-Marineoffizier 525

Philipsborn, 1849–54 Vortragender Rat im Preußischen Ministerium der auswärtigen Angelegenheiten, 1854–63 dort Leiter der III. Abteilung für staats- und zivilrechtliche Sachen, Mitglied des Staatsrates 35, 210

Pierce, Franklin, 1853–57 US-Präsident 84, 86, 102, 104, 109, 145, 221, 223 f., 228 ff., 231, 233, 245–250, 287, 289, 291, 296, 298, 302 ff., 317, 319 f., 322, 324 f., 328, 331 ff., 337 f., 341, 344, 350 ff., 396, 417, 423 f., 430 f., 487, 550–637, 640

Plate, J. H., Kaufmann, ab 1866 Preußischer Konsul in Philadelphia 41

Polk, James Knox, 1845–1849 US-Präsident 96, 147, 199

Pope, Offizier der Confederate States Army 449

Pommer-Esche, leitender Beamter im Preußischen Handelsministerium 132, 207

Prokesch von Osten, 1849–52 Österreichischer Gesandter in Berlin 178

Quehl, Preußischer Generalkonsul in Kopenhagen 327

Radmann, August, ab 1862 US-Konsularagent in Swinemünde 110, 120

Radowitz, Joseph Maria von, General, Sept. bis Nov. 1850 Preußischer Außenminister 20, 193, 199, 536

Radowitz, Paul von (Sohn des oben Genannten), preußischer Offizier, ab 1861 in der Union Army 521, 532, 544

Randall, Alexander W., Postmaster General 210

Raumer, Karl Otto von, 1850–58 Preußischer Kultusminister 57

Raymond, Henry J., Herausgeber der New York Times 447

43 Eimers

Rechberg, Graf Bernhard, 1855 Präsidialgesandter am Bundestag, 1859–64 Österreichischer Minister des Äußeren 484, 495, 571, 574

Reedern, Preußischer Botschafter in Petersburg 625

Reichard, Augustus, Kaufmann, 1858–61 Preußischer und Hannoverscher Konsul in New Orleans, 1861–65 Offizier in der Armee der Konföderierten 41 f., 501 f.

Reitzenstein, Hannoverscher Gesandter in Berlin 346, 552

Reuß, Prinz Heinrich VII., 1854–63 Legationssekretär an der Preußischen Vertretung in Paris 442, 492, 497

Richthofen, Emil Freiherr von, Preußischer Ministerresident in Mexiko bis 1859, dann Gesandter in Hamburg 612 f., 618

Ricker, Samuel, US-Konsul in Frankfurt am Main ab 1854, 1857–61 dort US-Generalkonsul 38, 78, 80, 84, 91, 104, 108 f., 111 f., 118 f., 128 f., 179, 244, 256 f., 345 f., 352 f., 356 f., 373, 382 f., 385, 388, 395, 400, 408, 415 f., 432, 450, 460, 462, 469, 518, 522, 563, 571 f.

Roeder, US-Konsul in Stettin ab 1867 121

Roesler, Adolph, Mitglied der Nationalversammlung, emigriert in die USA 163

Rönne, Friedrich von, 1833–36 Preußischer Geschäftsträger in Washington, 1836–43 Ministerresident dort, 1843–48 Präsident des Handelsamtes, 1848 Mitglied der Nationalversammlung, 1848–50 Reichsgesandter in Washington, 1858–65 Mitglied des Abgeordnetenhauses 5, 12 f., 16, 20, 23, 31, 63, 121, 147 f., 152, 173, 287, 369 f., 421, 423

Rönne, Ludwig von, Staatsrechtler, 1858–61 Mitglied des Preußischen Abgeordnetenhauses 414, 546

Rösing, Dr. Johannes, 1865–68 Ministerresident der drei Hansestädte in Washington, danach Generalkonsul des Norddeutschen Bundes in New York 70 ff., 632

Romero, Juarez Sondergesandter für Westeuropa und Washington 629, 633

Roon, Albrecht Graf von, 1859–73 Preußischer Kriegsminister, 1861–71 auch Marineminister 99, 413, 534, 548, 583

Rosenthal, Rechtsanwalt und Notar, 1862–67 Preußischer Konsul in Milwaukee, Wisconsin 50 ff.

Rost, Pierre A., 1861 als Beauftragter der Konföderierten in Westeuropa 448

Roumain, Ernest, 1863 erster Gesandter Haitis in Washington 591 f.

Rudolphi, Julius von, Offizier in der preußischen und in der Unions-Armee 443, 470, 482

Ruggles, Samuel Bulkley, 1863 Vertreter der USA beim Statistischen Kongress in Berlin 443, 470 f.

Russell, Lord John, Britischer Premier 1846–52 und 1865/66, Außenminister 1852/53 und 1859–65 371, 494 f.

Salm-Salm, Prinz Felix von, Offizier in preußischen, österreichischen, Unions- und mexikanischen Diensten 522 f., 525, 331

Sanford, Henry Shelton, 1848/49 Legationssekretär von Donelson in Berlin und Frankfurt, 1861–65 US-Gesandter in Brüssel 95, 449, 467, 469, 475, 509, 535, 564 f., 567, 569, 572, 575 f., 578 f., 580 f., 605, 617, 622

Santa Anna, mexikanischer General 146, 617

Personenregister

Schack, Georg von, Offizier in der preußischen und in der Unions-Armee 522 f., 528, 536

Scheibert, Justus, Offizier in der preußischen Armee und 1864 in der Confederate States Army 529, 535

Schillow, Fr., Vorsteher der Stettiner Kaufmannschaft, 1829–57 US-Konsul in Stettin 13, 101, 105, 108 f., 121, 308, 326 f., 344

Schillow, Rudolf F., Sohn Fr. Schillows, 1858–61 US-Konsul in Stettin 105 f., 110, 473 f.

Schimmelpfennig, Alexander von, Achtundvierziger, Offizier in der Armee Preußens und der Union 402

Schleiden, Dr. Rudolf, Justizrat, Bevollmächtigter der Provisorischen Regierung Schleswig-Holsteins 1848/49 in Frankfurt am Main, 1853–62 Bremer Ministerresident in Washington, danach bis 1865 Ministerresident der Hansestädte Bremen, Hamburg und Lübeck in Washington 7, 28, 31, 67–74, 107, 150, 208, 221, 230, 276, 282, 307, 314, 319, 340, 416 f., 421, 425, 444, 447, 459 ff., 487 ff., 538

Schleinitz, Alexander Graf von, 1848, 1849–50 und 1858–61 Preußischer Minister der auswärtigen Angelegenheiten, 1861–85 Minister des königlichen Hauses 53, 61, 64 f., 90 ff., 148, 152, 210, 213 f., 360 f., 363, 367, 370 ff., 401, 405 f., 412 f., 414, 441 f., 452, 485, 487, 489, 497, 499, 501, 507, 521, 523, 548, 553

Schlözer, ab 1871 Reichsgesandter in Washington 20

Schmerling, Anton Ritter von, 1860–65 Österreichischer Staatsminister 564 f.

Schmidt, Johann Wilhelm, 1846–65 Preußischer Generalkonsul in New York und bis 1850 mehrfach während der Abwesenheit des Preußischen Ministerresidenten Chargé d'Affaires ad interim. Zusätzlich Sächsischer, Badischer und Oldenburgischer Generalkonsul 39 f., 42, 45 f., 51–56, 60, 62, 114, 116, 137, 140, 156, 173, 278 f., 281, 394, 399

Schönenberg, Otto, 1858–63 US-Konsularagent in Königsberg 110 f., 113

Schöttler, Carl, Kaufmann, 1857–66 Preußischer Konsul in Philadelphia 41, 383

Scholler, 1867 Preußischer Geschäftsträger in Mexiko 635

Schröder, Jan, preußischer Marineoffizier 308

Schumacher, Albert, Bremer Generalkonsul in New York 68, 107

Schurz, Carl, nach der Teilnahme am Badischen Aufstand Emigration, ab 1852 in den USA, 1861 US-Gesandter in Madrid, anschließend US-General, 1869–75 Senator für Missouri, 1877–81 Secretary of the Interior 91 ff., 107, 160 f., 168 f., 229, 350, 402, 424, 443, 456, 532, 587 f.

Schuster, Baumwoll-Kaufmann, 1862–65 Preußischer Konsulatsverweser in Savannah 498

Schwarzenberg, Felix Fürst zu, 1848–52 Österreichischer Ministerpräsident 193, 196

Schwebemeyer, Carl, Berliner Journalist 369

Schwendler, Ernest, US-Generalkonsul in Frankfurt am Main bis 1853 80, 108 f.

Schwerin-Putzar, Maximilian, 1859–62 Preußischer Innenminister 413

Scott, Winfield, US-General 173, 355, 609, 617

Seht, New Yorker Großhändler 266

Seward, Frederick, zunächst Sekretär seines Vaters W. H. Seward, dann

43*

im Sezessionskrieg Assistant Secretary of State 515, 534, 564

Seward, William Henry, 1849–61 Senator aus New York, 1861–69 Secretary of State 8, 67, 72 f., 80, 86, 90–94, 96 f., 113, 115 f., 119, 123, 364, 372, 428, 433, 435 f., 440–444, 446 ff., 450 ff., 454, 458, 475, 484 f., 487, 490 f., 495 f., 498, 500, 503 ff., 508 f., 511–515, 517, 519 f., 522 f., 525, 527 f., 541, 543, 545, 549–556, 558, 561, 564, 566 ff., 576 f., 583 f., 586 f., 590 f., 595 ff., 599 f., 605 ff., 610, 612, 614, 621 f., 624–627, 630 ff., 641

Sherman, John, Chairmann of the Senate Committee on Agriculture 519

Sherman, William Tecumseh, General der Unions-Armee 498, 539

Sigel, Franz, Achtundvierziger, General der Unions-Armee 456

Simons, 1849–60 Preußischer Justizminister 224, 255 f., 311, 323 f., 365, 367, 399

Slidell, John, 1853–61 im US-Senat, ab 1862 als Beauftragter der Konföderierten vor allem in Paris 448, 480, 490 f., 497

Smidt, Johann, 1821–49 und 1852–57 Bürgermeister von Bremen 40, 67 f., 209, 425

Soetbeer, Journalist 369

Sombart, Werner, Volkswirtschaftler 377

Soulé, Pierre, 1853–55 US-Gesandter in Madrid 229, 231, 246, 291

Spangenberg, Emil, Rechtsanwalt und Notar, 1857–62 Preußischer Konsul in Milwaukee, Wisconsin, zugleich Konsul für Hessen-Darmstadt, Baden, Oldenburg 36, 50

Stadje, Friedrich, Offizier in der preußischen und der Unions-Armee 525

Stanislaus, 1851–56 Preußischer Konsul in Cincinnati, Ohio 36, 43, 50, 53, 170, 239, 270 ff., 418

Stanton, Edwin M., 1861–68 Secretary of War 593, 598

Steinwehr, Adolph von, Offizier im Dienst Preußens und der USA 525

Stephens, Alexander, Vizepräsident der Konföderation 444

Stern, Louis, Mitinhaber der Waffenfirma Lindner & Stern 573

Steuben, Friedrich Wilhelm von, preußischer Offizier im Siebenjährigen Krieg und amerikanischer General im Unabhängigkeitskrieg 516, 587 f.

Stockhausen, 1850/51 Preußischer Kriegsminister 132

Stöckl, 1841–54 Legationsrat an der Russischen Gesandtschaft in Washington, seit 1854 Gesandter 176, 310, 332, 444

Stosch, Ferdinand Graf von, Offizier in der Armee Preußens und der Union 526

Struve, Gustav, Achtundvierziger, 1851–63 in den USA, 1861/62 in der Armee der Union 156, 159 ff., 163 ff., 456, 531

Sumner, Charles, 1851–1874 im US-Senat, 1861–71 Chairman of the Senate Foreign Relations Committee 93 f., 123, 93 f., 123, 421, 428, 431, 460 f., 494, 561, 586, 590 f., 599, 609, 611, 633

Sundell, Charles J., 1861–67 US-Konsul in Stettin 106, 120 f., 474, 574

Sydow, Preußischer Gesandter in Bern 87

Talleyrand, Französischer Gesandter in Berlin 95, 578

Taylor, Zachary, 1849–50 US-Präsident 12, 85 f., 99 ff., 146 ff., 154, 230, 274, 289, 484

Personenregister

Tegetthoff, Wilhelm Freiherr von, Admiral der österreichischen Marine 574

Tellkampf, Dr. Theodor, renommierter Arzt in New York 135 ff.

Tellkampf, Louis, Prof. Dr. jur. et phil., Mitglied der Frankfurter Nationalversammlung, 1849–52 im Preußischen Abgeordnetenhaus, seit 1855 im Herrenhaus 13, 121, 140, 414, 546

Tellinghaus, Achtundvierziger, Kaufmann 398

ten Brook, US-Konsul in München 76, 412

Terry, Alfred Howe, General der Armee der Union 539

Thile, Beamter des Preußischen Ministeriums der auswärtigen Angelegenheiten 523, 587, 626

Thouvenel, 1860–62 Französischer Außenminister 494, 496 f., 615

Thun, Graf, Österreichischer Gesandter in Mexiko 632

Ticknor, George, Neuphilologe 227

Trapmann, Ludwig, Kaufmann, 1818–55 Preußischer Konsul in Charleston, South Carolina 42

Trapmann, Wilhelm H., Sohn von Ludwig Trapmann, Kaufmann und 1856–67 Preußischer Konsul 42, 497 f.

Vanderbilt, Cornelius, amerikanischer Unternehmer 282, 417

Varnhagen von Ense, Karl August, politischer Schriftsteller 122, 183, 232

Vesey, 1861–65 US-Konsul in Aachen 106, 459, 465, 469

Victoria, Princess Royal, Tochter der Königin Viktoria, verheiratet mit Kronprinz Friedrich 361

Viktor Emanuel II., 1849–61 König von Sardinien, 1861–78 König von Italien 563

Vincke, Georg Freiherr von, 1849–55 und 1858–63 im Abgeordnetenhaus 253, 414

Virchow, Rudolf, Arzt und Politiker 99

Vogel, Wilhelm, Kaufmann, 1846–58 Preußischer Konsul in New Orleans 41, 52, 57, 377

Vroom, Peter D., 1853–57 US-Gesandter in Berlin 79, 82 f., 86, 89, 102 f., 145, 197, 231, 245–258, 263 f., 283, 304, 309, 317, 322, 328 f., 335–338, 340, 344, 346 ff., 395, 403, 550, 640

Wagener, konservativer preußischer Abgeordneter von Neustettin 256 f.

Wagner, 1859–63 Preußischer Ministerresident in Mexiko 357, 613 ff., 620

Waldersee, Graf von, 1854–58 Preußischer Kriegsminister 311

Walewski, Comte de, 1851–55 Französischer Botschafter in London, 1855–60 Außenminister 303, 330, 342, 640

Walker, Robert, 1845–49 Secretary of the Treasury 261, 274, 277

Walker, William, Filibuster wie Garay und Boulbon 290

Washington, George, 1. US-Präsident 338, 637

Webster, Daniel, 1841–43 und 1850–52 Secretary of State 31, 66, 81, 85, 123, 154 f., 162, 166 f., 171, 173 ff., 178, 181, 189 f., 194, 206, 210, 212–215, 217–220, 228, 280 f., 352, 404, 409

Weed, Thurlow, Journalist und republikanischer Politiker 86, 106

Weitling, Wilhelm, Frühsozialist 129, 158

Weitzel, Godfrei, General der Union Army 540

Welch, R., Britischer Konsularagent in Key West und 1867 preußischer Vizekonsul dort 39

Welles, Gideon, 1861–69 Secretary of the Navy 471, 533 f.

Werther, Karl, Preußischer Botschafter in Petersburg und in Wien 367, 495, 618

Wertherer, Hermann, Offizier in der preußischen und der Unions Armee 524

Westphalen, Ferdinand Otto von, 1850–58 Preußischer Minister des Innern 127, 130 ff., 160, 192, 395, 400

Wheaton, Henry, US-Geschäftsträger in Berlin 1835–37 und 1837–46 US-Gesandter dort 81, 97, 124, 189, 248, 403 f., 409, 546, 548

Wilhelm I., König von Preußen, Deutscher Kaiser 20, 95, 97, 114, 355, 360 f., 363, 386, 401, 412, 443, 548, 563, 565 ff., 574, 578, 609

Wilkes, Kapitän des Kriegsschiffes „San Jacinto" 490 f., 495

Williams, James, US-Gesandter in Istanbul 438

Wilm, Otto Friedrich, Offizier in der preußischen und der Unions-Armee 526

Winkelmann, P. von, US-Konsularagent in Krefeld 100, 102

Wipperführt, Kaufmann in Köln 469

Wittig, Ernst Ludwig, Achtundvierziger, 1853–62 in den USA 237

Wood, Fernando, 1855–58, 1861/62 Bürgermeister von New York 144, 241 f., 393

Wool, John E., General der Union Army 535

Wright, Joseph A., 1849–57 Gouverneur des Staates Indiana, 1857–61 und 1865–67 US-Gesandter in Berlin 42, 76, 79, 82 f., 88 f., 95 ff., 109, 113 f., 119, 124, 132, 345, 352 ff., 363 f., 368, 396–416, 437, 441, 449, 472, 488, 518, 556–559, 583, 606, 626, 639, 641

Wright, John C., Sohn von Joseph A. Wright, 1865–67 US-Legationssekretär in Berlin 89, 96371, 443, 559

Wurm, Journalist 369

Wutschel, Achtundvierziger und Offizier in der Unions-Armee 523

Wydenbruck, Freiherr von, 1865–67 Österreichischer Gesandter in Washington 67, 630–634

Wyke, Sir Charles, Britischer Gesandter in Mexiko 618

Yancey, William Lowndes, 1861/62 im Auftrag der Konföderierten in Westeuropa, dann im Konföderierten-Senat in Richmond 448

Zastrow, Richard Paul Eric de, im Dienst der Armee Preußens und der der Union 523

Zedlitz, Freiherr von, Polizeipräsident von Berlin 400

Zinken, Leon von, aus Deutschland stammender Offizier in der Confederate States Army 501, 529

Zitz, Dr. Franz Heinrich, Abgeordneter der Nationalversammlung, 1850–68 in den USA 164

Preußen – Deutschland und Rußland vom 18. bis zum 20. Jahrhundert

Mit Beiträgen von

Winfried Baumgart, Uwe Liszkowski, Werner Markert und Richard Nürnberger

Abhandlungen des Göttinger Arbeitskreises, Band 9
118 S. 1991 ⟨3-428-07249-9⟩ € 43,50 / sFr 24,–

Die Aufsätze behandeln unter ausgewählten Themen das Verhältnis zwischen Preußen/Deutschland und Rußland seit dem 18. Jahrhundert. Zum einen wird deren grundsätzliche politische Bedeutung untersucht. Die Tradition der preußisch-russischen Beziehungen hat Friedrich der Große mit dem preußisch-russischen Bündnis 1764 begründet. Ein herausragendes Ereignis in den preußisch-russischen Beziehungen bildeten zur Zeit der Restauration die von Berlin in Petersburg angeregten Beratungen über einen europäische Sicherheitspakt. Nach dem Krimkrieg wurde die defensive russische Deutschlandpolitik von dem Vorrang der inneren Reformen bestimmt. Die uneinheitliche russische Politik war durch die Provokationen einer aggressiven antideutschen Publizistik belastet. Zu Bismarcks Rußlandpolitik gehörte auch die Konfrontation der dynastischen Verbindungen Kaiser Wilhelms I. mit den deutschen Interessen. Nach Bismarcks Entlassung konzentrierte sich die deutsch-russische Politik auf die Annahme des für unaufhebbar gehaltenen russisch-englischen Gegensatzes. Das englisch-russische Abkommen von 1907 ist dagegen nicht so sehr eine Begrenzung, sondern mehr eine Ausgliederung Deutschlands aus der Gemeinschaft der Großmächte gewesen. Der Diktatfrieden von Brest-Litowsk zeigte die Handlungsschwäche der deutschen Regierung im Ersten Weltkrieg.

Duncker & Humblot · Berlin

Quellen und Forschungen zur Brandenburgischen und Preußischen Geschichte

Herausgegeben im Auftrag der Preußischen Historischen Kommission, Berlin von Prof. Dr. Johannes Kunisch, ab Bd. 24 herausgegeben von Prof. Dr. Johannes Kunisch und Prof. Dr. Wolfgang Neugebauer

10 Frank Althoff: **Untersuchungen zum Gleichgewicht der Mächte in der Außenpolitik Friedrichs des Großen nach dem Siebenjährigen Krieg (1763 - 1786).** 297 S. 1995 ⟨3-428-08597-3⟩ € 52,– / sFr 90,–

11 Nils Havemann: **Spanien im Kalkül der deutschen Außenpolitik** von den letzten Jahren der Ära Bismarck zum Beginn der Wilhelminischen Weltpolitik (1883-1899). 468 S. 1997 ⟨3-428-08913-8⟩ € 76,– / sFr 131,–

12 Rudolf Gugger: **Preußische Werbungen in der Eidgenossenschaft im 18. Jahrhundert.** Tab.; 301 S. 1997 ⟨3-428-08760-7⟩ € 52,– / sFr 90,–

13 Klaus Bracht: **Der Bau der ersten Eisenbahnen in Preußen.** Eine Untersuchung der rechtlichen Grundlagen und der bei der Gründung und dem Grunderwerb aufgetretenen Rechtsprobleme. 277 S. 1998 ⟨3-428-09128-0⟩ € 52,– / sFr 90,–

14 Wolfgang Stribrny: **Die Könige von Preußen als Fürsten von Neuenburg-Neuchâtel (1707 - 1848).** Geschichte einer Personalunion. 306 S. 1998 ⟨3-428-09405-0⟩ € 68,– / sFr 117,–

15 Jens Bruning: **Das pädagogische Jahrhundert in der Praxis.** Schulwandel in Stadt und Land in den preußischen Westprovinzen Minden und Ravensberg 1648-1816. Tab., Abb., 1 Farbtafel; 466 S. 1998 ⟨3-428-09261-9⟩ € 68,– / sFr 117,–

16 Michael Rohrschneider: **Johann Georg II. von Anhalt-Dessau (1627-1693).** Eine politische Biographie. 504 S. 1998 ⟨3-428-09497-2⟩ € 76,– / sFr 131,–

17 Lars Atorf: **Der König und das Korn.** Die Getreidehandelspolitik als Fundament des brandenburg-preußischen Aufstiegs zur europäischen Großmacht. Tab.; 439 S. 1999 ⟨3-428-09652-5⟩ € 68,– / sFr 117,–